VILLE DE PARIS

NOMENCLATURE

DES

VOIES PUBLIQUES

ET PRIVÉES

VILLE DE PARIS

NOMENCLATURE

DES

VOIES PUBLIQUES

ET PRIVÉES

AVEC LA DATE DES ACTES OFFICIELS LES CONCERNANT

PARIS

IMPRIMERIE CHAIX

IMPRIMERIE ET LIBRAIRIE CENTRALES DES CHEMINS DE FER

SOCIÉTÉ ANONYME

Rue Bergère, 20, près du boulevard Montmartre

1881

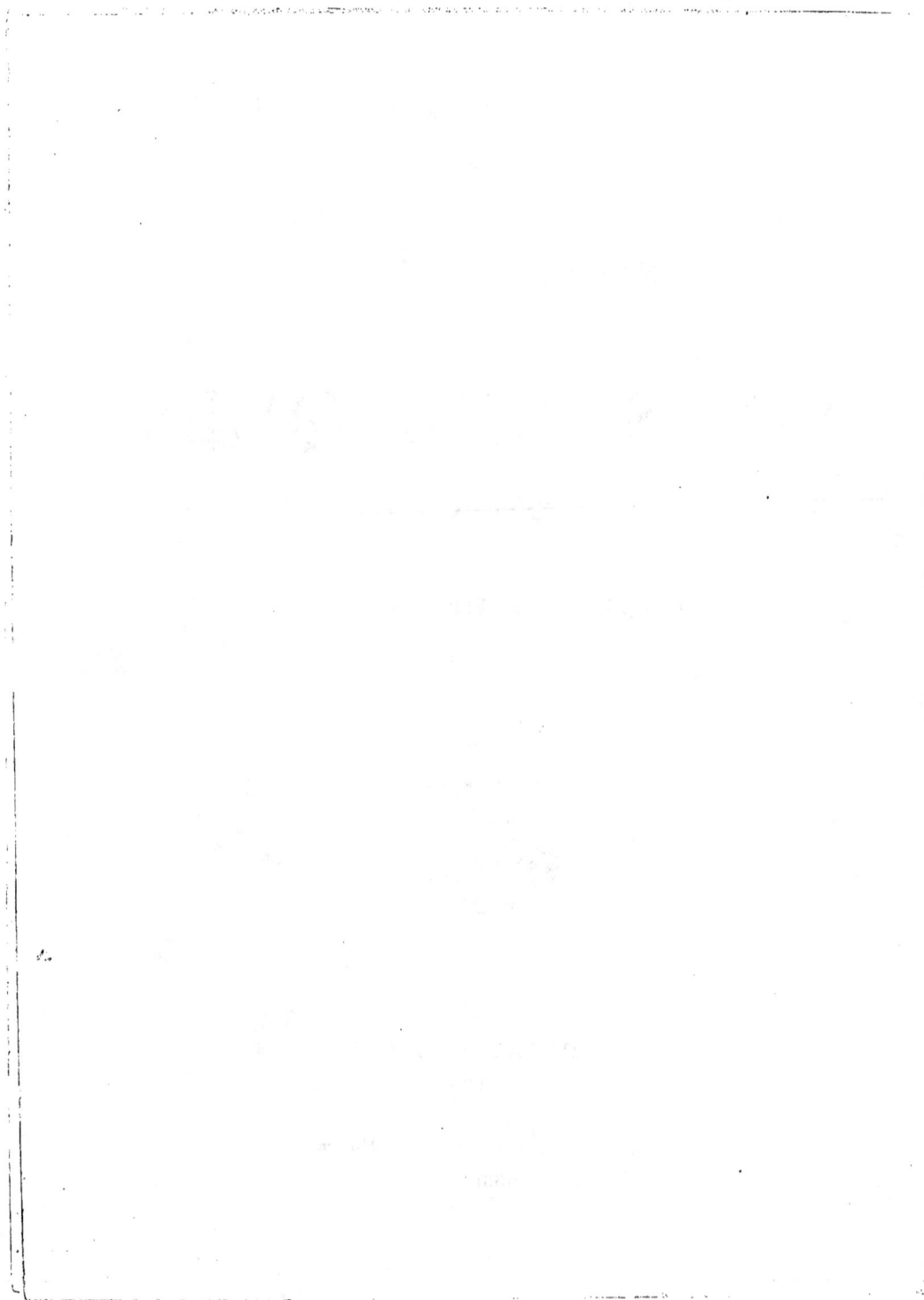

PRÉFACE

Cette nouvelle édition de la Nomenclature des Voies de Paris contient non seulement les voies publiques, c'est-à-dire classées, mais encore les voies privées ouvertes par des propriétaires sur leurs terrains.

La plupart des actes officiels énoncés ne remontent pas au delà du commencement du siècle. Rédigé pour le service quotidien des alignements, ce travail a dû être limité à la période moderne et, dès lors, il a paru convenable de ne citer que les ordonnances, décrets ou arrêtés en vigueur, et les documents de même nature qui les ont précédés. Une réglementation plus ancienne n'offrait plus qu'un intérêt historique; elle aura sa place dans le recueil des pièces officielles concernant la voirie.

Dans chaque notice, quand les alignements d'une rue ont été fixés par plusieurs ordonnances ou décrets, ceux-ci sont disposés, non suivant l'ordre chronologique, mais suivant l'ordre du numérotage des propriétés; ainsi, les premiers se rapportent au commencement de la rue et les autres viennent ensuite, consécutivement, jusqu'à l'autre extrémité.

Les arrêtés et décrets concernant le nivellement n'existent que pour un petit nombre de voies, et ils sont presque tous de dates récentes; les actes plus anciens ont été détruits ou n'ont pu jusqu'ici être retrouvés.

Dans cette nouvelle édition, on a adopté le classement alphabétique au lieu du classement par arrondissement qui avait le défaut de rendre les recherches plus longues, et aussi de séparer en tronçons les voies traversant plusieurs arrondissements.

Le travail historique sur les origines des noms est l'œuvre du Comité des Inscriptions Parisiennes. Pour l'ancien Paris, le Comité s'est inspiré des travaux antérieurs sur la même matière, et, en particulier, des recherches historiques de Jaillot.

Pour la partie comprenant les communes annexées, les recherches ont été faites avec le plus grand soin, et grâce aux renseignements fournis par les anciens propriétaires, ainsi que par des agents de l'Administration municipale, il ne reste que bien peu de lacunes qui seront certainement comblées dans la prochaine édition.

Quant aux courtes biographies données sur les personnages nés ou morts à Paris, et dont les noms désignent nos voies publiques, les dates ont été vérifiées, autant que possible, sur les registres de l'État civil, reconstitués après l'incendie de l'Hôtel de Ville.

SURFACE DE PARIS

La surface de Paris s'étendant jusqu'au pied du glacis des fortifications est de 7.802 hectares.

SURFACE PAR ARRONDISSEMENT (LOI DU 16 JUIN 1859)

1ᵉʳ Arrondissement	190 hectares	» ares.		11ᵉ Arrondissement	361 hectares	» ares.			
2ᵉ	—	97	—	50	—	12ᵉ	—	568	—	»	—
3ᵉ	—	116	—	»	—	13ᵉ	—	625	—	»	—
4ᵉ	—	156	—	50	—	14ᵉ	—	464	—	»	—
5ᵉ	—	249	—	»	—	15ᵉ	—	721	—	»	—
6ᵉ	—	211	—	»	—	16ᵉ	—	709	—	»	—
7ᵉ	—	403	—	»	—	17ᵉ	—	445	—	»	—
8ᵉ	—	381	—	»	—	18ᵉ	—	519	—	»	—
9ᵉ	—	213	—	»	—	19ᵉ	—	566	—	»	—
10ᵉ	—	286	—	»	—	20ᵉ	—	521	—	»	—

Longeur développée de la rue Militaire . . . . 33ᵐ,330.
Longeur développée de l'enceinte mesurée au pied du glacis . . . 34ᵐ,530.

EXTRAIT DE LA STATISTIQUE DE L'ANNÉE 1879

Longueur des voies non plantées. 668.297 37
  — des voies plantées 218.506 11

           Longeur totale 886.803 48

Surface des rues de Paris. . . . . 1.499 h. 43 a. 66 c.
  — des squares et jardins. 177 98 87
  — des cimetières. 90 01 93
  — de la Seine entre les parapets 222 23 00
  — à l'étiage entre les murs de quai (bas ports) 159 01 00
  — des canaux de l'Ourcq, Saint Denis et Saint Martin (en eau). . 20 60 28
  — des habitations, jardins et cultures. 5.774 21 02

LIMITES DES ARRONDISSEMENTS ET DES QUARTIERS

Ier ARRONDISSEMENT, DU LOUVRE. — *Mairie : place du Louvre.*

Une ligne partant du milieu de la Seine et suivant le mur ouest du jardin des Tuileries, l'axe des rues Saint-Florentin, Richepance et Duphot jusqu'au boulevard de la Madeleine, — l'axe dudit boulevard et celui des rues des Capucines, des Petits Champs, de la Feuillade, — de la place des Victoires, de la rue Etienne Marcel, — du boulevard de Sébastopol, du pont au Change et du boulevard du Palais jusqu'au milieu du pont Saint Michel — et le milieu de la Seine jusqu'au point de départ.

1er Quartier. — SAINT GERMAIN L'AUXERROIS. — Une ligne partant du milieu de la Seine et suivant le mur ouest du jardin des Tuileries, — l'axe de la rue de Rivoli, — celui du boulevard Sébastopol, du pont au Change et du boulevard du Palais jusqu'au milieu du pont Saint Michel, — et le milieu de la Seine jusqu'au point de départ.

2e Quartier. — DES HALLES. — Une ligne partant du milieu de la rue de Rivoli et suivant l'axe des rues de Marengo et de la Croix des Petits Champs jusqu'à la place des Victoires, — celui de la rue Etienne Marcel, — du boulevard Sébastopol — et de la rue de Rivoli jusqu'au point de départ.

3e Quartier. — DU PALAIS ROYAL. — Une ligne partant de la rue de Rivoli et suivant l'axe des rues Saint Roch, — des Petits Champs, de la Feuillade, de la place des Victoires, — des rues de la Croix des Petits Champs, de Marengo — et la rue de Rivoli jusqu'au point de départ.

4e Quartier. — DE LA PLACE VENDOME. — Une ligne partant de la rue de Rivoli et suivant l'axe des rues Saint-Florentin, Richepance et Duphot, — l'axe du boulevard de la Madeleine et des rues des Capucines, des Petits Champs, — Saint Roch — et de Rivoli jusqu'au point de départ.

IIe ARRONDISSEMENT, DE LA BOURSE. — *Mairie : rue de la Banque.*

Une ligne suivant l'axe du boulevard des Capucines à partir de la rue des Capucines, et celui des boulevards des Italiens, Montmartre, Poissonnière, de Bonne Nouvelle et Saint Denis jusqu'au boulevard de Sébastopol, — l'axe dudit boulevard jusqu'à la rue Etienne Marcel, — celui de la rue Etienne Marcel, de la place des Victoires, des rues de la Feuillade, des Petits Champs et des Capucines jusqu'au point de départ.

5e Quartier. — GAILLON. — Une ligne suivant l'axe du boulevard des Capucines, à partir de la rue des Capucines, — du boulevard des Italiens, — des rues de Grammont, Sainte Anne, des Petits Champs et des Capucines jusqu'au point de départ.

6e Quartier. — VIVIENNE. — Une ligne partant de la rue des Petits Champs, et suivant l'axe des rues Sainte Anne et de Grammont, — des boulevards des Italiens et Montmartre, — des rues Montmartre, Notre-Dame des Victoires et Vide Gousset, — de la place des Victoires, des rues de la Feuillade et des Petits Champs jusqu'au point de départ.

7e Quartier. — DU MAIL. — Une ligne partant de la place des Victoires et suivant l'axe des rues Vide Gousset, Notre-Dame des Victoires et Montmartre, — du boulevard Poissonnière, — des rues Poissonnière, des Petits Carreaux, Montorgueil — et Etienne Marcel jusqu'à la place des Victoires.

8e Quartier. — DE BONNE NOUVELLE. — Une ligne partant de la rue Etienne Marcel et suivant l'axe des rues Montorgueil, des Petits Carreaux et Poissonnière, — des boulevards de Bonne Nouvelle, Saint Denis, — de Sébastopol — et de la rue Etienne Marcel jusqu'au point de départ.

IIIe ARRONDISSEMENT, DU TEMPLE. — *Mairie : rue des Archives.*

Une ligne suivant l'axe du boulevard de Sébastopol, à partir de la rue Rambuteau jusqu'au boulevard Saint Denis, — des boulevards Saint Denis, Saint Martin, du Temple, des Filles du Calvaire, et Beaumarchais jusqu'à la rue des Vosges, — l'axe de ladite rue et des rues des Francs Bourgeois et Rambuteau jusqu'au point de départ.

9e Quartier. — DES ARTS ET MÉTIERS. — Une ligne suivant l'axe du boulevard de Sébastopol, à partir de la rue de Turbigo, celui des boulevards Saint Denis et Saint Martin, de la place de la République — et des rues du Temple, — des Gravilliers et de Turbigo jusqu'au point de départ.

10e Quartier. — DES ENFANTS-ROUGES. — Une ligne suivant l'axe de la rue du Temple, à partir de l'extrémité de la rue Pastourelle, celui des boulevards du Temple et des Filles du Calvaire, — des rues du Pont aux Choux, de Poitou et Pastourelle.

11ᵉ Quartier. — Des Archives. — Une ligne suivant l'axe de la rue des Archives, à partir de la rue des Francs Bourgeois, celui des rues Pastourelle, de Poitou, du Pont aux Choux, — du boulevard Beaumarchais, — des rues des Vosges et des Francs Bourgeois jusqu'au point de départ.

12ᵉ Quartier. — Sainte Avoye. — Une ligne suivant l'axe du boulevard de Sébastopol, à partir de la rue Rambuteau jusqu'à la rue de Turbigo, l'axe de cette rue et celui des rues des Gravilliers, Pastourelle, — des Archives — et Rambuteau jusqu'au point de départ.

IVᵉ ARRONDISSEMENT, DE L'HOTEL DE VILLE. — *Mairie : place Baudoyer.*

Une ligne partant du milieu du pont Saint Michel et suivant l'axe du boulevard du Palais, du pont au Change et du boulevard de Sébastopol jusqu'à la rue Rambuteau, — l'axe de cette rue et des rues des Francs Bourgeois et des Vosges, — du boulevard Beaumarchais, de la place de la Bastille, de la gare de l'Arsenal — et le milieu de la Seine jusqu'au point de départ.

13ᵉ Quartier. — Saint Merri. — Une ligne partant du milieu du pont au Change, traversant la place du Châtelet et suivant l'axe du boulevard de Sébastopol, — des rues Rambuteau, — du Chaume, de l'Homme Armé, des Billettes, des Deux Portes et celui de la rue Lobau prolongé jusqu'au milieu de la Seine, — enfin le milieu du grand bras de la Seine jusqu'au point de départ.

14ᵉ Quartier. — Saint Gervais. — Une ligne partant du milieu de la Seine et suivant l'axe des rues Lobau, des Deux Portes, des Billettes, de l'Homme Armé et du Chaume, — des rues des Francs Bourgeois, — de Turenne et de Saint Paul, prolongé jusqu'au milieu de la Seine, — et le milieu du petit bras de la Seine jusqu'au point de départ.

15ᵉ Quartier. — De l'Arsenal. — Une ligne partant du milieu du petit bras de la Seine, en face de la rue Saint Paul, suivant l'axe de cette rue et des rues Turenne, — des Vosges, — du boulevard Beaumarchais, de la place de la Bastille, de la gare de l'Arsenal et de l'écluse à la suite jusqu'au milieu de la Seine, — le milieu de la Seine jusqu'à l'île Saint Louis et le milieu du petit bras jusqu'au point de départ.

16ᵉ Quartier. — Notre Dame. — Une ligne partant du pont Saint Michel et suivant l'axe du boulevard du Palais jusqu'au milieu du pont au Change, — le milieu de ce bras de la Seine jusqu'à l'extrémité de l'île Saint Louis — et le milieu de l'autre bras jusqu'au pont Saint Michel.

Vᵉ ARRONDISSEMENT, DU PANTHÉON. — *Mairie : place Saint Sulpice.*

Une ligne partant du boulevard de Port Royal et suivant l'axe du boulevard Saint Michel, jusqu'au milieu du pont Saint Michel, — le milieu du petit et du grand bras de la Seine jusqu'au pont d'Austerlitz, — l'axe du pont d'Austerlitz et des boulevards de l'Hôpital, Saint Marcel, et de Port Royal jusqu'au point de départ.

17ᵉ Quartier. — Saint Victor. — Une ligne partant de la place de la Contrescarpe et suivant l'axe des rues Mouffetard, Descartes, de la Montagne Sainte Geneviève, de la rue Maubert et de la rue du Haut Pavé jusqu'au milieu de la Seine, — le milieu de la Seine jusqu'en face de la rue Cuvier, — l'axe de la rue Cuvier et celui de la rue Lacépède jusqu'au point de départ.

18ᵉ Quartier. — Du Jardin des Plantes. — Une ligne partant du boulevard de Port Royal et suivant l'axe des rues Pascal, Mouffetard, — Lacépède et celui de la rue Cuvier, prolongé jusqu'au milieu de la Seine, — le milieu du fleuve jusqu'au pont d'Austerlitz, l'axe de ce pont, celui des boulevards de l'Hôpital, Saint Marcel, et de Port Royal jusqu'à la rue Pascal.

19ᵉ Quartier. — Du Val de Grace. — Une ligne partant du boulevard de Port Royal et suivant une partie de l'avenue de l'Observatoire suivant la direction de l'axe du boulevard de Sébastopol, l'axe de ce boulevard jusqu'à la rue Soufflot, — celui des rues Soufflot, Sainte Catherine, Malebranche, des Fossés Saint Jacques, de la place de l'Estrapade, des rues de l'Estrapade, Blainville, — Mouffetard et Pascal, — et du boulevard de Port Royal jusqu'à l'avenue de l'Observatoire.

20ᵉ Quartier. — De la Sorbonne. — Une ligne suivant l'axe du boulevard de Sébastopol, à partir de la rue Soufflot, jusqu'au milieu du pont Saint Michel, — le petit bras de la Seine jusqu'en face de la rue du Haut Pavé, — l'axe de cette rue, celui des rues Maubert, des rues de la Montagne Sainte Geneviève, Descartes et Mouffetard, jusqu'à la place de la Contrescarpe, — enfin des rues Blainville, de l'Estrapade, de la place de l'Estrapade, des rues des Fossés Saint Jacques, Malebranche, Sainte Catherine et Soufflot jusqu'au point de départ.

VIᵉ ARRONDISSEMENT, DU LUXEMBOURG. — *Mairie : rue Bonaparte.*

Une ligne suivant l'axe de la rue de Sèvres, à partir du boulevard du Montparnasse jusqu'à la rue des Saints Pères, — l'axe de cette dernière rue, celui du quai Voltaire et du pont du Carrousel jusqu'au milieu de la Seine, — le milieu de la Seine jusqu'au pont Saint Michel, — l'axe du dit pont jusqu'à la place Saint Michel et celui du boulevard Saint Michel jusqu'au carrefour de l'Observatoire et au boulevard du Montparnasse, — enfin l'axe du boulevard du Montparnasse jusqu'au point de départ.

21ᵉ Quartier. — De la Monnaie. — Une ligne partant du boulevard Saint Germain et suivant l'axe de la rue de Seine jusqu'au quai Malaquais, longeant à l'ouest les bâtiments de l'Institut, se prolongeant jusqu'au milieu de la Seine, — et suivant le milieu du petit bras jusqu'au pont Saint Michel, — l'axe de ce pont, celui du boulevard Saint Michel, — de la rue de l'Ecole de Médecine et du boulevard Saint Germain jusqu'au point de départ.

22ᵉ Quartier. — DE L'ODÉON. — Une ligne partant du carrefour de l'Observatoire et suivant l'axe des rues d'Assas, — Madame, du Four — et du boulevard Saint Germain, celui de la rue de l'École de Médecine et du boulevard Saint Michel jusqu'au point de départ.

23ᵉ Quartier. — NOTRE-DAME DES CHAMPS. — Une ligne suivant l'axe de la rue de Sèvres, à partir du boulevard du Montparnasse, celui de la rue du Four — et des rues Madame, — d'Assas, de l'avenue de l'Observatoire — et enfin du boulevard du Montparnasse jusqu'au point de départ.

24ᵉ Quartier. — SAINT GERMAIN DES PRÉS. — Une ligne partant de la rue de Sèvres et suivant l'axe de la rue des Saints Pères, du quai Voltaire et du pont du Carrousel jusqu'au milieu de la Seine, — le milieu du fleuve jusqu'au pavillon ouest de l'Institut, — longeant la face ouest de ce pavillon et suivant l'axe de la rue de Seine, — du boulevard Saint Germain, de la rue du Four et de la rue de Sèvres jusqu'au point de départ.

VIIᵉ ARRONDISSEMENT, DU PALAIS BOURBON. — *Mairie : rue de Grenelle.*

Une ligne partant du milieu de la Seine en face de l'avenue de Suffren et remontant le cours du fleuve jusqu'au pont du Carrousel, — suivant l'axe du dit pont, celui du quai Voltaire, de la rue des Saints Pères, — de la rue de Sèvres, — de l'avenue de Saxe, — de la rue Pérignon, — enfin l'axe de l'avenue de Suffren jusqu'au point de départ.

25ᵉ Quartier. — DE SAINT THOMAS D'AQUIN. — Une ligne partant du milieu de la Seine, en face de la rue de Bellechasse et remontant le cours du fleuve jusqu'au pont du Carrousel, — suivant l'axe dudit pont, celui du quai Voltaire, de la rue des Saints Pères, — de la rue de Sèvres — et des rues Vaneau et de Bellechasse jusqu'au point de départ.

26ᵉ Quartier. — DES INVALIDES. — Une ligne partant du milieu du pont des Invalides, remontant le cours de la Seine jusqu'en face de la rue de Bellechasse — et suivant l'axe des rues de Bellechasse, Vaneau, — de Babylone, — du boulevard des Invalides, — de l'avenue de Tourville — et du boulevard de La Tour Maubourg jusqu'au point de départ.

27ᵉ Quartier. — DE L'ÉCOLE MILITAIRE. — Une ligne partant de l'avenue de Suffren et passant au devant des bâtiments de l'École Militaire, ayant façade sur le Champ de Mars, — suivant ensuite l'axe de l'avenue de Tourville, — du boulevard des Invalides, — des rues de Babylone, — Vaneau, de Sèvres, — de l'avenue de Saxe, — de la rue Pérignon — et de l'avenue de Suffren jusqu'au point de départ.

28ᵉ quartier. — DU GROS CAILLOU. — Une ligne partant du milieu de la Seine, en face de l'avenue de Suffren, remontant le cours du fleuve jusqu'au milieu du pont des Invalides, suivant l'axe dudit pont, — celui du boulevard de La Tour Maubourg, — de l'avenue de Tourville jusqu'à l'avenue de Labourdonnais, — passant au devant des bâtiments de l'École Militaire, ayant façade sur le Champ de Mars, — et suivant l'axe de l'avenue Suffren jusqu'au point de départ.

VIIIᵉ ARRONDISSEMENT, DE L'ÉLYSÉE. — *Mairie : rue d'Anjou.*

Une ligne partant du milieu du pont de l'Alma, suivant l'axe de ce pont, de la place de l'Alma, — de l'avenue du Trocadéro, — de l'avenue Marceau, de la place de l'Étoile, — de l'avenue de Wagram, — des boulevards de Courcelles et des Batignolles, de la place de Clichy, — des rues d'Amsterdam, du Havre, Tronchet, de la Ferme des Mathurins. — du boulevard de la Madeleine, des rues Duphot, Richepance, Saint-Florentin, le mur ouest du jardin des Tuileries — et le milieu de la Seine jusqu'au point de départ.

29ᵉ Quartier. — DES CHAMPS ÉLYSÉES. — Une ligne partant du milieu du pont de l'Alma et suivant l'axe dudit pont — de la place de l'Alma, — des avenues du Trocadéro et Marceau jusqu'au centre de la place de l'Étoile, — de l'axe de l'avenue des Champs Élysées, — des avenues de Matignon — et Gabriel, la partie nord de la place de la Concorde, — le mur ouest du jardin des Tuileries — et le milieu de la Seine jusqu'au point de départ.

30ᵉ Quartier. — DU FAUBOURG DU ROULE. — Une ligne partant du centre de la place de l'Étoile et suivant l'axe de l'avenue de Wagram, — du boulevard de Courcelles, — des rues de Courcelles, de la Boëtie, — du faubourg Saint Honoré, — Montaigne, Rabelais, — des avenues de Matignon et des Champs Élysées jusqu'au point de départ.

31ᵉ Quartier. — DE LA MADELEINE. — Une ligne partant de l'avenue Gabriel et suivant l'axe de l'avenue de Matignon, des rues Rabelais, Montaigne, — du faubourg Saint Honoré, — de la Boëtie, de la Pépinière et Saint Lazare, — des rues du Havre, Tronchet et de la Ferme des Mathurins, — du boulevard de la Madeleine, des rues Duphot, Richepance et Saint-Florentin, — de la partie nord de la place de la Concorde et enfin de l'avenue Gabriel jusqu'au point de départ.

32ᵉ Quartier. — DE L'EUROPE. — Une ligne suivant l'axe du boulevard de Courcelles, à partir de la rue de Courcelles, du boulevard des Batignolles, de la place de Clichy, — des rues d'Amsterdam, — Saint Lazare, de la Pépinière, de la Boëtie et de Courcelles jusqu'au point de départ.

IXᵉ ARRONDISSEMENT, DE L'OPÉRA. — *Mairie : rue Drouot.*

Une ligne partant du boulevard de la Madeleine et suivant l'axe des rues de la Ferme des Mathurins, Tronchet, du Havre et d'Amsterdam, — de la place de Clichy, des boulevards de Clichy et de Rochechouart, — de la rue du Faubourg Poissonnière, — des boulevards Poissonnière, Montmartre, des Italiens, des Capucines et de la Madeleine jusqu'au point de départ.

33ᵉ Quartier. — Saint Georges. — Une ligne partant de la rue Saint Lazare et suivant l'axe de la rue d'Amsterdam, — de la place de Clichy, du boulevard de Clichy, — des rues des Martyrs — et Saint Lazare jusqu'au point de départ.

34ᵉ Quartier. — De la Chaussée d'Antin. — Une ligne partant du boulevard de la Madeleine et suivant l'axe de la rue de la Ferme des Mathurins, des rues Tronchet et du Havre, — de la rue Saint Lazare, — des rues Fléchier, de Châteaudun et Laffitte, — des boulevards des Italiens, des Capucines et de la Madeleine jusqu'au point de départ.

35ᵉ Quartier. — Du Faubourg Montmartre. — Une ligne partant du boulevard des Italiens et suivant l'axe des rues Laffitte, de Châteaudun et Fléchier, — des rues Lamartine, de Montholon, — de la rue du Faubourg Poissonnière — et des boulevards Poissonnière, Montmartre et des Italiens jusqu'au point de départ.

36ᵉ Quartier. — De Rochechouart. — Une ligne partant de l'extrémité de la rue Lamartine et suivant l'axe de la rue des Martyrs. — du boulevard de Rochechouart, — de la rue du Faubourg Poissonnière, — et des rues de Montholon et Lamartine jusqu'au point de départ.

Xᵉ ARRONDISSEMENT, DE L'ENCLOS SAINT LAURENT. — *Mairie : rue du Château d'Eau.*

Une ligne partant de l'extrémité du boulevard de Bonne Nouvelle et suivant l'axe de la rue du Faubourg Poissonnière, — des boulevards de la Chapelle et de La Villette, — de la rue du Faubourg du Temple, — de la place de la République, des boulevards Saint Martin, Saint Denis — et de Bonne Nouvelle jusqu'au point de départ.

37ᵉ Quartier. — Saint Vincent de Paul. — Une ligne partant de la rue de Bellefond et suivant l'axe de la rue du Faubourg Poissonnière, — des boulevards de La Chapelle et de La Villette, — de la rue du Faubourg Saint Martin, — et des rues de Strasbourg et de Chabrol jusqu'au point de départ.

38ᵉ Quartier. — De la Porte Saint Denis. — Une ligne partant de l'extrémité du boulevard de Bonne Nouvelle et suivant l'axe de la rue du Faubourg Poissonnière. — des rues de Bellefond, de Chabrol, de Strasbourg jusqu'au boulevard de Strasbourg, — l'axe dudit jusqu'au boulevard Saint Denis, — enfin celui des boulevards Saint Denis et de Bonne Nouvelle jusqu'au point de départ.

39ᵉ Quartier. — De la Porte Saint Martin. — Une ligne partant du boulevard Saint Denis et suivant l'axe du boulevard de Strasbourg, — des rues de Strasbourg, du Faubourg Saint Martin, — des Récollets. Bichat, — de la rue du Faubourg du Temple, — de la place de la République, et des boulevards Saint Martin et Saint Denis jusqu'au point de départ.

40ᵉ Quartier. — De l'Hôpital Saint Louis. — Une ligne partant de l'extrémité de la rue des Récollets et suivant l'axe de la rue du Faubourg Saint Martin, — du boulevard de la Villette, — de la rue du Faubourg du Temple, — et des rues Bichat et des Récollets jusqu'au point de départ.

XIᵉ ARRONDISSEMENT, DE POPINCOURT. — *Mairie : place Voltaire.*

Une ligne partant au sud de la place de la République et suivant l'axe de la rue du Faubourg du Temple, — des boulevards de Belleville, de Ménilmontant et de Charonne, — de l'Avenue du Trône, de la place de la Nation, de la rue du Faubourg Saint Antoine, de la place de la Bastille, — et des boulevards Beaumarchais, des Filles du Calvaire et du Temple jusqu'au point de départ.

41ᵉ Quartier. — De la Folie Méricourt. — Une ligne partant au Sud de la place de la République et suivant l'axe de la rue du Faubourg du Temple, — du boulevard de Belleville, — de la rue Oberkampf, — et des boulevards des Filles du Calvaire et du Temple jusqu'au point de départ.

42ᵉ Quartier. — Saint Ambroise. — Une ligne partant des boulevards des Filles du Calvaire et suivant l'axe de la rue Oberkampf, — du boulevard de Ménilmontant, — de la rue du Chemin Vert, — et des boulevards Beaumarchais et des Filles du Calvaire jusqu'au point de départ.

43ᵉ Quartier. — De la Roquette. — Une ligne partant du boulevard Beaumarchais et suivant l'axe de la rue du Chemin Vert, — des boulevards de Ménilmontant et de Charonne, — des rues de Charonne — et du faubourg Saint Antoine jusqu'à l'axe de la place de la Bastille, — et celui du boulevard Beaumarchais jusqu'au point de départ.

44ᵉ Quartier. — Sainte Marguerite. — Une ligne partant de la rue du faubourg Saint Antoine et suivant l'axe de la rue de Charonne, — du boulevard de Charonne, — de l'avenue du Trône, de la place de la Nation, et de la rue du Faubourg Saint Antoine jusqu'au point de départ.

XIIᵉ ARRONDISSEMENT, DE REUILLY. — *Mairie : avenue Daumesnil et rue de Charenton.*

Une ligne partant du milieu de la Seine en face le débouché de la gare de l'Arsenal et suivant l'axe de ladite gare et de la place de la Bastille, — de la rue du Faubourg Saint-Antoine, de la place de la Nation, de l'avenue du Trône et du cours de Vincennes jusqu'à la limite des terrains militaires, — le pied du glacis jusqu'à la Seine, et le milieu du fleuve jusqu'au point de départ.

45ᵉ Quartier. — Du Bel Air. — Une ligne suivant l'axe du cours de Vincennes, à partir de l'avenue du Trône jusqu'à la limite des terrains militaires, — le pied du glacis jusqu'à un point situé dans le prolongement de l'axe de la rue de Picpus, — l'axe de la rue de Picpus, — et celui du boulevard de Picpus jusqu'au point de départ.

46ᵉ Quartier. — DE PICPUS. — Une ligne partant de la rue de Chaligny et suivant l'axe de la rue du Faubourg Saint Antoine. de la place de la Nation et de l'avenue du Trône, — celui du boulevard de Picpus et de la rue de Picpus prolongé jusqu'au pied du glacis, — et suivant le pied du glacis jusqu'à la porte de Charenton, — l'axe des rues de Charenton et de Chaligny jusqu'au point de départ.

47ᵉ Quartier. — DE BERCY. — Une ligne partant du milieu de la Seine et suivant l'axe des rues Villiot et de Rambouillet, — celui de la rue de Charenton jusqu'à la limite des terrains militaires, — le pied du glacis jusqu'à la Seine, — et le milieu dudit fleuve jusqu'au point de départ.

48ᵉ Quartier. — DES QUINZE-VINGTS. — Une ligne partant du milieu de la Seine en face le débouché de la gare de l'Arsenal, et suivant l'axe de ladite gare et de la place de la Bastille, — celui des rues du Faubourg Saint Antoine, — de Chaligny, — de Rambouillet et Villiot, — et le milieu de la Seine jusqu'au point de départ.

XIIIᵉ ARRONDISSEMENT, DES GOBELINS. — *Mairie : place d'Italie.*

Une ligne partant du glacis de l'enceinte et suivant l'axe de la porte de Gentilly, des rues de la Glacière et de la Santé, — celui des boulevards de Port Royal, Saint Marcel, de l'Hôpital et du pont d'Austerlitz jusqu'au milieu dudit pont, — le milieu de la Seine jusqu'au droit des limites des terrains militaires — et le pied du glacis jusqu'à l'axe de la porte de Gentilly.

49ᵉ Quartier. — DE LA SALPÊTRIÈRE. — Une ligne partant de l'avenue des Gobelins et suivant l'axe des boulevards Saint Marcel, de l'Hôpital et du pont d'Austerlitz, jusqu'au milieu dudit pont, — le milieu de la Seine jusqu'au pont de Bercy, — l'axe dudit pont et du boulevard de la Gare jusqu'à la place d'Italie, — celui de la place d'Italie et de l'avenue des Gobelins jusqu'au point de départ.

50ᵉ Quartier. — DE LA GARE. — Une ligne partant de l'avenue de Choisy et suivant l'axe du boulevard de la Gare et du pont de Bercy, jusqu'au milieu dudit pont. — le milieu de la Seine jusqu'au droit de la limite des terrains militaires, — le pied du glacis jusqu'à la porte de Choisy, — l'axe de cette porte et celui de l'avenue de Choisy jusqu'au point de départ.

51ᵉ Quartier. — DE LA MAISON BLANCHE. — Une ligne partant de la rue de la Santé et suivant l'axe du boulevard d'Italie, de la place d'Italie, — de l'avenue de Choisy jusqu'à la limite des terrains militaires, — le pied du glacis, jusqu'à la porte de Gentilly, — l'axe de cette porte et celui des rues de la Glacière et de la Santé jusqu'au point de départ.

52ᵉ Quartier. — DE CROULEBARBE. — Une ligne partant du boulevard d'Italie et suivant l'axe de la rue de la Santé, — celui du boulevard de Port Royal, — de l'avenue des Gobelins, — de la place d'Italie, et du boulevard d'Italie jusqu'au point de départ.

XIVᵉ ARRONDISSEMENT, DE L'OBSERVATOIRE. — *Mairie : place de Montrouge.*

Une ligne suivant l'axe du boulevard du Montparnasse, à partir du côté ouest de la rue du Départ, celui du boulevard de Port Royal, — des rues de la Santé, de la Glacière, et de la Porte de Gentilly, jusqu'à la limite des terrains militaires, — suivant le pied du glacis jusqu'au chemin de fer de l'Ouest, — et les limites, côté Est, dudit chemin de fer jusqu'au boulevard du Montparnasse.

53ᵉ Quartier. — DU MONTPARNASSE. — Une ligne partant du boulevard du Montparnasse et suivant la rue du Départ sur la limite de l'embarcadère et du viaduc du chemin de fer de l'Ouest jusqu'à l'avenue du Maine, — l'axe de ladite avenue, — celui de la rue Daguerre, — de l'avenue d'Orléans, — de la place Denfert-Rochereau et du boulevard Saint Jacques, — de la rue de la Santé, — et des boulevards de Port Royal et du Montparnasse jusqu'au point de départ.

54ᵉ Quartier. — DE LA SANTÉ. — Une ligne partant de la place Saint Jacques et suivant l'axe du boulevard Saint Jacques, — de la rue de la Santé et de la rue de la Glacière, jusqu'à la limite des terrains militaires, — suivant le pied du glacis jusqu'au prolongement de l'axe de la rue de la Tombe Issoire, — et l'axe de ladite rue jusqu'au point de départ.

55ᵉ Quartier. — DU PETIT MONTROUGE. — Une ligne partant de la rue du Chemin des Plantes et suivant l'axe de la rue Daguerre, — de l'avenue d'Orléans, — de la place Denfert-Rochereau, du boulevard Saint Jacques, de la rue de la Tombe Issoire prolongée jusqu'à la limite des terrains militaires, — le pied du glacis jusqu'à l'axe de la porte de Châtillon, — et l'axe de la rue du Chemin des Plantes, à partir de la porte de Châtillon, jusqu'au point de départ.

56ᵉ Quartier. — DE PLAISANCE. — Une ligne partant de la limite des terrains militaires au débouché du chemin de fer de l'Ouest, suivant la limite, côté Est, dudit chemin de fer jusqu'à l'avenue du Maine, — l'axe de ladite avenue — et celui des rues Daguerre — et du Chemin des Plantes, prolongé jusqu'à la limite des terrains militaires (axe de la porte de Châtillon) — et le pied du glacis jusqu'au point de départ.

XVᵉ ARRONDISSEMENT, DE VAUGIRARD. — *Mairie : rue Péclet.*

Une ligne partant du milieu de la Seine au droit des limites des terrains militaires, remontant le cours du fleuve jusqu'au prolongement de l'axe de l'avenue de Suffren, — l'axe de cette avenue, — celui de la rue Pérignon, — de l'avenue de Saxe, — de la rue de Sèvres, — du boulevard du Montparnasse jusqu'à la rue du Départ, — suivant les limites, côté Est, du chemin de fer de l'Ouest jusqu'à la limite des terrains militaires, — et le pied du glacis jusqu'au point de départ.

57ᵉ Quartier. — Saint Lambert. — Une ligne partant de la limite des terrains militaires dans l'axe de la porte de Sèvres, suivant l'axe de ladite porte et du boulevard Victor, — celui des rues Lecourbe, de la Croix Nivert, — Mademoiselle, — Cambronne, de Vaugirard et de la Procession, jusqu'au chemin de fer de l'Ouest, — les limites, côté Est. dudit chemin de fer jusqu'aux confins des terrains militaires, — et le pied du glacis jusqu'au point de départ.

58ᵉ Quartier. — Necker. — Une ligne partant de la rue Mademoiselle et suivant l'axe de la rue de la Croix Nivert, de la place Cambronne, et des avenues Lowendal — et de Suffren, — celui de la rue Pérignon, de l'avenue de Saxe. — de la rue de Sèvres et du boulevard du Montparnasse jusqu'à la rue du Départ, — les limites, côté Est. du chemin de fer de l'Ouest, jusqu'à la rue de la Procession, — l'axe de cette rue et des rues de Vaugirard, de Cambronne et Mademoiselle, jusqu'au point de départ.

59ᵉ Quartier. — De Grenelle. — Une ligne partant du pont de Grenelle, au milieu du grand bras de la Seine et remontant le cours du fleuve jusqu'au prolongement de l'axe de l'avenue de Suffren, — suivant l'axe de cette avenue, — celui de la place Cambronne, des rues Croix Nivert, — des Entrepreneurs, de Linois et du pont de Grenelle, jusqu'au point de départ.

60ᵉ Quartier. — De Javel. — Une ligne partant du milieu de la Seine, au droit des limites des terrains militaires, remontant le cours du fleuve jusqu'au pont de Grenelle, — et suivant l'axe dudit pont, celui des rues Linois, des Entrepreneurs, — de la Croix Nivert et Lecourbe, — l'axe du boulevard Victor et de la porte de Sèvres, jusqu'à la limite des terrains militaires, — enfin le pied du glacis jusqu'au point de départ.

XVIᵉ ARRONDISSEMENT, de Passy. — *Mairie : avenue du Trocadéro.*

Une ligne partant du milieu de la Seine au droit de la limite des terrains militaires, suivant le pied du glacis jusqu'à l'avenue de la Grande Armée, — l'axe de ladite avenue, celui de la place de l'Étoile, — des avenues Marceau et du Trocadéro, de la place de l'Alma et du pont de l'Alma, jusqu'au milieu de la Seine, — et le milieu du fleuve jusqu'au point de départ.

61ᵉ Quartier. — D'Auteuil. — Une ligne partant du milieu de la Seine, au droit de la limite des terrains militaires et suivant le pied du glacis, jusqu'à la Porte de Passy, — l'axe de cette porte, celui du boulevard Suchet jusqu'au prolongement de l'axe de la rue de l'Assomption, — l'axe de ladite rue, celui de la rue Boulainvilliers et du pont de Grenelle — et le milieu de la Seine jusqu'au point de départ.

62ᵉ Quartier. — De la Muette. — Une ligne partant de la porte de Passy, à la limite des terrains militaires, et suivant le pied du glacis jusqu'à la porte de la Muette, — l'axe de cette porte, de l'avenue du Trocadéro, — de la place et du jardin du Trocadéro, celui du pont d'Iéna, — le milieu de la Seine jusqu'au pont de Grenelle, — l'axe dudit pont et des rues Boulainvilliers et de l'Assomption prolongé jusqu'au boulevard Suchet, l'axe du boulevard Suchet et celui de la porte de Passy jusqu'au point de départ.

63ᵉ Quartier. — De la Porte Dauphine. — Une ligne partant de la porte de la Muette et suivant le pied du glacis jusqu'à l'avenue de la Grande Armée, — l'axe de ladite avenue, celui de l'avenue Malakoff, de la place du Trocadéro, — de l'avenue du Trocadéro et de la porte de la Muette jusqu'au point de départ.

64ᵉ Quartier. — Des Bassins. — Une ligne partant du milieu de la Seine, dans l'axe du pont d'Iéna, suivant l'axe dudit pont, du jardin et de la place du Trocadéro, celui de l'avenue Malakoff, — de l'avenue de la Grande Armée, de la place de l'Étoile, des avenues Marceau et du Trocadéro, de la place de l'Alma et du pont de l'Alma, — et le milieu de la Seine entre les ponts de l'Alma et d'Iéna.

XVIIᵉ ARRONDISSEMENT, des Batignolles Monceaux. — *Mairie : rue des Batignolles.*

Une ligne partant de l'axe de l'avenue de la Grande Armée, au droit de la limite des terrains militaires, et suivant le pied des glacis jusqu'à la porte de Saint Ouen, — l'axe de la porte et de l'avenue de Saint Ouen, de l'avenue de Clichy et de la place de Clichy, — celui des boulevards des Batignolles et de Courcelles, — de l'avenue de Wagram, — de la place de l'Étoile et de l'avenue de la Grande Armée jusqu'au point de départ.

65ᵉ Quartier. — Des Ternes. — Une ligne partant de l'axe de l'avenue de la Grande Armée, à la limite des terrains militaires et contournant le pied du glacis jusqu'au prolongement de l'axe de la rue d'Héliopolis et du boulevard de Gouvion-Saint Cyr, — suivant cet axe et celui des rues Guillaume Tell, Rennequin, Poncelet, et Desrenaudes, — du boulevard de Courcelles, de l'avenue de Wagram, de la place de l'Étoile — et de l'avenue de la Grande Armée jusqu'au point de départ.

66ᵉ Quartier. — De la Plaine de Monceaux. — Une ligne partant du boulevard de Courcelles et suivant l'axe des rues Desrenaudes, Poncelet, Rennequin, Guillaume Tell, d'Héliopolis et celui du boulevard Gouvion Saint Cyr prolongé jusqu'à la limite des terrains militaires, — le pied du glacis jusqu'à la porte d'Asnières, — l'axe de ladite porte, celui des rues de Tocqueville, de Lévis, — et du boulevard de Courcelles jusqu'au point de départ.

67ᵉ Quartier. — Des Batignolles. — Une ligne partant du boulevard des Batignolles et suivant l'axe des rues de Lévis, de Tocqueville et de la porte d'Asnières, — le pied du glacis jusqu'à un point en prolongement de l'ancienne rue de l'Entrepôt aujourd'hui supprimée, — l'axe de cette ancienne rue aboutissant rue Cardinet dans le voisinage de la rue Lemercier, — l'axe des rues Cardinet, Lemercier et La Condamine, — de l'avenue de Clichy, de la place de Clichy — et du boulevard des Batignolles jusqu'au point de départ.

68ᵉ Quartier. — Des Épinettes. — Une ligne suivant le pied du glacis, à partir du prolongement de l'ancienne rue de l'Entrepôt (supprimée) jusqu'à la porte de Saint Ouen, — l'axe de cette porte, celui de l'avenue de Saint Ouen, de l'avenue de Clichy, — et des rues La Condamine, Lemercier, Cardinet, et l'axe de l'ancienne rue de l'Entrepôt jusqu'au point de départ.

XVIIIe ARRONDISSEMENT, DE LA BUTTE MONTMARTRE. — *Mairie : place des Abbesses.*

Une ligne partant de la place de Clichy et suivant l'axe des avenues de Clichy, de Saint Ouen et de la porte de Saint Ouen jusqu'à la limite des terrains militaires, — le pied du glacis jusqu'à la porte d'Aubervilliers, — l'axe de cette porte, celui de la rue d'Aubervilliers, — des boulevards de La Chapelle, de Rochechouart et de Clichy jusqu'au point de départ.

69e Quartier — DES GRANDES CARRIÈRES. — Une ligne partant de la place de Clichy et suivant l'axe des avenues de Clichy, de Saint Ouen et de la porte de Saint Ouen jusqu'à la limite des terrains militaires, — le pied du glacis jusqu'au prolongement de l'axe de la rue du Ruisseau, — l'axe de ladite rue et des rues Marcadet, des Saules, Ravignan, des Abbesses et Houdon, — puis l'axe du boulevard de Clichy jusqu'au point de départ.

70e Quartier. — DE CLIGNANCOURT. — Une ligne partant du boulevard de Clichy et suivant l'axe des rues Houdon, des Abbesses, Ravignan, des Saules, Marcadet et de la rue du Ruisseau prolongée jusqu'à la limite des terrains militaires, — le pied du glacis jusqu'à l'axe prolongé de la rue des Poissonniers, — l'axe de ladite rue — et celui des boulevards Ornano, Rochechouart et de Clichy jusqu'au point de départ.

71e Quartier. — DE LA GOUTTE D'OR. — Une ligne partant de l'extrémité du boulevard de La Chapelle et suivant l'axe du boulevard Ornano, et celui de la rue des Poissonniers prolongé jusqu'à la limite des terrains militaires, — le pied du glacis jusqu'à la porte de La Chapelle, — l'axe de cette porte et de la rue de La Chapelle — et celui du boulevard de La Chapelle jusqu'au point de départ.

72e Quartier. — DE LA CHAPELLE. — Une ligne partant du boulevard de La Chapelle et suivant l'axe de la rue de La Chapelle et de la porte de La Chapelle jusqu'à la limite des terrains militaires, — le pied du glacis jusqu'à la porte d'Aubervilliers, — l'axe de ladite porte et de la rue d'Aubervilliers — et celui du boulevard de La Chapelle jusqu'au point de départ.

XIXe ARRONDISSEMENT, DES BUTTES CHAUMONT. — *Mairie : place Armand Carrel.*

Une ligne partant de l'extrémité du boulevard de La Villette et suivant l'axe de la rue d'Aubervilliers et de la porte d'Aubervilliers jusqu'à la limite des terrains militaires, — le pied du glacis jusqu'à la porte de Romainville, — l'axe de cette porte, celui de la rue de Belleville, — et du boulevard de La Villette jusqu'au point de départ.

73e Quartier. — DE LA VILLETTE. — Une ligne partant de l'extrémité du boulevard de La Villette et suivant l'axe de la rue d'Aubervilliers, — des rues de l'Ourcq, — d'Allemagne et de Meaux, — et celui du boulevard de La Villette jusqu'au point de départ.

74e Quartier. — DU PONT DE FLANDRES. — Une ligne partant de la rue de l'Ourcq et suivant l'axe de la rue d'Aubervilliers et de la porte d'Aubervilliers jusqu'à la limite des terrains militaires, — le pied du glacis jusqu'à la porte de Pantin, — l'axe de cette porte et celui des rues d'Allemagne — et de l'Ourcq jusqu'au point de départ.

75e Quartier. — D'AMÉRIQUE. — Une ligne partant de la rue de Belleville et suivant l'axe des rues de La Villette, Botzaris, de Crimée, — d'Allemagne et de la porte de Pantin, jusqu'à la limite des terrains militaires, — le pied du glacis jusqu'à la porte de Romainville, — l'axe de cette porte et de la rue de Belleville jusqu'au point de départ.

76e Quartier. — DU COMBAT. — Une ligne partant du boulevard de La Villette et suivant l'axe de la rue de Meaux, — de la rue de Crimée, — des rues Botzaris, de La Villette, et de Belleville, — et celui du boulevard de La Villette jusqu'au point de départ.

XXe ARRONDISSEMENT, DE MÉNILMONTANT. — *Mairie : place des Pyrénées.*

Une ligne partant de l'extrémité du boulevard de Belleville et suivant l'axe de la rue de Belleville et de la porte de Romainville jusqu'à la limite des terrains militaires, — le pied du glacis jusqu'à la porte de Vincennes, — l'axe de cette porte et du cours de Vincennes, — et celui des boulevards de Charonne, de Ménilmontant et de Belleville jusqu'au point de départ.

77e Quartier. — DE BELLEVILLE. — Une ligne partant du boulevard de Belleville et suivant l'axe des rues de Belleville, — Pixérécourt, — de Ménilmontant, — et celui du boulevard de Belleville jusqu'au point de départ.

78e Quartier. — SAINT FARGEAU. — Une ligne partant de la rue Pixérécourt et suivant l'axe de la rue de Belleville et de la porte de Romainville jusqu'à la limite des terrains militaires, — le pied du glacis jusqu'à la porte de Bagnolet, — l'axe de cette porte et des rues de Bagnolet, — Pelleport, — de Ménilmontant — et Pixérécourt jusqu'au point de départ.

79e Quartier. — DU PÈRE LACHAISE. — Une ligne partant des rues de Ménilmontant et suivant l'axe des rues de Ménilmontant, — Pelleport, — de Bagnolet, — et celui des boulevards de Charonne et de Ménilmontant jusqu'au point de départ.

80e Quartier. — DE CHARONNE. — Une ligne partant du boulevard de Charonne et suivant l'axe de la rue de Bagnolet et de la porte de Bagnolet jusqu'à la limite des terrains militaires, — le pied du glacis jusqu'à la porte de Vincennes, — l'axe de cette porte, celui du cours de Vincennes — et du boulevard de Charonne jusqu'au point de départ.

LIMITES DES ANCIENS ARRONDISSEMENTS

Iᵉʳ ARRONDISSEMENT

Une ligne partant du milieu de la Seine, aboutissant à la barrière de Passy, et suivant l'axe du quai Debilly et le mur de l'octroi dans la direction des barrières Franklin, Sainte Marie, de Longchamps, des Bassins, de Neuilly, du Roule, de Courcelles, de Chartres (fermée), de Monceaux, de Clichy, l'axe des rues de Clichy, Saint Lazare, de la Chaussée d'Antin, Louis le Grand, Neuve des Petits Champs (Petits Champs), de la place Vendôme, de la rue Saint Honoré, de la place du Palais Royal, de la rue Froidmanteau (supprimée), de la place du Muséum, du guichet Froidmanteau (supprimé), et le milieu de la Seine jusqu'au droit de la barrière de Passy.

Quartiers :

1ᵉ Des Tuileries ; — 2ᵉ des Champs Élysées ; — 3ᵉ du Roule ; 4ᵉ de la place Vendôme.

Mairie : rue d'Anjou Saint Honoré (rue d'Anjou).

IIᵉ ARRONDISSEMENT

Une ligne partant de la barrière de Clichy et suivant le mur de l'octroi dans la direction des barrières Blanche, Montmartre, des Martyrs, de Rochechouart et Poissonnière, l'axe de la rue du Faubourg Poissonnière, du boulevard Poissonnière, des rues Montmartre, Notre-Dame des Victoires, des Filles Saint Thomas (place de la Bourse), Vivienne, Neuve des Petits Champs (Petits Champs), Neuve des Bons Enfants (Radziwill), des Bons Enfants, Saint Honoré, de la place Vendôme, des rues Neuve des Petits Champs (Petits Champs), Louis le Grand, de la Chaussée d'Antin, Saint Lazare, et de Clichy jusqu'à la barrière.

Quartiers :

5ᵉ De la Chaussée d'Antin ; — 6ᵉ du Palais Royal ; — 7ᵉ Feydeau ; — 8ᵉ du Faubourg Montmartre.

Mairie : rue Pinon (Rossini).

IIIᵉ ARRONDISSEMENT

Une ligne partant de la barrière Poissonnière et suivant le mur de l'octroi jusqu'à la barrière Saint Denis, l'axe de la rue du Faubourg Saint Denis, du boulevard de Bonne Nouvelle, des rues Poissonnière, des Petits Carreaux, Montorgueil, de la place de la Pointe Saint Eustache, des rues de la Tonnellerie (supprimée), Saint Honoré, du Four (Vauvilliers), Coquillière, de la Croix des Petits Champs, de la place des Victoires et des rues de la Feuillade, Neuve des Petits Champs (Petits Champs), Vivienne, des Filles Saint Thomas (place de la Bourse), Notre-Dame des Victoires et Montmartre, du boulevard Poissonnière et de la rue du Faubourg Poissonnière jusqu'à la barrière Poissonnière.

Quartiers :

9ᵉ Du Faubourg Poissonnière ; — 10ᵉ Saint Eustache ; — 11ᵉ Montmartre ; — 12ᵉ du Mail.

Mairie : place des Petits Pères.

IVᵈ ARRONDISSEMENT

Une ligne partant du milieu de la Seine et passant par le guichet Froidmanteau (supprimé), l'axe des rues Froidmanteau (supprimée), Saint Honoré, des Bons Enfants, Neuve des Bons Enfants (Radziwill), la Feuillade, de la place des Victoires, des rues de la Croix des Petits Champs, Coquillière, du Four (Vauvilliers), Saint Honoré, de la Tonnellerie (supprimée), Pirouette, Mondétour, de la Chanverrerie (Rambuteau), et Saint Denis, de la place du Châtelet et du pont au Change, et le milieu de la Seine jusqu'au droit du guichet Froidmanteau.

Quartiers :

13ᵉ Saint Honoré ; — 14ᵉ du Louvre ; — 15ᵉ des Marchés ; 16ᵉ de la Banque.

Mairie : place du Chevalier du Guet (supprimée).

Vᵉ ARRONDISSEMENT

Une ligne partant de la barrière Saint Denis et suivant le mur de l'octroi dans la direction des barrières des Vertus, de La Villette, de Pantin, du Combat, de la Chopinette, de Belleville, l'axe de la rue du Faubourg du Temple, des boulevards Saint Martin et Saint Denis, des rues Saint Denis, de la Chanverrerie (Rambuteau), Mondétour, Pirouette, de la Tonnellerie (supprimée), de la place de la Pointe Saint Eustache, des rues Montorgueil, des Petits Carreaux, Poissonnière, du boulevard de Bonne Nouvelle et de la rue du Faubourg Saint Denis jusqu'à la barrière.

Quartiers :

17ᵉ De Bonne Nouvelle ; — 18ᵉ de la Porte Saint Martin ; — 19ᵉ du Faubourg Saint Denis ; — 20ᵉ Montorgueil.

Mairie : rue de Bondy.

VIᵉ ARRONDISSEMENT

Une ligne partant de la barrière de Belleville et suivant le mur de l'octroi, dans la direction des barrières de Ramponneau, des Trois Couronnes et de Ménilmontant, l'axe des rues de Ménilmontant, des Fossés du Temple (Amelot), des Filles du Calvaire, de Bretagne, de la Corderie (de Bretagne), du Temple, Chapon, du Cimetière Saint Nicolas (Chapon), Saint Martin, des Arcis (Saint Martin), Saint Jacques la Boucherie (supprimée), Saint Denis, des boulevards Saint Denis et Saint Martin, et de la rue du Faubourg du Temple jusqu'à la barrière.

Quartiers :

21ᵉ Du Temple ; — 22ᵉ de la Porte Saint Denis ; — 23ᵉ des Lombards ; — 24ᵉ Saint Martin des Champs.

Mairie : rue Saint Martin.

VIIᵉ ARRONDISSEMENT

Une ligne partant du milieu du pont au Change, traversant la place du Châtelet et suivant l'axe des rues Saint Jacques la Boucherie (supprimée), des Arcis (Saint Martin), Saint Martin, du Cimetière Saint Nicolas (Chapon), Chapon, du Temple, de la Corderie (de Bretagne), de Bretagne, Vieille du Temple, des Francs Bourgeois, Neuve Sainte Catherine (des Francs Bourgeois), Culture Sainte Catherine (de Sévigné), Saint Antoine, de la Tixeranderie (supprimée), du Mouton (supprimée), de la place de l'Hôtel de Ville, du pont d'Arcole, et le milieu de la Seine jusqu'au pont au Change.

Quartiers :

25ᵉ Des Arcis ; — 26ᵉ du Mont de Piété ; — 27ᵉ Sainte Avoye ; — 28ᵉ du Marché Saint Jean.

Mairie : rue des Francs Bourgeois.

VIIIᵉ ARRONDISSEMENT

Une ligne partant de la barrière de Ménilmontant et suivant le mur de l'octroi dans la direction des barrières des Amandiers, d'Aunay, des Rats, de Fontarabie, de Montreuil, de Vincennes, de Saint Mandé, de Picpus, de Reuilly, de Charenton, de Bercy et de la Rapée, l'axe du pont de la Gare (de Bercy), le milieu de la Seine jusqu'au pont d'Austerlitz, la place Mazas, l'axe des rues de la Contrescarpe (boulevard de la Contrescarpe), de la cour de la Juiverie (supprimée), de la place de la Bastille, des rues Saint Antoine, Culture Sainte Catherine (de Sévigné), Neuve Sainte Catherine (des Francs Bourgeois), des Francs Bourgeois, Vieille du Temple, des Filles du Calvaire, des Fossés du Temple (Amelot), et de Ménilmontant (Oberkampf), jusqu'à la barrière.

Quartiers :

29ᵉ Des Quinze-Vingts ; — 30ᵉ du Faubourg Saint Antoine ; — 31ᵉ Popincourt ; — 22ᵉ du Marais.

Mairie : place Royale (place des Vosges).

IXᵉ ARRONDISSEMENT

Une ligne partant du milieu de la Seine, traversant la place de l'Hôtel de Ville, suivant l'axe des rues du Mouton (supprimée), de la Tixeranderie (supprimée), de la place Baudoyer (rue Saint Antoine), de la rue Saint Antoine, de la place de la Bastille, de la rue de la Contrescarpe (boulevard de la Contrescarpe), traversant la place Mazas, suivant ensuite l'axe du pont d'Austerlitz, le milieu de la Seine, à partir dudit pont jusqu'au pont au Double, l'axe du pont au Double, celui de la rue de la Bûcherie, de la rue du Petit Pont, du Petit Pont, le milieu de la Seine jusqu'au pont Saint Michel, l'axe du pont Saint Michel, de la rue de la Barillerie (boulevard du Palais) et du pont au Change.

Quartiers :

33e De la Cité ; — 34e de l'Ile Saint Louis ; — 35e de l'Arsenal ; — 36e de l'Hôtel de Ville.

Mairie : rue Geoffroy l'Asnier.

Xe ARRONDISSEMENT

Une ligne partant du milieu du petit bras de la Seine et suivant l'axe du Pont Neuf, et des rues de Thionville (rue Dauphine), de l'Ancienne Comédie, des Boucheries (supprimée), du Four, du Cherche Midi, du Regard, de Vaugirard jusqu'à la barrière de Vaugirard, le mur de l'octroi dans la direction des barrières de Sèvres, des Paillassons, de Grenelle, de la Cunette, le milieu de la gare de Grenelle et le milieu du grand bras de la Seine, à partir d'une ligne au droit de la barrière de Passy. jusqu'au Pont Neuf.

Quartiers :

37e Des Invalides ; — 38e Saint Thomas d'Aquin ; — 39e de la Monnaie ; — 40e du Faubourg Saint Germain.

Mairie : rue de Grenelle.

XIe ARRONDISSEMENT

Une ligne suivant l'axe de la rue de Vaugirard, à partir de la barrière de Vaugirard, celui des rues du Regard, du Cherche Midi, du Four, des Boucheries (supprimée), de l'Ancienne Comédie, de Thionville (rue Dauphine), du Pont Neuf, le milieu de la Seine, à partir du Pont Neuf jusqu'au pont au Change, y compris la place du Pont Neuf, l'axe du pont au Change, de la rue de la Barillerie (boulevard du Palais), du pont Saint Michel, le milieu de la Seine, à partir de ce point jusqu'au Petit Pont, l'axe du Petit Pont, celui des rues du Petit Pont, Saint Jacques, Saint Dominique d'Enfer (Royer Collard), la limite du jardin du Luxembourg, à partir de cette dernière rue jusqu'à l'axe de la grande allée, suivant cet axe jusqu'à l'avenue de l'Observatoire et au boulevard du Montparnasse, celui dudit boulevard, la limite des Hospices des Enfants Trouvés et Marie Thérèse jusqu'au mur de l'octroi et le mur d'enceinte dans la direction des barrières du Mont Parnasse, du Maine, des Fourneaux et de Vaugirard.

Quartiers :

41e Du Luxembourg — 42e de l'École de Médecine ; — 43e du Palais de Justice ; — 44e de la Sorbonne

Mairie : rue Garancière.

XIIe ARRONDISSEMENT

Une ligne partant du mur d'enceinte de la ville à un point situé sur le prolongement de la limite de l'Hospice Marie Thérèse, la limite de l'Hospice des Enfants Trouvés, l'axe du boulevard du Montparnasse, de l'avenue de l'Observatoire, de la grande allée du jardin du Luxembourg jusqu'à l'École des Mines, la limite du jardin jusqu'au droit de la rue Saint Dominique d'Enfer (rue Royer Collard), l'axe des rues Saint Dominique d'Enfer, Saint Jacques, du Petit Pont, de la Bûcherie, du pont au Double, le milieu de la Seine jusqu'au pont de la Gare (de Bercy), l'axe du pont de la Gare (de Bercy) et le mur d'enceinte de Paris dans la direction des barrières de la Gare, d'Ivry, d'Italie, Croulebarbe, de la Glacière, de la Santé, d'Arcueil, d'Enfer jusqu'à la limite prolongée de l'Hospice Marie Thérèse.

Quartiers :

45e Du Jardin du Roi ; — 46e Saint Jacques ; — 47e de l'Observatoire ; — 48e Saint Marcel.

Mairie : rue Saint Jacques.

SUPPLÉMENT

RÉCENTS DÉCRETS APPROUVANT LES ALIGNEMENTS ET LE NIVELLEMENT
DES RUES CI-APRÈS :

BELIDOR (Rue). — Décret du 9 août 1881. — Larg^r : 9^m,00. — *Alignements* et *Nivellement*.

BÉNARD (Rue). — Décret du 7 septembre 1881. — *Alignements* suivant les liserés bleus du plan annexé, et *Nivellement*.

BEURET (Rue). — Décret du 30 septembre 1881. — *Alignements*, du côté des numéros pairs, suivant le liseré vermillon; et du côté des numéros impairs, suivant le liseré bleu du plan annexé, et *Nivellement*.

BEZOUT (Rue). — Décret du 15 septembre 1881. — Larg^r : 10^m,00. — *Alignements* et *Nivellement*.

> Obs. — A l'égard de l'immeuble situé à la rencontre des rues Bezout et Montbrun et portant le n° 9 dans cette dernière rue, l'alignement ne sera pas exécuté par application de la servitude de reculement mais par voie d'acquisition amiable ou d'expropriation.

BOULARD (Rue). — Décret du 6 septembre 1881. — *Alignements* suivant les liserés bleus du plan annexé, entre la rue du Champ d'Asile et la rue Brézin, et *Nivellement*.

CAMBRONNE (Rue). — Décret 15 septembre 1881. — Larg^r : 14^m,00. — *Alignements* entre la place Cambronne et la rue Lecourbe, et Larg^r : 16^m,70. — *Alignements* entre la rue Lecourbe et la rue de Vaugirard, et *Nivellement*.

CHATELAIN (Rue). — Larg^r : 10^m,00. — Décret du 30 septembre 1881. — *Alignements* et *Nivellement*.

COUESNON (Rue). — Décret du 6 septembre 1881. — Larg^r : 10^m,00. — *Alignements* et *Nivellement*.

CROISADES (Rue des). — Décret du 30 août 1881. — Larg^r : 10^m,00. — *Alignements* et *Nivellement*.

DECRÈS (Rue). — Décret du 23 septembre 1881. — Larg^r : 10^m,00. — *Alignements* et *Nivellement*.

DORIAN (Avenue). — Décret du 21 septembre 1881. — Larg^r : 40^m,00. — *Classement, Alignements* et *Nivellement*.

DUCANGE (Rue). — Décret du 30 août 1881. — Larg^r : 10^m,00. — *Alignements* entre les rues Desprez et de Gergovie, et *Nivellement*.

DUNOIS (Rue). — Décret du 6 septembre 1881. — Larg^r : 10^m,00. — *Alignements* entre le boulevard de la Gare et la rue Domrémy, et *Nivellement*.

DURANTIN (Rue). — Décret du 15 septembre 1881. — *Classement, Alignements* (liserés bleus du plan annexé) et *Nivellement*.

FONDARY (Rue). — Décret du 30 août 1881. — Larg^r : 10^m,00. — *Alignements* et *Nivellement*.

GÉRARD (Rue). — Décret du 20 septembre 1881. — *Alignements* suivant les liserés bleus du plan annexé, et *Nivellement*.

> Obs. — Les alignements des immeubles portant les n°s 54, 38, 50, 56, 58 et 60 ne seront pas exécutés par application de la servitude de reculement, mais par voie d'acquisition amiable ou d'expropriation.

GERGOVIE (Rue de). — Décret du 15 septembre 1881. — *Alignements*, entre la rue de Vanves et le chemin de fer de l'Ouest, suivant les liserés bleus du plan annexé, et *Nivellement*.

GUILLEMINOT (Rue). — Décret du 7 septembre 1881. — Larg^r : 10^m,00. — *Alignements* et *Nivellement*.

ITALIE (Place d'). — Décret du 20 septembre 1881. — *Alignements* modifiés conformément aux liserés bleus du plan annexé.

    Obs. — Le décret du 12 février 1867 est rapporté en ce qu'il a de contraire à la disposition qui précède.

JAVEL (Rue de). — Décret du 30 septembre 1881. — *Alignements*, entre la rue de la Croix Nivert et la rue Blomet, suivant les liserés bleus du plan annexé, et *Nivellement*.

LALANDE (Rue). — Décret du 6 septembre 1881. — Larg^r : 10^m,00. — *Alignements* et *Nivellement*.

LALLY-TOLLENDAL (Rue). — Décret du 7 septembre 1881. — Larg^r : 12^m,00. — *Alignements* et *Nivellement*.

LOURMEL (Rue de). — Décret du 30 septembre 1881. — *Alignements*, entre la rue de Javel et le boulevard de Grenelle, suivant les liserés bleus du plan annexé, et *Nivellement*.

LOUVRE (Quai du). — Décret du 6 septembre 1881. — *Alignements*, entre la rue du Louvre et la place de l'École, conformément aux liserés bleus du plan annexé, et *Nivellement*.

MADEMOISELLE (Rue). — Décret du 30 septembre 1881. — Larg^r : 12^m,00. — *Alignements* et *Nivellement*.

MAISON-DIEU (Rue). — Décret du 6 septembre 1881. — Larg^r : 8^m,00. — *Alignements* et *Nivellement*.

MÉDÉAH (Rue de). — Décret du 7 septembre 1881. — Larg^r : 8^m,00. — *Alignements* entre les rues Vandamme et Vercingétorix, et *Nivellement*.

MOUTON-DUVERNET (Rue). — Décret du 21 septembre 1881. — Larg^r : 10^m,00. — *Alignements* de la partie entre l'avenue du Maine et la rue Didot, et *Nivellement*.

PERCEVAL (Rue). — Décret du 21 septembre 1881. — *Alignements* suivant les liserés bleus du plan annexé, et *Nivellement*.

SABLIÈRE (Rue de la). — Décret du 7 septembre 1881. — *Alignements* suivant les liserés bleus du plan annexé, et *Nivellement*.

SAINT CHARLES (Rue). — Décret du 30 septembre 1881. — *Alignements*, entre les rues Vignon et Lacordaire, et la rue Leblanc, suivant les liserés bleus du plan annexé, et *Nivellement*.

SAINTE ALICE (Rue). — Décret du 6 septembre 1881. — Larg^r : 8^m,00. — *Alignements* et *Nivellement*.

SCHOMER (Rue). — Décret du 23 septembre 1881. — *Alignements* d'après les liserés bleus du plan annexé, et *Nivellement*.

TEXEL (Rue du). — Décret du 23 septembre 1881. — *Alignements* suivant les liserés bleus du plan annexé et *Nivellement*.

THÉATRE (Rue du). — Décret du 30 septembre 1881. — *Alignements*, entre la rue de Lourmel et la rue de la Croix Nivert, suivant les liserés bleus du plan annexé, et *Nivellement*.

VANDAMME (Rue). — Décret du 23 septembre 1881. — *Alignements* suivant les liserés bleus du plan annexé, et *Nivellement*.

ABRÉVIATIONS

(U. P.)	Utilité publique.
**	Rues situées dans la zone des anciennes carrières.
*	Rues situées, en partie, dans la même zone.
(I. 5. — P. 8.)	Numéros impairs 5. — Numéros pairs 8.

ERRATA

CENSIER (Rue). — Au lieu de : Abbé de l'Épée — lisez : Mirbel.

GRANDS DEGRÉS (Rue des). — Larg^r : 10^m,00. — Décisions ministérielles des 20 fructidor an XI et 5 octobre 1818.

GUÉRIN BOISSEAU (Rue). — Larg^r : 6^m,00. — Décision ministérielle du 15 floréal an V.
Larg^r : 10^m,00. — Ordonnance royale du 21 juin 1828.

NOMENCLATURE DES VOIES DE PARIS

A

ABBAYE (Clos de l') . . . . **XII**ᵉ Arrondissement. . . . . 48ᵉ Quartier.
1   **Commence** rue du Faubourg Saint Antoine, 464. — **Finit** rue de Cîteaux, 26.
      Long^r : 46^m,00.
    Moindre larg^r : 3^m,50.   *(Voie privée.)*
    Orig. — Situé sur l'emplacement de l'abbaye Saint-Antoine, fondée au commencement du xiiiᵉ siècle.

ABBAYE (Passage de l'). . . . . . **VI**ᵉ Arrondissement . . . . 24ᵉ Quartier.
2   **Commence** rue Gozlin, 9. — **Finit** rue du Four, 12.
      Long^r : 36^m,00.
    Moyenne larg^r : 3^m,25.   *(Voie privée.)*
    Orig. — Aboutissait à l'ancienne prison de l'Abbaye (4322-4854).

ABBAYE (Rue de l') . . . . **VI**ᵉ Arrondissement . . . . 24ᵉ Quartier.
3   **Commence** rue de l'Echaudé, 48. — **Finit** rue Saint Benoît, 11.   (l. 49. — P. 24.)
      Long^r : 238^m,00.
      Larg^r : 9^m,74. — Décision ministérielle du 3 floréal an ix.
      Id.   9^m,74.   Ord. royale du 29 avril 1839. *Alignements* entre la rue de
             l'Echaudé et les rues de Rennes et Bonaparte, et prolonge-
             ment jusqu'à la rue Saint Benoît.
      Id.   10^m,00. — Décret du 28 juillet 1866 (U. P.). *Alignements* depuis la place
             Saint Germain des Prés et la rue Bonaparte jusqu'à la rue Saint
             Benoît.
    Orig. — Doit son nom à l'Abbaye Saint Germain-des-Prés, fondée par Childebert, en 543.

ABBÉ DE L'ÉPÉE (Rue de l') . **V**ᵉ Arrondissement . . . . 19ᵉ Quartier.
4   **VI**ᵉ Arrondissement . . . . 22ᵉ Quartier.
    Commence rue Gay-Lussac, 48. — **Finit** rue d'Assas.
      Long^r : 710^m,00.
      Larg^r : 20^m,00. — Décret du 29 novembre 1880 (U. P.). *Alignements* entre la rue Gay-
             Lussac et la rue Saint Jacques et expropriation de quatre immeu-
             bles sur la rue Saint Jacques.
      Larg^r : 8^m,00. — Ord. royale du 15 juin 1845. *Alignements* entre la rue Saint Jacques
             et la rue Denfert-Rochereau.
      Id.   20^m,00. — *Alignements* projetés pour la même partie.
      Id.   20^m,00. — Décret du 14 août 1866 (U. P.). *Ouverture. Alignements* entre la rue
             Denfert-Rochereau et la rue d'Assas.
             Ord. royale du 4 novembre 1816. *Dénomination* de la partie com-
             prise entre la rue Saint Jacques et la rue Denfert-Rochereau.
                Obs. — Précédemment rue des Deux Eglises.
             Arrêté Préfectoral du 10 novembre 1873. *Dénomination* de la partie
             comprise entre le boulevard Saint Michel et la rue d'Assas.
    Orig. — L'Abbé Charles-Michel de l'Épée, fondateur de l'Institution des Sourds-Muets (1712-1789) ; voisinage de cet
        établissement.

ABBÉ GRÉGOIRE (Rue de l') * . VIᵉ Arrondissement. . . . . 23ᵉ Quartier.

5   **Commence** rue de Sèvres, 75. — **Finit** rue de Vaugirard, 92.   (I. 47. — P. 28.)

    Longʳ : 372ᵐ,00.

    Largʳ : 8ᵐ,00. — Décision ministérielle du 9 thermidor an X.

    Largʳ : 10ᵐ,00. — Ord. royale du 11 janvier 1843. *Alignements* entre les rues de Sèvres et du Cherche Midi (A).

    Largʳ : 12ᵐ,00. — Décret du 3 mars 1858 (U.P.). *Ouverture* et *Alignements* entre les rues du Cherche Midi et de Vaugirard (B).

    Arrêté préfectoral du 29 octobre 1868. *Nivellement.*

    Arrêté préfectoral du 4 novembre 1880. *Dénomination* actuelle.

    Obs. — Précédemment rue des Missions (A) et antérieurement rue Saint-Maur.

Orig. — L'abbé Henri Grégoire, évêque constitutionnel de Blois (1750-1831).

ABBÉ GROULT (Rue de l') * . . . XVᵉ Arrondissement . . . . 57ᵉ et 60ᵉ Quartiers.

Ancᵗ communes de Grenelle et de Vaugirard.

6   **Commence** r. des Entrepreneurs, 104, et du pourtour de l'Église. — **Finit** r. de Vouillé, 1, et de Dombasle, 71   (I. 139. — P. 146.)

    Longʳ : 1,125ᵐ,00.

    Décret du 25 juillet 1851. *Classement* (Route départementale, n° 10).

    Largʳ : 10ᵐ,00. — Décret du 3 octobre 1855. *Alignements.*

    Décret du 23 mai 1863. *Classement* (confirmation).

    Arrêté préfectoral du 20 juillet 1868. *Dénomination* actuelle.

    Obs. — Précédemment rues du Transit, Basse du Transit, Groult-d'Arcy et Haute du Transit (partie de la route départementale n° 10).

Orig. — L'abbé Groult-d'Arcy, religieux bénédictin, supérieur d'une maison d'éducation à Vaugirard, pendant la Restauration, donateur du terrain sur lequel s'élève la nouvelle église Saint-Lambert.

ABBESSES (Passage des) ** . . . XVIIIᵉ Arrondissement . . . . 70ᵉ Quartier.

Anciennement commune de Montmartre.

7   **Commence** rue des Abbesses, 20. — **Finit** rue des Trois Frères, 57.

    Longʳ : 95ᵐ,00.

    Largʳ : 5ᵐ,50 à 11ᵐ,00   (*Voie privée*.)

    Arrêté préfectoral du 10 novembre 1873. *Dénomination* actuelle.

    Obs. — Précédemment Passage de l'Arcade.

Orig. — Voir rue des Abbesses.

ABBESSES (Place des) ** . . . . . XVIIIᵉ Arrondissement . . . . 69ᵉ et 70ᵉ Quartiers.

Anciennement commune de Montmartre.

8   **Située** rue des Abbesses, 6 et 20.

    Longʳ : Comprise dans celle de la rue des Abbesses.

    Largʳ : 27ᵐ,50. — Délibération du Conseil municipal de Montmartre du 12 juin 1846.

    Décret du 23 mai 1863. *Classement* (confirmation).

    Arrêté préfectoral du 26 février 1867. *Dénomination* actuelle.

    Obs. — Précédemment place de l'Abbaye.

Orig. — Voir rue des Abbesses.

ABBESSES (Rue des) ** . . . . . XVIIIᵉ Arrondissement . . . . 69ᵉ et 70ᵉ Quartiers.

Anciennement commune de Montmartre.

9   **Commence** rue des Martyrs, 89. — **Finit** rues Lepic, 34, et Tholozé, 2.   (I. 65. — P. 56.)

    Longʳ : 418ᵐ,00.

    Largʳ : 15ᵐ,00. — Délibération du Conseil municipal de Montmartre du 12 juin 1847 et du 7 mai 1859. *Alignements* projetés.

    Décret du 23 mai 1863. *Classement* (confirmation).

    Arrêté préfectoral du 26 février 1867. *Dénomination* actuelle.

    Obs. — Précédemment rue de l'Abbaye et antérieurement rue de la Cure.

Orig. — Doit son nom aux abbesses de l'Abbaye de Montmartre, fondée par Louis-le-Gros en 1155.

ABBEVILLE (Rue d') * . . . . . . IXᵉ Arrondissement . . . . 36ᵉ Quartier.
                                  Xᵉ Arrondissement . . . . 37ᵉ Quartier.

10   **Commence** pl. Lafayette, 109, et r. Fénelon, 1. — **Finit** r. Baudin, 38, et de Maubeuge, 82.   (I. 17. — P. 16.)

    Longʳ : 191ᵐ,00.

    Largʳ : 12ᵐ,00. — Ord. royale du 31 janvier 1827. *Ouverture* et *Alignements* entre la place Lafayette et la rue de Rocroy.

    Id.   15ᵐ,75. — Ord. royale du 2 février 1839. *Alignements* modifiés entre la place Lafayette et la rue de Rocroy.

    Id.   12ᵐ,00. — Décret du 3 août 1861 (U. P.). (*Prolongement*). *Alignements* depuis l'extrémité de la partie formant impasse jusqu'aux rues Baudin et de Maubeuge.

    Obs. — Il reste une partie à ouvrir entre les rues de Rocroy et du Faubourg-Poissonnière.

    Décret du 7 août 1863. (U. P.) *Modification* du tracé primitif entre la rue du Faubourg Poissonnière et les rues Baudin et de Maubeuge.

    Obs. — Précédemment rue du Gazomètre, entre la place de Lafayette et le fond de l'impasse.

Orig. — Ville du département de la Somme; voisinage de la gare du chemin de fer du Nord.

ABEL LEBLANC (Passage) . . . . **XII**ᵉ Arrondissement . . . . 48ᵉ Quartier.

11   **Commence** rue de Charenton, 127. — **Finit** rue Crozatier, 19.   (I. 9. — P. 12.)
Longʳ : 126ᵐ,00.
Largʳ :   7ᵐ,00.   (*Voie privée.*)
Orig. — Nom du propriétaire du terrain sur lequel le passage a été ouvert.

ABOUKIR (Rue d'). . . . . **II**ᵉ Arrondissement . . . . 7ᵉ et 8ᵉ Quartiers.

12   **Commence** rues Vide Gousset et Pagevin, 48. — **Finit** rue St Denis, 285. (I. 147. — P. 138.)
Longʳ : 870ᵐ,00.
Largʳ :   10ᵐ,00. — Décision ministérielle du 23 brumaire an VIII.
Id.   12ᵐ,00. — Ord. royale du 23 juillet 1828. *Alignements* entre les rues Vide
Gousset et Pagevin et la rue Montmartre.
Id.   12ᵐ,00. — Ord. royale du 4 mai 1826. *Alignements* entre la rue Montmartre et
la rue des Petits Carreaux.
Id.   12ᵐ,00. — Ord. royale du 21 juin 1826. *Alignements* entre la rue des Petits
Carreaux et la rue Saint Denis.
Décret du 2 octobre 1865. *Dénomination* actuelle.
Obs. — Précédemment rues des Fossés Montmartre, Neuve Saint Eustache et
Bourbon-Villeneuve.
Orig. — Victoire remportée en Égypte par l'armée française (1799). Une partie de la rue avait déjà porté ce nom
en raison du voisinage de la place du Caire (1807-1814).

ABREUVOIR (Rue de l'). . . . . **XVIII**ᵉ Arrondissement. . . . . 69ᵉ Quartier.
Anciennement commune de Montmartre.

13   **Commence** rue des Saules, 5. — **Finit** rue Girardon.   (I. 15. — P. 18.)
Longʳ : 133ᵐ,00.
Largʳ :   11ᵐ,00. — Délibération du Conseil municipal de Montmartre du 12 juin 1846.
Alignements projetés. (Largeur actuelle : 9ᵐ,00, moindre.)
Décret du 23 mai 1863. *Classement* (confirmation).
Décret du 11 août 1867 (U. P.). *Suppression* de la rue de l'Abreuvoir
pour l'exécution de diverses opérations de voirie sur le plateau et
le revers de la butte Montmartre.
Obs. — Ce projet n'est pas encore exécuté.
Orig. — Conduit à l'abreuvoir Montmartre.

ACACIAS (Impasse des) . . . . . **XVII**ᵉ Arrondissement. . . . . 63ᵉ Quartier.
Anciennement commune de Neuilly.

14   **Située** rue des Acacias, 21.   (I. 7. — P. 6.)
Longʳ : 68ᵐ,00.
Largʳ :   3ᵐ,00.   (*Voie privée.*)
Orig. — *Voir* rue des Acacias.

ACACIAS (Passage des). . . . . . **XVII**ᵉ Arrondissement. . . . . 63ᵉ Quartier.
Anciennement commune de Neuilly.

15   **Commence** rue Montenotte, 12. — **Finit** rue des Acacias, 58.   (I. 13.)
Longʳ : 103ᵐ,00.
Largʳ :   3ᵐ,00.   (*Voie privée.*)
Orig. — *Voir* rue des Acacias.

ACACIAS (Rue des) . . . . **XVII**ᵉ Arrondissement. . . . . 63ᵉ Quartier.
Anciennement commune de Neuilly.

16   **Commence** avenue de la Grande-Armée, 36. — **Finit** avenue des Ternes, 33 *ter*. — **Finira**
avenue Mac-Mahon.   (I. 55. — P. 64.)
Longʳ : 435ᵐ,00 (actuelle). Longʳ : 425ᵐ,00 (future).
Largʳ :   10ᵐ,00. — Arrêté préfectoral du 5 janvier 1827. *Alignements.*
Décret du 23 mai 1863. *Classement* (confirmation).
Orig. — Doit son nom à une ancienne plantation d'acacias.

ACHILLE (Rue) ** . . . . **XX**ᵉ Arrondissement . . . . 79ᵉ Quartier.
Anciennement commune de Charonne.

17   **Commence** rue des Rondeaux, 14. — **Finit** rue Ramus, 25.   (I. 5.)
Longʳ :   46ᵐ,00.
Largʳ environ :   3ᵐ,00.   (*Voie privée.*)
Orig. — Nom du propriétaire qui l'a fait ouvrir.

ADOLPHE ADAM (Rue) . . . . . **IV⁰** Arrondissement . . . . 13° Quartier.

18   **Commence** quai de Gesvres, 11. — **Finit** avenue Victoria, 13.

     Long^r : 42^m,00.

     Larg^r : 10^m,00. — Décret du 16 mai 1881. *Classement, Alignements* et *Nivellement.*

        Obs. — Voie ouverte par la Ville de Paris sur des terrains expropriés pour la régularisation des abords de l'Hôtel de Ville. (Décret du 29 juillet 1854.)

      Décret du 2 mars 1864. *Dénomination.*

      Arrêté préfectoral du 16 août 1879, complétant le décret précédent.

        Obs. — Précédemment rue Adam.

    Orig. — Adolphe-Charles Adam, compositeur [1803-1856].

ADOUR (Villa de l') ** . . . . . . **XIX⁰** Arrondissement. . . . . 76° Quartier.

      Anciennement commune de Belleville.

19   **Située** rue de la Villette, 13.   (I. 11 *bis*. — P. 20.)

     Long^r : 104^m,00.

     Larg^r : 3^m,50.   (*Voie privée.*)

      Arrêté préfectoral du 1er février 1877. *Dénomination actuelle.*

        Obs. — Précédemment villa Barthélemy.

    Orig. — Fleuve du sud-ouest de la France

AFFRE (Rue) ** . . . . **XVIII⁰** Arrondissement . . . . 71° Quartier.

      Anciennement commune de La Chapelle.

20   **Commence** rue de Jessaint, 18. — **Finit** rue Myrha, 7.   (I. 21. — P. 92.)

     Long^r : 245^m,00.

     Larg^r : 12^m,00. — Délibération du Conseil municipal de La Chapelle du 29 mai 1850. *Alignements* projetés. (Largeur actuelle : 10^m,00 moindre.)

      Décret du 23 mai 1863. *Classement* (confirmation).

      Décret du 24 août 1864. *Dénomination actuelle.*

        Obs. — Précédemment rue d'Alger.

    Orig. — Denis-Auguste Affre, archevêque de Paris, blessé mortellement le 26 juin 1848, sur les barricades.

AGUESSEAU (Rue d') . . . . . . **VIII⁰** Arrondissement . . . . 31° Quartier.

21   **Commence** rue du Faubourg St Honoré, 60. — **Finit** rue de Surêne, 23. (I. 13. — P. 22.)

     Long^r : 175^m,00.

     Larg^r : 7^m,80. — Décision ministérielle du 28 brumaire an VI.

     Id.   10^m,00. — Ord. royale du 25 novembre 1836. *Alignements.*

        Obs. — Rue ouverte en 1722.

    Orig. — Henri-François d'Aguesseau, chancelier de France [1668-1751].

AGUTTES (Passage) . . . . **XII⁰** Arrondissement . . . . 48° Quartier.

22   **Commence** rue Traversière, 85. — **Finit** rue Saint Nicolas, 78.

     Long^r : 96^m,00.

     Larg^r : 8^m,50.   (*Voie privée.*)

        Obs. — Ce passage est couvert à ses deux extrémités.

    Orig. — Propriété de M. Aguttes.

AIMÉE (Villa). . . . . **XVI⁰** Arrondissement. . . . . 62° Quartier.

23   **Située** rue de la Tour, 29.

     Long^r : 65^m,00.

     Larg^r : 5^m,00. environ.   (*Voie privée.*)

AISNE (Rue de l') . . . . **XIX⁰** Arrondissement. . . . . 74° Quartier.

      Anciennement commune de La Villette.

24   **Commence** quai de l'Oise, 15. — **Finit** rue de l'Ourcq, 40.

     Long^r : 62^m,00.

     Larg^r : 12^m,00. — *Alignements* projetés. (Largeur actuelle).

      Décret du 23 mai 1863. *Classement* (confirmation).

      Arrêté préfectoral du 3 septembre 1869. *Dénomination actuelle..*

        Obs. — Précédemment rue d'Aumale.

    Orig. — Rivière du bassin de l'Oise ; voisinage du canal de l'Ourcq.

ALAIN CHARTIER (Rue) . . . . **XV⁰** Arrondissement . . . . 57° Quartier.

      Anciennement commune de Vaugirard.

25   **Commence** rue Blomet, 151. — **Finit** rue de Vaugirard, 316.   (I. 37. — P. 36.)

     Long^r : 190^m,00.

     Larg^r : 10^m,00. — Délibération du Conseil municipal de Vaugirard du 10 août 1844. *Alignements* projetés. (Largeur actuelle : 6^m,20 moindre.)

      Décret du 22 mai 1863. *Classement* (confirmation).

      Décret du 2 octobre 1868. *Dénomination actuelle.*

        Obs. — Précédemment partie de la rue de Grenelle.

    Orig. — Alain Chartier, poète [1386-1449]. La famille Chartier possédait une seigneurie à Vaugirard.

ALBOUY (Rue) . . . . **X**e ARRONDISSEMENT . . . . 39e QUARTIER.

26   **Commence** rue du Château d'Eau, 32. — **Finit** rue des Vinaigriers, 39.   (I. 31. — P. 34.)
        Long^r : 311^m,00.
        Larg^r : 12^m,00. — Voie ouverte par la Ville de Paris, entre la rue du Château d'Eau et
                            le boulevard de Magenta, sur des terrains expropriés pour le
                            percement du boulevard de Magenta. DÉCRET DU 12 MARS 1859 (A).
        Id.   10^m,00. — ORD. ROYALE DU 31 MARS 1824. Ouverture. Alignements entre le
                            boulevard de Magenta et la rue des Vinaigriers.
                            ARRÊTÉ PRÉFECTORAL DU 26 FÉVRIER 1867. Dénomination de la par-
                               tie A.
        ORIG. · Ouverte sur les terrains de Pierre-Laurent Albouy, maître charpentier.

ALEMBERT (Rue d') ✸✸ . . . . . **XIV**e ARRONDISSEMENT. . . . . '. . . 55e QUARTIER.
                            Anciennement commune de Montrouge.
27   **Commence** rue Hallé, 25. — **Finit** rue Bezout, 4.   (I. 27. — P. 22.)
        Long^r : 178^m,00.
                       DÉCRET DU 23 MAI 1863. Classement.
        Moindre larg^r :   9^m,80. — DÉCRET DU 23 JUILLET 1877. Alignement et nivellement.
                       DÉCRET DU 24 AOUT 1864. Dénomination actuelle.
                            OBS. — Précédemment avenue de La Chapelle.
        ORIG. — Jean-le-Rond, dit d'Alembert, philosophe et mathematicien, l'un des auteurs de l'Encyclopédie (1717-1783);
                voisinage de l'Observatoire.

ALÉSIA (Cité d') ✸✸ . . . . **XIV**e ARRONDISSEMENT. . . . . 55e QUARTIER.
                            Anciennement commune de Montrouge.
28   **Commence** rue d'Alésia, 16. — **Finit** rue du Commandeur.
        Long^r : 66^m,00.
        Moyenne larg^r :   3^m,50.   (Voie privée.)
                            OBS. — Précédemment cité Buffetrille.
        ORIG. — Voir rue d'Alesia.

ALESIA (Rue d') ✸✸ . . . . **XIV**e ARRONDISSEMENT . . . . . 54e, 55e et 56e QUARTIERS.
        Anciennement communes de Gentilly, de Montrouge, de Vanves et de Vaugirard.
29   **Commence** avenue Reille et rue de la Santé. — **Finit** chemin de fer de l'Ouest (rive gauche).
        Long^r : 2.400^m,00.   (I. 245. — P. 202.)
        Larg^r :   20^m,00.—DÉCRET DU 23 MAI 1863 (U. P.). Ouverture. Alignement entre l'avenue
                            Reille et l'avenue d'Orléans (A).
                       DÉCRET DU 25 JUILLET 1864. Classement (route départementale n° 10)
                            entre l'avenue d'Orléans et le chemin de fer de l'Ouest.
        Moindre larg^r :   10^m,00.—DÉCRET DU 3 OCTOBRE 1855. Alignements entre l'avenue d'Orléans et
                            le chemin de fer de l'Ouest (B).
        Larg^r :   20^m,00.—Alignements projetés de la partie B.
                       DÉCRET DU 23 MAI 1863. Classement confirmé de la partie B.
                       DÉCRET DU 10 AOUT 1868. Dénomination actuelle.
                            OBS. — Précédemment rue et route du Transit (partie de la route departe-
                               mentale n° 10).
        ORIG. — Alesia, ville gauloise, célèbre par le siège qu'elle soutint contre César (an I).

ALEXANDRE (Passage) ✸✸ . . . . **XV**e ARRONDISSEMENT . . . . 58e QUARTIER.
                            Anciennement commune de Vaugirard.
30   **Commence** boulevard de Vaugirard, 73. — **Finit** rue du Château, 9.   (I. 13. — P. 14.)
        Long^r : 70^m,00.
        Larg^r :   6^m,00.   (Voie privée.)
        ORIG. — Ouvert par les propriétaires du terrain, qui lui ont donné le nom de M. Alexandre, l'un d'eux.

ALEXANDRE DUMAS (Rue) ✸ . . **XI**e ARRONDISSEMENT . . . . 44e QUARTIER.
                               XXe ARRONDISSEMENT . . . . 80e QUARTIER.
31   **Commence** boulevard Voltaire, 201.— **Finit** place de la Réunion, 69, et rue de Terre Neuve.
        Long^r : 900^m,00.   (I. 45. — P. 76.)
        Larg^r : 12^m,00. — DÉCRET DU 21 NOVEMBRE 1872 (U. P.). Ouverture. Alignement.
                       DÉCRET DU 10 FÉVRIER 1875. Dénomination.
        ORIG. · Alexandre Dumas, romancier et auteur dramatique (1802-1870).

ALEXANDRE LÉCUYER (Imp.). **XVIII**e ARRONDISSEMENT . . . . 69e QUARTIER.
                            Anciennement commune de Montmartre.
32   **Située** rue du Ruisseau, 103.
        Long^r : 196^m,00.
        Larg^r :   6^m,00   (Voie privée.)
        ORIG. — Alexandre Lécuyer, cultivateur et propriétaire du terrain (Voir Lécuyer).

ALEXANDRINE LEPEU (Passage). **XI**e Arrondissement . . . . 43e Quartier.

33   **Commence** rue des Boulets, 88. — **Finit** rue Émile Lepeu.   (I. 23. — P. 20.)
   Long^r : 132^m,00.
   Larg^r :   6^m,00.   (*Voie privée.*)
   Orig. — Ouverte sur la propriété de Mme Alexandrine Lepeu.

ALGER (Rue d') . . . . **I**er Arrondissement . . . . 4e Quartier.

34   **Commence** rue de Rivoli, 214. — **Finit** rue Saint Honoré, 219.   (I. 13. — P. 14.)
   Long^t : 128^m,00.
   Larg^r : 10^m,00. — Ord. royale du 20 septembre 1830. *Ouverture. Alignements* et
             fixation à 15^m,00 de hauteur maxima des constructions en bor-
             dure, excepté les maisons situées aux encoignures des rues
             Rivoli et Saint Honoré, qui pourront avoir 18^m,00 de hauteur sur
             15^m,00 de profondeur.
                      Ord. royale du 16 novembre 1834. Élévation à 16^m,00 de la hauteur
             maxima des maisons en bordure.
                      Obs. — Précédemment rue Louis-Philippe 1er.
   Orig. — En mémoire de la prise d'Alger par l'armée française, le 5 juillet 1830.

ALIBERT (Rue) . . . . **X**e Arrondissement . . . . 39e et 40e Quartiers.

35   **Commence** quai de Jemmapes ,66.— **Finit** rue Claude Vellefaux, 1, et avenue Parmentier, 181.
   Long^r : 278^m,00.   (I. 17. — P. 24.)
   Larg^r : 10^m,00. — Décision ministérielle du 28 vendémiaire an XI.
     Id.   13^m,00. — Ord. royale du 6 décembre 1827. *Alignements* entre le quai
             Jemmapes et la rue Bichat et prolongement entre la rue Bichat
             et la rue Saint Maur.
                      Obs. — Cette dernière disposition n'avait pas été exécutée quand l'ordon-
             nance a été rapportée par le décret suivant.
     Id.   15^m,00. — Décret du 10 décembre 1855. *Ouverture. Alignements* depuis la rue
             Bichat jusqu'à la rue Claude Vellefaux et l'avenue Parmentier.
                      Décision du Roi du 19 janvier 1840. *Dénomination* actuelle.
                      Obs. — Précédemment impasse Saint-Louis dans une longueur de 85^m,00, à
             partir du quai Jemmapes.
   Orig. — Le baron Jean-Louis Alibert, médecin (1704-1837); voisinage de l'hôpital Saint-Louis.

ALIGRE (Cour d') . . . . **I**er Arrondissement . . . . 2e Quartier.

36   **Commence** rue Bailleul, 10. — **Finit** rue Saint Honoré, 123.
   Long^r : 55^m,00.
   Moindre larg^r :   3^m,75   (*Voie privée.*)
   Orig. — Traverse l'ancien hôtel d'Aligre.

ALIGRE (Place d') . . . . **XII**e Arrondissement . . . . 48e Quartier.

37   **Située** entre la rue de Cotte, 10, et la rue Beccaria, 12.   (I. 17. — P. 12.)
   Long^r : 114^m,00.
   Larg^r : 70^m,00. — Décision ministérielle du 17 brumaire an XII.
     Id.   70^m,00. — Ord. royale du 30 juillet 1844. *Alignements.*
                      Arrêté préfectoral du 26 février 1867. *Dénomination* actuelle.
                      Obs. — Précédemment place du Marché-Beauveau.
   Orig. — Voir rue d'Aligre.

ALIGRE (Rue d') . . . . **XII**e Arrondissement . . . . 48e Quartier.

38   **Commence** rue de Charenton, 97. — **Finit** r. du Faub. Saint Antoine, 138. (I. 25. — P. 36.)
   Long^r : 345^m,00.
   Larg^r : 13^m,50. — Décision ministérielle du 17 brumaire an XII.
     Id.   13^m,50. — Ord. royale du 30 juillet 1844. *Alignements* entre la rue de Cha-
             renton et la place d'Aligre.
     Id.   12^m,99. — Décision ministérielle du 17 brumaire au XII.
     Id.   12^m,99. — Ord. royale du 30 juillet 1844. *Alignements* entre la place d'Aligre
             et la rue du Faubourg Saint Antoine.
                      Obs. — Exécutée sur une largeur de 13^m,50.
                      Arrêté préfectoral du 2 avril 1868. *Réunion* de la rue Lenoir à la
             rue d'Aligre.
                      Obs. — Précédemment rues d'Aligre et Lenoir.
   Orig. — Étienne-François d'Aligre (1727-1798) était premier président du Parlement de Paris lorsqu'on bâtit le marché
             auquel elle aboutit.

ALLEMAGNE (Passage d') . . . . **XIX**ᵉ Arrondissement . . . . 73ᵉ Quartier.
Anciennement commune de La Villette.
39   **Commence** rue d'Allemagne, 30, — **Finit** rue de Meaux, 65.   (I. 23 *bis*.— P. 22.)
Long^r : 163^m,00.
Larg^r : 4^m,00.   (*Voie privée*.)
                      Arrêté préfectoral du 1ᵉʳ février 1877. *Dénomination* actuelle.
                          Obs. — Précédemment passage Sauvage.
Orig. — *Voir* rue d'Allemagne.

ALLEMAGNE (Rue d') . . . . . . **XIX**ᵉ Arrondissement . . . 73ᵉ, 74ᵉ, 75ᵉ et 76ᵉ Quartiers.
Anciennement communes de La Villette, de Pantin et du Pré-Saint-Gervais.
40   **Commence** boulevard de La Villette, 202. — **Finit** boulevard Sérurier.   (I. 211.— P. 216.)
Long^r : 1,820^m,00.
Moindre larg^r : 31^m,00.—Décret du 14 janvier 1857. *Alignements*.
                      Décret du 23 mai 1863. *Classement* (confirmation).
                          Obs. — Précédemment route nationale, n° 3.
Orig. — Commencement de la route nationale de Paris en Allemagne.

ALLENT (Rue). . . . . **VII**ᵉ Arrondissement . . . . 25ᵉ Quartier.
41   **Commence** rue de Lille, 17. — **Finit** rue de Verneuil, 24.   (P. 10.)
Long^r : 63^m,00.
Larg^r : 7^m,00. — Décision ministérielle du 3 thermidor an IX.
Id.   10^m,00. — Ord. royale du 29 avril 1839. *Alignements*.
                      Décret du 24 août 1864. *Dénomination* actuelle.
                          Obs. — Précédemment rue Sainte-Marie.
Orig. — Pierre-Alexandre-Joseph Allent, conseiller d'Etat, député et pair de France (1772-1837).

ALLERAY (Cité d') **   . . . . **XV**ᵉ Arrondissement . . . . 57ᵉ Quartier.
Anciennement commune de Vaugirard.
42   **Située** rue d'Alleray, 102.
Long^r : 70^m,00.
Larg^r : 3^m,30.   (*Voie privée*).
                      Arrêté préfectoral du 1ᵉʳ février 1877. *Dénomination* actuelle.
                          Obs. — Précédemment cité Saint-Georges.
Orig. — *Voir* rue d'Alleray.

ALLERAY (Place d') **   . . . . . **XV**ᵉ Arrondissement . . . . 57ᵉ Quartier.
Anciennement commune de Vaugirard.
43   **Située** à la rencontre des rues d'Alleray, 65, Dutot 35, et Saint Amand.
Long^r : Comprise dans celle de la rue d'Alleray.
Rayon : 25^m,00. — Arrêté préfectoral du 6 août 1845. *Classement*.
                      Arrêté préfectoral du 6 juillet 1855. *Classement*.
                      Décret du 23 mai 1863. *Classement* (confirmation).
                      Décret du 24 août 1864. *Dénomination* actuelle.
                          Obs. — Précédemment rond-point des Tourelles.
Orig. — *Voir* rue d'Alleray.

ALLERAY (Rue d) **   . . . . **XV**ᵉ Arrondissement . . . . 57ᵉ Quartier.
Anciennement commune de Vaugirard.
44   **Commence** rue de Vaugirard, 299. — **Finit** rond-point des Fourneaux.   (I. 97. — P. 104.)
Long^r : 820^m,00.
Larg^r : 10^m,00. — Arrêté préfectoral du 6 avril 1852. *Classement* entre la rue de Vaugirard et la rue La Quintinie.
                      Arrêté préfectoral du 6 août 1845. *Classement* entre la rue de La Quintinie et le rond-point des Fourneaux.
                      Arrêté préfectoral du 6 juillet 1855. *Classement* de la totalité.
                      Décret du 23 mai 1863. *Classement* (confirmation).
                      Décret du 24 août 1864. *Dénomination* actuelle.
                          Obs. — Précédemment chemin des Tourelles.
Orig. — Denis-François-Aignan d'Alleray, dernier seigneur de Vaugirard, mort en 1794.

ALMA (avenue de l') *   . . . . . . **VIII**ᵉ Arrondissement . . . . 29ᵉ Quartier.
45   **Commence** avenues du Trocadéro, 2, et Montaigne, 1. — **Finit** av. des Champs Élysées, 99.
                                                                        (I. 73. — P. 70.)
Long^r : 730^m,00.
Larg^r : 40^m,00. — Décret du 6 mars 1858 (U. P.) *Ouverture* et *Alignement*.
                      Décret du 2 mars 1864. *Dénomination*.
Orig. — *Voir* pont de l'Alma.

ALMA (Cité de l') . . . . **VII**ᵉ Arrondissement . . . . 28ᵉ Quartier.
46   **Commence** avenue Bosquet, 4. — **Finit** avenue Rapp, 5.   (I. 11. — P. 8.)
         Long^r : 68ᵐ,00.
         Larg^r :   7ᵐ,00.   (*Voie privée*).
      Orig. — *Voir pont de l'Alma.*

ALMA (Place de l') . . . . **VIII**ᵉ Arrondissement . . . . 29ᵉ Quartier.
                                    XVIᵉ Arrondissement . . . . 64ᵉ Quartier.
47   **Située** au débouché du cours la Reine et des av. de l'Alma, 1, du Trocadéro, 2, et Montaigne, 1.
         Long^r ; 60ᵐ,00. — Décret du 6 mars 1858 (U. P.). *Ouverture.*   (I. 5.)
                                    Obs. — Il n'y a pas de maison sur le VIIIᵉ arrondissement.
      Orig. — *Voir pont de l'Alma.*

ALMA (Pont de l') . . . . **VII**ᵉ Arrondissement . . . . 28ᵉ Quartier.
                                    VIIIᵉ Arrondissement . . . . 29ᵉ Quartier.
                                    XVIᵉ Arrondissement . . . . 64ᵉ Quartier.
48   **Situé** entre les quais de la Conférence, Debilly et le quai d'Orsay, au droit de la place de
      l'Alma et des avenues Bosquet et Rapp.
         Long^r : 153ᵐ,00.
         Larg^r : 20ᵐ,00.
      Orig. — *Inauguré en 1855, quelques mois après la victoire remportée en Crimée, le 20 septembre 1854.*

ALOMBERT (Passage) . . . . . . **III**ᵉ Arrondissement . . . . 9ᵉ Quartier.
49   **Commence** rue des Gravilliers, 26. — **Finit** rue au Maire, 9.
         Long^r : 70ᵐ,00.
      Moindre larg^r : 2ᵐ,25   (*Voie privée.*)

ALOUETTES (Rue des) ** . . . . **XIX**ᵉ Arrondissement. . . . . 76ᵉ Quartier.
                           Anciennement commune de Belleville.
50   **Commence** rue de La Villette, 51. — **Finit** rue Botzaris, 46.   (I. 55. — P. 58.)
         Long^r : 384ᵐ,00.
         Larg^r :   8ᵐ,00. — Ord. royale du 21 juillet 1843. *Alignements.*
                           Décret du 23 mai 1863. *Classement* (confirmation).
      Orig. — *Ouverte sur des champs peuplés d'alouettes.*

ALPES (Place des) ** . . . . . . **XIII**ᵉ Arrondissement . . . . 49ᵉ Quartier.
51   **Située** boulevard de la Gare, à la rencontre des rues Godefroy, 2, Fagon et Villejuif, 19.
                  Alignements. — *Voir* les ordonnances concernant les voies qui forment
                  le carrefour.
                  Arrêté préfectoral du 1ᵉʳ février 1877. — *Dénomination.*
      Orig. — *Chaîne de montagnes de l'Europe ; quartier où ont été groupés des noms de montagnes.*

ALPHAN (Passage) ** . . . . . . **XIII**ᵉ Arrondissement . . . . 51ᵉ Quartier.
                           Anciennement commune de Gentilly.
52   **Commence** rue des Cinq Diamants, 56. — **Finit** rue Barrault, 13.   (I. 25. — P. 28.)
         Long^r : 155ᵐ,00.
         Larg^r :   6ᵐ,00.   (*Voie privée.*)
      Orig. — *Nom du propriétaire.*

ALPHONSE (Rue) . . . . **XV**ᵉ Arrondissement . . . . 60ᵉ Quartier.
                           Anciennement commune de Grenelle.
53   **Commencera** quai de Javel, 47. — **Finit** rue Saint Charles, 146.   (I. 3. — P. 46.)
         Long^r : 390ᵐ,00 (actuelle). Long^r : 507ᵐ,00 (future).
         Larg^r : 9ᵐ,00. — Décret du 24 juin 1868. *Classement. Alignements* projetés. Largeur
                  actuelle.
                  Obs. — La partie débouchant sur le quai, sur 107ᵐ,00 de longueur, n'est
                  pas encore classée, ni ouverte à la circulation.
      Orig. — *Prénom d'un des fils de M. Lemouth, propriétaire.*

ALSACE (Rue d')* . . . . **X**ᵉ Arrondissement . . . . 37ᵉ Quartier.
54   **Commence** rue de Strasbourg, 6. — **Finit** rue La Fayette, 166.   (I. 45.)
         Long^r : 362ᵐ,00.
      Moindre larg^r : 10ᵐ,00. — Décret du 11 janvier 1865. *Classement* et *Alignements.*
                  Arrêté préfectoral du 20 juillet 1868. *Dénomination* actuelle.
                  Obs. — Précédemment passage La Fayette.
      Orig. — *Voisine de la gare de l'Est, rappelle le nom de la province d'Alsace.*

AMANDIERS (Passage des)** . . . . **XX**ᵉ Arrondissement . . . . 79ᵉ Quartier.
                           Anciennement commune de Belleville.
55   **Commence** rue des Amandiers, 60. — **Finit** en impasse.   (I. 9. — P. 6.)
         Long^r : 100ᵐ,00.
         Larg^r :   3ᵐ,00 environ.   (*Voie privée.*)
      Orig. — *Voir rue des Amandiers.*

AMANDIERS (Rue des) **. . . . . XXᵉ** Arrondissement **. . . . .** 79ᵉ Quartier.
Anciennement communes de Charonne et de Belleville.

56   **Commence** boul. de Ménilmontant, 40. — **Finit** rue de Ménilmontant, 54. (I. 119.— P. 112.)
Longʳ : 670ᵐ,00.
Largʳ :   9ᵐ,00. — Ord. royale du 27 août 1844. *Alignements* du côté des numéros
                pairs, entre le boulevard de Ménilmontant et la rue des Partants.
Id.   9ᵐ,00 — Ord. royale du 30 août 1873. *Alignements* du surplus, du côté des
                numéros pairs, et de tout le côté des numéros impairs.
Décret du 23 mai 1863. *Classement* (confirmation).

Orig. — Fait suite à l'ancienne rue des Amandiers, devenue rue du Chemin-Vert, qui avait été percée sur un terrain
dit des Amandiers.

AMBOISE (Rue d') **. . . . .** IIᵉ Arrondissement **. . . . .** 6ᵉ Quartier.

57   **Commence** rue de Richelieu, 93. — **Finit** rue Favart, 16.   (I. 9. — P. 12.)
Longʳ : 95ᵐ,00.
Largʳ :   8ᵐ,00. — Décision ministérielle du 3 frimaire an X.
Id.   8ᵐ,12. — Ord. royale du 27 octobre 1847. *Alignements.*

Orig. — Ouverte en 1784 sur les terrains de l'hôtel Choiseul. Doit son nom à la seigneurie d'Amboise qui appartenait
au duc de Choiseul.

AMBROISE PARÉ (Rue) **. . . . . Xᵉ** Arrondissement **. . . . .** 37ᵉ Quartier.

58   **Commence** rue de Maubeuge.— **Finit** boul. de Magenta, 152, et rue Guy-Patin. (I. 1.— P. 2.)
Longʳ : 210ᵐ,00.
Largʳ :   20ᵐ,00. — Décret du 19 novembre 1855 (U. P.). *Alignements* et prolongement
                d'une part jusqu'à la rue de Maubeuge, et d'autre part jusqu'au
                boulevard de Magenta.

Orig. — Ambroise Paré, chirurgien (1517-1590); voisinage de l'hôpital Lariboisière.

AMÉLIE (Rue). **. . . . .** VIIᵉ Arrondissement **. . . . .** 28ᵉ Quartier.

59   **Commence** rue Saint Dominique, 93. — **Finit** rue de Grenelle, 172.   (I. 21. — P. 20.)
Longʳ : 182ᵐ,00.
Largʳ :   7ᵐ,75 environ.   (*Voie privée.*)
Ord. de Préfet de police du 13 octobre 1839, autorisant la circu-
lation du public.

Orig. — Prénom d'une fille de M. Pihan de Laforest, l'un des propriétaires riverains.

AMELOT (Impasse). **. . . . .** XIᵉ Arrondissement **. . . . .** 42ᵉ Quartier.

60   **Située** rue Amelot, 62.   (I. 17. — P. 18.)
Longʳ : 233ᵐ,00.
Largʳ :   3ᵐ,50 environ.   (*Voie privée.*)
Arrêté préfectoral du 1ᵉʳ février 1877. *Dénomination* actuelle.
Obs. — Précédemment impasse des Jardiniers.

Orig. — *Voir* rue Amelot.

AMELOT (Rue). **. . . . .** XIᵉ Arrondissement **. . . . . .** 41ᵃ, 42ᵉ et 43ᵉ Quartiers.

61   **Commence** boulevard Richard Lenoir, 5. — **Finit** boulevard Voltaire, 8. (I. 163. — P. 118.)
Longʳ : 1,255ᵐ,00.— Décision ministérielle du 25 messidor an X.
Largʳ :   11ᵐ,69.— Décret du Président de la république du 25 juin 1849. *Alignements*
                entre le boulevard Richard Lenoir et la rue Saint Sébastien.
Id.   11ᵐ,69.— Décision ministérielle du 25 messidor an X.
Id.   11ᵐ,69.— Arrêté du Président des conseil des ministres du 2 octobre 1848.
                Alignements entre la rue Saint Sébastien et la rue Oberkampf.
Id.   10ᵐ,00.— Décision ministérielle du 25 messidor an X.
Id.   12ᵐ,00.— Décret du Président de la république du 14 février 1850. *Aligne-
                ments* entre la rue Oberkampf et le boulevard Voltaire.
Décret du 5 août 1852. *Alignements* de l'ancienne place d'Angoulême
                maintenus sur les vestiges actuels.
Arrêté préfectoral du 2 avril 1868. *Dénomination* actuelle.
Obs. — Précédemment rues Amelot, Saint-Pierre et des Fossés-du-Temple.

Orig. — Amelot était, en 1777, ministre et secrétaire d'État au département de Paris.

AMIRAUX (Rue des). **. . . . . .** XVIIIᵉ Arrondissement **. . . . .** 70ᵉ Quartier.
Anciennement commune de Montmartre.

62   **Commence** rue des Poissonniers, 121.—**Finit** en impasse au delà de la rue Boinod. (P. 12).
Longʳ : 140ᵐ,00.
Largʳ :   10ᵐ,00.   (*Voie privée.*)
Arrêté préfectoral du 10 novembre 1873. *Dénomination* actuelle.
Obs. — Précédemment rue et impasse des Vosges.

Orig. — Doit son nom aux amiraux qui ont commandé à la bataille du Bourget (25 décembre 1870).

AMPÈRE (Rue). . . . . **XVII**ᵉ Arrondissement. . . . . 66ᵉ Quartier.

63   **Com.** r. Jouffroy, 54, et boul. Malesherbes, 133.— **Finit** boul. Pereire, 119. (l. 75.— P. 62.)

      Long^r : 600^m,00.

      Larg^r : 20^m,00. — Décret du 30 novembre 1862 (U. P.). *Ouverture et Alignements.*

             Décret du 2 mars 1864. *Dénomination.*

   Orig.— André-Marie Ampère, mathématicien et philosophe (1775-1836); quartier où ont été groupés des noms de savants.

AMSTERDAM (Impasse d'). . . . . **VIII**ᵉ Arrondissement. . . . . 32ᵉ Quartier.

64   **Com.** rues d'Amsterdam, 21, et de Londres, 39.— **Finit** au chemin de fer de l'Ouest. (P. 4.)

      Long^r : 35^m,00.

      Larg^r : 12^m,00. — Ord. royale du 24 juin 1831. *Ouverture et Alignements.*

             Décret du 30 juin 1859 (U. P.). *Suppression partielle de la rue de Stockholm pour l'agrandissement de la gare du chemin de fer de l'Ouest.*

             Arrêté préfectoral du 1ᵉʳ juin 1877. *Dénomination actuelle.*

             Obs. — Précédemment partie de la rue de Stockholm.

   Orig. — *Voir* rue d'Amsterdam.

AMSTERDAM (Rue d'). . . . . . **VIII**ᵉ Arrondissement. . . . . 32ᵉ Quartier.

              IXᵉ Arrondissement . . . . 33ᵉ Quartier.

65   **Commence** rue Saint Lazare, 106.— **Finit** boulevard des Batignolles, 1. (l. 101.— P. 108.)

      Long^r : 833^m,50.

      Larg^r : 12^m,00. — Ord. royale du 2 février 1826. *Ouverture.*

             Obs. — Cette ordonnance ne fut exécutée qu'en partie, et la voie resta inachevée sur une longueur de 109^m,00 à partir de la rue Saint Lazare.

      Id.   Id.   — Ord. royale du 17 juillet 1843 (U. P.). *Ouverture* sur une longueur de 109^m,00 à partir de la rue Saint Lazare.

             Décret du 18 novembre 1854 (U. P.). *Élargissement* au droit de la propriété Lagoutte.

             Décision ministérielle du 5 août 1826. *Dénomination.*

   Orig. — Ville la plus importante de la Hollande; voisinage de la place de l'Europe.

AMYOT (Rue) **. . . . . **V**ᵉ Arrondissement . . . . 19ᵉ Quartier.

66   **Commence** rue Tournefort, 12. — **Finit** rue Lhomond, 23.   (l. 7. — P. 12.)

      Long^r : 108^m,00.

      Larg^r : 6^m,00. — Décision ministérielle du 28 pluviôse an IX.

      Id.   10^m,00. — Ord. royale du 15 juin 1845. *Alignements.*

             Décret du 27 février 1867. *Dénomination actuelle.*

             Obs. — Précédemment rue du Puits qui Parle.

   Orig. — Jacques Amyot, évêque d'Auxerre, écrivain (1513-1593); voisinage du quartier des Écoles.

ANCIENNE COMÉDIE (Rue de l'). **VI**ᵉ Arrondissement. . . . . 21ᵉ Quartier.

67   **Commence** r. Saint André des Arts, 67, et de Buci, 1. — **Finit** boul. Saint Germain, 134.

      Long^r : 116^m,00.   (l. 23. — P. 18.)

     Moindre larg^r : 11^m,69. — Décision ministérielle du 14 thermidor an VIII.

      Id.   14^m,00. — Ord. royale du 11 août 1844. *Alignements.*

             Décision ministérielle du 21 mai 1834. *Dénomination.*

   Orig. — L'hôtel des Comédiens français était situé dans cette rue (1689-1770).

ANCRE (Passage de l'). . . . . . **III**ᵉ Arrondissement . . . . 12ᵉ Quartier.

68   **Commence** rue Saint Martin, 223. — **Finit** rue de Turbigo, 30.   (l. 21. — P. 24.)

      Long^r : 68^m,00.

     Moindre larg^r : 2^m,50.   (*Voie privée.*)

   Orig. — Ancienne enseigne.

ANDRÉ DEL SARTE (Rue) **. . . **XVIII**ᵉ Arrondissement . . . . 70ᵉ Quartier.

             Anciennement commune de Montmartre

69   **Commence** rue de Clignancourt, 31. — **Finit** rue Charles Nodier.   (l. 21. — P. 22.)

      Long^r : 160^m,00.

      Larg^r : 10^m,00 environ. (*Voie privée.*)

             Obs.— Précédemment rue Luc-Lambin et antérieurement rue St-André.

             Arrêté préfectoral du 17 novembre 1880. *Dénomination actuelle.*

   Orig. — Andrea Vannuci, connu sous le nom d'André del Sarte, peintre italien (1488-1530).

ANDRIEUX (Rue). . . . . **VIIIe** Arrondissement. . . . . 32e Quartier.

70   **Commence** rues de Constantinople, 22, et Bernouilli.— **Finit** boul. des Batignolles, 45. (I. 13).

     Longr : 132m,00.

     Largr : 12m,00. — Décret du 3 février 1873. *Classement, alignements et nivellement.*

         Décret du 2 mars 1867. *Dénomination.*

   Orig. — François-Guillaume-Jean-Stanislas Andrieux, poète (1759-1833); voisinage du collège Chaptal.

ANDROUET (Rue) **. . . . . . **XVIIIe** Arrondissement . . . . 70e Quartier.

         Anciennement commune de Montmartre.

71   **Commence** rue des Trois Frères, 54. — **Finit** rue Berthe, 57.   (I. 7. — P. 8.)

     Longr : 40m,00.

     Largr : 8m,25 environ. — Décret du 23 mai 1863. *Classement.*

         Décret du 24 août 1864. *Dénomination* actuelle.

         Obs. — Précédemment rue de l'Arcade.

   Orig. — Jacques Androuet du Cerceau, architecte (1515-1592).

ANGÉLIQUE COMPOINT (Rue) **. **XVIIIe** Arrondissement. . . . . 69e Quartier.

         Anciennement commune de Montmartre.

72   **Commence** Chemin latéral au chemin de fer de Ceinture, 18. — **Finit** boulevard Ney, 113.

     Longr : 183m,00.   (I. 11. — P. 8.)

     Largr : 3m,00.   (*Voie privée.*)

   Orig. — Ouverte sur les terrains de la famille Compoint; porte le nom d'un de ses membres (la famille Compoint est une famille de cultivateurs originaire de Saint-Ouen).

ANGLAIS (Passage des) . . . . . . **XIXe** Arrondissement . . . . 73e Quartier.

         Anciennement commune de La Villette.

73   **Commence** quai de la Seine, 71. — **Finit** rue de Flandre, 74.

     Longr : 187m,00.

   Moindre largr : 4m,00.   (*Voie privée.*)

   Orig. — Ouvert par une société anglaise.

ANGLAIS (Rue des) . . . . . . **Ve** Arrondissement . . . . 20e Quartier.

74   **Commence** rue Galande, 21. — **Finit** boulevard Saint Germain, 70.   (I. 15. — P. 10.)

     Longr : 74m,00.

     Largr : 6m,00. — Décision ministérielle du 8 brumaire an X.

     Id.   10m,00. — Ord. royale du 5 juin 1846. *Alignements.*

   Orig. — Supposée habitée autrefois par des étudiants anglais.

ANGOULÊME (Cité d') . . . . . . **XIe** Arrondissement . . . . 41e Quartier.

75   **Située** rue d'Angoulême, 66.   (I. 7. — P. 10.)

     Longr : 73m,00.

     Largr : 7m,00 environ.   (*Voie privée.*)

   Orig. — Voir rue d'Angoulême.

ANGOULÊME (Passage d') . . . . . **XIe** Arrondissement . . . . 41e Quartier.

76   **Commence** rue Oberkampf, 83. — **Finit** rue d'Angoulême, 62.   (I. 9. — P. 30.)

     Longr : 183m,00.

     Largr : 6m,75 environ.   (*Voie privée.*)

   Orig. — Voir rue d'Angoulême.

ANGOULÊME (Rue d') . . . . . . **XIe** Arrondissement . . . . 41e Quartier.

77   **Commence** boulevard du Temple, 20. — **Finit** rues des Trois Couronnes, 14, et Moret, 37.

     Longr : 957m,00.   (I. 77. — P. 98.)

   Moindre largr : 11m,70. — Décision ministérielle du 1er brumaire an XII.

     id.   id.   11m,70. — Décret du 5 août 1852. *Alignements* entre le boulevard du Temple et la rue Saint Maur.

     id.   id.   11m,70. — Décret du 6 août 1859 (U. P.). *Prolongement* entre la rue Saint Maur et la rue des Trois Couronnes.

   Orig. — L.-A. d'Artois, duc d'Angoulême, était grand prieur de France lorsqu'elle fut percée.

ANJOU (Quai d'). . . . . **IVe** Arrondissement . . . . 16e Quartier.

78   **Commence** rue St-Louis en l'Ile, 2, et pont de Sully. — **Finit** rue des Deux Ponts, 40, et Pont Marie.   (I. 43.)

     Longr : 313m,00.

     Largr : 7m,00. — Décisions ministérielles des 24 frimaire an XIII et 9 mai 1818.

     id.   7m,00. — Ord. royale du 9 décembre 1838. *Alignements.*

   Orig. — Doit son nom au duc d'Anjou, frère de Louis XIII.

ANJOU (Rue d') . . . .   **VIII**ᵉ Arrondissement . . . . 31ᵉ Quartier.

79 **Commence** rue du Faubourg Saint Honoré, 42.— **Finit** rue de la Pépinière, 11. (I. 75. — P. 78.)
    Long' : 680ᵐ,00.
    Moindre larg' :   8ᵐ,00. — Décision ministérielle du 22 prairial an V.
    Larg' : 10ᵐ,00. — Ord. royale du 23 septembre 1825. Alignements.
                         Arrêté préfectoral du 9 mai 1881, supprimant la désignation
                         Saint Honoré.
                              Obs. — Précédemment rue d'Anjou Saint Honoré.
    Orig. — Probablement en l'honneur du duc d'Anjou, depuis Henri III.

ANNAM (Rue d') ** . . . .   **XX**ᵉ Arrondissement . . . . 79² Quartier.
                              Anciennement commune de Belleville.

80 **Commence** rue de la Bidassoa. — **Finit** rue du Retrait, 7.   (I. 25. — P. 36.)
    Long' : 240ᵐ,00.
    Larg' :   4ᵐ,00 environ. — Décret du 23 mai 1863. Classement (confirmation).
                         Arrêté préfectoral du 1ᵉʳ février 1877. Dénomination actuelle.
                              Obs. — Précédemment rue des Partants.
    Orig. — Empire de l'Indo-Chine ; voisinage de la rue de la Chine.

ANNELETS (Rue des) ** . . . . .   **XIX**ᵉ Arrondissement . . . . 75ᵉ Quartier.
                              Anciennement commune de Belleville.

81 **Commence** rue des Solitaires, 19. — **Finit** rue des Mignottes, 51.   (I. 29. — P. 38.)
    Long' : 340ᵐ,00.
    Larg' :   8ᵐ,00. — Ord. royale du 21 juillet 1843. Alignements.
                         Décret du 23 mai 1863. Classement (confirmation).
    Orig. — Lieu dit, probablement par corruption d'agnelets.

ANNIBAL (Cité) ** . . . .   **XIV**ᵉ Arrondissement . . . . 54² Quartier.
                              Anciennement commune de Montrouge.

82 **Située** rue de la Tombe Issoire, 87.   (I. 11. — P. 10.)
    Long' : 70ᵐ,00.
    Larg' :   2ᵐ,90.   (Voie privée.)
                         Arrêté préfectoral du 1ᵉʳ février 1877. Dénomination actuelle.
                              Obs. — Précédemment cité Napoléon.
    Orig. — Annibal, général Carthaginois (247-183 av. J.-C.). Groupe de noms rappelant l'histoire ancienne.

ANNONCIADES (Rue des) . . . .   **XI**ᵉ Arrondissement . . . . 42ᵉ Quartier.

83 **Commence** rue Lacharrière. — **Finit** rue Saint-Ambroise.
    Long' : 37ᵐ,00.
    Moindre larg' : 10ᵐ,00. — Décret du 24 janvier 1863 (U. P.). Ouverture et Alignement.
                              Obs. — Cette voie n'est pas encore exécutée.
                         Arrêté préfectoral du 26 février 1867. Dénomination.
    Orig. — Ancien couvent des Annonciades, sur l'emplacement duquel a été élevée l'église Saint-Ambroise dont cette
        rue longe le chevet.

ANNONCIATION (Rue de l') ** .   **XVI**ᵉ Arrondissement . . . . 62ᵉ Quartier.
                              Anciennement commune de Passy.

84 **Commence** rue Raynouard, 46. — **Finit** place de Passy, 3.   (I. 45. — P. 44.)
    Long' : 315ᵐ,00.
    Larg' :   8ᵐ,00. — Arrêté préfectoral du 16 février 1856. Alignements.
                         Décret du 23 mai 1863. Classement (confirmation).
                         Arrêté préfectoral du 26 février 1867. Dénomination actuelle.
                              Obs. — Précédemment rue de l'Église.
    Orig. — L'église de Passy est sous le vocable de l'Annonciation de la Vierge.

ANTIN (Avenue d') . . . .   **VIII**ᵉ Arrondissement . . . . . . 29ᵉ et 30ᵉ Quartiers.

85 **Commence** rue François 1ᵉʳ, 2, et Cours la Reine. — **Finit** rue de la Boëtie, 71.— **Finira** rue
                         du Faubourg Saint Honoré et de la Boëtie.   (I. 69. — P. 30).
    Long' : 820ᵐ,00 (actuelle). — Long' : 880ᵐ,00 (future).
    Demi-larg' : 19ᵐ,50. — Ord. royale du 5 avril 1846. Alignements entre le Cours la Reine
                         et le Rond-Point des Champs Elysées.
                              Obs. — Projet d'établissement, déjà suivi d'exécution, d'une zône plantée de
                              3 ⁰⁰ de largeur en avant des maisons, dans cette partie de l'avenue.
    Id.   36ᵐ,00. — Décret du 23 février 1861. (U. P.) Ouverture et Alignements entre
                         le Rond-Point des Champs-Elysées et la rue du Faubourg Saint
                         Honoré.
    Larg' : 24ᵐ,00. — Décret du 12 juillet 1873. Modification des alignements fixés par
                         le décret précédent.
    Orig. — Ouverte en 1723, par les ordres du duc d'Antin, surintendant des bâtiments du roi.

ANTIN (Cité d') . . . . IXᵉ Arrondissement. . . . . 34ᵉ Quartier.

80   **Située** rue de Provence, 5, rue La Fayette, 5, et rue de la Chaussée d'Antin, 40.
    Longᵗ : 204ᵐ,00.   (I. 37. — P. 18.)
    Largᵗ : 10ᵐ,00 environ. (*Voie privée*).
    Orig. — Débouche dans la rue de la Chaussée-d'Antin.

ANTIN (Impasse d'). . . . . . . VIIIᵉ Arrondissement . . . . 29ᵉ Quartier.

87   **Située** avenue d'Antin, 29.   (I. 7. — P. 22.)
    Longᵗ : 167ᵐ,00.
    Largᵗ : 3ᵐ,75 environ. (*Voie privée*.)
    Orig. — Située dans l'avenue d'Antin.

ANTIN (Rue d') . . . . IIᵉ Arrondissement . . . . 5ᵉ Quartier.

88   **Commence** rue des Petits Champs, 66. — **Finit** rue de Port-Mahon, 5. (I. 23. — P. 22.)
    Longᵗ : 213ᵐ,00.
    Largᵗ : 9ᵐ,74. — Décision ministérielle du 28 ventôse an IX.
    Id.   9ᵐ,74. — Ord. royale du 4 octobre 1826. *Alignements* entre la rue des
                Petits Champs et la rue Saint-Augustin.
    id.   12ᵐ,00. — Ord. royale du 8 septembre 1839. *Ouverture* et *Alignements* entre
                la rue Saint Augustin et la rue de Port-Mahon.
    Orig. — Voisinage de l'hôtel d'Antin, plus tard de Richelieu.

ANTOINE DUBOIS (Rue) *. . . . VIᵉ Arrondissement. . . . . 22ᵉ Quartier.

89   **Commence** rue de l'École de Médecine, 23. — **Finit** rue Monsieur le Prince, 21.   (P. 8.)
    Longᵗ : 57ᵐ,00.
    Largᵗ : 11ᵐ,50. — Décision ministérielle du 25 frimaire an IX.
    Id.   11ᵐ,50. — Ord. royale du 11 août 1844. *Alignements*.
              Décret du 26 juillet 1866. *Suppression* pour l'ouverture du boulevard
              Saint Germain et de ses abords.
    Id.   11ᵐ,50. — Décret du 2 septembre 1879, rapportant le décret de 1866. *Aligne-*
              ments.
              Décret du 14 juin 1851. — *Dénomination* actuelle.
            Obs. — Précédemment rue de l'Observance.
    Orig. — Antoine Dubois, chirurgien (1756-1837). Longe les bâtiments de la clinique.

ANTOINETTE (Rue) ** . . . . . XVIIIᵉ Arrondissement. . . . . 70ᵉ Quartier.
             Anciennement commune de Montmartre.

90   **Commence** rue des Trois Frères, 9. — **Finit** place des Abbesses et rue La Vieuville, 2.
    Longᵗ : 189ᵐ,00.   (I. 25. — P. 30.)
    Largᵗ : 10ᵐ,00. — *Alignements* projetés. (Largeur actuelle).
              Décret du 23 mai 1863. *Classement*.
              Arrêté préfectoral du 4 août 1879. *Dénomination* actuelle.
            Obs. — Précédemment rue Marie-Antoinette.
    Orig. — Ouverte par trois propriétaires, dont l'un, M. Sergent, lui a donné le prénom de sa femme.

ANVERS (Place d') ** . . . . . . IXᵉ Arrondissement . . . . 36ᵉ Quartier.

91   **Commence** avenue Trudaine, 10, et rue de Gérando, 1. — **Finit** boul. de Rochechouart, 39 et
    rue de Dunkerque, 95.   (P. 12.)
    Longᵗ : 96ᵐ,00.   (*Place plantée*).
    Largᵗ : 52ᵐ,00. — Voie ouverte par la Ville de Paris sur l'emplacement des anciens
              abattoirs de Rochechouart.
              Arrêté préfectoral du 1ᵉʳ février 1877. *Dénomination* actuelle.
            Obs. — Précédemment avenue Turgot.
    Orig. — Nommée ainsi en l'honneur du siège d'Anvers, en 1832.

APENNINS (Rue des). . . . . . XVIIᵉ Arrondissement. . . . . 68ᵉ Quartier.
             Anciennement commune des Batignolles.

92   **Commence** avenue de Clichy, 118. — **Finit** rue Davy, 39.   (I. 47. — P. 42.)
    Longᵗ . 210ᵐ,00.
    Largᵗ : 10ᵐ,00. — Décret du 25 janvier 1875. *Classements*, *Alignements* et *Nivellement*.
              Arrêté préfectoral du 1ᵉʳ février 1877. *Dénomination* actuelle.
            Obs. — Précédemment rue Saint-Georges.
    Orig. — Chaîne de montagnes qui traverse l'Italie.

APPERT (Rue) **. . . . . **XVIᵉ** Arrondissement . . . . 63ᵉ Quartier.

Anciennement commune de Neuilly.

93 **Commence** rue de la Faisanderie, 34. — **Finit** boulevard Flandrin. (I. 9. — P. 6.)

Longʳ : 100ᵐ,00.

Largʳ : 12ᵐ,00 environ. (*Voie privée.*)

Orig. — Le général Appert est propriétaire d'une maison de la rue.

AQUEDUC (Rue de l') **. . . . . . **Xᵉ** Arrondissement . . . . 37ᵉ Quartier.

94 **Commence** rue La Fayette, 169. — **Finit** boulevard de La Villette, 149. (I. 61. — P. 64.)

Longʳ : 800ᵐ,00.

Largʳ : 14ᵐ,00. — Voie ouverte au-dessus de l'aqueduc des eaux de l'Ourcq, et mise en état de viabilité par la Ville de Paris.

Décret du 7 juin 1859, fixant à 300 francs par mètre de façade le prix des droits de jour et d'accès à payer par les riverains.

Orig. — Voie ouverte au-dessus de l'aqueduc des eaux du canal de l'Ourcq.

ARAGO (Boulevard) **. . . . . . . **XIIIᵉ** Arrondissement. . . . . 52ᵉ Quartier.

XIVᵉ Arrondissement. . . . . 53ᵉ Quartier.

95 **Commence** avenue des Gobelins, 24, et boulevard de Port-Royal, 1. — **Finit** place Denfert-Rochereau. (I. 93. — P. 88.)

Longʳ : 1,353ᵐ,00.

Largʳ : 40ᵐ,00. — Décret du 30 juillet 1859 (U. P.). *Ouverture* et *Alignements*.

Décret du 2 mars 1864. *Dénomination.*

Orig. — François-Dominique-Jean Arago, astronome (1786-1853); voisinage de l'Observatoire.

ARBALÈTE (Rue de l') **. . . . . **Vᵉ** Arrondissement . . . . 18ᵉ et 19ᵉ Quartiers.

96 **Commence** rue des Patriarches, 20. — **Finit** rue Berthollet, 11. (I. 41. — P. 32.)

Longʳ : 376ᵐ,00.

Largʳ : 12ᵐ,00. — Ord. royales du 20 septembre 1828 et du 2 juin 1830. *Alignements* entre la rue des Patriarches et la rue Mouffetard.

Id. 8ᵐ,00. Décision ministérielle du 28 Pluviôse an IX.

Id. 12ᵐ,00. Ord. royale du 11 décembre 1845. *Alignements* entre les rues Mouffetard et Berthollet.

Décision ministérielle du 21 juin 1844. Réunion des deux parties de la voie.

Orig. — Ancien tir à l'arbalète.

ARBRE SEC (Rue de l') . . . . . . **Iᵉʳ** Arrondissement . . . . 1ᵉʳ et 2ᵉ Quartiers.

97 **Commence** rue des Prêtres Saint Germain l'Auxerrois, 16. — **Finit** rue Saint Honoré, 109.

Longʳ : 270ᵐ,00. (I. 51. — P. 66.)

Moindre largʳ : 11ᵐ,00. — Décision ministérielle du 13 floréal an IX.

Id. 12ᵐ,00. — Ord. royale du 23 juillet 1828. *Alignements*.

Orig. — Ancienne enseigne.

ARCADE (Rue de l') . . . . **VIIIᵉ** Arrondissement . . . . 31ᵉ Quartier.

98 **Commence** boulevard Malesherbes, 4. — **Finit** rue de Rome, 7. (I. 61. — P. 62.)

Longʳ : 460ᵐ,00.

Moindre largʳ : 10ᵐ,00. — Décision ministérielle du 21 prairial an X.

Id. Id. 10ᵐ,00. — Ord. royale du 25 novembre 1836. *Alignements* de la totalité de la voie.

Obs. — Les dispositions approuvées par cette ordonnance ont été partiellement modifiées ainsi qu'il suit:

Id. 12ᵐ,00. — Ord. royale du 11 février 1840. *Modification des alignements* entre le boulevard Malesherbes et le passage de la Madeleine.

Id. 12ᵐ,00. — Décret du 16 juillet 1862. *Alignements* entre la rue des Mathurins et le boulevard Haussmann.

Orig. — Doit son nom à une arcade qui servait de communication entre les jardins des religieuses de la Ville-l'Évêque.

ARC DE TRIOMPHE (Rue de l') **XVIIᵉ** Arrondissement . . . . 65ᵉ Quartier.

Anciennement commune de Neuilly.

99 **Commence** rue de Montenotte, 28. — **Finit** rue des Acacias, 50. (I. 24. — P. 30.)

Longʳ : 153ᵐ,00.

Largʳ : 9ᵐ,70 environ. — Décret du 23 mai 1863. *Classement* (confirmation).

Orig. — Voisine du monument dont elle porte le nom.

ARCHEVÊCHÉ (Pont de l'). . . . **IV**ᵉ Arrondissement . . . . **16**ᵉ Quartier.

                              Vᵉ Arrondissement . . . . **17**ᵉ Quartier.

100   **Situé** entre les quais de l'Archevêché et de la Tournelle et le quai de Montebello, au droit de la rue des Bernardins.

Longʳ : 68ᵐ,00.

Largʳ : 11ᵐ,00 environ.

Orig. — Voir quai de l'Archevêché.

ARCHEVÊCHÉ (Quai de l') . . . . **IV**ᵉ Arrondissement. . . . . **16**ᵉ Quartier.

101   **Commence** Pont Saint Louis et rue du Cloître Notre-Dame. — **Finit** Pont au Double et place du Parvis Notre-Dame.

Longʳ : 304ᵐ,00.

                    Décret du 29 mars 1809. *Alignements.*

Moindre largʳ : 20ᵐ,00. — Ord. royale du 30 mai 1847. *Alignements.*

Orig. — Voisin de l'ancien Archevêché.

ARCHEVÊCHÉ (Square de l') . . . . . . **IV**ᵉ Arrondissement. . . . . . **16**ᵉ Quartier.

102   **Situé** derrière l'église Notre-Dame, entre le quai de l'Archevêché et la rue du Cloître Notre-Dame.

Orig. — Établi sur l'emplacement de l'ancien Archevêché.

ARCHIVES (Rue des). . . . . . . **III**ᵉ Arrondissement . . . . **10**ᵉ **11**ᵉ et **12**ᵉ Quartiers.

103   **Commence** rues Rambuteau, 2, et des Francs Bourgeois. — **Finit** rue Dupetit-Thouars.

Longʳ : 670ᵐ,00.   (I. 43. — P. 42.)

Moindre largʳ : 8ᵐ,00. — Déc. minist. du 23 frimaire an viii (anc. rue du Chaume).

         Id.   11ᵐ,00. — Ord. royale du 12 juillet 1837   (Id.   )

         Id.   8ᵐ,30. — Déc. minist. du 23 frimaire an viii (anc. rue du Grand Chantier).

         Id.   11ᵐ,00. — Ord. Royale du 31 mars 1833   (Id.   )

         Id.   8ᵐ,50. — Déc. minist. du 23 frimaire an viii (anc. rue des Enfants Rouges).

         Id.   11ᵐ,00. — Ord. royale du 31 mars 1833   (Id.   )

         Id.   8ᵐ,30. — Déc. minist. du 23 frimaire an viii (ancienne rue Molay).

         Id.   11ᵐ,00. — Ord. royale du 31 mars 1833   (Id.   )

         Id.   15ᵐ,00. — Décret du 29 juin 1863. *Alignements* depuis les rues Rambuteau et des Francs Bourgeois jusqu'à la rue de Bretagne.

         Id.   15ᵐ,00. — Partie ouverte en juin 1848 sur l'emplacement du couvent des Bénédictins, entre la rue de Bretagne et la rue Perrée.

         Id.   15ᵐ,00. — Décret du 14 août 1862 (U. P.). *Ouverture* dans la traversée du Marché du Temple, entre la rue Perrée et la rue Dupetit-Thouars.

                    Arrêté préfectoral du 23 juin 1874. *Dénomination* actuelle.

                    Obs. — Précédemment partie de la rue du Chaume, rue du Grand-Chantier, rue des Enfants-Rouges et rue Molay.

Orig. — Longe les bâtiments des Archives nationales.

ARCOLE (Pont d') . . . . **IV**ᵉ Arrondissement . . . . **13**ᵉ et **16**ᵉ Quartiers.

104   **Situé** entre les quais de Gesvres et de l'Hôtel de Ville et le quai aux Fleurs, au droit de la place de l'Hôtel de Ville et de la rue d'Arcole.

Longʳ : 90ᵐ,00.

Largʳ : 20ᵐ,00.

Orig. — Le 28 juillet 1830, un jeune homme, nommé d'Arcole, fut tué sur ce pont en y plantant le drapeau tricolore. Construit en 1828 et reconstruit en 1855.

ARCOLE (Rue d'). . . . . **IV**ᵉ Arrondissement . . . . **16**ᵉ Quartier.

105   **Com.** quai aux Fleurs, 23. — **Fin.** rue du Cloître Notre-Dame, 22 et pl. du Parvis Notre-Dame.

Longʳ : 168ᵐ,00.   (I. 23.)

Largʳ : 6ᵐ,00 — Décision ministérielle des 26 prairial an xi et 13 ventôse an vii.

         Id.   12ᵐ,00 — Ord. royale du 4 mars 1834 et du 13 mai 1836 (U. P.).

                    Décret du 22 mai 1865 (U. P.). *Alignements* et modification du débouché sur la place du Parvis Notre-Dame pour la formation du périmètre du nouvel Hôtel-Dieu.

Orig. — Située en face le pont d'Arcole.

ARCUEIL (Porte d'). . . . . . . **XIV**ᵉ Arrondissement . . . . 54ᵉ Quartier.

106   **Située** boulevard Jourdan, dans le prolongement de la rue Nansouty.

    Orig. — *Voir rue d'Arcueil.*

ARCUEIL (Rue d') **. . . . . . . **XIV**ᵉ Arrondissement . . . . 54ᵉ Quartier.
                Anciennement commune de Gentilly.

107   **Commence** rue de la Glacière, 214. — **Finit** Boulevard Jourdan.   (I. 21. — P. 22.)
      Longʳ : 170ᵐ,00.
                    Décret du 23 mai 1863. *Classement* (confirmation).
      Largʳ :   9ᵐ,00. environ. Alignements projetés.
                    Arrêté préfectoral du 1ᵉʳ février 1877. *Dénomination* actuelle.
                        Obs. — Précédemment chemin d'Arcueil.
    Orig. — Conduit au village d'Arcueil.

ARDENNES (Rue des) *. . . . . **XIX**ᵉ Arrondissement . . . . 74ᵉ Quartier.
                Anciennement commune de La Villette.

108   **Commence** quai de la Marne, 40. — **Finit** rue d'Allemagne, 159.   (I. 23. — P. 24.)
      Longʳ : 410ᵐ,00.
      Largʳ : 12ᵐ,00. — Décret du 9 juillet 1870. *Alignements.*
             Décret du 30 avril 1877 (U. P.). *Alignements* du côté opposé à la
                ligne du chemin de fer de Ceinture, entre la rue de Thionville
                et le quai de la Marne.
    Orig. — Voisine du canal de l'Ourcq, qui met cette région en communication avec Paris.

ARGENSON (Rue d'). . . . . . . **VIII**ᵉ Arrondissement . . . . 32ᵉ Quartier.

109   **Commence** rue la Boëtie, 14. — **Finit** boulevard Haussmann, 109.   (I. 15. — P. 12.)
      Longʳ : 108ᵐ,00.
      Largʳ : 12ᵐ,00. — Décret du 16 juillet 1862 (U. P.). Ouverture. *Alignements.*
             Décret du 2 octobre 1863. *Dénomination* actuelle.
                   Obs. — Précédemment rue de la Ville-l'Évêque (partie).
    Orig. — Nom d'une famille qui a donné à la France plusieurs hommes politiques, entr'autres René-Louis de Voyer,
          marquis d'Argenson, ministre et philosophe (1693-1757), et Pierre de Voyer, comte d'Argenson, lieutenant-
          général de police (1696-1764).

ARGENTEUIL (Rue d'). . . . . . . **Iᵉʳ** Arrondissement . . . . 3ᵉ Quartier.

110   **Commence** rue de l'Échelle, 9. — **Finit** rue Saint Roch, 34.   (I. 61. — P. 22.)
      Longʳ : 284ᵐ,00.
  Moindre largʳ : 10ᵐ,00. — Décision ministérielle du 3 nivôse an X.
     Id.   10ᵐ,00. — Ord. royale du 4 octobre 1826.
  Moindre largʳ : 12ᵐ,00. — Décret du 27 juin 1876 (U. P.). *Alignements, nivellement et expro-*
                 priation des nᵒˢ 1, 3, 5, 7 et de tout le côté des numéros pairs,
                 pour la formation des abords de l'avenue de l'Opéra.
     Largʳ : 12ᵐ,00. — Décret du 27 février 1877 (U. P.). *Alignements, nivellement et expro-*
                 priation des nᵒˢ 9 à 51, pour la formation des abords de l'avenue
                 de l'Opéra.
    Orig. — Ancien chemin d'Argenteuil.

ARGONNE (Place de l'). . . . . . **XIX**ᵉ Arrondissement . . . . 74ᵉ Quartier.
                Anciennement commune de La Villette.

111   **Située** rue de l'Argonne, 17.
      Longʳ : 50ᵐ,00.
      Largʳ : 40ᵐ,00. — Ord. royale du 4 août 1838. *Alignements.*
             Décret du 23 mai 1863. *Classement* (confirmation).
             Décret du 24 août 1864. *Dénomination* actuelle.
                 Obs. — Précédemment place de Lille.
    Orig. — *Voir rue de l'Argonne.*

ARGONNE (Rue de l'). . . . . . . **XIX**ᵉ Arrondissement . . . . 74ᵉ Quartier.
                Anciennement commune de La Villette.

112   **Commence** quai de l'Oise, 41. — **Finit** rue de Flandre, 156.   (I. 31. — P. 30.)
      Longʳ : 325ᵐ,00.
      Largʳ : 12ᵐ,00. — Ord. royale du 4 août 1838. *Alignements.*
             Décret du 23 mai 1863. *Classement* (confirmation).
             Décret du 24 août 1864. *Dénomination* actuelle.
                 Obs. — Précédemment rue de Lille.
    Orig. — Voisine du canal de l'Ourcq, qui met en communication avec Paris cette région montagneuse où l'invasion fut
      arrêtée en 1792.

ARGOUT (Rue d') . . . . IIᵉ Arrondissement . . . . 7ᵉ Quartier.

113   **Commence** rues Étienne Marcel et Pagevin, 38. — **Finit** rue Montmartre, 63.
> Longʳ : 161ᵐ,00.
> Largʳ :   9ᵐ,00. — Décision ministérielle du 3 thermidor an ix.
> Id.   10ᵐ,00. — Ord. royale du 23 juillet 1828. *Alignement.*
> > Décret du 27 février 1867. *Dénomination actuelle.*
> > Obs. — Précédemment rue des Vieux Augustins.

Orig. — Voisine de la Banque de France, porte le nom d'un de ses gouverneurs (1782-1836).

ARMAILLÉ (Rue d') . . . . XVIIᵉ Arrondissement . . . . 65ᵉ Quartier.
Anciennement commune de Neuilly.

114   **Commence** rue des Acacias, 31. — **Finit** avenue des Ternes, 67, et rue Saint Ferdinand, 33.
> Longʳ : 230ᵐ,00. — Décret du 23 mai 1863. *Classement* (confirmation). (I. 27. — P. 34.)
> Largʳ : 10ᵐ,00. — Décret du 20 août 1873. *Alignements et nivellement.*

Orig. — Ouverte en 1840 sur la propriété du marquis d'Armaillé.

ARMAND CARREL (Place) ＊＊. . . XIXᵉ Arrondissement . . . . 76ᵉ Quartier.

115   **Située** devant la nouvelle mairie du XIXᵉ arrondissement.
> Longʳ : 80ᵐ,00 environ.
> Largʳ : 60ᵐ,00. — *Alignements* projetés.
> > Arrêté préfectoral du 16 août 1879. *Dénomination.*

Orig. — Nicolas-Armand Carrel, journaliste (1800-1836).

ARMORIQUE (Rue de l') ＊＊. . . . XVᵉ Arrondissement . . . . 58ᵉ Quartier.
Anciennement commune de Vaugirard.

116   **Commence** rue du Château, 2, et boulevard de Vaugirard, 79.— **Finit** rue du Cotentin, 20.
> Longʳ : 167ᵐ,00. — Décret du 23 mai 1863. *Classement.* (I. 27. — P. 24.)
> Largʳ : 20ᵐ,00. — Décret du 9 juillet 1870. *Alignements.*
> > Arrêté préfectoral du 26 février 1867. *Dénomination actuelle.*
> > Obs. — Précédemment avenue du Chemin-de-Fer ou rue de la Gare.

Orig. — Voisine du chemin de fer de l'Ouest, a reçu l'ancien nom de la Bretagne où conduit cette ligne.

ARQUEBUSIERS (Rue des) . . . . IIIᵉ Arrondissement . . . . 11ᵉ Quartier.

117   **Commence** boulevard Beaumarchais, 91. — **Finit** rue Saint Claude, 3.   (I. 15.— P. 10).
> Longʳ : 153ᵐ,00.
> Largʳ :   8ᵐ,00. — Décision ministérielle du 7 fructidor an viii.
> Id.   10ᵐ,00. — Ord. royale du 8 juin 1834. *Alignements.*
> > Arrêté préfectoral du 16 août 1879. *Dénomination actuelle.*
> > Obs. — Précédemment rue Diderot et antérieurement rue de Harlay.

Orig. — Voisinage de l'ancien jardin des Arquebusiers établi dans les fossés de la ville.

ARRAS (Rue d') . . . . Vᵈ Arrondissement . . . . 17ᵉ Quartier.

118   **Commence** rue des Écoles, 9. — **Finit** rue Clopin, 6.   (I. 29. — P. 10.)
> Longʳ : 138ᵐ,00.
> Largʳ :   6ᵐ,00. — Décision ministérielle du 3 pluviôse an ix.
> Id.   10ᵐ,00. — Ord. royale du 5 juin 1846. *Alignements.*

Orig. — Le collège d'Arras y avait été construit en 1332.

ARRIVÉE (Rue de l') ＊＊. . . . . . XVᵉ Arrondissement . . . . 58ᵉ Quartier.

119   **Commence** boulevard du Montparnasse, 64.— **Finit** place du Maine.   (P. 22.)
> Longʳ : 193ᵐ,00.
> Largʳ : 15ᵐ,00. — Voie ouverte en 1849 par la Compagnie, lors de l'établissement de
>   l'embarcadère du chemin de fer de l'Ouest.
> > Arrêté préfectoral du 14 août 1852, chargeant la Ville de Paris de
> > l'entretien de la voie.
> Id.   20ᵐ,00. — *Alignements* projetés, suivis d'un commencement d'exécution.
> > Arrêté préfectoral du 19 août 1864 *Dénomination actuelle.*

Orig. — Longe la gare de l'Ouest, côté de l'arrivée.

3

ARSENAL (Rue de l'). . . . . IVᵉ Arrondissement. . . . . 13ᵉ Quartier.

120   **Commence** rue Mornay, 2. — **Finit** rue de la Cerisaie, 1.   (I. 1. — P. 6.)

    Longʳ : 260ᵐ,00.

    Largʳ : 12ᵐ,00. — Ord. royale du 21 septembre 1841. *Alignements* entre la rue Mornay et l'ancienne place de l'Arsenal.

      Id.   12ᵐ,00.   Décret du 21 mars 1878. *Modification* du tracé entre la rue de Crillon et la rue de la Cerisaie.

           Arrêté préfectoral du 26 février 1867. *Dénomination* actuelle.

              Obs. — Précédemment partie de la rue de l'Orme.

     Orig. — Ancienne cour intérieure de l'Arsenal.

ARTISTES (Rue des) ⁰⁰. . . . . . XIVᵉ Arrondissement. . . . . 54ᵉ Quartier.

            Anciennement commune de Montrouge.

121   **Commence** av. de Montsouris et rue d'Alesia.— **Finit** rue Saint Yves, 2.(I. 23-45.—P. 16-42.)

    Longʳ : 170ᵐ,00.

    Largʳ : 10ᵐ,00. — *Alignements* projetés. (Largeur actuelle.)

           Obs. — Classement ajourné en 1863.

     Orig. — Ancienne résidence d'artistes.

ARTS (Impasse des) . . . . XIIᵉ Arrondissement . . . . 46ᵉ Quartier.

122   **Située** rue du Pensionnat, 5.   (I. 3. — P. 12.)

    Longʳ : 55ᵐ,00.

    Largʳ : 10ᵐ,00.   (*Voie privée.*)

     Orig. — Résidence de M. Piat, sculpteur.

ARTS (Passage des) ⁰⁰. . . . . . . XIVᵉ Arrondissement. . . . . 56ᵉ Quartier.

            Anciennement commune de Montrouge.

123   **Commence** rue de Vanves, 33. — **Finit** rue Couesnon, 16.   (I. 5. — P. 10.)

    Longʳ : 58ᵐ.00.

    Largʳ : 3ᵐ,70.   (*Voie privée.*)

     Orig. — Résidence d'artistes.

ARTS (Pont des). . . . . Iᵉʳ Arrondissement . . . . 1ᵉʳ Quartier.

                VIᵉ Arrondissement. . . . . 21ᵉ Quartier.

124   **Situé** entre le quai du Louvre et les quais de Conti et Malaquais, au droit du guichet du Louvre et de la place de l'Institut.

    Longʳ : 155ᵐ,00.

    Largʳ : 10ᵐ,00.

     Orig. — Construit en 1804, doit sa dénomination au Palais des Arts, nom que portait alors le Louvre.

ARTS ET MÉTIERS (Square des). . IIIᵉ Arrondissement.. . . . . 9ᵉ Quartier.

125   **Situé** en face du Conservatoire des Arts et Métiers, entre les rues Saint Martin, Papin, Salomon de Caus et le boulevard de Sébastopol.

ASILE (Passage de l') . . . . XIᵉ Arrondissement . . . . 42ᵉ Quartier.

126   **Commence** passage du Chemin Vert. — **Finit** rue Popincourt , 53.   (P. 4.)

    Longʳ : 70ᵐ,00.

    Largʳ : 4ᵐ,25 environ.   (*Voie privée.*)

     Orig. — Percé en 1834 ; il doit son nom à une salle d'asile pour les pauvres.

ASILE POPINCOURT (Rue de l'). . XIᵉ Arrondissement. . . . . 42ᵉ Quartier.

127   **Commence** passage Mouffle, 4. — **Finit** rue Popincourt, 57.   (I. 15. — P. 18.)

    Longʳ : 160ᵐ,00.

    Largʳ : 10ᵐ,00 environ.   (*Voie privée.*)

     Orig. — *Voir* passage de l'Asile.

ASNIÈRES (Porte d') . . . . XVIIᵉ Arrondissement . . . . 66ᵉ et 67ᵉ Quartiers.

128   **Située** boulevard Berthier, au droit de la rue Tocqueville.

     Orig. — S'ouvre sur une route conduisant à Asnières.

ASSAS (Rue d') . . . . VIᵉ Arrondissement . . . . 22ᵉ et 23ᵉ Quartiers.

129   **Commence** rue du Cherche Midi, 27. — **Finit** avenue de l'Observatoire, 2. (I. 55. — P. 138.)

    Long : 1,190ᵐ,00.

    Larg :   12ᵐ,00. — Décisions ministérielles des 3 frimaire an X, 3 brumaire an XI et 12 juin 1806.

      Id.   12ᵐ,00. — Ord. royale du 20 mars 1846. *Alignements* entre la rue du Cherche Midi et la rue de Vaugirard.

      Id.   15ᵐ,00. — *Alignements* exécutés entre la rue de Rennes et la rue de Vaugirard, lors du percement de la première de ces deux voies.

      Id.   14ᵐ,00. — Décision ministérielle du 3 décembre 1817.

ASSAS (Rue d') (*Suite*).

Largr : 14m,00. — Ord. royale du 12 février 1846. *Alignements* entre la rue de Vaugirard et l'avenue de l'Observatoire.

Arrêté préfectoral du 2 avril 1868. *Dénomination* actuelle.

Oss. — Précédemment rues d'Assas et de l'Ouest.

Orig. — Le chevalier Nicolas d'Assas, capitaine au régiment d'Auvergne, connu par sa mort héroïque, près de Klostercamp (1760).

ASSELIN (Rue) ** . . . . **XIXe** Arrondissement . . . . 76e Quartier.

Anciennement commune de Belleville.

130　**Commence** boulevard de La Villette, 92. — **Finit** rue Bolivar.　　　(I. 11. — P. 20.)

Longr : 114m,00.

Moindre largr : 6m,00.　　　　　(*Voie privée.*)

Voie ouverte par la Ville de Paris, entre la rue Monjol et la rue Bolivar.

Orig. — Nom d'un membre de la Société Legrand-Pichoin-Asselin, qui avait loué le terrain sur lequel elle a été percée.

ASSOMPTION (Rue de l'). . . . . **XVIe** Arrondissement . . . . 61e et 62e Quartiers.

Anciennement communes de Passy et d'Auteuil.

131　**Commence** r. La Fontaine, 2, et de Boulainvilliers, 19. — **Finit** boul. Beauséjour, 57, et de Montmorency, 1.　　　　　　　　　　　　　(I. 93. — P. 105.)

Longr : 862m,00.

Arrêté préfectoral du 2 août 1837. *Classement.*

Largr : 10m,00. — Délibération du Conseil Municipal du 15 février 1834. *Alignements* projetés. (Largeur actuelle.)

Décret du 23 mai 1863. *Classement* (confirmation).

Orig. — Couvent des Dames de l'Assomption.

ASTORG (Rue d'). . . . . . . **VIIIe** Arrondissement . . . . 31e Quartier.

132　**Commence** rue de la Ville-l'Évêque, 24. — **Finit** rue la Boëtie,1.　　　(I. 33. — P. 30.)

Longr : 280m,00.

Largr : 30 pieds. — Lettres patentes du 4 mars 1774. *Ouverture* entre la rue de la Ville-l'Évêque, 24, et la rue Roquépine, 1.　　　(I. 33. — P. 30).

Lettres patentes du 27 juillet 1778. *Ouverture* entre la rue Roquépine et la rue la Boëtie.

Id.　10m,00. — Ord. royale du 27 septembre 1836. *Alignements.*

Orig. — Ouverte en 1778 sur des terrains appartenant à Louis d'Astorg d'Aubarède, marquis de Roquépine, lieutenant-général des armées du roi.

ASTROLABE (Impasse de l'). . . . **XVe** Arrondissement . . . . 58e Quartier.

133　**Située** rue de Vaugirard, 119.　　　　　　　　　　　(I. 11. — P. 10).

Longr : 100m,00.

Largr : 7m,00 environ.　　　(*Voie privée.*)

Arrêté préfectoral du 1er février 1877. *Dénomination* actuelle.

Oss. — Précédemment impasse Béranger.

Orig. — Nom d'un des navires de l'expédition de Lapérouse (1785-1788) et du navire commandé par Dumont d'Urville dans son voyage autour du monde (1826-1829) ; voisinage du chemin de fer de l'Ouest, sur lequel a péri ce dernier navigateur, dans l'accident de 1842.

ATHÈNES (Passage d'). . . . . . **Ier** Arrondissement . . . . 3e Quartier.

134　**Commence** rue Saint Honoré, 178. — **Finit** rue du Cloître Saint Honoré, 16.

Longr : 32m,00.

Moindre largr : 1m,75.　　　　(*Voie privée.*)

Orig. — Hôtel meublé d'Athènes.

ATHÈNES (Rue d'). . . . . **IXe** Arrondissement . . . . 33e Quartier.

135　**Commence** rue de Clichy, 21. — **Finit** rues de Londres, 38, et d'Amsterdam, 38. (I. 27. — P.26.)

Longr : 211m,00.

Largr : 12m,00. — Ord. royale du 2 février 1826. *Ouverture* et *Alignements.*

Arrêté préfectoral du 4 juin 1881. *Dénomination* actuelle.

Oss. — Précédemment rue de Tivoli.

Orig. — Capitale de la Grèce ; voisinage de la place de l'Europe.

ATLAS (Passage de l') **. . . . . . **XIX**ᵉ Arrondissement . . . . 76ᵉ Quartier.
Anciennement commune de Belleville.

136 **Commence** rue de l'Atlas, 10. — **Finit** rue de l'Atlas. (l. 3. — P. 10.)
Longr : 90m,00.
Moindre largr : 8m,00. — Ord. royale du 21 juillet 1843. *Alignements* de l'ancienne impasse Rébeval.
Id. 8m,00. — Décret du 8 juillet 1875. *Alignements* et *nivellement* du passage de l'Atlas.
Décret du 23 mai 1863. *Classement* (confirmation).
Arrêté préfectoral du 1er février 1877. *Dénomination* actuelle.
Obs. — Précédemment impasse Rébeval.
Orig. — *Voir* rue de l'Atlas.

ATLAS (Rue de l') **. . . . . . **XIX**ᵉ Arrondissement . . . . 76ᵉ Quartier.
Anciennement commune de Belleville.

137 **Commence** rue Rébeval, 1. — **Finit** rue Bolivar, 67. (l. 23. — P. 22.)
Longr : 258m,00.
Largr : 12m,00. — Décret du 8 juillet 1875 (U. P.). 1º *Ouverture* entre les débouchés du passage de l'Atlas; 2º *Alignement* et *nivellement* du surplus.
Décret du 23 mai 1863. *Classement* confirmé pour la partie de l'impasse Rébeval réunie à la rue de l'Atlas.
Arrêté préfectoral du 1er février 1877. *Dénomination* actuelle.
Obs. — Précédemment partie de l'impasse Rébeval et rue Richer.
Orig. — Chaîne de montagne du nord-ouest de l'Afrique.

AUBÉ (Rue) . . . . **IV**ᵉ Arrondissement . . . . 16ᵉ Quartier.
138 **Commence** quai de la Cité. — **Finit** rue de Lutèce, 2.
Longr : 70m,00.
Largr : 30m,00. — Décret du 22 mai 1865 (U. P.). *Alignements*.
Obs. — Les alignements fixés par ce décret n'ont pas été suivis.
Id. 20m,00. — *Alignements* projetés. (Largeur actuelle.)
Décret du 10 février 1875. *Dénomination* actuelle.
Orig. — Longe le tribunal de Commerce et a pris le nom d'Aubé, ancien président du tribunal de Commerce.

AUBER (Rue) . . . . **IX**ᵉ Arrondissement . . . . 34ᵉ Quartier.
139 **Commence** pl. de l'Opéra, 5. — **Finit** rue Tronchet, 36, et boul. Haussmann, 53. (l. 23. — P. 18.)
Longr : 396m,00.
Largr : 22m,00. — Décret du 14 novembre 1858 (U. P.). *Ouverture* et *Alignements*.
Décret du 29 septembre 1860. Façades obligatoires imposées aux nos 1, 3, 5 et 2.
Décret du 2 mars 1864. *Dénomintion*.
Orig. — Daniel-François-Esprit Auber, compositeur (1784-1871); voisinage de l'Opéra.

AUBERVILLIERS (Impasse d'). . . **XIX**ᵉ Arrondissement . . . . 73ᵉ Quartier.
Anciennement commune de La Villette.

140 **Située** rue d'Aubervilliers, 48. (l. 5.)
Longr : 87m,00.
Largr : 8m,00. (*Voie privée.*)
Arrêté préfectoral du 1er février 1877. *Dénomination* actuelle.
Obs. — Précédemment impasse de l'Entrepôt.
Orig. — *Voir* rue d'Aubervilliers.

AUBERVILLIERS (Porte d'). . . **XVIII**ᵉ Arrondissement . . . . 72ᵉ Quartier.
XIXᵉ Arrondissement . . . . 74ᵉ Quartier.

141 **Située** boulevards Ney et Macdonald, dans le prolongement de la rue d'Aubervilliers.
Orig. — *Voir* rue d'Aubervilliers.

AUBERVILLIERS (Rue d'). *. . **XVIII**ᵉ Arrondissement . . . . 72ᵉ Quartier.
XIXᵉ Arrondissement . . . . 73ᵉ et 74ᵉ Quartiers.
Anciennement communes de La Chapelle et de La Villette.

142 **Commence** boul. de La Chapelle, 2, et de La Villette, 244. — **Finit** boul. Ney et Macdonald.
(l. 29. — P. 158.)
Longr : 1,700m,00.
Largr : 15m,00. — Ord. royale du 11 septembre 1842. *Alignements* depuis les boulevards de La Chapelle et de La Villette jusqu'à la rue Riquet.
Arrêté préfectoral du 6 juillet 1855. Chemin vicinal entre la rue Riquet et les boulevards Ney et Macdonald.
Décret du 23 mai 1863. *Classement* (confirmation).
Obs. — Précédemment rue des Vertus et chemin d'Aubervilliers.
Orig. — Ancien chemin vicinal conduisant au village d'Aubervilliers.

AUBIGNÉ (Rue d'). . . . . **IV**ᵉ Arrondissement . . . . 15ᵉ Quartier.
143   **Commence** quai Henri IV, 40. — **Finit** boulevard Morland, 17.   (P. 2.)
         Long ᵣ : 108ᵐ,00.
         Larg ᵣ :   26ᵐ,00. — Voie ouverte par la Ville de Paris, sur des terrains communaux.
                        Décret du 2 mars 1867. *Dénomination.*
         Orig. — Théodore-Agrippa d'Aubigné, homme de guerre et historien (1350-1630).

AUBLET (Villa). . . . . **XVII**ᵉ Arrondissement. . . . . 68ᵉ Quartier.
                              Anciennement commune de Neuilly.
144   **Située** rue Laugier, 44.
         Long ᵣ : 108ᵐ,00.
      Moindre larg ᵣ :   7ᵐ,80.   (*Voie privée.*)
         Orig. — Nom de propriétaire.

AUBRIOT (Rue). . . . . **IV**ᵉ Arrondissement. . . . . 14ᵉ Quartier.
145   **Commence** rue Sainte Croix de la Bretonnerie, 16. — **Finit** rue des Blancs Manteaux, 15.
                                                        (I. 9. — P. 16.)
         Long ᵣ :   94ᵐ,00.
         Larg ᵣ :   7ᵐ,00. — Décision ministérielle du 13 ventôse an VII.
         Id.   10ᵐ,00. — Ord. royale du 28 octobre 1838. *Alignements.*
                        Décret du 27 février 1867. *Dénomination* actuelle.
                        Obs. — Précédemment rue du Puits.
         Orig. — Hugues Aubriot, prévôt de Paris sous Charles V, mort en 1382.

AUBRY (Cité) **. . . . . **XX**ᵉ Arrondissement. . . . . 79ᵉ Quartier.
                              Anciennement commune de Charonne.
146   **Commence** rue de Bagnolet, 15. — **Finit** rue de Bagnolet, 35.   (I. 37. — P. 10.)
         Long ᵣ : 210ᵐ,00.
         Larg ᵣ :   3ᵐ,70 environ.   (*Voie privée.*)
         Orig. — Nom du propriétaire.

AUBRY LE BOUCHER (Rue) . . . **IV**ᵉ Arrondissement. . . . . 13ᵉ Quartier.
147   **Commence** rue Saint Martin, 103. — **Finit** boulevard de Sébastopol, 24. (I. 31. — P. 24.)
         Long ᵣ : 100ᵐ,00.
         Larg ᵣ : 10ᵐ,00. — Décision ministérielle du 28 brumaire an VI.
         Id.   12ᵐ,00. — Ord. royale du 19 juillet 1840.
         Id.   16ᵐ,00. — Décret du 27 septembre 1854. (U. P.) *Alignements.*
         Orig. — Doit sa dénomination à un boucher du nom d'Aubry.

AUDE (Impasse de l') **. . . . . . **XIV**ᵉ Arrondissement . . . . 54ᵉ Quartier.
                              Anciennement commune de Montrouge.
148   **Située** rue de l'Aude, 16.   (I. 5. — P. 6.)
         Long ᵣ : 40ᵐ,00.   (*Voie privée.*)
         Larg ᵣ : 12ᵐ,00.   Arrêté Préfectoral du 1ᵉʳ février 1877. *Dénomination* actuelle.
                        Obs. — Précédemment Impasse Saint Charles.
         Orig. — Voir rue de l'Aude.

AUDE (Rue de l') **. . . . . . . **XIV**ᵉ Arrondissement. . . . . 54ᵉ Quartier.
                              Anciennement commune de Montrouge.
149   **Commence** avenue de Montsouris. — **Finit** rue de la Tombe Issoire, 93.   (I. 39. — P. 34.)
         Long ᵣ : 215ᵐ,00.
                        Classement ajourné en 1863.
         Larg ᵣ : 10ᵐ,00. — *Alignements* projetés. (Largeur actuelle.)
                        Arrêté Préfectoral du 1ᵉʳ février 1877. *Dénomination* actuelle.
                        Obs. — Précédemment rue de Gentilly.
         Orig. — Rivière du bassin de la Seine ; voisinage des réservoirs de la Vanne.

AUDRAN (rue) **. . . . . **XVIII**ᵉ Arrondissement . . . . 69ᵉ Quartier.
                              Anciennement commune de Montmartre.
150   **Commence** rue Véron, 26. — **Finit** rue des Abbesses, 47.   (I. 7. — P. 10.)
         Long ᵣ : 60ᵐ,00.
                        Décret du 23 mai 1863. *Classement* (confirmation).
         Larg ᵣ :   8ᵐ,00. — *Alignements* projetés. (Largeur actuelle.)
                        Décret du 24 août 1864. *Dénomination* actuelle.
                        Obs. — Précédemment rue Neuve Véron.
         Orig. — Gérard Audran, graveur-sculpteur (1640-1703).

AUGER (Rue) . . . . **XX**ᵉ Arrondissement . . . . 80ᵉ Quartier.

Anciennement commune de Charonne.

151 **Commence** boulevard de Charonne, 36. — **Finit** rue d'Avron, 16. (I. 17. — P. 18.)

Longᵗ : 105ᵐ,00.

Largᵗ : 8ᵐ,00. — Ord. royale du 27 août 1844. *Alignements*.

Décret du 23 mai 1863. *Classement* (confirmation).

Décret du 24 août 1864. *Dénomination actuelle*.

Obs. — Précédemment rue des Ormes.

Orig. — Charles Auger, général d'artillerie, tué à la bataille de Solferino en 1859.

AUMALE (Rue d'). . . . . **IX**ᵉ Arrondissement . . . . 33ᵉ Quartier.

152 **Commence** rue Saint Georges, 45. — **Finit** rue de La Rochefoucauld, 26. (I. 29. — P. 28.)

Longᵗ : 220ᵐ,00.

Largᵗ : 12ᵐ,00. — Ord. royale du 14 septembre 1846. *Ouverture* et *alignements*.

Orig. — Doit son nom au duc d'Aumale.

AUSTERLITZ (Passage d'). ·. . . **XII**ᵉ Arrondissement . . . . 48ᵉ Quartier.

153 **Commence** rue de Bercy, 232. — **Finit** rue de Lyon, 23. (I. 21. — P. 22.)

Longᵗ : 150ᵐ,00.

Largᵗ : 7ᵐ,00 environ. *(Voie privée.)*

Obs. — Précédemment passage d'Orient.

Orig. — *Voir* Pont d'Austerlitz.

AUSTERLITZ (Pont d'). . . . . . **V**ᵉ Arrondissement. . . . . 18ᵉ Quartier.

XIIᵉ Arrondissement. . . . . 48ᵉ Quartier.

XIIIᵉ Arrondissement. . . . . 49ᵉ Quartier.

154 **Situé** entre les quais de Bercy et de la Rapée, et les quais d'Austerlitz et Saint-Bernard, au droit de l'avenue Ledru-Rollin et de la place Valhubert.

Longᵗ : 200ᵐ,00.

Largᵗ : 20ᵐ,00.

Orig. — Victoire remportée sur les Russes et les Autrichiens le 2 décembre 1805. Construit de 1803 à 1806.

AUSTERLITZ (Quai d') . . . . . . **XIII**ᵉ Arrondissement . . . . 49ᵉ Quartier.

155 **Commence** boul. de la Gare, 2 et pont de Bercy. — **Finit** p. Valhubert et pont d'Austerlitz. (I. 57.)

Longᵗ : 901ᵐ,00.

Décision ministérielle du 30 avril 1819.

Largᵗ : 20ᵐ,00. — Décret du 14 décembre 1872. *Alignements*.

Obs. — Aux termes de ce décret, les immeubles désignés au plan par les nᵒˢ 11, 13, 15, 17, 19 et 21 sont affranchis des servitudes de voirie.

Orig. — *Voir* pont d'Austerlitz.

AUTEUIL (Place d'). . . . . . . **XVI**ᵉ Arrondissement . . . . 61ᵉ Quartier.

Anciennement commune d'Auteuil.

156 **Située** au devant de l'église d'Auteuil.

Décret du 23 mai 1863. *Classement* (confirmation).

Arrêté préfectoral du 26 février 1867. *Dénomination actuelle*.

Obs. — Précédemment place d'Aguesseau.

Orig. — *Voir* rue d'Auteuil.

AUTEUIL (Pont Viaduc d'). . . . . **XV**ᵉ Arrondissement. . . . . 60ᵉ Quartier.

XVIᵉ Arrondissement. . . . . 61ᵉ Quartier.

157 · **Situé** entre les quais d'Auteuil et de Javel, au droit des boulevards Exelmans et Victor.

Longᵗ : 190ᵐ,00.

Largᵗ : 30ᵐ,00.

Orig. — Voisinage de l'ancien village d'Auteuil.

AUTEUIL (Porte d'). . . . . . . **XVI**ᵉ Arrondissement . . . . 61ᵉ Quartier.

158 **Située** boulevards Murat et Suchet, au droit de la rue d'Auteuil.

Orig. — A l'extrémité de la rue d'Auteuil.

AUTEUIL (Quai d') . . . . **XVI**ᵉ Arrondissement . . . . 61ᵉ Quartier.

Anciennement commune d'Auteuil.

159 **Commence** pont de Grenelle. — **Finit** boulevard Murat. (P. 168.)

Longᵗ : 1,638ᵐ,00. — Décret du 23 mai 1863. *Classement* (confirmation).

Largᵗ : 20ᵐ,00. — Décret du 22 juillet 1863. *Alignements*.

Obs. — L'art. 3 est ainsi conçu : « Le présent décret sera considéré comme non avenu si les travaux n'ont pas été adjugés dans un délai de trois ans, à partir de sa promulgation. » Bien que périmées en vertu de cette clause, les prescriptions édictées alors ont reçu un commencement d'exécution.

Orig. — Longe l'ancien village d'Auteuil annexé en 1860.

AUTEUIL (Rue d') . . . . **XVIᵉ** Arrondissement . . . . 61ᵉ Quartier.
Anciennement commune d'Auteuil.

160   **Commence** r. du Point du Jour, 58. — **Finit** boul. Murat, 1, et Suchet, 95. (I. 83. — P. 76.)
    Longʳ : 732ᵐ,00.
    Largʳ : 12ᵐ,00. — Arrêté préfectoral du 16 juillet 1859. *Alignements* entre la rue du
               Point du Jour et les rues Boileau et Pierre Guérin.
    Id.   12ᵐ,00. — Ord. royale du 12 mai 1830. *Alignements* entre les rues Boileau et
               Pierre Guérin et les boulevards Murat et Suchet.
           Arrêté préfectoral du 20 juillet 1868. *Dénomination* actuelle.
             Obs.   Précédemment rues d'Auteuil et Molière. (Partie de la route dépar-
                             tementale nᵒ 29.)
    Orig. — Rue principale de l'ancien village d'Auteuil.

AUVRY (Passage) . . . . **XIXᵉ** Arrondissement . . . . 74ᵉ Quartier.
Anciennement commune de La Villette.

161   **Commence** rue de Cambrai, 22. — **Finit** rue de Flandre, 171.   (P. 12.)
    Longʳ : 215ᵐ,00.
    Largʳ :   4ᵐ,00 environ.   *(Voie privée.)*
    Orig. — Nom de propriétaire.

AVE MARIA (Rue de l') . . . . . . **IVᵉ** Arrondissement . . . . 14ᵉ Quartier.
162   **Commence** rue Saint Paul, 5. — **Finit** rue du Fauconnier.   (I. 17. — P. 20.)
    Longʳ : 116ᵐ,00.
    Largʳ : 12ᵐ,00. — Ord. royale du 4 août 1838. *Alignements.*
           Décret du 15 février 1876 (U. P.). *Modification* de l'alignement au
             droit des nᵒˢ 19, 21, 23, 25 et 27.
    Id.   15ᵐ,00. — *Alignements* projetés à partir du nᵒ 27 jusqu'à la rue du Fauconnier.
           Arrêté préfectoral du 26 février 1867. *Dénomination* actuelle.
             Obs. — Précédemment rue des Barrés.
    Orig. — Couvent de l'Ave Maria, supprimé en 1790.

AVENIR (Cité de l') . . . . **XIᵉ** Arrondissement . . . . 42ᵉ Quartier.
163   **Située** boulevard de Ménilmontant, 121.
    Longʳ :   96ᵐ,00.
    Moindre Largʳ :   3ᵐ,00.   *(Voie privée.)*
    Orig. — Nom fantaisiste.

AVENIR (Impasse de l') ** . . . . **XIIIᵉ** Arrondissement . . . . 50ᵉ Quartier.
Anciennement commune d'Ivry.

164   **Située** rue du Château des Rentiers, 178.
    Longʳ : 112ᵐ,00.
    Moindre largʳ :   2ᵐ,90.   *(Voie privée.)*
    Orig. — Nom donné par le propriétaire en vue de l'extension future du quartier qu'il avait fondé.

AVENIR (Impasse de l') ** . . . . . **XXᵉ** Arrondissement . . . . 80ᵉ Quartier.
Anciennement commune de Charonne.

165   **Située** rue des Pyrénées, 65.   (I. 5. — P. 4.)
    Longʳ : 97ᵐ,00.
    Largʳ : 8ᵐ,00.   *(Voie privée.)*
    Orig. — Nom fantaisiste.

AVRON (Rue d'). . . . . **XXᵉ** Arrondissement . . . . 80ᵉ Quartier.
Anciennement commune de Charonne.

166   **Commence** boulevard de Charonne, 44. — **Finit** boulevard Davout, 32. (I. 139. — P. 140.)
    Longʳ : 925ᵐ,00. — Décret du 23 mai 1863. — *Classement* (confirmation).
    Largʳ : 17ᵐ,65. — *Alignements* projetés. (Largeur actuelle.)
           Arrêté préfectoral du 1ᵉʳ février 1877. — *Dénomination* actuelle.
             Obs. — Précédemment Grande-Rue de Montreuil. (Partie de la route départe-
                         mentale nᵒ 41.)
    Orig. — Orientée dans la direction du plateau d'Avron, défendu par la garnison de Paris en 1870.

AZAÏS (Rue) ** . . . . **XVIIIᵉ** Arrondissement . . . . 70ᵉ Quartier.
167   **Commencera** rue Saint Eleuthère, 1. — **Finira** rues H et Lepic.
    Longʳ : 175ᵐ,00.
    Largʳ : 12ᵐ,00. — Décret du 11 août 1867 (U. P.) *Ouverture* et *alignement.*
             Obs. — Cette voie n'est pas encore exécutée.
           Décret du 10 février 1875. — *Dénomination* actuelle.
             Obs. — Précédemment rue G
    Orig. — Pierre-Hyacinthe Azaïs, philosophe (1766-1845).

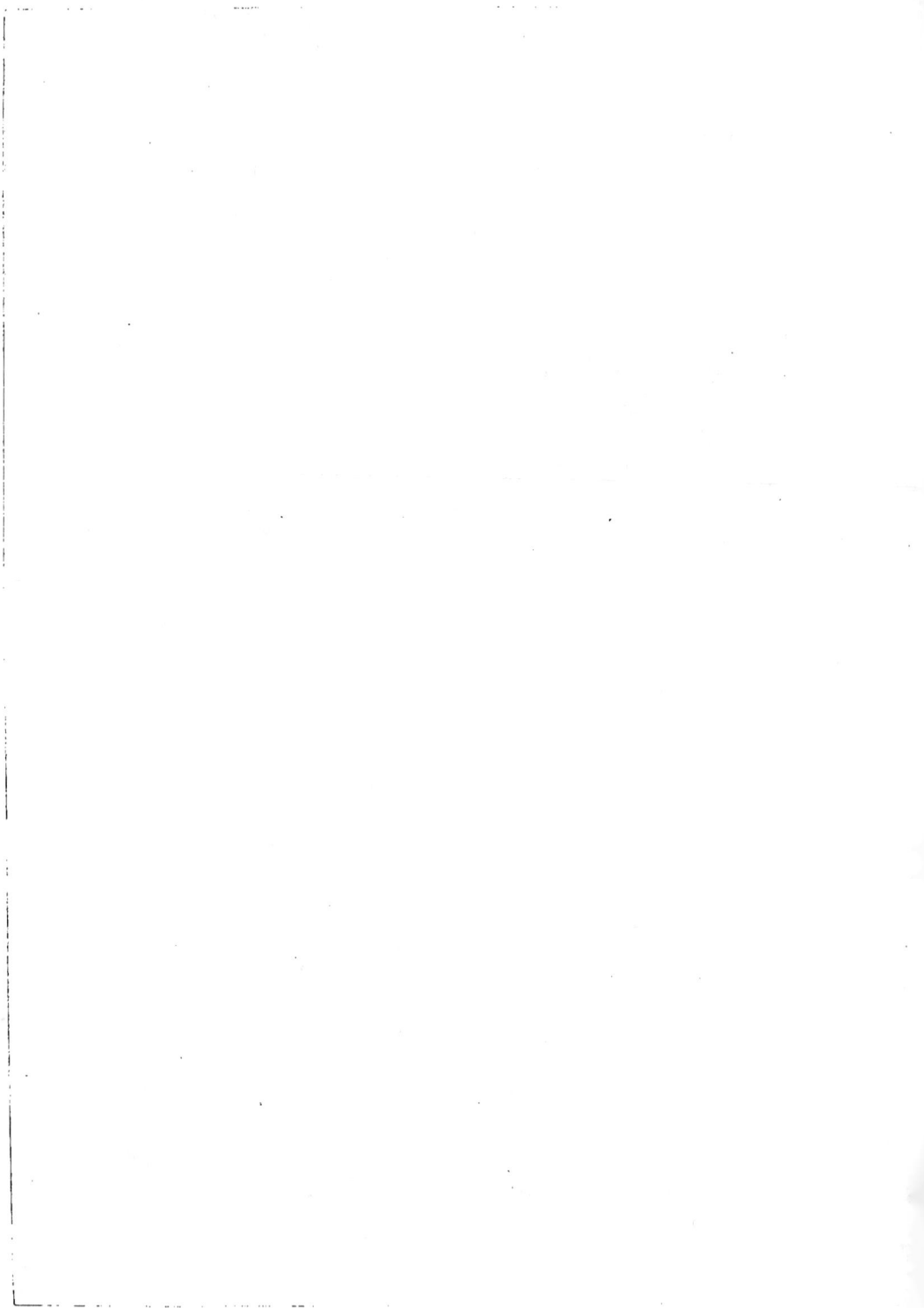

BABILLE (Rue) . . . . Ier Arrondissement . . . . 2e Quartier.

168 **Commence** rue des Deux Écus, 30. — **Finit** rue de Viarmes, 3. (I. 3. — P. 6.)

Long^r : 29^m,00.

Larg^r : 24 ^{pieds}. — Lettres patentes du 25 novembre 1762. *Ouverture.*

Id. 7^m,80. — Décision ministérielle du 9 germinal an XIII.

Id. 7^m,80. — Décret du Président de la République du 16 juillet 1849. *Alignements.*

Obs. — D'après les contrats de vente primitifs, les bâtiments en bordure doivent conserver leur décoration symétrique.

Décret du 9 juin 1860. (U. P.) *Suppression* pour le prolongement de la rue du Louvre et la formation de ses abords.

Orig. — Voisine de la Halle au blé ; porte le nom de Babille qui était échevin lors de la construction de ce monument.

BABYLONE (Rue de) . . . . . . VIIe Arrondissement . . . . . 25e, 26e et 27e Quartiers.

169 **Commence** boulevard d'Enfer prolongé, 14. — **Finit** boulev. des Invalides, 33. (I. 71. — P. 76.)

Long^r : 860^m,00.

Larg^r : 12^m,00. — Arrêté préfectoral du 26 août 1868. *Ouverture* et *Alignements* entre le boulevard d'Enfer et la rue du Bac.

Obs. — Cet arrêté approuve la cession par l'administration de l'Assistance publique, à la Ville de Paris, de la partie de cette nouvelle voie ouverte sur l'emplacement de l'Hospice des Ménages.

Id. 10^m,00. — Décision ministérielle du 3 pluviose an IX.

Id. 10^m,00. — Ord. royale du 12 décembre 1843. *Alignements* entre la rue du Bac et le boulevard des Invalides.

Arrêté préfectoral du 18 juin 1867. *Nivellement* entre les rues de la Chaise et du Bac.

Arrêté préfectoral du 3 septembre 1869. *Dénomination* de la partie ouverte par l'administration de l'Assistance publique.

Orig. — Bernard de Sainte-Thérèse, évêque de Babylone, y possédait plusieurs maisons.

BAC (Rue du) . . . . VIIe Arrondissement . . . . 25e Quartier.

170 **Commence** quais Voltaire, 35, et d'Orsay, 1. — **Finit** rue de Sèvres, 26. (I. 137. — P. 150.)

Long^r : 1130^m,00.

Moindre larg^r : 10^m,00. — Décision ministérielle du 23 frimaire an IX.

Id. Id. 13^m,00. — Ord. royale du 17 juin 1829. *Alignements.*

Décret du 17 décembre 1880. (U. P.) Exécution de l'alignement au droit des n°s 1 et 5.

Orig. — Doit son nom au bac établi sur la rivière avant la construction du Pont-Royal.

BAC D'ASNIÈRES (Impasse du). XVIIe Arrondissement . . . . 66e Quartier.

Anciennement commune des Batignolles.

171 **Située** rue Tocqueville, 29.

Long^r : 24^m,00.

Larg^r : 3^m,50 environ. *(Voie privée.)*

Orig. — Voir rue du Bac d'Asnières.

BAC D'ASNIÈRES (Rue du). . . XVIIe Arrondissement . . . . 66e Quartier.

Anciennement commune des Batignolles.

172 **Commence** rue Legendre 19 *bis.* — **Finit** rue Tocqueville, 42. (I. 9. — P. 4.)

Long^r : 67^m,00.

Larg^r : 10^m,00. — Arrêté préfectoral du 23 juin 1853. *Alignements.*

Décret du 23 mai 1863. *Classement* (confirmation).

Arrêté préfectoral du 23 mai 1876. *Nivellement.*

Orig. — Conduisait au Bac d'Asnières.

BACHELET (Rue) ** . . . . . . **XVIII**ᵉ Arrondissement . . . . 70ᵉ Quartier.
Anciennement commune de Montmartre.

173   **Commence** rue Nicolet, 18. — **Finit** rues Becquerel et Lambert, 29.   (I. 23. — P. 26.)
    Longᵣ : 140ᵐ,00.
    Largᵣ : 10ᵐ,00. — Arrêté préfectoral du 27 juillet 1869. *Classement* et *Aligne-*
                ments.
                Arrêté préfectoral du 27 juin 1868. *Nivellement.*
Orig. — Nom du propriétaire d'une partie du terrain sur lequel elle a été ouverte.

BACON (Rue) . . . . **XVII**ᵉ Arrondissement . . . . 63ᵉ Quartier.

174   **Commence** rue Bayen, 67. — **Finit** rue de Villiers, 38.   (I. 11. — P. 16.)
    Longᵣ : 175ᵐ,00.
    Largᵣ : 10ᵐ,00.   (*Voie privée.*)
Orig. — Nom de la femme du propriétaire du terrain, qui descend d'une illustre famille anglaise dont le principal
membre a été le chancelier d'Angleterre, auteur de la *Méthode expérimentale dans l'étude des sciences.*

BADUEL (Cour). . . . . **XI**ᵉ Arrondissement . . . . 43ᵉ Quartier

175   **Située** passage Thiéré, nᵒˢ 16 et 16 bis. (*Voie privée*).
Orig. — Nom de propriétaire.

BAGNEUX (Rue de) ** . . . . . . **VI**ᵉ Arrondissement . . . . 23ᵉ Quartier.

176   **Commence** rue du Cherche Midi, 85. — **Finit** rue de Vaugirard, 102.   (I. 15. — P. 14.)
    Longᵣ : 165ᵐ,00.
    Largᵣ :   7ᵐ,70. — Décision ministérielle du 23 frimaire an IX.
    Id.   10ᵐ,00. — Ord. royale du 11 janvier 1845. *Alignements.*
Orig. — Cette rue, qui se dirigeait vers le chemin de Clamart et, par conséquent, vers Bagneux, doit peut-être son nom
à cette dernière localité.

BAGNOLET (Porte de) . . . . . . **XX**ᵉ Arrondissement . . . . 78ᵉ et 80ᵉ Quartiers.

177   **Située** boulevards Mortier et Davout, dans le prolongement de la rue de Bagnolet.
Orig. — Doit son nom à sa situation.

BAGNOLET (Rue de) ** . . . . . . **XX**ᵉ Arrondissement . . . . . 78ᵉ, 79ᵉ et 80ᵉ Quartiers.
Anciennement commune de Charonne.

178   **Commence** boulevard de Charonne, 148. — **Finit** boul. Mortier et Davout. (I. 185.— P. 182.)
    Longᵣ : 1.400ᵐ,00.
    Moindre largᵣ :   10ᵐ,00. — Ord. royale du 10 février 1841. *Alignements* entre le boulevard de
                 Charonne et la rue et la place Saint Blaise.
    Largᵣ :   11ᵐ,70. — Ord. royale du 17 décembre 1771. *Alignements* entre la rue et
                 la place Saint Blaise et les boulevards Mortier et Davout.
                Arrêté préfectoral du 21 avril 1868. *Nivellement* entre le boule-
               vard de Charonne et la rue et la place Saint Blaise.
                Arrêté préfectoral du 2 avril 1868. *Dénomination* actuelle.
                Obs. — Précédemment rues de Paris et de Bagnolet.
Orig. — Conduit au village de Bagnolet.

BAIGNEUR (Impasse du) ** . . . **XVIII**ᵉ Arrondissement . . . . 70ᵉ Quartier.
Anciennement commune de Montmartre.

179   **Située** rue Ramey, 53.   (I. 3.)
    Longᵣ : 60ᵐ,00.
    Largᵣ :   7ᵐ,50 environ.   (*Voie privée.*)
                Arrêté préfectoral du 1 février 1877. — *Dénomination* actuelle.
                Obs. — Précédemment impasse des Bains.
Orig. — Doit son nom à un établissement de bains.

BAILLET (Rue). . . . . **I**ᵉʳ Arrondissement . . . . 1ᵉʳ Quartier.

180   **Commence** rue de la Monnaie, 23. — **Finit** rue de l'Arbre Sec, 24.   (I. 5. — P. 12.)
    Longᵣ : 73ᵐ,00.
    Largᵣ :   7ᵐ,00. — Décision ministérielle du 13 floréal an IX.
    Id.   10ᵐ,00. — Ord. royale du 23 juillet 1828. *Alignements.*
Orig. — Doit son nom à la famille Baillet.

BAILLEUL (Rue) . . . . **I**ᵉʳ Arrondissement . . . . 2ᵉ Quartier.

181   **Commence** rue de l'Arbre Sec, 39. — **Finit** rue du Louvre, 12.   (I. 13. — P. 14.)
    Longᵣ : 100ᵐ,00.
    Largᵣ :   7ᵐ,00. — Décision ministérielle du 26 brumaire an XI.
    Id.   10ᵐ,00. — Ord. royale du 23 juillet 1828. *Alignements.*
Orig. — Robert Bailleul, clerc des comptes, y habitait en 1423.

BAILLIF (Rue) . . . . Iᵉʳ Arrondissement . . . . 3ᵉ Quartier.

182   **Commence** rue Croix des Petits Champs, 35. — **Finit** rue de Valois, 24.   (I. 11. — P. 10.)

Longʳ : 114ᵐ,00.

Moindre largʳ :   8ᵐ,00. — Décision ministérielle du 20 fructidor an XI.

Largʳ :   10ᵐ,00. — Ord. royale du 23 juillet 1828. *Alignements*.

Id.   12ᵐ,00. — Décret du 6 août 1863 (U. P.). *Rectification du tracé.*

Obs. — L'emplacement, fixé par ce décret, a été légèrement modifié.

Arrêté préfectoral du 5 avril 1864. *Nivellement*.

Orig. — Le terrain appartenait sous Henri IV à Claude Baillifre, et fut adjugé en 1626 à Henri Bailli, surintendant de la musique du roi.

BAILLY Rue) . . . . IIIᵉ Arrondissement . . . . 9ᵉ Quartier.

183   **Commence** rue Réaumur, 27. — **Finit** rue Beaubourg, 98.   (I. 11. — P. 4.)

Longʳ : 77ᵐ,00.

Largʳ :   6ᵐ,00. — Décision ministérielle du 3 décembre 1814.

Id.   7ᵐ,00. — Ord. royale du 16 novembre 1834. *Alignements*.

Décret du 23 août 1858 (U. P.). *Suppression* de la rue pour le percement de la rue de Turbigo et de ses abords.

Obs. — Lors de l'exécution de la rue de Turbigo, la rue Bailly, conservée en partie, a été prolongée jusqu'à l'alignement des nᵒˢ 1, 3 et 5 de l'ancienne place du marché Saint-Martin et jusqu'à la rue Réaumur.

Largʳ : 10ᵐ,00, environ. — Partie faisant retour sur la rue Réaumur.

Largʳ : 11ᵐ,50, environ. — Surplus.

Arrêté préfectoral du 13 février 1878. Réunion de la place du Vieux Marché à la rue Bailly.

Obs. — Précédemment rue Bailly et place du Vieux Marché.

Orig. — Bailliage de Saint Martin des Champs.

BAINS (Cité des) . . . . XVIIIᵉ Arrondissement . . . . 70ᵉ Quartier.

Anciennement commune de Montmartre.

184   **Commence** boulevard Rochechouart, 104 — **Finit** rue Dancourt, 11, et place Dancourt.

Longʳ : 116ᵐ,00.

Largʳ :   4ᵐ,00, environ.   (*Voie privée.*)

Orig. — Doit son nom à l'établissement de bains qui y est établi depuis 1833.

BAINS (Galerie des). ** . . . . . . IIᵉ Arrondissement . . . . 7ᵉ Quartier.

185   **Commence** passage du Saumon, 38. — **Finit** galerie Mandar, 4.

Longʳ : 48ᵐ,00.

Largʳ :   3ᵐ,25.   (*Voie privée.*)

Orig. — Voisine d'un établissement de bains.

BALAGNY (Rue) . . . . XVIIᵉ Arrondissement . . . . 68ᵉ Quartier.

Anciennement commune des Batignolles.

186   **Commence** avenue de Clichy, 152. — **Finit** rues Marcadet, 257, et Legendre, 179. (I. 75. — P. 72.)

Longʳ : 590ᵐ,00.

Décret du 23 mai 1863. *Classement* (confirmation).

Largʳ : 12ᵐ,00. — *Alignements* projetés (Largeur actuelle : 12ᵐ,00 moindre).

Id.   20ᵐ,00. — *Prolongement et élargissement* projetés entre l'avenue de Clichy et la rue Cardinet, suivis d'un commencement d'exécution.

Obs. — Ce projet d'élargissement est exécuté depuis l'avenue de Saint-Ouen jusqu'à une propriété à l'angle de la rue Davy.

Arrêté préfectoral du 26 mai 1867. *Nivellement* entre l'avenue de Saint Ouen et la rue des Moines.

Ancien chemin de grande communication des Batignolles à Montmartre.

Orig. — Ouverte sous l'administration de M. Balagny, ancien maire de la commune des Batignolles.

BALKANS (Rue des) ** . . . . . . XXᵉ Arrondissement . . . . 80ᵉ Quartier.

Anciennement commune de Charonne.

187   **Commence** rue de Bagnolet, 148. — **Finit** rue Vitruve, 59.   (I. 9. — P. 12.)

Longʳ : 290ᵐ,00.

Largʳ :   8ᵐ,00. — Ord. royale du 27 août 1844. *Alignements*.

Décret du 23 mai 1863. *Classement* (confirmation).

Arrêté préfectoral du 6 août 1861. *Nivellement*.

Arrêté préfectoral du 10 août 1874. *Nivellement* entre les rues Riblette et Vitruve.

Arrêté préfectoral du 1ᵉʳ février 1877. *Dénomination* actuelle.

Obs. — Précédemment rue de Vincennes.

Orig. — Chaîne de montagnes de la Turquie d'Europe.

BALNY (Passage). . . . . **XII**e ARRONDISSEMENT . . . . 48e QUARTIER.
188   **Commence** rue de Charenton, 41. — **Finit** rue du Faubourg Saint Antoine, 40.
        Long^r : 52^m,00.
        Larg^r : 1^m,25.   (*Voie privée.*)
        ORIG. — Nom de propriétaire.

BALTARD (Rue). . . . . **I**er ARRONDISSEMENT . . . . 2e QUARTIER.
189   **Commence** rue Berger. — **Finit** rue Rambuteau.
        Long^r : 124^m,00.
        Larg^r : 32^m,00. — DÉCRET DU 21 JUIN 1854 (U. P.). *Ouverture* et *Alignements.*
                        DÉCRET DU 10 NOVEMBRE 1877. *Dénomination* actuelle.
                        OBS. — Précédemment partie de la rue du Pont Neuf.
        ORIG. — Victor Baltard, architecte des Halles (1805-1874) ; voisinage des Halles.

BALZAC (Rue). . . . . **VIII**e ARRONDISSEMENT . . . . 30e QUARTIER.
190   **Commence** aven. des Champs Élysées, 124. — **Finit** rue du Faub. St Honoré, 193. (I. 25. — P. 26.)
        Long^r : 433^m,00.
        Larg^r : 11^m,50. — DÉCRET DU 23 OCTOBRE 1852. (U. P.) *Classement* et *Alignements* entre
                        l'avenue des Champs Elysées et l'avenue Friedland.
        Id.   13^m,00. — DÉCRET DU 23 OCTOBRE 1852. *Classement* et *Alignements* entre l'avenue
                        Friedland et la rue du Faubourg Saint Honoré.
                        ARRÊTÉ PRÉFECTORAL DU 7 SEPTEMBRE 1863. *Nivellement.*
                        OBS. — Précédemment rue Fortuné, entre la rue Chateaubriand et la rue du
                              Faubourg Saint Honoré. (Moniteur du 28 juin 1824.)
        ORIG. — Honoré de Balzac, romancier (1799-1850), mort dans cette rue.

BAMBOUL (Villa). . . . . **XVI**e ARRONDISSEMENT . . . . 61e QUARTIER.
                        Anciennement commune d'Auteuil.
191   **Située** rue Boileau, 78.
        Long^r : 270^m,00.
        Larg^r : 6^m,80, environ.   (*Voie privée.*)
                        OBS — Précédemment villa Saint Allais.
        ORIG. — Nom du propriétaire du terrain.

BANIS (Cité) ** . . . . **XV**e ARRONDISSEMENT . . . . 57e QUARTIER.
                        Anciennement commune de Vaugirard.
192   **Commence** rue de la Procession, 54. — **Finit** rue d'Alleray, 73.   (I. 5.)
        Long^r : 110^m,00.
        Larg^r : 2^m,70, environ.   (*Voie privée.*)
        ORIG. — Nom du propriétaire.

BANQUE (Rue de la) . . . . **II**e ARRONDISSEMENT . . . . 6e QUARTIER.
193   **Commence** r. des Petits Champs et des Petits Pères, 1. — **Finit** place de la Bourse, 5. (I. 23. — P. 26)
        Long^r : 280^m,00.
        Larg^r : 12^m,00. — DÉCRET DU 7 FÉVRIER 1850. *Alignements* entre la rue des Petits
                        Pères et le passage du même nom.
        Id.   : 12^m,00. — ORD. ROYALE DU 8 DÉCEMBRE 1844. (U. P.). *Ouverture* et *Alignements*
                        entre le passage des Petits Pères et la place de la Bourse.
        ORIG. — Débouche en face de la Banque de France.

BANQUIER (Rue du) ** . . . . . **XIII**e ARRONDISSEMENT . . . . 49e QUARTIER.
194   **Commence** rue Duméril, 22. — **Finit** avenue des Gobelins, 53.   (I. 30. — P. 44.)
        Long^r : 390^m,00.
        Moindre larg^r : 10^m,00. — ORD. ROYALE DU 27 JANVIER 1837. *Alignements.*
                        ARRÊTÉ PRÉFECTORAL DU 20 SEPTEMBRE 1863. *Nivellement.*
                        ARRÊTÉ PRÉFECTORAL DU 3 DÉCEMBRE 1867. *Nivellement.*
        ORIG. — Ancien nom.

BARA (Rue) ** . . . . **VI**e ARRONDISSEMENT . . . . 23e QUARTIER.
195   **Commence** rue d'Assas, 108. — **Finit** rue Notre-Dame des Champs, 95.   (I. 15. — P. 10.)
        Long^r : 192^m,00.
        Moindre larg^r : 12^m,00. — DÉCRET DU 9 NOVEMBRE 1874. *Classement* et *Alignements.*
                        ARRÊTÉ PRÉFECTORAL DU 4 NOVEMBRE 1880. *Dénomination* actuelle.
                        OBS. — Précédemment rue Carnot.
        ORIG. — Joseph Bara, tambour de treize ans, fusillé par les Vendéens en 1793.

BARBANÈGRE (Rue) . . . . . . **XIX**e ARRONDISSEMENT . . . . 74e QUARTIER.
Anciennement commune de La Villette.
196   **Commence** rue de Nantes, 14. — **Finit** quai de la Gironde, 9.   (I. 21. — P. 18.)
Long^r : 273^m,00.
Larg^r : 12^m,00. — *Alignements* projetés entre la rue de Nantes et la rue de l'Argonne.
Id.   12^m,00. — ORD. ROYALE DU 4 AOUT 1838. *Alignements* entre la rue de l'Argonne
et le quai de la Gironde.
DÉCRET DU 23 MAI 1863. *Classement* (confirmation).
ARRÊTÉ PRÉFECTORAL DU 31 JANVIER 1867. *Nivellement.*
DÉCRET DU 10 AOUT 1868. *Dénomination* actuelle.
OBS. — Précédemment rue de Boulogne.
ORIG. — Le baron Joseph Barbanègre, général (1772-1830); défenseur d'Huningue en 1815.

BARBET DE JOUY (Rue). . . . . **VII**e ARRONDISSEMENT. . . . . 26e QUARTIER.
197   **Commence** rue de Varenne, 69. — **Finit** rue de Babylone, 64.   (I. 37. — P. 44.)
Long^r : 403^m,00.
Larg^r : 11^m,00. — ORD. ROYALE DU 18 MAI 1838. *Ouverture, Alignements* et *fixation* de
la hauteur maxima des maisons en bordure à 16^m,50.
ORIG. — Nom du propriétaire qui a donné son terrain à la Ville pour l'établissement de la rue.

BARBETTE (Rue) . . . . **III**e ARRONDISSEMENT . . . . 11e QUARTIER.
198   **Commence** rue Elzévir, 9. — **Finit** rue Vieille du Temple, 70.   (I. 15 — P. 16.)
Long^r : 165^m,00.
Larg^r :   8^m,00. — DÉCISION MINISTÉRIELLE DU 13 FRUCTIDOR AN VII.
Id.   10^m,00. — ORD. ROYALE DU 12 JUILLET 1837. *Alignements.*
ORIG. — Ouverte en 1563 sur l'emplacement de l'hôtel Barbette.

BARDOU (Impasse) ✸✸ . . . . **XV**e ARRONDISSEMENT. . . . . 57e QUARTIER.
Anciennement commune de Vaugirard.
199   **Située** rue des Fourneaux, 223.   (I. 11. — P. 8.)
Long^r : 73^m,00.
Larg^r : 4^m,00, environ.   (*Voie privée.*)
ARRÊTÉ PRÉFECTORAL DU 1er FÉVRIER 1877. *Dénomination* actuelle.
OBS. — Précédemment impasse des Jardiniers.
ORIG. — Nom du propriétaire.

BARGUE (Rue). . . . . **XV**e ARRONDISSEMENT . . . . 58e QUARTIER.
200   **Commence** rue de Vaugirard, 241. — **Finit** rue des Fourneaux, 136.   (I. 61. — P. 50.)
Long^r : 543^m,00.
Larg^r : 12^m,00. — DÉCRET DU 28 JANVIER 1878. *Classement, Alignements* et *Nivellement*
entre la rue de Vaugirard et la rue Plumet.
Id.   10^m,00. — *Alignements* et *Nivellement* entre la rue Plumet et la rue des Four-
neaux.
ARRÊTÉ PRÉFECTORAL DU 28 DÉCEMBRE 1877. *Nivellement.*
ORIG. — Nom du propriétaire.

BARNOT (Impasse) ✸✸ . . . . . . **XX**e ARRONDISSEMENT. . . . . 78e QUARTIER.
Anciennement commune de Belleville.
201   **Commence** rue des Tourelles, 13. — **Finit** Impasse Sureau.   (I. 11 — P. 8.)
Long^r : 120^m,00.
Larg^r : 5^m,00 environ.   (*Voie privée.*)
ORIG. — Nom du propriétaire.

BAROMÈTRE (Galerie du). . . . . **IX**e ARRONDISSEMENT . . . . 35e QUARTIER.
202   **Située** boulevard des Italiens, 12.
Long^r : 71^m,50.
Larg^r : 3^m,50 environ.   (*Voie privée.*)
ORIG. — Fait partie du passage de l'Opéra, et doit son nom au baromètre qui est à son extrémité.

BARON (Rue) . . . . **XVII**e Arrondissement. . . . . 68e Quartier.

203   **Commence** rue des Épinettes, 8. — **Finit** chemin des Épinettes, 51.
        Long^r : 235^m,00.
        Larg^r : 12^m,00 environ.   (*Voie privée.*)
        Orig. — Ouverte sur les terrains de M. Baron, ancien adjoint au maire du XVIIe arrondissement.

BARRAULT (Passage) **. . . . . **XIII**e Arrondissement . . . . 51e Quartier.
                      Anciennement commune de Gentilly.

204   **Commence** rue des Cinq Diamants, 48. — **Finit** rue Barrault, 7.   (I. 27. — P. 10.)
        Long^r : 172^m,00.
    Moindre larg^r :   3^m,00.   (*Voie privée.*)
                Arrêté préfectoral du 10 novembre 1873. *Dénomination* actuelle.
                      Obs. — Précédemment passage Dubois.
        Orig. — *Voir* rue Barrault.

BARRAULT (Rue) * . . . . **XIII**e Arrondissement   51e Quartier.
                      Anciennement commune de Gentilly.

205   **Commence** boulevard d'Italie, 73. — **Finit** rue du Pot au Lait.   (I. 19. — P. 2.)
        Long^r : 798^m,00.
                Obs. — Y compris la place située aux abords de la nouvelle gare de
                      Gentilly.
                Décret du 23 mai 1863. *Classement* entre le boulevard d'Italie et la
                    rue de la Butte aux Cailles.
        Larg^r : 12^m,00. — Décret du 21 mars 1876. *Alignements* et *nivellement* de la même
                    partie.
        Larg^r : 15^m,00. — Décret du 21 mars 1876. (U.P.) *Ouverture* et *Alignements* entre la rue
                    de la Butte aux Cailles et la rue du Pot au Lait, et création d'une
                    place entre les rues de la Fontaine à Mulard et du Pot au Lait.
                Arrêté préfectoral du 1er février 1877. *Dénomination* actuelle.
                      Obs. — Précédemment ruelle Barrault, entre le boulevard d'Italie et la rue
                          de la Butte aux Cailles.
        Orig. — Nom du propriétaire.

BARRES (Rue des) . . . . **IV**e Arrondissement . . . . 14e Quartier.
206   **Commence** rue et quai de l'Hôtel de Ville, 66. — **Finit** rue François Miron, 16. (I. 17. — P. 30.)
        Long^r : 156^m.00.
        Larg^r :   8^m,00. — Décision ministérielle du 13 thermidor an VI.
    Moindre larg^r : 10^m,00. — Ord. royale du 19 mai 1838. *Alignements.*
        Orig. — Doit son nom, ainsi que l'hôtel qui y fut construit vers 1260, aux moulins situés sur la rivière à cette
            hauteur, au lieu dit des Barres.

BARRIER (Impasse) . . . . **XII**e Arrondissement . . . . 48e Quartier.
207   **Située** rue de Cîteaux, 21.   (I. 9.)
        Long^r : 53^m,00.
        Larg^r : 5^m,00.   (*Voie privée.*)
        Orig. — Nom de la propriétaire.

BARROIS (Passage) . . . . **III**e Arrondissement. . . . . 9e Quartier.
208   **Commence** rue des Gravilliers, 34. — **Finit** rue Aumaire, 15.
        Long^r : 70^m,00.
    Moindre larg^r : 1^m,00.   (*Voie privée.*)
        Orig. — Nom du propriétaire.

BARTHÉLEMY (Passage) **. . . . **X**e Arrondissement . . . . 37e Quartier.
209   **Commence** faubourg Saint Martin, 263. — **Finit** rue de l'Aqueduc, 64.
        Long^r : 50^m,00.
    Moindre larg^r : 3^m,00.   (*Voie privée.*)
        Orig. — Nom du propriétaire.

BARTHÉLEMY (Rue) . . . . **XV**e Arrondissement . . . . 58e Quartier.
210   **Commence** avenue de Breteuil, 78. — **Finit** boulevard de Grenelle, 14.   (I. 9.)
        Long^r : 100^m,00.
        Larg^r : 10^m,00. — Ord. royale du 11 décembre 1845. *Alignements.*
                Arrêté préfectoral du 31 juillet 1869. *Nivellement.*
        Orig. — Barthélemy, membre du conseil général de la Seine en 1817, époque à laquelle la rue fut ouverte.

BASFOUR (Passage) . . . . **II**ᵉ ARRONDISSEMENT . . . . 8ᵉ QUARTIER.
211   **Commence** rue Saint Denis, 178. — **Finit** rue de Palestro, 29.   (l. 7. — P. 4.)
       Long^r : 60ᵐ,00.
       Larg^r : 2ᵐ,50 environ. — DÉCRET DU 29 SEPTEMBRE 1854 (U.P.) *Suppression* pour l'exé-
                cution des abords du boulevard du Centre. (Actuellement
                boul. de Sébastopol.)
                       OBS. — Contrairement aux dispositions arrêtées par le décret précité, le
                       passage Basfour a été maintenu et, bien qu'il ne soit classé qu'en
                       partie, il est sur toute sa longueur entretenu par les soins de
                       l'Administration.
       ORIG. — Ancien nom.

BASFROI (Passage) . . . . **XI**ᵉ ARRONDISSEMENT . . . . 43ᵉ QUARTIER.
212   **Commence** passage Charles Dallery, 8. — **Finit** rue Basfroi, 39 et avenue Ledru-Rollin, 159.
       Long^r : 74ᵐ,00.   (l. 11. — P. 8.)
       Larg^r : 6ᵐ,00.   *(Voie privée.)*
                ARRÊTÉ PRÉFECTORAL DU 1ᵉʳ FÉVRIER 1877. *Dénomination* actuelle.
                       OBS. — Précédemment passage Levert.
       ORIG. — Voir rue Basfroi.

BASFROI (rue) . . . . **XI**ᵉ ARRONDISSEMENT . . . . 43ᵉ QUARTIER.
213   **Commence** rue de Charonne, 71. — **Finit** rue de la Roquette, 108.   (l. 55. — P. 56.)
       Long^r : 386ᵐ,00.
       Larg^r : 10ᵐ,00. — DÉCISION MINISTÉRIELLE DU 3 FRUCTIDOR AN IX.
       Id.   10ᵐ,00. — ORD. ROYALE DU 6 MAI 1827. *Alignements*.
       ORIG. — Lieu dit.

BAS MEUDON (porte du) . . . . . **XV**ᵉ ARRONDISSEMENT . . . . 60ᵉ QUARTIER.
214   **Située** boulevard Victor, dans le prolongement du quai de Javel.
       ORIG. — Située sur un chemin qui conduit à cette localité.

BASSANO (rue de) * . . . . . . **VIII**ᵉ ARRONDISSEMENT . . . . 29ᵉ QUARTIER.
                                 XVIᵉ ARRONDISSEMENT . . . . 64ᵉ QUARTIER.
215   **Commence** avenue d'Iéna, 58, et rue Bizet, 50. — **Finit** avenue des Champs Elysées, 101.
       Long^r : 500ᵐ,00. ⎰   (l. 47. — P. 44.)
       Larg^r : 13ᵐ,00. — DÉCRET DU 17 SEPTEMBRE 1864. (U. P.) *Elargissement* et *prolongement*.
                ARRÊTÉS PRÉFECTORAUX DU 10 JANVIER 1865 ET DU 1ᵉʳ FÉVRIER 1866.
                Nivellement.
                DÉCRET DU 2 MARS 1867. *Dénomination* actuelle.
                       OBS. — Précédemment ruelle des Jardins et rue du Château des Fleurs.
       ORIG. — Hugues-Bernard Maret, duc de Bassano, homme d'Etat (1763-1839).

BASSE DES CARMES (rue) . . . **V**ᵉ ARRONDISSEMENT . . . . 20ᵉ QUARTIER.
216   **Commence** rue de la Montagne Sainte Geneviève, 6. — **Finit** rue des Carmes, 3.   (l. 9.)
       Long^r : 58ᵐ,00.
       Larg^r : 11ᵐ,50. — ORD. ROYALE DU 6 JUIN 1847. *Alignements*.
       ORIG. — Ouverte sur l'emplacement du couvent des Carmes.

BASSE DU REMPART (rue) . . **VIII**ᵉ ARRONDISSEMENT . . . . 31ᵉ QUARTIER.
                                 IXᵉ ARRONDISSEMENT . . . . 34ᵉ QUARTIER.
217   **Commence** boulevard des Capucines, 14. — **Finit** place de la Madeleine, 16.   (P. 48 à 80.)
       Long^r : 313ᵐ,00.
       Larg^r : 7ᵐ,50. — DÉCISION MINISTÉRIELLE DU 6 PLUVIOSE AN XI. *Alignements* entre la
                rue Caumartin et la place de la Madeleine.
                DÉCRET DU 14 NOVEMBRE 1858. (U. P.) *Suppression* de la partie com-
                prise entre l'immeuble portant le n° 14, boulevard des Capucines,
                et la rue Caumartin.
       ORIG. — Située autrefois en contre-bas de l'ancien rempart, devenu la ligne des boulevards intérieurs.

BASSINS (Rue des) . . . . **XVI**ᵉ ARRONDISSEMENT . . . . 64ᵉ QUARTIER.
218   **Commence** rue Newton, 5. — **Finit** rue Dumont-d'Urville, 14.   (l. 21. — P. 24.)
       Long^r : 268ᵐ,00.
       Larg^r : 12ᵐ,00. — ORD. ROYALE DU 18 MARS 1836. *Ouverture*, *alignements* et *fixation*
                12ᵐ,00 de la hauteur maxima des maisons en bordure.
       ORIG. — Située près des bassins ou réservoirs de la pompe à feu de Chaillot.

BASSOMPIERRE (Rue) . . . . . . **IV**ᵉ ARRONDISSEMENT . . . . 15ᵉ QUARTIER.
219   **Commence** boulevard Bourdon. — **Finit** rue de l'Arsenal.
    Longᵣ : 42ᵐ,00.
    Largᵣ : 10ᵐ,00. — ORD. ROYALE DU 21 SEPTEMBRE 1841. *Ouverture* et *Alignements*.
    Id.   10ᵐ,00. — DÉCRET DU 21 MARS 1878 (U. P.). *Prolongement* jusqu'à la rue de
         l'Arsenal rectifiée. *Alignements*.
    ORD. ROYALE DU 5 AOUT 1844. *Dénomination*.
    ORIG. — *François de Bassompierre, maréchal de France (1579-1646); voisinage de l'Arsenal.*

BASTE (Rue) ⁕⁕ . . . . **XIX**ᵉ ARRONDISSEMENT . . . . 76ᵉ QUARTIER.
220   **Commence** rue Secrétan, 35. — **Finit** rue Bouret.
    Longᵣ : 50ᵐ,00.
    Largᵣ : 12ᵐ,00. — DÉCRET DU 6 JANVIER 1866 (U. P.). *Ouverture* pour la formation des
         abords du marché du XIXᵉ arrondissement. *Alignements*.
    ARRÊTÉ PRÉFECTORAL DU 24 JUILLET 1866. *Nivellement*.
    DÉCRET DU 10 AOUT 1868. *Dénomination*.
    ORIG. — *Pierre Baste, contre-amiral (1768-1814), défendit le quartier des Buttes Chaumont en 1814.*

BASTILLE (Place de la). . . . . . **IV**ᵈ ARRONDISSEMENT . . . . 15ᵉ QUARTIER.
                  XIᵉ ARRONDISSEMENT . . . . 43ᵉ QUARTIER.
                  XIIᵉ ARRONDISSEMENT . . . . 48ᵉ QUARTIER.
221   **Située** à la rencontre des boulevards Richard Lenoir et Beaumarchais, 2; de la rue de la Bas-
    tille, 13; de la rue Saint Antoine, 213; des boulevards Henri IV, 49; Bourdon, 41, et de la
    Contrescarpe, 52; des rues de Lyon, 164; du Faubourg Saint Antoine 2, et de la Roquette, 2.
    Longᵣ : 136ᵐ,00.   (I. 7. — P. 14.)
    Moyenne largᵣ : 138ᵐ,00. — ORD. ROYALE DU 24 SEPTEMBRE 1836. *Alignements* du côté sud.
    DÉCRET DU 28 JUILLET 1866 (U. P.). *Alignements* du côté ouest.
    DÉCRET DU 2 OCTOBRE 1872. *Alignements* du côté nord-est.
    DÉCRET DU 22 MARS 1881. — Modifiant l'alignement approuvé par
         le décret précédent.
    ORIG. — *Sur l'emplacement de la célèbre forteresse construite en 1369 et démolie après le 14 juillet 1789.*

BASTILLE (Rue de la). . . . . . . **IV**ᵈ ARRONDISSEMENT . . . . 15ᵉ QUARTIER.
222   **Commence** rue des Tournelles, 2. — **Finit** boulevard Beaumarchais, 1, et place de la Bastille, 7.
    Longᵣ : 73ᵐ,00.   (I. 13. — P. 8.).
    Moindre largᵣ : 12ᵐ,50. — ORD. ROYALE DU 4 AOUT 1838. *Alignements* du côté des numéros
         impairs.
    Id.   13ᵐ,00 environ. — DÉCRET DU 28 JUILLET 1866 (U. P.) *Alignements* du côté des
         numéros pairs.
    ARRÊTÉ PRÉFECTORAL DU 1ᵉʳ FÉVRIER 1877. *Dénomination* actuelle.
    OBS. — Précédemment petite rue Saint-Antoine.
    ORIG. — *Voir place de la Bastille.*

BASTION (Cité du). . . . . **XVII**ᵉ ARRONDISSEMENT . . . . 68ᵉ QUARTIER.
    Anciennement commune des Batignolles.
223   **Située** boulevard Bessières, 71.   (I. 17. — P. 16.)
    Longᵣ : 100ᵐ,00.
    Largᵣ : 4ᵐ,00.   (*Voie privée.*)
    ARRÊTÉ PRÉFECTORAL DU 1ᵉʳ FÉVRIER 1877. *Dénomination* actuelle.
    OBS. — Précédemment cité du Nord.
    ORIG. — *Située devant l'un des bastions de la nouvelle enceinte fortifiée.*

BATIGNOLLES (Boulevard des). . **VIII**ᵉ ARRONDISSEMENT . . . . 32ᵉ QUARTIER.
                   IXᵉ ARRONDISSEMENT . . . . 33ᵉ QUARTIER.
                   XVIIᵉ ARRONDISSEMENT . . . . 67ᵉ QUARTIER.
    Anciennement commune des Batignolles (côté des numéros pairs).
224   **Commence** rue de Clichy, 93, et avenue de Clichy, 1. — **Finit** rues de Constantinople et de
    Lévis, 2.   (I. 51. — P. 104.)
    Longᵣ : 796ᵐ,00.
    Largᵣ : 15 toises. — O. DU BUREAU DES FINANCES DU 16 JANVIER 1789, pour le boulevard.
    Id.   36 pieds. — O. DU BUREAU DES FINANCES DU 16 JANVIER 1789, pour l'ancien chemin
         de ronde.
    Moindre largᵣ : 42ᵐ,00. — ARRÊTÉ PRÉFECTORAL DU 15 MAI 1861, *Alignements*.
    DÉCRET DU 23 MAI 1863. *Classement* (confirmation).
    ARRÊTÉ PRÉFECTORAL DU 30 DÉCEMBRE 1864. *Dénomination* actuelle.
    OBS. — Précédemment boulevard des Batignolles et chemin de ronde de la
         barrière de Clichy.
    ORIG. — *Longe l'ancien territoire des Batignolles.*

BATIGNOLLES (Place des) . . . . **XVII**ᵉ Arrondissement. . . . . 67ᵉ Quartier.
Anciennement commune des Batignolles.

225   **Située** entre la rue des Moines, 1; la rue Cardinet, 146, et le chemin de fer de l'Ouest. (P. 24.)
Longᵗ : 200ᵐ,00.   (Place plantée.)
Moindre largᵗ : 107ᵐ,00. — Arrêté préfectoral du 22 octobre 1855. Alignements.
Décret du 23 mai 1863. Classement (confirmation).
Arrêté préfectoral du 28 décembre 1863. Nivellement.
Arrêté préfectoral du 26 février 1867. Dénomination actuelle.
Obs. — Précédemment place de la Promenade. Cette place est plantée en jardin.
Orig. — Voir rue des Batignolles.

BATIGNOLLES (Rue des) . . . . **XVII**ᵉ Arrondissement. . . . . 67ᵉ Quartier.
Anciennement commune des Batignolles.

226   **Commence** boulevard des Batignolles, 31, et passage Caroline. — **Finit** rue des Moines, 2,
et place des Batignolles.   (I. 75. — P. 82.)
Longᵗ : 637ᵐ,00.
Largᵗ : 15ᵐ,00. — Décret du 10 décembre 1853 (U. P.). Ouverture et Alignements entre
le boulevard des Batignolles et la rue des Dames. Alignements
entre les rues des Dames et de La Condamine (Elargissement.)
Id.   12ᵐ,00. — Ord. royale du 18 février 1847. Ouverture et Alignements entre la
rue des Dames et la rue de La Condamine.
Id.   12ᵐ,00. — Arrêté préfectoral du 29 juillet 1853. Alignements entre la rue de
La Condamine et la rue Legendre.
Ord. royale du 1ᵉʳ mars 1840. Alignements de la place devant l'église,
de deux rues latérales et d'une place derrière l'église.
Id.   21ᵐ,20. — Arrêté préfectoral du 22 octobre 1855. Alignements des voies
latérales à l'église, entre la rue Legendre et la place des Batignolles.
(Arrêté modifiant celui du 29 juillet 1853).
Obs. — Du côté des numéros pairs cet alignement n'est pas exécuté.
Décret du 15 mai 1857. (Alignements de l'ancienne place de l'Hôtel
de Ville.)
Décret du 23 mai 1863. Classement (confirmation.)
Arrêté préfectoral du 28 décembre 1863. Nivellement entre les rues
Legendre et des Moines.
Arrêté préfectoral du 20 juillet 1868. Dénomination actuelle.
Obs. — Précédemment rue et place de l'Église, rue et place de l'Hôtel de Ville.
Orig. — Principale rue des Batignolles.

BATTOIR (Rue du) **. . . . . . . V**ᵉ Arrondissement. . . . . 18ᵉ Quartier.
227   **Commence** rue du Puits de l'Ermite, 2. — **Finit** rue Lacépède, 1.   (I. 13.)
Longᵗ : 131ᵐ,00.
Largᵗ : 7ᵐ,00. — Décision ministérielle du 28 ventôse an IX.
Id.   10ᵐ,00. — Ord. royale du 12 août 1846. Alignements.
Décret du 14 octobre 1854. Nivellement.
Orig. — Ancienne enseigne.

BAUCHES (Rue des) . . . . **XVI**ᵉ Arrondissement. . . . . 62ᵉ Quartier.
Anciennement commune de Passy.

228   **Commence** rue de Boulainvilliers, 45. — **Finit** rue Pajou, 9.   (I. 29. — P. 22.)
Longᵗ : 200ᵐ,00.
Largᵗ : 8ᵐ,00. — Arrêté préfectoral du 16 février 1856. Alignements.
Décret du 23 mai 1863. Classement (confirmation).
Arrêté préfectoral du 10 septembre 1868. Nivellement.
Orig. — Lieu dit.

BAUDELIQUE (Rue) . . . . . **XVIII**ᵉ Arrondissement . . . . 70ᵉ Quartier.
Anciennement commune de Montmartre.

229   **Commence** rue Ordener, 64. — **Finit** rue Joseph Dijon, 1, et boulevard Ornano, 99.
Longᵗ : 164ᵐ,00.   (I. 27. — P. 24.)
Largᵗ : 12ᵐ,00. — Décret du 7 avril 1875. Classement, Alignements et Nivellement.
Orig. — Nom du propriétaire.

BAUDIN (Rue) * . . . . **IX**ᵉ Arrondissement . . . . 36ᵉ Quartier.
230   **Commence** rue Lafayette, 81. — **Finit** rues de Maubeuge, 80, et d'Abbeville, 17.
Longᵗ : 306ᵐ,00.   (I. 31. — P. 38.)
Largᵗ : 12ᵐ,00. — Décret du 19 mars 1862 (U P.). Ouverture et Alignements entre les
rues Lafayette et Bellefond.
Id.   12ᵐ,00. — Décret du 7 août 1863. (U. P.) Alignements modifiant le tracé pré-
cédent entre les rues Rochambeau et de Bellefond. Ouverture et
Alignements entre la rue de Bellefond et les rues de Maubeuge et
d'Abbeville.
Décret du 2 mars 1864. Dénomination.
Orig. — Charles Baudin, amiral (1782-1854).

5

BAUDOYER (Place). . . . .   **IV**ᵉ Arrondissement . . . .   14ᵉ Quartier.

231   **Située** entre la rue François Miron et la rue de Rivoli.
    Long^r :   56^m,00.
    Larg^r :   40^m,00. — Décret du 29 septembre 1854. (U. P.). *Alignements.*
                    Arrêté préfectoral du 20 juillet 1868. *Dénomination* actuelle.
                            Obs. — Précédemment place du Marché Saint Jean.
    Orig. — Doit son nom à une ancienne porte de la ville, sur l'emplacement de laquelle elle a été créée.

BAUDRANT (Impasse) ✲✲ . . . . . .   **XIII**ᵉ Arrondissement . . . .   51ᵉ Quartier.
                            Anciennement commune de Gentilly.
232   **Située** rue Damesme, 9.   (I. 9. — P. 10.)
    Long^r :   63^m,00.
    Larg^r :   4^m,10 environ.   *(Voie privée.)*
    Orig. — Nom du propriétaire.

BAUDRICOURT (Impasse) ✲✲ . .   **XIII**ᵉ Arrondissement . . . .   50ᵉ Quartier.
                            Anciennement commune d'Ivry,
233   **Située** rue Baudricourt, 11.
    Long^r :   79^m,00.
    Larg^r :   6^m,00 environ.   *(Voie privée.)*
                    Obs. — Cette voie doit être atteinte par le prolongement de la rue Nationale.
                            (Décret du 23 mai 1863. (U. P.)
                    Arrêté préfectoral du 1ᵉʳ février 1877. *Dénomination* actuelle.
                            Obs. — Précédemment impasse du Bac.
    Orig. — *Voir* rue Baudricourt.

BAUDRICOURT (Rue) ✲✲ . . . . .   **XIII**ᵉ Arrondissement . . . .   50ᵉ Quartier.
                            Anciennement commune d'Ivry.
234   **Commence** rue du Château des Rentiers, 127. — **Finit** av. de Choisy, 72. (I. 97. — P. 92.)
    Long^r :   612^m,00.
    Larg^r :   12^m,00. — Arrêté préfectoral du 6 juillet 1855. *Alignements* entre la rue
                    du Château des Rentiers et l'avenue d'Ivry.
    Id.   12^m,00. — *Alignements* projetés entre les avenues d'Ivry et de Choisy.
                    Décret du 23 mai 1863. *Classement* (confirmation) entre la rue du
                    Château des Rentiers et l'avenue d'Ivry.
                    Décret du 23 mai 1863. *Classement* entre les avenues d'Ivry et de
                    Choisy.
                    Arrêté préfectoral du 6 juin 1862. *Nivellement.*
                    Décret du 2 octobre 1865. *Dénomination* actuelle.
                            Obs. — Précédemment partie du chemin du Bac.
    Orig. — Robert de Baudricourt, gouverneur de Vaucouleurs, envoya Jeanne d'Arc à Charles VII ; voisinage de la place
        Jeanne-d'Arc.

BAUDROIRIE (Impasse de la) . . .   **IV**ᵉ Arrondissement . . . .   13ᵉ Quartier.
235   **Située** rue de Venise, 7.   (I. 1. — P. 2.)
    Long^r :   16^m,00.
    Larg^r :   6^m,00. — Décision ministérielle du 16 floréal an x. *Alignements.*
    Orig. — Le nom de Baudroyers était donné aux marchands et aux apprêteurs de cuirs. Ils étaient nombreux dans
        cette impasse.

BAUER (Cité) ✲✲ . . . .   **XIV**ᵉ Arrondissement . . . .   56ᵉ Quartier.
                            Anciennement commune de Montrouge.
236   **Commence** rue Didot, 36. — **Finit** passage des Thermopyles, 47.   (I. 1. — P. 2.)
    Long^r :   129^m,00.
    Larg^r :   3^m,70 environ.   *(Voie privée.)*
    Orig. — Nom du propriétaire.

BAULANT (Rue) . . . . . .   **XII**ᵉ Arrondissement . . . .   47ᵉ Quartier.
237   **Commence** rue du Charolais, 30. — **Finit** rue de Charenton, 210.   (I. 11. — P. 4.)
    Long^r :   75^m,00.
    Larg^r :   10^m,00. — Décret du 29 juillet 1875. *Classement, Alignements* et *Nivellement.*
                            Obs. — Précédemment ruelle des Jardiniers.
    Orig. — Nom du propriétaire du terrain.

BAUSSET (Rue de). . . . .   **XVe** ARRONDISSEMENT. . . . .   57e QUARTIER.

Anciennement commune de Vaugirard.

238   **Commence** place de Vaugirard, 6. — **Finit** rue de l'Abbé Groult, 77.   (l. 23. — P. 20.)

Long^r : 235^m,00.

Larg^r : 10^m.00. — DÉCRET DU 12 DÉCEMBRE 1878. *Alignements* et *Nivellement* entre la rue
Gerbert et la place de Vaugirard.

Id.   10^m,00. — DÉCRET DU 3 MARS 1831. (U. P.) *Ouverture* et *Alignements* entre la rue
Gerbert et la rue de l'Abbé Groult.

DÉCRET DU 23 MAI 1863. *Classement* confirmé entre la rue Gerbert
et la rue de l'Abbé Groult, et *classement* du surplus.

ARRÊTÉ PRÉFECTORAL DU 15 JUIN 1876. *Nivellement*.

DÉCRET DU 24 AOUT 1864. *Dénomination* actuelle.

OBS. — Précédemment rue Saint Nicolas.

ORIG. — Le duc Louis-François de Bausset, cardinal, écrivain (1749-1824) ; voisinage de l'église Saint-Lambert.

BAYARD (Rue). . . . .   **VIIIe** ARRONDISSEMENT . . . .   29e QUARTIER.

239   **Commence** cours la Reine, 16. — **Finit** avenue Montaigne, 32.   (l. 25. — P. 30.)

Long^r : 287^m,00.

Larg^r : 14^m,60. — ORD. ROYALE DU 23 JUILLET 1823. *Ouverture* et *Alignements*.

ORIG. — Pierre du Terrail, seigneur de Bayard, blessé à mort au passage de la Sésia (1476-1524) ; voisinage de la
place François Ier.

BAYEN (Passage). . . . .   **XVIIe** ARRONDISSEMENT . . . .   63e QUARTIER.

Anciennement commune de Neuilly.

240   **Commence** avenue des Ternes, 22. — **Finit** rue Bayen, 9.

Long^r : 40^m,00.

Moindre larg^r : 2^m,00.   *(Voie privée.)*

ARRÊTÉ PRÉFECTORAL DU 1er FÉVRIER 1877. *Dénomination* actuelle.

OBS. — Précédemment passage Charlot.

ORIG.   *Voir rue Bayen.*

BAYEN (Rue). . . . .   **XVIIe** ARRONDISSEMENT . . . .   63e QUARTIER.

Anciennement commune de Neuilly.

241   **Commence** rue Poncelet, 3. — **Finit** boulevard Gouvion-Saint-Cyr, 21, et rue Galvani, 25.

Long^r : 760^m,00.   (l. 67. — P. 64.)

Larg^r : 10^m,00. — *Alignements* projetés entre la rue Poncelet et la rue Demours. (Largeur actuelle : 9^m,70, moindre.)

Larg^r : 10^m,00. — ARRÊTÉ PRÉFECTORAL DU 13 NOVEMBRE 1835. *Classement* et *Alignements* entre le boulevard Pereire et le boul. Gouvion-Saint-Cyr.

DÉCRET DU 23 MAI 1863. *Classement* (confirmation).

ARRÊTÉ PRÉFECTORAL DU 16 FÉVRIER 1865. *Nivellement*.

OBS. — La partie entre la rue Demours et le boulevard Pereire n'est pas classée, mais elle est grevée au profit de la Ville d'une servitude de
passage. — La largeur projetée est de 12^m,00.

Larg^r : 12^m,00. — DÉCRET DU 24 AOUT 1864. *Dénomination* actuelle.

ORIG. — Pierre Bayen, chimiste (1725-1799).

OBS. — Précédemment rue de l'Arcade.

BAYVET (Cité). . . . .   **XIe** ARRONDISSEMENT. . . . .   43e QUARTIER.

242   **Située** rue de la Roquette 78.   (l. 15. — P. 14.)

Long^r : 107^m,00.

Larg^r : 7^m,00 environ.   *(Voie privée.)*

OBS. — Précédemment cité Bois-Halbran.

ORIG. — Ouverte sur un petit bois appartenant à la famille du Bois-Halbran ; a pris récemment le nom de son propriétaire actuel.

BÉARN (Impasse de). . . . . . .   **IIIe** ARRONDISSEMENT . . . .   11e QUARTIER.

243   **Située** rue de Béarn, 6.   (I. 5. — P. 6.)

Long^r : 30^m,00.

Larg^r : 7^m,00. — DÉLIBÉRATION DU CONSEIL MUNICIPAL DU 6 JUIN 1832. *Alignements* projetés
sur les vestiges actuels.

ARRÊTÉ PRÉFECTORAL DU 26 FÉVRIER 1867. *Dénomination* actuelle.

OBS. — Précédemment impasse des Hospitalières.

ORIG. — *Voir rue de Béarn.*

BÉARN (Rue de). . . . .   **IIIe** ARRONDISSEMENT . . . .   11e QUARTIER.

244   **Commence** rue des Vosges, 12. — **Finit** rue Saint Gilles, 3.   (I. 15. — P. 12.)

Long^r : 181^m,00.

Larg^r : 13^m,75. — DÉCISIONS MINISTÉRIELLES DU 3 THERMIDOR AN IX ET DU 4 MAI 1822.

Moindre larg^r : 13^m,40. — ARRÊTÉ DU POUVOIR EXÉCUTIF DU 20 MARS 1848. *Alignements*.

ARRÊTÉ PRÉFECTORAL DU 26 FÉVRIER 1867. *Dénomination* actuelle.

OBS. — Précédemment chaussée des Minimes.

ORIG. — En l'honneur de Henri IV le *Béarnais* ; voisinage de la place Royale.

BEAUBOURG (Impasse). . . . . . **III**e Arrondissement . . . . 12e Quartier.
245   **Située** rue Beaubourg, 37.   (I. 5.)
        Long^r : 55^m,00.
        Larg^r : 7^m,00. — Décision ministérielle du 18 octobre 1808. *Alignements*.
        Arrêté préfectoral du 26 février 1867. *Dénomination* actuelle.
           Obs. — Précédemment impasse des Anglais.
    Orig. — *Voir* rue Beaubourg.

BEAUBOURG (Rue). . . . . . . **III**e Arrondissement. . . . . 9e et 12e Quartiers.
246   **IV**e Arrondissement. . . . . 13e Quartier.
    Commence rues Maubuée, 2, et Simon le Franc, 22. — **Finit** rue de Turbigo, 50.
        Long^r : 388^m,00.   (I. 107. — P. 98.)
    Moindre larg^r : 8^m,00. — Décision ministérielle du 18 vendémiaire an vi, concernant les
             deux premières parties ci-dessous.
        Larg^r : 10^m,00. — Ord. royale du 22 mai 1837 (1re partie). *Alignements* entre les rues
             Maubuée et Simon le Franc et les rues du Grenier Saint Lazare et
             Michel le Comte.
        Id.   12^m,00. — Ord. royale du 14 janvier 1829 (2e partie). *Alignements* depuis la
             rue du Grenier Saint Lazare et la rue Michel le Comte jusqu'à la
             rue au Maire.
        Id.   12^m,00. — Décret du 22 juillet 1850 (U. P.). *Alignements* (3e partie). *Conver-*
             sion en rue de l'ancien passage au Maire.
        Id.   20^m,00. — *Alignements* projetés modifiant ceux qu'avaient approuvés le Décret
             de 1850, entre la rue au Maire et la rue de Turbigo.
             Obs. — Cette dernière partie a été exécutée lors du percement de la rue de
             Turbigo. (Décret du 23 août 1858.)
             Décision ministérielle du 18 février 1851, réunissant la rue Trans-
             nonain, le passage Aumaire et la rue Saint Hugues à la rue
             Beaubourg
    Orig. — Le Beau-Bourg était au xie siècle un village, réuni depuis à Paris.

BEAUCE (Rue de) . . . . **III**e Arrondissement . . . . 10e Quartier.
247   **Commence** rue Pastourelle, 8. — **Finit** rue de Bretagne, 45.   (I. 11. — P. 18.)
        Long^r : 135^m,00.
        Larg^r : 6^m,00. — Décision ministérielle du 4 floréal an viii.
        Id.   10^m,00. — Ord. royale du 31 mars 1835. *Alignements*.
             Obs. — Cette rue est actuellement fermée par des grilles.
    Orig. — Province de France ; voisinage de la place de France projetée par Henri IV.

BEAUCOURT (Avenue). . . . . . **VIII**e Arrondissement . . . . 30e Quartier.
248   **Située** rue du Faubourg Saint Honoré, 248.   (I. 23.)
        Long^r : 228^m,00.
        Larg^r : 6^m,00.   (*Voie privée.*)
    Orig. — Ouverte sur les propriétés de M. Beaucourt.

BEAUGRENELLE (Place) . . . . . **XV**e Arrondissement . . . . 59e et 60e Quartiers.
        Anciennement commune de Grenelle.
249   **Située** à l'intersection des rues des Entrepreneurs, 29, Linois, 49, et Saint Charles, 85. (I. 3.)
        Long^r : 70^m,00.
        Larg^r : 47^m,00. — Arrêté préfectoral du 3 octobre 1855. *Alignements*.
             Décret du 23 mai 1863. *Classement* (confirmation).
    Orig. — Nom donné par la société des entrepreneurs du nouveau village de Grenelle.

BEAUHARNAIS (Cité). . . . . . **XI**e Arrondissement . . . . 44e Quartier.
250   **Située** rue des Boulets, 52.   (I. 27. — P. 22.)
        Long^r : 224^m,00.
    Moindre larg^r : 6^m,00.   (*Voie privée.*)
    Orig. — Voisinage de l'ancien boulevard du Prince Eugène, actuellement boulevard Voltaire.

BEAUJOLAIS (Galerie de) . . . . **I**er Arrondissement . . . . 3e Quartier.
251   **Commence** péristyle de Beaujolais. — **Finit** péristyle de Joinville.   (I. 81 à 101.)
        Long^r : 70^m,00.
        Larg^r :   (*Voie privée.*)
             Obs. — Cette galerie fait partie du Palais-Royal.
    Orig. — *Voir* rue de Beaujolais.

BEAUJOLAIS (Passage de) ** . . . . . **I**er Arrondissement . . . . 3e Quartier.
252   **Commence** rue de Montpensier, 47. — **Finit** rue de Richelieu, 52.
        Long^r : 17^m,00.
    Moindre larg^r : 1^m,50.   (*Voie privée.*)
    Orig. — *Voir* rue de Beaujolais.

BEAUJOLAIS (Péristyle de). . . . . Iᵉʳ Aʀʀᴏɴᴅɪssᴇᴍᴇɴᴛ . . . . 3ᵉ Qᴜᴀʀᴛɪᴇʀ.

253   **Commence** galeries de Beaujolais et de Valois, 108. — **Finit** rue de Beaujolais, 1.
Longʳ : 18ᵐ,50.
Largʳ : 16ᵐ,00 environ.   (*Voie privée.*)
                  Oʙs. — Cette voie fait partie du Palais-Royal.
Oʀɪɢ. — *Voir rue de Beaujolais.*

BEAUJOLAIS (Rue de). . . . . . . Iᵉʳ Aʀʀᴏɴᴅɪssᴇᴍᴇɴᴛ . . . . 3ᵉ Qᴜᴀʀᴛɪᴇʀ.

254   **Commence** rue de Valois, 43. — **Finit** rue de Montpensier, 40.   (I. 21. — P. 26.)
Longʳ : 128ᵐ,00.
Largʳ :   8ᵐ,78. — Oʀᴅ. ʀᴏʏᴀʟᴇ ᴅᴜ 22 ᴀᴏᴜᴛ 1840. *Alignements.*
              Aʀʀêᴛé ᴘʀéғᴇᴄᴛᴏʀᴀʟ ᴅᴜ 27 ᴀᴠʀɪʟ 1814. *Dénomination* actuelle.
Oʀɪɢ. — Ouverte sur l'emplacement de l'ancien jardin du Palais-Royal; a reçu le nom d'un fils du duc d'Orléans.

BEAUJON (Cité) . . . . VIIIᵉ Aʀʀᴏɴᴅɪssᴇᴍᴇɴᴛ . . . . 32ᵉ Qᴜᴀʀᴛɪᴇʀ.

255   **Située** boulevard Haussmann, 150.
Longʳ : 80ᵐ,00.
Largʳ :   8ᵐ,00 environ.   (*Voie privée.*)
Oʀɪɢ. — *Voir rue Beaujon.*

BEAUJON (Rue). . . . . VIIIᵉ Aʀʀᴏɴᴅɪssᴇᴍᴇɴᴛ . . . . 30ᵉ Qᴜᴀʀᴛɪᴇʀ.

256   **Commence** rue Balzac et avenue de Friedland, 10. — **Finit** avenue de Wagram, 8.
Longʳ : 435ᵐ,00.   (I. 21. — P. 42.)
Largʳ : 15ᵐ,00. — Déᴄʀᴇᴛ ᴅᴜ 23 ᴏᴄᴛᴏʙʀᴇ 1852. *Classement* et *Alignements* depuis la rue
              de Balzac et l'avenue de Friedland jusqu'à l'avenue Hoche.
Id.   15ᵐ,00.   Déᴄʀᴇᴛ ᴅᴜ 17 ᴏᴄᴛᴏʙʀᴇ 1857 (U. P.). *Ouverture* et *Alignements* entre
              l'avenue Hoche et l'avenue de Wagram.
Oʀɪɢ. — Ouverte sur les terrains de l'ancienne chartreuse Beaujon.

BEAULIEU (Passage) . . . . XIIᵉ Aʀʀᴏɴᴅɪssᴇᴍᴇɴᴛ . . . . 46ᵉ Qᴜᴀʀᴛɪᴇʀ.
               Anciennement commune de Bercy.

257   **Commence** rue de la Lancette, 33. — **Finit** rue Claude Decaen, 85.   (I. 21. — P. 10.)
Longʳ : 243ᵐ,00.
Largʳ :   3ᵐ,50.   (*Voie privée.*)
                  Oʙs. — Précédemment passage de la Sablière.
Oʀɪɢ. — Nom du propriétaire du terrain.

BEAUMARCHAIS (Boulevard). . . IVᵉ Aʀʀᴏɴᴅɪssᴇᴍᴇɴᴛ . . . . 11ᵉ et 13ᵉ Qᴜᴀʀᴛɪᴇʀs.
                    XIᵉ Aʀʀᴏɴᴅɪssᴇᴍᴇɴᴛ . . . . 43ᵉ et 48ᵉ Qᴜᴀʀᴛɪᴇʀs.

258   **Commence** rue de la Bastille, 13, et boulevard Richard Lenoir, 1. — **Finit** Rues du Pont
           aux Choux, 1, et Saint Sébastien, 2.   (I. 113. — P. 102.)
Longʳ : 730ᵐ,00.
Largʳ : 35ᵐ,00. — Oʀᴅ. ʀᴏʏᴀʟᴇ ᴅᴜ 8 ᴊᴜɪɴ 1834. *Alignements* du côté des nᵒˢ impairs.
Id.   35ᵐ,00. — Oʀᴅ. ʀᴏʏᴀʟᴇ ᴅᴜ 9 ғéᴠʀɪᴇʀ 1846. *Alignement* du côté des nᵒˢ pairs.
Id.   35ᵐ,00. — Déᴄʀᴇᴛ ᴅᴜ 2 ᴏᴄᴛᴏʙʀᴇ 1872. *Modification* de l'alignement au droit des
              nᵒˢ 1, 3 et 5.
Oʀɪɢ. — Pierre-Augustin-Caron de Beaumarchais, auteur dramatique (1732-1799). Son hôtel était situé à l'angle du
       boulevard Richard Lenoir et du boulevard Beaumarchais.

BEAUNE (Rue de). . . . . VIIᵉ Aʀʀᴏɴᴅɪssᴇᴍᴇɴᴛ. . . . . 25ᵉ Qᴜᴀʀᴛɪᴇʀ.

259   **Commence** quai Voltaire, 29. — **Finit** rue de l'Université, 36.   (I. 39. — P. 24.)
Longʳ : 215ᵐ,00.
Largʳ :   7ᵐ,70. — Déᴄɪsɪᴏɴ ᴍɪɴɪsᴛéʀɪᴇʟʟᴇ ᴅᴜ 28 ᴠᴇɴᴅéᴍɪᴀɪʀᴇ ᴀɴ x.
Id.   10ᵐ,00. — Oʀᴅ. ʀᴏʏᴀʟᴇ ᴅᴜ 15 ᴊᴀɴᴠɪᴇʀ 1844. *Alignements.*
Oʀɪɢ. — Nom donné au xviiᵉ siècle.

BEAUNIER (Rue)**. . . . . XIVᵉ Aʀʀᴏɴᴅɪssᴇᴍᴇɴᴛ . . . . 55ᵉ Qᴜᴀʀᴛɪᴇʀ.
              Anciennement commune de Montrouge.

260   **Commence** avenue Reille et rue de la Tombe Issoire, 138. — **Finit** avenue de Châtillon, 41.
                            (I. 53. — P. 58.)
Longʳ : 424ᵐ,00   Entre l'avenue Reille et l'avenue d'Orléans. } Longʳ : 744ᵐ,00(Totale)
Id.   320ᵐ,00   Entre l'av. d'Orléans et l'av. de Châtillon. }
Largʳ : 12ᵐ,00. — Déᴄʀᴇᴛ 14 ᴍᴀʀs 1881. *Classement*, *Alignements* et *Nivellement*
              entre l'avenue Reille et la rue de la Tombe Issoire.

BEAUNIER (Rue) *(Suite)*.

 Larg^r : 12^m,00. — Décret du 12 juillet 1873. *Classement, Alignements* entre la rue de
    la Tombe Issoire et la rue de la Voie Verte.
 Id. 12^m,00. — Décret du 14 mars 1881. *Classement, Alignement* et *Nivellement* entre
    la rue de la Voie Verte et l'avenue d'Orléans.
 Id. 6^m,00. — Voie privée entre l'avenue d'Orléans et l'avenue de Châtillon.
    Obs. — La partie comprise entre l'avenue d'Orléans et la rue Friant est en-
      tretenue par la Ville.
  Arrêté préfectoral du 21 janvier 1876. *Nivellement.*
  Décret du 10 août 1868 et arrêté préfectoral du 10 novembre 1873.
   Dénomination actuelle.
   Obs. — Précédemment rue Latérale au chemin de fer et rue de la Paix.
 Orig. — Nom d'un intendant militaire du premier Empire ; voisinage de la route Militaire.

BEAUREGARD (Rue) . . . . IIe Arrondissement . . . . 8e Quartier.
261 **Commence** rue Poissonnière, 14.— **Finit** boul. de Bonne Nouvelle, 3 *bis*, et rue de Cléry, 97.
  Long^r : 274^m,00.   (I. 43. — P. 60.)
  Larg^r : 8^m,00. — Décision ministérielle du 3 vendémiaire an V.
  Id. 10^m,00. — Ord. royale du 21 juin 1826. *Alignements.*
 Orig. — Au sommet de la colline dite Mont-Orgueil, il devait y avoir une belle vue.

BEAUREPAIRE (Cité). . . . . . . IIe Arrondissement . . . . 8e Quartier.
262 **Située** rue Greneta, 48.
  Long^r : 60^m,00.
 Moindre larg^r : 4^m,00.   *(Voie privée.)*
 Orig. — Débouche dans l'ancienne rue Beaurepaire, autrefois dénommée Bellus Locus et réunie à la rue Greneta.

BEAUREPAIRE (Rue). . . . . . . Xe Arrondissement. . . . . 39° Quartier.
263 **Commence** boulevard de Magenta, 2, et rue de la Douane, 1. — **Finit** rue de Marseille, 16,
    et quai de Valmy, 71.   (I. 33. — P. 36.)
  Long^r : 330^m,00.
  Larg^r : 16^m,00. — Décret du 17 février 1864 (U. P.) *Ouverture* et *Alignements.*
   Arrêté préfectoral du 16 août 1879. *Dénomination actuelle.*
   Obs. — Précédemment rue Magnan.
 Orig. — Nicolas-François Beaurepaire, lieutenant-colonel (1740-1792), défenseur de Verdun, se tua pour ne pas se
  rendre aux Prussiens.

BEAUSÉJOUR (Boulevard de). . . XVIe Arrondissement . . . . 62e Quartier.
      Anciennement commune de Passy.
264 **Commence** rue Largillière, 7, et Chaussée de la Muette — **Finit** r. de l'Assomption (I. 57.)
  Long^r : 650^m,00.
 Moindre larg^r : 12^m,00. — Décision ministérielle du 18 mars 1853. *Ouverture* par la Ville de
    Paris et la Compagnie du chemin de fer de l'Ouest.
  Décret du 23 mai 1863. *Classement* (confirmation).
  Arrêté préfectoral du 4 août 1869. *Nivellement.*
 Orig. — Ancien parc dit de Beauséjour.

BEAUSÉJOUR (Villa de) . . . . . XVIe Arrondissement . . . . 62e Quartier.
      Anciennement commune de Passy.
265 **Située** boulevard de Beauséjour, 1.
  Long^r : 67^m,00.
 Moindre larg^r : 5^m,00.   *(Voie privée.)*
 Orig. — *Voir* boulevard de Beauséjour.

BEAUTREILLIS (Rue). . . . . . . IVe Arrondissement . . . . 15e Quartier.
266 **Commence** rue des Lions, 2. — **Finit** rue Saint Antoine, 188. (I. 29. — P. 30.)
  Long^r : 231^m,00.
  Larg^r : 8^m,00. — Décision ministérielle du 13 ventôse an VII.
  Id. 10^m,00. — Ord. royale du 10 mars 1836. — *Alignements.*
 Orig. — Tracée sur l'emplacement de l'hôtel de Beautreillis qui devait lui-même son nom à une des treilles des jardins
  de l'hôtel Saint Paul.

BEAUVAU (Place) . . . . **VIII**ᵉ Arrondissement . . . . 31ᵉ Quartier.
267 **Située** rue du Faubourg Saint Honoré, entre les rues des Saussaies, 1, et de Miromesnil, 2.
Longʳ : comprise dans celle de la rue du Faubourg Saint Honoré.
Décision ministérielle du 28 messidor an V et Ord. royale du 27 septembre 1836. *Alignements* sur les vestiges actuels.
Orig. — Doit son nom à l'hôtel Beauvau, devenu le ministère de l'intérieur.

BEAUX-ARTS (Rue des). . . . . . **VI**ᵉ Arrondissement . . . . 24ᵉ Quartier.
268 **Commence** rue de Seine, 14. — **Finit** rue Bonaparte, 11. (I. 19. — P. 14.)
Longʳ : 138ᵐ,00.
Largʳ : 10ᵐ,00. (*Voie privée.*)
Orig. — Débouche en face de l'École des Beaux-Arts.

BECCARIA (Rue) . . . . **XII**ᵉ Arrondissement . . . . 48ᵉ Quartier.
269 **Commence** boulevard Diderot, 41, et rue de Charenton, 115.— **Finit** place d'Aligre, 17.
Longʳ : 248ᵐ,00. (I. 25. — P. 26.)
Largʳ : 11ᵐ,69. — Ord. royale du 30 juillet 1844. *Alignements.*
Décret du 24 août 1864. *Dénomination* actuelle.
Obs. — Précédemment rue Beauvau.
Orig. — César Bonesana, marquis de Beccaria, économiste politique (1738-1794).

BECQUEREL (Rue) **. . . . . . **XVIII**ᵉ Arrondissement . . . . 70ᵉ Quartier.
270 **Commencera** rue du Mont Cenis et Chasseloup-Laubat.
Commence rue Lamarck. — **Finit** rues Custine et Bachelet, 23.
Longʳ : 60ᵐ,00 (actuelle.)
Longʳ : 191ᵐ,00 (future.)
Largʳ : 12ᵐ,00. — Décret du 11 août 1867 (U. P.). *Ouverture* et *Alignements.*
Obs. — La partie comprise entre les rues du Mont Cenis et Chasseloup-Laubat et la rue Lamarck n'est pas encore exécutée.
Décret du 10 février 1875. *Dénomination* actuelle.
Obs. — Précédemment rue F.
Orig. — Antoine-César Becquerel, physicien (1788-1878); quartier où ont été groupés des noms de savants.

BEETHOVEN (Rue)* . . . . . . **XVI**ᵉ Arrondissement . . . . 62ᵉ Quartier.
Anciennement commune de Passy.
271 **Commence** quais de Passy, 2, et Debilly. — **Finit** boulevard Delessert, 11. (I. 23.)
Longʳ : 117ᵐ,00.
Moindre largʳ : 8ᵐ,00. — Ord. royale du 22 décembre 1838. *Alignements.*
Décret du 23 mai 1863. *Classement* (confirmation).
Largʳ : 15ᵐ,00. — *Élargissement* exécuté sur une partie, du côté des numéros pairs.
Décret du 17 mai 1876 (U. P.). *Suppression* de toute la partie parallèle à l'ancienne rue Delessert, pour l'alignement du boulevard du même nom.
Décret du 29 mai 1880. *Déclassement* au droit du n° 25.
Décret du 24 août 1864. *Dénomination* actuelle.
Obs. — Précédemment rue de la Montagne.
Orig. — Louis van Beethoven, compositeur allemand (1770-1827).

BEL AIR (Avenue du) . . . . **XII**ᵉ Arrondissement . . . . 46ᵉ Quartier.
272 **Commence** avenue de Saint Mandé, 15. — **Finit** place de la Nation, 26. (I. 7. — P. 30.)
Longʳ : 235ᵐ,00.
Largʳ : 39ᵐ,00. — Décision ministérielle du 23 ventôse an X.
Id. 39ᵐ,00. Ord. royale du 30 juillet 1844. *Alignements.*
Orig. — Traverse le hameau du Bel Air, ainsi nommé à cause de sa situation salubre.

BEL AIR (Cour du) . . . . **XII**ᵉ Arrondissement . . . . 48ᵉ Quartier.
273 **Située** rue du Faubourg Saint Antoine, 56.
Longʳ : 100ᵐ,00.
Moindre largʳ : 3ᵐ,10. (*Voie privée.*)
Orig. — Doit son nom à l'hôtel du Bel Air.

BEL AIR (Villa du) . . . . **XII**ᵉ Arrondissement . . . . 45ᵉ Quartier.
Anciennement commune de Saint-Mandé.
274 **Commence** avenue de Saint Mandé, 104. — **Finit** sentier de la Lieutenance. (I. 19.)
Longʳ : 275ᵐ,00.
Largʳ : 7ᵐ,00 environ. (*Voie privée.*)
Orig. — *Voir* avenue du Bel Air.

BELFORT (Rue de) . . . . **XI**ᵉ ARRONDISSEMENT . . . . 43ᵉ QUARTIER.

275   **Commence** boulevard Voltaire, 135. — **Finit** rue des Boulets, 109.   (l. 25. — P. 24.)
    Long^r : 170^m,00.
    Larg^r : 8^m,00 environ.   (*Voie privée.*)
    ORIG. — Ville d'Alsace célèbre par le siège qu'elle soutint en 1871 et qui lui valut de rester française.

BELGRAND (Rue) ** . . . . **XX**ᵉ ARRONDISSEMENT. . . . . . . 78ᵉ et 79ᵉ QUARTIERS.

276   **Commence** place des Pyrénées, 4. — **Finit** rue Pelleport, 40. **Finira** boulevard Mortier et
        rue de Bagnolet, 181.   (l. 3. — P. 42.)
    Long^r : 370^m,00 (actuelle.) Long^r : 700^m,00 (future.)
    Larg^r : 20^m,00. — DÉCRET DU 28 JUILLET 1862 (U. P.). *Ouverture* et *Alignements.*
           OBS. — La partie qui s'étend depuis la rue de Pelleport jusqu'au boulevard
           et à la rue de Bagnolet n'est pas encore exécutée.
      ARRÊTÉ PRÉFECTORAL DU 23 JUILLET 1868. *Nivellement* entre la place
      des Pyrénées et la rue de Pelleport.
      DÉCRET DU 23 JUIN 1879. *Dénomination* actuelle.
           OBS. — Précédemment partie de la rue Sorbier.
    ORIG. — Marie-François-Eugène Belgrand, Inspecteur général des Ponts et Chaussées, Directeur du service des eaux et
    égouts de la Ville de Paris, auteur des travaux de dérivation des eaux de la Vanne et de la Dhuis (1810-1878) ;
    voisinage des réservoirs de la Dhuis.

BELHOMME (rue) ** . . . . . . **XVIII**ᵉ ARRONDISSEMENT . . . . 70ᵉ QUARTIER.
              Anciennement commune de Montmartre.

277   **Commence** boulevard de Rochechouart, 20. — **Finit** rue de la Nation, 7. (l. 19. — P. 20.)
    Long^r : 102^m,00.
    Larg^r : 10^m,00. — DÉCRET DU 4 SEPTEMBRE 1878. *Classement, Alignements* et *Nivelle-
           ment.*
    id.   12^m,00.
           OBS. — La largeur est de 12^m,00 entre les rues Bervic et Boissieu.
    ORIG. — Nom du propriétaire, ancien maire de Montmartre.

BÉLIDOR (Rue) . . . . **XVII**ᵉ ARRONDISSEMENT . . . . 65ᵉ QUARTIER.
              Anciennement commune de Neuilly.

278   **Commence** avenue des Ternes, 93. — **Finit** boulevard Gouvion-Saint-Cyr, 71. (l. 13. — P. 10.)
    Long^r : 74^m,00.
    Larg^r : 9^m,00. — DÉCRET DU 9 AOUT 1881. *Alignements* et *Nivellement.*
           DÉCRET DU 23 MAI 1863. *Classement* (confirmation).
           DÉCRET DU 27 FÉVRIER 1877. *Dénomination* actuelle.
           OBS. — Précédemment rue des Montagnes.
    ORIG. — Bernard Forest de Belidor, ingénieur hydrographe (1697-1761).

BELLA (rue) ** . . . . **XV**ᵉ ARRONDISSEMENT . . . . 58ᵉ QUARTIER.

279   **Commence** rue Tessier. — **Finit** rue de La Quintinie.
    Long^r : 51^m,00.
    Larg^r : 12^m,00. — DÉCRET DU 7 AOUT 1874. *Classement* et *Alignements.*
           ARRÊTÉ PRÉFECTORAL DU 6 JUILLET 1867. *Nivellement.*
           DÉCRET DU 10 AOUT 1868. *Dénomination.*
    ORIG. — Joseph, Marie Auguste Bella, ancien directeur de l'École d'agriculture de Grignon (1777-1850) ; quartier où ont
    été groupés des noms d'agronomes.

BELLART (Rue) . . . . **XV**ᵉ ARRONDISSEMENT . . . . 58ᵉ QUARTIER.

280   **Commence** rue Pérignon, 3. — **Finit** boulevard de Grenelle et avenue de Suffren. (P. 6.)
    Long^r : 142^m,00.
    Larg^r : 10^m,00. — DÉCISION MINISTÉRIELLE DU 10 NOVEMBRE 1817.
    Id.   10^m,00. — ORD. ROYALE DU 11 DÉCEMBRE 1845. *Alignements.*
           DÉCRET DU 31 JUILLET 1867 (U. P.). Suppression partielle pour le
           prolongement de l'avenue de Suffren.
    ORIG. — Nicolas-François Bellart, procureur général à la Cour d'appel de Paris et membre du Conseil général de la
    Seine (1702-1826).

BELLAY (Rue du) . . . . **IV**ᵉ ARRONDISSEMENT . . . . 16ᵉ QUARTIER.

281   **Commence** quai Bourbon, 55, et quai d'Orléans, 42. — **Finit** quai de Bourbon, 33.
    Long^r : 75^m,00.   (l. 7. — P. 6.)
    Larg^r : 16^m,00. — DÉCRET DU 1er AOUT 1860. *Ouverture* et *Alignements.*
           DÉCRET DU 2 MARS 1867. *Dénomination.*
    ORIG. — Jean du Bellay, cardinal, évêque de Paris (1492-1560) ; voisinage de Notre-Dame.

BELLECHASSE (Place) . . . . . **VII**e Arrondissement . . . . 26e Quartier.

282   **Comprise** entre les rues Saint Dominique, de Las-Cases, Casimir-Périer et Martignac.
Longr : 73m,00.   *(Place plantée.)*
Largr : 66m,C0. — Voir les *alignements* des voies formant le périmètre de la place.
Orig. — *Voir rue de Bellechasse.*

BELLECHASSE (Rue de) . . . . . **VII**e Arrondissement . . . . 25 et 26e Quartiers.

283   **Commence** quai d'Orsay. — **Finit** rue de Varenne, 68.   (I. 57. — P. 72.)
Longr : 741m,00.
Largr : 10m,00. — Décision ministérielle du 19 pluviôse an VIII.
id.   12m,00. — Ord. royale du 7 mars 1827. *Alignements* entre le quai d'Orsay et
la rue de Lille.
id.   10m,00. — Ord. royale du 7 mars 1827. *Alignements* entre les rues de Lille
et de Varenne.
Orig. — Lieu dit de Bellechasse.

BELLEFOND (Rue de) . . . . . . **IX**e Arrondissement . . . . 36e Quartier.

284   **Com.** r. du Faub. Poissonnière, 107. — **Finit** rues de Rochechouart, 30, et de Maubeuge, 46.
Longr : 297m,00.   (I. 41. — P. 40.)
Largr : 10m,00. — Décision ministérielle du 13 floréal an IX.
Id.   10m,00. — Ord. royale du 23 août 1833. *Alignements.*
Orig. — Madame de Bellefond était abbesse de Montmartre lors du percement de la rue.

BELLES FEUILLES (Cité des) **. **XVI**e Arrondissement . . . . 63e Quartier.

285   **Située** impasse des Belles Feuilles, 2.   (I. 7. — P. 14.)
Longr : 47m,00.
Largr : 4m,00.   *(Voie privée.)*
Orig. — *Voir rue des Belles Feuilles.*

BELLES FEUILLES (Impasse des) ** **XVI**e Arrondissement. . . . . 63e Quartier.
Anciennement commune de Passy.

286   **Située** rue des Belles Feuilles, 47.   (I. 11bis. — P. 6.)
Longr : 100m,00.
Largr : 8m,00 environ.   *(Voie privée.)*
Obs. — Précédemment impasse des Biches.
Orig. — *Voir rue des Belles-Feuilles.*

BELLES FEUILLES (Rue des) ** **XVI**e Arrondissement . . . . 63e Quartier.
Anciennement commune de Passy.

287   **Com.** Rond-Point de Lonchamp. — **Finit** rue Spontini, 3, et av. Bugeaud. (I. 57. — P. 44.)
Longr : 640m,00.
Largr : 10m,00. — Arrêté préfectoral du 3 octobre 1855.
Décret du 23 mai 1863. *Classement* (confirmation).
Arrêté préfectoral du 1er mars 1869. *Nivellement.*
Arrêté préfectoral du 2 avril 1868. *Dénomination* actuelle.
Obs. — Précédemment rues des Biches et des Belles Feuilles.
Orig. — Longeait les murs d'un parc.

BELLEVILLE (Boulevard de) *. . . **XI**e Arrondissement. . . . . 41e Quartier.
XXe Arrondissement. . . . . 77e Quartier.
Anciennement commune de Belleville, du côté des numéros pairs.

288   **Commence** rue Oberkampf, 159, et de Ménilmontant, 1. — **Finit** rues du Faubourg du
Temple, 124, et de Belleville, 2.   (I. 87. — P. 132.)
Longr : 704m,00. — Ord. du bureau des finances du 16 janvier 1789.
Largr : 13 toises pour les boulevards.
Id. 36 pieds pour le chemin de ronde.
Décret du 23 mai 1863. *Classement* (confirmation).
Moindre largr : 42m,00. — Arrêté préfectoral du 3 août 1866. *Alignements.*
Id.   42m,00. — Décret du 21 avril 1879. *Alignements.*
Arrêté préfectoral du 30 décembre 1864. *Dénomination* actuelle.
Obs. — Précédemment boulevard des Trois Couronnes et de Belleville, et
Chemin de Ronde de Rampopneau, des Trois Couronnes et de
Ménilmontant, place de la Barrière de Ménilmontant.
Orig. — Longe l'ancien territoire de Belleville annexé en 1860.

6

BELLEVILLE (Rue de) ** . . . . . **XIX**ᵉ Arrondissement . . . . 75ᵉ et 76ᵉ Quartiers.
                         XXᵉ Arrondissement . . . . 77ᵉ et 78ᵉ Quartiers.
Anciennement communes de Belleville et du Pré-Saint-Gervais.

289   **Com**. boulev. de La Villette 2, et de Belleville, 132. — **Finit** boulev. Sérurier, 1, et Mortier.
       Longʳ : 2.210ᵐ,00.   (I. 343. — P. 275.)
   Moindre largʳ :   8ᵐ,00. — Décret du 16 août 1859. *Alignements.*
                   Décret du 23 mai 1863. *Classement* (confirmation).
                   Arrêté préfectoral du 5 mai 1860. *Nivellement* de la totalité.
                   Arrêté préfectoral du 5 avril 1867. *Nivellement* entre les rues
                      Rébeval et de la Mare.
                   Arrêté préfectoral du 27 avril 1867. *Nivellement* entre la rue
                      Haxo et le boulevard Sérurier.
                   Arrêté préfectoral du 2 avril 1868. *Dénomination* actuelle.
                      .Obs. — Précédemment rue de Paris et du Parc.
    Orig. — Principale rue de l'ancien village de Belleville.

BELLEVUE (Avenue de) ** . . . . **XIII**ᵉ Arrondissement . . . . 49ᵉ Quartier.
290   **Commence** rue Jenner, 7. — **Finit** avenue Sainte-Marie.
       Longʳ : 24ᵐ,00.
   Moindre largʳ :   2ᵐ,25.   (*Voie privée.*)
    Orig. — Nom donné par M. Doré, propriétaire, en raison de la vue dont on y jouit.

BELLEVUE (Rue de) ** . . . . . **XIX**ᵉ Arrondissement . . . . 75ᵉ Quartier.
Anciennement commune de Belleville.
291   **Commence** rue Compans, 64. — **Finit** rue des Lilas, 9.   (I. 5. — P. 34.)
       Longʳ : 295ᵐ,00.
       Largʳ :   6ᵐ,00. — Ord. royale du 21 juillet 1843. — *Alignements.*
                   Décret du 23 mai 1863. *Classement* (confirmation).
                   Arrêté préfectoral du 11 décembre 1867. *Nivellement.*
    Orig. — Sise à la porte la plus élevée de la butte du quartier des Buttes Chaumont, appelée autrefois butte de Beau-
        regard. On y a une vue très étendue sur Paris et la plaine Saint-Denis.

BELLIARD (Rue) . . . . **XVIII**ᵉ Arrondissement . . . . 70ᵉ Quartier.
Anciennement commune de Montmartre.
292   **Commence** rue du Mont-Cenis, 149. — **Finit** rue du Ruisseau, 108.   (I. 75.)
       Longʳ : 365ᵐ,00.
                   Décret du 23 mai 1863. *Classement.*
   Moindre largʳ :   10ᵐ,00. — Décret du 17 juin 1880. *Alignements* et *nivellement.*
                   Arrêté préfectoral du 19 avril 1864. *Nivellement* entre les rues
                      des Poissonniers et Letort.
       Largʳ :   12ᵐ,00. — Décret du 19 août 1881 (U. P.). *Alignements* pour le prolongement
                      entre la rue du Mont-Cenis et la rue des Poissonniers.
                   Décret du 10 août 1868. *Dénomination.*
    Orig. — Le comte Auguste-Daniel Belliard, général de cavalerie (1769-1832), défenseur du quartier en 1814.

BELLIÈVRE (Rue de) . . . . . . **XIII**ᵉ Arrondissement . . . . 49ᵉ Quartier.
293   **Commence** quai d'Austerlitz, 11. — **Finit** rue de la Gare, 8.   (I. 13. — P. 12.)
       Longʳ : 147ᵐ,00.
   Moindre largʳ :   10ᵐ,00. — Décision ministérielle du 30 juillet 1819.
       Id.   10ᵐ,00. — Ord. royale du 11 juin 1847. *Alignements.*
                   Arrêté préfectoral du 31 janvier 1873. *Nivellement.*
    Orig. — Située près de la Salpêtrière, a pris le nom de Pompone de Bellièvre, premier président au Parlement de Paris,
        qui contribua à la fondation de cet établissement.

BELLINI (Rue) ** . . . . **XVI**ᵉ Arrondissement . . . . . . 62ᵉ Quartier.
Anciennement commune de Passy.
294   **Commence** rue Scheffer, 23. — **Finit** rue de la Tour, 58.   (I. 13. — P. 22.)
       Longʳ : 172ᵐ,00.
       Largʳ :   7ᵐ,00. — Arrêté préfectoral du 16 février 1856. *Alignements.*
                   Décret du 23 mai 1863. *Classement* (confirmation).
                   Décret du 24 août 1864. *Dénomination* actuelle.
                      Obs. — Précédemment rue de la Planchette.
    Orig. — Vincent Bellini, compositeur italien (1802-1835).

BELLONI (Rue) ** . . . . **XV**ᵉ Arrondissement . . . . 58ᵉ Quartier.
295   **Commence** rue de l'Armorique. — **Finit** rue des Fourneaux, 57.
       Longʳ : 148ᵐ,00.
       Largʳ :   10ᵐ,00.   (*Voie privée.*)
    Orig. — Nom de propriétaire.

BELLOT (Rue) . . . . **XIX**ᵉ Arrondissement . . . . 73ᵉ Quartier.
Anciennement commune de La Villette.

296   **Commence** rue de Tanger, 17. — **Finit** rue d'Aubervilliers, 42.   (l. 19. — P. 16.)
Longʳ : 135ᵐ,00.

DÉCRET DU 23 MAI 1863. *Classement.*

Largʳ :   8ᵐ,00. — *Alignements* projetés.
ARRÊTÉ PRÉFECTORAL DU 28 SEPTEMBRE 1875. *Nivellement.*
DÉCRET DU 24 AOUT 1864. *Dénomination* actuelle.

Obs. — Précédemment rue de l'Entrepôt.

Orig. — Joseph-René Bellot (1826-1853); officier de marine envoyé à la recherche de Franklin et mort dans les mers polaires.

BELLOY (Rue de) *. . . . . . . **XVI**ᵉ Arrondissement . . . . 64ᵉ Quartier.

297   **Commence** avenue d'Iéna, 37. — **Finit** avenue Kléber, 39.   (l. 9. — P. 26.)
Longʳ : 272ᵐ,00.
Largʳ : 12ᵐ,00.

Obs. — Voie ouverte par la Ville de Paris sur l'emplacement des anciens réservoirs de Chaillot.
ARRÊTÉ PRÉFECTORAL DU 7 NOVEMBRE 1866. *Nivellement.*
DÉCRET DU 10 AOUT 1868. *Dénomination.*

Orig. — Jean-Baptiste de Belloy, archevêque de Paris (1709-1808).

BEL-RESPIRO (Rue du) . . . . . **VIII**ᵉ Arrondissement . . . . 30ᵉ Quartier.

298   **Commence** avenue des Champs Élysées, 152. — **Finit** rue Beaujon, 3.   (l. 17. — P. 14.)
Longʳ : 260ᵐ,00.
Largʳ : 11ᵐ,70. — DÉCRET DU 23 OCTOBRE 1852. *Classement* et *Alignements.*
Alignements projetés (modification du débouché sur l'avenue Friedland, à l'angle de la rue Lord Byron).
ARRÊTÉ PRÉFECTORAL DU 7 SEPTEMBRE 1863. *Nivellement* entre les avenues Friedland et des Champs Élysées.
ARRÊTÉ PRÉFECTORAL DU 24 FÉVRIER 1864. *Nivellement* entre la rue Beaujon et l'avenue Friedland.

Orig. — Doit son nom à une villa portant autrefois cette dénomination.

BELZUNCE (Rue de) **. . . . . . **X**ᵉ Arrondissement . . . . 37ᵉ Quartier.

299   **Com.** boul. de Magenta, 111. — **Finit** rues du Faub. Poissonnière, 118, et de Maubeuge, 86.
Longʳ : 255ᵐ,00.   (l. 10. — P. 30.)
Largʳ : 12ᵐ,00. — ORD. ROYALE DU 31 JANVIER 1827. *Ouverture* et *Alignements* sur une longueur de 210 mètres, à partir du boulevard de Magenta.
Id.   12ᵐ,00. — DÉCRET DU 19 NOVEMBRE 1855 ET DÉCRET DU 3 AOUT 1861 (U. P.). *Alignements* du *Prolongement* jusqu'aux rues du Faubourg Poissonnière et de Maubeuge.
ORD. ROYALE DU 5 AOUT 1844. *Dénomination* actuelle.

Obs. — Précédemment rue du Chevet de l'Église.

Orig. — Henri-François-Xavier de Belzunce (1671-1755), évêque de Marseille, se signala pendant la peste qui ravagea cette ville en 1720 et 1721 ; voisinage de l'église Saint-Vincent-de-Paul.

BÉNARD (Rue) **. . . . . **XIV**ᵉ Arrondissement . . . . 56ᵉ Quartier.
Anciennement commune de Montrouge.

300   **Com.** rue des Plantes, 22. — **Finit** rues Didot, 37, et de la Sablière, 49.   (l. 53. — P. 46.)
Longʳ : 270ᵐ,00.

DÉCRET DU 23 MAI 1863. *Classement.*

Largʳ : 12ᵐ,00. — *Alignements* projetés. (Largeur actuelle : 10ᵐ,00, moindre.)
Obs. — Il existe un projet de prolongement entre la rue des Plantes et l'avenue du Maine.
ARRÊTÉ PRÉFECTORAL DU 14 JUILLET 1868. *Nivellement.*

Orig. — Nom du propriétaire.

BENDER (Passage) **. . . . . . **XIX**ᵉ Arrondissement . . . . 76ᵉ Quartier.
Anciennement commune de La Villette.

301   **Commence** passage du Sud, 11. — **Finit** passage Dubois, 10.   (l. 3. — P. 6.)
Longʳ : 38ᵐ,00.
Largʳ :   4ᵐ,00.   *(Voie privée.)*

Orig. — Nom du premier locataire d'un immeuble du passage.

BENJAMIN CONSTANT (Rue) . **XIX**ᵉ Arrondissement . . . . 74ᵉ Quartier.
Anciennement commune de La Villette.

302   **Commence** rue de Flandre, 183 — **Finit** rue de Cambrai, 32.
Longʳ : 90ᵐ,00.   (*Voie privée*).
Largʳ : 12ᵐ,00.

Obs. — Cette voie a été exécutée par les riverains pour remplacer une partie
de la rue de Cambrai supprimée en vertu du décret du 18 mars 1860.

Décret du 10 février 1875. *Dénomination.*

Orig. — Henri-Benjamin Constant de Rebecque, publiciste et homme politique (1767-1830).

BENOUVILLE (Rue) ⁕⁚ . . . . . **XVI**ᵉ Arrondissement . . . . 63ᵉ Quartier.
Anciennement commune de Neuilly.

303   **Commence** rue Spontini, 30. — **Finit** rue de la Faisanderie, 23.   (I. 11.)
Longʳ : 98ᵐ,00.
Largʳ : 10ᵐ,00. — Arrêté préfectoral du 16 décembre 1856. *Alignements.*
Décret du 23 mai 1863. *Classement* (confirmation).
Arrêté préfectoral du 2 mars 1869. *Nivellement.*
Décret du 10 février 1875. *Dénomination* actuelle.

Obs. — Précédemment rue de Chabrol.

Orig. — François-Léon Benouville, peintre (1823-1859.)

BÉRANGER (Rue). . . . . **III**ᵉ Arrondissement . . . . 10ᵉ Quartier.

304   **Commence** rue Charlot, 83. — **Finit** rue du Temple, 180.   (I. 25. — P. 26.)
Longʳ : 271ᵐ,00.
Largʳ : 11ᵐ,69. — Décision ministérielle du 23 brumaire an VIII.
Id.   11ᵐ,69. — Ord. royale du 16 mai 1833. *Alignements.*
Décret du 24 août 1864. *Dénomination* actuelle.

Obs. — Précédemment rue de Vendôme.

Orig. — Jean-Pierre de Béranger, chansonnier français (1780-1857), est mort au n° 5 de cette rue.

BERCY (Boulevard de) . . . . . . **XII**ᵉ Arrondissement . . . . 47ᵉ Quartier.
Anciennement commune de Bercy pour partie.

305   **Commence** quais de la Rapée, 2, et de Bercy. — **Finit** r. de Charenton, 240 (I. 15.— P. 76.)
Longʳ : 1.030ᵐ,00.
Largʳ : 15 toises. — Ord. du bureau des finances du 16 janvier 1789. Boulevards
de Bercy et de la Rapée.
id.   36 pieds. — Anciens chemins de ronde. (Même ordonnance).
Ord. royale du 31 mars 1847. *Alignements* de l'ancien chemin
de ronde de Bercy.
Ord. royale du 12 août 1846. *Alignements* de l'ancien chemin
de ronde de la Rapée.
Décret du 23 mai 1863. *Classement* (confirmation).
Moindre largʳ : 42ᵐ,00. — Arrêté préfectoral du 3 août 1866. *Alignements* entre les rues de
Bercy et de Charenton.
Largʳ : 32ᵐ,00. — Décret du 6 août 1877 (U. P.) *Alignements* entre les quais de Bercy
et de la Rapée et la rue de Bercy.
Arrêtés préfectoraux du 24 octobre 1876 et du 1ᵉʳ septembre
1877. *Nivellement.*
Arrêté préfectoral du 30 décembre 1864. *Dénomination* actuelle.

Obs. — Précédemment boulevards de Bercy et de la Rapée, et chemins de
ronde de Bercy et de la Rapée. Place Cabanis. Place de la barrière
de Bercy. Place de la barrière de Charenton.

Orig. — Longe l'ancien village de Bercy.

BERCY (Pont de). . . . . **XII**ᵉ Arrondissement . . . . 47ᵉ Quartier.
                                      XIIIᵉ Arrondissement . . . . 49ᵉ et 50ᵉ Quartiers.

306   **Situé** entre les quais de Bercy et de la Rapée, et les quais de la gare et d'Austerlitz, au droit
des boulevards de Bercy et de la Gare.
Longʳ : 175ᵐ,00.
Largʳ : 20ᵐ,00.
Orig. — Traverse la Seine en face de Bercy.

BERCY (Porte de) . . . . **XII**ᵉ Arrondissement . . . . 47ᵉ Quartier.
307   **Située** boulevard Poniatowski, dans l'axe du quai de Bercy.
Orig. — A l'extrémité du quai de Bercy.

BERCY (Quai de) . . . . **XII**ᵉ Arrondissement . . . . 47ᵉ Quartier.
Anciennement commune de Bercy.

308   **Commence** boulevard Poniatowski et porte de Bercy. — **Finit** pont et boulevard de Bercy.
Longʳ : 1.444ᵐ,00.
 Largʳ : 10ᵐ,00. — Ord. royale du 24 juin 1840 (U.P.). *Alignements.*
 id.   12ᵐ,00. — *Alignements* projetés. Délibération du Conseil municipal de Bercy
    du 5 octobre 1859.
    Décret du 23 mai 1863. *Classement* (confirmation).
 id.   20ᵐ,00. — Décret du 6 août 1877 (U.P.). *Rectification* et *élargissement* pour
    la formation du nouveau périmètre des entrepôts.
Orig. — Situé devant le port de Bercy.

BERCY (Rue de) . . . . **XII**ᵉ Arrondissement . . . . 47ᵉ et 48ᵉ Quartiers.
Anciennement commune de Bercy.

309   **Commence** rue de Dijon et pl. de la Nativité, 1. — **Finit** boulevard de la Contrescarpe, 18.
Longʳ : 1.880ᵐ,00.   (I. 63 à 257. — P. 44 à 256.)
 Moindre largʳ : 10ᵐ,00. — Ord. royales du 2 mai 1841 et 12 juin 1843. *Alignements* entre
    la rue Nicolaï et le boulevard de Bercy.
    Décret du 23 mai 1863. *Classement* confirmé de cette partie.
 Largʳ : 12ᵐ,00. — Décret du 6 août 1877 (U.P.). *Suppression* entre la rue Nicolaï et
    la place de la Nativité, et *Alignements* modifiés entre la rue de
    Dijon et la place de la Nativité et le boulevard de Bercy.
 Moindre id. 14ᵐ,00. — Décision ministérielle du 16 ventôse an xii et Ord. royale du
    1ᵉʳ juin 1828. *Alignements* entre le boulevard de Bercy et le
    boulevard de la Contrescarpe.
    Arrêté préfectoral du 28 septembre 1854. *Nivellement* entre le
    boulevard de Bercy et le boulevard de la Contrescarpe.
Orig. — Ancien chemin de Bercy et rue principale de ce village, réunis.

BERGAME (Impasse de) * . . . . . **XX**ᵉ Arrondissement . . . . 80ᵉ Quartier.
Anciennement commune de Charonne.

310   **Située** rue des Vignolles, 16.   (I. 11. — P. 12.)
Longʳ : 80ᵐ,00.
 Moindre largʳ : 2ᵐ,25.   *(Voie privée.)*
    Arrêté préfectoral du 1ᵉʳ février 1877. *Dénomination* actuelle.
    Obs. — Précédemment impasse de Chabrol.
Orig. — Ville d'Italie.

BERGER (Rue) . . . . **I**ᵉʳ Arrondissement . . . . 2ᵉ Quartier.

311   **Commence** boulevard de Sébastopol, 31. — **Finit** rue Vauvilliers, 16. (I. 37. — P. 20.)
Longʳ : 433ᵐ,00.
 Largʳ : 10ᵐ,00. — Décision ministérielle du 28 brumaire an vi.
 id.   12ᵐ,00. — Ord. royale du 19 juillet 1840. *Alignements* entre le boulevard
    de Sébastopol et la rue Saint-Denis.
 id.   16ᵐ,00. — Décret du 29 septembre 1854 (U. P.). *Ouverture* et *Alignements* entre
    le boulevard Sébastopol et la rue Saint-Denis.
 id.   12ᵐ,00. — Décision ministérielle du 5 mai 1812.
 id.   13ᵐ,00. — Décret du gouvernement provisoire du 5 mai 1848. *Alignements*
    entre les rues Saint-Denis et de la Lingerie.
 id.   20ᵐ,00. — Décret du 21 juin 1854 (U. P.). *Modification* des alignements entre
    les rues Saint-Denis et de Vauvilliers.
 id.   20ᵐ,00. — Décret du 9 juin 1860 (U. P.). *Ouverture* et *Alignements* entre la rue
    de Vauvilliers et la rue du Louvre.
    Obs. — Ce décret a reçu un commencement d'exécution.
    Arrêté préfectoral du 26 janvier 1857. *Nivellement.*
    Décret du 2 mars 1864. *Dénomination* actuelle.
    Obs. — Précédemment partie de la rue Aubry-le-Boucher et rue aux Fers.
    Contrairement aux dispositions du décret précité, la partie comprise
    entre la rue Vauvilliers et la rue du Louvre prolongée est tou-
    jours désignée sous le nom de rue des Deux Écus.
Orig. — Jean-Jacques Berger, Préfet de la Seine (1791-1859).

BERGÈRE (cité) . . . . **IX**ᵉ Arrondissement . . . . 35ᵉ Quartier.

312   **Commence** rue du Faub. Montmartre, 6. — **Finit** rue Bergère, 21. (I. 11. — P. 10.)
Longʳ : 170ᵐ,00.
 Largʳ : 6ᵐ,00.   *(Voie privée.)*
Orig. — *Voir* rue Bergère.

BERGÈRE (Galerie) . . . . IXe Arrondissement . . . . 35e Quartier.

313   **Commence** rue de Montyon, 12. — **Finit** rue Geoffroy Marie, 10.
    Long^r : 45^m,00.
    Larg^r : 4^m,00.   (*Voie privée.*)
    Orig. — *Voir rue Bergère.*

BERGÈRE (Rue). . . . . IXe Arrondissement . . . . 35e Quartier.

314   **Commence** rue du Faub. Poissonnière, 15. — **Finit** rue du Faub. Montmartre, 14.
    Long^r : 342^m,00.   (I. 37. — P, 36.)
    Larg^r : 10^m,00. — Décision ministérielle du 29 nivôse an XIII.
    Id.   10^m,00. — Ord. royale du 23 août 1833. *Alignements.*
    Orig. — L'Hôtel-Dieu avait donné par bail à vie, moyennant 20 livres tournois de rente, à Jean Bergier, maître tein-turier, à sa femme et à sa fille, huit arpents de terre labourable sur le grand chemin de Montmartre. [xviie siècle.]

BERGERS (Rue des) . . . . XVe Arrondissement . . . . 60e Quartier.
                         Anciennement commune d'Issy.

315   **Commence** rue de Javel, 60. — **Finit** rue Cauchy, 33.   (I. 55. — P. 66.)
    Long^r : 450^m,00. — Décret du 24 juin 1868. *Classement.*
    Larg^r : 9^m,00. — Décret du 11 juin 1877. *Alignements et Nivellement.*
    Orig. — Lieu dit.

BÉRITE (Rue). . . . . VIe Arrondissement . . . . 23e Quartier.

316   **Commence** rue du Cherche Midi, 71. — **Finit** rue Gerbillon, 9.   (I. 3. — P. 4.)
    Long^r : 70^m,00.
    Larg^r : 10^m,00. — Décret du 1er juin 1864. *Classement et Alignements.*
                    Arrêté préfectoral du 23 décembre 1865.
                    Décret du 2 mars 1867. *Dénomination.*
    Orig. — Ville de Phénicie, siège d'un évêché *in partibus*, voisinage du séminaire des Missions étrangères.

BERLIN (Rue de) . . . . VIIIe Arrondissement . . . . 32e Quartier.
                     IXe Arrondissement . . . . 33e Quartier.

317   **Commence** rue de Clichy, 39. — **Finit** place de l'Europe.   (I. 47. — P. 40.)
    Long^r : 400^m,00.
    Larg^r : 12^m,00. — Ord. royale du 21 septembre 1841. *Ouverture et Alignements* entre
                les rues de Clichy et d'Amsterdam.
    Id.   15^m,00. — Ord. royale du 2 février 1826. *Ouverture et Alignements* entre la
                rue d'Amsterdam et la place de l'Europe.
                Décret du 30 juin 1859 (U. P.). *Modification* du débouché sur la
                place de l'Europe.
                Obs. — Précédemment passage Grammont, entre la rue de Clichy et la rue d'Amsterdam.
    Orig. — Capitale de l'empire d'Allemagne; voisinage de la place de l'Europe.

BERLIOZ (Rue) *. . . . . XVIe Arrondissement . . . . 63e Quartier.

318   **Commence** rue Pergolèse, 32. — **Finit** Villa du Redan, 3.   (I. 23. — P. 24.)
    Long^r : 110^m,00.
    Larg^r : 10^m,00.   (*Voie privée.*)
    Orig. — Louis-Hector Berlioz, compositeur (1803-1869).

BERNARDINS (Rue des). . . . . . Ve Arrondissement . . . . 17e Quartier.

319   **Commence** quai de la Tournelle, 59. — **Finit** rue des Écoles, 14.   (I. 29. — P. 50.)
    Long^r : 235^m,00.
    Larg^r : 8^m,00. — Décision ministérielle du 8 nivôse an IX. *Alignements* entre le quai
                de la Tournelle et les rues Saint Victor et Monge.
    Id.   12^m,00. — Ord. royale du 13 février 1845. *Alignements* entre le quai de la
                Tournelle et les rues Saint Victor et Monge.
    Id.   12^m,00. — Décret du 11 août 1855. *Alignements* à exécuter par mesures ordi-
                naires de voirie depuis les rues Saint Victor et Monge jusqu'à la
                rue des Écoles.
                Obs. — Cette dernière partie portait précédemment le nom de rue Saint-Nicolas-du-Chardonnet.
                    il existe un projet de prolongement jusqu'à la rue de la Montagne Sainte Geneviève, déjà suivi d'exécution au droit du square.
    Orig. — Ouverte sur l'emplacement du jardin des Bernardins.

BERNARD PALISSY (Rue). . . . **VI**e Arrondissement . . . . 24e Quartier.

320   **Commence** rue de Rennes, 54. — **Finit** rue du Dragon, 15.   (I. 15. — P. 18.)

Long^r : 106^m,00.

Larg^r :   6^m,00. — Décision ministérielle du 2 messidor an VIII.

Id.   10^m,00. — Ord. royale du 3 juin 1839. *Alignements* entre la rue de Rennes et la rue du Sabot.

Id.   12^m,00. — Ord. royale du 3 juin 1839. *Alignements* entre la rue du Sabot et la rue du Dragon.

     Obs. — L'ordonnance royale du 3 juin 1839 a été rapportée et les alignements modifiés par l'ordonnance suivante :

Id.   10^m,00. — Ord. royale du 2 mai 1847. *Alignements* entre la rue de Rennes et la rue du Sabot.

Id.   12^m,00. — Ord. royale du 2 mai 1847. *Alignements* entre la rue du Sabot et la rue du Dragon.

     Décret du 24 août 1864. *Dénomination* actuelle.

     Obs. — Précédemment petite rue Taranne.

Orig. — Bernard Palissy, célèbre potier et émailleur (1510-1590), aurait habité rue du Dragon, en face de cette rue.

BERNKOFF (Cité). . . . . **XIX**e Arrondissement. . . . . 73e Quartier.

     Anciennement commune de La Villette.

321   **Située** rue de Flandre, 123, rue de l'Ourcq, 83, et rue de Crimée, 194.

Long^r :   73^m,00.

Moindre larg^r :   10^m,00.   (*Voie privée*.)

Orig. — Nom donné par le propriétaire, vers 1820.

BERNOUILLI (Rue) . . . . **VIII**e Arrondissement . . . . 32e Quartier.

322   **Commence** rue de Rome, 73. — **Finit** rues de Constantinople, 20, et Andrieux. (I. 17.)

Long^r : 135^m,00.

Larg^r :   12^m,00. — Décret du 3 février 1873. *Classement* et *Alignements*.

     Arrêté préfectoral du 30 août 1867. *Nivellement*.

     Décret du 2 mars 1867. *Dénomination*.

Orig. — Voisine du collège Chaptal. A pris le nom de la famille Bernouilli, originaire de Bâle, qui a fourni à la science plusieurs mathématiciens.

BERRI (Rue de) . . . . **VIII**e Arrondissement . . . . 30e Quartier.

323   **Com**. av. des Champs Elysées, 92. — **Finit** boul. Haussmann, 163.   (I. 49. — P. 50.)

Long^r : 548^m,00.

Larg^r : 10^m,00. — Décision du 6 nivôse an XII.

Moindre id.   12^m,00. — Ord. royale du 31 août 1846. *Alignements* entre l'avenue des Champs Elysées et la rue des Ecuries d'Artois.

Larg^r : 12^m,00. — Décret du 17 juin 1857. *Alignements* et *Rectification* entre la rue des Ecuries d'Artois et la rue du Faubourg Saint Honoré.

id.   12^m,00. — Décret du 2 juillet 1864 (U.P.) *Prolongement* entre la rue du Faubourg Saint Honoré et le boulevard Haussmann.

     Décret du 16 août 1855. *Nivellement* entre l'avenue des Champs Elysées et la rue du Faubourg Saint Honoré.

     Décision préfectorale du 29 décembre 1864. *Nivellement* du surplus.

Orig. — Ouverte en 1778 par le comte d'Artois, sur les terrains de la Pépinière, porte le nom d'un des domaines les plus importants de l'apanage du second frère de Louis XVI.

BERRYER (Cité) . . . . **VIII**e Arrondissement . . . . 31e Quartier.

324   **Commence** rue Royale, 25. — **Finit** rue Boissy d'Anglas, 24.   (I. 13. — P. 14.)

Long^r :   95^m,00.

Moindre larg^r :   3^m,50.   (*Voie privée*.)

Orig. — Voir rue Berryer.

BERRYER (Rue) . . . . **VIII**e Arrondissement . . . . 30e Quartier.

325   **Com**. av. Friedland, 4. — **Finit** rue du Faubourg Saint Honoré, 191. (I. 15 — P. 14.)

Long^r : 105^m,00.

Larg^r :   13^m,00. — Décret du 23 octobre 1852. *Classement* et *Alignements*.

     Décret du 10 novembre 1877. *Dénomination* actuelle.

     Obs. — Précédemment rue des Ecuries d'Artois.

Orig. — Pierre-Antoine Berryer, avocat et homme politique (1790-1868).

BERTHAUD (Impasse) . . . . . . **III**e ARRONDISSEMENT . . . . 12e QUARTIER.

326   **Située** rue Beaubourg, 24.   (I. 13. — P. 18.)

         Long^r : 104^m,00.

         Larg^r :   7^m,00. — DÉCISION MINISTÉRIELLE DU 8 NIVÔSE AN XIII.

         Id.   7^m,00. — DÉCRET DU 13 FÉVRIER 1852. *Alignements.*

     ORIG. — Un nommé Berthaud tenait un jeu de paume dans le quartier, à la fin du XVIe siècle.

BERTHE (Rue) . . . . **XVIII**e ARRONDISSEMENT . . . . 70e QUARTIER.

         Anciennement commune de Montmartre.

327   **Commence** rue Foyatier. — **Finit** rue de Ravignan, 18.   (I. 61. — P. 52.)

         Long^r : 340^m,00.

         Larg^r : 10^m,00. — DÉCRET DU 11 AOUT 1867 (U.P.). *Prolongement* et *Alignements* entre la rue Foyatier et la rue Chappe.

                   DÉCRET DU 23 MAI 1863. *Classement* entre la rue Chappe et la rue Drevet.

                 OBS. — Classement en instance pour la partie comprise entre la rue Drevet et la rue de Ravignan.

                   ARRÊTÉ PRÉFECTORAL DU 10 NOVEMBRE 1873. *Dénomination* actuelle.

                     OBS. — Précédemment rues Berthe et du Poirier.

     ORIG. — Prénom de la fille d'un propriétaire.

BERTHIER (Boulevard) . . . . . **XVII**e ARRONDISSEMENT . . . . . . 66e, 67e, 68e QUARTIERS.

         Anciennement communes des Batignolles et de Neuilly.

328   **Commence** avenue et porte de Clichy. — **Finit** avenue de Villiers, 136.   (I. 93.)

         Long^r : 1.770^m,00.

                   CONVENTION DU 5 JUILLET 1859. Remise conditionnelle par le service du génie militaire, à la Ville de Paris, de la rue Militaire.

         Larg^r :   40^m,00. — DÉCRET DU 9 SEPTEMBRE 1861 (U.P.). *Alignements.*

                   DÉCRET DU 23 MAI 1863. *Classement* (confirmation).

                   DÉCRET DU 2 MARS 1864. *Dénomination* actuelle.

                   OBS. — Précédemment partie de la rue Militaire.

     ORIG. — Louis-Alexandre Berthier, prince de Neuchatel puis de Wagram, maréchal de France (1753-1815).

BERTHIER (Impasse) . . . . . . **XVII**e ARRONDISSEMENT . . . . 65e QUARTIER.

         Anciennement commune de Neuilly.

329   **Située** avenue de Villiers, 133.   (I. 7.)

         Long^r : 25^m,00.

         Larg^r :   7^m,75 environ.   (*Voie privée.*)

                   ARRÊTÉ PRÉFECTORAL DU 1er FÉVRIER 1877. *Dénomination* actuelle.

                   OBS. — Précédemment impasse de la Fontaine des Ternes.

     ORIG. — *Voir* boulevard Berthier.

BERTHOLLET (Rue) ** . . . . . . **V**e ARRONDISSEMENT . . . . 19e QUARTIER.

330   **Commence** rue Claude Bernard, 45. — **Finit** boulevard de Port-Royal, 64.

         Long^r : 262^m,00.   (I. 23. — P. 28.)

         Larg^r : 12^m,00. — DÉCRET DU 4 DÉCEMBRE 1850 (U.P.). *Ouverture* et *Alignements.*

                   OBS. — Aux termes de ce décret, le sieur Vaillant est autorisé à ouvrir trois rues de 12m,00 de largeur dans le quartier du collège Rollin.

                       Le tracé fixé par le décret précité a été entièrement modifié par le décret suivant.

         Larg^r . 12^m,00. — DÉCRET DU 17 OCTOBRE 1857 (U.P). *Ouverture* et *Alignements* pour la formation du boulevard Saint Marcel.

                   OBS. — La voie a absorbé en partie le sol de l'ancienne rue des Charbonniers.

                   ARRÊTÉ PRÉFECTORAL DU 24 AVRIL 1861. *Nivellement* entre la rue de l'Arbalète et le boulevard de Port-Royal.

                   DÉCRET DU 2 MARS 1864. *Dénomination* actuelle.

     ORIG. — Le comte Claude-Louis Berthollet, chimiste (1748-1822).

BERTIN-POIRÉE (Rue) . . . . . **I**er ARRONDISSEMENT . . . . 1er QUARTIER.

331   **Commence** quai de la Mégisserie, 12. — **Finit** rue de Rivoli, 63.   (I. 19. — P. 20.)

         Long^r : 156^m,00.

         Larg^r : 13^m,80. — ORD. ROYALE DU 30 JUILLET 1845. *Alignements* entre le quai de la Mégisserie et la rue Saint Germain l'Auxerrois.

         id.   7^m,00. — DÉCISION MINISTÉRIELLE DU 12 FRUCTIDOR AN V.

    Moindre   id.   10^m,00. — ORD. ROYALE DU 2 JUIN 1841. *Alignements* entre la rue Saint Germain l'Auxerrois et la rue des Deux Boules.

BERTIN-POIRÉE (Rue) (*Suite*) —

ORD. ROYALE DU 13 FÉVRIER 1845 (U.P.). Exécution immédiate au droit des numéros pairs des alignements arrêtés par l'Ordonnance précédente.

Moindre larg⁻ : 10ᵐ,00. — LOI DU 4 AOUT 1851 (U.P.). *Prolongement* entre la rue des Deux Boules et la rue de Rivoli.

ARRÊTÉS PRÉFECTORAUX DES 12 JUILLET ET 3 JUIN 1855. *Nivellement* entre la rue Saint Germain l'Auxerrois et la rue de Rivoli.

ARRÊTÉ PRÉFECTORAL DU 19 JUILLET 1863. *Nivellement* entre le quai de la Mégisserie et la rue Saint Germain l'Auxerrois.

ORIG. — Un nommé Bertin-Poirée l'habitait au commencement du XIIIᵉ siècle.

BERTON (Rue) *. . . . . . . **XVI**ᵉ ARRONDISSEMENT . . . . 62ᵉ QUARTIER.

Anciennement commune de Passy.

332   **Commence** quai de Passy. — **Finit** rues Guillou et Raynouard.   (I. 31. — P. 40.)

Long⁻ : 415ᵐ,00.

Larg⁻ :   6ᵐ,00. — ARRÊTÉ PRÉFECTORAL DU 16 FÉVRIER 1856. *Alignements*.

DÉCRET DU 23 MAI 1863. *Classement* (confirmation).

DÉCRET DU 2 OCTOBRE 1865. *Dénomination* actuelle.

OBS. — Précédemment rues du Roc et de Seine.

ORIG. — Pierre-Montan Berton (1727-1780) et Henri-Montan Berton (1767-1844), compositeurs.

BERTRAND (Cité) . . . . **XI**ᵉ ARRONDISSEMENT . . . . 42ᵉ QUARTIER.

333   **Située** rue Saint Maur, 58.   (I. 17. — P. 32.)

Long⁻ : 220ᵐ,00.

Larg⁻ : 10ᵐ,00 environ.   (*Voie privée*.)

ORIG. — Nom du propriétaire.

BERTRAND (Rue). . . . . **VII**ᵉ ARRONDISSEMENT . . . . 27ᵉ QUARTIER.

334   **Commence** rue Eblé, 17. — **Finit** rue de Sèvres, 98.   (I. 31. — P. 34.)

Long⁻ : 315ᵐ,00.

Larg⁻ : 12ᵐ,00. — DÉCISION MINISTÉRIELLE DU 12 DÉCEMBRE 1822.

Id.   17ᵐ,50. — ORD. ROYALE DU 20 SEPTEMBRE 1842. *Alignements*.

ORD. ROYALE DU 17 SEPTEMBRE 1847. *Dénomination* actuelle.

OBS. — Précédemment rue des Acacias.

ORIG. — Le comte Henri-Gratien Bertrand, général de division (1773-1844).

BERVIC (Rue) **. . . . . **XVIII**ᵉ ARRONDISSEMENT. . . . . 70ᵉ QUARTIER.

335   **Commence** boulevard Ornano, 3. — **Finit** rue Belhomme, 6.   (I. 11. — P. 6.)

Long⁻ : 55ᵐ,00.

Larg⁻ : 12ᵐ,00. — DÉCRET DU 4 SEPTEMBRE 1878. *Alignements* et *Nivellement*.

DÉCRET DU 10 AOUT 1868. *Dénomination*.

ORIG. — Charles-Clément Balvay, dit Bervic, graveur en taille-douce (1756-1822).

BERZÉLIUS (Passage) . . . . . . **XVII**ᵉ ARRONDISSEMENT. . . . . 68ᵉ QUARTIER.

Anciennement commune des Batignolles.

336   **Commence** rue Pouchet, 65. — **Finit** rue Berzélius prolongée, 12.

Long⁻ : 50ᵐ,00.

Larg⁻ : 6ᵐ,00 environ.   (*Voie privée*.)

ORIG. — *Voir* rue Berzélius.

BERZÉLIUS (Rue) . . . . **XVII**ᵉ ARRONDISSEMENT. . . . . 68ᵉ QUARTIER.

Anciennement commune des Batignolles.

337   **Com.** avenue de Clichy, 168. — **Finit** chemin de fer de Ceinture. (I. 53. — P.2 à 58 et 2 à 14.)

Long⁻ : 415ᵐ,00.

Larg⁻ : 12ᵐ,00. — ARRÊTÉ PRÉFECTORAL DU 18 JANVIER 1859. *Ouverture*, *Classement* et *Alignements* entre l'avenue de Clichy et la rue Marcadet.

DÉCRET DU 23 MAI 1863. *Classement* confirmé pour cette partie.

OBS. — La partie comprise entre la rue Marcadet et le chemin de fer de Ceinture n'est pas classée.

DÉCRET DU 24 AOUT 1864. *Dénomination* actuelle.

OBS. — Précédemment rue Saint Germain.

ORIG. — Jean-Jacques Berzélius, chimiste suédois (1779-1848); quartier où ont été groupés des noms de savants.

7

BESNARD (Villa) . . . . **XV**e Arrondissement . . . . 59e Quartier.

338   **Située** rue Fondary, 56.

     Long^r : 000^m,00.

     Larg^r : 0^m,00.   (Voie privée.)

   Orig. — Nom du propriétaire.

BESSIÈRES (Boulevard). . . . . **XVII**e Arrondissement . . . . 68e Quartier.

       Anciennement commune de Saint Ouen et des Batignolles.

339   **Com**. porte et avenue de Saint Ouen, 157. — **Finit** porte et avenue de Clichy, 198.   (I. 131.)

     Long^r : 1,185^m,00.

               Convention du 5 juillet 1859. Remise conditionnelle par le génie militaire, à la Ville de Paris, de la rue Militaire.

     Larg^r :   40^m,00.—Décret du 9 septembre 1861. Alignements.

               Décret du 23 mai 1863. Classement (confirmation).

               Décret du 2 mars 1864. Dénomination actuelle.

               Obs. — Précédemment partie de la rue Militaire.

   Orig. — Jean-Baptiste Bessières, duc d'Istrie, maréchal de France (1768-1813).

BESSIÈRES (Passage). . . . . . . **XVII**e Arrondissement. . . . . 68e Quartier.

       Anciennement commune des Batignolles.

340   **Commence** rue Fragonard, 15. — **Finit** rue Marcadet, 353.   (I. 17 à 33. — P. 18.)

     Long^r : 100^m,00.

     Larg^r :   7^m,00.   (Voie privée.)

           Arrêté préfectoral du 10 novembre 1873. Dénomination actuelle.

   Orig. — Voir boulevard Bessières.   Obs. — Précédemment passage des Trois Sœurs.

BÉTHUNE (Quai de) . . . . **IV**e Arrondissement . . . . 16e Quartier.

341   **Com**. boul. Henri IV, 1. — **Finit** pont de la Tournelle et rue des Deux Ponts, 2. (P. 14 à 38.)

     Long^r : 363^m,00.

     Larg^r : 12^m,00. — Décision ministérielle du 24 frimaire an XIII.

     Id.   7^m,80. — Ord. royale du 9 décembre 1838. Alignements.

   Orig. — Maximilien de Béthune, duc de Sully, ami et ministre de Henri IV (1560-1641).

BEUDANT (Rue) . . . . **XVII**e Arrondissement. . . . . 67e Quartier.

       Anciennement commune des Batignolles.

342   **Commence** boulevard des Batignolles, 74. — **Finit** rue des Dames, 91.   (I. 15. — P. 20.)

     Long^r : 123^m,00.

   Moindre larg^r :   9^m,15. — Délibération du Conseil municipal des Batignolles du 10 novembre 1841. Alignements projetés.

           Décret du 23 mai 1863. Classement (confirmation).

           Décret du 24 août 1864. Dénomination actuelle.

               Obs. — Précédemment rue Fortin.

   Orig. — François-Sulpice Beudant, minéralogiste, membre de l'Institut (1787-1850).

BEURET (Rue) *. . . . . **XV**e Arrondissement . . . . 57e Quartier.

       Anciennement commune de Vaugirard.

343   **Com**. rues Blomet, 73, et Cambronne, 90. — **Finit** rue de Vaugirard, 230. (I. 37. — P. 44.)

     Long^r : 230^m,00.

     Larg^r :   9^m,40. — Délibération du Conseil municipal de Vaugirard du 16 août 1859. Alignements projetés.

           Décret du 23 mai 1863. Classement (confirmation).

           Arrêté préfectoral du 7 septembre 1869. Nivellement.

           Décret du 24 août 1864. Dénomination actuelle.

               Obs. — Précédemment rue du Parc.

   Orig. — Georges Beuret, général de brigade, tué à Montebello (1803-1859).

BEZOUT (Rue) **. . . . . **XIV**e Arrondissement . . . . 53e Quartier.

       Anciennement commune de Montrouge.

344   **Commence** rue de la Tombe Issoire, 68. — **Finit** rue Montbrun, 9.   (I. 31. — P. 20.)

     Long^r : 224^m,00.

           Décret du 23 mai 1863. Classement.

     Larg^r : 10^m,00. — Alignements projetés.

           Arrêté préfectoral du 16 juin 1865. Nivellement.

           Décret du 27 février 1867. Dénomination actuelle.

               Bs. — Précédemment rue Neuve de la Tombe Issoire.

   Orig. — Étienne Bezout, mathématicien (1730-1783).

BICÊTRE (Porte de) . . . . **XIII**e Arrondissement . . . . 50e Quartier.

345   **Située** boulevard Kellermann, au droit de la rue du Moulin de la Pointe.

Orig. — Sur un chemin conduisant à Bicêtre.

BICHAT (Rue) . . . . **X**e Arrondissement . . . . 39e et 40e Quartiers.

346   **Commence** r. du Faubourg du Temple, 47.— **Finit** quai de Jemmapes, 108. (l. 77.— P. 54.)
        Long^r : 670^m,00.
        Larg^r : 12^m,00. — Ord. royale du 4 août 1824. *Ouverture* et *Alignements* entre la rue
                      du Faubourg du Temple et la rue Alibert.
        Id.   12^m,00. — *Alignements* projetés entre la rue Alibert et la rue de la Grange
                    aux Belles. (Largeur actuelle : 11^m,25, moindre).
        Id.   10^m,00. — Décision ministérielle du 16 floréal an X.
        Id.   12^m,00. — Ord. royale du 31 mars 1847. *Alignements* entre la rue de la Grange
                    aux Belles et le quai de Jemmapes.
                Décision ministérielle du 11 juin 1851. *Dénomination* actuelle.

Obs. — Précédemment rues Carême-Prenant et des Récollets.

Orig. — Marie-François-Xavier Bichat, médecin (1771-1802); voisinage de l'hôpital Saint Louis.

BIDASSOA (Rue de la) **. . . . . . **XX**e Arrondissement . . . . 79e Quartier.

347   **Commence** Rue Sorbier, 7. — **Finit** avenue de la République, 201.   (l. 9. — P. 16.)
        Long^r : 463^m,00.
        Larg^r : 12^m,00. — Décret du 28 janvier 1876 (U.P.). *Ouverture, Alignements* et *Nivel-
                lement.*
                Arrêté préfectoral du 10 décembre 1878. *Dénomination* actuelle.

Obs. — Précédemment rue des Prairies, entre l'avenue de la République et
la rue des Partants.

Orig. —Petit fleuve qui sépare la France de l'Espagne; voisinage de la rue des Pyrénées.

BIDAULT (Ruelle) . . . . **XII**e Arrondissement . . . . 48e Quartier.

348   **Commence** rue de Charenton, 158. -- **Finit** avenue Daumesnil.
        Long^r : 67^m,00.
        Larg^r : 3^m,30 environ.   (*Voie privée.*)

Orig. — M. Bidault, jardinier, ancien propriétaire du terrain.

BIENAIMÉ (Cité) **. . . . . **XVIII**e Arrondissement . . . . 69e Quartier.
                      Anciennement commune de Saint Ouen.

349   **Située** boulevard Ney, 113.
        Long^r : 123^m,00.
        Larg^r : 1^m,75 environ.   (*Voie privée.*)

Orig. — Surnom d'un des membres de la famille Compoint, propriétaire du terrain.

BIENFAISANCE (Rue de la) . . . . . **VIII**e Arrondissement . . . . 32e Quartier.

350   **Commence** rue de Vienne, 5, et rue du Rocher, 29. — **Finit** avenue de Messine, 22, et rue
        Treilhard, 23.   (l. 51. — P. 54.)
        Long^r : 613^m,00.
        Larg^r : 10^m,00. — Décision ministérielle du 12 juillet 1816.
        id.   12^m,00. — Ord. royale du 30 décembre 1846. *Alignements* entre les rues de
                   Vienne et du Rocher et la rue Miromesnil.

Obs. — Alignements projetés pour le surplus.

               Arrêté préfectoral du 18 novembre 1862. *Nivellement* entre les
               rues du Rocher et de Vienne et le boulevard Malesherbes.
               Arrêté préfectoral du 16 août 1879. *Dénomination* actuelle.

Obs. — Précédemment rue de Rovigo (partie).

Orig. — En souvenir de M. Goetz, médecin qui, habitait au n° 9 et se signala par de nombreux actes de bienfaisance.

BIÈVRE (Rue de) . . . . **V**e Arrondissement . . . . 17e Quartier.

351   **Commence** quai de la Tournelle, 67. — **Finit** boul. Saint Germain, 54. (l. 33. — P. 34.)
        Long^r : 153^m,00.

BIÈVRE (Rue de) (*Suite*). —
    Moindre larg^r :   8^m,00. — Décision ministérielle du 3 pluviôse an ix.
    Moindre larg^r : 12^m,00. — Ord. royale du 2 novembre 1847. *Alignements*.
    Orig. — Longeait l'ancien cours de la Bièvre.

BIGNON (Rue) . . . . **XIIe** Arrondissement . . . . 46e Quartier.
352   **Commence** rue de Charenton, 191. —**Finit** avenue Daumesnil, 140.   (P. 8.)
        Long^r : 90^m,00.
        Larg^r : 22^m,00.
                Obs. — Rue ouverte par la Ville de Paris sur les terrains expropriés pour le
                         percement de l'avenue Daumesnil.
                Décret du 2 mars 1867. *Dénomination*.
    Orig. — Le baron Louis-Pierre-Édouard Bignon, homme politique (1771-1841).

BIGORRE (Rue de) **. . . . . **XIVe** Arrondissement . . . . 55e Quartier.
                Anciennement commune de Montrouge.
353   **Commence** rue du Commandeur, 17. — **Finit** rue d'Alesia, 30.
        Long^r : 31^m,00.
        Larg^r : 5^m,80.   (*Voie privée.*)
              Arrêté préfectoral du 1er février 1877. *Dénomination* actuelle.
                Obs. — Précédemment chemin de Servitude.
    Orig. — Contrefort des Pyrénées qui a donné son nom à une province de France.

BILCOQ (Impasse) . . . . **XVIIIe** Arrondissement . . . . 70e Quartier.
                Anciennement commune de Montmartre.
354   **Située** rue du Poteau, 42.   (I. 5. — P. 14.)
        Long^r : 70^m,00.
        Larg^r : 2^m,50 environ.   (*Voie privée.*)
    Orig. — Nom du propriétaire.

BILLANCOURT (Porte de). . . . **XVIe** Arrondissement . . . . 61e Quartier.
355   **Située** boulevard Murat, au droit du quai d'Auteuil.
    Orig. — *Voir rue de Billancourt.*

BILLANCOURT (Rue de) . . . . **XVIe** Arrondissement . . . . 61e Quartier.
                Anciennement commune d'Auteuil.
356   **Commence** avenue de Versailles, 191. — **Finit** boulevard Murat, 129. (I. 43. — P. 46.)
        Long^r : 330^m,00.
        Larg^r : 10^m,00. — Arrêté préfectoral du 13 février 1838. *Alignements*.
                Décret du 23 mai 1863. *Classement* (confirmation).
                Arrêtés préfectoraux des 22 mars 1876 et 14 février 1868.
                    (*Nivellement*).
    Orig. — Conduit au village de Billancourt

BILLETTES (Rue des). . . . . . . **IVe** Arrondissement . . . . . . 13e et 14e Quartiers.
357   **Com.** r. de la Verrerie, 26.— **Fin.** r. Sainte Croix de la Bretonnerie, 27. (I. 19. — P. 24.)
        Long^r : 126^m,00.
        Larg^r : 7^m,00. — Décision ministérielle du 28 prairial an ix.
        id.   9^m,00. — Décision ministérielle du 18 mai 1818.
        id.   10^m,00. — Ord. royale du 31 mars 1847. *Alignements* modifiés par le décret
                  suivant.
        id.   15^m,00. — Décret du 29 juin 1863 (U.P.). *Alignements* du côté des numéros
                impairs. *Alignements* à exécuter par mesures ordinaires de voirie
                du côté des numéros pairs.
    Orig. — Doit son nom au couvent des Carmes Billettes, dont la chapelle est convertie en temple protestant.

BIOT (Rue) . . . . **XVIIe** Arrondissement . . . . 67e Quartier.
                Anciennement commune des Batignolles.
358   **Commence** boulevard des Batignolles, 6. — **Finit** rue des Dames, 11. (I. 27. — P. 30.)
        Long^r : 185^m,00.
        Larg^r : 12^m,00. — Arrêté préfectoral du 2 mars 1855. *Alignements*.

BIOT (rue) (*Suite*)

DÉCRET DU 23 MAI 1863. *Classement* (confirmation).
DÉCRET DU 24 AOUT 1864. *Dénomination* actuelle.

OBS. — Précédemment rue d'Autin.

ORIG. — Jean-Baptiste Biot, géomètre (1774-1802); quartier où ont été groupés des noms de savants.

BIRAGUE (Rue de) . . . . IVᵉ ARRONDISSEMENT . . . . 15ᵉ QUARTIER.

359   **Commence** rue Saint Antoine, 173. — **Finit** place des Vosges, 2.   (I. 13. — P. 16.)
Longʳ : 112ᵐ,00.
Moindre largʳ : 11ᵐ,80. — ARRÊTÉ DU POUVOIR EXÉCUTIF DU 26 MARS 1848. *Alignements*.
DÉCRET DU 24 AOUT 1864. *Dénomination* actuelle.

OBS. — Anciennement rue des Vosges, puis rue Royale.

ORIG. — René de Birague, cardinal et chancelier de France (1507-1583); voisinage de l'emplacement de la fontaine qu'il avait fait achever et à laquelle il avait donné son nom.

BISCORNET (Rue) . . . . XIIᵉ ARRONDISSEMENT . . . . 48ᵉ QUARTIER.

360   **Commence** rue Lacuée, 11.— **Finit** boulevard de la Contrescarpe, 48. (I. 21.— P. 26.)
Longʳ : 220ᵐ,00.
Largʳ : 13ᵐ,00. — ORD. ROYALE DU 29 MAI 1827. *Ouverture* et *Alignements* entre la
             rue Lacuée et la rue de Lyon.
id.   20ᵐ,00.   ORD. ROYALE DU 29 MAI 1827. *Ouverture* et *Alignements* de la partie
             aboutissant boulevard de la Contrescarpe.
DÉCRET DU 24 AOUT 1864. *Dénomination* actuelle.

OBS. — Précédemment partie de la rue Planchette.

ORIG. — Biscornet, serrurier, ouvrier légendaire, auteur des ferrures des portes de Notre-Dame.

BISSON (Rue) ✱✱. . . . . XXᵉ ARRONDISSEMENT . . . . 77ᵉ QUARTIER.
                  Anciennement commune de Belleville.

361   **Commence** boulevard de Belleville, 86. — **Finit** rue des Couronnes, 23.(I. 55.— P. 46.)
Longʳ : 358ᵐ,00.
Largʳ :   9ᵐ,00. -- ORD. ROYALE DU 28 FÉVRIER 1837. *Alignements*.
DÉCRET DU 23 MAI 1863. *Classement* (confirmation).
ARRÊTÉ PRÉFECTORAL DU 13 NOVEMBRE 1860. *Nivellement*.
DÉCRET DU 27 FÉVRIER 1867. *Dénomination* actuelle.

OBS. — Précédemment rue des Montagnes.

ORIG. — Hippolyte Bisson, enseigne de vaisseau, se fit sauter pour ne pas se rendre à des pirates (1796-1827).

BITCHE (Place de) . . . . XIXᵉ ARRONDISSEMENT. . . . . 73ᵉ QUARTIER.
                  Anciennement commune de la Villette.

362   **Située** rue de Crimée, 159, entre le quai de l'Oise, 1, et la rue Jomard.
Lon gʳ :   66ᵐ,00.
Larg. :   46ᵐ,00. — ORD. ROYALE DU 15 MARS 1843. *Ouverture* et *Alignements*.
ARRÊTÉ PRÉFECTORAL DU 18 AVRIL 1853. *Alignements*.
DÉCRET DU 23 MAI 1863. *Classement* (confirmation).
ARRÊTÉ PRÉFECTORAL DU 16 AOUT 1881. *Dénomination* actuelle.

OBS. — Précédemment place de l'Église.

ORIG. — Bitche, ville de Lorraine, célèbre par sa défense pendant la guerre de 1870-1871.

BIZET (Rue). ✱✱. . . . . XVIᵉ ARRONDISSEMENT . . . . 64ᵉ QUARTIER.

363   **Com.** avenue Marceau, 7. — **Finit** avenue d'Iéna et rue de Bassano, 2. (I. 53.— P. 50.)
Longʳ : 300ᵐ,00.
Largʳ : 10ᵐ,00. — DÉCISION MINISTÉRIELLE DU 13 FRUCTIDOR AN VIII.
Id.   10ᵐ,00.   ORD. ROYALE DU 9 AOUT 1826. *Alignements* entre l'avenue Mar-
             ceau et la rue de Chaillot (A).
Id.   10ᵐ,00.   La partie comprise entre la rue de Chaillot et l'avenue d'Iéna a été
             ouverte en vertu du traité conclu le 2 juillet 1866, entre la Ville
             de Paris et le sieur Thome (B).
ARRÊTÉ PRÉFECTORAL DU 9 SEPTEMBRE 1866. *Nivellement*.
ARRÊTÉ PRÉFECTORAL DU 26 FÉVRIER 1867. *Dénomination* de la
             partie B.

ORIG. -- Nom de propriétaire.

BLAINVILLE (Rue) ** . . . . Vᵉ Arrondissement . . . . 19ᵉ et 20ᵉ Quartiers.

364 **Commence** rue Mouffetard, 10. — **Finit** rue Tournefort, 1. (l. 11. — P. 8.)

Longᵣ : 74ᵐ,00.

Moindre largᵣ : 8ᵐ,00. — Décision ministérielle du 2 thermidor an X.

Id. Id. 11ᵐ,00. — Ord. Royale du 13 septembre 1846. *Alignements.*

Décret du 2 octobre 1865. *Dénomination actuelle.*

Obs. – Précédemment rue de la Contrescarpe.

Orig. — Henri-Marie Ducrotay de Blainville, naturaliste (1777-1850.); voisinage du Jardin des Plantes.

BLAISE (Rue) . . . . XIᵉ Arrondissement . . . . 42ᵉ Quartier.

365 **Commence** rue Rochebrune, 7.— **Finit** rue Lacharrière, 20. (l. 13.)

Longᵣ : 122ᵐ,00.

Largᵣ : 12ᵐ,00.

Obs. — Voie ouverte par la Ville de Paris sur les terrains provenant des anciens abattoirs de Ménilmontant. *Classement* et *Alignements* projetés.

Obs. — *Voir* les conditions insérées au contrat de la vente, consentie par la Ville, à MM. Villain et consorts, approuvée par délibération du Conseil municipal du 27 août 1869 et réalisée le 29 décembre suivant.

Arrêté préfectoral du 12 mars 1870. *Nivellement.*

Décret du 10 février 1875. *Dénomination.*

Orig. — Nicolas-Jean-Henri Blaise, général de brigade, tué à Ville-Évrard (22 décembre 1870).

BLANCHE (Cité) ** . . . . XIVᵉ Arrondissement . . . . 36ᵉ Quartier.

Anciennement commune de Vaugirard.

366 **Commence** rue de Vanves, 190. — **Finit** au chemin de fer de l'Ouest. (l. 13.)

Longᵣ : 120ᵐ.00.

Largᵣ : 3ᵐ,50 environ. *(Voie privée.)*

Obs. — Il existe en outre deux impasses s'embranchant sur la cité et d'une longueur totale de 90ᵐ,00 environ.

Orig. — Prénom de la fille du propriétaire des terrains sur lesquels elle a été bâtie.

BLANCHE (Place) ** . . . . IXᵉ Arrondissement . . . . 33ᵉ Quartier.

367 **Située** boul. de Clichy, 59, au débouché des r. Fontaine, 52, Blanche, 106, et de Bruxelles, 1. (l. 7.)

Ord. du bureau des finances du 16 janvier 1789.

Rayon : 30ᵐ,00. — Ord. royale du 28 février 1837. *Alignements.*

Arrêté préfectoral du 30 décembre 1864. *Dénomination actuelle.*

Obs. — Précédemment place de la Barrière Blanche.

Orig. — Voir rue Blanche.

BLANCHE (Rue) * . . . . IXᵉ Arrondissement . . . . 33ᵉ et 34ᵉ Quartiers.

368 **Com.** square de la Trinité et r. de Châteaudun, 60. — **Fin.** pl. Blanche, 3 .(l. 83. — P. 106.)

Longᵣ : 785ᵐ,00.

Moindre largᵣ : 10ᵐ,00. — Décret du 19 mars 1862 (U. P.) *Ouverture* et *Alignements* entre la rue de Châteaudun et la rue Saint Lazare.

Moindre largᵛ : 10ᵐ,00. — Décision ministérielle du 28 vendémiaire an IX.

Id. Id. 10ᵐ,00. — Ord. royale du 28 février 1837. *Alignements* entre la rue Saint Lazare et la place Blanche.

Orig. — Autrefois rue de la Croix Blanche.

BLANCS-MANTEAUX (Rue des) . . IVᵉ Arrondissement . . . . . . 13ᵉ et 14ᵉ Quartiers.

369 **Commence** rue Vieille du Temple, 53. — **Finit** rue du Temple, 42. (l. 51. — P. 44.)

Longᵣ : 330ᵐ,00.

Largᵣ : 8ᵐ,00. — Décision ministérielle du 22 prairial an V.

Moindre largᵣ : 10ᵐ,00. — Ord. royale du 30 juillet 1845. *Alignements.*

Orig. — Doit son nom à l'église des Blancs Manteaux.

BLEUE (Rue) . . . . IXᵉ Arrondissement . . . . 35ᵉ Quartier.

370 **Commence** rues du Faubourg Poissonnière, 69, et Papillon, 2.— **Finit** rues La Fayette, 72, et Cadet, 38. (l. 29. — P. 38.)

Longᵣ : 256ᵐ,00,

Largᵣ : 10ᵐ,00. — Décision ministérielle du 18 messidor an IX.

Moindre largᵣ : 10ᵐ,00. — Ord. royale du 23 août 1833. *Alignements.*

Décret du 27 août 1839 (U. P.). *Suppression* de la partie comprise entre la rue La Fayette et la rue Cadet.

Obs. — Cette opération n'est pas encore exécutée.

Orig. — Cette rue, appelée autrefois rue d'Enfer, a pris en 1798 la dénomination de rue Bleue, du nom d'un propriétaire. La fabrique de bandes boules pour le blanchissage, qui, suivant plusieurs auteurs, aurait fait donner son nom à la rue, n'a été établie que vers 1802.

BLEUS (Cour des) . . . . **II**ᵉ Arrondissement . . . . 8ᵐᵉ Quartier.

371   **Commence** rue de Palestro, 15. — **Finit** rue Saint Denis, 146.
        Long^r : 58ᵐ,00.
        Larg : 2ᵐ,50 environ.   (*Voie privée.*)

Orig. — Ce nom rappelle les Enfants Bleus, ou jeunes pensionnaires de l'hôpital de la Trinité, ainsi nommés à cause de la couleur de leurs vêtements.

BLOMET (Rue) . . . . **XV**ᵉ Arrondissement . . . . 57ᵉ et 58ᵉ Quartiers.
                        Anciennement commune de Vaugirard.

372   **Commence** rue Lecourbe, 25. — **Finit** rue Saint Lambert, 31.   (I. 179. — P. 178.)
        Long^r : 1,490ᵐ,00.
                        Décret du 23 mai 1863. *Classement* (confirmation.)
        Larg^r : 10ᵐ,00. — Décret du 28 septembre 1876. *Alignements* et *Nivellement.*

Orig. — Ancien chemin dit de Blomet.

BLONDEL (Rue) . . . . **II**ᵉ Arrondissement . . . . 8ᵉ Quartier.
                        IIIᵉ Arrondissement . . . . 9ᵉ Quartier.

373   **Commence** rue Saint Martin, 353. — **Finit** rue Saint Denis, 240.   (I. 23. — P. 34.)
        Long^r : 213ᵐ,00.
        Larg^r : 8ᵐ,00. — Décision ministérielle du 23 prairial an VII.
        Id.   8ᵐ,00. — Ordonnance royale du 21 juin 1826. *Alignements.*
                        Décret du 24 août 1864. *Dénomination* actuelle.
                        Obs. — Précédemment rue Neuve Saint Denis.

Orig. — Voisine des portes Saint Denis et Saint Martin, élevées par François Blondel (1617-1686).

BLOTTIÈRE (Impasse) ** . . . . . **XIV**ᵉ Arrondissement . . . . 56ᵉ Quartier.
                        Anciennement commune de Vaugirard.

374   **Située** rue Blottière, 9.
        Long^r : 30ᵐ,00
        Larg^r : 6ᵐ,00   (*Voie privée.*)

Orig. — Voir rue Blottière.

BLOTTIÈRE (Rue) ** . . . . . . **XIV**ᵉ Arrondissement . . . . 56ᵉ Quartier.
                        Anciennement commune de Vaugirard.

375   **Commence** passage Bournisien, 15. — **Finit** rue de Gergovie, 1.   (I. 33.)
        Long^r : 225ᵐ,00.
        Larg^r : 9ᵐ.00 environ.   (*Voie privée.*)

Orig. — Nom du propriétaire.

BLUETS (Cité des) . . . . **XI**ᵉ Arrondissement . . . . 42ᵉ Quartier.

376   **Située** passage de Ménilmontant, 8.
        Long^r : 150ᵐ,00.
        Moindre larg^r : 3ᵐ,50.   (*Voie privée.*)

                        Arrêté préfectoral du 1ᵉʳ février 1877. *Dénomination* actuelle.
                        Obs. — Précédemment cité des Lilas.

Orig. — Nom substitué par analogie à l'appellation primitive.

BOCHART DE SARON (Rue) **. **IX**ᵉ Arrondissement . . . . 36ᵉ Quartier.

377   **Commence** rue Condorcet, 52. — **Finit** boulevard de Rochechouart, 47. (I. 9. — P. 16).
        Long^r : 227ᵐ,00.
        Larg^r : 12ᵐ,00.— Décret du 19 décembre 1860. (U. P.) *Ouverture* et *Alignements* entre la
                        rue Condorcet et l'avenue Trudaine.
        Id.   20ᵐ,00. — Décision ministérielle du 29 mai 1821.

BOCHART DE SARON (Rue) *(Suite)* —

Id.   20^m,00. — Ordonnance royale du 23 août 1823. *Alignements* entre l'avenue Trudaine et le boulevard de Rochechouart, modifiés par le décret suivant.

Id.   12^m,00. — Décret du 20 juin 1858. *Modification des Alignements* approuvés par l'ordonnance royale précédente.

Orig. — Jean-Baptiste-Gaspard Bochart de Saron, premier président au Parlement de Paris, mathématicien (1730-1794).

BŒUF (Impasse du). . . . . IVe Arrondissement . . . . 13e Quartier.

378   **Située** rue Saint Merri, 10.

Long^r : 44^m,00.

Larg^r : 2^m,50 environ.   *(Voie privée)*

Ordonnance du bureau des finances du 20 décembre 1774. Fermeture de l'impasse.

Orig. — Dénomination tirée d'une enseigne.

BŒUFS (Ancien chemin des) **. . . . XVe Arrondissement . . . . 57e Quartier.

Anciennement commune de Vaugirard.

379   **Commence** rue Labrouste, 44. — **Finit** rue de Vouillé, 7.

Long^r : 357^m,00.

Moindre larg^r : 2^m,50.   *(Voie déclassée.)*

Orig. — Dénomination champêtre.

BŒUFS (Impasse des). . . . . . . Ve Arrondissement. . . . . 20e Quartier.

380   **Située** rue de l'École Polytechnique, 22.

Long^r : 70^m,00.

Larg^r : 7^m,00. — Décision ministérielle du 13 janvier 1807. *Alignements.*

Orig. — Doit probablement son nom à des étables à bœufs.

BOIELDIEU (Place) . . . . IIe Arrondissement . . . . 6e Quartier.

381   **Située** au-devant du théâtre de l'Opéra Comique, entre les rues Favart et Marivaux. (I. 1.)

Long^r : 29^m,00. — Lettres-patentes du 14 octobre 1780. *Ouverture.*

Larg^r : 27^m,00. — Ord. royale du 28 septembre 1847. *Alignements.*

Ord. royale du 16 juillet 1816. *Dénomination* actuelle.

Décret du 13 avril 1852. Confirmant l'ordonnance précédente.

Obs. — Précédemment place des Italiens.

Orig. — François-Adrien Boieldieu, compositeur (1775-1834); voisinage de l'Opéra Comique.

BOILEAU (Hameau). . . . . . . XVIe Arrondissement . . . . 61e Quartier.

Anciennement commune d'Auteuil.

382   **Situé** rue Boileau, 38.

Propriété privée : comprend l'avenue Despréaux qui débouche rue Boileau, l'avenue Molière et les impasses Racine, Voltaire et Corneille.

Orig. — *Voir* rue Boileau.

BOILEAU (Impasse). . . . . . . XVIe Arrondissement . . . . 61e Quartier.

Anciennement commune d'Auteuil.

383   **Située** rue Boileau, 98.   (I. 5. — P. 12.)

Long^r : 186^m,00.

Moindre larg^r : 5^m,50   *(Voie privée.)*

Arrêté préfectoral du 1er février 1877. *Dénomination* actuelle.

Obs. — Précédemment impasse des Pauvres.

Orig. — *Voir* rue Boileau.

BOILEAU (Rue). . . . . XVIe Arrondissement. . . . . 61e Quartier.

Anciennement commune d'Auteuil.

384   **Commence** rue d'Auteuil, 33. — **Finit** avenue de Versailles, 190.   (I. 103. — P. 100.)

Long^r : 975^m,00.

Moindre larg^r : 8^m,00. — Arrêté préfectoral du 27 septembre 1837. *Alignements.*

Décret du 23 mai 1863. *Classement* (confirmation).

Arrêté préfectoral du 21 juillet 1866. *Nivellement.*

Orig. — Nicolas Boileau Despréaux, poète français (1636-1711), habita cette rue.

BOINOD (Rue). . . . . **XVIII**e Arrondissement . . . . 70e Quartier.
Anciennement commune de Montmartre.

385 **Commence** boulevard Ornano, 106, et rue des Portes-Blanches, 18. — **Finit** rues Champ-
ionnet, 1, et des Poissonniers.   (I. 51. — P. 52.)
Longr : 415m,00.
Largr : 12m,00. — Décret du 8 juin 1858 (U. P.). *Ouverture et Alignements.*
Décret du 23 mai 1863. *Classement* (confirmation).
Décret du 23 mai 1863. *Suppression* pour l'exécution de diverses
opérations de voirie dans le XVIIIe arrondissement.
Obs. — Contrairement aux dispositions de ce décret, la rue Boinod a été
maintenue et exécutée à ses extrémités avec modification partielle
du tracé primitif.
Décret du 2 mars 1867. *Dénomination* actuelle.
Obs. — Précédemment rue P.
Orig. — Jean-Daniel-Mathieu Boinod, intendant militaire en chef (1736-1842).

BOIS (Rue des) ** . . . . XIXe Arrondissement . . . . 75e Quartier.
Anciennement commune de Belleville.

386 **Commence** rue du Pré Saint Gervais, 42. — **Finit** boulevard Sérurier, 69. (I. 53. — P. 50.)
Longr : 410m,00.
Largr :   8m,00. — Ord. royale du 28 février 1837. *Alignements.*
Décret du 23 mai 1863. *Classement* (confirmation).
Orig. — Traversait d'anciens bois au pied de la butte de Beauregard.

BOIS DE BOULOGNE (Avenue du) * XVIe Arrondissement . . . . 63e et 64e Quartiers.
Anciennement communes de Passy et de Neuilly.

387 **Commence** place de l'Étoile. — **Finit** boulevard Lannes et porte Dauphine. (I. 83. — P. 74.)
Longr : 1,300m,00.   (*Avenue ornée de jardins.*)
Largr :   40m,00. — Décret du 13 août 1854 (U. P.). *Ouverture et Alignements* sur une
longueur de plus de 90m,00, à partir de la place de l'Étoile.
Id.   120m,00. — *Alignements* du surplus.
Obs. — Une zone de servitude, non ædificandi, de 10m,00 de largeur, est réservée
de chaque côté de cette partie de l'avenue.
Décret du 23 mai 1863. *Classement* (confirmation).
Décret du 10 février 1875. *Dénomination* actuelle.
Obs. — Précédemment avenue du général Uhrich et antérieurement avenue
de l'Impératrice.
Orig. — Conduit au Bois de Boulogne.

BOIS DE BOULOGNE (Passage du). Xe Arrondissement. . . . . 38e Quartier.
388 **Commence** boulevard Saint Denis, 18. — **Finit** rue du Faubourg Saint Denis, 12.
Longr : 118m,00.
Moindre largr :   4m,00.   (*Voie privée.*)
Orig. — Doit son nom à un bal dit du Bois de Boulogne.

BOIS LE VENT (Rue) * . . . . . XVIe Arrondissement . . . . 62e Quartier.
Anciennement commune de Passy.

389 **Commence** rue Duban, 17, et place de Passy, 2. — **Finit** rue Mozart, 11. (I. 31. — P. 42.)
Longr : 270m,00.
Largr :   8m,00. — Arrêté préfectoral du 16 février 1836. *Alignements.*
Décret du 23 mai 1863. *Classement* (confirmation.)
Arrêté préfectoral du 13 février 1869. *Nivellement.*
Arrêté préfectoral du 1er février 1877. Réunion d'une partie de la
rue des Vignes à la rue Bois le Vent.
Obs. — Précédemment rues Bois-le-Vent et des Vignes.
Orig. — Longeait un chantier de Bois le Vent ou Sous le Vent.

BOISSIÈRE (Rue) ** . . . . . . XVIe Arrondissement . . . . 64e Quartier.
Anciennement commune de Passy (partie).

390 **Commence** avenues du Trocadéro et d'Iéna. — **Finit** place d'Eylau, 3.   (I. 79. — P. 82.)
Longr : 750m,00.
Largr :   7m,00. — Décision ministérielle du 7 août 1818.
Id.   12m,00. — Arrêté du pouvoir exécutif du 17 août 1848. *Alignements* entre la
rue de Longchamps et la rue de Lubeck.
Id.   16m,00. — Décret du 17 septembre 1864 (U. P.). *Alignements* et *Redressement*
entre les avenues du Trocadéro et d'Iéna et l'avenue Kléber.
Id.   12m,00. — Arrêté préfectoral du 16 février 1836. *Alignements* entre l'avenue
Kléber et la place d'Eylau.
Décret du 23 mai 1863. *Classement* confirmé de cette dernière partie.
Arrêté préfectoral du 31 janvier 1866. *Nivellement.*
Arrêté préfectoral du 2 avril 1868. *Dénomination* actuelle.
Obs. — Précédemment rue de la Croix Boissière et rue Boissière.
Orig. — Doit son nom à la Croix Boissière, ainsi dénommée, dit-on, en raison des buis dont elle était ornée les jours
de fêtes.

8

BOISSIEU (Rue) ** . . . . **XVIII**ᵉ Arrondissement . . . . 70ᵉ Quartier.

391   **Commence** boulevard Ornano, 5. — **Finit** rue Belhomme, 10.   (I. 5. — P. 8.)
       Longʳ : 45ᵐ,00.
       Largʳ : 12ᵐ,00. — Décret du 4 septembre 1878. *Classement, Alignements* et *Nivellement.*
                     Décret du 10 août 1868. *Dénomination.*
  Orig. — Jean-Jacques de Boissieu, graveur (1736-1810).

BOISSONNADE (Impasse) ** . . . **XIV**ᵉ Arrondissement . . . . 53ᵉ Quartier.

392   **Située** boulevard d'Enfer, 257.   (I. 15. — P. 18.)
       Longʳ : 175ᵐ,00.
       Largʳ : 12ᵐ,00 environ.   (*Voie privée.*)
                     Décret du 10 février 1875. *Dénomination* actuelle.
              Obs. — Précédemment impasse Sainte Élisabeth.
  Orig. — Jean-François Boissonnade de Fontarabie, helléniste (1774-1857).

BOISSY D'ANGLAS (Rue) . . . . **VIII**ᵉ Arrondissement . . . . 31ᵉ Quartier.

393   **Commence** avenue Gabriel, 2, et place de la Concorde, 10. — **Finit** boul. Malesherbes, 5.
       Longʳ : 372ᵐ,00.   (I. 47. — P. 34.)
       Largʳ : 13ᵐ,00. — Décision ministérielle du 22 prairial an v.
        Id.   13ᵐ,00. — Ord. royale du 5 avril 1846. *Alignements* depuis l'avenue Gabriel
                       et la place de la Concorde jusqu'à la rue du Faubourg Saint
                       Honoré.
        Id.   11ᵐ,00. — Décision ministérielle du 23 germinal an ix.
  Moindre largʳ : 12ᵐ,00. — Ord. royale du 3 juin 1839. *Alignements* entre la rue du Faubourg
                       Saint Honoré et le boulevard Malesherbes, modifiés par les
                       décrets suivants.
       Largʳ : 10ᵐ,00 environ. — Décrets du 6 novembre 1872 et 23 mai 1873. *Modification*
                       des alignements approuvés par l'ordonnance royale précédente.
                  Décret du 6 décembre 1854. *Nivellement* entre l'avenue Gabriel et la
                  place de la Concorde et le Faubourg Saint Honoré.
                  Décret du 2 Octobre 1865. *Dénomination* actuelle.
              Obs. — Précédemment rues des Champs Élysées et de la Madeleine (partie).
  Orig. — François-Antoine Boissy d'Anglas présidant la Convention à la journée du 1ᵉʳ prairial (1756-1826).

BOITON (Impasse) ** . . . . **XIII**ᵉ Arrondissement . . . . 51ᵉ Quartier.
                    Anciennement commune de Gentilly.
394   **Située** rue de la Butte aux Cailles, 13.   (P. 24.)
       Longʳ : 103ᵐ,00.
       Largʳ :   3ᵐ,55.   (*Voie privée.*)
  Orig. — Nom d'un propriétaire.

BOLIVAR (Rue) ** . . . . **XIX**ᵉ Arrondissement . . . . 76ᵉ Quartier.

395   **Commence** rue de Belleville, 105. — **Finit** rue Secrétan, 42.   (I. 129. — P. 126.)
       Longʳ : 1,335ᵐ,00.
       Largʳ : 20ᵐ,00. — Décret du 28 juillet 1862 (U. P.). *Ouverture.*
                   Décret du 23 mai 1863, *Classement* (confirmation).
                   Arrêté préfectoral du 1ᵉʳ août 1863. *Nivellement* entre les rues
                   Secrétan et des Chaufourniers.
                   Arrêté préfectoral du 17 décembre 1872. *Nivellement* entre les
                   rues des Chaufourniers et de Belleville.
              Obs. — Précédemment rue de Belleville.
              Décret du 4 novembre 1880. *Dénomination* actuelle.
  Orig. — Simon Bolivar y Ponte, libérateur de l'Amérique méridionale (1783-1830).

BONAPARTE (Rue) * . . . . **VI**ᵉ Arrondissement . . . . 22ᵉ et 24ᵉ Quartiers.

396   **Commence** quai Malaquais, 9. — **Finit** rue de Vaugirard, 58.   (I. 63. — P. 92.)
       Longʳ : 916ᵐ,00. — Non compris la traversée de la place Saint Germain des Prés.
       Largʳ : 10ᵐ,00. — Décision ministérielle du 2 thermidor an v.
        Id.   11ᵐ,00. — Ord. royale du 29 avril 1839. *Alignements* entre le quai Malaquais
                       et la rue Jacob.
        Id.   10ᵐ,00. — Décision ministérielle du 21 août 1817.
        Id.   10ᵐ,00. — Ord. royale du 29 avril 1839. *Alignements* entre la rue Jacob et la
                       rue de l'Abbaye.
        Id.   12ᵐ,00. — Ord. royale du 7 septembre 1845 (U. P.). *Ouverture* et *Alignements*
                       depuis le boulevard Saint Germain jusqu'à la place Saint Sulpice
                       et la rue du Vieux Colombier.
  Moindre largʳ : 9ᵐ,00. — Décision ministérielle du 26 thermidor an viii.
       Largʳ : 11ᵐ,00. — Ord. royale du 20 octobre 1847. *Alignements* entre la rue du Vieux
                       Colombier et la rue de Mézières.
  Moindre largʳ : 9ᵐ,00. — Décision ministérielle du 26 thermidor an viii.
       Largʳ : 10ᵐ,00. — Ord. royale du 23 janvier 1838. *Alignements* entre la rue de Mézières
                       et la rue de Vaugirard, modifiés par le décret suivant.

BONAPARTE (Rue) *(Suite)*.

Larg^r : 12^m,00. — Décret du 14 août 1866 (U. P.). *Redressement* et *Élargissement* entre la rue de Mézières et la rue de Vaugirard.

Décret du 17 novembre 1874. *Modification* du pan coupé situé du côté des numéros pairs, à l'encoignure gauche de la rue de Vaugirard.

Arrêté préfectoral du 12 août 1852. *Dénomination* actuelle.

Obs. — Précédemment rue des Petits Augustins, rue et place Saint Germain des Prés et rue du Pot de Fer.

Orig. — Sous le premier Empire, une partie de la rue avait déjà porté ce nom en l'honneur de Napoléon; il a été étendu à toute la rue en 1852.

BONDY (Rue de). . . . . Xe Arrondissement . . . . 39e Quartier.

397 **Commence** place de la République. — **Finit** place de la porte Saint Martin et rue du Faubourg Saint Martin, 2.   (l. 19. — P. 20 à 96.)

Long^r : 500^m,00.

Larg^r : 10^m,00. — Décision ministérielle du 2 thermidor an v.

Id.   12^m,00. — Ord. royale du 31 mars 1847. *Alignements*.

Id.   10^m,00. — Décret du 18 août 1879. *Alignements* et *Nivellement* entre les numéros 38 et 40 et la place de la République.

Décret du 28 juillet 1881. *Modification* de l'alignement du côté des numéros pairs, entre la place de la République et le numéro 46 inclusivement.

Orig. — Nom donné au XVIIIe siècle.

BONHOURE (Cité). . . . . Xe Arrondissement. . . . . 39e Quartier.

398 **Située** rue des Récollets, 11.

Long^r : 145^m,00.

Larg^r : 4^m,00 environ.   *(Voie privée.)*

Orig. — Nom du propriétaire.

BONNE (Rue de la)**. . . . . . XVIIIe Arrondissement. . . . . 70e Quartier.

Anciennement commune de Montmartre.

399 **Commence** rue de la Fontenelle, 30. — **Finit** rues Becquerel et Lamarck.

Long^r : 175^m,00. — Décret du 23 mai 1863. *Classement* (confirmation).

Larg^r : 5^m,00. — Décret du 11 août 1867 (M. O. V). *Alignements* entre la rue de la Fontenelle et la rue Chasseloup-Laubat.

Id.   12^m,00. — *Alignements* projetés pour cette partie, suivis d'un commencement d'exécution.

Décret du 11 août 1867 (U. P.). *Suppression* de la partie comprise entre la rue Chasseloup-Laubat et les rues Becquerel et Lamarck.

Obs. — Une partie de cette voie a été absorbée par la rue Lamarck, entre la rue Becquerel et la rue du Mont Cenis.

Orig. — Fontaine dite de la bonne eau.

BONNE GRAINE (Cour et P^{ge} de la). XIe Arrondissement. . . . . 44e Quartier.

400 **Commence** rue du Faubourg Saint Antoine, 115. — **Finit** passage Josset, 7. (l. 15. — P. 28.)

Long^r : 190^m,00.

Moindre larg^r : 3^m,30.   *(Voie privée.)*

Orig. — On y vendait autrefois des grains.

BONNE NOUVELLE (Boulevard de). IIe Arrondissement. . . . . 8e Quartier.

                                         Xe Arrondissement. . . . . 38e Quartier.

401 **Commence** rues Saint Denis, 291, et du Faubourg Saint Denis, 1. — **Finit** rues Poissonnière, 46, et du Faubourg Poissonnière, 2.   (l. 39. — P. 44.)

Long^r : 347^m,00. — Lettres-patentes du mois de juillet 1676. *Ouverture*.

Moindre larg^r : 35^m,00. — Ord. royale du 15 mai 1832 (U. P.). *Alignements* et *Nivellement*.

Orig. — Situé près de l'église Notre-Dame de Bonne Nouvelle, ainsi dénommée en raison de l'Annonciation.

BONNE NOUVELLE (Impasse de). . Xe Arrondissement. . . . . 38e Quartier.

402 **Située** boulevard de Bonne Nouvelle, 24.

Long^r : 62^m,00.

Larg^r : 7^m,00. — Décision ministérielle du 1er avril 1808.

Id.   8^m,00. — Ord. royale du 15 mai 1832 (U. P.). *Alignements*.

Arrêté préfectoral du 26 février 1867. *Dénomination* actuelle.

Obs. — Précédemment impasse des Filles Dieu.

Orig. — Voir boulevard de Bonne Nouvelle.

BONNET (Rue). . . . . XVIIIe Arrondissement . . . . 69e Quartier.

Anciennement commune de Saint-Ouen.

403 **Commence** rue Angélique Compoint. — **Finit** en impasse.   (l. 41. — P. 30.)

Long^r : 175^m,00.

Larg^r : 4^m,00.   *(Voie privée.)*

Décret du 10 février 1875. *Dénomination* actuelle.

Obs. — Précédemment rue des Vignes.

Orig. — Charles Bonnet, naturaliste (1720-1793).

BON SECOURS (Cité). . . . . . XIe Arrondissement . . . . 43e Quartier.

404 **Située** rue de Charonne, 99.

Moindre larg^r : 3^m,00.   *(Voie privée.)*

Orig. — Ancien hôpital de Bon Secours.

BONS ENFANTS (Rue des) . . . . . **I**er **ARRONDISSEMENT** . . . . 3e QUARTIER.

405   **Commence** rue Saint Honoré, 192. — **Finit** rue Baillif, 3.   (I. 31. — P. 32.)

    Longr : 240m,00.

    Largr : 8m,00. — DÉCISION MINISTÉRIELLE DU 20 FRUCTIDOR AN XI.

    Id. 10m,00. — ORD. ROYALE DU 23 JUILLET 1828. *Alignements*.

    ORIG. — Collège des Bons-Enfants, fondé en 1208, en faveur de treize écoliers pauvres.

BONY (Impasse) . . . . **VIII**e **ARRONDISSEMENT** . . . . 32e QUARTIER.

406   **Située** rue Saint Lazare, 114.

    Longr : 61m,00.

    Largr : 9m,50 environ.   (*Voie privée*.)

    ORIG. — Créée en 1826 par M. Bony.

BORDA (Rue) . . . . **III**e **ARRONDISSEMENT** . . . . 9e QUARTIER.

407   **Commence** rue Volta, 35. — **Finit** rue Montgolfier, 12.   (I. 3. — P. 4.)

    Longr : 35m,00.

    Largr : 16m,00. — DÉCISION MINISTÉRIELLE DU 9 OCTOBRE 1816.

    Id. 16m,00. — ORD. ROYALE DU 14 JANVIER 1829. *Alignements*.

    ORIG. — Jean-Charles Borda, mathématicien et physicien (1733-1799); voisinage du Conservatoire des Arts et Métiers.

BORDEAUX (Rue de) . . . . **V**e **ARRONDISSEMENT** . . . . 17e QUARTIER.

408   **Commence** au Grand Préau. — **Finit** rue de la Côte d'Or.

    Longr : 185m,00.

    Largr : 21m,50.

           OBS. — Voie comprise dans la Halle aux Vins.

    ORIG. — Doit son nom à sa situation.

BORRÉGO (Rue du)cul. . . . . . . **XX**e **ARRONDISSEMENT** . . . . 78e QUARTIER.

              Anciennement commune de Belleville.

409   **Commence** rue Pelleport, 152. — **Finit** rue Haxo, 77.   (I. 17. — P. 56.)

    Longr : 420m,00.

    Largr : 8m,00. — ORD. ROYALE DU 21 JUILLET 1843. *Alignements*.

    Id. 10m,00. — *Alignements* projetés, suivis d'un commencement d'exécution.

    DÉCRET DU 23 MAI 1863. *Classement* (confirmation).

    ARRÊTÉ PRÉFECTORAL DU 3 JANVIER 1858. *Nivellement*.

    DÉCRET DU 24 AOUT 1864. *Dénomination* actuelle.

           OBS. — Précédemment rue de la Fontaine.

    ORIG. — Souvenir de l'expédition du Mexique ; voisinage de l'ancienne rue de Puebla.

BORROMÉE (Rue) * . . . . **XV**e **ARRONDISSEMENT** . . . . 58e QUARTIER.

              Anciennement commune de Vaugirard.

410   **Commence** rue Blomet, 59. — **Finit** rue de Vaugirard, 224.   (I. 21. — P. 22.)

    Longr : 168m,00.

    DÉCRET DU 23 MAI 1863. *Classement*.

    Largr : 8m,00. — DÉCRET DU 21 AOUT 1877. *Alignements* et *Nivellement*.

    ARRÊTÉ PRÉFECTORAL DU 31 JUILLET 1869. *Nivellement*.

    ARRÊTÉ PRÉFECTORAL DU 26 FÉVRIER 1867. *Dénomination* actuelle.

           OBS. — Précédemment rue Saint Charles.

    ORIG. — Saint Charles Borromée, archevêque de Milan (1538-1584); voisinage de l'église Saint-Lambert.

BOSQUET (Avenue) . . . . **VII**e **ARRONDISSEMENT** . . . . 28e QUARTIER.

411   **Commence** quai d'Orsay et avenue Rapp, 1. — **Finit** avenues de la Motte-Piquet, 46, et de la

    Bourdonnais, 77.   (I. 89. — P. 68.)

    Longr : 845m,00.

    Largr : 36m,00. — DÉCRET DU 23 AOUT 1858 (U. P.). *Ouverture* et *Alignements*.

    ARRÊTÉ PRÉFECTORAL DU 14 JANVIER 1867. *Nivellement* entre l'avenue

    de la Motte-Piquet et la rue de l'Université.

    ARRÊTÉ PRÉFECTORAL DU 27 FÉVRIER 1867. *Nivellement* entre la rue de

    l'Université et le quai d'Orsay.

    DÉCRET DU 24 AOUT 1864. *Dénomination* actuelle.

           OBS. — Précédemment avenue de l'Alma. (R. G.)

    ORIG. — Pierre-François Bosquet, maréchal de France (1810-1861).

BOSQUET (Passage) . . . . **VII**e **ARRONDISSEMENT** . . . . 28e QUARTIERS.

412   **Commence** rue Cler, 46. — **Finit** avenue Bosquet, 69.   (I. 31. — P. 32.)

    Longr : 110m,00.   (*Voie privée*.)

    Largr : 10m,00. — ARRÊTÉ PRÉFECTORAL DU 1er FÉVRIER 1877. *Dénomination* actuelle.

           OBS. — Précédemment villa Saint Pierre.

    ORIG. — *Voir* avenue Bosquet.

BOSSU (Rue) . . . . **XII**ᵉ Arrondissement . . . . 47ᵉ Quartier.

413   **Commence** rue du Charolais, 74. — **Finit** avenue Daumesnil, 100.   (I. 3. — P. 4.)

    Longʳ : 30ᵐ,00.

    Largʳ : 20ᵐ,00. — Décret du 31 mars 1873. *Classement* et *Alignements.*

                  Arrêté préfectoral du 10 novembre 1873. *Dénomination.*

Orig. — Nom des propriétaires.

BOSSUET (Rue) ✲✲ . . . . **X**ᵉ Arrondissement . . . . 37ᵉ Quartier.

414   **Commence** rue La Fayette, 111. — **Finit** rue de Belzunce, 3.   (P. 12.)

    Longʳ : 125ᵐ,00.

    Largʳ : 14ᵐ,00. — Ord. royale du 31 mars 1825. *Ouverture* et *Alignements.*

    Id.   19ᵐ,55. — Ord. royale du 2 février 1839. *Alignements* et *Élargissement.*

                  Ord. royale du 5 août 1844. *Dénomination.*

Orig. — Jacques Bénigne Bossuet, évêque de Meaux (1627-1704); voisinage de l'église de Saint-Vincent-de-Paul.

BOTZARIS (Rue) ✲✲ . . . . . . **XIX**ᵉ Arrondissement . . . . 75ᵉ et 76ᵉ Quartiers.

415   **Commence** rue Bolivar, 40. — **Finit** rue de Crimée.   (I. 1. — P. 46.)

    Longʳ : 860ᵐ,00.

    Largʳ : 20ᵐ,00. — Décret du 28 juillet 1862. *Ouverture* et *Alignements.*

    Largʳ : 24ᵐ,00. — *Alignements* exécutés.

                  Arrêté préfectoral du 13 août 1874. *Nivellement.*

                  Arrêté préfectoral du 24 août 1876. *Nivellement* (entre les rues de La Villette et de Crimée.)

                  Arrêté préfectoral du 4 novembre 1880. *Dénomination* actuelle.

                  Obs. — Précédemment rue de Vera-Cruz.

Orig. — Marc Botzaris, un des héros de la guerre de l'Indépendance grecque (1790-1823).

BOUCHARDON (Rue) . . . . . . **X**ᵉ Arrondissement . . . . 39ᵉ Quartier.

416   **Commence** rue de Bondy, 84. — **Finit** rue du Château d'Eau, 33.   (I. 20. — P. 18.)

    Longʳ : 220ᵐ,00.

    Largʳ : 10ᵐ,00. — Arrêté du pouvoir exécutif du 8 août 1848. *Alignements* sur une longueur de 124ᵐ,00 à partir de la rue de Bondy.

    Id.   10ᵐ,00. — Décret du 7 août 1867. *Classement* et *Alignements* du surplus.

                  Décret du 24 août 1864. *Dénomination* actuelle.

                  Obs. — Précédemment impasse de la Pompe (partie).

Orig. — Edme Bouchardon, sculpteur (1698-1762).

BOUCHARDY (Passage) . . . . . **XI**ᵉ Arrondissement . . . . 41ᵉ Quartier.

417   **Commence** Rue de l'Orillon, 31. — **Finit** rue du Faubourg du Temple, 106. (I. 19. — P. 24.)

    Longʳ : 143ᵐ,00.

    Largʳ : 5ᵐ,00 environ. *(Voie privée.)*

                  Décret du 10 février 1875. *Dénomination* actuelle.

                  Ons. — Précédemment passage de l'Isly.

Orig. — Joseph Bouchardy, auteur dramatique (1810-1852).

BOUCHER (Rue) . . . . **I**ᵉʳ Arrondissement . . . . 1ᵉʳ Quartier.

418   **Commence** rue du Pont Neuf, 6. — **Finit** rues de Rivoli, 67, et des Bourdonnais, 25.

    Longʳ : 60ᵐ,00.   (I. 7. — P. 10.)

    Largʳ : 24 pieds — Décision ministérielle du 13 floréal an IX.

    Id.   10ᵐ,00. — Ord. royale du 19 juillet 1840. *Alignements.*

                  Arrêté préfectoral du 27 mai 1867. *Nivellement.*

Orig. — Doit son nom à M. Boucher, échevin en 1778.

BOUCHET (Impasse) ✲✲ . . . . . **XIX**ᵉ Arrondissement . . . . 76ᵉ Quartier.

                  Anciennement commune de Belleville.

419   **Située** rue de Meaux, 24.   (I. 5.)

    Longʳ : 53ᵐ,00.

    Largʳ : 4ᵐ,50.   *(Voie privée.)*

Orig. — Nom du propriétaire du terrain.

BOUCRY (Rue) . . . . **XVIII**ᵉ Arrondissement . . . . 72ᵉ Quartier.

                  Anciennement commune de la Chapelle.

420   **Commence** rue Cugnot. — **Finit** rue de la Chapelle, 146.   (I. 35. — P. 30.)

    Longʳ : 517ᵐ,00

    Largʳ : 12ᵐ,00. — Décret du 24 mai 1859 (U. P.). *Alignements.*

                  Décret du 23 mai 1863. *Classement* (confirmation.)

                  Arrêté préfectoral du 25 avril 1868. *Nivellement.*

                  Arrêté préfectoral du 1ᵉʳ février 1877. *Dénomination.*

Orig. — Nom de propriétaire.

BOUDIN (Passage) **. . . . . . . **XX**ᵉ Arrondissement . . . . 78ᵉ Quartier.
Anciennement commune de Charonne.
421   **Commence** impasse Haxo, 17. — **Finit** rue de la Justice, 22.   (I. 13. — P. 20.)
    Longʳ : 114ᵐ,00.
    Largʳ : 3ᵐ,00 environ.   (*Voie privée.*)
    Orig. — Nom de propriétaire.

BOUDON (Avenue) . . . . **XVI**ᵉ Arrondissement . . . . 61ᵉ Quartier.
Anciennement commune d'Auteuil.
422   **Com.** rues La Fontaine, 41, et François Gérard, 2.— **Fin.** rue La Fontaine, 57. (I. 7.— P. 16.)
    Longʳ : 215ᵐ,00.
Moindre largʳ : 9ᵐ,00. — Entre le coude et la rue François Gérard.
            Obs. — Cette partie n'est pas classée.
    Largʳ : 12ᵐ,00. — Décret du 31 décembre 1880 (U. P.). *Classement, Alignements* et
        Nivellement entre la rue La Fontaine et la partie en retour.
            Obs. — Le même décret a déclaré d'utilité publique une voie en prolonge-
               ment, depuis la partie en retour jusqu'à la rue du Point du Jour.
    Orig. — Voie ouverte par M. Boudon.

BOUDREAU (Rue). . . . . **IX**ᵉ Arrondissement . . . . 34ᵉ Quartier.
423   **Commence** rue Auber, 7. — **Finit** rue Caumartin, 30.   (I. 13. — P. 8.)
    Longʳ : 95ᵐ,00.
    Largʳ : 9ᵐ,74. — Décision ministérielle du 26 brumaire an VI.
    Id.   9ᵐ,74. — Ord. royale du 21 février 1848. *Alignements*.
    Id.   9ᵐ,74. — Décret du 14 novembre 1838. *Prolongement* jusqu'à la rue Auber.
    Id.   14ᵐ,00. — Décret du 23 mai 1863 (U. P.). *Élargissement*.
    Orig. — Doit son nom à M. Boudreau, greffier de la Ville en 1780.

BOUFFLERS (Avenue) . . . . . . **XVI**ᵉ Arrondissement . . . . 61ᵉ Quartier.
Anciennement commune d'Auteuil.
424   **Commence** avenue des Tilleuls, 7. — **Finit** avenue des Peupliers, 6.   (I. 5. — P. 4.)
    Longʳ : 172ᵐ,00.
    Largʳ : 10ᵐ,00.   (*Voie privée.*)
           Comprise dans la villa de Montmorency.
    Orig. — Le chevalier Stanislas-Jean de Boufflers, littérateur (1738-1815).

BOUGAINVILLE (Rue). . . . . . **VII**ᵉ Arrondissement . . . . 28ᵉ Quartier.
425   **Commence** avenue de La Motte-Picquet, 19. — **Finit** rue Chevert, 16.   (I. 1. — P. 2.)
    Longʳ : 36ᵐ,00.
    Largʳ : 7ᵐ,00. — Décision ministérielle du 28 vendémiaire an XIII.
    Id.   10ᵐ,00. — Ord. royale du 12 décembre 1845. *Alignements*.
        Décret du 26 mai 1855. *Nivellement* pour le raccordement avec le
        boulevard de La Tour-Maubourg.
        Décret du 24 août 1864. *Dénomination* actuelle.
           Obs. — Précédemment Petite rue Chevert.
    Orig. — Louis-Antoine de Bougainville, navigateur (1729-1811).

BOULAINVILLIERS (Cité de) * . **XVI**ᵉ Arrondissement. . . . . 62ᵉ Quartier.
Anciennement commune de Passy.
426   **Commence** rues de Boulainvilliers, 29, et du Ranelagh, 43. — **Finit** rue du Ranelagh, 63.
    Longʳ : 250ᵐ,00.   (I. 23. — P. 14.)
    Largʳ : 8ᵐ,00.   (*Voie privée.*)
           Comprise dans la villa de Montmorency.
    Orig. — *Voir* rue de Boulainvilliers.

BOULAINVILLIERS (Rue de) * . **XVI**ᵉ Arrondissement . . . . 61ᵉ et 62ᵉ Quartiers.
Anciennement communes d'Auteuil et de Passy.
427   **Com.** rue Gros, 2, et quai de Passy, 44.— **Fin.** chaussée de la Muette, 1, et rue de Passy, 103.
    Longʳ : 820ᵐ,00.   (I. 67. — P. 62.)
    Largʳ : 12ᵐ,00. — Décret du 25 juillet 1851. *Classement* (route départementale n° 10).
        Décret du 23 mai 1863. *Classement* (confirmation).
        Arrêté préfectoral du 29 mars 1867. *Nivellement*.
           Obs. — Anciennement partie de la route départementale n° 10.
    Orig. — Anne-Gabriel-Henri Bernard, marquis de Boulainvilliers, prévôt de Paris, dernier seigneur de Passy.

BOULAND (Impasse) ** . . . . . . **XX**ᵉ Arrondissement . . . . 79ᵉ Quartier.
Anciennement commune de Charonne.
428   **Située** rue de Bagnolet, 67.   (I. 7.)
    Longʳ : 125ᵐ,00.
    Largʳ . | (*Voie privée.*)
    Orig. — Nom du propriétaire.

BOULANGERS (Rue des). . . . . . **V**ᵉ Arrondissement. . . . . 17ᵉ Quartier.

429   **Commence** rue Linné, 41. — **Finit** rue Monge, 29 *bis*.   (l. 31. — P. 46.)

    Long' : 224ᵐ,00.

    Larg' :   7ᵐ,00. — Décision ministérielle du 28 ventose an ix.

    Moindre Id.   10ᵐ,00. — Ord. royale du 13 septembre 1846. *Alignements.*

        Obs. — L'alignement du côté des numéros impairs, entre le numéro 19 et la rue Monge, a été modifié lors de l'exécution de cette dernière voie.

        Arrêté préfectoral du 24 avril 1868. *Nivellement.* (Raccordement avec la rue Monge.)

        Arrêté préfectoral du 26 février 1844. *Dénomination.*

Orig. — Doit son nom à l'industrie qu'on y exerçait.

BOULARD (Rue) ** . . . . **XIV**ᵉ Arrondissement . . . . 53ᵉ et 55ᵉ Quartiers.

        Anciennement commune de Montrouge.

430   **Commence** rue du Champ d'Asile, 13. — **Finit** rue Brezin, 28.   (l. 55. — P. 46.)

    Long' : 425ᵐ,00.

    Larg' : 13ᵐ,00. — Délibération du conseil municipal de Montrouge du 7 mai 1841. *Alignements* projetés. (Largeur actuelle.)

        Décret du 23 mai 1863. *Classement* (confirmation).

        Arrêté préfectoral du 18 novembre 1862. *Nivellement.*

        Arrêté préfectoral du 26 février 1844. *Dénomination.*

Orig. — Boulard, philanthrope, donateur à l'Assistance publique ; voisinage de l'hospice La Rochefoucault.

BOULAY (Passage) . . . . **XVII**ᵉ Arrondissement . . . . 68ᵉ Quartier.

        Anciennement commune des Batignolles.

431   **Commence** rue Marcadet, 362. — **Finit** boulevard Bessières, 101.   (l. 11.)

    Long' : 90ᵐ,00.

    Larg' : 4ᵐ,00 environ.   (*Voie privée.*)

Orig. — Voir rue Boulay.

BOULAY (Rue). . . . . **XVII**ᵉ Arrondissement . . . . 68ᵉ Quartier.

        Anciennement commune des Batignolles.

432   **Commence** avenue de Clichy, 178. — **Finit** rue Marcadet, 329.   (l. 25.)

    Long' : 260ᵐ,00.

    Larg' : 10ᵐ,00. — Délibération du conseil municipal des Batignolles du 29 mars 1849. *Alignements* projetés. (Largeur actuelle.)

        Décret du 23 mai 1863. *Classement* (confirmation).

Orig. — Nom du propriétaire du terrain sur lequel elle a été ouverte.

BOULE BLANCHE (Passage de la). **XII**ᵉ Arrondissement . . . . 48ᵉ Quartier.

433   **Commence** rue de Charenton, 17. — **Finit** rue du Faubourg Saint Antoine, 50.

    Long' : 77ᵐ,00.

    Moindre larg' : 3ᵐ,70.   (*Voie privée.*)

Orig. — Percée à travers une maison dite de la Boule Blanche.

BOULE ROUGE (Impasse de la) . . **IX**ᵉ Arrondissement . . . . 35ᵉ Quartier.

434   **Située** rue Geoffroy Marie, 9.

    Long' : 26ᵐ,00.

    Larg' : 5ᵐ,00.   (*Voie privée.*)

Orig. — Voir rue de la Boule Rouge.

BOULE ROUGE (Rue de la) . . . . **IX**ᵉ Arrondissement . . . . 35ᵉ Quartier.

435   **Commence** r. de Montyon, 4. — **Finit** r. Geoffroy Marie, 16, et Richer, 27. (l. 9. — P. 12.)

    Long' : 90ᵐ,00.

    Larg' : 10ᵐ,00. — Décision ministérielle du 23 janvier 1817.

    Moindre larg' : 10ᵐ,00. — Ord. royale du 23 août 1833. *Alignements.*

Orig. — Dénomination tirée d'une enseigne.

BOULETS (Rue des). . . . . **XI**ᵉ Arrondissement . . . . 43ᵉ et 44ᵉ Quartiers.

436   **Commence** r. du Faubourg S. Antoine, 303. — **Finit** r. de la Roquette, 158. (l. 131. — P. 130.)

    Long' : 1190ᵐ,00.

    Larg' : 13ᵐ,00. — Ord. royale du 6 mai 1827. *Alignements.*

        Arrêté préfectoral du 2 avril 1868. *Dénomination actuelle.*

        Obs. — Précédemment rues Saint-Denis, de la Muette et des Boulets.

Orig. — Lieu dit les Boulets.

BOULLE (Rue). . . . . **XI**ᵉ Arrondissement . . . . 43ᵉ Quartier.

437 **Commence** boulevard Richard Lenoir, 32. — **Finit** rue Froment, 1. (I. 11. — P. 10.)

Longʳ : 135ᵐ,00.

Largʳ : 12ᵐ,00. — Décret du 19 septembre 1866 (U. P.). *Ouverture* et *Alignements.*

Décret du 10 août 1868. *Dénomination.*

Arrêté préfectoral du 1ᵉʳ mai 1880. Rectifiant l'orthographe du nom.

Obs. — Précédemment rue Boule.

Orig. — André-Charles Boulle, ébéniste et graveur (1642-1732); quartier des fabricants de meubles.

BOULNOIS (Place). . . . . . . **XVII**ᵉ Arrondissement . . . . 68ᵉ Quartier.

Anciennement commune de Neuilly.

438 **Située** rue Bayen, 6. (I. 9. — P. 10.)

Longʳ : 55ᵐ,00.

Moindre largʳ : 7ᵐ,75. *(Voie privée.)*

Orig. — Le baron Louis-Jacques-François Boulnois, lieutenant-général (1772-1833), qui l'a fait ouvrir sur sa propriété.

BOULOGNE (Rue de). . . . . . . **IX**ᵉ Arrondissement . . . . 33ᵉ Quartier.

439 **Commence** rue Blanche, 57 — **Finit** rue de Clichy, 74. (I. 37. — P. 40.)

Longʳ : 274ᵐ,00.

Largʳ : 12ᵐ,00. — Ord. royale du 21 juin 1841. *Ouverture, Alignements* et *Dénomination.*

Orig. — Boulogne sur Mer, ville du Pas-de-Calais, voisinage de la gare du Nord.

BOULOI (Rue du) . . . . **I**ᵉʳ Arrondissement . . . . 2ᵉ Quartier.

440 **Commence** rue Croix des Petits Champs, 12. — **Finit** rue Coquillière, 27. (I. 27. — P. 26.)

Longʳ : 194ᵐ.00.

Largʳ : 7ᵐ,79. — Décision ministérielle du 20 fructidor an XI.

Id. 10ᵐ,00. — Ord. royale du 22 août 1840. *Alignements.*

Orig. — Autrefois rue de Bouloir ou aux Bouliers, du nom d'un ancien hôtel.

BOUQUET DE LONGCHAMP (Rue du) ** **XVI**ᵉ Arrondissement. . . . . . 64ᵉ Quartier.

441 **Commence** rue de Longchamp, 12. — **Finit** rue Boissière, 25. (I. 23. — P. 20.)

Longʳ : 148ᵐ,00.

Largʳ : 8ᵐ,00. — Décision ministérielle du 8 juin 1817.

Id. 10ᵐ,00. — Arrêté du pouvoir exécutif du 17 août 1848. *Alignements.*

Orig. — Doit son nom à un ancien bouquet d'arbres dépendant du territoire de Longchamp.

BOURBON (Passage) ** . . . . . . **XV**ᵉ Arrondissement. . . . . 57ᵉ Quartier.

Anciennement commune de Vaugirard.

442 **Commence** rue de Vaugirard, 339. — **Finit** rue Olivier de Serres, 48.

Longʳ : 110ᵐ,00.

Largʳ : 6ᵐ,00 environ. *(Voie privée.)*

Orig. — Ouvert sous la Restauration.

BOURBON (Quai de). . . . . . . **IV**ᵉ Arrondissement . . . . 16ᵉ Quartier.

443 **Commence** r. des Deux Ponts, 39, et pont Marie. — **Finit** r. du Bellay et pont S. Louis. (I. 55.)

Longʳ : 367ᵐ,00.

Largʳ : 12ᵐ,00. — Décision ministérielle du 24 frimaire an XIII.

Id. 8ᵐ,00. — Ord. royale du 9 décembre 1838. *Alignements.*

Orig. — Doit à la famille royale le nom qu'il a pris lors de la construction de l'île Saint Louis.

BOURBON LE CHATEAU (Rue de). **VI**ᵉ Arrondissement . . . . 24ᵉ Quartier.

444 **Commence** rue de Buci, 26. — **Finit** rue de l'Échaudé, 19. (I. 8. — P. 6.)

Longʳ : 37ᵐ,00.

Largʳ : 7ᵐ,00. — Décision ministérielle du 8 nivôse an IX.

Moindre Id. 10ᵐ,00. — Ord. royale du 29 mars 1827. *Alignements.*

Orig. — Le cardinal de Bourbon, abbé de Saint Germain des Prés, fit construire le palais ou château abbatial voisin de la rue.

BOURDALOUE (Rue) . . . . **IX**ᵉ Arrondissement . . . . 34ᵉ Quartier.

445 **Commence** rue de Châteaudun, 20. — **Finit** rue Saint-Lazare, 1. (I. 9.)

Longʳ : 74ᵐ,00.

Largʳ : 10ᵐ,00. — Ord. royale du 21 juillet 1824. *Ouverture. Alignements.*

Orig. — Louis Bourdaloue, prédicateur (1632-1704); voisinage de l'église Notre-Dame de Lorette.

BOURDIN (Impasse) . . . . . . **VIII**ᵉ Arrondissement . . . . 29ᵉ Quartier.
446 **Située** rue de Marignan, 3.
    Long\ : 78ᵐ,00.
    Larg\ : 3ᵐ,00   (*Voie privée.*)
    Orig. — Nom d'un propriétaire.

BOURDON (Boulevard). . . . . . **IV**ᵉ Arrondissement . . . . 18ᵉ Quartier.
447 **Commence** boulevard Morland. — **Finit** boulev. Henri IV, 46, et place de la Bastille. (I. 11.)
    Long\ : 585ᵐ,00.
    Larg\ : 28ᵐ,00. — Décret du 14 février 1806.
  Moindre larg\ : 30ᵐ,00. — Décision ministérielle du 23 novembre 1811. *Alignements.*
    Larg\ : 30ᵐ,75. — *Alignement* exécuté.
                 Arrêté préfectoral du 22 août 1876. *Nivellement.*
    Orig. — Bourdon, colonel du 11ᵉ régiment de dragons, tué à la bataille d'Austerlitz ; voisinage du pont d'Austerlitz.

BOURDONNAIS (Impasse des). . . **I**ᵉʳ Arrondissement . . . . 2ᵉ Quartier.
448 **Située** rue des Bourdonnais, 39.   (I. 3. — P. 8.)
    Long\ : 42ᵐ,00.
    Larg\ : 7ᵐ,00. — Décision ministérielle du 7 août 1818. *Alignements.*
                 Obs. — La Ville, renonçant à l'exécution de ces alignements, a récemment
                       autorisé des constructions sur les anciens vestiges.
    Id.   4ᵐ,00 environ. — *Alignement* projeté.
    Orig. — Voir rue des Bourdonnais.

BOURDONNAIS (Rue des). . . . . **I**ᵉʳ Arrondissement . . . . 1ᵉʳ et 2ᵉ Quartiers.
449 **Commence** quai de la Mégisserie, 20. — **Finit** rue Berger, 23.   (I. 47. — P. 11.)
    Long\ : 384ᵐ,00.
    Larg\ : 6ᵐ,00. — Décision ministérielle du 24 frimaire an IX.
    Id.   10ᵐ,00. — Ord. royale du 4 mars 1844. *Alignements* entre le quai de la Mégis-
                  serie et la rue Saint Germain l'Auxerrois.
  Moindre larg\ : 6ᵐ,00. — Décision ministérielle du 12 fructidor an V.
    Id.   Id.   10ᵐ,00. — Ord. royale du 29 avril 1839. *Alignements* entre la rue Saint Ger-
                  main l'Auxerrois et les rues Boucher et de Rivoli.
    Larg\ : 8ᵐ,00. — Décision ministérielle du 12 fructidor an V.
    Id.   10ᵐ,00. — Ord. royale du 29 avril 1839. *Alignements* entre la rue de Rivoli et
                  les rues Saint Honoré et des Halles.
    Id.   10ᵐ,00. — Décision ministérielle du 24 juin 1817.
    Id.   10ᵐ,00. — Ord. royale du 29 avril 1839. *Alignements* entre la rue Saint Honoré
                  et la rue de la Poterie, modifiés par les décrets suivants.
    Id.   18ᵐ,00. — Décret du 10 mars 1852 (U. P.). *Alignements* entre la rue Saint
                  Honoré et la rue Berger, modifiés par le décret suivant.
    Id.   13ᵐ,00. — Décret du 21 juin 1854 (U. P.). *Modification* du tracé adopté précé-
                  demment entre la rue Saint Honoré et la rue Berger.
                 Obs. — Les alignements ont été modifiés au droit des numéros 1 et 4 et des
                       numéros 39, 41 et 43, et entre les rues Saint Honoré et Berger.
                 Arrêté préfectoral du 19 juillet 1863. *Nivellement* entre le quai de
                  la Mégisserie et la rue Saint Germain l'Auxerrois.
                 Arrêté préfectoral des 3 juin et 12 juillet 1855. *Nivellement* entre
                  la rue Saint Germain l'Auxerrois et les numéros 34 et 35.
                 Arrêté préfectoral du 26 juillet 1866. *Nivellement* depuis les nu-
                  méros 34 et 35 jusqu'à la rue Berger.
                 Obs. — Précédemment rues de l'Arche-Marion, Thibault aux Dez, des Bour-
                       donnais et Lenoir.
    Orig. — Doit ce nom aux sieurs Adam et Guillaume Bourdon, notables bourgeois ayant exercé des fonctions munici-
          pales au XIIᵉ siècle.

BOURET (Rue) * . . . . **XIX**ᵉ Arrondissement . . . . 73ᵉ et 76ᵉ Quartiers.
                 Anciennement commune de Belleville.
450 **Commence** rue d'Allemagne, 10. — **Finit** impasse Montfaucon.   (I. 41. — P. 28.)
    Long\ : 460ᵐ,00.
    Larg\ : 12ᵐ,00. — Ord. royale du 19 mars 1844. *Classement* et *Alignements* entre la rue
                  d'Allemagne et la rue de Meaux.
    Id.   12ᵐ,00. — Décret du 6 janvier 1866. *Classement* et *Alignements* entre la rue de
                  Meaux et la rue Baste.
    Id.   12ᵐ,00. — Décret du 5 mars 1880. *Prolongement* jusqu'au chemin des Carrières,
                  à partir de la rue Baste. *Classement, Alignement* et *Nivellement* pour
                  la totalité de la voie.
                 Arrêté préfectoral du 12 mars 1867. *Nivellement.*
    Orig. — Nom du propriétaire.

BOURG L'ABBÉ (Passage du) . . . **II**ᵉ Arrondissement . . . . 8ᵉ Quartier.

451   **Commence** rue Saint Denis, 120. — **Finit** rue de Palestro, 3.   (I. 21. — P. 22.)
      Longʳ : 47ᵐ,00.
      Largʳ : 3ᵐ,00 environ.   (*Voie privée.*)
      Orig. — *Voir rue du Bourg l'Abbé.*

BOURG L'ABBÉ (Rue du). . . . . **III**ᵉ Arrondissement . . . . 12ᵉ Quartier.

452   **Commence** rue Saint Martin, 205. — **Finit** boulevard de Sébastopol, 68. (I. 5. — P. 14.)
      Longʳ : 90ᵐ,00.
      Largʳ : 10ᵐ,00. — Ord. royale du 28 mai 1829. *Ouverture* de la voie et fixation à 16ᵐ,00
                   de la hauteur *maxima* des maisons en bordure.
              Arrêté préfectoral du 24 janvier 1881. *Dénomination* actuelle.
                    Obs. — Précédemment rue Neuve-du-Bourg-Labbé.
      Orig. — Doit son nom au bourg l'Abbé, qui dépendait de l'abbaye de Saint Martin des Champs.

BOURGOGNE (Rue de). . . . . . . **V**ᵉ Arrondissement . . . . 17ᵉ Quartier.

453   **Commence** au Grand Préau. — **Finit** au Préau des Eaux-de-Vie.
      Longʳ : 285ᵐ,00.
      Largʳ : 21ᵐ,50. — *Voie privée*, comprise dans la Halle aux vins.
      Orig. — Doit son nom à sa situation.

BOURGOGNE (Rue de). . . . . . **VII**ᵉ Arrondissement . . . . 26ᵉ Quartier.

454   **Commence** boul. Saint Germain, 243, et quai d'Orsay.—**Finit** r. de Varenne, 86. (I. 73.—P. 58.)
      Longʳ : 720ᵐ,00.
      Moindre largʳ : 10ᵐ,00. — Décision ministérielle du 2 thermidor an v.
      Largʳ : 18ᵐ,00. — Décret du 28 juillet 1866 (U. P.). *Alignements* entre le quai d'Orsay
                   et la rue de l'Université.
      Id.   10ᵐ,00. — Ord. royale du 7 mars 1827. *Alignements* entre la rue de l'Université
                   et la rue de Varenne.
      Orig. — Doit son nom à Louis, duc de Bourgogne (1682-1712), petit fils de Louis XIV.

BOURGON (Rue) ✧✧ . . . . **XIII**ᵉ Arrondissement. . . . . 51ᵉ Quartier.
                      Anciennement commune de Gentilly.

455   **Commence** avenue d'Italie, 140. — **Finit** rue Damesme, 33.   (I. 39. — P. 32.)
      Longʳ : 190ᵐ,00.
      Largʳ : 7ᵐ,00. — Délibérations du conseil municipal de Gentilly des 19 juin et
                 11 septembre 1851. *Alignements* projetés.
              Décret du 23 mai 1863. *Classement* (confirmation).
              Arrêté préfectoral du 16 mai 1862. *Nivellement*.
              Décret du 10 août 1868. *Dénomination* actuelle.
                    Obs. — Précédemment rue de Mazagran.
      Orig. — Nom de propriétaire.

BOURG TIBOURG (Rue du) . . . **IV**ᵉ Arrondissement . . . . 14ᵉ Quartier.

456   **Commence** r. de Rivoli, 42 bis. — **Finit** r. Sainte Croix de la Bretonnerie, 7. (I. 39. — P. 34.)
      Longʳ : 171ᵐ,00.
      Largʳ : 16ᵐ,00. — Décret du 29 septembre 1854 (U. P.). *Ouverture* et *Alignements* entre
                   la rue de Rivoli et les rues de la Verrerie et du Roi de Sicile.
      Id.   9ᵐ,00. — Décision ministérielle du 13 ventôse an VII.
      Id.   10ᵐ,00. — Ord. royale du 28 octobre 1838. *Alignements* entre les rues de la
                 Verrerie et du Roi de Sicile et la rue Sainte Croix de la Bretonnerie.
              Arrêté préfectoral du 20 juillet 1868. *Dénomination* actuelle.
                   Obs. — Précédemment rue du Bourg Tibourg et place du Marché Saint Jean.
      Orig. — Principale rue de l'ancien bourg Tibout ou Thibault.

BOURGUIGNONS (Cour des). . . **XII**ᵉ Arrondissement . . . . 48ᵉ Quartier.

457   **Commence** rue de Charenton, 39. — **Finit** rue du Faubourg Saint Antoine, 74.
      Longʳ : 130ᵐ,00.
      Moindre largʳ : 1ᵐ,80.   (*Voie privée.*)
                  Arrêté préfectoral du 1ᵉʳ février 1877. *Dénomination* actuelle.
                    Obs. — Précédemment Cour de Bourgogne.
      Orig. — Ancien rendez-vous des Bourguignons arrivant à Paris.

BOURNISIEN (Passage) ✧✧ . . . **XIV**ᵉ Arrondissement . . . . 56ᵉ Quartier.
                      Anciennement commune de Vaugirard.

458   **Commence** rue Vercingétorix, 1. — **Finit** rue Blottière, 72.   (I. 15. — P. 22.)
      Longʳ : 91ᵐ,00.
      Largʳ : 5ᵐ,00 environ.   (*Voie privée.*)
      Orig. — Nom de propriétaire.

BOURSAULT (Impasse) . . . . . **XVIIᵉ** ARRONDISSEMENT . . . . 67ᵉ QUARTIER.
Anciennement commune des Batignolles.

150   **Située** rue Boursault, 7.   (P. 4 *bis*.)
     Long^r : 30ᵐ,00.
     Larg^r : 8ᵐ,00.   (*Voie privée.*)
   Orig. — *Voir* rue Boursault.

BOURSAULT (Rue) . . . . **XVIIᵉ** ARRONDISSEMENT . . . . 67ᵉ QUARTIER.
Anciennement commune des Batignolles.

160   **Commence** boulevard des Batignolles, 62. — **Finit** place des Batignolles. (l. 85. — P. 82.)
     Long^r : 536ᵐ,00.
     Larg^r : 13ᵐ,00. — ARRÊTÉ PRÉFECTORAL DU 14 JUIN 1852. *Alignements* entre le boulevard
                des Batignolles et la rue des Dames.
     Id.   12ᵐ,00. — ARRÊTÉ PRÉFECTORAL DU 18 AOUT 1852. *Alignements* entre la rue des
                Dames et la rue Legendre.
     Id.   13ᵐ,00. — ARRÊTÉ PRÉFECTORAL DU 12 JUIN 1852. *Alignements* entre la rue
                Legendre et la place des Batignolles.
          DÉCRET DU 23 MAI 1863. *Classement (confirmation).*
          ARRÊTÉ PRÉFECTORAL DU 28 DÉCEMBRE 1863. *Nivellement* entre les rues
                Legendre et des Moines.
          ARRÊTÉ PRÉFECTORAL DU 2 AVRIL 1868. *Dénomination* actuelle.
              Obs. — Précédemment rues Boursault, Bénard et Jeanne d'Asnières.
   Orig. — Ouverte par M. Boursault, financier, propriétaire.

BOURSE (Galerie de la) . . . . **IIᵉ** ARRONDISSEMENT . . . . 6ᵉ QUARTIER.

161   **Commence** rue Saint Marc, 10. — **Finit** passage des Panoramas, 35.   (l. 7. — P. 6.)
     Long^r : 40ᵐ,00.
     Larg^r : 3ᵐ,20.   (*Voie privée.*)
   Orig.   Située près de la Bourse.

BOURSE (Place de la) . . . . **IIᵉ** ARRONDISSEMENT . . . . 6ᵉ QUARTIER.

162   **Commence** rue Notre Dame des Victoires, 19. — **Finit** rue Vivienne, 24. (l. 13. — P. 12.)
   Moyenne long^r : 123ᵐ,00.
     Larg^r : 124ᵐ,00. — DÉCISION MINISTÉRIELLE DU 13 FÉVRIER 1809.
     Id.   20ᵐ,00. — ORD. ROYALE DU 16 JUIN 1824. *Alignements* des voies latérales.
          DÉCISION MINISTÉRIELLE DU 21 JUIN 1811. *Dénomination.*
          Obs. — Une partie de la rue des Filles Saint Thomas a été absorbée par la
             place de la Bourse.
   Orig. — Emplacement du palais de la Bourse.

BOURSE (Rue de la) . . . . **IIᵉ** ARRONDISSEMENT . . . . 6ᵉ QUARTIER.

163   **Commence** rue Vivienne, 31. — **Finit** rue de Richelieu, 80.   (l. 11. — P. 12.)
     Long^r : 96ᵐ,00.
     Larg^r : 16ᵐ,00. — ORD. ROYALE DU 16 JUIN 1824 et ORD. ROYALE DU 17 JANVIER 1830
                (U. P.). *Ouverture et Alignements.*
          DÉCISION MINISTÉRIELLE DU 8 JUILLET 1833. *Dénomination.*
   Orig. — Aboutit à la Bourse.

BOUTAREL (Rue) . . . . **IVᵈ** ARRONDISSEMENT . . . . 16ᵉ QUARTIER.

164   **Commence** quai d'Orléans, 34. — **Finit** rue Saint Louis, 75.   (l. 7. — P. 12.)
     Long^r : 59ᵐ,00.   (*Voie privée.*)
     Larg^r : 8ᵐ,00. — ORDONNANCE DU PRÉFET DE POLICE DU 21 JUIN 1847. *Autorisation
                d'Ouverture,* fixant à 14ᵐ,62 la hauteur des maisons en bordure.
   Orig. — Ouverte sur des terrains appartenant à M. Boutarel.

BOUTEBRIE (Rue) . . . . **Vᵉ** ARRONDISSEMENT . . . . 20ᵉ QUARTIER.

165   **Commence** rue de la Parcheminerie, 25. — **Finit** boul. Saint Germain, 92. (l. 3. — P. 18.)
     Long^r : 58ᵐ,00.
     Larg^r : 6ᵐ,00. — DÉCISION MINISTÉRIELLE DU 23 PRAIRIAL AN VII.
     Id.   10ᵐ,00. — ORD. ROYALE DU 22 AOUT 1840. *Alignements.*
     Id.   12ᵐ,00. — *Alignements* projetés, suivis d'un commencement d'exécution. ,
          ARRÊTÉ PRÉFECTORAL DU 27 SEPTEMBRE 1859. *Nivellement.*
   Orig. — Erembourg de Brie y demeurait à la fin du XIIIᵉ siècle.

BOUTEILLE (Impasse de la) . . . . **I**er ARRONDISSEMENT . . . . 2e QUARTIER.
466   **Située** rue Montorgueil, 31.
          Long^r : 30^m,00.
          Larg^r : 2^m,50 environ.   (*Voie privée.*)
          ORIG. — Dénomination provenant d'une enseigne.

BOUTIN (Rue)*. . . . . **XIII**e ARRONDISSEMENT . . . . 31e QUARTIER.
          Anciennement commune de Gentilly.
467   **Commence** rue de la Glacière, 116. — **Finit** rue de la Santé, 121.   (I. 5. — P. 8.)
          Long^r : 63^m,00.
          Larg^r : 8^m,00 environ. — DÉCRET DU 26 MARS 1881. *Alignements et Nivellement.*
                    DÉCRET DU 23 MAI 1863. *Classement.*
                    ARRÊTÉ PRÉFECTORAL DU 29 AVRIL 1865. *Nivellement.*
          ORIG. — Doit son nom à M. Boutin qui y avait un chantier de bois.

BOUTRON (Impasse) . . . . **X**e ARRONDISSEMENT . . . . 40e QUARTIER.
468   **Située** rue du Faubourg Saint Martin, 172.   (I. 5. — P. 14.)
          Long^r : 112^m,00.
          Moindre larg^r : 4^m,25.   (*Voie privée.*)
          ORIG. — Nom du propriétaire.

BOUVART (Impasse) . . . . **V**e ARRONDISSEMENT . . . . 20e QUARTIER.
469   **Située** rue de Lanneau, 8.
          Long^r : 26^m,00.
          Larg^r : 6^m,00. — DÉCISION MINISTÉRIELLE DU 4 SEPTEMBRE 1818. *Alignements.*
                    DÉCRET DU 11 AOUT 1858. *Suppression pour le prolongement de la*
                    rue du Cimetière Saint Benoît.
                              OBS. — Ce décret n'est pas encore exécuté.
          ORIG. — Nom d'un propriétaire.

BOUVINES (Avenue de) . . . . . . **XI**e ARRONDISSEMENT . . . . 44e QUARTIER.
470   **Commence** place de la Nation, 11. — **Finit** rue de Montreuil, 102.   (I. 9. — P. 16.)
          Long^r : 155^m,00.
          Larg^r : 37^m,00. — DÉCISION MINISTÉRIELLE DU 23 VENTOSE AN X.
          Id.   37^m,00. — ORD. ROYALE DU 30 JUILLET 1844. *Alignements.*
                    DÉCRET DU 24 AOUT 1864. *Dénomination actuelle.*
                              OBS. — Précédemment avenue des Ormeaux.
          ORIG. — Victoire remportée par Philippe Auguste en 1214. Voisinage des colonnes monumentales que surmontent les
                    statues de St-Louis et de Philippe Auguste.

BOUVINES (Rue de) . . . . **XI**e ARRONDISSEMENT . . . . 44e QUARTIER.
471   **Commence** rue de Tunis. — **Finit** avenue de Bouvines, 1.   (I. 5.)
          Long^r : 27^m,00.
          Larg^r : 10^m,00. — ORD. ROYALE DU 8 SEPTEMBRE 1847. *Alignements.*
                    DÉCRET DU 24 AOUT 1864. *Dénomination actuelle.*
                              OBS. — Précédemment rue du Chemin de Lagny.
          ORIG. — Voir avenue de Bouvines.

BOYER (Rue) ** . . . . **XX**e ARRONDISSEMENT . . . . 79e QUARTIER.
          Anciennement commune de Belleville.
472   **Commence** rue de Ménilmontant, 100. — **Finit** rue de la Bidassoa.   (I. 25. — P. 8.)
          Long^r : 273^m,00.
          Larg^r : 12^m,00. — DÉCRET DU 28 JANVIER 1876 (U.P.). *Prolongement* jusqu'à la rue de la
                    Bidassoa. *Classement, Alignements et Nivellement* de la totalité de
                    la voie.
                    DÉCRET DU 10 FÉVRIER 1875. *Dénomination actuelle.*
                              OBS. — Précédemment rue de Magenta ou du Cantonnier Sombret.
          ORIG. — Baron Philippe Boyer, médecin, né à Paris (1802-1858).

BRADY (Passage) . . . . **X**e ARRONDISSEMENT . . . . 38e et 39e QUARTIERS.
473   **Commence** rue du Faub. Saint Martin, 43. — **Finit** rue du Faub. Saint Denis, 46. (I. 101. — P. 102.)
          Long^r : 184^m,00.
          Moindre larg^r : 3^m,50,   (*Voie privée.*)
          ORIG. — Ouvert par M. Brady.

BRANCION (Impasse) ** . . . . . . **XV**e ARRONDISSEMENT . . . . 57e QUARTIER.
          Anciennement commune de Vaugirard.
474   **Située** rue Brancion, 40.
          Long^r : 45^m,00.
          Larg^r : 6^m,00.   (*Voie privée.*)
          ARRÊTÉ PRÉFECTORAL DU 1er FÉVRIER 1877. *Dénomination actuelle.*
                              OBS. — Précédemment impasse Émilie.
          ORIG. — Voir rue Brancion.

BRANCION (Rue) ** . . . . **XV**e Arrondissement . . . . 57e Quartier.
Anciennement commune de Vaugirard.

475   **Commence** rue des Morillons, 36. — **Finit** boulevard Lefèvre.   (I. 49.—P. 58.)
     Long^r : 383^m,00.
        Décret du 23 mai 1863. *Classement* (confirmation).
     Larg^r : 12^m,00. — *Alignements* projetés. (Largeur actuelle.)
        Arrêté préfectoral du 6 mai 1867. *Nivellement.*
        Décret du 24 août 1864. *Dénomination actuelle.*
          Obs. — Précédemment rue du Pont de Turbigo.
   Orig. — Nom d'un colonel tué à l'attaque du bastion Malakoff (1855).

BRANTOME (Rue) . . . . **III**e Arrondissement . . . . 12e Quartier.
476   **Commence** rue Beaubourg, 31. — **Finit** rue Saint Martin, 164.   (I. 25. — P. 20.)
     Long^r : 123^m,00.
     Larg^r : 7^m,00. — Décision ministérielle du 18 pluviôse an x.
     id.   12^m,00. — Ord. royale du 22 mai 1837. *Alignements.*
        Décret du 24 août 1864. *Dénomination actuelle.*
          Obs. — Précédemment rue des Petits Champs.
   Orig. — Pierre de Bourdeille, seigneur de Brantôme, chroniqueur (1540-1614).

BRAQUE (Rue de) . . . . **III**e Arrondissement . . . . 12e Quartier.
477   **Commence** rue des Archives. 7. — **Finit** rue du Temple, 70.   (I. 13. — P. 12.)
     Long^r : 115^m,00.
     Larg^r : 8^m,00. — Décision ministérielle du 13 fructidor an VII.
     id.   10^m,00. — Ord. royale du 12 juillet 1837. *Alignements.*
   Orig. — Doit son nom à la famille de Braque qui y habitait.

BRAS D'OR (Cour du) . . . . . . **XI**e Arrondissement . . . . 44e Quartier.
478   **Commence** rue du Faubourg Saint Antoine, 99. — **Finit** passage Josset.   (I. 9 — P. 10.)
     Long^r : 102^m,00.
     Moindre larg^r : 5^m,00   (*Voie privée.*)
   Orig. — Dénomination provenant d'une enseigne.

BRÉA (Rue) ** . . . . **VI**e Arrondissement . . . . 23e Quartier.
479   **Commence** rue Vavin, 19. — **Finit** boulevard du Montparnasse, 107.   (I. 29. — P. 24.)
     Long^r : 175^m,00.
     Larg^r : 12^m,00. — Décret du 23 juillet 1830. *Ouverture* et *Alignements.*
   Orig. — Jean-Baptiste-Fidèle Bréa, général de brigade, né en 1790, fusillé à la Maison Blanche le 25 juin 1848.

BRÈCHE AUX LOUPS (Rue de la). **XII**e Arrondissement . . . . 46e Quartier.
Anciennement commune de Saint Mandé.
480   **Commence** rue de Charenton, 237. — **Finit** rue Claude Decaen, 93.   (I. 47. — P. 52.)
     Long^r : 410^m,00.
        Décret du 23 mai 1863. *Classement* (confirmation).
     Larg^r : 14^m,00. — *Alignements* projetés entre la rue de Charenton et la rue Wattignies.
     Id.   10^m,00. — *Alignements* projetés, suivis d'exécution, entre la rue Wattignies
         et la rue de la Lancette.
          Obs. — Ces deux premières parties de la voie ont été ouvertes lors du per-
            cement de la rue Wattignies.
     Id.   4^m,00. — Délibération du conseil municipal de Saint-Mandé du 21 septembre
         1839. *Alignements* projetés, suivis d'exécution, entre la rue de la
         Lancette et la rue Claude Decaen. (Largeur 2^m,00 moindre.)
          Obs. — L'Administration a fait étudier un projet de déviation de la partie
            comprise entre la rue des Trois Chandelles et la rue Claude
            Decaen.
   Orig. — Doit son nom à une vallée. Les Loups, dit-on, s'y montraient pendant les hivers rigoureux.

BREDA (Place) . . . . **IX**e Arrondissement . . . . 33e Quartier.
481   **Située** rue Breda, 16.
        Ord. royale du 21 avril 1830. *Ouverture.*
   Orig. — Voir rue Breda.

BREDA (Rue). . . . . **IX**e Arrondissement . . . . 33e Quartier.
482   **Commence** rue Notre-Dame de Lorette, 38. — **Finit** rue de Laval, 27.   (I. 31. — P. 31.)
     Long^r : 210^m,00.
     Larg^r : 11^m,69. — Ord. royale du 21 avril 1830. *Ouverture* et *Alignements,*
   Orig. — Ancien passage appartenant à M. Breda.

BRÉGUET (Rue) . . . . **XI**e Arrondissement . . . . 43e Quartier.
483   **Commence** boul. Richard Lenoir, 26 et r. St Sabin, 24.—**Finit** r. Froment (projetée).(I. 15.—P. 16.)
     Long^r : 152^m,00.
     Larg^r : 12^m,00. — Décret du 19 septembre 1866 (U. P.). *Ouverture* et *Alignements.*
        Décret du 10 août 1868. *Dénomination.*
   Orig. — Abraham-Louis Bréguet, mécanicien et horloger célèbre (1747-1823) ; contre industriel.

BRÉMANT (Impasse) ** . . . . . . **XX**ᵉ Arrondissement . . . . 80ᵉ Quartier.

484   **Située** rue des Orteaux, 19.
    Long^r : 50^m,00.
    Larg^r : 4^m,00.   *(Voie privée.)*
    Orig. — Nom de propriétaire.

BRÉMONTIER (Rue). . . . . . **XVII**ᵉ Arrondissement. . . . . 66ᵉ Quartier.

485   **Commence** aven. de Villiers, 72, et rue Jouffroy, 74. — **Finit** boul. Berthier, 39. (l. 53. — P. 46.)
    Long^r : 560^m,00.
    Larg^r : 20^m,00. — Décret du 30 novembre 1862. *Ouverture, Alignements.*
               Arrêté préfectoral du 22 juin 1864. *Nivellement.*
               Arrêté préfectoral du 16 février 1865. *Nivellement* entre l'avenue
               Wagram et la rue Montenotte.
               Décret du 2 mars 1864. *Dénomination.*
    Orig. — Nicolas-Théodore Brémontier, inspecteur général des Ponts et Chaussées, auteur de travaux considérables
          pour fixer les dunes du golfe de Gascogne (1738-1809); quartier où ont été groupés des noms d'ingénieurs.

BRETAGNE (Rue de) . . . . **III**ᵉ Arrondissement . . . . 10ᵉ Quartier.

486   **Commence** rue Vieille du Temple, 139. — **Finit** rue du Temple, 138.   (l. 67. — P. 58.)
    Long^r : 435^m,00.
    Moindre Larg^r : 10^m,00. — Décision ministérielle du 26 thermidor an VIII.
    Id.   Id.   Id.   Ord. royale du 16 mai 1833. *Alignements.*
    Larg^r : 20^m,00. —   Obs. — Alignements exécutés entre la rue Caffarelli et la rue du Temple,
                          lors de l'établissement du square du Temple et de la mairie du
                          IIIᵉ arrondissement.
               Décision ministérielle du 18 février 1851. *Dénomination* actuelle.
               Obs. — Précédemment rues de la Corderie et de Bretagne.
    Orig. — Province de France; voisinage de la place de France projetée par Henri IV.

BRETEUIL (Avenue de) . . . . . . **VII**ᵉ Arrondissement . . . . 27ᵉ Quartier.
                      XVᵉ Arrondissement . . . . 58ᵉ Quartier.

487   **Commence** place Vauban, 5. — **Finit** rue de Sèvres, 114.   (l. 85. — P. 84.)
    Long^r : 850^m,00 actuelle. — Long^r : 900^m,00 future.
               Loi du 4 juin 1853. *Cession par l'État, à la Ville de Paris, de la
               partie comprise entre la place Vauban et la place de Breteuil.*
               Loi du 19 mars 1838. *Cession par l'État, à la Ville de Paris, de la
               partie comprise entre la place de Breteuil et la rue de Sèvres.*
    Larg^r : 70^m,00. — Ord. royale du 9 août 1844. *Alignements de la deuxième partie.*
               Décret du 12 février 1867 (U.P.). *Prolongement* entre la rue de
               Sèvres et le boulevard de Vaugirard.
               Obs. — Ce prolongement n'est pas encore exécuté.
               Arrêté préfectoral du 31 juillet 1869. *Nivellement.*
    Orig. — Ouverte sous le ministère de Louis-Auguste le Tonnelier, baron de Breteuil, ministre de la Maison du roi et
          de Paris (1723-1807).

BRETEUIL (Place de) . . . . . **VII**ᵉ Arrondissement . . . . 27ᵉ Quartier.
                      XVᵉ Arrondissement . . . . 58ᵉ Quartier.

488   **Située** à l'intersection des avenues de Breteuil, 74, et de Saxe, 50.   (l. 1. — P. 4.)
               Obs. — Longueur comprise dans celle de l'avenue de Breteuil.
    Rayon : 64^m,80. — Ord. royale du 9 août 1844. *Alignements.*
               Obs. — Cédée par l'État à la Ville de Paris par une loi du 19 mars 1838.
    Orig. — *Voir avenue de Breteuil.*

BRETEUIL (Rue de) . . . . **III**ᵉ Arrondissement. . . . . 9ᵉ Quartier.

489   **Commence** rue de Réaumur, 50. — **Finit** rue Vaucanson, 1.   (l. 15. — P. 8.)
    Long^r : 58^m,00.
    Larg^r : 6^m,00. — Décision ministérielle du 3 décembre 1814. *Alignements.*
               Décret du 23 août 1858. *Suppression* pour le prolongement de la
               rue Réaumur et le dégagement du Conservatoire des Arts et
               Métiers (côté Sud).
    Orig. — Voisine de l'ancienne abbaye de Saint-Martin des Champs, a pris le nom d'Élisabeth-Théodore le Tonnelier de
          Breteuil, prieur de Saint-Martin des Champs (1710-1781).

BRETONNEAU (Rue) ** . . . . . **XX**ᵉ Arrondissement . . . . 78ᵉ Quartier.
               Anciennement commune de Charonne.

490   **Commence** rue Pelleport, 82. — **Finit** rue Lebua, 27.
    Long^r : 100^m,00.
    Moindre larg^r : 2^m,00.   *(Voie privée.)*
               Décret du 10 février 1875. *Dénomination* actuelle.
               Obs. — Précédemment rue de la Source.
    Orig. — Pierre Bretonneau, médecin (1771-1862); voisinage de l'hôpital Tenon.

BRETONS (Cour des) . . . . **X**e ARRONDISSEMENT . . . . 40e QUARTIER.
491   **Commence** rue du Faubourg du Temple, 99. — **Finit** rue du Buisson Saint Louis, 4.
Longr : 245m,00.
Moindre largr :   2m,40.   (*Voie privée.*)
ARRÊTÉ PRÉFECTORAL DU 1er FÉVRIER 1877. *Dénomination* actuelle.
OBS. — Précédemment cour de Bretagne.
ORIG. — Nom substitué à celui de cour de Bretagne.

BRETONVILLIERS (Rue de) . . . **IV**e ARRONDISSEMENT . . . . 16e QUARTIER.
492   **Commence** quai de Béthune, 14. — **Finit** rue Saint Louis en l'Ile, 7.   (I. 3. — P. 6.)
Longr : 75m,00.
Largr :   8m,20. — DÉCISIONS MINISTÉRIELLES DES 24 FRIMAIRE AN XIII ET 9 MAI 1818.
Id.   8m,20   ORD. ROYALE DU 9 DÉCEMBRE 1838. *Alignements.*
ORIG. — M. Le Ragois de Bretonvilliers fit bâtir, sur les dessins de Du Cerceau, un hôtel qui occupait tout un côté de cette rue.

BREY (Rue). . . . . **XVII**e ARRONDISSEMENT . . . . 63e QUARTIER.
Anciennement commune de Neuilly.
493   **Commence** avenue de Wagram, 21. — **Finit** rue Montenotte, 11.   (I. 25. — P. 32.)
Longr : 170m,00.
DÉCRET DU 23 MAI 1863. *Classement* (confirmation).
Largr : 10m,00. — DÉCRET DU 5 JUILLET 1880. *Alignements.*
ARRÊTÉ PRÉFECTORAL DU 16 FÉVRIER 1865. *Nivellement* entre l'avenue
de Wagram et la rue Montenotte.
ORIG. — Auguste-Joachim Brey, architecte, ancien adjoint au maire de Neuilly (1795-1875).

BREZIN (Rue) ** . . . . **XIV**e ARRONDISSEMENT . . . . 55e QUARTIER.
Anciennement commune de Montrouge.
494   **Commence** av. d'Orléans, 46. — **Finit** av. du Maine, 171, et r. Durouchoux. (I. 37. — P. 28.)
Longr : 290m,00.
Largr : 13m,00. — ARRÊTÉ PRÉFECTORAL DU 7 MAI 1841. *Alignements.*
DÉCRET DU 23 MAI 1863. *Classement* (confirmation).
ARRÊTÉ PRÉFECTORAL DU 20 MAI 1868. *Nivellement.*
ARRÊTÉ PRÉFECTORAL DU 26 FÉVRIER 1844. *Dénomination.*
ORIG. — Michel Brezin, entrepreneur de serrurerie et fondateur de l'hospice qui porte son nom (1757-1828) ; voisinage de l'hospice de la Rochefoucauld.

BRIARE (Impasse) . . . . **IX**e ARRONDISSEMENT . . . . 36e QUARTIER.
495   **Située** rue de Rochechouart, 9.
Longr : 95m,00.
Largr :   2m,33.   (*Voie privée.*)
ORIG. — Nom d'un propriétaire.

BRIDAINE (Rue) . . . . **XVII**e ARRONDISSEMENT . . . . 67e QUARTIER.
Anciennement commune des Batignolles.
496   **Commence** rue Truffaut, 41. — **Finit** rue Boursault, 30.   (I. 21. — P. 22.)
Longr : 185m,00.
Largr : 10m,00. — ARRÊTÉ PRÉFECTORAL DU 15 JUIN 1852. *Alignements.*
DÉCRET DU 23 MAI 1863. *Classement* (confirmation).
DÉCRET DU 24 AOÛT 1864. *Dénomination* actuelle.
OBS. — Précédemment rue Saint Charles.
ORIG. — Jacques Bridaine, prédicateur (1701-1767); voisinage de l'église des Batignolles.

BRIE (Passage de la) ** . . . . . . **XIX**e ARRONDISSEMENT . . . . 73e QUARTIER.
Anciennement commune de La Villette.
497   **Commence** rue de Meaux, 49. — **Finit** impasse du Montferrat, 9.   (I. 17. — P. 8.)
Longr : 70m,00.
Largr :   5m,00.   (*Voie privée.*)
ARRÊTÉ PRÉFECTORAL DU 1er FÉVRIER 1877. *Dénomination* actuelle.
OBS. — Précédemment passage Buzelin.
ORIG. — Ancienne province de France; voisinage de la rue de Meaux.

BRIGNOLE (Rue) ** . . . . **XVI**e ARRONDISSEMENT . . . . 64e QUARTIER.
498   **Commence** avenue du Trocadéro. — **Finit** rue Pierre Charron, 40.
Longr : 60m,00.
Largr : 12m,00. — DÉCRET DU 30 AOÛT 1879. *Classement, Alignements et Nivellement.*
ORIG. — Ouverte par Mme Brignole de Galliera, sur son propre terrain.

BRIQUET (Passage) **. . . . . . **XVIII**e Arrondissement . . . . 70e Quartier.
Anciennement commune de Montmartre.
499 **Commence** rue Seveste, 5. — **Finit** rue Briquet, 2. (I. 1.)
Long^r : 52^m,00.
Larg^r : 5^m,00 environ. (*Voie privée.*)
Orig. — *Voir rue Briquet.*

BRIQUET (Rue) **. . . . . . . **XVIII**e Arrondissement . . . . 70e Quartier.
Anciennement commune de Montmartre.
500 **Commence** boulevard de Rochechouart, 66. — **Finit** rue d'Orsel, 29. (I. 11. — P. 4.)
Long^r : 76^m,00.
Larg^r : 5^m,25 environ. (*Voie privée.*)
Orig. — Nom de propriétaire.

BRIQUETERIE (Rue de la) **. . . **XIV**e Arrondissement. . . . . 56e Quartier.
Anciennement commune de Vanves.
501 **Commence** rue de Vanves, 225. — **Finit** boulevard Brune, 19. (I. 9. — P. 6.)
Long^r : 80^m,00.
Larg^r : 8^m,00. (*Voie privée.*)
Orig. - Doit son nom à une briqueterie.

BRISEMICHE (Rue). . . . . **IV**e Arrondissement . . . . 13e Quartier.
502 **Commence** rue du Cloître Saint Merri, 10. — **Finit** r. Maubuée, 1, et Simon le Franc, 29.
Long^r : 167^m,00. (I. 29. — P. 34.)
Larg^r : 6^m,00. — Décision ministérielle du 13 vendémiaire an X.
Id. 10^m,00. — Ord. royale du 22 mai 1837. *Alignements.*
Arrêté préfectoral du 2 avril 1868. *Dénomination actuelle.*
Obs. — Précédemment rues Brisemiche et du Poirier.
Orig. — Doit sa dénomination aux pains que l'on distribuait aux chanoines de la collégiale de Saint Merri.

BRISSAC (Rue de). . . . . **IV**e Arrondissement . . . . 13e Quartier.
503 **Commence** boulevard Morland, 10. — **Finit** rue Crillon, 5. (I. 3. — P. 4.)
Long^r : 42^m,00.
Larg^r : 10^m,00. — Ord. royale du 21 septembre 1841. *Ouverture* et *Alignements.*
Ord. royale du 5 août 1844. *Dénomination.*
Orig. — Charles de Cossé, duc de Brissac, pair et maréchal de France, mort en 1621, remit les clefs de Paris à Henri IV,
le 22 mars 1594 ; voisinage de l'Arsenal.

BROCHANT (Rue). . . . . **XVII**e Arrondissement. . . . . . . 67e et 68e Quartiers.
Anciennement commune des Batignolles.
504 **Commence** place des Batignolles, 16. — **Finit** avenue de Clichy, 129. (I. 47. — P. 34.)
Long^r : 364^m,00.
Décret du 23 mai 1863. *Classement* (confirmation).
Larg^r : 20^m,00. — *Alignements* projetés.
Décret du 24 août 1864. *Dénomination* actuelle.
Obs. — Précédemment rue Notre-Dame.
Orig. — André-Jean-Marie Brochant de Villiers, directeur des manufactures de Saint Gobain, membre de l'Académie des
Sciences (1773-1840.)

BRONGNIART (Rue). . . . . . . **II**e Arrondissement . . . . 7e Quartier.
505 **Commence** rue Montmartre, 133. — **Finit** rue Notre-Dame des Victoires, 52. (I. 1. — P. 2.)
Long^r : 23^m,00.
Larg^r : 7^m,50. — Ord. royale du 23 juillet 1828. *Alignements.*
Ord. royale du 5 août 1844. *Dénomination* actuelle.
Obs. — Précédemment partie de la rue Notre-Dame des Victoires.
Orig. — Voisine du palais de la Bourse, a pris le nom de l'architecte Alexandre-Théodore Brongniart (1739-1813), qui
a construit ce monument.

BROSSE (Rue de). . . . . **IV**e Arrondissement . . . . 14e Quartier.
506 **Commence** quai de l'Hôtel de Ville, 90. — **Finit** place Saint-Gervais. (P. 10.)
Long^r : 60^m,00.
Larg^r : 16^m,00. — Décret du 29 septembre 1854 (U. P.). *Modification* des alignements.
Id. 10^m,00. — Largeur exécutée lors de la construction de la caserne.
Ord. royale du 14 décembre 1838. *Dénomination.*
Arrêté préfectoral du 4 juin 1881. *Modifiant* le nom.
Obs. — Précédemment rue Jacques de Brosse.
Orig. — Salomon de Brosse, appelé à tort Jacques de Brosse, architecte du Palais du Luxembourg et de l'Église Saint
Gervais (mort en 1626); voisinage de cette église.

BROUSSAIS (Rue) ****** . . . . . . **XIV**ᵉ Arrondissement . . . . 54ᵉ Quartier.

Anciennement commune de Gentilly.

507   **Commence** rue Dareau, 31. — **Finit** rue d'Alésia, 2.

Long^r : 396ᵐ,00.

Larg^r   12ᵐ,00. — Décret du 30 juillet 1863 (U. P.). *Ouverture* et *Alignements*.

Id.   14ᵐ,00. —   Obs. — La partie latérale au chemin de fer de Paris à Limours a été modifiée lors de la déviation du chemin de fer, et sa largeur a été portée à 14ᵐ,00.

Arrêté préfectoral du 3 août 1864. *Nivellement*.

Décret du 2 mars 1867. *Dénomination*.

Orig. — François-Joseph-Victor Broussais, médecin (1772-1838) ; voisinage de l'asile Sainte-Anne.

BRUANT (Rue) ***** . . . . **XIII**ᵉ Arrondissement . . . . 49ᵉ Quartier.

508   **Commence** boulevard de la Gare, 60. — **Finit** rue Jenner, 4.   (I. 17. — P. 10.)

Long^r : 280ᵐ,00.

Larg^r : 10ᵐ,00. — Décision ministérielle du 30 juillet 1819.

Id.   10ᵐ,00,   Ord. royale du 11 juin 1847. *Alignements*.

Arrêté préfectoral du 20 mars 1869. *Nivellement*.

Orig. — Libéral Bruant, architecte de la Salpêtrière (1637?-1697); voisinage de cet établissement.

BRULON (Passage). . . . . **XII**ᵉ Arrondissement . . . . 48ᵉ Quartier.

509   **Commence** rue de Cîteaux, 39. — **Finit** rue Crozatier, 66.

Long^r : 109ᵐ,00.

Larg^r :   4ᵐ,00.   (*Voie privée.*)

Orig. — Nom du propriétaire.

BRUNE (Boulevard) ****** . . . . . . **XIV**ᵉ Arrondissement . . . . 55ᵉ et 56ᵉ Quartiers.

Anciennement communes de Montrouge et de Vanves.

510   **Commence** chemin de fer de l'Ouest. — **Finit** porte et avenue d'Orléans, 146.   (I. 137.)

Long^r : 1,618ᵐ,00.

Convention du 5 juillet 1839. Remise conditionnelle, par le Génie militaire à la Ville de Paris, de la rue Militaire.

Larg^r :   40ᵐ,00.—Décret du 9 septembre 1861 (U. P.). *Alignements*.

Décret du 23 mai 1863. *Classement* (confirmation).

Décret du 2 mars 1864. *Dénomination* actuelle.

Obs. — Précédemment partie de la rue Militaire.

Orig. — Guillaume-Marie-Anne Brune, maréchal de France (1763-1815).

BRUNE (Passage) ****** . . . . **XIV**ᵉ Arrondissement . . . . 56ᵉ Quartier.

Anciennement commune de Vanves.

511   **Commence** passage Noirot. — **Finit** boulevard Brune, 51.   (I. 17.)

Long^r : 130ᵐ,00.

Larg^r :   8ᵐ,00 environ.   (*Voie privée.*)

Arrêté préfectoral du 1ᵉʳ février 1877. *Dénomination* actuelle.

Obs. — Précédemment impasse Lepilleur.

Orig. — *Voir* boulevard Brune.

BRUNEL (Rue) . . . . **XVII**ᵉ Arrondissement . . . . 63ᵉ Quartier.

Anciennement commune de Neuilly.

512   **Commence** av. de la Grande Armée, 38. — **Finit** boul. Péreire, 235.   (I. 27. — P. 16.)

Long^r : 390ᵐ,00.

Larg^r :   15ᵐ,00. — Arrêté préfectoral du 31 août 1857. *Classsement* et *Alignements*.

Décret du 23 mai 1863. *Classement* (confirmation).

Décret du 10 août 1868. *Dénomination* actuelle.

Obs. — Précédemment rue Sainte-Marie.

Orig. — Marc-Isambart Brunel, ingénieur (1769-1841); quartier où ont été groupés des noms d'ingénieurs.

BRUNOY (Passage). . . . . **XII**ᵉ Arrondissement . . . . 48ᵉ Quartier.

513   **Commence** rue de Chalon, 26. — **Finit** passage Raguinot.   (I. 21. — P. 21.)

Long^r : 163ᵐ,00.

Larg^r :   4ᵐ,00.   (*Voie privée.*)

Orig. — Nom de propriétaire.

BRUXELLES (Rue de). . . . . . **IX**ᵉ Arrondissement . . . . 33ᵉ Quartier.

514   **Commence** place Blanche, 7. — **Finit** rue de Clichy, 80.   (I. 29. — P. 41.)

Long^r : 320ᵐ,00.

Larg^r :   12ᵐ,00. — Ord. royale du 21 juin 1841. *Ouverture* et *Alignements*.

Orig. — Capitale de la Belgique; voisinage de la place de l'Europe.

BUA (Sentier des)** . . . . **XX** Arrondissement . . . . 78ᵉ Quartier.
Anciennement commune de Charonne.
515 **Situé** à l'extrémité du sentier des Hauts Montibœufs, où il forme deux impasses. (I. 21. P. 44.)
Long : 170ᵐ,00.
Larg : 2ᵐ,33. — Arrêté préfectoral du 3 juillet 1830. *Classement* et *Alignements*.
Décret du 23 mai 1863. *Classement* (confirmation).
id. : 8ᵐ,00. — *Alignements* projetés et prolongement, d'un côté, jusqu'à la rue du Surmelin, et de l'autre côté jusqu'à une voie projetée.
Obs. — Le sentier des Hauts Montibœufs faisait anciennement partie de cette voie.
Orig. — Lieu dit.

BUCHERIE (Rue de la) . . . . . . **Vᵉ** Arrondissement . . . . 20ᵉ Quartier.
516 **Com**. pl. Maubert, 2 et r. du Haut Pavé, 6. — **Fin**. pl. et r. du Petit Pont, 1. (I. 45. — P. 18.)
Long : 235ᵐ,00.
Larg : 8ᵐ,00. — Décision ministérielle des 20 fructidor an XI et 5 octobre 1818. *Alignements*.
Orig. — Le port aux Bûches était situé à proximité.

BUCI (Carrefour de). . . . . **VIᵉ** Arrondissement . . . . 21ᵉ Quartier.
517 **Situé** à la rencontre des rues Dauphine, 52; Saint André des Arts, 72; de l'Ancienne Comédie, 2; Mazarine, 84, et de Buci, 2.
Obs. — Longueur comprise dans celle des rues dont la rencontre forme le carrefour.
Orig. — Voir rue de Buci.

BUCI (rue de) . . . . **VIᵉ** Arrondissement. . . . . . . 21ᵉ et 24ᵉ Quartiers.
518 **Com**. r. de l'Ancienne Comédie, 2, et Mazarine, 84. — **Fin**. boul. St. Germain, 164. (I. 39. — P. 42)
Long : 200ᵐ,00.
Moindre larg : 10ᵐ,00. — Décision ministérielle du 8 nivôse an IX.
Ord. royale du 29 mars 1827. *Alignements*.
Orig. — Doit son nom à Simon de Buci, qui avait acheté la Porte Saint Germain en 1350.

BUDÉ (Rue) . . . . **IVᵉ** Arrondissement . . . . 16ᵉ Quartier.
519 **Commence** quai d'Orléans, 10. — **Finit** rue Saint Louis en l'Ile, 45. (I. 15. — P. 18.)
Long : 84ᵐ,00.
Larg : 7ᵐ,00. — Décision ministérielle du 24 frimaire an XIII.
Id. 6ᵐ,00. — Décision ministérielle du 9 mai 1818.
Id. 5ᵐ,80. — Ord. royale du 9 décembre 1838. *Alignements*.
Décret du 27 octobre 1867. *Dénomination* actuelle.
Obs. — Précédemment rue Guillaume.
Orig. — Guillaume Budé, philologue (1467-1540), était prévôt des marchands en 1522.

BUFFAULT (Rue) . . . . **IXᵉ** Arrondissement . . . . 35ᵉ Quartier.
520 **Commence** rue du Faubourg Montmartre, 46. — **Finit** rue Lamartine, 11. (I. 27. — P. 34.)
Long : 197ᵐ,00.
Larg : 9ᵐ,74. — Décision ministérielle du 28 fructidor an X.
Ord. royale du 23 août 1833. *Alignements*.
Orig. — Jean-Baptiste Buffault était échevin lorsqu'elle fut ouverte (1782).

BUFFON (Rue)* . . . . **Vᵉ** Arrondissement . . . . 18ᵉ Quartier.
521 **Commence** boulevard de l'Hôpital, 2. — **Finit** rue Geoffroy-Saint-Hilaire, 36. (I. 75.)
Long : 616ᵐ,00.
Moindre larg : 10ᵐ,00. — Décision ministérielle du 28 brumaire an XI.
Ord. royale du 27 janvier 1837. *Alignements*.
Orig. — Georges-Louis Leclerc, comte de Buffon, naturaliste, directeur du jardin du Roi (1707-1788); voisinage du Jardin des Plantes.

BUGEAUD (Avenue)** . . . . . . **XVIᵉ** Arrondissement . . . . 63ᵉ Quartier.
Anciennement communes de Passy et de Neuilly.
522 **Commence** place d'Eylau, 8. — **Finit** avenue du Bois de Boulogne, 77. (I. 57. — P. 50.)
Long : 542ᵐ,00.
Larg : 45ᵐ,00. — Arrêté préfectoral du 16 février 1856. *Alignements* entre la place d'Eylau et la rue Spontini.
Obs. — La partie comprise entre la rue Spontini et l'avenue du Bois de Boulogne a été ouverte lors du percement de la dernière de ces deux voies.
Décret du 23 mai 1863. *Classement* confirmé pour la totalité de la voie.
Arrêté préfectoral du 28 avril 1869. *Nivellement*.
Décret du 24 août 1864. *Dénomination* actuelle.
Obs. — Précédemment avenue Dauphine.
Orig. — Thomas-Robert Bugeaud, duc d'Isly, maréchal de France (1784-1849).

BUIS (Rue du). . . . . **XVI**ᵉ ARRONDISSEMENT. . . . . 61ᵉ QUARTIER.
Anciennement commune d'Auteuil.
423   **Commence** rue du Point du Jour, 60. — **Finit** rue d'Auteuil, 13.   (I. 11. — P. 10.)
    Long^r : 93^m,00.
    Larg^r : 8^m,00. — ARRÊTÉ PRÉFECTORAL DU 27 SEPTEMBRE 1837. *Alignements.*
        DÉCRET DU 23 MAI 1863. *Classement* (confirmation).
        ARRÊTÉS PRÉFECTORAUX DES 10 FÉVRIER 1873 ET 4 MAI 1874. *Nivel-
        lement.*
    ORIG. — Ancienne voie bordée de buis.

BUISSON SAINT LOUIS (Impasse du) **X**ᵉ ARRONDISSEMENT. . . . . 40ᵉ QUARTIER.
524   **Située** rue du Buisson Saint Louis, 17.   (I. 3. — P. 2.)
    Long^r : 30^m,00.
    Larg^r : 6^m,00 environ.   (*Voie privée.*)

BUISSON SAINT LOUIS (Passage du). **X**ᵉ ARRONDISSEMENT . . . . 40ᵉ QUARTIER.
525   **Commence** et **Finit** rue du Buisson Saint Louis, 7 et 15.   (I. 11. — P. 12.)
    Long^r : 130^m,00.
    Larg^r : 6^m,00 environ.   (*Voie privée.*)
    ORIG. — *Voir* rue du Buisson Saint Louis.

BUISSON SAINT LOUIS (Rue du)*. **X**ᵉ ARRONDISSEMENT. . . . . 40ᵉ QUARTIER.
526   **Commence** rue Saint Maur, 192. — **Finit** boulevard de La Villette, 27.   (I. 33. — P. 28.)
    Long^r : 302^m,00.
    Larg^r : 10^m,00. — DÉCISION MINISTÉRIELLE DU 16 FLORÉAL AN X.
    Id.   13^m,00. — ARRÊTÉ DU POUVOIR EXÉCUTIF DU 4 DÉCEMBRE 1848. *Alignements.*
        ARRÊTÉ PRÉFECTORAL DU 3 JUILLET 1854. *Nivellement.*
    ORIG. — Doit son nom à sa situation champêtre dans le voisinage de l'hôpital Saint Louis.

BULLANT (Rue) . . . . **XIII**ᵈ ARRONDISSEMENT. . . . . 51ᵉ QUARTIER.
Anciennement commune de Gentilly.
527   **Com.** rue de la Santé, 103. — **Finit** en impasse, au delà de la rue Palmyre. (I. 21. — P. 18.)
    Long^r : 93^m,00.
    Larg^r : 6^m,00.   (*Voie privée.*)
        DÉCRET DU 10 FÉVRIER 1875. *Dénomination* actuelle.
            OBS. — Précédemment rue Hélène.
    ORIG. — Jean Bullant, sculpteur et architecte (vers 1510-1578).

BULLOURDE (Passage) . . . . . . **XI**ᵉ ARRONDISSEMENT. . . . . 43ᵉ QUARTIER.
528   **Commence** rue Keller, 14. — **Finit** passage Charles Dallery, 13.   (I. 7.)
    Long^r : 120^m,00.
    Larg^r : 7^m,75.   (*Voie privée.*)
    ORIG. — Nom de propriétaire.

BUOT (Rue)**. . . . . **XIII**ᵉ ARRONDISSEMENT. . . . . 51ᵉ QUARTIER.
Anciennement commune de Gentilly.
529   **Com.** r. de la Butte aux Cailles, 31, et de l'Espérance, 1. — **Finit** en impasse. (I. 21. — P. 24.)
    Long^r : 125^m,00.
    Larg^r : 7^m,00 environ.   (*Voie privée.*)
    ORIG. — Nom de propriétaire.

BURCQ (Rue) **. . . . . **XVIII**ᵉ ARRONDISSEMENT. . . . . 69ᵉ QUARTIER.
Anciennement commune de Montmartre.
530   **Com.** rue des Abbesses, 48. — **Finit** en impasse, au delà de la rue Durantin. (I. 17. — P. 22.)
    Long^r : 162^m,00.
        DÉCRET DU 23 MAI 1863. *Classement* de la partie comprise entre la
        rue des Abbesses et la rue Durantin.
    Larg^r : 10^m,00. — *Alignements* projetés pour cette partie. (Largeur actuelle.)
            OBS. — La partie formant impasse n'est pas classée ; elle a 8 mètres de
            largeur environ.
    ORIG. — Nom de propriétaire.

BUREAU (Passage du) . . . . . . **XI**ᵉ ARRONDISSEMENT. . . . . 44ᵉ QUARTIER.
531   **Commence** rue de Charonne, 166. — **Finit** boulevard de Charonne, 69.   (I. 51. — P. 50.)
    Long^r : 468^m,00.
    Moindre larg^r : 3^m,30   (*Voie privée.*)
        ARRÊTÉ PRÉFECTORAL DU 1ᵉʳ FÉVRIER 1877. *Dénomination* actuelle.
            OBS. — Précédemment ruelle des Hautes Vignoles et passage du Bureau.
    ORIG. — Doit son nom à un ancien bureau d'octroi.

BUTTE AUX CAILLES (Rue de la) ** **XIII**e Arrondissement . . . . 51e Quartier.
Anciennement commune de Gentilly.

532 **Commence** rue du Moulin des Prés et passage Simonet, 2. — **Finit** rue Barrault et se prolonge en impasse.   (I. 31. — P. 28.)

Longr : 407m,00.

Largr : 12m,00. — Arrêté préfectoral du 2 juin 1858. *Alignements*.

Décret du 23 mai 1863. *Classement* (confirmation).

Arrêté préfectoral du 21 juillet 1862. *Nivellement*.

Arrêté préfectoral du 19 avril 1869. *Nivellement*.

Orig. — Lieu dit la Butte-aux-Cailles, sur une éminence dominant la Bièvre.

BUTTE CHAUMONT (Rue de la)**. **X**e Arrondissement . . . . 37e et 40e Quartiers.

533 **Commence** boulevard de La Villette, 97. — **Finit** rue du Faubourg Saint Denis, 230, et
boulevard de La Chapelle, 35.   (I. 75. — P. 72.)

Longr : 970m,00.

Largr : 12m,00. — Décision ministérielle du 28 fructidor an IX. *Alignements* entre le
boulevard de La Villette et la rue La Fayette.

Id.   13m,00. — Ord. royale du 23 juillet 1828. *Alignements* entre le boulevard de
La Villette et la rue du Faubourg Saint Martin.

Id.   12m,00. — *Alignements* projetés entre la rue du Faubourg Saint Martin et la
rue La Fayette. (Largeur actuelle, 9m15 moindre.)

Id.   12m,00. — Ord. royale du 31 janvier 1827. *Ouverture* et *Alignements* entre la
rue La Fayette et la rue de Chateau-Landon, modifiés par le
décret suivant.

Id.   20m,00. — Décret du 21 avril 1866 (U. P.). *Ouverture* et *Alignements* depuis la
rue La Fayette jusqu'à la rue du Faubourg Saint Denis et le
boulevard de La Chapelle.

Arrêtés préfectoraux des 5 août 1867 et 3 janvier 1868. *Nivellement*.

Décision ministérielle du 2 octobre 1821. *Dénomination* actuelle.

Obs. — Précédemment rue de la Boyauderie.

Orig. — Conduit à la Butte-Chaumont.

BUTTES (Rue des). . . . . **XII**e Arrondissement . . . . 46e Quartier.

534 **Commence** rue de Reuilly, 95. — **Finit** rue de Picpus, 22.   (I. 29. — P. 6.)

Longr : 367m,00.

Largr : 8m,00. — Décision ministérielle du 28 fructidor an X.

Id.   12m,00. — Ord. royale du 30 juillet 1844. *Alignements*.

Arrêté préfectoral du 24 juillet 1874. *Nivellement*.

Orig. — Tracée sur un terrain élevé, dominant l'ancienne vallée de Fécamp. (*Voir* rue de Fécamp.)

BUTTES CHAUMONT (Parc des) **XIX**e Arrondissement. . . . . 76e Quartier.

535 **Situé** entre les rues Manin, de Crimée, Botzaris et Bolivar.

Orig. — Sur l'emplacement de la Butte Chaumont.

BUZELIN (Rue) . . . . **XVIII**e Arrondissement . . . . 72e Quartier.
Anciennement commune de La Chapelle.

536 **Commence** rue Riquet, 72 bis. — **Finit** rue de Torcy, 13.   (I. 27. — P. 20.)

Longr : 135m,00.

Décret du 23 mai 1863. *Classement*.

Largr : 12m,00. — *Alignements* projetés. (Largeur actuelle.)

Arrêté préfectoral du 25 avril 1866. *Nivellement*.

Orig. — Nom de propriétaire.

BUZENVAL (Rue de) **. . . . . . **XX**e Arrondissement . . . . 80e Quartier.
Anciennement commune de Charonne.

537 **Commence** rue des Haies,25. — **Finit** rue des Vignoles, 26.   (I. 21. — P. 24.)

Longr : 123m,00.

Largr : 8m,00. — Décret du 18 novembre 1851.

Décret du 23 mai 1863. *Classement* (confirmation).

Id.   10m,00. — *Alignements* projetés suivis d'un commencement d'exécution.

Arrêté préfectoral du 10 décembre 1878. *Dénomination* actuelle.

Obs. — Précédemment rue des Vignoles. (Partie.)

Ori . — Combat du 19 janvier 1871, entre les troupes assiégées dans Paris et l'armée allemande.

C

CABANIS (Rue) ** . . . . **XIV⁰ Arrondissement** . . . . 54⁰ Quartier.

538   **Commence** rue de la Santé, 66. — **Finit** rue Broussais.   (I. 1. — P. 30.)
     Long^r : 323^m,00.
     Larg^r : 12^m,00. — Décret du 9 juin 1875. *Classement, Nivellement* et *Alignements.*
                Arrêté préfectoral du 29 juin 1867. *Nivellement.*
                Décret du 2 mars 1867. *Dénomination.*
   Orig. — Pierre-Jean-George Cabanis, médecin (1757-1808); voisinage de l'asile Sainte-Anne.

CADET (Cité de la place) . . . . . . **IX⁰ Arrondissement** . . . . 35⁰ Quartier.

539   **Située** rue Cadet, 29.
     Long^r : 40^m,00.
   Moindre larg^r : 4^m,00.   *(Voie privée.)*
   Orig. — *Voir* rue Cadet.

CADET (Rue) . . . . **IX⁰ Arrondissement** . . . . 35⁰ Quartier.

540   **Com**. r. du Faub. Montmartre, 34. — **Fin**. rues Lamartine, 1, et de Montholon, 37. (I. 33. — P. 42.)
     Long^r : 293^m,00.
              Décision ministérielle du 21 prairial an X.
     Larg^r : 10^m,00. — Ord. royale du 8 juin 1845. *Alignements* entre la rue du Faubourg
                   Montmartre et la rue La Fayette.
     Id.   13^m,00. — Décret du 27 août 1859 (U. P.). *Élargissement* et *Redressement* entre
                   la rue La Fayette et la rue de Montholon.
   Orig. — Doit son nom à M. Cadet de Chambine, propriétaire des terrains sur lesquels se trouvait l'ancien chemin qu'elle
   remplace (fin du xviii⁰ siècle).

CADRAN (Impasse du) ** . . . . . **XVIII⁰ Arrondissement** . . . . 70⁰ Quartier.
                  Anciennement commune de Montmartre.

541   **Située** boulevard de Rochechouart, 54.   (I. 1. — P. 6.)
     Long^r : 55^m,00.
     Larg^r : 7^m,00 environ.   *(Voie privée.)*
   Orig. — Un cadran solaire était autrefois installé dans le fond de cette impasse.

CAFFARELLI (Rue) . . . . **III⁰ Arrondissement** . . . . 10⁰ Quartier.

542   **Commence** rue de Bretagne, 58. — **Finit** rue Perrée, 3.   (P. 18.)
     Long^r : 80^m,00.
     Larg^r : 10^m,00. — Décision ministérielle du 9 septembre 1809.
     Id.   10^m,00. — Ord. royale du 16 mai 1833. *Alignements.*
   Orig. — Louis-Marie-Joseph-Maximilien Caffarelli, général du génie, tué au siège de Saint-Jean d'Acre (1756-1799).

CAIL (Rue) ** . . . . **X⁰ Arrondissement** . . . . 37⁰ Quartier.

543   **Com**. r. Philippe de Girard, 21. — **Fin**. r. du Faub. Saint Denis, 212, et Perdonnet, 2.(I. 25. — P. 26.)
     Long^r : 167^m,00.
     Larg^r : 12^m,00. — Arrêté préfectoral du 1er septembre 1866. *Alignements.*
                Arrêtés préfectoraux du 5 août 1867 et du 3 janvier 1868. *Nivellement.*
                Arrêté préfectoral du 20 juillet 1868. *Dénomination.*
   Orig. — Jean-François Cail, constructeur de machines (1804-1871).

CAILLAUX (Rue). . . . . **XIII**ᵉ ARRONDISSEMENT . . . . 51ᵉ QUARTIER.
Anciennement commune de Gentilly.
544 **Commence** avenue de Choisy, 64. — **Finit** ruelle Gandon.   (I. 15. — P. 14.)
Longʳ : 132ᵐ,00.
DÉCRET DU 23 MAI 1863. *Classement.*
Largʳ : 12ᵐ,00. — *Alignements* projetés (Largeur actuelle).
Obs. — Prolongement projeté entre la ruelle Gandon et l'avenue d'Italie.
ARRÊTÉ PRÉFECTORAL DU 31 AOUT 1870. *Nivellement.*
Orig. — Nom du propriétaire.

CAILLIÉ (Rue). ** . . . . **XVIII**ᵉ ARRONDISSEMENT . . . . 72ᵉ QUARTIER.
Anciennement commune de la Chapelle.
545 **Commence** boulevard de la Chapelle, 8. — **Finit** rue du Département, 23. (I. 21. — P. 20.)
Longʳ : 133ᵐ,00.
DÉCRET DU 25 JUILLET 1866. *Classement.*
Largʳ : 7ᵐ,00. — *Alignements* projetés.

ARRÊTÉ PRÉFECTORAL DU 28 SEPTEMBRE 1867. *Nivellement.*
ARRÊTÉ PRÉFECTORAL DU 16 AOUT 1879. *Dénomination* actuelle.
Obs. — Précédemment rue Martin.
Orig. — René Caillié, voyageur, le premier européen qui ait pu revenir de Toumbouctou (1799-1838).

CAIRE (Passage du) . . . . **II**ᵉ ARRONDISSEMENT . . . . 8ᵉ QUARTIER.
546 **Situé** entre la place du Caire, 2 ; la rue Saint Denis, 241; la rue du Caire, 48, et la rue des
Filles-Dieu, 33.   (I. 137. — P. 104.)
Longʳ : 367ᵐ,00 totale.
Largʳ : 2ᵐ,70 environ.   (*Voie privée.*)
Obs. — Le passage du Caire comprend trois parties :
1ᵉ Galerie du Caire, commençant place du Caire et aboutissant rue
des Filles-Dieu ;
2ᵉ Galerie Saint Denis, débouchant rue Saint Denis;
3ᵉ Galerie Sainte Foy, débouchant rue du Caire.
Orig. — *Voir* rue du Caire.

CAIRE (Place du) . . . . **II**ᵉ ARRONDISSEMENT . . . . 8ᵉ QUARTIER.
547 **Située** à l'extrémité de la rue du Caire, 53.   (P. 2.)
DÉCISION MINISTÉRIELLE DU 2 MESSIDOR AN VIII. *Alignements.*
ORD. ROYALE DU 21 JUIN 1826. *Alignements.*
Obs. — Le numérotage de cette place fait suite à celui de la rue du Caire.
Orig. — *Voir* rue du Caire.

CAIRE (Rue du) . . . . **II**ᵉ ARRONDISSEMENT . . . . 8ᵉ QUARTIER.
548 **Com.** boul. de Sébastopol, 113.— **Finit** rue de Damiette, 6, et place du Caire, 2. (I. 59.—P. 48.)
Longʳ : 330ᵐ,00.
Largʳ : 12ᵐ,00. — DÉCRET DU 23 AOUT 1858 (U. P.). *Ouverture et Alignements* entre le
boulevard de Sébastopol et la rue Saint Denis.
Id.   9ᵐ,74. — DÉCISION MINISTÉRIELLE DU 2 MESSIDOR AN VIII.
Id.   9ᵐ,74. ORD. ROYALE DU 21 JUIN 1826. *Alignements* entre la rue Saint Denis
et la place du Caire.
Orig. — Ouverte en 1798, l'année même de l'entrée des troupes françaises au Caire.

CALAIS (Rue de) . . . . **IX**ᵉ ARRONDISSEMENT . . . . 33ᵉ QUARTIER.
549 **Commence** rue Blanche, 67. — **Finit** place et rue Vintimille, 24.   (I. 23. — P. 20.)
Longʳ : 153ᵐ,00.
Largʳ : 12ᵐ,00. — ORD. ROYALE DU 21 JUIN 1841. *Ouverture et Alignements.*
Orig. — Ville du département du Pas-de-Calais.

CALLOT (Rue) . . . . **XVI**ᵉ ARRONDISSEMENT . . . . 61ᵉ QUARTIER.
Anciennement commune d'Auteuil.
550 **Com.** aven. de Versailles, 154, et boul. Exelmans. — **Finit** rue du Point du Jour, 121. (I. 7.)
Longʳ : 50ᵐ,00.
Largʳ : 8ᵐ,00. — ARRÊTÉ PRÉFECTORAL DU 27 SEPTEMBRE 1837. *Alignements.*
DÉCRET DU 23 MAI 1863. *Classement.* (Confirmation.)
Obs. — Le côté des numéros pairs a été supprimé lors de l'exécution du
boulevard Exelmans.
ARRÊTÉ PRÉFECTORAL DU 20 OCTOBRE 1869. *Nivellement.*
DÉCRET DU 24 AOUT 1864. *Dénomination* actuelle.
Obs. — Précédemment rue de l'Égout.
Orig. — Jacques Callot, peintre et graveur (1592-1635); quartier où ont été groupés des noms d'artistes.

CALMELS (Rue) ** . . . . **XVIII**ᵉ ARRONDISSEMENT. . . . . 69ᵉ QUARTIER.

Anciennement commune de Montmartre.

551   **Commence** rue du Ruisseau, 53. — **Finit** rue Montcalm.   (I. 17. — P. 6.)
       Longʳ : 95ᵐ,00.
       Largʳ : 12ᵐ,00. — DÉCRET DU 29 MAI 1880. *Classement, Alignement* et *Nivellement.*
   ORIG. — Nom d'un propriétaire.

CALVAIRE (Place du) ** . . . . . **XVIII**ᵉ ARRONDISSEMENT . . . . 70ᵉ QUARTIER.

Anciennement commune de Montmartre.

552   **Située** rue du Calvaire.   (I. 7. — P. 2.)
       Longʳ : 14ᵐ,00.   *(Voie privée.)*
       Largʳ : 12ᵐ,00. — ARRÊTÉ PRÉFECTORAL DU 10 NOVEMBRE 1873. *Dénomination* actuelle.
                         OBS. — Précédemment place Sainte Marie.
   ORIG. — *Voir* rue du Calvaire.

CALVAIRE (Rue du)** . . . . . . **XVIII**ᵉ ARRONDISSEMENT . . . . 70ᵉ QUARTIER.

Anciennement commune de Montmartre.

553   **Commence** rue Gabrielle, 8. — **Finit** places du Calvaire, 1, et du Tertre, 11. — **Finira**
            rue Saint Rustique.   (P. 4.)
       Longʳ : 40ᵐ,00.
                    Voie non classée entre la rue Gabrielle et la place du Tertre.
       Largʳ : 5ᵐ,50 environ, entre la rue Gabrielle et la place du Tertre.
       Largʳ : 10ᵐ,00. — DÉCRET DU 11 AOUT 1867. (U. P.). *Ouverture* et *Alignements* entre la
                         place du Tertre et la rue Saint Rustique.
   ORIG. — Doit son nom au calvaire situé au sommet de la butte Montmartre.

CAMBACÉRÈS (Rue). . . . . . . **VIII**ᵉ ARRONDISSEMENT . . . . 31ᵉ QUARTIER.

554   **Commence** r. des Saussaies, 17, et de Surène, 34. — **Finit** r. la Boëtie, 15. (I. 33. — P. 30.)
       Longʳ : 278ᵐ,00.
       Largʳ : 10ᵐ,00. — DÉCISION MINISTÉRIELLE DU 23 GERMINAL AN IX. *Alignements* entre les
                         rues des Saussaies, Penthièvre et de Roquépine.
       Id.   10ᵐ,00.   DÉCISION MINISTÉRIELLE DU 12 SEPTEMBRE 1807. *Alignements* entre les
                         rues de Penthièvre, de Roquépine et la rue la Boëtie.
       Id.   10ᵐ,00.   ORD. ROYALE DU 22 MAI 1837. *Alignements.*
                         DÉCRET DU 2 OCTOBRE 1865. *Dénomination* actuelle.
                         OBS. — Précédemment partie de la rue de la Ville-l'Évêque.
   ORIG. — Jean-Jacques Régis Cambacérès, jurisconsulte et homme politique français (1752-1824).

CAMBODGE (Rue du)** . . . . . . **XX**ᵉ ARRONDISSEMENT. . . . . 79ᵉ QUARTIER.

Anciennement commune de Charonne.

555   **Commence** avenue de la République, 229. — **Finit** rue Orfila, 60.   (I. 27. — P. 18.)
       Longʳ : 173ᵐ,00.
       Largʳ : 10ᵐ,00. — *Alignements* projetés. (Largeur actuelle : 3ᵐ,00, moindre.)
                         ARRÊTÉ PRÉFECTORAL DU 3 JUILLET 1830. *Classement.*
                         DÉCRET DU 23 MAI 1863. *Classement* (confirmation.)
                         ARRÊTÉ PRÉFECTORAL DU 1ᵉʳ FÉVRIER 1877. *Dénomination* actuelle.
                         OBS. — Précédemment chemin du Ratrait, ensuite rue du Ratrait.
   ORIG. — Située près de la rue de Chine ; doit son nom au Cambodge, royaume de l'Indo-Chine.

CAMBON (Rue). . . . . **I**ᵉʳ ARRONDISSEMENT . . . . 4ᵉ QUARTIER.

556   **Com**. r. de Rivoli, 246.— **Fin**. boul. de la Madeleine, 1, et r. des Capucines, 23. (I. 51.— P. 48.)
       Longʳ : 449ᵐ,00.
       Largʳ : 10ᵐ,00. — DÉCISION MINISTÉRIELLE DU 3 PLUVIOSE AN IX.
       Moindre Id.   9ᵐ,74. — ORD. ROYALE DU 4 OCTOBRE 1826. *Alignements.*
                         ARRÊTÉ PRÉFECTORAL DU 16 AOUT 1879. *Dénomination* actuelle.
                         OBS. — Précédemment rue de Luxembourg.
   ORIG. — Joseph Cambon, membre de la Convention (1754-1820), créa le Grand-Livre de la Dette publique ; voisinage de
   l'ancien ministère des finances et de plusieurs établissements de crédit.

CAMBRAI. (Rue de) . . . . **XIX**ᵉ ARRONDISSEMENT . . . . 74ᵉ QUARTIER.

Anciennement commune de La Villette.

557   **Com**. rue de l'Ourcq, 86. —**Finit** quai de la Gironde et rue de Flandre, 199. (I. 11.— P. 38.)
       Longʳ : 600ᵐ,00.
       Largʳ : 12ᵐ,00. — ARRÊTÉ PRÉFECTORAL DU 28 OCTOBRE 1844. *Alignements* entre la rue
                         de l'Ourcq et le chemin de fer de Ceinture.

CAMBRAI (Rue de) (*Suite*).

Larg^r 12^m,00. — Décret du 23 mai 1863. *Classement* de cette première partie.

Larg^r 12^m,00. — Décret du 18 mars 1868. *Ouverture* de la partie comprise entre le chemin de fer de Ceinture, le quai de la Gironde et la rue de Flandre, et *Suppression* de la partie actuellement dénommée rue Benjamin-Constant.

Arrêté préfectoral du 3 mai 1866. *Nivellement* entre la rue de l'Ourcq et le pont de Ceinture.

Décret du 11 décembre 1868. *Nivellement* entre le pont et la rue de Flandre.

Orig. — Ville du département du Nord ; voisinage du canal de l'Ourcq.

CAMBRONNE (Impasse) . . . . . XVe Arrondissement . . . . 58e Quartier.

Anciennement commune de Vaugirard.

558   **Située** rue Cambronne, 97.

Long^r : 60^m,00.

Moindre larg^r : 2^m,72.   (*Voie privée.*)

Arrêté préfectoral du 1er février 1877. *Dénomination* actuelle.

Obs. — Précédemment impasse Saint-Nicolas.

Orig. — *Voir* rue Cambronne.

CAMBRONNE (Place) . . . . XVe Arrondissement . . . . 58e et 59e Quartiers.

Anciennement communes de Grenelle et de Vaugirard, du côté des numéros pairs.

559   **Située** boulevard de Grenelle, 105, au débouché des rues Cambronne, 2 ; Croix-Nivert, 1 ; Frémicourt, 44, et de l'avenue Lowendal.   (I. 11.)

Ord. du bureau des finances du 16 janvier 1789.

Arrêté préfectoral du 3 août 1866. *Alignements*.

Décret du 23 mai 1863. *Classement* (confirmation).

Décret du 24 août 1864. *Dénomination* actuelle.

Obs. — Précédemment place de l'École militaire.

Orig. — *Voir* rue Cambronne.

CAMBRONNE (Rue) . . . . XVe Arrondissement . . . . 57e et 58e Quartiers.

Anciennement commune de Vaugirard.

560   **Commence** place Cambronne, 7. — **Finit** rue de Vaugirard, 230.   (I. 127. — P. 112.)

Long^r : 810^m,00.

Larg^r : 14^m,00. — *Alignements* projetés entre la place Cambronne et la rue Lecourbe.

Id.   16^m,70. — *Alignements* projetés entre la rue Lecourbe et la rue de Vaugirard.

Décret du 23 mai 1863. *Classement* (confirmation).

Décret du 24 août 1864. *Dénomination* actuelle.

Obs. — Précédemment rue de l'École militaire et partie de la route départementale n° 60.

Orig. — Le vicomte Pierre-Jacques-Étienne Cambronne, lieutenant-général (1770-1842) ; voisinage de l'École militaire.

ÇAMOU (Rue) . . . . VIIe Arrondissement . . . . 28e Quartier.

561   **Commence** avenue Rapp. — **Finit** avenue de la Bourdonnais.

Long^r : 127^m00.

Larg^r : 12^m,00. — *Alignements* projetés.

Obs. — Ouverte par la Ville de Paris, sur les terrains acquis du comte de Montessuy, par contrat en date du 30 janvier 1857.

Arrêté préfectoral du 30 juin 1866. *Nivellement.*

Décret du 10 août 1868. *Dénomination.*

Orig. — Jacques Camou, général de division (1792-1868) ; voisinage de l'École militaire.

CAMPAGNE PREMIÈRE (Rue) ** XIVe Arrondissement . . . . 53e Quartier.

562   **Commence** boul. du Montparnasse, 146. — **Finit** boul. d'Enfer, 241.   (I. 35. — P. 12.)

Long^r : 266^m,00.

Larg^r : 12^m,00. — Ord. royale du 21 septembre 1827. *Alignements.*

Arrêté préfectoral du 21 avril 1847. *Nivellement.*

Orig. — Nom donné par le général Taponier, propriétaire des terrains environnants, en l'honneur de la première campagne qu'il avait faite à Wissembourg.

CAMPO-FORMIO (Rue de) ** . . XIIIe Arrondissement . . . . 49e Quartier.

563   **Commence** rues Pinel, 2, et Esquirol, 11. — **Finit** boulevard de l'Hôpital, 123. (I. 17. — P. 32.)

Long^r : 268^m,00.

Larg^r : 10^m,00. — Décision ministérielle du 3 février 1821.

Id.   10^m,00. — Ord. royale du 11 juin 1847. *Alignements.*

Arrêté préfectoral du 19 octobre 1865. *Nivellement.*

Décision ministérielle du 29 mars 1851. *Dénomination* actuelle.

Obs. — Précédemment petite rue d'Austerlitz.

Orig. — Traité conclu le 17 octobre 1797, entre la France et l'Autriche ; groupe du village d'Austerlitz.

CAMULOGÈNE (Rue)** . . . . . **XV**ᵉ ARRONDISSEMENT . . . . 57ᵉ QUARTIER.

Anciennement commune de Vaugirard.

564   1ʳᵉ PARTIE : **Commence** rue de Nice la Frontière, 26. — **Finit** chemin de fer de Ceinture.

     2ᵉ PARTIE : **Commence** chemin de fer de Ceinture. — **Finit** rues Chauvelot 9, et de Montebello. (I. 3. — P. 12.)

     Longʳ : 1ʳᵉ partie 80ᵐ,00. } Longʳ : 138ᵐ,00.
     Longʳ : 2ᵉ partie 58ᵐ,00. }
     Largʳ : 7ᵐ,00 environ.   (*Voie privée*.)

ARRÊTÉ PRÉFECTORAL DU 10 NOVEMBRE 1873. *Dénomination actuelle*.

OBS. — Précédemment rue de Palestro.

ORIG. — Camulogène, chef gaulois de la tribu des Parisii, tué en défendant Paris pendant la guerre contre César (51 ans avant Jésus-Christ); voisinage de la rue Vercingétorix.

CAMUS (Impasse)** . . . . **XIV**ᵉ ARRONDISSEMENT . . . . 36ᵉ QUARTIER.

Anciennement commune de Vanves.

565   **Située** rue des Plantes, 70.

     Longʳ : 210ᵐ,00.
     Moindre Largʳ : 6ᵐ,00.   (*Voie privée*.)

ORIG. — Nom de propriétaire.

CANADA (Rue du) . . . . **XVIII**ᵉ ARRONDISSEMENT . . . . 72ᵉ QUARTIER.

Anciennement commune de La Chapelle.

566   **Commence** rue Riquet, 84. — **Finit** rue de la Guadeloupe. (I. 7. — P. 10.)

     Longʳ : 70ᵐ,00.
     Largʳ : 9ᵐ,00 environ. — DÉCRET DU 23 MAI 1863. *Classement* comme impasse sur une longueur de 55 mètres.

OBS. — Le prolongement jusqu'à la rue de la Guadeloupe a été exécuté par la Ville de Paris, sur les terrains provenant de l'ancien marché de La Chapelle.

ARRÊTÉ PRÉFECTORAL DU 25 AVRIL 1866. *Nivellement*.
ARRÊTÉ PRÉFECTORAL DU 1ᵉʳ FÉVRIER 1877. *Dénomination actuelle*.

OBS. — Précédemment rue Bizieux.

ORIG. — Ancienne colonie française de l'Amérique du Nord.

CANAL SAINT-MARTIN (Rue du)** **X**ᵉ ARRONDISSEMENT . . . . 40ᵉ QUARTIER.

567   **Commence** quai de Valmy, 169. — **Finit** rue du Faubourg Saint-Martin, 224. (I. 17. — P. 21.)

     Longʳ : 200ᵐ,00.
     Largʳ : 13ᵐ,00. — ORD. ROYALE DU 1ᵉʳ MARS 1826. *Ouverture* et *Alignements*.

ORIG. — Voisinage du canal Saint-Martin.

CANDOLLE (Rue de)** . . . . . . **V**ᵉ ARRONDISSEMENT . . . . 18ᵉ QUARTIER.

568   **Commence** rues Censier et Monge, 104. — **Finit** rue Daubenton, 27. (P. 4.)

     Longʳ : 37ᵐ,00.
     Largʳ : 12ᵐ,00. — *Alignements* projetés (exécutés).

OBS. — Voie ouverte lors du percement de la rue Monge.

DÉCRET DU 11 SEPTEMBRE 1869. *Dénomination*.

ORIG. — Augustin-Pyramus de Candolle, botaniste (1778-1841); voisinage du Jardin des Plantes.

CANETTES (Rue des) . . . . . . **VI**ᵉ ARRONDISSEMENT . . . . 22ᵉ QUARTIER.

569   **Commence** rue du Four, 29. — **Finit** place Saint Sulpice, 8. (I. 25. — P. 28.)

     Longʳ : 132ᵐ,00.
     Largʳ : 8ᵐ,00. — DÉCISION MINISTÉRIELLE DU 15 FLORÉAL AN V.
     Id.   12ᵐ,00. — ORD. ROYALE DU 27 SEPTEMBRE 1838. *Alignements*.

ORIG. — Ancienne enseigne.

CANIVET (Rue du)** . . . . . . **VI**ᵉ ARRONDISSEMENT . . . . 'ᵉ . . . . 22ᵉ QUARTIER.

570   **Commence** rue Servandoni ,10. — **Finit** rue Férou, 3. (I. 3. — P. 6.)

     Longʳ : 43ᵐ,00.
     Largʳ : 7ᵐ,00. — DÉCISION MINISTÉRIELLE DU 26 THERMIDOR AN VIII.
     Id.   10ᵐ,00. — ORD. ROYALE DU 3 AVRIL 1843. *Alignements*.

ORIG. — Enseigne du canivet (petit canif), ou corruption du nom du premier propriétaire Jean Camivet.

CANTAL (Cour du) . . . . **XI**ᵉ ARRONDISSEMENT . . . . 43ᵉ QUARTIER.

571   **Située** rue de la Roquette.

     (*Voie privée*.)

ORIG. — Nom d'un département français dont les habitants sont originaires.

CAPLAT (Rue)** . . . . **XVIII**ᵉ ARRONDISSEMENT . . . . 71ᵉ QUARTIER.

Anciennement commune de La Chapelle.

572   **Com.** r. de la Charbonnière, 32. — **Fin.** r. de la Goutte d'Or, 47, et de Chartres, 31.(I. 9.—P. 12.)

     Longʳ : 80ᵐ,00.
     Largʳ : 10ᵐ,00. — *Alignements* projetés (largeur actuelle).

DÉCRET DU 23 MAI 1863. *Classement*.
ARRÊTÉ PRÉFECTORAL DU 3 FÉVRIER 1865. *Nivellement*.

ORIG. — Nom de propriétaire.

11

CAPRON (Rue)*. . . . . **XVIII**ᵉ Arrondissement . . . . 69ᵉ Quartier.
Anciennement commune des Batignolles.

573   **Commence** avenue de Clichy, 18. — **Finit** rue Forest, 9.   (l. 35. — P. 32.)
       Long^r : 200^m,00.
       Larg^r :   6^m,00 environ.   (*Voie privée.*)
       Orig. — Nom du propriétaire.

CAPUCINES (Boulevard des) . . . . **II**ᵉ Arrondissement . . . . 3ᵉ Quartier.
                                      IXᵉ Arrondissement. . . . . 34ᵉ Quartier.

574   **Com.** rues Louis le Grand, 25, et de la Chaussée d'Antin, 1. — **Finit** rues des Capucines, 24
       et Caumartin, 2.   (l. 43. — P. 14.)
       Long^r : 440^m,00.
       Moindre larg^r : 34^m,00. — Ord. royale du 24 août 1833. *Alignement* du côté des numéros
                                     impairs.
       Id.   Id.   34^m,00. — Décret du 14 novembre 1858. *Alignement* du côté des numéros
                                 pairs.
       Orig. — Bornait les jardins du couvent des Capucines.

CAPUCINES (Rue des) . . . . . **I**ᵉʳ Arrondissement. . . . . 4ᵉ Quartier.
                                  IIᵉ Arrondissement. . . . . 3ᵉ Quartier.

575   **Commence** Place Vendôme, 25 et rue de la Paix, 1. — **Finit** rue Cambon, 48 et boulevard des
       Capucines, 43.   (l. 23. — P. 24.)
       Long^r : 201^m,00.
       Larg^r : 9,74. — Ord. royale du 5 juin 1700.
       Larg^r : 12^m,00. — Décision ministérielle du 3 octobre 1805.
       Moindre larg^r : 12^m,00. — Ord. royale du 24 août 1833. *Alignements.*
                       Arrêté préfectoral du 24 janvier 1881. *Dénomination* actuelle.
                       Obs. — Précédemment rue Neuve des Capucines.
       Orig. — Doit son nom au couvent des Capucines, fondé en 1686, sur l'emplacement duquel a été ouverte la rue de la Paix.

CARCEL (Rue) . . . . **XV**ᵉ Arrondissement . . . . 57ᵉ Quartier.
Anciennement commune de Vaugirard.

576   **Commence** rue Maublanc. — **Finit** rue Gerbert.   (P. 8.)
       Long^r : 82^m,00.
       Larg^r : 6^m,00.   (*Voie privée.*)
       Décret du 10 février 1875. *Dénomination* actuelle.
       Obs. — Précédemment Petite rue de la Paix.
       Orig. — Carcel, inventeur de la lampe qui porte son nom.

CARDINALE (Rue) . . . . **VI**ᵉ Arrondissement . . . . 21ᵉ Quartier.
577   **Commence** rue de Furstemberg, 5. — **Finit** rue de l'Abbaye, 2 *bis*.   (l. 9. — P. 6.)
       Long^r : 61^m,00.
       Larg^r : 7^m,00. — Décision ministérielle du 21 août 1817.
       Moindre larg^r : 8^m,00. — Ord. royale du 30 avril 1844. *Alignements.*
       Orig. — Percée en 1699 sur un terrain qui appartenait au cardinal de Furstemberg, abbé de Saint-Germain des Prés.

CARDINAL LEMOINE (Rue du)*. . . **V**ᵉ Arrondissement . . . . 17ᵉ Quartier.
578   **Commence** quai de la Tournelle, 19. — **Finit** place de la Contrescarpe.   (l. 83. — P. 76.)
       Long^r : 680^m,00.
       Larg^r : 12^m,00. — Ord. royale du 7 juillet 1824. *Ouverture* et *Alignements* entre le
                   quai de la Tournelle, les rues de Jussieu et des Écoles.
       Id.   12^m,00. — Ord. royale du 2 novembre 1843 (U.P.). *Ouverture* et *Alignements*
                   entre le quai de la Tournelle et la rue des Chantiers.
       Id.   12^m,00. — Décret du 23 mars 1852 (U.P.). *Ouverture* et *Alignements* entre la
                   rue des Chantiers et les rues de Jussieu et des Écoles.
       Id.   20^m,00. — Décret du 30 juillet 1859. *Alignements* à exécuter par mesures or-
                   dinaires de voirie entre les rues de Jussieu et des Écoles, et les
                   rues des Boulangers et Monge.
       Id.   11^m,00. — Ord. royale du 2 novembre 1847. *Alignements* entre les rues des
                   Boulangers et Monge et la rue Thouin.
                   Obs. — Lors du percement de la rue Monge, on a commencé l'élargissement
                          de cette partie à 20^m,00.
       Id.   11^m,00. — Ord. royale du 13 septembre 1846. *Alignements* entre la rue Thouin
                   et la place de la Contrescarpe.
                   Arrêté préfectoral du 2 avril 1868. *Dénomination* actuelle.
                   Obs. — Précédemment rues du Cardinal Lemoine, des Fossés Saint-Victor et
                          de la Contrescarpe.
       Orig. — Percée à travers l'enclos du collège fondé par le cardinal Lemoine.

CARDINET (Passage) . . . . **XVIIe** Arrondissement . . . . 67e Quartier.

Anciennement commune des Batignolles.

579 **Commence** rue Tocqueville, 74. — **Finit** rue Cardinet, 127.   (I. 35. — P. 30.)

Long^r : 227^m,00.

Larg^r : 8^m,00 environ.   (*Voie privée.*)

Orig. — Voir rue Cardinet.

CARDINET (Rue). . . . . **XVIIe** Arrondissement . . . . 66e, 67e et 68e Quartiers.

Anciennement commune des Batignolles.

580 **Commence** avenue de Wagram, 66. — **Finit** avenue de Clichy, 149.   (I. 155. — P. 192.)

Long^r : 1.780^m,00.

Larg^r : 10^m,00.—Arrêté préfectoral du 3 octobre 1856. *Alignements* entre l'avenue de Wagram et la rue de Courcelles.

Id.   12^m,00.—Arrêtés préfectoraux des 6 juillet 1855 et 14 septembre 1852. *Alignements* entre la rue de Courcelles et la rue Tocqueville.

Ons. — Alignements projetés entre la rue Tocqueville et l'avenue de Clichy. (Délibération du Conseil municipal du 10 novembre 1841 et 5 mai 1834.)

Décret du 23 mai 1863. *Classement* (confirmation).

Arrêté préfectoral du 9 novembre 1864. *Nivellement* (partie).

Arrêté préfectoral du 2 avril 1868. *Dénomination* actuelle.

Ons. — Précédemment rue des Dames (partie) et rue Cardinet.

Orig. — Nom de propriétaire.

CARLIER (Impasse)**. . . . . . . **XVe** Arrondissement. . . . . 57e Quartier.

Anciennement commune de Vaugirard.

581 **Située** rue des Morillons, 24.   (I. 9. — P. 14.)

Long^r : 110^m,00.

Moyenne larg^r : 4^m,00 environ.   (*Voie privée.*)

Orig. — Nom du propriétaire.

CARMÉLITES (Impasse des)**. . . **V^e** Arrondissement . . . . 19e Quartier.

582 **Située** rue Saint Jacques, 284.

Long^r : 16^m,00.

Moyenne larg^r : 6^m,30.   (*Voie privée.*)

Orig. — Située près de l'ancien couvent des Carmélites de la rue Saint Jacques.

CARMES (Rue des). . . . . **V^e** Arrondissement . . . . 20e Quartier.

583 **Commence** boulevard Saint Germain, 49. — **Finit** rues de l'École Polytechnique, 22, et de Lanneau, 2.   (I. 29. — P. 12.)

Long^r : 208^m,00.

Larg^r : 12^m,00. — Ord. royale du 5 juin 1846. *Alignements*.

Id.   12^m,00. — Décret du 11 août 1855 (U. P.), et alignements à exécuter par mesures ordinaires de voirie). *Rectification* du tracé.

Arrêté préfectoral du 26 juillet 1844. *Nivellement*.

Orig. — Doit son nom aux Carmes qui s'y établirent en 1318.

CARNOT (Avenue). . . . . **XVIIe** Arrondissement . . . . 65e Quartier.

Anciennement commune de Neuilly.

584 **Commence** place de l'Étoile. — **Finit** rue des Acacias, 30.   (I. 27. — P. 32.)

Long^r : 299^m,00.

Larg^r : 40^m,00. — Loi du 13 août 1854 (U. P.). *Ouverture* et *Alignements* entre la place de l'Étoile et la rue de Tilsitt.

Id.   40^m,00. — Décret du 31 juillet 1865 (U. P.). *Ouverture* et *Alignements* entre la rue de Tilsitt et la rue des Acacias.

Arrêté préfectoral du 5 mars 1867. *Nivellement*.

Arrêté préfectoral du 4 novembre 1880. *Dénomination* actuelle.

Ons. — Précédemment avenue d'Essling.

Orig. — Lazare-Nicolas-Marguerite Carnot, général et homme d'État (1753-1823); voisinage de l'Arc de Triomphe.

CAROLINE (Passage) . . . . **XVIIe** Arrondissement. . . . . 67e Quartier.

Anciennement commune des Batignolles.

585 **Commence** rue et boulevard des Batignolles, 30. — **Finit** rue Caroline, 11.   (P. 4.)

Long^r : 50^m,00.

Larg^r : 5^m,00 environ.   (*Voie privée.*)

Orig. — Voir rue Caroline.

CAROLINE (Rue) . . . . **XVIIe** Arrondissement . . . . 67e Quartier.

Anciennement commune des Batignolles.

586 **Commence** rue Darcet, 7. — **Finit** rue des Batignolles, 8.   (I. 11. — P. 18.)

Long^r : 113^m,00.

Larg^r : 8^m,00 environ. — *Alignements* projetés.

Décret du 23 mai 1863. *Classement*.

Orig. — Prénom de la femme d'un des propriétaires.

CARON (Rue) . . . . **IVᵉ** Arrondissement . . . . 14ᵉ Quartier.

587   **Commence** rue Saint Antoine, 115. — **Finit** rue de Jarente, 5.   (I. 7. — P. 8.)

    Longʳ :   94ᵐ,00.

    Largʳ :   7ᵐ,80. — 13 février 1783. *Autorisation d'Ouverture.*

    Id.   10ᵐ,00. — Décision ministérielle du 22 juillet 1823. *Alignements.*

    Id.   7ᵐ,80. — Ord. royale du 5 avril 1846, maintenant les anciens alignements.

    Arrêté préfectoral du 1ᵉʳ février 1877. Réunion de la rue Ducolombier à la rue Caron.

    Obs. — Précédemment rues Ducolombier et Caron.

    Orig. — Caron, maître général des bâtiments du roi Louis XVI et des Ponts et Chaussées, auteur du premier projet du marché Sainte-Catherine, ouvert en 1779 sur l'emplacement du prieuré de Sainte-Catherine du Val des Écoliers.

CARPENTIER (Rue)✲✲. . . . . . **VIᵉ** Arrondissement . . . . 23ᵉ Quartier.

588   **Commence** rue Madame, 18. — **Finit** rue Cassette, 1.   (I. 9. — P. 3.)

    Longʳ :   78ᵐ,00.

    Largʳ :   7ᵐ,00. — Décision ministérielle du 26 thermidor an VIII.

    Id.   10ᵐ,00. — Ord. royale du 12 mai 1841. *Alignements.*

    Orig. — Corruption de rue Charpentier.

CARRIÈRES (Chemin des)✲✲ . . . **XIXᵉ** Arrondissement . . . . 76ᵉ Quartier.

    Anciennement commune de Belleville.

589   **Commence** rue de Meaux, 40. — **Finit** rue Bolivar, 121.   (I. 7. — P. 12.)

    Longʳ :   80ᵐ,00.

    Largʳ :   10ᵐ,00 environ.   (*Voie privée.*)

    Orig. — Voisinage des carrières d'Amérique.

CARRIÈRES (Impasse des)✲✲ . . . **XVIᵉ** Arrondissement . . . . 62ᵉ Quartier.

    Anciennement commune de Passy.

590   **Située** rue de Passy, 24.

    Longʳ :   32ᵐ,00.

    Moindre largʳ :   4ᵐ,00.   (*Voie privée.*)

    Orig. — Donne dans la rue Nicolo; ancienne rue des Carrières, ainsi nommée parce qu'elle conduisait aux carrières de Passy.

CARRIÈRES D'AMÉRIQUE (Rue des)✲✲. **XIXᵉ** Arrondissement . . . . . . 75ᵉ Quartier.

    Anciennement commune de La Villette, du côté des numéros pairs, et commune de Belleville, du côté des numéros impairs.

591   **Commence** rue Manin. — **Finit** boulevard Sérurier, 139.

    Longʳ :   386ᵐ,00.

    Largʳ :   7ᵐ,00 environ.   (*Voie privée.*)

    Orig. — Conduisait aux carrières des Buttes Chaumont.

CARROUSEL (Place du) . . . . . . **Iᵉʳ** Arrondissement . . . . 1ᵉʳ Quartier.

592   **Située** entre le palais des Tuileries et celui du Louvre.

    Obs. — Contient deux jardins.

    Orig. — Ainsi nommée en souvenir du carrousel donné par Louis XIV les 5 et 6 juin 1662.

CARROUSEL (Pont du) . . . . . . **Iᵉʳ** Arrondissement . . . . 1ᵉʳ Quartier.

                       VIIᵉ Arrondissement . . . . 25ᵒ Quartier.

    Situé entre les quais du Louvre et des Tuileries et les quais Malaquais et Voltaire, au droit du pavillon Lesdiguières.

    Longʳ :   168ᵐ,00.

    Largʳ :   12ᵐ,00.

    Orig. — En face des guichets de la place du Carrousel.

CASCADES (Rue des)✲✲ . . . . . . **XXᵉ** Arrondissement . . . . 77ᵉ Quartier.

    Anciennement commune de Belleville.

594   **Commence** rue de Ménilmontant, 93. — **Finit** rues de la Mare, 29, et Levert. (I. 84. — P. 82.)

    Longʳ :   480ᵐ,00.

    Largʳ :   6ᵐ,00. — Ord. royale du 30 août 1837. *Alignements.*

    Décret du 23 mai 1863. *Classement* (confirmation).

    Arrêté préfectoral du 20 novembre 1877. *Nivellement.*

    Orig. — Chutes formées par les eaux de Belleville et de Ménilmontant, dont il existe encore un regard.

CASIMIR DELAVIGNE (Rue)✲✲ . **VIᵉ** Arrondissement . . . . 22ᵉ Quartier.

595   **Commence** rue Monsieur le Prince, 10. — **Finit** place de l'Odéon, 1.   (I. 11. — P. 10.)

    Longʳ :   99ᵐ,00.

    Largʳ :   9ᵐ,75. — Décision ministérielle du 4 nivose an IX. *Alignements.*

    Id.   9ᵐ,75. — Ord. royale du 12 mai 1841. *Alignements.*

    Id.   10ᵐ,00. — Décret du 28 juillet 1866. *Prolongement* direct jusqu'à la rue de l'École de Médecine.

    Décret du 2 septembre 1879 annulant le décret précédent.

    Décret du 24 août 1864. *Dénomination actuelle.*

    Obs. — Précédemment rue Voltaire.

    Orig. — Jean-François-Casimir Delavigne, auteur dramatique (1793-1843); voisinage du théâtre de l'Odéon.

CASIMIR PÉRIER (Rue). . . . . **VII**e ARRONDISSEMENT . . . . 26e QUARTIER.
596   **Commence** rue Saint Dominique, 31. — **Finit** rue de Grenelle, 126.   (I. 27. — P. 6.)
    Long^r : 230m,00. — Ouverte en 1828.
    Larg^r : 13m,00. — ORD. ROYALE DU 11 JANVIER 1845. *Alignements.*
                    DÉCISION ROYALE DU 15 AVRIL 1839. *Dénomination* actuelle.
    ORIG. — Casimir Périer, président du conseil des ministres sous la monarchie de Juillet (1777-1832).

CASPIENNE (Impasse). . . . **XX**e ARRONDISSEMENT. . . . . 80e QUARTIER.
597   **Située** rue du Volga, 40.
    Long^r : 40m,00.
    Larg^r : 3m,00 environ.   (*Voie privée*).
    ORIG. — Mer intérieure entre l'Europe et l'Asie : voisinage de la rue du Volga, le Volga ayant son embouchure dans
            cette mer.

CASSETTE (Rue)** . . . . **VI**e ARRONDISSEMENT . . . . 23e QUARTIER.
598   **Commence** rue de Rennes, 73. — **Finit** rue de Vaugirard, 68.   (I. 31. — P. 24.)
    Long^r : 290m,00.
    Larg^r :   6m,80. — DÉCISION MINISTÉRIELLE DU 2 THERMIDOR AN V.
    Id.   10m,00. — DÉCRET DU 25 JUIN 1849. *Alignements.*
    ORIG. — L'hôtel de Cassel y était situé ; le nom actuel est une corruption du premier.

CASSINI (Rue)** . . . . **XIV**e ARRONDISSEMENT . . . . 53e QUARTIER.
599   **Commence** rue du Faubourg Saint Jacques, 32. — **Finit** rue Denfert-Rochereau, 63. (P. 18.)
    Long^r : 207m,00.
    Larg^r :   7m,00. — DÉCISION MINISTÉRIELLE DU 27 VENDÉMIAIRE AN XII.
    Id.   12m,00. — ORD. ROYALE DU 9 DÉCEMBRE 1838. *Alignements.*
                    ARRÊTÉ PRÉFECTORAL DU 28 JUIN 1867. *Nivellement.*
                        OBS. — Dénommée rue Cassini en 1790. Précédemment rue des Deux Anges
                               ou Maillot.
    ORIG. — Jean-Dominique Cassini, astronome, fondateur de l'Observatoire (1625-1712).

CASTEGGIO (Impasse de)** . . . . **XX**e ARRONDISSEMENT . . . . 30e QUARTIER.
                    Anciennement commune de Charonne.
600   **Située** rue des Vignoles, 11.   (I. 17. — P. 10.)
    Long^r : 72m,00.
    Larg^r : 1m,50 environ.   (*Voie privée*.)
                    ARRÊTÉ PRÉFECTORAL DU 1er FÉVRIER 1877. *Dénomination* actuelle.
                        OBS. — Précédemment passage de Montebello.
    ORIG. — Victoire de l'armée franco-italienne (1859).

CASTELLANE (Rue de) . . . . . **VIII**e ARRONDISSEMENT. . . . . 31e QUARTIER.
601   **Commence** rue Tronchet, 19. — **Finit** rue de l'Arcade, 30.   (I. 19. — P. 14.)
    Long^r : 136m,00.
    Larg^r : 12m,00. — ORD. ROYALE DU 24 MARS 1825. *Ouverture* et *Alignements.*
    ORIG. — Le comte Esprit-Victor-Élisabeth-Boniface de Castellane, colonel des hussards de la garde royale lorsque la
            rue fut percée, depuis maréchal de France (1788-1862).

CASTEX (Rue). . . . . **IV**e ARRONDISSEMENT. . . . . 15e QUARTIER.
602   **Commence** boulevard Henri IV, 37. — **Finit** rue Saint Antoine, 248.   (I. 15. — P. 14.)
    Long^r : 120m,00.
    Larg^r : 10m,00. — DÉCISION MINISTÉRIELLE DU 15 AOUT 1809. *Alignements.*
    Id.   10m,00. — ORD. ROYALE DU 4 AOUT 1838. *Alignements.*
                    ARRÊTÉ PRÉFECTORAL DU 22 AOUT 1876. *Nivellement.*
    ORIG. — Pierre Castex, colonel du 13e régiment d'infanterie légère, tué à la bataille d'Austerlitz (1760-1805) ; voisinage
            du pont d'Austerlitz.

CASTIGLIONE (Rue de) . . . . . **I**er ARRONDISSEMENT . . . . 4e QUARTIER.
603   **Commence** rue de Rivoli, 232. — **Finit** rue Saint Honoré, 235.   (I. 14. — P. 14.)
    Long^r : 155m,00.
    Larg^r : 22m,50. — ARRÊTÉ DES CONSULS DU 17 VENDÉMIAIRE AN X. *Ouverture* et *Aligne-
                    ments.*
                        OBS. — Façades obligatoires.
                    ORD. ROYALE DU 4 OCTOBRE 1826 maintenant l'arrêté des consuls.
                    ARRÊTÉ DES CONSULS DU 1er FLORÉAL AN X ET DÉCRET DU 11 JUIN 1811.
                    Dénomination.
    ORIG. — Victoire remportée par le général Bonaparte sur les Autrichiens, le 5 août 1796.

CATINAT (Rue) . . . . **I**er ARRONDISSEMENT . . . . 3e QUARTIER.
604   **Commence** rue la Vrillière, 4. — **Finit** place des Victoires, 1.   (I. 3. — P. 4.)
    Long^e : 29m,00.
    Larg^r :   9m,45. — DÉCISION MINISTÉRIELLE DU 1er AOUT 1821. *Alignements.*
    Id.   9m,45. — ORD. ROYALE DU 23 JUILLET 1828. *Alignements.*
                    ORD. ROYALE DU 11 JUIN 1847. *Dénomination* actuelle.
                        OBS. — Précédemment rue de la Banque.
    ORIG. — Nicolas de Catinat, maréchal de France (1637-1712) ; voisinage de la place des Victoires.

CAUCHOIS (Impasse)** . . . . . **XVIII**ᵉ Arrondissement. . . . .   69ᵉ Quartier.
Anciennement commune de Montmartre.
605   **Située** rue Cauchois, 10.
Long^r : 29^m,00.
Larg^r :   6^m,00 environ.   *(Voie privée.)*
Orig. — *Voir rue Cauchois.*

CAUCHOIS (Rue)** . . . . . . **XVIII**ᵉ Arrondissement. . . . .   69ᵉ Quartier.
Anciennement commune de Montmartre.
606   **Commence** rue Lepic, 15. — **Finit** rue Constance, 7.   (I. 11. — P. 12.)
Long^r : 108^m,00.
Larg^r :   6^m,50 (environ).   *(Voie privée.)*
Orig. — *Nom du propriétaire.*

CAUCHY (Rue). . . . . . **XV**ᵉ Arrondissement . . . .   60ᵉ Quartier.
607   **Commence** quai de Javel, 77. — **Finit** rue Saint Charles, 174.   (I. 35. — P. 84.)
Long^r : 510^m,00.
Décret du 24 Juin 1868. *Classement.*
Larg^r : 12^m,00. — Décret du 2 Septembre 1879. *Alignements et Nivellement.*
Arrêté préfectoral du 20 Janvier 1881. *Dénomination actuelle.*
Obs. — Précédemment rue Vignon et antérieurement rue Saint Paul.
Orig. — Augustin-Louis Cauchy, mathématicien (1789-1857).

CAULAINCOURT (Rue)**. . . . **XVIII**ᵉ Arrondissement . . . .   69ᵉ et 70ᵉ Quartiers.
608   **Commence** rues Damrémont et de Maistre, 8. — **Commencera** boulevard de Clichy.
Finit rue du Mont Cenis, 45, et rue Francœur.   (I. 21 à 39. — P. 26.)
Long^r : 790^m,00 (actuelle).
Id.   1.245^m,00 (future).
Larg^r : 20^m,00. — Décret du 11 août 1867 (U. P.). *Ouverture et Alignements.*
Obs. — Exécutée entre la rue de Maistre et la rue de la Fontaine du But et
entre la rue des Saules et la rue du Mont Cenis.
Décret du 11 septembre 1869. *Dénomination actuelle.*
Obs. — Précédemment rue A — (partie).
Orig. — Armand-Augustin-Louis de Caulaincourt, duc de Vicence, général de division et diplomate (1773-1827).

CAUMARTIN (Rue de). . . . . . **IX**ᵉ Arrondissement. . . . .   34ᵉ Quartier.
609   **Commence** rue Basse du Rempart, 58. — **Finit** rue Saint Lazare, 97.   (I. 77. — P. 70.)
Long^r : 624^m,00.
Larg^r :   9^m,74. — Lettres-patentes du 3 juillet 1779. *Ouverture.*
Id.   10^m,00. — Décision ministérielle du 22 prairial an v. *Alignements* entre la rue
Basse du Rempart et la rue de Provence.
Obs. — Cette décision n'a pas été exécutée.
Id.   9^m,74. — Ord. royale du 27 octobre 1847. *Alignements* entre la rue de Provence
et la rue Saint Lazare.
Obs. — Précédemment rues Thiroux et Sainte Croix.
Orig. — Antoine-Louis Lefèvre de Caumartin était prévôt des marchands à l'époque où la rue fut ouverte (1780).

CAVALERIE (Rue de la). . . . . . **XV**ᵉ Arrondissement. . . . .   59ᵉ Quartier.
610   **Commence** avenue de la Motte-Piquet, 55. — **Finit** avenue de Suffren, 96.   (P. 6.)
Long^r : 212^m,00.
Larg^r :   5^m,00 environ.   *(Voie privée.)*
(Environ.)   Arrêté préfectoral du 1er février 1877. *Dénomination actuelle.*
Obs. — Précédemment ruelle de la Ferme de Grenelle.
Orig. — Doit son nom au voisinage de l'École Militaire (quartier de cavalerie).

CAVÉ (Rue)** . . . . **XVIII**ᵉ Arrondissement. . . . .   71ᵉ Quartier.
Anciennement commune de La Chapelle.
611   **Commence** rue Stéphenson, 25. — **Finit** rue des Gardes, 30.   (I. 29. — P. 40.)
Long^r : 260^m,00.
Larg^r : 10^m,00. — Décret du 11 juin 1877. *Alignements et Nivellement* entre la rue
Stéphenson et la rue Léon (A).
Id.   10^m,00. — Ord. royale du 14 mai 1841. *Ouverture* entre la rue Léon et la rue
des Gardes (B).
Décret du 23 mai 1863. *Classement* de la partie A et confirmation du
Classement de la partie B.
Arrêté préfectoral du 3 février 1865. *Nivellement.*
Orig. — François Cavé, mécanicien (1794-1875) ; voisinage des ateliers du chemin de fer du Nord.

CÉLESTIN (Impasse)°° . . . . . . **XX**e Arrondissement . . . . 77e Quartier.
Anciennement commune de Belleville.

612 **Située** rue du Pressoir, 16. (l. 11. — P. 8.)

Longr : 53m,00.

Largr 3m,00 environ. (*Voie privée.*)

Orig. - Nom du propriétaire.

CÉLESTINS (Quai des) . . . . . . **IV**e Arrondissement. . . . . 14e et 15e Quartiers.

613 **Commence** pont de Sully et rue du Petit Musc, 1. — **Finit** pont Marie et rue des Nonnains
d'Hyères, 2. (P. 58.)

Longr : 380m,00.

Largr : 28m,00. — Ord. royale du 4 août 1838. *Alignements* entre la rue du Petit Musc
et la rue Saint Paul.

Id. 22m,00. — Décision ministérielle du 5 vendémiaire an ix. *Alignements*.

Id. 22m,00. — Ord. royale du 4 août 1838. *Alignements* entre la rue Saint Paul
et la rue du Fauconnier.

Id. 22m,00. — Ord. royale du 3 mars 1847 (U. P.) *Exécution* immédiate des dits
alignements.

Moindre largr : 22m,00. — Décision ministérielle du 5 vendémiaire an ix.

Id. Id. 22m,00. — Ord. royale du 12 juillet 1837. *Alignements* entre la rue du Fauconnier et la rue des Nonnains d'Hyères.

Arrêté préfectoral du 2 avril 1868. *Dénomination* actuelle.

Obs. — Précédemment quais Saint Paul, des Ormes et des Célestins.

Orig. — Couvent des Célestins, fondé en 1352.

CELS (Rue)°° . . . . **XIV**e Arrondissement . . . . 53e Quartier.
Anciennement commune de Montrouge.

614 **Commence** rue Fermat, 8. — **Finit** chemin de Vanves. (l. 19. — P. 26.)

Longr : 158m,00.

Largr : 10m,00. — Délibération du conseil municipal du 23 avril 1839.

Id. 10m,00. — Décret du 29 avril 1881. *Classement, Alignements et Nivellement.*

Décret du 23 mai 1863. *Classement* (confirmation).

Arrêté préfectoral du 18 novembre 1862. *Nivellement.*

Orig. — Nom donné par le propriétaire du terrain, en l'honneur de son grand-père Jacques-Martin Cels, horticulteur (1743-1806).

CENDRIERS (Rue des)°° . . . . . **XX**e Arrondissement . . . . 79e Quartier.
Anciennement commune de Belleville.

615 **Commence** boulevard de Ménilmontant, 100. — **Finit** rue des Amandiers, 77. (l. 57. — P. 56.)

Longr : 340m,00.

Largr : 7m,00. — Décret du 30 mai 1831. *Ouverture* sur une longueur de 117m,00 à
partir du boulevard de Ménilmontant.

Id. 7m,00. — Ord. royale du 30 août 1837. *Alignements* du surplus.

Décret du 23 mai 1863. *Classement* (confirmation).

Arrêté préfectoral du 8 août 1860. *Nivellement.*

Orig. — Lieu dit (nature du sol.)

CENSIER (Rue)°° . . . . **V**e Arrondissement . . . . 18e Quartier.

616 **Commence** rue Geoffroy-Saint-Hilaire, 35. — **Finit** rue Mouffetard, 143. (l. 53. — P. 30.)

Longr : 462m,00.

Largr : 7m,00. — Décision ministérielle du 3 pluviose an ix.

Id. 13m,00. — Décret du 4 octobre 1849. *Alignements.*

Obs. — La partie comprise entre la rue de l'Abbé de l'Épée et la rue Mouffetard a été portée à 20 mètres de largeur lors du percement de la rue
Monge. (Alignements projetés.)

Orig. — Ancienne impasse, corruption de rue sans chef, c'est-à-dire cul-de-sac.

CENTRE DES RONDEAUX (Sentier du)°° **XX**e Arrondissement . . . . 79e Quartier.
Anciennement commune de Charonne.

617 **Commence** rue des Poiriers, 2. — **Finit** avenue de la République, 206. (l. 3.)

Longr : 370m,00.

Largr : 1m,00 environ.

Obs. — Créé en remplacement de sentiers absorbés par l'agrandissement du
cimetière de l'Est.

Orig. — Lieu dit.

CÉPRÉ (Passage) . . . . **XV**e Arrondissement . . . . 58e Quartier.
Anciennement commune de Vaugirard.

618 **Commence** boulevard de Grenelle, 89. — **Finit** rue Miollis, 22.

Longr : 130m,00.

Largr : 8m,00 environ. (*Voie privée.*)

Orig. — Nom de propriétaire.

CERISAIE (Impasse de la)**.... **XIII**ᵉ Arrondissement.......... 50ᵉ Quartier.

Anciennement commune d'Ivry.

019 **Située** rue Lahire, 19.

Long^r : 69^m,30.

Larg^r : 4^m,00. *(Voie privée.)*

Orig. — *Voir rue de la Cerisaie.*

CERISAIE (Rue de la)....... **IV**ᵉ Arrondissement........... 15ᵉ Quartier.

020 **Commence** boulevard Bourdon, 33. — **Finit** rue du Petit Musc, 26. (I. 31. — P. 24.)

Long^r : 261^m,00.

Moindre larg^r : 10^m,00. — Décision ministérielle du 8 nivose an IX. *Alignements.*

Id. Id. 10^m,00. — Ordonnance royale du 5 avril 1846. *Alignements.*

Id. 12^m,00. — Décret du 21 mars 1878 (U. P.). *Modification* du tracé entre le boulevard Bourdon et le boulevard Henri IV.

Arrêté préfectoral du 22 aout 1876. *Nivellement.*

Orig. — Nom d'une allée de cerisiers dans les jardins de l'hôtel Saint-Paul.

CÉVENNES (Rue des)........ **XV**ᵉ Arrondissement.......... 60ᵉ Quartier.

Anciennement commune de Grenelle.

021 **Commence** quai de Javel, 57. — **Finit** rue de Lourmel, 146. (I. 71. — P. 74.)

Long^r : 765^m,00.

Larg^r : 11^m,00. — *Alignements* projetés entre le quai de Javel et la rue Virginie. (Largeur actuelle).

Id. 10^m,00. — — — entre les rues Virginie et de Lourmel. (Largeur actuelle).

Décret du 24 juin 1868. *Classement.*

Obs. — Ce décret vise la lettre du 16 septembre 1867, par laquelle le s^r cur Savaresso s'engage à payer les frais d'établissement d'un trottoir et à abandonner gratuitement 1 mètre de terrain sur toute la façade de sa propriété dans un délai de dix ans.

Arrêté préfectoral du 25 octobre 1873. *Nivellement.*

Arrêté préfectoral du 1ᵉʳ février 1877. *Dénomination* actuelle.

Obs. — Précédemment rue des Marguerites.

Orig. — Chaîne de montagnes traversant le centre de la France.

CHABANAIS (Rue)......... **II**ᵉ Arrondissement............ 6ᵉ Quartier.

022 **Commence** rue des Petits Champs, 22. — **Finit** rue Rameau, 9. (I. 15. — P. 10.)

Long^r : 112^m,00.

Moindre larg^r : 10^m,00. — Ord. royale du 4 octobre 1826. *Alignements* entre la rue des Petits Champs et la rue Cherubini.

Id. Id. 10^m,00. — Ord. royale du 26 mai 1838. *Alignements* entre la rue Cherubini et la rue Rameau.

Orig. — Ouverte en 1777 sur l'emplacement de l'hôtel Chabanais.

CHABLIS (Rue de)........ **XII**ᵉ Arrondissement............ 47ᵉ Quartier.

023 **Commence** rue de Pommard. — **Finit** rue de Bercy, 63.

Long^r : 36^m,00.

Larg^r : 12^m,00. — Décret du 10 aout 1877. *Ouverture* et *Alignements.*

Arrêté préfectoral du 1ᵉʳ aout 1879. *Dénomination.*

Orig. - Bourg du département de l'Yonne renommé pour les vins que produisent ses environs ; voisinage de l'entrepôt de Bercy.

CHABRAND (Cité)......... **I**ᵉʳ Arrondissement............ 4ᵉ Quartier.

024 **Située** rue Saint-Honoré, 247.

Long^r : 56^m,00.

Larg^r : 4^m,00 environ. *(Voie privée.)*

Orig. — Nom du propriétaire, fondateur de la Cité.

CHABROL (Cité de)..... **X**ᵉ Arrondissement.......... 38ᵉ Quartier.

025 **Commence** cour de la Ferme Saint-Lazare, 16. — **Finit** rue de Chabrol, 27.

Long^r : 36^m,00.

Larg^r : 2^m,50 environ. *(Voie privée.)*

Orig. — *Voir rue de Chabrol.*

CHABROL (Rue de)...... **X**ᵉ Arrondissement......... 37ᵉ et 38ᵉ Quartiers.

026 **Commence** boulevard de Magenta, 85. — **Finit** rue Lafayette, 100. (I. 71. — P. 51.)

Long^r : 420^m,00.

Larg^r : 12^m,00. — Ord. royale du 29 mai 1822. *Ouverture* et *Alignements.*

Orig. — Le Comte Gilbert-Joseph-Gaspard de Chabrol de Volvic, Préfet de la Seine (1773-1843).

CHACEPERT (Impasse) . . . . . **XVIII**e Arrondissement. . . . . 69e Quartier.
Anciennement commune de Montmartre.
627   **Située** rue du Poteau, 32.
     Long^r : 50^m,00.
     Larg^r : 1^m,30 environ.   *(Voie privée.)*
   Orig. — Nom du propriétaire.

CHAILLOT (Rue de) * . . . . . . **VIII**e Arrondissement . . . . 29e Quartier.
628   **XVI**e Arrondissement . . . . 64e Quartier.
   Commence r. Pierre Charron, 9, et Freycinet, 24. — **Finit** avenue des Champs Élysées, 79.
     Long^r : 695^m,00.   (I. 17 à 119. — P. 30 à 98.)
     Larg^r : 10^m,00. — Décision ministérielle du 15 vendémiaire an IX.
  Moindre larg^r : 11^m,00. — Ord. royale du 11 décembre 1845. *Alignements.*
     Larg^r : 12^m,00. — Décret du 6 mars 1858. *Raccordement* avec les voies nouvelles indi-
               quées audit décret.
     Id.   12^m,00.   *Alignements* projetés entre les rues Pierre Charron et Vernet.
           Arrêté préfectoral du 16 juillet 1862. *Nivellement* entre les ave-
           nues des Champs Élysées et de l'Alma.
           Arrêté préfectoral du 10 janvier 1863. *Nivellement* entre les ave-
           nues de l'Alma et Marceau.
           Arrêté du 31 juillet 1869. *Nivellement* pour le surplus.
   Orig. — Principale rue de l'ancien village de Chaillot.

CHAISE (Rue de la) . . . . **VII**e Arrondissement. . . . . 23e Quartier.
629   **Commence** r. de Grenelle, 35. — **Finit** r. de Sèvres et boul. d'Enfer prolongé. (I.11.—P.26.)
     Long^r : 200^m,00.
  Moindre larg^r : 8^m,00. — Décision ministérielle du 28 vendémiaire an IX. *Alignements.*
  Moindre larg^r : 10^m,00. — Ord. royale du 30 avril 1844. *Alignements.*
   Orig. — Dénomination tirée d'une enseigne.

CHALABRE (Impasse) . . . . . . **XVII**e Arrondissement . . . . 68e Quartier.
Anciennement commune des Batignolles.
630   **Située** avenue de Clichy, 163bis.
     Long^r : 15^m,00.
     Larg^r : 13^m,00. —   *(Voie privée.)*
             Obs. — Cette voie, dont le classement a été ajourné en 1863, à raison des
             réclamations inscrites à l'enquête, a été réduite à l'état d'impasse
             et absorbée presque totalement par l'agrandissement de la gare aux
             marchandises du chemin de fer de l'Ouest.
   Orig. — Nom du propriétaire.

CHALET (Rue du) ** . . . . **X**e Arrondissement . . . . 40e Quartier.
631   **Commence** rue du Buisson Saint Louis, 27. — **Finit** rue Sainte Marthe, 36.   (I.21.—P.34.)
     Long^r : 185^m,00.
  Moindre larg^r : 6^m,00.   *(Voie privée.)*
           Arrêté préfectoral du 1er février 1877. *Dénomination* actuelle.
           Obs. — Précédemment passage Saint Joseph.
   Orig. — Inconnue.

CHALGRIN (Rue). . . . . **XVI**e Arrondissement. . . . . 64e Quartier.
Anciennement commune de Passy.
632   **Commence** avenue du Bois de Boulogne, 20. — **Finit** rue Le Sueur, 4.   (I. 33. —P. 38.)
     Long^r : 273^m,00.
     Larg^r : 8^m,00. — Arrêté préfectoral du 16 février 1856 et du 25 janvier 1859.
           Alignements.
          Décret du 23 mai 1863. *Classement* (confirmation).
          Arrêté préfectoral du 23 mars 1866. *Nivellement.*
          Décret du 2 octobre 1865. *Dénomination* actuelle.
          Obs. — Précédemment rues de Bellevue et des Bouchers.
   Orig. — Jean-François-Thérèse Chalgrin, architecte de l'Arc de Triomphe (1739-1811); voisinage de ce monument.

CHALIGNY (Rue). . . . . **XII**e Arrondissement. . . . . . . 46e et 48e Quartiers.
633   **Commence** r. Crozatier, 2, et Érard, 1. — **Finit** r. du Faub. St Antoine, 200, et de Reuilly, 2.
     Long^r : 545^m,00.   (I. 23. — P. 28.)
     Larg^r : 22^m,00. — Décret du 10 décembre 1856 (U. P.). *Ouverture* et *Alignements.*
          Arrêté préfectoral du 11 juillet 1857. *Nivellement.*
          Décret du 2 mars 1864. *Dénomination.*
   Orig. — Nom d'une famille de fondeurs (XVIe siècle).

CHALON (Impasse de) . . . . **XII**ᵉ Arrondissement . . . . 48ᵉ Quartier.
634   **Située** rue de Châlon, 30.   (I. 7. — P. 8.)
        Long' : 50ᵐ,00.
        Larg' :   4ᵐ,00.   (*Voie privée.*)
        Orig. — *Voir rue de Châlon.*

CHALON (Rue de) . . . . **XII**ᵉ Arrondissement . . . . 48ᵉ Quartier.
635   **Commence** rue de Rambouillet, 5. — **Finit** boulevard Diderot, 22.   (P. 56.)
        Long' : 434ᵐ,00.
        Larg' : 12ᵐ,00. — Décret du 27 décembre 1852. *Classement* et *Alignements.*
                    Décret du 13 août 1853. *Nivellement.*
        Orig. — Chalon-sur-Saône, sous-préfecture du département de Saône-et-Loire ; voisinage de la gare de Lyon.

CHAMAILLARDS (Rue des)** . . **XIII**ᵉ Arrondissement . . . . 50ᵉ Quartier.
                    Anciennement commune d'Ivry.
636   **Commence** rue Regnault. — **Finit** rue de Tolbiac, 53.   (I. 85. — P. 80.)
        Long' : 460ᵐ,00.
                    Arrêté préfectoral du 5 octobre 1857. *Classement.*
                    Décret du 23 mai 1863. *Classement* (confirmation).
        Larg' : 12ᵐ,00. — Décret du 12 février 1877. *Classement, Alignements* et *Nivellement.*
                    Arrêté préfectoral du 7 juin 1870. *Nivellement.*
        Orig. — Lieu dit.

CHAMBERTIN (Rue de) . . . . . **XII**ᵉ Arrondissement . . . . 47ᵉ Quartier.
637   **Commence** rue de Bercy, 118. — **Finit** boulevard de Bercy, 38.   (P. 10.)
        Long' : 53ᵐ,00.
        Larg' : 12ᵐ,00. — *Alignements* projetés (exécutés).
                    Obs. — Rue ouverte par la Ville de Paris.
                    Arrêté préfectoral du 1ᵉʳ août 1879. *Dénomination.*
        Orig. — Célèbre vignoble du département de la Côte-d'Or.

CHAMBÉRY(Rue de) ** . . . . . **XV**ᵉ Arrondissement . . . . 57ᵉ Quartier.
                    Anciennement commune de Vaugirard.
638   **Commence** rue des Morillons. — **Finit** en impasse au delà de la rue de Nice la Frontière.
        Long' : 210ᵐ,00.   (I. 3. — P. 16.)
        Larg' : 12ᵐ,00 environ.   (*Voie privée.*)
        Orig. — Chambéry, chef-lieu de la Savoie, annexée à la France en 1860. (*Voir rue Chauvelot.*)

CHAMPAGNE (Rue de) . . . . . . **V**ᵈ Arrondissement . . . . 17ᵉ Quartier.
639   **Commence** au Grand Préau, 2. — **Finit** rue de la Côte d'Or, 1.   (I. 5.
        Long' : 185ᵐ,00.
        Larg' : 21ᵐ,30.   Obs. — Voie privée, située à la Halle-aux-Vins.
        Orig. — Doit son nom à sa situation.

CHAMPAGNY (Rue de) . . . . . . **VII**ᵉ Arrondissement . . . . 26ᵉ Quartier.
640   **Commence** rue Casimir Périer, 2. — **Finit** rue Martignac, 1.   (I. 5.)
        Long' : 39ᵐ,00.
                    Ouverte en 1828.
        Larg' : 20ᵐ,00. — Ord. royale du 11 janvier 1845. *Alignements.*
                    Ord. royale du 5 août 1844. *Dénomination.*
        Orig. — Jean-Baptiste Nompère de Champagny, duc de Cadore, ministre sous Napoléon Iᵉʳ (1756-1834).

CHAMP D'ASILE (Rue du) ** . . **XIV**ᵉ Arrondissement . . . . 53ᵉ Quartier.
                    Anciennement commune de Montrouge.
641   **Commence** place Denfert-Rochereau, 2. — **Finit** avenue du Maine, 89.   (I. 81)
        Long' : 660ᵐ,00.
        Larg' : 20ᵐ,00. — Arrêté préfectoral du 20 juillet 1855. *Alignements.*
                    Obs. — Il existe un projet d'élargissement à 40ᵐ,00 suivi d'un commencement
                                d'exécution.
                    Décret du 23 mai 1863. *Classement* (confirmation).
                    Arrêté préfectoral du 18 novembre 1862. *Nivellement.*
        Orig. — Longe le cimetière du Montparnasse dit Champ d'Asile.

CHAMP DE L'ALOUETTE (Rue du) ** **XIII**ᵉ Arrondissement . . . . 52ᵉ Quartier.
642   **Commence** rue Corvisart, 20. — **Finit** rue de la Glacière, 59.   (I. 11. — P. 12.)
        Long' : 208ᵐ,00.
        Larg' : 10ᵐ,00. — Décision ministérielle du 23 ventôse an X. *Alignements.*
        Id.   13ᵐ,00. — Ord. royale du 21 octobre 1846. *Alignements.*

CHAMP DE L'ALOUETTE (Rue du) (Suite).
> DÉCRET DU 27 JUILLET 1870. Suppression d'une partie débouchant sur la rue de la Glacière.
> ARRÊTÉ PRÉFECTORAL DU 27 SEPTEMBRE 1867. Nivellement.
> ARRÊTÉ PRÉFECTORAL DU 1er FÉVRIER 1877. Dénomination actuelle.
> Obs. — Précédemment rue du Petit Champ de l'Alouette.

Orig. — Lieu dit le Champ de l'Alouette.

CHAMP DE MARS . . . . **VII**e ARRONDISSEMENT . . . . 28e QUARTIER.
643   **Situé** entre le quai d'Orsay et les avenues de la Motte-Piquet, de la Bourdonnais et de Suffren.
> Longr : 985m,00. — Non compris les voies latérales.
> Largr : 423m,00. — Non compris les voies latérales.
> LOI DU 22 AOUT 1881. Approuvant une convention passée entre l'État et la Ville de Paris pour la conservation du parc de l'Exposition universelle de 1878 (côté de la Seine) et un échange de terrains.

Orig. — Créé en 1770 pour les exercices des élèves de l'École Militaire.

CHAMP DE MARS (Rue du) . . . **VII**e ARRONDISSEMENT . . . . 28e QUARTIER.
644   **Commence** rue Duvivier, 18. — **Finit** avenue de la Bourdonnais, 63.   (I. 35. — P. 24.)
> Longr : 302m,00.
> Largr : 12m,00. — DÉCRET DU 13 FÉVRIER 1852. Ouverture entre la rue Cler et l'avenue de la Bourdonnais.
> Obs. — La partie comprise entre la rue Duvivier et la rue Cler n'est pas classée.

Orig. — Voisinage du Champ de Mars.

CHAMPERRET (Porte de). . . . . **XVII**e ARRONDISSEMENT. . . . . 65e QUARTIER.
645   **Située** boulevard Gouvion-Saint-Cyr, au droit de l'avenue de Villiers.

Orig. — S'ouvre en face du village de Champerret, nom d'un ancien hameau établi dans des champs appartenant à M. Perret.

CHAMPIONNET (Passage) . . . . **XVIII**e ARRONDISSEMENT . . . . 70e QUARTIER.
Anciennement commune de Montmartre.
646   **Commence** rue Championnet, 57. — **Finit** rue Neuve de la Chardonnière. (I. 13. — P. 26.)
> Longr : 110m,00.
> Largr : 5m,00 environ.   (Voie privée.)
> ARRÊTÉ PRÉFECTORAL DU 1er FÉVRIER 1877. Dénomination actuelle.
> Obs. — Précédemment passage Saint Victor.

Orig. — Voir rue Championnet.

CHAMPIONNET (Rue)* . . . . . **XVIII**e ARRONDISSEMENT . . . . . . 69e et 70e QUARTIERS.
Anciennement communes de Montmartre, de Saint-Ouen et des Batignolles.
647   **Commence** r. Boinod, 51, et des Poissonniers, 133. — **Finit** r. Marcadet, 274, et av. de St Ouen, 90.
> Longr : 1.870m,00.   (I. 233. — P. 242.)
> Largr : 14m,00. — DÉCRET DU 8 JUIN 1858 (U.P.). Ouverture entre les rues Boinod et des Poissonniers et la rue Vauvenargues.
> Id.   20m,00. — DÉCRET DU 23 MAI 1863 (U.P.). Ouverture entre les rues Vauvenargues, l'avenue de Saint Ouen et la rue Marcadet.
> ARRÊTÉ PRÉFECTORAL DU 19 AVRIL 1864. Nivellement entre la rue des Poissonniers et la rue Ordener.
> ARRÊTÉ PRÉFECTORAL DU 6 AOUT 1874. Nivellement entre la rue du Poteau et l'avenue de Saint Ouen.
> DÉCRET DU 2 MARS 1867. Dénomination de la première partie.
> ARRÊTÉ PRÉFECTORAL DU 1er FÉVRIER 1877. Réunion de la rue Oudot à la rue Championnet.
> Obs. — Précédemment rue B. puis rues Oudot et Championnet.

Orig. — Jean-Étienne Championnet, général en chef (1762-1800).

CHAMPLAIN (Cité) ** . . . . **XX**e ARRONDISSEMENT . . . . 79e QUARTIER.
Anciennement commune de Belleville.
648   **Commence** rue Sorbier. — **Finit** rue Élisa Borey, 5 bis.
> Longr : 67m,00.
> Largr : 1m,70 environ.   (Voie privée.)
> ARRÊTÉ PRÉFECTORAL DU 1er FÉVRIER 1877. Dénomination actuelle.
> Obs. — Précédemment cité Saint Louis.

Orig. — Voir rue Champlain.

CHAMPLAIN (Rue) ** . . . . . . **XX**e ARRONDISSEMENT . . . . 79e QUARTIER.
Anciennement commune de Belleville.
649   **Commence** rue des Amandiers, 92. — **Finit** rue Sorbier.   (I. 17. — P. 16.)
> Longr : 103m,00.
> Largr : 3m,00 environ.   (Voie privée.)
> DÉCRET DU 10 FÉVRIER 1875. Dénomination actuelle.
> Obs. — Précédemment rue Saint Louis.

Orig. — Samuel de Champlain, fondateur de Québec, mort en 1635.

CHAMP MARIE (Passage) ✱✱ . . . **XVIII**ᵉ ARRONDISSEMENT . . . . 69ᵉ QUARTIER.
Anciennement communes de Montmartre et de Saint Ouen.

050 **Commence** rue Vincent Compoint, 25.— **Finit** passage Jobert.— **Finira** rue Vauvenargues.
Long* : 585ᵐ,00. (P. 30 et 3 à 12.)
Larg* : 2ᵐ,00 environ. (*Voie privée.*)
Orig. — Lieu dit.

CHAMPOLLION (Rue) . . . . . . **V**ᵉ ARRONDISSEMENT . . . . 20ᵉ QUARTIER.
051 **Commence** rue des Écoles, 53. — **Finit** place de la Sorbonne, 8. (I. 19. — P. 22.)
Long* : 145ᵐ,00.
Larg* : 7ᵐ,00. — DÉCISION MINISTÉRIELLE DU 8 NIVÔSE AN XIII.
id. 8ᵐ,00. — ORD. ROYALE DU 30 DÉCEMBRE 1846. *Alignements.*
DÉCRET DU 27 FÉVRIER 1867. *Dénomination* actuelle.
OBS. — Précédemment rue des Maçons Sorbonne.
ORIG. — Jean-François Champollion le Jeune, orientaliste, qui le premier a déchiffré les caractères hiéroglyphiques. (1790-1832).

CHAMPS ÉLYSÉES (Avenue des) **VIII**ᵉ ARRONDISSEMENT. . . . . 29ᵉ et 30ᵉ QUARTIERS.
032 **Commence** place de la Concorde. — **Finit** place de l'Étoile. (I. 135. — P. 156.)
Long* : 1.880ᵐ,00.
ORD. ROYALE DU 20 AOUT 1828. Cession par l'Etat à la Ville de
Paris de la partie comprise entre la place de la Concorde et le
rond-point des Champs Élysées.
Larg* : 70ᵐ,00. — ORD. ROYALE DU 5 AVRIL 1846. *Alignements* entre le rond-point des
Champs Élysées et les rues Bassano et Washington.
Id. 70ᵐ,00. — DÉCRETS DES 16 NOVEMBRE 1853 ET 13 AOUT 1854. *Alignements* entre
les rues Bassano et Washington et la place de l'Étoile.
DÉCRET DU 2 MARS 1862, maintenant le nom d'avenue des Champs
Élysées entre le rond-point des Champs Élysées et la place de
l'Étoile.
ORIG. — Les Champs Élysées ont été ainsi nommés par allusion au séjour des bienheureux dans les mythologies grec-
ques et romaines.

CHAMPS ÉLYSÉES (Jardin des) **VIII**ᵉ ARRONDISSEMENT. . . . . 29ᵉ QUARTIER.
053 **Situé** entre la place de la Concorde, le Cours la Reine et les avenues d'Antin, de Matignon
et Gabriel. (I. 9. — P. 14.)
ORIG. — *Voir* avenue des Champs Élysées.

CHAMPS ÉLYSÉES (Rond-Point des) **VIII**ᵉ ARRONDISSEMENT . . . . . . 29ᵉ et 30ᵉ QUARTIERS.
054 **Situé** à l'intersection des av. des Champs Élysées, d'Antin, 43, Montaigne 103, et Matignon, 1.
(*Place plantée*). (I. 9. — P. 14.)
Rayon : 85ᵐ,00. — DÉCRET DU 11 SEPTEMBRE 1860. *Alignements* pour les bâtiments.
Id. 82ᵐ,00. — pour les grilles.
OBS. — Une zone de 3 mètres, *non œdificandi*, sera réservée entre la voie
publique et les façades. L'Administration a renoncé à la servitude
des façades symétriques imposée aux riverains par le même
décret.
ORIG. — *Voir* avenue des Champs Élysées.

CHANALEILLES (Rue de) . . . . **VII**ᵉ ARRONDISSEMENT . . . . 26ᵉ QUARTIER.
055 **Commence** rue Vaneau, 24. — **Finit** rue Barbet de Jouy, 17. (I. 17. — P. 4.)
Long* : 117ᵐ,00.
Larg* : 11ᵐ,00. — ORD. ROYALE DU 25 JUIN 1844. *Ouverture* et *Fixation* de la hauteur
des maisons à 16ᵐ,50.
ORIG. — Doit son nom au comte Sosthènes de Chanaleilles, qui y avait fait construire un hôtel.

CHANDON (Impasse) . . . . **XV**ᵉ ARRONDISSEMENT . . . . 60ᵉ QUARTIER.
Anciennement commune de Vaugirard.
056 **Située** rue Lecourbe, 282.
Long* : 60ᵐ,00.
Larg* : 3ᵐ,25 environ. (*Voie privée.*)
ORIG. — Nom d'un propriétaire.

CHANEZ (Rue) . . . . **XVI**ᵉ ARRONDISSEMENT . . . . 61ᵉ QUARTIER.
Ancienne commune d'Auteuil.
057 **Commence** rue d'Auteuil, 77. — **Finit** rue Molitor, 48. (I. 13.)
Long* : 280ᵐ,00.
Larg* : 12ᵐ,00 environ. (*Voie non classée.*)
Voie imposée par le domaine de l'Etat aux acquéreurs des terrains
provenant du bois de Boulogne.
DÉCRET DU 10 AOUT 1868. *Dénomination* actuelle.
OBS. — Précédemment avenue de l'Alma.
ORIG. — Le baron Jean-Baptiste-Victor Chanez, général de brigade (1746-1825) ; voisinage de la route Militaire.

CHANGE (Pont au) . . . . Ier Arrondissement . . . . 1er Quartier.
                       IVe Arrondissement   13e et 16e Quartiers.
658   **Situé** entre les quais de Gesvres et de la Mégisserie et les quais de la Cité et de l'Horloge, au droit de la place du Châtelet et du boulevard du Palais.
    Long^r : 103^m,00.
    Larg^r : 30^m,00.
    Orig. — Les changeurs s'y étaient établis en 1141, en vertu d'une ordonnance de Louis VII.

CHANOINESSE (Rue) . . . . . IVe Arrondissement . . . . 16e Quartier.
659   **Commence** rue du Cloître Notre-Dame, 4. — **Finit** rue d'Arcole, 9.   (I. 21. — P. 26.)
    Long^r : 190^m,00.
    Larg^r : 7^m,00. — Décision ministérielle du 26 prairial an XI.
  Moindre Id.   10^m,00. — Ord. royale du 8 septembre 1847. *Alignements* entre la rue du Cloître Notre-Dame et la rue de la Colombe.
    Larg^r : 10^m,00. — *Alignements* projetés suivis d'un commencement d'exécution entre la rue de la Colombe et la rue d'Arcole.
    Arrêté préfectoral du 19 décembre 1874. *Dénomination* actuelle.
        Obs. — Précédemment rue des Marmousets et Chanoinesse.
    Orig. — Voisine de la cathédrale, en mémoire de l'habitation des Chanoines.

CHANTIER (Passage du) . . . . . . XIIe Arrondissement . . . . 48e Quartier.
660   **Commence** rue de Charenton, 55. — **Finit** rue du Faubourg Saint Antoine, 66.
    Long^r : 120^m,00.
    Larg^r : 3^m,40 environ.   (*Voie privée.*)
    Orig. — Doit son nom à un chantier de bois à brûler.

CHANTIERS (Rue des) . . . . . . Ve Arrondissement . . . . 17e Quartier.
661   **Commence** rue des Fossés Saint Bernard, 11. — **Finit** rue du Cardinal Lemoine, 5.
    Long^r : 78^m,00.   (I. 9. — P. 10.)
    Larg^r : 12^m,00. — Ord. royale du 7 juillet 1824. *Ouverture* et *Alignements*.
        Obs. — A été fermée pendant plusieurs années.
    Orig. — A pris le nom des chantiers de bois qui la bordent.

CHANTRES (Rue des) . . . . . . IVe Arrondissement . . . . 16e Quartier.
662   **Commence** quai aux Fleurs, 11, et rue des Ursins, 1. — **Finit** rue Chanoinesse, 12.
    Long^r : 50^m,00.
    Larg^r : 7^m,00. — Décision ministérielle du 10 prairial an XII.
    Id.   8^m,00. — Ord. royale du 8 septembre 1847. *Alignements*.
    Orig. — Habitée autrefois par les chantres de Notre-Dame.

CHANUDET (Rue) ** . . . . . . XIVe Arrondissement . . . . 56e Quartier.
663   **Commence** sentier des Mariniers. — **Finit** rue de Vanves, 161.
    Long^r : 391^m,00.
    Larg^r : 10^m,00.   (*Voie privée.*)
    Orig. — Nom de propriétaire.

CHAPELLE (Boulevard de La) **. . . . Xe Arrondissement . . . . 37e Quartier.
                       XVIIIe Arrondissement . . . . 71e et 72e Quartiers.
         Anciennement commune de La Chapelle, du côté des numéros pairs.
664   **Commence** rues de Château-Landon, 41, et d'Aubervilliers, 1. — **Finit** boulevards de Magenta, 170, et Ornano, 2.   (I. 63. — P. 126.)
    Long^r : 1.095^m,00.
    Larg^r : 15 toises pour les boulevards.   )   Ord. du bureau des finances du
    Id.   36 pieds pour les chemins de ronde.)   16 janvier 1789.
        Ord. royale du 12 août 1846. *Alignements* pour les chemins de ronde.
  Moindre larg^r :   42^m,00. Arrêté préfectoral du 13 mars 1861. *Alignements*.
        Décret du 23 mai 1863. *Classement* (confirmation).
        Décret du 27 novembre 1876. *Alignements* rectifiés entre la rue du Faubourg Saint Denis et le chemin de fer du Nord, et *Nivellement* de cette partie.
        Arrêté préfectoral du 30 décembre 1864. *Dénomination* actuelle.
        Obs. — Précédemment boulevards des Vertus et de La Chapelle, chemins de ronde des Vertus et de Saint Denis, et place de la Barrière-Poissonnière.
    Orig. — Longe l'ancienne commune de La Chapelle Saint Denis.

CHAPELLE (Cité de La) **. . . . XVIIIe Arrondissement . . . . 71e Quartier.
665   **Située** rue de La Chapelle, 39.   (I. 11. — P. 12.)
    Long^r : 140^m,00.
  Moindre larg^r :   8^m,00.   (*Voie privée.*)
    Orig. — *Voir* rue de La Chapelle.

CHAPELLE (Impasse de La) . . . **XVIII**e ARRONDISSEMENT . . . . 71e. QUARTIER.
Anciennement commune de La Chapelle.

666 **Commence** rue de La Chapelle, 107. — **Finit** au chemin de fer du Nord.
    Longr : 68m,00.
    Largr : 8m,00. — ORD. ROYALE DU 11 SEPTEMBRE 1842. *Alignements.*
          DÉCRET DU 23 MAI 1863. *Classement* (confirmation).
          ARRÊTÉ PRÉFECTORAL DU 10 NOVEMBRE 1873. *Dénomination* actuelle.
          OBS. — Précédemment rue des Poiriers.
ORIG. — *Voir rue de La Chapelle.*

CHAPELLE (Place de La) . . . . **XVIII**e ARRONDISSEMENT . . . . 71e et 72e QUARTIERS.

667 **Située** à la rencontre du boulevard de La Chapelle, 34, des rues Pajol, 2, de La Chapelle, 2,
    et de Jessaint, 2.   (P. 32)
    Longr : 200m,00.   *(Place plantée.)*
          ORD. DU BUREAU DES FINANCES DU 16 JANVIER 1789 concernant les
            anciens boulevards.
          ARRÊTÉ PRÉFECTORAL DU 13 MARS 1861. *Alignements.*
          DÉCRET DU 23 MAI 1863. *Classement* (confirmation).
          ARRÊTÉ PRÉFECTORAL DU 1er FÉVRIER 1877. *Dénomination* actuelle.
          OBS. — Précédemment partie du boulevard des Vertus, de la rue et de la
              place Jessaint.
ORIG. — *Voir rue de La Chapelle.*

CHAPELLE (Rue de La) * . . . . **XVIII**e ARRONDISSEMENT . . . . 71e et 72e QUARTIERS.
Anciennement commune de La Chapelle.

668 **Commence** place de La Chapelle, 20. — **Finit** boulevard Ney, 29, et porte de La Chapelle.
    Longr : 1.480m,00.   (I. 161. — P. 184.)
Moindre largr : 20m,25. — ORD. ROYALE DU 20 FÉVRIER 1823. *Alignements* entre la place de La
            Chapelle et le Rond-Point.
          DÉCRET DU 23 MAI 1863. *Classement* (confirmation).
          OBS. — Alignements projetés depuis le Rond-Point jusqu'au boulevard Ney et
              à la porte de La Chapelle.
          ARRÊTÉ PRÉFECTORAL DU 26 FÉVRIER 1867. *Dénomination* actuelle.
          OBS. — Précédemment Grande Rue de La Chapelle et route Royale, n° 1.
ORIG. — Principale rue de l'ancienne commune de La Chapelle Saint Denis.

CHAPELLE ST DENIS (Porte de La). **XVIII**e ARRONDISSEMENT. . . . . . 71e et 72e QUARTIERS.
669 **Située** boulevard Ney, dans le prolongement de la rue de La Chapelle.
ORIG. — A l'extrémité de la rue de La Chapelle.

CHAPON (Rue). . . . . **III**e ARRONDISSEMENT . . . . 12e QUARTIER.
670 **Commence** rue du Temple, 115. — **Finit** rue Saint Martin, 232.   (I. 49. — P. 66.)
    Longr : 378m,00.
    Largr : 7m,00. — DÉCISION MINISTÉRIELLE DU 12 FRUCTIDOR AN V.
    Id.   10m,00. — ORD. ROYALE DU 14 JANVIER 1829. *Alignements.*
          DÉCISION MINISTÉRIELLE DU 18 FÉVRIER 1831. — *Réunissant* la rue du
            Cimetière Saint Nicolas à la rue Chapon.
ORIG. — Appelée au XIIIe siècle vicus Roberti Begonis, sive Caponis, du nom d'un de ses habitants.

CHAPPE (Rue). ** . . . . **XVIII**e ARRONDISSEMENT. . . . . 70e QUARTIER.
Anciennement commune de Montmartre.

671 **Commence** rues des Trois Frères, 8, et Tardieu, 8. — **Finit** au delà de la rue Gabrielle. —
    Finira rue Saint Éleuthère   (I. 23. — P. 20.)
    Longr : 133m,00 (actuelle).
    Longr : 175m,00 (future).
    Largr : 10m,00. — *Alignements* projetés, entre la rue Tardieu et la rue Gabrielle.
          DÉCRET DU 23 MAI 1863. *Classement* de cette partie.
          DÉCRET DU 11 AOUT 1867 (U. P.). *Alignements* entre la rue Gabrielle
            et la rue Saint Éleuthère.
          DÉCRET DU 27 FÉVRIER 1867. *Dénomination* actuelle.
          OBS. — Précédemment rue du Télégraphe.
ORIG. — Claude Chappe, inventeur du télégraphe aérien (1763-1805) ; Voisinage de l'ancien télégraphe de Montmartre.

CHAPTAL (Rue). . . . . **IX**e ARRONDISSEMENT. . . . . 33e QUARTIER.
672 **Commence** rues Pigalle, 49, et Fontaine, 1. — **Finit** rue Blanche, 68.   (I. 33. — P. 34.)
    Longr : 249m,00.
    Largr : 12m,60. — ORD. ROYALE DU 12 JANVIER 1825. *Ouverture* et *Alignements.*
          ARRÊTÉ DU POUVOIR EXÉCUTIF DU 5 MAI 1848. Pan coupé situé sur le
            côté droit, à l'angle de la rue Blanche.
ORIG. — Ouverte en 1825 sur les terrains de M. le vicomte Chaptal, fils du célèbre chimiste.

CHARBONNIÈRE (Rue de la) ** .   **XVIII**e Arrondissement . . . .   71e Quartier.
Anciennement commune de La Chapelle.

673   **Commence** rues Jessaint, 27, et de la Goutte d'Or, 1. — **Finit** boul. de La Chapelle, 100.
Longr : 255m,00.   (I. 37. — P. 44.)
Largr : 10m,00. — Ord. royale du 11 septembre 1842. *Alignements.*
                          Décret du 23 mai 1863. *Classement* (confirmation).
                          Arrêté préfectoral du 3 février 1865. *Nivellement.*
Orig. — Lieu dit.

CHARBONNIERS (Rue des). . . .   **XII**e Arrondissement . . . .   48e Quartier.
674   **Commence** rue de Châlon, 48. — **Finit** rue de Charenton, 108.   (I. 25. — P. 26.)
Longr : 295m,00.
Largr : 10m,00. — Décision ministérielle du 16 ventôse an XII.
Id.   14m,00. — Ord. royale du 1er juin 1828. *Alignements* entre la rue de Châlon et
                          l'avenue Daumesnil.
Id.   11m,00. — Décret du 16 avril 1859. *Alignements* entre l'avenue Daumesnil et la
                          rue de Charenton.
Orig. — Doit probablement son nom au commerce qui s'y exerçait.

CHARDIN (Rue). . . . .   **XVI**e Arrondissement . . . .   62° Quartier.
675   **Commence** rue Le Nôtre. — **Finit** rue Beethoven.   (I. 15. — P. 14.)
Longr : 110m,00.
Largr : 12m,00. — Rue ouverte par la Ville de Paris.
                          Décret du 10 novembre 1877. *Dénomination.*
Orig. — Jean-Baptiste-Siméon Chardin, peintre (1699-1779).

CHARENTE (Quai de la). . . . . .   **XIX**e Arrondissement . . . .   74e Quartier.
Anciennement commune de La Villette.

676   **Commence** canal de l'Ourcq. — **Finit** boulevard Macdonald.   (P. 18.)
Longr : 790m,00. — Décret du 23 mai 1863. *Classement.*
Largr : 12m,00 environ. — *Alignements* projetés passant sur les limites actuelles.
Orig. — Fleuve de l'ouest de la France; voisinage du canal Saint Denis.

CHARENTON (Porte de). . . . . .   **XII**e Arrondissement . . . .   46e et 47e Quartiers.
677   **Située** boulevard Poniatowski dans le prolongement de la rue de Charenton.
Orig. — A l'extrémité de la rue de Charenton.

CHARENTON (Rue de). . . . . .   **XII**e Arrondissement . . . . . .   46°, 47°, 48° Quartiers.
Anciennement commune de Bercy, outre les boulevards de Bercy et de Reuilly et la porte de Charenton.

678   **Commence** rue du Faubourg Saint Antoine, 2, et place de la Bastille, 4. — **Finit** boulevard
Poniatowski et porte de Charenton.   (I. 344. — P. 316.)
Longr : 3150m,00.
Moindre largr : 12m,00. — Décret du 2 octobre 1872. *Alignements* entre la place de la Bastille
                          et l'impasse de la Planchette.
Id.   Id.   12m,00. — Ord. royale du 1er juin 1828. *Alignements* entre l'impasse de la
                          Planchette et les boulevards de Bercy et de Reuilly.
Id.   Id.   16m,00. — Ord. royale du 11 mars 1830. *Alignements* entre les boulevards de
                          Bercy, de Reuilly et la porte de Charenton.
                          Décret du 23 mai 1863. Confirmation du *Classement* de cette der-
                          nière partie.
                          Arrêté préfectoral du 30 décembre 1857. *Nivellement* pour partie.
                          Obs. — Précédemment route départementale n° 5 pour la dernière partie.
Orig. — Conduit à la commune de Charenton.

CHARLEMAGNE (Passage) . . . .   **IV**e Arrondissement . . . .   14e Quartier.
679   **Commence** rue Charlemagne, 16. — **Finit** rue Saint Antoine, 102.
Longr : 100m,00.
Largr :   3m,00.   (*Voie privée.*)
Orig. — Voir rue Charlemagne.

CHARLEMAGNE (Rue). . . . . .   **IV**e Arrondissement . . . .   14e Quartier.
680   **Commence** rue Saint Paul, 31. — **Finit** rues des Nonnains d'Hyères, 28, et de Fourcy, 2.
Longr :   236m,00.   (I. 25. — P. 24.)
Largr :   7m,00. — Décision ministérielle du 8 prairial an VII. *Alignements.*
Id.   10m,00. — Ord. royale du 6 mars 1828. *Alignements.*
                          Ord. royale du 5 août 1844. — *Dénomination* actuelle.
                          Obs. — Précédemment rue des Prêtres Saint Paul.
Orig. — Voisinage du lycée Charlemagne.

CHARLES ALBERT (Impasse) . . . **XVIIIᵉ** Arrondissement. . . . . 69ᵉ Quartier.
Anciennement commune de Saint Ouen.

681   **Située** chemin latéral au chemin de fer de Ceinture, 70.   (I. 31 — P. 20.)
     Long^r : 125^m,00.
     Larg^r : 3^m,50 environ.   (*Voie privée.*)
   Orig. — Prénoms d'un ancien propriétaire, M. Frossart.

CHARLES BERTHEAU (Passage) ** . **XIIIᵉ** Arrondissement. . . . . 50ᵉ Quartier.
Anciennement commune d'Ivry.

682   **Commence** avenue d'Ivry, 61. — **Finit** avenue de Choisy, 44.   (I. 7. — P. 30.)
     Long^r : 132^m,00.
   Moindre larg^r : 5^m,00.   (*Voie privée.*)
     Arrêté préfectoral du 1ᵉʳ février 1877. *Dénomination* actuelle.
         Obs. — Précédemment passage Bertheau.
   Orig. — Nom du propriétaire.

CHARLES V (Rue) . . . . **IVᵉ** Arrondissement . . . . 13ᵉ Quartier.

683   **Commence** rue du Petit-Musc, 19. — **Finit** rue Saint Paul, 20.   (I. 25. — P. 16.)
     Long^r : 188^m,00.
     Larg :   9^m,00. — Décision ministérielle du 13 ventôse an VII.
     Id.   10^m,00. — Ord. royale du 4 août 1838. *Alignements.*
     Décret du 24 août 1864. — *Dénomination* actuelle.
         Obs. — Précédemment rues Neuve Saint Paul et des Trois Pistolets.
   Orig. — Charles V, roi de France (1337-1380) ; voisinage de l'hôtel Saint Paul.

CHARLES DALLERY (Passage) . . **XIᵉ** Arrondissement . . . . 43ᵉ Quartier.

684   **Commence** rue de Charonne, 53. — **Finit** rue de la Roquette, 92.   (I. 19. — P. 8.)
     Long^r : 360^m,00.
     Larg^r :   7^m,00. — Décision ministérielle du 1ᵉʳ avril 1808. *Alignements* sur une lon-
         gueur de 176^m,00 à partir de la rue de la Roquette.
     Id.   12^{m}00. — *Alignements* projetés.
         Obs. — Le 7 janvier, 10 mars et 7 avril 1840 fut vendu l'hôtel Vaucanson, en
              réserva sur les dépendances de cette propriété un passage de 8
              mètres pour le prolongement de l'impasse de la Roquette jusqu'à
              la rue de Charonne, cette voie prit alors le nom de passage
              Vaucanson. (Cette partie du passage n'est pas classée.)
     Décret du 10 novembre 1877. *Dénomination* actuelle.
         Obs. — Précédemment impasse de la Roquette pour partie et passage Vau-
                 canson.
   Orig. — Charles Dallery, ingénieur, célèbre par ses travaux sur la navigation à vapeur (1754-1835) ; voisinage du Con-
     servatoire des Arts et Métiers.

CHARLES NODIER (Rue) ** . **XVIIIᵉ** Arrondissement . . . . 70ᵉ Quartier.

685   **Commence** place Saint Pierre et rue Livingstone. — **Finit** rue Ronsard.
     Long^r : 131^m,00.
     Larg^r : 12^m,00. — Décret du 11 août 1867 (U. P.) *Ouverture* et *Alignements.*
         Obs. — Exécutée en partie.
     Arrêté préfectoral du 17 juillet 1866, *Nivellement.*
     Décret du 10 février 1875. *Dénomination.*
   Orig. — Charles Nodier, littérateur (1783-1844).

CHARLOT (Rue) . . . . **IIIᵉ** Arrondissement . . . . 10 et 11ᵉ Quartiers.

686   **Commence** rue des Quatre Fils, 12. — **Finit** boulevard du Temple, 27.   (I. 85. — P. 76.)
     Long^r : 632^m,00.
     Larg^r :   8^m,00. — Décision ministérielle du 14 thermidor an VIII.
     Id.   10^m,00. — Ord. royale du 6 février 1828. *Alignements.*
     Décision ministérielle du 18 février 1831. *Dénomination* actuelle.
         Obs. — Précédemment rues d'Orléans, de Berry et Charlot.
   Orig. — Claude Charlot y avait fait bâtir plusieurs maisons au XVIIᵉ siècle.

CHARMILLES (Impasse des) ** . **XVᵉ** Arrondissement. . . . . 57ᵉ Quartier.
Anciennement commune de Vaugirard.

687   **Située** rue des Fourneaux, 210.   (I. 5. — P. 18.)
     Long^r : 110^m,00.
     Larg^r :   4^m,00 environ.   (*Voie privée.*)
     Arrêté préfectoral du 1ᵉʳ février 1877. *Dénomination* actuelle.
         Obs. — Précédemment impasse des Jardinets
   Orig. — Était bordée de charmilles.

CHAROLAIS (Passage du) . . . . **XII**e ARRONDISSEMENT. . . . . 47e QUARTIER.
688   **Commence** rue du Charolais, 24. — **Finit** rue Baulant, 4.   (I. 3. — P. 8.)
    Long^r : 67^m,00.
   Moindre larg^r : 8^m,00.   (*Voie privée.*)
   Orig. — *Voir* rue du Charolais.

CHAROLAIS (Rue du) . . . . . . **XII**e ARRONDISSEMENT. . . . . 47e QUARTIER.
689   **Commence** boul. de Bercy. — **Finit** rue de Rambouillet et av. Daumesnil, 82. (l. 4. — P. 92.)
    Long^r : 705^m,00.
    Larg^r : 42^m,00. — DÉCRET DU 16 JANVIER 1869. *Ouverture* et *Alignements.*
             ARRÊTÉ PRÉFECTORAL DU 20 JUILLET 1868. *Dénomination.*
   Orig. — Ancienne province de France desservie par le chemin de fer de Lyon ; voisinage de ce chemin de fer.

CHARONNE (Boulevard de) ⁕ . . . **XI**e ARRONDISSEMENT. . . . . 43e ET 44e QUARTIERS.
                     XXe ARRONDISSEMENT. . . . . . . 79e ET 80e QUARTIERS.
       Anciennement commune de Charonne, du côté des numéros pairs.
690   **Commence** avenue du Trône, 7, et cours de Vincennes, 1. — **Finit** rue Mont Louis, 12,
   et rue des Rats, 2.   (I. 451. — P. 212.)
    Long^r : 1,344^m,00.
     Id.   36 pieds. — Anciens chemins de ronde. }   ORD. DU BUREAU DES FINANCES
     Larg^r : 45 toises. — Anciens boulevards.   }   DU 16 JANVIER 1879.
       ORD. DES 12 AOUT 1846 ET 31 MARS 1847. *Alignements* de l'ancien
         chemin de ronde de Fontarabie.
       ORD. ROYALE DU 30 JUILLET 1844. *Alignements* de l'ancien chemin
         de ronde de Vincennes.
       DÉCRET DU 23 MAI 1863. *Confirmation* du *Classement.*
   Moindre larg^r : 42^m,00. — ARRÊTÉ PRÉFECTORAL DU 3 AOUT 1866. *Alignements.*
       ARRÊTÉ PRÉFECTORAL DU 30 DÉCEMBRE 1864. *Dénomination actuelle.*
         Obs. — Précédemment boulevards de Montreuil, de Charonne et de Fontarabie,
           et chemins de ronde de Vincennes, de Fontarabie et de Montreuil.
   Orig. — Longe l'ancienne commune de Charonne.

CHARONNE (Rue de) ⁕ . . . . . . **XI**e ARRONDISSEMENT. . . . . 43e ET 44e QUARTIERS.
691   **Commence** rue du Faubourg Saint Antoine, 63. — **Finit** boulevard de Charonne, 113.
    Long^r : 1,607^m,00.   (I. 197. — P. 182.)
   Moindre larg^r : 12^m,00. — DÉCISION MINISTÉRIELLE DU 18 MESSIDOR AN IX.
    Id.   Id.   14^m,00. — ORD. ROYALE DU 6 MAI 1827. *Alignements.*
   Orig. — Conduit à l'ancienne commune de Charonne.

CHAROST (Cour) . . . . **II**e ARRONDISSEMENT . . . . 7e QUARTIER.
692   **Commence** galerie du Salon. — **Finit** rue Montmartre, 70.
    Long^r : 74^m,00.
   Moindre larg^r : 3^m,30.   (*Voie privée.*)
   Orig. — Cour de l'ancien hôtel de Charost.

CHARRAS (Rue) . . . . **IX**e ARRONDISSEMENT . . . . 34e QUARTIER.
693   **Commence** boulevard Haussmann, 54. — **Finit** rue de Provence, 99.   (I. 9. — P. 4.)
    Long^r : 68^m,00.
    Larg^r : 9^m,74. — DÉCRET DU 10 AVRIL 1869 (U.P.). *Classement* et *Alignements.*
       ARRÊTÉ PRÉFECTORAL DU 16 AOUT 1879. *Dénomination actuelle.*
         Obs. — Précédemment square Clary et antérieurement rue Clary.
   Orig. — Jean-Baptiste-Adolphe Charras, lieutenant-colonel et homme politique (1810-1865).

CHARRAUD (Cité) ⁕⁕ . . . . . . **XIX**e ARRONDISSEMENT . . . . 76e QUARTIER
694   **Située** rue de Meaux, 30.
    Long^r : 180^m,00.
   Moindre larg^r : 4^m,00.   (*Voie privée.*)
   Orig. — Nom du propriétaire du terrain.

CHARTIÈRE (Rue). . . . . **V**ᵉ Aʀʀᴏɴᴅɪssᴇᴍᴇɴᴛ . . . . 20ᵉ Qᴜᴀʀᴛɪᴇʀ.

695 **Commence** rues de Lanneau, 11, et Fromentel, 1. — **Finit** en impasse. (I. 13. — P. 11.)
    Longʳ : 110ᵐ,00.
    Largʳ : 6ᵐ,00. — Déᴄɪsɪᴏɴ ᴍɪɴɪsᴛéʀɪᴇʟʟᴇ ᴅᴜ 18 ꜰʀᴜᴄᴛɪᴅᴏʀ ᴀɴ VIII. *Alignements.*
    Id. 10ᵐ,50. — Déᴄʀᴇᴛ ᴅᴜ 11 ᴀᴏûᴛ 1835 (U.P.). *Suppression* non encore réalisée.
        Déᴄʀᴇᴛ ᴅᴜ 26 ᴊᴜɪʟʟᴇᴛ 1880, maintenant l'existence de la voie.
          Oʙs. — Par suite de l'exécution du décret du 26 juillet 1880, supprimant la rue de Reims, cette voie se termine en impasse.
    Oʀɪɢ. — Probablement une des rares rues du quartier où, au moyen âge, les charrettes pouvaient passer.

CHARTRES (Galerie de) (Palais-Royal) Iᵉʳ Aʀʀᴏɴᴅɪssᴇᴍᴇɴᴛ. . . . . 3ᵉ Qᴜᴀʀᴛɪᴇʀ.

696 **Commence** galeries du Théâtre Français et de Nemours. — **Finit** galerie de Montpensier
    et de la Cour d'honneur.   (I. 29.)
    Longʳ : 61ᵐ,00.
  Moindre largʳ : 2ᵐ,40.   (*Voie privée.*)
    Oʀɪɢ. — Galerie neuve du Palais-Royal, ainsi nommée en l'honneur du duc de Chartres, depuis duc d'Orléans, fils du roi Louis-Philippe.

CHARTRES (Péristyle de) (Palais Royal). Iᵉʳ Aʀʀᴏɴᴅɪssᴇᴍᴇɴᴛ. . . . . 3ᵉ Qᴜᴀʀᴛɪᴇʀ.

697 **Commence** galerie de Chartres, 22. — **Finit** rue de Montpensier, 1.
    Longʳ : 25ᵐ,00.
    Largʳ : 12ᵐ,50 environ.   (*Voie privée.*)
    Oʀɪɢ. — Voir galerie de Chartres.

CHARTRES (Rue de) ** . . . . . **XVIII**ᵉ Aʀʀᴏɴᴅɪssᴇᴍᴇɴᴛ. . . . . 71ᵉ Qᴜᴀʀᴛɪᴇʀ.
             Anciennement commune de La Chapelle.

698 **Commence** boulevard de La Chapelle, 58. — **Finit** rues Caplat, 12, et de la Goutte d'Or, 45.
    Longʳ : 240ᵐ,00.   (I. 31. — P. 40.)
    Largʳ : 10ᵐ,00. — Oʀᴅ. ʀᴏʏᴀʟᴇ ᴅᴜ 11 sᴇᴘᴛᴇᴍʙʀᴇ 1842. *Alignements.*
        Déᴄʀᴇᴛ ᴅᴜ 23 ᴍᴀɪ 1863. *Classement* (confirmation).
        Aʀʀêᴛé ᴘʀéꜰᴇᴄᴛᴏʀᴀʟ ᴅᴜ 3 ꜰéᴠʀɪᴇʀ 1863. *Nivellement.*
    Oʀɪɢ. — Ainsi dénommée probablement en l'honneur du duc de Chartres, fils de Louis-Philippe, né en 1840.

CHARTREUX (Rue des) ** . . . . . **VI**ᵉ Aʀʀᴏɴᴅɪssᴇᴍᴇɴᴛ . . . . 22ᵉ Qᴜᴀʀᴛɪᴇʀ.

699 **Commence** avenue de l'Observatoire. — **Finit** rue d'Assas.
    Longʳ : 69ᵐ,00.
    Largʳ : 12ᵐ,00. — Déᴄʀᴇᴛ ᴅᴜ 14 ᴀᴏûᴛ 1866 (U.P.). *Ouverture* et *Alignements.*
        Lᴏɪ ᴅᴜ 12 ᴊᴀɴᴠɪᴇʀ 1876. *Convention* entre l'État et la Ville de
        Paris pour la reconstruction de la clinique d'accouchement,
        nécessitant la modification des alignements de cette voie.
    Largʳ : 12ᵐ,00. — Déᴄʀᴇᴛ ᴅᴜ 17 sᴇᴘᴛᴇᴍʙʀᴇ 1879 (U.P.). *Déplacement*, *Alignements* et
        Nivellement.
        Aʀʀêᴛé ᴘʀéꜰᴇᴄᴛᴏʀᴀʟ ᴅᴜ 1ᵉʳ ꜰéᴠʀɪᴇʀ 1877. *Dénomination* actuelle.
          Oʙs. — Précédemment rue F.
    Oʀɪɢ. — Sur l'emplacement de l'ancien couvent des Chartreux.

CHASSELOUP-LAUBAT (Rue) ** **XVIII**ᵉ Aʀʀᴏɴᴅɪssᴇᴍᴇɴᴛ . . . . . 69ᵉ ᴇᴛ 70ᵉ Qᴜᴀʀᴛɪᴇʀs.

700 **Commencera** rue Saint Eleuthère. — **Finira** rue Lepic.
    Longʳ : 1075ᵐ,00.
    Largʳ : 20ᵐ,00. — Déᴄʀᴇᴛ ᴅᴜ 11 ᴀᴏûᴛ 1867 (U.P.). *Percement* et *Alignements.*
    Id. 14ᵐ,00. — Partie entre la rue Dulaure et la rue Lepic.
          Oʙs. — Cette voie n'est pas encore exécutée.
        Déᴄʀᴇᴛ ᴅᴜ 11 sᴇᴘᴛᴇᴍʙʀᴇ 1869. *Dénomination.*
    Oʀɪɢ. — Le marquis François de Chasseloup-Laubat, général de division du génie (1754-1833).

CHASSEURS (Avenue des) . . . . **XVII**ᵉ Aʀʀᴏɴᴅɪssᴇᴍᴇɴᴛ . . . . 66ᵉ Qᴜᴀʀᴛɪᴇʀ.
          Anciennement commune des Batignolles.

701 **Commence** boulevard Pereire, 63. — **Finit** boulevard Malesherbes, 168.   (I. 17.)
    Longʳ : 80ᵐ,00.
    Largʳ : 10ᵐ,00. — Déᴄʀᴇᴛ ᴅᴜ 30 ɴᴏᴠᴇᴍʙʀᴇ 1862 (U.P.). *Élargissement* et *Alignements.*
        Aʀʀêᴛé ᴘʀéꜰᴇᴄᴛᴏʀᴀʟ ᴅᴜ 11 ᴍᴀɪ 1877. *Nivellement.*
    Oʀɪɢ. — Ancien rendez-vous de chasse.

CHATEAU (Rue du) ** . . . . . . **XIV**ᵉ Aʀʀᴏɴᴅɪssᴇᴍᴇɴᴛ. . . . . 56ᵉ Qᴜᴀʀᴛɪᴇʀ.
           XVᵉ Aʀʀᴏɴᴅɪssᴇᴍᴇɴᴛ. . . . . 58ᵉ Qᴜᴀʀᴛɪᴇʀ.
          Anciennement commune de Montrouge et de Vaugirard.

702 **Commence** boul. de Vaugirard, 75, et r. de l'Armorique, 1. — **Finit** Avenue du Maine, 166.
    Longʳ : 1070ᵐ,00.   (I. 185. — P. 120.)

CHATEAU (Rue du). (*Suite*).
    Larg^r : 12^m,00. — Arrêté préfectoral du 11 novembre 1859. *Classement* et *Alignements* entre le b^d de Vaugirard et la rue de Vanves.
    Id.   10^m,00. — Décret du 9 août 1881. *Alignements* et *Nivellement* entre la rue de Vanves et l'avenue du Maine.
            Décret du 23 mai 1863. *Classement* (confirmation).
            Arrêté préfectoral du 27 février 1877. *Nivellement* entre l'avenue du Maine et la rue de Vanves.
            Arrêté préfectoral du 10 mai 1863. *Nivellement* du surplus.
            Arrêté préfectoral du 10 novembre 1873. *Dénomination* actuelle.
    Orig. — Conduisait à l'ancien château du Maine (*Voir* avenue du Maine).

CHATEAUBRIAND (Rue). . . . **VIIIe Arrondissement** . . . . 30e Quartier.
703   **Commence** rue Washington, 19. — **Finit** avenue de Friedland, 43.   (I. 31. — P. 22.)
    Long^r : 266^m,00.
    Larg^r : 11^m,50. — Décret du 23 octobre 1832. *Classement* et *Alignements*.
            Arrêté préfectoral du 7 septembre 1863. *Nivellement*.
    Orig. — Le vicomte François-René de Chateaubriand, littérateur et homme politique (1768-1848).

CHATEAU D'EAU (Rue du). . . . **Xe Arrondissement** . . . . 38e et 39e Quartiers.
704   **Commence** boulevard de Magenta, 1. — **Finit** rue du Faub. St Denis, 70. (I. 67. — P. 78.)
    Long^r : 692^m,00.
    Larg^r : 10^m,00. — Décision ministérielle du 23 messidor an x. *Alignements* de la totalité.
    Id.   13^m,00. — Ord. royale du 6 mars 1828. *Alignements* entre le boulevard de Magenta et la rue du Faubourg Saint Martin.
    Id.   13^m,00   Ord. royale du 21 novembre 1837 (U. P.). *Alignements* et *Élargissement* du côté des numéros pairs.
    Id.   12^m,00. — Ord. royale du 6 mars 1828. *Alignements* entre la rue du Faubourg Saint Martin et la rue du Faubourg Saint Denis.
            Ord. royale du 29 novembre 1840 (U. P.). *Élargissement* partiel au droit des maisons portant les numéros 2, 4, 6, et le numéro 63 de la rue du Faubourg Saint Martin.
            Décision ministérielle du 11 juin 1851. *Dénomination* actuelle.
    Orig. — Précédemment rues Neuve Saint Nicolas et Neuve Saint Jean. Doit son nom au voisinage de la place du Château-d'eau, aujourd'hui place de la République.

CHATEAU DES RENTIERS (Rue du)** **XIIIe Arrondissement** . . . . 50e Quartier.
    Anciennement commune d'Ivry.
705   **Commence** boulevard Masséna. — **Finit** boulevard de la Gare, 171.   (I. 205. — P. 216.)
    Long^r : 1.415^m,00.
            Arrêté préfectoral du 6 juillet 1855. *Classement*.
    Larg^r :   10^m,00. — *Alignements* projetés (largeur actuelle).
            Décret du 23 mai 1863. *Classement* (confirmation).
            Arrêté préfectoral du 27 janvier 1870. *Nivellement*.
    Orig. — Lieu dit.

CHATEAUDUN (Rue de). . . . . . **IXe Arrondissement** . . . . 34e et 35e Quartiers.
706   **Commence** r. La Fayette, 57. — **Finit** r. de la Chaussée d'Antin, 70, et r. Blanche, 2. (I. 59. — P. 60.)
    Long^r : 755^m,00.
    Larg^r : 20^m,00. — Décret du 27 août 1859. *Ouverture* entre la rue La Fayette et la rue Buffault.
            Décret du 19 mars 1862. *Ouverture* entre la rue Buffault et les rues de la Chaussée d'Antin et Blanche.
            Arrêtés préfectoraux des 5 avril et 13 juillet 1867. *Nivellement* entre les rues Buffault et du Faubourg Montmartre.
            Arrêtés préfectoraux des 3 juillet 1867 et 3 avril 1869. *Nivellement* entre les rues Saint Georges et Taitbout.
            Arrêtés préfectoraux des 7 septembre 1861 et 5 mai 1869. *Nivellement* du surplus.
            Arrêté du Gouverneur de Paris du 26 octobre 1870. — *Dénomination* actuelle.
    Orig. — Ville du département d'Eure-et-Loir, théâtre d'un fait d'armes en 1870.

CHATEAU-LANDON (Rue de)** . . . . **Xe Arrondissement** . . . . 37e Quartier.
707   **Commence** r. du Faub. St Martin, 185. — **Finit** b^ds de La Chapelle, 1, et de La Villette, 171.
    Long^r : 600^m,00.   (I. 11. — P. 56.)
    Moindre larg^r : 10^m,00. — Décision ministérielle des 13 thermidor an vi et 6 mars 1820.
    Id.   15^m,00. — Ord. royale du 29 novembre 1826. *Alignements*.
            Décret du 22 février 1878 (U. P.). Exécution des *Alignements* fixés par l'ordonnance royale de 1826. *Nivellement* à la rencontre des rues de l'Aqueduc et de Château-Landon.
    Orig. — Nom donné à la fin du XVIIIe siècle.

CHATEAU ROUGE (Place du)⁕⁕ **XVIII**ᵉ ARRONDISSEMENT . . . . 70ᵉ QUARTIER.
Anciennement commune de Montmartre.

708 **Située** boulevard Ornano, 41, au débouché des rues Custine, 2, et Poulet, 21.
ORD. ROYALE DU 31 MARS 1847. *Ouverture et Alignements.*
DÉCRET DU 23 MAI 1863. *Classement* (confirmation).
OBS. — Cette place a été presque entièrement absorbée par l'ouverture du boulevard Ornano.
ORIG. — En mémoire du petit château, dit Château Rouge, construit pour Gabrielle d'Estrées.

CHATELAIN (Rue)⁕⁕. . . . . . **XIV**ᵉ ARRONDISSEMENT . . . . 56ᵉ QUARTIER.
Anciennement commune de Vaugirard.

709 **Commence** rue de l'Ouest, 101. — **Finit** rue de Vanves, 84.   (I. 19. — P. 18.)
Long^r : 118ᵐ,00.
Larg^r : 10ᵐ,00. — *Alignements* projetés. (Largeur actuelle.)
DÉCRET DU 23 MAI 1863. *Classement.*
ARRÊTÉ PRÉFECTORAL DU 10 MAI 1863. *Nivellement.*
ORIG. — Nom du propriétaire.

CHATELET (Impasse) . . . . **XVII**ᵉ ARRONDISSEMENT. . . . . 68ᵉ QUARTIER.

710 **Située** avenue de Saint Ouen, 123, au nord du chemin de fer de Ceinture.
Long^r : 130ᵐ,00.
Larg^r : 4ᵐ,00. —   *(Voie privée.)*
ORIG. — Nom du propriétaire.

CHATELET (Place du) . . . . **I**ᵉʳ ARRONDISSEMENT . . . . 1ᵉʳ QUARTIER.
                                       IVᵉ ARRONDISSEMENT . . . . 13ᵉ QUARTIER.

711 **Située** entre les quais de la Mégisserie, 2, et de Gesvres, 16, le boulevard de Sébastopol, 1,
l'avenue Victoria, 13, et la rue Saint Denis, 2.   (I. 1. — P. 2.)
Long^r : 40ᵐ,00.
Larg^r : 61ᵐ,40. — ORD. ROYALE DU 16 MAI 1836. *Alignements.*
Id.   79ᵐ,00. — DÉCRET DU 21 JUIN 1854 (U. P.). Agrandissement et fixation des *Alignements* du côté des numéros impairs.
Id.   79ᵐ,00. — DÉCRET DU 29 JUILLET, DU 29 SEPTEMBRE 1854 (U. P.). *Alignements* du côté des numéros pairs.
ORIG. — Sur l'emplacement du Châtelet, démoli en 1802.

CHATILLON (Avenue de)⁕⁕. . . . **XIV**ᵉ ARRONDISSEMENT . . . . 55ᵉ QUARTIER.
Anciennement communes de Montrouge et de Vanves.

712 **Commence** avenue d'Orléans, 90, et r. d'Alesia, 87.—**Finit** boul. Brune, 89. (I. 55. — P. 76.)
Long^r : 625ᵐ,00.
Larg^r : 20ᵐ,00. — DÉCRET DU 24 NOVEMBRE 1855. *Alignements.*
DÉCRET DU 23 MAI 1863 *Classement* (confirmation).
ARRÊTÉ DU 6 JUILLET 1863. *Nivellement.*
OBS. — Précédemment route départementale nᵒ 34.
ORIG. — Conduit au village de Châtillon sous Bagneux.

CHATILLON (Impasse de)⁕⁕ . . . **XIV**ᵉ ARRONDISSEMANT . . . . 55ᵉ QUARTIER.
Anciennement commune de Montrouge.

713 **Située** avenue de Châtillon, 20.
Long^r : 180ᵐ,00.
Larg^r : 3ᵐ,50 environ.—ARRÊTÉ PRÉFECTORAL DU 1ᵉʳ FÉVRIER 1877. *Dénomination* actuelle.
OBS. — Précédemment impasse Marais.
ORIG. — *Voir* avenue de Châtillon.

CHATILLON (Porte de) . . . . . . **XIV**ᵉ ARRONDISSEMENT. . . . . 55ᵉ QUARTIER.

714 **Située** boulevard Brune, dans le prolongement de l'avenue de Châtillon.
ORIG. — Située sur l'avenue de Châtillon.

CHAT QUI PÊCHE (Rue du) . . . **V**ᵉ ARRONDISSEMENT . . . . 20ᵉ QUARTIER.

715 **Commence** quai Saint Michel, 11. — **Finit** rue de la Huchette, 14.
Long^r : 29ᵐ,00.
Larg^r : 7ᵐ,00. — DÉCISION MINISTÉRIELLE DU 29 NIVÔSE AN VIII. *Alignements.*
ORIG. — Dénomination provenant d'une enseigne.

CHAUCHAT (Rue). . . . . **IX**ᵉ ARRONDISSEMENT . . . . 35ᵉ QUARTIER.

716 **Commence** galerie de l'Horloge, 6. — **Finit** rue La Fayette, 44.   (I. 23. — P. 26.)
Long^r : 246ᵐ,00.
Larg^r : 12ᵐ,00. — ORD. ROYALE DU 27 OCTOBRE 1847. *Alignements* entre la rue Rossini et la rue de Provence.
Larg^r : 9ᵐ,75. — ORD. ROYALE DU 27 OCTOBRE 1847. *Alignements* entre la rue de Provence et la rue de la Victoire.
Id.   12ᵐ,0.0 — DÉCRET DU 19 AOUT 1875 (U. P.). *Alignements et Nivellement* entre la rue Rossini et la galerie de l'Horloge.
ORIG. — Jacques Chauchat était échevin lorsque la rue fut percée (1779).

CHAUDRON (Rue)^{oo}. . . . . **X**ᵉ Arrondissement . . . . 37ᵉ Quartier.
717   **Commence** rue du Faub. St Martin, 243. — **Finit** r. de Château-Landon, 56 (I. 23. — P. 24.)
   Longʳ : 217ᵐ,00.
   Largʳ : 10ᵐ,00. — Décision ministérielle du 11 juin 1812.
   Id.   12ᵐ,00. — Ord. royale du 5 juin 1846, Alignements.
   Orig. — Joseph Chaudron avait fait construire, en 1718, la fontaine située au coin des rues La Fayette et du Faubourg Saint-Martin.

CHAUFOURNIERS (Rue des)^{oo} . . **XIX**ᵉ Arrondissement . . . . 70ᵉ Quartier.
   Anciennement commune de Belleville.
718   **Commence** r. de Meaux, 16. — **Finit** en impasse au delà de la r. Bolivar (I. 37. — P. 44.)
   Longʳ : 320ᵐ,00.
   Largʳ : 12ᵐ,00. — Alignements projetés. (Largeur actuelle.)
   Décret du 23 mai 1863. Classement.
   Arrêté préfectoral du 14 juillet 1868. Nivellement.
   Arrêté préfectoral du 26 février 1867. Dénomination actuelle.
   Obs. — Précédemment rue Arago.
   Orig. — Voisine des fours à chaux.

CHAUME (Rue du). . . . . **IV**ᵉ Arrondissement . . . . 13ᵉ et 14ᵉ Quartiers.
719   **Commence** r. des Blancs Manteaux, 24. — **Finit** r. Rambuteau, 1, et des Francs Bourgeois, 61.
   Longʳ : 85ᵐ,00.   (I. 11. — P. 12.)
   Moindre largʳ : 8ᵐ,00. — Décision ministérielle du 23 frimaire an VIII.
   Largʳ : 12ᵐ,00. — Ord. royale du 12 juillet 1837. Alignements.
   Id.   13ᵐ,00. — Décret du 29 juin 1863. Alignements.
   Orig. — Ainsi nommée dès le XIIIᵉ siècle.

CHAUMONT (Porte) . . . . **XIX**ᵉ Arrondissement. . . . . 75ᵉ Quartier.
720   **Située** boulevard Sérurier, dans le prolongement de la rue Petit.
   Arrêté préfectoral du 26 février 1880. Dénomination actuelle.
   Obs. — Précédemment poterne du Pré Saint Gervais.
   Orig. — Voisinage des buttes Chaumont.

CHAUSSÉE D'ANTIN (Rue de la) . **IX**ᵉ Arrondissement. . . . . 34ᵉ Quartier.
721   **Commence** boulevards des Capucines, 2, et des Italiens, 38. — **Finit** rues Saint Lazare, 73.
   et de Châteaudun, 59.   (I. 37. — P. 70.)
   Longʳ : 578ᵐ,00.
   Moindre largʳ : 13ᵐ,64. — Décision ministérielle du 28 février 1807.
   Largʳ : 13ᵐ,64. — Ord. royale du 27 octobre 1847. Alignements.
   Id.   22ᵐ,00. — Décret du 27 décembre 1863. Alignement modifié du côté gauche.
         entre le boulevard des Capucines et la rue Meyerbeer.
   Orig. — Appelée ainsi parce qu'elle fut ouverte en face des jardins de l'hôtel d'Antin.

CHAUSSON (Impasse) . . . . **X**ᵉ Arrondissement . . . . 40ᵉ Quartier.
722   **Située** rue de la Grange aux Belles, 33.
   Longʳ : 100ᵐ,00.
   Largʳ : 4ᵐ,70 environ.   (Voie privée.)
   Orig. — Nom du propriétaire.

CHAUSSON (Passage) . . . . **X**ᵉ Arrondissement . . . . 39ᵉ Quartier.
723   **Commence** rue du Château d'Eau, 24. — **Finit** boulevard de Magenta, 23. (I. 9 bis. — P. 8.)
   Longʳ : 75ᵐ,00.
   Largʳ : 7ᵐ,30 environ.   (Voie privée.)
   Orig. — Construit en 1835 par M. Chausson.

CHAUVEAU-LAGARDE (Rue). . **VIII**ᵉ Arrondissement. . . . . 31ᵉ Quartier.
724   **Commence** place de la Madeleine, 25. — **Finit** boulevard Malesherbes, 14. (I. 11. — P. 18.)
   Longʳ : 163ᵐ,00.
   Largʳ : 10ᵐ,00. → Ord. royale du 2 juin 1824. Ouverture et Alignements entre la
         place de la Madeleine et la rue de l'Arcade.
   Id.   10ᵐ,00. — Décret du 16 juillet 1862 (U. P.). Alignements pour le redressement
         et le prolongement entre la rue de l'Arcade et le boulevard
         Malesherbes.
   Arrêté préfectoral du 30 mai 1862. Nivellement de la dernière partie.
   Orig. — Claude-François Chauveau-Lagarde, avocat, l'un des défenseurs de Marie-Antoinette (1756-1841); voisinage de la Chapelle expiatoire.

CHAUVELOT (boulevard)^{**} . . . . **XV**^e Arrondissement . . . . 57e Quartier.
Anciennement commune de Vaugirard.

725   **Commence** rue de Vouillé, 38. — **Finit** rue des Morillons, 25.   (I. 51. — P. 18.)
Long^r : 315^m,00.
Larg^r : 6^m,00.   (*Voie privée.*)
Orig. — M. Chauvelot, fondateur du village de l'Avenir, aux rues duquel il avait donné le nom des principales victoires
de la campagne d'Italie (1859).

CHAUVELOT (Rue).^{**} . . . . . . **XV**^e Arrondissement . . . . 57e Quartier.
Anciennement commune de Vaugirard.

726   **Commence** r. Brancion, 33. — **Finit** boul. Lefèvre, 22, et petite rue de Paris. (I. 17. — P. 32.)
Long^r : 174^m,00.
Larg^r : 12^m,00 environ.   (*Voie privée.*)
Orig. — *Voir boulevard Chauvelot.*

CHAZELLES (Rue de) . . . . . **XVII**^e Arrondissement . . . . 66e Quartier.
Anciennement commune des Batignolles.

727   **Commence** rue et boulevard de Courcelles, 94. — **Finit** rue de Prony, 17. (I. 17. — P. 12.)
Long^r : 315^m,00
Larg^r : 12^m,00. — Décret du 11 mars 1868. *Classement* et *Alignements.*
               Arrêté préfectoral du 17 juillet 1869. *Nivellement* entre le boule-
vard de Courcelles et la rue de Prony.
Orig. — Nom du propriétaire.

CHEMIN DE FER DE CEINTURE (Chemin latéral au)^c.
               XVIIIe Arrondissement . . . . 69e Quartier.
Anciennement communes de Montmartre et de Saint Ouen.

728   **Commence** rue du Poteau, 91. — **Finit** avenue de Saint Ouen, 130.   (P. 101.)
Long^r : 720^m,00.
Larg^r : 4^m,00. — Décret du 23 mai 1863. *Classement.*
Orig. — Longe le chemin de fer de Ceinture.

CHEMIN DE FER D'ORLÉANS (Chemin latéral au).
               XIIIe Arrondissement . . . . 50e Quartier.
Anciennement commune d'Ivry.

729   **Commence** boulevard Masséna. — **Finit** rue Watt.
Long^r : 464^m,00.
Larg^r : 7^m,00 environ.
               Décret du 23 mai 1863. *Classement* (confirmation.)
Orig. — Longe le chemin de fer d'Orléans.

CHEMIN VERT (Passage du). . . . **XI**^e Arrondissement . . . . 42e Quartier.

730   **Commence** rue du Chemin Vert, 48. — **Finit** rue de l'Asile Popincourt, 10. (I. 5. — P. 2.)
Long^r : 74^m,00.
Larg^r : 4^m,50.   (*Voie privée.*)
Orig. — *Voir rue du Chemin Vert.*

CHEMIN VERT (Rue du). . . . . . **XI**^e Arrondissement . . . . 42e et 43e Quartiers.

731   **Commence** boul. Beaumarchais, 46. — **Finit** boul. de Ménilmontant, 67. (I. 159. — P. 156.)
Long^r : 1,511^m,00.
Larg^r : 10^m,00. — Décision ministérielle du 23 germinal an XI.
Id.   13^m,00. — Ord. royale du 9 février 1846. *Alignements* entre le boulevard
Beaumarchais et la rue Amelot.
Id.   10^m,00. — Décision ministérielle du 23 messidor an IX.
Id.   10^m,00. — Ord. du 6 mai 1827. *Alignements* entre la rue Amelot et le boule-
vard de Ménilmontant.
               Arrêté préfectoral du 2 avril 1868. *Dénomination actuelle.*
               Obs. — Précédemment rue du Chemin Vert et rue des Amandiers.
Orig. — Traversait des jardins maraîchers.

CHEMIN VICINAL (Rue du) . . **XII**^e Arrondissement . . . . 46e Quartier.

732   **Commence** rue de Picpus, 23 — **Finit** place de la Nation, 6.
Long^r : 125^m,00.
Larg^r : 12^m,00. — Ord. royale du 30 juillet 1844. *Alignements.*
               Obs. — Cette voie est fermée par des grilles à ses deux extrémités.
Orig. — Ancien chemin vicinal.

CHÊNE VERT (Passage du) . . . . **XII**e ARRONDISSEMENT . . . . 48e QUARTIER.

733 **Situé** rue de Charenton, 46. — **Finit** avenue Daumesnil, 11.   (I. 17. — P. 11.)
  Long^r : 152^m,00.
  Larg^r :   6^m,00 environ.   (*Voie privée.*)
  ORIG. — Ancienne plantation dont on avait conservé un chêne abattu vers 1840.

CHÉNIER (Rue) . . . . **II**e ARRONDISSEMENT . . . . 8e QUARTIER.

734 **Commence** rue Sainte-Foy, 27. — **Finit** rue de Cléry, 96.   (I. 7. — P. 10.)
  Long^r : 73^m,00.
  Larg^r : 10^m,00. — DÉCISION MINISTÉRIELLE DU 23 FRIMAIRE AN VIII.
  Id.   10^m,00. — ORD. ROYALE DU 21 JUIN 1826. *Alignements*.
        DÉCRET DU 24 AOUT 1864. *Dénomination* actuelle.
           OBS. — Précédemment rue Saint Claude.
  ORIG. — André-Marie de Chénier, poète (1762-1794).

CHER (Rue du) **. . . . . **XX**e ARRONDISSEMENT . . . . 79e QUARTIER.
                  Anciennement commune de Charonne.

735 **Commence** rue des Prairies, 80. — **Finit** rue Belgrand.   (I. 19. — P. 22.)
  Long^r : 104^m,00.
  Larg^r :   3^m,00 environ.
  Larg^r : 10^m,00. — *Alignements* projetés.
        ARRÊTÉ PRÉFECTORAL DU 1er FÉVRIER 1830. *Classement*.
        DÉCRET DU 23 MAI 1863. *Classement* (confirmation).
        ARRÊTÉ PRÉFECTORAL DU 1er FÉVRIER 1877. *Dénomination* actuelle.
           OBS. — Précédemment chemin, puis rue du Ratrait.
  ORIG. — Rivière du bassin de la Loire ; voisinage des réservoirs de Ménilmontant.

CHERBOURG (Galerie de) . . . . **VIII**e ARRONDISSEMENT . . . . 32e QUARTIER.

736 **Commence** rue de la Pépinière, 8. — **Finit** rue de Laborde, 1.
  Long^r : 57^m,00.
  Larg^r   3^m,23.   (*Voie privée.*)
  ORIG. — Ville du département de la Manche ; voisinage de la gare de l'Ouest.

CHERCHE MIDI (Rue du) * . . . . **VI**e ARRONDISSEMENT . . . . 23e QUARTIER.
                         XVe ARRONDISSEMENT . . . . 58e QUARTIER.

737 **Commence** rues du Vieux Colombier, 25, et de Sèvres, 1. — **Finit** rue de Vaugirard, 144.
  Long^r : 1.212^m,00.   (I. 131. — P. 140.)
  Larg^r :   10^m,00. — DÉCISION MINISTÉRIELLE DU 5 VENDÉMIAIRE AN IX.
  Moindre larg^r : 11^m,20. — ORD. ROYALE DU 4 JUIN 1845. *Alignements*.
        DÉCRET DU 28 JUILLET 1866. *Modification* de l'alignement au
          droit des numéros 1, 3 et 5.
        DÉCRET DU 27 DÉCEMBRE 1854. *Nivellement*.
           OBS. — Précédemment rue du Cherche Midi, de la Vieille Tuilerie et du Petit
                  Vaugirard.
  ORIG. — Doit son nom à une enseigne représentant des gens qui cherchaient midi à quatorze heures.

CHÉREAU (Rue) **. . . . . **XIII**e ARRONDISSEMENT. . . . . 51e QUARTIER.
                  Anciennement commune de Gentilly.

738 **Commence** rue de la Butte aux Cailles, 9. — **Finit** en impasse.
  Long^r : 90^m,00.
  Larg^r : 10^m,00 environ.   (*Voie privée.*)
  ORIG. — Nom du propriétaire.

CHÉROY (Rue de). . . . . **XVII**e ARRONDISSEMENT. . . . . 67e QUARTIER.
                  Anciennement commune des Batignolles.

739 **Commence** boulevard des Batignolles, 78. — **Finit** rue des Dames, 99.   (I. 25. — P. 12.)
  Long^r : 120^m,00.
  Larg^r : 10^m,00. — DÉLIBÉRATIONS DU CONSEIL MUNICIPAL DU 10 NOVEMBRE 1841 ET 5 MAI
          1854. *Alignements* projetés.
        DÉCRET DU 23 MAI 1863. *Classement* (confirmation).
        ARRÊTÉ PRÉFECTORAL DU 9 NOVEMBRE 1864. *Nivellement*.
        ARRÊTÉ PRÉFECTORAL DU 1er MAI 1880. Rectification de l'orthographe
          du nom.
           OBS. — Précédemment rue Cherroy.
  ORIG. — Chéroy, chef-lieu de canton du département de l'Yonne, où est né M. Puteaux, ancien propriétaire des ter-
     rains environnants.

CHÉRUBINI (Rue) . . . . **IIᵉ** ARRONDISSEMENT . . . . 6ᵉ QUARTIER.
740   **Commence** rue Chabanais, 15. — **Finit** rue Sainte-Anne, 51.   (L. 3. — P. 4.)
     Long: 49ᵐ,00.
     Larg: 10ᵐ,00. — ORD. ROYALE DU 4 OCTOBRE 1826. *Alignements.*
          ORD. ROYALE DU 5 AOUT 1844. *Dénomination actuelle.*
            OBS. — Précédemment partie de la rue Chabanais.
   ORIG. — Marie-Louis-Charles-Zanobi-Salvator Chérubini, compositeur (1760-1842) ; voisinage de la place Louvois, ancien emplacement de l'Opéra.

CHEVAL BLANC (Impasse du) . . **XIᵉ** ARRONDISSEMENT . . . . 44ᵉ QUARTIER.
741   **Située** rue de la Roquette, 2.
     Long: 155ᵐ,00.
     Moindre larg: 3ᵐ,00.   (*Voie privée.*)
   ORIG. — Ancienne enseigne.

CHEVALERET (Rue du) . . . . . **XIIIᵉ** ARRONDISSEMENT . . . . 50ᵉ QUARTIER.
            Anciennement commune d'Ivry (partie).
742   **Commence** rue Regnault. — **Finit** boulevard de la Gare, 79.   (L. 199. — P. 148.)
     Long: 1.340ᵐ,00. — ARRÊTÉ PRÉFECTORAL DU 5 OCTOBRE 1857. *Classement.*
     Larg: 10ᵐ,00. — ARRÊTÉ PRÉFECTORAL DU 21 MARS 1859. *Alignements.*
         DÉCRET DU 23 MAI 1863. Confirmation du *Classement.*
         ARRÊTÉ PRÉFECTORAL DU 7 FÉVRIER 1862. *Nivellement* modifié au droit
            de la rue du Loiret.
            OBS. — Précédemment chemin du Liégat.
   ORIG. — Lieu dit.

CHEVALIERS (Impasse des) ** . . **XXᵉ** ARRONDISSEMENT . . . . 78ᵉ QUARTIER.
            Anciennement commune de Belleville.
743   **Située** rue Pixérécourt, 61.   (L. 9. — P. 4.)
     Long: 63ᵐ,00.
     Larg: 5ᵐ,00 environ.   (*Voie privée.*)
   ORIG. — Dénomination tirée d'une enseigne (au Chevalier de l'Arc).

CHEVERT (Rue) . . . . **VIIᵉ** ARRONDISSEMENT . . . . 28ᵉ QUARTIER.
744   **Commence** boul. de La Tour-Maubourg, 72. — **Finit** av. de Tourville, 22.   (L. 21. — P. 30.)
     Long: 287ᵐ,00.
     Larg: 10ᵐ,00. — DÉCISION MINISTÉRIELLE DU 28 VENDÉMIAIRE AN XIII. *Alignements.*
     Id.   10ᵐ,00. — ORD. ROYALE DU 12 DÉCEMBRE 1845. *Alignements.*
         DÉCRET DU 26 MAI 1855. *Nivellement* pour le raccordement avec le
            boulevard de La Tour-Maubourg.
   ORIG. — François Chevert, lieutenant-général (1695-1769) ; voisinage des Invalides.

CHEVERUS (Rue de) . . . . **IXᵉ** ARRONDISSEMENT . . . . 33ᵉ QUARTIER.
745   **Commence** square de la Trinité. — **Finit** rue de la Trinité, 1.   (P. 8.)
     Long: 67ᵐ,00.
     Larg: 10ᵐ,00. — DÉCRET DU 19 DÉCEMBRE 1860. *Ouverture et Alignements.*
         DÉCRET DU 2 MARS 1864. *Dénomination actuelle.*
   ORIG. — Jean-Louis-Anne-Madeleine Lefebvre de Cheverus, cardinal archevêque de Bordeaux (1768-1836) ; voisinage de l'église de la Trinité.

CHEVET (Rue du) . . . . **XIᵉ** ARRONDISSEMENT. . . . . 41ᵉ QUARTIER.
746   **Commence** rue Deguerry. — **Finit** rue Darboy.
     Long: 30ᵐ,00.
     Larg: 20ᵐ,00. — DÉCRET DU 22 FÉVRIER 1865. *Ouverture et Alignements.*
         ARRÊTÉ PRÉFECTORAL DU 1ᵉʳ FÉVRIER 1877. *Dénomination.*
   ORIG. — Située au chevet de l'église Saint-Joseph.

CHEVREUSE (Rue de) ** . . . . . **VIᵉ** ARRONDISSEMENT. . . . . 23ᵉ QUARTIER.
747   **Commence** rue Notre-Dame des Champs, 78. — **Finit** boulevard du Montparnasse, 125.
     Long: 70ᵐ,00.   (L. 5. — P. 8.)
     Larg: 8ᵐ,00. — DÉCISION MINISTÉRIELLE DU 13 VENDÉMIAIRE AN X.
     Id.   10ᵐ,00. — ORD. ROYALE DU 31 DÉCEMBRE 1845. *Alignements.*
   ORIG. — Autrefois le commencement du grand chemin de Chevreuse.

CHIMAY (Cité) ** . . . . **XVIIIᵉ** ARRONDISSEMENT . . . . 69ᵉ QUARTIER.
748   **Située** rue Championnet, 153.   (L. 17 — P. 22.)
     Long: 84ᵐ,00.
     Larg: 4ᵐ,00.
   ORIG. — Nom du propriétaire.

CHINE (Impasse de la) **.** . . . . . . **XXe Arrondissement** . . . . 79e Quartier.

Anciennement commune de Charonne.

749 **Située** rue de la Chine, en face du n° 65.   (I. 5. — P. 6.)

Long^r : 52^m,00.

Larg^r : 1^m,00 environ.   (*Voie privée.*)

Orig. — *Voir* rue de la Chine.

CHINE (Rue de la) **.** . . . . **XXe Arrondissement** . . . . 79e Quartier.

Anciennement commune de Charonne et de Belleville.

750 **Commence** rue de la Cour des Noues, 18. — **Finit** r. de Ménilmontant, 140. (I. 23. — P. 22.)

Long^r : 750^m,00.   (I. 90. — P. 90.)

Larg^r : 12^m,00. — Décret du 4 mars 1868. *Alignements* entre la rue de la Cour des Noues et la rue Belgrand.

Id.   20^m,00. — Décret du 4 mars 1868. *Élargissement* entre la rue Belgrand et l'avenue de la République.

Id.   10^m,00. — Ord. royale du 30 août 1837. *Alignements* entre le sentier des Soupirs et la rue de Ménilmontant.

Id.   12^m,00. — *Alignements* projetés entre l'avenue de la République et la rue de Ménilmontant.

Décret du 23 mai 1863. *Classement* (confirmation).

Arrêté préfectoral du 23 juillet 1868. *Nivellement* entre les rues de Ménilmontant et Sorbier.

Orig. — Nom datant du commencement du siècle; étymologie inconnue.

CHOISEUL (Passage de) . . . . . . **IIe Arrondissement** . . . . 5e Quartier.

751 **Commence** rue des Petits-Champs, 40. — **Finit** rue Saint-Augustin, 23. (I. 91. — P. 92.)

Long^r : 190^m,00.

Larg^r : 3^m,90.   (*Voie privée.*)

Ord. du Préfet de police du 11 février 1818 concernant diverses conditions imposées aux propriétaires du passage.

Orig. — Ouvert en 1825, en prolongement de la rue de Choiseul.

CHOISEUL (Rue de) . . . . **IIe Arrondissement** . . . . 5e Quartier.

752 **Commence** rue Saint-Augustin, 16. — **Finit** boulevard des Italiens, 21. (I. 29. — P. 22.)

Long^r : 243^m,00.

Larg^r : 24^{pieds}. — Lettres patentes du 19 juin 1779.

Id.   8^m,00. — Décision ministérielle du 23 floréal an X.

Id.   10^m,00. — Ord. royale du 27 mars 1831. *Alignements.*

Arrêté préfectoral des 2 juin et 1er septembre 1868. *Nivellement* entre la rue Saint-Augustin et la rue du Hanovre.

Orig. — Ouverte en 1779 sur les terrains de l'hôtel de Choiseul-Gouffier.

CHOISY (Avenue de) **.** . . . . **XIIIe Arrondissement.** . . . . . . 50e et 51e Quartiers.

Anciennement communes d'Ivry et de Gentilly.

753 **Commence** boulevard Masséna. — **Finit** boulevard de la gare, 221, et place d'Italie.

Long^r : 1310^m,00.   (I. 221. — P. 202.)

Larg^r : 25^m,00 environ. — *Alignements* projetés.

Décret du 23 mai 1863. *Classement* (confirmation).

Arrêté préfectoral du 18 avril 1863. *Nivellement.*

Obs. — Précédemment route départementale n° 51.

Orig. — Conduit au village de Choisy-le-Roi.

CHOISY (Porte de) . . . . **XIIIe Arrondissement** . . . . . . 50e et 51e Quartiers.

754 **Située** boulevard Masséna, dans le prolongement de l'avenue de Choisy.

Orig. — A l'extrémité de l'avenue de Choisy.

CHOMEL (Rue). . . . . **VIIe Arrondissement.** . . . . 25e Quartier.

755 **Commence** boulevard d'Enfer prolongé, 8. — **Finit** rue de Babylone.   (I. 17. — P. 14.)

Long^r : 145^m,00.

Larg^r : 12^m,00. — Arrêté préfectoral du 26 août 1869. *Cession* de la voie, par l'Assistance publique, à la Ville de Paris.

Arrêté préfectoral du 18 juin 1867. *Nivellement.*

Décret du 11 septembre 1869. *Dénomination.*

Orig. — Jean-Baptiste Chomel, médecin (1671-1740), et Auguste-François Chomel, médecin, descendant du précédent (1788-1858); voie ouverte sur l'ancien emplacement de l'hospice des Petits-Ménages.

11

CHORON (Rue) . . . . **IX**ᵉ Arrondissement . . . . 36ᵉ Quartier.

750   **Commence** rues Rodier, 3, et de Maubeuge, 11. — **Finit** en imp. au delà de la rue Milton.
    Long^r : 182^m,00.   (I. 9. — P. 16.)
    Larg^r : 12^m,00. — Rue ouverte lors du percement de la rue de Maubeuge, exécuté
        en vertu du décret du 3 août 1861.
        Décret du 10 août 1868. *Dénomination* actuelle.
        Obs. — Précédemment cour Saint Guillaume.
  Orig. — Alexandre-Étienne Choron, professeur de musique (1772-1834).

CHRISTIANI (Rue) **. . . . . . **XVIII**ᵉ Arrondissement . . . . 70ᵉ Quartier.
        Anciennement commune de Montmartre.

757   **Commence** boulevard Ornano, 19. — **Finit** rues de Clignancourt, 34, et Myrha, 89.
    Long^r : 125^m,00.   (I. 13. — P. 16.)
    Larg^r : 10^m,00 environ.
    Id.   12^m,00. — Délibérations du conseil municipal des 12 juin 1847 et 7 février
        1859. *Alignements* projetés.
        Décret du 23 mai 1863. *Classement* (confirmation).
        Arrêté préfectoral du 3 février 1863. *Nivellement.*
        Décret du 24 août 1864. *Dénomination* actuelle.
        Obs. — Précédemment rue des Vinaigriers.
  Orig. — Nom d'un des généraux qui ont défendu le quartier en 1814.

CHRISTINE (Rue) . . . . **VI**ᵉ Arrondissement. . . . . 21ᵉ Quartier.
758   **Commence** rue des Grands Augustins, 12. — **Finit** rue Dauphine, 33.   (I. 11. — P. 11.)
    Long^r : 96^m,00.
    Larg^r : 7^{m}00. — Décision ministérielle du 8 nivôse an IX.
    Id.   10^m,00. — Ord. royale du 11 août 1814. *Alignements.*
  Orig. — Bâtie à l'époque de la naissance de Christine de France, seconde fille de Henri IV et de Marie de Médicis
    (1606-1663).

CHRISTOPHE COLOMB (Rue) **. **VIII**ᵉ Arrondissement . . . . 29ᵉ Quartier.
759   **Commence** avenue de l'Alma, 19. — **Finit** avenue Marceau, 56.   (I. 1. — P. 11.)
    Long^r : 165^m,00.
    Larg^r : 12^m,00. — Décret du 7 août 1865. *Classement et Alignements.*
        Arrêté préfectoral du 10 janvier 1865. *Nivellement.*
        Décret du 2 mars 1867. *Dénomination.*
  Orig. — Christophe Colomb, navigateur, a découvert l'Amérique (1437-1506) : quartier où ont été groupés des noms de
    navigateurs.

CIBIEL (Impasse) . . . . **XV**ᵉ Arrondissement . . . . 58ᵉ Quartier.
        Anciennement commune de Vaugirard.
760   **Située** rue Lecourbe, 76.
    Long^r : 97^m,00.
    Larg^r : 13^m,00 environ.   (*Voie privée.*)
  Orig. — Nom du propriétaire.

CICÉ (Rue de) **. . . . . **VI**ᵉ Arrondissement. . . . . 23ᵉ Quartier.
761   **Commencera** rue Stanislas. — **Finira** rue du Montparnasse.
    Long^r : 65^m,00.
    Larg^r : 12^m,00. — Décret du 24 août 1864 (U. P.). *Alignements.*
        Décret du 10 novembre 1877. *Dénomination.*
        Obs. — Cette voie n'est pas encore exécutée.
  Orig. —

CIMAROSA (Rue) **. . . . . . **XVI**ᵉ Arrondissement . . . . 64ᵉ Quartier.
        Anciennement commune de Passy.
762   **Commence** avenue Kléber, 64. — **Finit** rue Lauriston, 79.   (I. 17. — P. 4.)
    Long^r : 110^m,00.
    Larg^r : 8^m,00. — Arrêté préfectoral du 16 février 1856. *Alignements.*
        Décret du 23 mai 1863. *Classement* (confirmation).
    Id.   12^m,00. — Arrêté préfectoral du 18 juin 1866. *Alignements.*
        Arrêté préfectoral du 31 juillet 1869. *Nivellement.*
        Décret du 24 août 1864. *Dénomination* actuelle.
        Obs. — Précédemment rue Saint-André.
  Orig. — Dominique Cimarosa, compositeur italien (1754-1801).

CIMETIÈRE DU NORD (Avenue du) ** **XVIII**ᵉ Arrondissement . . . . 69ᵉ Quartier.
Anciennement commune de Montmartre.

763   **Commence** boulevard de Clichy, 114. — **Finit** au cimetière du Nord.   (I. 23. — P. 16.)
  Longʳ : 104ᵐ,00.
  Largʳ : 24ᵐ,00 environ. — Décret du 23 mai 1863. *Classement sous réserve des ser-*
      vitudes particulières qui peuvent exister sur les pro-
      priétés riveraines, aux termes de l'acquisition du sol
      faite par la Ville de Paris.
      Arrêté préfectoral du 26 février 1867. *Dénomination actuelle.*
        Obs. — Précédemment avenue du cimetière Montmartre.
  Orig. — Conduit au cimetière du Nord.

CIMETIÈRE SAINT-BENOIST (Rue du) **V**ᵉ Arrondissement . . . . 20ᵉ Quartier.
764   **Commence** place Fromentel. — **Finit** rue Saint Jacques, 109.
  Longʳ : 88ᵐ,00.
  Largʳ : 7ᵐ,00. — Décision ministérielle du 13 fructidor an VII.
      Ord. royale du 7 octobre 1814. *Prolongement jusqu'à la rue*
      Chartière.
        Obs. — Ce projet n'a pas été exécuté.
    Id.   10ᵐ,00. — Décret du 11 août 1855 (U. P.) *Alignement pour l'élargissement*
      et le prolongement jusqu'à la rue des Carmes.
  Orig. — Conduisait autrefois au cimetière de la paroisse Saint-Benoît.

CINQ DIAMANTS (Rue des)**. . **XIII**ᵉ Arrondissement . . . . 51ᵉ Quartier.
Anciennement commune de Gentilly.
765   **Commence** boulevard d'Italie, 31. — **Finit** rue de la Butte aux Cailles, 22. (I. 55. — P. 58.)
  Longʳ : 340ᵐ,00.
  Largʳ : 10ᵐ,00. — Décret du 20 septembre 1873. *Classement et Alignements.*
      Arrêté préfectoral du 5 septembre 1874. *Nivellement.*
  Orig. — Dénomination tirée d'une enseigne.

CIRQUE (Rue du) . . . . **VIII**ᵉ Arrondissement . . . . 31ᵉ Quartier.
766   **Commence** avenue Gabriel, 40. — **Finit** r. du Faubourg Saint Honoré, 61. (I. 23. — P. 20.)
  Longʳ : 240ᵐ,00.
  Largʳ : 12ᵐ,00. — Ordonnance royale du 4 mai 1847. *Ouverture et Alignements.*
        Obs. — Précédemment rue de Joinville.
  Orig. — Débouche près du Cirque des Champs Elysées.

CISEAUX (Rue des) . . . . . . **VI**ᵉ Arrondissement . . . . 24ᵉ Quartier.
767   **Commence** boulevard Saint Germain, 147. — **Finit** rue du Four, 30.   (I. 9. — P. 10.)
  Longʳ : 69ᵐ,00.
  Largʳ : 7ᵐ,00. — Décision ministérielle du 15 vendémiaire an IX.
    Id.   10ᵐ,00. — Ord. royale du 30 avril 1844. *Alignements.*
    Id.   10ᵐ,00. — Décret du 28 juillet 1866. *Alignements pour le prolongement*
      jusqu'au boulevard Saint Germain.
  Orig. — Ancien hôtel des Ciseaux et enseigne des Ciseaux d'or (xvᵉ siècle).

CITÉ (Quai de la) . . . . **IV**ᵉ Arrondissement . . . . 16ᵉ Quartier.
768   **Commence** rue de la Cité et Pont Notre Dame. — **Finit** boulevard du Palais, 1, et Pont au
  Change.
  Longʳ : 120ᵐ,00.
  Largʳ : 15ᵐ,00. — Décision ministérielle du 13 brumaire an X.
    Id.   14ᵐ,00. — Ord. royale du 30 mai 1847.
    Id.   15ᵐ,00. — Décret du 22 mai 1863 (U. P.). *Alignements.*
      Arrêté préfectoral du 10 novembre 1873. *Dénomination actuelle.*
        Obs. — Précédemment quai Desaix.
  Orig. — Voir rue de la Cité.

CITÉ (Rue de la) . . . . **IV**ᵉ Arrondissement . . . . 16ᵉ Quartier.
769   **Commence** quai aux Fleurs et quai de la Cité. — **Finit** place du Parvis Notre Dame et quai
  du Marché Neuf, 2.   (P. 6.)
  Longʳ : 195ᵐ,00.
  Largʳ : 20ᵐ,00. — Décret du 22 mai 1863 (U. P.). *Alignements et Élargissement.*
      Arrêtés préfectoraux des 5 février 1877 et 17 janvier 1878.
        Nivellement.
  Orig. — Traverse l'île de la Cité.

CITEAUX (Rue de) . . . . **XII**ᵉ Arrondissement . . . . 48ᵉ Quartier.
770   **Commence** boul. Diderot, 45. — **Finit** r. du Faubourg Saint Antoine, 164. (I. 49. — P. 42.)
  Longʳ : 415ᵐ,00.
  Largʳ : 12ᵐ 00. — Décret du 30 juin 1861 (U.P.) *Ouverture et Alignements.*

CITEAUX (Rue de). (*Suite.*)
     ARRÊTÉ PRÉFECTORAL DU 15 JANVIER 1872. *Nivellement* entre la rue Cro-
     zatier et le boulevard Diderot.
     DÉCRET DU 24 AOUT 1864. *Dénomination* actuelle.
      OBS. — Précédemment impasse de l'Abbaye Saint Antoine (partie).
  ORIG. — Doit son nom à l'abbaye de Cîteaux (Côte-d'Or), voisinage de l'ancienne abbaye Saint-Antoine de l'ordre de
  Cîteaux.

CIVRY (Rue de) . . . .   **XVI**e ARRONDISSEMENT . . . . 61e QUARTIER.
 771 **Commence** boulevard Exelmans, 71. — **Finit** rue de Varize.
    Long* : 230m,00.
    Larg* : 12m,00. — ARRÊTÉ PRÉFECTORAL DU 4 NOVEMBRE 1869. *Alignements*.
      ARRÊTÉ PRÉFECTORAL DU 31 JUILLET 1869.¶*Nivellement*.
      DÉCRET DU 10 FÉVRIER 1875. *Dénomination*.
  ORIG. — Village situé près de Châteaudun, célèbre par la défense du 18 octobre 1870.

CLAIRAUT (Rue) . . . .   **XVII**e ARRONDISSEMENT . . . . 68e QUARTIER.
      Anciennement commune des Batignolles.
 772 **Commence** avenue de Clichy, 113. — **Finit** rue Lemercier, 84.   (l. 15. — P. 20.)
    Long* : 145m,00.
    Larg* : 9m,60 environ. — *Alignements* projetés.
      DÉCRET DU 20 MARS 1867. *Classement*.
      DÉCRET DU 11 SEPTEMBRE 1869. *Dénomination* actuelle.
      OBS. — Précédemment rue Sainte Thérèse.
  ORIG. — Alexis-Claude Clairaut, mathématicien (1713-1765).

CLAIRVAUX (Impasse de) . . . .   **III**e ARRONDISSEMENT . . . . 12e QUARTIER.
 773 **Située** rue Saint Martin, 180.
    Long* : 27m,00.
    Larg* : 2m,70 environ. (*Voie privée.*)
  ORIG. — Doit sa dénomination à l'hôtel de Clairvaux.

CLAPEYRON (Rue) . . . . . .   **VIII**e ARRONDISSEMENT . . . . 32e QUARTIER.
 774 **Commence** rues de Moscou, 24, et de Turin, 15. — **Finit** boulevard des Batignolles, 29.
    Long* : 182m,00.   (l. 25. — P. 20.)
    Larg* : 13m,00. — DÉCRET DU 27 JUILLET 1867. *Classement* et *Alignements*.
      ARRÊTÉ PRÉFECTORAL DU 2 JUILLET 1866. *Nivellement*.
      DÉCRET DU 2 MARS 1867. *Dénomination*.
  ORIG. — Benoît-Paul-Émile Clapeyron, ingénieur (1797-1864); voisinage de la gare de l'Ouest.

CLAUDE BERNARD (Rue). . . .   **V**e ARRONDISSEMENT . . . . 18e ET 19e QUARTIERS.
 775 **Com.** av. des Gobelins, 2, et r. Mouffetard, 152. — **Finit** r. d'Ulm, 47, et des Feuillantines, 1.
    Long* : 575m,00.   (l. 75. — P. 90.)
    Larg* : 20m,00. — DÉCRET DU 30 JUILLET 1859 (U. P.). *Ouverture* et *Alignements*.
      ARRÊTÉ PRÉFECTORAL DU 26 FÉVRIER 1859. *Nivellement*.
      ARRÊTÉ PRÉFECTORAL DU 9 MAI 1881. *Dénomination* actuelle.
      OBS.—Précédemment rue des Feuillantines.
  ORIG. — Claude Bernard, physiologiste (1813-1878); quartier des Écoles.

CLAUDE DECAEN (Rue). . . . .   **XII**e ARRONDISSEMENT . . . . 46e QUARTIER.
      Anciennement commune de Bercy.
 776 **Commence** boulevard Poniatowski. — **Finit** place Daumesnil, 8. (l. 105. — P. 100.)
    Long* : 790m,00.
    Moindre larg* : 10m,00. — ARRÊTÉ PRÉFECTORAL DU 6 JUILLET 1855. *Alignements*.
      DÉCRET DU 23 MAI 1863. *Classement* (confirmation).
      DÉCRET DU 10 FÉVRIER 1875. — *Dénomination*.
      ARRÊTÉ PRÉFECTORAL DU 1er FÉVRIER 1877. *Dénomination* actuelle.
      OBS. — Précédemment chemin de Reuilly, puis rue Decaen.
  ORIG. — Claude-Théodore Decaen, général de division, tué au combat de Borny (1769-1832).

CLAUDE LORRAIN (Impasse) .   **XVI**e ARRONDISSEMENT . . . . 61e QUARTIER.
      Anciennement commune d'Auteuil.
 777 **Située** rues du Point du Jour, 125, et Claude Lorrain, 1.
    Long* : 80m,00.
    Larg* : 2m,00 environ. (*Voie privée.*)
      ARRÊTÉ PRÉFECTORAL DU 1er FÉVRIER 1877. *Dénomination* actuelle.
      OBS. — Précédemment impasse des Clos.
  ORIG. — Voir rue Claude Lorrain.

CLAUDE LORRAIN (Rue). . . . **XVIᵉ** Arrondissement . . . . 61ᵉ Quartier.

Anciennement commune d'Auteuil.

778 **Commence** impasse Claude Lorrain et rue du Point du Jour, 106.— **Finit** rue Michel Ange.

Longʳ : 333ᵐ,00.   (I. 39. — P. 54.)

Largʳ : 8ᵐ,00. — Arrêté préfectoral du 27 septembre 1837. *Alignements* entre la rue du Point du Jour et la rue Boileau (A).

Décret du 23 mai 1863. *Classement* confirmé de cette première partie.

Id. 12ᵐ,00. — Décret du 14 juillet 1877. *Classement, Alignement* et *Nivellement* entre la rue Boileau et la rue Michel Ange (B).

Arrêté préfectoral du 7 septembre 1867. *Nivellement.*

Décret du 24 août 1864. *Dénomination* actuelle de la partie A.

Arrêté préfectoral du 1ᵉʳ février 1877. *Dénomination* actuelle de la partie B.

Obs. — Précédemment rue et avenue des Clos.

Orig. — Claude Gelée surnommé le Lorrain, peintre (1600-1678); quartier où ont été groupés des noms d'artistes.

CLAUDE POUILLET (Rue). . . **XVIIᵉ** Arrondissement . . . . 67ᵉ Quartier.

Anciennement commune des Batignolles.

779 **Commence** rue Lebouteux, 12. — **Finit** rue Legendre, 36.   (I. 25. — P. 24.)

Longʳ : 130ᵐ,00.

Largʳ : 10ᵐ,00. — *Alignements* projetés.

Décret du 23 mai 1863. *Classement* (confirmation).

Arrêté préfectoral du 9 novembre 1864. *Nivellement.*

Décret du 11 septembre 1869. *Dénomination.*

Arrêté préfectoral du 1ᵉʳ février 1877. *Dénomination* actuelle.

Obs. — Précédemment rue du Havre, puis rue Pouillet.

Orig. — Claude-Servais-Mathias Pouillet, physicien, directeur du Conservatoire des Arts et Métiers (1791-1868); quartier où ont été groupés des noms de savants.

CLAUDE VELLEFAUX (Rue) . . **Xᵉ** Arrondissement . . . . 40ᵉ Quartier.

780 **Commence** rue Alibert et avenue Parmentier, 186. — **Finit** rue de la Grange aux Belles, 40.

Longʳ : 613ᵐ,00.   (I. 45. — P. 70.)

Largʳ : 22ᵐ,00. — Décret du 10 décembre 1855. *Alignements* du prolongement depuis la rue Alibert et l'avenue Parmentier jusqu'à la rue de Sambre-et-Meuse.

Id. 12ᵐ,00. — Ord. royale du 8 juin 1825. *Alignements* et *Ouverture* entre la rue de Sambre-et-Meuse et la rue de la Grange aux Belles.

Id. 22ᵐ,00. — *Projet de prolongement* de cette rue jusqu'au boulevard de La Villette et d'élargissement à 22 mètres, suivi d'un commencement d'exécution.

Orig. — Claude Vellefaux, architecte de l'hôpital Saint-Louis (1607); voisinage de cet hôpital.

CLAUSEL (Rue) . . . . **IXᵉ** Arrondissement . . . . 33ᵉ Quartier

781 **Commence** rue des Martyrs, 35. — **Finit** rue et place Bréda, 8.   (I. 20. — P. 22.)

Longʳ : 184ᵐ,00.

Largʳ : 9ᵐ,75. — Ord. royale du 21 avril 1830. *Ouverture, Alignements* et fixation de la hauteur des maisons à 16 mètres.

Décret du 24 août 1864. *Dénomination* actuelle.

Obs. — Précédemment rue Neuve Bréda.

Orig. — Le comte Bertrand Clausel, maréchal de France (1772-1842).

CLAUSS (Impasse) . . . . . . **XIXᵉ** Arrondissement . . . . 76ᵉ Quartier.

Anciennement commune de Belleville.

782 **Située** rue des Alouettes, 7.

Longʳ : 50ᵐ,00.

Largʳ : 2ᵐ,00.   (*Voie privée.*)

Orig. — Nom du propriétaire de l'impasse.

CLAVEL (Rue) . . . . **XIXᵉ** Arrondissement . . . . 76ᵉ Quartier.

Anciennement commune de Belleville.

783 **Commence** rue de Belleville, 107. — **Finit** rue Fessart, 20.   (I. 39. — P. 32.)

Longʳ : 335ᵐ,00.

Largʳ : 8ᵐ,00. — Ord. royale du 30 août 1837. — *Alignements.*

Décret du 23 mai 1863. *Classement* (confirmation).

Décret du 28 juillet 1862. *Prolongement* entre la rue Fessart et la rue Manin (cette partie n'est pas exécutée).

Décret du 10 août 1868. *Dénomination* actuelle.

Obs. — Précédemment rue des Moulins.

Orig. — Pierre Clavel, général de brigade (1773-1843), a pris part à la défense des Buttes Chaumont en 1814.

CLEF (Rue de la) * . . . . **V**ᵉ Arrondissement . . . . 18ᵉ Quartier.

784   **Commence** rue du Fer à Moulin, 24. — **Finit** rue Lacépède, 15.   (I. 51. — P. 34.)

    Long : 525ᵐ,00.

    Larg : 7ᵐ,00. — Décision ministérielle du 7 fructidor an x.

    Id. 10ᵐ,00. — Ord. royale du 7 janvier 1837. *Alignements* entre la rue du Fer à Moulin et la rue Censier.

    Id. 10ᵐ,00. — Ord. royale du 24 avril 1837. *Alignements* entre la rue Censier et la rue Lacépède.

    Arrêté préfectoral du 27 octobre 1868. *Nivellement* entre les rues du Fer à Moulin et Censier.

    Arrêté préfectoral du 2 avril 1868. *Dénomination* actuelle.

    Obs. — Cet arrêté a réuni sous ce nom les rues du Pont aux Biches, Vieille Notre-Dame et de la Clef.

    Orig. — Dénomination tirée d'une enseigne.

CLÉMENT (Rue) . . . . **VI**ᵉ Arrondissement . . . . 22ᵉ Quartier.

785   **Commence** rue de Seine, 72. — **Finit** rue Mabillon, 3.   (I. 1. — P. 12.)

    Long : 120ᵐ,00.

    Larg : 11ᵐ,50. — Décision ministérielle du 12 novembre 1817. *Alignements.*

    Ord. royale du 12 mai 1841. Confirmant la décision ministérielle.

    Orig. — Dom François Clément, bénédictin, historien (1714-1793).

CLER (Rue) . . . . **VII**ᵉ Arrondissement . . . . 28ᵉ Quartier.

786   **Com.** rue Saint Dominique, 113. — **Finit** avenue de la Motte-Picquet, 32.   (I. 59. — P. 62.)

    Long : 428ᵐ,00.

    Larg : 10ᵐ,00. — Décision ministérielle du 15 vendémiaire an IX. *Alignements* entre la rue de Saint Dominique et la rue de Grenelle.

    Id. 13ᵐ,00. — Ord. royale du 8 février 1848.

    Id. 13ᵐ,00. — Ord. royale du 9 août 1826. *Ouverture* et *Alignements* entre la rue de Grenelle et l'avenue de la Motte-Picquet.

    Décret du 24 août 1864. *Dénomination* actuelle.

    Obs. — Précédemment rue de l'Église.

    Orig. — Jean-Joseph-Gustave Cler, général de brigade, tué à la bataille de Magenta (1814-1859).

CLÉRY (Rue de) . . . . **II**ᵉ Arrondissement . . . . 7ᵉ et 8ᵉ Quartiers.

787   **Com.** r. Montmartre, 104. — **Finit** r. Beauregard, 60, et boul. de Bonne Nouvelle, 5.

    Long : 600ᵐ,00.   (I. 97. — P. 102.)

    Larg : 10ᵐ,00. — Décision ministérielle du 3 fructidor an XI.

    Id. 10ᵐ,70. — Ord. du 21 juin 1826. *Alignements.*

    Orig. — Doit son nom à l'hôtel Cléry.

CLICHY (Avenue de) * . . . . . **XVII**ᵉ Arrondissement . . . . 67ᵉ et 68ᵉ Quartiers.

                        XVIIIᵉ Arrondissement . . . . 69ᵉ Quartier

    Anciennement commune des Batignolles.

788   **Commence** boulevards des Batignolles, 2, et de Clichy, 144. — **Finit** boulevards Berthier, 1, et Bessières, 131.   (I. 181. — P. 198.)

    Long : 1.580ᵐ,00.

    Moindre larg : 22ᵐ,00. — Ord. royale du 7 mai 1840. *Alignements.*

    Décret du 23 mai 1863. *Classement* (confirmation).

    Arrêté préfectoral du 2 avril 1868. *Dénomination* actuelle.

    Obs. — Précédemment Grande Rue des Batignolles (route départementale n° 13) et avenue de Clichy, (route départementale n° 14).

    Orig. — Conduit au village de Clichy.

CLICHY (Boulevard de) * . . . . . **IX**ᵉ Arrondissement . . . . 33ᵉ Quartier.

                        XVIIIᵉ Arrondissement . . . . . . 69ᵉ et 70ᵉ Quartiers.

    Anciennement communes de Montmartre et des Batignolles, du côté des numéros pairs.

789   **Commence** rue des Martyrs, 67. — **Finit** rue de Clichy, 88, et avenue de Clichy, 2.

    Long : 976ᵐ,00.   (I. 93. — P. 144.)

    Larg : 15 toises pour les anciens boulevards. } Ord. du bureau des finances

    Id. 36 pieds pour les anciens chemins de ronde. } du 16 janvier 1789.

    Ord. royale du 28 février 1837. *Alignements* de l'ancien chemin de ronde de Montmartre.

    Ord. royale du 12 août 1846. *Alignements* de l'ancien chemin de ronde de Rochechouart.

    Ord. royale du 28 juin 1846. *Alignements* de l'ancien chemin de ronde de la Barrière Blanche.

    Moindre Id. 42ᵐ,00. — Arrêté préfectoral du 13 mars 1861. *Alignements.*

    Décret du 31 décembre 1880. *Établissement* d'un pan coupé de 20ᵐ,00 au droit des immeubles portant les n° 75 et 77 — et *Nivellement.*

    Larg : 42ᵐ,00 environ. Décret du 18 mai 1881. *Alignement* et *Nivellement* du côté des numéros pairs.

CLICHY (boulevard). ** (*Suite*.)

Obs. — L'immeuble portant le n° 2, situé à l'angle de la rue des Martyrs, est affranchi de la servitude de reculement.

Décret du 23 mai 1863. *Classement* (confirmation).

Arrêté préfectoral du 30 décembre 1864. *Dénomination* actuelle.

Obs. — Précédemment boulevards des Martyrs, Pigalle et de Clichy, et chemins de ronde de Rochechouart, Montmartre et de la Barrière Blanche.

Orig. — *Voir* avenue de Clichy.

CLICHY (Passage de) * . . . . . . **XVIII**ᵉ Arrondissement . . . . 69ᵉ Quartier.

Anciennement commune des Batignolles.

790   **Commence** avenue de Clichy, 4. — **Finit** rue Forest, 1, et boulevard de Clichy, 128.

Longʳ : 202ᵐ,00.   (Numéros 1 à 18.)

Largʳ : 4ᵐ,00 environ.   (*Voie privée*.)

Arrêté préfectoral du 10 novembre 1873. *Dénomination* actuelle.

Obs. — Précédemment passage Saint Pierre.

Orig. — *Voir* avenue de Clichy.

CLICHY (Place de) . . . . **VIII**ᵉ Arrondissement . . . . 32ᵉ Quartier.

IXᵉ Arrondissement . . . . 33ᵉ Quartier.

XVIIᵉ Arrondissement . . . . 67ᵈ Quartier.

XVIIIᵉ Arrondissement . . . . 69ᵉ Quartier.

Anciennement commune des Batignolles (partie).

791   **Située** à la rencontre des boul. de Clichy, 93, et des Batignolles, 2, de la r. de Clichy, 88, et de l'avenue de Clichy, 2.

Ord. du bureau des finances du 16 janvier 1789.

Ord. royale du 28 juin 1846. *Alignements*.

Arrêté préfectoral du 13 mars 1861. *Alignements*.

Décret du 18 mai 1881. — *Alignements* et *Nivellement* entre l'avenue et le boulevard de Clichy.

Décret du 23 mai 1863. *Classement* (confirmation).

Arrêté préfectoral du 30 décembre 1864. — *Dénomination* actuelle.

Obs. — Précédemment place de la Barrière de Clichy.

Orig. — Emplacement de l'ancienne barrière de Clichy.

CLICHY (Porte de) . . . . . . **XVII**ᵈ Arrondissement . . . . 68ᵉ Quartier.

792   **Située** boulevards Berthier et Bessières, en prolongement de l'avenue de Clichy.

Orig. — A l'extrémité de l'avenue de Clichy.

CLICHY (Rue de) . . . . **IX**ᵉ Arrondissement . . . . 33ᵉ Quartier.

793   **Commence** r. Saint Lazare, 68, et square de la Trinité. — **Finit** boulevards des Batignolles, 1, et de Clichy, 93.   (I. 93. — P. 88.)

Longʳ : 810ᵐ,00.

Moindre largʳ · 12ᵐ,00. — Décision ministérielle du 28 fructidor an XII. *Alignements*.

Id.   Id.   12ᵐ,00. — Ord. royale du 22 mai 1837. *Alignements*.

Obs. — Précédemment rue du Coq.

Orig. — *Voir* avenue de Clichy.

CLIGNANCOURT (Porte de) . . **XVIII**ᵉ Arrondissement . . . . 70ᵉ Quartier.

794   **Située** boulevard Ney, dans le prolongement du boulevard Ornano.

Orig. — A l'extrémité de la rue de Clignancourt.

CLIGNANCOURT (Rue de) * . . **XVIII**ᵉ Arrondissement . . . . 70ᵉ Quartier.

Anciennement commune de Montmartre.

795   **Commence** boul. de Rochechouart, 36. — **Finit** rue Championnet. — **Finira** rue Duhesme et rue Belliard prolongée.   (I. 139. — P. 136.)

Longʳ : 1.365ᵐ,00 actuelle.

Id.   1.600ᵐ,00 future.

Largʳ : 12ᵐ,00. — Ord. royale du 2 février 1825. *Alignements* entre le boulevard de Rochechouart et les rues Ramey et Poulet.

Ord. royale du 31 mars 1847. *Ouverture* entre les rues Ramey et Poulet et la rue Marcadet.

Id.   14ᵐ,00. — Décret du 8 juin 1858. *Ouverture* et *Alignements* entre la rue Marcadet et les rues Duhesme et Belliard prolongée.

Décret du 23 mai 1863. *Classement* (confirmation).

Arrêté préfectoral du 3 février 1865. *Nivellement*.

Arrêté préfectoral du 2 avril 1868. *Dénomination* actuelle.

Obs. — Précédemment partie de la chaussée de Clignancourt (route départementale, n° 35), rue du Château Rouge et rue O.

Orig. — Principale rue de l'ancien village de Clignancourt.

CLISSON (Rue) * . . . . **XIII**e Arrondissement . . . . 30e Quartier.
Anciennement commune d'Ivry.

796   **Commence** rue du Chevaleret, 173. — **Finit** rue du Château des Rentiers, 142, et rue
Nationale, 61.   (I. 85. — P. 84.)

    Long^r : 550^m,00.
    Larg^r : 12^m,00. — Arrêté préfectoral du 6 juillet 1855. *Alignements.*
                 Décret du 23 mai 1863. *Classement* (confirmation).
                 Arrêté préfectoral du 6 juin 1862. *Nivellement* à partir de la rue
                    du Chevaleret sur 166^m,20 de longueur.
                 Arrêté préfectoral du 11 juillet 1868.
                 Décret du 2 octobre 1865. *Dénomination* actuelle.
                        Obs. — Précédemment chemin du Bac (partie).
    Orig. — Olivier de Clisson, connétable de France (1332-1407) ; voisinage de la place Jeanne d'Arc.

CLOCHE (Rue de la) ** . . . . . . **XX**e Arrondissement . . . . 79e Quartier.
Anciennement commune de Charonne

797   **Commence**. rue des Partants, 46. — **Finit** r. des Osiaux. — **Finira** av. de la République.

    Long^r : 42^m,00.   (I. 7.)
    Larg^r : 7^m,50 environ.   (*Voie privée.*)
    Orig. — Fondrière de carrières appelée la Cloche à l'eau.

CLOCHE PERCE (Rue) . . . . . . **IV**e Arrondissement . . . . 14e Quartier.

798   **Commence** rue François Miron, 15. — **Finit** rue du Roi de Sicile, 27.   (I. 13. — P. 18.)

    Long^r : 81^m,00.
    Larg^r : 10^m,00. — Décret du 29 septembre 1854 (U. P.). *Alignements* pour l'élargisse-
                 ment entre la rue François Miron et la rue de Rivoli.
    Id.   6^m,00. — Décision ministérielle du 8 prairial an VII. *Alignements* entre la rue
                 de Rivoli et la rue du Roi de Sicile.
    Id.   10^m,00. — Ord. royale du 12 juillet 1837. *Alignements* entre la rue de Rivoli
                 et la rue du Roi de Sicile.
    Orig. — Corruption de cloche percée, ancienne enseigne.

CLOITRE NOTRE-DAME (Rue du) **IV**e Arrondissement . . . . 16e Quartier.

799   **Commence** quai de l'Archevêché et quai aux Fleurs, 1. — **Finit** place du Parvis Notre-Dame
et rue d'Arcole, 23.   (P. 22.)

    Long^r : 223^m,00.
    Larg^r : 18^m,00. — Décret du 22 mai 1865 (U. P.). *Alignements.*
    Orig. — Située dans l'ancien cloître Notre-Dame.

CLOITRE SAINT-MERRI (Rue du) **IV**e Arrondissement. . . . . 13e Quartier.

800   **Commence** rue du Renard, 19. — **Finit** rue Saint-Martin, 80.   (I. 5. — P. 24.)

    Long^r : 132^m,00.
    Larg^r : 7^m,00. — Décision ministérielle du 13 vendémiaire an X.
    Id.   12^m,00. — Ord. royale du 13 juin 1839. *Alignements.*
    Orig. — Traversait autrefois le cloître de l'église Saint-Merri.

CLOPIN (Impasse) . . . . **V**e Arrondissement . . . . 17e Quartier.

801   **Située** rue Descartes, 19.

    Long^r : 19^m,00.
    Larg^r : 6^m,00. — Ord. royale du 2 décembre 1829. *Alignements.*
                       Obs. — Il existe un projet de suppression de cette partie pour l'agrandisse-
                       ment de l'École Polytechnique.

    Orig. — *Voir* rue Clopin.

CLOPIN (Rue) . . . . **V**e Arrondissement . . . . 17e Quartier.

802   **Commence** rue du Cardinal Lemoine, 50. — **Finit** rue d'Arras, 29.   (P. 6.)

    Long^r : 48^m,00.
    Larg^r : 6^m,00. — Décision ministérielle du 3 vendémiaire an X.
    Id.   10^m,00. — Ord. royale du 2 décembre 1829. *Alignements.*
    Orig. — Doit son nom à une maison dite Maison Clopin (xiiie siècle).

CLOS (Impasse des) . . . . **XVII**e Arrondissement . . . . 66e Quartier.
Anciennement commune des Batignolles.

803   **Située** rue Cardinet, 78.

    Long^r : 40^m,00.
    Larg^r : 6^m,00 environ.   (*Voie privée.*)
    Orig. — Ancien chemin dit des Clos.

CLOS (Rue du) . . . . **XX**ᵉ Arrondissement . . . . 80ᵉ Quartier.
Anciennement commune de Charonne.

804　**Commence** rue Saint Blaise, 58. — **Finit** rue Courat.　　　(I. 9. — P. 2.)
Long^r : 200^m,00.
Larg^r :　6^m,00. — Ord. royale du 27 août 1844. *Alignements.*
Décret du 23 mai 1863. *Classement* (confirmation).
Orig. — Lieu dit le clos Réglise.

CLOS FEUQUIÈRES (Rue du) . . **XV**ᵉ Arrondissement . . . . 57ᵉ Quartier.
Anciennement commune de Vaugirard.

805　**Commence** rue Saint Lambert, 14. — **Finit** rue Desnouettes, 10.　　　(I. 9.)
Long^r : 285^m,00.
Larg^r :　3^m,30 environ.　　(*Voie privée.*)
Orig. — Nom de propriétaire.

CLOTAIRE (Rue) . . . . **V**ᵉ Arrondissement . . . . 20ᵉ Quartier.

806　**Commence** place du Panthéon, 13. — **Finit** rue des Fossés Saint Jacques, 15.　　(I. 5.)
Long^r : 38^m,00.
Larg^r : 10^m,00. — Ord. royale du 6 juin 1847. *Alignements.*
Orig. — Clotaire 1er, roi de France, mort en 561 : voisinage de l'ancienne abbaye Sainte Geneviève.

CLOTILDE (Rue) . . . . **V**ᵉ Arrondissement . . . . 20ᵉ Quartier.

807　**Commence** rue Clovis, 23, et place du Panthéon. — **Finit** rue de l'Estrapade, 17.　(I. 5.)
Long^r : 173^m,00.
Moindre larg^r : 12^m,00. — Ord. royale du 6 juin 1847. *Alignements.*
Orig. — Clotilde, épouse de Clovis (475-545) ; voisinage de l'ancienne abbaye Sainte Geneviève.

CLOVIS (Rue) . . . . **V**ᵉ Arrondissement . . . . 17ᵉ et 20ᵉ Quartiers.

808　**Commence** rue du Cardinal Lemoine, 38. — **Finit** rue Clotilde, 1, et place Sainte Geneviève.
Long^r : 237^m,00.　　　　　　　　　　　　　　(I. 23. — P. 2.)
Larg^r : 10^m,00. — Décision ministérielle du 23 novembre 1818.
Id.　　12^m,00. — Ord. royale du 5 juin 1846. *Alignements.*
Orig. — Clovis 1er, roi des Francs (465-511) ; voisinage de l'ancienne abbaye Sainte Geneviève.

CLOYS (Impasse des) . . . . . **XVIII**ᵉ Arrondissement . . . . 69ᵉ Quartier.
Anciennement commune de Montmartre.

809　**Située** rue des Cloys, 23.　　　　　　　　　　　　　　(P. 8.)
Long^r : 112^m,00.
Moindre Larg^r :　2^m,00　　　(*Voie privée.*)
Arrêté préfectoral du 10 novembre 1873. *Dénomination* actuelle.
Obs. — Précédemment impasse des Artistes.
Orig. — *Voir* rue des Cloys.

CLOYS (Passage des) . . . . . **XVIII**ᵉ Arrondissement . . . . 69ᵉ Quartier.
Anciennement commune de Montmartre.

810　**Commence** rue Marcadet, 190. — **Finit** rue Moncalm.　　　(P. 18.)
Long^r : 113^m,00.
Larg^r : 2^m,50.　　　(*Voie privée.*)
Orig. — *Voir* rue des Cloys.

CLOYS (Rue des) . . . . **XVIII**ᵉ Arrondissement . . . . 69ᵉ et 70ᵉ Quartiers.
Anciennement commune de Montmartre.

811　**Commence** r. Duhesme, 55. — **Finit** r. Damrémont, 102, et Ordener, 175. (I. 63. — P. 38.)
Long^r : 355^m,00.
Larg^r.. 12^m,00. — Délibération du conseil municipal du 31 août 1858. *Alignements*
projetés.
Décret du 23 mai 1863. *Classement* (confirmation).
Arrêté préfectoral du 6 août 1874. *Nivellement.*
Arrêté préfectoral du 10 novembre 1873. *Dénomination* actuelle.
Obs. — Précédemment partie de la rue de la Pompe et des Cloys.
Orig. — Lieu dit.

CLUNY (Rue de) . . . . **Vᵉ** ARRONDISSEMENT . . . . 20ᵉ QUARTIER.

812   **Commence** boulevard Saint Germain, 73. — **Finit** rue des Écoles, 56.   (I. 17. — P. 2.)

    Longʳ : 117ᵐ,00.
    Largʳ : 13ᵐ,00. — DÉCRET DU 11 AOUT 1855 (U. P.). *Ouverture* et *Alignements*.
        OBS. — Cette voie a été exécutée sur une largeur de 12 mètres.
        ARRÊTÉS PRÉFECTORAUX DES 8 SEPTEMBRE 1859, 14 MAI ET 15 SEPTEMBRE
        1864. *Nivellement.*
        ARRÊTÉ PRÉFECTORAL DU 16 AOUT 1879. *Dénomination* actuelle.
        OBS. — Précédemment rue Fontanes.
    ORIG. — Longe le musée de Cluny.

COCHIN (Rue) . . . . **Vᵉ** ARRONDISSEMENT . . . . 17ᵉ QUARTIER.

813   **Commence** rue de Poissy, 4. — **Finit** rue de Pontoise, 3.   (I. 9. — P. 10.)

    Longʳ : 62ᵐ,00.
    Largʳ : 12ᵐ,00. — DÉCISION MINISTÉRIELLE DU 29 THERMIDOR AN XI.
    Id.   12ᵐ,00. — ORD. ROYALE DU 5 JUIN 1846. *Alignements.*
        DÉCRET DU 11 AOUT 1855. *Suppression* de la place aux Veaux.
        OBS. — La voie au nord de la Halle (rue Cochin) a été maintenue.
        DÉCRET DU 10 FÉVRIER 1875. *Dénomination* actuelle.
        OBS. — Précédemment place de la Halle aux Veaux.
    ORIG. — Jean-Denys-Aloric Cochin, philanthrope, maire et député de Paris (1789-1841).

COETLOGON (Rue)** . . . . . . **VIᵉ** ARRONDISSEMENT . . . . 23ᵉ QUARTIER.

814   **Commence** rue de Rennes, 92. — **Finit** rue d'Assas, 5.   (I. 1. — P. 2.)

    Longʳ : 108ᵐ,00.
    Largʳ : 12ᵐ,00. — DÉCRET DU 28 JUILLET 1866. *Alignements* pour l'élargissement, la rec-
        tification et le prolongement jusqu'à la rue de Rennes.
        DÉCRET DU 11 SEPTEMBRE 1869. *Dénomination* actuelle.
        OBS. — Précédemment impasse d'Assas (partie).
    ORIG. — Le marquis Alain-Emmanuel de Coëtlogon, vice-amiral, maréchal de France (1646-1730).

CŒUR-DE-VEY (Impasse)** . . . . **XIVᵉ** ARRONDISSEMENT . . . . 55ᵉ QUARTIER.
                          Anciennement commune de Montrouge.

815   **Située** avenue d'Orléans, 54.   (I. 11. — P. 14.)

    Longʳ : 115ᵐ,00.
    Largʳ : 5ᵐ,50 environ.   (*Voie privée.*)
    ORIG. — Nom du propriétaire des terrains.

COLBERT (Galerie) . . . . **IIᵉ** ARRONDISSEMENT . . . . 6ᵉ QUARTIER.

816   **Commence** rue des Petits Champs, 6. — **Finit** rue Vivienne, 2 *bis*.   (I. 31. — P. 30.)

    Longʳ : 100ᵐ,00.
    Largʳ : 5ᵐ,00 environ.   (*Voie privée.*)
        OBS. — Construite en 1826.
    ORIG. — *Voir* rue Colbert.

COLBERT (Passage) . . . . **IIᵉ** ARRONDISSEMENT . . . . 6ᵉ QUARTIER

817   **Commence** rue des Petits Champs, 6. — **Finit** galerie Colbert, 4.

    Longʳ : 20ᵐ,00.
    Largʳ : 4ᵐ,00 environ.   (*Voie privée.*)
        OBS. — Construit en 1826.
    ORIG. — *Voir* rue Colbert.

COLBERT (Rue) . . . . **IIᵉ** ARRONDISSEMENT . . . . 6ᵉ QUARTIER.

818   **Commence** rue Vivienne, 11. — **Finit** rue Richelieu, 58.   (I. 3. — P. 12.)

    Longʳ : 93ᵐ,00.
    Largʳ : 8ᵐ,00. — DÉCISION MINISTÉRIELLE DU 3 VENTÔSE AN X.
    Id.   10ᵐ,00. — ORD. ROYALE DU 4 MAI 1826. *Alignements.*
        OBS. — Précédemment rue Mazarin.
    ORIG. — Percée en 1683 par l'ordre de Colbert et en face de son hôtel (1619-1683).

COLIGNY (Rue) . . . . **IVᵉ** ARRONDISSEMENT . . . . 15ᵉ QUARTIER.

819   **Commence** quai Henri IV. — **Finit** boulevard Morland.

    Longʳ : 88ᵐ,00.
    Largʳ : 12ᵐ,00. — ORD. ROYALE DU 30 JUIN 1847. *Ouverture* et *Alignements.*
        OBS. — Cette voie n'est pas encore exécutée.
        ORD. ROYAL DU 5 AOUT 1844. *Dénomination.*
    ORIG. — L'amiral Gaspard de Coligny, tué pendant les massacres de la Saint-Barthélemy (1517-1572); voisinage de
        l'Arsenal.

COLISÉE (Rue du) . . . . **VIII**ᵉ Arrondissement . . . . 30ᵉ Quartier.

820 **Commence** avenue des Champs Élysées, 48. — **Finit** rue du Faubourg Saint Honoré, 97.
Longʳ : 430ᵐ,00.   (I. 49. — P. 56.)
Largʳ :   9ᵐ,74. — Décision ministérielle du 17 brumaire an XII. *Alignements.*
Orig. — Doit son nom à un établissement de fêtes publiques (1772-1780), sur l'emplacement duquel elle a été ouverte.

COLLÈGE DE FRANCE (Place du). **V**ᵉ Arrondissement . . . . 20ᵉ Quartier.

821 **Commence** rue Saint Jean de Latran, 9. — **Finit** rue Saint Jacques, 91.
Longʳ : 100ᵐ,00.
Largʳ : 12ᵐ,00. — Décision ministérielle du 13 fructidor an VIII.
Moindre Id.   11ᵐ,70. — Ord. royale du 31 décembre 1845. *Alignements.*
Décret du 11 août 1855 (U. P.). *Suppression.*
Obs. — Cette place a été plantée et une voie de 10ᵐ,00 de largeur a été
établie en face du collège.
Arrêté préfectoral du 1ᵉʳ février 1877. *Dénomination* actuelle.
Obs. — Précédemment place de Cambrai.
Orig. — Située devant le Collège de France.

COLLÉGIALE (Rue de la) * . . . . **V**ᵉ Arrondissement . . . . 18ᵉ Quartier.

822 **Commence** boulevard Saint Marcel, 86. — **Finit** rue du Fer à Moulin, 39. (I. 25. — P. 12.)
Longʳ : 165ᵐ,00.
Largᵉ : 12ᵐ,00. — Décret du 15 juillet 1858. *Alignements.*
Arrêté préfectoral du 11 juin 1859. *Nivellement.*
Arrêté préfectoral du 19 août 1864. *Dénomination.*
Orig. — Située auprès de l'ancienne église collégiale Saint Marcel.

COLLIN (Passage) ** . . . . **IX**ᵉ Arrondissement . . . . 33ᵉ Quartier.

823 **Commence** rue Duperré, 16. — **Finit** boulevard de Clichy, 29.
Longʳ : 60ᵐ,00.
Largʳ : 3ᵐ,40 environ.   (*Voie privée.*)
Orig. — Nom d'un ancien propriétaire.

COLMAR (Rue de) . . . . **XIX**ᵉ Arrondissement . . . . 73ᵉ Quartier.
Anciennement commune de La Villette.

824 **Commence** rue de Crimée, 154. — **Finit** rue Évette.   (P. 4.)
Longʳ : 95ᵐ,00.
Largʳ : 10ᵐ,00 environ.
Décret du 23 mai 1863. *Classement.*
Orig. — Ville d'Alsace, ancien chef-lieu du département du Haut-Rhin ; voisinage de la ligne de l'Est.

COLOMBE (Rue de la) . . . . **IV**ᵉ Arrondissement . . . . 16ᵉ Quartier.

825 **Commence** quai aux Fleurs, 21. — **Finit** rue Chanoinesse, 26.   (I. 9. — P. 12.)
Longʳ : 70ᵐ,00.
Largʳ :   6ᵐ,00. — Décision ministérielle du 26 prairial an XI. *Alignements.*
Id.   10ᵐ,00. — *Alignements* projetés suivis d'un commencement d'exécution.
Orig. — Doit probablement son nom à une ancienne enseigne.

COLONIE (Rue de la) . . . . . . **XIII**ᵉ Arrondissement . . . . 51ᵉ Quartier.
Anciennement commune de Gentilly.

826 **Commence** rivière de Bièvre. — **Finit** rivière de Bièvre.   (I. 13. — P. 18.)
Longʳ : 246ᵐ,00.
Largʳ : 10ᵐ,00 environ.   (*Voie privée.*)
Orig. — Colonie de chiffonniers.

COLONNES (Rue des) . . . . **II**ᵉ Arrondissement . . . . 6ᵉ Quartier.

827 **Commence** rue du Quatre Septembre, 4. — **Finit** rue Feydeau, 23.   (I. 7. — P. 6.)
Longʳ : 71ᵐ,00.
Largʳ :   7ᵐ,75. — Ord. royale du 4 mai 1826. *Alignements* des maisons.
Obs. — Les galeries en dehors de ces alignements font partie de la voie
publique.
Arrêté préfectoral des 2 juin et 1ᵉʳ septembre 1868. *Nivellement*
entre les rues du Quatre Septembre et de la Bourse.
Orig. — Doit son nom aux colonnes formant galerie et décorant les maisons qui la bordent.

COMBE (Rue) . . . . **VII**ᵉ Arrondissement . . . . 28ᵉ Quartier.
828 **Commence** rue Jean Nicot, 6. — **Finit** rue Malar, 5. (P. 10.)
Long* : 75ᵐ,00.
Larg* : 10ᵐ,00. — Ord. royale du 8 février 1848. *Alignements.*
Décret du 24 août 1864. *Dénomination* actuelle.
Obs. — Précédemment rue de la Triperie.
Orig. — Le colonel Michel Combe, tué à l'assaut de Constantine en 1837.

COMÈTE (Rue de la) . . . . **VII**ᵉ Arrondissement . . . . 28ᵉ Quartier.
829 **Commence** rue Saint Dominique, 77. — **Finit** rue de Grenelle, 162. (I. 23. — P. 20.)
Long* : 195ᵐ,00.
Larg* : 8ᵐ,00. — Décision ministérielle du 3 germinal an IX.
Id. 10ᵐ,00. — Ord. royale du 8 février 1848. *Alignements.*
Orig. — Doit probablement à une enseigne ce nom imposé par l'arrêté même de sa création (1769.)

COMMAILLES (Rue) . . . . **VII**ᵉ Arrondissement . . . . 25ᵉ Quartier.
830 **Commence** rue de la Planche. — **Finira** rue du Bac, 105.
Long* : 93ᵐ,00.
Larg* : 10ᵐ,00. (*Voie privée. En cours d'exécution.*)

COMMANDEUR (Passage du) ** . **XIV**ᵉ Arrondissement . . . . 55ᵉ Quartier.
Anciennement commune de Montrouge.
831 **Commence** avenue du Commandeur. — **Finit** rue de la Saône.
Long* : 30ᵐ,00.
Larg* : 8ᵐ,00 environ. (*Voie privée.*)
Arrêté préfectoral du 1ᵉʳ février 1877. *Dénomination* actuelle.
Obs. — Précédemment chemin de servitude.
Orig. — Voir rue du Commandeur.

COMMANDEUR (Rue du) ** . . . **XIV**ᵉ Arrondissement . . . . 55ᵉ Quartier.
Anciennement commune de Montrouge.
832 **Commence** rue Bezout, 13. — **Finit** passage Montbrun. (I. 31. — P. 22.)
Long* : 245ᵐ,00.
Larg* : 10ᵐ,00 environ. (*Voie privée.*)
Arrêté préfectoral du 1ᵉʳ février 1877. *Dénomination* actuelle.
Obs. — Précédemment avenue du Commandeur.
Orig. — M. Toutan-Pieut, colonel, commandeur de la Légion d'honneur, propriétaire.

COMMERCE (Cour du) . . . . . . **XII**ᵉ Arrondissement . . . . 48ᵉ Quartier.
833 **Située** rue de Charenton, 60.
Long* : 41ᵐ,00.
Larg* : 5ᵐ,00 environ. (*Voie privée.*)
Orig. — Située dans un quartier industriel.

COMMERCE (Place du) . . . . . . **XV**ᵉ Arrondissement . . . . 59ᵉ Quartier.
Anciennement commune de Grenelle.
834 **Située** entre la rue Violet, 71, et la rue du Commerce, 82. (I. 7. — P. 16.)
Long* : 200ᵐ,00. (*Place plantée.*)
Larg* : 48ᵐ,00 environ. Arrêté préfectoral du 19 février 1855.
Décret du 23 mai 1863. *Classement* (confirmation).
Arrêté préfectoral du 26 février 1867. *Dénomination* actuelle.
Obs. — Précédemment place de la Mairie.
Cette place, dénommée par un arrêté préfectoral du 1ᵉʳ février 1877 place de la Montagne Noire, a repris son nom primitif en vertu d'un arrêté du 16 mars 1877.
Orig. — Voir rue du Commerce.

COMMERCE (Rue du) . . . . . . **XV**ᵉ Arrondissement . . . . 59ᵉ Quartier.
Anciennement commune de Grenelle.
835 **Commence** boul. de Grenelle, 149. — **Finit** rue des Entrepreneurs, 99. (I. 95. — P. 96.)
Long 675ᵐ,00.
Larg* : 12ᵐ,00 environ. Décisions du conseil municipal de Grenelle du 22 janvier et du 19 septembre 1837. *Alignements* projetés.
Décret du 23 mai 1863. *Classement* (confirmation).
Arrêté préfectoral du 1ᵉʳ février 1877. *Dénomination* rue de la Montagne Noire.
Arrêté préfectoral du 16 mars 1877. *Dénomination* actuelle.
Orig. — Principale voie commerçante du nouveau Grenelle.

COMMERCE SAINT ANDRÉ (Passage du) **VI**e Arrondissement. . . . . 21e Quartier.
836   **Com.** rue Saint André des Arts, 61. — **Finit** boul. Saint-Germain, 130. (I. 13. — P. 12.)
    Long^r : 120^m,00.
    Larg^r : 5^m,00 environ. (*Voie privée.*)
        Arrêté préfectoral du 16 mars 1877. *Dénomination* actuelle.
    Orig. — Ainsi nommée à cause des boutiques dont ce passage était bordé.

COMMERCE SAINT ANDRÉ (Cour du). **VI**e Arrondissement. . . . . 21e Quartier.
837   **Commence** passage du Commerce, 11. — **Finit** rue de l'Ancienne Comédie, 21.
    Long^r : 23^m,00.
    Moindre larg^r : 3^m,50.   (*Voie privée.*)
        Obs. — Précédemment passage du Commerce.
    Orig. — Voir passage du Commerce.

COMMINES (Rue) . . . . **III**e Arrondissement . . . . 10e Quartier.
838   **Com.** rue de Turenne, 90. — **Finit** boul. des Filles du Calvaire, 11.   (I. 21. — P. 20.)
    Long^r : 170^m,00.
    Larg^r : 9^m,70. — Décision ministérielle du 1er décembre 1821.
    Id. 9^m,70. Arrêté du pouvoir exécutif du 26 mars 1848. *Alignements.*
        Décret du 24 août 1864. *Dénomination* actuelle.
        Obs. — Précédemment rue Neuve de Ménilmontant.
    Orig. — Philippe de Commines, chambellan du roi Louis XI, homme d'état et historien (1445-1509).

COMPANS (Impasse) ⁕⁕. . . . . . **XIX**e Arrondissement . . . . 73e Quartier.
    Anciennement commune de Belleville.
839   **Située** rue Compans, 50.   (I. 5. — P. 6.)
    Long^r : 136^m,00.
    Larg^r : 7^m,50. — Ord. royale du 30 août 1837. *Alignements.*
        Décret du 23 mai 1863. *Classement* (confirmation).
        Décret du 24 août 1864. *Dénomination* actuelle.
        Obs. — Précédemment impasse Beauregard.
    Orig. — Voir rue Compans.

COMPANS (Rue) ⁕⁕. . . . . **XIX**e Arrondissement . . . . 75e Quartier.
    Anciennement commune de Belleville.
840   **Commence** rue de Belleville, 239. — **Finit** rue d'Hautpoul, 16.   (I. 75. — P. 80.)
    Long^r : 875^m,00.
    Moindre larg^r : 8^m,00. — Ord. royale du 28 février 1837. *Alignements* entre la rue de Belleville et la rue des Fêtes.
    Larg^r : 10^m,00. — Ord. royale du 21 juillet 1843. *Alignements* entre la rue des Fêtes et la rue d'Hautpoul.
        Décret du 23 mai 1863. *Classement* (confirmation).
        Arrêté préfectoral du 17 juillet 1860. *Nivellement.*
        Décret du 24 août 1864. *Dénomination* actuelle.
        Obs. — Précédemment rue Saint-Denis.
    Orig. — Le comte Jean-Dominique Compans, général de division (1769-1845); voisinage de la route militaire.

COMPIÉGNE (Rue de) ⁕⁕. . . . . . **X**e Arrondissement . . . . 37e Quartier.
841   **Commence** boulevard de Magenta, 122. — **Finit** rue de Dunkerque, 23. (I. 1. — P. 4.)
    Long^r : 55^m,00.
    Larg^r : 20^m,00. — Décret du 27 août 1859 (U.P.). *Ouverture* et *Alignements.*
        Arrêté préfectoral du 19 août 1864. *Maintien* de la dénomination actuelle.
    Orig. — Voisine du chemin de fer du Nord; a pris le nom de la ville de Compiègne, l'une des stations de la ligne.

COMPOINT (Impasse) . . . . . . **XVII**e Arrondissement . . . . 68e Quartier.
    Anciennement commune des Batignolles.
842   **Commence** rue Marcadet, 349. — **Finit** chemin de fer de Ceinture. (I. 11. — P. 10.)
    Long^r : 102^m,00.
    Larg^r : 2^m,00 environ. (*Voie privée.*)
    Orig. — Famille de vignerons, propriétaires de terrains dans l'ancienne commune de Montmartre.

COMPOINT-GRUNY (Impasse) . **XVIII**e Arrondissement . . . . 70e Quartier.
    Anciennement commune de Montmartre.
843   **Située** rue Neuve de la Chardonnière.
    Long^r : 82^m,00.
    Larg^r : 2^m,00 environ. **(*Voie privée.*)**
    Orig. — Voir impasse Compoint.

CONARD (Impasse) ** . . . . . . **XV**ᵉ Arrondissement . . . . 57ᵉ Quartier.
844   **Située** rue des Fourneaux, 225.
        Long^r :   72ᵐ,00.
        Larg^r :   6ᵐ,00. —   (*Voie privée.*)
        Orig. — Nom du propriétaire.

CONCORDE (Place de la) . . . . **VIII**ᵉ Arrondissement . . . . 29ᵉ Quartier.
845   **Située** entre le jardin des Tuileries, les Champs Élysées, le pont de la Concorde et la rue
        Royale.   (P. 10.)
        Long^r : 360ᵐ,00.
        Larg^r : 210ᵐ,00. — Ord. royale du 20 août 1828. *Cession* par l'État à la Ville de Paris.
        Orig. — Nom donné après la Terreur à la place de la Révolution, ci-devant Louis XV.

CONCORDE (Pont de la) . . . . . **VII**ᵉ Arrondissement . . . . 26ᵉ Quartier.
846   **VIII**ᵉ Arrondissement. . . . . 29ᵉ Quartier.
        Situé quais des Tuileries et d'Orsay, dans l'axe de la place de la Concorde.
        Long^r : 153ᵐ,00.
        Larg^r :   14ᵐ,80 environ.
        Orig. — *Voir* place de la Concorde.

CONDÉ (rue de) ** . . . . **VI**ᵉ Arrondissement . . . . 22ᵉ Quartier.
847   **Commence** carrefour de l'Odéon et rue des Quatre Vents, 1. — **Finit** rue de Vaugirard, 22 *bis*.
        Long^r : 265ᵐ,00.   (I. 31. — P. 36.)
        Larg^r :   10ᵐ,00. — Décision ministérielle du 4 nivôse an IX.
        Id.   10ᵐ,00. — Ord. royale du 12 mai 1841. *Alignements.*
        Orig. — Doit son nom à l'hôtel de Condé qui y avait sa principale entrée.

CONDORCET (rue) ** . . . . . . **IX**ᵉ Arrondissement . . . . 36ᵉ Quartier.
848   **Commence** rue de Maubeuge, 61. — **Finit** rue des Martyrs, 60.   (I. 65. — P. 74.)
        Long^r : 593ᵐ,00.
        Larg^r :   12ᵐ,00. — Décret du 3 août 1861. *Ouverture* dans une longueur de 69 mètres,
                            à partir de la rue de Maubeuge.
        Id.   12ᵐ,00. — Décret du 7 août 1865. *Ouverture* entre la rue de Maubeuge et la
                            rue Rodier.
        Id.   12ᵐ,00. — Décret du 19 décembre 1860. *Ouverture* entre la rue Rodier et la
                            rue des Martyrs.
                 Décret du 10 août 1868. *Dénomination* actuelle.
                 Obs. — Précédemment rue de Laval prolongée et cité Turgot.
        Orig. — Jean-Antoine-Nicolas de Caritat, marquis de Condorcet, philosophe (1743-1794).

CONFÉRENCE (Quai de la) . . . . **VIII**ᵉ Arrondissement. . . . . 29ᵉ Quartier.
849   **Commence** pont et place de la Concorde. — **Finit** pont et place de l'Alma.
        Long^r : 1260ᵐ,00.
        Moindre larg^r :   74ᵐ,00. — Ord. royale du 5 avril 1846. *Alignements,* y compris le Cours la
                            Reine.
        Orig. — Doit son nom à la porte de la Conférence, aujourd'hui détruite, ainsi nommée à l'occasion des conférences
        tenues à Suresnes en 1593 pour l'abjuration de Henri IV et la reddition de Paris.

CONFIANCE (Impasse de la)* . . . **XX**ᵉ Arrondissement . . . . 80ᵉ Quartier.
                 Anciennement commune de Charonne.
850   **Située** rue des Vignoles, 20.
        Long^r :   89ᵐ,00.
        Larg^r :   2ᵐ,00 environ.   (*Voie privée.*)
                 Arrêté préfectoral du 1ᵉʳ février 1877. *Dénomination* actuelle.
                 Obs. — Précédemment impasse Meunier.
        Orig. — Nom donné à la demande des propriétaires.

CONSERVATOIRE (Rue du) . . . **IX**ᵉ Arrondissement . . . . 35ᵉ Quartier.
851   **Commence** rue Bergère, 12. — **Finit** rue Richer, 5.   (I. 17. — P. 10.)
        Long^r : 197ᵐ,0?.
        Larg^r :   12ᵐ00 — Décret du 30 novembre 1853. *Ouverture* et *Alignements.*
        Orig. — Longe les bâtiments du Conservatoire de musique.

CONSTANCE (Avenue) ** . . . . **XIII**ᵉ ARRONDISSEMENT . . . . 49ᵉ QUARTIER.
852 **Commence** avenue Sainte Marie. — **Finit** avenue du Pavillon, 19. (I. 1. — P. 2.)
Longʳ : 70ᵐ,00.
Largʳ : 3ᵐ,50 environ. *(Voie privée.)*
Orig. — *Voir rue Constance.*

CONSTANCE (Impasse) ** . . . . **XVIII**ᵉ ARRONDISSEMENT . . . . 69ᵉ QUARTIER.
Anciennement commune de Montmartre.
853 **Située** rues Cauchois et Constance, 9. (I. 7. — P. 6.)
Longʳ : 40ᵐ,00.
Largʳ : 5ᵐ,50 environ. *(Voie privée.)*
ARRÊTÉ PRÉFECTORAL DU 10 NOVEMBRE 1873. *Dénomination* actuelle.
Obs. — Précédemment impasse Sainte Marie.
Orig. — *Voir rue Constance.*

CONSTANCE (Rue) ** . . . . . . **XVIII**ᵉ ARRONDISSEMENT. . . . . 69ᵉ QUARTIER.
Anciennement commune de Montmartre
854 **Commence** rue Lepic, 21. — **Finit** rue de Maistre, 9. (I. 19. — P. 12.)
Longʳ : 140ᵐ,00.
Largʳ : 9ᵐ,00 environ.
DÉCRET DU 27 FÉVRIER 1867. *Dénomination* actuelle.
Obs. — Précédemment rue Sainte Marie Blanche.
Orig. — Prénom d'une fille de M. Doré, propriétaire.

CONSTANTINE (Rue de) . . . . . **VII**ᵉ ARRONDISSEMENT. . . . . 26ᵉ QUARTIER.
855 **Commence** quai d'Orsay, 37. — **Finit** rue de Grenelle, 142. (I. 27.)
Longʳ : 515ᵐ,00.
Moindre Largʳ : 9ᵐ,00. — DÉCISION MINISTÉRIELLE DU 19 SEPTEMBRE 1807. *Alignements.*
ARRÊTÉ PRÉFECTORAL DU 23 OCTOBRE 1880. *Dénomination* actuelle.
Obs. — Précédemment rue d'Iéna.
Orig. — Ville d'Algérie, prise par l'armée française le 13 octobre 1837.

CONSTANTINOPLE (Rue de). . **VIII**ᵉ ARRONDISSEMENT. . . . . 32ᵉ QUARTIER.
856 **Commence** place de l'Europe. — **Finit** rue du Rocher, 94, et boulevard des Batignolles.
Longʳ : 488ᵐ,00. (I. 45. — P. 36.)
Largʳ : 15ᵐ,00. — ORD. ROYALE DU 2 FÉVRIER 1826. *Ouverture* et *Alignements.*
DÉCRET DU 30 JUIN 1859 (U. P.). *Alignements* modifiant le débouché
sur la place de l'Europe.
ARRÊTÉ PRÉFECTORAL DU 20 AOUT 1864. *Nivellement* pour le raccor-
dement avec la rue de Rome.
Orig. — Capitale de la Turquie ; voisinage de la place de l'Europe.

CONSTANT-PHILIPPE (Avenue) ** **XIII**ᵉ ARRONDISSEMENT . . . . 49ᵉ QUARTIER.
857 **Commence** avenue Sainte Marie. — **Finit** avenue du Pavillon. (P. 16.)
Longʳ : 65ᵐ,00.
Largʳ : 2ᵐ,50. environ. *(Voie privée.)*
Orig. — Prénoms du fils de M. Doré, propriétaire.

CONTÉ (Rue) . . . . **III**ᵉ ARRONDISSEMENT. . . . . 9ᵉ QUARTIER.
858 **Commence** rues de Turbigo, 59, et Montgolfier, 2. — **Finit** rue Vaucanson, 4. (I. 5.)
Longʳ : 60ᵐ,00.
Largʳ : 29ᵐ,00. — ORD. ROYALE DU 14 JANVIER 1829. *Alignements.*
Id. 15ᵐ,00. — DÉCRET DU 23 AOUT 1858 (U. P.). Modification des *Alignements.*
Orig. — Nicolas-Jacques Conté, chimiste et ingénieur (1755-1805), fondateur du Conservatoire des Arts et Métiers ; voisi-
nage de cet établissement.

CONTI (Impasse de) . . . . **VI**ᵉ ARRONDISSEMENT . . . . 21ᵉ QUARTIER.
859 **Située** quai de Conti, 13. (I. 1. — P. 4.)
Longʳ : 45ᵐ,00.
Largʳ : 7ᵐ,00. — DÉCISION MINISTÉRIELLE DU 7 JUILLET 1817. *Alignements.*
DÉCRET DU 28 JUILLET 1866 (U. P.). *Suppression.*
Orig. — *Voir quai de Conti.*

CONTI (Quai de). . . . . **VI**ᵉ ARRONDISSEMENT . . . . 21ᵉ QUARTIER.

860   **Commence** rue Dauphine, 2, et au Pont Neuf. — **Finit** au pont des Arts.   (I. 25.)
   Long' : 327ᵐ,00.
   Larg' : 22ᵐ,00. — DÉCISION MINISTÉRIELLE DES 13 FÉVRIER 1810 ET 7 JUILLET 1817. *Alignements.*
   ORIG. — Doit son nom à l'hôtel de Conti, qui y avait sa principale entrée.

CONTRESCARPE (boulevard de la). **XII**ᵉ ARRONDISSEMENT . . . . 48ᵉ QUARTIER.

861   **Com.** place Mazas et quai de la Rapée, 102.— **Finit** place de la Bastille et rue de Lyon, 75.
   Long' : 635ᵐ,00.   (P. 52.)
   Larg' : 31ᵐ,00. environ. — ORD. ROYALE DU 9 AOUT 1844. *Alignements.*
   ORIG. — Doit son nom à sa situation près de la contrescarpe Saint Antoine.

CONTRESCARPE (place de la) ** . **V**ᵉ ARRONDISSEMENT. . . . 17ᵉ, 18ᵉ, 19ᵉ ET 20ᵉ QUARTIERS.

862   **Située** rue Mouffetard, au débouché des rues Lacépède et du Cardinal Lemoine.
   Long' : 18ᵐ,00. — DÉCRET DU 23 OCTOBRE 1852 (U. P.). *Ouverture et Alignements.*
   ORIG. — Voisinage de l'ancienne rue de la Coustrescarpe, aujourd'hui rue Blainville, et ainsi dénommée en raison de
      la Contrescarpe Saint Marcel.

COOPÉRATIVE (Villa) ** . . . . **XX**ᵉ ARRONDISSEMENT . . . . 77ᵉ QUARTIER.
      Anciennement commune de Belleville.
863   **Commence** rue des Rigoles, 63. — **Finit** impasse Pixérécourt.   (I. 21. — P. 22.)
   Long' : 190ᵐ,00.
   Larg' : 3ᵐ,00.   (Voie privée.)
   ORIG. — Appartient à une société coopérative.

COPENHAGUE (Rue de). . . . . **VIII**ᵉ ARRONDISSEMENT. . . . . 32ᵉ QUARTIER.

864   **Commence** rue de Rome, 69. — **Finit** rue de Constantinople, 12.   (I. 7. — P. 12.)
   Long' : 83ᵐ,00.
   Larg' : 12ᵐ,00.
            OBS. — Rue ouverte par la Ville de Paris.
      ARRÊTÉ PRÉFECTORAL DU 30 AOUT 1867. *Nivellement.*
      ARRÊTÉ PRÉFECTORAL DU 20 JUILLET 1868. *Dénomination.*
   ORIG. — Capitale du Danemark ; voisinage de la place de l'Europe.

COPERNIC (Rue) * . . . . **XVI**ᵉ ARRONDISSEMENT. . . . . 64ᵉ QUARTIER.
      Anciennement commune de Passy.
865   **Commence** avenue Kléber, 54. — **Finit** place d'Eylau, 1.   (I. 15. — P. 14.)
   Long' : 390ᵐ,00.
   Larg' : 12ᵐ,00. — ARRÊTÉ PRÉFECTORAL DU 16 FÉVRIER 1856. *Alignements.*
      DÉCRET DU 23 MAI 1863. *Classement* (confirmation).
   Id.   12ᵐ,00. — DÉCRET DU 20 JUILLET 1877. *Alignements et Nivellement.*
      ARRÊTÉ PRÉFECTORAL DU 28 NOVEMBRE 1868. *Nivellement.*
      DÉCRET DU 24 AOUT 1864. *Dénomination* actuelle.
            OBS. — Précédemment rue des Bassins.
   ORIG. — Nicolas Copernic, mathématicien, astronome, auteur de la théorie du système planétaire (1473-1543); quartier
      où ont été groupés plusieurs noms d'astronomes.

COPREAUX (Rue des) ** . . . . . **XV**ᵉ ARRONDISSEMENT . . . . 58ᵉ QUARTIER.
      Anciennement commune de Vaugirard.
866   **Commence** rue Blomet, 33. — **Finit** rue de Vaugirard, 204.   (I. 23. — P. 30.)
   Long' : 176ᵐ,00.
   Larg' : 10ᵐ,00. — DÉLIBÉRATION DU CONSEIL MUNICIPAL DU 10 AOUT 1844. *Alignements*
      projetés.
      DÉCRET DU 23 MAI 1863. *Classement* (confirmation).
      ARRÊTÉ PRÉFECTORAL DU 31 JUILLET 1869. *Nivellement.*
   ORIG. — Inconnue.

COQ (Avenue du) . . . . **IX**ᵉ ARRONDISSEMENT. . . . . 34ᵉ QUARTIER.
867   **Commence** rue Saint Lazare, 87. — **Finit** en impasse.
   Long' : 72ᵐ,00.
   Larg' : 12ᵐ,00.   (Voie privée.)
   ORIG. — Doit son nom au château du Coq ou des Porcherons, sur l'emplacement duquel elle a été créée.

COQ (Cour du) . . . . **XI**ᵉ Arrondissement . . . . 42ᵉ Quartier.

868   **Commence** rue Saint Sabin, 60. — **Finit** allée Verte, 1.   (I. 7. — P. 10.)

    Longᵉ : 94ᵐ,00.

    Moindre largᵉ : 2ᵐ,90.   (*Voie privée.*)

    Orig. — Surnom d'un propriétaire.

COQ (Impasse du). . . . . **IV**ᵉ Arrondissement . . . . 13ᵉ Quartier.

869   **Située** rue de la Verrerie, 43.

    Longʳ : 20ᵐ,00.

    Largʳ : 4ᵐ,50 environ.

          Décret du 31 juin 1834 (U. P.). *Suppression.*

          Obs. — Précédemment rue du Coq Saint Jean.

    Orig. — Dénomination tirée d'une enseigne.

COQ HÉRON (Rue). . . . . **I**ᵉʳ Arrondissement . . . . 2ᵉ Quartier.

870   **Commence** rue Coquillière, 28. — **Finit** rue du Louvre.   (I. 9.)

    Longʳ : 50ᵐ,00.

    Largʳ : 8ᵐ,00. — Décision ministérielle du 20 fructidor an XI.

    Id.   10ᵐ,00. — Ord. royale du 22 août 1849. *Alignements.*

    Id.   14ᵐ,00. — Décret du 9 mars 1880 (U. P.). *Alignements* entre les rues Coquillière
               et aux Ours.

    Orig. — Ainsi nommée dès le XIIIᵉ siècle.

COQUILLIÈRE (Rue) . . . . **I**ᵉʳ Arrondissement . . . . 2ᵉ Quartier.

871   **Commence** rues Vauvilliers, 49, et du Jour, 1. — **Finit** rue Croix des Petits Champs, 46.

    Longʳ : 293ᵐ,00.   (I. 45. — P. 40.)

    Largʳ : 10ᵐ,00. — Décision ministérielle du 8 septembre 1821. *Alignements.*

    Moindre largʳ : 13ᵐ,00. — Ord. royale du 7 décembre 1847. *Alignement* du côté des numéros pairs, entre la rue du Jour et la rue Jean-Jacques Rousseau.

    Moindre largʳ : 28ᵐ,00. — Décret des 4 avril et 9 juin 1860 (U. P.). *Alignement* du côté des numéros impairs, entre la rue Vauvilliers et la rue Jean-Jacques Rousseau.

    Largʳ : 13ᵐ,00. — Décret du 26 juillet 1851. *Alignements* entre la rue Oblin et la rue Croix des Petits Champs.

    Id.   14ᵐ,00. — Décret du 9 mars 1880 (U. P.). *Élargissement* entre les rues Jean-Jacques Rousseau et Coq Héron.

          Obs. — L'alignement entre la rue du Louvre et la rue du Bouloi, du côté des numéros impairs, n'ayant pas été modifié par le décret ci-dessus, la voie, dans cette partie, aurait 16ᵐ,00 environ de moindre largeur.

    Orig. — Famille Coquillier (XIIIᵉ siècle).

CORBEAU (Passage) . . . . **X**ᵉ Arrondissement . . . . 40ᵉ Quartier.

872   **Commence** rue du Faubourg du Temple, 57. — **Finit** rue Corbeau, 10.   (I. 11. — P. 14.)

    Longʳ : 140ᵐ,00.

    Moindre largʳ : 5ᵐ,00.   (*Voie privée.*)

          Arrêté préfectoral du 1ᵉʳ février 1877. *Dénomination* actuelle.

          Obs. — Précédemment passage de Joinville.

    Orig. — Voir rue Corbeau.

CORBEAU (Rue). . . . . **X**ᵉ Arrondissement . . . . 40ᵉ Quartier.

873   **Commence** rue Bichat, 22. — **Finit** rue Saint Maur, 195.   (I. 37. — P. 40.)

    Longʳ : 257ᵐ,00.

    Largʳ : 13ᵐ,00. — Ord. royale du 27 septembre 1826. *Ouverture* et *Alignements.*

    Orig. — Nom du propriétaire du terrain sur lequel elle a été ouverte.

CORBES (Passage). . . . . **XII**ᵉ Arrondissement . . . . 47ᵉ Quartier.

              Anciennement commune de Bercy.

874   **Commence** rue de la Nativité, 42. — **Finit** rue de Nicolaï, 43.   (I. 27. — P. 20.)

    Longʳ : 310ᵐ,00.

    Moindre largʳ : 7ᵐ,00.   (*Voie privée.*)

    Orig. — Nom d'un propriétaire, ancien fabricant de châles, vers 1840.

CORBINEAU (Rue) . . . . **XII**ᵉ Arrondissement . . . . 47ᵉ Quartier.

              Anciennement commune de Bercy.

875   **Commence** rue de Bercy, 98. — **Finit** boulevard de Bercy, 48 *bis.*   (I. 13.)

    Longʳ : 134ᵐ,00.

    Largʳ : 15ᵐ,00. — *Alignements* projetés (largeur actuelle 7 mètres).

16

CORBINEAU (Rue). (*Suite.*)

DÉCRET DU 23 MAI 1863. *Classement.*
ARRÊTÉ PRÉFECTORAL DU 27 OCTOBRE 1862. *Nivellement.*
DÉCRET DU 24 AOUT 1864. *Dénomination actuelle.*
Obs. — Précédemment rue de la Gare.
ORIG. — Claude-Louis-Constant-Esprit-Gabriel Corbineau, général tué à Eylau (1772-1807).

CORDELIÈRES (Rue des) *. . . . XIII⁰ ARRONDISSEMENT . . . . 52⁰ QUARTIER.
876   **Commence** boulevard Arago, 33. — **Finit** rues Corvisart et Pascal, 93. (I. 31. — P. 38.)
      Long^r : 380^m,00.
      Larg^r : 12^m,00.   (*Voie privée.*)
ORIG. — Voisinage de l'ancien couvent des Cordelières.

CORDERIE (Place de la) . . . . . III⁰ ARRONDISSEMENT . . . . 10⁰ QUARTIER.
877   **Située** entre la rue de la Petite Corderie, 7, et la rue Dupetit-Thouars, 8.
      Long^r : 50^m,00.
   Moindre larg^r : 12^m,00. — DÉCISION MINISTÉRIELLE DU 9 SEPTEMBRE 1809.
      Id.   12^m,00. — ORDONNANCE ROYALE DU 16 NOVEMBRE 1834. *Alignements.*
                    Obs. — Le numérotage de cette voie fait suite à celui de la rue de la Petite Corderie.
ORIG. Anciennes corderies.

CORDIERS (Rue des) . . . . V⁰ ARRONDISSEMENT . . . . 20⁰ QUARTIER.
878   **Commence** rue Saint Jacques, 40. — **Finit** rue Victor Cousin, 5.   (I. 21. — P. 11.)
      Long^r : 103^m,00.
      Larg^r : 7^m,00. — DÉCISION MINISTÉRIELLE DU 8 NIVÔSE AN XIII.
      Id.   10^m,00. — ORD. ROYALE DU 13 SEPTEMBRE 1846. *Alignements.*
ORIG. — Était habitée par des cordiers.

CORNEILLE (Impasse). . . . . . XVI⁰ ARRONDISSEMENT . . . . 61⁰ QUARTIER.
                           Anciennement commune d'Auteuil.
879   **Située** avenue Despréaux.
      Long^r : 62^m,00.
      Larg^r : 4^m,40. (*Voie privée*), comprise dans le hameau Boileau.
ORIG. — Fait partie du hameau Boileau et a pris le nom du poète Corneille.

CORNEILLE (Rue) **. . . . . . . VI⁰ ARRONDISSEMENT . . . . 22⁰ QUARTIER.
880   **Commence** place de l'Odéon, 7. — **Finit** rue de Vaugirard, 16.
      Long^r : 55^m,00.
      Larg^r : 9^m,70. — DÉCISION MINISTÉRIELLE DU 4 NIVÔSE, AN IX.
      Id.   9^m,70. — ORD. ROYALE DU 12 MAI 1841. *Alignements.*
ORIG. — Pierre Corneille, auteur dramatique (1606-1684); voisinage du théâtre de l'Odéon.

CORNES (Rue des) **. . . . . . XIII⁰ ARRONDISSEMENT . . . . 49⁰ QUARTIER.
881   **Commence** rue du Banquier, 10. — **Finit** rue Le Brun, 1.   (I. 13. — P. 20.)
      Long^r : 204^m,00.
      Larg^r : 10^m,00. — DÉCISION MINISTÉRIELLE DU 23 GERMINAL AN IX.
      Id.   10^m,00. — ORD. ROYALE DU 27 JANVIER 1837. *Alignements.*
            ARRÊTÉ PRÉFECTORAL DU 3 DÉCEMBRE 1867. *Nivellement.*
ORIG. — Anciens dépôts de cornes de bœufs provenant des tanneries du quartier.

COROT (Rue) . . . . XVI⁰ ARRONDISSEMENT . . . . 61⁰ QUARTIER.
882   **Commence** rue Wilhem. — **Finit** rue du Point du Jour, 61.   (P. 8.)
      Long^r : 95^m,00.
      Larg^r : 12^m,00. — DÉCRET DU 27 JANVIER 1876 (U. P.). *Ouverture* et *Alignements.*
            ARRÊTÉ PRÉFECTORAL DU 10 FÉVRIER 1879. *Dénomination.*
ORIG. — Jean-Baptiste-Camille Corot (1796-1875), peintre paysagiste; quartier où ont été groupés des noms d'artistes.

CORTOT (Rue) :: . . . .   **XVIII**ᵉ Arrondissement . . . .   70ᵉ Quartier.
Anciennement commune de Montmartre.

883 **Commence** rue du Mont Cenis, 21. — **Finit** rue des Saules.   (P. 16.)
Long^r : 125^m,00.

Larg^r :   8^m.00. — Décret du 11 août 1867. *Alignements* a exécuter par mesures
ordinaires de voirie.
Décret du 23 mai 1863. *Classement* (confirmation).
Décret du 24 août 1864. *Dénomination* actuelle.
Obs. — Précédemment rue Saint Jean.
Orig. — Jean-Pierre Cortot, statuaire (1787-1843).

CORVETTO (Rue). . . . .   **VIII**ᵉ Arrondissement . . . .   32ᵉ Quartier.

884 **Commence** rue Treilhard, 6. — **Finit** rue de Lisbonne, 15.   (I. 3. — P. 8.)
Long^r : 63^m,00.
Larg^r : 12^m,00. — Rue ouverte par la Ville de Paris.
Arrêté préfectoral du 14 mars 1864. *Nivellement*.
Décret du 2 mars 1837. *Dénomination*.
Orig. — Le comte Louis-Emmanuel Corvetto, homme d'État (1756-1822); voisinage des rues Malleville, Mollien et Treilhard.

CORVISART (Rue) :. . . . . .   **XIII**ᵉ Arrondissement. . . . .   52ᵉ Quartier.

885 **Commence** rue de Lourcine, 136. — **Finit** boulevard d'Italie, 56.   (I. 45 — P. 8.)
Long^r : 580^m,00.

Larg^r : 13^m,00. — Ord. royale du 20 mai 1844. *Alignements* pour le redressement entre
la rue de Lourcine et la rue Croulebarbe.
Id.   13^m,00. — Ord. royale du 21 octobre 1846. *Alignements* entre la rue Croulebarbe
et le boulevard d'Italie.
Arrêté préfectoral du 23 janvier 1872. *Nivellement* modifié entre
la rue de la Bièvre et la rue du Champ de l'Alouette.
Arrêté préfectoral du 11 mai 1875. *Nivellement*.
Décret du 27 février 1867. *Dénomination* actuelle.
Obs. — Précédemment rue du Champ de l'Alouette et partie de la rue Crou-
lebarbe.
Orig. — Le baron Jean-Nicolas Corvisart, médecin (1755-1821) ; voisinage de l'hôpital de Lourcine.

COSSONNERIE (Rue de la) . . . .   Ier Arrondissement. . . . .   2ᵉ Quartier.

886 **Commence** boulevard de Sébastopol, 41. — **Finit** rue Pierre Lescot, 10.   (I. 13. — P. 16.)
Long^r : 106^m,00.
Larg^r : 18^m,00. — Décret du 29 septembre 1854. *Alignements* pour le prolongement
entre le boulevard de Sébastopol et la rue Saint Denis.
Id.   18^m,00. — Décret du 10 mars 1852 (U. P.) et Décret du 21 juin 1854 (U. P.).
Alignements pour l'élargissement entre la rue Saint Denis et la
rue Pierre Lescot.
Arrêté préfectoral du 26 janvier 1857. *Nivellement* entre la rue
Saint Denis et la rue Pierre Lescot.
Orig. — Ancien marché de la volaille. (Cossonnerie, poulaillerie.)

COTE D'OR (Rue de la) . . . . .   Ve Arrondissement. . . . .   17ᵉ Quartier.
887 **Commence** rue de Bourgogne. — **Finit** rue de Touraine.
Long^r : 355^m,00.
Larg^r : 21^m,50. — *Voie privée* dans la Halle aux Vins.
Orig. — Doit son nom à sa situation.

COTENTIN (Rue du) :: . . . . . .   **XV**ᵉ Arrondissement. . . . .   58ᵉ Quartier.
Anciennement commune de Vaugirard.

888 **Commence** rue du Château, 36. — **Finit** rue des Fourneaux.   (P. 26.)
Long^r : 373^m,00.
Moindre larg^r : 10^m,00. — Décret du 9 juillet 1870. *Alignements*.
Décret du 23 mai 1863. *Classement* (confirmation).
Arrêté préfectoral du 13 février 1869. *Nivellement*.
Arrêté préfectoral du 26 février 1867. *Dénomination* actuelle.
Obs. — Ancien chemin vicinal. Précédemment partie du chemin de la Gaîté.
Orig. — Partie de la province de Normandie ; voisinage du chemin de fer de l'Ouest.

COTHENET (Impasse) :: . . . . .   **XVI**ᵉ Arrondissement. . . . .   63ᵉ Quartier.
Anciennement commune de Neuilly.

889 **Située** rue de la Faisanderie, 22.   (I. 5. — P. 12.)
Long^r : 90^m,00.
Larg^r : 5^m,60 environ.   (*Voie privée.*)
Orig. — Nom de propriétaire.

COTTE (Rue de) . . . . **XII**ᵉ Arrondissement . . . . 48ᵉ Quartier.

890   **Comm.** rue de Charenton, 93. — **Finit** rues du Faubourg Saint Antoine,126,et Crozatier,83.
       Long^r : 310ᵐ,00.   (I. 37. — P. 28.)
       Larg^r :   9ᵐ,74. — Décision ministérielle du 17 brumaire an XII. *Alignements.*
                  Ord. royale du 30 juillet 1844. Confirmant la décision ministérielle.
                  Décision ministérielle du 28 août 1849. Réunissant la rue Trouvée
                  à la rue Cotte.
       Orig. — Ouverte en 1779 ; nom donné par l'arrêt du Conseil portant création du marché Beauvau, aujourd'hui marché
       Lenoir.

COTTIN (Passage) ✶✶. . . . . . . **XVIII**ᵉ Arrondissement . . . . 70ᵉ Quartier.
                                Anciennement commune de Montmartre.
891   **Commence** rue Ramey, 19. — **Finit** rue de la Fontenelle, 20.   (I. 11. — P. 11.)
       Long^r : 130ᵐ,60.
       Larg^r :   7ᵐ,00 environ.
                              (Voie privée.)
       Orig. — Nom de propriétaire.

COTTINEAU (Rue) ✶✶. . . . . . **XV**ᵉ Arrondissement . . . . 57ᵉ Quartier.
                                Anciennement commune de Vaugirard.
892   **Commence** rue de Dantzig, 48. — **Finit** en impasse.   (I. 5. — P. 18.)
       Long^r : 133ᵐ,00.
       Larg^r :   8ᵐ,00 environ.   *(Voie privée.)*
       Orig. — Nom d'un propriétaire.

COUCOUS (Rue des) . . . . . . **XII**ᵉ Arrondissement . . . . 43ᵉ Quartier.
                                Anciennement commune de Saint-Mandé.
893   **Commence** avenue Daumesnil, 271. — **Finit** boulevard Soult.   (I. 7. — P. 10.)
       Long^r : 200ᵐ,00.
       Larg^r :   6ᵐ,00. — Arrêté préfectoral du 5 octobre 1857. Mis au nombre des
                  chemins ruraux.
                  Classement non confirmé par le Décret du 23 mai 1863.
                  Arrêté préfectoral du 23 juin 1877. *Dénomination* actuelle.
                       Obs. — Précédemment chemin des Coucous.
       Orig. — Dénomination champêtre.

COUDRIERS (Impasse des) ✶✶. . . **XX**ᵉ Arrondissement . . . . 79ᵉ Quartier.
                                Anciennement commune de Charonne.
894   **Située** rue des Mûriers, 21.
       Long^r : 65ᵐ,00.
       Larg^r :   2ᵐ,40.   *(Voie privée.)*
                  Arrêté préfectoral du 1ᵉʳ février 1877. *Dénomination.*
       Orig. — Voie champêtre, sur une ancienne plantation de ces arbustes.

COUESNON (Rue) ✶✶✶. . . . . . **XIV**ᵉ Arrondissement . . . . 56ᵉ Quartier.
                                Anciennement commune de Montrouge.
895   **Com.** r. Maison-Dieu, 2, et rue de Vanves, 23. — **Fin.** rue Sainte Alice et rue du Château, 139.
       Long^r : 133ᵐ,00.   (I. 25. — P. 26.)
                  Décret du 23 mai 1863. *Classement.*
       Larg^r : 10ᵐ,00. — *Alignements* projetés (largeur actuelle).
       Orig. — Nom d'un notable industriel, créateur de la rue, propriétaire du château du Maine.

COURAT (Rue) ✶. . . . . **XX**ᵉ Arrondissement . . . . 80ᵉ Quartier.
                                Anciennement commune de Charonne.
896   **Commence** rue Saint Blaise, 46. — **Finit** rue des Orteaux, 63.   (I. 5. — P. 2.)
       Long^r : 287ᵐ,00.
       Larg^r :   8ᵐ,00. — Ord. royale du 27 août 1844. *Alignements.*
                  Décret du 23 mai 1863. *Classement* (confirmation).
                  Arrêté préfectoral du 2 août 1860. *Nivellement.*
       Orig. — Nom du propriétaire.

COURBATON (Impasse) . . . . . . **I**ᵉʳ Arrondissement . . . . 1ᵉʳ Quartier.
897   **Située** rue de l'Arbre Sec, 27.
       Long^r : 11ᵐ,50.
       Larg^r :   2ᵐ,20. — Arrêté du conseil du roi du 3 juillet 1781. *Réunissant* l'impasse
                  Courbaton au domaine royal.
       Orig. — Corruption du mot Col-de-Bacon, nom qu'elle devait à un calembourg sur Adam Chardepore, qui y avait plu-
       sieurs maisons (bacon, porc ou vieux français).

COURCELLES (Boulevard de) . . **VIII**ᵉ Arrondissement . . . . 30ᵉ et 32ᵉ Quartiers.
        XVIIᵉ Arrondissement . . . . 65ᵉ et 66ᵉ Quartiers.
Anciennement communes des Batignolles et de Neuilly, du côté des numéros pairs.

898 **Com.** r. du Rocher, 101, et avenue de Villiers, 1.—**Fin.** aven. de Wagram, 50. (I. 80. — P. 130.)
   Long^r : 1.285^m,00.
    Larg^r : 15toises.—Pour les anciens boulevards Ord. du bureau des finances
    Larg^r : 36pieds.—Pour les chemins de ronde   du 16 janvier 1789.
        Ord. royale du 31 août 1846. *Alignements* pour l'ancien chemin
        de ronde de Courcelles.
    Larg^r : 36^m,00.—Arrêté préfectoral du 15 mai 1861. *Alignements*.
        Décret du 23 mai 1863. *Classement* (confirmation).
   Moyenne larg^r : 45^m,00.—Décret du 10 avril 1867 (U. P.). *Alignements* pour l'élargissement
        entre la rue Legendre prolongée et la rue de Prony.
        Arrêté préfectoral du 30 décembre 1864. *Dénomination* actuelle.
        Obs. — Précédemment boulevards de Monceau, de Courcelles et chemin de
        ronde de Courcelles.
  Orig. — Longe l'ancien village de Courcelles.

COURCELLES (Porte de) . . . . **XVII**ᵉ Arrondissement. . . . . 66ᵉ Quartier.
899 **Située** boulevard Berthier, au droit de la rue de Courcelles.
  Orig. — A l'extrémité de la rue de Courcelles.

COURCELLES (Rue de) . . . . . **VIII**ᵉ Arrondissement . . . . 30ᵉ et 32ᵉ Quartiers.
        XVIIᵉ Arrondissement . . . . 66ᵉ Quartier.
Anciennement communes de Neuilly et des Batignolles (partie).

900 **Com.** rue la Boëtie, 66.—**Finit** boulevard Berthier, 71, et rue Le Chatelier. (I. 183. — P. 204.)
   Long^r : 1.885^m,00.
   Moindre larg^r : 10^m,00.— Ord. royale du 30 décembre 1846. *Alignements* entre la rue la
        Boëtie et le boulevard Haussmann.
   Larg^r : 20^m,00.—Décret du 24 septembre 1880. *Alignements* entre le boulevard Hauss-
        mann et le boulevard de Courcelles.
   Id. 20^m,00.—Décret du 30 novembre 1862 (U. P.). *Alignements* entre le boule-
        vard de Courcelles et le boulevard Berthier.
        Décret du 23 mai 1863. *Confirmant* le classement de la partie
        comprise entre le boulevard de Courcelles et le boulevard Ber-
        thier.
        Arrêté préfectoral du 1er décembre 1854. *Nivellement* entre le
        boulevard Haussmann et la rue de Monceau.
        Arrêté préfectoral du 12 avril 1861. *Nivellement* entre la rue de
        Monceau et le boulevard de Courcelles.
        Arrêté préfectoral du 22 janvier 1864. *Nivellement* entre les bou-
        levards de Courcelles et Berthier.
        Arrêté préfectoral du 17 mai 1854. — La rue de Chartres, située
        entre la rue de Monceau et le boulevard de Courcelles, est réunie à
        la rue de Courcelles.
  Orig. — Conduit à l'ancien village de Courcelles.

Iᵉʳ Arrondissement . . . . 3ᵉ Quartier.

COUR DES FONTAINES (Passage de la).
901 **Commence** rue de Valois, 1. — **Finit** galerie des Proues.
   Long^r : 33^m,00.
   Larg^r : 2^m,50.   (*Voie privée.*)
  Orig. — Tire son nom de la cour des Fontaines qui dépendait du Palais-Royal.

COUR DES MIRACLES (Passage de la). **II**ᵉ Arrondissement. . . . . 8ᵉ Quartier.
902 **Commence** cour des Miracles, 9. — **Finit** impasse Thévenot, 7. (I. 5. — P. 6.)
   Long^r : 20^m,00.
   Moindre larg^r : 2^m,00.   (*Voie privée.*)
  Orig. — Voir cour des Miracles.

COUR-DES-NOUES (Rue de la) ******. **XX**ᵉ Arrondissement . . . . 79ᵉ Quartier.
Anciennement commune de Charonne.

903 **Com.** r. Pelleport, 31. — **Fin.** r. Belgrand, 14. — **Finira** rue des Pyrénées. (I. 59. — P. 19.)
   Long^r : 300^m,00 actuelle; Long^r : 365^m,00 future.
   Larg^r : 10^m,00. — Arrêté préfectoral du 27 décembre 1838. *Alignements* entre la rue
        Pelleport et la rue de la Chine (A).
   Id. 12^m,00. — *Alignements* projetés pour cette première partie.

COUR-DES-NOUES (Rue de la). (*Suite.*)
>   Larg^r : 2^m,33. — Arrêté préfectoral du 3 juillet 1830. *Classement* de la partie comprise entre la rue de la Chine et la rue Belgrand (ancien sentier rural) (B).
>   Id.   12^m,00. — Décret du 4 mars 1868. *Suppression* de la partie B et *Alignements* d'une voie nouvelle devant aboutir à la rue des Pyrénées.
>   Décret du 23 mai 1863. *Classement* (confirmation).
>   Arrêté préfectoral du 1er septembre 1875. *Nivellement.*
>   Obs. — Précédemment sentier et chemin de la Cour-des-Noues.

Orig. — Lieu dit (pacages.)

COUR D'HONNEUR (Galerie de la) Ier Arrondissement . . . . 3e Quartier.
904 **Commence** galerie des Proues. — **Finit** galerie de Chartres, 29.   (N°s 30 à 49)
>   Long^r : 67^m,00.
>   Larg^r : 3^m,50 environ.   *(Voie privée.)*
Orig. —Longe la cour d'honneur du Palais-Royal.

COURONNES (Impasse des) ✳✳. . . XXe Arrondissement . . . . 77e Quartier.
Anciennement commune de Belleville.
905 **Située** rue des Couronnes, 40.   (L. 11. — P. 20.)
>   Long^r : 80^m,00.
>   Larg^r : 3^m,30 environ.   *(Voie privée.)*
Orig. — Voir rue des Couronnes.

COURONNES (Rue des) ✳✳. . . . . XXe Arrondissement. . . . . 77e Quartier.
Anciennement commune de Belleville.
906 **Commence** boulevard de Belleville, 58. — **Finit** rue de la Mare, 80.   (L. 37. — P. 50.)
>   Long^r : 627^m,00.
>   Larg^r : 10^m,00. — Ord. royale du 28 février 1837. *Alignements* entre le boulevard de Belleville et la rue Julien Lacroix.
>   Décret du 23 mai 1863. *Confirmation* du classement de cette partie.
>   Id.   12^m,00. — Décret du 25 mars 1878 (U. P.). *Prolongement* entre la rue Julien Lacroix et la rue de la Mare.
>   Arrêté préfectoral du 13 janvier 1876. *Nivellement.*
Orig. — Voisinage de la rue des Trois-Couronnes.

COURTALON (Rue) . . . . Ier Arrondissement . . . . 2e Quartier.
907 **Com.** rue Saint Denis, 23. — **Finit** rue et place Sainte Opportune, 4 *bis.*   (L. 1. — P. 10.)
>   Long^r : 32^m,00.
>   Larg^r : 7^m,00. — Décision ministérielle du 21 prairial an X.
>   Id.   10^m,00. — Ord. royale du 4 mars 1844.
>   Id.   10^m,00. — Décret du 21 juin 1854. *Alignements.*
Orig. — Guillaume Courtalon y possédait deux maisons au XVIe siècle.

COURTOIS (Passage) . . . . . . XIe Arrondissement . . . . 43e Quartier.
908 **Commence** rue des Boulets, 102. — **Finit** rue de la Folie Regnault, 14. (L. 17. — P. 20.)
>   Long^r : 244^m,00.
>   Larg^r : 6^m,00 environ.   *(Voie privée.)*
Orig. — Nom du propriétaire.

COURTY (Rue de) . . . . VIIe Arrondissement . . . . 26e Quartier.
909 **Commence** boulevard Saint Germain, 239. — **Finit** rue de l'Université, 106. (L. 8. — P. 8.)
>   Long^r : 57^m,00.
>   Larg^r : 8^m,00. — Décision ministérielle du 18 messidor an IX.
>   Moindre larg^r : 10^m,00. — Ord. royale du 7 mars 1827. *Alignements.*
>   Larg^r : 12^m,00. — Décret du 28 juillet 1866 (U. P.). *Alignements.*
Orig. — Nom du propriétaire du terrain.

COUSTOU (Rue) ✳✳. . . . . . . XVIIIe Arrondissement . . . . 69e Quartier.
Anciennement commune de Montmartre.
910 **Commence** boulevard de Clichy, 66. — **Finit** rue Lepic, 44.   (L. 15. — P. 12.)
>   Long^r : 133^m,00.
>   Larg^r : 8^m,00. — *Alignements* projetés. (Largeur actuelle).
>   Décret du 23 mai 1863. *Classement.*
>   Décret du 24 août 1864. *Dénomination* actuelle.
>   Obs. — Précédemment rue Florentine.
Orig. — Guillaume Coustou, sculpteur (1678-1746); quartier où ont été groupés des noms de sculpteurs.

COUTELLERIE (Rue de la) . . . . **IV**e Arrondissement . . . . 13e Quartier.

911   **Com.** rue de Rivoli, 33. — **Fin.** avenue Victoria, 6, et de la Tacherie, 6.   (I. 5. — P. 6.)

Longr : 71m,00.

Largr : 18m,00. — Décret du 19 février 1853 (U.P.). *Alignements* pour la rectification du tracé.

Décret du 29 juillet 1854 (U.P.). *Modification* du pan coupé situé à l'angle de la place de l'Hôtel de Ville.

Orig. — Doit son nom aux couteliers qui vinrent s'y établir sous le règne de Henri II.

COUTURES SAINT-GERVAIS (Rue des) **III**e Arrondissement . . . . 11e Quartier.

912   **Commence** rue de Thorigny, 7. — **Finit** rue Vieille du Temple, 96.   (I. 3. — P. 22.)

Longr : 100m,00.

Largr :   7m,00. — Décision ministérielle du 23 frimaire an VIII.

Id.   10m,00. — Ord. royale du 31 mars 1835. *Alignements*.

Orig. — Ouverte sur la couture ou culture Saint Gervais.

COYPEL (Rue) **. . . . . **XIII**e Arrondissement . . . . 49e Quartier.

913   **Commence** boulevard de l'Hôpital et rue Rubens. — **Finit** avenue des Gobelins, 73. (P.20.)

Longr : 134m,00.

Largr : 14m,00. — Décret du 28 août 1868. *Classement* et *Alignements*.

Arrêté préfectoral du 3 décembre 1867. *Nivellement*.

Décret du 2 mars 1867. *Dénomination*.

Orig. — Noel Coypel (1628-1707) et son fils Antoine Coypel (1661-1722), peintres ; voisinage de la manufacture des Gobelins, à laquelle ils ont fourni des modèles.

CRÉBILLON (Rue) ** . . . . **VI**e Arrondissement . . . . 22e Quartier.

914   **Commence** rue de Condé, 17. — **Finit** place de l'Odéon, 4.   (I. 7. — P. 8.)

Longr : 62m,74.

Décision ministérielle du 4 ventôse an IX.

Largr :   9m,74. — Ord. royale du 12 mai 1841. *Alignements*.

Orig. — Prosper Jolyot de Crébillon, auteur dramatique (1674-1762) ; voisinage du théâtre de l'Odéon.

CRETET (Rue) **. . . . . **IX**e Arrondissement . . . . 36e Quartier.

915   **Commence** rue Bochart de Saron, 7. — **Finit** rue Lallier, 8.   (I. 7. — P. 6.)

Longr : 58m,00.

Largr : 12m,00. — Décret du 20 juin 1858. *Voie* exécutée pour le lotissement des terrains provenant des abattoirs Montmartre.

Orig. — Emmanuel Cretet, ministre de l'Intérieur sous le premier Empire (1747-1809).

CRILLON (Rue). . . . . **IV**e Arrondissement. . . . . 15e Quartier.

916   **Commence** boulevard Morland, 6. — **Finit** rue de l'Arsenal, 6.   (I. 19.)

Longr : 232m,00.

Largr : 12m,00. — Ord. royale du 21 septembre 1841. *Ouverture* et *Alignements*.

Ord. royale du 5 août 1844. *Dénomination*.

Orig. — Louis des Balbes de Berton, seigneur de Crillon, compagnon d'armes de Henri IV (1541-1615) ; voisinage de l'Arsenal.

CRIMÉE (Passage de) . . . . . . **XIX**e Arrondissement . . . . 73e Quartier.

917   **Commence** rue de Crimée, 205. — **Finit** rue Curial, 56.   (P. 16.)

Longr : 143m,00.

Largr : 10m,00 environ.   (*Voie privée*.)

Arrêté préfectoral du 1er février 1877. *Dénomination* actuelle.

Obs. — Précédemment passage Saint-Hilaire.

Orig. — *Voir* rue de Crimée.

CRIMÉE (Rue de) *. . . . . **XIX**e Arrondissement. . . 73e, 74e, 75e et 76e Quartiers.

Anciennement communes de Belleville et de La Villette.

918   **Commence** rue des Fêtes, 27. — **Finit** rue d'Aubervilliers, 158.   (I. 223. — P. 200.)

Longr : 2.520m,00.

Chemin vicinal de grande communication entre la rue des Fêtes et la rue d'Allemagne.

Décret du 23 mai 1863. *Confirmation* du *Classement* de cette partie.

Largr :   12m,00. — Ord. royale du 4 octobre 1840. *Alignements* entre la rue d'Allemagne et la rue de Flandre.

CRIMÉE (Rue de). (*Suite*.)

Larg^r : 15^m,00. — D'après la même ordonnance la largeur est de 15^m,00 entre le quai de la Loire et le quai de la Seine.

Id.   16^m,00. — Décret du 28 juillet 1862. *Alignements* pour le prolongement entre la rue de Flandre et la rue d'Aubervilliers.

Obs. — Cette dernière partie a été exécutée à 20 mètres de largeur.

Arrêté préfectoral du 17 juillet 1860. *Nivellement* entre les rues des Fêtes et d'Allemagne.

Arrêté préfectoral du 1er octobre 1860. *Nivellement* entre les rues d'Allemagne et de Flandre.

Arrêté préfectoral du 24 janvier 1867. *Nivellement* entre les rues de Flandre et d'Aubervilliers.

Arrêté préfectoral du 30 avril 1873. *Nivellement* de la totalité.

Arrêté préfectoral du 24 août 1876. *Nivellement* entre les rues des Mignottes et d'Hautpoul.

Arrêté préfectoral du 2 avril 1868. *Dénomination* actuelle.

Obs. — Précédemment rues de Crimée, de Marseille et de Bordeaux.

Orig. — Ouverte en 1855, peu après la guerre de Crimée.

CRINS (Impasse des) ** . . . . . . **XXe** Arrondissement . . . . 80e Quartier.

Anciennement commune de Charonne.

919   **Située** rue des Vignoles, 13.   (I. 1. — P. 10.)

Long^r :   77^m,00.

Larg^r :   1^m,50 environ.   (*Voie privée.*)

Orig. — Inconnue.

CROISADES (Rue des) ** . . . . . **XIVe** Arrondissement . . . . 56e Quartier.

Anciennement commune de Vaugirard.

920   **Commence** rue Vercingétorix, 63. — **Finit** rue de l'Ouest, 82.   (I. 9. — P. 16.)

Long^r : 113^m,00.

Larg^r : 10^m,00. — *Alignements* projetés (largeur actuelle).

Décret du 23 mai 1863. *Classement.*

Arrêté préfectoral du 10 mai 1865. *Nivellement.*

Arrêté préfectoral du 26 février 1867. *Dénomination* actuelle.

Obs. — Précédemment rue Saint Louis.

Orig. — Nom substitué à celui de Saint Louis.

CROISSANT (Rue du) . . . . **IIe** Arrondissement . . . . 7e Quartier.

921   **Commence** rue du Sentier, 15. — **Finit** rue Montmartre, 146.   (I. 21. — P. 22.)

Long^r : 177^m,00.

Larg^r :   6^m,00. — Décision ministérielle du 28 brumaire an VI.

Id.   10^m,00. — Ord. royale du 4 mai 1826. *Alignements.*

Orig. — Dénomination tirée d'une enseigne.

CROIX DES PETITS CHAMPS (Rue). Ier Arrondissement . . . . 2e et 3e Quartiers.

922   **Commence** rue Saint Honoré, 168. — **Finit** place des Victoires, 3.   (I. 45. — P. 52.)

Long^r : 373^m,00.

Moindre larg^r : 10^m,00. — Décision ministérielle du 3 germinal an X. *Alignements.*

Larg^r : 12^m,00. — Ord. royale du 2 mai 1837 déclarant d'utilité publique l'*élargissement* immédiat entre la rue Saint Honoré et le passage Véro-Dodat.

Orig. — Doit son nom à la Croix-des-Petits-Champs qui était situé à l'angle de cette rue et de la rue du Boulbi.

CROIX JARRY (Rue de la). . . . . **XIIIe** Arrondissement . . . . 50e Quartier.

Anciennement commune d'Ivry.

923   **Commence** rue Watt. — **Finit** chemin de fer de Ceinture.

Long^r : 160^m,00.

Larg^r : 10^m,00 environ.   (*Voie privée.*)

Orig. — La Croix Jarry, disparue depuis longtemps, rappelait le meurtre d'un nommé Jarry.

CROIX NIVERT (Rue de la) . . . **XVe** Arrondissement . . . . 57e, 58e 59e et 60e Quartiers.

Anciennement communes de Grenelles et de Vaugirard.

924   **Commence** place Cambronne, 9. — **Finit** rue de Vaugirard, 372.   (I. 243. — P. 256.)

Long^r : 1,860^m,00.

Moindre larg^r : 12^m,50. — Décret du 9 août 1881. *Alignements* et *Nivellements* entre la place Cambronne et la rue Lecourbe.

Décret du 23 mai 1863. *Confirmation du Classement.*

Larg   15^m,00. — Décret du 10 août 1875 (U. P.) *Alignements* pour le prolongement entre la rue Lecourbe et la rue de Vaugirard. et *Nivellement.*

CROIX NIVERT (Rue). (*Suite.*)

ARRÊTÉ PRÉFECTORAL DU 1er MAI 1875. *Nivellement* entre le boulevard de Grenelle et la rue Lecourbe.

ARRÊTÉ PRÉFECTORAL DU 8 SEPTEMBRE 1876. *Nivellement* de la partie ouverte entre la rue Lecourbe et la rue de Vaugirard.

ORIG. — Doit son nom à la Croix-Nivert, qui était située à l'angle de cette rue et de la rue Lecourbe.

CROIX ROUGE (Carrefour de la). . **VIᵉ** ARRONDISSEMENT . . . . 23ᵉ ET 24ᵉ QUARTIERS.

925 Située à la jonction des rues du Four, 62; du Dragon, 44; de Grenelle, 2; de Sèvres, 2; du Cherche Midi, 2, et du Vieux Colombier, 25.

DÉCRET DU 28 JUILLET 1866 (U. P.). *Modification* des pans coupés situés aux encoignures des rues du Four, du Dragon, et du Vieux Colombier.

DÉCRET DU 5 JUILLET 1872 (U. P.). *Alignements* du côté des numéros pairs, entre la rue de Grenelle et la rue de Sèvres.

ORIG. — Doit son nom à une croix rouge qui y était autrefois.

CROIX SAINT SIMON (Rue de la). **XXᵉ** ARRONDISSEMENT . . . . 80ᵉ QUARTIER.

Anciennement commune de Charonne.

926 **Com.** rue d'AVRON, 119. — **Finit** rue Saint Blaise, 82, et boul. Davout, 4. (I. 83. — P. 54.)

Longr : 450m,00.

Largr : 2m,33.

Largr : 8m,00. — DÉCRET DU 20 JUILLET 1881 (U. P.). *Alignements* et *Nivellement.*

ARRÊTÉ PRÉFECTORAL DU 3 JUILLET 1830. *Classement* comme sentier rural.

DÉCRET DU 23 MAI 1863. *Confirmation du Classement* de la partie comprise entre le sentier des Ecuyers et la rue Saint Blaise.

ARRÊTÉ PRÉFECTORAL DU 1er FÉVRIER 1877. *Réunion* de la petite rue du Chemin de fer à la rue de la Croix Saint Simon.

OBS. — Précédemment petite rue du Chemin de fer et rue de la Croix Saint Simon.

ORIG. — Lieu dit.

CROUIN (Passage). . . . . . . **XIIIᵉ** ARRONDISSEMENT. . . . . 49ᵉ QUARTIER.

927 **Commence** rue Jenner, 27. — **Finit** rue Esquirol, 24. (I. 9. — P. 16.)

Long : 145m,00.

Larg : 9m,00 environ. (*Voie privée.*)

ORIG. — Nom du propriétaire.

CROULEBARBE (Rue) . . . . **XIIIᵉ** ARRONDISSEMENT. . . . . 52ᵉ QUARTIER.

928 **Commence** avenue des Gobelins, 44. — **Finit** rue Corvisart, 33. (I. 63. — P. 16.)

Longr : 535m,00.

Moindre largr : 10m,00. — DÉCISION MINISTÉRIELLE DU 10 JUIN 1819. *Alignements.*

Id. 10m,00. — ORD. ROYALE DU 21 OCTOBRE 1846. *Alignements.*

ARRÊTÉ PRÉFECTORAL DU 3 OCTOBRE 1867. *Nivellement.*

ORIG. — Doit son nom au moulin et au territoire de Croulebarbe.

CROUSTÉ (Allée) . . . . **XVIIIᵉ** ARRONDISSEMENT. . . . . 70ᵉ QUARTIER.

Anciennement commune de Montmartre.

929 **Située** cité des Bains. (P. 6.)

Longr : 20m,00.

Largr : 3m,00 environ. (*Voie privée.*)

ORIG. — Nom de l'un des parents du propriétaire de la cité.

CROZATIER (Impasse) . . . . . . **XIIᵉ** ARRONDISSEMENT . . . . 48ᵉ QUARTIER.

930 **Située** rue Crozatier, 47. (I. 7. — P. 6.)

Longr : 66m,00.

Largr : 6m,00 environ. (*Voie privée.*)

ORIG. — Voir rue Crozatier.

CROZATIER (Rue) . . . . **XIIᵉ** ARRONDISSEMENT . . . . 48ᵉ QUARTIER.

931 **Commence** rues de Charenton, 153, et Chaligny, 1. — **Finit** rues de Cotte, 28, et du Faubourg Saint Antoine, 128. (I. 83. — P. 74.)

Longr : 685m,00.

Largr : 22m,00. — DÉCRET DU 30 JUIN 1861 (U. P.). *Alignements* pour l'ouverture de la voie.

ARRÊTÉ PRÉFECTORAL DU 26 FÉVRIER 1863. *Nivellement.*

DÉCRET DU 2 MARS 1864. *Dénomination.*

ORIG. — Charles Crozatier, fondeur (1795-1855); quartier industriel du faubourg Saint Antoine.

17

CRUSSOL (Cité de) . . . . **XI**ᵉ **Arrondissement** . . . . **41**ᵉ **Quartier**.
932 **Située** rue Oberkampf, 7.
Long^r : 156^m,00.
Larg^r : 3^m,50 environ.   (*Voie privée.*)
Orig. — *Voir* rue de Crussol.

CRUSSOL (Rue de) . . . . **XI**ᵉ **Arrondissement** . . . . **41**ᵉ **Quartier**.
933 **Commence** boul. du Temple, 4. — **Finit** rue de la Folie Méricourt, 109. (I. 39. — P. 30.)
Long^r : 343^m,00.
Larg^r : 12^m,00. — Ord. royale du 31 mars 1846. *Alignements* pour le prolongement
       entre le boulevard du Temple et la rue Amelot.
Id.   10^m,00. — Décision ministérielle du 28 fructidor an x. *Alignements*.
Id.   9^m,74. — Décision ministérielle du 16 frimaire an xiv.
Id.   9^m,74. — Ord. royale du 26 décembre 1844. *Alignements* entre la rue
       Amelot et la rue de la Folie Méricourt.
Orig. — Ouverte en 1788, a pris le nom de Alexandre Emmanuel de Crussol (1742-1815), alors bailli du Temple.

CUGNOT (Rue) . . . . **XVIII**ᵉ **Arrondissement** . . . . **72**ᵉ **Quartier**.
Anciennement commune de la Chapelle.
934 **Commence** rue Riquet, 66. — **Finit** rue Boucry.
Long^r : 245^m,00.
Larg^r : 12^m,00. — *Alignements* projetés. (Largeur actuelle.)
       Décret du 23 mai 1863. *Classement*.
       Arrêté préfectoral du 25 avril 1866. *Nivellement*.
       Décret du 24 août 1864. *Dénomination* actuelle.
       Obs. — Précédemment rue de l'Est.
Orig. — Nicolas-Joseph Cugnot, ingénieur, un des premiers qui aient appliqué la vapeur à la locomotion (1725-1804); voisinage des ateliers du Chemin de fer du Nord.

CUJAS (Rue) . . . . **V**ᵉ **Arrondissement** . . . . **20**ᵉ **Quartier**.
935 **Commence** place du Panthéon, 8. — **Finit** boulevard Saint Michel, 51. (I. 25. — P. 22.)
Long^r : 297^m,00.
Larg^r : 10^m,00. — Décision ministérielle du 13 juin 1807.
Id.   10^m,00. — Ordonnance royale du 5 juin 1846. *Alignements* entre la place du
       Panthéon et la rue Saint Jacques.
Id.   10^m,00. — Ord. royale du 13 décembre 1846. *Alignements* entre la rue Saint
       Jacques et le boulevard Saint Michel.
       Décret du 2 octobre 1865. *Dénomination* actuelle.
       Obs. — Précédemment rue Saint Étienne des Grès et rue des Grès.
Orig. — Jacques Cujas, jurisconsulte (1522-1590); voisinage de l'École de Droit.

CUNIN-GRIDAINE (Rue) . . . . . **III**ᵉ **Arrondissement** . . . . **9**ᵉ **Quartier**.
936 **Commence** rue Turbigo, 47. — **Finit** rue Saint Martin, 252.   (I. 3.)
Long^r : 56^m,00.
Larg^r : 10^m,00. — Décret du 23 août 1858. *Alignements* pour l'ouverture de la voie.
       Décret du 10 août 1868. *Dénomination*.
Orig. — Laurent Cunin-Gridaine, manufacturier et ministre du commerce (1778-1859); voisinage du Conservatoire des Arts et Métiers.

CURE (Rue de la) . . . . **XVI**ᵉ **Arrondissement** . . . . **61**ᵉ **Quartier**.
Anciennement commune d'Auteuil.
937 **Commence** rue Mozart, 66. — **Finit** rues Raffet, 10.   (I. 17. — P. 4.)
Long^r : 363^m,00.
Larg^r : 12^m,00. — Délibération du conseil municipal du 21 août 1857. *Alignements*
       projetés. (*Voir* rue Mozart et ses abords.)
       Décret du 23 mai 1863. *Classement* (confirmation).
Larg^r : 6^m,00. — Décret du 2 mai 1881. *Alignements* et *Nivellement* entre les rues
       Mozart et de l'Yvette.
       Arrêté préfectoral du 4 octobre 1878. *Nivellement*.
Orig. — Conduit à la source ferrugineuse d'Auteuil.

CURÉ (Ruelle du) . . . . **XVIII**ᵉ **Arrondissement** . . . . **71**ᵉ **Quartier**.
Anciennement commune de la Chapelle.
938 **Commence** rue de La Chapelle, 85. — **Finit** Chemin de fer du Nord.
Long^r : 164^m,00.
Larg^r : 8^m,00. — Ord. royale du 11 septembre 1842. *Alignements*.
       Décret du 23 mai 1863. *Classement* (confirmation).
       Obs. — Précédemment rue du Curé.
Orig. — Voisinage de l'église Saint-Denis de La Chapelle.

CURIAL (Rue) . . . . **XIXe ARRONDISSEMENT**. . . . . . . 73e ET 74e QUARTIERS.

Anciennement commune de La Villette.

939   **Commence** rue Riquet, 44. — **Finit** rue de Cambrai, 9.   (I. 45. — P. 90.)

     Long^r : 1,130^m,00.

     Larg^r :   12^m,00. — ARRÊTÉ PRÉFECTORAL DU 23 MARS 1841. *Alignements* entre la rue Riquet et la rue de l'Ourcq.

       Id.   12^m,00. — ARRÊTÉ PRÉFECTORAL DU 13 NOVEMBRE 1844. *Alignements* entre la rue de l'Ourcq et le chemin de fer de Ceinture.

                  ARRÊTÉ PRÉFECTORAL DU 6 JUILLET 1855. *Classement* de ces deux parties.

                  DÉCRET DU 23 MAI 1863. *Confirmation* du *Classement* de ces deux parties.

       Id.   12^m,00. — DÉCRET DU 18 MARS 1868 (U. P.). 1° *Alignements* pour l'ouverture de la partie longeant le chemin de fer de Ceinture et aboutissant rue de Cambrai ;

                  2° *Suppression* de la partie comprise entre le chemin de fer de Ceinture et le boulevard Macdonald.

                  ARRÊTÉ PRÉFECTORAL DU 20 AVRIL 1865. *Nivellement* entre la rue de Crimée et la rue Curial.

                  ARRÊTÉ PRÉFECTORAL DU 14 JUILLET 1868. *Nivellement* entre les rues Riquet et de Crimée.

                  ARRÊTÉ PRÉFECTORAL DU 17 JUILLET 1868. *Nivellement* entre la rue de Crimée et la rue de Cambrai.

                  DÉCRET DU 2 OCTOBRE 1865. *Dénomination* actuelle.

                  OBS. — Précédemment rue et chemin de Valenciennes.

ORIG. — Le comte Philibert-Jean-Baptiste-François-Joseph Curial, général de division (1774-1829).

CUSTINE (Rue) ** . . . . **XVIIIe ARRONDISSEMENT** . . . . 70e QUARTIER.

940   **Commence** rue Poulet, 19, et boul. Ornano, 35. — **Finit** rue du Mont Cenis. (I. 23. — P. 34.)

     Long^r : 370^m,00 (exécutée.)

       Id.   540^m,00 (totale.)

     Larg^r :   20^m,00. — DÉCRET DU 23 MAI 1863 (U. P.). *Alignements* pour l'ouverture entre le boulevard Ornano et la rue Ramey.

       Id.   20^m,00. — DÉCRET DU 11 AOUT 1867 (U. P.). *Alignements* pour l'ouverture entre la rue Ramey et la rue du Mont Cenis (cette partie n'est pas encore exécutée).

                  ARRÊTÉ PRÉFECTORAL DU 3 FÉVRIER 1868. — *Nivellement* entre les rues Poulet et Ramey.

                  DÉCRET DU 2 MARS 1867 et ARRÊTÉ PRÉFECTORAL DU 3 SEPTEMBRE 1869. *Dénomination*.

ORIG. — Le comte Adam-Philippe de Custine, général en chef (1740-1793); groupe militaire du boulevard Ornano.

CUVIER (Rue) * . . . . **Ve ARRONDISSEMENT** . . . . 17e ET 18e QUARTIERS.

941   **Commence** quai St Bernard. — **Finit** rues Geoffroy-St-Hilaire et Linné, 2. (I. 61. — P. 20.)

     Long^r : 531^m,00.

     Larg^r :   10^m,00. — DÉCISION MINISTÉRIELLE DU 2 SEPTEMBRE 1818. *Alignements*.

       Id.   10^m,00. — ORD. ROYALE DU 3 MARS 1847. *Alignements* entre le quai Saint-Bernard et la rue de Jussieu.

   Moindre Id.   12^m,00. — ORD. ROYALE DU 22 JUIN 1837 ET 3 MARS 1847. *Alignements* entre la rue de Jussieu et les rues Geoffroy-Saint-Hilaire et Linné.

                  DÉCISION ROYALE DU 8 NOVEMBRE 1838. *Dénomination* actuelle.

                  OBS. — Précédemment rue de Seine-Saint-Victor.

ORIG. — Le baron Georges-Chrétien-Léopold-Dagobert Cuvier, naturaliste (1769-1832); voisinage du Muséum d'histoire naturelle.

CYGNE (Rue du). . . . . **Ier ARRONDISSEMENT** . . . . 2e QUARTIER.

942   **Commence** boulevard de Sébastopol, 59. — **Finit** rue de Turbigo, 10.   (I. 19. — P. 16.)

     Long^r : 200^m,00.

     Larg^r :   10^m,00. — DÉCRET DU 29 SEPTEMBRE 1854 (U. P.). *Alignements* pour le prolongement entre le boulevard de Sébastopol et la rue Saint Denis.

       Id.   7^m,00. — DÉCISION MINISTÉRIELLE DU 13 VENDÉMIAIRE AN X. *Alignements* entre les rues Saint Denis et Mondétour.

       Id.   10^m,00. — ORD. ROYALE DU 16 MAI 1836. *Alignements* entre les rues Saint Denis et Mondétour.

                  ARRÊTÉ PRÉFECTORAL DU 8 FÉVRIER 1867. *Nivellement*.

ORIG. — Dénomination provenant d'une enseigne.

CYGNES (Allée des) . . . . **XV**ᵉ ᴀʀʀᴏɴᴅɪssᴇᴍᴇɴᴛ . . . . 59ᵉ Qᴜᴀʀᴛɪᴇʀ.

943 **Située** entre les ponts de Passy et de Grenelle.

Longʳ : 850ᵐ,00.

Largʳ : 11ᵐ,00. (*Voie privée.*)

Oʀɪɢ. — Jetée créée en 1825 par la Société concessionnaire du Pont de Grenelle ; voisinage de l'ancienne Île des Cygnes, réunie au Champ-de-Mars à la fin du xviiiᵉ siècle.

D

DAGORNO (Passage) * . . . . . . **XX**ᵉ Arrondissement . . . . 80ᵉ Quartier.
941   **Commence** rue des Haies, 100. — **Finit** rue des Pyrénées.   (I. 4. — P. 10.)
      Long' : 84ᵐ,00.
      Larg' :   7ᵐ,00 environ.   (*Voie privée.*)
      Orig. — Nom du propriétaire.

DAGUERRE (Rue) ** . . . . **XIV**ᵉ Arrondissement . . . . . 53ᵉ, 55ᵉ ET 56ᵉ Quartiers.
                    Anciennement commune de Montroug.
945   **Commence** avenue d'Orléans, 6. — **Finit** avenue du Maine, 109.   (I. 61. — P. 92.)
      Long' : 630ᵐ,00.
      Larg' : 12ᵐ,00. — Arrêté préfectoral du 6 mai 1859. *Alignements.*
               Décret du 23 mai 1863. *Classement* (confirmation).
               Arrêté préfectoral du 18 novembre 1863. *Nivellement.*
               Décret du 27 février 1867. *Dénomination actuelle.*
                    Obs. — Précédemment rue de la Pépinière.
      Orig. — Louis-Jacques Mandé-Daguerre, inventeur du daguerréotype (1789-1851.)

DAGUERRE (Villa) ** . . . . . . **XIV**ᵉ Arrondissement . . . . 53ᵉ Quartier.
                    Anciennement commune de Montrouge.
946   **Commence** rue du Champ d'Asile, 39. — **Finit** rue Daguerre. 51.
      Long' : 113ᵐ,00.
      Larg' :   2ᵐ,00 environ.   (*Voie privée.*)
      Orig — *Voir* rue Daguerre.

DALAYRAC (Rue). . . . . **II**ᵉ Arrondissement . . . . 3ᵉ Quartier.
947   **Commence** rue Méhul, 4. — **Finit** rue Monsigny, 2.   (P. 50.)
      Long' : 100ᵐ,00.
      Larg' : 12ᵐ,00. — Ord. royale du 26 janvier 1825. *Ouverture* et *Alignements.*
                    Obs. — Ces alignements n'ont pas été suivis.
      Moindre larg' : 10ᵐ,00. — Ord. royale du 8 octobre 1826. *Alignements.*
      Orig. — Nicolas Dalayrac, compositeur (1753-1809); voisinage de la salle Ventadour.

DAMES (Rue des) . . . . **XVII**ᵉ Arrondissement . . . . 67ᵉ Quartier.
                    Anciennement commune des Batignolles.
948   **Commence** avenue de Clichy, 27. — **Finit** rue de Lévis, 14.   (I. 135. —P. 120.)
      Long' : 880ᵐ,00.
      Larg' : 10ᵐ,00. — Ord. royale du 18 janvier 1848. *Alignements.*
               Arrêté préfectoral du 9 novembre 1864. *Nivellement* entre la rue
               Boursault et la rue de Lévis.
      Orig. — Ancien chemin conduisant à l'abbaye des Dames de Montmartre.

DAMES (Villa des) ** . . . . **VI**ᵉ Arrondissement . . . . 23ᵉ Quartier.
949   **Située** rue Notre Dame des Champs, 77.
      Long' : 16ᵐ,00.
      Moindre larg' : 4ᵐ,00.   (*Voie privée.*)
      Orig. — Appartient aux Dames de Notre Dame des Champs.

DAMESME (Impasse) **, ... **XIII**ᵉ Arrondissement . . . . 51ᵉ Quartier.
                    Anciennement commune de Gentilly.
950   **Située** rue Damesme, 49.   (I. 9. — P. 10.)
      Long' : 40ᵐ,00.
      Larg' :   3ᵐ,35.   (*Voie privée.*)
               Arrêté préfectoral du 1ᵉʳ février 1877. *Dénomination actuelle.*
                    Obs. — Précédemment impasse du Bel Air.
      Orig. — *Voir* rue Damesme.

DAMESME (Rue) ※ . . . . . . **XIII**ᵉ Arrondissement . . . . 51ᵉ Quartier.
Anciennement commune de Gentilly.

951   **Commence** rue de la Fontaine à Mulard, 15. (**Commencera** rue de Tolbiac). — **Finit** boulevard Kellermann.   (I. 71. — P. 60.)
      Long^r : 415^m,00 actuelle. Long^r : 603^m,00 future.
      Larg^r :   8^m,00. — Arrêté préfectoral du 29 août 1838. *Alignements* entre la rue de la Fontaine à Mulard et le boulevard Kellermann.
           Obs. — Prolongement projeté entre la rue de la Fontaine à Mulard et la rue de Tolbiac.
          Décret du 23 mai 1863. *Classement* (confirmation).
          Arrêté préfectoral du 24 août 1867. *Nivellement*.
          Décret du 10 août 1868. *Dénomination* actuelle.
           Obs. — Précédemment rue du Bel Air.
    Orig. — Édouard-Adolphe-Déodat-Marie Damesme, général de brigade, blessé mortellement en attaquant une barricade (1807-1848) ; voisinage de la route Militaire.

DAMIETTE (Rue de) . . . . **II**ᵉ Arrondissement . . . . 8ᵉ Quartier.
952   **Commence** cour des Miracles, 1, et rue des Forges, 1. — **Finit** rue d'Aboukir, 96, et place du Caire, 53.   (I. 5. — P. 6.)
      Long^r : 56^m,00.
      Larg^r :   8^m,00. — Arrêté du Président de la République du 25 juin 1849. *Alignements* entre la rue des Forges et la rue du Nil.
      Id.   10^m,00. — *Alignements* entre la rue du Nil et la place du Caire.
    Orig. — Ville d'Égypte, rappelle la conquête de ce pays en 1798; voisinage de la place du Caire.

DAMOYE (Cour) . . . . **XI**ᵉ Arrondissement . . . . 43ᵉ Quartier.
953   **Commence** place de la Bastille, 12. — **Finit** rue Daval, 12.   (I. 43. — P. 36.)
      Long^r : 124^m,00.
   Moyenne larg^r :   6^m,00.   (*Voie privée.*)
    Orig. — Établie en 1780 par M. Damoye.

DAMPIERRE (Rue) . . . . . . **XIX**ᵉ Arrondissement . . . . 74ᵉ Quartier.
Anciennement commune de La Villette.

954   **Commence** place de l'Argonne. — **Finit** quai de la Gironde, 17.   (I. 9. — P. 8.)
      Long^r : 110^m,00.
      Larg^r :   12^m,00. — Ord. royale du 4 août 1838. — *Alignements*.
          Décret du 23 mai 1863. *Classement* (confirmation.)
          Arrêté préfectoral du 8 juillet 1874. *Nivellement*.
          Décret du 10 août 1868. *Dénomination* actuelle.
           Obs. — Précédemment rue de Dunkerque.
    Orig. — Auguste-Marie-Henri Picot de Dampierre, général en chef (1756-1793).

DAMRÉMONT (Rue) ※ . . . . . **XVIII**ᵉ Arrondissement . . . . 69ᵉ Quartier.
Anciennement commune de Montmartre.

955   **Commence** rues de Maistre, 32, et Caulaincourt, 21. — **Finit** rue du Poteau, 85. (I. 85. — P. 102.)
      Long^r : 1130^m,00.
      Larg^r :   14^m,00. — Décret du 11 août 1867 (U. P.). *Ouverture* et *Alignements* entre la rue de Maistre et la rue Marcadet.
      Id.   14^m,00. — Décret du 8 juin 1858 (U. P.). *Ouverture* et *Alignements* entre la rue Marcadet et la rue du Poteau.
          Décret du 23 mai 1863. *Classement* confirmé pour cette dernière partie.
           Obs. — Prolongement projeté entre la rue de Maistre et le boulevard de Clichy.
      Id.   20^m,00. — *Alignements* projetés.
          Arrêté préfectoral du 6 août 1874. *Nivellement* entre les rues Marcadet et du Poteau.
          Arrêté préfectoral du 19 septembre 1874. *Nivellement* entre les rues Tourlaque et Marcadet.
          Décret du 2 mars 1867. *Dénomination* actuelle.
           Obs. — Précédemment rue K.
    Orig. — Le comte Charles-Marie-Denys de Damrémont, lieutenant-général, tué au siège de Constantine (1783-1837).

DANCOURT (Cité) ※ . . . . . **XVIII**ᵉ Arrondissement . . . . 70ᵉ Quartier.
Anciennement commune de Montmartre.

956   **Située** rue d'Orsel, 40.   (I. 7. — P. 8.)
      Long^r : 50^m,00.
      Larg^r :   2^m,00 environ.   (*Voie privée.*)
          Arrêté préfectoral du 1er février 1877. *Dénomination* actuelle.
           Obs. — Précédemment cité du Théâtre.
    Orig. — Voir rue Dancourt.

DANCOURT (Place) ✱✱ . . . . . **XVIII**ᵉ Arrondissement . . . . 70ᵉ Quartier.
Anciennement commune de Montmartre.

957 **Située** à l'intersection des rues Dancourt, 10 ; des Trois Frères, 2, et d'Orsel, 48. (P. 6.)
Longʳ : 63ᵐ,00.
Largʳ : 36ᵐ,30.
Décret du 23 mai 1863. *Classement.*
Décret du 24 août 1864. *Dénomination actuelle.*
Obs. — Précédemment place du Théâtre.
Orig. — *Voir* rue Dancourt.

DANCOURT (Rue)✱✱ . . . . . **XVIII**ᵉ Arrondissement . . . . 70ᵉ Quartier.
Anciennement commune de Montmartre.

958 **Commence** boulevard de Rochechouart, 96. — **Finit** place Dancourt, 2. (L. 11. — P. 10.)
Longʳ : 60ᵐ,00.
Largʳ : 10ᵐ,00. — *Alignements* projetés.
Décret du 3 juin 1868. *Classement* (confirmation).
Arrêté préfectoral du 3 septembre 1869. *Dénomination actuelle.*
Obs. — Précédemment rue du Théâtre.
Orig. — Florent Carton, dit Dancourt, auteur dramatique (1661-1725); voisinage du théâtre de Montmartre.

DANGEAU (Rue) . . . . **XVI**ᵉ Arrondissement . . . . 61ᵉ Quartier.
Anciennement commune d'Auteuil.

959 **Commence** rue de la Source, 18. — **Finit** rue de la Cure, 3. (P. 4.)
Longʳ : 320ᵐ,00.
Moindre largʳ : 2ᵐ,00.
Largʳ : 12ᵐ,00. — Délibération du conseil municipal du 21 août 1857. *Alignements*
projetés. (Largeur actuelle : 3ᵐ,00 moindre).
Décret du 23 mai 1863. *Classement* (confirmation).
Décret du 24 août 1864. *Dénomination actuelle.*
Obs. — Précédemment sente de la Fontaine.
Cette voie devra être supprimée presque entièrement pour l'exécu-
tion de la rue Mozart.
Orig. — Philippe de Courcillon, marquis de Dangeau, auteur de Mémoires (1636-1720).

DANGER (Impasse) ✱✱ . . . . . **XVIII**ᵉ Arrondissement . . . . 69ᵉ Quartier.
Anciennement commune de Saint Ouen.

960 **Située** chemin latéral au Chemin de fer de Ceinture, 11. (P. 4.)
Longʳ : 30ᵐ,00.
Largʳ : 2ᵐ,00 environ. (*Voie privée*.)
Orig. — Nom de propriétaire.

DANTE (Rue du) . . . . **V**ᵉ Arrondissement . . . . 20ᵉ Quartier.

961 **Commence** rue Domat. — **Finit** boulevard Saint Germain, 82, et rue Saint Jacques, 33.
Longʳ : 26ᵐ,00.
Largʳ : 16ᵐ,00.
Obs. — Cette rue, ouverte par la Ville de Paris lors du percement du boule-
vard Saint Germain, doit être continuée jusqu'à la rencontre des
rues Monge et d'Arcole prolongées.
Orig. — Dante Alighieri, le grand poète italien, a habité le quartier (1265-1331).

DANTZIG (Passage de) ✱✱ . . . . . **XV**ᵉ Arrondissement . . . . 57ᵉ Quartier.
Anciennement commune de Vaugirard.

962 **Commence** rues de Dantzig, 50, et Cottineau, 71. — **Finit** rue de Dantzig, 50.
Longʳ : 190ᵐ,00.
Moindre largʳ : 5ᵐ,50.
Décret du 23 mai 1863. *Classement* (confirmation).
Arrêté préfectoral du 10 décembre 1878. *Dénomination actuelle.*
Obs. — Précédemment partie du chemin du Moulin.
Orig. — *Voir* rue de Dantzig.

DANTZIG (Rue de) ✱✱ . . . . . . **XV**ᵉ Arrondissement . . . . 57ᵉ Quartier.
Anciennement communes de Vaugirard et d'Issy.

963 **Commence** rue de Dombasle, 48. — **Finit** boulevard Lefèvre. (L. 51. — P. 61.)
Longʳ : 700ᵐ,00.
Largʳ : 10ᵐ,00. — Arrêté préfectoral du 22 novembre 1855. *Alignements.*
Décret du 23 mai 1863. *Classement* (confirmation).
Arrêté préfectoral du 7 décembre 1866. *Nivellement* à partir de
la rue Dombasle, dans une longueur de 383 mètres.
Arrêté préfectoral du 20 mai 1874. *Nivellement* du surplus.
Arrêté préfectoral du 1er février 1877. *Dénomination actuelle.*
Obs. — Précédemment chemin du Moulin.
Orig. — Dantzig, ville de Prusse, prise par l'armée française commandée par le maréchal Lefèvre, en 1807; voisinage
du boulevard Lefèvre.

DANUBE (Place du). ** . . . . . **XIX**ᵉ ARRONDISSEMENT . . . . 75ᵉ QUARTIER.

9 6 4   **Située** à la rencontre des rues du Général Brunet et David d'Angers.
Long' : 70ᵐ,00.

> Obs. — Rue ouverte en vertu du traité passé le 20 mai 1875 entre la Compagnie des Marchés aux chevaux et à fourrages et la Ville de Paris.

Larg' : 44ᵐ,00. — DÉCRET DU 21 JUILLET 1879. *Classement, Alignement et Nivellement.*
ARRÊTÉ PRÉFECTORAL DU 1ᵉʳ FÉVRIER 1877. *Dénomination.*

> ORIG. — Grand fleuve qui, après avoir traversé l'Allemagne et la Roumanie, se jette dans la mer Noire.

DANVILLE (Rue) ** . . . . . . **XIV**ᵉ ARRONDISSEMENT . . . . 55ᵉ QUARTIER.
Anciennement commune de Montrouge.

9 6 5   **Commence** rue Daguerre, 39. — **Finit** rue Liancourt, 18.   (I 9. — P. 20.
Long' : 80ᵐ,00.
Larg' : 10ᵐ,00. — DÉCRET DU 16 JANVIER 1877. *Alignements, Nivellement.*
DÉCRET DU 23 MAI 1863. *Classement* (confirmation).
ARRÊTÉ PRÉFECTORAL DU 18 NOVEMBRE 1862. *Nivellement.*
DÉCRET DU 24 AOUT 1864. *Dénomination actuelle.*

> Obs. — Précédemment rue Saint-Pierre.
> ORIG. — Jean-Baptiste Bourguignon Danville, géographe (1697-1782) ; voisinage de l'Observatoire.

DANY (Impasse) . . . . **VIII**ᵉ ARRONDISSEMENT . . . . 32ᵉ QUARTIER.

9 6 6   **Située** rue du Rocher, 40.   (I. 5ᵗᵉʳ. — P. 6.
Long' : 113ᵐ,00.
Larg' : 4ᵐ,00 environ.   (*Voie privée.*)

> ORIG. — Ouverte en 1824 sur les terrains de M. Dany.

DARBOY (Rue). . . . . **XI**ᵉ ARRONDISSEMENT . . . . 41ᵉ QUARTIER.

9 6 7   **Commence** rue du Chevet. — **Commencera** avenue Parmentier prolongée. — **Finit** rue
Saint-Maur, 163.   (I. 3.)
Long' : 103ᵐ,00 actuelle.
Long' : 141ᵐ,00 future.
Larg' : 10ᵐ,00. — DÉCRET DU 22 FÉVRIER 1865 (U. P.) *Ouverture et Alignements.*
DÉCRET DU 10 FÉVRIER 1875. *Dénomination.*
ARRÊTÉ PRÉFECTORAL DU 6 MAI 1866. *Nivellement.*

> ORIG. — Georges Darboy, archevêque de Paris, une des victimes de la Commune (1813-1871); voisinage de l'église Saint-Joseph.

DARCET (Rue). . . . . **XVII**ᵉ ARRONDISSEMENT. . . . . 67ᵉ QUARTIER.
Anciennement commune des Batignolles.

9 6 8   **Commence** boulevard des Batignolles, 18. — **Finit** rue des Dames, 23.   (I. 17. — P. 28.)
Long': 136ᵐ,00.
Larg' : 10ᵐ,00. — DÉLIBÉRATIONS DU CONSEIL MUNICIPAL DES BATIGNOLLES DES 10 NOVEMBRE
1841 ET 5 MAI 1854.
DÉCRET DU 23 MAI 1863. *Classement* (confirmation).
ARRÊTÉ PRÉFECTORAL DU 10 NOVEMBRE 1873. *Dénomination* actuelle.
ARRÊTÉ PRÉFECTORAL DU 29 MARS 1881. Rectifiant l'orthographe du nom.

> Obs. — Précédemment rue du Boulevard.
> ORIG. — Jean Darcet (1727-1801) et Jean-Pierre-Joseph Darcet, son fils, (1777-1844) chimistes; quartier où ont été groupés des noms de savants.

DARCY (Rue) ** . . . . **XX**ᵉ ARRONDISSEMENT. . . . . 78ᵉ QUARTIER.

9 6 9   **Commence** rue du Surmelin, 49. — **Finit** rue Haxo, 38.   (I. 11.)
Long' : 185ᵐ,00.
Larg' : 10ᵐ,00. — DÉCRET DU 12 MARS 1877. *Classement, Alignements et Nivellement.*
DÉCRET DU 10 AOUT 1868. *Dénomination.*

> ORIG. — Patrice Darcy, ingénieur et physicien (1725-1779).

DAREAU (Passage) ** . . . . . . **XIV**ᵉ ARRONDISSEMENT . . . . 54ᵉ QUARTIER.
Anciennement commune de Montrouge.

9 7 0   **Commence** rue Dareau, 36. — **Finit** rue de la Tombe Issoire, 41.   (I. 9. — P. 10.)
Long' : 100ᵐ,00.
Larg' : 5ᵐ,00.   (*Voie privée.*)
ARRÊTÉ PRÉFECTORAL DU 1ᵉʳ FÉVRIER 1877. *Dénomination* actuelle.

> Obs. — Précédemment passage des Jardins.
> ORIG. — *Voir* rue Dareau.

DAREAU (Rue)^{os} . . . . **XIVe Arrondissement.** . . . . 54e et 55e Quartiers.
Anciennement communes de Gentilly et de Montrouge.
971   **Commence** boulevard Saint Jacques, 21. — **Finit** avenue d'Orléans, 51. (I. 107.— P. 120.)
    Long^r : 845^m,00.
    Larg^r : 10^m,00. — *Alignements* projetés (largeur actuelle, 9^m,70 moindre).
         Décret du 23 mai 1863. *Classement* (confirmation).
         Arrêté préfectoral du 16 juin 1863. *Nivellement.*
            Obs. — Précédemment rue des Catacombes.
Orig. — M. Dareau, ancien maire de Montrouge.

DARU (Rue) . . . . **VIIIe Arrondissement** . . . . 30e Quartier.
972   **Commence** rue du Faubourg Saint Honoré, 254. — **Finit** rue de Courcelles, 75.
    Long^r : 287^m,00.   (I. 33.— P. 16.)
    Larg^r : 10^m,00. — Décision ministérielle du 4 mai 1816. *Alignements* projetés.
    Id.   12^m,00. — Ord. royale du 31 août 1846. *Alignements.*
         Décret du 27 février 1867. *Dénomination* actuelle.
            Obs. — Précédemment rue de la Croix du Roule.
Orig. — Le comte Pierre-Antoine-Noël-Bruno Daru, homme d'État et historien (1767-1829).

DAUBENTON (Rue)^{os} . . . . . . **Ve Arrondissement** . . . . 18e Quartier.
973   **Commence** rue Geoffroy-Saint-Hilaire, 37. — **Finit** rue Mouffetard, 127. (I. 51.— P. 62.)
    Long^r : 477^m,00.
    Larg^r : 7^m,00. — Décision ministérielle du 8 nivôse an IX.
    Id.   12^m,00. — Ord. royale du 3 mars 1847. *Alignements* entre les rues Geoffroy-
                Saint-Hilaire et de la Clé, et les rues des Patriarches et Mouf-
                fetard.
  Moindre larg^r : 14^m,00. — Partie de voie comprise entre les rues de la Clé et des Patriarches,
                modifiée lors de l'ouverture de la rue Monge.
         Décret du 24 août 1864. *Dénomination* actuelle.
            Obs. — Précédemment rue d'Orléans Saint Marcel.
Orig. — Louis-Jean-Marie Daubenton, naturaliste (1716-1800) ; voisinage du Jardin des Plantes.

DAUBIGNY (Rue). . . . . . . **XVIIe Arrondissement** . . . . 66e Quartier.
Anciennement commune des Batignolles.
974   **Commence** rue Cardinet, 81. — **Finit** rue Jouffroy, 39.   (I. 11.— P. 10.)
    Long^r : 142^m,00.
    Larg^r : 12^m,00. — Décret du 30 juin 1881. *Classement, Alignement* et *Nivellement.*
Orig. — Charles-François Daubigny, peintre paysagiste (1817-1878).

DAUDIN (Passage) . . . . **XVe Arrondissement** . . . . 58e Quartier.
Anciennement commune de Vaugirard.
975   **Commence** boulevard de Grenelle, 49. — **Finit** rue Lecourbe, 38.   (P. 4.)
    Long^r : 250^m,00.
    Larg^r : 12^m,00 environ.   (*Voie privée.*)
Orig. — Nom du propriétaire.

DAUMESNIL (Avenue) . . . . . . **XIIe Arrondissement** . . . 45e, 46e, 47e et 48e Quartiers.
Anciennement commune de Bercy (partie).
976   **Commence** rue de Lyon, 32. — **Finit** boulevards Soult, Poniatowski et porte de Picpus.
    Long^r : 3030^m,00. — Y compris la place Daumesnil.   (I. 277.— P. 282.)
  Moindre larg^r : 30^m,00. — Décret du 16 avril 1859 (U. P.). *Ouverture* entre la rue de Lyon et
                la place Daumesnil.
    Id.   42^m,00. — Décret du 28 juillet 1862 (U. P.). *Ouverture* entre la place Daumes-
                nil et la porte de Picpus.
         Arrêté préfectoral du 23 octobre 1862. *Nivellement.*
         Décret du 24 août 1864. *Dénomination* actuelle.
Orig. — Le baron Pierre-Yrieix Daumesnil, général qui a défendu le château de Vincennes en 1814 et en 1815 (1777-1832) ; voisinage de ce château.

DAUMESNIL (Place) . . . . **XIIe Arrondissement.** . . . . 46e Quartier.
977   **Située** à la rencontre de l'av. Daumesnil, 197, du boul. de Reuilly, 51, et de la rue de Reuilly, 127.
    Long^r comprise dans celle de l'avenue Daumesnil.   (I. 19. — P. 12.)
    Larg^r : 89^m,78. — Décrets des 16 avril 1859 et 28 juillet 1862. *Ouverture* et *Alignements.*
         Décret du 14 février 1878. *Modification* du pan coupé circulaire
         situé à l'angle du boulevard de Reuilly et de l'avenue Daumesnil.
         Arrêté préfectoral du 30 décembre 1864. *Dénomination* actuelle.
            Obs. — Précédemment place de la Barrière de Reuilly.
Orig. — Voir avenue Daumesnil.

DAUMESNIL (Villa) . . . . . **XIIe Arrondissement** . . . . 46e Quartier.
978   **Commence** avenue Daumesnil, 216. — **Finit** rue de Fécamp, 53.
    Long^r : 120^m,00.
    Larg^r : 10^m,00 environ.   (*Voie privée.*)
Orig. — Voir avenue Daumesnil.

18

DAUMESNIL (Villa) ** . . . . . . **XX**e ARRONDISSEMENT . . . . 78e QUARTIER.

959   **Située** rue des Tourelles, 3.

Long^r : 15^m,00.

Larg^r : 6^m,30.   (*Voie privée.*)

ORIG. — Inconnue.

DAUNAY (Impasse). . . . . **XI**e ARRONDISSEMENT . . . . 43e QUARTIER.

980   **Située** rue de la Folie Regnault, 40.   (I. 9. — P. 10.)

Long^r : 90^m,00.

Larg^r : 7^m,00 environ.   (*Voie privée.*)

ORIG. — Voisinage de l'ancienne barrière d'Aunay.

DAUNAY (Passage). . . . . . . **XVIII**e ARRONDISSEMENT . . . . 69e QUARTIER.

Anciennement commune des Batignolles.

981   **Commence** avenue de Saint Ouen, 122. — **Finit** avenue de Saint Ouen, 126.   (P. 10.)

Long^r : 103^m,00.

Larg^r : 4^m,00.   (*Voie privée.*)

ORIG. — Nom du propriétaire.

DAUNOU (Rue) . . . . **II**e ARRONDISSEMENT . . . . 5e QUARTIER.

982   **Commence** rue Louis le Grand, 13, et av. de l'Opéra, 43. — **Finit** boul. des Capucines, 29.

Long^r : 212^m,00.   (I. 23. — P. 24.)

Larg^r : 10^m,00. — DÉCISION MINISTÉRIELLE DU 30 JUIN 1806.

Id. : 10^m,00. — ORD. ROYALE DU 26 DÉCEMBRE 1847. *Alignements.*

ARRÊTÉ PRÉFECTORAL DU 16 OCTOBRE 1876. *Nivellement.*

ARRÊTÉ PRÉFECTORAL DU 8 AVRIL 1881. *Dénomination actuelle.*

OBS. — Précédemment rue Neuve St Augustin.

ORIG. — Pierre-Claude-François Daunou, historien et législateur (1762-1840) ; voisinage des rues Volney et Cambon.

DAUPHINE (Passage) . . . . **VI**e ARRONDISSEMENT. . . . . 24e QUARTIER.

983   **Commence** rue Dauphine, 30. — **Finit** rue Mazarine, 27.   (I. 25. — P. 26.)

Long^r : 90^m,00.

Larg^r : 3^m,50.   (*Voie privée.*)

ORIG. — Voir rue Dauphine.

DAUPHINE (Place). . . . . **I**er ARRONDISSEMENT. . . . . 1er QUARTIER.

984   **Commence** rue de Harlay, 2. — **Finit** place du Pont Neuf, 13.   (I. 31. — P. 28.)

Long^r : 101^m,00.

DÉCISIONS MINISTÉRIELLES DU 14 FLORÉAL AN XI ET 31 AOÛT 1819. *Alignements.*

Moindre larg^r : 12^m,00. — DÉCRET DU 20 JUIN 1850. *Alignements* dans la partie ouverte en face de la rue de Harlay.

Larg^r : 66^m,00 environ. — DÉCRETS DES 2 MARS ET 26 JUILLET 1854 (U. P.). *Modification* du débouché sur la rue de Harlay.

Moindre larg^r : 7^m,60. — DÉBOUCHÉ sur la place du Pont Neuf.

ORIG. — Voir rue Dauphine.

DAUPHINE (Porte) . . . . **XVI**e ARRONDISSEMENT. . . . . 63e QUARTIER.

985   **Située** boulevard Lannes, au droit de l'avenue du Bois de Boulogne.

ORIG. — Doit son nom à l'ancienne avenue Dauphine, aujourd'hui avenue Bugeaud.

DAUPHINE (Rue) . . . . **VI**e ARRONDISSEMENT . . . . 21e QUARTIER.

986   **Commence** quais des Grands Augustins, 61, et de Conti, 1. — **Finit** rues Saint André des Arts, 72, et Mazarine, 51.   (I. 63. — P. 52.)

Long^r : 293^m,00.

Larg^r : 12^m,00. — DÉCISION MINISTÉRIELLE DU 29 NIVÔSE AN VIII.

Id.   14^m,00. — ORD. ROYALE DU 25 OCTOBRE 1829. *Alignements.*

ORIG. — Ouverte en 1607 et ainsi dénommée en l'honneur du Dauphin, fils d'Henri IV.

DAUTANCOURT (Rue). . . . . **XVII**e ARRONDISSEMENT . . . . 68e QUARTIER.

Anciennement commune des Batignolles.

987   **Commence** avenue de Clichy, 90. — **Finit** rue Davy, 5.   (I. 37. — P. 32.)

Long^r : 273^m,00.

Larg^r : 10^m,00. — DÉCRET DU 9 NOVEMBRE 1874. *Classement* et *Alignements* entre l'avenue de Clichy et le passage Moncey.

DAUTANCOURT (Rue). (Suite.)
    Larg^r : 10^m,00. — DÉCRET DU 10 AVRIL 1867 (U. P.). Prolongement entre le passage
        Moncey et la rue Davy.
        DÉCRET DU 10 AOUT 1868. Dénomination actuelle.
               OBS. — Précédemment rue Moncey.
ORIG. — Le général Dautancourt, défenseur du quartier en 1814

DAVAL (Rue). **XI**ᵉ ARRONDISSEMENT. . . . . 43ᵉ QUARTIER.
988   **Commence** boulevard Beaumarchais, 26. — **Finit** rues Saint-Sabin, 1, et de la Roquette, 13.
    Long^r : 264^m,00.   (I. 23. — P. 22.)
    Larg^r : 15^m,00. — ORD. ROYALE DU 9 FÉVRIER 1846. Ouverture entre le boulevard Beau-
             marchais et la rue Amelot, sur les terrains provenant des contre-
             allées du boulevard.
    Id.   9^m,74. — DÉCISION MINISTÉRIELLE DU 3 PLUVIÔSE AN IX ET ARRÊTÉ DU POUVOIR
             EXÉCUTIF DU 2 OCTOBRE 1848. Alignements entre la rue Amelot et
             les rues Saint-Sabin et de la Roquette.
ORIG. — Percée en 1780, porte le nom de M. Daval, échevin de 1777 à 1779.

DAVID D'ANGERS (Rue) ** . . . **XIX**ᵉ ARRONDISSEMENT. . . . . 75ᵉ QUARTIER.
989   **Commence** boulevard Sérurier, 119. — **Finit** rues d'Hautpoul et Manin.
    Long^r : 655^m,00.
    Larg^r : 20^m,00. — DÉLIBÉRATION DU CONSEIL MUNICIPAL approuvant l'exécution du traité
             passé le 20 mai 1875 entre la Ville de Paris et la Compagnie des
             Marchés aux chevaux et à fourrages, pour l'ouverture des voies
             traversant ledit marché.
    Id.   20^m,00. — DÉCRET DU 21 JUILLET 1879. Classement, Alignements et Nivellement.
             DÉCRET DU 10 NOVEMBRE 1877. Dénomination.
ORIG. — Pierre-Jean David (d'Angers), statuaire (1789-1856).

DAVOUT (Boulevard) * . . . . . . **XX**ᵉ ARRONDISSEMENT . . . . 80ᵉ QUARTIER.
            Anciennement communes de Saint Mandé et de Charonne.
990   **Commence** porte et rue de Bagnolet, 182. — **Finit** porte et cours de Vincennes, 63.   (P. 70.)
    Long^r : 1890^m,00.
             CONVENTION DU 5 JUILLET 1859. Remise conditionnelle, par le Génie
             militaire, à la Ville de Paris, de la rue Militaire.
    Larg^r : 40^m,00. — DÉCRET DU 9 SEPTEMBRE 1861 (U. P.). Élargissement.
             DÉCRET DU 23 MAI 1863. Classement (confirmation).
             ARRÊTÉ PRÉFECTORAL DU 18 SEPTEMBRE 1861. Nivellement.
             DÉCRET DU 2 MARS 1864. Dénomination actuelle.
                OBS. — Précédemment partie de la rue Militaire.
ORIG. — Louis-Nicolas Davout, duc d'Auerstædt, prince d'Eckmühl, maréchal de France (1770-1823).

DAVY (Passage) * . . . . **XVIII**ᵉ ARRONDISSEMENT . . . . 69ᵉ QUARTIER.
             Anciennement commune des Batignolles.
991   **Commence** avenue de Saint Ouen, 30. — **Finit** rue Ganneron, 53.   (I. 23. — P. 24.)
    Long^r : 165^m,00.
    Larg^r : 5^m,00 environ.   (Voie privée.)
           ARRÊTÉ PRÉFECTORAL DU 1ᵉʳ FÉVRIER 1877. Dénomination actuelle.
              OBS. — Précédemment passage Lacroix.
ORIG. — Voir rue Davy.

DAVY (Rue). . . . . **XVII**ᵉ ARRONDISSEMENT. . . . . 68ᵉ QUARTIER.
             Anciennement commune des Batignolles.
992   **Commence** avenue de Saint Ouen, 45. — **Finit** rue Balagny, 30.   (I. 19. — P. 64.)
    Long^r : 330^m,00.
    Larg^r : 10^m,00. — Alignements projetés. (Largeur actuelle.)
             DÉCRET DU 23 MAI 1863. Classement.
             DÉCRET DU 24 AOUT 1864. Dénomination actuelle.
               OBS. — Précédemment rue Sainte Élisabeth.
ORIG. — Sir Humphry Davy, chimiste anglais, a inventé, pour les mineurs, la lampe de sûreté qui porte son nom (1778-1829) ; quartier où ont été groupés des noms de savants.

DÉARE (Impasse). . . . . **XX**ᵉ ARRONDISSEMENT . . . . 80ᵉ QUARTIER.
            Anciennement commune de Charonne.
993   **Située** rue Philidor, 15.
    Long^r : 56^m,00.
    Larg^r : 2^m,20 environ.   (Voie privée.)
    OBS. — Nom du propriétaire.

DÉBARCADÈRE (Rue du). . . . **XVII**ᵉ ARRONDISSEMENT . . . . 65ᵉ QUARTIER.
            Anciennement commune de Neuilly.
994   **Commence** place Saint Ferdinand, 34. — **Finit** boulevard Pereire, 271.   (I. 19. — P. 24.)
    Long^r : 200^m,00.
    Larg^r : 12^m,00. — DÉLIBÉRATION DU CONSEIL MUNICIPAL DU 3 MAI 1858. Alignements projetés.
             DÉCRET DU 23 MAI 1863. Classement (confirmation).
ORIG. — Conduit à la gare de la Porte Maillot.

DEBELLEYME (Rue) . . . . IIIe Arrondissement . . . . 10e et 11e Quartiers.
995   **Commence** rue de Turenne, 85. — **Finit** rue de Turenne, 113.   (I. 11. — P. 38.)
        Long^r : 335^m,00.
        Larg^r :   8^m,00. — Décision ministérielle du 4 floréal an VIII.
        Id.   12^m,00. — Ord. royale du 6 mai 1383. *Alignements* entre la rue de Turenne et
                    la rue Vieille du Temple.
        Id.   8^m,00. — Décision ministérielle du 19 germinal an VIII.
        Id.   10^m,00. — Ord. royale du 31 mars 1835. *Alignements* entre la rue Vieille du
                    Temple et la rue de Turenne.
                    Décret du 2 octobre 1865. *Dénomination* actuelle.
                         Obs. — Précédemment rues Neuve Saint François, de l'Échaudé, de Limoges
                                 et de Périgueux.
      Orig. — Louis-Marie Debelleyme, magistrat et préfet de police (1787-1862), a longtemps habité ce quartier.

DEBILLE (Cour) . . . . XIe Arrondissement . . . . 43e Quartier.
996   **Située** rue de la Roquette, 118.   (I. 15. — P. 20.)
        Long^r : 166^m,00.
        Larg^r :   9^m,00 environ.   *(Voie privée.)*
      Orig. — Nom du propriétaire.

DEBILLE (Passage) **. . . . . . XIIIe Arrondissement . . . . 50e Quartier.
                     Anciennement commune d'Ivry.
997   **Commence** rue Nationale, 28. — **Finit** rue du Château des Rentiers, 164.
        Long^r : 112^m,00.
        Larg^r :   9^m,00.   *(Voie privée.)*
      Orig. — Nom de propriétaire.

DEBILLY (Quai). . . . . XVIe Arrondissement . . . . 62e et 64e Quartiers.
998   **Commence** pont et place de l'Alma, 1. — **Finit** rue Beethoven.   (P. 51 bis.)
        Long^r : 1,230^m,00.
        Long^r : 27^m,00. — Décret du 6 mars 1858. *Alignement* entre la place de l'Alma et la
                    Manutention militaire.
        Id.   27^m,00. — Ord. royale du 27 septembre 1826. *Alignement* entre la Manu-
                    tention militaire et la rue de Magdebourg.
        Id.   27^m,00. — Loi du 28 avril 1869. *Alignement* entre la rue Magdebourg et la
                    rue Beethoven.
                    Obs. Cette loi a approuvé la Convention intervenue entre la Ville de Paris et
                                l'État pour l'exécution de la place du Trocadéro.
      Orig. — Jean-Louis Debilly, et non de Billy, général de brigade, tué à la bataille d'Iéna (1763-1806); voisinage du pont d'Iéna.

DEBROUSSE (Rue). . . . . . . XVIe Arrondissement . . . · . . . . . 64e Quartier.
999   **Commence** quai Debilly, 6. — **Finit** avenue du Trocadéro, 5.   (I. 5. — P. 4.)
        Long^r : 84^m,00.
        Larg^r : 12^m,00 environ.   *(Voie privée.)*
      Orig. — Nom du propriétaire.

DECAMPS (Rue) **. . . . . . . XVIe Arrondissement . . . . 62e et 63e Quartiers.
                     Anciennement commune de Passy.
1000   **Commence** rond-point de Longchamp. — **Finit** rues de la Tour, 110, et de la Pompe, 66.
        Long^r : 560^m,00.   (I. 57. — P. 54.)
        Larg^r : 10^m,00. — Arrêté préfectoral du 16 février 1856. *Alignements.*
                    Décret du 23 mai 1863. *Classement* (confirmation).
                    Arrêté préfectoral du 14 septembre 1863. *Nivellement* entre la rue
                    de la Pompe et la rue du Trocadéro.
                    Arrêté préfectoral du 9 juin 1865. *Nivellement* du surplus.
                    Décret du 24 août 1864. *Dénomination* actuelle.
                         Obs. — Précédemment rue de la Croix.
      Orig. — Alexandre-Gabriel Decamps, peintre (1803-1860); quartier où ont été groupés des noms d'artistes.

DÉCHAMBRE (Passage) **. . . . XVe Arrondissement . . . . 58e Quartier.
1001   **Commence** rue des Fourneaux, 35. — **Finit** boulevard de Vaugirard, 32.
        Long^r : 170^m,00.
        Larg^r : 3^m,15.   *(Voie privée.)*
      Orig. — Nom de propriétaire.

DÉCHARGEURS (Rue des) . . . . Ier Arrondissement . . . . 2e Quartier.
1002   **Commence** rue de Rivoli. — **Finit** rue des Halles.
        Long^r : 78^m,00.

DÉCHARGEURS (Rue des). *(Suite.)*

Larg^r :   8^m,00. — Décision ministérielle du 12 fructidor an v
Id.   10^m,00. — Ord. royale du 9 décembre 1838. *Alignements.*
Larg^r :   22^m,00. — Décret du 10 mars 1852. *Elargissement* depuis les rues des Fourreurs
et de la Limace jusqu'à la rue Saint Honoré. *(Modifié).*
Moindre larg^r :   10^m,00. — Décret du 21 juin 1854. *Modifiant* les alignements et maintenant la
largeur indiquée à l'Ordonnance royale du 9 décembre 1838.
Obs. — L'alignement a été modifié au droit des numéros 9 et 11.
Arrêté préfectoral du 26 février 1866. *Nivellement* entre les numéros
3 et 4 et la rue des Halles.
Orig. — Ancien nom motivé par le voisinage des Halles.

DECRÈS (Impasse)* . . . . **XIVe** Arrondissement . . . . 56e Quartier.
Anciennement commune de Vanves.
1003   **Située** rue d'Alesia, 213.   (I. 23. — P. 18.)
Long^r : 108^m,00.
Larg^r :   3^m,50.   *(Voie privée.)*
Arrêté préfectoral du 1er février 1877. *Dénomination* actuelle.
Obs. — Précédemment impasse Sainte-Eugénie.
Orig. — *Voir* rue Decrès.

DECRÈS (Rue)* . . . . **XIVe** Arrondissement . . . . 56e Quartier.
Anciennement commune de Vaugirard.
1004   **Commence** rue de Gergovie, 36. — **Finit** rue d'Alesia, 176.   (I. 33. — P. 42.)
Long^r : 205^m,00.
Larg^r :   10^m,00. — *Alignements* projetés. (Largeur actuelle : 9^m,40 moindre.)
Décret du 23 mai 1863. *Classement.*
Arrêté préfectoral du 13 juin 1866. *Nivellement.*
Décret du 24 août 1864. *Dénomination* actuelle.
Obs. — Précédemment rue Neuve de la Procession.
Orig. — Le duc Denis Decrès, vice-amiral, ministre de la marine (1761-1820).

DÉFENSE (Impasse de la)* . . . **XVIIIe** Arrondissement . . . . 69e Quartier.
Anciennement commune des Batignolles.
1005   **Située** avenue de Clichy, 22.   (I. 15. — P. 12.)
Long^r : 75^m,00.
Larg^r :   4^m,00 environ.   *(Voie privée.)*
Arrêté préfectoral du 1er février 1877. *Dénomination* actuelle.
Obs. — Précédemment impasse d'Antin, puis impasse Capron.
Orig. — En l'honneur de la défense de la barrière de Clichy (1814).

DEGRÉS (Rue des). . . . . **IIe** Arrondissement . . . . 8e Quartier.
1006   **Commence** rue de Cléry, 89. — **Finit** rue Beauregard, 52.
Long^r : 5^m,75.
Larg^r : 3^m,30.
Orig. — Communication en escalier de la rue Beauregard à la rue de Cléry.

DEGUERRY (Rue) . . . . **XIe** Arrondissement . . . . 41e Quartier.
1007   **Commence** rue du Chevet. — **Commencera** avenue Parmentier. — **Finit** rue Saint
Maur, 161.   (P. 16.)
Long^r : 103^m,00 actuelle.
Id.   : 145^m,00 future.
Larg^r :   10^m,00. — Décret du 22 février 1865. *Ouverture* et *Alignements.*
Arrêté préfectoral du 26 mai 1866. *Nivellement.*
Décret du 10 février 1875. *Dénomination.*
Orig. — Gaspard Deguerry, curé de la Madeleine, une des victimes de la Commune (1797-1871) ; voisinage de l'église
Saint-Joseph.

DEJEAN (Rue)* . . . . **XVIIIe** Arrondissement . . . . 70e Quartier.
Anciennement commune de Montmartre.
1008   **Commence** rue des Poissonniers, 23. — **Finit** rue Poulet, 26.   (I. 9. — P. 8.)
Long^r : 70^m,00.
Larg^r : 12^m,00. — Décret du 7 avril 1877. *Classement, Alignements* et *Nivellement.*
Arrêté préfectoral du 10 novembre 1873. *Dénomination* actuelle.
Obs. — Précédemment rue Neuve Dejean.
Orig. — Nom du propriétaire.

DELAITRE (Rue)* . . . . **XXe** Arrondissement . . . . 79e Quartier.
Anciennement commune de Belleville.
1009   **Commence** rue des Panoyaux, 47 — **Finit** rue de Ménilmontant, 42.   (I. 11. — P. 22.)
Long^r : 120^m,00.
Larg^r :   7^m,00. — Ord. Royale du 30 août 1837. *Alignements.*
Décret du 23 mai 1863. *Classement* (confirmation).
Orig. — Nom du propriétaire.

DELAMBRE (Rue)** . . . . . . **XIV**ᵉ ARRONDISSEMENT . . . . 53ᵉ QUARTIER.

1010   **Commence** boulevards d'Enfer, 202, et du Montparnasse, 110. — **Finit** boulevard Edgar
Quinet, 34, et rue du Montparnasse, 69.   (l. 43. — P. 38.)
    Long^r : 301^m,00.
    Larg^r : 13^m,00. — ORD. ROYALE DU 2 NOVEMBRE 1845. *Ouverture* et *Alignements.*
             ARRÊTÉ PRÉFECTORAL DU 14 SEPTEMBRE 1849. *Nivellement.*
             ORD. ROYALE DU 5 AOUT 1844. *Dénomination* actuelle.
                OBS. — Précédemment rue de Montyon.
  ORIG. — Jean-Baptiste-Joseph Delambre, astronome, (1749-1822) ; voisinage de l'Observatoire.

DELANOS (Passage)** . . . . . . **X**ᵉ ARRONDISSEMENT . . . . 37ᵉ QUARTIER.

1011   **Commence** rue d'Alsace, 23. — **Finit** rue du Faubourg Saint Denis, 148.   (l. 9. — P. 10.)
    Long^r : 115^m,00.
    Moindre larg^r :   3^m,40.   (*Voie privée.*)
  ORIG. — Nom de propriétaire.

DELAROCHE (Rue)** . . . . . . **XVI**ᵉ ARRONDISSEMENT . . . . 62ᵉ QUARTIER.
                Anciennement commune de Passy.
1012   **Commence** rue Vital, 40. — **Finit** place Possoz, 1.   (l. 5. — P. 10.)
    Long^r : 42^m,00.
    Larg^r . 10^m,00. — *Alignements* projetés (largeur actuelle).
             DÉCRET DU 23 MAI 1863. *Classement.*
             ARRÊTÉ PRÉFECTORAL DU 16 FÉVRIER 1869. *Nivellement.*
             DÉCRET DU 24 AOUT 1864. *Dénomination* actuelle.
                OBS. — Précédemment rue Saint Georges.
  ORIG. — Hippolyte, dit Paul Delaroche, peintre (1797-1856) ; quartier où ont été groupés des noms d'artistes.

DELARUELLE (Passage) . . . . **XVIII**ᵉ ARRONDISSEMENT . . . . 69ᵉ QUARTIER.
                Anciennement commune des Batignolles.
1013   **Commence** rue Lagille, 15. — **Finit** impasse Sainte Monique, 6.   (P. 18.)
    Long^r : 72^m,00.
    Larg^r : 4^m,00 environ.   (*Voie privée.*)
  ORIG. — Nom de propriétaire.

DELAUNAY (Impasse) . . . . . . **XI**ᵉ ARRONDISSEMENT . . . . 43ᵉ QUARTIER.
1014   **Située** rue de Charonne, 123.   (l. 9. — P. 10.)
    Long^r : 69^m,00.
    Larg^r : 7^m,00. — DÉCISION MINISTÉRIELLE DU 8 MAI 1811.
    Id.   8^m,00. — ORD. ROYALE DU 6 MAI 1827. *Alignements.*
               OBS. — Précédemment impasse de la Croix-Faubin.
  ORIG. — Nom du propriétaire d'une maison.

DELECOURT (Avenue) . . . . . . **XV**ᵉ ARRONDISSEMENT . . . . 59ᵉ QUARTIER.
                Anciennement commune de Grenelle.
1015   **Située** rue Violet, 65.   (l. 5. — P. 6.)
    Long^r : 50^m,00.
    Larg^r : 8^m,00 environ.   (*Voie privée.*)
  ORIG. — Nom du propriétaire.

DELÉPINE (Impasse) . . . . **XI**ᵉ ARRONDISSEMENT . . . . 44ᵉ QUARTIER.
1016   **Située** rue des Boulets, 46, et boulevard Voltaire, 197.   (l. 5. — P. 10.)
    Long^r : 130^m,00.
    Larg^r : 4^m,00 environ.   (*Voie privée.*)
  ORIG. — Nom du propriétaire.

DELESSERT (Boulevard)** . . . . **XVI**ᵉ ARRONDISSEMENT . . . . 62ᵉ QUARTIER.
                Anciennement commune de Passy.
1017   **Commence** rue Le Nôtre. — **Finit** rues Raynouard et de la Tour.   (l. 23. — P. 12.)
    Long^r : 250^m,00.
    Larg^r : 30^m,00. — DÉCRET DU 17 MAI 1876 (U.P.). *Ouverture* et *Alignements.*
             ARRÊTÉ PRÉFECTORAL DU 18 SEPTEMBRE 1876. *Nivellement.*
               OBS. — Précédemment rue Benjamin Delessert et partie de la rue Beethoven.
  ORIG. — Benjamin Delessert, financier, propriétaire dans cette région de Passy (1773-1847).

DELESSERT (Passage)** . . . . . **X**e ARRONDISSEMENT . . . . 40e QUARTIER.
1018   **Commence** quai de Valmy, 165. — **Finit** passage Feuillet, 8.   (I. 5. — P. 2.)
          Long^r : 100^m,00.
          Larg^r : 11^m,80 environ.   *(Voie privée.)*
   ORIG. — Nom du propriétaire.

DELIGNY (Impasse) . . . . **XVII**e ARRONDISSEMENT . . . . 68e QUARTIER.
                              Anciennement commune des Batignolles.
1019   **Située** passage des Epinettes, 2 *bis*.   (I. 7. — P. 8.)
          Long^r : 62^m,00.
          Larg^r : 4^m,00 environ.   *(Voie privée.)*
   ORIG. — Nom du propriétaire.

DELORME (Passage) . . . . **I**er ARRONDISSEMENT . . . . 3e QUARTIER.
1020   **Commence** rue de Rivoli, 188. — **Finit** rue Saint Honoré, 177.   (I. 33. — P. 34.)
          Long^r : 70^m,00.
          Larg^r : 4^m,00 environ.   *(Voie privée.)*
   ORIG. — Construit en 1808 par M. Delorme.

DELOUVAIN (Rue)** . . . . . . **XIX**e ARRONDISSEMENT . . . . 75e QUARTIER.
                              Anciennement commune de Belleville.
1021   **Commence** rue de La Villette, 7. — **Finit** rue Lassus, 16.   (I. 9. — P. 10.)
          Long^r : 110^m,00.
          Larg^r : 6^m,00. — ORD. ROYALE DU 6 AVRIL 1840. *Ouverture.*
                    DÉCRET DU 23 MAI 1863. *Classement* (confirmation).
   ORIG. — Nom du propriétaire de l'ancienne mairie de la commune de Belleville.

DELTA (Rue du)** . . . . **IX**e ARRONDISSEMENT. . . . . 36e QUARTIER.
1022   **Commence** rue du Faubourg Poissonnière, 183. — **Finit** rue de Rochechouart, 84.
          Long^r : 200^m,00.   (I. 24. — P. 26.)
          Larg^r : 12^m,00. — ORD. ROYALE DU 2 FÉVRIER 1825. *Ouverture et Alignements.*
                    DÉCISION MINISTÉRIELLE DU 16 AOUT 1825. *Dénomination* actuelle.
   ORIG. — Percée sur l'emplacement du jardin du Delta.

DEMOURS (Rue) . . . . **XVII**e ARRONDISSEMENT . . . . 65e et 66e QUARTIERS.
                              Anciennement communes de Neuilly et des Batignolles.
1023   **Commence** avenue des Ternes, 64. — **Finit** avenue de Villiers, 93.   (I. 89. — P. 112.)
          Long^r : 895^m,00.
          Larg^r : 12^m,00. — ARRÊTÉ PRÉFECTORAL DU 18 AOUT 1827. *Alignements* entre l'avenue
                    des Ternes et la rue de Courcelles.
                    DÉCRET DU 23 MAI 1863. *Classement* confirmé de cette partie.
                    DÉCRET DU 27 AOUT 1839 (U. P.). *Élargissement.*
                    DÉCRET DU 30 NOVEMBRE 1862 (U. P.). *Prolongement* entre la rue de
                    Courcelles et l'avenue de Villiers.
                    ARRÊTÉS PRÉFECTORAUX DES 12 MAI 1864 ET 16 FÉVRIER 1865. *Nivellement.*
                    ARRÊTÉ PRÉFECTORAL DU 2 AVRIL 1868. *Dénomination* actuelle.
                    OBS. — Précédemment rue des Ternes, entre l'avenue des Ternes et la rue
                            Laugier; rue Demours pour le surplus.
   ORIG. — Antoine-Pierre Demours, médecin-oculiste (1762-1836), propriétaire d'une partie des terrains sur lesquels la rue
           est établie.

DENAIN (Avenue de)** . . . . **X**e ARRONDISSEMENT. . . . . 37e QUARTIER.
1024   **Commence** boul. de Magenta, 114, et rue La Fayette, 129. — **Finit** rue de Dunkerque. 23.
          Long^r : 110^m,00.   (I. 9. — P. 12.)
          Larg^r : 30^m,00. — DÉCRET DU 27 AOUT 1839 (U. P.). *Ouverture et Alignements.*
                    ARRÊTÉ PRÉFECTORAL DU 26 MARS 1860. *Nivellement.*
   ORIG. — Denain, ville du département du Nord, célèbre par la victoire remportée par Villars en 1712; voisinage du
           chemin de fer du Nord.

DENFERT-ROCHEREAU (Rue)** . **V**e ARRONDISSEMENT . . . . 19e QUARTIER.
                              XIVe ARRONDISSEMENT . . . . 53e QUARTIER.
1025   **Commence** boulevard Saint Michel, 107. — **Finit** Place Denfert-Rochereau. (I. 97. — P. 110.)
          Long^r : 1.437^m,00.
          Larg^r : 12^m,00. — DÉCISION MINISTÉRIELLE DU 3 GERMINAL AN X.
  Moindre larg^r : 12^m,00. — ORD. ROYALE DU 18 MARS 1846. *Alignements* entre le boulevard Saint
                    Michel et le numéro 86 (ancien 82).
     Id.   Id.   31^m,64. — ORD. ROYALE DU 18 MARS 1846. *Alignements* entre le numéro 86 et la
                    place Denfert-Rochereau.

DENFERT-ROCHEREAU (Rue). *(Suite.)*

Larg : 31m,64. — Projet d'*élargissement* entre l'avenue de l'Observatoire et le numéro 86, soumis à l'enquête et suivi d'un commencement d'exécution.

Décret du 30 juillet 1878. *Dénomination* actuelle.

Obs. — Précédemment rue d'Enfer.

Orig. — Nom ainsi modifié en l'honneur de Pierre-Marie-Philippe-Aristide Denfert-Rochereau, colonel du génie, défenseur de Belfort (1823-1878).

DENFERT-ROCHEREAU (Place)**. **XIVe** Arrondissement . . . . 53e et 53e Quartiers.

1026 **Située** à la rencontre de la rue Denfert-Rochereau, 110; des boul. d'Enfer, 301 ; Arago, 88, et Saint-Jacques; des av. de Montsouris, 2; d'Orléans, 2, et de la r. du Champ d'Asile, 1.

Longr : 220m,00. *(Place plantée.)* (l. 21. — P. 26.)

Largr : 145m,00. — Arrêté préfectoral du 3 août 1866. *Alignements.*

Décret du 23 mai 1863. *Classement* (confirmation).

Arrêté préfectoral du 16 août 1879. *Dénomination* actuelle.

Obs. — Précédemment place d'Enfer.

Orig. — *Voir* rue Denfert-Rochereau.

DENNERY (Rue) **. . . . . . . **XVIe** Arrondissement. . . . . 63e Quartier.

1027 **Commence** avenue Bugeaud, 40. — **Finit** avenue du Bois de Boulogne, 65.

Longr : 120m,00.

Largr : 12m,00. *(Voie privée.)*

Orig. — Adolphe-Philippe dit Dennery, auteur dramatique.

DÉNOYEZ (Rue)**. . . . . **XXe** Arrondissement . . . . 77e Quartier.

Anciennement commune de Belleville.

1028 **Commence** rue de Belleville, 8. — **Finit** rue Ramponeau, 1 bis. (l. 13. — P. 12.)

Longr : 156m,00.

Largr : 7m,00. — Ord. royale du 28 février 1837. *Alignements.*

Décret du 23 mai 1863. *Classement* (confirmation).

Arrêté préfectoral du 19 mars 1869. *Nivellement.*

Orig. — La Folie Dénoyez, bal public de Belleville.

DEPARCIEUX (Rue) **. . . . . **XIVe** Arrondissement . . . . 53 et 56e Quartier.

Anciennement commune de Montrouge.

1029 **Commence** rue du Champ d'Asile, 51. — **Finit** en impasse au delà de la rue Daguerre.

Longr : 175m,00. (l. 33. — P. 34.)

Décret du 23 mai 1863. *Classement* entre la rue du Champ d'Asile et la rue Daguerre.

Obs. — La partie formant impasse n'est pas classée.

Largr : 10m,00. — Décret du 24 août 1876. *Alignements* et *Nivellement* de la partie classée.

Décret du 24 août 1864. *Dénomination* actuelle.

Obs. — Précédemment rue Neuve du Champ d'Asile.

Orig. — Antoine Deparcieux, mathématicien (1703-1768); voisinage de l'Observatoire.

DÉPART (Rue du)**. . . . . . . **XIVe** Arrondissement . . . . 53e Quartier.

XVe Arrondissement. . . . . 58e Quartier.

1030 **Commence** boulevard du Montparnasse, 68. — **Finit** boulevard Edgar Quinet, 76. (l. 25.)

Longr : 180m,00.

Arrêté préfectoral du 14 août 1832, mettant l'entretien de cette voie à la charge de la Ville.

Largr : 12m,00. — Décision ministérielle du 28 mai 1863. *Alignements.*

Obs. — Cette voie a été ouverte en 1849, sur une largeur de 10 mètres, lors de la construction de l'embarcadère du chemin de fer de l'Ouest.

Arrêté préfectoral du 7 juin 1872. *Nivellement.*

Arrêté préfectoral du 19 août 1864. *Dénomination* actuelle.

Orig. — Longe la gare de l'Ouest, rive gauche, côté du départ.

DÉPARTEMENT (Rue du)*. . . . **XVIIIe** Arrondissement . . . . 72e Quartier.

XIXe Arrondissement. . . . . 73e Quartier.

Anciennement communes de La Villette et de La Chapelle.

1031 **Commence** rue de Tanger, 9. — **Finit** rue de La Chapelle, 30. (l. 65. P. 26.)

DÉPARTEMENT (Rue du) *. *(Suite.)*
    Long^r : 393^m,00.
    Larg^r : 12^m,00. — Arrêté préfectoral du 20 mai 1853. *Ouverture* et *Alignements* entre
        la rue de Tanger et la rue d'Aubervilliers.
    Id.   11^m,00. — Ord. royale du 11 septembre 1842. *Alignements* entre la rue d'Au-
        bervilliers et la rue de La Chapelle.
        Décret du 23 mai 1863. *Classement* (confirmation).
        Arrêté préfectoral du 25 avril 1866. *Nivellement* sur le XVIIIe ar-
        rondissement.
        Arrêté préfectoral du 29 avril 1861. *Nivellement* sur le XIXe ar-
        rondissement.
    Orig. — Inconnue.

DÉPOTOIR (Impasse du) . . . . . . **XIXe** Arrondissement . . . . 74e Quartier.
1032 **Commence** rue d'Allemagne, 185. — **Finit** au dépotoir de La Villette. (l. 3. — P. 2.)
    Long^r : 158^m,00.
    Larg^r : 12^m,00. — Décret du 18 juin 1830. *Alignements.*
        Arrêté préfectoral du 13 février 1869. *Nivellement.*
        Décret du 23 mai 1863. *Classement* (confirmation).
    Orig. — Voisinage du dépotoir général des vidanges de Paris.

DESAIX (Rue) . . . . **XVe** Arrondissement . . . . 59e Quartier.
1033 **Commence** avenue de Suffren, 36. — **Finit** boulevard de Grenelle. (l. 29 — P. 36.)
    Long^r : 402^m,00.
    Larg^r : 12^m,00. — Décision ministérielle du 7 fructidor an X.
    Id.   12^m,00. — Ord. royale du 7 septembre 1845. *Alignements.*
        Arrêté préfectoral du 13 février 1866. *Nivellement.*
    Orig. — Louis-Charles-Antoine Desaix de Veygoux, général de division (1768-1800); voisinage de l'École Militaire.

DÉSAUGIERS (Rue) . . . . . . **XVIe** Arrondissement . . . . 61e Quartier.
                 Anciennement commune d'Auteuil.
1034 **Commence** rue d'Auteuil, 11. — **Finit** rue du Buis, 8. (l. 5. — P. 6.)
    Long^r : 31^m,00.
    Larg^r : 6^m,00. — Arrêté préfectoral du 27 septembre 1857. *Alignements.*
        Décret du 23 mai 1863. *Classement* (confirmation).
        Décret du 24 août 1864. *Dénomination* actuelle.
        Obs. — Précédemment rue des Bons Enfants.
    Orig. — Marc-Antoine-Madeleine Augier, dit Désaugiers, chansonnier (1773-1827).

DESBORDES-VALMORE (Rue) ** **XVIe** Arrondissement . . . . 62e Quartier.
                 Anciennement commune de Passy.
1035 **Commence** rue de la Tour, 75. — **Finit** rue Sainte Claire, 8. (l. 35. — P. 40.)
    Long^r : 290^m,00. — Décret du 23 mai 1863. *Classement.*
    Larg^r : 10^m,00. — Décret du 15 mai 1879. *Alignements.*
        Arrêté préfectoral du 18 juillet 1870. *Nivellement.*
        Décret du 24 août 1864. *Dénomination* actuelle.
        Obs. — Précédemment rue Notre-Dame.
    Orig. — Marceline-Félicité-Josèphe Desbordes, dame Valmore, poète (1786-1859).

DESCARTES (Rue) *. . . . . **V^e** Arrondissement . . . . 17e et 20e Quartiers.
1036 **Commence** rue de la Montagne Sainte Geneviève, 41. — **Finit** rue Thouin, 10. (l. 19. — P. 52.)
    Long^r : 260^m,00.
    Moindre larg^r : 10^m,00. — Décision ministérielle du 8 brumaire an X.
    Id   Id.   12^m,00. — Ord. royale du 2 décembre 1829. *Alignements.*
        Décret du 17 mars 1855 (U. P.). *Élargissement* au droit des numéros
        36 et 38.
    Larg^r : 12^m,00. — *Modification* projetée des *Alignements* entre la rue de la Montagne
        Sainte Geneviève et la rue Clovis.
        Décret du 7 février 1809. *Dénomination* actuelle.
        Obs. — Précédemment rue Bordet.
    Orig. — René Descartes, philosophe (1793-1650).

DESCHAMPS (Passage) **. . . . . XXe ARRONDISSEMENT . . . . 77e QUARTIER.**
Anciennement commune de Belleville.

1037 **Commence** boulevard de Belleville, 42. — **Finit** rue du Pressoir, 17.   (I. 23. — P. 18.)
Long^r : 120^m,00.
Larg^r : 3^m,50.   (*Voie privée.*)
ORIG. — Nom d'un propriétaire.

DESCOMBES (Rue) . . . . **XVIIe ARRONDISSEMENT . . . . 63e QUARTIER.**
Anciennement commune de Neuilly.

1038 **Commence** rue Guillaume Tell, 11. — **Finit** avenue de Villiers, 145.   (I. 29. — P. 20.)
Long^r : 197^m,00.
Larg^r : 12^m,00. — ARRÊTÉ PRÉFECTORAL DU 24 SEPTEMBRE 1857. *Alignements.*
DÉCRET DU 23 MAI 1863. *Classement* (confirmation).
ARRÊTÉ PRÉFECTORAL DU 16 FÉVRIER 1865. *Nivellement.*
ORIG. — Nom de propriétaire.

DE SÈZE (Rue) . . . . **VIIIe ARRONDISSEMENT . . . . 31e QUARTIER.**
                                     IXe ARRONDISSEMENT . . . . 34e QUARTIER.

1039 **Commence** rue Basse du Rempart, 60. — **Finit** place de la Madeleine.   (I. 13. — P. 30.)
Long^r : 142^m,00.
Larg^r : 10^m,00. — ORD. ROYALE DU 2 JUIN 1824. *Ouverture et Alignements.*
ORD. ROYALE DU 6 SEPTEMBRE 1826 (U. P.). *Ouverture.*
ORIG. — Le comte Romain de Sèze, l'un des défenseurs de Louis XVI, premier président de la cour de cassation (1748-1828) ; voisinage de la chapelle expiatoire.

DESGENETTES (Rue) . . . . . **VIIe ARRONDISSEMENT . . . . 28e QUARTIER.**

1040 **Commence** quai d'Orsay, 39. — **Finit** rue de l'Université, 146.   (I. 13. — P. 16.)
Long^r : 121^m,00.
Larg^r : 7^m,00. — DÉCISION MINISTÉRIELLE DU 29 NIVÔSE AN VIII.
Id. 10^m,00. — ARRÊTÉ DU POUVOIR EXÉCUTIF DU 26 MARS 1848. *Alignements.*
ARRÊTÉ PRÉFECTORAL DU 10 NOVEMBRE 1873. *Dénomination actuelle.*
OBS. — Précédemment rue Nicolet.
ORIG. — Nicolas-René Dufriche, baron Desgenettes, médecin en chef de l'armée d'Égypte (1762-1837) ; voisinage de l'hôpital militaire du Gros Caillou.

DESGRAIS (Cité) . . . . **XIXe ARRONDISSEMENT . . . . 73e QUARTIER.**
Anciennement commune de La Villette.

1041 **Commence** rue Curial, 34. — **Finit** rue Mathis, 34.   (I. 7. — P. 8.)
Long^r : 148^m,00.
Larg^r : 6^m,00 environ.   (*Voie privée.*)
ORIG. — Ouverte par la famille Desgrais sur ses immeubles.

DÉSIR (Passage du) . . . . **Xe ARRONDISSEMENT . . . . 38e ET 39e QUARTIERS.**

1042 **Commence** rue du Faubourg Saint Martin, 89. — **Finit** rue du Faubourg Saint Denis, 86.
Long^r : 175^m,00.   (I. 31. — P. 30.)
Moyenne larg^r : 5^m,00.   (*Voie privée.*)   (I. 7. — P. 40.)
ORIG. — Nom donné par les habitants du quartier, en 1759.

DÉSIRÉE (Rue) **. . . . . XXe ARRONDISSEMENT . . . . 79e QUARTIER.**
Anciennement commune de Charonne.

1043 **Commence** rue des Partants, 22. — **Finit** rue des Poiriers, 5.   (I. 15. — P. 25.)
Long^r : 100^m,00.
Larg^r : 8^m,00 environ..   (*Voie privée.*)
ORIG. — Nom de propriétaire.

DESNOUETTES (Rue) . . . . . . **XVe ARRONDISSEMENT . . . . 57e QUARTIER.**
Anciennement communes d'Issy et de Vaugirard.

1044 **Commence** rue de Vaugirard, 352. — **Finit** boulevard Victor.   (I. 81. — P. 90.)
Long^r : 780^m,00.
DÉCRET DU 23 MAI 1863. *Classement.*
Larg^r : 10^m,00. — DÉCRET DU 9 JUILLET 1870. *Alignements.*
ARRÊTÉ PRÉFECTORAL DU 15 AVRIL 1876. *Nivellement.*
DÉCRET DU 24 AOUT 1864. *Dénomination actuelle.*
OBS. — Précédemment rue Notre-Dame.
ORIG. — Le comte Charles Lefèvre-Desnouettes, général de division (1773-1822) ; voisinage de la route Militaire.

DESPRÉAUX (Avenue) . . . . . **XVI**ᵉ Arrondissement . . . . 61ᵉ Quartier.
Anciennement commune d'Auteuil.

1015   **Commence** rue Boileau, 38. — **Finit** avenue Molière et impasse Voltaire.
Long' : 215ᵐ,00.
Larg' :   6ᵐ,35 environ. — (*Voie privée* comprise dans le hameau Boileau.)
Orig.   Fait partie du hameau Boileau, et a pris l'un des noms de ce poète.

DESPREZ (Rue) ☞ . . . . **XIV**ᵉ Arrondissement . . . . 56ᵉ Quartier.
Anciennement commune de Vaugirard.

1016   **Commence** rue Vercingétorix, 83. — **Finit** rue de l'Ouest, 100.   (l. 19. — P. 11.)
Long' : 110ᵐ,00.
Larg' : 10ᵐ,00. — Décret du 19 août 1881. *Alignements et Nivellement.*
Décret du 23 mai 1863. *Classement.*
Arrêté préfectoral du 10 mai 1868. *Nivellement.*
Orig. — Nom d'un propriétaire.

DESRENAUDES (Rue). . . . . **XVII**ᵉ Arrondissement . . . . 65ᵉ et 66ᵉ Quartiers.
Anciennement commune de Neuilly.

1017   **Commence** boulevard de Courcelles, 114. — **Finit** rue Poncelet, 42.   (l. 13. — P. 18.)
Long' : 186ᵐ,00.
Larg' : 10ᵐ,00. — Arrêté préfectoral du 8 novembre 1855. *Alignements.*
Décret du 23 mai 1863. *Classement* (confirmation).
Arrêté préfectoral du 16 février 1865. *Nivellement.*
Orig. — Nom de propriétaire.

DESSOUS DES BERGES (Rue du) **XIII**ᵉ Arrondissement . . . . 50ᵉ Quartier.
Anciennement commune d'Ivry.

1018   **Commence** boulevard Masséna. — **Finit** rue de Domrémy, 25.   (l. 121. — P. 96.)
Long' : 725ᵐ,00. — Arrêté préfectoral du 5 octobre 1857. *Classement.*
Décret du 23 mai 1863. *Classement* (confirmation).
Larg' : 12ᵐ,00. *Alignements* projetés.
Obs. — Cette voie est coupée par le chemin de fer de Ceinture.
Arrêté préfectoral du 30 janvier 1874. *Nivellement.*
Arrêté préfectoral du 1ᵉʳ février 1877. *Dénomination* actuelle.
Obs. — Précédemment sentier du Dessous des Berges.
Orig. — Lieu dit.

DEUX ANGES (Impasse des). . . . **VI**ᵉ Arrondissement . . . . 24ᵉ Quartier.
1019   **Située** rue Saint Benoît, 6.
Long' : 23ᵐ,00.
Larg' :   5ᵐ,50. — Partie restante de la rue du même nom, *supprimée par* Ord. royale
du 5 août 1839.
Orig. — Doit son nom à deux statues d'anges placées à ses extrémités.

DEUX BOULES (Rue des) . . . . . **I**ᵉʳ Arrondissement . . . . 1ᵉʳ Quartier.
1020   **Commence** rue des Lavandières, 19. — **Finit** rue Bertin Poirée, 20.   (l. 11. — P. 10.)
Long' : 80ᵐ,00.
Larg' :   7ᵐ,00. — Décision ministérielle du 12 fructidor an V.
Larg' : 10ᵐ,00. — Ord. royale du 9 décembre 1838. *Alignements.*
Arrêtés préfectoraux des 12 juillet et 3 juin 1855. *Nivellement.*
Orig. — Dénomination provenant d'une enseigne.

DEUX COUSINS (Impasse des). . **XVII**ᵉ Arrondissement . . . . 63ᵉ Quartier.
Anciennement commune de Neuilly.

1021   **Située** rue d'Héliopolis, 13.   (l. 7. — P. 10.)
Long' : 50ᵐ,00.
Larg' :   9ᵐ,75 environ.   (*Voie privée.*)
Orig. — Propriété de deux cousins.

DEUX ÉCUS (Rue des) . . . . . . **I**ᵉʳ Arrondissement . . . . 2ᵉ Quartier.
1022   **Com**. r. de Vauvilliers, 13, et de Vannes. — **Finit** r. Jean-Jacques Rousseau, 20, et Mercier, 15.
Long' : 180ᵐ,00.   (l. 15-35. — P. 12-18.)
Larg' :   9ᵐ,00. — Décision ministérielle du 9 germinal an XIII.
Larg' : 16ᵐ,50. — Décret du 10 mars 1852. *Alignements.*
Larg' : 20ᵐ,00. — Décrets des 4 avril et 9 juin 1860 (U. P.). *Suppression* pour le
prolongement de la rue Berger.
Obs. — Cette opération est commencée.
Décret du 2 mars 1864. *Dénomination* rue Berger.
Obs. — Le prolongement de la rue Berger n'étant pas encore exécuté, cette
voie est toujours désignée sous le nom de rue des Deux Écus.
Orig. — Dénomination provenant d'une enseigne.

DEUX FRÈRES (Impasse des) . . **XVIII**ᵉ ARRONDISSEMENT. . . . . 70ᵉ QUARTIER.
Anciennement commune de Montmartre.
1053   **Située** impasse du Mont Viso, 8.   (P. 6.)
       Long^r : 70^m,00.
       Larg^r :   3^m,75 environ.   *(Voie privée.)*
   ORIG. — Voir rue des Deux Frères.

DEUX FRÈRES (Rue des) ✸✸. . . **XVIII**ᵉ ARRONDISSEMENT. . . . . 69ᵉ QUARTIER.
Anciennement commune de Montmartre.
1054   **Commence** rue Girardon, 3. — **Finit** en impasse.
       Long^r : 77^m,00.
       Larg^r :   8^m,50 environ.   *(Voie privée.)*
   ORIG. — Propriété de deux frères.

DEUX GARES (Rue des) ✸✸. . . . . **X**ᵉ ARRONDISSEMENT. . . . . 37ᵉ QUARTIER.
1055   **Commence** rue d'Alsace, 31. — **Finit** rue du Faubourg Saint Denis, 152.   (I. 13. — P. 16.)
       Larg^r : 12^m,00. — DÉCRET DU 10 AVRIL 1869. *Ouverture, Classement et Alignements.*
                           ARRÊTÉ PRÉFECTORAL DU 22 DÉCEMBRE 1868. *Nivellement.*
   ORIG. — Conduit de la gare du Nord à la gare de l'Est.

DEUX LIONS (Impasse des) ✸✸ . . **XIV**ᵉ ARRONDISSEMENT . . . . 55ᵉ QUARTIER.
Anciennement commune de Montrouge.
1056   **Située** boulevard Jourdan, 22 bis.
       Long^r : 80^m,00.
       Larg^r :   6^m,03 environ.   *(Voie privée.)*
   ORIG. — Surnom donné aux deux plus notables habitants de l'impasse.

DEUX NÈTHES (Impasse des) ✸ . **XVIII**ᵉ ARRONDISSEMENT. . . . . 69ᵉ QUARTIER.
Anciennement commune des Batignolles.
1057   **Située** avenue de Clichy, 30.   (I. 5. — P. 18.)
       Long^r : 123^m,00.
   Moindre larg^r :   2^m,25.   *(Voie privée.)*
                           ARRÊTÉ PRÉFECTORAL DU 1ᵉʳ FÉVRIER 1877. *Dénomination actuelle.*
                               OBS. — Précédemment impasse Béranger.
   ORIG. — Voir passage des Deux Nèthes.

DEUX NÈTHES (Passage des) ✸✸. **XVIII**ᵉ ARRONDISSEMENT. . . . . 69ᵉ QUARTIER.
Anciennement commune des Batignolles.
1058   **Commence** rue Capron, 31. — **Finit** rue Ganneron, 16.   (I. 15. — P. 16.)
       Long^r : 120^m,00.
       Larg^r :   4^m,00 environ.   *(Voie privée.)*
                           ARRÊTÉ PRÉFECTORAL DU 1ᵉʳ FÉVRIER 1877. *Dénomination actuelle.*
                               OBS. — Précédemment passage Béranger.
   ORIG. — Doit son nom à un département français, de 1801 à 1815.

DEUX PONTS (Rue des) . . . . . . **IV**ᵉ ARRONDISSEMENT . . . . 16ᵉ QUARTIER.
1059   **Commence** quais d'Orléans, 2 et de Béthune, 38.— **Finit** quais de Bourbon, 1 et d'Anjou, 43.
       Long^r : 157^m,00.   (I. 39. — P. 40.)
       Larg^r : 12^m,00. — DÉCISIONS MINISTÉRIELLES DES 24 FRIMAIRE AN XIII, ET 9 MAI 1818.
       Larg^r : 15^m,00. — ORD. ROYALE DU 4 AOUT 1838. *Alignements.*
   ORIG. — Communication du pont Marie au pont de la Tournelle.

DEUX PORTES (Impasse des) ✸✸ . . **XX**ᵉ ARRONDISSEMENT . . . . 80ᵉ QUARTIER.
Anciennement commune de Charonne.
1060   **Située** rue Saint Blaise, 26.
       Long^r : 30^m,00.
   Moindre larg^r :   3^m,00.   *(Voie privée.)*
   ORIG. — Ancien cul-de-sac auquel deux portes servaient d'accès.

DEUX PORTES (Rue des). . . . . **IV**ᵉ ARRONDISSEMENT . . . . . . 13ᵉ ET 14ᵉ QUARTIERS
1061   **Commence** rue de Rivoli, 50. — **Finit** rue de la Verrerie, 19.   (I. 9. — P. 8.)
    Long' : 53ᵐ,00.
    Larg' : 6ᵐ,00. — DÉCISION MINISTÉRIELLE DU 28 BRUMAIRE VI.
    Id. 10ᵐ,00. — ORD. ROYALE DU 13 FÉVRIER 1843.
    Id. 13ᵐ,00. — DÉCRET DU 23 MAI 1850 (U. P.). *Modification* du tracé et des *Alignements.*
  ORIG. — Fermée autrefois à ses deux extrémités; quartier de Saint Jean en Grève.

DEUX SŒURS (Passage des). . . . **IX**ᵉ ARRONDISSEMENT . . . . 35ᵉ QUARTIER.
1062   **Commence** rue du Faubourg Montmartre, 42. — **Finit** rue Lamartine, 5 bis. (I. 7. — P. 18.)
    Long' : 238ᵐ,00.
    Larg' : 4ᵐ,00 environ.   *(Voie privée.)*
  ORIG. — Appartenait aux deux sœurs Deveau.

DEVILLERS (Allée) **. . . . . . XVIII**ᵉ ARRONDISSEMENT . . . . 70ᵉ QUARTIER.
    Anciennement commune de Montmartre.
1063   **Située** Cité des Bains.
    Long' : 30ᵐ,00.
    Larg' : 3ᵐ,00 environ.   *(Voie privée.)*
  ORIG. — Nom d'un des parents de l'ancien propriétaire.

DHÉRON (Impasse) **. . . . . . XX**ᵉ ARRONDISSEMENT . . . . 77ᵉ QUARTIER.
    Anciennement commune de Belleville.
1064   **Située** passage Ronce, 16.   (I. 7. — P. 10.)
    Long' : 50ᵐ,00.
    Larg' : 1ᵐ,70 environ.   *(Voie privée.)*
  ORIG. — Nom du propriétaire.

DHIER (Passage). . . . . . . **XVII**ᵉ ARRONDISSEMENT. . . . . 68ᵉ QUARTIER.
    Anciennement commune des Batignolles.
1065   **Commence** avenue de Clichy, 172. — **Finit** rue Marcadet, 327.   (P. 30)
    Long' : 285ᵐ,00.
    Larg' : 5ᵐ,00 environ.   *(Voie privée.)*
  ORIG. — Nom du propriétaire.

DHUIS (Rue de la) ** . . . . . . **XX**ᵉ ARRONDISSEMENT . . . . 79ᵉ QUARTIER.
1066   **Commence** rue Malte-Brun. — **Commencera** sentier des Rondeaux. — **Finit** place des Pyrénées.
    Long' actuelle : 14ᵐ,00. — Longueur future : 138ᵐ00.
    Larg' : 20ᵐ,00. — DÉCRET DU 28 JUILLET 1862 (U. P.). *Ouverture et Alignements.*
    ARRÊTÉ PRÉFECTORAL DU 23 JUILLET 1868. *Nivellement* entre la rue des Rondeaux et la place des Pyrénées.
    ARRÊTÉ PRÉFECTORAL DU 20 JUILLET 1868. *Dénomination.*
  ORIG. — Voisinage des réservoirs de la Dhuis.

DIARD (Rue) ** . . . . **XVIII**ᵉ ARRONDISSEMENT. . . . . 70ᵉ QUARTIER.
    Anciennement commune de Montmartre.
1067   **Commence** rue Marcadet, 125. — **Finit** en impasse.   (I. 7.)
    Long' : 50ᵐ,00.
    Larg' : 10ᵐ,00.   *(Voie privée.)*
  ORIG. — Conduisait aux carrières de M. Diard.

DIDEROT (Boulevard). . . . . . **XII**ᵉ ARRONDISSEMENT. . . . . . . 46ᵉ ET 48ᵉ QUARTIERS.
1068   **Commence** quai de la Râpée, 90. — **Finit** place de la Nation, 4.   (I. 105. — P. 152.)
    Long' : 1.915ᵐ,00. — ORD. ROYALE DU 15 OCTOBRE 1844. *Ouverture* à la charge de la Ville entre le quai de la Râpée et la place de la Nation.
    OBS. — Cette ordonnance a été rapportée et remplacée par la suivante :
    Larg' : 15ᵐ,00. — ORD. ROYALE DU 29 OCTOBRE 1845 (U. P.). *Substitution* d'une rue de 15ᵐ,00 de largeur au boulevard dont l'ouverture avait été approuvée par l'ordonnance précédente.

DIDEROT (Boulevard). *(Suite).*

Largr : 31m,80. — Ord. royale du 27 novembre 1847 (U. P.). *Ouverture et Alignements*
entre le quai de la Râpée et les rues Legraverand et des Charbonniers.

Id. 31m,80. — Décret du 9 juillet 1850 (U. P.). *Ouverture et Alignements* entre
les rues Legraverand et des Charbonniers et la place de la
Nation.

Arrêté préfectoral du 16 août 1879. *Dénomination* actuelle.

Obs. — Précédemment boulevard Mazas.

Orig. — Denis Diderot, philosophe, l'un des principaux rédacteurs de l'*Encyclopédie* (1713-1784); voisinage du boulevard Voltaire.

DIDOT (Passage) . . . . XIVe Arrondissement. . . . . 56e Quartier.
Anciennement commune de Montrouge.

1069 **Commence** rue Didot, 26 *bis.* — **Finit** rue de Vanves, 83. (I. 55. — P. 56.)
Longr : 242m,00.
Largr : 8m,00. *(Voie privée.)*
Arrêté préfectoral du 1er février 1877. *Dénomination* actuelle.

Obs. — Précédemment passage Saint-Victor.

Orig. — Voir rue Didot.

DIDOT (Rue) . . . . XIVe Arrondissement . . . . 56e Quartier.
Anciennement commune de Montrouge.

1070 **Commence** r. du Château, 144.—**Finit** rues d'Alesia, 132, et de Gergovie, 85. (I. 57.— P. 56.)
Longr : 445m,00. -- Décret du 23 mai 1863. *Classement* entre la rue du Château et la rue
du Moulin Vert.
Largr : 12m,00. — *Alignements* projetés pour cette partie (largeur actuelle 3.93 moindre.)
Id. 12m,00. — Décret du 28 août 1874 (U. P.). *Prolongement, Alignements et Nivelle-
ment* entre la rue du Moulin Vert et les rues d'Alesia et de
Gergovie.
Arrêté préfectoral du 8 septembre 1861. *Nivellement* entre la rue
du Château et le passage Didot.
Arrêté préfectoral du 31 décembre 1874. *Nivellement du surplus.*
Décret du 10 février 1875. *Dénomination* actuelle.

Obs. — Précédemment rue du Terrier aux Lapins.

Orig. — Famille d'imprimeurs parisiens, dont la maison a été fondée en 1713.

DIEU (Rue). . . . . Xe Arrondissement. . . . . 39e Quartier.
1071 **Commence** rues Beaurepaire, 14, et de l'Entrepôt, 48. — **Finit** quai de Valmy, 55.
Longr : 130m,00. (I. 10. — P. 10.)
Largr : 12m,00. — Décret du 20 juin 1868. *Classement et Alignements.*
Décret du 2 mars 1867. *Dénomination* actuelle.

Orig. — Le général Dieu, mort des suites des blessures qu'il avait reçues à la bataille de Solferino (1859).

DIJON (Rue de) . . . . XIIe Arrondissement . . . . 47e Quartier.
1072 **Commence** quai de Bercy. — **Finit** rue de Bercy et place de la Nativité.
Longr : 348m,00.
Largr : 20m,00. — Décret du 6 août 1877. *Ouverture et Alignements.*
Arrêté préfectoral du 1er août 1879. *Dénomination* actuelle.

Orig. — Chef-lieu du département de la Côte-d'Or; voisinage de l'entrepôt de Bercy.

DOCTEUR (Rue du) . . . . . . XVIIe Arrondissement. . . . . 68e Quartier.
Anciennement commune des Batignolles

1073 **Commence** rue Marcadet, 332. -- **Finit** boulevard Bessières, 91. (I. 15. — P. 14.)
Longr : 180m,00.
Largr : 10m,00. — *Alignements* projetés (largeur actuelle.)
Décret du 23 mai 1863. *Classement.*

Orig. — Le docteur Jules Pigeaux y demeurait.

DOISY (passage) . . . . XVIIe Arrondissement . . . . 65e Quartier.
Anciennement commune de Neuilly.

1074 **Commence** rue d'Armaillé, 18. — **Finit** avenue des Ternes, 55. (I. 10. — P. 10.)
Longr : 135m,00.
Largr : 5m,00. *(Voie privée.)*

Orig. — Nom de propriétaire.

DOLOMIEU (Rue) ** . . . . Vᵉ Arrondissement . . . . 18ᵉ Quartier.
1075 **Commence** rue de la Clef, 43. — **Finit** rue Monge, 77 *bis*.   (l. 3. — P. 6.)
Longᵗ : 25ᵐ,00.
Largᵗ : 12ᵐ,00. — Voie ouverte par la Ville de Paris.
Arrêté préfectoral du 4 mars 1881. *Dénomination*.
Orig. — Déodat-Guy-Sylvain-Tancrède Gratet, marquis de Dolomieu, géologue (1750-1801); voisinage du Jardin des Plantes.

DOMAT (Rue) . . . . Vᵉ Arrondissement. . . . . 2)ᵉ Quartier.
1076 **Commence** rue des Anglais, 8. — **Finit** rue du Dante.   (l. 13. — P. 30.)
Longᵗ : 110ᵐ,00.
Largᵗ : 7ᵐ,00. — Décision ministérielle du 8 brumaire an x. *Alignements*.
Id. 10ᵐ,00. — Ord. royale du 5 juin 1846. *Alignements*.
Décret du 24 août 1864. *Dénomination actuelle*.
Ons. — Précédemment rue du Plâtre Saint Jacques.
Orig. — Jean Domat, jurisconsulte (1625-1696); quartier de l'École de Droit.

DOMBASLE (Passage de) ** . . XVᵉ Arrondissement . . . . 57ᵉ Quartier.
Anciennement commune de Vaugirard.
1077 **Commence** rue de l'Abbé Groult, 126. — **Finit** rue de Dombasle, 31.   (l. 7. — P. 8.)
Longᵗ : 110ᵐ,00.
Largᵗ :   (*Voie privée*.)
Arrêté préfectoral du 10 novembre 1873. *Dénomination actuelle*.
Ons. — Précédemment passage des Acacias.
Orig. — Voir rue de Dombasle.

DOMBASLE (Rue de) ** . . . . XVᵉ Arrondissement . . . . 57ᵉ Quartier.
Anciennement commune de Vaugirard.
1078 **Commence** rue de Vaugirard, 355. — **Finit** rues de l'Abbé Groult, 146, et de Vouillé, 2.
Longᵗ : 540ᵐ,00.   (l. 71. — P. 60.)
Largᵗ : 10ᵐ,00. — Délibération du conseil municipal du 10 août 1844.
id. 10ᵐ,00. — Décret du 19 août 1881. *Alignements et nivellement*.
Décret du 23 mai 1863. *Classement* (confirmation).
Arrêté préfectoral du 30 juin 1865. *Nivellement*.
Décret du 24 août 1864. *Dénomination actuelle*.
Ons. — Précédemment rue des Vignes.
Orig. — Christophe-Joseph-Alexandre Mathieu de Dombasle, agronome (1777-1843); quartier où ont été groupés des noms d'agronomes.

DOME (Rue du) . . . . XVIᵉ Arrondissement . . . . 64ᵉ Quartier.
Anciennement commune de Passy.
1079 **Commence** rue Lauriston, 24. — **Finit** avenue d'Eylau, 25.   (l. 15. — P. 11.)
Longᵗ : 105ᵐ,00.
Largᵗ : 9ᵐ,85 environ. — Arrêté préfectoral du 3 octobre 1855. *Classement*.
Décret du 23 mai 1863. *Classement* (confirmation).
Arrêté préfectoral du 31 juillet 1869. *Nivellement*.
Orig. — Ainsi dénommée parce que le dôme des Invalides formait la perspective de cette rue.

DOMRÉMY (Rue de) * . . . . . XIIIᵉ Arrondissement. . . . . 50ᵉ Quartier.
Anciennement commune d'Ivry.
1080 **Commence** rue du Chevaleret, 109. — **Finit** rue de Tolbiac, 70.   (l. 65. — P. 80.)
Longᵗ : 625ᵐ,00.
Largᵗ : 10ᵐ,00. — Arrêté préfectoral du 6 juillet 1855. *Alignements* entre la rue du Chevaleret et la rue du Château des Rentiers.
Décret du 23 mai 1863. *Classement* confirmé pour cette partie.
Id. 10ᵐ,00. — Décret du 23 mai 1863 (U. P.). *Ouverture* entre la rue du Château des Rentiers et la rue de Tolbiac.
Arrêté préfectoral du 26 juin 1868. *Nivellement* entre les rues du Château des Rentiers et du Chevaleret jusqu'à la rue de Tolbiac.
Arrêté préfectoral du 26 février 1867. *Dénomination actuelle*.
Ons. — Précédemment rue de la Croix Rouge.
Orig. — Village du département des Vosges où est née Jeanne d'Arc; voisinage de la place de ce nom.

DONIZETTI (Rue) . . . . **XVI**ᵉ Arrondissement . . . . 61ᵉ Quartier.
Anciennement commune d'Auteuil.
1081 **Commence** rue d'Auteuil, 46. — **Finit** rue Poussin.   (P. 6.)
    Longʳ : 95ᵐ,00.
    Largʳ : 15ᵐ,00. — *Alignements* projetés. (Exécutés.)
            Décret du 23 mai 1863. *Classement.*
            Arrêté préfectoral du 6 septembre 1866. *Nivellement.*
            Décret du 24 août 1864. *Dénomination* actuelle.
            Obs. — Précédemment rue de Montmorency.
    Orig. — Caetano Donizetti, compositeur italien (1798-1848).

DORÉ (Cité) . . . . **XIII**ᵉ Arrondissement. . . . . 49ᵉ Quartier.
1082 **Commence** rue Jenner, 9. — **Finit** place Pinel, 4.   (L. 1. — P. 12.)
    Longʳ : 180ᵐ,00.
    Moindre largʳ : 2ᵐ,00.   (*Voie privée.*)
    Orig. — Nom du propriétaire.

DORIAN (Avenue). . . . . **XII**ᵉ Arrondissement . . . . 46ᵉ Quartier.
1083 **Commence** rue de Picpus. — **Finit** place de la Nation, 6.
    Longʳ : 80ᵐ,00.
    Largʳ : 40ᵐ,00. — Voie ouverte par la Ville de Paris.
            Décret du 23 janvier 1881. *Dénomination.*
    Orig. — Pierre-Frédéric Dorian, manufacturier et homme politique (1814-1873); dirigea pendant le siège de Paris la
    fabrication des armes de guerre.

DOSNE (Rue) . . . . **XVI**ᵉ Arrondissement . . . . 63ᵉ Quartier.
Anciennement commune de Passy.
1084 **Commence** rue de la Pompe, 165. — **Finit** avenue Bugeaud, 25.
    Longʳ : 134ᵐ,00.
    Largʳ : 8ᵐ,85 environ.   (*Voie privée.*)
    Orig. — Doit son nom à la famille Dosne, propriétaire de la rue.

DOUAI (Rue de) . . . . **IX**ᵉ Arrondissement . . . . 33ᵉ Quartier.
1085 **Commence** rue Pigalle, 65. — **Finit** boulevard de Clichy, 77.   (L. 71. — P. 62.)
    Longʳ : 603ᵐ,00.
    Largʳ : 12ᵐ,00. — Décret du 13 février 1836. *Ouverture* et *Alignements* entre la rue
            Pigalle et la rue Fontaine.
      Id. 12ᵐ,00. — Ord. royale du 22 janvier 1841. *Ouverture* et *Alignements* entre la
            rue Fontaine et la rue Blanche.
      Id. 12ᵐ,00. — Ord. royale du 21 juin 1841. *Ouverture* et *Alignements* entre la rue
            Blanche et le boulevard de Clichy.
            Décision ministérielle du 5 octobre 1846. *Dénomination* actuelle.
            Obs. — Précédemment rues Pierre Lebrun et de l'Aqueduc.
    Orig. — Ville du département du Nord.

DOUANE (Rue de la). . . . . . . **X**ᵉ Arrondissement. . . . . 39ᵉ Quartier.
1086 **Commence** rue Beaurepaire, 2, et place de la République 12. — **Finit** quai de Valmy, 71.
    Longʳ : 239ᵐ,00.   (L. 33. — P. 36.)
    Largʳ : 14ᵐ,00. — Décret du 13 février 1836. *Alignements* entre la place de la Répu-
            blique et la rue de l'Entrepôt.
            Ord. royale du 20 février 1825. *Ouverture* et *Alignements* entre
            la rue des Marais et le quai de Valmy.
      Id. 12ᵐ,00. — Entre la rue des Marais et la rue de l'Entrepôt. (Largeur modifiée.)
      Id. 15ᵐ,00. — Entre la rue de l'Entrepôt et le quai de Valmy.
            Décision ministérielle du 24 juin 1844. *Dénomination* actuelle de la
            partie entre la place de la République et la rue des Marais.
            Obs. — Précédemment rue Samson.
            Décision ministérielle du 4 juin 1851. *Dénomination* actuelle de la
            partie entre la rue des Marais et le quai de Valmy.
            Obs. — Précédemment rue Neuve Samson.
    Orig. — Longe les bâtiments de la Douane.

DOUBLE (Pont au) . . . . **IV**ᵉ Arrondissement. . . . . 16ᵉ Quartier.
                                Vᵉ Arrondissement . . . . 20ᵉ Quartier.
1087 **Situé** entre les quais de l'Archevêché et de Montebello, au droit de la place du Parvis Notre-
    Dame et de la rue du Fouarre.
    Longʳ : 63ᵐ,00.
    Largʳ : 15ᵐ,03.
    Orig. — Ainsi nommé parce que le péage de ce pont était d'un double tournois.

DOUDEAUVILLE (Passage) ✶✶ . **XVIII**ᵉ Arrondissement . . . . 71ᵉ Quartier.
Anciennement commune de La Chapelle.
1088 **Commence** rue Doudeauville, 26. — **Finit** rue Marcadet, 3.   (I. 35. — P. 44.)
    Longʳ :   252ᵐ,00.
    Largʳ :   5ᵐ,90 environ.   (*Voie privée.*)
    Oʀɪɢ. — Voir rue Doudeauville.

DOUDEAUVILLE (Rue) ✶✶ . . . **XVIII**ᵉ Arrondissement . . . . . . 70ᵉ et 71ᵉ Quartiers.
Anciennement communes de La Chapelle et de Montmartre.
1089 **Com**. r. de La Chapelle, 59. — **Fin**. r. Custine, 16, et de Clignancourt, 62. (I. 84.— P. 108.)
    Longʳ :   830ᵐ,00.
    Largʳ :   15ᵐ,00. — Oʀᴅ. ʀᴏʏᴀʟᴇ ᴅᴜ 11 sᴇᴘᴛᴇᴍʙʀᴇ 1842. *Alignements* entre la rue de La
        Chapelle et la rue des Poissonniers.
    Id.   12ᵐ,00. — Oʀᴅ. ʀᴏʏᴀʟᴇ ᴅᴜ 31 ᴍᴀʀs 1847. *Ouverture* entre la rue des Poisson-
        niers et les rues Custine et de Clignancourt.
    Dᴇ́ᴄʀᴇᴛ ᴅᴜ 23 ᴍᴀɪ 1863. *Classement* (confirmation).
    Aʀʀᴇ̂ᴛᴇ́ ᴘʀᴇ́ꜰᴇᴄᴛᴏʀᴀʟ ᴅᴜ 3 ꜰᴇ́ᴠʀɪᴇʀ 1863. *Nivellement* entre la rue de
        La Chapelle et la rue des Poissonniers.
    Aʀʀᴇ̂ᴛᴇ́ ᴘʀᴇ́ꜰᴇᴄᴛᴏʀᴀʟ ᴅᴜ 10 ɴᴏᴠᴇᴍʙʀᴇ 1873. *Dénomination* actuelle.
        Oʙs. — Précédemment rues Dejean et Doudeauville.
    Oʀɪɢ. — M. de la Rochefoucauld-Doudeauville, ancien sous-préfet de Saint Denis.

DOUZE MAISONS (Passage des). **VIII**ᵉ Arrondissement. . . . . 29ᵉ Quartier.
1090 **Commence** avenue Montaigne, 27. — **Finit** rue Marbeuf, 24.   (I. 11. — P. 20.)
    Longʳ :   178ᵐ,00.
Moindre largʳ :   1ᵐ,20.   (*Voie privée.*)
    Dᴇ́ᴄʀᴇᴛ ᴅᴜ 28 ᴊᴜɪʟʟᴇᴛ 1881 (U. P.). *Suppression* partielle.
    Oʀɪɢ. — N'avait que douze maisons lors de sa dénomination.

DRAGON (Cour du) . . . . **VI**ᵉ Arrondissement . . . . 24ᵉ Quartier.
1091 **Commence** rue de Rennes, 50. — **Finit** rue du Dragon, 7.
    Longʳ :   100ᵐ,00.
    Largʳ :   7ᵐ,00 environ.   (*Voie privée.*)
    Oʀɪɢ. — Doit son nom au dragon légendaire de Sainte Marguerite, sculpté au-dessus de la porte principale ouvrant sur
        la rue Sainte Marguerite, aujourd'hui rue Gozlin.

DRAGON (Rue du) . . . . **VI**ᵉ Arrondissement . . . . 24ᵉ Quartier.
1092 **Commence** boulevard Saint Germain, 165. — **Finit** rues du Four, 62, et de Grenelle, 2.
    Longʳ :   215ᵐ,00.   (I. 37. — P. 44.)
Moindre largʳ :   10ᵐ,00. — Dᴇ́ᴄɪsɪᴏɴ ᴍɪɴɪsᴛᴇ́ʀɪᴇʟʟᴇ ᴅᴜ 23 ꜰʀɪᴍᴀɪʀᴇ ᴀɴ ɪx.
    Largʳ :   12ᵐ,00. — Oʀᴅ. ʀᴏʏᴀʟᴇ ᴅᴜ 29 ᴀᴠʀɪʟ 1839. *Alignements.*
    Oʀɪɢ. — Le dégagement de la cour du Dragon donne sur cette rue.

DRESSAGE (Rue du) ✶✶. . . . . . **XIV**ᵉ Arrondissement . . . . 54ᵉ Quartier.
1093 **Commence** avenue Reille, 37. — **Finit** rue Nansouty, 20.
    Longʳ :   145ᵐ,00.
    Largʳ :   12ᵐ,00.   (*Voie projetée.*)
            Terrains expropriés pour la création du parc de Montsouris et
            l'ouverture de l'avenue Reille.
    Aʀʀᴇ̂ᴛᴇ́ ᴘʀᴇ́ꜰᴇᴄᴛᴏʀᴀʟ ᴅᴜ 1ᵉʳ ꜰᴇ́ᴠʀɪᴇʀ 1877. *Dénomination.*
    Oʀɪɢ. — Voisinage de l'École de dressage.

DREVET (Rue) ✶✶. . . . . **XVIII**ᵉ Arrondissement . . . . 70ᵉ Quartier.
Anciennement commune de Montmartre.
1094 **Commence** rue des Trois Frères, 30. — **Finit** rue Gabrielle, 13.   (I. 9. — P. 44.)
    Longʳ :   82ᵐ,00.
Moindre largʳ :   4ᵐ,50. — Dᴇ́ᴄʀᴇᴛ ᴅᴜ 23 ᴍᴀɪ 1863. *Classement* de la partie comprise entre la
        rue des Trois Frères et la rue Berthe.
            Le surplus, faisant partie de la rue du Poirier, a été ajourné en
            raison des réclamations inscrites à l'enquête.
    Dᴇ́ᴄʀᴇᴛ ᴅᴜ 27 ꜰᴇ́ᴠʀɪᴇʀ 1867. *Dénomination* actuelle.
        Oʙs. — Précédemment escalier des Trois Frères et partie de la' rue du
            Poirier.
    Oʀɪɢ. — Pierre Drevet, graveur (1663-1738).

20

DRIANCOURT (Passage) . . . . . . **XII**^e Arrondissement . . . . 48e Quartier.

1095   **Commence** rue de Cîteaux, 35. — **Finit** rue Crozatier, 60.   (I. 7. — P. 10.)
       Long^r : 85^m,00.
       Larg^r :   5^m,00.   (*Voie privée.*)
       Orig. — Nom du propriétaire.

DROUET (Passage) ✲✲. . . . . . . **XV**^e Arrondissement . . . . 57e Quartier.
                          Anciennement commune de Vaugirard.

1096   **Commence** rue des Morillons. — **Finit** rue de Nice la Frontière, 9.   (P. 26.)
       Long^r : 140^m,00.
       Larg^r :   4^m,00 environ.   (*Voie privée.*)
       Orig. — Nom du propriétaire.

DROUOT (Rue) . . . . **IX**^e Arrondissement . . . . 35e Quartier.

1097   **Commence** boulevards des Italiens, 2, et Montmartre, 22. — **Finit** rues La Fayette, 50, et
       du Faubourg Montmartre, 49.   (I. 29. — P. 34.)
       Long^r : 317^m,00.
       Larg^r : 11^m,69. — Décision ministérielle du 7 fructidor an x.
       Id.   11^m,69. — Décision ministérielle du 2 octobre 1821.
       Id.   11^m,69. — Ord. royale du 16 avril 1831. *Alignements* depuis les boulevards
                 des Italiens et Montmartre jusqu'à la rue Rossini.
       Id.   11^m,69. — Ord. royale du 30 décembre 1846 (U. P.). *Ouverture* et *Alignements*
                 entre la rue Rossini et la rue de Provence.
       Id.   12^m,00. — Décret du 23 août 1858 (U. P.). *Ouverture* et *Alignements* entre la
                 rue de Provence et les rues La Fayette et du Faubourg
                 Montmartre.
                 Ord. royale du 15 octobre 1847. *Dénomination* actuelle.
                              Obs. — Précédemment rue de la Grange Batelière (partie).
       Orig. — Le comte Antoine Drouot, général de division (1774-1847); nom donné à l'époque de sa mort.

DRUINOT (Impasse). . . . . . . **XII**^e Arrondissement . . . . 48e Quartier.

1098   **Située** rue de Cîteaux, 43.   (I. 5. — P. 8.)
       Long^r : 75^m,00.
       Larg^r :   5^m,00 environ.   (*Voie privée.*)
       Orig. — Nom de propriétaire.

DUBAIL (Passage) . . . . **X**^e Arrondissement . . . . 39e Quartier.

1099   1re Partie : **Commence** rue des Vinaigriers, 50. — **Finit** rue du Faubourg Saint Martin, 120.
              (*Voie privée.*)   (I. 33. — P. 10.)
       2e Partie : Branchement aboutissant rue des Vinaigriers et boulevard de Magenta.
       Long^r : 1re Partie : 182^m,00 }
       Id.   2e Partie : 64^m,00 } Total : 246^m,00.
                              Obs. — Précédemment passage Grados (1re partie).
       Orig. — Nom du propriétaire, ancien maire de l'ex dixième arrondissement.

DUBAN (Rue) ✲✲ . . . . **XVI**^e Arrondissement . . . . 62e Quartier.
                          Anciennement commune de Passy.

1100   **Commence** rues Singer, 22, et Lekain, 12. — **Finit** rue Bois-le-Vent, 1, et place de Passy.
       Long^r : 153^m,00.   (I. 17. — P. 22.)
       Larg^r : 10^m,00. — *Alignements* projetés. (Largeur actuelle.)
                 Décret du 23 mai 1863. *Classement* (confirmation).
                 Arrêté préfectoral du 16 août 1879. *Dénomination* actuelle.
                              Obs. — Précédemment rue de Bouillé et antérieurement rue du Marché.
       Orig. — Jacques-Félix Duban, architecte (1797-1870); il a longtemps habité ce quartier.

DUBOIS (Passage) . . . . **XIII**^e Arrondissement . . . . 51e Quartier.
                          Anciennement commune de Gentilly.

1101   **Situé** rue du Moulin des Prés.
       Long^r : 96^m,00.
       Larg^r :   3^m,50 environ.   (*Voie privée.*)
       Orig. — Nom de propriétaire.

DUBOIS (Passage) ✲✲ . . . . . . **XIX**^e Arrondissement . . . . 76e Quartier.
                          Anciennement commune de La Villette.

1102   **Commence** rue Petit, 40. — **Finit** en impasse au delà du passage Bender. (I. 5.— P. 12.)
       Long^r : 60^m,00.
       Larg^r :   5^m,00 environ.   (*Voie privée.*)
       Orig. — Ouvert sur les terrains de M. Dubois.

DUCANGE (Rue) ✶✶ . . . . **XIV**e Arrondissement . . . . 56e Quartier.
Anciennement commune de Vaugirard.

1163 **Commence** rue Desprez, 6. — **Finit** rue du Moulin de la Vierge.   (l. 13. — P. 12.)
Long^r : 225^m,00.

Décret du 23 mai 1863. *Classement* entre la rue Desprez et la rue de Gergovie.
Moindre larg^r :   9^m,90. — *Alignements* projetés de cette partie.
Obs. — Voie privée entre la rue de Gergovie et la rue du Moulin de la Vierge.
Arrêté préfectoral du 10 mai 1863. *Nivellement.*
Décret du 10 février 1875. *Dénomination* actuelle.
Obs. — Précédemment rue des Trois Sœurs.
Orig. — Charles Dufresne, sieur du Cange, érudit (1610-1688 .

DUCLOS (Passage) ✶✶ . . . . . . **XV**e Arrondissement . . . . 57e Quartier.
Anciennement commune de Vanves.

1164 **Commence** Petite Rue de Paris. — **Finit** boulevard Lefèvre   (l. 13)
Long^r : 160^m,00.
Larg^r :   5^m,00 environ.   (*Voie privée.*)
Obs. — Précédemment sentier des Zouaves.
Orig. — Nom d'un des propriétaires du passage.

DUCOUEDIC (Rue) ✶✶ . . . . . **XIV**e Arrondissement . . . . 55e Quartier.
Anciennement commune de Montrouge.

1165 **Commence** avenue de Montsouris, 14. — **Finit** avenue d'Orléans, 43.   (l. 67. — P. 68.)
Long^r : 338^m,00.
Moindre larg^r .   9 ",80. — Décret du 19 Août 1881. — *Alignements* et *Nivellement.*
Décret du 23 mai 1863. *Classement.*
Arrêté préfectoral du 16 septembre 1867. *Nivellement.*
Décret du 24 août 1864. *Dénomination* actuelle.
Obs. — Précédemment rue Neuve d'Orléans.
Orig. — Le vicomte Charles-Louis du Couédic de Kergoualec, marin (1739-1780).

DUDOUY (Impasse) . . . . **XI**e Arrondissement . . . . 43e Quartier.
1166 **Commence** rue Saint Maur, 50. — **Finit** rue Servan.
Long^r : 140^m,00.
Larg^r :   2^m,00.   (*Voie privée.*)
Orig. — Nom de propriétaire.

DUÉE (Passage de la) ✶✶ . . . . . **XX**e Arrondissement . . . . 78e Quartier.
Anciennement commune de Belleville.

1167 **Commence** rue la Duée, 17. — **Finit** rue Pixérécourt, 75.   (l. 1.)
Long^r :   65^m,00.
Moindre larg^r :   0^m,90.   (*Voie privée.*)
Arrêté préfectoral du 1er février 1877. *Dénomination* actuelle.
Obs. — Précédemment ruelle de Mazagran.
Orig. — Voir rue de la Duée.

DUÉE (Rue de la) ✶✶ . . . . **XX**e Arrondissement . . . . 78e Quartier.
Anciennement commune de Belleville.

1168 **Commence** rue Pixérécourt, 95. — **Finit** rues des Pavillons, 20, et Pelleport, 129.
Long^r : 257^m,00.   (l. 35. P. 12.)
Larg^r :   6^m,00. — Ord. royale du 28 février 1837. *Alignements.*
Décret du 23 mai 1863. *Classement* (confirmation).
Arrêté préfectoral du 17 avril 1867. *Nivellement.*
Orig. — Ancien nom, probablement en raison du voisinage des conduites d'eau de Belleville.

DUFRENOY (Rue) ✶✶ . . . . . . **XVI**e Arrondissement . . . . 63e Quartier
Anciennement commune de Passy.

1169 **Commence** avenue Victor Hugo, 104. — **Finit** boulevard Lannes, 29.   (l. 27. — P. 26.)
Long^r : 300^m,00.
Larg^r 12^m,00.

Décret du 3 novembre 1856. *Acquisition* par la Ville de la co-propriété de cette voie, entre l'avenue d'Eylau et le chemin de fer de Ceinture.
Obs. — La partie comprise entre le chemin de fer d'Auteuil et le boulevard Lannes a été ouverte par la Ville sur des terrains provenant du Bois de Boulogne.
Arrêté préfectoral du 1er mars 1869. *Nivellement.*
Décret du 23 mai 1863. *Classement* (confirmation).
Décret du 27 février 1867. *Dénomination* actuelle.
Obs. — Précédemment rue du Puits Artésien.
Orig. — Pierre Armand Dufrenoy, géologue (1792-1857).

DUGOMMIER (Rue) . . . . **XII**ᵉ Arrondissement . . . . 46ᵉ Quartier.

1110   **Commence** r. des Quatre Chemins, 2, et boulev. de Reuilly, 7. — **Finit** aven. Daumesnil, 134.

Long^r : 177^m,00.   (I. 23. P. 26.)

Larg^r : 12^m,00. — Décret du 19 septembre 1806. — *Classement* et *Alignements*.

Décret du 2 mars 1867. *Dénomination actuelle*.

Orig. — Jean-François Coquille-Dugommier, général de division (1736-1794).

DUGUAY-TROUIN (Rue) ** . . . **VI**ᵉ Arrondissement . . . . 23ᵉ Quartier.

1111   **Commence** rue d'Assas, 36. — **Finit** rue de Fleurus, 19.   (I. 19. — P. 16).

Long^r : 180^m,00.

Larg^r : 9^m,74. — Décision ministérielle du 12 juin 1818.

Id.   9^m,74. — Ord. royale du 12 février 1816. *Alignements*.

Orig. — Réné du Gué-Trouin dit Duguay-Trouin, lieutenant-général des armées navales (1673-1736).

DUGUESCLIN (Passage) . . . . . **XV**ᵈ Arrondissement . . . . 59ᵉ Quartier.

1112   **Commence** rue Dupleix, 16. — **Finit** rue de Presle, 9.   (I. 11. — P. 11.)

Long^r : 90^m,00.

Larg^r : 5^m,00 environ.   *(Voie privée.)*

Orig. — *Voir rue Duguesclin.*

DUGUESCLIN (Rue) . . . . **XV**ᵉ Arrondissement . . . . 59ᵉ Quartier.

1113   **Commence** rue de Presle. — **Finit** rue Dupleix, 22.   (I. 17.)

Long^r : 65^m,00.

Larg^r : 10^m,00. — Décision ministérielle du 31 août 1816.

Id.   10^m,00. — Ord. royale du 7 septembre 1813. *Alignements*.

Arrêté préfectoral du 11 août 1869. *Nivellement*.

Orig. — Bertrand Du Guesclin, connétable de France (1320-1380) ; voisinage de l'École Militaire.

DUHESME (Passage) . . . . . . **XVIII**ᵈ Arrondissement . . . . 70ᵉ Quartier.

Anciennement commune de Montmartre.

1114   **Commence** rue du Mont-Cenis, 110. — **Finit** rue Championnet, 46.   (I. 21. — P. 34.)

Long^r : 163^m,00.

Larg^r : 4^m,50 environ.   *(Voie privée.)*

Arrêté préfectoral du 1ᵉʳ février 1877. *Dénomination* actuelle.

Obs. — Précédemment passage Baudelique.

Orig. — *Voir rue Duhesme.*

DUHESME (Rue) * . . . . **XVIII**ᵈ Arrondissement . . . . 69 et 70ᵉ Quartiers.

Anciennement commune de Montmartre.

1115   **Commence** rue Lamarck. — **Finit** passage Duhesme, 6. — **Finira** rues Belliard et de Clignancourt prolongées.   (I. 113. P. 100.)

Long^r : 1270^m,00.

Larg^r . 12^m,00. — Décret du 8 juin 1858 (U. P.). *Ouverture* et *Alignements* entre la rue des Grandes Carrières et la rue Belliard.

Décret du 23 mai 1863 (U. P.). *Suppression* entre la rue des Grandes Carrières et la rue Marcadet.

Id.   12^m,00. — Décret du 11 août 1867 (U. P.). *Prolongement* entre les rues Lamarck et Marcadet.

Arrêté préfectoral du 19 avril 1864. *Nivellement* entre les rues Marcadet et de Clignancourt.

Arrêté préfectoral du 2 juillet 1877. *Nivellement*.

Décret du 10 août 1868. *Dénomination* actuelle.

Obs. — Précédemment rue L.

Orig. — Philippe-Guillaume Duhesme, général de division, tué à Waterloo (1766-1815).

DULAC (Passage) ** . . . . . . **XV**ᵈ Arrondissement . . . . 58ᵉ Quartier.

1116   **Commence** rue de Vaugirard, 161. — **Finit** rue des Fourneaux, 30.   (I. 17. — P. 18.)

Long^r : 120^m,00.

Larg^r : 11^m,00 environ.   *(Voie privée.)*

Orig. — Nom de propriétaire.

DULAURE (Rue) ** . . . . . . **XVIII**ᵉ Arrondissement . . . . 69ᵉ Quartier.

1117   **Commence** rue Chasseloup-Laubat. — **Finit** rue Caulaincourt.

Long^r : 102^m,00.

Larg^r : 20^m,00. — Décret du 11 août 1867 (U. P.). *Ouverture* et *Alignements*.

Décret du 10 février 1873. *Dénomination* actuelle.

Obs. — Précédemment partie de la rue B.

Orig. — Jacques-Antoine Dulaure, historien de Paris (1755-1835).

DULONG (Rue) . . . . **XVII**ᵉ Arrondissement . . . . 67ᵉ Quartier.
Anciennement commune des Batignolles.
1118 **Commence** rue des Dames, 86. — **Finit** rue Cardinet, 142.   (1. 87. — P. 84.)
Long^r : 580^m,00.
Décret du 23 mai 1863. *Classement* (confirmation.)
Larg^r : 10^m,00. — Délibérations du conseil municipal des 10 novembre 1841 et 5 mai
1854. *Alignements* projetés.
Arrêté préfectoral du 9 novembre 1864. *Nivellement.*
Décret du 24 août 1864. *Dénomination* actuelle.
Obs. — Précédemment rue Saint Étienne.
Orig. — Pierre-Louis Dulong, physicien (1785-1838); quartier où ont été groupés des noms de savants.

DUMAS (Passage) . . . . **XI**ᵉ Arrondissement . . . . 44ᵉ Quartier.
1119 **Commence** boulevard Voltaire, 215. — **Finit** rue Alexandre Dumas.
Long^r : 290^m,00.
Larg^r : 4^m,80 environ.   (*Voie privée.*)
Arrêté préfectoral du 1ᵉʳ février 1877. *Dénomination* actuelle.
Obs. — Précédemment impasse des Jardiniers.
Orig. — *Voir* rue Alexandre Dumas.

DUMÉRIL (Rue). ☞ . . . . . . **XIII**ᵉ Arrondissement . . . . 49ᵉ Quartier.
1120 **Commence** boulevard Saint Marcel, 13. — **Finit** boulevard de l'Hôpital, 104. (1. 33. — P. 28.)
Long^r : 270^m,00.
Larg^r : 10^m,00. — Décision ministérielle du 28 prairial an IX.
Moindre larg^r : 12^m,00. — Décret du président de la République du 4 octobre 1849. *Aligne-
ments.*
Arrêté préfectoral du 7 mars 1868. *Nivellement.*
Décret du 2 octobre 1865. *Dénomination* actuelle.
Obs. — Précédemment partie de la rue du Marché aux Chevaux.
Orig. — André-Marie-Constant Duméril, naturaliste (1774-1860) ; voisinage du Jardin des Plantes.

DUMONT D'URVILLE (Rue). . **XVI**ᵉ Arrondissement . . . . 64ᵉ Quartier.
Anciennement commune de Passy (du côté des numéros pairs).
1121 **Commence** rue de Belloy, 16. — **Finit** avenue d'Iéna, 63.   (1. 17. — P. 38.)
Long^r : 368^m,00.
Larg^r : 11^m,69. — Arrêté du pouvoir exécutif du 17 août 1848.
Arrêté préfectoral du 8 mars 1862. *Nivellement.*
Id.   12^m,00.   Obs. — La largeur de cette voie a été portée à 12 mètres lors de l'exécution
de l'avenue Kléber. L'alignement du côté des n^os pairs a été maintenu.
Décret du 2 mars 1864. *Dénomination* actuelle.
Obs. — Précédemment chemin de ronde de l'Étoile.
Orig. — Jules-Sébastien-César Dumont d'Urville, navigateur (1790-1842); quartier où ont été groupés des noms de
navigateurs.

DUNES (Rue des) ☞ . . . . **XIX**ᵉ Arrondissement . . . . 76ᵉ Quartier.
Anciennement commune de Belleville.
1122 **Commence** rue Lauzin, 8. — **Finit** rue Bolivar, 53.   (1. 11. — P. 8.)
Long^r : 120^m,00.
Larg^r : 10^m,00 environ.   (*Voie privée.*)
Arrêté préfectoral du 1ᵉʳ février 1877. *Dénomination* actuelle.
Obs. — Précédemment rue de Florence.
Orig. — Bataille des Dunes, gagnée par Turenne, en 1658.

DUNKERQUE (Rue de) ☞ . . . . **IX**ᵉ Arrondissement . . . . 36ᵉ Quartier.
Xᵉ Arrondissement . . . . 37ᵉ Quartier.
1123 **Commence** rue d'Alsace, 45. — **Finit** place d'Anvers, 12, et boulevard de Rochechouart, 39.
Long^r : 1.093^m,00.   (1. 95. — P. 86.)
Larg^r : 12^m,00. — Ord. royale du 31 janvier 1827. *Ouverture* entre la rue d'Alsace et
la rue du Faubourg Saint Denis.
Id.   41^m,00. — Décret du 19 novembre 1855 (U. P.). *Élargissement* entre la rue du
Faubourg Saint Denis et la rue de Denain.
Alignements modifiés en partie par le décret suivant :
Id.   12^m,00. — Décret du 27 août 1859 (U. P.). *Modification* partielle des disposi-
tions approuvées par le décret précédent, et retour aux *Aligne-
ments* approuvés par l'ordonnance royale du 31 janvier 1827, entre
la rue du Faubourg Saint Denis et la place de Roubaix.
Id.   12^m,00. — Ord. royale du 31 janvier 1827. *Ouverture* depuis le numéro 19 et
la rue de Maubeuge jusqu'à la rue du Faubourg Poissonnière.

DUNKERQUE (Rue de). (*Suite*.) **
    Larg^r : 11^m,85. — Décret du 6 septembre 1883. *Classement* et *Alignements* entre la rue
        du Faubourg Poissonnière et la rue de Rochechouart.
    Id.   12^m,00. — Arrêté du pouvoir exécutif du 14 avril 1871. *Ouverture* et *Aligne-*
        ments entre la rue de Rochechouart et le boulevard du même nom.
        Arrêté préfectoral du 17 juillet 1871. *Nivellement* entre la rue et
        le boulevard de Rochechouart.
    Orig. — Dunkerque, ville du département du Nord; voisinage du chemin de fer du Nord.

DUNOIS (Rue) ** . . . . XIIIe Arrondissement . . . . 50e Quartier.
                   Anciennement commune d'Ivry.
1124 **Commence** rues Xaintrailles, 2, et de Domrémy,109. — **Finit** boulevard de la Gare.
    Long^r : 640^m,00.   (l. 85. — P. 84.)
    Larg^r : 10^m,00. — Délibération du conseil municipal du 14 août 1846. *Alignements*
        projetés.
        Arrêté préfectoral du 5 octobre 1857. *Classement*.
        Décret du 23 mai 1863. *Classement* (confirmation).
        Arrêté préfectoral du 6 juin 1862. *Nivellement* entre le boulevard
        de la Gare et la rue Clisson.
        Arrêté préfectoral du 17 juillet 1866. *Nivellement* entre les rues
        de Clisson et Domrémy.
        Décret du 2 mars 1864. *Dénomination* actuelle.
           Obs. — Précédemment rue des Trois Ormes.
    Orig. — Jean, comte de Dunois, bâtard d'Orléans, compagnon d'armes de Jeanne d'Arc (1403-1468); voisinage de la place
    Jeanne Darc.

DUPERRÉ (Rue). ** . . . . . . IXe Arrondissement . . . . 33e Quartier.
1125 **Commence** place Pigalle, 13. — **Finit** rue de Douai, 22.   (l. 25. — P. 34.)
    Long^r : 189^m,00.
    Larg^r : 12^m,00. — Arrêté du pouvoir exécutif du 30 octobre 1848. *Classement* et
        Alignements.
        Arrêté préfectoral du 16 mars 1849. *Dénomination* actuelle.
           Obs. — Précédemment rue Victor-Lemaire.
    Orig. — Le baron Victor-Guy Duperré, amiral (1775-1846).

DUPETIT-THOUARS (Cité). . . . IIIe Arrondissement . . . . 10e Quartier.
1126 **Située** rue Dupetit-Thouars, 14.   (l. 11. — P. 11.)
    Long^r : 130^m,00.
    Larg^r : 4^m,00 environ.   (*Voie privée*.)
        Arrêté préfectoral du 1er février 1877. *Dénomination* actuelle.
           Obs. — Précédemment impasse Boufflers.
    Orig. — Voir rue Dupetit-Thouars.

DUPETIT-THOUARS (Rue). . . . IIIe Arrondissement . . . . 10e Quartier.
1127 **Commence** rue de Picardie. — **Finit** rue du Temple, 160.   (P. 24.)
    Long^r : 199^m,00.
    Larg^r : 9^m,00. — Décision ministérielle du 9 septembre 1809.
    Id.   13^m,00. — Ord. royale du 16 mai 1833. *Alignements*.
    Id.   20^m,00. — Décret du 14 août 1862 (U. P.). *Élargissement*.
    Orig. — Louis-Marie Aubert Dupetit-Thouars, botaniste (1758-1831).

DUPHOT (Rue) . . . . Ier Arrondissement . . . . 4e Quartier.
                  VIIIe Arrondissement . . . . 31e Quartier.
1128 **Commence** rue Saint Honoré, 382. — **Finit** boulevard de la Madeleine, 21. (l. 25. — P. 26.)
    Long^r : 193^m,00.
    Larg^r : 10^m,00. — Ord. royale du 24 août 1833. *Alignements* entre la rue Saint Honoré
        et la rue Richepance.
    Id.   12^m,90. — Ord. royale du 24 août 1833. *Alignements* entre la rue Richepance
        et le boulevard de la Madeleine.
    Orig. — Léonard Duphot, général, tué à Rome (1770-1797).

DUPIN (Rue).   VIe ARRONDISSEMENT . . . . 23e QUARTIER

DUPIN (Rue).   VIe ARRONDISSEMENT . . . . 23e QUARTIER
1129   **Commence** rue de Sèvres, 49. — **Finit** rue du Cherche Midi, 30.   (I. 21. — P. 28.)
Long^r : 144^m,00
Larg^r :   8^m,90. — DÉCISION MINISTÉRIELLE DU 23 FRIMAIRE AN IX.
Id.   10^m,00. — ORD. ROYALE DU 11 JANVIER 1843. *Alignements.*
DÉCRET DU 24 AOUT 1864. *Dénomination actuelle.*
OBS. — Précédemment Petite Rue du Bac.
ORIG. — André-Marie-Jean-Jacques Dupin, avocat et homme politique (1783-1865).

DUPLEIX (Place).   XVe ARRONDISSEMENT . . . . 59e QUARTIER.
1130   **Située** rue Dupleix, 21.
Long^r : 120^m,00.   *(Place plantée.)*
Larg^r :   73^m,50. — DÉCISION MINISTÉRIELLE DU 31 AOUT 1816.
Id.   73^m,50. — ORD. ROYALE DU 11 DÉCEMBRE 1843. *Alignements.*
ARRÊTÉ PRÉFECTORAL DU 11 AOUT 1869. *Nivellement.*
ORIG. — *Voir* rue Dupleix.

DUPLEIX (Rue).   XVe ARRONDISSEMENT . . . . 59e QUARTIER.
1131   1re PARTIE : **Commence** avenue de Suffren, 80.— **Finit** boulevard de Grenelle. (I.39.—P.22.)
Long^r : 613^m,00 (une partie est comprise dans la place Dupleix).
Larg^r :   10^m,00. — DÉCISION MINISTÉRIELLE DU 31 AOUT 1816.
Id.   13^m,00. — ORD. ROYALE DU 11 DÉCEMBRE 1843. *Alignements* de la partie entre
l'avenue de Suffren et la place Dupleix.
Id.   12^m,00. — Même ordonnance. *Alignements* du surplus.
Id.   12^m,00. — DÉCRET DU 12 FÉVRIER 1867 (U. P.). *Redressement* et *Prolongement* di-
rect jusqu'au boulevard de Grenelle et maintien du débouché
dans l'axe de la rue Lourmel.
ARRÊTÉ PRÉFECTORAL DU 11 AOUT 1869. *Nivellement.*
ORIG. — Guillaume-Joseph Dupleix, gouverneur de l'Inde (1697-1763).

DUPLEIX (Ruelle).   XVe ARRONDISSEMENT . . . . 59e QUARTIER.
1132   **Commence** place et rue Dupleix, 29, et rue Violet prolongée. — **Finit** avenue de La Motte-
Piquet, 66.   (I. 11. — P. 16.)
Long^r : 220^m,00.
Larg^r :   5^m,00 environ.   *(Voie privée.)*
ORIG. — *Voir* rue Dupleix.

DUPONT (Cité).   XIe ARRONDISSEMENT . . . . 42e QUARTIER.
1133   **Située** rue Saint Maur Popincourt, 50.   (I. 1. — P. 2.)
Long^r : 174^m,00.
Larg^r :   3^m,85 environ.   *(Voie privée.)*
ORIG. — Nom de propriétaire.

DUPONT (Villa).   XVIe ARRONDISSEMENT. . . . . 63e QUARTIER.
Anciennement commune de Passy.
1134   **Située** rue Pergolèse, 48.   (I. 27. — P. 22.
Long^r : 87^m,00.
Moindre larg^r :   4^m,00.   *(Voie privée.)*
ARRÊTÉ PRÉFECTORAL DU 1er FÉVRIER 1877. *Dénomination actuelle.*
OBS. — Précédemment cité Dupont.
ORIG. — Nom du propriétaire.

DUPUIS (Rue).   IIIe ARRONDISSEMENT . . . . 10e QUARTIER.
1135   **Commence** rue Dupetit-Thouars, 4. — **Finit** rue Béranger, 7.   (I. 11. — P. 10.)
Long^r : 110^m,00.
Larg^r :   10^m,00. — DÉCISION MINISTÉRIELLE DU 9 SEPTEMBRE 1809.
Id.   10^m,00. — ORD. ROYALE DU 16 MAI 1833. *Alignements.*
ORIG. — Charles-François Dupuis, philosophe (1742-1809).

DUPUY (Impasse) . . . . XVIIIe ARRONDISSEMENT . . . . 72e QUARTIER.
Anciennement commune de la Chapelle.
1136   **Située** rue Philippe de Girard, 74 *bis.*
Long^r : 87^m,00.
Larg^r :   3^m,70.   *(Voie privée).*
OBS. — Précédemment impasse Desmarest.
ORIG. — Nom du propriétaire.

DUPUYTREN (Rue). . . . . **VIᵉ Arrondissement** . . . . 22ᵉ Quartier.
1137   **Commence** rue de l'Ecole de Médecine, 29, et boulevard Saint Germain, 87. — **Finit** rue
        Monsieur le Prince, 3.   (l. 11. — P. 10.)
            Long^r : 58^m,00.
            Larg^r : 8^m,45. — Décision ministérielle du 23 frimaire an IX.
            Id.   8^m,45. — Ord. royale du 11 août 1844. *Alignements.*
            Id.   10^m,00. — Décret du 28 juillet 1866 (U. P.). *Suppression* et remplacement par
                    le prolongement de la rue des Quatre Vents.
            Id.   8^m,45. — Décret du 2 septembre 1879 rapportant le décret de 1866. *Aligne-
                    ments.*
                Décret du 9 avril 1851. *Dénomination actuelle.*
                    Obs. — Précédemment rue de Touraine.
            Orig. — Le baron Guillaume Dupuytren, chirurgien (1777-1835) ; voisinage de l'Ecole de Médecine.

DUQUESNE (Avenue). . . . . . . **VIIᵉ Arrondissement** . . . . 27ᵉ et 28ᵉ Quartiers.
1138   **Commence** avenue de La Motte-Picquet, 43. — **Finit** rue Eblé, 10.   (l. 53. — P. 52.)
            Long^r : 807^m,00.
            Larg^r : 36^m,00. — Décret du 23 août 1858 (U. P.). *Ouverture* et *Alignements* entre l'avenue
                    de La Motte-Picquet et l'avenue de Ségur.
            Id.   36^m,00. — Décret du 29 juin 1863 (U. P.). *Ouverture* et *Alignements* entre l'avenue
                    de Ségur et l'avenue de Breteuil.
                    Obs. — La partie comprise entre l'avenue de Breteuil et la rue Eblé a été
                        ouverte par la Ville sur des terrains acquis pour les abords de
                        l'église Saint François Xavier.
                Arrêté préfectoral du 27 mai 1865. *Nivellement* entre les avenues
                    de Ségur et de Breteuil.
                Arrêté préfectoral du 7 avril 1873. *Nivellement* entre l'avenue de
                    Breteuil et la rue Eblé.
                Décret du 24 août 1864. *Dénomination actuelle.*
                    Obs. — Précédemment avenue de l'Alma (rive gauche).
            Orig. — Abraham Duquesne, lieutenant-général des armées navales (1610-1688).

DURANCE (Rue de la). . . . . . **XIIᵉ Arrondissement** . . . . 46ᵉ Quartier.
                    Anciennement commune de Bercy.
1139   **Commence** rue de la Brèche aux Loups, 27. — **Finit** boulevard de Reuilly, 26. (l.7.—P.10.)
            Long^r : 203^m,00.
            Larg^r : 4^m,00. — Délibérations du conseil municipal du 24 septembre 1839. *Aligne-
                    ments* projetés.
                Décret du 23 mai 1863. *Classement* (confirmation).
                Arrêté préfectoral du 1er février 1877. *Dénomination actuelle.*
                    Obs. — Précédemment ruelle des Trois Chandelles.
            Orig. — Rivière du bassin du Rhône.

DURANTI (Passage) . . . . **XIᵉ Arrondissement** . . . . 43ᵉ Quartier.
1140   **Commence** rue de la Folie Regnault, 46. — **Finit** passage René.
            Long^r : 56^m,00.
            Larg^r : 10^m,00 environ.   (*Voie privée.*)
            Orig. — *Voir rue Duranti.*

DURANTI (Rue). . . . . **XIᵉ Arrondissement** . . . . 43ᵉ Quartier.
1141   **Commence** rue Saint Maur, 20. — **Finit** rue de la Folie Regnault, 45.   (l. 11. — P. 10.)
            Long^r : 285^m,00.
            Larg^r : 13^m,00. — Décret du 11 juillet 1880. *Ouverture* et *Alignements.*
                Décret du 2 mars 1864. *Dénomination.*
            Orig. — Jean-Etienne Duranti, président du Parlement de Toulouse (1534-1589) ; groupe de noms de magistrats, autour
                des prisons de la rue de la Roquette.

DURANTIN (Rue) **. . . . . . **XVIIIᵉ Arrondissement** . . . . 69ᵉ Quartier.
                    Anciennement commune de Montmartre.
1142   **Commence** rue de Ravignan, 1. — **Finit** rue Lepic, 64.   (l. 31. — P. 28.)
            Long^r : 345^m,00.   (l. 5. — P. 18.)
            Larg^r : 10^m,00. — Décret du 22 mai 1876. *Classement, Alignements* et *Nivellement* entre
                    la rue Garreau et la rue Tholozé.
                Le surplus est voie privée.
                    Obs. — Précédemment rue Bastien et passage Masson.
            Orig. — Nom de propriétaire.

DURANTON (Rue) . . . . **XV⁰ Arrondissement** . . . . **60⁰ Quartier.**
Anciennement commune de Vaugirard.
1143   **Commence** rue de Lourmel, 131. — **Finit** rue Lecourbe, 276.
    Long^r : 425^m,00.
    Larg^r : 9^m,75. — *Voie privée*, fermée au milieu par une barrière.
        Décret du 10 février 1873. *Dénomination* actuelle.
        Obs. — Précédemment passage de l'Industrie.
Orig. — Duranton, voyageur, mort à Bakel (Sénégal) en 1840.

DURAS (Rue de) . . . . **VIII⁰ Arrondissement** . . . . **31⁰ Quartier.**
1144   **Commence** rue du Faubourg Saint Honoré, 76. — **Finit** rue Montalivet, 13. (l. 9. — P. 10.)
    Long^r : 83^m,00.
    Larg^r : 7^m,89. — Décision ministérielle du 29 thermidor an XI.
    Id. 10^m,00. — Ord. royale du 27 septembre 1836. *Alignements.*
Orig. — Ouverte, en 1723, sur l'emplacement de l'hôtel de Duras.

DURCHON (Impasse) . . . . **XV⁰ Arrondissement** . . . . **60⁰ Quartier.**
Anciennement commune de Grenelle.
1145   **Située** rue de Javel, 169.
    Long^r : 34^m,00.
    Larg^r : 4^m,00 environ.   (*Voie privée.*)
Orig. — Nom du propriétaire.

DUREL (Cité) **. . . . . **XVIII⁰ Arrondissement** . . . . **69⁰ Quartier.**
Anciennement commune de Saint Ouen.
1146   **Commence** rue Latérale, au nord du Chemin de fer de Ceinture, 20. — **Finit** en impasse.(P.30.)
    Long^r : 165^m,00.
    Larg^r : 2^m,00.   (*Voie privée.*)
Orig. — Nom de propriétaire.

DURET (Rue) . . . . **XVI⁰ Arrondissement** . . . . **64⁰ Quartier.**
Anciennement commune de Passy.
1147   **Commence** avenue du Bois de Boulogne, 38 *bis*. — **Finit** rues Pergolèse, 1, et Le Sueur, 27.
    Long^r : 310^m,00.   (l. 35. — P. 38.)
        Décret du 23 juillet 1851. *Classement* (route départementale n° 10).
        Décret du 23 mai 1863. *Classement* (confirmation).
    Larg^r : 12^m,00. — *Alignements* projetés. (Largeur actuelle.)
        Arrêté préfectoral du 18 juin 1866. *Nivellement.*
        Décret du 10 août 1868. *Dénomination* actuelle.
        Obs. — Précédemment partie de la rue de la Pompe, route départementale n° 10.
Orig. — Francisque-Joseph Duret, statuaire (1804-1865); quartier où ont été groupés des noms d'artistes.

DURIS (Rue) **. . . . . **XX⁰ Arrondissement** . . . . **79⁰ Quartier.**
Anciennement commune de Belleville.
1148   **Commence** rue des Amandiers, 39. — **Finit** rue des Cendriers, 26.   (l. 33. — P. 30.)
    Long^r : 206^m,00.
    Larg^r : 7^m,00. — Ord. royale du 28 février 1837. *Alignements.*
        Décret du 23 mai 1863. *Classement* (confirmation).
        Arrêté préfectoral du 3 juin 1860. *Nivellement.*
Orig. — Ancien nom.

DURMAR (Cité) . . . . **XI⁰ Arrondissement.** . . . . **42⁰ Quartier.**
1149   **Située** rue Oberkampf, 154.   (l. 11. — P. 11.)
    Long^r : 120^m,00.
    Larg^r : 3^m,70.   (*Voie privée.*)
Orig. — Nom du propriétaire.

DUROC (Rue). . . . . **VII⁰ Arrondissement** . . . . **27⁰ Quartier.**
1150   **Commence** boulevard des Invalides, 52. — **Finit** place de Breteuil, 1.   (l. 15. — P. 26.)
    Long^r : 236^m,00.
    Larg^r : 17^m,55. — Ord. royale du 26 février 1844. *Alignements.*
        Ord. royale du 17 septembre 1847. *Dénomination* actuelle.
        Obs. — Précédemment Petite rue des Acacias.
Orig. — Gérard-Christophe-Michel Duroc, duc de Frioul, général de division, grand maréchal du palais impérial (1772-1813) ; voisinage de l'École Militaire.

21

DUROUCHOUX (Rue) **..... **XIV**e ARRONDISSEMENT. . . . . 55e QUARTIER.

1151 **Commence** place de Montrouge. — **Finit** rue Brézin et avenue du Maine.

Long^r : 120^m,00.

Larg^r : 12^m,00. — *Voie ouverte* par la Ville de Paris.

DÉCRET DU 10 FÉVRIER 1875. *Dénomination.*

ORIG. — Durouchoux, colonel de la garde nationale, tué à la tête du régiment qu'il venait de reformer, pour seconder les efforts de l'armée, lors de la reprise de Paris (mai 1871).

DURY (Impasse) **. . . . . **XV**e ARRONDISSEMENT . . . . 57e QUARTIER.

Anciennement communes de Vaugirard et de Vanves.

1152 **Située** chemin des Péricheux.

Long^r : 120^m,00.

Larg^r : 4^m,00 environ.   (*Voie privée.*)

ORIG. — Nom du propriétaire.

DU SOMMERARD (Rue) . . . . . **V**e ARRONDISSEMENT. . . . . 20e QUARTIER.

1153 **Commence** rue des Carmes, 6. — **Finit** boulevard Saint Michel, 25.   (I. 35. — P. 24.)

Long^r : 360^m,00.

Larg^r : 12^m,00. — DÉCRET DU 11 AOUT 1855 (U. P.). *Prolongement* entre la rue des Carmes et la rue de la Sorbonne.

Id.   10^m,00. — DÉCRET DU 11 AOUT 1855 (U. P.). *Rectification* entre la rue de la Sorbonne et le boulevard Saint Michel.

OBS. — Il pourra être procédé, par mesures ordinaires de voirie, au droit des n°s 16 à 22.

ARRÊTÉ PRÉFECTORAL DU 27 AOUT 1859. *Nivellement* entre la propriété Bugnot et la rue Saint Jacques.

ARRÊTÉ PRÉFECTORAL DU 26 JUILLET 1864. *Nivellement* du surplus.

DÉCRET DU 27 FÉVRIER 1867. *Dénomination actuelle.*

OBS. — Précédemment rue des Mathurins Saint Jacques.

ORIG. — Alexandre Du Sommerard (1779-1842), antiquaire, fondateur du Musée de Cluny, situé dans cette rue.

DUSSOUBS (Rue) . . . . . . **II**e ARRONDISSEMENT. . . . . 8e QUARTIER.

1154 **Commence** rue Tiquetonne. — **Finit** rue Thévenot.

Long^r : 234^m,00.

Larg^r : 7^m,00. — DÉCISION MINISTÉRIELLE DU 19 PLUVIÔSE, AN VIII.

Id.   10^m,00.   ORD. ROYALE DU 21 JUIN 1826. *Alignements.*

DÉCRET DU 9 MAI 1881. *Dénomination actuelle.*

OBS. — Précédemment rue des Deux Portes Saint Sauveur.

ORIG. — Denis Gaston-Dussoubs, tué le 4 décembre 1851, sur une barricade de la rue Montorgueil, en protestant contre le coup d'Etat.

DUTOT (Rue) **. . . . . **XV**e ARRONDISSEMENT. . . . . 57e et 58e QUARTIERS.

Anciennement commune de Vaugirard.

1155 **Commence** ruelle Volontaire. — **Finit** place d'Alleray.   (I. 35. — P. 36.)

Long^r : 375^m,00.

Larg^r : 10^m,00. — DÉCRET DU 28 JANVIER 1878. *Classement, Alignements et Nivellement* entre la rue Régnier et la rue de la Procession.

Larg^r : 10^m,00. — DÉCRET DU 31 MAI 1876. *Classement, Alignements et Nivellement* entre la rue de la Procession et la place d'Alleray.

OBS. — Il existe un projet de prolongement entre la rue Régnier et le boulevard de Vaugirard.

ARRÊTÉ PRÉFECTORAL DU 28 DÉCEMBRE 1877. *Nivellement.*

ORIG. — Nom du propriétaire.

DUVIVIER (Rue) . . . . **VII**e ARRONDISSEMENT . . . . 28e QUARTIER.

1156 **Commence** rue de Grenelle, 159. — **Finit** avenue de la Motte-Picquet, 22.   (I. 25. P. 30.)

Long^r : 228^m,00.

Moindre larg^r : 10^m,00.   (*Voie privée.*)

OBS. — Précédemment cité Laurent de Jussieu.

ORIG. — Franciade-Fleurus Duvivier, général de division, tué sur les barricades (1794-1848).

EAUX (Passage des)². . . . . . . **XVI**ᵉ ARRONDISSEMENT . . . . 62ᵉ QUARTIER.
Anciennement commune de Passy.
1157 **Commence** quai de Passy, 24. — **Finit** rue Raynouard, 11. (I. 11. — P. 8.)
Long^r : 210^m,00.
Moindre larg^r : 2^m,00. (*Voie privée.*)
ORIG. — Voisinage de la source ferrugineuse de Passy.

EAUX-DE-VIE (Préau des) . . . . **V**ᵉ ARRONDISSEMENT . . . . 17ᵉ QUARTIER.
1158 **Commence** rue de Bourgogne. — **Finit** rue de Touraine.
Long^r : 355^m,00.
OBS. — Voie privée appartenant à la Ville et située dans la Halle aux Vins.
ORIG. — Doit son nom à sa situation.

ÉBLÉ (Rue) . . . . **VII**ᵉ ARRONDISSEMENT . . . . 27ᵉ QUARTIER.
1159 **Commence** boulevard des Invalides, 40. — **Finit** avenue de Breteuil, 35. (I. 17. — P. 14.)
Long^r : 200^m,00.
Larg^r : 10^m,00. — DÉCISION MINISTÉRIELLE DU 10 FRIMAIRE AN XI. *Alignements.*
Id. 13^m,00. — ORD. ROYALE DU 26 FÉVRIER 1844. *Alignements.*
ARRÊTÉ PRÉFECTORAL DU 7 AVRIL 1873. *Nivellement.*
DÉCRET DU 23 JUIN 1881. *Dénomination* actuelle.
OBS. — Précédemment rue Neuve Plumet.
ORIG. — Jean-Baptiste Eblé, général de division (1758-1812).

ÈBRE (Rue de l')** . . . . **XIII**ᵉ ARRONDISSEMENT . . . . 51ᵉ QUARTIER.
Anciennement commune de Gentilly.
1160 **Commence** rue de la Glacière, 122. — **Finit** rue de la Santé, 125. (I. 5. — P. 6.)
Long^r : 45^m,00.
Larg^r : 8^m,00. — ARRÊTÉ PRÉFECTORAL DU 9 MARS 1837. *Alignements.*
DÉCRET DU 23 MAI 1863. *Classement* (confirmation).
ARRÊTÉ PRÉFECTORAL DU 14 JANVIER 1867. *Nivellement.*
ARRÊTÉ PRÉFECTORAL DU 1ᵉʳ FÉVRIER 1877. *Dénomination* actuelle.
OBS. — Précédemment Petite Rue Sainte Anne.
ORIG. — Fleuve d'Espagne; groupe géographique avoisinant la Bièvre.

ÉCHAUDÉ (Rue de l') . . . . . . **VI**ᵉ ARRONDISSEMENT . . . . 24ᵉ QUARTIER.
1161 **Commence** rue de Seine, 40. — **Finit** boulevard Saint Germain, 166. (I. 33. — P. 28.)
Long^r : 200^m,00.
Larg^r : 8^m,00. — DÉCISION MINISTÉRIELLE DU 8 NIVÔSE AN IX. *Alignements.*
Moindre larg^r : 12^m,00. — ORD. ROYALE DU 30 AVRIL 1844. *Alignements* et *Suppression* de l'îlot
entre la rue de l'Échaudé et le passage de la Petite Boucherie,
et partie de l'îlot à la suite, entre la rue de l'Échaudé et la rue
Cardinale.
ORIG. — Îlot de maisons en forme d'échaudé, pâtisserie triangulaire.

ÉCHELLE (Rue de l') . . . . . . **I**ᵉʳ ARRONDISSEMENT . . . . 3ᵉ QUARTIER.
1162 **Commence** rue de Rivoli, 182. — **Finit** avenue de l'Opéra, 3. (I. 11 — P. 20.)
Long^r : 150^m,00.
Larg^r : 22^m,00. — DÉCRET DU 29 MAI 1854. *Alignements.*
ARRÊTÉS PRÉFECTORAUX DES 12 JUILLET ET 3 JUIN 1855. *Nivellement* entre
la rue de Rivoli et la rue Saint Honoré.
ARRÊTÉ PRÉFECTORAL DU 30 MAI 1868. *Nivellement* entre la rue Saint
Honoré et l'avenue de l'Opéra.
OBS. — Précédemment rue des Frondeurs (partie).
ORIG. — Les évêques de Paris y avaient autrefois une échelle patibulaire (signe de haute justice).

ÉCHIQUIER (Rue de l') . . . . . . **X**ᵉ Arrondissement . . . . 38ᵉ Quartier.
1163   **Commence** rue du Faubourg Saint Denis, 33. — **Finit** rue du Faubourg Poissonnière , 18.
　　　　Long^r : 396^m,00.   (l. 53. — P. 48.)
　　　　Larg^r : 9^m,74. — Décision ministérielle du 28 juillet 1821. *Alignements.*
　　ORIG. — Maison dite de l'Échiquier.

ÉCLUSES SAINT-MARTIN (Rue des)⁽⁾. **X**ᵉ Arrondissement . . . . 40ᵉ Quartier.
1164   **Commence** rue de la Grange aux Belles, 49. — **Finit** rue du Faubourg Saint Martin, 198.
　　　　Long^r : 520^m,00.   (l. 47. — P. 61.)
　　Moindre larg^r : 10^m,00. — Décision ministérielle du 3 pluviôse an XI. *Alignements.*
　　　　Larg^r : 13^m,00. — Décret du 25 juin 1849. *Alignements.*
　　　　　　　　Décision ministérielle du 28 février 1831. *Dénomination actuelle.*
　　　　　　　　Obs. — Précédemment rue des Morts.
　　ORIG. — Doit son nom aux écluses du canal.

ÉCOLE (Place de l') . . . . **I**ᵉʳ Arrondissement . . . . 1ᵉʳ Quartier.
1165   **Commence** quai du Louvre, 12. — **Finit** rue des Prêtres Saint Germain l'Auxerrois, 7.
　　　　Long^r : 31^m,00.   (l. 5. — P. 8.)
　　　　Larg^r : 22^m,00. — Décision ministérielle du 13 floréal an IX. *Alignements.*
　　　　Id.   19^m,00. — Ord. royale du 3 novembre 1835. *Alignements.*
　　ORIG. — Doit son nom aux anciennes écoles du cloître de Saint Germain l'Auxerrois.

ÉCOLE DE MÉDECINE (Place de l') **VI**ᵉ Arrondissement . . . . 22ᵉ Quartier.
1166   **Comprise** dans la rue de l'École de Médecine, entre les numéros 15 et 23.
　　ORIG. — Située devant l'École de Médecine.

ÉCOLE DE MÉDECINE (Rue de l'). **VI**ᵉ Arrondissement . . . . 21ᵉ ET 22ᵉ Quartiers.
1167   **Commence** rue Racine et boulevard Saint Michel, 26. — **Finit** rue Dupuytren, 1.
　　　　Long^r : 242^m,00.   (l. 29. — P. 8.)
　　　　Larg^r : 9^m,00. — Décision ministérielle du 24 messidor an V. *Alignements.*
　　Moindre larg^r : 10^m,00. — Ord. royale du 27 septembre 1836. *Alignements* depuis le boulevard
　　　　　　　　Saint Michel et la rue Racine, jusqu'au carrefour de l'Odéon et à
　　　　　　　　la rue de l'Ancienne Comédie.
　　　　Larg^r : 9^m,00. — Décision ministérielle du 24 messidor an V. *Alignements.*
　　　　Id.   11^m,00. — Ord. royale du 27 mars 1831. *Alignements* entre le carrefour de
　　　　　　　　l'Odéon et la rue de l'Ancienne Comédie, et les rues de Montfau-
　　　　　　　　con et de Buci.
　　　　Id.   20^m,00. — Décret du 28 juillet 1866 (U.P.). *Élargissement* entre le boulevard
　　　　　　　　Saint-Michel et la rue Dupuytren.
　　　　　　　　Décret du 27 novembre 1876 (U.P.). *Agrandissement* du périmètre
　　　　　　　　de l'École de Médecine.
　　　　　　　　Décret du 2 septembre 1879. *Modifiant* l'alignement au droit de la
　　　　　　　　clinique de la Faculté de Médecine, jusqu'au boulevard Saint
　　　　　　　　Germain.
　　　　　　　　Décision ministérielle du 5 octobre 1846. *Dénomination actuelle.*
　　　　　　　　Obs. — Précédemment rues de l'École de Médecine et des Boucheries.
　　ORIG. — *Voir place de l'École de Médecine.*

ÉCOLE POLYTECHNIQUE (Rue de l'). **V**ᵉ Arrondissement . . . . 20ᵉ Quartier.
1168   **Commence** rue de la Montagne Sainte Geneviève, 52. — **Finit** rues Valette, 1, et des Carmes, 29.
　　　　Long^r : 123^m,00.   (l. 19. — P. 22.)
　　　　Larg^r : 10^m,00. — Ord. royale du 8 novembre 1844 (U.P.). *Ouverture* et *Alignements*
　　　　　　　　et fixation de la hauteur des maisons riveraines à 16^m,50, au
　　　　　　　　débouché de la voie, en face de l'École Polytechnique.
　　ORIG. — Conduit à l'école polytechnique.

ÉCOLES (Rue des) . . . . **V**ᵉ Arrondissement . . . . 17ᵉ ET 20ᵉ Quartiers.
1169   **Commence** rue du Cardinal Lemoine, 30. — **Finit** boulev Saint Michel, 25. (l. 53. — P. 62.)
　　　　Long^r : 765^m,00.
　　　　Larg^r : 20^m,00. — Décrets des 24 juillet 1852 et 11 août 1855 (U.P.). *Ouverture* et
　　　　　　　　Alignements.

ÉCOLES (Rue des). *(Suite.)*

       ARRÊTÉ PRÉFECTORAL DU 16 JUILLET 1866. *Nivellement* entre la rue du Cardinal Lemoine et la rue Saint Nicolas du Chardonnet

       ARRÊTÉ PRÉFECTORAL DU 21 SEPTEMBRE 1858. *Nivellement* entre les rues Saint Nicolas du Chardonnet et Jean de Beauvais.

ORIG. — Ouverte à travers le quartier des Écoles.

ÉCOLIERS (Passage des) . . . . . **XV**ᵉ ARRONDISSEMENT . . . . 59ᵉ QUARTIER.

            Anciennement commune de Grenelle.

1170   **Commence** rue Violet, 75. — **Finit** passage des Entrepreneurs, 3.

    Longʳ : 140ᵐ,00.

    Largʳ : 5ᵐ,60 environ.   (*Voie privée.*)

       ARRÊTÉ PRÉFECTORAL DU 1ᵉʳ FÉVRIER 1877. *Dénomination* actuelle.

         OBS. — Précédemment passage des Écoles.

ORIG — Chemin conduisant à des écoles.

ÉCOSSE (Rue d') . . . . **V**ᵉ ARRONDISSEMENT . . . . 20ᵉ QUARTIER.

1171   **Commence** rue de Lanneau, 5. — **Finit** en impasse.   (I. 5 — P. 6.)

    Longʳ : 55ᵐ,00.

    Largʳ : 7ᵐ,00. -- DÉCISION MINISTÉRIELLE DU 13 JUIN 1807. *Alignements.*

    Id.   8ᵐ,00. — ORD. ROYALE DU 5 JUIN 1846. *Alignements.*

       DÉCRET DU 11 AOUT 1855 (U.P.). *Suppression* pour la formation des abords de la rue des Écoles.

       DÉCRET DU 26 JUILLET 1880, rapportant le décret précédent entre la rue de Lanneau et le collège Sainte Barbe.

         OBS. — Ce décret réduit la voie à l'état d'impasse et sa longueur à 35 mètres environ.

ORIG. — Voisinage du collège des Écossais, fondé primitivement rue des Amandiers.

ÉCOUFFES (Rue des) . . . . . . **IV**ᵉ ARRONDISSEMENT . . . . 14ᵉ QUARTIER.

1172   **Commence** rue de Rivoli, 26. — **Finit** rue des Rosiers, 21.   (I. 27. — P. 24.)

    Longʳ : 164ᵐ,00.

    Largʳ : 12ᵐ,00. — DÉCRET DU 29 SEPTEMBRE 1854 (U.P.). *Élargissement* de la rue Tiron, entre la rue de Rivoli et la rue du Roi de Sicile.

    Id.   7ᵐ,00. — DÉCISION MINISTÉRIELLE DU 8 PRAIRIAL AN VII. *Alignements* entre la rue du Roi de Sicile et la rue des Rosiers.

    Id.   10ᵐ,00. — ORD. ROYALE DU 16 AOUT 1836. *Alignements* entre la rue du Roi de Sicile et la rue des Rosiers.

         OBS. — Précédemment rue Tiron (partie) et rue des Écouffes.

ORIG. — Doit son nom à un commerce spécial ou à une enseigne ; le mot écouffe signifiait à la fois étoffe et oiseau de proie.

ÉCURIES D'ARTOIS (Rue des) . **VIII**ᵉ ARRONDISSEMENT . . . . 30ᵉ QUARTIER.

1173   **Commence** rue La Boëtie, 96. — **Finit** rue Washington, 52.   (I. 44. — P. 45.)

    Longʳ : 373ᵐ,00.

    Largʳ : 13ᵐ,00. — DÉCISION MINISTÉRIELLE DU 11 MAI 1822. *Alignements.*

    Id. : 13ᵐ,00. — ORD. ROYALE DU 8 JANVIER 1823 (U.P.). *Élargissement* entre la rue de La Boëtie et la rue Washington.

       DÉCRET DU 2 JUILLET 1864. *Modification* des pans coupés au débouché sur la rue Washington.

       ORD. ROYALE DU 8 JANVIER 1823. *Dénomination* actuelle.

         OBS. — Précédemment rue Neuve de Poitiers.

ORIG. — Ouverte sur les terrains et derrière les écuries du comte d'Artois.

ÉCUYERS (Sentier des) . . . . . **XX**ᵉ ARRONDISSEMENT . . . . 80ᵉ QUARTIER.

            Anciennement commune de Charonne.

1174   **Commence** rue de la Croix Saint Simon, 23. — **Finit** rue des Orteaux, 70, et se prolonge en impasse vers la rue d'Avron.

    Longʳ : 268ᵐ,00.

    Moindre largʳ : 1ᵐ,75.

       DÉCRET DU 23 MAI 1863. *Classement.*

         OBS. — Le sol de ce sentier qui s'étendait autrefois de la rue d'Avron à la rue des Orteaux, a été en grande partie réoccupé par les riverains.

ORIG. — Voisinage de l'impasse des Chevaliers.

EDGAR QUINET (Boulevard)**. . **XIV**e Arrondissement. . . . . 53e Quartier.
Anciennement commune de Montrouge, du côté des numéros impairs.

1175 **Commence** boulevard d'Enfer, 232. — **Finit** place du Maine et rue du Viaduc, 1.
Long^r : 650^m,00. (I. 85. — P. 76.)
Larg^r : 15 toises. — *Alignements* des anciens boulevards de ⎫
     Montrouge et de Vanves. ⎪ Ord. du bureau des finances
  Id. 36 pieds. — *Alignements* des anciens chemins de ⎬ du 16 janvier 1789.
     ronde d'Enfer et du Montparnasse. ⎭
     Ord. royale du 14 février 1847. *Alignements* des anciens chemins
     de ronde d'Enfer et du Montparnasse.
     Décret du 23 mai 1863. *Classement* (confirmation).
  Id. 42^m,00. — Arrêté préfectoral du 3 août 1866. *Alignements*.
     Arrêté préfectoral du 16 août 1879. *Dénomination* actuelle.
     Obs. — Précédemment boulevard de Montrouge.
Orig. — Edgar Quinet, écrivain et représentant du peuple (1803-1875).

ÉDIMBOURG (Rue d'). . . . . . **VIII**e Arrondissement. . . . . 32e Quartier.
1176 **Commence** rues de Rome, 50, et de Constantinople, 3. — **Finit** rue du Rocher, 68.
Long^r : 230^m,00. (I. 31. — P. 34.)
Larg^r : 12^m,00. — Arrêté préfectoral du 25 janvier 1870. *Classement* et *Alignements*.
    Arrêté préfectoral du 5 août 1869. *Nivellement*.
    Arrêté préfectoral du 1er février 1877. *Dénomination*.
Orig. — Capitale de l'Écosse ; voisinage de la place de l'Europe.

EGINHARD (Rue). . . . . **IV**e Arrondissement . . . . 14e Quartier.
1177 **Commence** rue Saint Paul, 33. — **Finit** rue Charlemagne, 6. (P. 8.)
Long^r : 39^m,00.
Larg^r : 4^m,00. — Décision ministérielle du 8 prairial an VII. *Alignements*.
    Ord. royale du 4 août 1838. *Démolition* de l'îlot compris entre les
    rues Neuve Sainte Anastase, des Prêtres Saint Paul, des Barres et
    du Fauconnier, pour la formation d'une place.
    Décret du 24 août 1864. *Dénomination* actuelle.
    Obs. — Précédemment rue Neuve Sainte Anastase.
Orig. — Eginhard, historien de Charlemagne (771-844) ; voisinage du lycée Charlemagne.

ÉGLANTIERS (Rue des)**. . . . . **XX**e Arrondissement . . . . 79e Quartier.
Anciennement commune de Belleville.
1178 **Commence** rue des Cendriers, 33. — **Finit** rue des Panoyaux, 36. (I. 5. — P. 2)
Long^r : 105^m,00.
Larg^r : 4^m,00 environ. (*Voie privée.*)
    Arrêté préfectoral du 10 novembre 1873. *Dénomination* actuelle.
    Obs. — Précédemment passage des Rosiers.
Orig. — Dénomination substituée à celle de rue des Rosiers.

ÉGLISE (Impasse de l'). . . . . . **XV**e Arrondissement. . . . . 60e Quartier.
Anciennement commune de Grenelle.
1179 **Située** rue de l'Église, 85.
Long^r : 54^m,00.
Larg^r : 3^m,85 environ. (*Voie privée.*)
Orig. — Voir rue de l'Église.

ÉGLISE (Pourtour de l') . . . . . . **XV**e Arrondissement . . . . 60e Quartier
Anciennement commune de Grenelle.
1180 **Commence** rue de l'Abbé Groult, 2. — **Finit** rue des Entrepreneurs, 98. (I. 5. — P. 10.
Long^r : 159^m,00.
    Décret du 23 mai 1863. *Classement* (confirmation).
Larg^r : 12^m,00. — Décret du 8 juin 1870. *Alignements*.
    Décision préfectorale du 15 septembre 1866. *Nivellement*.
    Obs. — Précédemment place de l'Église.
Orig. — Voir rue de l'Église.

ÉGLISE (Rue de l'). . . . . **XV**e ARRONDISSEMENT . . . . 60e QUARTIER.
Anciennement commune de Grenelle.
1181   **Commence** rue Saint Charles, 105. — **Finit** pour tour de l'Église, 6.   (I. 27. — P. 92.)
         Long^r : 688^m,00.
                     DÉCRET DU 23 MAI 1863. *Classement* (confirmation).
         Larg^r :   12^m,00. — DÉCRET DU 8 JUIN 1870. *Alignements.*
                  DÉCISION PRÉFECTORALE DU 15 SEPTEMBRE 1866. *Nivellement.*
   ORIG. — Située devant l'église Saint Jean-Baptiste.

ÉGOUT (Impasse de l') . . . . **X**e ARRONDISSEMENT. . . . . 39e QUARTIER.
1182   **Située** rue du Faubourg Saint Martin, 23.
         Long^r :   28^m,00.
         Larg^r :   7^m,00. — DÉCISION MINISTÉRIELLE DU 16 FLORÉAL AN X. *Alignements.*
   ORIG. — Doit son nom à une dérivation du grand égout dans les fossés de la ville.

ÉLISA-BOREY (Rue)**. . . . . . **XX**e ARRONDISSEMENT . . . . 79e QUARTIER.
Anciennement commune de Belleville.
1183   **Commence** rue des Amandiers, 68. — **Finit** en impasse.   (I. 5 *bis* — P. 11.)
         Long^r : 102^m,00.
         Larg^r :   7^m,50 environ.   (*Voie privée.*)
   ORIG. — Nom de propriétaire.

ÉLOI-THIÉBAULT (Impasse)**. . **XV**e ARRONDISSEMENT . . . . 37e QUARTIER.
Anciennement commune de Vaugirard.
1184   **Située** rue des Morillons, 18.   (I. 15. — P. 11.)
         Long^r : 115^m,00.
   Moindre larg^r :   5^m,00.   (*Voie privée.*)
                ARRÊTÉ PRÉFECTORAL DU 1er FÉVRIER 1877. *Dénomination* actuelle.
                     OBS. — Précédemment impasse Malakoff.
   ORIG. — Nom de propriétaire.

ÉLYSÉE (Rue de l'). . . . . **VIII**e ARRONDISSEMENT. . . . . 31e QUARTIER.
1185   **Commence** avenue Gabriel, 26. — **Finit** rue du Faubourg Saint Honoré, 49.   (P. 22.)
         Long^r : 220^m,00.
         Larg^r :   12^m,00. — DÉCRET DU 21 JUILLET 1860 (U. P.). *Ouverture* et *Alignements.* (Cons-
            tructions symétriques obligatoires.)
                  DÉCISION PRÉFECTORALE DU 3 OCTOBRE 1860. *Nivellement.*
   ORIG. — Longe le palais et le jardin de l'Élysée.

ÉLYSÉE DES BEAUX-ARTS (Passage de l').**
                XVIIIe ARRONDISSEMENT . . . . 69e QUARTIER.
Anciennement commune de Montmartre.
1186   **Commence** boulevard de Clichy, 22. — **Finit** rue des Abbesses, 21.   (I. 41. — P. 24.)
         Long^r : 280^m,00.
   Moindre larg^r :   5^m,00.   (*Voie privée.*)
   ORIG. — Doit son nom au bal public de l'Élysée des Beaux-Arts.

ELZÉVIR (Rue) . . . . **III**e ARRONDISSEMENT . . . . 11e QUARTIER.
1187   **Com.** r. des Francs Bourgeois, 22. — **Fin.** pl. de Thorigny, 3, et r. du Parc Royal, 19. (I. 11.—P. 16.)
         Long^r : 167^m,00.
         Larg^r 8^m,00. — DÉCISION MINISTÉRIELLE DU 13 FRUCTIDOR AN VII. *Alignements.*
         Id.   10^m,00. — ORD. ROYALE DU 12 JUILLET 1837. *Alignements.*
                DÉCRET DU 27 FÉVRIER 1867. *Dénomination* actuelle.
                  OBS. — Précédemment rue des Trois Pavillons.
   ORIG. — Nom d'une famille d'imprimeurs hollandais (XVIe siècle); voisinage de l'Imprimerie Nationale.

ÉMÉLIE (Impasse). . . . . **XIX**ᵉ ARRONDISSEMENT. . . . . 73ᵉ QUARTIER.
Anciennement commune de La Villette.

1188   **Située** rue de Crimée, 164.
     Long' : 52ᵐ,00.
  Moindre larg' : 4ᵐ,00.   (*Voie privée.*)
  Oᴿɪɢ. — Prénom de Mᵐᵉ Dupuy, femme du propriétaire.

ÉMERIAU (Rue). . . . . **XV**ᵉ ARRONDISSEMENT . . . . 59ᵉ QUARTIER.
Anciennement commune de Grenelle.

1189   **Commence** rue des Usines, 6. — **Finit** rue Linois, 29.   (I. 23. — P. 16.)
     Long' : 580ᵐ,00.
     Larg' : 8ᵐ,00. — Dᴇᴄʀᴇᴛ ᴅᴜ 5 ɴᴏᴠᴇᴍʙʀᴇ 1880. *Alignements et Nivellement.*
          Dᴇᴄʀᴇᴛ ᴅᴜ 23 ᴍᴀɪ 1863. *Classement.*
          Aʀʀᴇ̂ᴛᴇ́ ᴘʀᴇ́ꜰᴇᴄᴛᴏʀᴀʟ ᴅᴜ 22 ꜰᴇ́ᴠʀɪᴇʀ 1866. *Nivellement.*
          Dᴇᴄʀᴇᴛ ᴅᴜ 24 ᴀᴏᴜᴛ 1864. *Dénomination actuelle.*
          Oʙs. — Précédemment rue de l'Industrie.
  Oᴿɪɢ. — Le comte Maurice-Julien Émeriau, vice-amiral (1762-1845); voisinage de l'École Militaire.

ÉMILE-LEPEU (Rue) . . . . . . **XI**ᵉ ARRONDISSEMENT . . . . 43ᵉ QUARTIER.

1190   **Commence** rue des Boulets, 84. — **Finit** passage Gustave Lepeu, 25.   (I. 19. — P. 10.)
     Long' : 183ᵐ,00.
     Larg' : 12ᵐ,00.   (*Voie privée.*)
  Oᴿɪɢ. — Ouverte sur la propriété de M. Émile Lepeu.

EMMERY (Rue) ⁑. . . . . **XX**ᵉ ARRONDISSEMENT . . . . 77ᵉ QUARTIER.

1191   **Commence** rue des Pyrénées, 308. — **Finit** rue des Rigoles, 66.
     Long' : 59ᵐ,00.
     Larg' : 12ᵐ,00. — *Alignements* projetés (largeur actuelle).
          Oʙs. — Voie ouverte par la Ville de Paris, lors de la création du marché
             de Belleville, sur des terrains expropriés pour le percement de
             la rue des Pyrénées.
          Dᴇᴄʀᴇᴛ ᴅᴜ 10 ᴀᴏᴜᴛ 1868. *Dénomination.*
  Oᴿɪɢ. — Henri-Charles Emmery de Sept Fontaines, ingénieur (1789-1842), auteur de grands travaux hydrauliques ; voisinage
     des réservoirs de la Dhuys.

ENCHEVAL (Sentier de l') ⁑. . . **XIX**ᵉ ARRONDISSEMENT . . . . 75ᵉ QUARTIER.
Anciennement commune de Belleville.

1192   **Commence** rue de La Villette, 96. — **Finit** rue des Annelets.   (I. 3. — P. 4.)
     Long' : 106ᵐ,00.
  Moindre larg' : 1ᵐ,00.   (*Voie privée.*)
  Oᴿɪɢ. — Lieu dit, en raison de la largeur du sentier, où ne pouvait passer qu'un seul cheval.

ENFANT JÉSUS (Impasse de l') ⁑. **XV**ᵉ ARRONDISSEMENT . . . . 58ᵉ QUARTIER.

1193   **Située** rue de Vaugirard, 148.   (I. 9. — P. 2.)
     Long' : 125ᵐ,00.
     Larg' : 8ᵐ,00. — Dᴇ́ᴄɪsɪᴏɴ ᴍɪɴɪsᴛᴇ́ʀɪᴇʟʟᴇ ᴅᴜ 26 ᴀᴠʀɪʟ 1808. *Alignements.*
          Aʀʀᴇ̂ᴛᴇ́ ᴘʀᴇ́ꜰᴇᴄᴛᴏʀᴀʟ ᴅᴜ 14 ᴊᴀɴᴠɪᴇʀ 1870. *Nivellement.*
  Oᴿɪɢ. — Située près de l'hôpital des Enfants Malades, autrefois de l'Enfant Jésus.

ENFER (Boulevard d') ⁑ . . . . . **XIV**ᵉ ARRONDISSEMENT . . . . 53ᵉ QUARTIER.
Anciennement commune de Montrouge (partie.)

1194   **Commence** boulev. du Montparnasse, 112, et r. Delambre, 1. — **Finit** pl. Denfert-Rochereau.
     Long' : 780ᵐ,00.   (I. 203-301. — P. 202-238.)
     Larg' : 15toises. — Oʀᴅ. ᴅᴜ ʙᴜʀᴇᴀᴜ ᴅᴇs ꜰɪɴᴀɴᴄᴇs ᴅᴜ 16 ᴊᴀɴᴠɪᴇʀ 1789. *Alignements* de
          l'ancien boulevard de Montrouge.
  Moindre larg' : 38ᵐ,40. — Oʀᴅ. ʀᴏʏᴀʟᴇ ᴅᴜ 12 ꜰᴇ́ᴠʀɪᴇʀ 1846. *Alignements* du côté des numéros
          pairs et de la partie du côté des numéros impairs, comprise
          entre la rue Delambre et le boulevard Edgar Quinet.
     Larg' : 70ᵐ,00 environ. — Aʀʀᴇ̂ᴛᴇ́ ᴘʀᴇ́ꜰᴇᴄᴛᴏʀᴀʟ ᴅᴜ 3 ᴀᴏᴜᴛ 1866. *Alignements* entre le
          boulevard Edgar Quinet et la place Denfert-Rochereau.
          Aʀʀᴇ̂ᴛᴇ́ ᴘʀᴇ́ꜰᴇᴄᴛᴏʀᴀʟ ᴅᴜ 30 ᴅᴇ́ᴄᴇᴍʙʀᴇ 1864. *Dénomination actuelle.*
          Oʙs. — Précédemment boulevards d'Enfer et de Montrouge.
  Oᴿɪɢ. — Doit son nom à la rue d'Enfer, aujourd'hui rue Denfert-Rochereau. Le nom d'Enfer lui venait soit du voisinage
     de l'hôtel de Vauvert, que l'on disait hanté par les diables, soit plus vraisemblablement de la dénomination
     de *Via inferior*, qui aurait désigné cette rue, située au-dessous de la rue Saint-Jacques.

ENFER (Boulevard d') (Prolongement)**. **VI**ᵉ Arrondissement . . . . 23ᵉ Quartier.
                                              VIIᵉ Arrondissement . . . . 25ᵉ Quartier.
1195   **Commence** boulevard Saint Germain 207. — **Finira** boulevard du Montparnasse et rue Bréa.
        Long.ᵣ : 1.355ᵐ,00.
        Larg.ᵣ :   30ᵐ,00. — *Alignements* projetés.
                    Obs. — Les parties actuellement exécutées sont :
                    1ᵉ Celle commençant boulevard Saint-Germain et se terminant en impasse sur
                      une longueur de 400ᵐ environ ;
                    2ᵉ La partie ouverte sur les terrains provenant de l'hospice des Petits-Ménages,
                      entre la rue Chomel et la rue de Sèvres, sur une longueur de 110ᵐ;
                    3ᵉ Une partie comprise entre la rue de Rennes et la rue de Vaugirard qui a été
                      exécutée sur des terrains expropriés lors du percement de la rue de Rennes ;
                      sa longueur, y compris la partie formant impasse, est de 105ᵐ.
        Orig. — *Voir* boulevard d'Enfer.

ENFER (Passage d') ** . . . . **XIV**ᵉ Arrondissement. . . . . 53ᵉ Quartier.
1196   **Commence** rue Campagne Première, 19. — **Finit** boulevard d'Enfer, 247.   (I. 5. — P. 20.)
        Long.ᵣ : 160ᵐ,00.
        Larg.ᵣ : 10ᵐ,00 environ.   (*Voie privée.*)
        Orig. — *Voir* boulevard d'Enfer.

ENGHIEN (Rue d') . . . . **X**ᵉ Arrondissement. . . . . 38ᵉ Quartier.
1197   **Commence** rue du Faubourg Saint Denis, 47. — **Finit** rue du Faubourg Poissonnière, 22.
        Long.ᵣ : 414ᵐ,00.   (I. 51. — P. 54.)
        Larg.ᵣ : 9ᵐ,74. — Décision ministérielle du 8 juillet 1824. *Alignements.*
        Orig. — Percée en 1773, a pris le nom d'un des fils du prince de Condé, né la même année, et fusillé à Vincennes en
                1804.

ENTREPOT (Rue de l') . . . . **X**ᵉ Arrondissement. . . . . 39ᵉ Quartier.
1198   **Commence** rue du Faubourg du Temple, 9. — **Finit** rue de Lancry, 42.   (I. 37. — P. 40.)
        Long.ᵣ : 430ᵐ,00.
        Larg.ᵣ : 13ᵐ,00. — Décret du 13 février 1856. *Prolongement* entre la rue du Faubourg
                    du Temple et la rue de la Douane.
        Moindre larg.ᵣ : 12ᵐ,00. — Ord. royale du 20 février 1825. *Ouverture* et *Alignements* entre la
                    rue de la Douane et la rue de Lancry.
                    Décision ministérielle du 21 juin 1844. *Dénomination.*
        Orig. — Voisinage de l'Entrepôt.

ENTREPRENEURS (Passage des) . **XV**ᵉ Arrondissement . . . . 59ᵉ Quartier.
                    Anciennement commune de Grenelle.
1199   **Commence** rue des Entrepreneurs, 89. — **Finit** place du Commerce, 3.   (I. 3. — P. 16.)
        Long.ᵣ : 93ᵐ,00.
        Larg.ᵣ : 5ᵐ,75 environ.   (*Voie privée.*)
        Orig. — *Voir* rue des Entrepreneurs.

ENTREPRENEURS (Rue des) . . . **XV**ᵉ Arrondissement . . . . 59ᵉ et 60ᵉ Quartiers.
                    Anciennement commune de Grenelle.
1200   **Commence** quai de Javel, 5. — **Finit** rue de la Croix Nivert, 100.   (I. 115. — P. 108.)
        Long.ᵣ : 1.230ᵐ,00.
        Larg.ᵣ :   12ᵐ,00. — Arrêté préfectoral du 21 février 1845. *Alignements* entre le quai de
                    Javel et la place Beaugrenelle.
                    Décret du 25 juillet 1854. *Classement* (route départementale n° 40).
        id.   12ᵐ,00. Décret du 3 octobre 1855. *Alignements* entre la place Beaugrenelle
                    et les rues Mademoiselle et de l'Abbé Groult.
                    Décret du 23 mai 1863. *Classement* confirmé entre le quai de Javel et
                    la rue de l'Abbé Groult.
        id.   12ᵐ,00. Décret du 9 mars 1880. *Classement, Alignements* et *Nivellement* du
                    surplus.
                    Arrêté préfectoral du 25 août 1864. *Nivellement* entre le quai de
                    Javel et la rue de Lourmel.
                    Arrêté préfectoral du 26 mars 1867. *Nivellement* entre les rues de
                    Lourmel et Mademoiselle.
        Orig. — Nom donné par les entrepreneurs du quartier de Grenelle.

ENVIERGES (Cité des). ** . . . . . **XX**ᵉ Arrondissement . . . . 77ᵉ Quartier.
                    Anciennement commune de Belleville.
1201   **Située** rue des Envierges, 15.   (I. 9. — P. 12.)
        Long.ᵣ : 90ᵐ,00.
        Larg.ᵣ : 3ᵐ,00 environ.   (*Voie privée.*)
        Orig. — *Voir* rue des Envierges.

22

ENVIERGES (Rue des) ** . . . . . **XX**ᵉ Arrondissement . . . . 77ᵉ Quartier.

Anciennement commune de Belleville.

1202 **Commence** rue Piat, 18. — **Finit** rue de la Mare, 26. (I. 43. — P. 50.)
Longʳ : 300ᵐ,00.

Décret du 15 août 1865. *Classement.*

Largᵗ : 12ᵐ,00. — *Alignements* projetés. (Largeur actuelle 10ᵐ,00 moindre.)
Arrêté préfectoral du 2 octobre 1867. *Nivellement.*

Orig. — Lieu dit.

ÉPARGNE (Passage de l') ** . . . . . **XIX**ᵉ Arrondissement . . . . 73ᵉ Quartier.

Anciennement commune de La Villette.

1203 **Commence** rue de Crimée, 131. — **Finit** rue d'Allemagne, 103. (I. 19. — P. 22.)
Longʳ : 143ᵐ,00.
Moyenne largᵗ : 4ᵐ,00. (*Voie privée.*)

Obs. — Précédemment passage Mouthiers.

Orig. — Société dite de l'Épargne, vendant ses immeubles par une location à la semaine.

ÉPÉE DE BOIS (Rue de l') ** . . . . . **V**ᵉ Arrondissement. . . . . 18ᵉ Quartier.

1204 **Commence** rue Monge, 86. — **Finit** rue Mouffetard, 89. (I. 19. — P. 18.)
Longʳ : 155ᵐ,00.
Largᵗ : 10ᵐ,00. — Décret du 30 juillet 1859 (U. P.). *Ouverture* et *Alignements* entre
la rue Monge et la rue Gracieuse.
Id. 7ᵐ,00. — Décision ministérielle du 28 ventôse an IX. *Alignements* entre la rue
Gracieuse et la rue Mouffetard.
Id. 10ᵐ,00. — *Alignements* projetés, déjà suivis d'exécution, pour la deuxième
partie.

Orig. — Dénomination tirée d'une enseigne.

ÉPERON (Rue de l') . . . . **VI**ᵉ Arrondissement . . . . 21ᵉ Quartier.

1205 **Commence** rue Saint André des Arts, 43. — **Finit** boulevard Saint Germain, 120.
Longʳ : 130ᵐ,00. (I. 11. — P. 12.)
Moindre largᵗ : 6ᵐ,00. — Décision ministérielle du 15 floréal an V. *Alignements.*
Largᵗ : 10ᵐ,00. — Ord. royale du 11 août 1844. *Alignements* entre la rue Saint André
des Arts et la rue du Jardinet.

Obs. — Le prolongement entre la rue du Jardinet et le boulevard Saint-
Germain a été exécuté par la Ville de Paris lors du percement dudit boulevard.

Orig. — Dénomination tirée d'une enseigne.

ÉPINETTES (Chemin des) . . . . **XVII**ᵉ Arrondissement. . . . . 68ᵉ Quartier.

Anciennement commune des Batignolles.

1206 **Commence** avenue de Saint Ouen, 121. — **Finit** rue des Épinettes. 34. (I. 57.)
Longʳ : 375ᵐ,00.

Décret du 23 mai 1863. *Classement.*

Largᵗ : 6ᵐ,00. — *Alignements* projetés. (Largeur actuelle 5ᵐ,60 moindre.)
Arrêté préfectoral du 23 janvier 1866. *Nivellement.*

Orig. — *Voir* rue des Épinettes.

ÉPINETTES (Impasse des) . . . . **XVII**ᵉ Arrondissement. . . . . 68ᵉ Quartier.

Anciennement commune des Batignolles.

1207 **Située** rue des Épinettes. (I. 5. — P. 18.)
Longʳ : 130ᵐ,00.
Largᵗ : 4ᵐ,00 environ. (*Voie privée.*)

Orig. — *Voir* rue des Épinettes.

ÉPINETTES (Passage des) . . . . **XVII**ᵉ Arrondissement. . . . . 68ᵉ Quartier.

Anciennement commune des Batignolles.

1208 **Commence** rue des Épinettes, 41. — **Finit** en impasse, au delà de la rue Pouchet.
Longʳ : 115ᵐ,00. (I. 21. — P. 20.)
Largᵗ : 4ᵐ,00. (*Voie privée.*)
Arrêté préfectoral du 10 novembre 1873. *Dénomination* actuelle.

Obs. — Précédemment passage Jacob.

Orig. — *Voir* rue des Épinettes.

ÉPINETTES (Passage des) . . . . **XVII**ᵉ Arrondissement . . . . 68ᵉ Quartier.
Anciennement commune des Batignolles.
1209   **Commence** rue des Épinettes. — **Finit** rue Berzélius prolongée, 14.   (l. 9. — P. 6.)
Long^r : 125^m,00.
Larg^r :   6^m,00.   (*Voie privée.*)
Orig. — *Voir* rue des Épinettes.

ÉPINETTES (Rue des) . . . . . . **XVII**ᵉ Arrondissement . . . . 68ᵉ Quartier.
Anciennement commune des Batignolles.
1210   **Commence** rue Marcadet, 330. — **Finit** boulevard Bessières.   (l. 55. — P. 36.)
Long^r : 445^m,00.
Moindre Larg^r : 10^m,00.
                    Arrêté préfectoral du 5 octobre 1857. *Classement.*
                    Décret du 23 mai 1863. *Classement* (confirmation).
Larg^r : 12^m,00. — *Alignements* projetés. (Largeur actuelle 10^m,00 moindre)
                    Arrêté préfectoral du 31 décembre 1864. *Nivellement.*
                         Obs. — Précédemment chemin des Épinettes ou des Fruits.
Orig. — Lieu dit.

ÉQUERRE (Rue de l') **. . . . . . **XIX**ᵉ Arrondissement . . . . 76ᵉ Quartier.
Anciennement commune de Belleville.
1211   **Commence** rue Rébeval, 73. — **Finit** rue Bolivar, 29, avec retour d'équerre formant impasse.
Long^r : 150^m,00.   (l. 11. — P. 22.)
Larg^r : 10^m,00.   (*Voie privée.*)
                    Arrêté préfectoral du 1ᵉʳ février 1877. *Dénomination* actuelle.
                         Obs. — Précédemment rue de l'Est-Pradier.
Orig. — Formée de deux parties en équerre.

ÉRARD (Rue) . . . . **XII**ᵉ Arrondissement . . . . 46ᵉ Quartier.
1212   **Commence** rues Chaligny 2, et de Charenton, 155. — **Finit** rue de Reuilly, 26. (l. 34.—P. 36.)
Long^r : 325^m,00.
Larg^r : 10^m,00. — Décision ministérielle du 21 prairial an x. *Alignements.*
Moindre larg^r : 12^m,00. — Ord. royale du 8 septembre 1847. *Alignements.*
Larg^r : 22^m,00. — *Alignements* projetés déjà suivis d'exécution.
                    Décret du 14 octobre 1834. *Nivellement.*
                    Décret du 24 août 1864. *Dénomination* actuelle.
                         Obs. — Précédemment Petite-Rue de Reuilly.
Orig. — Sébastien Érard, facteur de pianos et harpes (1752-1831) ; quartier manufacturier du Faubourg Saint Antoine.

ERLANGER (Rue). . . . . **XVI**ᵉ Arrondissement . . . . 61ᵉ Quartier.
1213   **Commence** rue d'Auteuil, 67. — **Finit** boulevard Murat.   (l. 41. — P. 50.)
Long^r : 970^m,00.
Larg^r : 12^m.00. — Décret du 30 novembre 1862 (U. P.). *Ouverture* et *Alignements* entre
                    la rue d'Auteuil et le boulevard Exelmans.
Id.   12^{m}00.   Arrêté préfectoral du 4 novembre 1869. *Alignements* entre le
                    boulevard Exelmans et le boulevard Murat.
                    Arrêté préfectoral du 29 novembre 1869. *Nivellement.*
                    Arrêté préfectoral du 19 août 1864. *Dénomination.*
Orig. — Tracée sur des terrains appartenant à une Société constituée par M. Erlanger, banquier.

ERMITAGE (Avenue de l') . . . . **XVI**ᵉ Arrondissement . . . . 61ᵉ Quartier.
Anciennement commune d'Auteuil.
1214   **Située** dans la villa de la Réunion, 18.   (P. 16.)
Long^r : 140^m,00.
Larg^r :   7^m,00.   (*Voie privée.*)
Orig. — Nom donné par le propriétaire, parce qu'elle conduit à un kiosque dit l'Ermitage.

ERMITAGE (Rue de l') ** . . . . . **XX**ᵉ Arrondissement . . . . 77ᵉ Quartier.
Anciennement commune de Belleville.
1215   **Commence** rue Ménilmontant, 99. — **Finit** rue des Rigoles, 82.   (l. 47. — P. 36.)
Long^r : 350^m,00.
Larg^r :   8^m,00. — Ord. royale du 21 juillet 1843. *Alignements* entre la rue de Ménil-
                    montant et la rue des Pyrénées.
                    Décret du 23 mai 1863. *Classement* confirmé pour cette partie.
Id.   10^m,00. — *Alignements* projetés entre le numéro 47 et la rue des Pyrénées.
                    (Largeur actuelle).
Id.   12^m,00. — *Alignements* projetés entre la rue des Pyrénées et la rue des Rigoles.
                         Obs. — Cette deuxième partie a été ouverte par la Ville de Paris, lors de
                              la création du marché de Belleville, sur des terrains expropriés
                              pour le percement de la rue des Pyrénées.
                    Arrêté préfectoral du 17 juillet 1860. *Nivellement.*
Orig. — Dans l'ancien parc appelé l'Ermitage, détruit pendant la Révolution.

ERMITAGE (Villa de l') **. . . . . . **XX**ᵉ Arrondissement . . . . 77ᵉ Quartier.

Anciennement commune de Belleville.

1216   **Commence** rue de l'Ermitage, 14. — **Finit** rue des Pyrénées, 313.   (l. 17. — P. 16.)
       Long^r : 150^m,00.
       Larg^r :   5^m,00 environ.   (*Voie privée.*)
           Arrêté préfectoral du 1ᵉʳ février 1877. *Dénomination* actuelle.
             Obs. — Précédemment passage de l'Est (partie).
Orig. — *Voir rue de l'Ermitage.*

ERNEST (Rue) **. . . . . **XIII**ᵉ Arrondissement . . . . 51ᵉ Quartier.

Anciennement commune de Gentilly.

1217   **Commence** rue de la Santé, 93. — **Finit** en impasse, au delà de la rue Palmyre. (l.3.—P.8.)
       Long^r : 106^m,00.
       Larg^r :   6^m,00.   (*Voie privée.*)
Orig. — *Prénom du fils du propriétaire.*

ERNESTINE (Rue) **. . . . . . **XVIII**ᵉ Arrondissement. . . . . 71ᵉ Quartier.

Anciennement commune de La Chapelle.

1218   **Commence** rue Doudeauville, 44. — **Finit** rue Ordener, 29.   (l. 27. — 28.)
       Long^r : 213^m,00.
           Décret du 23 mai 1863. *Classement* entre la rue Doudeauville et la
             rue Marcadet.
       Larg^r :   10^m,00. — *Alignements* projetés de cette partie. (Largeur actuelle.)
            Obs. — La partie comprise entre la rue Marcadet et la rue Ordener a été
                ouverte par la Ville lors du percement de cette dernière voie.
           Arrêté préfectoral du 3 février 1863. *Nivellement.*
           Arrêté préfectoral du 20 juillet 1868. *Dénomination* de la partie
             comprise entre les rues Marcadet et Ordener.
Orig. — *Prénom de la femme d'un propriétaire.*

ESPÉRANCE (Rue de l') *. . . . . **XIII**ᵉ Arrondissement . . . . 51ᵉ Quartier.

Anciennement commune de Gentilly.

1219   **Commence** rues Buot, 2, et de la Butte aux Cailles, 33. — **Finit** rue Barrault. (l. 31 — P. 28.)
       Long^r : 280^m,00.
       Larg^r :   12^m,00. — Délibération du conseil municipal du 14 mai 1856.
            Arrêté préfectoral du 5 octobre 1857. *Classement.*
            Décret du 23 mai 1863. *Classement* (confirmation).
       Id.   12^m,00. — Décret du 21 mars 1876. *Alignements* et *Nivellement.*
            Arrêté préfectoral du 5 août 1878. *Nivellement.*
            Obs. — Précédemment sentier de la Butte aux Cailles.
Orig. — *Nom donné par le propriétaire.*

ESQUIROL (Rue) **. . . . . **XIII**ᵉ Arrondissement . . . . 49ᵉ Quartier.

1220   **Commence** place Pinel, 12. — **Finit** boulevard de l'Hôpital, 111, et rue Jenner. (l.53—P.50)
       Long^r : 328^m,00.
       Larg^r :   10^m,00. — Décision ministérielle du 3 février 1821. *Alignements.*
       Id.   10^m,00. — Ord. royale du 11 juin 1847. *Alignements.*
            Arrêté préfectoral du 22 mars 1877. *Nivellement.*
            Décret du 24 août 1864. *Dénomination* actuelle.
            Obs. — Précédemment Grande-Rue d'Austerlitz.
Orig. — Jean-Étienne-Dominique Esquirol, médecin de la Salpêtrière (1772-1840) ; voisinage de cet établissement.

ESSAI (Rue de l') **. . . . . **V**ᵉ Arrondissement . . . . 18ᵉ Quartier.

1221   **Commence** rue de Poliveau, 37. — **Finit** boulevard Saint Marcel, 36.   (P. 11.)
       Long^r : 97^m,00.
       Larg^r :   7^m,00. — Décision ministérielle du 18 octobre 1808. *Alignements* entre la rue
            de Poliveau et l'ancien marché aux chevaux.
       Id.   7^m,00. — Décret du 17 octobre 1857 (U. P.). *Prolongement* jusqu'au boulevard
            Saint Marcel.
Orig. — Voisinage de l'ancien marché aux chevaux (côté de l'essai).

EST (Rue de l') **. . . . . **XX**ᵉ Arrondissement : . . . . 77ᵉ Quartier.

Anciennement commune de Belleville.

1222   **Commence** rue des Pyrénées, 300. — **Finit** rue Pixérécourt, 88.   (l. 3. — P. 20.)
       Long^r : 160^m,00.
           Décret du 23 mai 1863. *Classement* (confirmation).
       Larg^r :   10^m,00. — *Alignements* projetés.
           Arrêté préfectoral du 30 avril 1868. *Nivellement.*
Orig. — Doit son nom à son orientation.

ESTACADE (Passerelle de l')   **IV**ᵉ Arrondissement . . . . 15ᵉ et 16ᵉ Quartiers.

1223   **Commence** quai Henri IV. — **Finit** quai de Béthune.

     Longʳ : 115ᵐ,00.

     Largʳ : 3ᵐ,80 environ.

     Orig. — Établie sur l'Estacade destinée à mettre les bateaux à l'abri des glaces.

ESTRAPADE (Rue de l') ☆☆. . . . . **V**ᵉ Arrondissement . . . . 19ᵉ et 20ᵉ Quartiers.

1224   **Commence** rues Tournefort, 2. — **Finit** place de l'Estrapade.   (I. 29. — P. 16.)

     Longʳ : 204ᵐ,00.

     Moindre largʳ :   9ᵐ,00. — Décision ministérielle du 25 messidor an X.

     Id.   10ᵐ,00. — Ord. royale du 31 décembre 1843. *Alignements.*

         Arrêté préfectoral du 24 janvier 1881. *Dénomination* actuelle.

         Obs. — Précédemment rue de la Vieille-Estrapade.

     Orig. — Conduit à la place où s'élevait jadis l'Estrapade.

ESTRAPADE (Place de l') ☆☆ . . . . **V**ᵉ Arrondissement . . . . 17ᵉ Quartier.

1225   **Située** rue des Fossés Saint Jacques, 23.

         Obs. — Comprise dans la rue des Fossés Saint Jacques.

     Orig. — On y a fait longtemps subir aux soldats le châtiment de l'estrapade.

ESTRÉES (Rue d'). . . . . **VII**ᵉ Arrondissement . . . . 27ᵉ Quartier.

1226   **Commence** avenue de Villars 16, et boulevard des Invalides, 18. — **Finit** place de Fontenoy, 1.

     Longʳ : 495ᵐ,00.   (I. 65. — P. 18.)

     Largʳ : 10ᵐ,00. — Décision ministérielle du 3 pluviôse an IX. *Alignements.*

     Id.   10ᵐ,00. — Ord. royale du 12 décembre 1843. *Alignements.*

     Orig. — Jean d'Estrées, vice-amiral et maréchal de France (1624-1707) ; voisinage de l'École Militaire.

ÉTATS-UNIS (Place des). . . . . **XVI**ᵉ Arrondissement . . . . 64ᵉ Quartier.

1227   **Située** entre les rues de Juigné, 9 ; Dumont d'Urville, 2 ; de Belloy, 4, et l'église projetée.

     Longʳ : 60ᵐ,00.

     Largʳ : 53ᵐ,00 environ.

         Obs. — Place ouverte par la Ville de Paris sur les terrains provenant des réservoirs de Chaillot. — *Classement et alignements projetés.*

         Arrêté préfectoral du 16 août 1881. *Dénomination* actuelle.

         Obs. — Précédemment place de Bitche.

     Orig. — Nom se rapportant à la grande République américaine.

ETIENNE DOLET (Rue) ☆. . . . . **XX**ᵉ Arrondissement . . . . 77ᵉ Quartier.

1228   **Commence** boulevard de Belleville, 6. — **Finit** rue Julien Lacroix, 3.   (I. 39. — P 38.)

     Longʳ : 246ᵐ,00.

     Largʳ : 14ᵐ,00. — Décret du 29 avril 1878. *Ouverture et Alignements.*

         Arrêté préfectoral du 16 août 1879. *Dénomination.*

     Orig. — Étienne Dolet, imprimeur et érudit (1509-1546), brûlé comme hérétique.

ÉTIENNE MARCEL (Rue). . . . . **I**ᵉʳ Arrondissement . . . . 2ᵉ Quartier.

                            IIᵉ Arrondissement . . . . 7ᵉ et 8ᵉ Quartiers.

1229   **Commence** boulevard de Sébastopol, 67. — **Finira** place des Victoires.   (I. 33. — P. 30.)

     Longueur totale : 702ᵐ,00.

         Obs. — Les parties actuellement exécutées ont ensemble 532ᵐ,00.

     Largʳ : 10ᵐ,00. — Décision ministérielle du 28 brumaire an VI. *Alignements* entre la rue Saint Martin et le boulevard de Sébastopol (A).

     Id.   11ᵐ,00. — Ordonnance royale du 21 juin 1826 (A).

     Id.   20ᵐ,00. — Décret du 29 septembre 1834. *Élargissement* (A).

     Id.   20ᵐ,00.   Obs. — La partie entre les rues Saint Denis et Montorgueil a été exécutée lors du percement de la rue de Turbigo.

     Id.   20ᵐ,00. — Décret du 9 mars 1880 (U. P.). *Ouverture, Alignements et Nivellement* entre la rue Montorgueil et les rues Hérold et d'Argout.

         Obs. — La partie entre les rues Montorgueil et Montmartre n'est pas encore exécutée. Projet de prolongement jusqu'à la place des Victoires.

         Arrêté préfectoral du 20 janvier 1881. *Dénomination* entre la rue Montorgueil et la place des Victoires.

         Arrêté préfectoral du 6 avril 1881. Réunissant une partie de la rue aux Ours à la rue Etienne Marcel.

     Orig. — Étienne-Marcel, prévôt des marchands (1310-1358), célèbre par sa tentative d'affranchissement de l'autorité royale.

ÉTOILE D'OR (Cour de l'). . . . . **XI**ᵉ Arrondissement . . . . 44ᵉ Quartier.

1230   **Située** rue du Faubourg Saint Antoine, 75.

     Longʳ : 80ᵐ,00.

     Moindre largʳ : 3ᵐ,60.   (*Voie privée.*)

     Orig. — Dénomination provenant d'une enseigne.

ÉTOILE (Place de l'). . . . . **VIII**ᵉ Arrondissement . . . . 29ᵉ et 30ᵉ Quartiers.
                                        XVIᵉ Arrondissement . . . . 64ᵉ Quartier.
                                        XVIIᵉ Arrondissement . . . . 63ᵉ Quartier.
                                        Anciennement commune de Neuilly (partie).

1231 **Située** à la rencontre des avenues des Champs Elysées, 156 ; de Friedland, Hoche, de Wagram, de Mac-Mahon, d'Essling, de la Grande Armée, 2 ; du Bois de Boulogne, d'Eylau, Kléber, d'Iéna et Marceau.
      Rayon : 120ᵐ,43. — Décret du 13 août 1854. *Alignements.* Servitude *non œdificandi.*
                             Constructions symétriques obligatoires.
                             Décret du 23 mai 1863. *Classement* (confirmation).
      Orig. — Lieu dit l'Étoile, à cause du croisement de plusieurs chemins.

ÉTOILE (Rue de l'). . . . . **XVII**ᵉ Arrondissement . . . . 63ᵉ Quartier.
                                       Anciennement commune de Neuilly.

1232 **Commence** avenue de Wagram, 29. — **Finit** rue des Acacias, 62.   (l. 23. — P. 31.)
      Long^r : 274ᵐ,00.
                             Décret du 23 mai. *Classement* (confirmation).
      Larg^r ᐧ 8ᵐ,00. — Décret du 23 avril 1880. *Alignements* et *Nivellement.*
                             Arrêté préfectoral du 16 février 1863. *Nivellement* entre l'avenue de Wagram et l'avenue Mac-Mahon.
      Orig. — Voisine de la place de l'Étoile.

ÉTUVES (Rue des) . . . . **IV**ᵉ Arrondissement . . . . 13ᵉ Quartier.
1233 **Commence** rue Beaubourg, 13. — **Finit** rue Saint Martin, 140.   (l. 17 — P. 12.)
      Long^r : 110ᵐ,00.
      Larg^r : 7ᵐ,00. — Décision ministérielle du 15 messidor an XII.
      Larg^r : 8ᵐ,00. — Ord. royale du 13 juin 1816. *Alignements.*
                             Arrêté préfectoral du 24 janvier 1881. *Dénomination* actuelle.
                             Obs. — Précédemment rue des Vieilles Étuves.
      Orig. — Doit son nom aux études qui y étaient situées.

EUGÈNE DELACROIX (Rue) ✳✳. **XVI**ᵉ Arrondissement . . . . 62ᵉ Quartier.
                                 Anciennement commune de Passy.
1234 **Commence** rue Decamps, 39. — **Finit** rue de la Tour, 102.   (l. 17. — P. 18.)
      Long^r : 160ᵐ,00.
      Larg^r : 8ᵐ,00. — Arrêté préfectoral du 16 février 1856. *Alignements.*
                             Décret du 23 mai 1863. *Classement* (confirmation).
                             Arrêté préfectoral du 14 septembre 1863. *Nivellement.*
                             Décret du 10 août 1868. *Dénomination* actuelle.
                             Obs. — Précédemment rue du Chemin de la Croix.
      Orig. — Nom ainsi modifié en l'honneur de Ferdinand-Victor-Eugène Delacroix, peintre (1799-1863) ; quartier où ont été groupés des noms d'artistes.

EUGÈNE FLACHAT (Rue) . . . **XVII**ᵉ Arrondissement . . . . 66ᵉ Quartier.
1235 **Commence** rues Verniquet et Bremontier. — **Finit** avenue Gourgaud, 18, et Boulevard Berthier, 55.   (l. 23. — 22.)
      Long^r : 175ᵐ,00.
      Larg^r : 12ᵐ,00. — Décret du 30 avril 1879. *Classement, Alignments* et *Nivellement.*
                             Arrêté préfectoral du 10 décembre 1878. *Dénomination.*
                             Décret du 30 avril 1879. *Dénomination.*
      Orig. — Eugène Flachat, ingénieur en chef de la Compagnie des chemins de fer de l'Ouest (1802-1873).

EULER (Rue) . . . . **VIII**ᵉ Arrondissement . . . . 29ᵉ Quartier.
1236 **Commence** rue de Bassano, 35. — **Finit** avenue Marceau, 66, et rue Galilée, 48. (l. 7. — P. 16.)
      Long^r : 118ᵐ,00.
      Larg^r : 12ᵐ,00. — Décret du 7 août 1863. *Classement* et *Alignements.*
                             Arrêté préfectoral du 10 janvier 1865. *Nivellement.*
                             Décret du 2 mars 1867. *Dénomination.*
      Orig. — Léonard Euler, mathématicien et astronome suisse (1707-1783) ; quartier où ont été groupés des noms d'astronomes.

EUPATORIA (Passage d') ✳✳. . . . **XX**ᵉ Arrondissement . . . . 77ᵉ Quartier.
                                    Anciennement commune de Belleville.
1237 **Commence** rue d'Eupatoria, 13. — **Finit** passage Notre-Dame de la Croix. (l. 21. — P. 2.)
      Long^r : 90ᵐ,00.
      Moindre larg^r : 2ᵐ,00.   *(Voie privée.)*
                             Arrêté préfectoral du 1er février 1877. *Dénomination* actuelle.
                             Obs. — Précédemment passage de l'Alora.
      Orig. — Voir rue d'Eupatoria.

EUPATORIA (Rue d') ✲✲ . . . . . **XX**ᵉ ARRONDISSEMENT. . . . . 77ᵉ QUARTIER.

Anciennement commune de Belleville.

1238 **Commence** rue Julien Lacroix, 2. — **Finit** rue de la Mare, 96. (I. 21.)

Longʳ : 160ᵐ,00.

Largʳ : 8ᵐ,00. — DÉCRET DU 23 OCTOBRE 1852. *Ouverture* et *Alignements*.

DÉCRET DU 23 MAI 1863. *Classement* (confirmation).

DÉCRET DU 24 AOÛT 1864. *Dénomination* actuelle.

Ons. — Précédemment rue de l'Alma.

ORIG. — Lieu de débarquement de l'armée française en Crimée (1854) ; nom substitué à celui de l'Alma.

EUROPE (Place de l') . . . . **VIII**ᵉ ARRONDISSEMENT . . . . 32ᵉ QUARTIER.

1239 **Située** à la rencontre des rues de Constantinople, 1 ; de Madrid, 2 ; de Vienne, 25 ; de Londres, 58 ; de Berlin, 47, et de Saint Pétersbourg, 2.

Longʳ : 58ᵐ,36.

Largʳ : 49ᵐ,80. — DÉCRET DU 30 JUIN 1859 (U. P.). *Modification des Alignements*.

ORIG. — Place centrale autour de laquelle rayonnent des rues portant les noms des capitales de l'Europe.

ÉVANGILE (Rue de l'). . . . . . **XVIII**ᵉ ARRONDISSEMENT . . . . 72ᵉ QUARTIER.

Anciennement commune de La Chapelle.

1240 **Commence** place et rue de Torcy, 44. — **Finit** rue d'Aubervilliers, 23. (I. 33. — P. 24.)

Longʳ : 910ᵐ,00.

Largʳ : 12ᵐ,00. — ARRÊTÉ PRÉFECTORAL DU 7 JUILLET 1858. *Alignements* entre la rue de Torcy et la place Hébert.

ARRÊTÉ PRÉFECTORAL DU 6 JUILLET 1855. *Alignements* entre la place Hébert et la rue d'Aubervilliers.

DÉCRET DU 23 MAI 1863. *Classement* (confirmation).

ARRÊTÉ PRÉFECTORAL DU 25 AVRIL 1866. *Nivellement*.

ARRÊTÉ PRÉFECTORAL DU 2 AVRIL 1868. *Dénomination* actuelle.

Ons. — Précédemment rues d'Aubervilliers et de la Croix de l'Évangile.

ORIG. — Croix de l'Évangile, située au croisement de deux chemins, devenus l'un rue de l'Évangile, l'autre rue d'Aubervilliers.

ÉVEILLARD (Impasse) ✲✲ . . . . . **XX**ᵉ ARRONDISSEMENT . . . . 79ᵉ QUARTIER.

Anciennement commune de Charonne.

1241 **Située** rue Belgrand, 36.

Longʳ : 35ᵐ,00.

Largʳ : 2ᵐ,00. (*Voie privée.*)

ORIG. — Nom du propriétaire.

ÉVETTE (Rue) . . . . **XIX**ᵉ ARRONDISSEMENT . . . . 73ᵉ QUARTIER.

Anciennement commune de La Villette.

1242 **Commence** rue de Thionville, 5. — **Finit** quai de la Marne, 10.

Longʳ : 55ᵐ,00.

Largʳ : 10ᵐ,00 environ.

DÉCRET DU 23 MAI 1863. *Classement*.

ORIG. — Nom d'un négociant, ancien adjoint du 10ᵉ arrondissement.

EXELMANS (Boulevard) . . . . . **XVI**ᵉ ARRONDISSEMENT . . . . 61ᵉ QUARTIER.

Anciennement commune d'Auteuil.

1243 **Commence** quai d'Auteuil, 168. — **Finit** rue d'Auteuil, 83. (I. 105. — P. 120.)

Longʳ : 1,205ᵐ,00.

Largʳ totale : 42ᵐ,00. — Entre la rue d'Auteuil et l'avenue de Versailles, comprenant le viaduc du chemin de fer et les deux voies latérales.

DÉCISION DU MINISTRE DES TRAVAUX PUBLICS DU 30 AVRIL 1862. *Création des voies latérales*.

Largʳ : 60ᵐ,00. — DÉCISION DU MINISTRE DES TRAVAUX PUBLICS DU 24 JUIN 1863. *Expropriation* entre le quai d'Auteuil et l'avenue de Versailles.

ARRÊTÉ PRÉFECTORAL DU 6 JUIN 1865. *Nivellement*.

DÉCRET DU 2 MARS 1867. *Dénomination*.

ORIG. — Le comte Rémi-Joseph-Isidore Exelmans, maréchal de France (1775-1852) ; voisinage de la route Militaire.

EXPOSITION (Passage de l') . . . **VII**ᵉ Arrondissement . . . . 28ᵉ Quartier.

1244   **Commence** rue Saint-Dominique, 131. — **Finit** rue de Grenelle, 208.   (l. 31. — P. 24.)

       Longʳ : 190ᵐ,00.

       Largʳ :   9ᵐ,00 environ.   *(Voie privée).*

                 Obs. — Précédemment passage de l'Alma.

Orig. — A proximité du Champ-de-Mars, où était l'Exposition universelle de 1867.

EYLAU (Avenue d') ✳ . . . . . . **XVI**ᵉ Arrondissement . . . . 64ᵉ Quartier.

                      Anciennement commune de Passy.

1245   **Commence** place de l'Étoile. — **Finit** place d'Eylau, 2.   (l. 61. — P. 80.)

       Longʳ : 1,800ᵐ,00.

            Ord. royale du 5 septembre 1839. *Classement* au nombre des routes départementales (N° 64).

       Largʳ :   23ᵐ,30.— Ord. royale du 7 mai 1840. *Alignement.*

            Décret du 23 mai 1863. *Classement* (confirmation).

            Décret du 2 mars 1864. *Dénomination* actuelle.

                   Obs. — Précédemment avenue de Saint Cloud et route départementale N° 64.

Orig. — Victoire remportée les 7 et 8 février 1807, sur les Russes et les Prussiens ; voisinage de l'Arc de Triomphe.

EYLAU (Place d') ✳✳✳ . . . . . . **XVI**ᵉ Arrondissement . . . . 63 et 64ᵉ Quartiers.

                      Anciennement commune de Passy.

1246   **Située** à la rencontre des avenues d'Eylau, de Malakoff, 66, et Victor Hugo. (l.9. — P. 10.)

       Rayon :   50ᵐ,00. — Ord. royale du 7 mai 1840. *Alignements.*

            Décret du 23 mai 1863. *Classement* (confirmation).

            Arrêté préfectoral du 19 août 1864. *Dénomination* actuelle.

                 Orig. — Précédemment Rond Point de la Plaine.

Orig. — *Voir* avenue d'Eylau.

EYLAU (Villa d'). . . . . **XVI**ᵉ Arrondissement . . . . 64ᵉ Quartier.

1247   **Située** avenue d'Eylau.

       Longʳ : 0,00.

       Largʳ : 8,00.   *Voie privée.*

Orig. — *Voir* avenue d'Eylau.

F

FABERT (Rue) . . . . **VII**e Arrondissement . . . . 26e Quartier.
1248 **Commence** quai d'Orsay, 41. — **Finit** rue de Grenelle, 146. (P. 52.)
Long : 460m,00.
Moindre larg : 8m,60. — Décision ministérielle du 19 septembre 1807.
  id. id. 8m,60. Ord. royale du 8 février 1848. *Alignements.*
Décret du 24 août 1864. *Dénomination* actuelle.
Obs. — Précédemment rue d'Austerlitz.
Orig. — Abraham Fabert, maréchal de France (1599-1662); voisinage de l'Hôtel des Invalides.

___

FABRIQUES (Cour des) . . . . . . **XI**e Arrondissement . . . . 41e Quartier.
1249 **Située** rue d'Angoulême, 70. (I. 11. — P. 6.)
Long : 160m,00.
Larg : 3m,25. *(Voie privée.)*
Orig. — Située dans un quartier industriel.

___

FAGON (Rue)** . . . . **XIII**e Arrondissement . . . . 49e Quartier.
1250 **Commence** place des Alpes et rue Godefroy. — **Finit** boulevard de l'Hôpital, 165.
Long : 140m,00.
Larg : 20m,00. — Décisions ministérielles des 7 octobre 1816 et 18 octobre 1822.
  id. 20m,00. Ord. royale du 11 juin 1847. *Alignements.*
Arrêté préfectoral du 3 décembre 1867. *Nivellement.*
Décret du 27 février 1867. *Dénomination* actuelle.
Obs. — Précédemment rue de la Barrière des Gobelins.
Orig. — Gui-Crescent Fagon, médecin de Louis XIV (1638-1718); voisinage de la Salpêtrière.

___

FAISANDERIE (Rue de la) **. . . **XVI**e Arrondissement . . . . 63e Quartier.
Anciennement communes de Neuilly et de Passy.
1251 **Commence** avenue Bugeaud, 57. — **Finit** avenue Victor Hugo, 118. (I. 87. — P. 94.)
Long : 795m,00.
Larg : 12m,00. — Délibération du conseil municipal du 22 février 1856. *Alignements*
projetés entre l'avenue Bugeaud et la rue de Longchamp (A.).
  id. 12m,00. Arrêté du pouvoir exécutif du 27 juin 1871. *Alignements* entre la
rue de Longchamps et l'avenue Victor Hugo.
Décret du 23 mai 1863. *Classement* confirmé de la partie A et
Classement du surplus.
Arrêté préfectoral du 4 août 1869. *Nivellement.*
Orig. — Ancienne faisanderie de la Muette.

___

FALAISE (Impasse) ** . . . . . **XVIII**e Arrondissement . . . . 69e Quartier.
Anciennement commune de Saint Ouen.
1252 **Située** chemin latéral au chemin de fer de Ceinture, 36. (I. 15. — P. 12.)
Long : 75m,00.
Larg : 4m,00 environ. *(Voie privée.)*
Orig. — Surnom donné à un membre de la famille Compoint, propriétaire des terrains.

___

FALAISES (Sentier des)** . . . . . **XX**e Arrondissement . . . . 78e Quartier.
Anciennement commune de Charonne.
1253 **Commence** sentier des Montibœufs. — **Finit** rue Le Bua. (I. 23. — P. 12.)
Long : 200m,00.
Larg : 2m,33. — Arrêté préfectoral du 3 juillet 1830.
Décret du 23 mai 1863. *Classement* (confirmation).
Orig. — Lieu dit.

23

FALDONY (Impasse) . . . . **XVII**e ARRONDISSEMENT . . . . 67e QUARTIER.
Anciennement commune des Batignolles.

1254   **Située** rue Salneuve, 25.
    Long⍳ : 35ᵐ,00.
    Larg⍳ : 4ᵐ,00 environ.   (*Voie privée.*)
  ORIG. — Nom du propriétaire.

FALLEMPIN (Passage) . . . . . . **XV**e ARRONDISSEMENT . . . . 59e QUARTIER.
Anciennement commune de Grenelle.

1255   **Commence** rue de Lourmel, 17. — **Finit** rue Violet, 22.   (I. 27. — P. 18.)
    Long⍳ : 195ᵐ,00.
    Larg⍳ : 6ᵐ,00 environ.   (*Voie privée.*)
  ORIG. — Nom du propriétaire.

FANNY BENOIT (Impasse)⁽²⁾ . . . **XX**e ARRONDISSEMENT . . . . 79e QUARTIER.
Anciennement commune de Charonne.

1256   **Située** sentier du Centre des Rondeaux.   (I. 13. — P. 12.)
    Long⍳ : 40ᵐ,00.
    Larg⍳ : 2ᵐ,40 environ.   (*Voie privée.*)
  ORIG. — Nom de la propriétaire.

FARADAY (Rue) . . . . **XVII**e ARRONDISSEMENT . . . . 63e QUARTIER.

1257   **Commence** rue Lebon, 10. — **Finit** rue Bayen, 55.
    Long⍳ : 50ᵐ,00.
    Larg⍳ : 13ᵐ,00. — ARRÊTÉ PRÉFECTORAL DU 6 AOUT 1869. *Alignements.*
             ARRÊTÉ PRÉFECTORAL DU 3 MAI 1868. *Nivellement.*
             DÉCRET DU 10 AOUT 1868. *Dénomination.*
  ORIG. — Michel Faraday, physicien anglais (1794-1867); quartier où ont été groupés des noms de savants.

FAUBOURG DU TEMPLE (Rue du)* **X**e ARRONDISSEMENT . . . . . 39e et 40e QUARTIERS.
                    XIe ARRONDISSEMENT . . . . 41e QUARTIER.

1258   **Commence** place de la République, 10.—**Finit** boulevards de La Villette, 1, et de Belleville, 87.
    Long⍳ : 996ᵐ,00.   (I. 137. — P. 124.)
    Larg⍳ : 20ᵐ,00. — DÉCRET DU 13 FÉVRIER 1856. *Alignements* entre la place de la
                      République et le quai Valmy.
  Moindre larg⍳ : 13ᵐ,00. — ARRÊTÉ DU PRÉSIDENT DE LA RÉPUBLIQUE DU 17 JANVIER 1849. *Aligne-*
                      ments entre le quai de Valmy et les boulevards de La Villette et
                      de Belleville.
  ORIG. — Principale rue du faubourg formé en dehors de la porte du Temple.

FAUBOURG MONTMARTRE (Rue du). **IX**e ARRONDISSEMENT . . . . 35e QUARTIER.

1259   **Commence** boul. Montmartre, 2, et Poissonnière, 32. — **Finit** rues Fléchier, 4, et Lamartine, 43.
    Long⍳ : 635ᵐ,00.   (I. 67. — P. 72.)
  Moindre larg⍳ : 15ᵐ,00. — DÉCISION MINISTÉRIELLE DU 28 MESSIDOR AN X.
    Id.   Id.   15ᵐ,00. — ORD. ROYALE DU 10 MAI 1840. *Alignements.*
           OBS. — L'alignement du côté gauche a été modifié entre la rue de Provence
               et la rue Drouot, lors du prolongement de la dernière de ces voies.
  ORIG. — Principale rue du faubourg situé entre Paris et l'abbaye de Montmartre.

FAUBOURG POISSONNIÈRE (Rue du)* **IX**e ARRONDISSEMENT . . . . . 35e et 36e QUARTIERS.
                    Xe ARRONDISSEMENT . . . . . 37e et 38e QUARTIERS.

1260   **Commence** boul. Poissonnière, 2, et Bonne Nouvelle, 44. — **Finit** boulevard de Magenta, 153.
    Long⍳ : 1408ᵐ,00.   (I. 195. — P. 170.)
  Moindre larg⍳ : 11ᵐ,00. — DÉCISION MINISTÉRIELLE DU 18 MESSIDOR AN IX.
    Id.   Id.   11ᵐ,00. — ORD. ROYALE DU 20 JUIN 1843. *Alignements.*
  ORIG. — Principale rue du faubourg formé eu dehors de la porte de la Poissonnerie.

FAUBOURG SAINT ANTOINE (Rue du). **XI**e ARRONDISSEMENT . . . . 43e et 44e QUARTIERS.
                    XIIe ARRONDISSEMENT . . . . 46e et 48e QUARTIERS.

1261   **Commence** rues de la Roquette, 2, et de Charenton, 1. — **Finit** place de la Nation, 1.
    Long⍳ : 1810ᵐ,00.   (I. 323. — P. 280.)
  Moindre larg⍳ : 17ᵐ,00. — ORD. ROYALE DU 30 AVRIL 1838. *Alignements* entre les rues de Cha-
                      renton et de la Roquette, et les rues des Boulets et de Picpus.
    Larg⍳ : 30ᵐ,00. — DÉCRET DU 29 AOUT 1857. *Alignements* entre les rues des Boulets et
                  de Picpus, et la place de la Nation.
  ORIG. — Principale rue du faubourg dépendant de l'abbaye de Saint Antoine.

FAUBOURG SAINT DENIS (Rue du)*. **X**ᵉ Arrondissement. . . . . . 37ᵉ et 38ᵉ Quartiers.

1262 **Commence** boulevards de Bonne Nouvelle, 2, et Saint Denis, 30. — **Finit** boulevard de La Chapelle, 27 et rue de la Butte Chaumont, 77.　　　　(I. 209. — P. 230.)

Longʳ : 1672ᵐ,00.

Largʳ : 14ᵐ,60. — Décision ministérielle du 26 brumaire an XI.

Moindre largʳ : 14ᵐ,60. — Ord. royale du 22 août 1837. *Alignements* entre les boulevards de Bonne Nouvelle et Saint Denis, et la rue Cail.

Id.　Id.　14ᵐ,60. — Décret du 21 avril 1866. *Alignements* entre la rue Cail et le boulevard de La Chapelle, et la rue de la Butte Chaumont.

Décret du 27 novembre 1876. *Modification* de l'*Alignement* et du *Nivellement* entre le n° 189 présumé et le boulevard de La Chapelle.

Orig. — Principale rue du faubourg formé sur la route de Saint Denis.

FAUBOURG SAINT HONORÉ (Rue du). **VIII**ᵉ Arrondissement . . . 30ᵉ et 31ᵉ Quartiers.

1263 **Commence** rue Royale, 21. — **Finit** avenue de Wagram, 46.　　　(I. 241. — P. 272.)

Longʳ : 2070ᵐ,00.

Moindre largʳ : 14ᵐ,30. — Décision ministérielle du 28 messidor an V.

Id.　Id.　14ᵐ,30. — Ord. royale du 27 septembre 1836. *Alignements* entre la rue Royale et la rue de La Boëtie.

Id.　Id.　13ᵐ,80. — Décisions ministérielles des 18 messidor an V, et 4 mars 1822.

Id.　Id.　13ᵐ,80. — Ord. royale du 6 avril 1846. *Alignements* entre la rue de La Boëtie et l'avenue de Wagram.

Décret du 2 juillet 1864 (U. P.). *Modification* du carrefour formé à la rencontre de l'avenue de Friedland et du boulevard Haussmann.

Décision ministérielle du 10 décembre 1847. *Dénomination* actuelle.

Obs. — Précédemment Faubourg-du-Roule (partie).

Orig. — Principale rue du faubourg formé en dehors de la porte Saint Honoré.

FAUBOURG SAINT JACQUES (Rue du)**. **XIV**ᵉ Arrondissement. . . . . . . 83ᵉ Quartier.

1264 **Commence** boulevard de Port-Royal, 117. — **Finit** place et boulevard Saint Jacques, 48.

Longʳ : 630ᵐ,00.　　　　　　　　　　　　　　　　　　　(I. 83. — P. 78.)

Moindre largʳ : 10ᵐ,00. — Décision ministérielle du 5 vendémiaire an IX.

Id.　Id.　12ᵐ,00. — Ord. royale du 9 décembre 1838. *Alignements*.

Arrêté préfectoral du 30 juin 1867. *Nivellement*.

Orig. — Principale rue du faubourg formé au delà de la porte Saint Jacques.

FAUBOURG SAINT MARTIN (Rue du)*. **X**ᵉ Arrondissement . . . 37ᵉ, 39ᵉ et 40ᵉ Quartiers.

1265 **Commence** boulevard Saint Denis, 2, et rue de Bondy, 96. — **Finit** boulevard de La Villette, 145.

Longʳ : 1878ᵐ,00.　　　　　　　　　　　　　　　　　　(I. 267. — P. 274.)

Moindre largʳ : 18ᵐ,00. — Décision ministérielle du 28 messidor an V.

Id.　Id.　18ᵐ,00. — Ord. royale du 4 novembre 1829. *Alignements*.

Orig. — Principale rue du faubourg formé au delà de la porte Saint Martin.

FAUCHEUX (Passage des)**. . . . **XIX**ᵉ Arrondissement. . . . . 76ᵉ Quartier.

Anciennement commune de Belleville.

1266 **Commence** rue de Belleville, 3. — **Finit** rue Rébeval, 16.　　　(I. 7. — P. 10.)

Longʳ : 230ᵐ,00.

Largʳ : 1ᵐ,00 environ.　　　(*Voie privée.*)

Orig. — Inconnue.

FAUCONNIER (Rue du). . . . . . **IV**ᵉ Arrondissement . . . . 14ᵉ Quartier.

1267 **Commence** quai des Célestins, 36. — **Finit** rue Charlemagne, 17.　　　(I. 17.)

Longʳ : 162ᵐ,00.

Largʳ : 8ᵐ,00. — Décision ministérielle du 13 thermidor an VI.

Id.　12ᵐ,00. — Ord. royale du 4 août 1838. *Alignements* entre le quai des Célestins et les rues de l'Hôtel de Ville et de l'Ave Maria.

Id.　7ᵐ,00. — Décision ministérielle du 13 thermidor an VI.

Id.　10ᵐ,00. — Ord. royale du 4 août 1838. *Alignements* entre les rues de l'Hôtel de Ville et de l'Ave Maria, et la rue Charlemagne.

Décret du 15 février 1876 (U. P.). Exécution de l'*Alignement* du côté des numéros pairs, entre le quai des Célestins et la rue de l'Ave Maria, pour la création d'un marché.

Arrêté préfectoral du 2 avril 1868. *Dénomination* actuelle.

Obs. — Précédemment rue de l'Étoile (partie).

Orig. — Nom qu'elle portait dès le XIIIᵉ siècle.

FAUVET (Rue)⸗ . . . . **XVIII**ᵉ Arrondissement . . . . 69ᵉ Quartier.

Anciennement commune des Batignolles.

1268   **Commence** avenue de Saint Ouen, 36. — **Finit** rue Ganneron.   (I. 17. — P. 22.)

   Longʳ : 130ᵐ,00.

   Largʳ : 10ᵐ,00. — Décret du 20 juillet 1877. *Alignements* et *Nivellement*.

   Décret du 23 mai 1863. *Classement*.

   Arrêté préfectoral du 20 décembre 1866. *Nivellement*.

Orig. — Nom du propriétaire.

FAVART (Rue) . . . . **II**ᵉ Arrondissement . . . . 6ᵉ Quartier.

1269   **Commence** rue Grétry, 7. — **Finit** boulevard des Italiens, 9.   (I. 3. — P. 20.)

   Longʳ : 147ᵐ,00.

   Largʳ : 9ᵐ,74. — Ord. royale du 27 octobre 1847. *Alignements*.

Orig. — Charles-Simon Favart, auteur dramatique (1710-1792) ; voisinage de l'ancienne Comédie Italienne, aujourd'hui Opéra Comique.

FAVORITES (Passage des)⸗⸗ . . . . **XV**ᵉ Arrondissement . . . . 57ᵉ Quartier.

Anciennement commune de Vaugirard.

1270   **Commence** rue de Vaugirard, 271. — **Finit** rue de La Quintinie, 32.

   Longʳ : 235ᵐ,00.

   Moindre largʳ : 4ᵐ,50.   (*Voie privée.*)

Orig. — Ancien passage du dépôt des lignes d'omnibus dites Favorites.

FÉCAMP (Rue de) . . . . . . **XII**ᵉ Arrondissement . . . . 46ᵉ Quartier.

Anciennement commune de Bercy.

1271   **Commence** rue des Meuniers, 20. — **Finit** avenue Daumesnil, 252.   (I. 53. — P. 44.)

   Longʳ : 446ᵐ,00.

   Largʳ : 6ᵐ,00. — Délibérations du conseil municipal du 21 septembre 1839. *Aligne-ments* projetés.

   Id.   12ᵐ,00. — *Élargissement* projeté suivi d'un commencement d'exécution.

   Décret du 23 mai 1863. *Classement* (confirmation).

   Arrêté préfectoral du 19 août 1870. *Nivellement*.

   Arrêté préfectoral du 3 septembre 1869. *Dénomination* actuelle.

Obs. — Précédemment rue de la Croix.

Orig. — Lieu dit la Vallée de Fécamp, au confluent des ruisseaux de Montreuil et des Orgueilleux.

FÉDÉRATION (Rue de la) . . . **XV**ᵉ Arrondissement . . . . 59ᵉ Quartier.

1272   **Commence** quai d'Orsay, 135. — **Finit** avenue de Suffren, 70.   (I. 79. — P. 84.)

   Longʳ : 692ᵐ,00.

   Largʳ : 12ᵐ,00. — Ord. royale du 7 septembre 1845. *Alignements*.

   Arrêté préfectoral du 12 avril 1866. *Nivellement*.

   Arrêté préfectoral du 16 août 1879. *Dénomination* actuelle.

Obs. — Précédemment rue Kléber.

Orig. — En l'honneur de la Fédération nationale du 14 juillet 1790 ; voisinage du Champ de Mars.

FÉLIBIEN (Rue) . . . . **VI**ᵉ Arrondissement . . . . 22ᵉ Quartier.

1273   **Commence** rue Clément, 1. — **Finit** rue Lobineau, 2.   (I. 3.)

   Longʳ : 74ᵐ,00.

   Largʳ : 11ᵐ,50. — Décision ministérielle du 12 novembre 1817.

   Id.   11ᵐ,50. — Ord. royale du 12 mai 1841. *Alignements*.

Orig. — Michel Félibien, bénédictin et historien de Paris (1666-1719) ; voisinage de l'Abbaye Saint Germain des Prés.

FÉLICIEN DAVID (Rue) . . . . . **XVI**ᵉ Arrondissement . . . . 61ᵉ Quartier.

Anciennement commune d'Auteuil.

1274   **Commence** rue Gros, 21. — **Finit** rue de Rémusat.   (I. 41. — P. 38.)

   Longʳ : 450ᵐ,00.

   Largʳ : 8ᵐ,00. — Arrêté préfectoral du 13 février 1838. *Alignements*.

   Décret du 23 mai 1863. *Classement* (confirmation).

   Arrêté préfectoral du 5 novembre 1868. *Nivellement*.

   Décret du 21 février 1881. *Dénomination* actuelle.

Obs. — Précédemment rue Hérold et antérieurement rue Cuissard, et rue de la Prairie.

Orig. — Félicien-César David, compositeur (1810-1876) ; quartier où ont été groupés des noms d'artistes.

FÉLICITÉ (Rue de la) . . . . . . **XVII**ᵉ ARRONDISSEMENT. . . . . 67ᵉ QUARTIER.
Anciennement commune des Batignolles.
1275 **Commence** rue Tocqueville, 88. — **Finit** rue de Saussure, 107.   (I. 45. — P. 40.)
Longʳ : 215ᵐ,00.
Moindre largʳ :   7ᵐ,00. — *Alignements* projetés. (Largeur actuelle.)
DÉCRET DU 23 MAI 1863. *Classement* (confirmation).
ARRÊTÉ PRÉFECTORAL DU 9 NOVEMBRE 1864. *Nivellement.*
ORIG. — Nom donné par un propriétaire.

FÉLIX (Cité) . . . . **XVI**ᵉ ARRONDISSEMENT . . . . 64ᵉ QUARTIER.
1276 **Située** rue Duret, 20.
Longʳ : 22ᵐ,00.
Largʳ :   3ᵐ,75.   *(Voie privée.)*

FÉLIX HUREZ (Rue) . . . . **XI**ᵉ ARRONDISSEMENT . . . . 44ᵉ QUARTIER.
1277 **Commence** rue du Faubourg Saint Antoine, 303. — **Finit** rue de Montreuil.
Longʳ : 135ᵐ,00.
Largʳ :   12ᵐ,00.   *(Voie privée.)*
ORIG. — Nom de propriétaire.

FÉNELON (Cité) . . . . **IX**ᵉ ARRONDISSEMENT . . . . 36ᵉ QUARTIER.
1278 **Située** rue Milton, 31.
Longʳ : 54ᵐ,00.
Largʳ :   7ᵐ,00.   *(Voie privée.)*
ORIG. — *Voir* rue Fénelon.

FÉNELON (Rue) ** . . . . **X**ᵉ ARRONDISSEMENT. . . . . 37ᵉ QUARTIER.
1279 **Commence** rue d'Abbeville, 2, et place Lafayette, 109. — **Finit** rue de Belzunce, 5. (I. 17.)
Longʳ : 117ᵐ,00.
Largʳ :   14ᵐ,00. — ORD. ROYALE DU 31 JANVIER 1827.
Id.   19ᵐ,55. — ORD. ROYALE DU 2 FÉVRIER 1839. *Alignements.*
ORD. ROYALE DU 5 AOUT 1844. *Dénomination.*
ORIG. — François de Salignac de la Mothe-Fénelon, archevêque de Cambrai (1632-1715); voisinage de l'Église Saint
Vincent de Paul.

FENOUX (Rue) . . . . **XV**ᵉ ARRONDISSEMENT . . . . 57ᵉ QUARTIER.
1280 **Commence** rue Gerbert. — **Finit** rue de l'Abbé Groult, 67.   (I. 9. — P. 14.)
Longʳ : 57ᵐ,00.
Largʳ :   10ᵐ,00. — DÉCRET DU 5 MARS 1851 (U. P.). *Ouverture et Alignements.*
DÉCRET DU 23 MAI 1863. *Classement* (confirmation).
ARRÊTÉ PRÉFECTORAL DU 11 AOUT 1869. *Nivellement.*
ORIG. — Nom du propriétaire du terrain.

FER A MOULIN (Rue du). . . . . **V**ᵉ ARRONDISSEMENT . . . . 18ᵉ QUARTIER.
1281 **Commence** rues des Fossés Saint Marcel, 2, et Geoffroy-Saint-Hilaire, 17. — **Finit** avenue
des Gobelins, 1.   (I. 13. — P. 46.)
Longʳ : 400ᵐ,00.
Largʳ :   10ᵐ,00. — DÉCISION MINISTÉRIELLE DU 8 NIVÔSE AN IX.
Id.   12ᵐ,00. — DÉCRET DU PRÉSIDENT DE LA RÉPUBLIQUE DU 4 OCTOBRE 1849. *Aligne-*
ments.
ARRÊTÉ PRÉFECTORAL DU 11 JUIN 1859. *Nivellement.*
ORIG. — Dénomination tirée d'une enseigne; de fer à moulin ou fer à meule.

FERDINAND BERTHOUD (Rue). **III**ᵉ ARRONDISSEMENT. . . . . 9ᵉ QUARTIER.
1282 **Commence** rue Montgolfier, 1. — **Finit** rue Vaucanson, 6.   (P. 8.)
Longʳ : 61ᵐ,00.
Moindre largʳ : 11ᵐ,00. — DÉCISION MINISTÉRIELLE DU 9 OCTOBRE 1816.
Id.   Id.   11ᵐ,50. — ORD. ROYALE DU 16 MAI 1833. *Alignements.*
AUTORISATION DU MINISTRE DU 27 SEPTEMBRE 1818. *Dénomination.*
ORIG. — Ferdinand Berthoud, horloger suisse (1727-1807); voisinage du Conservatoire des Arts et Métiers.

FERMAT (Rue) ** . . . . **XIV**ᵉ ARRONDISSEMENT. . . . . 35ᵉ QUARTIER.
Anciennement commune de Montrouge.
1283 **Commence** rue du Champ d'Asile, 59. — **Finit** rue Daguerre, 78.   (I. 15. — P. 16.)
Longʳ : 108ᵐ,00.
Largʳ :   10ᵐ,00. — DÉCRET DU 29 AVRIL 1881. *Classement, Alignements et Nivellement.*

FERMAT (Rue). (Suite.)

DÉCRET DU 23 MAI 1863. Classement.
ARRÊTÉ PRÉFECTORAL DU 18 NOVEMBRE 1862. Nivellement.
DÉCRET DU 24 AOUT 1864. Dénomination actuelle.
OBS. — Précédemment rue Neuve de la Pépinière.
ORIG. — Pierre de Fermat, géomètre (1601-1665); voisinage de l'Observatoire.

FERMES (Cour des) . . . . . . Iᵉʳ ARRONDISSEMENT . . . . 2ᵉ QUARTIER.
1284   Commence rue Jean-Jacques Rousseau, 41. — Finit rue du Bouloi, 24.
       Longr : 72ᵐ,00.
       Moindre largr : 4ᵐ,00.   (Voie privée.)
       ORIG. — Ancienne cour de l'Hôtel des Fermes.

FERME SAINT LAZARE (Cour de la). Xᵉ ARRONDISSEMENT . . . . 38ᵉ QUARTIER.
1285   Située boulevard de Magenta, 81.   (l. 17. — P. 16.)
       Longr : 162ᵐ,00.
       Moindre largr : 4ᵐ,00.   (Voie privée.)
       ORIG. — Voisinage de la maison et du clos de Saint Lazare.

FERME SAINT LAZARE (Passage de la). Xᵉ ARRONDISSEMENT . . . . 38ᵉ QUARTIER.
1286   Commence cour de la Ferme Saint Lazare, 4. — Finit rue de Chabrol, 7.
       Longr : 34ᵐ,00.
       Largr : 5ᵐ,00 environ.   (Voie privée.)
       ORIG. — Voir cour de la Ferme Saint Lazare.

FERMIERS (Rue des) . . . . . XVIIᵉ ARRONDISSEMENT . . . . 67ᵉ QUARTIER.
                     Anciennement commune des Batignolles.
1287   Commence rue Tocqueville, 80. — Finit rue de Saussure, 93.   (l. 23. — P. 22.)
       Longr : 223ᵐ,00.
       Largr : 12ᵐ,00. — DÉLIBÉRATIONS DU CONSEIL MUNICIPAL DU 2 MARS 1859. Alignements
                 projetés (largeur actuelle 11ᵐ,00).
       DÉCRET DU 23 MAI 1863. Classement (confirmation).
       ARRÊTÉ PRINCIPAL DU 9 NOVEMBRE 1864. Nivellement.
       ORIG. — Résidence de cultivateurs, fermiers de la plaine.

FÉROU (Impasse)** . . . . VIᵉ ARRONDISSEMENT . . . . 22ᵉ QUARTIER.
1288   Située rue Férou, 5.
       Longr : 69ᵐ,00.
       Largr : 7ᵐ,00. — DÉCISION MINISTÉRIELLE DU 16 OCTOBRE 1817. Alignements.
OBS. — Cette impasse est close par une porte charretière et dessert le Séminaire St-Sulpice (partie de l'ancienne rue Saint Pierre).
       ORIG. — Voir rue Férou.

FÉROU (Rue)** . . . . VIᵉ ARRONDISSEMENT . . . . 22ᵉ QUARTIER.
1289   Commence place Saint Sulpice, 9. — Finit rue de Vaugirard, 50.   (l. 19. — P. 16.)
       Longr : 144ᵐ,00.
       Largr : 8ᵐ,00. — DÉCISION MINISTÉRIELLE DU 26 THERMIDOR AN VIII.
       Id.   12ᵐ,00. — ORD. ROYALE DU 12 MAI 1841. Alignements.
       ORIG. — Étienne Férou, procureur au Parlement, propriétaire de maisons et terrains au XVIᵉ siècle.

FERRONNERIE (Rue de la) . . . . Iᵉʳ ARRONDISSEMENT . . . . 2ᵉ QUARTIER.
1290   Commence r. Saint Denis, 43. — Finit r. des Halles, 22, et de la Lingerie, 2 bis. (l. 23. — P. 24.)
       Longr : 114ᵐ,00.
       Largr : 12ᵐ,00. — DÉCISION MINISTÉRIELLE DU 28 MESSIDOR AN V.
       Moindre largr : 16ᵐ,60. — ORD. ROYALE DU 9 DÉCEMBRE 1838.
       Id.   Id.   16ᵐ,60. — DÉCRET DU 21 JUIN 1854 (U. P.). Alignements.
                 ARRÊTÉ PRÉFECTORAL DU 26 JUILLET 1866. Nivellement entre la rue
                 Sainte Opportune et la rue des Halles.
       ORIG. — Saint Louis avait permis aux ferronniers de s'y établir; groupe avoisinant les Halles.

FERRUS (Rue)** . . . . XIVᵉ ARRONDISSEMENT . . . . 54ᵉ QUARTIER.
                     Anciennement commune de Gentilly.
1291   Commence boulevard Saint Jacques, 5. — Finit rue Cabanis, 8.   (l. 17. — P. 20.)
       Longr : 120ᵐ,00.
       Largr : 13ᵐ,00. — Alignements projetés. (Largeur actuelle.)
       ARRÊTÉ PRÉFECTORAL DU 5 OCTOBRE 1857. Classement.
       DÉCRET DU 23 MAI 1863. Classement (confirmation).
       ARRÊTÉ PRÉFECTORAL DU 13 DÉCEMBRE 1865. Nivellement.
       DÉCRET DU 24 AOUT 1864. Dénomination actuelle.
       OBS. — Précédemment avenue Sainte Anne ou de la Santé.
       ORIG. — Guillaume-Marie-André Ferrus, médecin aliéniste (1784-1861); voisinage de l'Asile Sainte Anne.

FESSART (Impasse) ^{☆☆} . . . . **XIXe** Arrondissement . . . . 76e Quartier.
Anciennement commune de Belleville.

1292   **Située** rue Fessart, 32.   (I. 19. -- P. 16.)
   Long^r : 160^m,00.
   Larg^r :   4^m,70 environ.   (*Voie privée.*)
   Orig. — *Voir* rue Fessart.

FESSART (Rue) ^{☆☆} . . . . **XIXe** Arrondissement . . . . 76e Quartier.
Anciennement commune de Belleville.

1293   **Commence** rue Botzaris. — **Finit** rue de la Villette, 29.   (I. 51. — P. 11.)
   Long^r : 490^m,00.
   Larg^r : 12^m,00. — *Alignements* projetés entre la rue Botzaris et la rue Pradier.
   Id.   8^m,00. — Ord. royale du 30 août 1837. *Alignements* entre la rue Pradier et
         la rue de La Villette.
   Décret du 23 mai 1863. *Classement* (confirmation).
      Obs. — Il existe un projet de prolongement entre la rue de La Villette et la
      rue de Palestine.
   Arrêtés préfectoraux du 2 août 1860 et du 13 août 1864. *Nivelle-
      ment* sur une longueur de 73 mètres, à partir de la rue Botzaris.
   Orig. — Nom de propriétaire.

FÊTES (Place des) ^{☆☆}. . . . . **XIXe** Arrondissement . . . . 75e Quartier.
Anciennement commune de Belleville.

1294   **Située** rue du Pré Saint Gervais, 17, et circonscrite par les rues Petitot, des Fêtes, 33,
   et Compans, 42.   (I. 9.)
   Long^r : 100^m,00.
                    (*Place plantée.*)
         Voir les dates d'approbation des rues formant le périmètre.
   Décret du 23 mai 1863. *Classement* (confirmation).
   Arrêté préfectoral du 14 août 1879. — Réunion de la rue de la
      Place à la place des Fêtes.
      Obs. — Précédemment place Sainte Geneviève.
   Orig. — Place où avaient lieu les fêtes de l'ancienne commune de Belleville.

FÊTES (Rue des) ^{☆☆}. . . . . **XIXe** Arrondissement . . . . 75e Quartier.
Anciennement commune de Belleville.

1295   **Commence** rues de Belleville, 189, et du Pré Saint Gervais, 1. — **Finit** rue Compans, 51.
   Long^r : 357^m,00.   (I. 67. — P. 38.)
   Larg^r :   8^m,00. — Ord. royale du 30 août 1837. *Alignements*.
   Décret du 23 mai 1863. *Classement* (confirmation).
   Arrêté préfectoral du 23 décembre 1860. *Nivellement*.
   Arrêté préfectoral du 26 février 1867. *Dénomination* actuelle.
      Obs. — Précédemment rue de Beaune.
   Orig. — *Voir* place des Fêtes.

FEUILLANTINES (Rue des) ^{☆☆} . . **V^e** Arrondissement . . . . 19e Quartier.

1296   **Commence** rue Gay-Lussac, 82, et Claude Bernard, 79. — **Finit** rue Saint Jacques, 261.
   Long^r : 170^m,00.   (I. 17. — P. 16.)
   Larg^r : 12^m,00. — Décret du 4 décembre 1830. *Élargissement* et *Prolongement* entre la
         rue Gay-Lussac et la rue Saint Jacques.
   Approbation du préfet du 27 octobre 1868. *Nivellement* du surplus
      jusqu'au boulevard Saint Michel.
   Arrêté préfectoral du 19 août 1864. *Dénomination* actuelle.
      Obs. — Précédemment impasse des Feuillantines.
   Orig. — Les religieuses Feuillantines y avaient leur couvent.

FEUILLET (Passage). . . . . **X^e** Arrondissement . . . . 40e Quartier

1297   **Commence** rue des Écluses Saint Martin, 44. — **Finit** rue du Canal Saint Martin, 11.
   Long^r : 160^m,00.   (I. 13. — P. 16.)
   Larg^r : 12^m,00 environ.   (*Voie privée.*)
   Orig. — Ouvert en 1830, a pris le nom du propriétaire.

FEUTRIER (Rue) ^{☆☆} . . . . **XVIIIe** Arrondissement . . . . 70e Quartier.
Anciennement commune de Montmartre.

1298   **Commence** rue André del Sarte, 8. — **Finit** rues Muller, 32, et Sainte Marie, 2.
   Long^r : 230^m,00.   (I. 33. — P. 10.)
   Larg^r : 10^m,00. — Décret du 9 juillet 1870. *Classement, Alignements*.
   Orig. — Nom de propriétaire.

FÉVRIER (Cour de). . . . . **XIe** Arrondissement . . . . 43e Quartier.

1299   **Située** passage du Cheval blanc.
                    (*Voie privée.*)
   Orig. — Groupe de noms de mois donné par les propriétaires.

FEYDEAU (Galerie). . . . . IIe Arrondissement . . . . 6e Quartier.

1300   **Commence** rue Saint Marc, 10. — **Finit** galerie des Variétés, 8.   (P. 30.)
    Long^r :   60^m,00.
    Larg^r :   3^m,20.   (*Voie privée.*)
    Orig. — *Voir rue Peydeau.*

FEYDEAU (Rue) . . . . IIe Arrondissement. . . . . 6e Quartier.

1301   **Commence** rues Notre-Dame des Victoires, 27, et Saint Marc, 1. — **Finit** rue de Richelieu, 82.
    Long^r : 252^m,00.   (I. 27. — P. 32.)
  Moindre larg^r :   8^m,00. — Décision ministérielle du 5 germinal an VI.
    Id.   Id.   8^m,00. — Ord. royale du 4 mai 1826. *Alignements.*
              Décret du 7 juin 1880. Pan coupé curviligne à l'angle des rues
              Notre-Dame des Victoires et Feydeau.
    Orig. — Famille parisienne ayant occupé de hautes fonctions dans la magistrature et l'administration au xviie et au
    xviiie siècle.

FIDÉLITÉ (Rue de la) . . . . Xe Arrondissement . . . . 38e Quartier.

1302   **Commence** boulevard de Strasbourg, 77. — **Finit** rue du Faubourg Saint Denis, 96.
    Long^r : 113^m,00.   (I. 11. — P. 21.)
    Larg^r :   9^m,75. — Arrêté du directoire exécutif du 3 frimaire an VI.
    Id.   15^m,00. — Décret du 22 mars 1850. *Alignements.*
    Orig. — Ouverte en 1800, a pris le nom de l'église Saint Laurent, appelée alors temple de l'Hymen et de la
    Fidélité.

FIGUIER (Rue du) . . . . IVe Arrondissement . . . . 14e Quartier.

1303   **Commence** rues de l'Hôtel de Ville, 2, et du Fauconnier, 5. — **Finit** rue Charlemagne, 23.
    Long^r : 116^m,00.   (I. 19. — P. 28.)
    Larg^r :   7^m,00. — Décision ministérielle du 13 thermidor an VI.
    Id.   11^m,00. — Ord. royale du 4 août 1838. *Alignements.*
    Orig. — Il y avait autrefois dans cette rue un figuier remarquable.

FILLES-DIEU (Rue des). . . . . . IIe Arrondissement . . . . 8e Quartier.

1304   **Commence** rue Saint Denis, 243. — **Finit** rue d'Aboukir, 106.   (I. 35. — P. 21.)
    Long^r : 170^m,00.
    Larg^r :   7^m,00. — Décision ministérielle du 23 brumaire an VIII.
  Moindre larg^r :   10^m,00. — Ord. royale du 21 juin 1826. *Alignements.*
    Orig. — Voisine de l'ancien couvent des Filles-Dieu.

FILLES DU CALVAIRE (Boulevard des)
              IIIe Arrondissement. . . . . 10e Quartier.
              XIe Arrondissement. . . . . 42e Quartier.

1305   **Com.** r. du Pont aux Choux, 2, et St Sébastien, 1. — **Finit** rues des Filles du Calvaire, 18,
    et Oberkamf, 2.   (I. 17. — P. 26.)
    Long^r : 210^m,00.
    Larg^r : 36^m,00. — Ord. royale du 8 juin 1834. *Alignements* du côté des numéros
              impairs.
              Ord. royale du 13 février 1846. *Alignements* du côté des numéros
              pairs.
    Orig. — *Voir rue des Filles du Calvaire.*

FILLES DU CALVAIRE (Rue des). IIIe Arrondissement . . . . 10e Quartier.

1306   **Commence** r. de Turenne, 94. — **Finit** boulevards du Temple, 1, et des Filles du Calvaire, 17.
    Long^r : 167^m,00.   (I. 25. — P. 18.)
    Larg^r : 14^m,00 environ. — Décision ministérielle du 19 germinal an VIII.
  Moindre larg^r : 14^m,00. — Ord. royale du 8 juin 1834. *Alignements.*
    Orig. — Doit son nom au couvent des Filles du Calvaire qui y avait été construit.

FILLES SAINT THOMAS (Rue des). IIe Arrondissement . . . . 6e Quartier.

1307   **Commence** rues Vivienne, 25, et du Quatre Septembre, 1. — **Finit** rue de Richelieu, 68.
    Long^r : 80^m 00.   (I. 11. P. 4.)
  Moindre larg^r :   8^m,00. — Décision ministérielle du 21 prairial an X.

FILLES SAINT THOMAS (Rue des). (*Suite.*)

    Largʳ : 10ᵐ,00. — Ord. royale du 4 mai 1826. *Alignements.*

        Arrêtés préfectoraux des 2 juillet 1ᵉʳ septembre 1868. *Nivellement.*

        Décision ministérielle du 21 juin 1844. La partie comprise entre les rues Notre-Dame des Victoires et la rue Vivienne fait partie de la place de la Bourse.

Orig. — Doit son nom au couvent des Filles Saint Thomas, sur l'emplacement duquel se trouve aujourd'hui la Bourse.

FILLETTES (Impasse des) . . . . **XVIIIᵉ** Arrondissement . . . . 72ᵉ Quartier.

Anciennement commune de La Chapelle.

1306 **Commence** rue Boucry, 2 *bis*. — **Finit** au raccordement des chemins de fer du Nord et de l'Est.

    Longʳ : 150ᵐ,00.

    Largʳ : 4ᵐ,75 environ. — Décret du 23 mai 1863. *Classement* (confirmation).

        Arrêté préfectoral du 25 avril 1866. *Nivellement.*

Orig. — Inconnue.

FILS (Impasse du) **. . . . . **XIXᵉ** Arrondissement. . . . . 76ᵉ Quartier.

Anciennement commune de La Villette.

1309 **Située** cité du Tarn.

    Longʳ : 20ᵐ,00.

    Largʳ : 2ᵐ,00 environ. (*Voie privée.*)

Orig. — La cité du Tarn a été créée par deux propriétaires, le père et le fils.

FINET (Impasse) **. . . . . **XXᵉ** Arrondissement . . . . 79ᵉ Quartier.

Anciennement commune de Charonne.

1310 **Située** rue des Amandiers, 88.   (I. 3. — P. 2.)

    Longʳ : 103ᵐ,00.

  Moindre largʳ : 1ᵐ,00.   (*Voie privée.*)

Orig. — Nom du propriétaire.

FLANDRE (Passage de) . . . . . . **XIXᵉ** Arrondissement. . . . . 73ᵉ Quartier.

Anciennement commune de La Villette.

1311 **Commence** rue de Flandre, 48. — **Finit** quai de la Seine, 47.   (I. 1. — P. 2.)

    Longʳ : 122ᵐ,00.

    Largʳ : 4ᵐ,30 environ. (*Voie privée.*)

        Arrêté préfectoral du 1ᵉʳ février 1877. *Dénomination* actuelle.

        Obs. — Précédemment passage de La Villette.

Orig. — *Voir* rue de Flandre.

FLANDRE (Rue de) *. . . . . . . **XIXᵉ** Arrondissement . . . . 73ᵉ et 74ᵉ Quartiers.

Anciennement commune de la Villette.

1312 **Commence** boul. de la Villette, 208, et quai de la Seine, 1. — **Finit** boulevard Macdonald, 1, et porte de La Villette.   (I. 223. — P. 182.)

    Long : 1945ᵐ,00.

  Moindre larg : 14ᵐ,00. — Ord. royale du 14 décembre 1825. *Alignements.*

        Décret du 23 mai 1863. *Classement* (confirmation).

        Arrêté préfectoral du 12 août 1861. *Nivellement* entre le boulevard Macdonald et le pont de Flandre.

        Arrêté préfectoral du 13 novembre 1860. *Nivellement* entre le boulevard de La Villette et la rue Rouvet.

        Obs. — Précédemment route Nationale nᵒ 2.

Orig. — Commencement de la route Nationale qui se dirige vers la Flandre.

FLANDRIN (Boulevard) ** . . . . **XVIᵉ** Arrondissement. . . . . 63ᵉ Quartier.

1313 **Commence** avenue Victor Hugo. — **Finit** : { Côté des numéros impairs, rue Dufrénoy, 27. { Côté des numéros pairs, impasse Cothenet, 12.

    Longʳ : côté des nᵒˢ pairs 680ᵐ,00.   (I. 17. — P. 34.)

    Longʳ : côté des nᵒˢ impairs 250ᵐ,00.

        Obs. — Le chemin de fer de Ceinture passe dans l'axe du boulevard.

  Largʳ : 12ᵐ,00 de chaque côté du chemin de fer d'Auteuil.

        Obs. — Voie ouverte par la Ville de Paris entre l'avenue Victor Hugo et la rue Dufrénoy. La partie comprise entre la rue Dufrénoy et l'impasse Cothenet a été ouverte par les propriétaires riverains, et n'est pas classée.

        Décret du 2 octobre 1865. *Dénomination.*

Orig. — Jean-Hippolyte Flandrin, peintre (1809-1864) quartier où ont été groupés des noms d'artistes.

24

FLÉCHIER (Rue). . . . . **IX**ᵉ Arrondissement . . . . 34ᵉ et 35ᵉ Quartiers.
1314   **Commence** rue de Châteaudun, 18. — **Finit** rues Saint Lazare et du Faub. Montmartre, 67.
    Long* : 68ᵐ,00.   (P. 4.)
    Larg* : 10ᵐ,00. — Ord. royale du 21 juillet 1824. *Ouverture* et *Alignements*.
    Orig. — Esprit Fléchier, célèbre prédicateur (1632-1710); voisinage de l'église Notre-Dame de Lorette.

FLEURS (Cité des). . . . . **XVII**ᵉ Arrondissement . . . . 68ᵉ Quartier.
                          Anciennement commune des Batignolles.
1315   **Commence** avenue de Clichy, 134, et r. Balagny, 1. — **Finit** r. Marcadet, 305. (1. 55. — P. 68.)
    Long* : 315ᵐ,00.
    Larg* :   5ᵐ,00 environ.   (*Voie privée.*)
    Orig. — Bordée de jardins.

FLEURS (Quai aux). . . . . **IV**ᵉ Arrondissement . . . . 16ᵉ Quartier.
1316   **Commence** rue du Cloître Notre-Dame, 2, et pont Saint Louis. — **Finit** rue de la Cité et pont
    Notre-Dame.   (1. 23.)
    Long* : 423ᵐ,00.
    Moindre larg* : 14ᵐ,00. — Ord. royale du 4 mars 1834. *Alignements* entre la rue du Cloître
                      Notre-Dame et la rue d'Arcole.
                   Décret du 22 mai 1863 (U. P.). Modification de l'*Alignement* entre la
                      rue d'Arcole et la rue de la Cité.
                   Arrêtés préfectoraux du 5 février 1877 et 17 janvier 1878. *Nivel-
                      lement.*
                   Arrêté préfectoral du 16 août 1879. *Dénomination* actuelle.
                          Obs. — Précédemment quai Napoléon et antérieurement quai aux Fleurs.
    Orig. — Un marché aux fleurs s'y tient deux fois par semaine.

FLEURUS (Rue de) ** . . . . **VI**ᵉ Arrondissement . . . . 22ᵉ et 23ᵉ Quartiers.
1317   **Commence** r. du Luxembourg, 22. — **Finit** r. Notre-Dame des Champs, 7. (1. 45. — P. 46.)
    Long* : 370ᵐ,00.
    Larg* : 13ᵐ,00. — Décision ministérielle du 13 brumaire an X.
    Id.   13ᵐ,00. — Ord. royale du 21 juillet 1843. *Alignements* entre la rue du Luxem-
                      bourg et la rue d'Assas.
    Id.   10ᵐ,00. — Décision ministérielle du 13 brumaire an X.
    Id.   10ᵐ,00. — Ord. royale du 21 juillet 1843. *Alignements* entre la rue d'Assas
                      et la rue Notre-Dame des Champs.
    Orig. — En mémoire de la victoire remportée par Jourdan sur les Autrichiens, le 26 juin 1794.

FLEURY (Allée) ** . . . . **XVIII**ᵉ Arrondissement . . . . 70ᵉ Quartier.
                          Anciennement commune de Montmartre.
1318   **Située** cité des Bains.
    Long* : 20ᵐ,00.
    Larg* :   4ᵐ,00 environ.   (*Voie privée.*)
    Orig. — Nom du propriétaire.

FLEURY (Impasse) ** . . . . . . **XX**ᵉ Arrondissement . . . . 78ᵉ Quartier.
                          Anciennement commune de Belleville.
1319   **Située** rue Saint Fargeau, 26.   (1. 13. — P. 20.)
    Long* : 85ᵐ,00.
    Larg* :   4ᵐ,00 environ.   (*Voie privée.*)
    Orig. — Nom de propriétaire.

FLEURY (Rue) ** . . . . **XVIII**ᵉ Arrondissement . . . . 71ᵉ Quartier.
                          Anciennement commune de La Chapelle.
1320   **Commence** boul. de La Chapelle, 74. — **Finit** rues de la Charbonnière, 17, et de Chartres, 13.
    Long* : 30ᵐ,00.   (1. 3. — P. 4.)
    Larg* :   5ᵐ,85. — Ord. royale du 11 septembre 1842. *Alignements.*
                   Arrêté préfectoral du 3 février 1863. *Nivellement.*
                   Décret du 23 mai 1863. *Classement* (confirmation).
    Orig. — Nom de propriétaire.

FLORENCE (Rue de) . . . . . . **VIII**ᵉ Arrondissement . . . . 32ᵉ Quartier.
1321   **Commence** rue de Saint Pétersbourg, 35. — **Finit** rue de Turin, 32.   (1. 9. — P. 16.)
    Long* : 105ᵐ,00.
    Larg* : 12ᵐ,00. — Ord. royale du 2 février 1826. *Ouverture* et *Alignements* entre la
                      rue de Saint Pétersbourg et la rue de Turin.
                          Obs. — La partie comprise entre la rue de Turin et la rue Clapeyron a été
                             déclassée et supprimée par décret du 30 juin 1859.
                   Arrêté préfectoral du 19 août 1864. *Dénomination* actuelle.
                          Obs. — Précédemment rue de Bruxelles (partie).
    Orig. — Ancienne capitale de la Toscane, devenue capitale de l'Italie, de 1864 à 1870.

FLORENTINE (Cité) **. . . . . . . **XIX**ᵉ ARRONDISSEMENT . . . . 75ᵉ QUARTIER.
Anciennement commune de Belleville.
1322 **Située** rue de La Villette, 86.
Longʳ : 70ᵐ,00.
Largʳ : 8ᵐ,00 environ. *(Voie privée.)*
ORIG. — Inconnue.

FLORIAN (Rue) **. . . . . . . **XX**ᵉ ARRONDISSEMENT . . . . 80ᵉ QUARTIER.
Anciennement commune de Charonne.
1323 **Commence** rue Vitruve, 39. — **Finit** rue de Bagnolet, 106.   (I. 23. — P. 32.)
Longʳ : 190ᵐ,00.
Largʳ : 6ᵐ,00. — ORD. ROYALE DU 27 AOUT 1844. *Alignements.*
DÉCRET DU 23 MAI 1863. *Classement* (confirmation).
ARRÊTÉ PRÉFECTORAL DU 18 DÉCEMBRE 1872. *Nivellement.*
DÉCRET DU 27 FÉVRIER 1867. *Dénomination* actuelle.
OBS. — Précédemment rue du Château.
ORIG. — Jean-Pierre Claris de Florian, littérateur dans le genre pastoral (1755-1794); quartier champêtre.

FLORIMONT (Impasse) **. . . . . **XIV**ᵉ ARRONDISSEMENT . . . . 56ᵉ QUARTIER.
Anciennement commune de Montrouge.
1324 **Située** rue d'Alésia, 130.   (P. 11.)
Longʳ : 38ᵐ,00.
Largʳ : 2ᵐ,00 environ. *(Voie privée.)*
ORIG. — Nom du propriétaire.

FOIN (Rue du) . . . . **III**ᵉ ARRONDISSEMENT . . . . 11ᵉ QUARTIER.
1325 **Commence** rue de Béarn, 5. — **Finit** rue de Turenne, 32.   (I. 11. — P. 10.)
Longʳ : 104ᵐ,00.
Largʳ : 7ᵐ,00. — DÉCISION MINISTÉRIELLE DU 3 THERMIDOR AN IX.
Id. 10ᵐ,00. — ORD. ROYALE DU 8 JUIN 1834. *Alignements.*
ORIG. — Ouverte à la fin du XVIᵉ siècle, sur une prairie qui faisait partie du parc des Tournelles.

FOLIE MÉRICOURT (Rue de la) . **XI**ᵉ ARRONDISSEMENT . . . . 41ᵉ et 42ᵉ QUARTIERS.
1326 **Commence** boulevard Voltaire, 71, et rue Saint Ambroise, 1. — **Finit** rue de la Fontaine
au Roi, 2, et quai de Jemmapes, 28.   (I. 113. — P. 114.)
Longʳ : 960ᵐ,00.
Largʳ : 10ᵐ,00. — DÉCISION MINISTÉRIELLE DU 13 GERMINAL AN X.
Id. 10ᵐ,00. ORD. ROYALE DU 6 MAI 1827. *Alignements* entre la rue Saint Ambroise
et la rue Oberkampf.
Id. 10ᵐ,00. DÉCISION MINISTÉRIELLE DU 26 BRUMAIRE AN XI.
Id. 10ᵐ,00. ORD. ROYALE DU 26 DÉCEMBRE 1844. *Alignements* entre la rue Ober-
kampf et les rues du Faubourg du Temple et de la Fontaine au
Roi.
DÉCRET DU 28 JUIN 1872. *Modification du débouché* sur la rue du
Faubourg du Temple.
ARRÊTÉ PRÉFECTORAL DU 2 AVRIL 1868. *Dénomination* actuelle.
OBS. — Précédemment rue Popincourt (partie) et rue de la Folie Méricourt.
ORIG. — Folie, ancien nom donné aux maisons de plaisance; le nom de Méricourt paraît une altération du nom
primitif de Marcault.

FOLIE REGNAULT (Passage de la). **XI**ᵉ ARRONDISSEMENT . . . . 43ᵉ QUARTIER.
1327 **Commence** rue de la Folie Regnault, 42. — **Finit** boulevard de Ménilmontant, 43.
Longʳ : 138ᵐ,00.   (I. 15. — P. 22.)
Largʳ : 7ᵐ,00 environ. *(Voie privée.)*
ORIG. — Voir rue de la Folie Regnault.

FOLIE REGNAULT (Rue de la) . . **XI**ᵉ ARRONDISSEMENT . . . . 43ᵉ QUARTIER.
1328 **Commence** rue des Boulets, 110. — **Finit** rue du Chemin Vert, 134.   (I. 55. — P. 58.)
Longʳ : 723ᵐ,00.
Largʳ : 13ᵐ,00. — ORD. ROYALE DU 6 MAI 1827. *Alignements.*
ORIG. — Doit son nom à une folie appartenant à un nommé Regnault-Lépicier.

FONDARY (Rue) . . . . **XV**ᵉ ARRONDISSEMENT . . . . 59ᵉ QUARTIER.
Anciennement commune de Grenelle.
1329 **Commence** rue Lourmel, 27. — **Finit** rue de la Croix Nivert, 44.   (I. 91. — . 82.)

FONDARY (Rue). *(Suite.)*
Longʳ : 650ᵐ,00.
Largʳ : 10ᵐ,00. — *Alignements* projetés. (Largeur actuelle).
Décret du 24 juillet 1867. *Classement* de la partie comprise entre
la rue Lourmel et la rue Violet.
Classement confirmé pour la partie comprise entre la rue Violet et
la rue de la Croix Nivert.
Arrêté préfectoral du 11 août 1869. *Nivellement.*
Orig. — Fondary, l'un des entrepreneurs du village de Grenelle, maire de l'ancienne commune de Vaugirard (1821-1830).

FONDERIE (Passage de la) . . . . **XI**ᵉ Arrondissement . . . . 45ᵉ Quartier.
1330 **Commence** rue d'Angoulême, 72. — **Finit** rue Saint Maur, 119.
Longʳ : 145ᵐ,00.
Largʳ : 7ᵐ,00 environ. *(Voie privée.)*
Orig. — Quartier industriel.

FONDS VERTS (Rue des) . . . . . **XII**ᵉ Arrondissement . . . . 47ᵈ Quartier.
Anciennement commune de Bercy.
1331 **Commence** rue de la Nativité, 42 *bis.* — **Finit** rue de Charenton, 266. (I. 7. — P. 16.)
Longʳ : 84ᵐ,00.
Largʳ : 9ᵐ,00. — Ord. royale du 28 décembre 1845. *Alignements.*
Décret du 23 mai 1863. *Classement* (confirmation).
Décision préfectorale du 9 février 1863. *Nivellement.*
Orig. — Lieu dit; quartier bas et marécageux de la vallée de Fécamp.

FONTAINE (Passage) **. . . . . . X**ᵉ Arrondissement . . . . 40ᵉ Quartier.
1332 **Commence** rue de Sambre-et-Meuse, 33. — **Finit** boulevard de La Villette, 39.
Longʳ : 23ᵐ,00.
Moindre largʳ : 2ᵐ,00. *(Voie privée.)*
Orig. — Nom du propriétaire.

FONTAINE (Rue) **. . . . . IX**ᵉ Arrondissement . . . . 33ᵉ Quartier.
1333 **Commence** rues Chaptal, 2, et Pigalle, 51.— **Finit** place Blanche, 3, et boulevard de Clichy, 39.
Longʳ : 370ᵐ,00. (I. 49. — P. 52.)
Largʳ : 12ᵐ,00. — Ord. royale du 2 février 1826. *Ouverture* et *Alignements.*
Orig. — Pierre-François-Léonard Fontaine, architecte (1762-1853).

FONTAINE A MULARD (Rue de la)* **XIII**ᵉ Arrondissement . . . . 51ᵉ Quartier.
Anciennement commune de Gentilly.
1334 **Commence** rue du Moulin de la Pointe, 2, et avenue d'Italie, 102. — **Finit** rues du Pot au
Lait et Barrault. (I. 25. — P. 20.)
Longʳ : 820ᵐ,00.
Largʳ · 8ᵐ,00. — Arrêté préfectoral du 29 août 1838. *Alignements* depuis la rue
du Moulin de la Pointe et l'avenue d'Italie jusqu'à la rue du
Moulin des Prés.
Décret du 23 mai 1863. *Classement* confirmé de cette partie.
Arrêté préfectoral du 5 octobre 1857. *Classement* (chemin rural)
entre la rue du Moulin des Prés et les rues du Pot au Lait et
et Barrault.
Obs. — Le classement de cette seconde partie n'a pas été confirmé par le
décret du 23 mai 1863.
Arrêté préfectoral du 5 mai 1868. *Nivellement.*
Arrêté préfectoral du 1ᵉʳ février 1877. *Dénomination* actuelle.
Obs. — Précédemment rue de la Fontaine à Mulard et chemin du Moulin des
Prés.
Orig. — La Fontaine à Mulard était située à l'extrémité de cette rue, sur un coteau dominant la Bièvre.

FONTAINE AU ROI (Rue de la) . . **XI**ᵈ Arrondissement . . . . 41ᵉ Quartier.
1335 **Commence** rues du Faubourg du Temple, 34, et de la Folie Méricourt, 114. — **Finit** rue
Saint-Maur, 153. (I. 63. — P. 65.)
Longʳ : 496ᵐ,00.
Moindre largʳ : 10ᵐ,00. — Décision ministérielle du 26 brumaire an XI.
Largʳ : 12ᵐ,00. — Ord. royale du 16 août 1836. *Alignements.*
Décret du 28 juin 1872. *Modification* du débouché sur la rue du
Faubourg du Temple.
Orig. — Conduites établies au XVIIᵉ siècle pour amener les eaux de Belleville à Paris.

FONTAINE AUX CLERCS (Rue de la)* **XIII**e Arrondissement. . . . . 51e Quartier.
Anciennement commune de Gentilly.

1336 **Commence** rue de la Fontaine à Mulard. — **Finit** rue du Pot au Lait.
 Long^r : 400^m,00.
 Larg^r : 4^m,00 environ. — Arrêté préfectoral du 5 octobre 1857. *Classement*
   (chemin rural).
   Obs. — Le classement n'a pas été confirmé par le décret du 23 mai 1863.
  Arrêté préfectoral du 1er février 1877. *Dénomination* actuelle.
   Obs. — Précédemment sentier de la Fontaine aux Clercs.
Orig. — Lieu dit.

FONTAINE DU BUT (Rue de la)** **XVIII**e Arrondissement . . . . 69e Quartier.
Anciennement commune de Montmartre.

1337 **Commence** rue Saint Vincent. — **Finit** rues Duhesme, 26, et Marcadet, 143. (I. 23. — P. 30.)
 Long^r : 240^m,00.
 Larg^r : 10^m,00. — Délibération du conseil municipal du 12 juin 1846. *Alignements*
   projetés. (Largeur actuelle.)
  Décret du 23 mai 1863. *Classement* (confirmation).
Orig. — Doit son nom à la fontaine du But.

FONTAINES (Rue des). . . . . . **III**e Arrondissement. . . . . 9e Quartier.

1338 **Commence** rue du Temple, 183. — **Finit** rue de Turbigo, 60. (I. 25. — P. 16.)
 Long^r : 160^m,00.
 Larg^r : 8^m,00. — Décision ministérielle du 19 germinal an VIII.
  Id. 10^m,00. — Ord. royale du 7 septembre 1843. *Alignements*.
Orig. — Ancien nom (xve siècle).

FONTARABIE (Rue de).** . . . . **XX**e Arrondissement . . . . 80e Quartier.
Anciennement commune de Charonne.

1339 **Commence** rue de la Réunion, 98. — **Finit** rue des Pyrénées, 131. (I. 11. — P. 30.)
 Long^r : 290^m,00.
 Larg^r : 7^m,00. — Ord. royale du 27 août 1844. *Alignements*.
  Décret du 23 mai 1863. *Classement* (confirmation).
  Arrêtés préfectoraux des 4 décembre 1866 et 17 janvier 1867.
   Nivellement.
Orig. — Doit son nom au hameau de Fontarabie, ainsi nommé à l'occasion du traité de 1660 entre la France et
l'Espagne.

FONTENELLE (Rue de la) ** . . **XVIII**e Arrondissement . . . . 70e Quartier.
Anciennement commune de Montmartre.

1340 **Commence** rue Ramey, 11. — **Finit** rue du Mont Cenis, 10. (I. 61. — P. 50.)
 Long^r : 413^m,00.
 Moindre larg^r : 8^m,00. — Délibération du conseil municipal du 12 juin 1846. *Alignements*
   projetés entre les rues Ramey et Chasseloup-Laubat, et la rue
   Lamarck.
  Id. 10^m,00. — Décret du 11 août 1867. *Alignements* entre la rue Chasseloup-Laubat
   et la rue de la Bonne.
  Décret du 23 mai 1863. *Classement* confirmé de ces deux parties.
  Id. 12^m,00. — Loi du 24 juillet 1873 (U. P.). *Ouverture* de la partie circulaire
   située derrière l'église du Sacré-Cœur.
  Id. 12^m,00. — Décret du 11 août 1867 (U. P.). *Rectification* de l'alignement entre
   la rue de la Bonne et la rue du Mont Cenis.
  Arrêté préfectoral du 29 mars 1865. *Nivellement* entre la rue
   Ramey et l'ancienne rue des Rosiers. (Actuellement rue de la
   Fontenelle.)
  Arrêté préfectoral du 2 avril 1868. *Dénomination* actuelle.
   Obs. — Précédemment rue des Rosiers (partie) et rue de la Fontenelle.
Orig. — Lieu dit.

FONTENOY (Place de). . . . . . **VII**e Arrondissement . . . . 27e Quartier.
1341 **Située** avenue de Lowendal, 21, au débouché de l'avenue de Saxe, 2. (I. 3.)
(Place plantée.)
 Rayon : 90^m,20. — Ord. royale du 9 août 1844. *Alignements*.
   Obs. — Tracée en 1770 et cédée par l'État à la Ville de Paris, par une loi du
   19 mars 1838.
Orig. — Victoire remportée par les Français, sous les ordres du maréchal de Saxe, le 5 mai 1745; voisinage de l'École
Militaire.

FONTIS (Rue des). . . . . **XVI**ᵉ Arrondissement . . . . 61ᵉ Quartier.

Anciennement commune d'Auteuil.

1342 **Commence** rue de l'Assomption, 89. — **Finit** rue Raffet, 16.   (l. 17. — P. 26.)

Long^r : 530ᵐ,00.

Larg^r : 12ᵐ,00. — Délibération du conseil municipal du 21 août 1857. *Alignements*
projetés. (Largeur actuelle 2ᵐ,50 moindre.)

Décret du 23 mai 1863. *Classement* (confirmation).

Arrêté préfectoral du 26 juin 1877. *Nivellement.*

Obs. — Précédemment chemin des Fontis.

Orig. — Doit son nom au sol, où abondent les sources.

FOREST (Rue)**. . . . . **XVIII**ᵉ Arrondissement . . . . 69ᵉ Quartier.

Anciennement commune des Batignolles.

1343 **Commence** passage et boulevard de Clichy, 126. — **Finit** rue Capron, 35.   (l. 9. — P. 4.)

Long^r : 92ᵐ,00.

Larg^r : 7ᵐ,00 environ.   (*Voie privée.*)

Orig. — Nom d'un propriétaire, ancien conseiller municipal du quartier.

FOREZ (Rue du) . . . . **III**ᵉ Arrondissement . . . . 10ᵉ Quartier.

1344 **Commence** rue Charlot, 59. — **Finit** rue de Picardie, 22.   (l. 1. — P. 10.)

Long^r : 42ᵐ,00.

Larg^r : 8ᵐ,00. — Décision ministérielle du 5 vendémiaire an IX.

Id.   10ᵐ,00. — Ord. royale du 16 mai 1833. *Alignements.*

Orig. — Province du Forez ; voisinage de la place de France projetée par Henri IV.

FORGE ROYALE (Passage de la). . **XI**ᵉ Arrondissement . . . . 44ᵉ Quartier.

1345 **Commence** rue du Faubourg Saint Antoine, 167. — **Finit** passage et rue Saint Bernard, 27.

Long^r : 220ᵐ,00.   (l. 29. — P. 32.)

Larg^r : 6ᵐ,30.   (*Voie privée.*)

Orig. — Dénomination tirée d'une enseigne.

FORGES (Rue des). . . . . **II**ᵉ Arrondissement . . . . 8ᵉ Quartier.

1346 **Commence** rue de Damiette, 2, et cour des Miracles, 1. — **Finit** rue du Caire, 49.

Long^r : 63ᵐ,00.   (l. 7. — P. 10.)

Larg^r : 7ᵐ,00. — Décision ministérielle du 2 messidor an VIII.

Id.   10ᵐ,00. — Arrêté du président de la république du 25 juin 1849. *Alignements*
depuis la rue du Caire jusqu'à la partie en retour sur la rue de
Damiette.

Id.   8ᵐ,00. — *Alignements* de la partie à la suite jusqu'à la rue de Damiette.

Orig. — Percée sur l'emplacement de la cour des Miracles, et doit son nom aux forges qui y avaient été établies en 1750.

FORTIN (Avenue)**. . . . . **XIII**ᵉ Arrondissement. . . . . 50ᵉ Quartier.

Anciennement commune d'Ivry.

1347 **Commence** rue du Gaz, 69. — **Finit** avenue de Choisy, 168.   (P. 2.)

Long^r : 145ᵐ,00.

Larg^r : 8ᵐ,00 environ.

Décret du 23 mai 1863. *Classement.*

Arrêté préfectoral du 23 mai 1866. *Déclassement.*

Orig. — Nom du propriétaire.

FORTIN (Rue) . . . . **VIII**ᵉ Arrondissement. . . . . 30ᵉ Quartier.

1348 **Commence** rue de Ponthieu, 54. — **Finit** r. du Faubourg Saint Honoré, 129. (l. 13. — P. 14.)

Long^r : 166ᵐ,00.

Larg^r : 12ᵐ,00. — Ord. royale du 4 novembre 1820. *Ouverture* et *Alignements.*

Orig. — Ouverte en 1829 sur les terrains de M. Fortin, avocat.

FORTUNY (Rue). . . . . **XVII**ᵉ Arrondissement. . . . . 66ᵉ Quartier

1349 **Commence** rue de Prony, 38. — **Finit** avenue de Villiers, 39.   (l. 37. — P. 40.)

Long^r : 239ᵐ,00.

Larg^r : 12ᵐ,00. — Décret du 7 avril 1877. *Classement, Alignements, Nivellement.*

Décret du 30 juillet 1877. *Dénomination.*

Orig. — Mariano-José-Maria Fortuny, peintre espagnol (1838-1874) ; quartier habité par des artistes.

FOSSE AUX CHEVAUX (Rue de la)**. **XIII**ᵉ Arrondissement . . . . 51ᵉ Quartier.

Anciennement commune de Gentilly.

1350 **Commence** rue du Moulin de la Pointe, 58. — **Finit** rue Damesme, 69. (I. 21. — P. 2.)

Longʳ : 70ᵐ,00.

Largʳ : 4ᵐ,40 environ. (*Voie privée.*)

Orig. — Créée sur une ancienne voirie d'équarrissage.

FOSSÉS SAINT BERNARD (Rue des). **V**ᵉ Arrondissement. . . . . 17ᵉ Quartier.

1351 **Commence** quai Saint Bernard et boulevard Saint Germain, 1. — **Finit** rue de Jussieu.

Longʳ : 283ᵐ,00.   (P. 46.)

Moindre largʳ : 13ᵐ,00. — Décision ministérielle du 13 germinal an v.

Id.   : 13ᵐ,00. — Ord. royale du 29 octobre 1843. *Alignements.*

Orig. — Doit son nom aux fossés de la ville, sur l'emplacement desquels elle a été ouverte ; voisinage de la porte Saint Bernard.

FOSSÉS SAINT JACQUES (Rue des)**. **V**ᵉ Arrondissement . . . . . 17ᵉ et 20ᵉ Quartiers.

1352 **Commence** rue Saint Jacques, 163 *bis*. — **Finit** rues de l'Estrapade et Lhomond, 1.

Longʳ : 191ᵐ,00.   (I. 23. — P. 26.)

Moindre largʳ : 8ᵐ,90. — Décision ministérielle du 25 messidor an x.

Largʳ : 13ᵐ,00. — Ord. royale du 5 juin 1846. *Alignements.*

Orig. — Doit son nom aux fossés de la ville, sur l'emplacement desquels elle a été ouverte ; voisinage de la porte Saint Jacques.

FOSSÉS SAINT MARCEL (Rue des)* . **V**ᵉ Arrondissement. . . . . 18ᵉ Quartier.

1353 **Commence** rues de Poliveau et du Fer à Moulin, 1. — **Finit** boulevard Saint Marcel, 38.

Longʳ : 140ᵐ,00.   (I. 21. — P. 16.)

Moindre largʳ : 10ᵐ,00. — Décision ministérielle du 24 messidor an v.

Largʳ : 14ᵐ,00. — Décret du président de la république du 4 octobre 1849. *Aligne-ments.*

Orig. — Doit son nom aux fossés qui entouraient le bourg Saint Marcel.

FOUARRE (Rue du) . . . . **V**ᵉ Arrondissement. . . . . 20ᵉ Quartier.

1354 **Commence** quai de Montebello, 21. — **Finit** rue Galande, 40. (I. 19. — P. 18.)

Longʳ : 116ᵐ,00.

Largʳ : 14ᵐ,00.

Obs. — La première partie, comprise entre le quai de Montebello et la rue de la Bucherie, a été créée lors de la construction de l'Hôtel-Dieu.

Id.   12ᵐ,00. — Ord. royale du 5 juin 1846. *Alignements* entre la rue de la Bucherie et la rue Galande.

Obs. — Suppression projetée pour le prolongement de la rue du Dante.

Arrêté préfectoral du 1ᵉʳ février 1877, réunissant sous la même dénomination la partie comprise entre le quai Montebello et la rue de la Bucherie.

Orig. — Autrefois rue des Écoliers, doit son nom au fouarre, feurre ou fourrage dont le sol était jonché pendant les leçons.

FOUCAULT (Rue) . . . . **XVI**ᵉ Arrondissement . . . . 64ᵉ Quartier.

1355 **Commence** quai Debilly, 46. — **Finit** rue Fresnel.

Longᵉ : 65ᵐ,00.

Largʳ : 12ᵐ,00. — *Voie ouverte par la Ville de Paris.*

Arrêté préfectoral du 13 octobre 1874. *Nivellement.*

Décret du 10 novembre 1877. *Dénomination.*

Orig. — Jean-Bernard-Léon Foucault, physicien, membre de l'Académie des Sciences (1819-1868).

FOUGEAT (Passage) . . . . **XV**ᵉ Arrondissement . . . . 59ᵉ Quartier.

Anciennement commune de Grenelle.

1356 **Commence** boulevard de Grenelle, 141. — **Finit** rue Letellier, 41. (I. 21. — P. 12.)

Longʳ : 150ᵐ,00.

Largʳ : 8ᵐ,00 environ. (*Voie privée.*)

Orig. — Nom du propriétaire.

FOUQUET (Cité) ** . . . . **XIX**ᵉ Arrondissement . . . . 76ᵉ Quartier.

Anciennement commune de Belleville.

1357 **Commence** rue Pradier, 21. — **Finit** rue Botzaris, 2. (I. 11. — P. 16.)

Longʳ : 62ᵐ,00.

Largʳ : 5ᵐ,00. (*Voie privée.*)

Orig. — Nom du propriétaire.

FOUR (Rue du) . . . . **VI**e Arrondissement . . . . . 22e, 23e et 24e Quartiers.

1358   **Commence** rue de Montfaucon, 2, et boul. Saint Germain, 133. — **Finit** carrefour de la
      Croix Rouge.   (l. 57. — P. 62.)
      Longr : 400m,00.
      Largr : 13m,00. — Ord. royale du 2 août 1843. *Alignements* depuis la rue de Mont-
          faucon et le boulevard Saint Germain jusqu'à la rue Bonaparte.
Moindre largr : 15m,00. — Décret du 28 juillet 1866 (U. P.). *Élargissement* entre la rue
          Bonaparte et le carrefour de la Croix Rouge.
          Décret du 1er octobre 1875. Approbation du procès-verbal d'adju-
          dication, et autorisation au Sr Pierquin d'acquérir les immeubles
          nos 65, 67, 69, 71, 73, 66 et 68, nécessaires à l'*élargissement* de la
          voie.
          Décret du 14 mars 1876. Approbation du traité passé entre la Ville
          de Paris et le Sr Pierquin, et autorisation à ce dernier d'acquérir
          les immeubles nos 70, 72, 74, 76 et 78, nécessaires à l'*élargissement*
          de la voie.
          Arrêté préfectoral du 7 juin 1876. *Nivellement* entre la rue de
          Rennes et le carrefour de la Croix Rouge.
    Orig. — Le four banal de l'abbaye Saint-Germain y était situé.

FOURCROY (Rue) . . . . **XVII**e Arrondissement . . . . 63e Quartier.
                    Anciennement commune de Neuilly.

1359   **Commence** avenue Niel. — **Finit** rue Laugier, 9.   (l. 11. — P. 8.)
      Longr : 134m,00.
      Largr . 10m,00. — Arrêté préfectoral du 6 décembre 1855.
      Décret du 23 mai 1863. *Classement* (confirmation).
      Arrêté préfectoral du 16 février 1865. *Nivellement*.
      Décret du 27 février 1867. *Dénomination* actuelle.
          Obs. — Précédemment rue Lamare.
    Orig. — Antoine-François Fourcroy, chimiste (1755-1809) ; quartier où ont été groupés des noms de savants.

FOURCY (Rue de) . . . . **IV**e Arrondissement . . . . 14e Quartier.
1360   **Commence** rues de Jouy, 2, et Charlemagne, 24. — **Finit** rues François Miron, 86, et Saint
      Antoine, 82.   (l. 11. — P. 10.)
      Longr : 96m,00.
      Largr : 10m,00. — Décision ministérielle du 13 thermidor an VI.
      Id.   12m,00. — Ord. royale du 6 mai 1827. *Alignements.*
    Orig. — Henri de Fourcy, dont l'hôtel se trouvait près de là, était prevôt des marchands lorsqu'elle fut ouverte (vers
      1690).

FOURNEAUX (Passage des) ** . . **XV**e Arrondissement . . . . 58e Quartier.
                    Anciennement commune de Vaugirard.

1361   **Commence** rue des Fourneaux, 129. — **Finit** rue de la Procession, 79. (l. 21 bis. — P. 40.
      Longr : 240m,00.
      Largr : 5m,00 environ.   (Voie privée.)
    Orig. — Voir rue des Fourneaux.

FOURNEAUX (Rond-point des) ** . **XV**e Arrondissement . . . . 57e et 58e Quartiers.
                    Anciennement commune de Vaugirard.

1362   **Situé** à la rencontre des rues des Fourneaux, 144 ; de la Procession, 70, et d'Alleray, 104.
      Rayon : 25m,00. — Arrêté préfectoral du 12 mars 1855. *Alignements.*   (l. 6. — P. 7.)
                Décret du 23 mai 1863. *Classement* (confirmation).
    Orig. — Voir rue des Fourneaux.

FOURNEAUX (Rue des) ** . . . . . **XV**e Arrondissement . . . . 57e et 58e Quartiers.
                    Anciennement commune de Vaugirard (partie).

1363   **Commence** rue de Vaugirard, 133. — **Finit** rue Brancion, 27.   (l. 261. — P. 290.)
      Longr : 2,130m 00.
Moindre largr : 12m,00 — Décision ministérielle du 28 nivôse an IX.
          Ord. royale du 14 février 1847. (1re partie) : *Alignements* entre la
          rue de Vaugirard et le boulevard de même nom.

FOURNEAUX (Rue des). *(Suite.)* **
    Larg^r : 10^m,00. — Arrêté préfectoral du 16 novembre 1841 (2e partie) : *Alignements* entre le boulevard de Vaugirard et la rue de la Procession.
    Id.   10^m,00. — Arrêté préfectoral du 12 mars 1855 (3e partie) : *Alignements* entre la rue de la Procession et la rue de Vouillé.
                  Décret du 23 mai 1863. *Classement confirmé pour la* 2e et la 3e *partie. Classement de la* 4e *partie.*
    Id.   10^m,00. — Décret du 27 novembre 1876 (4e partie) : *Alignements* et *Nivellement* entre la rue de Vouillé et la rue des Morillons.
    Id.   10^m,00. — Décret du 27 novembre 1876 (5e partie) : *Classement, Alignements* et *Nivellement* entre la rue des Morillons et l'ancienne Voie latérale au chemin de fer de Ceinture.
    Id.   12^m,00. — Décret du 27 novembre 1876 (6e partie) : *Classement, Alignements* et *Nivellement* de la partie qui portait anciennement le nom de Voie latérale au chemin de fer de Ceinture.
    Id.   12^m,00. — Décret du 27 novembre 1876 (7e partie) : *Classement. Alignements* et *Nivellement* de la partie qui portait anciennement le nom de rue de l'Obélisque.
                  Arrêté préfectoral du 9 octobre 1873. *Nivellement* entre la rue et le boulevard de Vaugirard.
                  Arrêté préfectoral des 3 juin 1862 et 3 avril 1866. *Nivellement* entre le boulevard de Vaugirard et le rond-point des Fourneaux.
                  Arrêté préfectoral du 5 décembre 1863. *Nivellement* entre le rond-point des Fourneaux et la rue de Vouillé.
                  Arrêté préfectoral du 15 novembre 1861. *Nivellement* entre la rue de Vouillé et le chemin des Morillons.
                  Arrêtés préfectoraux des 10 novembre 1873 et 1er février 1877. *Dénomination actuelle.*
                      Obs. — Précédemment rue et chemin des Fourneaux, rue Neuve de Vanves, Voie latérale au chemin de fer de Ceinture et rue de l'Obélisque.
    Orig. — Ancienne tour des Fourneaux.

POURNEYRON (Rue) . . . . . . **XVIIe** Arrondissement . . . . 68e Quartier.
1364 **Commence** rue des Moines, 43. — **Finit** rue Brochant, 28.
    Long^r : 55^m,00.
    Larg^r : 12^m,00. — *Voie ouverte par la Ville de Paris.*
                  Arrêté préfectoral du 19 mai 1866. *Nivellement.*
                  Décret du 10 août 1868. *Dénomination.*
    Orig. — Benoît Fourneyron, ingénieur (1802-1867); quartier où ont été groupés des noms de savants.

FOURNIAL (Rue) . . . . **XVIIe** Arrondissement . . . . 66e Quartier.
               Anciennement commune des Batignolles.
1365 **Commence** boulevard de Courcelles, 88. — **Finit** rue de Chazelles, 18.   (I. 1. — P. 4.)
    Long^r : 38^m,00.   *(Voie privée.)*
    Larg^r : 10^m,00.
    Orig. — Nom du propriétaire.

FOURNIER (Impasse). . . . . . . **XIXe** Arrondissement . . . . 73e Quartier.
               Anciennement commune de La Villette.
1366 **Située** rue Curial, 48.
    Long^r : 142^m,00.
    Moindre larg^r : 2^m,75.   *(Voie privée.)*
    Orig. — Nom du propriétaire.

FOURS A CHAUX (Passage des)**. **XIXe** Arrondissement . . . . 76e Quartier.
               Anciennement commune de Belleville.
1367 **Commence** rue de Meaux, 32. — **Finit** rue Bolivar, 117.   (I. 1. — P. 14.)
    Long^r : 160^m,00.
    Moindre larg^r : 3^m,60.   *(Voie privée.)*
                  Arrêté préfectoral du 1er février 1877. *Dénomination* actuelle.
                  Obs. — Précédemment passage des Carrières.
    Orig. — Doit son nom aux fours à chaux auxquels il conduit.

FOYATIER (Rue) **. . . . . . . **XVIIIe** Arrondissement . . . . 70e Quartier.
1368 **Commence** rue Tardieu, 2, et place Saint Pierre. — **Finit** rue Saint Eleuthère. — **Finira** rue Chasseloup-Laubat.
    Long^r : 257^m,00.
    Larg^r : 12^m,00. — Décret du 11 août 1867 (U. P.). *Ouverture* et *Alignements.*
                  Décret du 10 février 1875. *Dénomination.*
    Orig. — Denis Foyatier, sculpteur (1793-1863); quartier où ont été groupés des noms de sculpteurs.

FRAGONARD (Rue) . . . . **XVII**ᵉ Arrondissement. . . . . 68ᵉ Quartier.
1869 **Commence** avenue de Clichy, 194. — **Finit** passage Bessières, 17.   (I. 15.)
    Longʳ : 90ᵐ,00.
    Largʳ : 12ᵐ,00. — Décision ministérielle du 28 avril 1866. *Raccordement* des chemins
        de fer d'Auteuil et de Ceinture.
        Arrêté préfectoral du 24 juin 1868. *Nivellement.*
        Décret du 10 février 1875. *Dénomination* actuelle.
            Obs.— Précédemment Chemin latéral au chemin de fer de Ceinture.
    Orig. — Jean-Honoré Fragonard, peintre (1732-1806).

FRANÇAISE (Rue) . . . . Iᵉʳ Arrondissement . . . . 2ᵉ Quartier.
                      IIᵉ Arrondissement . . . . 8ᵉ Quartier.
1870 **Commence** rue de Turbigo, 5. — **Finit** rue Tiquetonne, 23.   (I. 13. — P. 11.)
    Longʳ : 120ᵐ,00.
    Largʳ : 10ᵐ,00. — La partie comprise entre la rue de Turbigo et la rue aux Ours a été
        ouverte lors du percement de cette dernière voie.
    Id.   8ᵐ,00. — Décision ministérielle du 28 pluviôse an IX.
    Id.   10ᵐ,00. — Ord. royale du 21 juin 1826. *Alignements* entre la rue aux Ours et
        la rue Tiquetonne.
        Arrêté préfectoral du 8 février 1867. *Nivellement.*
    Orig. — Par corruption, au lieu de rue Françoise; ainsi dénommée parce qu'elle fut ouverte sous le règne de François Iᵉʳ.

FRANCIS GARNIER (Rue) ** . . **XIV**ᵉ Arrondissement . . . . 55ᵉ Quartier.
1871 **Commence** rue Saillard. — **Finit** rue Durouchoux.
    Longʳ : 75ᵐ,00.
    Largʳ : 12ᵐ,00. — Voie ouverte par la Ville de Paris.
        Décret du 10 novembre 1877. *Dénomination.*
    Orig. — Francis Garnier, lieutenant de vaisseau, mort dans une expédition d'exploration du royaume d'Annam (1839-1873);
        voisinage du fort de Montrouge, défendu par lui pendant le siège de Paris.

FRANCŒUR (Rue) ** . . . . . **XVIII**ᵉ Arrondissement . . . . 70ᵉ Quartier.
1872 **Commence** rues Caulaincourt et du Mont Cenis. — **Finira** rues de la Fontaine du But et
        Marcadet.
    Longʳ : 231ᵐ,00.
    Largʳ : 12ᵐ,00. — Décret du 11 août 1867 (U. P.). *Ouverture* et *Alignements.*
        Décret du 10 février 1875. *Dénomination* actuelle.
            Obs. — Précédemment rue E.
    Orig. — Louis-Benjamin Francœur, mathématicien (1773-1849).

FRANÇOIS DE NEUFCHATEAU (Rue) . **XI**ᵉ Arrondissement . . . . 43ᵉ Quartier.
1873 **Commence** rue Richard Lenoir, 34. — **Finit** boulevard Voltaire, 152.   (I. 11. — P. 4.)
    Longʳ : 76ᵐ,00.
    Largʳ : 12ᵐ,00. — Décret du 8 juin 1870 (U. P.). *Ouverture* et *Alignements.*
        Arrêté préfectoral du 8 octobre 1869. — *Nivellement.*
        Décret du 2 mars 1867. *Dénomination.*
        Arrêté préfectoral du   rectifiant le nom.
            Obs. — Précédemment rue de Neufchâteau.
    Orig. — Le Comte Nicolas-Louis François de Neufchâteau, homme d'État et littérateur (1750-1828).

FRANÇOIS GÉRARD (Rue) . . . **XVI**ᵉ Arrondissement . . . . 61ᵉ Quartier.
                  Anciennement commune d'Auteuil.
1874 **Commence** rue La Fontaine, 41, et avenue Boudon.— **Finit** rue de Rémusat. (I. 23. — P. 2.)
    Longʳ : 280ᵐ,00.
    Largʳ : 8ᵐ,00. → Arrêté préfectoral du 27 septembre 1837.
    Id.   12ᵐ,00. — Décret du 27 juin 1876. *Alignements* et *Nivellement* entre la rue de
        la Municipalité et la rue d'Auteuil.
        Décret du 23 mai 1863. *Classement* (confirmation).
        Décret du 2 juin 1833. *Dénomination* actuelle.
            Obs. — Précédemment rue de la Planchette.
    Orig. — Le baron François-Pascal-Simon Gérard, peintre (1771-1837), a longtemps habité Auteuil.

FRANÇOIS MIRON (Rue) . . . . **IV**ᵉ Arrondissement . . . . 14ᵉ Quartier.
1875 **Commence** place Saint-Gervais.— **Finit** rues de Rivoli, 1 et de Fourcy, 11. (I. 45. — P. 86.)
    Longʳ : 385ᵐ,00.
    Largʳ : 18ᵐ,00. — Ord. royale du 4 mars 1836. *Alignements* depuis l'église Saint-
        Gervais jusqu'à la place Baudoyer et la rue des Barres.
        Décret du 23 mai 1850 (U. P.). expropriations des immeubles du
        coté des numéros pairs, dans la longueur ci-dessus indiquée,
        pour l'établissement d'une caserne.

FRANÇOIS MIRON (Rue). *(Suite)*
Moindre Largʳ : — 12ᵐ,50. — Ord. royale du 4 août 1838. *Alignements* entre la place Baudoyer et la rue des Barres et les rues de Rivoli et de Fourcy.
Décret du 29 septembre 1854. *Modification des alignements ;* du côté des numéros impairs entre les numéros 27 et 43, et le numéro 63 et la rue de Rivoli ; et, du côté des numéros pairs, entre les numéros 26 et 40, et le numéro 66 et la rue de Fourcy.
Décret du 2 octobre 1865. *Dénomination actuelle.*
Obs. — Précédemment rues du Pourtour et Saint Antoine.
Orig. — François Miron, prévôt des marchands de 1604 à 1606 ; voisinage de l'Hôtel de Ville.

FRANÇOIS Iᵉʳ (Place). . . . . . **VIIIᵉ** Arrondissement. . . . . 29ᵉ Quartier.
1376 **Située** à la rencontre des rues François Iᵉʳ, 12, Bayard, 15 et Jean Goujon, 18.
Rayon : 27ᵐ,00. — Ord. royale du 23 juillet 1833. *Ouverture* et *Alignements.*
Obs. — Cette place est ornée d'un parterre.
Orig. — La maison dite de François Iᵉʳ ayant été transportée, en 1825, au coin du cours la Reine et de la rue Bayard, le quartier et la place ont pris le nom de François Iᵉʳ.

FRANÇOIS Iᵉʳ (Rue) * . . . . . **VIIIᵉ** Arrondissement. . . . . 29ᵉ Quartier.
1377 **Commence** cours la Reine, 4, et avenue d'Antin, 1. — **Finit** avenue de l'Alma, 62.
Longʳ : 850ᵐ,00.   (I. 55. — P. 66.)
Largʳ : 20ᵐ,00. — Décret du 4 mai 1861 (U. P.). *Ouverture* et *Alignements.*
Arrêté préfectoral du 31 décembre 1863. *Nivellement* entre l'avenue Montaigne et le passage Gautrin.
Arrêté préfectoral du 25 décembre 1861. *Nivellement* entre le passage Gautrin et la rue Marbeuf.
Arrêté préfectoral du 10 mai 1862. *Nivellement* entre l'avenue Marbeuf et l'avenue de l'Alma.
Orig. — *Voir* place François Iᵉʳ.

FRANCS BOURGEOIS (Rue des). **IIIᵉ** Arrondissement. . . . . 11ᵉ Quartier.
                                    IVᵉ Arrondissement. . . . . 14ᵉ Quartier.
1378 **Commence** rue de Turenne, 29. — **Finit** rues du Chaume, 12, et des Archives.
Longʳ : 665ᵐ,00.   (I. 61. — P. 58.)
Moindre largʳ : 9ᵐ,00. — Décision ministérielle du 23 ventôse an X.
Largʳ : 10ᵐ,00. — Ord. royale du 27 septembre 1826.
Id. 13ᵐ,00. — Arrêté du président de la république du 17 janvier 1849. *Alignements.*
Décret du 4 décembre 1880. Maintenant l'alignement de l'hôtel Carnavalet sur les anciennes limites, conformément à l'arrêté précédent.
Arrêté préfectoral du 2 avril 1868. *Dénomination actuelle.*
Obs. — Précédemment rue Neuve Sainte Catherine, rues de Paradis et des Francs Bourgeois.
Orig. — Doit son nom à la maison des Francs Bourgeois, hôpital pour les bourgeois malheureux exempts d'impôts par le fait de leur misère.

FRANKLIN (Rue) ** . . . . . **XVIᵉ** Arrondissement . . . . 62ᵉ Quartier.
Anciennement commune de Passy.
1379 **Commence** rue Vineuse, 2, et boulevard Delessert, 12. — **Finit** place du Trocadéro et rue des Réservoirs, 1.   (I. 44. — P. 22.)
Longʳ : 240ᵐ,00.
Largʳ : 11ᵐ,70. — Arrêté préfectoral du 16 février 1856. *Alignements.*
Décret du 23 mai 1863. *Classement* (confirmation).
Obs. — Il existe un projet de suppression pour le prolongement de l'avenue Kléber.
Orig. — Benjamin Franklin, homme politique américain (1706-1790), a longtemps habité près de là.

FRANQUIN (Villa). . . . . **XVIᵉ** Arrondissement . . . . 63ᵉ Quartier.
1380 **Située** avenue Malakoff, 11.
Longʳ : 84ᵐ,00.
Largʳ : 6ᵐ,00 environ.   (*Voie privée.*)

FRÉMICOURT (Rue) . . . . . . **XVᵉ** Arrondissement. . . . . 59ᵉ Quartier.
Anciennement commune de Grenelle.
1381 **Commence** rues du Commerce, 37, et Fondary, 61. — **Finit** place Cambronne, 9.
Longʳ : 370ᵐ,00.   (I. 49. — P. 44.)
Largʳ : 12ᵐ,00. — Délibérations du conseil municipal des 22 janvier et 19 septembre 1837. *Alignements projetés.* (Largeur actuelle.)
Décret du 23 mai 1863. *Classement* (confirmation).
Arrêté préfectoral du 17 juin 1870. *Nivellement.*
Orig. — Nom du fermier qui exploitait la ferme de Grenelle avant la construction du nouveau village.

FRÉMIN (Impasse). . . . . **XVe Arrondissement** . . . . 58e Quartier.

Anciennement commune de Vaugirard.

1382 **Située** rue des Fourneaux, 72. (I. 15. — P. 16.)

Long^r :   67^m,00.

Moindre larg^r :   7^m,00. (*Voie privée.*)

Orig. — Nom du propriétaire.

FRÉQUEL (Passage) . . . . . . **XXe Arrondissement** . . . . 80e Quartier.

Anciennement commune de Charonne.

1383 **Commence** rue Vitruve, 9. — **Finit** rue de Fontarabie, 22. (I. 19. — P. 20.)

Long^r :   90^m,00.

Larg^r :   4^m,00 environ. (*Voie privée.*)

Orig. — Nom du propriétaire.

FRÈRE PHILIPPE (Rue du) . . . **VIIe Arrondissement** . . . . 27e Quartier.

1384 **Commence** rue Oudinot, 9. — **Finit** rue de Sèvres, 62. (I. 29. — P. 34.)

Long^r :   264^m,00.

Larg^r :   8^m,00. — Décision ministérielle du 2 thermidor an X.

Id.   10^m,00. — Ord. royale du 12 décembre 1845. *Alignements.*

Décret du 3 novembre 1874. *Dénomination* actuelle.

Obs. — Précédemment rue Traverse.

Orig. — Mathieu Braussi, en religion frère Philippe, supérieur général des frères de la doctrine chrétienne (1792-1874); voisinage de la maison-mère des frères des Écoles chrétiennes.

FRESNEL (Rue). . . . . **XVIe Arrondissement** . . . . 64e Quartier.

1385 **Commence** rue de la Manutention. — **Finit** rue de Magdebourg.

Long^r :   293^m,00.

Larg^r :   12^m,00. — Voie ouverte par la Ville.

Arrêté préfectoral du 13 octobre 1874. *Nivellement.*

Décret du 10 novembre 1877. *Dénomination.*

Orig. — Auguste-Jean Fresnel, ingénieur (1788-1827).

FREYCINET (Rue) . . . . . . **XVIe Arrondissement** . . . . 64e Quartier.

1386 **Commence** avenue du Trocadéro. — **Finit** avenue d'Iéna, 50. (P. 26.)

Long^r :   320^m,00.

Larg^r :   12^m,00. — Décret du 17 septembre 1864 (U. P.). *Ouverture entre l'avenue du Trocadéro et la rue Pierre Charron.*

Obs. — La partie comprise entre la rue Pierre Charron et l'avenue d'Iéna a été ouverte par la Ville de Paris sur des terrains provenant des réservoirs de Chaillot.

Arrêté préfectoral du 9 septembre 1866. *Nivellement.*

Décret du 2 mars 1867. *Dénomination.*

Orig. — Louis-Claude Desaulses de Freycinet, navigateur (1779-1842); quartier où ont été groupés des noms de navigateurs.

FRIANT (Rue) . . . . **XIVe Arrondissement** . . . . 55e Quartier.

Anciennement commune de Montrouge.

1387 **Commence** avenue de Châtillon, 15. — **Finit** boulevard Brune, 119. (I. 43. — P. 42.)

Long^r :   370^m,00.

Larg^r :   14^m,00. — Arrêté préfectoral du 7 mai 1859.

Décret du 23 mai 1863. *Classement* (confirmation).

Arrêté préfectoral du 22 février 1866. *Nivellement.*

Décret du 24 août 1864. *Dénomination* actuelle.

Obs. — Précédemment rue du Pot au Lait et avenue de Montrouge.

Orig. — Le comte Louis Friant, général de division (1758-1829) ; voisinage de la route Militaire.

FRIEDLAND (Avenue de). . . . . **VIIIe Arrondissement** . . . . 30e Quartier.

1388 **Commence** rues Washington, 49, et du Faubourg Saint Honoré, 177. — **Finit** place de l'Étoile.

Long^r :   630^m,00. (I. 63. — P. 38.)

Larg^r :   40^m,00. — Décret du 17 octobre 1857 (U. P.). *Ouverture et Alignements.*

Arrêté préfectoral du 11 juin 1859. *Nivellement* entre la place de l'Étoile et la rue du Bel Respiro.

Arrêté préfectoral du 2 avril 1861. *Nivellement* entre la rue du Bel Respiro et la rue Saint Honoré.

Décret du 2 mars 1864. *Dénomination.*

Obs. — Précédemment boulevard Beaujon.

Orig. — Victoire remportée par les Français sur les Russes, le 14 juin 1807 ; voisinage de l'Arc de Triomphe de l'Étoile.

FROCHOT (Avenue) .... IXᵉ Arrondissement .... 33ᵉ Quartier.
1389 **Commence** rue de Laval, 26. — **Finit** place Pigalle, 3.   (l. 7. — P. 14.)
Longʳ : 118ᵐ,00.
Largʳ 6ᵐ,50.   *(Voie privée.)*
Orig. — *Voir rue Frochot.*

FROCHOT (Rue) ** .... IXᵉ Arrondissement .... 3ᵉ Quartier.
1390 **Commence** rue de Laval, 28. — **Finit** rue et place Pigalle, 7.   (l. 9. — P. 10.)
Longʳ : 107ᵐ,00.
Largʳ : 12ᵐ,00. — Ord. royale du 27 septembre 1826. *Ouverture* et *Alignements.*
Orig. — Le comte Nicolas-Thérèse-Benoît Frochot, premier préfet de la Seine (1757-1828).

FROISSART (Impasse). ...... IIIᵉ Arrondissement .... 10ᵉ Quartier.
1391 **Située** rue Commines, 6.   (l. 13. — P. 6.)
Longʳ : 105ᵐ,00.
Largʳ : 10ᵐ,00 environ.   *(Voie privée.)*
Orig. — *Voir rue Froissart.*

FROISSART (Rue). .... IIIᵉ Arrondissement .... 10ᵉ Quartier.
1392 **Commence** rue Commines, 3. — **Finit** rue de Turenne, 94.   (l. 1. — P. 4.)
Longʳ : 35ᵐ,00.
Largʳ : 10ᵐ,00. — Arrêté du pouvoir exécutif du 26 mars 1848. *Alignements.*
Décret du 24 août 1864. *Dénomination* actuelle.
Obs. — Précédemment rue Neuve de Bretagne.
Orig. — Jean Froissart, chroniqueur (1337-1410).

FROMENT (Rue). .... XIᵉ Arrondissement .... 43ᵉ Quartier.
1393 **Commence** rue Sedaine, 25. — **Finira** rue du Chemin Vert, 20.
Longʳ : 95ᵐ,00 actuelle.
Longʳ : 207ᵐ,00 future.
Largʳ : 12ᵐ,00. — Décret du 19 septembre 1866 (U. P.). *Ouverture* et *Alignements.*
Arrêté préfectoral du 11 mars 1876. *Nivellement.*
Décret du 10 août 1868. *Dénomination.*
Orig. — Froment, inventeur du mécanisme employé dans la construction des horloges électriques, mort en 1865 ; quartier industriel.

FROMENTEL (Rue). .... Vᵉ Arrondissement .... 20ᵉ Quartier.
1394 **Commence** rues Chartière, 2, et Saint Jean de Latran, 1. — **Finit** r. du cimetière Saint Benoit.
Longʳ : 40ᵐ,00.   (l. 1. — P. 6.)
Largʳ : 7ᵐ,00. — Décision ministérielle du 13 fructidor an VII. *Alignements.*
Décret du 11 août 1853 (U. P.). *Suppression* pour le prolongement
de la rue du Cimetière Saint Benoît.
Orig. — Altération du nom de Froidmanteau ou Froid-Mantel.

FROMENTIN (Rue) ** .... IXᵉ Arrondissement .... 33ᵉ Quartier.
1395 **Commence** rue Duperré, 32. — **Finit** boulevard de Clichy, 39.   (l. 13. — P. 14.)
Longʳ : 95ᵐ,00.
Largʳ : 12ᵐ,00.   *(Voie privée.)*
Arrêté préfectoral du 16 août 1879. *Dénomination* actuelle.
Obs. — Précédemment rue Neuve Fontaine.
Orig. — Eugène Fromentin, peintre (1820-1876).

FULTON (Rue) .... XIIIᵉ Arrondissement .... 49ᵉ Quartier.
1396 **Commence** quai d'Austerlitz, 17. — **Finit** rues de la Gare, 10, et Sauvage, 20.   (P. 2.)
Longʳ : 145ᵐ,00.
Largʳ : 12ᵐ,00. — Ord. royale du 14 janvier 1829. *Ouverture* et *Alignements.*
Arrêté préfectoral du 17 mai 1859. *Nivellement.*
Ord. royale du 5 août 1844. *Dénomination.*
Orig. — Robert Fulton, ingénieur, utilisa le premier la vapeur comme moyen de locomotion (1765-1815) ; voisinage du chemin de fer d'Orléans.

FURSTEMBERG (Rue de) ..... VIᵉ Arrondissement .... 24ᵉ Quartier.
1397 **Commence** rue Jacob, 5. — **Finit** rue de l'Abbaye, 6.   (l. 9. — P. 10.)
Longʳ : 82ᵐ,00.
Largʳ : 7ᵐ,80. — Décision ministérielle du 21 août 1817. *Alignements* entre la rue
Jacob et la partie formant place.
Id. 24ᵐ,00. — Ord. royale du 29 avril 1839. *Alignements* de la place.
Id. 11ᵐ,00. — *Alignements* entre la place et la rue de l'Abbaye.
Orig. — Ouverte devant le palais abbatial construit par le cardinal de Furstemberg, abbé de Saint-Germain-des-Prés (1699).

G

Annotations

GABON (Rue du) . . . . **XII**ᵉ Arrondissement . . . . 45ᵉ Quartier.
Anciennement commune de Saint-Mandé.

1398   **Commence** avenue de Saint Mandé, 101. — **Finit** rue de la Voûte, 32.   (P. 24.)
     Longᵣ : 220ᵐ,00.
     Largᵣ :   6ᵐ,00 environ.
          Décret du 23 mai 1863. *Classement* confirmé entre l'avenue de Saint
          Mandé et la rue Montéra.
          Arrêté préfectoral du 1ᵉʳ février 1877. *Dénomination actuelle.*
            Obs. — Précédemment sentier du Chemin de fer.
     Orig. — Colonie française de l'Afrique Occidentale.

GABRIEL (Avenue) . . . . **VIII**ᵉ Arrondissement . . . . 29ᵉ et 31ᵉ Quartiers.

1399   **Commence** place de la Concorde et rue Boissy d'Anglas, 1. — **Finit** avenue Matignon, 2.
     Longᵣ : 700ᵐ,00.   (P. 48.)
     Largᵣ :   Décrets du 13 décembre 1852, 26 janvier, 27 avril et 2 mai 1853.
          Approbation de la convention passée entre la Ville et les riverains
          pour la partie comprise entre la place de la Concorde et l'avenue
          Marigny.
            Obs. — *Voir*, pour la fixation des alignements, la convention susdite.
     Orig. — Débouche sur la place de la Concorde et a reçu le nom de Jacques-Ange Gabriel, architecte (1698-1782), qui
     a construit les deux édifices de la place.

GABRIELLE (Rue) ⁎⁎. . . . . . **XVIII**ᵉ Arrondissement . . . . 70ᵉ Quartier.
Anciennement commune de Montmartre.

1400   **Commence** rue Chappe, 23. — **Commencera** rue Foyatier. — **Finit** rue de Ravignan,24.
     Longᵣ : 245ᵐ,00 actuelle.   (I. 15. — P. 18.)
     Longᵣ : 277ᵐ,00 future.
          Décret du 23 mai 1863. *Classement* entre la rue Chappe et la rue
          de Ravignan.
     Largᵣ :   10ᵐ,00. — *Alignements* projetés de cette partie.
          Décret du 11 août 1867 (U.P.) *Prolongement* entre la rue Chappe
          et la rue Foyatier.
     Orig. — Prénom de la femme d'un des propriétaires.

GAILLARD (Cité) . . . . **IX**ᵉ Arrondissement . . . . 33ᵉ Quartier.

1401   **Commence** rue Blanche, 58. — **Finit** rue Léonie, 9.   (I. 9. — P. 12.)
     Longᵣ : 110ᵐ,00.
     Largᵣ :   12ᵐ,00.   (*Voie privée.*)
     Orig. — Ouverte en 1837 sur les terrains de M. Gaillard, entrepreneur de maçonnerie.

GAILLON (Carrefour) . . . . **II**ᵉ Arrondissement . . . . 5ᵉ Quartier.

1402   **Situé** à l'intersection des rues Gaillon, 15 ; de la Michodière, 2 ; Saint Augustin, 35, et de
     Port-Mahon, 2.   (I. 1.)
            Obs. — La surface du carrefour fait partie des voies publiques qui y
                   aboutissent.
     Orig. — *Voir* rue Gaillon.

GAILLON (Rue) . . . . **II**ᵉ Arrondissement . . . . 5ᵉ Quartier.

1403   **Commence** avenue de l'Opéra, 28. — **Finit** rue Saint Augustin, 35.   (I. 15. — P. 18.)
     Longᵣ : 127ᵐ,00.
     Largᵣ :   10ᵐ,00. — Décision ministérielle du 28 ventôse an IX.
     Id.   12ᵐ,00. — Ord. royale du 4 octobre 1826. *Alignements.*
          Arrêté préfectoral du 16 octobre 1876. *Nivellement.*
     Orig. — Doit son nom à l'hôtel de Gaillon, sur l'emplacement duquel s'élève l'église Saint Roch.

GAITÉ (Impasse de la) *☆. . . . . **XIV**ᵉ ARRONDISSEMENT. . . . . 53ᵉ QUARTIER.

Anciennement commune de Montrouge.

1404   **Située** rue de la Gaité, 11.   (I. 5. P. 10.)
          Long^r : 55ᵐ,00.
          Larg^r : 10ᵐ,00 environ.   (*Voie privée.*)
          ORIG. — *Voir rue de la Gaité.*

___

GAITÉ (Rue de la) **. . . . . . . **XIV**ᵈ ARRONDISSEMENT. . . . . 53ᵉ QUARTIER.

Anciennement commune de Montrouge.

1405   **Commence** boulevard Edgar-Quinet, 57. — **Finit** avenue du Maine, 73.   (I. 49. — P. 34.)
          Long^r : 300ᵐ,00.
          Larg^r : 12ᵐ,00. — DÉLIBÉRATION DU CONSEIL MUNICIPAL DU 5 MAI 1836. *Alignements* projetés.
                          DÉCRET DU 21 JUILLET 1879. *Alignements* et *Nivellement.*
                          DÉCRET DU 23 MAI 1863. *Classement* (confirmation).
          ORIG. — Quartier formé par divers bals, théâtres, guinguettes et autres lieux de réjouissances ; voisinage de l'ancienne barrière.

___

GALANDE (Rue) . . . . **V**ᵈ ARRONDISSEMENT. . . . . 20ᵉ QUARTIER.

1406   **Commence** rue des Lavandières, 2, et place Maubert, 16. — **Finit** rues Saint Jacques, 1, et
          du Petit Pont, 19.   (I. 79. — P. 58.)
          Long^r : 230ᵐ,00.
          Larg^r : 10ᵐ,00. — DÉCISION MINISTÉRIELLE DU 8 NIVÔSE AN IX.
          Id.   12ᵐ,00. — ORD. ROYALE DU 31 DÉCEMBRE 1845. *Alignements.*
          ORIG. — Ouverture en 1202 sur le clos Mauvoisin qui faisait partie de la seigneurie de Garlande.

___

GALANT JARDINIER (Cité du) *☆. **XX**ᵉ ARRONDISSEMENT. . . . . 77ᵉ QUARTIER.

Anciennement commune de Belleville.

1407   **Située** rue des Maronites, 36.
          Long^r : 47ᵐ,00.
          Larg^r : 2ᵐ,50 environ.   (*Voie privée.*)
          ORIG. — Dénomination tirée d'une enseigne ; le propriétaire était horticulteur.

___

GALILÉE (Rue) *. . . . . **VIII**ᵉ ARRONDISSEMENT. . . . . 29ᵉ QUARTIER.
                                      XVIᵈ ARRONDISSEMENT. . . . . 64ᵉ QUARTIER.

1408   **Commence** avenue Kléber, 61. — **Finit** avenue des Champs Elysées, 115. (I. 65. — P. 62.)
          Long^r : 800ᵐ,00.
          Larg^r : 13ᵐ,00. — DÉCRET DU 17 SEPTEMBRE 1864 (U.P.). *Ouverture* et *Alignements* entre
                          l'avenue Kléber et la rue de Juigné.
          Id.   13ᵐ,00. — ORD. ROYALE DU 6 AVRIL 1832. *Alignements* entre la rue de Juigné
                          et la rue Vernet.
                          DÉCRET DU 16 NOVEMBRE 1853. *Prolongement* entre la rue des Vignes
                          (actuellement rue Vernet) et l'avenue des Champs Elysées.
                          ARRÊTÉS PRÉFECTORAUX DU 1ᵉʳ FÉVRIER ET DU 1ᵉʳ MARS 1866. *Nivellement.*
                          DÉCRET DU 24 AOUT 1864 ET ARRÊTÉ PRÉFECTORAL DU 26 FÉVRIER 1867.
                          Dénomination actuelle.
                          OBS. — Précédemment rue du Chemin de Versailles.
          ORIG. — Galileo Galilei, Galilée, l'illustre astronome italien (1564-1642) ; quartier où ont été groupés des noms d'astronomes.

___

GALIOTE (Rue de la) . . . . . . **XVI**ᵉ ARRONDISSEMENT. . . . . 61ᵉ QUARTIER.

Anciennement commune d'Auteuil.

1409   **Commence** quai d'Auteuil, 68. — **Finit** avenue de Versailles, 69.
          Long^r : 18ᵐ,00.
                          ARRÊTÉ PRÉFECTORAL DU 23 FÉVRIER 1856.
                          DÉCRET DU 23 MAI 1863. *Classement* (confirmation).
          Larg^r : 30ᵐ,00. — *Alignements* projetés.
          ORIG. — Ancienne station des bateaux de Saint Cloud, dits Galiotes.

___

GALLERON (Rue) **. . . . . . . **XX**ᵉ ARRONDISSEMENT. . . . . 80ᵉ QUARTIER.

Anciennement commune de Charonne.

1410   **Commence** rue Florian, 10. — **Finit** rue Saint Blaise, 22.   (I. 33. — P. 14.)
          Long^r : 133ᵐ,00
          Larg^r : 7ᵐ,0 — ORD. ROYALE DU 27 AOUT 1844. *Alignements.*
                          DÉCRET DU 23 MAI 1863. *Classement* (confirmation).
                          DÉCRET DU 24 AOUT 1864. *Dénomination* actuelle.
                          OBS. — Précédemment petite rue de Fontarabie.
          ORIG. — Nom d'un jardinier distingué à qui Montreuil doit la culture du pêcher ; voisinage de ce village.

GALLIÉRA (Rue de) **. . . . . .   XVI⁰ ARRONDISSEMENT. . . . .   64⁰ QUARTIER.

1411   **Commence** avenue du Trocadéro. — **Finit** rue Pierre Charron.
Long^r : 136ᵐ,00.
Larg^r : 12ᵐ,00. — DÉCRET DU 30 AOUT 1879. *Classement, Alignement et Nivellement.*

 OBS. — Le décret du 30 août 1879 mentionne un débouché sur la rue Freycinet.

ORIG. — Ouverte par madame la duchesse de Galliéra sur ses terrains, où elle fait construire un musée pour réunir les collections artistiques léguées à la Ville par son mari.

GALVANI (Rue) . . . .   XVII⁰ ARRONDISSEMENT. . . . .   65⁰ QUARTIER.
Anciennement commune de Neuilly.

1412   **Commence** rue Laugier, 61. — **Finit** rue Bayen et boulevard Gouvion-Saint-Cyr, 19.
Long^r : 225ᵐ,00.   (L.25.—P.28.)
Larg^r : 12ᵐ,00. — ARRÊTÉ PRÉFECTORAL DU 16 DÉCEMBRE 1856. *Alignements.*
DÉCRET DU 23 MAI 1863. *Classement* (confirmation).
ARRÊTÉ PRÉFECTORAL DU 16 FÉVRIER 1863. *Nivellement.*
DÉCRET DU 24 AOUT 1864. *Dénomination* actuelle.

OBS. — Précédemment rue Saint Claude.

ORIG. — Aloisio Galvani, physicien italien, l'un des inventeurs de la pile électrique (1737-1798); quartier où ont été groupés des noms de savants.

GAMBEY (Rue) . . . .   XI⁰ ARRONDISSEMENT. . . . .   41⁰ QUARTIER.

1413   **Commence** rue Oberkampf, 55. — **Finit** rue d'Angoulême, 36.   (L.19.—P.22.)
Long^r : 169ᵐ,00.
Larg^r : 10ᵐ,00. — ARRÊTÉ DU POUVOIR EXÉCUTIF DU 12 JUILLET 1848. *Alignements.*

OBS. — Précédemment rue Neuve d'Angoulême.

ORIG. — Henri-Prudence Gambey, inventeur d'instruments de précision (1787-1847); quartier industriel.

GANDON (Rue) **. . . . . . .   XIII⁰ ARRONDISSEMENT. . . . .   51⁰ QUARTIER.
Anciennement commune de Gentilly.

1414   **Commence** rue Caillaux, 15. — **Finit** boulevard Masséna.   (L.3. — P.26.)
Long^r : 350ᵐ,00.
ARRÊTÉ PRÉFECTORAL DU 5 OCTOBRE 1857. *Classement* entre la rue Caillaux et la rue des Malmaisons.
DÉCRET DU 23 MAI 1863. *Classement* confirmé pour la totalité de la voie.
Larg^r : 12ᵐ,00. — DÉCRET DU 12 DÉCEMBRE 1876. *Alignements et Nivellement.*
Aux termes de ce décret les immeubles des sieurs Bourlet et Casse et de la demoiselle Festamel et à l'État, atteints par les alignements, sont affranchis de la servitude de reculement; la Ville de Paris ne pourra dès lors les acquérir en totalité ou en partie qu'à l'amiable ou par voie d'expropriation.

OBS. — Précédemment sentier des Malmaisons et ruelle Gandon.

ORIG. — Nom du propriétaire.

GANDON (Ruelle) **. . . . . .   XIII⁰ ARRONDISSEMENT. . . . .   51⁰ QUARTIER.
Anciennement commune de Gentilly.

1415   **Commence** rue Gandon, 14. — **Finit** avenue d'Italie, 153.   (L.3. — P.2.)
Long^r : 142ᵐ,00.
Moindre larg^r :   2ᵐ,00.   (*Voie privée.*)

OBS. — Précédemment passage Maindron

ORIG. — Voir rue Gandon.

GANNERON (Passage) *   . . . .   XVIII⁰ ARRONDISSEMENT.   . . . .   69⁰ QUARTIER.
Anciennement commune des Batignolles.

1416   **Commence** avenue de Saint Ouen, 42. — **Finit** rue Ganneron.   (L.29.)
Long^r : 142ᵐ,00.
Larg^r :   2ᵐ,00.   (*Voie privée.*)
ARRÊTÉ PRÉFECTORAL DU 1ᵉʳ FÉVRIER 1877. *Dénomination* actuelle.

OBS. — Précédemment passage Florence

ORIG. — Voir rue Ganneron.

GANNERON (Rue) * . . . . . . **XVIII**ᵉ Arrondissement . . . . 69ᵉ Quartier.
                    Anciennement commune des Batignolles et de Montmartre.
1417   **Commence** avenue de Clichy, 38. — **Finit** rue de Maistre, 19.   (I, 55. — — P. 28.)
         Longʳ : 600ᵐ,00.
         Largʳ :   10ᵐ,00. — Délibération du conseil municipal du 3 août 1845. *Alignements*
                    projetés entre l'avenue de Clichy et le cimetière du Nord.
           Id.   12ᵐ,00. — Délibération du conseil municipal du 3 août 1845. *Alignements*
                    projetés du surplus. (Largeur actuelle 8ᵐ,00 moindre.)
                 Arrêté préfectoral du 5 octobre 1857. *Classement.*
                 Décret du 23 mai 1863. *Classement* (confirmation).
                 Décret du 10 février 1875. *Dénomination* actuelle.
                         Obs. — Précédemment rue des Carrières.
     Orig. — Auguste-Hippolyte Ganneron, banquier, député (1792-1847).

GARANCIÈRE (Rue) * . . . . . **VI**ᵉ Arrondissement . . . . 22ᵉ Quartier.
1418   **Commence** rue Saint Sulpice, 29. — **Finit** rue de Vaugirard, 34.   (I. 17. — P. 12.)
         Longʳ : 220ᵐ,00.
         Largʳ :   8ᵐ,00. — Décision ministérielle du 19 germinal an VIII.
           Id.   10ᵐ,00. — Ord. royale du 3 avril 1843. *Alignements.*
     Orig. — Doit son nom à l'hôtel Garancière, construit au xvᵉ siècle.

GARDES (Rue des) ** . . . . . **XVIII**ᵉ Arrondissement . . . . 71ᵉ Quartier.
                    Anciennement commune de La Chapelle.
1419   **Commence** rue de la Goutte d'Or, 26. — **Finit** rue Myrha, 43.   (I. 31. — P. 34.)
         Longʳ : 215ᵐ,00.
         Largʳ :   8ᵐ,00. — Ord. royale du 11 septembre 1842. *Alignements.*
                 Décret du 23 mai 1863. *Classement* (confirmation).
                 Arrêté préfectoral du 23 février 1865. *Nivellement.*
                 Arrêté préfectoral du 2 avril 1868. *Dénomination* actuelle.
                         Obs. — Précédemment rues des Gardes et Saint Charles.
     Orig. — Ancien corps-de-garde, dit la Butte aux Gardes.

GARE (Boulevard de la) * . . . . . **XIII**ᵉ Arrondissement . . . . 49ᵉ et 50ᵉ Quartiers.
                    Anciennement commune d'Ivry, du côté des numéros impairs.
1420   **Com.** quai de la Gare, 157, et d'Austerlitz, 1. — **Finit** avenue de Choisy et pl. d'Italie, 202.
         Longʳ : 1,410ᵐ,00.   (I. 221. — P. 184.)
Moindre largʳ :   42ᵐ,00. — Arrêté préfectoral du 3 août 1866. *Alignements.*
                 Décret du 23 mai 1863. *Classement* (confirmation).
                 Arrêté préfectoral du 30 décembre 1864. *Dénomination* actuelle.
                         Obs. — Précédemment boulevards de la Gare et d'Ivry; et chemin de
                         ronde de la Gare et d'Ivry; place de la Barrière et de la Gare.
     Orig. — Voir quai de la Gare.

GARE (Chemin de ronde de la) . . . **XIII**ᵉ Arrondissement . . . . 41ᵉ Quartier.
1421   **Commence** quai d'Austerlitz, 5. — **Finit** boulevard de la Gare, 10.   (P. 6 .)
         Longʳ : 80ᵐ,00.
         Largʳ :   12ᵐ,00. — Décret du 14 décembre 1872. *Alignements.*
                 Arrêté Préfectoral du 10 août 1872 *Nivellement.*
     Orig. — Voir quai de la Gare.

GARE (Porte de la) . . . . . . **XIII**ᵒ Arrondissement . . . . 50ᵉ Quartier.
1422   **Située** boulevard Masséna, en prolongement du quai de la Gare.
     Orig. — A l'extrémité du quai de la Gare.

GARE (Quai de la) . . . . . **XIII**ᵉ Arrondissement . . . . 50ᵉ Quartier.
                    Anciennement commune d'Ivry.
1423   **Commence** porte de la Gare. — **Finit** boulevard de la Gare, 1, et pont de Bercy. (I. 157.)
         Longʳ : 1,440ᵐ,00.
                 Décret du 23 mai 1863. *Classement* (confirmation).
                         Obs. — Précédemment route Nationale nᵒ 19.
     Orig. — Doit son nom à la gare d'Ivry, ou bassin projeté en 1769 pour mettre les bateaux à l'abri des glaces.

GARE (Rue de la) . . . . **XIII**ᵉ Arrondissement . . . . 49ᵉ Quartier.
1424   **Commence** boulevard de la Gare, 18. — **Finit** rues Sauvage et Fulton.   (P. 10.)
         Longʳ : 195ᵐ,00.
         Largʳ :   15ᵐ,00. — Ord. royales des 27 avril 1825 et 14 janvier 1829. *Alignements.*
                 Décret du 12 août 1863. *Suppression* d'une partie de la voie pour
                 l'agrandissement de la gare du chemin de fer d'Orléans.
                 Arrêté préfectoral du 7 septembre 1867. *Nivellement.*
     Orig. — Voir quai de la Gare.

GARREAU (Rue) **. . . . . **XVIII**ᵉ Arrondissement . . . . 69ᵉ Quartier.
Anciennement commune de Montmartre.
1425 **Commence** rue Ravignan, 11. — **Finit** rue Durantin, 16 *bis*. (I. 9. P. 10)
Longʳ : 67ᵐ,00.
Largʳ : 8ᵐ,00 environ. *(Voie privée.)*
Orig. — Nom du propriétaire.

GASNIER-GUY (Rue) **. . . . . **XX**ᵉ Arrondissement . . . . 79ᵉ Quartier.
Anciennement commune de Charonne.
1426 **Commence** rue des Partants, 28. — **Finit** rue Robineau, 21. (l. 7. — P. 20.)
Longʳ : 106ᵐ,00.
Largʳ : 8ᵐ,00 environ. *(Voie privée.)*
Orig. — Nom du propriétaire.

GASPARIN (Passage de). . . . . . **XV**ᵉ Arrondissement . . . . 59ᵉ Quartier.
Anciennement commune de Grenelle.
1427 **Commence** rue du Théâtre, 138. — **Finit** rue de Gasparin. (l. 19. — P. 24.)
Longʳ : 68ᵐ,00.
Largʳ : 4ᵐ,00 environ. *(Voie privée.)*
Arrêté préfectoral du 1ᵉʳ février 1877, *Dénomination* actuelle.
Obs. — Précédemment passage du Marché.
Orig. — *Voir rue de Gasparin.*

GASPARIN (Rue de). . . . . . . **XV**ᵉ Arrondissement . . . . 59ᵉ Quartier.
1428 **Commence** rue du Commerce, 69. — **Finit** rue de la Croix Nivert, 76.
Longʳ : 180ᵐ,00.
Moindre largʳ : 6ᵐ,00. — Voie ouverte par la Ville lors de l'établissement du marché de Grenelle.
Décret du 10 août 1868. *Dénomination.*
Orig. — Le comte Adrien-Etienne-Pierre de Gasparin, agronome (1783-1862); quartier où ont été groupés des noms d'agronomes.

GASTON DE SAINT PAUL (Rue) **XVI**ᵉ Arrondissement . . . . 64ᵉ Quartier.
1429 **Commence** quai Debilly, 10. — **Finit** avenue du Trocadéro, 9. (P. 6.)
Longʳ : 104ᵐ,00.
Largʳ : 12ᵐ,00 environ. *(Voie privée.)*
Orig. — Nom du propriétaire du terrain qui l'a fait ouvrir.

GATEBOIS (Passage) . . . . . . **XII**ᵉ Arrondissement . . . . 48ᵉ Quartier.
1430 **Commence** rue de Chalon, 12. — **Finit** avenue Daumesnil, 68. (l. 21. — P. 16.)
Longʳ : 208ᵐ,00.
Largʳ : 6ᵐ,80 environ. *(Voie privée.)*
Orig. — Nom du concessionnaire du terrain.

GATINES (Rue des) **. . . . . . **XX**ᵉ Arrondissement . . . . 79ᵉ Quartier.
1431 **Commence** av. de la République, 221. — **Finit** av. de la République, 235. (l. 15. — P. 11.)
Longʳ : 215ᵐ,00.
Largʳ : 2ᵐ,33. — Arrêté préfectoral du 3 juillet 1830. *Classement.*
ld. 12ᵐ,00. — *Alignements* projetés, déjà suivis d'exécution.
Décret du 23 mai 1863. *Classement* (confirmation).
Arrêté préfectoral du 24 janvier 1881. *Dénomination* actuelle.
Obs. — Précédemment rue des Basses-Gatines.
Orig. — Lieu dit; Gatine, en vieux français, signifie lieu désert ou terrain en friche.

GAUDELET (Impasse) . . . . . . **XI**ᵉ Arrondissement . . . . 42ᵉ Quartier.
1432 **Située** rue Oberkampf, 112.
Longʳ : 150ᵐ,00.
Largʳ : 7ᵐ,80. *(Voie privée.)*
Orig. — Nom du propriétaire.

GAUDELET (Petite impasse) . . . . **XI**ᵉ Arrondissement . . . . 42ᵉ Quartier.
1433 **Située** impasse Gaudelet, 7.
Longʳ : 70ᵐ,00 environ.
Moindre largʳ : 6ᵐ,40. *(Voie privée.)*
Orig. — *Voir impasse Gaudelet.*

GAUGUET (Rue) **. . . . . **XIV**ᵉ Arrondissement. . . . . 54ᵉ Quartier.

Anciennement commune de Montrouge.

1434 **Située** rue des Artistes, 36. — **Se termine** en impasse. (P. 6.)

Longʳ : 45ᵐ,00.

Largʳ : 12ᵐ,00. *(Voie privée.)*

Orig. — Nom d'un propriétaire.

GAULES (Impasse des) **. . . . . **XIV**ᵉ Arrondissement . . . . 56ᵉ Quartier.

Anciennement commune de Montrouge.

1435 **Située** rue de Vanves, 105.

Longʳ : 143ᵐ,00.

Largʳ : 2ᵐ,35. *(Voie privée.)*

ARRÊTÉ PRÉFECTORAL DU 1ᵉʳ FÉVRIER 1877. *Dénomination* actuelle.

Obs. — Précédemment impasse Vidus.

Orig. — Voisinage des rues d'Alésia et Vercingétorix.

GAUTHEY (Rue) . . . . **XVII**ᵉ Arrondissement . . . . 68ᵉ Quartier.

Anciennement commune des Batignolles.

1436 **Commence** avenue de Clichy, 142. — **Finit** rue Marcadet, 301. (I. 55. — P. 56.)

Longʳ : 340ᵐ,00.

Largʳ : 10ᵐ,00. — *Alignements* projetés (largeur actuelle).

DÉCRET DU 23 MAI 1863. *Classement.*

DÉCRET DU 24 AOUT 1864. *Dénomination* actuelle.

Obs. — Précédemment rue du Garde.

Orig. — Emiland-Marie Gauthey, ingénieur (1732-1806) ; quartier où ont été groupés des noms de savants.

GAUTHIER (Passage) **. . . . . . **XIX**ᵉ Arrondissement . . . . 76ᵉ Quartier.

Anciennement commune de Belleville.

1437 **Commence** rue Rébeval, 65. — **Finit** rue Bolivar, 37. (P. 10.

Longʳ : 120ᵐ,00.

Largʳ : 7ᵐ,50 environ. *(Voie privée.)*

Obs. — Précédemment chemin du Moulin de la Galette.

Orig. — Nom d'un ancien propriétaire.

GAUTRIN (Passage) . . . . **VIII**ᵉ Arrondissement . . . . 29ᵉ Quartier.

1438 **Commence** rue François 1ᵉʳ, 29. — **Finit** rue Marbeuf, 44.

Longʳ : 196ᵐ,00.

Larg : 3ᵐ,30 environ. *(Voie privée.)*

Id. 12ᵐ,00. Obs. — Projet de prolongement et d'élargissement approuvé par délibération du Conseil municipal du 29 mars 1879.

DÉCRET DU 28 JUILLET 1881 (U. P.). *Suppression* pour l'ouverture d'une voie nouvelle de 15ᵐ,00 de largeur.

Orig. — Nom d'un des propriétaires.

GAVARNI (Rue) **. . . . . **XVI**ᵉ Arrondissement . . . . 62ᵉ Quartier.

Anciennement commune de Passy.

1439 **Commence** rue de Passy, 12. — **Finit** rue de la Tour, 11. (I. 11. — P. 11.)

Longʳ : 100ᵐ,00.

DÉCRET DU 23 MAI 1863. *Classement.*

Moindre largʳ : 9ᵐ,00. — DÉCRET DU 14 JUILLET 1877. *Alignements* et *Nivellement.*

ARRÊTÉ PRÉFECTORAL DU 4 AOUT 1869. *Nivellement.*

DÉCRET DU 10 FÉVRIER 1875. *Dénomination* actuelle.

Obs. — Précédemment rue des Artistes.

Orig. — Sulpice-Guillaume Chevalier, dit Paul Gavarni, dessinateur (1801-1866).

GAY-LUSSAC (Rue) **. . . . . . **V**ᵉ Arrondissement . . . . 19ᵉ Quartier.

1440 **Commence** boulevard Saint Michel, 69. — **Finit** rues d'Ulm, 52, et des Feuillantines, 2.

Longʳ : 625ᵐ,00. (I. 51. — P. 82.)

Largʳ : 20ᵐ,00. — DÉCRET DU 30 JUILLET 1859 (U.P.). *Ouverture* et *Alignements.*

ARRÊTÉ PRÉFECTORAL DU 26 FÉVRIER 1859. *Nivellement.*

DÉCRET DU 2 MARS 1864. *Dénomination.*

Orig. — Joseph-Louis Gay-Lussac, chimiste (1778-1850 ; quartier des Ecoles.

GAZ (Impasse du) **. . . . . . . **XIII**ᵉ Arrondissement . . . . 50ᵉ Quartier.

Anciennement commune d'Ivry.

1441 **Située** rue du Gaz, 85.

Longʳ : 77ᵐ,00.

Largʳ : 4ᵐ,00 environ. *(Voie privée.)*

Orig. — Voir rue du Gaz.

GAZ (Rue du) **. . . . . **XIII**ᵉ ARRONDISSEMENT . . . . 50ᵉ QUARTIER.
Anciennement commune d'Ivry.

1442   **Commence** rue de Tolbiac, 100. — **Finit** boulevard de la Gare, 197.   (l. 97. — P. 102.)
Longʳ : 630ᵐ,00.

ARRÊTÉ PRÉFECTORAL DU 5 OCTOBRE 1857. *Classement.*
DÉCRET DU 23 MAI 1863. *Classement* (confirmation).
Largʳ : 12ᵐ,00. — DÉCRET DU 9 JUIN 1881. *Alignements et Nivellement.*
ARRÊTÉ PRÉFECTORAL DU 7 SEPTEMBRE 1867. *Nivellement.*
ARRÊTÉ PRÉFECTORAL DU 30 AVRIL 1877. *Nivellement* entre la rue Fortin et le boulevard de la Gare.
OBS. — Précédemment rue et sentier de Tripière.

ORIG. — Doit son nom au voisinage d'un ancien gazomètre.

GAZAN (Rue) **. . . . . **XIV**ᵉ ARRONDISSEMENT . . . . 54ᵉ QUARTIER.

1443   **Commence** avenue Reille et rue Lemaignan. — **Finit** boulevard Jourdan.
Longʳ : 540ᵐ,00.
Largʳ : 12ᵐ,00. — DÉCRET DU 22 FÉVRIER 1865 (U.P.). *Ouverture* et *Alignements.*
ARRÊTÉ PRÉFECTORAL DU 3 AOUT 1877. *Nivellement.*
DÉCRET DU 2 MARS 1867. *Dénomination.*

ORIG. — Le comte Honoré-Théophile-Maxime Gazan de la Peyrière, général de division (1765-1844) ; voisinage de la route Militaire.

GÉNÉRAL BRUNET (Rue du) ***. **XIX**ᵉ ARRONDISSEMENT . . . . 75ᵉ QUARTIER.

1444   **Commence** rue de Crimée. — **Finit** boulevard Sérurier, 123.
Longʳ : 557ᵐ,00.

DÉCISION DU CONSEIL MUNICIPAL approuvant l'exécution du traité passé le 20 mai 1873 entre la Ville de Paris et la Cⁱᵉ des Marchés aux chevaux et à fourrages.
Largʳ : 20ᵐ,00. — DÉCRET DU 21 JUILLET 1879 (U.P.). *Ouverture* entre les rues de Crimée et Compans. *Classement, Alignements et Nivellement* du surplus.
DÉCRET DU 10 NOVEMBRE 1877. *Dénomination.*

ORIG. — Jean-André-Louis Brunet, général tué en Crimée (1803-1855); voisinage de la rue de Crimée.

GÉNÉRAL FOY (Rue du) . . . . **VIII**ᵉ ARRONDISSEMENT . . . . 32ᵉ QUARTIER.

1445   **Commence** rue de la Bienfaisance, 16. — **Finit** rue de Monceau, 88.   (l. 43. — P. 44.)
Longʳ : 436ᵐ,00.
Largʳ : 15ᵐ,00. — ORD. ROYALE DU 3 MARS 1847. *Alignements.*
Id.   22ᵐ,00. —   OBS. — La partie comprise entre la rue de la Bienfaisance et les rues de Lisbonne et de Madrid a été élargie lors de la construction de l'église Saint-Augustin.
ARRÊTÉ PRÉFECTORAL DU 1ᵉʳ AOUT 1862. *Nivellement.*
ARRÊTÉ PRÉFECTORAL DU 16 AOUT 1879. *Dénomination* actuelle.
OBS. — Précédemment rue de Malesherbes.

ORIG. — Maximilien-Sébastien Foy, général de division et orateur (1775-1825).

GÊNES (Cité de) ***. . . . . . . **XX**ᵉ ARRONDISSEMENT . . . . 77ᵉ QUARTIER.
Anciennement commune de Belleville.

1446   **Située** rue Julien Lacroix, 48.   (l. 3. — P. 2.)
Longʳ : 35ᵐ,00.
Largʳ : 4ᵐ,60 environ.   (*Voie privée.*)
ARRÊTÉ PRÉFECTORAL DU 1ᵉʳ FÉVRIER 1877. *Dénomination* actuelle.
OBS. — Précédemment cité de Rivoli.

ORIG. — Nom substitué à celui de cité de Rivoli; souvenir de la campagne d'Italie de 1800.

GÊNES (Impasse de) **. . . . . . **XX**ᵉ ARRONDISSEMENT . . . . 77ᵉ QUARTIER.
Anciennement commune de Belleville.

1447   **Située** rue Julien Lacroix, 67.   (l. 9.)
Longʳ : 25ᵐ,00.
Largʳ : 4ᵐ,60 environ.   (*Voie privée.*)
ARRÊTÉ PRÉFECTORAL DU 1ᵉʳ FÉVRIER 1877. *Dénomination* actuelle.
OBS. — Précédemment impasse de Rivoli.

ORIG. — Voir cité de Gênes.

GÉNIE (Passage du) . . . . . . **XII**ᵉ Arrondissement . . . . 46ᵉ Quartier.
1448   **Commence** rue du Faubourg-St Antoine, 246. — **Finit** boul. Diderot, 93. (l. 21. — P. 28)
    Long⯑ : 190ᵐ,00.
    Moindre larg⯑ : 7ᵐ,75.   (*Voie privée.*)
    Orig. — Voisinage de la colonne de la Bastille surmontée du génie de la Liberté.

GENTILLY (Porte de) . . . . **XIII**ᵉ Arrondissement . . . . 51ᵉ Quartier.
                            XIVᵉ Arrondissement . . . . 54ᵉ Quartier.
1449   **Située** boulevards Jourdan et Kellermann, dans le prolongement de la rue de la Glacière.
    Orig. — A l'entrée de la commune de Gentilly.

GENTILLY (Rue de) ✶✶. . . . . . **XIII**ᵉ Arrondissement . . . . 52ᵉ Quartier.
1450   **Commence** avenue des Gobelins, 62. — **Finit** boulevard d'Italie, 18.   (l. 31 — P. 36.)
    Long⯑ : 295ᵐ,00.
    Larg⯑ : 12ᵐ,00. — Ord. royale du 2 décembre 1829. *Alignements.*
                     Arrêté préfectoral du 10 mars 1870. *Nivellement.*
    Orig. — Conduit au village de Gentilly.

GENTY (Passage) . . . . **XII**ᵉ Arrondissement . . . . 48ᵉ Quartier.
1451   **Commence** quai de la Rapée, 66. — **Finit** rue de Bercy, 201.   (P. 4.)
    Long⯑ : 175ᵐ,00.
    Larg⯑ : 5ᵐ,75 environ.   (*Voie privée.*)
    Orig. — Chantier de bois de M. Genty.

GEOFFROY-DIDELOT (Passage). **XVII**ᵉ Arrondissement . . . . 67ᵉ Quartier.
                        Anciennement commune des Batignolles.
1452   **Commence** boulevard des Batignolles, 88. — **Finit** rue des Dames, 117.   (l. 7. — P. 8.)
    Long⯑ : 107ᵐ,00.
    Larg⯑ : 4ᵐ,50 environ.   (*Voie privée.*)
    Orig. — Nom du propriétaire.

GEOFFROY L'ANGEVIN (Rue) . **IV**ᵉ Arrondissement . . . . 13ᵉ Quartier.
1453   **Commence** rue du Temple, 61. — **Finit** rue Beaubourg, 18.   (l. 23. — P. 34.)
    Long⯑ : 139ᵐ,00.
    Larg⯑ : 8ᵐ,00. — Décision ministérielle du 3 pluviôse an IX.
    Id.   10ᵐ,00. — Ord. royale du 29 mars 1827. *Alignements,*
    Orig. — Ancien nom (XIIIᵉ siècle).

GEOFFROY L'ASNIER (Rue) . . **IV**ᵉ Arrondissement . . . . 14ᵉ Quartier.
1454   **Commence** quai de l'Hôtel de Ville, 50. — **Finit** rue François Miron, 50. (l. 31. — P. 42.
    Long⯑ : 193ᵐ,00.
    Larg⯑ : 8ᵐ,00. — Décision ministérielle du 13 thermidor an VI.
    Moindre Id.   10ᵐ,00. — Ord. royale du 4 mars 1836. *Alignements.*
    Orig. — Corruption de rue Frogier-l'Asnier.

GEOFFROY MARIE (Rue) . . . . **IX**ᵉ Arrondissement . . . . 35ᵉ Quartier.
1455   **Commence** rues du Faubourg Montmartre, 20, et de Montyon, 18. — **Finit** rues Richer, 29,
    et de la Boule Rouge, 9.   (l. 15. — P. 16.)
    Long⯑ : 140ᵐ,00.
    Larg⯑ : 12ᵐ,00. — Ord. royale du 10 janvier 1842. *Alignements.*
    Orig. — Geoffroy, cordonnier, et Marie, son épouse, avaient donné en 1261, à l'Hôtel Dieu, les terrains sur lesquels la
         rue a été percée (1840).

GEOFFROY-SAINT-HILAIRE (Rue) ✶. **V**ᵉ Arrondissement . . . . 18ᵉ Quartier.
1456   **Commence** boul. Saint Marcel, 42. — **Finit** rues Lacépède, 1, et Cuvier. (l. 37. — P. 36.)
    Long⯑ : 570ᵐ,00.
    Larg⯑ : 12ᵐ,00 environ. — Décret du président de la République du 4 octobre 1849,
                  Alignements entre le boulevard Saint Marcel et la rue Poliveau.
              Ord. royale du 24 avril 1837. *Alignements* entre la rue Poliveau et
              les rues Lacépède et Cuvier.
              Arrêté préfectoral du 2 avril 1868. *Dénomination actuelle.*
                  Obs. — Précédemment rue du Marché aux chevaux (partie) et rue Geoffroy-
                          Saint-Hilaire.
    Orig. — Étienne Geoffroy-Saint-Hilaire, zoologiste (1772-1844); voisinage du Jardin des Plantes.

GÉRANDO (Rue de) **. . . . . . . IXe Arrondissement . . . . 36e Quartier.

1457 **Commence** Place d'Anvers, 2, et avenue Trudaine, 10.— **Finit** boul. et rue Rochechouart, 93.

Long^r : 172^m,00.   (I. 21. — P. 20.)

Larg^r : 12^m,00. — Arrêté du pouvoir exécutif du 14 avril 1871. *Alignements.*

Arrêté préfectoral du 17 juillet 1871. *Nivellement.*

Décret du 10 août 1868. *Dénomination.*

Orig. — Le baron Joseph-Marie de Gérando, jurisconsulte et économiste (1772-1842).

GÉRARD (Passage) **. . . . . . XIIIe Arrondissement . . . . 51e Quartier.

Anciennement commune de Gentilly.

1458 **Commence** boulevard d'Italie, 21. — **Finit** rue Gérard, 22.

Long^r : 25^m,00.

Larg^r : 3^m,75 environ.   (*Voie privée.*)

Arrêté préfectoral du 1er février 1877. *Dénomination* actuelle.

Obs. — Précédemment passage des Eaux.

Orig. — *Voir* rue Gérard.

GÉRARD (Rue) **. . . . . XIIIe Arrondissement . . . . 51e Quartier.

Anciennement commune de Gentilly.

1459 **Commence** place d'Italie, 5. — **Finit** rues Jonas, 9, et Samson.   (I. 33. — P. 62.)

Long^r : 340^m,00.

Moindre larg^r : 7^m,00. — Délibération du conseil municipal des 18 février et 6 juin 1831.

Alignements projetés entre la place d'Italie et la rue du Moulin des Prés. (Largeur actuelle 2^m,00 moindre.)

Arrêté préfectoral du 5 octobre 1857. *Classement* entre la rue du Moulin des Prés et les rues Jonas et Samson.

Arrêté préfectoral du 16 mai 1862. *Nivellement.*

Arrêté préfectoral du 21 juillet 1862. *Nivellement* de la rue Gérard prolongée.

Décret du 23 mai 1863. *Classement* (confirmation).

Orig. — Nom du propriétaire.

GERBERT (Rue) . . . . XVe Arrondissement . . . . 57e Quartier.

Anciennement commune de Vaugirard.

1460 **Commence** rue Blomet, 117. — **Finit** rue de Vaugirard, 282.   (I. 15. — P. 16.)

Long^r : 180^m,00.

Larg^r : 13^m,00. — Décret du 3 mars 1831 (U. P.). *Ouverture* et *Alignements* entre les rues Bausset et de Vaugirard.

Id. 21^m,00. — Arrêté préfectoral du 4 juin 1856. *Élargissement* des deux parties latérales à l'église.

Décret du 23 mai 1863. *Classement* (confirmation).

Id. 66^m,00. — Décret du 28 juillet 1866 (U. P.). *Élargissement* entre la rue Blomet et la rue Fenoux.

Arrêté préfectoral du 15 juin 1876. *Nivellement.*

Décret du 2 octobre 1863 et Arrêté préfectoral du 1er février 1877. *Dénomination* actuelle.

Obs. — Précédemment rue et place de l'Église.

Orig. — Gerbert, pape sous le nom de Silvestre II (mort en 1003); voisinage de l'église Saint-Lambert.

GERBIER (Rue) . . . . XIe Arrondissement . . . . 43e Quartier.

1461 **Commence** rue de la Folie Regnault. — **Finit** rue de la Roquette, 170.

Long^r : 164^m,00.

Larg^r : 13^m,00. — Décret du 11 juillet 1860. *Alignements.*

Décret du 2 mars 1864. *Dénomination.*

Orig. — Pierre-Jean-Baptiste Gerbier, avocat (1725-1788); quartier où ont été groupés des noms de juristes.

GERBILLON (Rue) **. . . . . . . VIe Arrondissement . . . . 23e Quartier.

1462 **Commence** rue de l'abbé Grégoire, 26. — **Finit** rue Bérite.   (I. 9.)

Long^r : 67^m,00.

Moindre larg^r : 11^m,91. — Décret du 1er juin 1864. *Classement* et *Alignements.*

Arrêté préfectoral du 23 décembre 1865. *Nivellement.*

Décret du 2 mars 1867. *Dénomination.*

Orig. — Jean-François Gerbillon, jésuite, supérieur du collège français fondé à Pékin au xviie siècle (1654-1707); voisinage des Missions étrangères.

GERGOVIE (Passage de) ** . . . . **XIV**ᵉ Arrondissement . . . . 56ᵉ Quartier.
Anciennement commune de Vaugirard.

1463   **Commence** rue de Gergovie, 6. — **Finit** rue du-Moulin de la Vierge, 21.   (l. 13. — P. 12,)
Longʳ : 110ᵐ,00.
Largʳ :   6ᵐ,00 environ.   *(Voie privée.)*
           Arrêté préfectoral du 1ᵉʳ février 1877. *Dénomination* actuelle.
               Obs. — Précédemment passage Lemoine.
Orig. — *Voir rue de Gergovie.*

GERGOVIE (Rue de) **. . . . . . **XIV**ᵉ Arrondissement . . . . 56ᵉ Quartier.
Anciennement communes de Vaugirard et de Montrouge.

1464   **Commence** r. Blottière 33, et ch. de fer de l'Ouest. — **Finit** r. Didot, 50, et d'Alésia, 134.
Longʳ : 655ᵐ,00.   (l. 88. — P 86.)
           Arrêté préfectoral du 6 juillet 1855. *Classement* entre le chemin
             de fer de l'Ouest et la rue de Vanves.
           Décret du 23 mai 1863. *Classement* confirmé pour cette partie.
Largʳ :   10ᵐ,00. — *Alignements* projetés entre le chemin de fer de l'Ouest et la rue de
                 Vanves. (Largeur actuelle 7ᵐ,80 moindre.)
Id.   12ᵐ,00. — Décret du 8 septembre 1877 (U. P.). *Alignements* et *Nivellement*
               entre la rue de Vanves et les rues Didot et d'Alésia.
           Arrêté préfectoral du 23 avril 1877. *Nivellement* entre la rue de
             Vanves et le chemin de fer de l'Ouest.
           Arrêté préfectoral du 15 mars 1869. *Nivellement* du surplus.
           Arrêté préfectoral du 10 novembre 1873. *Dénomination* actuelle.
               Obs. — Précédemment rue de la Procession.
Orig. — Ville de Gaule assiégée par César; voisinage de la rue Vercingétorix.

GÉRICAULT (Rue) . . . . **XVI**ᵉ Arrondissement . . . . 61ᵉ Quartier.
Anciennement commune d'Auteuil.

1465   **Commence** rue d'Auteuil, 50. — **Finit** rue Poussin, 15.
Longʳ : 90ᵐ,00.
           Décret du 23 mai 1863. *Classement.*
Largʳ :   12ᵐ,00. — *Alignements* projetés .
           Arrêté préfectoral du 8 octobre 1865. *Nivellement.*
           Décret du 24 août 1864. *Dénomination* actuelle.
               Obs. — Précédemment rue des Arts.
Orig. — Jean-Louis-André-Théodore Géricault, peintre (1794-1824); quartier où ont été groupés des noms d'artistes.

GERMAIN PILON (Cité) ** . . **XVIII**ᵉ Arrondissement . . . . 69ᵉ Quartier.
Anciennement commune de Montmartre.

1466   **Située** rue Germain Pilon, 23.   (l. 7. — P. 12.)
Longʳ : 88ᵐ,00.
Largʳ :   3ᵐ,00 environ.   *(Voie privée.)*
Orig. — *Voir rue Germain Pilon.*

GERMAIN PILON (Rue) ** . . . **XVIII**ᵉ Arrondissement . . . . 69ᵉ Quartier.
Anciennement commune de Montmartre.

1467   **Commence** boulevard de Clichy, 36. — **Finit** rue des Abbesses, 31.   (l. 31. — P. 30.)
Longʳ : 230ᵐ,00.
           Décret du 23 mai 1863. *Classement.*
Moindre largʳ :   6ᵐ,60. — *Alignements* projetés.
           Décret du 24 août 1864. *Dénomination* actuelle.
               Obs. — Précédemment rue Neuve Pigalle.
Orig. — Germain Pilon, sculpteur (1535-1590 ; quartier où ont été groupés des noms de sculpteurs.

GERSON (Place) . . . . **V**ᵈ Arrondissement . . . . 20ᵉ Quartier.

1468   **Commence** rue Saint-Jacques, 130. — **Finit** rues Restaut, 1, et Gerson.   (l. 5. — P.8)
Longʳ : 40ᵐ,00.
Largʳ :   21ᵐ,00. — *Alignements* fixés par une délibération du Conseil municipal en date
                 du 3 août 1838.
               Obs. — Les maisons du côté des numéros pairs restent placées sous le régime
                   de l'alignement approuvé par l'ordonnance royale du 29 décembre
                   1824.
           Décret du 24 août 1864. *Dénomination* actuelle.
               Obs. — Précédemment place du Lycée Louis le Grand.
Orig. — *Voir rue Gerson.*

GERSON (Rue). . . . . **V**e ARRONDISSEMENT . . . . 20e QUARTIER.

1469   **Commence** r. Restaut, 2, et pl. Gerson, 8.— **Finit** r. Victor Cousin, 1, et pl. de la Sorbonne.
   Long^r : 56^m,00.   (I. 3.)
   Larg^r : 10^m,00. — ORDONNANCE ROYALE DU 29 DÉCEMBRE 1824. *Alignements.*
               DÉCRET DU 24 AOUT 1864. *Dénomination* actuelle.
                    OBS. — Précédemment rue des Poirées.
   ORIG. — Jean-Charlier de Gerson, théologien, chancelier de l'Université (1363-1429) ; voisinage de la Sorbonne.

GESVRES (Quai de). . . . . **IV**e ARRONDISSEMENT . . . . 13e QUARTIER.

1470   **Commence** pont d'Arcole et pl. de l'Hôtel de Ville, 7. — **Finit** pont au Change et place du
   Châtelet, 2.   (P. 16.)
   Long^r : 258^m,00.
               ORDONNANCE ROYALE DU 22 MAI 1837. *Alignements* depuis le pont
                  d'Arcole et la place de l'Hôtel de Ville jusqu'au pont Notre-Dame
                  et à la rue Saint Martin.
               ORDONNANCE ROYALE DU 29 AVRIL 1839. *Alignements* depuis le pont
                  Notre-Dame et la rue Saint Martin jusqu'au pont au Change et à la
                  place du Châtelet.
                    OBS. — Le quai a une largeur moyenne de 22.70
               ARRÊTÉ PRÉFECTORAL DU 2 AVRIL 1868. *Dénomination* actuelle.
                    OBS. — Précédemment quai Lepelletier, entre la place de l'Hôtel de Ville,
                         la rue Saint Martin et le quai de Gesvres.
   ORIG. — Construit en 1786 par une Société constituée par le marquis de Gesvres.

GINOUX (Rue). . . . . **XV**e ARRONDISSEMENT . . . . 59e QUARTIER.
                    Anciennement commune de Grenelle.

1471   **Commence** rues Héricart, 36, et Emériau, 7. — **Finit** rue de Lourmel, 54. (I. 20. — P. 12.)
   Long^r : 330^m,00.
               DÉCRET DU 23 MAI 1863. *Classement.*
   Larg^r :   8^m,00. — DÉCRET DU 19 AOUT 1881. *Alignements* et *Nivellement.*
               ARRÊTÉ PRÉFECTORAL DU 29 DÉCEMBRE 1863. *Nivellement.*
               DÉCRET DU 24 AOUT 1864. *Dénomination* actuelle.
                    OBS. — Précédemment passage et rue Baron.
   ORIG. — Nom du propriétaire qui, sous la Révolution, avait acheté la ferme et les terrains de Grenelle.

GIRARDON (Impasse) **. . . . . **XVIII**e ARRONDISSEMENT . . . . 69e QUARTIER.
                    Anciennement commune de Montmartre.

1472   **Située** rue Girardon, 5.
   Long^r : 75^m,00.
   Moindre larg^r :   4^m,00. — DÉCRET DU 23 MAI 1863. *Classement* (confirmation).
               ARRÊTÉ PRÉFECTORAL DU 3 SEPTEMBRE 1869. *Dénomination* actuelle.
                    OBS. — Précédemment impasse de la Fontaine Saint Denis.
   ORIG. — Voir rue Girardon.

GIRARDON (Rue) **. . . . . . . **XVIII**e ARRONDISSEMENT . . . . 69e QUARTIER.
                    Anciennement commune de Montmartre.

1473   **Commence** rue Lepic, 85. — **Finit** rue de la Fontaine du But, 8. **Finira** rue Caulaincourt.
   Long^r : 233^m,00.   (I. 15.)
   Long^r future : 260^m,00.
   Moindre larg^r : 11^m,00. — DÉLIBÉRATION DU CONSEIL MUNICIPAL DU 12 JUIN 1846. *Alignements*
                  projetés. (Largeur actuelle.)
               DÉCRET DU 23 MAI 1863. *Classement* (confirmation).
               DÉCRET DU 11 AOUT 1867. (U. P.). *Prolongement* entre la rue de la
                  Fontaine du But et la rue Caulaincourt (modification du tracé
                  dans la partie supérieure).
               ARRÊTÉ PRÉFECTORAL DU 15 JANVIER 1876. *Nivellement.*
               DÉCRET DU 27 FÉVRIER 1867. *Dénomination* actuelle.
                    OBS. — Précédemment rue des Brouillards.
   ORIG. — François Girardon, sculpteur (1628-1715) ; quartier où sont groupés des noms de sculpteurs.

GIRODET (Rue) . . . . **XVI**ᵉ Arrondissement . . . . 61ᵉ Quartier.

1474 **Commence** rue d'Auteuil. — **Finit** rue Poussin.

    Longᵣ : 55ᵐ,00.

    Largᵣ : 12ᵐ,00. — Rue ouverte par la Ville de Paris lors de la création du marché d'Auteuil.

        Arrêté préfectoral du 21 août 1866. *Nivellement.*

        Décret du 2 mars 1867. *Dénomination.*

Orig. — Anne-Louis Girodet-Trioson, peintre (1767-1824); quartier où ont été groupés des noms d'artistes.

GIRONDE (Quai de la) . . . . . . **XIX**ᵉ Arrondissement . . . . 74ᵉ Quartier.

Anciennement commune de La Villette.

1475 **Commence** quai de l'Oise, 41. — **Finit** boulevard Macdonald.   (I. 23.)

    Longᵣ : 840ᵐ,00.

    Moindre largᵣ : 5ᵐ,00.

        Décret du 23 mai 1863. *Classement.*

        Arrêté préfectoral du 2 juillet 1875. *Nivellement.*

Orig. — Fleuve de France; voisinage du canal Saint-Denis.

GIT-LE-CŒUR (Rue) . . . . . . **VI**ᵉ Arrondissement. . . . . 21ᵉ Quartier.

1476 **Commence** quai des Grands Augustins, 25. — **Finit** rue Saint André des Arts, 30.

    Longᵣ : 112ᵐ,00.   (I. 19. — P. 16.)

    Largᵣ : 7ᵐ,00. — Décision ministérielle du 23 frimaire an IX.

    Id.   10ᵐ,00. — Ord. royale du 11 août 1844. *Alignements.*

Orig. — Corruption de rue Gilles le Queux (le cuisinier).

GLACIÈRE (Rue de la) * . . . . . **XIII**ᵉ Arrondissement. . . . . 51ᵉ et 52ᵉ Quartiers.

                        XIVᵉ Arrondissement . . . . 54ᵉ Quartier.

Anciennement commune de Gentilly (partie).

1477 **Commence** boulevard de Port-Royal, 59. — **Finit** boulevards Kellermann et Jourdan.

    Longᵣ : 2120ᵐ,00.   (I. 229. — P. 238.)

    Largᵣ : 12,ᵐ00. — Décret du 17 octobre 1857 (U. P.). *Ouverture* entre le boulevard de Port-Royal et la rue Saint Hippolyte (A).

        Décret du 30 juillet 1859 (U. P.). Confirmant le percement de la partie (A), approuvant l'ouverture entre les rues Saint Hippolyte et de Lourcine (B), et rectifiant l'*alignement* entre la rue de Lourcine et boulevard d'Italie (C).

    Largᵣ : 11ᵐ,00. — Arrêté préfectoral du 9 mars 1837. *Classement* et *Alignements* entre le boulevard d'Italie et la rue de la Santé (Rues d'Alesia et de Tolbiac) (D).

        Arrêté préfectoral du 6 juillet 1855. *Classement* entre la rue de la Santé (Rues d'Alésia et de Tolbiac) et les boulevards Jourdan et Kellermann (E).

    Moindre largᵣ : 11ᵐ,00. — *Alignements* projetés pour cette dernière partie. (Largeur actuelle : 10ᵐ,00 moindre.)

        Décret du 23 mai 1863. *Classement* confirmé des parties D, E.

        Arrêté préfectoral du 29 avril 1863. *Nivellement* entre les boulevards d'Italie et Jourdan.

        Arrêté préfectoral du 23 janvier 1872. *Nivellement* entre les boulevards d'Italie et Port-Royal.

Orig. — Conduit à une ancienne glacière et au hameau qui en a pris le nom.

GLUCK (Rue) . . . . **IX**ᵉ Arrondissement . . . . 34ᵉ Quartier.

1478 **Commence** rue Halévy, 1. — **Finit** rue Scribe et boulevard Haussmann, 31.   (P. 5.)

    Longᵣ : 100ᵐ,00.

    Largᵣ : 20ᵐ,00. — Décret du 16 juillet 1862 (U. P.). *Ouverture* et *Alignements.*

        Décret du 2 mars 1867. *Dénomination.*

Orig. — Christophe-Willibald Gluck, compositeur allemand (1714-1787); voisinage du nouvel Opéra.

GOBELINS (Avenue des) * . . . . . . **V**ᵉ Arrondissement. . . . . 48ᵉ Quartier.

                    XIIIᵉ Arrondissement. . . . . 49ᵉ et 52ᵉ Quartiers.

1479 **Commence** rues Monge, 123, et Claude Bernard, 1. — **Finit** place d'Italie. (I. 73. — P 76.)

    Longᵣ : 765ᵐ,00.

GOBELINS (Avenue des). (*Suite.*)*
    Larg^r : 40^m,00. — Décret du 30 juillet 1859. *Élargissement* et *Alignements*.
        Arrêtés préfectoraux du 9 septembre 1854 et du 28 novembre 1865
        Nivellement partiel.
        Arrêtés préfectoraux du 24 octobre 1867 et du 24 juillet 1868.
        Nivellement complémentaire.
        Arrêté préfectoral du 3 septembre 1869. *Dénomination* actuelle.
        Obs. — Précédemment rue Mouffetard (partie).
    Orig. — Longe les bâtiments de la manufacture des Gobelins.

GOBELINS (Cité des) ** . . . . . XIIIe Arrondissement . . . . 49e Quartier.
  1480 **Commence** rue Rubens, 4. — **Finit** avenue des Gobelins, 59.
    Long^r : 86^m,00.
    Larg^r : 8^m,50.   (*Voie privée.*)
    Orig. — *Voir* avenue des Gobelins.

GOBELINS (Rue des) * . . . . . . XIIIe Arrondissement . . . . 52e Quartier.
  1481 **Commence** avenue des Gobelins, 30. — **Finit** rivière de Bièvre.   (I. 21. — P. 26)
    Long^r : 165^m,00.
    Larg^r : 10^m,00. — Ord. royale du 31 août 1846. *Alignements* entre l'avenue des Gobe-
        lins et la rue des Marmousets.
    Moindre larg^r :   8^m,00. — Ord. royale du 31 août 1846. *Alignements* entre la rue des Mar-
        mousets et la rivière de Bièvre.
        Arrêté préfectoral du 3 décembre 1867. *Nivellement*.
    Orig. — *Voir* avenue des Gobelins.

GOBELINS (Ruelle des). . . . . . XIIIe Arrondissement . . . . 52e Quartier.
  1482 **Commence** rue Croulebarbe, 6. — **Finit** rue des Gobelins, 21.   (I. 19.)
    Long^r : 338^m,00.
        Obs. — Voie latérale à la Bièvre.
    Moindre larg^r :   1^m,75. — Ord. royale du 20 juillet 1840, régissant les alignements des voies
        latérales à la Bièvre.
    Orig. — *Voir* avenue des Gobelins.

GOBERT (Rue) . . . . XIe Arrondissement . . . . 43e Quartier.
  1483 **Commence** rue Richard Lenoir, 24. — **Finit** boulevard Voltaire, 160.   (I. 7. — P. 12.)
    Long^r : 96^m,00.
    Larg^r : 12^m,00. — Décret du 8 juin 1870 (U. P.). *Ouverture* et *Alignements*.
        Arrêté préfectoral du 25 octobre 1869. *Nivellement*.
        Décret du 2 mars 1867. *Dénomination*.
    Orig. — Le baron Napoléon Gobert, combattant de 1820, fondateur de prix académiques qui portent son nom (1807-1833).

GODEFROY (Rue) ** . . . . . . XIIIe Arrondissement . . . . 49e Quartier.
  1484 **Commence** place des Alpes. — **Finit** place d'Italie.   (I. 11. — P. 8.)
    Long^r : 108^m,00.
    Larg^r : 13^m,00. — Ord. royale du 19 juillet 1826. *Alignements*.
        Arrêté préfectoral du 3 septembre 1868. *Nivellement*.
    Orig. — Ouverte en 1826, par M. Godefroy, sur son terrain.

GODOT DE MAUROY (Rue) . . . IXe Arrondissement . . . . 34e Quartier.
  1485 **Commence** rue Basse du Rempart, 70. — **Finit** rue des Mathurins, 15.   (I. 19. — P. 12)
    Long^r : 356^m,00.
    Larg^r : 9^m,74. — Ord. royale du 18 novembre 1818. *Alignements*.
    Orig. — Ouverte en 1818, par MM. Godot de Mauroy, sur leur terrain.

GOIX (Passage) ** . . . . XIXe Arrondissement . . . . 73e Quartier.
        Anciennement commune de La Villette.
  1486 **Commence** rue d'Aubervilliers, 14. — **Finit** rue du Département, 11.   (I. 11. — P. 14.)
    Long^r : 100^m,00.
    Larg^r : 5^m,85 environ.   (*Voie privée.*)
    Orig. — Nom de propriétaire.

GOMBOUST (Impasse). . . . . . . Iᵉʳ ARRONDISSEMENT . . . . 4ᵉ QUARTIER.
1487   **Située** place du Marché Saint Honoré, 33.   (l. 3. — P. 4.)
       Long^r : 29^m,00.
       Larg^r : 10^m,00. — ORD. ROYALE DU 4 OCTOBRE 1826. *Alignements*.
                         DÉCRET DU 24 AOUT 1864. *Dénomination actuelle.*
                         OBS. — Précédemment impasse de la Corderie.
       ORIG. — *Voir* rue Gomboust.

GOMBOUST (Rue). . . . . Iᵉʳ ARRONDISSEMENT . . . . 4ᵉ QUARTIER.
1488   **Commence** rue Saint Roch, 59. — **Finit** place du Marché Saint Honoré, 40.(l. 7. — P. 12.)
       Long^r : 60^m,00.
                         ARRÊTÉ DU CONSEIL DU ROI DU 22 AVRIL 1679, prescrivant l'élargis-
                         sement de la partie entre les rues Saint Roch et de la Sourdière.
       Larg^r : 10^m,00. — ORD. ROYALE DU 4 OCTOBRE 1826. *Alignements*.
                         ARRÊTÉ PRÉFECTORAL DU 16 OCTOBRE 1876. *Nivellement.*
                         DÉCRET DU 24 AOUT 1864. *Dénomination actuelle.*
                         OBS. — Précédemment rue de la Corderie.
       ORIG. — Jacques Gomboust, ingénieur du roi, auteur d'un plan de Paris publié en 1612; voisinage de l'Hôtel du Saint-
       Esprit, où ce plan a été gravé.

GONDI (Rue de). . . . ' . . . . . . XIIᵉ ARRONDISSEMENT . . . . 46ᵉ QUARTIER.
                         Anciennement commune de Bercy.
1489   **Commence** rue de Charenton, 329. — **Finit** rue des Meuniers, 11.
       Long^r : 174^m,00.
       Larg^r : 6^m,00 environ.   *(Voie privée.)*
                         DÉCRET DU 24 AOUT 1864. *Dénomination actuelle.*
                         OBS. — Précédemment rue du Cimetière.
       ORIG. — Famille italienne fixée en France au XVIᵉ siècle, et d'où est issu Jean-François-Paul de Gondi, cardinal de
       Retz (1614-1679); quartier du Faubourg Saint Antoine. (Souvenir de la Fronde.)

GONNET (Passage). . . . . XIᵉ ARRONDISSEMENT . . . . 44ᵉ QUARTIER.
1490   **Commence** rue du Faubourg Saint Antoine, 283. — **Finit** rue de Montreuil, 60.
       Long^r : 113^m,00.
       Larg^r : 3^m,25 environ.   *(Voie privée.)*
       ORIG. — Nom du propriétaire.

GOSSELIN (Passage). . . . . XIXᵉ ARRONDISSEMENT . . . . 73ᵉ QUARTIER.
                         Anciennement commune de La Villette.
1491   **Commence** rue de Crimée, 176. — **Finit** rue de Joinville, 11.
       Long^r : 82^m,00.
       Larg^r : 4^m,35 environ.   *(Voie privée.)*
       ORIG. — Nom d'un des propriétaires.

GOUNOD (Rue). . . . . XVIIᵉ ARRONDISSEMENT . . . . 66ᵉ QUARTIER.
1492   **Commence** avenue de Wagram. — **Finit** rues Demours et de Prony, 89.
       Long^r : 163^m,00.
       Larg^r : 15^m,00.   *(Voie privée en cours d'exécution.)*

GOURDON (Passage) ** . . . . . XIVᵉ ARRONDISSEMENT . . . . 55ᵉ QUARTIER.
                         Anciennement commune de Montrouge.
1493   **Commence** boul. Saint Jacques, 67. — **Finit** rue de la Tombe Issoire, 22. (l. 7. — P. 16.)
       Long^r : 183^m,00.
       Larg^r : 4^m,80 environ.   *(Voie privée.)*
       ORIG. — Nom de propriétaire.

GOURGAUD (Avenue). . . . . . XVIIᵉ ARRONDISSEMENT . . . . 66ᵉ QUARTIER.
1494   **Commence** place Péreire, 6. — **Finit** boulevard Berthier, 57, et rue Eugène Flachat, 23.
       Long^r : 177^m,00.   (l. 13. — P. 18)
       Larg^r : 30^m,00. — DÉCRET DU 30 NOVEMBRE 1862 (U. P.). *Ouverture* et *Alignements*.
                         OBS. — Rayon de 236^m,00.
                         ARRÊTÉ PRÉFECTORAL DU 12 MAI 1864. *Nivellement.*
                         DÉCRET DU 11 SEPTEMBRE 1869. *Dénomination.*
       ORIG. — Le baron Gaspard Gourgaud, général d'artillerie (1783-1852); voisinage de la route Militaire.

GOUTTE D'OR (Rue de la) **. . XVIIIᵉ ARRONDISSEMENT . . . . 71ᵉ QUARTIER.
                         Anciennement commune de La Chapelle.
1495   **Commence** rues de la Charbonnière, 2, et Polonceau, 1. — **Finit** boulevard Ornano, 24.
       Long^r : 393^m,00.   (l. 65. — P. 54.)
       Larg^r : 10^m,00. — ORD. ROYALE DU 11 SEPTEMBRE 1842. *Alignements*.
                         ARRÊTÉ PRÉFECTORAL DU 3 FÉVRIER 1865. *Nivellement.*
                         DÉCRET DU 23 MAI 1863. *Classement* (confirmation).
       ORIG. — Ancien hameau de la Goutte-d'Or.

GOUVION-SAINT CYR (Boulevard). **XVII**ᵉ ARRONDISSEMENT . . . . 68ᵉ QUARTIER.

1496   **Commence** avenue de Villiers et boulevard Berthier. — **Finit** boulevard Péreire, 236, et
·avenue de la Grande Armée.
    Longʳ : 1,215ᵐ,00.

> CONVENTION DU 5 JUILLET 1859. — *Remise conditionnelle* par le Génie
> militaire, à la Ville de Paris, de la rue Militaire.
> DÉCRET DU 9 SEPTEMBRE 1861. *Alignements* du côté des maisons.
> DÉCRET DU 23 MAI 1863. *Classement* (confirmation).
> DÉCRET DU 2 MARS 1864. *Dénomination* actuelle.
>> OBS. — Précédemment rue Militaire (partie) et route départementale n° 11
>> (dite de la Révolte).
> ORIG. — Le marquis Laurent Gouvion-Saint-Cyr, maréchal de France (1764-1830).

GOZLIN (Rue). . . . . **VI**ᵉ ARRONDISSEMENT . . . . 24ᵉ QUARTIER.

1497   **Commence** rue des Ciseaux, 2 — **Finit** rues de Rennes, 11, et Bonaparte, 43.
    Longʳ : 60ᵐ,00.   (I. 9 à 31. — P. 24.)
    Largʳ : 10ᵐ,00. — ORD. ROYALE DU 29 AVRIL 1839. *Alignements* entre la rue des Ciseaux
    et les rues de Rennes et Bonaparte.

> OBS. — Un décret du 28 juillet 1866 a supprimé une partie de cette voie,
> entre l'ancienne place Gozlin et la rue des Ciseaux. Une autre par-
> tie située entre la rue Bonaparte et la rue de l'Égout avait été
> supprimée lors de l'exécution de la rue de Rennes.
> OBS. — Le numérotage de la rue Gozlin subsiste entre le n° 133 du boule-
> vard Saint-Germain et la rue des Ciseaux, l'alignement du bou-
> levard Saint-Germain n'étant pas encore exécuté dans cette partie.
> DÉCRET DU 24 AOUT 1864. *Dénomination* actuelle.
>> OBS. — Précédemment rue Sainte-Marguerite.
> ORIG. — Gozlin, abbé de Saint-Germain des Prés et évêque de Paris, défendit la ville contre les Normands et mourut
> pendant le siège, en 886 ; voisinage de Saint-Germain des Prés.

GRACE DE DIEU (Cour de la) ✳✳ . **X**ᵉ ARRONDISSEMENT . . . . 40ᵉ QUARTIER.

1498   **Située** rue du Faubourg du Temple, 129.
    Longʳ : 105ᵐ.00.
    Moindre largʳ : 3ᵐ,50.   (*Voie privée.*)

> ORIG. — Nom donné par M. Meyer, propriétaire du terrain et directeur du théâtre de la Gaîté, en mémoire du succès
> de la pièce *la Grâce de Dieu*, drame de MM. Dennery et Gustave Lemoine.

GRACIEUSE (Rue) ✳✳ . . . . . . **V**ᵉ ARRONDISSEMENT . . . . 18ᵉ QUARTIER.

1499   **Commence** rue de l'Épée de Bois, 2. — **Finit** rue Lacépède, 29.   (I. 11. — P. 22.)
    Longʳ : 246ᵐ,00.
    Largʳ : 12ᵐ,00. — ORD. ROYALE DU 3 MARS 1847. *Alignements.*

> OBS. — Projet de modification des alignements suivi d'un commencement
> d'exécution lors du percement de la rue Monge.
> ARRÊTÉ PRÉFECTORAL DU 8 FÉVRIER 1868. *Nivellement* entre la
> caserne et la rue Lacépède.
> ARRÊTÉ PRÉFECTORAL DU 29 JUILLET 1876. *Nivellement* entre la
> place Monge et la rue Neuve Saint Médard.
> ORIG. — Doit son nom à la famille Gracieuse qui l'habitait au VIIIᵉ siècle.

GRAMMONT (Rue de). . . . . . **II**ᵉ ARRONDISSEMENT . . . . 5ᵉ et 6ᵉ QUARTIERS.

1500   **Commence** rue Saint Augustin, 12. — **Finit** boulevard des Italiens. 15. (I. 27. — P. 30.)
    Longʳ : 264ᵐ,00.
    Largʳ : 4 toises — DÉCISION MINISTÉRIELLE DU 18 PLUVIÔSE AN X.
    Id. : 10ᵐ,00. — ORD. ROYALE DU 16 AVRIL 1831. *Alignements.*

> ORIG. — Doit son nom à l'hôtel de Grammont sur l'emplacement duquel elle a été percée en 1765.

GRANCEY (Rue de) ✳✳ . . . . . . **XIV**ᵉ ARRONDISSEMENT. . . . . 53ᵉ QUARTIER.
                           Anciennement commune de Montrouge.

1501   **Commence** place Denfert-Rochereau, 12. — **Finit** rue Daguerre, 8.   (I. 4. — P. 6.)
    Longʳ : 37ᵐ,00.
    Largʳ : 6ᵐ,00 environ.   (*Voie privée.*)
            DÉCRET DU 10 FÉVRIER 1875. *Dénomination* actuelle.

> OBS. — Précédemment rue de Lille.
> ORIG. — Mandat de Grancey, colonel des mobiles de la Côte-d'Or, tué à la bataille de Champigny (2 décembre 1870).

GRAND CERF (Passage du). . . . . **II**ᵉ ARRONDISSEMENT . . . . 8ᵉ QUARTIER.

1502   **Commence** rue Saint Denis, 145. — **Finit** rue Dussoubs, 10.   (I. 57. — P. 56.)
    Longʳ : 117ᵐ,00.
    Larg :   3ᵐ,00.   (*Voie privée.*)
                 OBS. — Ce passage a été construit en 1825.
> ORIG. — Dénomination tirée d'une enseigne.

GRANDE ARMÉE (Avenue de la). . **XVIᵉ** Arrondissement . . . . 64ᵉ Quartier.
                                XVIIᵉ Arrondissement . . . . 65ᵉ Quartier.
Anciennement communes de Passy et de Neuilly.

1503   **Commence** place de l'Étoile. — **Finit** boul. Lannes et Gouvion Saint Cyr. (I. 89. — P. 80.)
      Longʳ : 790ᵐ,00.
      Largʳ : 70ᵐ,00. — *Alignements.*
               Décret du 23 mai 1863. *Classement* (confirmation).
               Arrêté préfectoral du 8 août 1866. *Nivellement.*
               Décret du 2 mars 1864. *Dénomination* actuelle.
                    Obs. — Précédemment avenue de la Porte Maillot et route Nationale n° 13 (partie).
  Orig. — Ainsi dénommée en l'honneur de la Grande armée, qui a fait les campagnes du premier Empire : voisinage
          de l'Arc de Triomphe de l'Étoile.

GRANDE CHAUMIÈRE (Rue de la)**. **VIᵉ** Arrondissement. . . . . 23ᵉ Quartier.
1504   **Commence** rue Notre-Dame des Champs, 72. — **Finit** boulevard du Montparnasse, 115.
      Longʳ : 137ᵐ,00.   (I. 17. — P. 18.)
      Largʳ : 10ᵐ,00. — Ord. royale du 14 décembre 1842. *Alignements.*
                    Obs. — La concession des droits de jours et de sortie ne sera accordée aux
                         riverains du côté gauche sur une longueur de 60 mètres à partir
                         de la rue Notre-Dame des Champs, qu'après l'exécution de l'ali-
                         gnement par ces propriétaires.
  Orig. — Doit son nom à un ancien bal public ainsi dénommé.

GRANDES CARRIÈRES (Impasse des)**. **XVIIIᵉ** Arrondissement . . . . . . 69ᵉ Quartier.
Anciennement commune de Montmartre.

1505   **Située** rue des Grandes Carrières, 5.   (I. 5 — P. 6.)
      Longʳ : 45ᵐ,60.
      Largʳ : 6ᵐ,75 environ.   *(Voie privée.)*
  Orig. — Voir rue des Grandes Carrières.

GRANDES CARRIÈRES (Rue des)**. **XVIIIᵉ** Arrondissement. . . . . 69ᵉ Quartier.
Anciennement communes des Batignolles et de Montmartre.

1506   **Commence** r. de Maistre et Tourlaque, 2. — **Finit** en imp. au delà de la r. Marcadet, 214.
      Longʳ 458ᵐ,00.   (P. 11.)   (Impasse I. 5. — P 6.)
      Largʳ : 10ᵐ,00. — Arrêté préfectoral du 30 décembre 1840. *Alignements* entre la rue
                   Tourlaque et la rue Marcadet.
               Décret du 23 mai 1863. *Classement* confirmé pour cette partie.
                    Obs. — La partie formant impasse est une voie privée.
  Orig. — Doit son nom aux carrières de Montmartre.

GRANDE TRUANDERIE (Rue de la). **Iᵉʳ** Arrondissement . . . . 2ᵉ Quartier.
1507   **Commence** boulevard de Sébastopol, 37. — **Finit** rues de la Réale, 8. et de Turbigo, 4.
      Longʳ : 240ᵐ,00.   (I. 47. — P. 38.)
      Largʳ : 8ᵐ,00. — Décision ministérielle du 28 prairial an IX. *Alignements.*
        Id.   12ᵐ,00. — Décret du 29 septembre 1854 (U. P.). *Ouverture* et *Alignements*
                  entre le boulevard de Sébastopol et la rue Saint Denis.
        Id.   12ᵐ,00. — Arrêté du pouvoir exécutif du 5 mai 1848. *Alignements* entre la
                  rue Saint Denis et la rue de la Petite Truanderie.
        Id.   10ᵐ,00. — *Alignements* projetés entre la rue de la Petite Truanderie et les
                  rues de la Réale et de Turbigo.
        Id   12ᵐ,00. — Décret du 23 août 1858. *Alignements* entre la rue de la Petite
                  Truanderie et les rues de la Réale et de Turbigo.
             Arrêté préfectoral du 8 février 1867. *Nivellement* entre les rues
               Mondétour et de Turbigo.
  Orig. — Doit son nom, soit au vieux mot truage, qui signifie droit à payer (étymologie qui s'expliquerait par le voisi-
     nage des Halles), soit et plus probablement du vieux mot truand.

GRAND PRÉAU . . . . **Vᵉ** Arrondissement . . . . 17ᵉ Quartier.
1508   **Commence** rue de Bourgogne. — **Finit** rue de Touraine.
      Longʳ : 355ᵐ,00.
      Largʳ : 34ᵐ,00. — *Voie privée* appartenant à la Ville de Paris, et située à la Halle
               aux Vins.
  Orig. — Doit son nom à sa situation.

GRAND PRIEURÉ (Rue du). . . . **XIᵉ** Arrondissement . . . . 41ᵉ Quartier.
1509   **Commence** rue de Crussol, 29. — **Finit** rue Rampon, 14. et avenue de la République, 18.
      Longʳ : 212ᵐ,00.   (I. 29. — P. 24.)
      Largʳ : 10ᵐ,00. — Ord. royale du 26 décembre 1844. *Alignements.*
  Orig. — Ouverte en 1783, sur des terrains appartenant au Grand Prieuré du Temple.

GRANDS AUGUSTINS (Quai des). **VI**e Arrondissement . . . . 21e Quartier.
1510   **Commence** pont et place Saint Michel, 2. — **Finit** rue Dauphine, 1, et au Pont Neuf.
    Long^r : 354^m,00.   (l. de 13 à 61.)
    Moindre larg^r :   9^m,40. — Décision ministérielle du 29 nivôse an VIII. *Alignements.*
          Id.   9^m,40. — Ord. royale du 21 octobre 1846. *Alignements.*
          Larg^r : 16^m,00. — *Elargissement* du côté de la Seine lors de la réfection du parapet.
    Orig. — Doit son nom au couvent des religieux Augustins, ainsi qualifié par opposition au monastère des Petits Augustins.

GRANDS AUGUSTINS (Rue des). **VI**e Arrondissement . . . . 21e Quartier.
1511   **Commence** quai des Grands Augustins, 53. — **Finit** rue Saint André des Arts, 54.
    Long^r : 213^m,00.   (l. 27. — P. 30)
    Moindre larg^r :   8^m,00. — Décision ministérielle du 13 fructidor an VII. *Alignements.*
          Larg^r : 10^m,00. — Ord. royale du 22 août 1840. *Alignements.*
    Orig. — *Voir* quai des Grands Augustins.

GRANDS CHAMPS (Rue des) . . **XX**e Arrondissement . . . . 80e Quartier.
               Anciennement commune de Charonne.
1512   1re partie : Impasse aboutissant à la rue des Pyrénées, 51.   (l.75. — P. 108.)
    2e partie : **Commence** rue des Pyrénées, 44. — **Finit** rue du Volga.
    Long^r 580^m,00.
          Larg^r :   2^m,33. — Arrêté préfectoral du 3 juillet 1830. *Classement.*
          Id.   12^m,00. — *Alignements* projetés, déjà suivis d'exécution, pour la partie en impasse et celle comprise entre la rue des Pyrénées et la rue des Maraîchers. (Largeur actuelle, 2^m,50 moindre).
          Arrêté préfectoral du 1er février 1877. *Dénomination* actuelle.
             Obs. — Précédemment sentier des Grands Champs et sentier de la Voie Neuve.
    Orig. — Lieu dit.

GRANDS DEGRÉS (Rue des) . . . **V**e Arrondissement . . . . 17e Quartier.
1513   **Commence** rue Maître Albert, 2, et quai de Montebello, 1. — **Finit** place Maubert, 1, et
    rue du Haut Pavé, 3.   (l. 7. — P. 10.)
    Long^r : 50^m,00.
          Larg^r : 10^m,00. — Décisions ministérielles du 20 fructidor an XI et du 5 octobre 1818.
          Larg^r :   8^m,00. — *Alignements* projetés suivis d'un commencement d'exécution. (Largeur actuelle, 6^m,00 moindre).
    Orig. — Doit son nom aux escaliers en pierre par lesquels ou accédait à la rivière.

GRANGE AUX BELLES (Rue de la)°. **X**e Arrondissement . . . . . . 39e et 40e Quartiers.
1514   **Commence** quai de Jemmapes, 96. — **Finit** boulevard de La Villette, 87.   (P. 206.)
    Long^r : 643^m,00.
          Larg^r : 10^m,00. — Ord. royale du 31 mars 1847. *Alignements* entre le quai de Jemmapes et la rue Bichat.
          Id.   12^m,67. — Ord. royale du 31 mars 1847. *Alignements* entre la rue Bichat et le boulevard de La Villette.
    Orig. — Construction rurale, dite de la Grange aux Belles.

GRANGE BATELIÈRE (Rue de la). **IX**e Arrondissement . . . . 35e Quartier.
1515   **Commence** rue du Faubourg Montmartre, 21. — **Finit** rue Chauchat, 14.(l. 25. — P. 28.)
    Long^r : 247^m,00.
          Larg^r : 11^m,69. — Décision ministérielle du 7 fructidor an X.
          Id.   11^m,69. — Décision ministérielle du 20 octobre 1821.
          Id.   11^m,69. — Ord. royale du 16 avril 1831. *Alignements* entre la rue du Faubourg Montmartre et la rue Rossini.
          Id.   11^m,69. — Ord. royale du 30 décembre 1846. *Ouverture* et *Alignements* entre la rue Rossini et la rue Drouot.
          Id.   11^m,69. — Décret du 1er avril 1851. *Ouverture* et *Alignements* entre la rue Drouot et la rue Chauchat.
    Orig. — Doit son nom à la Grange Batelière qui existait dès le XIIIe siècle.

GRAVILLIERS (Passage des) . . . **III**e Arrondissement . . . . 12e Quartier.
1516   **Commence** rue Chapon, 10. — **Finit** rue des Gravilliers, 19.   (l. 7. — P. 5.)
    Long^r : 54^m,00.
          Larg^r : 3^m,60 environ.   *(Voie privée.)*
    Orig. — *Voir* rue des Gravilliers.

GRAVILLIERS (Rue des) . . . . . **III**e Arrondissement . . . . 9e et 12e Quartiers.
1517   **Commence** rue du Temple, 127. — **Finit** rues Saint Martin, 248, et de Turbigo, 38.

GRAVILLIERS (Rue des). *(Suite.)*
    Long^r : 375^m,00.   (I. 79. — P. 90.)
    Larg^r . 10^m,00. — Décision ministérielle du 23 primaire an VIII.
    Id.   12^m,00. — Ord. royale du 16 mai 1833.
          Décision ministérielle du 18 février 1831. *Dénomination* actuelle.
          Obs. — Précédemment rues des Gravilliers et Jean Robert.
  Orig. — Un boucher du nom de Gravelier l'habitait au commencement du xive siècle.

GREFFULHE (Rue) . . . . **VIIIe** Arrondissement . . . . 31e Quartier.
1518 **Commence** rue Castellane, 8. — **Finit** rue des Mathurins, 29. (I. 11. — P. 11.)
    Long^r : 93^m,00.
    Larg^r : 12^m,00. — Ord. royale du 2 février 1839. *Ouverture* et *Alignements.*
          Ord. royale du 2 mars 1841, autorisant la hauteur des constructions
             à 17^m,33.
          Décret du 6 décembre 1854. *Nivellement.*
          Décision ministérielle du 14 novembre 1839. *Dénomination.*
  Orig. — Ouverte en 1839, sur les terrains de M. Greffulhe.

GRÉGOIRE DE TOURS (Rue). . **VIe** Arrondissement . . . . 21e et 22e Quartiers.
1519 **Commence** rue de Buci, 7. — **Finit** rue des Quatre Vents, 20. (I. 35. — P. 46.)
    Long^r : 212^m,00.
    Larg^r : 8^m,00. — Décision ministérielle du 8 nivôse an IX. *Alignements.*
    Id. 10^m,00. — Ord. royale du 12 mai 1841. *Alignements.*
          Ord. royale du 4 novembre 1846. *Dénomination.*
          Décision ministérielle du 9 avril 1851, réunissant la rue Grégoire
             de Tours à la rue du Cœur Volant.
  Orig. — Grégoire de Tours, évêque de cette ville et historien (544-595).

GRENELLE (Boulevard de). . . . . **XVe** Arrondissement . . . . 58e et 59e Quartiers.
    Anciennement communes de Vaugirard et de Grenelle, du côté des numéros impairs.
1520 **Commence** rues Lecourbe, 2, et de Sèvres, 118. — **Finit** quais de Grenelle, 13, et d'Orsay.
    Long^r : 1,965^m,00.   (I. 219. — P. 252.)
    Larg^r : Chemins de ronde : 36 pieds.— Ord. du bureau des finances du 16 janvier 1789.
    Id.   Boulevards : 13 toises. — Ord. royale du 19 mai 1838 (U. P.), entre les rues
             des Fourneaux, Lecourbe et de Sèvres.
    Id. 42^m,00. — Arrêté préfectoral du 3 août 1866. *Alignements.*
          Décret du 23 mai 1863. *Classement* (confirmation).
          Arrêté préfectoral du 30 décembre 1864. *Dénomination* actuelle.
          Obs. — Précédemment boulevards de Sèvres, de Meudon, de Grenelle et de
             Javel, et chemins de ronde Sèvres, de l'Ecole Militaire et de Grenelle.
  Orig. — Longe l'ancien village de Grenelle.

GRENELLE (Passage de). . . . . . **VIIe** Arrondissement . . . . 28e Quartier.
1521 **Commence** passage Saint Dominique, 13. — **Finit** rue de Grenelle, 210. (I. 21. — P. 20.)
    Long^r : 160^m,00.
    Larg^r : 6^m,00 environ.   (*Voie privée.*)
  Orig. — *Voir* rue de Grenelle.

GRENELLE (Pont de). . . . . . . **XVe** Arrondissement . . . . 58e et 59e Quartiers.
                   XVIe Arrondissement. . . . . 61e et 62e Quartiers.
1522 **Situé** entre le quai de Passy et l'avenue de Versailles, et les quais de Grenelle et de Javel, au
        droit de la rue Boulainvilliers et de la place du pont de Grenelle.
    Long^r : 290^m,00.
    Larg^r : 10^m,00.
  Orig. — Traverse la Seine, en face Grenelle.

GRENELLE (Quai de). . . . . . . **XVe** Arrondissement . . . . 59e Quartier.
    Anciennement commune de Grenelle.
1523 **Commence** boulevard de Grenelle. — **Finit** place du Pont de Grenelle et Pont de Grenelle.
    Long^r : 740^m,00.   (I. 71.)
    Larg^r : 35^m,00. — Arrêté préfectoral du 22 février 1843. *Alignements.*
          Décret du 23 mai 1863. *Classement* (confirmation).
          Décision ministérielle du 13 juin 1877. Établissement du chemin
             de fer des Moulineaux.
  Orig. — Rive de la Seine à Grenelle.

GRENELLE (Rue de). . . . . . . **VIe** Arrondissement . . . . 24e Quartier.
                   VIIe Arrondissement. . . . . . 25e, 26e et 28e Quartiers.
1524 **Commence** carrefour de la Croix Rouge et rue du Dragon, 44. — **Finit** avenue de La
        Bourdonnais, 61.   (I. 199. — P. 218.)

GRENELLE. (Rue de) *(Suite.)*
       Long^r : 2,250^m,00.
    Moindre larg^r :   10^m,00.— Ord. royale du 7 mars 1827. *Alignements* entre le carrefour de la
                        Croix Rouge et l'esplanade des Invalides.
      Id.   Id.   12^m,00.— Ord. royale du 8 février 1848. *Alignements* entre l'esplanade des
                        Invalides et l'avenue de La Bourdonnais.
    Orig. — Chemin de l'ancien village de Grenelle, qui devait son nom à une garenne dépendant de l'abbaye de Sainte Geneviève.

GRENELLE (Square de). . . . . . XVe Arrondissement . . . . 60e Quartier.
 1525 **Situé** entre la place Violet et la rue de l'Église.
    Orig. — Situé dans le quartier de Grenelle.

GRENETA (Passage) . . . . IIe Arrondissement . . . . 8e Quartier.
 1526 **Commence** rue Saint Denis, 163. — **Finit** rue Greneta, 32.
       Long^r : 60^m,00.
    Moindre larg^r :   2^m,83.   *(Voie privée.)*
                    Ord. du préfet de police du 27 mai 1848. Autorisation d'*Ouverture*.
                    Arrêté préfectoral du 10 novembre 1873. *Dénomination* actuelle.
                      Obs. — Précédemment passage du Renard.
    Orig. — *Voir* rue Greneta.

GRENETA (Rue) . . . . IIe Arrondissement . . . . 8e Quartier.
                  IIIe Arrondissement . . . . 9e Quartier.
 1527 **Commence** rue Saint Martin, 241. — **Finit** rue Montorgueil, 80.   (I. 75. — P. 6.)
       Long^r : 430^m,00.
       Larg^r : 12^m,00. — Décret du 23 août 1858 (U. P.). *Alignements* entre la rue Saint
                      Martin et la rue Saint Denis.
       Id.   10^m,00. — Ord. royale du 21 juin 1826. *Alignements* entre la rue Saint Denis
                      et la rue Montorgueil.
                    Arrêté préfectoral du 2 avril 1868. *Dénomination* actuelle.
                      Obs. — Précédemment rues Greneta, du Renard et Beaurepaire.
    Orig. — Corruption de rue Darnetal, nom qu'elle portait au XIIIe siècle.

GRENIER SAINT LAZARE (Rue du). IIIe Arrondissement . . . . 12e Quartier.
 1528 **Commence** rue Beaubourg, 57. — **Finit** rue Saint Martin, 202.   (I. 35. — P. 30.)
       Long^r : 136^m,00.
       Larg^r : 8^m,00. — Décision ministérielle du 23 frimaire an VIII. *Alignements*.
       Id.   12^m,00. — Ord. royale du 16 mai 1833. *Alignements*.
    Orig. — La famille Garnier l'habitait à la fin du XIIe siècle.

GRENIER SUR L'EAU (Rue). . . IVe Arrondissement . . . . 14e Quartier.
 1529 **Commence** rue Geoffroy l'Asnier, 23. — **Finit** rue des Barres, 14.   (I. 11. — P. 8.)
       Long^r : 100^m,00.
       Larg^r : 6^m,00. — Décision ministérielle du 13 thermidor an VI.
       Id.   10^m,00. — Ord. royale du 4 mars 1836. *Alignements*.
    Orig. — Habitée au XIIIe siècle par un nommé Garnier; voisinage de la rivière.

GRÈS (Place des) ** . . . . XXe Arrondissement . . . . 80e Quartier.
                  Anciennement commune de Charonne.
 1530 **Située** à l'intersection des rues Saint Blaise, 31, et Vitruve, 42.   (I. 1.)
                  Ord. royale du 27 août 1844. *Alignements*.
    Orig. — Ancien dépôt de pavés.

GRÉTRY (Rue). . . . . IIe Arrondissement . . . . 6e Quartier.
 1531 **Commence** rue Favart, 1. — **Finit** rue de Grammont, 20.   (I. 5. — P. 6.)
       Long^r : 58^m,00.
       Larg^r : 8^m,77. — Ord. royale du 27 octobre 1847. *Alignements*.
    Orig. — André-Ernest-Modeste Grétry, compositeur liégeois (1741-1813); voisinage du théâtre de l'Opéra Comique.

GREUZE (Cité). . . . . XVIe Arrondissement . . . . 63e Quartier.
 1532 **Située** rue Greuze, 20.
       Long^r : 100^m,00.
    Moindre larg^r : 3^m,00 environ.   *(Voie privée.)*

GREUZE (Rue) ** . . . . XVIe Arrondissement . . . . 63e Quartier.
                  Anciennement commune de Passy.
 1533 **Commence** avenue du Trocadéro. — **Finit** rue Herran.   (I. 35. — P. 38.)
       Long^r : 381^m,00.
    Moindre larg^r : 10^m,00. — Arrêté préfectoral du 16 février 1836. *Alignements* entre l'avenue
                    du Trocadéro et la rue Decamps.

GREUZE (Rue). (*Suite.*) **

    Larg^r : 12^m,00. — *Alignements* projetés déjà suivis d'exécution pour cette partie. (Largeur actuelle 10^m,00, moindre.

        Décret du 23 mai 1863. *Classement* confirmé pour la même partie.

        Voie privée entre la rue Decamps et la rue Herran.

        Arrêté préfectoral du 12 janvier 1877. *Nivellement.*

        Décret du 24 août 1864. *Dénomination* actuelle.

            Obs. — Précédemment rue Blanche.

   Orig. — Jean-Baptiste Greuze, peintre (1725-1805) ; quartier où ont été groupés des noms d'artistes.

GRIBEAUVAL (Rue de). . . . . . **VIIe Arrondissement.** . . . . 25e Quartier.

1534 **Commence** place Saint Thomas d'Aquin, 5. — **Finit** rue du Bac, 43.   (l. 7.)

    Long^r : 50^m,00.

    Larg^r : 10^m,00. — Décision ministérielle du 13 thermidor an XII. *Alignements.*

    Id.   10^m,00. — Ord. royale du 29 avril 1839. *Alignements.*

        Ord. royale du 28 mai 1847. *Dénomination* actuelle.

            Obs. — Précédemment rue Saint Vincent de Paul.

   Orig. — Jean-Baptiste Vaquette de Gribeauval, lieutenant-général d'artillerie (1715-1789) ; voisinage de l'ancien Musée d'Artillerie.

GRIL (Rue du) * . . . . **Ve Arrondissement.** . . . . 18e Quartier.

1535 **Commence** rue Censier, 10. — **Finit** rue Daubenton, 3.   (l. 1. — P. 8.)

    Long^r : 52^m,00.

    Larg^r : 7^m,00. — Décision ministérielle du 28 pluviôse an IX. *Alignements.*

    Id.   10^m,00. — Ord. royale du 12 août 1816. *Alignements.*

        Décret du 14 octobre 1854. *Nivellement.*

   Orig. — Dénomination provenant d'une enseigne.

GRISET (Cité) . . . . **XIe Arrondissement** . . . . 41e Quartier.

1536 **Située** rue Oberkampf, 125.   (l. 5. — P. 14.)

    Long^r : 120^m,00.

    Larg^r : 5^m,00 environ.   (*Voie privée.*)

   Orig. — Nom de propriétaire.

GRISONS (Passage des) ** . . . . **XIVe Arrondissement** . . . . 56e Quartier.

           Anciennement commune de Vanves.

1537 **Commence** rue de Vanves, 185. — **Finit** passage des Suisses.   (l. 19.)

    Long^r : 125^m,00.

    Larg^r : 3^m,00 environ.   (*Voie privée.*)

        Arrêté préfectoral du 1er février 1877. *Dénomination* actuelle.

            Obs. — Précédemment sentier Saint Charles.

   Orig. — Canton de la Suisse ; voisinage du passage des Suisses.

GROS (Impasse) ** . . . . **XXe Arrondissement** . . . . 80e Quartier.

           Anciennement commune de Charonne.

1538 **Située** impasse des Haies, 3.   (l. 3.)

    Long^r : 26^m,00.

    Moindre larg^r : 4^m,00.   (*Voie privée.*)

   Orig. — Nom du propriétaire.

GROS (Rue). . . . . **XVIe Arrondissement** . . . . 61e Quartier

      Anciennement partie de la rue La Fontaine, route départementale n° 29, commune d'Auteuil.

1539 **Commence** avenue de Versailles, 2, et r. de Boulainvilliers, 1. — **Finit** r. La Fontaine, 17

    Long^r : 310^m,00.   (l. 43. — P. 20.)

    Larg^r : 12^m,00. — Ord. royale du 12 mai 1830. *Alignements.*

        Décret du 23 mai 1863. *Classement* (confirmation).

        Arrêté préfectoral du 5 novembre 1868. *Nivellement.*

        Décret du 2 octobre 1865. *Dénomination* actuelle.

            Obs. — Précédemment rue de la Fontaine (partie).

   Orig. — Le baron Antoine-Jean Gros, peintre (1771-1835) ; quartier où ont été groupés des noms d'artistes.

GROSSE BOUTEILLE (Impasse de la). ** **XVIIIe Arrondissement** . . . . . 69e Quartier.

           Anciennement commune de Montmartre.

1540 **Située** rue du Poteau, 67.   (P. 16.)

    Long^r : 116^m,00.

    Larg^r : 2^m,30 environ.   (*Voie privée.*)

   Orig. — Dénomination tirée d'une enseigne.

GROSSE TÊTE (Impasse de la). . . **II**e ARRONDISSEMENT . . . . 8e QUARTIER.
1541   **Située** rue Saint Spire, 4.
    Long^r : 76^m,00.
    Larg^r : 6^m,00. — DÉCISION MINISTÉRIELLE DU 1er DÉCEMBRE 1808.
    Id.   8^m,00. — ORD. ROYALE DU 21 JUIN 1826. *Alignements.*
    ORIG. — Dénomination provenant d'une enseigne.

GROTTE (Rue de la) * . . . . . . **XV**e ARRONDISSEMENT . . . . 57e QUARTIER.
    Anciennement commune de Vaugirard.
1542   **Commence** rue de Vaugirard, 399. — **Finit** rue Olivier de Serres et boul. Lefèvre. (P. 12.)
    Long^r : 307^m,00.
  Moindre larg^r : 6^m,50.   (*Voie privée.*)
    ARRÊTÉ PRÉFECTORAL DU 1er FÉVRIER 1877. *Dénomination* actuelle.
    OBS. — Précédemment rue Fondary.
    ORIG. — Ainsi nommée en raison d'une grotte artificielle, restes d'une ancienne carrière.

GUADELOUPE (Rue de la) . . . **XVIII**e ARRONDISSEMENT . . . . 72e QUARTIER.
1543   **Commence** rue Pajol, 69. — **Finit** rue l'Olive, 8.
    Long^r : 131^m,00.
    Larg^r : 10^m,00. — *Alignements* projetés. (Largeur actuelle).
    OBS. — Rue ouverte par la Ville de Paris sur les terrains de l'ancien marché
    aux Vachus.
    ARRÊTÉ PRÉFECTORAL DU 1er FÉVRIER 1877. *Dénomination.*
    ORIG. — Colonie française des Petites-Antilles ; quartier où ont été groupés les noms de nos colonies américaines.

GUDIN (Rue) . . . . **XVI**e ARRONDISSEMENT . . . . 61e QUARTIER.
    Anciennement commune d'Auteuil.
1544   **Commence** boulevard Murat, 127. — **Finit** avenue de Versailles, 215.   (l. 13. — P. 22.)
    Long^r : 150^m,00.
    Larg^r : 10^m,00. — *Alignements* projetés. (Largeur actuelle.)
    DÉCRET DU 23 MAI 1863. *Classement* (confirmation).
    ARRÊTÉ PRÉFECTORAL DU 20 OCTOBRE 1869. *Nivellement.*
    DÉCRET DU 27 FÉVRIER 1867. *Dénomination* actuelle.
    OBS. — Précédemment rue de la Demi-Lune et route départementale n° 1
    (partie).
    ORIG. — Le comte César-Charles-Étienne Gudin, général de division (1768-1812) ; voisinage de la route Militaire.

GUÉ (Impasse du). . . . . **XVIII**e ARRONDISSEMENT . . . . 71e QUARTIER.
    Anciennement commune de La Chapelle.
1545   **Commence** rue de la Chapelle, 153. — **Finit** chemin de fer du Nord.
    Long^r : 40^m,00.
    Larg^r : 8^m,12. — ORD. ROYALE DU 11 SEPTEMBRE 1842. *Alignements.*
    DÉCRET DU 23 MAI 1863. *Classement* (confirmation).
    ARRÊTÉ PRÉFECTORAL DU 25 AVRIL 1866. *Nivellement.*
    OBS. — Précédemment rue du Gué.
    ORIG. — Ancienne voie conduisant à un gué.

GUELMA (Impasse de) . . . . . **XVIII**e ARRONDISSEMENT . . . . 69e QUARTIER.
    Anciennement commune de Montmartre.
1546   **Située** boulevard de Clichy, 28.   (l. 11. — P. 15.)
    Long^r : 86^m,00.
  Moindre larg^r : 5^m,75.   (*Voie privée.*)
    ARRÊTÉ PRÉFECTORAL DU 1er FÉVRIER 1877. *Dénomination* actuelle.
    OBS. — Précédemment impasse Constantine.
    ORIG. — Ville d'Algérie (province de Constantine).

GUÉMÉNÉE (Impasse). . . . . . **IV**e ARRONDISSEMENT . . . . 15e QUARTIER.
1547   **Située** rue Saint Antoine, 185.   (l. 7. — P. 10.)
    Long^r : 78^m,00.
  Moindre larg^r : 8^m,60. — DÉLIBÉRATION DU CONSEIL MUNICIPAL DU 6 JANVIER 1832. Maintien de
    l'état actuel.
    ORIG. — Doit son nom à l'hôtel Guéménée, auquel elle servait de dégagement.

GUÉNÉGAUD (Rue). . . . . . . **VIᵉ** Arrondissement . . . . 21ᵉ Quartier.
1548 **Commence** quai de Conti, 11. — **Finit** rue Mazarine, 15.   (I. 35. — P. 18).
Longʳ : 190ᵐ,00.
Largʳ : 10ᵐ,00. — Décision ministérielle du 23 frimaire an ix. *Alignements.*
Orig. — Henri de Guénégaud, ministre et secrétaire d'État, fit ouvrir cette rue derrière son hôtel, en 1641.

GUÉNOT (Cité). . . . . **XIᵉ** Arrondissement . . . . 44ᵉ Quartier.
1549 **Commence** boulevard Voltaire, 245. — **Finit** passage Guénot, 10.   (I. 17. — P. 24.)
Longʳ : 164ᵐ,00.
Largʳ : 11ᵐ,00.   *(Voie privée.)*
Orig. — Nom du propriétaire.

GUÉNOT (Passage). . . . . **XIᵉ** Arrondissement . . . . 44ᵉ Quartier.
1550 **Commence** boulevard Voltaire, 221. — **Finit** cité Guénot, 15.   (I. 9. — P, 10.)
Longʳ : 96ᵐ,00.
Largʳ : 6ᵐ,00.   *(Voie privée.)*
Orig. — *Voir* cité Guénot.

GUÉPINE (Impasse) . . . . **IVᵉ** Arrondissement . . . . 14ᵉ Quartier.
1551 **Située** rue de Jouy, 21.   (I. 7. — P. 6.)
Longʳ : 35ᵐ,00.
Largʳ : 7ᵐ,00. — Décision ministérielle du 30 juin 1836. *Alignements.*
Orig. — Ancien nom (xiiiᵉ siècle).

GUÉRIN-BOISSEAU (Rue). . . . **IIᵉ** Arrondissement . . . . 8ᵉ Quartier.
1552 **Commence** rue de Palestro, 33. — **Finit** rue Saint Denis, 186.   (P. 18.)
Longʳ : 58ᵐ,00.
Largʳ : 4ᵐ,00 environ.   *(Voie privée.)*
Obs. — Cette rue devait être supprimée en vertu du décret du 29 septembre 1854 (U. P.), relatif au boulevard de Sébastopol et à ses abords.
Orig. — Nom d'un des habitants de la rue au xiiiᵐᵉ siècle.

GUICHARD (Rue) **. . . . . . . **XVIᵉ** Arrondissement . . . . 62ᵉ Quartier.
Anciennement commune de Passy.
1553 **Commence** rue de Passy, 70. — **Finit** place Possoz, 1.   (I. 9. — P. 14.)
Longʳ : 100ᵐ,00.
Largʳ : 10ᵐ,00. — *Alignements* projetés. (Largeur actuelle).
Décret du 23 mai 1863. *Classement.*
Arrêté préfectoral du 26 novembre 1869. *Nivellement.*
Orig. — Percée, ainsi que toutes les rues environnantes, sur une propriété appartenant à M. Guichard.

GUIGNIER (Passage du) ** . . . . **XXᵉ** Arrondissement . . . . 77ᵉ Quartier.
Anciennement commune de Belleville.
1554 **Commence** rue du Guignier, 1. — **Finit** rue des Pyrénées, 302.   (P. 8.)
Longʳ : 51ᵐ,00.
Largʳ : 7ᵐ,00. — Ord. royale du 21 juillet 1843. *Alignements.*
Décret du 23 mai 1863. *Classement* (confirmation).
Arrêté préfectoral du 1ᵉʳ février 1877. *Dénomination* actuelle.
Obs. — Précédemment rue du Guignier.
Orig. — *Voir* rue du Guignier.

GUIGNIER (Rue du) ** . . . . . . **XXᵉ** Arrondissement . . . . 77ᵉ Quartier.
Anciennement commune de Belleville.
1555 **Commence** rue des Pyrénées, 300. — **Finit** rue des Rigoles, 96.   (I. 7. — P. 12.)
Longʳ : 84ᵐ,00.
Largʳ : 7ᵐ,00. — Ord. royale du 21 juillet 1843. *Alignements* entre la rue des Rigoles et le passage du Guignier.
Décret du 23 mai 1863. *Classement* confirmé pour cette partie.
Id.   7ᵐ,00 — Décret du 31 octobre 1868. *Alignements* entre le passage du Guignier et la rue des Pyrénées.
Arrêté préfectoral du 17 juillet 1860. *Nivellement.*
Arrêté préfectoral du 1ᵉʳ février 1877. *Dénomination* de la dernière partie.
Orig. — Ancienne plantation de cerisiers.

GUILHEM (Passage) . . . . **XI**ᵉ Arrondissement . . . . 42ᵉ Quartier.

1556   **Commence** rue Guilhem, 18.— **Finit** rue Saint-Maur, 51.   (l. 3.)

Longʳ : 37ᵐ,00.

Largʳ : 7ᵐ,00 environ.   (*Voie privée.*)

Orig. — *Voir* rue Guilhem.

GUILHEM (Rue) . . . . **XI**ᵉ Arrondissement . . . . 42ᵉ Quartier.

1557   **Commence** rue du Chemin-Vert, 97. — **Finit** rue Saint-Ambroise, 26.   (l. 9. — P. 34.)

Longʳ : 232ᵐ,00.

Largʳ : 12ᵐ,00. — Rue ouverte par la Ville de Paris sur les terrains provenant de l'ancien abattoir de Ménilmontant.

Obs. — *Voir* la vente par la Ville de Paris à MM. Villain et consorts, approuvée par la délibération du Conseil municipal du 27 août 1869.

Arrêté préfectoral du 12 mars 1870. *Nivellement.*

Décret du 10 février 1875. *Dénomination.*

Orig. — Pierre-Victor Guilhem, général de brigade, tué à la bataille de Chevilly (1815-1870); quartier où ont été groupés des noms de généraux tués pendant le siège de Paris.

GUILLAUME TELL (Rue). . . . **XVII**ᵉ Arrondissement . . . . 65ᵉ et 66ᵉ Quartiers.

Anciennement commune de Neuilly.

1558   **Commence** rue Laugier. — **Finit** avenue de Villiers, 113.   (l. 33. — P. 38.)

Longʳ : 245ᵐ,00.

Largʳ : 10ᵐ,00. — Délibération du conseil municipal du 6 février 1854. *Alignements* projetés entre la rue Laugier et la rue d'Héliopolis.

Décret du 23 mai 1863. *Classement* confirmé pour cette première partie.

Id.   10ᵐ,00. — Décret du 30 novembre 1862 (U. P.). *Prolongement* entre la rue d'Héliopolis à l'avenue de Villiers.

Arrêté préfectoral du 16 février 1863. *Nivellement* entre l'avenue de Villiers et la rue Laugier.

Arrêté préfectoral du 10 novembre 1873. *Dénomination* actuelle.

Obs. — Précédemment rue de Louvain.

Orig. — Guillaume Tell, héros légendaire de la Suisse (1300 environ).

GUILLAUMOT (Cité) . . . . . . **XII**ᵉ Arrondissement . . . . 48ᵉ Quartier.

1559   **Commence** avenue Daumesnil, 42. — **Finit** impasse Jean-Bouton.

Longʳ : 88ᵐ,00.

Largʳ : 5ᵐ,00 environ.   (*Voie privée.*)

Orig. — Nom du propriétaire.

GUILLAUMOT-LAINET (Passage). . **XII**ᵉ Arrondissement . . . . 48ᵉ Quartier.

1560   **Commence** rue de Charenton, 135. — **Finit** rue Crozatier, 13.   (l. 17. — P. 14.)

Longʳ : 104ᵐ,00.

Largʳ : 5ᵐ,00.   (*Voie privée.*)

Orig. — Nom du propriétaire.

GUILLEMINOT (Rue) . . . . . **XIV**ᵉ Arrondissement . . . . 56ᵉ Quartier.

Anciennement commune de Vaugirard.

1561   **Commence** rues de l'Ouest, 54, et du Château, 98. — **Finit** rue des Croisades, 1.

Longʳ : 165ᵐ,00.   (l. 29. — P. 40.)

Largʳ : 10ᵐ,00. — *Alignements* projetés. (Largeur actuelle).

Décret du 23 mai 1863. *Classement.*

Orig. — Nom de propriétaire.

GUILLEMITES (Rue des). . . . . . **IV**ᵉ Arrondissement . . . . 14ᵉ Quartier.

1562   **Commence** rue Sainte-Croix de la Bretonnerie, 10. — **Finit** rue des Francs-Bourgeois, 33.

Longʳ : 130ᵐ,00.   (l. 11. — P. 18.)

Largʳ : 6ᵐ,00. — Décision ministérielle du 4 floréal an VII. *Alignements* entre la rue Sainte-Croix de la Bretonnerie et la rue des Blancs-Manteaux.

Id.   10ᵐ,00. — Décision ministérielle du 28 pluviôse an X. *Alignements* entre la rue des Blancs-Manteaux et la rue des Francs-Bourgeois.

Id.   10ᵐ,00. — Ord. royale du 12 juillet 1837. *Alignements.*

Arrêté préfectoral du 2 avril 1868. *Dénomination* actuelle.

Obs. — Précédemment rue des Singes et des Guillemites.

Orig. — Ouverte sur les jardins des religieux Guillemites, dits Blancs-Manteaux.

GUILLOU (Rue) . . . . **XVIᵉ** Arrondissement . . . . 62ᵉ Quartier.
Anciennement commune de Passy.
1563 **Commence** r. du Ranelagh, 2, et quai de Passy, 34. — **Finit** r. Raynouard, 65, et Berton, 31.
Longʳ : 230ᵐ,00. (1. 23.)
Largʳ : 8ᵐ,30. — Arrêté préfectoral du 16 février 1856. *Alignements.*
Arrêté préfectoral du 23 janvier 1869. *Nivellement.*
Décret du 23 mai 1863. *Classement* (confirmation).
Orig. — Nom de propriétaire.

GUISARDE (Rue) . . . . **VIᵉ** Arrondissement . . . . 22ᵉ Quartier.
1564 **Commence** rue Mabillon, 12. — **Finit** rue des Canettes, 19. (1. 25. — P. 20.)
Longʳ : 103ᵐ,00.
Largʳ : 6ᵐ,00. — Décision ministérielle du 14 thermidor an VIII.
Id. 10ᵐ,00. — Ord. royale du 26 novembre 1830. *Alignements.*
Orig. — Ouverte en 1630, sur l'emplacement de l'hôtel de Roussillon (étymologie inconnue).

GUSTAVE LEPEU (Passage) . . . **XIᵉ** Arrondissement . . . . 43ᵉ Quartier.
1565 **Commence** rue des Boulets, 90. — **Finit** rue Emile Lepeu, 40. (1. 25. — P. 28.)
Longʳ : 147ᵐ,00.
Largʳ : 7ᵐ,00. (*Voie privée.*)
Orig. — Ouverte sur la propriété de M. Gustave Lepeu.

GUTENBERG (Rue) . . . . **Iᵉʳ** Arrondissement . . . . 2ᵉ Quartier.
1566 **Commence** rue Jean-Jacques Rousseau. — **Finit** rue du Louvre.
Longʳ : 87ᵐ,00.
Largʳ : 14ᵐ,00. — Décret du 9 mars 1880 (U. P.). *Ouverture, Alignements* et *Nivellement.*
Arrêté préfectoral du 20 janvier 1881. *Dénomination.*
Orig. — Jean Gensfleish, dit Gutenberg, inventeur de l'imprimerie (1400-1468).

GUTTIN (Rue) . . . . **XVIIᵉ** Arrondissement . . . . 68ᵉ Quartier.
Anciennement commune des Batignolles.
1567 **Commence** rue Fragonard. — **Finit** boulevard Bessières, 113. (P. 12 à 14.)
Longʳ : 120ᵐ,00.
Largʳ : 6ᵐ,00. — *Alignements* projetés. (Largeur actuelle.)
Décret du 23 mai 1863. *Classement.*
Orig. — Nom du propriétaire.

GUY DE LA BROSSE (Rue) . . **Vᵉ** Arrondissement . . . . 17ᵉ Quartier.
1568 **Commence** rue Jussieu, 13. — **Finit** rue Linné, 16. (1. 17. — P. 18.)
Longʳ : 103ᵐ,00.
Largʳ : 13ᵐ,00. — Ord. royale du 22 juin 1837. *Alignements.*
Décision du 29 avril 1839. *Dénomination.*
Orig. — Guy de Labrosse, médecin de Louis XIII, fondateur du Jardin des Plantes (mort en 1641); voisinage de ce jardin.

GUYOT (Rue) . . . . **XVIIᵉ** Arrondissement . . . . 66ᵉ Quartier.
Anciennement commune des Batignolles.
1569 **Commence** rue de Courcelles, 108. — **Finit** rue de Prony, 41. (1. 33. — P. 36.)
Longʳ : 280ᵐ.00.
Largʳ : 12ᵐ,00. — Arrêté préfectoral du 27 juillet 1869. *Classement* et *Alignements.*
Arrêté préfectoral du 25 août 1870. *Nivellement.*
Orig. — Nom du propriétaire.

GUY PATIN (Rue) . . . . **Xᵉ** Arrondissement . . . . 37ᵉ Quartier.
1570 **Commence** boul. de Magenta, 2, et r. Ambroise Paré, 154. — **Finit** boul. de La Chapelle.
Longʳ : 160ᵐ,00. (1. 7.)
Largʳ : 16ᵐ,00. — Décret du 19 novembre 1855 (U. P.). *Rectification* du tracé et
Alignements.
Décret du 2 mars 1864. *Dénomination* actuelle.
Obs. — Précédemment rue de Rocroi (partie).
Orig. — Guy Patin, médecin (1602-1672); voisinage de l'hôpital Lariboisière.

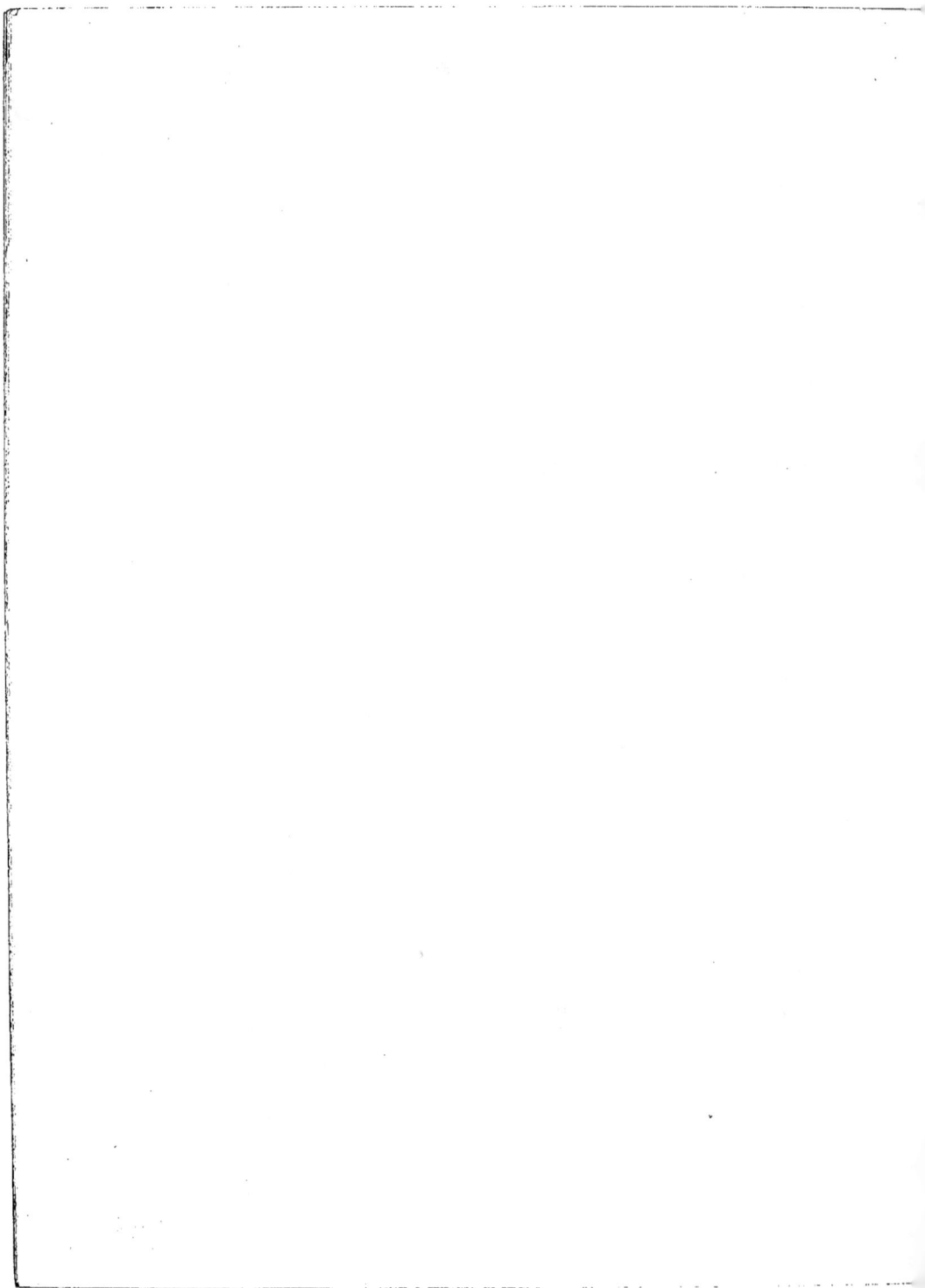

HAIES (Passage des) ** . . . . . . **XX**ᵉ Arrondissement . . . . 80ᵉ Quartier.
Anciennement commune de Charonne.

1571 **Commence** rue des Haies, 107. — **Finit** rue des Orteaux, 42.   (l. 3. — P. 14.)
    Longʳ : 90ᵐ,00.
    Moindre largʳ : 1ᵐ,00.   (*Voie privée.*)
        Arrêté préfectoral du 10 novembre 1873. *Dénomination* actuelle.
Obs. — Précédemment impasse Dieu.
  Orig. — *Voir* rue des Haies.

HAIES (Passage des) **. . . . . . . **XX**ᵉ Arrondissement . . . . 80ᵉ Quartier.
Anciennement commune de Charonne.

1572 **Commence** rue des Haies, 47. — **Finit** passage des Vignoles, 20.   (l. 7. — P. 6.)
    Longʳ : 115ᵐ,00.
    Largʳ : 1ᵐ,50 environ.   (*Voie privée.*)
  Orig. — *Voir* rue des Haies.

HAIES (Rue des)* . . . . **XX**ᵉ Arrondissement . . . . 80ᵉ Quartier.
Anciennement commune de Charonne.

1573 **Commence** rue Planchat, 4. — **Finit** rue Courat.   (l. 117. — P. 110.)
    Longʳ : 700ᵐ,00.
    Largʳ : 8ᵐ,00. — Ord. royale du 27 août 1844. *Alignements.*
        Arrêté préfectoral du 15 août 1860. *Nivellement.*
        Décret du 23 mai 1863. *Classement* (confirmation).
  Orig. — Ancien sentier bordé par des buissons.

HAINAUT (Rue du) ** . . . . . **XIX**ᵉ Arrondissement . . . . 75ᵉ Quartier.
Anciennement commune de La Villette.

1574 **Commence** rue Petit, 77. — **Finit** rue d'Allemagne, 176.   (l. 23. — P. 16.)
    Longʳ : 170ᵐ,00.
    Largʳ : 12ᵐ,00. — Décret du 18 juin 1850 (U. P.). *Ouverture et Alignements.*
        Arrêté préfectoral du 10 août 1860. *Nivellement.*
        Décret du 23 mai 1863. *Classement* (confirmation).
        Arrêté préfectoral du 3 septembre 1869. *Dénomination* actuelle.
Obs. — Précédemment rue du Dépotoir.
  Orig. — Province de Belgique, théâtre de nombreuses victoires des Français pendant les guerres de la première
    République ; voisinage de la rue de Flandre.

HALÉVY (Rue) . . . . **IX**ᵉ Arrondissement . . . . 34ᵉ Quartier.
1575 **Commence** pl. de l'Opéra, 8. — **Finit** boul. Haussmann, 23, et r. de la Chaussée d'Antin, 13.
    Longʳ : 170ᵐ,00.   (l. 5. — P. 16.)
    Largʳ : 20ᵐ,00. — Décret du 11 novembre 1858 (U. P.). *Ouverture et Alignements*
        entre la place de l'Opéra et les rues Gluck et Meyerbeer.
    id.   20ᵐ,00.   Décret du 16 juillet 1862 (U. P.). *Ouverture et Alignements* entre
        les rues Gluck et Meyerbeer, et le boulevard Haussmann et la rue
        de la Chaussée d'Antin.
        Décret du 2 mars 1864. *Dénomination.*
  Orig. — Jacques-François-Fromental-Élie Halévy, compositeur (1799-1862); voisinage du Nouvel Opéra.

HALLÉ (Rue) ** . . . . **XIV**ᵉ Arrondissement . . . . 55ᵉ Quartier
Anciennement commune de Montrouge.

1576 **Commence** rue de la Tombe Issoire, 40. — **Finit** rue du Commandeur, 12. (l. 60. — P. 96.)
    Longʳ : 403ᵐ,00.
        Décret du 23 mai 1863. *Classement* entre la rue de la Tombe Issoire
        et la rue Bezout.

HALLÉ (Rue). (*Suite.*) **
        Larg^r : 10^m,00. — *Alignements* projetés pour cette première partie. (Largeur actuelle.)
           Obs. — Voie privée entre la rue Bezout et la rue du Commandeur.
        Arrêté préfectoral du 31 août 1868. *Nivellement.*
        Décret du 2 octobre 1865. *Dénomination* actuelle.
           Obs. — Précédemment avenue du Capitaine (partie), rue Neuve Saint Jacques
              et avenue de la Santé.
    Orig. — Jean-Noël Hallé, médecin (1754-1822); voisinage de l'asile Sainte-Anne.

HALLÉ (Villa) ** . . . . **XIV**^{e} Arrondissement . . . . 55e Quartier.
        Anciennement commune de Montrouge.
1577   **Commence** avenue d'Orléans, 23. — **Finit** rue Hallé, 58.
        Long^r : 107^m,00.
    Moindre larg^r :   1^m,50.   (*Voie privée.*)
        Arrêté préfectoral du 1er février 1877. *Dénomination* actuelle.
           Obs. — Précédemment villa de Sébastopol.
    Orig. — *Voir* rue Hallé.

HALLES (Rue des). . . . . **I**^{er} Arrondissement . . . . 2e Quartier.
1578   **Commence** rues de Rivoli, 104, et Saint Denis, 7. — **Finit** r. du Pont Neuf, 26, et Berger, 27.
        Long^r : 295^m,00.   (l. 23. — P. 34.)
        Larg^r : 20^m,00. — Décret du 21 juin 1854 (U. P.). *Ouverture* et *Alignements.*
           Obs. — Les alignements ont été modifiés aux encoignures des rues de la
              Ferronnerie, de la Lingerie et des Bourdonnais.
        Arrêté préfectoral du 26 juillet 1866. *Nivellement.*
    Orig. — Aboutit aux Halles centrales.

HAMBOURG (Rue de) . . . . . . **VIII**^{e} Arrondissement. . . . . 32e Quartier.
1579   **Commence** rue d'Amsterdam, 61. — **Finit** rue de Moscou, 20.   (l. 19. — P. 20.)
        Long^r : 154^m,00.
        Larg^r : 12^m,00. — Ordonnance royale du 2 février 1826. *Ouverture* et *Alignements.*
        Arrêté préfectoral du 26 juin 1863. *Nivellement.*
    Orig. — L'une des trois villes libres de l'empire d'Allemagne ; voisinage de la place de l'Europe.

HAMEAU (Rue du) . . . . **XV**^{e} Arrondissement . . . . 57e Quartier.
        Anciennement commune de Vaugirard.
1580   **Commence** rue Desnouettes, 53, et rue de la Croix Nivert, 230. — **Finit** boulevard Victor.
        Long^r : 360^m,00.   (l. 19. — P. 18.)
        Larg^r : 6^m,00 environ.   (*Voie privée.*)
    Orig. — Doit son nom à un groupe de masures qualifié hameau.

HAMELIN (Rue) * . . . . **XVI**^{e} Arrondissement . . . . 64e Quartier.
1581   **Commence** rues Boissière et de Lubeck. — **Finit** avenue Kléber, 45.   (l. 25. — P. 24.)
        Long^r : 345^m,00.
        Larg^r : 12^m,00. — Décret du 17 septembre (U. P.). *Ouverture* et *Alignements.*
        Arrêté préfectoral du 1er février 1866. *Nivellement.*
        Décret du 2 mars 1867. *Dénomination.*
    Orig. — Ferdinand-Alphonse Hamelin, amiral (1796-1864).

HANOVRE (Rue de) . . . . **II**^{e} Arrondissement . . . . 5e Quartier.
1582   **Commence** r. de Choiseul, 19. — **Finit** r. du Quatre Septembre, 26, et Louis le Grand, 26.
        Long^r : 133^m,00.   (l. 13. — P. 16.)
        Larg^r : 24 pieds. — Décision ministérielle du 29 janvier 1822.
        Id.   7^m,80. — Ord. royale du 27 octobre 1847. *Alignements.*
        Arrêté préfectoral des 2 juin et 1er septembre 1868. *Nivellement.*
    Orig. — Doit son nom à un pavillon dépendant de l'hôtel de Richelieu, surnommé pavillon de Hanovre, parce qu'il
        avait été construit par le maréchal de Richelieu, grâce aux bénéfices que lui valut la campagne du Hanovre.

HARLAY (Rue de) . . . . **I**^{er} Arrondissement . . . . 1er Quartier.
1583   **Commence** quai de l'Horloge, 19. — **Finit** quai des Orfèvres, 42.   (P. 20.)
        Long^r : 120^m,00.
        Larg^r : 8^m,75. — Lettres patentes du 28 mai 1607.
        Id.   8^m,75. — Décision ministérielle du 26 juin 1809.
        Ord. royale du 26 mai 1840. *Alignements* et *Suppression* partielle pour
        la formation d'une place aux abords du Palais de Justice.

HARLAY (Rue de). (Suite.)
    Larg^r :   8^m,75. — Arrêté du pouvoir exécutif du 26 mars 1848. *Alignements.*
    Larg^r : 40^m,00. — Décrets des 2 mars et 26 juillet 1851 (U. P.). *Suppression des maisons du côté des numéros impairs pour l'établissement du Palais-de-Justice, et d'une partie des maisons du côté des numéros pairs, pour l'agrandissement de la place Dauphine.*
    Arrêté préfectoral du 8 décembre 1874. *Nivellement.*

Orig. — Ouverte sur l'emplacement de deux anciens îlots supprimés par suite de la construction du Pont Neuf et donnés par le roi à Achille de Harlay, premier président au Parlement de Paris (1536-1619).

HARMONIE (Rue de l') °°. . . . . **XVe** Arrondissement . . . . 57e Quartier.
    Anciennement commune de Vaugirard.
1584   **Commence** rue Labrouste, 81. — **Finit** rue des Fourneaux, 228.   (P. 4.)
    Long^r : 57^m,00.
    Larg^r : 10^m,00 environ.   *(Voie privée.)*
    Arrêté préfectoral du 1er février 1877. *Dénomination* actuelle.
    Obs. — Précédemment rue Sainte Cécile.
Orig. — Nom substitué à celui de sainte Cécile, patronne des musiciens.

HARPE (Rue de la) . . . . **V^e** Arrondissement. . . . . 20e Quartier.
1585   **Commence** rue de la Huchette, 31. — **Finit** boulevard Saint Germain, 100. (1. 55. — P. 34).
    Long^r : 220^m,00.
    Larg^r : 12^m,00. — *Alignements* projetés.
    Décision ministérielle du 9 avril 1851. — *Réunissant la rue de la Vieille Bouclerie à la rue de la Harpe.*
Orig. — Portait déjà, au XIIIe siècle, ce nom qui lui venait d'une enseigne.

HARVEY (Rue) °°. . . . . **XIIIe** Arrondissement . . . . 50e Quartier.
    Anciennement commune d'Ivry.
1586   **Commence** rue Nationale, 6. — **Finit** rue du Château des Rentiers, 206. (1. 25. — P. 32.)
    Long^r : 165^m,00.
    Larg^r :   6^m,00. — Ord. royale du 30 avril 1838.
    Id.   6^m,00. — Arrêté préfectoral du 23 juin 1847. *Classement et Alignements.*
    Décret du 23 mai 1863. *Classement* (confirmation).
    Arrêté préfectoral du 6 juin 1862. *Nivellement.*
    Décret du 24 août 1864. *Dénomination* actuelle.
    Obs. — Précédemment rue de l'Hôpital.
Orig. — William Harvey, physiologiste anglais (1578-1657) ; voisinage de la Salpêtrière.

HASSARD (Rue) °°. . . . . **XIXe** Arrondissement . . . . 76e Quartier.
    Anciennement commune de Belleville.
1587   **Commence** rue du Plateau, 1. — **Finit** rue Botzaris.   (P. 44.)
    Long^r : 120^m,00.
    Moindre larg^r : 3^m,65.   *(Voie privée.)*
Orig. — Nom d'un ancien propriétaire de la rue.

HAUDRIETTES (Rue des). . . . . **IIIe** Arrondissement . . . . 12e Quartier.
1588   **Commence** rue des Archives, 13. — **Finit** rue du Temple, 81.   (1. 11. — P. 11.)
    Long^r : 113^m,00.
    Larg^r : 10^m,00. — Décision ministérielle du 23 frimaire an VIII.
    Id. : 12^m,00. — Ord. royale du 21 novembre 1837. *Alignements.*
    Id. : 20^m,00. — *Alignements* projetés suivis d'un commencement d'exécution.
    Arrêté préfectoral du 24 janvier 1881. *Dénomination* actuelle.
    Obs. — Précédemment rue des Vieilles Haudriettes.
Orig. — Société de femmes veuves, dites Haudriettes, parce que leur maison avait été fondée par Etienne Haudri, grand panetier de Philippe le Bel; elles y avaient diverses propriétés.

29

HAUSSMANN (Boulevard) . . . . **VIII**ᵉ Arrondissement . . . . . 30ᵉ, 31ᵉ et 32ᵉ Quartiers.
IXᵉ Arrondissement . . . . 31ᵉ Quartier.

1589 **Commence** rue Taitbout, 13. — **Commencera** rue Drouot et boul. des Italiens. — **Finit** rues Washington, 52, et du Faubourg Saint Honoré, 208.

Long : 2,240ᵐ,00. (I. 11 à 79. — P. 28 à 92.)

Larg : 30ᵐ,00. — Décret du 22 février 1868 (U. P.). *Ouverture* et *Alignements* entre les rues Taitbout et du Helder, et les rues de la Chaussée d'Antin et La Fayette.

Id. 30ᵐ,00. — Décret du 27 décembre 1865 (U. P.). *Ouverture* et *Alignements* entre la rue de la Chaussée d'Antin et les rues Tronchet et du Havre.

Id. 30ᵐ,00. — Décret du 16 juillet 1862 (U. P.). *Ouverture* et *Alignements* entre les rues Tronchet et du Havre, et les rues de Miromesnil et De Laborde.

Id 33ᵐ,00. — Décret du 17 octobre 1857 (U. P.). *Ouverture* et *Alignements* entre les rues de Miromesnil et Delaborde, et les rues Washington et du Faubourg Saint Honoré.

Arrêté préfectoral du 21 décembre 1868. *Nivellement* entre la rue Taitbout et la rue de la Chaussée d'Antin.

Arrêté préfectoral du 8 juin 1867. *Nivellement* entre la rue de la Chaussée d'Antin et la rue Caumartin.

Arrêté préfectoral du 8 décembre 1865. *Nivellement* entre la rue Caumartin et les rues Tronchet et du Havre.

Arrêté préfectoral du 4 octobre 1864. *Nivellement* entre les rues Tronchet et du Havre, et la rue de l'Arcade.

Arrêté préfectoral du 24 février 1864. *Nivellement* entre la rue de l'Arcade et le boulevard Malesherbes.

Arrêté préfectoral du 30 mars 1863. *Nivellement* entre le boulevard Malesherbes et la rue d'Argenson.

Arrêté préfectoral du 30 juin 1862. *Nivellement* entre les rues de Miromesnil et de Téhéran.

Arrêté préfectoral du 16 mai 1860. *Nivellement* entre les rues de Téhéran et la rue de Courcelles.

Arrêté préfectoral du 21 mars 1863. *Nivellement* entre la rue de Courcelles et la rue du Faubourg Saint Honoré.

Décret du 2 mars 1864. *Dénomination*.

Orig. — Le baron Georges-Eugène Haussmann, préfet de la Seine du 23 juin 1852 au 5 janvier 1870.

HAUTEFEUILLE (Impasse) . . . . **VI**ᵉ Arrondissement . . . . 21ᵉ Quartier.

1590 **Située** rue Hautefeuille, 5.

Long : 27ᵐ,00.

Larg : 6ᵐ,00. — Décision ministérielle du 23 prairial an VII.

Id. 10ᵐ,00. — Ord. royale du 22 août 1840. *Alignements*.

Décret du 11 août 1855. *Suppression* partielle pour l'ouverture du boulevard Saint Germain.

Arrêté préfectoral du 1er février 1877. *Dénomination* actuelle.

Obs. — Précédemment rue Percée.

Orig. — *Voir* rue Hautefeuille.

HAUTEFEUILLE (Rue) . . . . . . **VI**ᵉ Arrondissement . . . . 21ᵉ Quartier.

1591 **Commence** r. Saint Séverin, 23, et pl. Saint André des Arts, 9. — **Finit** r. de l'Ecole de Médecine, 8.

Long : 250ᵐ,00. (I. 24. — P. 18.)

Moindre larg : 10ᵐ,00. — Ord. royale du 11 août 1844. *Alignements*.

Décret du 27 novembre 1876 (U. P.). *Mise à l'alignement* des numéros pairs, entre le boulevard Saint Germain et la rue de l'Ecole de Médecine.

Arrêté préfectoral du 27 novembre 1876. *Nivellement*.

Orig. — Doit probablement son nom aux arbres hauts et touffus qui la bordaient.

HAUTES FORMES (Impasse des) **. **XIII**ᵉ Arrondissement . . . . 50ᵉ Quartier.
Anciennement commune d'Ivry.

1592 **Située** rue Baudricourt, 21. (I. 25. — P. 16.)

Long : 140ᵐ,00.

Larg : 3ᵐ,75 environ. (*Voie privée.*)

Orig. — Lieu dit.

HAUTEVILLE (Rue d'). . . . . . **X**ᵉ Arrondissement . . . . 37ᵉ et 38ᵉ Quartiers.

1593 **Commence** boul. de Bonne Nouvelle, 30. — **Finit** place La Fayette, 112. (I. 91. — P. 100.)

Long : 773ᵐ,00.

Larg : 9ᵐ,74. — Ord. royale du 27 septembre 1826. *Alignements* entre le boulevard de Bonne Nouvelle et la rue de Paradis.

HAUTEVILLE (Rue d'). (*Suite*.)

Larg^r : 10^m,00. — Ord. royale du 27 septembre 1826. *Alignements* entre la rue de Paradis et la rue des Messageries.

Obs. — Les riverains doivent céder gratuitement le terrain nécessaire à l'exécution des alignements dans cette partie de la rue.

12^m,00. — Ord. royale du 27 septembre 1826. *Alignements* entre la rue des Messageries et la place La Fayette.

Orig. — Ouverte en 1783, a pris le nom d'un fief appartenant à Jean-Baptiste de la Michodière, comte d'Hauteville, né en 1720, prévôt des marchands de 1772 à 1777.

HAUT-PAVÉ (Rue du). . . . . . Ve Arrondissement . . . . 17e et 20 Quartiers.

1594 **Commence** quai de Montebello, 11. — **Finit** r. des grands Degrés, 10, et de la Bûcherie, 2.

Long^r : 28^m,00. (I. 3. — P. 6.)

Moindre larg^r : 10^m,50. — Décision ministérielle du 5 octobre 1818. *Alignements*.

Larg^r maxima : 20^m,00.

Orig. — Doit sa dénomination à sa pente.

HAUTPOUL (Impasse d') ✲. . . . XIXe Arrondissement . . . . 75e Quartier

Anciennement commune de La Villette.

1595 **Commence** rue Petit, 59. — **Finit** au chemin de fer de Ceinture.

Long^r : 85^m,00.

Décret du 23 mai 1863. *Classement* confirmé de la rue du Pré Saint Gervais.

Décret du 5 juin 1878. *Déclassement* de l'impasse d'Hautpoul.

Arrêté préfectoral du 1er février 1877. *Dénomination* actuelle.

Obs. — Précédemment rue du Pré Saint Gervais.

Orig. — Voir rue d'Hautpoul.

HAUTPOUL (Rue d') ✲✲. . . . . XIXe Arrondissement. . . . . 75e Quartier.

Anciennement communes de Belleville et de La Villette.

1596 **Commence** rue de Crimée, 56. — **Finit** rue d'Allemagne, 142. (I. 59) — P. 68.)

Long^r : 698^m,00.

Larg^r : 8^m,00. — Ord. royale du 28 février 1837. *Alignements* entre la rue de Crimée et la rue Compans.

Id. 12^m,00. — Ord. royale du 28 février 1837. *Alignements* du côté droit, entre la rue Compans et la rue de Mexico.

Id. 12^m,00. — Ord. royale du 22 juillet 1844. *Alignements* du surplus du côté des numéros pairs et de tout le côté des numéros impairs.

Id. 14^m,00. — Obs. — Du côté des numéros impairs entre les rues Compans et de Crimée, l'alignement a été modifié; et entre les rues Compans et de Mexico la largeur a été portée à 14 mètres.

Décret du 23 mai 1863. *Classement* (confirmation).

Arrêté préfectoral du 10 août 1874. *Nivellement*.

Décret du 2 octobre 1865. *Dénomination* actuelle.

Obs. — Précédemment rue de La Villette (partie) et rue de Belleville.

Orig. — Jean-Joseph d'Hautpoul-Salette, général de division, tué à Eylau (1754-1807); voisinage de la route Militaire.

HAUTS-MONTIBŒUFS (Sentier des) ✲✲. XXe Arrondissement. . . . . . . 78e Quartier.

Anciennement commune de Charonne.

1597 **Commence** rue Le Bua, 32. — **Finit** sentier des Bua. (I. 35. — P. 36.)

Long^r : 185^m,00.

Larg^r : 2^m,33. — Arrêté préfectoral du 3 juillet 1830. *Classement* au nombre des sentiers ruraux.

Décret du 23 mai 1863. *Classement* (confirmation).

Larg^r : 8^m,00. — *Alignements* et *Prolongement* projetés.

Larg^r : 10^m,00. — *Alignements* projetés de la partie aboutissant au sentier des Bua.

Obs. — Précédemment sentier des Bua.

Orig. — Lieu dit.

HAVRE (Passage du) . . . . IXe Arrondissement . . . . 34e Quartier.

1598 **Commence** rue Caumartin, 69. — **Finit** rue Saint Lazare, 107. (I. 71. — P. 58.)

Long^r : 115^m,00.

Larg^r : 3^m,65 environ. (*Voie privée*.)

Orig. — Voir rue du Havre.

HAVRE (Rue du) . . . . VIIIe Arrondissement . . . . 31e Quartier.

IXe Arrondissement . . . . 34e Quartier.

1599 **Commence** boulevard Haussmann, 70. — **Finit** rue Saint Lazare, 109. (I. 17. — P. 16.)

Long^r : 171^m,00.

Moindre Larg^r : 20^m,00. — Décret du 14 novembre 1868 (U. P.). *Modification* des *Alignements* entre le boulevard Haussmann et la rue de Provence.

Id. 20^m,00. — Ord. royale du 3 septembre 1843 (U. P.). *Ouverture* et *Alignements* entre la rue de Provence et la rue Saint Lazare.

Obs. — Précédemment rue de la Ferme des Mathurins (partie).

Orig. — En face de la gare de l'Ouest (R. D.), a pris le nom de la ville du Havre, que dessert ce chemin de fer.

HAXO (Impasse) . . . . **XXᵉ** Arrondissement . . . . 78ᵉ Quartier.
Anciennement commune de Charonne.

1600 **Située** rue du Surmelin, 50. (I. 39. — P. 32.)

Long^r : 270^m,00.

Larg^r : 2^m,33. — Arrêté préfectoral, du 3 juillet 1830. *Classement.*

Décret du 23 mai 1863. *Classement* (confirmation).

Larg^r : 10^m,00. — *Alignements et Prolongement* projetés jusqu'au boulevard Mortier.

Obs. — Ce sentier se prolongeait autrefois jusqu'au sentier des Montibœufs, mais il a été reoccupé en partie par les riverains.

Arrêté préfectoral du 1er février 1877. *Dénomination* actuelle.

Obs. — Précédemment chemin de la porte des Vaches.

Orig. — *Voir* rue Haxo.

HAXO (Rue). . . . . **XIXᵉ** Arrondissement . . . . 75ᵉ Quartier.
XXᵉ Arrondissement . . . . 78ᵉ Quartier.
Anciennement commune de Belleville.

1601 **Commence** rue du Surmelin, 52. — **Finit** boulevard Sérurier, 67. (I. 157. — P. 152.)

Long^r :1058^m,00.

Moindre larg^r : 12^m,00. — Décret du 18 avril 1880. *Alignements* entre la rue du Surmelin et la rue de Belleville.

Id. 12^m,00. — Décret du 16 août 1859. *Alignements* entre la rue de Belleville et le boulevard Sérurier.

Décret du 23 mai 1863. *Classement* (confirmation).

Arrêté préfectoral, du 15 juillet 1860. *Nivellement* entre les rues de Belleville et Saint Fargeau.

Arrêté préfectoral du 25 février 1861. *Nivellement* entre les rues Saint Fargeau et du Surmelin.

Décret du 2 octobre 1863. *Dénomination* actuelle.

Obs. — Précédemment rues de Vincennes et de Pantin.

Orig. — Le baron François-Nicolas-Benoit Haxo, général de division (1774-1838) ; voisinage de la route Militaire.

HÉBERT (Place) . . . . **XVIIIᵉ** Arrondissement . . . . 72ᵉ Quartier.
Anciennement commune de La Chapelle.

1602 **Située** à la rencontre des rues Boucry, 2 *bis*, et de l'Évangile, 23.

Long^r : 78^m,00.

Rayon : 25^m,00. — Décret du 24 mai 1859. *Ouverture et Alignements.*

Décret du 23 mai 1863. *Classement* (confirmation).

Orig. — M. Hébert, ancien maire de La Chapelle Saint Denis, devenu plus tard conseiller municipal du quartier.

HÉBRAR (Impasse) . . . . **Xᵉ** Arrondissement . . . . 40ᵉ Quartier.

1603 **Située** rue Saint Maur, 204. (I. 27. — P. 24.)

Long^r : 137^m,00.

Larg^r : 4^m,00. (*Voie privée.*)

Arrêté préfectoral du 1er février 1877. *Dénomination* actuelle.

Obs. — Précédemment impasse Saint Maur.

Orig. — Nom de propriétaire.

HÉBRARDS (Ruelle des). . . . . **XIIᵉ** Arrondissement . . . . 47ᵉ Quartier.

1604 **Commence** rue du Charolais, 60. — **Finit** avenue Daumesnil, 114.

Long^r : 33^m,00.

Larg^r : 4^m,00 environ. (*Voie privée.*)

Orig. — Doit son nom à M. Hébrard, propriétaire.

HELDER (Rue du). . . . . **IXᵉ** Arrondissement . . . . 34ᵉ Quartier.

1605 **Commence** boulevard des Italiens. 36. — **Finit** rue Taithout et boulevard Haussmann, 45.

Long^r : 172^m,00. (I. 17. — P. 20.)

Larg^r : 9^m,74. — Décision ministérielle du 10 prairial an XII. *Alignements.*

Id. 9^m,74. — Ord. royale du 16 avril 1831. *Alignements.*

Orig. — Percée en 1790, porte le nom du fort du Helder en Hollande, que les Anglais avaient vainement essayé de prendre le 26 août.

HÉLÈNE (Impasse) . . . . **XVIIIᵉ** Arrondissement . . . . 69ᵉ Quartier.
Anciennement commune des Batignolles.

1606 **Située** avenue de Clichy, 55. (I. 19. — P. 20.)

Long^r : 155^m,00.

Larg^r : 3^m,00. (*Voie privée.*)

Arrêté préfectoral du 1er février 1877. *Dénomination* actuelle.

Obs. — Précédemment impasse des Moulins.

Orig. — *Voir* rue Hélène.

HÉLÈNE (Rue). . . . . **XVII**ᵉ Arrondissement . . . . 67ᵉ Quartier.

Anciennement commune des Batignolles.

1607 **Commence** avenue de Clichy, 43. — **Finit** rue Lemercier, 18. (l. 17. — P. 18.)

Longʳ : 115ᵐ,00.

Moindre largʳ : 3ᵐ,70. (*Voie privée.*)

Orig. · M. Hélène avait ouvert la rue au moment de la formation du quartier.

HÉLIOPOLIS (Rue d'). . . . . . **XVII**ᵉ Arrondissement . . . . 65ᵉ et 66ᵉ Quartiers.

Anciennement commune de Neuilly.

1608 **Commence** rue Guillaume Tell, 23. — **Finit** avenue de Villiers, 131. (l. 17. — P. 18.)

Longʳ : 107ᵐ,00.

Largʳ : 8ᵐ,00. — *Alignements* projetés.

Décret du 23 mai 1863. *Classement* (confirmation).

Arrêté préfectoral du 16 février 1865. *Nivellement.*

Arrêté préfectoral du 1ᵉʳ février 1877. *Dénomination* actuelle.

Obs. ·· Précédemment rue de la Fontaine des Ternes.

Orig. — Victoire remportée en Egypte le 20 mars 1800 par l'armée française ; voisinage de la route Militaire.

HÉNAIN (Cité) ᵒᵒ. . . . . **XIX**ᵉ Arrondissement. . . . . 73ᵉ Quartier.

Anciennement commune de La Villette.

1609 **Située** boulevard de La Villette, 182.

Longʳ : 75ᵐ,00.

Largʳ : 5ᵐ,30. (*Voie privée.*)

Orig. — Nom du propriétaire.

HENNEL (Passage). . . . . **XII**ᵉ Arrondissement . . . . 48ᵉ Quartier.

1610 **Situé** rue de Charenton, 140.

Longʳ : 32ᵐ,00.

Largʳ : 3ᵐ,30 environ. (*Voie privée.*)

Orig. Nom de propriétaire.

HENRI CHEVREAU (Rue) ᵒᵒ. . . . **XX**ᵉ Arrondissement . . . . 77ᵉ Quartier.

Anciennement commune de Belleville.

1611 **Commence** rue de Ménilmontant, 81. — **Finit** rue de la Mare, 81. (l. 27. — P. 32.)

Longʳ : 165ᵐ,00.

Largʳ : 10ᵐ,00. — *Alignements* projetés. (Largeur actuelle.)

Décret du 23 mai 1863. *Classement* (confirmation).

Orig. M. Henri Chevreau était sous-préfet de l'arrondissement de Saint Denis lorsqu'elle fut ouverte. Il fut nommé préfet de la Seine en 1870.

HENRION DE PANSEY (Rue) ᵒᵒ. **XIV**ᵉ Arrondissement . . . . 56ᵉ Quartier.

Anciennement commune de Vaugirard.

1612 **Commence** rue de Gergovie, 18. — **Finit** rue du Moulin de la Vierge, 13. (l. 29. — P. 26.)

Longʳ : 106ᵐ,00.

Largʳ : 10ᵐ,15 environ. (*Voie privée.*)

Orig. — Le baron Pierre-Paul-Nicolas Henrion de Pansey, jurisconsulte (1742-1829), propriétaire du terrain.

HENRIOT (Impasse) . . . . . . **XVIII**ᵉ Arrondissement . . . . 69ᵉ Quartier.

Anciennement commune de Montmartre.

1613 **Située** rue du Poteau, 78. (P. 30.)

Longʳ : 65ᵐ,00.

Largʳ : 1ᵐ,25 environ. (*Voie privée.*)

Orig. - Nom du propriétaire.

HENRI IV (Boulevard). . . . . . **IV**ᵉ Arrondissement. . . . . . . 15ᵉ et 16ᵉ Quartiers.

1614 **Commence** quai de Béthune, 14. — **Finit** place de la Bastille, 1, et boulevard Bourdon, 41. (l. 49. — P. 46.)

Longʳ : 714ᵐ,00.

HENRI IV (boulevard) *(Suite.)*
       Larg^r : 30^m,00. — *Alignements* projetés de la 1re partie.
       Id.   30^m,00. — Décret du **28 juillet 1806** (U. P.). *Ouverture* et *Alignements* à partir
                      de la rue de Sully et du quai Henri IV jusqu'à la place de la
                      Bastille et au boulevard Bourdon.
               Arrêté préfectoral du **22 août 1876**. *Nivellement.*
             Décret du **10 novembre 1877**. *Dénomination.*
   Orig. — *Voir quai Henri IV.*

HENRI IV (Passage) . . . . Ier Arrondissement . . . . 3e Quartier.
1615 **Commence** rue des Bons Enfants, 7. — **Finit** place de Valois, 4.
       Long^r : 20^m,00.
       Larg^r : 2^m,00 environ.   (*Voie privée.*)
   Orig. — *Voir quai Henri IV.*

HENRI IV (Quai) . . . . IVe Arrondissement . . . . . . · . . . . . 15e Quartier.
1616 **Commence** boulevard Morland, 1. — **Finit** au pont de Sully et boul. Henri IV, 2. (P. 52.)
       Long^r : 500^m,00.
       Larg^r : 20^m,00. — Ord. royale du **30 juin 1847**. *Alignements.*
             Ord. royale du **5 août 1814**. *Dénomination.*
   Orig. — · Henri IV, roi de France (1553-1610) ; voisinage de l'Arsenal, résidence de Sully.

HENRI REGNAULT (Rue) ** . . XIVe Arrondissement . . . . 55e Quartier.
               Anciennement commune de Montrouge.
1617 **Commence** rue de la Tombe Issoire, 132. — **Finit** rue de la Voie Verte, 45. (I. 25. · · P. 28.)
       Long^r : 155^m,00.
       Larg^r : 9^m,80 environ.   (*Voie privée.*)
             Décret du **10 février 1875**. *Dénomination* actuelle.
               Obs. — Précédemment rue Saint Paul.
   Orig. — Alexandre-George-Henri Regnault, peintre, tué au combat de Buzenval (1843-1871).

HENRY (Cité) ** . . . . XIXe Arrondissement . . . . 75e Quartier.
               Anciennement commune de Belleville.
1618 **Commence** rue Compans, 42. — **Finit** impasse Compans, 2.   (I. 19. P. 12.)
       Long^r : 120^m,00.
       Larg^r : 5^m,20 environ.   (*Voie privée.*)
   Orig. — Nom du propriétaire qui l'a fait construire.

HÉRICART (Rue) . . . . XVe Arrondissement . . . . 59e Quartier.
               Anciennement commune de Grenelle.
1619 **Commence** place du Pont de Grenelle. — **Finit** place Saint Charles. (I. 49. · - P. 54.)
       Long^r : 400^m,00.
       Larg^r : 12^m,00. — Arrêté préfectoral du **23 janvier 1858**. *Classement* et *Alignements.*
             Décret du **23 mai 1863**. *Classement* (confirmation).
             Arrêté préfectoral du **23 mars 1865**. *Nivellement.*
             Décret du **24 août 1864**. *Dénomination* actuelle.
               Obs. — Précédemment rue Traversière.
   Orig. — Louis-Étienne-François Héricart, vicomte de Thury, agronome et ingénieur des mines (1776-1854) ; quartier où
       ont été groupés des noms d'agronomes.

HÉRISSON (Passage) . . . . . . XVIIIe Arrondissement . . . . 70e Quartier.
               Anciennement commune de Montmartre.
1620 **Commence** rue du Ruisseau, 104. — **Finit** rue Letort, 57.   (I. 23.)
       Long^r : 110^m,00.
       Larg^r : 2^m,70 environ.   (*Voie privée.*)
   Orig. — · Tire son nom d'une enseigne.

HERMEL (Rue) * . . . . XVIIIe Arrondissement . . . . 70e Quartier.
               Anciennement commune de Montmartre.
1621 **Commence** rue Marcadet, 102. — **Finit** boulevard Ornano, 113 *bis*.   (I. 43. -- P. 56.)
       Long^r : 470^m,00.
             Décret du **23 mai 1863**. *Classement* entre la rue Marcadet et la rue
             Ordener.

HERMEL (Rue) (*Suite*) ⁎.

    Larg^r : 12^m,00. — *Alignements* projetés pour cette partie.

    Id.   12^m,00. — Décret du 8 juin 1858 (U. P.). *Ouverture* et *Alignements* entre la rue Ordener et la rue Sainte Euphrasie.

              Décret du 23 mai 1863. *Classement* confirmé entre la rue Ordener et la rue Sainte Euphrasie.

              Décret du 23 mai 1863. *Classement* entre la rue Sainte Euphrasie et le boulevard Ornano.

              Arrêté préfectoral du 19 avril 1864. *Nivellement.*

              Arrêté préfectoral du 1er février 1877. *Dénomination* actuelle.

                Obs. — Précédemment rue du Manoir.

  Orig. — Nom du propriétaire.

HÉROLD (Rue) . . . . Ier Arrondissement . . . . 2e Quartier.

1022   **Commence** rue Coquillière, 42. — **Finit** rues Pagevin, 7, et Étienne Marcel. (l. 31. — P. 20.)

    Long^r : 141^m,00.

    Larg^r : 9^m,00. — Décision ministérielle du 3 thermidor, an IX.

    Id.   10^m,00. — Ord. royale du 23 juillet 1828. *Alignements.*

              Décret du 21 février 1881. *Dénomination* actuelle.

                Obs. — Précédemment rue d'Argout et antérieurement rue des Vieux Augustins.

  Orig. — Louis-Joseph-Ferdinand Herold, compositeur (1791-1833), né dans la maison qui porte le numéro 10.

HÉRON (Cité) . . . . Xe Arrondissement . . . . 40e Quartier.

1023   **Située** rue de l'Hôpital Saint Louis, 5.

    Long^r : 80^m,00.

    Larg^r : 5^m,00.   (*Voie privée.*)

  Orig. — Surnom du propriétaire.

HERR (Rue) . . . . XVe Arrondissement . . . . 60e Quartier.

                Anciennement commune de Grenelle.

1024   **Commence** rue de l'Église, 90. — **Finit** rue de Javel, 151.   (l. 17. — P. 18.)

    Long^r : 116^m,00.

    Larg^r : 8^m,00. — Arrêté préfectoral du 24 avril 1855. *Alignements.*

              Décret du 23 mai 1863. *Classement* (confirmation).

              Arrêté préfectoral du 11 août 1869. *Nivellement.*

  Orig. — Nom du géomètre qui avait tracé le plan de Grenelle.

HERRAN (Rue) ⁎⁎ . . . . XVIe Arrondissement . . . . 63e Quartier.

                Anciennement commune de Passy.

1025   **Commence** rue de Longchamp, 87. — **Finit** rue Greuze.   (P. 6.)

    Long^r : 135^m,00.

    Larg^r : 12^m,00.   (*Voie privée.*)

  Orig. — Doit son nom à M. Herran, propriétaire des terrains environnants.

HERRAN (Villa) ⁎⁎ . . . . XVIe Arrondissement . . . . 63e Quartier.

1026   **Située** rue de la Pompe, 85.   (l. 11. — P. 12.)

    Long^r : 100^m,00.

    Larg^r : 6^m,00.   (*Voie privée.*)

  Orig. — Voir rue Herran.

HERSCHEL (Rue) ⁎⁎ . . . . VIe Arrondissement . . . . 22e Quartier.

1027   **Commence** boulevard Saint Michel, 70. — **Finit** avenue de l'Observatoire, 9.

    Long^r : 60^m,00.

    Larg^r : 12^m,00. — Décret du 14 août 1866 (U. P.). *Ouverture* et *Alignements* entre le boulevard Saint Michel et la rue d'Assas.

                Obs. — La partie comprise entre l'avenue de l'Observatoire et la rue d'Assas a été supprimée lors de la construction de la Faculté des Sciences et de l'École de pharmacie.

              Décret du 10 novembre 1877. *Dénomination.*

              Arrêté préfectoral du 29 mai 1881. Rectifiant l'orthographe du nom.

  Orig. — William Herschel, astronome (1738-1822) ; voisinage de l'Observatoire.

HERSENT (Villa) . . . . XVe Arrondissement . . . . 57e Quartier.

1029   **Située** rue d'Alleray, 27.

    Long^r : 48^m,00.

    Larg^r : 7^m,00.   (*Voie privée.*)

  Orig. — Inconnue.

HEYMÈS (Avenue). . . . . **XVI**ᵉ Arrondissement . . . . 61ᵉ Quartier.

Anciennement commune d'Auteuil

1630 **Commence** rue La Fontaine, 88. — **Finit** rue Mozart.

Longʳ : 160ᵐ,00.

Largʳ : 4ᵐ,00 environ. (*Voie privée.*)

Orig. — Le général Heymès, ancien aide-de-camp de Louis Philippe, propriétaire.

HIPPOLYTE LEBAS (Rue). . . . **IX**ᵉ Arrondissement . . . . 36ᵉ Quartier.

1631 **Commence** rue de Maubeuge, 9. — **Finit** rue des Martyrs, 12. (l. 19. — P. 12.)

Longʳ : 177ᵐ,00.

Largʳ : 12ᵐ,00. — *Voie ouverte* par la Ville lors du percement de la rue de Maubeuge.
Alignements projetés.

Décret du 10 août 1868. *Dénomination.*

Orig. — Louis-Hippolyte Lebas, architecte de Notre-Dame de Lorette (1782-1867); voisinage de cette église.

HIRONDELLE (Rue de l'). . . . . **VI**ᵉ Arrondissement . . . . 21ᵉ Quartier.

1632 **Commence** place Saint Michel, 6. — **Finit** rue Gît le Cœur, 11. (l. 21 à 29. — P. 20 à 24.)

Longʳ : 60ᵐ,00.

Largʳ : 6ᵐ,00. — Décision ministérielle du 15 vendémiaire an IX. *Alignements.*

Id. 10ᵐ,00. — Ord. royale du 22 août 1840. *Alignements.*

Obs. — Le débouché de la rue de l'Hirondelle, du côté de la place Saint
Michel, a été modifié lors de l'exécution de cette place.

Orig. — Dénomination tirée probablement d'une enseigne.

HIVER (Cité) **. . . . . XIX**ᵉ Arrondissement . . . . 76ᵉ Quartier.

Anciennement commune de Belleville.

1633 **Située** rue Secrétan, 73.

Longʳ : 48ᵐ,00.

Largʳ : 5ᵐ,00. (*Voie privée.*)

Orig. — Nom du principal locataire, gérant de la cité.

HOCHE (Avenue). . . . . **VIII**ᵉ Arrondissement. . . . . 30ᵉ Quartier.

1634 **Commence** rue de Courcelles, 69. — **Finit** place de l'Étoile. (l. 53. — P. 66.)

Longʳ : 750ᵐ,00.

Largʳ : 36ᵐ,00. — Décret du 17 octobre 1857 (U. P.). *Ouverture et Alignements* entre
id. 36ᵐ,00. la rue de Courcelles et la rue de Tilsitt.

Décret du 13 août 1834 (U. P.). *Ouverture et Alignements* entre la
rue de Tilsitt et la place de l'Étoile.

Arrêté préfectoral du 11 juin 1859. *Nivellement* entre la rue de
Courcelles et la rue du Faubourg Saint Honoré.

Arrêté préfectoral du 26 novembre 1859. *Nivellement* entre la rue
du Faubourg Saint Honoré et la rue de Beaujon.

Arrêté préfectoral du 11 juin 1859. *Nivellement* entre la rue de
Beaujon et la place de l'Étoile.

Décret du 16 août 1879. *Dénomination actuelle.*

Obs. — Précédemment avenue de la Reine Hortense et antérieurement boulevard de Monceau.

Orig. — Lazare Hoche, général en chef (1768-1797); voisinage de l'Arc de Triomphe de l'Étoile.

HOMME ARMÉ (Rue de l'). . . . **IV**ᵉ Arrondissement. . . . . 13ᵉ et 14ᵉ Quartiers.

1635 **Commence** rue Sainte Croix de la Bretonnerie, 28. — **Finit** rue des Blancs Manteaux, 25.

Longʳ : 108ᵐ,00. (P. 12.)

Largʳ : 8ᵐ,00. — Décision ministérielle du 23 frimaire an VIII. *Alignements.*

Id. 11ᵐ,00. — Ord. royale du 12 juillet 1837. *Alignements* (modifiés par le décret
suivant).

Id. 15ᵐ,00. — Décret du 29 juin 1863 déclarant d'utilité publique l'exécution des
Alignements du côté des numéros impairs.

Les *Alignements* du côté des numéros pairs seront exécutés par
mesures ordinaires de voirie.

Orig. — Doit probablement son nom à une enseigne.

HONORÉ-CHEVALIER (Rue) **. VI**ᵉ Arrondissement . . . . 22ᵉ et 23ᵉ Quartiers.

1636 **Commence** rue Bonaparte, 86. — **Finit** rue Cassette, 21. (l. 13. — P 12.)

Longʳ : 122ᵐ,00.

Largʳ : 7ᵐ,00. — Décision ministérielle du 26 thermidor an VIII.

Id. 10ᵐ,00. — Ord. royale du 12 mai 1841. *Alignements.*

Orig. — Honoré Chevalier maître boulanger, ancien propriétaire du terrain.

HOPITAL (Boulevard de l') . . . . . **V^e A**RRONDISSEMENT . . . . 48e Q**UARTIER.**

                          XIIIe ARRONDISSEMENT . . . . 49e Q**UARTIER.**

1637 **Commence** place Valhubert, 1. — **Finit** place d'Italie.   (I. 171. — P. 140.)

    Long^r : 1,395^m,00.   ARRÊT DU CONSEIL DU 9 AOUT 1760. *Ouverture.*

    Moindre larg^r : 43^m,00. — ORD. ROYALE DU 27 JANVIER 1837. *Alignements.*

    ORIG. — Voisinage de l'hôpital de la Salpêtrière.

HOPITAL S^t. ANTOINE (Place de l'). **XIIe A**RRONDISSEMENT . . . . 48e Q**UARTIER.**

1638 **Située** rue du Faubourg Saint Antoine, 182.

    Long^r : 21^m,00.

    Larg^r : 16^m,32. — ORD. ROYALE DU 30 AVRIL 1838. *Alignements.*

    ORIG. — Voisinage de l'hôpital Saint Antoine.

HOPITAL S^t. LOUIS (Rue de l') . . **X^e A**RRONDISSEMENT . . . . 40e Q**UARTIER.**

1639 **Commence** rue de la Grange aux Belles, 23. — **Finit** quai de Jemmapes, 124.

    Long^r : 105^m,00.   (I. 17. — P. 14.)

    Larg^r : 13^m,00. — DÉCRET DU 15 FÉVRIER 1834. *Alignements.*

                     ARRÊTÉ PRÉFECTORAL DU 28 AVRIL 1834. *Nivellement.*

    ORIG. — Située en face de l'hôpital Saint Louis.

HORLOGE (Cour de l') . . . . . **VIIIe A**RRONDISSEMENT . . . . 32e Q**UARTIER.**

1640 **Située** rue du Rocher, 40.

    Long^r : 34^m,00.

    Larg^r : 5^m,00.   *(Voie privée.)*

    ORIG. — Doit son nom à une horloge que le propriétaire y a fait placer.

HORLOGE (Galerie de l'). . . . . . **IXe A**RRONDISSEMENT . . . . 35e Q**UARTIER.**

1641 **Commence** boulevard des Italiens, 8. — **Finit** rue Chauchat, 5.

    Long^r : 61^m,00.

    Larg^r : 3^m,50. — *Voie privée*, comprise dans le passage de l'Opéra.

    (Environ.)

    ORIG. — Doit son nom à l'horloge qui est à son extrémité.

HORLOGE (Quai de l') . . . . **Ier A**RRONDISSEMENT . . . . 1er Q**UARTIER.**

1642 **Commence** boulevard du Palais, 2, et Pont au Change. — **Finit** place du Pont Neuf, 13,

          et Pont Neuf.   (I. 11.)

    Long^r : 332^m,00.

    Moindre larg^r : 8^m,50. — ARRÊTÉ DU POUVOIR EXÉCUTIF DU 26 MARS 1848. *Alignements.*

                     ARRÊTÉ PRÉFECTORAL DU 8 DÉCEMBRE 1874. *Nivellement.*

                     OBS. — Précédemment quai des Lunettes et des Morfondus.

    ORIG. — Doit son nom à l'horloge du Palais de Justice.

HOSPICES (Rue des) . . . . . . **XIIIe A**RRONDISSEMENT . . . . 50e Q**UARTIER.**

                        Anciennement commune d'Ivry.

1643 **Commence** avenue d'Ivry. — **Finit** avenue de Choisy, 18.

    Long^r : 250^m,00.

    Larg^r : 12^m,00. — DÉCRET DU 2 OCTOBRE 1857. *Alignements.*

               DÉCRET DU 23 MAI 1863. *Classement* (confirmation).

               ARRÊTÉ PRÉFECTORAL DU 18 AVRIL 1863. *Nivellement.*

    ORIG. — Ouverte sur des terrains appartenant à l'Assistance publique.

HOSPITALIÈRES S^t. GERVAIS (Rue des). **IVe A**RRONDISSEMENT . . . . . . 14e Q**UARTIER.**

1644 **Commence** rue des Rosiers, 46. — **Finit** rue des Francs Bourgeois, 45. (I. 3. P. 12.)

    Long^r : 92^m,00.

    Larg^r : 10^m,00. — DÉCISION MINISTÉRIELLE DU 23 JUILLET 1817. *Alignemen*

    id.   10^m,00.   ORD. ROYALE DU 30 JUILLET 1845. *Alignements.*

    ORIG. — Doit son nom au couvent des religieuses hospitalières de Saint Gervais, sur l'emplacement duquel elle a été tracée.

HOTEL (Rue de l') . . . . **XIIe A**RRONDISSEMENT . . . . 47e Q**UARTIER.**

1645 **Commence** rue du Charolais, 54. — **Finit** avenue Daumesnil, 116.

    Long^r : 30^m,00.

    Moindre larg^r : 5^m,00.   *(Voie privée.)*

    ORIG. — Bordée par un hôtel garni

HOTEL COLBERT (Rue de l') . . .   **V**^e Arrondissement . . . . 20e Quartier.
1646   **Commence** quai de Montebello, 17. — **Finit** rue Galande, 30.   (I. 19. — P. 24.)
     Long^r : 118^m,00.
     Larg^r :   7^m,00. — Décision ministérielle du 3 pluviôse an IX.
     Id.   10^m,00. — Ord. royale du 3 juin 1846. *Alignements.*
   Orig. — Colbert possédait un hôtel situé au n° 20.

HOTEL D'ARGENSON (Impasse de l').   **IV**^e Arrondissement . . . . 14e Quartier.
1647   **Située** rue Vieille du Temple, 20.
     Long^r : 37^m,00.
     Larg^r :   3^m,00 environ.   *(Voie privée.)*
           Arrêté préfectoral du 1er février 1877. *Dénomination actuelle.*
           Obs. — Précédemment impasse d'Argenson.
   Orig. — Doit son nom à l'hôtel d'Argenson.

HOTEL DE VILLE (Place de l') . .   **IV**^e Arrondissement . . . . 13e Quartier.
1648   **Commence** quais de Gesvres, 2, et de l'Hôtel de Ville. — **Finit** rue de Rivoli, 31.   (I. 9.)
     Long^r : 155^m,00.
     Larg^r :   67^m,00. — Décision ministérielle du 20 septembre 1817. *Alignements.*
     Id.   82^m,00. — Décret du 19 février 1853 (U. P.). *Élargissement.*
   Orig. — Située devant l'Hôtel de Ville.

HOTEL DE VILLE (Quai de l') . .   **IV**^e Arrondissement . . . . 13e et 14e Quartiers.
1649   **Commence** Pont Marie et rue des Nonnains d'Hyères, 1. — **Finit** Pont d'Arcole et place de
     l'Hôtel de Ville.   (P. 90.)
     Long^r : 535^m,00.
     Larg^r :   00^m,00. — Ord. royale du 12 juillet 1837. *Alignements* entre la rue des
           Nonnains d'Hyères et la rue du Pont Louis Philippe.
           Ord. royale du 27 septembre 1836. *Alignements* entre la rue du
           Pont Louis Philippe et la place de l'Hôtel de Ville.
           Arrêtés préfectoraux des 26 février 1867 et 2 avril 1868. *Déno-*
           mination actuelle.
           Obs. — Précédemment quai des Ormes et de la Grève.
   Orig. — Longe l'Hôtel de Ville.

HOTEL DE VILLE (Rue de l') . . .   **IV**^e Arrondissement. . . . . 14e Quartier.
1650   **Commence** r. du Fauconnier, 3, et du Figuier, 1. — **Finit** rue de Brosse, 4.(I. 111.— P. 90.)
     Long^r : 446^m,00.
     Larg^r :   7^m,00. — Décision ministérielle du 13 thermidor an VI. *Alignements.*
     Id.   10^m,00. — Ord. royale du 29 mai 1830. *Alignements.*
           Décision ministérielle du 16 février 1835. *Dénomination actuelle.*
           Obs. — Précédemment rue de la Mortellerie.
   Orig. — Voisinage de l'Hôtel de Ville.

HOUDART (Rue) ** . . . .   **XX**^e Arrondissement . . . . 79e Quartier.
            Anciennement commune de Belleville.
1651   **Commence** rue des Amandiers, 11. — **Finit** rue de Tlemcen, 10.   (I. 23. — P. 18.)
     Long^r : 150^m,00.
     Larg^r :   4^m,50 environ. — *Alignements* projetés.
           Décret du 23 mai 1863. *Classement.*
   Orig. — Nom de propriétaire.

HOUDON (Rue) ** . . . .   **XVIII**^e Arrondissement . . . . . . 69e et 70e Quartiers.
            Anciennement commune de Montmartre.
1652   **Commence** boulevard de Clichy, 16. — **Finit** rue des Abbesses, 5.   (I. 21. — P. 26.)
     Long^r : 175^m,00.
     Larg^r :   12^m,00. — Délibération du conseil municipal des 12 juin 1846 et 7 février 1859.
           Alignements projetés.
     Id.   10^m,00. — *Alignements* exécutés. (Largeur actuelle.)
           Décret du 23 mai 1863. *Classement* (confirmation.)
           Décret du 24 août 1864. *Dénomination actuelle.*
           Obs. — Précédemment Petite Rue Royale.
   Orig. — Jean-Antoine Houdon, sculpteur (1741-1828) ; quartier où ont été groupés des noms de sculpteurs.

HUCHETTE (Rue de la) . . . . . . **Ve Arrondissement** . . . . 20e Quartier.

Commence rue et place du Petit Pont, 6. — **Finit** place Saint Michel, 3. (l. 31. — P. 38.)

Long^r : 164^m,00.

Larg^r : 8^m,00. — Décision ministérielle du 29 nivôse an VIII. *Alignements.*

Id. 10^m,00. — Ord. royale du 12 août 1846. *Alignements* entre la rue et la place du Petit Pont et la rue de la Harpe.

Obs. — Alignements modifiés lors de l'exécution du boulevard Saint-Michel.

Orig. — Maison dite de la Huchette, probablement à cause de son enseigne, et qui appartenait, au XIVe siècle, au chapitre de Notre-Dame.

HULOT (Passage). . . . . **Ier Arrondissement** . . . . 3e Quartier.

Commence rue de Montpensier, 31. — **Finit** rue de Richelieu, 34.

Long^r : 16^m,00.

Larg^r : 2^m,40 environ. (*Voie privée.*)

Orig. — Ouvert en 1787, doit son nom à un propriétaire.

HUMBOLDT (Rue) ** . . . . . . **XIVe Arrondissement** . . . . 53e Quartier.

Commence r. de la Santé, 61. — **Finit** r. du Faub. Saint Jacques, 77. (l. 37. — P. 14.)

Long^r : 340^m,00.

Larg^r : 12^m,00. — Ord. royale du 9 décembre 1838. *Alignements.*

Arrêté préfectoral du 28 juin 1877. *Nivellement.*

Décret du 24 août 1864. *Dénomination* actuelle.

Obs. — Précédemment rue Biron.

Orig. — Le baron Frédéric-Henri-Alexandre de Humboldt, savant allemand (1769-1859); voisinage de l'Observatoire.

HYACINTHE (Rue). . . . . . . **IVe Arrondissement** . . . . 14e Quartier.

Commence quai de l'Hôtel de Ville, 56. — **Finit** en impasse.

Long^r : 20^m,00.

Larg^r : 1^m,40 environ. — Ord. royale du 15 mars 1841. *Suppression.*

Obs. — Le sol de cette voie publique a été vendu en partie, le reste mis en location.

Orig. — Ancien nom.

IÉNA (Avenue d') * . . . . **XVI**ᵉ Arrondissement . . . . 64ᵉ Quartier.
Anciennement commune de Passy (partie).
1657   **Commence** rue de Magdebourg. — **Finit** place de l'Étoile.   (I. 67. — P. 98.)
Longʳ :1185ᵐ00.
Largʳ : 36ᵐ,00. — Décret du 6 mars 1858. *Alignements.*
Décret du 2 mars 1864. *Dénomination actuelle.*
Orig. — *Voir pont d'Iéna.*

IÉNA (Place d') ** . . . . **XVI**ᵉ Arrondissement . . . . 64ᵉ Quartier.
1658   **Située** à l'intersection des avenues du Trocadéro et d'Iéna.
Longʳ : 175ᵐ,00.
Largʳ : 70ᵐ,00. — Décret du 6 mars 1858 (U. P.). *Ouverture* et *Alignements.*
Arrêté préfectoral du 10 décembre 1878. *Dénomination.*
Orig. — *Voir pont d'Iéna.*

IÉNA (Pont d') . . . . **VII**ᵉ Arrondissement . . . . 28ᵉ Quartier.
XVIᵉ Arrondissement . . . . 62ᵉ et 64ᵉ Quartiers.
1659   **Situé** entre les quais de Billy et d'Orsay, dans l'axe du jardin du Trocadéro et du Champ de Mars.
Longᵗ : 157ᵐ,00.
Largʳ : 14ᵐ,00.
Orig. — Construit en 1808, a pris le nom de la victoire d'Iéna (14 octobre 1806).

ILE-DE-FRANCE (Impasse de l') **. **XX**ᵉ Arrondissement . . . . 80ᵉ Quartier.
Anciennement commune de Charonne.
1660   **Située** rue de la Réunion, 97.   (I. 21. — P. 10.)
Longʳ : 130ᵐ,00.
Largʳ : 2ᵐ,15 environ.   (*Voie privée.*)
Arrêté préfectoral du 1ᵉʳ février 1877. *Dénomination* actuelle.
Obs. — Précédemment impasse du Lavoir.
Orig. — Ancienne province de France, dont Paris était la capitale.

IMBAULT (Rue) . . . . **XV**ᵉ Arrondissement . . . . 60ᵉ Quartier.
Anciennement commune de Grenelle.
1661   **Commence** rue de l'Église, 54. — **Finit** rue de Javel, 127.
Longʳ : 87ᵐ,00.
Largʳ : 8ᵐ,00 environ.   (*Voie privée,* fermée à ses extrémités.)
Orig. — Nom du propriétaire.

IMMEUBLES INDUSTRIELS (Rue des). **XI**ᵉ Arrondissement . . . . 44ᵉ Quartier.
1662   **Commence** rue du Faub. Saint Antoine, 309. — **Finit** boul. Voltaire, 264. (I. 17. — P. 16.)
Longʳ : 130ᵐ,00.
Largʳ : 4ᵐ,00 environ.   (*Voie privée.*)
Arrêté préfectoral du 1ᵉʳ février 1877. *Dénomination actuelle.*
Obs. — Précédemment rue de l'Industrie Saint Antoine.
Orig. — Nom substitué à celui de rue de l'Industrie, construite spécialement en vue de l'industrie en chambre.

INDRE (Rue de l') ** . . . . **XX**ᵉ Arrondissement . . . . 79ᵉ Quartier.
Anciennement commune de Charonne.
1663   **Commence** rue des Prairies, 32. — **Finit** rue Pelleport, 25.
Longʳ : 110ᵐ,00.
Moindre largʳ : 6ᵐ,00. — Ord. royale du 27 août 1844. — *Alignements.*
Décret du 23 mai 1863. *Classement* (confirmation).
Arrêté préfectoral du 1ᵉʳ février 1877. *Dénomination actuelle.*
Obs. — Précédemment rue Mondétour.
Orig. — Rivière du bassin de la Loire; voisinage des réservoirs de la Dhuis.

INDUSTRIE (Cité de l') . . . . . . XIe Arrondissement . . . . 42e Quartier.
1664   **Commence** rue Saint Maur, 90. — **Finit** rue Oberkampf, 98.
Long^r : 108^m,00.
Larg^r : 4^m,00.   (*Voie privée.*)
Orig. — Quartier industriel.

INDUSTRIE (Cour de l') . . . . . . XIe Arrondissement . . . . 44e Quartier.
1665   **Située** rue de Montreuil, 37 *bis*.
(*Voie privée.*)
Orig. — Quartier industriel.

INDUSTRIE (Passage de l') . . . . . Xe Arrondissement . . . . 38e et 39e Quartiers.
1666   **Commence** r. du Faub. St Martin, 41. — **Finit** rue du Faub. St Denis, 42. (I 17. — P. 20.)
Long^r : 185^m,00.
Larg^r : 8^m,00.   (*Voie privée.*)
Orig. — Doit son nom aux boutiques dont il est garni.

INDUSTRIE (Rue de l')** . . . . XIIIe Arrondissement . . . . 51e Quartier.
Anciennement commune de Gentilly.
1667   **Commence** rue Bourgon, 11. — **Finit** rue du Tage, 16.   (I. 11. — P. 18.)
Long^r : 86^m,00.
Décret du 23 mai 1863. *Classement.*
Larg^r : 7^m00. — *Alignements* projetés. (Largeur actuelle 6^m,70 moindre.)
Arrêté préfectoral du 21 avril 1866. *Nivellement.*
Orig. — Quartier populeux, voisin de la Bièvre.

INDUSTRIELLE (Cité) . . . . . . XIe Arrondissement . . . . 43e Quartier.
1668   **Située** rue de la Roquette, 117.
Long^r : 220^m,00.
Larg^r : 3^m,75.   (*Voie privée.*)
Orig. — Quartier industriel.

INGRES (Avenue). . . . . XVIe Arrondissement . . . . 62e Quartier.
Anciennement commune d'Auteuil.
1669   **Commence** chemin de la Muette et avenue du Ranelagh. — **Finit** boulevard Suchet, 35.
Long^r : 420^m,00.   (I. 5. — P. 10.)
Moindre larg^r : 30^m,00.
Obs. — Voie ouverte par la Ville de Paris sur les terrains détachés du Bois de Boulogne.
Décret du 23 mai 1863. *Classement* (confirmation).
Décret du 24 août 1864. *Dénomination* actuelle.
Obs. — Précédemment boulevard Rossini.
Orig. — Jean-Auguste-Dominique Ingres, peintre (1780-1867) ; quartier où ont été groupés des noms d'artistes.

INNOCENTS (Rue des) . . . . . . Ier Arrondissement . . . . 2e Quartier.
1670   **Commence** rue Saint Denis, 43. — **Finit** rue de la Lingerie, 2 *bis*. (I. 21. — P. 6.)
Long^r : 115^m,00.
Larg^r : 10^m,00. — Décret du gouvernement provisoire du 5 mai 1848.
Id.   10^m,00. — Décret du 10 mai 1832. *Alignements.*
Id.   12^m,00. — Décret du 21 juin 1854 (U. P.). *Élargissement.*
Arrêté préfectoral du 19 août 1864. *Dénomination* actuelle.
Obs. — Précédemment rue du Charnier des Innocents.
Orig. — Doit son nom à l'ancien cimetière des Innocents, supprimé en 1786.

INNOCENTS (Square des). . . . . Ier Arrondissement . . . . 2e Quartier.
1671   **Situé** entre les rues Saint Denis, Berger, Pierre Lescot et des Innocents.
Orig. — Voir rue des Innocents.

INSTITUT (Place de l'). . . . . . VIe Arrondissement . . . . 21e Quartier.
1672   **Située** quai de Conti, 23.
Obs. — Longueur comprise dans le quai de Conti.
Décision ministérielle du 12 février 1810. *Suppression* d'une arcade à chacun des pavillons du Palais de l'Institut.
Orig. — Située devant le Palais de l'Institut.

INVALIDES (Boulevard des). . . . . **VII**e Arrondissement . . . . 26e et 27e Quartiers.
1673   **Commence** rue de Grenelle, 127. — **Finit** rue de Sèvres, 88.   (I. 89. — P. 56.)
          Long^r :1245^m,00.
          Larg^r :   39^m,00. — Décision ministérielle du 14 vendémiaire an XI.
                              Ord. royale du 12 décembre 1845. *Alignements.*
     Orig. — Longe l'hôtel des Invalides.

INVALIDES (Esplanade des). . . . **VII**e Arrondissement . . . . 26e Quartier.
1674   **Située** entre les rues Constantine, Fabert, le quai d'Orsay et l'Hôtel des Invalides.
          Long^r : 487^m,00   *(Place plantée.)*
          Larg^r : 275^m,00 environ. — Loi du 4 juin 1853. *Cession* par l'État à la Ville de Paris.
     Orig. — Située devant l'hôtel des Invalides.

INVALIDES (Pont des) . . . . . . **VII**e Arrondissement . . . . 26e et 28e Quartiers.
                              VIIIe Arrondissement . . . . 29e Quartier.
1675   **Situé** entre le quai de la Conférence et le quai d'Orsay, au droit de l'avenue d'Antin et de
          l'avenue de La Tour Maubourg.
          Long^r : 155^m,00.
          Larg^r :   15^m,00.
     Orig. — Voisinage de l'esplanade des Invalides.

IRLANDAIS (Rue des) [bis]. . . . . . **V**e Arrondissement . . . . 19e Quartier.
1676   **Commence** rue de l'Estrapade, 17. — **Finit** rue Lhomond, 9.   (I. 5. — P. 4.)
          Long^r :   90^m,00.
          Larg^r :   8^m,00. — Décision ministérielle du 3 thermidor an IX.
           id.   10^m,00. — Ord. royale du 13 juin 1845. *Alignements.*
                              Arrêté préfectoral du 6 février 1807. *Dénomination* actuelle.
                     Obs. — Précédemment rue du Cheval Vert.
     Orig. — Doit son nom au collège des Irlandais, situé au n° 5.

ISABEY (Rue). . . . . **XVI**e Arrondissement . . . . 61e Quartier.
1677   **Commence** rue d'Auteuil, 50. — **Finit** rue Poussin.
          Long^r :   54^m,00.
          Larg^r :   12^m,00. — Voie ouverte par la Ville de Paris lors de la création du marché
                              d'Auteuil.
                     Décret du 2 mars 1867. *Dénomination.*
     Orig. — Jean-Baptiste Isabey, peintre miniaturiste (1767-1855); quartier où ont été groupés des noms d'artistes.

ISLETTES (Rue des)**. . . . . . **XVIII**e Arrondissement . . . . 71e Quartier.
                              Anciennement commune de La Chapelle.
1678   **Commence** boul. de La Chapelle, 112. — **Finit** rue de la Goutte d'or, 57. (I. 15. — P. 18.)
          Long^r : 120^m,00
          Larg^r :   6^m,10 environ.
                     Décret du 23 mai 1863. *Classement.*
                     Arrêté préfectoral du 1er février 1877. *Dénomination* actuelle.
                     Obs. — Précédemment rue Neuve de la Goutte d'Or.
     Orig. — Lieu dit.

ISLY (Rue de l'). . . . . **VIII**e Arrondissement . . . . 31e Quartier.
1679   **Commence** rue du Havre, 9. — **Finit** rue de Rome, 14.   (I. 11. — P. 12.)
          Long^r : 115^m,00.
          Larg^r :   12^m,00. — Ord. royale du 14 janvier 1846. *Alignements.*
     Orig. — Ouverte en 1846, doit son nom à la victoire de l'Isly, remportée sur les Marocains le 14 août 1844 par le maré-
chal Bugeaud.

ISSY (Porte d'). . . . . **XV**e Arrondissement . . . . 57e Quartier.
1680   **Située** boulevard Victor, dans le prolongement de la rue Desnouettes.
     Orig. — Située sur un chemin conduisant au village d'Issy.

ITALIE (Avenue d') ** . . . . . . **XIII**e Arrondissement . . . . 51e Quartier.
Anciennement commune de Gentilly.
1681   **Commence** place d'Italie, 1.— **Finit** boul. Masséna, 31, et Kellermann. (I. 169. — P. 192.)
Long* : 1310m,00.
                          Décret du 23 mai 1863. *Classement* (confirmation).
Larg* :   39m,00. — *Alignements* projetés.
                          Arrêté préfectoral du 18 avril 1863. *Nivellement*.
                          Arrêté préfectoral du 26 février 1867. *Dénomination* actuelle.
                      Obs. — Précédemment route Nationale n° 7 (de Fontainebleau).
Orig. — Commencement de la route nationale de Paris en Italie.

ITALIE (Boulevard d') * . . . . . . **XIII**e Arrondissement . . . . 49e et 51e Quartiers.
Anciennement commune de Gentilly, du côté des numéros impairs.
1682   **Commence** place d'Italie, 9. — **Finit** rue de la Santé, 81.   (I. 167 .— P. 102.)
Long* :1040m00.
Larg* : 15 toises. — Ord. du bureau des finances du 16 janvier 1789.
Id.   70m,00 environ. — Arrêté préfectoral du 3 août 1866. *Alignements*.
                         Décret du 23 mai 1863. *Classement* (confirmation).
                         Arrêté préfectoral du 30 décembre 1864. *Dénomination* actuelle.
                      Obs. — Précédemment boulevard d'Italie, de la Glacière, des Gobelins et
                                  Saint Jacques (partie).
Orig. — *Voir avenue d'Italie.*

ITALIE (place d') ** . . . . **XIII**e Arrondissement . . . . . . 49e, 51e et 52e Quartiers.
Anciennement commune de Gentilly (partie).
1683   **Située** à la rencontre des boulevards de la Gare, 221 ; de l'Hôpital, 171 ; d'Italie, 2 ; des avenues des Gobelins, 76 ; Sœur Rosalie ; d'Italie, 2, et de Choisy, 221.   (I. 9.)
                        (Place plantée.)
                      Ord. du bureau des finances du 16 janvier 1789.
Rayon : 100m,00. — Décret du 12 février 1867 (U. P.). Modification des *Alignements*.
                        Arrêté préfectoral du 28 janvier 1877. *Nivellement*.
                        Arrêté préfectoral du 30 décembre 1864. *Dénomination* actuelle.
                      Obs. — Précédemment place de la Barrière d'Italie.
Orig. — *Voir avenue d'Italie.*

ITALIE (Porte d') . . . . **XIII**e Arrondissement . . . . 51e Quartier.
1684   **Située** boulevards Kellermann et Masséna, dans le prolongement de l'avenue d'Italie.
Orig. — A l'extrémité de l'avenue d'Italie.

ITALIENS (Boulevard des) . . . . **II**e Arrondissement . . . . 5e et 6e Quartiers.
                         IXe Arrondissement . . . . 34e et 35e Quartiers.
1685   **Commence** rues de Richelieu, 103, et Drouot, 1. — **Finit** rues Louis le Grand, 34 et de
la Chaussée d'Antin, 2.   (I. 33. — P. 38.)
Long* : 425m,00.
Larg* : 35m,00. — Ord. royale du 16 avril 1831. *Alignements*.
Orig. — Doit son nom à l'ancien théâtre de la Comédie Italienne, plus tard Opéra Italien, et aujourd'hui théâtre de
l'Opéra-Comique.

IVRY (Avenue d') ** . . . . **XIII**e Arrondissement . . . . 30e Quartier.
Anciennement commune d'Ivry.
1686   **Commence** boulevard Masséna. — **Finit** avenue de Choisy,116 .   (I. 121. — P. 120.)
Long* : 830m,00.
Larg* :   21m,00. — Ord. royale des 23 septembre 1825 et 15 novembre 1843. *Alignements*.
                         Décret du 23 mai 1863. *Classement* (confirmation).
                         Arrêté préfectoral du 18 avril 1863. *Nivellement*.
                      Obs. — Précédemment route Nationale n° 52.
Orig. — Conduit au village d'Ivry.

IVRY (Passage d') ** . . . . **XIII**e Arrondissement . . . . 50e Quartier.
Anciennement commune d'Ivry.
1687   **Commence** avenue d'Ivry, 41. — **Finit** au Chemin de fer de Ceinture.   (P. 26.)
Long* : 145m,00.
Larg* :   3m.75 environ.   *(Voie privée.)*
                        Arrêté préfectoral du 1er février 1877. *Dénomination* actuelle.
                      Obs. — Précédemment passage du Progrès.
Orig. — *Voir avenue d'Ivry.*

IVRY (Porte d') . . . . **XIII**e Arrondissement . . . . 30e Quartier.
1688   **Située** boulevard Masséna, dans le prolongement de la porte d'Ivry.
Orig. — A l'extrémité de l'avenue d'Ivry.

J

JABAK (Passage). . . . . **IV**ᵉ Arrondissement . . . . 13ᵉ Quartier.
1689   **Commence** rue Saint Merri, 42. — **Finit** rue Saint Martin, 110.
      Long : 80ᵐ,00.
    Moindre largʳ : 3ᵐ,00.   (*Voie privée.*)
  Orig. — Formé en 1824, à travers l'ancien hôtel de Jabak, financier et collectionneur célèbre (xviiᵉ siècle).

JACINTHE (Rue). . . . . **V**ᵉ Arrondissement . . . . 20ᵉ Quartier.
1690   **Commence** rue des Trois Portes, 11. — **Finit** rue Galande, 20.   (l. 3. — P. 4.)
      Longʳ : 23ᵐ,00.
      Largʳ : 6ᵐ,00. — Décision ministérielle du 3 pluviôse an ix.
      Id. 10ᵐ.00. — Ord. royale du 31 décembre 1845. *Alignements.*
  Orig. — Ancien nom.

JACOB (Impasse). . . . . **XVII**ᵉ Arrondissement . . . . 68ᵉ Quartier.
1691   **Située** rue Pouchet.
      Longʳ : 22ᵐ,00.
      Largʳ : 4ᵐ,00.   (*Voie privée.*)
  Orig. — Débouche dans le passage Jacob, devenu passage des Épinettes, dont la première maison avait été construite
    par M. Jacob.

JACOB (Rue). . . . . **VI**ᵉ Arrondissement . . . . 24ᵉ Quartier.
1692   **Commence** rue de Seine, 48. — **Finit** rue des Saints Pères, 29.   (l. 51. — P. 60.)
      Longʳ : 418ᵐ,00.
    Moindre largʳ : 10ᵐ,70. — Ord. royale du 29 avril 1839. *Alignements.*
  Orig. — Doit son nom au projet conçu par la reine Marguerite de Valois, de réaliser le vœu de Jacob en élevant un
    temple au Seigneur, d'où résulta la fondation des Petits Augustins.

JACQUARD (Rue). . . . . **XI**ᵉ Arrondissement . . . . 42ᵒ Quartier.
1693   **Commence** rue Ternaux, 15. — **Finit** rue Oberkampf, 51.   (l. 3. — P. 4.)
      Longʳ : 28ᵐ,00.
      Largʳ : 15ᵐ,00. — Ord. royale du 9 septembre 1829. *Alignements.*
               Ord. royale du 5 août 1844. *Dénomination.*
  Orig. — Joseph-Marie Jacquard, inventeur du métier qui porte son nom (1752-1834); quartier industriel.

JACQUEMONT (Impasse) . . . . **XVII**ᵉ Arrondissement . . . . 68ᵒ Quartier.
                  Anciennement commune des Batignolles.
1694   **Située** rue Jacquemont, 12.   (l. 11. — P. 6.)
      Longʳ : 50ᵐ,00.
      Largʳ : 5ᵐ,10 environ.   (*Voie privée.*)
              Obs. — Précédemment impasse de Chartres.
  Orig. — *Voir* rue Jacquemont.

JACQUEMONT (Rue) . . . . . . **XVII**ᵉ Arrondissement. . . . . 68ᵒ Quartier.
                  Anciennement commune des Batignolles.
1695   **Commence** avenue de Clichy, 89. — **Finit** rue Lemercier, 52.   (l. 17. — P. 20.)
      Longʳ : 156ᵐ,00.
      Largʳ : 12ᵐ,00. — *Alignements* projetés.
             Décret du 23 mai 1863. *Classement.*
             Décret du 11 septembre 1869. *Dénomination* actuelle.
              Obs. — Précédemment rue de Chartres.
  Orig. — Venceslas-Victor Jacquemont, voyageur (1801-1832).

31.

JACQUES CARTIER (Rue). . . **XVIII**ᵉ Arrondissement . . . . 69ᵉ Quartier.
Anciennement commune des Batignolles.
1696 **Commence** rue Championnet, 230. — **Finit** rue Lagille, 20.   (I. 5.)
  Long⟨r⟩ : 80ᵐ,00.
  Larg⟨r⟩ : 11ᵐ,40 environ.   (*Voie privée.*)
            Décret du 10 février 1875. *Dénomination* actuelle.
                Obs. — Précédemment impasse Andrieux.
      Orig. — Jacques Cartier, navigateur (1494-1557).

JACQUES CŒUR (Rue) . . . . . . **IV**ᵉ Arrondissement . . . . 15ᵉ Quartier.
1697 **Commence** rue de la Cerisaie, 4. — **Finit** rue Saint Antoine, 234.   (I. 11. — P. 14.)
  Long⟨r⟩ : 166ᵐ,00.
  Larg⟨r⟩ : 12ᵐ,00. — Ord. royale du 25 février 1829. *Alignements.*
            Décret du 27 février 1867. *Dénomination* actuelle.
                Obs. — Précédemment rue de l'Orme (partie).
      Orig. — Jacques Cœur, argentier de Charles VII (1400-1456); emplacement des dépendances de l'ancien hôtel Saint-Paul.

JADIN (Rue) . . . . **XVII**ᵉ Arrondissement . . . . 66ᵉ Quartier.
Anciennement commune des Batignolles.
1698 **Commence** rue de Chazelles, 41. — **Finit** rue Guyot, 36.   (I. 7. — P. 16.)
  Long⟨r⟩ : 90ᵐ,00.
  Larg⟨r⟩ : 12ᵐ,00.   (*Voie privée.*)
      Orig. — Ouverte sur les terrains de M. Louis Godefroy Jadin, peintre, né en 1805, fils de Louis-Emmanuel Jadin, compositeur (1768-1853).

JANDELLE (Cité) . . . . **XIX**ᵉ Arrondissement . . . . 76ᵉ Quartier.
Anciennement commune de Belleville.
1699 **Située** rue Rébeval, 55.   (I. 11.)
  Long⟨r⟩ : 115ᵐ,00.
  Larg⟨r⟩ : 4ᵐ,00 environ.   (*Voie privée.*)
      Orig. — Nom du propriétaire qui l'a ouverte.

JAPON (Rue du) . . . . **XX**ᵉ Arrondissement . . . . 79ᵉ Quartier.
1700 **Commence** rue Belgrand. — **Commencera** rue de la Cour des Noues. — **Finit** avenue
  de la République.
  Long⟨r⟩ : 115ᵐ,00. — Long⟨r⟩ future : 190ᵐ,00.
  Larg⟨r⟩ : 12ᵐ,00. — Décret du 4 mars 1868 (U. P.). *Ouverture* et *Alignements.*
            Arrêté préfectoral du 27 novembre 1867. *Nivellement.*
            Arrêté préfectoral du 26 février 1867. *Dénomination.*
      Orig. — Empire d'Asie; voisinage de la rue de la Chine.

JAPY (Rue). . . . . **XI**ᵉ Arrondissement . . . . 43ᵉ Quartier.
1701 **Commence** rue Gobert, 7. — **Finit** rue François de Neufchâteau, 4.   (P. 4.)
  Long⟨r⟩ : 30ᵐ,00.
  Larg⟨r⟩ : 12ᵐ,00. — Décret du 8 juin 1870 (U. P.). *Ouverture* et *Alignements.*
            Arrêté préfectoral du 25 octobre 1869. *Nivellement.*
            Décret du 2 mars 1867. *Dénomination.*
      Orig. — Japy, mécanicien; quartier industriel.

JARDIN (Galerie du) . . . . **I**ᵉʳ Arrondissement . . . . 3ᵉ Quartier.
1702 **Commence** péristyle de Valois, 180. — **Finit** galerie de Montpensier, 1.   (Nᵒˢ 194 à 213.)
  Long⟨r⟩ : 67ᵐ,00.
  Larg⟨r⟩ : 3ᵐ,50.   (*Voie privée.*) Palais Royal.
      Orig. — Conduit au jardin du Palais Royal.

JARDINET (Rue du) . . . . **VI**ᵉ Arrondissement . . . . 21ᵉ Quartier.
1703 **Commence** rue de l'Éperon, 12. — **Finit** cour de Rohan, 3 bis.   (I. 7. — P. 4.)
  Long⟨r⟩ : 80ᵐ,00.
  Larg⟨r⟩ : 7ᵐ,00. — Décision ministérielle du 23 prairial an IX. *Alignements* (partie).
  Id.   7ᵐ,00. — *Alignements* projetés. (Largeur actuelle : 3ᵐ,60, moindre).
            Obs. — La partie comprise entre la rue Mignon et la rue de l'Éperon a été
                supprimée pour le percement du boulevard Saint Germain. (Décret
                du 28 juillet 1866.)
            Obs. — Précédemment impasse de la Cour de Rohan.
      Orig. — Doit son nom au jardin de l'hôtel de Vendôme.

JARDINIERS (Rue des). . . . . . **XII**e ARRONDISSEMENT . . . . 46e QUARTIER.
Anciennement commune de Bercy.
1704 **Commence** rue de Charenton, 315. — **Finit** rue des Meuniers, 27.　　(I. 19. — P. 18.)
　　Long^r : 160^m,00.
　　Larg^r : 3^m,50. — DÉCRET DU 23 MAI 1863. *Classement.*
　　ORIG. — Quartier de cultures maraîchères.

JARDINS (Rue des) . . . . **IV**e ARRONDISSEMENT . . . . 14e QUARTIER.
1705 **Commence** quai des Célestins, 28. — **Finit** rue Charlemagne, 7.　　(I. 39. — P. 28.)
　　Long^r : 175^m,00.
　　Larg^r : 10^m,00. — ORD. ROYALE DU 3 MARS 1847 (U. P.). *Ouverture* et *Alignements* entre
　　　　le quai des Célestins et la rue de l'Ave Maria.
　　Id.　　8^m,00. — DÉCISION MINISTÉRIELLE DU 13 THERMIDOR AN VI. *Alignements* entre
　　　　la rue de l'Ave Maria et la rue Charlemagne.
　　Id.　　10^m,00. — ORD. ROYALE DU 4 AOUT 1838. *Alignements* de cette dernière partie.
　　ORIG. — Doit son nom aux jardins de l'hôtel Saint Paul, sur l'emplacement desquels elle a été percée.

JARENTE (Rue de). . . . . **IV**e ARRONDISSEMENT . . . . 14e QUARTIER.
1706 **Commence** rue de Turenne, 15. — **Finit** rue de Sévigné, 14.　　(I. 11. — P. 10.)
　　Long^r : 98^m,00.
　　Larg^r : 10^m,00. — DÉCISION MINISTÉRIELLE DU 22 JUILLET 1823.
　　Id.　　10^m,00. — ORD. ROYALE DU 5 AVRIL 1846. *Alignements.*
　　ORIG. — Ouverte en 1784, sur l'emplacement du prieuré de la Couture Sainte Catherine, a reçu le nom de Louis-François-
　　　　Alexandre de Jarente, prieur commandataire.

JARRY (Cité). . . . . **X**e ARRONDISSEMENT . . . . 38e QUARTIER.
1707 **Commence** boulevard de Strasbourg, 69. — **Finit** faubourg Saint Denis, 92.
　　Long^r : 93^m,00.　　　　　　　　　　　　　　　　　　(I. 11. — P. 10.)
　　Larg^r : 7^m,00.　　　　　　(*Voie privée.*)
　　　　　　ARRÊTÉ PRÉFECTORAL DU 1er FÉVRIER 1877. *Dénomination* actuelle.
　　　　　　OBS. — Précédemment passage Neveux.
　　ORIG. — Nicolas Jarry, calligraphe (1620?-1670 ?).

JAVEL (Quai de). . .　. . . . . . . **XV**e ARRONDISSEMENT . . . . 60e QUARTIER.
Anciennement communes de Grenelle et d'Issy.
1708 **Commence** place du Pont de Grenelle et Pont de Grenelle. — **Finit** Porte du Bas Meudon.
　　Long^r :1600^m,00.　　　　　　　　　　　　　　　　　　　　(I. 83.)
　　　　　　ARRÊTÉ PRÉFECTORAL DU 9 MARS 1846. *Classement.*
　　　　　　ORD. ROYALE DU 30 MAI 1847. *Élargissement.*
　　　　　　DÉCRET DU 23 MAI 1863. *Classement* (confirmation).
　　Larg^r : 20^m,00. — DÉCRET DU 22 JUILLET 1863 (U. P.) *Modification* de l'*Alignement.*
　　　　　　DÉCRET DU 27 DÉCEMBRE 1876 (U. P.) *Alignements* déclarés d'utilité
　　　　　　publique entre le Pont de Grenelle et l'extrémité de droite du n° 43.
　　　　　　Alignements exécutoires, par mesures ordinaires de voirie, entre
　　　　　　l'extrémité de droite du n° 43 et la rue Leblanc.
　　　　　　DÉCISION MINISTÉRIELLE DU 13 JUIN 1877. *Établissement* du chemin de
　　　　　　fer des Moulineaux.
　　　　　　ARRÊTÉ PRÉFECTORAL DU 15 JUIN 1877. *Nivellement.*
　　ORIG. — Longe l'ancien hameau de Javel.

JAVEL (Rue de) . . . . **XV**e ARRONDISSEMENT . . . . 57e et 60e QUARTIERS.
Anciennement communes de Grenelle et de Vaugirard.
1709 **Commence** quai de Javel, 17. — **Finit** rue Blomet, 152.　　(I. 187. — P. 228.)
　　Long^r: 1540^m,00.
　　Larg^r : 10^m,00. — ARRÊTÉ PRÉFECTORAL DU 21 FÉVRIER 1845. *Alignements* entre le quai
　　　　de Javel et la rue de la Croix Nivert.
　　Id.　　10^m,00. — DÉLIBÉRATION DU CONSEIL MUNICIPAL DU 10 AOUT 1844. *Alignements*
　　　　projetés entre la rue de la Croix Nivert et la rue Blomet.
　　　　　　DÉCRET DU 23 MAI 1863. *Classement* (confirmation).
　　　　　　ARRÊTÉ PRÉFECTORAL DU 30 JUIN 1868. *Nivellement.*
　　　　　　ARRÊTÉ PRÉFECTORAL DU 2 AVRIL 1868. *Dénomination* actuelle.
　　　　　　OBS. — Précédemment rue de Javel et de Grenelle (partie).
　　ORIG. — Traverse l'ancien hameau de Javel.

JAVOTTE (Impasse). . . . . . . **XVII**e Arrodissemenn̄t . . . . 66e Quartier.
Anciennement commune de Neuilly.
1710 **Située** rue Rennequin, 46.
Long^r : 40^m,00.
Moindre larg^r : 5^m,75.   (*Voie privée.*)
Orig. — Inconnue.

JEAN BART (Rue) . . . . **VI**e Arrondissement . . . . 23e Quartier.
1711 **Commence** rue de Vaugirard, 31. — **Finit** rue de Fleurus, 44.   (I. 15. — P. 12.)
Long^r : 116^m,00.
Larg^r : 9^m,74. — Décision ministérielle du 17 brumaire an xii.
Id. 12^m,00. — Ord. royale du 12 mai 1841. *Alignements*
Orig. — Jean Bart, chef d'escadre (1634-1702).

JEAN BEAUSIRE (Impasse). . . . **IV**e Arrondissement . . . . 15e Quartier.
1712 **Située** rue Jean Beausire, 19.   (I. 3. — P. 8.)
Long^r : 37^m,00.
Moindre larg^r : 7^m,50. — *Alignements* projetés déjà suivis d'exécution.
Orig. — *Voir rue Jean Beausire.*

JEAN BEAUSIRE (Passage) . . . . **IV**e Arrondissement . . . . 15e Quartier.
1713 **Commence** rue Jean Beausire, 11. — **Finit** rue des Tournelles, 12.
Long^r : 54^m,00.
Moindre larg^r : 9^m,00.   (*Voie privée.*)
Orig. — *Voir rue Jean Beausire.*

JEAN BEAUSIRE (Rue). . . . . . **IV**e Arrondissement . . . . 15e Quartier.
1714 **Commence** rue de la Bastille, 9. — **Finit** boulevard Beaumarchais, 13.   (I. 21. — P. 16.)
Long^r : 130^m,00.
Larg^r : 10^m,00. — Ord. royale du 16 novembre 1836. *Alignements.*
Orig. — Nom d'une famille de bourgeois notables à laquelle appartenait Jean Beausire, maître des œuvres et contrôleur général des bâtiments de la Ville, mort en 1743, âgé de 85 ans.

JEAN BOLOGNE (Rue)**. . . . . **XVI**e Arrondissement . . . . 62e Quartier.
Anciennement commune de Passy.
1715 **Commence** rue de l'Annonciation, 12. — **Finit** rue de Passy, 54.   (I. 23. — P. 22.)
Long^r : 160^m,00.
Moindre larg^r : 8^m,00. — Arrêté préfectoral du 16 février 1856. *Alignements* entre la rue de Passy et l'église.
Larg^r : 10^m,00. — *Alignements* de la partie latérale à l'église.
Décret du 23 mai 1863. *Classement* (confirmation).
Arrêté préfectoral du 4 août 1869. *Nivellement.*
Décret du 24 août 1864. *Dénomination* actuelle.
Obs. — Précédement rue Neuve de l'Église.
Orig. — Jean Bologne, sculpteur (1524-1608); quartier où ont été groupés des noms d'artistes.

JEAN BOUTON (Impasse). . . . . **XII**e Arrondissement . . . . 48e Quartier.
1716 **Située** rue des Charbonniers, 16, et boulevard Diderot, 30.   (I. 13. — P. 24.)
Long^r : 141^m,00.
Larg^r : 4^m,20 environ.   (*Voie privée.*)
Orig. — Nom de propriétaire.

JEAN COTTIN (Rue)**. . . . . **XVIII**e Arrondissement . . . . 72e Quartier.
Anciennement commune de La Chapelle.
1717 **Commence** rue des Roses, 18. — **Finit** en impasse au delà de la rue Boucry.
Long^r : 160^m,00.   (I. 3. — P. 14.)
Larg^r : 10^m,00 environ.   (*Voie privée.*)
Orig. — Nom du propriétaire.

JEAN DE BEAUVAIS (Rue) . . . Vᵉ ARRONDISSEMENT . . . . 20ᵉ QUARTIER.
1718   **Commence** boulevard Saint-Germain, 53. — **Finit** rues de Lanneau, 18, et Saint Jean de Latran.
    Longʳ : 175ᵐ,00.   (I. 31. — P. 14.)
    Largʳ : 12ᵐ,00. — DÉCRET DU 11 AOUT 1855. *Alignements.*
ORIG. — Jean de Dormans, cardinal, évêque de Beauvais et chancelier de France, fondateur du collège de Dormans Beauvais et de sa chapelle, sous le patronnage de Saint Jean.

JEAN GOUJON (Rue) . . . . . . VIIIᵉ ARRONDISSEMENT . . . . 29ᵉ QUARTIER.
1719   **Commence** avenue d'Antin, 23. — **Finit** avenue Montaigne, 2, et Cours la Reine, 48.
    Longʳ : 522ᵐ,00.   (I. 51. — P. 56.)
    Largʳ : 14ᵐ,60. — ORD. ROYALE DU 23 JUILLET 1823. *Ouverture* et *Alignements.*
ORIG. — Jean Goujon, sculpteur et architecte (1515 ? — 1572); voisinage de la place François Iᵉʳ.

JEAN-JACQUES ROUSSEAU (Rue). Iᵉʳ ARRONDISSEMENT . . . . 2ᵉ QUARTIER.
1720   **Commence** rue Saint-Honoré, 158. — **Finit** rue Montmartre, 21.   (I. 53. — P. 80.)
    Longʳ : 480ᵐ,00.
    Largʳ : 10ᵐ,00. — DÉCISION MINISTÉRIELLE DU 25 VENTÔSE AN XIII.
    Id.   12ᵐ,00. — ORD. ROYALE DU 2 FÉVRIER 1843. *Alignements* entre la rue Saint-Honoré et la rue Coquillière.
    Id.   10ᵐ,00. — DÉCISION MINISTÉRIELLE DU 25 VENTÔSE AN XIII.
    Id.   11ᵐ,00. — ORD. ROYALE DU 23 JUILLET 1828. *Alignements* entre la rue Coquillière et la rue Montmartre.
    Id.   14ᵐ,00. — DÉCRET DU 9 MARS 1880. — *Alignements* entre les rues Coquillière et aux Ours.
    ARRÊTÉ PRÉFECTORAL DU 2 AVRIL 1868. *Dénomination* actuelle.
    OBS. — Précédemment rue de Grenelle Saint Honoré et rue Jean-Jacques Rousseau.
ORIG. — Jean-Jacques Rousseau, écrivain et philosophe (1712-1778), habitait cette rue en 1776.

JEAN LANTIER (Rue). . . . . . Iᵉʳ ARRONDISSEMENT . . . . 1ᵉʳ QUARTIER.
1721   **Commence** rue Saint Denis, 3. — **Finit** rue Bertin-Poirée, 16.   (I. 19. — P. 20.)
    Longʳ : 168ᵐ,00.
    Largʳ : 12ᵐ,00. — DÉCRET DU 21 JUIN 1854 (U. P.). *Ouverture* et *Alignements* entre la rue Saint-Denis et la rue des Lavandières.
    Id.   6ᵐ,00. — DÉCISION MINISTÉRIELLE DU 12 FRUCTIDOR AN V. *Alignements* entre la rue des Lavandières et la rue Bertin-Poirée.
    Id.   10ᵐ,00. — ORD. ROYALE DU 9 DÉCEMBRE 1838. *Alignements* entre la rue des Lavandières et la rue Bertin Poirée.
ORIG. — Corruption de rue Jean Lointier; ancien nom (XIIIᵉ Siècle).

JEANNE (Rue)** . . . . XVᵉ ARRONDISSEMENT . . . . 57ᵉ QUARTIER.
    Anciennement commune de Vaugirard.
1722   **Commence** rue de la Procession, 88. — **Finit** rues de Vouillé, 59, et des Fourneaux.
    Longʳ : 257ᵐ,00.   (I. 37bis. — P. 24.)
             DÉCRET DU 23 MAI 1863. *Classement,*
    Largʳ : 10ᵐ,00. — *Alignements* projetés. (Largeur actuelle).
    ARRÊTÉ PRÉFECTORAL DU 20 OCTOBRE 1861. *Nivellement.*
ORIG. — Nom donné par le propriétaire.

JEANNE DARC (Cité)** . . . . . XIIIᵉ ARRONDISSEMENT . . . . 50ᵉ QUARTIER.
    Anciennement commune d'Ivry.
1723   **Située** rue Jeanne Darc, 77.
    Longʳ : 30ᵐ,00.
    Largʳ : 5ᵐ,00.   (*Voie privée.*)
ORIG. — *Voir* rue Jeanne Darc.

JEANNE DARC (Place)** . . . . . XIIIᵉ ARRONDISSEMENT . . . . 50ᵉ QUARTIER.
    Anciennement commune d'Ivry.
1724   **Située** rue Jeanne Darc, 41, entre les rues Lahire, 2, et Xaintrailles, 18.
    Longʳ : Comprise dans celle de la rue Jeanne Darc.   (I. 33. — P. 32.)
    Largʳ : 100ᵐ,00. — DÉCRET DU 9 DÉCEMBRE 1854 (U. P.). *Ouverture* et *Alignements.*
    ARRÊTÉ PRÉFECTORAL DU 4 NOVEMBRE 1856.
    DÉCRET DU 23 MAI 1863. *Classement* (confirmation).
    ARRÊTÉ PRÉFECTORAL DU 11 JUILLET 1868. *Nivellement.*
    DÉCRET DU 2 MARS 1864. *Dénomination* actuelle.
    OBS. — Précédemment place de l'Église.
ORIG. — *Voir* rue Jeanne Darc.

JEANNE DARC (Rue)** . . . . . . **XIII**ᵉ Arrondissement . . . . 50ᵉ Quartier.
Anciennement commune d'Ivry.
1725   **Commence** rue de Domrémy, 52. — **Finit** boulevard de la Gare, 129.   (I. 97. — P. 92.)
     Longʳ : 680ᵐ,00.
     Largʳ : 20ᵐ,00. — Décret du 9 décembre 1854 (U. P.). *Alignements.*
           Décret dn 23 mai 1863. *Classement* (confirmation).
           Arrêté préfectoral du 11 juillet 1868. *Nivellement.*
           Décret du 2 mars 1864. *Dénomination* actuelle.
           Obs. — Précédemment rue de l'Eglise.
     Orig. — Jeanne Darc, l'héroïne française (1412-1431).

JEAN NICOT (Passage) . . . . . . **VII**ᵉ Arrondissement . . . . 28ᵉ Quartier.
Anciennement passage Saint Jean.
1726   **Commence** rue Saint Dominique, 89. — **Finit** rue de Grenelle, 170 *bis*.   (I. 21.)
     Longʳ : 185ᵐ,00.
     Largʳ : 4ᵐ,00 environ.   (*Voie privée.*)
           Arrêté préfectoral du 1ᵉʳ février 1877. *Dénomination* actuelle.
           Obs. — Précédemment passage Saint Jean.
     Orig. — *Voir* rue Jean Nicot.

JEAN NICOT (Rue) . . . . **VII**ᵉ Arrondissement . . . . 28ᵉ Quartier.
1727   **Commence** quai d'Orsay, 69. — **Finit** rue Saint Dominique, 74.   (I. 12. — P. 24.)
     Longʳ : 290ᵐ,00.
     Largʳ : 13ᵐ,00. — Ord. royale du 26 juillet 1826. *Alignements* entre le quai d'Orsay
           et la rue de l'Université.
     Id.   11ᵐ,62. — Ord. royale du 8 février 1848. *Alignements* entre la rue de l'Université et la rue Saint Dominique.
           Décret du 24 août 1864. *Dénomination* actuelle.
           Obs. — Précédemment rue Saint Jean.
     Orig. — Jean Nicot (1530-1600), a introduit le tabac en France ; voisinage de la manufacture des tabacs.

JEAN ROBERT (Rue)** . . . . . **XVIII**ᵉ Arrondissement . . . . 71ᵉ Quartier.
Anciennement commune de La Chapelle.
1728   **Commence** rue Doudeauville, 10. — **Finit** rue Ordener, 11.   (I. 21. — P. 18.)
     Longʳ : 155ᵐ,00.
           Décret du 23 mai 1863. *Classement* (confirmation).
     Largʳ : 10ᵐ,00. — *Alignements* projetés. (Largeur actuelle.)
           Arrêté préfectoral du 3 février 1868. *Nivellement.*
     Orig. — Nom du propriétaire.

JEAN TISON (Rue) . . . . **I**ᵉʳ Arrondissement . . . . 2ᵉ Quartier.
1729   **Commence** rue de Rivoli, 152. — **Finit** rue Bailleul, 11.
     Longʳ : 16ᵐ,00.
     Largʳ : 6ᵐ,00. — Décision ministérielle du 23 ventôse an IX.
     Id.   10ᵐ,00. — Arrêté du pouvoir exécutif du 18 août 1848. *Alignements.*
           Arrêtés préfectoraux du 12 juillet et du 3 juin 1855. *Nivellement.*
           Obs. — La partie comprise entre la rue de Rivoli et la rue des Fossés Saint Germain l'Auxerrois (actuellement place du Louvre), a été supprimée pour le dégagement du Louvre et des Tuileries (Décret du 3 mai 1854.)
     Orig. — Famille bourgeoise connue dès le XIIIᵉ siècle.

JEMMAPES (Quai de) . . . . **X**ᵉ Arrondissement . . . . 39ᵉ et 40ᵉ Quartiers.
                             XIᵉ Arrondissement . . . . 41ᵉ Quartier.
1730   **Commence** rue Rampon, 15. — **Finit** boulevard de La Villette, 131.   (P. 200.)
     Longʳ : 1875ᵐ00.
     Largʳ : 16ᵐ,30. — Ord. royale du 13 août 1821. *Alignements* entre la rue Rampon et
           la rue de la Butte Chaumont.
     Id.   15ᵐ,00. — Ord. royale du 20 février 1825. *Alignements* entre la rue de la
           Butte Chaumont et le boulevard de La Villette.
     Orig. — Victoire remportée par l'armée française, commandée par Dumouriez, sur les Autrichiens, le 6 novembre 1792.

JENNER (Rue)** . . . . **XIII**ᵉ Arrondissement . . . . 49ᵉ Quartier.
1731   **Commence** boulevard de la Gare, 82. — **Finit** rue Esquirol et boulevard de l'Hôpital, 109.
     Longʳ : 480ᵐ,00
                            (I. 43. — P. 58.)
     Largʳ : 13ᵐ,00 — Ord. royale du 12 août 1846. *Alignements.*
           Décret du 27 février 1867. *Dénomination* actuelle.
           Obs. — Précédemment rue des Deux Moulins.
     Orig. — Édouard Jenner, médecin anglais, découvrit la vaccine (1749-1823) ; voisinage de la Salpêtrière.

JESSAINT (Impasse de)°*. . . . . **XVIII**° Arrondissement. . . . . 71° Quartier.
Anciennement commune de La Chapelle.

1732 **Située** rue de Jessaint, 10.   (P. 16.)
Long^r : 220^m,00.
Moindre larg^r :   3^m,00.   (*Voie privée.*)
Arrêté préfectoral du 10 novembre 1873. *Dénomination* actuelle.
Obs. — Précédemment impasse d'Isly.
Orig. — *Voir rue de Jessaint.*

JESSAINT (Rue de)** . . . . . . **XVIII**° Arrondissement . . . . 71° Quartier.
Anciennement commune de La Chapelle.

1733 **Commence** pl. de La Chapelle, 28. — **Finit** r. de la Charbonnière, 1, et Pierre l'Ermite, 2.
Long^r : 200^m,00.   (L. 27. — P. 26.)
Moindre larg^r : 13^m,70. — Ord. royale du 4 mars 1829. *Alignements.*
Arrêté préfectoral du 3 février 1865. *Nivellement.*
Décret du 23 mai 1863. *Classement* (confirmation).
Orig. — Le baron de Jessaint était en 1830 sous-préfet de Saint-Denis, dont faisait partie la commune de La Chapelle.

JEU DE BOULES (Passage du). . . **XI**° Arrondissement . . . . 41° Quartier.
1734 **Commence** rue Amelot, 144. — **Finit** rue de Malte, 45.   (L. 13. — P. 2.)
Long^r : 100^m,00.
Larg^r : 6^m,25 environ.   (*Voie privée.*)
Orig. — Doit son nom à un jeu de boules.

JEUNEURS (Rue des) . . . . . . **II**° Arrondissement . . . . 7° Quartier.
1735 **Commence** rue Poissonnière, 7. — **Finit** rue Montmartre, 158.   (L. 41. — P. 48.)
Long^r : 363^m,00.
Larg^r :   6^m,00. — Décision ministérielle du 3 vendémiaire an x. *Alignements* entre la
rue Poissonnière et la rue du Sentier (ancienne rue Saint Roch).
Id.   8^m,00. — Décision ministérielle du 18 vendémiaire an VI. *Alignements* entre
la rue du Sentier et la rue Montmartre.
Id.   10^m,00. — Ord. royale du 4 mai 1826. *Alignements.*
Décision ministérielle du 5 octobre 1846. *Dénomination* actuelle.
Obs. — Précédemment rue Saint Roch et des Jeûneurs.
Orig. — Par altération de rue des Jeux Neufs; devait son nom aux jeux qu'on venait d'y établir aux environs du
rempart, lorsque la rue fut tracée (xvii° siècle).

JOBERT (Passage)°* . . . . **XVIII**° Arrondissement . . . . 69° Quartier.
Anciennement commune de Saint Ouen.

1736 **Commence** impasse Sainte Monique, 5. — **Finit** passage Champ Marie.   (L. 25. — P. 22.)
Long^r : 130^m,00.
Moindre larg^r : 3^m,25.   (*Voie privée.*)
Orig. - Nom de propriétaire.

JOINVILLE (Impasse de) . . . . . **XIX**° Arrondissement . . . . 73° Quartier.
Anciennement commune de La Villette.

1737 **Située** rue de Flandre, 106.   (L. 13. — P. 12.)
Long^r : 132^m,00.
Larg^r : 3^m,00.   (*Voie privée.*)
Orig. — *Voir rue de Joinville.*

JOINVILLE (Péristyle de). . . . . **I**^er Arrondissement. . . . . 3° Quartier.
1738 **Commence** galeries de Montpensier, 78, et de Beaujolais, 80. — **Finit** rue de Beaujolais, 19.
Long^r : 37^m,00.
Larg^r : 16^m,00.   (*Voie privée.*)
Orig. — Dépend du Palais Royal, et a été ainsi nommé en l'honneur du prince de Joinville, troisième fils du roi
Louis-Philippe.

JOINVILLE (Rue de) . . . . . . **XIX**° Arrondissement . . . . 73° Quartier.
Anciennement commune de La Villette.

1739 **Commence** quai de l'Oise, 3. — **Finit** rue de Flandre, 104.   (L. 15. — P. 40.)
Long^r : 295^m,00.
Larg^r : 12^m,00. — Ord. royale du 15 mai 1843. *Alignements.*
Décret du 23 mai 1863. *Classement* (confirmation).
Orig. — Doit son nom au prince de Joinville, troisième fils du roi Louis-Philippe.

JOLIVET (Rue)**. . . . . **XIV**ᵉ ARRONDISSEMENT . . . . 53ᵉ QUARTIER.
                                    Anciennement commune de Montrouge.
1740   **Commence** rue de la Gaîté, 8. — **Finit** rue Poinsot, 1, et boulevard Edgar-Quinet, 67.
        Long⁻ : 90ᵐ,00.   (l, 11. — P. 14.)
        Moindre larg⁻ : 6ᵐ,00.   (*Voie privée.*)
        ORIG. — Nom d'un propriétaire.

JOLY (Cité). . . . . **XI**ᵉ ARRONDISSEMENT . . . . 42ᵉ QUARTIER.
1741   **Située** rue du Chemin Vert, 123.   (I. 17. — P. 18.)
        Long⁻ : 135ᵐ,00.
        Larg⁻ : 12ᵐ,00.   (*Voie privée.*)
        ORIG. — Nom de propriétaire.

JOMARD (Rue) . . . . **XIX**ᵉ ARRONDISSEMENT. . . . . 73ᵉ QUARTIER.
                                    Anciennement commune de La Villette.
1742   **Commence** rue de Crimée, 160. — **Finit** rue de Joinville.
        Long⁻ : 125ᵐ,00.
        Larg⁻ : 12ᵐ,00. — ORD. ROYALE DU 15 MARS 1843 (U. P.). *Ouverture et Alignements.*
                          ARRÊTÉ PRÉFECTORAL DU 18 AVRIL 1853.
                          DÉCRET DU 23 MAI 1863. *Classement* (confirmation).
                          DÉCRET DU 2 MARS 1867. *Dénomination actuelle.*
                          OBS. — Précédemment place de l'Église.
        ORIG. — Edme-François Jomard, ingénieur géographe et archéologue (1777-1862); groupe géographique du canal de
        l'Ourcq.

JONAS (Rue)**. . . . . **XIII**ᵉ ARRONDISSEMENT . . . . 51ᵉ QUARTIER.
                                    Anciennement commune de Gentilly.
1743   **Commence** r. Samson, 28, et Gérard, 62. — **Finit** en imp. au-delà de la r. des Cinq Diamants.
        Long⁻ : 75ᵐ,00.   (I. 9. — P. 8.)
        Larg⁻ :   4ᵐ,50 environ.   (*Voie privée.*)
        ORIG. — Nom tiré de l'Écriture Sainte, donné par M. Jobé, propriétaire.

JONQUOY (Rue)**. . . . . **XIV**ᵉ ARRONDISSEMENT . . . . 56ᵉ QUARTIER.
1744   **Commence** sentier des Mariniers. — **Finit** sentier des Suisses.
        Long⁻ : 247ᵐ,00.
        Larg⁻ :   8ᵐ,00 environ.   (*Voie privée.*)
        ORIG. — Nom de propriétaire.

JOQUELET (Rue) . . . . **II**ᵉ ARRONDISSEMENT . . . . 7ᵉ QUARTIER.
1745   **Commence** rue Montmartre, 115. — **Finit** r. Notre-Dame des Victoires, 36. (I. 13. — P. 12.)
        Long⁻ : 100ᵐ,00.
        Larg⁻ :   8ᵐ,00. — DÉCISION MINISTÉRIELLE DU 23 PLUVIÔSE AN IX.
        Id.   10ᵐ,00. — ORD. ROYALE DU 4 MAI 1826. *Alignements.*
        Id.   10ᵐ,00. — ORD. ROYALE DU 21 DÉCEMBRE 1837 (U. P.). *Alignements.*
        ORIG. — Nom d'un habitant de la rue au XVIIᵉ siècle.

JOSEPH-DIJON (Rue). . . . . . **XVIII**ᵉ ARRONDISSEMENT . . . . 70ᵉ QUARTIER.
                                    Anciennement commune de Montmartre.
1746   **Commence** rue Baudelique, 27, et boulevard Ornano. — **Finit** rue du Mont Cenis, 88.
        Long⁻ : 175ᵐ,00.   (I. 21. — P. 24.)
        Larg⁻ : 12ᵐ,00. — ARRÊTÉ PRÉFECTORAL 20 JUILLET 1859. *Alignements* entre le boule-
                          vard Ornano et la rue Hermel.
                          DÉCRET DU 23 MAI 1863. *Classement* confirmé de cette partie.
        Id.   12ᵐ,00. — *Alignements* projetés.
                          OBS. — Le prolongement, entre la rue Hermel et la rue du Mont Cenis, a été
                          exécuté, par la Ville de Paris, sur les terrains acquis du sieur Joseph-
                          Dijon.
                          ARRÊTÉ PRÉFECTORAL DU 19 AVRIL 1864. *Nivellement.*
        ORIG. — Nom de propriétaire.

JOSSEAUME (Passage)** . . . . . **XX**ᵉ ARRONDISSEMENT . . . . 80ᵉ QUARTIER.
                                    Anciennement commune de Charonne.
1747   **Commence** rue des Haies, 69. — **Finit** rue des Vignoles, 58.   (P. 10.)
        Long⁻ : 134ᵐ,00.
        Larg⁻ :   4ᵐ,00 environ.   (*Voie privée.*)
        ORIG. — Nom du propriétaire.

JOSSET (Passage). . . . . **XI**ᵉ ARRONDISSEMENT . . . . 44ᵉ QUARTIER.
1748   **Commence** cour du Bras d'Or. — **Finit** rue de Charonne, 40.   (I. 9. — P. 10.)
        Long⁻ : 95ᵐ,00.
        Larg⁻ :   8ᵐ,00 environ.   (*Voie privée.*)
        ORIG. — Formé en 1835 sur le chantier de M. Josset, marchand de bois.

JOUBERT (Rue). . . . . **IX**ᵉ Arrondissement . . . . 34ᵉ Quartier.
1749   Commence rue de la Chaussée d'Antin, 37. — **Finit** rue de Caumartin, 38. (I. 49.— P.34.)
    Long^r : 288^m,00.
    Larg^r : 10^m,00. — Décision ministérielle du 22 prairial an v. *Alignements.*
    Orig. — Barthélemy-Catherine Joubert, général en chef, tué à la bataille de Novi (1769-1799).

JOUFFROY (Impasse) . . . . . . **XVII**ᵉ Arrondissement . . . . 66ᵉ Quartier.
                 Anciennement commune des Batignolles.
1750   Située rue Jouffroy, 46.
    Long^r : 88^m,00.
    Larg^r : 10^m,00.   *(Voie privée.)*
    Orig. — Voir rue Jouffroy.

JOUFFROY (Passage) . . . . **IX**ᵉ Arrondissement . . . . 35ᵉ Quartier.
1751   Commence boulevard Montmartre, 10. — **Finit** rue de la Grange Batelière, 9. (I.65.—P.66.)
    Long^r : 140^m,00.
    Larg^r : 4^m,00 environ.   *(Voie privée.)*
    Orig. — Nom du propriétaire qui l'a fait ouvrir, en 1845.

JOUFFROY (Rue). . . . . **XVII**ᵉ Arrondissement . . . . . . 66ᵉ et 67ᵉ Quartiers.
1752   Commence rue Cardinet, 145, et boulevard Pereire, 1. — **Finit** avenue de Wagram, 82.
    Long^r :1100^m,00.   (I. 117 — P. 110.)
    Larg^r : 20^m,00. — Décret du 30 novembre 1862 (U. P.). *Ouverture et Alignements.*
                  Décret du 13 décembre 1866 (U. P.). *Expropriation* complémentaire.
                  Arrêtés préfectoraux du 22 juin 1864 et 12 mai 1864. *Nivellement.*
                  Décret du 2 mars 1864. *Dénomination.*
    Orig. — Théodore-Simon Jouffroy, philosophe (1797-1842).

JOUR (Rue du) . . . . **I**ᵉʳ Arrondissement . . . . 2ᵉ Quartier.
1753   Commence rues Coquillière, 2, et Rambuteau. — **Finit** rue Montmartre, 9. (I.31. — P. 12.)
    Long^r : 127^m,00.
  Moindre larg^r. : 9^m,00. — Décision ministérielle du 6 fructidor an XIII.
    Larg^r : 12^m,00. — Décret du 4 avril 1860 (U.P.). *Alignements.*
    Orig. — Corruption de rue du Séjour : là se trouvait, sous Charles V, un séjour du roi qui comprenait un manège et des écuries.

JOURDAIN (Rue du) **. . . . . . . **XX**ᵉ Arrondissement . . . . 77ᵉ Quartier.
1754   Commence rues des Pyrénées, 330, et des Rigoles, 9. — **Finit** rue de Belleville, 132.
    Long^r : 138^m,00.
    Larg^r : 20^m,00. — Décret du 28 juillet 1862 (U.P.). *Ouverture et Alignements*
                  Arrêté préfectoral du 8 novembre 1876. *Nivellement.*
                  Arrêté préfectoral du 26 février 1867. *Dénomination.*
    Orig. — Rivière de Palestine ; voisinage de l'église Saint Jean Baptiste de Belleville.

JOURDAN (Boulevard) **. . . . . **XIV**ᵉ Arrondissement . . . . 54 et 55ᵉ Quartiers.
             Anciennement communes de Montrouge et de Gentilly.
1755   Commence rue de la Glacière, 238, et porte de Gentilly. — **Finit** avenue d'Orléans, 131, et
    porte d'Orléans.   (P.52.)
    Long^r : 1430^m,00.
                  Convention du 5 juillet 1859. Remise conditionnelle par le Génie
                  militaire, à la Ville de Paris, de la rue Militaire.
    Larg^r : 40^m,00. — Décret du 9 septembre 1861 (U.P.). *Élargissement.*
                  Décret du 23 mai 1863. *Classement* (confirmation).
                  Décret du 2 mars 1864. *Dénomination* actuelle.
                  Obs. — Précédemment rue Militaire.
    Orig. — Le comte Jean-Baptiste Jourdan, maréchal de France (1762-1833).

JOUVENCE (Impasse de) **. . . . **XIV**ᵉ Arrondissement . . . . 56ᵉ Quartier.
             Anciennement commune de Vaugirard.
1756   Située rue d'Alésia, 245.
    Long^r : 90^m,00.   (I. 49).
    Larg^r : 4^m,00.
    Orig. — Inconnue.

JOUVENET (Impasse) . . . . **XVI**ᵉ ARRONDISSEMENT . . . . 61ᵉ QUARTIER.
Anciennement commune d'Auteuil.
1757 **Située** rue Jouvenet, 12. (P. 6.)
  Longʳ : 25ᵐ,00.
  Largʳ :   8ᵐ,00. — ARRÊTÉ PRÉFECTORAL DU 13 FÉVRIER 1838. *Alignements.*
      DÉCRET DU 27 MAI 1853. *Classement* (confirmation).
      ARRÊTÉ PRÉFECTORAL DU 27 MAI 1881. — *Dénomination* actuelle.
        Obs. — Précédemment impasse de la Réunion.
  ORIG. — *Voir* rue Jouvenet.

JOUVENET (Rue) . . . . **XVI**ᵉ ARRONDISSEMENT . . . . 61ᵉ QUARTIER.
Anciennement commune d'Auteuil.
1758 **Commence** avenue de Versailles, 130. — **Finit** rue Boileau, 51. (I.30.—P.32.)
  Longʳ : 368ᵐ,00.
  Largʳ :   8ᵐ,00. — ARRÊTÉ PRÉFECTORAL DU 13 FÉVRIER 1838. *Alignements.*
      DÉCRET DU 23 MAI 1863. *Classement* (confirmation).
      ARRÊTÉ PRÉFECTORAL DU 7 SEPTEMBRE 1868. *Nivellement.*
      DÉCRET DU 24 AOUT 1864. *Dénomination* actuelle.
        Obs. — Précédemment rue de la Réunion.
  ORIG. — Jean Jouvenet, peintre (1644-1717); quartier où ont été groupés des noms d'artistes.

JOUY (Rue de) . . . . **IV**ᵉ ARRONDISSEMENT . . . . 14ᵉ QUARTIER.
1759 **Commence** rues des Nonnains d'Hyères, 37, et de Fourcy, 1. — **Finit** rue François Miron, 58.
  Longʳ : 131ᵐ,00. (I.25. — P.20.)
  Moindre largʳ :   9ᵐ,00. — DÉCISION MINISTÉRIELLE DU 8 PRAIRIAL AN VII.
  Largʳ :   11ᵐ,00. — ORD. ROYALE DU 12 JUILLET 1837. *Alignements.*
  ORIG. — Doit son nom à l'hôtel qu'y possédait l'abbé de Jouy, au XIIIᵉ siècle.

JOUYE-ROUVE (Rue) °° . . . . **XX**ᵉ ARRONDISSEMENT . . . . 77ᵉ QUARTIER.
Anciennement commune de Belleville.
1760 **Commence** rue de Belleville, 56. — **Finit** en impasse au delà de la rue Julien Lacroix.
  Longʳ : 250ᵐ,00.   (*Voie privée.*) (I.31. P. 24.)
  Largʳ :   10ᵐ,00. — Entre les rues de Belleville et Lesage.
  Id.   8ᵐ,00. — Entre les rues Lesage et Julien Lacroix.
  Id.   12ᵐ,00. — Partie formant impasse.
  ORIG. — M. Jouye-Rouve, propriétaire et agent-voyer de l'ancienne commune de Belleville.

JUGE (Rue) . . . . **XV**ᵉ ARRONDISSEMENT . . . . 59ᵉ QUARTIER.
Anciennement commune de Grenelle.
1761 **Commence** rue Viala, 15. — **Finit** rue Violet, 8. (I. 11. — P. 26.)
  Longʳ : 264ᵐ,00.
  Largʳ :   9ᵐ,00.
      ARRÊTÉ PRÉFECTORAL DU 7 JUILLET 1859. *Classement* sur une lon-
        gueur de 114ᵐ,00, à partir de la rue Viala.
      DÉCRET DU 23 MAI 1863. *Classement* confirmé de cette partie.
        Obs. — Classement du surplus ajourné.
      ARRÊTÉ PRÉFECTORAL DU 19 JUILLET 1863. *Nivellement.*
  ORIG. — M. Juge, maire de Grenelle de 1831 à 1843.

JUGES CONSULS (Rue des) . . . **IV**ᵉ ARRONDISSEMENT . . . . 13ᵉ QUARTIER.
1762 **Commence** rue de la Verrerie, 68. — **Finit** rue du Cloître Saint Merri, 3. (I.3. — P.1.)
  Longʳ : 37ᵐ,00.
  Moindre largʳ :   14ᵐ,60. — ORD. ROYALE DU 13 JUIN 1839. *Alignements.*
      DÉCISION MINISTÉRIELLE DU 21 JUIN 1844. *Dénomination* actuelle.
        Obs. — Précédemment partie de la rue du cloître Saint Merri.
  ORIG. — Doit son nom à la maison des juges consuls, origine du Tribunal de Commerce.

JUIFS (Rue des) . . . . **IV**ᵉ ARRONDISSEMENT . . . . 14ᵉ QUARTIER.
1763 **Commence** rue de Rivoli, 18. — **Finit** rue des Rosiers, 7. (I. 19. — P. 22.)
  Longʳ : 135ᵐ,00.
  Largʳ :   12ᵐ,00. — DÉCRET DU 29 SEPTEMBRE 1854 (U.P.). *Ouverture* et *Alignements* entre
        la rue de Rivoli et la rue du Roi de Sicile.
  Id.   10ᵐ,00. — ORD. ROYALE DU 12 JUILLET 1837. *Alignements* entre la rue du Roi
        de Sicile et la rue des Rosiers.
  ORIG. — Était habitée par des Israélites.

JUIGNÉ (Rue de) ⁂. . . . . XVIᵉ ARRONDISSEMENT. . . . . 64ᵉ QUARTIER.
1704   **Commence** avenue d'Iéna, 16. — **Finit** rue Galilée, 16, et rue de Lubeck, 2.   (I. 9.)
        Long' : 170ᵐ,00.
        Larg' : 12ᵐ,00. — *Alignements* projetés.
                ORS. — Voie ouverte par la Ville de Paris sur l'emplacement des anciens
                        réservoirs de Chaillot.
                ARRÊTÉ PRÉFECTORAL DU 9 SEPTEMBRE 1866. *Nivellement.*
                DÉCRET DU 10 AOUT 1868. *Dénomination.*
        ORIG. — Antoine-Eléonore-Léon Le Clerc de Juigné, archevêque de Paris (1729-1811) ; voisinage de l'emplacement
                projeté pour la future église Saint Pierre de Chaillot.

JUILLET (Rue) ⁂. . . . . XXᵉ ARRONDISSEMENT . . . . 79ᵉ QUARTIER.
                        Anciennement commune de Belleville.
1705   **Commence** rue de la Bidassoa. — **Finit** rue de la Bidassoa.   (P. 20.)
        Long' : 156ᵐ,00.
        Moindre Larg' : 5ᵐ,00.   (*Voie privée.*)
                ORS. — Une partie de cette rue a été supprimée en vertu du décret du 28
                        janvier 1876, relatif au prolongement de la rue Sorbier.
        ORIG. — Nom de propriétaire.

JUIN (Cour de). . . . . XIᵉ ARRONDISSEMENT . . . .   43ᵉ QUARTIER.
1706   **Située** passage du Cheval Blanc.
                        (*Voie privée.*)
        ORIG. — Groupe de noms de mois donnés par les propriétaires

JULES CÉSAR (Rue) . . . . . . XIIᵉ ARRONDISSEMENT . . . . 48ᵉ QUARTIER.
1707   **Commence** boulevard de la Contrescarpe, 22. — **Finit** rues Lacuée, 18, et de Lyon, 43.
        Long' : 186ᵐ,00.   (I. 19. — P. 21.)
        Larg' : 12ᵐ,00. — DÉCRET DU 15 JUIN 1875. *Classement* et *Alignements.*
                ARRÊTÉ PRÉFECTORAL DU 22 OCTOBRE 1874. *Nivellement.*
                ARRÊTÉ PRÉFECTORAL DU 10 NOVEMBRE 1873. *Dénomination.*
        ORIG. — Jules César, fondateur de l'Empire romain (100-44 av. J.-C.). Voie ainsi dénommée parce qu'elle fut ouverte
                sur l'emplacement des arènes nationales, au moment même où paraissait la vie de Jules César par Napo-
                léon III.

JULIE (Rue) ⁂. . . . . XIVᵉ ARRONDISSEMENT . . . . 56ᵉ QUARTIER.
                        Anciennement commune de Vanves.
1708   **Commence** passage des Suisses, 7. — **Finit** en impasse.   (I. 33. — P. 12.)
        Long' : 339ᵐ,00.
        Larg' : 8ᵐ,00.   (*Voie privée.*)
        ORIG. — Prénom d'une des filles du propriétaire.

JULIEN LACROIX (Passage) ⁂. . XXᵉ ARRONDISSEMENT . . . . 77ᵉ QUARTIER.
                        Anciennement commune de Belleville.
1709   **Commence** rue Julien Lacroix, 30, et rue des Couronnes prolongée. — **Finit** rue Vilin, 46.
        Long' : 113ᵐ,00.   (I. 19. — P. 26.)
        Larg' : 6ᵐ,00 environ.   (*Voie privée.*)
                ARRÊTÉ PRÉFECTORAL DU 1ᵉʳ FÉVRIER 1877. *Dénomination* actuelle.
                ORS. — Précédemment passage des Envierges.
        ORIG. — *Voir* rue Julien Lacroix.

JULIEN LACROIX (Rue) ⁂. . . XXᵉ ARRONDISSEMENT . . . . 77ᵉ QUARTIER.
                        Anciennement commune de Belleville.
1710   **Commence** rue de Ménilmontant, 49. — **Finit** rue de Belleville, 54.   (I. 105. — P. 84.)
        Long' : 676ᵐ,00.
        Larg' : 10ᵐ,00. — ORD. ROYALE DU 28 FÉVRIER 1837. *Alignements* entre la rue de Ménil-
                montant et la rue des Couronnes (A).
        Id.   12ᵐ,00. — *Alignements* projetés entre les rues des Couronnes et de Belle-
                ville (B).
                DÉCRET DU 23 MAI 1863. *Classement* confirmé de la partie A. *Classe-
                ment* de la partie B.
                ARRÊTÉ PRÉFECTORAL DU 13 OCTOBRE 1866. *Nivellement* entre la rue de
                Belleville et des Couronnes.
                ARRÊTÉ PRÉFECTORAL DU 23 NOVEMBRE 1877. *Nivellement* entre les
                rues des Maronites et de Ménilmontant.
                ARRÊTÉ PRÉFECTORAL DU 2 AVRIL 1868. *Dénomination* actuelle. '
                ORS. — Précédemment rue des Couronnes (partie), rue Caroline, rue de Rivoli
                        et rue Julien Lacroix.
        ORIG. — Nom du propriétaire.

JULIENNE (Rue) **. . . . . **XIII**ᵉ Arrondissement . . . . 32ᵉ Quartier.
1771   **Commence** rue Pascal, 62. — **Finit** boulevard Arago, 45.   (P. 6.)
    Longʳ : 85ᵐ,00.
    Largʳ : 10ᵐ,00. — Ord. royale du 21 octobre 1846. *Alignements.*
    Orig. — M. de Julienne, amateur de peinture, propriétaire des manufactures de draps et écarlates des Gobelins (1686-1766); emplacement de ces manufactures.

JULIETTE LAMBER (Rue) . . . . **XVII**ᵉ Arrondissement . . . . 67ᵉ Quartier.
1772   **Commence** boulevard Pereire. — **Finit** boulevard Malesherbes.
    Longʳ : 174ᵐ00.
    Largʳ : 12ᵐ00.   (*Voie privée, en cours d'exécution.*)

JUMEAUX (Cour des) **. . . . . . **XX**ᵉ Arrondissement . . . . 79ᵉ Quartier.
                Anciennement commune de Charonne.
1773   **Située** rue de Bagnolet, 111.
    Longʳ : 30ᵐ,00.
    Largʳ : 7ᵐ,00 environ.   (*Voie privée.*)
    Orig. — Deux frères jumeaux en étaient propriétaires.

JURA (Rue du)**. . . . . **XIII**ᵉ Arrondissement. . . . . 49ᵉ Quartier.
1774 **Commence** rue des Cordes, 10. — **Finit** boulevard Saint Marcel, 21.
    Longʳ : 113ᵐ,00.
    Largʳ : 12ᵐ,00. — Décret du 31 mars 1874. *Classement* et *Alignements.*
             Arrêté préfectoral du 1ᵉʳ février 1877. *Dénomination.*
    Orig. — Chaîne de montagnes entre la France et la Suisse ; quartier où ont été groupés des noms de montagnes.

JUSSIENNE (Rue de la) . . . . . **II**ᵉ Arrondissement . . . . 7ᵉ Quartier.
1775   **Commence** rue Étienne Marcel. — **Finit** rue Montmartre, 41 bis.   (I. 9. — P. 8.)
    Longʳ : 63ᵐ,00.
    Largʳ : 8ᵐ,00. — Décision ministérielle du 20 fructidor an XI.
    Id.   10ᵐ,00. — Ord. royale du 22 août 1840. *Alignements.*
    Id.   14ᵐ,00. — Décret du 9 mars 1880 (U.P.). *Alignements.*
    Orig. — Corruption de rue Sainte Marie l'égyptienne. Il y avait dans cette rue une chapelle dédiée à cette sainte.

JUSSIEU (place). . . . . **V**ᵉ Arrondissement . . . . 17ᵉ Quartier.
1776   **Située** à la rencontre des rues Linné, 24, et de Jussieu, 19.   (I. 7.)
    Longʳ : 40ᵐ.00.
    Largʳ :   Ord. royale du 22 juin 1837. *Alignements.*
             Arrêté préfectoral du 26 février 1867. *Dénomination* actuelle.
                Obs. — Précédemment place Saint Victor.
    Orig. — Voir rue de Jussieu.

JUSSIEU (Rue). . . . . **V**ᵉ Arrondissement. . . . . 17ᵉ Quartier.
1777   **Commence** rue Cuvier. — **Finit** rue du Cardinal Lemoine, 35.   (I. 51.)
    Longʳ : 413ᵐ,00.
    Largʳ : 13ᵐ,00. — Ord. royale du 22 juin 1837. *Alignements* entre la rue Cuvier et la place Jussieu (A).
    Id.   15ᵐ,00. — Ord. royale du 22 juin 1837. *Alignements* entre la place Jussieu et la rue du Cardinal Lemoine (B).
    Id.   20ᵐ,00. — Projet d'élargissement de la partie B.
             Ord. royale du 8 novembre 1838 et arrêté préfectoral du 3 septembre 1869. *Dénomination* actuelle.
                Obs. — Précédemment rue Saint Victor et de Jussieu.
    Orig. — Doit son nom à la famille de Jussieu, dont plusieurs membres furent des botanistes distingués; voisinage du Jardin des Plantes.

JUSTICE (Rue de la) **. . . . . . **XX**ᵉ Arrondissement. . . . . 78ᵉ Quartier.
                Anciennement commune de Charonne.
1778   **Commence** rue du Surmelin, 70. — **Finit** boulevard Mortier.   (I. 33. — P. 64.)
    Longʳ : 242ᵐ,00.
    Largʳ : 2ᵐ,33. — Arrêté préfectoral du 3 juillet 1830. *Classement.*
             Décret du 23 mai 1863. *Classement* (confirmation).
    Largʳ : 8ᵐ,50 environ. — Décret du 7 avril 1881. *Alignements* et *Nivellement.*
             Arrêté préfectoral du 7 juin 1875. *Nivellement.*
             Arrêté préfectoral du 1ᵉʳ février 1877. *Dénomination* actuelle.
                Obs. — Précédemment sentier des Vaches, puis sentier de la Justice.
    Orig. — Lieu dit; très probablement souvenir d'une potence.

K

KABYLIE (Rue de) ✲✲. . . . . . . **XIX**e ARRONDISSEMENT . . . . 73d QUARTIER.
Anciennement commune de La Villette.
1779   **Commence** boulevard de La Villette, 216. — **Finit** rue de Tanger, 8.   (L. 9. — P. 12.)
     Long^r : 85^m,00.
                  DÉCRET DU 23 MAI 1863. *Classement.*
     Larg^r :   12^m,00. — *Alignements* projetés. (Largeur actuelle, 10^m,30.)
                  ARRÊTÉ PRÉFECTORAL DU 20 DÉCEMBRE 1872. *Nivellement.*
                  DÉCRET DU 24 AOUT 1864. *Dénomination actuelle.*
                     OBS. — Précédemment passage de l'Isly.
ORIG. — Pays algérien soumis en 1857 ; quartier où ont été groupés des noms rappelant les campagnes d'Algérie.

KELLER (Rue) . . . . **XI**e ARRONDISSEMENT . . . . 43e QUARTIER.
1780   **Commence** rue de Charonne, 43. — **Finit** rue de la Roquette, 74.   (L. 31. — P. 38.)
     Long^r : 295^m,00.
     Larg^r :   12^m,00. — DÉCRET DU 3 NOVEMBRE 1856. *Ouverture et Alignements.*
                  DÉCRET DU 15 SEPTEMBRE 1858. *Dénomination.*
ORIG. — Jean-Balthasar Keller, orfèvre et fondeur (1638-1702) ; quartier industriel.

KELLERMANN (Boulevard) ✲ . . . **XIII**e ARRONDISSEMENT . . . . 32e QUARTIER.
Anciennement commune de Gentilly.
1781   **Commence** rue de la Glacière, 229, et porte de Gentilly. — **Finit** porte d'Italie et avenue
     d'Italie, 192.   (P. 52.)
         Long^r : 1220^m,00.
                  CONVENTION DU 5 JUILLET 1859. Remise conditionnelle par le Génie
                     militaire, à la Ville de Paris, de la rue Militaire.
     Larg^r :   40^m,00. — DÉCRET DU 9 SEPTEMBRE 1861 (U.P.). *Élargissement.*
                  DÉCRET DU 23 MAI 1863. *Classement* (confirmation).
                  ARRÊTÉ PRÉFECTORAL DU 11 OCTOBRE 1876. *Nivellement* entre la rue
                  du Pot au Lait et l'avenue de Gentilly.
                  DÉCRET DU 2 MARS 1864. *Dénomination actuelle.*
                     OBS. — Précédemment rue Militaire.
ORIG. — François Christophe Kellermann, duc de Valmy, maréchal de France (1728-1820).

KEPPLER (Rue) ✲ . . . . **XVI**e ARRONDISSEMENT. . . . . 64e QUARTIER.
1782   **Commence** rue de Bassano, 23. — **Finit** rue Galilée, 38.   (L. 13. — P. 20.)
     Long^r : 108^m,00.
     Larg^r :   10^m,00. — ARRÊTÉ DU POUVOIR EXÉCUTIF DU 17 AOUT 1848. *Alignements.*
                  ARRÊTÉ PRÉFECTORAL DU 4 MAI 1865. *Nivellement.*
                  DÉCRET DU 24 AOUT 1864. *Dénomination actuelle.*
                     OBS. — Précédemment rue Sainte Geneviève.
ORIG. — Jean Keppler, astronome allemand, a découvert les lois de l'attraction, qui ont gardé son nom (1571-1630) ; quartier où ont été groupés des noms d'astronomes.

KLÉBER (Avenue) ✲ . . . . **XVI**e ARRONDISSEMENT. . . . . 64e QUARTIER.
Anciennement commune de Passy.
1783   **Commence** place de l'Étoile. — **Finit** place du Trocadéro.   (L. 21. — P. 118.)
     Long^r : 1135^m,00.
     Larg^r :   36^m,00. — DÉCRET DU 6 MARS 1858. *Ouverture et Alignements.*
                  DÉCRET DU 23 MAI 1863. *Classement* (confirmation).
                  ARRÊTÉ PRÉFECTORAL DU 5 JUILLET 1875. *Nivellement.*
                  ARRÊTÉ PRÉFECTORAL DU 16 AOUT 1879. *Dénomination actuelle.*
                     OBS. — Précédemment avenue du Roi de Rome et antérieurement boulevards de Longchamps et de Passy rectifié.
ORIG. — Jean-Baptiste Kléber, général en chef (1753-1800) ; voisinage de l'Arc de Triomphe.

KRACHER (Passage) . . . . . . **XVIII**ᵉ ARRONDISSEMENT . . . . 70ᵉ QUARTIER.

Anciennement commune de Montmartre.

1784   **Commence** rue Neuve de la Chardonnière. — **Finit** en impasse, au delà de la rue de Clignancourt.

Longʳ : 150ᵐ,00.

Largʳ : 5ᵐ,00.   (*Voie privée.*)

ORIG. — Nom de propriétaire.

KUZNER (Passage) **. . . . . . **XIX**ᵉ ARRONDISSEMENT. . . . . 76ᵉ QUARTIER.

Anciennement commune de Belleville.

1785   **Commence** rue de Belleville, 19. — **Finit** rue Rébeval, 28.   (l. 21. — P. 2.)

Longʳ : 200ᵐ,00.

Moindre largʳ : 3ᵐ,50.   (*Voie privée.*)

ORIG. — Nom d'un propriétaire du passage.

LA BAROUILLÈRE (Rue de). . . **VI**ᵉ ARRONDISSEMENT . . . . 23ᵉ QUARTIER.

1786   **Commence** rue de Sèvres, 119. — **Finit** rue du Cherche Midi, 112.   (I. 17. — P. 20.)
     Long^r : 166^m,00.
     Larg^r :   8^m,00. — DÉCISION MINISTÉRIELLE DU 23 FRIMAIRE AN IX.
     Id.   10^m,00. — ORD. ROYALE DU 11 JUIN 1845. *Alignements.*
  ORIG. — Nom du propriétaire qui la fit ouvrir, vers 1680.

LABAT (Rue) **. . . . . XVIII**ᵉ ARRONDISSEMENT . . . . 70ᵉ QUARTIER.
          Anciennement commune de Montmartre.

1787   **Commence** rues des Poissonniers, 61, et Marcadet, 43. — **Finit** rue Bachelet, 14. (I.77.—P.78.)
     Long^r : 520^m,00.
         DÉCRET DU 23 MAI 1863. *Classement* entre les rues des Poissonniers et
            Marcadet, et la rue Ramey.
     Larg^r : 10^m,00. — *Alignements* projetés de cette partie.
         ARRÊTÉ PRÉFECTORAL DU 27 JUILLET 1869. *Classement* et *Alignements*
            entre la rue Ramey et la rue Bachelet.
         ARRÊTÉS PRÉFECTORAUX DES 3 FÉVRIER 1865 ET 27 JUIN 1868. *Nivelle-*
            ment.
         ARRÊTÉ PRÉFECTORAL DU 2 AVRIL 1868. *Dénomination* actuelle.
            OBS. — Précédemment rues Biron et Labat.
  ORIG. — M. Labat, propriétaire, ancien adjoint au maire de Montmartre, puis maire du XVIIIᵉ arrondissement.

LA BAUME (Rue de). . . . . . **VIII**ᵉ ARRONDISSEMENT. . . . . 32ᵉ QUARTIER.

1788   **Commence** rue de Courcelles, 20. — **Finit** avenue Percier, 11.   (I. 31. — P. 28.)
     Long^r : 308^m,00.
     Larg^r : 12^m,00. — DÉCRET DU 1er OCTOBRE 1858. *Ouverture* et *Alignements*.
  ORIG. — Percée sur les terrains de M. La Baume-Pluvinel.

LABIE (Rue). . . . . **XVII**ᵉ ARRONDISSEMENT. . . . . 63ᵉ QUARTIER.
          Anciennement commune de Neuilly.

1789   **Commence** avenue des Ternes, 81. — **Finit** rue Brunel, 46.   (I. 13. — P. 16.)
     Long^r : 127^m,00.
     Larg^r : 12^m,00. — ARRÊTÉ PRÉFECTORAL DU 1er JUILLET 1856. *Alignements.*
         DÉCRET DU 23 MAI 1863. *Classement* (confirmation).
  ORIG. — Nom du propriétaire du terrain sur lequel elle a été ouverte; M. Labie, ancien notaire et maire de Neuilly.

LA BOËTIE (Rue). . . . . . . **VIII**ᵉ ARRONDISSEMENT. . . . . 30ᵉ, 31ᵉ et 32ᵉ QUARTIERS.

1790   **Commence** boulevards Malesherbes, 47, et Haussmann, 91. — **Finit** avenue des Champs
     Élysées, 62.   (I. 111. — P. 130.)
     Long^r : 1110^m,00.
     Larg^r : 10^m,00. — DÉCISION MINISTÉRIELLE DU 12 FRUCTIDOR AN V. *Alignements* entre la
            rue de l'Arcade et la rue du Faubourg Saint Honoré.
     Id.   20^m,00. — DÉCRET DU 16 JUILLET 1862 (U. P.). *Alignements* depuis les boulevards
            Malesherbes et Haussmann jusqu'aux rues Cambacérès et d'Ar-
            genson (élargissement).
     Id.   12^m,00. — ORD. ROYALE DU 9 FÉVRIER 1848. *Alignements* depuis les rues Camba-
            cérès et d'Argenson jusqu'au n° 99 (n° 61 actuel) et la rue de
            Courcelles.
     Id.   20^m,00. — *Alignements* projetés de cette dernière partie (commencement
            d'exécution).
     Id.   20^m,00. — DÉCRET DU 23 FÉVRIER 1861 (U. P.). *Alignements* depuis le n° 99
            (61 actuel) et la rue de Courcelles jusqu'à la rue du Faubourg
            Saint Honoré.

LA BOÉTIE (Rue). (Suite.)
   Larg^r : 10^m,00. — Décision ministérielle du 6 nivose an xii. Alignements entre la rue du Faubourg Saint Honoré et l'avenue des Champs Elysées.
   Id. 10^m,00. — Décret du 23 février 1861 (U. P.). Alignements entre la rue du Faubourg Saint Honoré et l'avenue d'Antin.
   Arrêté préfectoral du 16 août 1879. Dénomination actuelle.
     Obs. — Précédemment rues Pierre Charron et Abbatucci; antérieurement rues de la Pépinière et de Morny.
  Orig. — Étienne de La Boëtie, écrivain, ami de Montaigne (1530-1563); voisinage de l'avenue et de la rue Montaigne.

LABOIS-ROUILLON (Rue). . . . XIXe Arrondissement. . . . . 73e Quartier.
      Anciennement commune de La Villette.
1791 Commence rue de Crimée, 209. — Finit rue d'Aubervilliers, 148. (I.25. — P.22.)
  Long^r : 330^m,00.
  Larg^r : 7^m,00.   (Voie privée.)
   Arrêté préfectoral du 23 juin 1877. Dénomination actuelle.
     Obs. — Précédemment Petite rue Curial, et passage Curial et antérieurement passage des Entrepreneurs. Un arrêté du 1er février 1877 l'a dénommée rue de l'Escaut.
  Orig. — Nom des deux propriétaires qui l'ont fait ouvrir.

LABORDE (Place de) . . . . VIIIe Arrondissement. . . . . 32e Quartier
1792 Située entre la rue de Laborde, 15; la rue de Vienne, 1, et l'avenue Portalis, 6. (P.16.)
  Long^r : 107^m,00.   (Place plantée.)
   Ord. royale du 30 décembre 1846. Alignements.
   Arrêté préfectoral du 4 janvier 1868. Nivellement.
   Décret du 16 juillet 1862 (U. P.), modifiant le périmètre de la place.
   12^m,00. — Largeur des voies autour du square.
  Orig. — Voir rue de Laborde.

LABORDE (Rue de). . . . . . . VIIIe Arrondissement. . . . . 32e Quartier
1793 Commence rue du Rocher, 17. — Finit boulevard Haussmann, 132, et rue de Miromesnil, 58.
  Long^r : 490^m,00.   (I. 53. — P.50.)
  Moindre Larg^r : 9^m,74. — Ord. royale du 31 août 1846. Alignements.
   Décret du 16 juillet 1862. Modification de l'Alignement au débouché sur le boulevard Haussmann.
   Arrêté préfectoral du 7 décembre 1863. Nivellement du côté des numéros pairs.
   Arrêté préfectoral du 4 janvier 1848. Nivellement du côté des numéros impairs.
  Orig. — Alexandre-Louis-Joseph de Laborde, archéologue (1774-1842), préfet de la Seine en 1830.

LA BOURDONNAIS (Avenue de). VIIe Arrondissement . . . . 28e Quartier.
1794 Commence quai d'Orsay, 103. — Finit avenues Bosquet, 68, et de La Motte-Picquet.
  Long^r : 960^m,00.   (I. 79.)
  Larg^r : 41^m,50. — Ord. royale du 9 août 1844. Alignements.
     Obs. — Tracée en 1770. Par une loi du 19 mars 1838, elle a été cédée par l'État à la Ville de Paris.
  Orig. — Bertrand-François Mahé de la Bourdonnais, gouverneur général des îles de France et de Bourbon (1699-1753); voisinage de l'École Militaire fondée sous Louis XV.

LABRADOR (Impasse du) **. . . . XVe Arrondissement . . . . 57e Quartier.
      Anciennement commune de Vaugirard.
1795 Située rue Camulogène.   (I.11. — P. 10.)
  Long^r : 60^m,00.
  Larg^r : 4^m,00 (environ). (Voie privée.)
  Orig. — État de l'Amérique du Nord.

LABROUSTE (Rue) ** . . . . . . XVe Arrondissement . . . . 57e Quartier.
      Anciennement commune de Vaugirard.
1796 Commence rond-point des Fourneaux. — Finit rue des Morillons. (I. 87. — P. 50.)
  Long^r : 580^m,00.
  Larg^r : 12^m,00 environ.
   Décret du 3 mai 1880 (U. P.). Classement, Alignements et Nivellement.
   Décret du 29 novembre 1880. Dénomination actuelle.
     Obs. — Précédemment rue Zangiacomi.
  Orig. — Pierre-François-Henri Labrouste, architecte (1801-1875).

LA BRUYÈRE (Rue) . . . . . . IXe Arrondissement . . . . 33e Quartier.

1797 **Commence** rue Notre-Dame de Lorette, 33. — **Finit** rue Blanche, 50.   (I. 59. — P. 58.)

Long^r : 417^m,00.

Larg^r :   9^m,75. — Ord. royale du 21 avril 1824. *Alignements* entre la rue Notre-Dame de Lorette et la rue de la Rochefoucauld.

Larg^r : 10^m,00. — Ord. royale du 27 février 1839. *Alignements* entre la rue de la Rochefoucauld et la rue Pigalle.

Larg^r : 12^m,00. — *Alignements* entre la rue Pigalle et la rue Blanche.

Arrêté préfectoral du 2 avril 1863. *Dénomination* actuelle.

Obs. — Précédemment rue Boursault et rue La Bruyère.

Orig. — Jean de La Bruyère, littérateur (1645-1696); voisinage de la rue la Rochefoucauld.

LABYRINTHE (Cité du) **. . . . XXe Arrondissement . . . . 79e Quartier.

Anciennement commune de Belleville.

1798 **Commence** rue de Ménilmontant, 24. — **Finit** rue des Panoyaux, 35.   (I. 23.)

Long^r : 217^m,00.

Larg^r :   3^m,60 environ.   (*Voie privée.*)

Arrêté préfectoral du 1er février 1877. *Dénomination.*

Orig. — Ainsi dénommée en raison de ses nombreux détours.

LACAILLE (Rue) . . . . XVIIe Arrondissement . . . . 68e Quartier.

1799 **Commence** rue Balagny, 53. — **Finit** rue Marcadet, 277.

Long^r : 107^m,00.

Larg^r : 12^m,00.   (*Voie privée.*)

Arrêté préfectoral du 28 février 1881. *Dénomination* actuelle.

Obs. — Précédemment rue Neuve Balagny.

Orig. — Nicolas-Louis de Lacaille, astronome (1713-1762); quartier où ont été groupés des noms de savants.

LACAZE (Rue) **. . . . . XIVe Arrondissement . . . . 53e Quartier.

Anciennement commune de Montrouge.

1800 **Commence** rue de la Tombe Issoire, 128.— **Finit** rue de la Voie Verte, 35. (I. 27.— P. 24.)

Long^r : 130^m,00.

Larg^r : 10^m,00 environ.   (*Voie privée.*)

Décret du 10 février 1875. *Dénomination* actuelle.

Obs. — Précédemment rue des Chemins de Fer.

Orig. — Hommage rendu à M. Lacaze, qui a légué au musée du Louvre sa riche collection de tableaux.

LACÉPÈDE (Rue) **. . . . . . Ve Arrondissement . . . . 17e et 18e Quartiers.

1801 **Com.** r. Geoffroy-St-Hilaire et Linné, 1. — **Finit** rue Mouffetard, 19, et place de la Contrescarpe.

Long^r : 403^m,00.   (I. 57. — P. 52.)

Larg^r : 12^m,00. — *Alignements* projetés déjà suivis d'exécution. (Largeur actuelle, 4^m,30 moindre.)

Arrêté préfectoral du 28 mai 1868. *Nivellement* pour le raccordement avec la rue Monge.

16 février 1870. *Nivellement* approuvé par le Directeur des Travaux.

Décret du 2 décembre 1853. — *Dénomination* actuelle.

Obs. — Précédemment rue Copeau.

Orig.— Bernard-Germain-Étienne de la Ville, comte de Lacépède, naturaliste (1756-1825); voisinage du Jardin des Plantes.

LACHARRIÈRE (Rue). . . . . . XIe Arrondissement . . . . 42e Quartier.

1802 **Commence** boulevard Voltaire, 73. — **Finit** rue Saint Maur, 61.   (I. 25. — P. 26.)

Long^r : 366^m,00.

Moindre larg^r : 10^m,00. — Décret du 24 janvier 1863. *Alignements* entre le boulevard Voltaire et l'avenue Parmentier.

Obs. — La partie comprise entre l'avenue Parmentier et la rue Saint Maur a été ouverte par la Ville, sur les terrains de l'ancien abattoir de Ménilmontant. (Délibération du 27 août 1869.)

Arrêté préfectoral du 26 juin 1877. *Nivellement* de la partie comprise entre le boulevard Voltaire et l'avenue Parmentier.

Décret du 10 février 1875 et Arrêté préfectoral du 23 juin 1867. *Dénomination* actuelle.

Obs. — Précédemment rue Sainte Irénée et rue Lacharrière.

Orig. — Jules-Marie Ladrèit de La Charrière, général de brigade, tué à la bataille de Champigny (1800-1870); quartier où ont été groupés des noms de généraux tués pendant la défense de Paris.

LA CONDAMINE (Rue). . . . . XVIIe Arrondissement . . . . 67e et 68e Quartiers.

Anciennement commune des Batignolles.

1803 **Commence** avenue de Clichy, 75. — **Finit** rue Dulong, 12.   (I. 105. — P. 116.)

Long^r : 680^m,00.

Larg^r :   8^m,00. — Délibération du conseil municipal du 10 novembre 1841. *Alignements* projetés. (Largeur actuelle.)

Décret du 23 mai 1863. *Classement* (confirmation).

Arrêté préfectoral du 9 novembre 1864. *Nivellement* entre les rues Boursault et Dulong.

Décret du 10 août 1868. *Dénomination* actuelle.

Obs. — Précédemment rue de la Paix.

Orig. — Charles-Marie de La Condamine, voyageur (1701-1774).

LACORDAIRE (Rue). . . . . . . **XV**ᵈ ARRONDISSEMENT . . . . 60ᵉ QUARTIER.

Anciennement commune de Grenelle.

1804 **Commence** rue Saint Charles, 123. — **Finit** rue Saint Charles, 177. (I. 57. — P. 58.)

Long' : 495ᵐ,00.

Larg' : 9ᵐ,00. — DÉCRET DU 7 OCTOBRE 1878. *Classement, Alignements* et *Nivellement.*

DÉCRET DU 10 FÉVRIER 1875. *Dénomination* actuelle.

Obs. — Précédemment rue Sainte Marie.

Orig. — Jean-Baptiste-Henri Lacordaire, dominicain, membre de l'Académie française (1802-1861): voisinage de l'église de Grenelle.

LACRETELLE (Rue) . . . . **XV**ᵈ ARRONDISSEMENT . . . . 57ᵉ QUARTIER.

Anciennement commune de Vaugirard.

1805 **Commence** rue de Vaugirard, 393. — **Finit** rue Vaugelas. (I. 1. — P. 10.)

Long' : 167ᵐ,00.

Larg' : 10ᵐ,00. — DÉLIBÉRATION DU CONSEIL MUNICIPAL DU 10 AOUT 1844. *Alignements* projetés. (Largeur actuelle, 6ᵐ,80 moindre.)

DÉCRET DU 23 MAI 1863. *Classement* (confirmation).

DÉCRET DU 24 AOUT 1864. *Dénomination* actuelle.

Obs. — Précédemment rue des Carrières.

Orig. — Jean-Charles-Dominique de Lacretelle, historien (1766-1855).

LACROIX (Rue) . . . . **XVII**ᵈ ARRONDISSEMENT . . . . 68ᵉ QUARTIER.

Anciennement commune des Batignolles.

1806 **Commence** avenue de Clichy, 112. — **Finit** rue Davy, 29. (I. 17. — P. 16.)

Long' : 228ᵐ,00.

Larg' : 10ᵐ,00. — DÉCRET DU 17 MARS 1879. *Classement, Alignements* et *Nivellement.*

Orig. — Nom de propriétaire.

LACUÉE (Rue) . . . . **XII**ᵉ ARRONDISSEMENT . . . . 48ᵉ QUARTIER.

1807 **Com.** boulevard de la Contrescarpe, 32 *bis.* — **Finit** rues de Lyon, 45, et Jules César, 19.

Long' : 175ᵐ,00. (I. 15. — P. 18.)

Moindre larg' : 9ᵐ,00. — DÉCISION MINISTÉRIELLE DU 16 VENTOSE AN XII.

Larg' : 15ᵐ,00. — ORD. ROYALE DU 1ᵉʳ JUIN 1828. *Alignements.*

ARRÊTÉ PRÉFECTORAL DU 16 AOUT 1879. *Dénomination* actuelle.

Obs. — Précédemment rue des Terres-Fortes.

Orig. — Gérard Lacuée, colonel du 59ᵉ de ligne, tué au combat de Gunzbourg (campagne d'Austerlitz) (1774-1805): voisinage du pont d'Austerlitz.

LA FAYETTE (Place) . . **X**ᵉ ARRONDISSEMENT . . . . 37ᵉ QUARTIER.

1808 **Située** à la rencontre des rues de La Fayette, 111; d'Abbeville, 1; des Petits Hôtels, 29; Fénelon, 1; Bossuet, 2, et d'Hauteville, 100.

Long' : 70ᵐ,00.

Larg' : 75ᵐ,60. — ORD. ROYALES DES 31 JANVIER 1827 et 2 FÉVRIER 1839. *Alignements.*

Orig. — Voir rue de La Fayette.

LA FAYETTE (Rue) . . . . . . **IX**ᵉ ARRONDISSEMENT . . . . . . 34ᵉ, 35ᵉ et 36ᵉ QUARTIERS.

Xᵉ ARRONDISSEMENT . . . . . . 37ᵉ, 38ᵉ et 40ᵉ QUARTIERS.

1809 **Commence** rue de la Chaussée d'Antin, 38, et boulevard Haussmann, 36 *bis.* — **Finit** boulevard de La Villette, 139, et quai de Valmy, 205. (I. 245. — P. 230.)

Long' : 2789ᵐ,00.

Larg' : 20ᵐ,00. — DÉCRET DU 19 MARS 1862 (U. P.). *Ouverture* et *Alignements* entre la rue de la Chaussée d'Antin et la rue du Faubourg Montmartre.

Id. 20ᵐ,00. — DÉCRET DU 27 AOUT 1859 (U. P.). *Ouverture* et *Alignements* entre la rue du Faubourg Montmartre et la rue du Faubourg Poissonnière.

Id. 20ᵐ,00. — ORD. ROYALE DU 27 NOVEMBRE 1822. *Ouverture* et *Alignements* entre la rue du Faubourg Poissonnière et la rue du Faubourg Saint Martin, modifiés par l'Ordonnance royale suivante.

Id. 19ᵐ,50. — ORD. ROYALE DU 6 JANVIER 1823 (U. P.). *Déclaration* (d'U. P.) du *Percement,* et *Réduction* de la largeur fixée par l'Ordonnance royale de 1822.

Id. 19ᵐ,50. — ORD. ROYALE DU 5 JUIN 1846. *Alignements* entre la rue du Faubourg Saint Martin et le boulevard de La Villette.

ARRÊTÉ PRÉFECTORAL DU 20 DÉCEMBRE 1866. *Nivellement* entre la rue de la Chaussée d'Antin et la rue Laffitte.

ARRÊTÉ PRÉFECTORAL DU 10 AVRIL 1863. *Nivellement* entre la rue Laffitte et la rue du Faubourg Montmartre.

ARRÊTÉ PRÉFECTORAL DU 27 AOUT 1863. *Nivellement* entre la rue du Faubourg Montmartre et la rue Cadet.

ARRÊTÉ PRÉFECTORAL DU 14 AOUT 1863. *Nivellement* entre la rue Cadet et le square Montholon.

LAFAYETTE (Rue)[3]. *(Suite.)*

ARRÊTÉ PRÉFECTORAL DU 9 AVRIL 1863. *Nivellement* entre le square Montholon et la rue du Faubourg Poissonnière.
Elle reçut en 1830 la *Dénomination* actuelle.

OBS. Précédemment rue Charles X, entre la rue du Faubourg Saint Martin et la rue du Faubourg Poissonnière, et chemin de Pantin entre la rue du faubourg Saint Martin et le boulevard de La Villette.

ORIG. — Marie-Jean-Paul-Roch-Yves-Gilbert de Motier, marquis de La Fayette, premier général de la garde nationale de Paris (1757-1834).

LAFERRIÈRE (Passage) . . . . . IXe ARRONDISSEMENT. . . . . 33e QUARTIER.

1810 **Commence** rue Notre-Dame de Lorette, 18. — **Finit** rue Breda, 4.   (I. 15. — P. 30.)
Long[r] : 205[m],00.
Moindre larg[r] :   9[m],75. — DÉCRET DU 18 FÉVRIER 1880. *Classement*, *Alignements* et *Nivellement*.

ORIG.-- Le comte Louis-Marie de Laferrière-Lévêque, lieutenant-général (1776-1834), était commandant de la garde nationale à cheval lorsque ce passage a été ouvert (1832).

LA FEUILLADE (Rue). . . . . . . Ier ARRONDISSEMENT. . . . . 3e QUARTIER.
                                    IIe ARRONDISSEMENT. . . . . 6e QUARTIER.

1811 **Commence** place des Victoires, 6. — **Finit** rues de la Vrillière, 12, et des Petits Pères, 2.
Long[r] : 55[m],00.   (I. 7. — P. 8.)
Larg[r] : 11[m],00. — DÉCISION MINISTÉRIELLE DU 3 FRUCTIDOR AN IX.
Id.   11[m],00. — ORD. ROYALE DU 23 JUILLET 1828. *Alignements*.

ORIG. — François d'Aubusson, duc de la Feuillade, maréchal de France (1625-1691), créateur de la place des Victoires ; voisinage de cette place.

LAFFITTE (Rue) . . . . IXe ARRONDISSEMENT. . . . . 34e et 35e QUARTIERS.

1812 **Commence** boulevard des Italiens,18 bis. — **Finit** rue de Châteaudun, 19. (I. 54. — P. 58.)
Long[r] : 491[m],00.
Larg[r] :   9[m],74. — DÉCISION MINISTÉRIELLE DU 18 VENDÉMIAIRE AN VI.
Id.   9[m],74. — ORD. ROYALE DU 27 OCTOBRE 1847. *Alignements* entre le boulevard des Italiens et la rue de Provence.
Id.   9[m],74. — ORD. ROYALE DU 30 JUILLET 1823. *Ouverture* et *Alignements* entre les rues de Provence et de la Victoire.
Id.   13[m],00. — ORD. ROYALE DU 21 JUILLET 1824. *Ouverture* et *Alignements* entre la rue de la Victoire et la rue de Châteaudun.

ORIG. - Jacques Laffitte, financier et homme politique (1767-1844). Ainsi nommée après la Révolution de 1830, dont il fut l'un des promoteurs ; il y avait son hôtel.

LA FONTAINE (Rue) . . . . . XVIe ARRONDISSEMENT. . . . . 61e QUARTIER.
Anciennement commune d'Auteuil.

1813 **Com.** rues de Boulainvilliers, 15, et de l'Assomption. 1.— **Finit** r. Donizetti, 6, et d'Auteuil.
Long[r] : 962[m],00.   (I. 75. — P. 110.)
Larg[r] : 12[m],00. — ARRÊTÉ PRÉFECTORAL DU 16 AVRIL 1857. *Alignements* entre la rue de Boulainvilliers et la rue Gros.
Id.   10[m],00. — ORD. ROYALE DU 12 MAI 1830. *Alignements* entre la rue Gros et la rue Pierre Guérin.
Id.   20[m],00 environ. — DÉCRET DU 30 NOVEMBRE 1862. *Alignements* entre la rue Pierre Guérin et les rues Donizetti et d'Auteuil.
          DÉCRET DU 23 MAI 1863. *Classement* (confirmation).
          ARRÊTÉ PRÉFECTORAL DU 5 NOVEMBRE 1868. *Nivellement*.
          DÉCRET DU 2 OCTOBRE 1865. *Dénomination* actuelle.

OBS. — Précédemment rue de la Fontaine, route départementale n° 29 et rue de la Tuilerie.

ORIG. — Traverse l'ancien village d'Auteuil, qui fut habité par Jean de Lafontaine, le fabuliste (1621-1695).

LAGHOUAT (Rue de) [*] . . . . . XVIIIe ARRONDISSEMENT. . . . . 71e QUARTIER.
Anciennement commune de La Chapelle.

1814 **Commence** rue Stéphenson, 41. — **Finit** rue Léon, 20.   (I. 27. — P. 31.)
Long[r] : 187[m],00.
Larg[r] : 10[m],00. — ORD. ROYALE DU 14 MAI 1841. *Ouverture* et *Alignements*.
          DÉCRET DU 23 MAI 1863, *Classement* (confirmation).
          ARRÊTÉ PRÉFECTORAL DU 3 FÉVRIER 1863. *Nivellement*.
          DÉCRET DU 24 AOUT 1864. *Dénomination* actuelle.

OBS. -- Précédemment rue de Mazagran.

ORIG. — Laghouat, ville d'Algérie ; quartier où ont été groupés des noms rappelant les campagnes d'Algérie.

LAGILLE (Impasse) . . . . XVIIe ARRONDISSEMENT . . . . 68e QUARTIER.
Anciennement commune des Batignolles.

1815 **Située** avenue de Saint Ouen, 117.   (P. 12.)
Long[r] : 100[m],00.
Larg[r] : 4[m],25 environ.   (*Voie privée.*)
          ARRÊTÉ PRÉFECTORAL DU 10 NOVEMBRE 1873. *Dénomination*.

ORIG. — *Voir* rue Lagille.

LAGILLE (Rue) . . . . **XVIII**ᵉ Arrondissement . . . . 69ᵉ Quartier.
Anciennement commune des Batignolles.

1816 **Commence** avenue de Saint Ouen, 116. — **Finit** en imp. au delà de la rue Jacques Cartier.
Long^r : 180^m,00.   (I. 31. — P. 30)
Moindre larg^r : 3^m,75.   *(Voie privée.)*
Orig. — Nom de propriétaire.

LAGNY (Passage de) . . . . **XX**ᵉ Arrondissement . . . . 80ᵉ Quartier.
Anciennement commune de Charonne.

1817 **Commence** rue de Lagny, 53. — **Finit** rue Philidor, 20.   (I. 17. — P. 16.)
Long^r : 158^m,00.
Moindre larg^r : 6^m,68.   Obs. — Voie ouverte par la Ville de Paris et l'administration du Chemin
de fer de Ceinture, pour donner un débouché à la première partie
de la rue Philidor.
Arrêté préfectoral du 1er février 1877. *Dénomination.*
Orig. — *Voir rue de Lagny.*

LAGNY (Rue de) . . . . **XX**ᵉ Arrondissement. . . . . 80ᵉ Quartier.
Anciennement communes de Saint Mandé et de Charonne.

1818 **Commence** boulevard de Charonne, 10. — **Finit** boulevard Davout.   (I. 53. — P. 56.)
Long^r : 860^m,00.
Larg^r : 10^m,00. — Arrêté préfectoral du 5 octobre 1857. *Alignements.*
Décret du 23 mai 1863. *Classement (confirmation).*
Arrêté préfectoral du 29 mai 1863. *Nivellement* de la partie entre
le chemin de fer de Ceinture et le boulevard Davout.
Arrêté préfectoral du 5 avril 1866. *Nivellement* de la partie entre
la rue des Maraîchers et le chemin de fer de Ceinture.
Arrêté préfectoral du 13 octobre 1866. *Nivellement* de la partie
entre le boulevard de Charonne et la rue des Maraîchers.
Orig. — Ancien chemin conduisant à Lagny.

LAHIRE (Rue) ****** . . . . **XIII**ᵉ Arrondissement . . . . 50ᵉ Quartier.
Anciennement commune d'Ivry.

1819 **Commence** rue Jeanne Darc, 41. — **Finit** rue Clisson, 79.   (I. 29. — P. 26.)
Long^r : 140^m,00.
Larg^r : 10^m,00. — Décret du 9 décembre 1854 (U. P.). *Ouverture et Alignements.*
Id.   12^m,00. — Arrêté préfectoral du 22 mai 1858. *Élargissement.*
Décret du 23 mai 1863. *Classement (confirmation).*
Arrêté préfectoral du 30 novembre 1865. *Nivellement.*
Décret du 2 mars 1864. *Dénomination actuelle.*
Obs. — Précédemment rue B.
Orig. — Etienne de Vignolles, dit Lahire, compagnon d'armes de Jeanne Darc, mort en 1443 ; voisinage de la place
Jeanne Darc.

LAKANAL (Rue) . . . . **XV**ᵉ Arrondissement . . . . 59ᵉ Quartier.

1820 **Commence** rue du Commerce, 87. — **Finit** rue de la Croix Nivert, 90.   (I. 19. — P. 28.)
Long^r : 164^m,00.
Larg^r : 10^m,00. — Décret du 28 juillet 1879. *Classement, Alignements et Nivellement.*
Arrêté préfectoral du 16 août 1879. *Dénomination actuelle.*
Obs. — Précédemment rue de Moyencourt et antérieurement rue du Marché.
Orig. — Joseph Lacanal, dit Lakanal, conventionnel, membre de l'Institut (1762-1845), principal organisateur de l'ins-
truction publique en 1795.

LALANDE (Rue) ****** . . . . **XIV**ᵉ Arrondissement . . . . 53ᵉ et 55ᵉ Quartiers.
Anciennement commune de Montrouge.

1821 **Commence** rue du Champ d'Asile, 19. — **Finit** rue Liancourt, 12.   (I. 25. — P. 20.)
Long^r : 180^m,00.
Décret du 23 mai 1863. *Classement.*
Larg^r : 9^m,60. — *Alignements* projetés.
Arrêté préfectoral du 18 novembre 1862. *Nivellement.*
Décrets du 24 août 1864 et du 10 février 1875. *Dénomination actuelle.*
Obs. — Précédemment rues Sainte Marie et de l'Impératrice.
Orig. — Joseph-Jérôme Le François de Lalande, astronome (1732-1807); voisinage de l'Observatoire.

LALLEMAN (Galerie) ****** . . . . . **XVIII**ᵉ Arrondissement . . . . 70ᵉ Quartier.
Anciennement commune de Montmartre.

1822 **Commence** rue de Clignancourt, 5. — **Finit** rue d'Orsel, 4 bis.
Long^r . 145^m,00.
Moindre larg^r : 3^m,00.   *(Voie privée.)*
Orig. — Nom de propriétaire.

LALLIER (Rue) °°. . . . . **IX**e ARRONDISSEMENT . . . . 36e QUARTIER.

1823 **Commence** avenue Trudaine, 26. — **Finit** boulevard de Rochechouart, 53. (I. 7. — P. 8.)
    Long^r : 128^m,00.
    Moindre larg^r : 12^m,00. — ORD. ROYALE DU 23 AOÛT 1833. *Alignements* entre l'avenue Trudaine
          et la rue Cretet.
    Larg^r : 12^m,00. — DÉCRET DU 20 JUIN 1858. *Alignements* entre la rue Cretet et le bou-
          levard de Rochechouart.
        DÉCRET DU 24 AOÛT 1864. *Dénomination* actuelle.
             OBS. — Précédemment rue Beauregard.
  ORIG. — Michel Lallier, prévôt des marchands, ouvrit les portes de Paris à l'armée de Charles VII, en 1436.

LALLY-TOLLENDAL (Rue) °°. **XIX**e ARRONDISSEMENT . . . . 73e QUARTIER.
         Anciennement commune de La Villette.

1824 **Commence** rue d'Allemagne, 38. — **Finit** rue de Meaux, 71. (I. 19. — P. 18.)
    Long^r : 153^m,00.
        DÉCRET DU 23 MAI 1863. *Classement.*
    Larg^r : 12^m,00. — *Alignements* projetés.
        ARRÊTÉ PRÉFECTORAL DU 13 NOVEMBRE 1860. *Nivellement.*
        DÉCRET DU 10 FÉVRIER 1875. *Dénomination* actuelle.
            OBS. — Précédemment rue de Sébastopol.
  ORIG. — Le baron Thomas-Arthur de Lally-Tollendal, gouverneur des Indes françaises (1702-1766).

LAMANDÉ (Rue). . . . . **XVII**e ARRONDISSEMENT. . . . . 67e QUARTIER.
         Anciennement commune des Batignolles.

1825 **Commence** rue Bridaine, 4. — **Finit** rue Legendre, 80. (I. 19. — P. 24.)
    Moindre long^r : 135^m,00.
    Larg^r : 8^m,80. — DÉCRET DU 23 MAI 1863. *Classement.*
        DÉCRET DU 24 AOÛT 1864. *Dénomination.*
  ORIG. — François-Laurent Lamandé, ingénieur, constructeur des ponts d'Austerlitz et d'Iéna (1735-1819); quartier où
  ont été groupés des noms d'ingénieurs.

LAMARCK (Rue) °°. . . . . . . **XVIII**e ARRONDISSEMENT. . . . . . . 69e et 70e QUARTIERS.

1826 **Com.** rues Chasseloup-Laubat et de la Fontenelle. — **Finit** rue des Grandes-Carrières, 14.
    Long^r : 930^m,00. (I. 25. — P. 30.)
    Larg^r : 12^m,00. — DÉCRET DU 11 AOÛT 1867 (U. P.). *Ouverture* et *Alignements.*
        DÉCRET DU 10 FÉVRIER 1875. *Dénomination* actuelle.
            OBS. — Précédemment rue D.
  ORIG. — Jean-Baptiste-Pierre-Antoine de Monet de Lamarck, naturaliste, auteur d'études sur les fossiles du bassin de
  Paris (1744-1829).

LAMARTINE (Rue) . . . . **IX**e ARRONDISSEMENT. . . . . . . 35e et 36e QUARTIERS.

1827 **Commence** rues Cadet, 33, et Rochechouart, 1. — **Finit** rues du Faubourg Montmartre, 72,
    et des Martyrs, 2. (I. 43. — P. 64.)
    Long^r : 341^m,00.
    Moindre larg^r : 10^m,00. — DÉCISION MINISTÉRIELLE DU 12 FRUCTIDOR AN V.
    Id.   Id.   10^m,00. — ORD. ROYALE DU 23 AOÛT 1833. *Alignements.*
        ARRÊTÉ DU GOUVERNEMENT PROVISOIRE DU 16 MARS 1848. *Dénomination*
        actuelle.
            OBS. — Précédemment rue Coquenard.
  ORIG. — Alphonse-Marie-Louis Prat de Lamartine, poète et homme politique français (1790-1869).

LAMBERT (Rue) **. . . . . . . **XVIII**e ARRONDISSEMENT . . . . 70e QUARTIER

1828 **Commence** rue Nicolet, 8. — **Finit** rues Bachelet 26, et Lécuyer, 11. (I. 29. — P. 34.)
    Long^r : 166^m,00.
    Larg^r : 10^m,00. — ARRÊTÉ PRÉFECTORAL DU 27 JUILLET 1869. *Classement* et *Alignements*
        entre la rue Nicolet et la rue Labat.
        (*Voie privée* entre la rue Labat et la rue Bachelet.)
            OBS. — En vertu du décret d'U. P. du 11 août 1867, cette partie de la rue
               Lambert devra être supprimée pour le prolongement de la rue
               Custine.
        ARRÊTÉ PRÉFECTORAL DU 27 JUIN 1868. *Nivellement.*
        ARRÊTÉ PRÉFECTORAL DU 23 JUIN 1877. Réunion de la rue Lalande à
        la rue Lambert.
            OBS. — Précédemment rue Lambert et rue Lalande, et antérieurement rue de
  ORIG. — Nom de propriétaire.   l'Impératrice.

LAMBLARDIE (Rue). . . . . . . **XIIe** Arrondissement . . . . 40e Quartier.
1829   **Commence** place Daumesnil, 15. — **Finit** rue Picpus, 88.
    Long^r : 224^m,00.
    Larg^r : 12^m,00. — Ord. royale du 8 septembre 1847. *Alignements.*
             Décision préfectorale du 15 novembre 1871. *Nivellement.*
             Décret du 10 août 1868. *Dénomination* actuelle.
                Obs. — Précédemment rue des Moulins.
    Orig. — Jacques-Elie Lamblardie, ingénieur (1747-1797); voisinage des chemins de fer de Vincennes et de Lyon.

LAMENNAIS (Rue). . . . . **VIIIe** Arrondissement . . . . 30e Quartier.
1830   **Commence** rue Washington, 29. — **Finit** avenue Friedland, 23.   (I. 17. — 14).
    Long^r : 123^m,00.
    Larg^r : 12^m,00. — Décret du 23 octobre 1852. *Classement* et *Alignements.*
             Arrêté préfectoral du 20 janvier 1881. *Dénomination* actuelle.
                Obs. — Précédemment rue du Centre.
    Orig. — L'abbé Jean-Marie-Félicité Robert de Lamennais, écrivain (1779-1860).

LA MICHODIÈRE (Rue de). . . . **IIe** Arrondissement . . . . 5e Quartier.
1831   **Commence** carrefour Gaillon, 1, et rue Saint Augustin, 28. — **Finit** boulev. des Italiens, 29.
    Long^r : 217^m,00.   (I. 29. — P. 24.)
    Larg^r : 10^m,00. — Décision ministérielle du 28 ventôse an IX.
    Id.   12^m,00. — Ord. royale du 9 août 1844. *Alignements.*
             Arrêtés préfectoraux des 2 juin et 1er septembre 1868. *Nivellement*
                entre la rue de Hanovre et les n°s 6 et 7 de la rue de La Michodière.
    Orig. — Jean-Baptiste de La Michodière, comte d'Hauteville, né en 1720, était prévôt des marchands lorsqu'elle fut
    percée.

LA MOTTE-PICQUET (Avenue de)   **VIIe** Arrondissement . . . . 26e et 28e Quartiers.
                         XVe Arrondissement . . . . 39e Quartier.
1832   **Commence** rue de Grenelle. — **Finit** boulevard de Grenelle, 128.   (I. 67. — P. 68.)
    Long^r : 1390^m,00.
             Loi du 19 mars 1838. *Cession* par l'État à la Ville de Paris.
    Larg^r : 34^m,00. — Ord. royale du 9 août 1844. *Alignements.*
             Décision préfectorale du 11 août 1869. *Nivellement* de la partie
                entre la rue de Suffren et le boulevard de Grenelle.
    Orig. — Toussaint-Guillaume Picquet de la Motte, dit La Motte-Picquet, lieutenant-général des armées navales (1720-1791);
    voisinage du Champ de Mars.

LAMOUREUX (Cité). . . . . . . **XVIIe** Arrondissement . . . . 65e Quartier.
                Anciennement commune de Neuilly.
1833   **Commence** rue Poncelet, 27. — **Finit** passage Poncelet.   (P. 6.)
    Long^r : 71^m,00.
    Moindre larg^r : 3^m,00.   (*Voie privée.*)
    Orig. — Nom de propriétaire.

LANCETTE (Rue de la). . . . . **XIIe** Arrondissement . . . . 46e Quartier.
                Anciennement commune de Bercy.
1834   **Commence** rue de Charenton, 239. — **Finit** rue de Nicolaï, 67.   (I. 39. — P. 38.)
    Long^r : 290^m,00.
    Larg^r : 12^m,00. — Arrêté préfectoral du 20 mai 1837. *Alignements.* (Largeur actuelle,
    6^m,00.)
             Décret du 23 mai 1853. *Classement* (confirmation).
                Obs. — Précédemment rue de la Lancette et de la Vallée de Fécamp.
    Orig. — Endroit où aurait eu lieu, suivant une tradition locale, des rixes entre catholiques et protestants armés d'épées
    et de lancettes.

LANCRET (Rue). . . . . **XVIe** Arrondissement . . . . 61e Quartier.
                Anciennement commune d'Auteuil.
1835   **Commence** avenue de Versailles, 138. — **Finit** rue Jouvenet, 12.   (I. 9. — P. 10.)
    Long^r : 62^m,00.
    Larg^r : 10^m,00. — Arrêté préfectoral du 27 septembre 1837. *Alignements.*
             Décret du 23 mai 1863. *Classement* (confirmation).
             Décret du 24 août 1864. *Dénomination* actuelle.
                Obs. — Précédemment passage des Miracles.
    Orig. — Nicolas Lancret, peintre (1691-1743); quartier où ont été groupés des noms d'artistes.

LANCRY (Impasse de). . . . . . . **X^e** Arrondissement . . . . 39e Quartier.
1836   **Située** rue de Lancry, 59.   (I. 7. — P. 8.)
    Long^r : 95^m,00.
    Moindre larg^r : 3^m,75.   (*Voie privée.*)
           Arrêté préfectoral du 1er février 1877. *Dénomination* actuelle.
              Obs. — Précédemment impasse Sainte Opportune.
    Orig. — *Voir* rue de Lancry.

LANCRY (Rue de). . . . . **X**ᵉ Arrondissement . . . . 39ᵉ Quartier.

1837   **Commence** rue de Bondy, 80. — **Finit** quai de Valmy, 83.   (I. 67. — P. 62.)
    Long' : 540ᵐ,00.
    Larg' : 10ᵐ,00. — Décision ministérielle du 23 floréal an x.
    Id.   10ᵐ,00. — Ord. royale du 31 mars 1847. *Alignements.*
               Décision ministérielle du 13 juillet 1852. *Dénomination* actuelle.
               Obs. — Précédemment rue de la Grange aux Belles (partie).
  Orig. — Nom du propriétaire des terrains sur lesquels la rue a été ouverte (xviiiᵉ siècle).

LANDRIEU (Passage) . . . . **VII**ᵉ Arrondissement . . . . 28ᵉ Quartier.

1838   **Commence** rue de l'Université, 171. — **Finit** rue Saint-Dominique, 102.   (I. 1. — P. 2.)
    Long' : 230ᵐ,00.
    Moindre larg' : 5ᵐ,00.   *(Voie privée.)*
  Orig. — Nom de propriétaire.

LANGLOIS (Impasse) . . . . . . **XVIII**ᵉ Arrondissement . . . . 72ᵉ Quartier.
                       Anciennement commune de La Chapelle.

1839   **Située** rue de l'Évangile, 25.   (I. 5. — P. 6.)
    Long' : 62ᵐ,00.
    Larg' : 6ᵐ,00 environ.   *(Voie privée.)*
  Orig. — Nom de propriétaire.

LANGUEDOC (Rue du). . . . . . **V**ᵉ Arrondissement . . . . 17ᵉ Quartier.

1840   **Commence** au Grand Préau. — **Finit** rue de la Côte d'Or.
    Long' : 185ᵐ,00.
    Larg' : 21ᵐ,50.   *(Voie privée.)*
              Appartenant à la Ville de Paris, et située à la Halle aux Vins.
  Orig. — Doit son nom à sa situation.

LANNEAU (Rue de) . . . . . . **V**ᵉ Arrondissement . . . . 20ᵉ Quartier.

1841   **Com.** rues Valette, 2, et des Carmes, 42. — **Finit** rues Chartière, 1, et Jean de Beauvais.
    Long' : 70ᵐ,00.   (I. 11. — P. 18.)
    Larg' : 7ᵐ,00. — Décision ministérielle du 13 fructidor an VIII.
    Larg' : 12ᵐ,00. — Ord. royale du 5 juin 1846. *Alignements.*
              Décret du 11 août 1835 (U. P.). *Suppression pour le prolonge-*
                ment de la rue du Cimetière Saint-Benoît.
              Décret du 26 juillet 1880 rapportant le décret précédent.
              Arrêté préfectoral du 25 octobre 1880. *Dénomination* actuelle.
               Obs. — Précédemment rue Saint-Hilaire.
  Orig. — Pierre-Antoine-Victor de Lanneau, fondateur du nouveau collège de Sainte-Barbe (1758-1830); voisinage de ce
  collège.

LANNES (Boulevard) ✻. . . . . . **XVI**ᵉ Arrondissement. . . . . 63ᵉ Quartier.
                   Anciennement communes de Neuilly et de Passy.

1842   **Commence** avenue de la Grande Armée, 89, et porte de Neuilly. — **Finit** avenue du Trocadéro, 182, et porte de la Muette.   (I. 53. — P. 4.)
    Long' : 1920ᵐ,00.
              Convention du 5 juillet 1859. *Remise conditionnelle par le Génie*
               militaire, à la Ville de Paris, de la rue Militaire.
    Larg' : 40ᵐ,00. — Décret du 9 septembre 1861. *Élargissement* de la rue Militaire.
              Décret du 23 mai 1863. *Classement* (confirmation).
              Arrêté préfectoral du 1ᵉʳ mars 1869. *Nivellement.*
              Décret du 2 mars 1864. *Dénomination* actuelle.
              Obs. — Précédemment rue Militaire (partie).
  Orig — Jean Lannes, duc de Montebello, maréchal de France (1769-1809).

LANOY (Cour) . . . . **II**ᵉ Arrondissement. . . . . 8ᵉ Quartier.

1843   **Située** rue des Petits Carreaux, 26.
    Long' : 55ᵐ,00.
    Larg' : 2ᵐ,30.   *(Voie privée.)*
  Orig. — Nom de propriétaire.

LANTIER (Rue) . . . . **XVII**ᵉ Arrondissement. . . . . 68ᵉ Quartier.
                   Anciennement commune des Batignolles.

1844   **Commence** rue Marcadet, 318. — **Finit** chemin des Épinettes, 43.   (I. 31. — P. 40.)
    Long' : 265ᵐ,00.
    Larg' : 12ᵐ,00.   *(Voie privée.)*
  Orig. — Nom de propriétaire.

LAPÉROUSE (Rue) . . . . . . **XVI**ᵉ Arrondissement. . . . . 64ᵉ Quartier.
                   Anciennement commune de Passy.

1845   **Commence** rue de Belloy, 20. — **Finit** avenue d'Iéna, 65, et rue de Presbourg, 5.
    Long' : 408ᵐ,00.   (I. 87. — P. 84.)
    Larg' : 12ᵐ,00. — *Alignements* projetés du côté des numéros pairs.
              Ordonnance du bureau des finances du 16 janvier 1789. — *Aligne-*
              ments du côté des numéros impairs.
              Obs. — Cette voie est située sur l'emplacement de l'ancien boulevard de Passy.
              Arrêté préfectoral du 8 mars 1862. *Nivellement.*
              Décret du 2 mars 1864. *Dénomination* actuelle.
              Obs. — Précédemment boulevard de Passy (partie).
  Orig. — Jean-François de Galaup de La Pérouse, navigateur (1741-1788).

LAPLACE (Rue) . . . .   Vᵉ ARRONDISSEMENT. . . . .   20ᵉ QUARTIER.
1846   **Commence** rue de la Montagne Sainte Geneviève, 58.— **Finit** rue Valette, 11. (I. 21. P. 21.)
Longʳ : 95ᵐ,00.
Largʳ :   7ᵐ,00. — DÉCISION MINISTÉRIELLE DU 8 BRUMAIRE AN X.
Id.   10ᵐ,00. — ORD. ROYALE DU 5 JUIN 1846. *Alignements.*
DÉCRET DU 24 AOUT 1864. *Dénomination actuelle.*
OBS. — Précédemment rue des Amandiers.
ORIG. — Le marquis Pierre-Simon de Laplace, astronome (1749-1827); voisinage de l'École Polytechnique.

LA PLANCHE (Rue de) . . . . . .   VIIᵉ ARRONDISSEMENT . . . .   25ᵉ QUARTIER.
1847   **Commence** rue de Varenne, 15. — **Finit** en impasse.
Longʳ : 135,ᵐ00.
Largʳ : 12ᵐ,00.   (*Voie privée* en cours d'exécution.)
ORIG. — Raphaël de la Planche, trésorier des bâtiments du roi (1635).

LAPPE (Rue de) . . . .   XIᵉ ARRONDISSEMENT . . . .   43ᵉ QUARTIER.
1848   **Commence** rue de la Roquette, 32. — **Finit** rue de Charonne, 13.   (I. 51. — P. 51.)
Longʳ : 265ᵐ,00.
Largʳ :   8ᵐ,00. — DÉCISION MINISTÉRIELLE DU 3 PRAIRIAL AN IX.
Id.   10ᵐ,00. — ORD. ROYALE DU 6 MAI 1827. *Alignements.*
ARRÊTÉ PRÉFECTORAL DU 26 FÉVRIER 1867. *Dénomination actuelle.*
OBS. — Précédemment rue Louis Philippe.
ORIG. — Ouvert sur les terrains de Girard de Lappe, jardinier (XVIIᵉ siècle).

LA QUINTINIE (Rue) ** . . . . .   XVᵉ ARRONDISSEMENT . . . .   57ᵉ et 38ᵉ QUARTIERS.
Anciennement commune de Vaugirard.
1849   **Commence** rue Bargue. — **Finit** rue d'Alleray, 29.   (I. 35. — P. 44.)
Longʳ : 430ᵐ,00.
Largʳ : 13ᵐ,50. — DÉCRET DU 7 AOUT 1874. *Classement* et *Alignements* entre la rue
Bargue et la rue de la Procession.
Id.   9ᵐ,00. — DÉLIBÉRATION DU CONSEIL MUNICIPAL DU 9 AOUT 1844. *Alignements* pro-
jetés entre la rue de la Procession et la rue d'Alleray.
DÉCRET DU 23 MAI 1863. *Classement* confirmé de cette dernière
partie.
ARRÊTÉ PRÉFECTORAL DU 15 FÉVRIER 1866. *Nivellement* de la partie
entre la rue d'Alleray et la rue de la Procession.
ARRÊTÉ PRÉFECTORAL DU 6 JUILLET 1867. *Nivellement* du surplus.
DÉCRET DU 24 AOUT 1864 et ARRÊTÉ PRÉFECTORAL DU 20 JUILLET 1868.
Dénomination actuelle.
OBS. — Précédemment Petite rue de la Procession (partie).
ORIG. — Jean de La Quintinie, horticulteur (1626-1688); quartier où ont été groupés des noms d'agronomes.

LARD (Rue au) . . . .   Iᵉʳ ARRONDISSEMENT . . . .   2ᵉ QUARTIER.
1850   **Commence** rue de la Lingerie, 13. — **Finit** rue des Bourdonnais, 42.   (I. 5. — P. 10.)
Longʳ : 43ᵐ,00.
Largʳ :   7ᵐ,00. — DÉCISION MINISTÉRIELLE DU 24 JUIN 1817. *Alignements.*
DÉCRET DU 21 JUIN 1854 (U. P.). *Suppression.*
OBS. — Cette voie a été maintenue lors de la vente des terrains expropriés
pour le percement de la rue des Halles.
ORIG. — Ainsi nommée parce qu'on y vendait de la viande de porc; voisinage des Halles.

LA REYNIE (Rue de) . . . .   Iᵉʳ ARRONDISSEMENT . . . .   2ᵉ QUARTIER.
IVᵉ ARRONDISSEMENT . . . .   13ᵉ QUARTIER.
1851   **Commence** rue Saint Martin, 93. — **Finit** rue Saint Denis, 34.   (I. 35. — P. 20.)
Longʳ : 174ᵐ,00.
Largʳ :   6ᵐ,00. — DÉCISION MINISTÉRIELLE DU 18 VENDÉMIAIRE AN VI.
Id.   13ᵐ,00. — ORD. ROYALE DU 19 JUILLET 1840. *Alignements.*
Id.   16ᵐ,00. — DÉCRET DU 19 SEPTEMBRE 1854 (U. P.). *Élargissement.*
DÉCISION MINISTÉRIELLE DU 18 FÉVRIER 1851. *Réunissant* la rue Ogniard
à la rue de la Reynie.
OBS. — Précédemment rue Ogniard et rue Troussevache.
ORIG. — Gabriel-Nicolas de La Reynie, premier lieutenant-général de police (1625-1709).

LARGILLIÈRE (Rue) . . . . . .   XVIᵉ ARRONDISSEMENT . . . .   62ᵉ QUARTIER.
1852   **Commence** rue Mozart, 12. — **Finit** boulevard Beauséjour, 1, et chaussée de la Muette, 15.
Longʳ : 66ᵐ,00.   (I. 7. — P. 4.)
Largʳ : 12ᵐ,00. — DÉCRET DU 29 MAI 1867 (U. P.). *Ouverture* et *Alignements.*
ARRÊTÉ PRÉFECTORAL DU 2 AOUT 1866. *Nivellement.*
DÉCRET DU 2 MARS 1867. *Dénomination.*
ORIG. — Nicolas de Largillière, peintre (1656-1746); quartier où ont été groupés des noms d'artistes.

LA ROCHEFOUCAULD (Rue de)**.   **IX**ᵉ Arrondissement . . . . 33ᵉ Quartier.
1853 **Commence** rue Saint Lazare, 52. — **Finit** rue Pigalle, 54.   (I. 53. — P. 66.)
      Long^r : 440^m,00.
      Larg^r :   8^m,00. — Décisions ministérielles des 12 prairial an XI et 23 février 1808.
      Id.   10^m,00. — Ord. royale du 1ᵉʳ juillet 1834. *Alignements.*
      Orig. — Catherine de La Rochefoucauld-Cousage, abbesse de Montmartre, de 1737 à 1760; ancien territoire de l'abbaye.

LAROMIGUIÈRE (Rue)** . . . . . **V**ᵉ Arrondissement . . . . 19ᵉ Quartier.
1854 **Commence** rue de l'Estrapade, 9. — **Finit** rue Amyot, 10.   (I. 9. — P. 14.)
      Long^r : 125^m,00.
      Larg^r :   7^m,00. — Décision ministérielle du 2 thermidor an X.
      Id.   10^m,00. — Ord. royale du 9 janvier 1828. *Alignements.*
                          Décret du 24 décembre 1856. *Nivellement.*
                          Décret du 27 février 1867. *Dénomination* actuelle.
                          Obs. — Précédemment rue des Poules.
      Orig. — Pierre Laromiguière, philosophe (1756-1837); voisinage de plusieurs maisons d'éducation.

LARREY (Rue)** . . . . **V**ᵉ Arrondissement . . . . 18ᵉ Quartier.
1855 **Commence** rue de la Clef, 43. — **Finit** rue Monge, 75 *bis*.   (I. 3. — P. 6.)
      Long^r : 23^m00.
      Larg^r : 12^m00. — Voie ouverte par la Ville de Paris.
                          Arrêté préfectoral du 4 mars 1881. — *Dénomination.*
      Orig. — Le baron Dominique-Jean Larrey, chirurgien militaire, membre de l'Institut d'Égypte (1766-1842) ; voisinage de
      la rue Monge.

LARRIBE (Rue) . . . . **VIII**ᵉ Arrondissement . . . . 32ᵉ Quartier.
1856 **Commence** rue de Constantinople, 35. — **Finit** rue du Rocher, 88.   (I. 3. — P. 6.)
      Long^r : 60^m,00.
      Larg^r : 12^m,00. — Ord. royale du 2 février 1826. *Alignements.*
                          Arrêté préfectoral du 20 août 1864. *Nivellement* (raccordement
                          avec la rue de Rome).
                          Arrêté préfectoral du 26 février 1867. *Dénomination* actuelle.
                          Obs. — Précédemment rue de Bruxelles (partie).
      Orig. — Nom d'un propriétaire.

LAS CASES (Rue) . . . . **VII**ᵉ Arrondissement . . . . 26ᵉ Quartier.
1857 **Commence** rue de Bellechasse, 38. — **Finit** rue de Bourgogne, 5.   (I. 23. — P. 28.)
      Long^r : 350^m,00.
      Larg^r : 13^m,00. — Ord. royale du 11 janvier 1843. *Alignements.*
      id.   13^m,00.   Décret du 4 juillet 1855. Débouché sur la rue de Bourgogne.
      Orig. — Le marquis Emmanuel-Augustin-Dieudonné-Marin-Joseph de Las Cases, chambellan de Napoléon 1ᵉʳ, le suivit
      à Sainte-Hélène (1766-1842).

LA SOURDIÈRE (Rue de) . . . . . **I**ᵉʳ Arrondissement . . . . 4ᵉ Quartier.
1858 **Commence** rue Saint Honoré, 306. — **Finit** rue Gomboust, 1.   (I. 33. — P. 42.)
      Long^r : 236^m,00.
      Larg^r :   6^m,00. — Décision ministérielle du 5 floréal an V.
      Id.   9^m,00. — Ord. royale du 4 octobre 1826. *Alignements.*
                          Arrêté préfectoral du 16 octobre 1876. *Nivellement.*
      Orig. — Ancienne allée qui longeait la maison et les jardins de M. de la Faye, sieur de la Sourdière (XVIIᵉ siècle).

LASSUS (Rue)** . . . . **XIX**ᵉ Arrondissement . . . . 75ᵉ Quartier.
                          Anciennement commune de Belleville.
1859 **Commence** rue de Belleville, 147. — **Finit** rue Fessart prolongée.   (I. 7.)
      Long^r : 100^m,00.
      Larg^r :   9^m,00. — Décret du 20 septembre 1851. *Ouverture* et *Alignements.*
                          Décret du 23 mai 1863. *Classement* (confirmation).
                          Décret du 24 août 1864. *Dénomination* actuelle.
                          Obs. — Précédemment place de l'Église (partie).
      Orig. — Jean-Baptiste-Antoine Lassus, architecte (1807-1857), a construit l'église de Belleville ; voisinage de cette église.

LATHUILE (Passage) . . . . . . **XVIII**ᵉ Arrondissement . . . . 69ᵉ Quartier.
                          Anciennement commune des Batignolles.
1860 **Commence** avenue de Clichy, 12. — **Finit** passage de Clichy, 11.   (I. 21. — P. 12.)
      Long^r : 120^m,00.
      Larg^r :   5^m,00 environ.   (*Voie privée.*)
      Orig. — En face du fameux restaurant du père Lathuile, où le maréchal Moncey avait établi son quartier général (1814).
                                                                                            34

LA TOUR-D'AUVERGNE (Rue de)*. **IX**ᵉ ARRONDISSEMENT . . . . 36ᵉ QUARTIER.
1861   **Commence** rue de Maubeuge, 37. — **Finit** rue des Martyrs, 54.   (l. 49. — P. 54.)
          Longʳ : 418ᵐ,00.
          Largʳ : 12ᵐ,00. — DÉCRET DU 3 AOUT 1861 (U. P.). *Ouverture* et *Alignements* entre la
                            rue de Maubeuge et la rue de Rochechouart (A).
          Id.   9ᵐ,00. — ORD. ROYALE DU 16 NOVEMBRE 1834. *Alignements* entre la rue de Ro-
                            chechouart et la rue des Martyrs.
                    ARRÊTÉ PRÉFECTORAL DU 20 JUILLET 1868. *Dénomination* de la partie A.
          ORIG. — Louise-Émilie de la Tour-d'Auvergne (1667-1737), abbesse de Montmartre de 1727 à 1735; ancien territoire de l'abbaye.

LA TOUR-MAUBOURG (Boulevard de). **VII**ᵈ ARRONDISSEMENT . . . 26ᵉ, 27ᵉ et 28ᵉ QUARTIERS.
1862   **Commence** quai d'Orsay, 43. — **Finit** aven. de Tourville et de Lowendal, 2. (l. 49. — P. 102).
          Longʳ : 950ᵐ,00.
          Moindre largʳ : 26ᵐ,00. — DÉCRET DU 15 JUILLET 1858 (U. P.). *Ouverture* et *Alignements* entre le
                            quai d'Orsay et l'avenue de La Motte-Picquet.
                    ORD. ROYALE DU 11 JUILLET 1827. *Alignements* entre l'avenue de La
                    Motte-Picquet et les avenues de Tourville et de Lowendal.
                    OBS. — Cédé par l'État, à la Ville de Paris, par une loi du 19 mars 1858.
                    ARRÊTÉ PRÉFECTORAL DU 25 AVRIL 1863. *Nivellement* de la partie
                    entre la rue Saint Dominique et l'avenue de la Motte-Picquet.
          ORIG. — Jean-Hector de Fay, marquis de la Tour-Maubourg, maréchal de France (1684-1764); voisinage des Invalides et
                  de l'École Militaire.

LATRAN (Rue de) . . . . **V**ᵉ ARRONDISSEMENT . . . . 20ᵉ QUARTIER.
1863   **Commence** rue Jean de Beauvais, 10. — **Finit** rue Thénard, 7.   (l. 7. — P. 12.)
          Longʳ : 62ᵐ,00.
          Largʳ : 12ᵐ,00. — Voie ouverte par la Ville de Paris sur des terrains expropriés pour
                            le percement de la rue des Écoles.
                    ARRÊTÉ PRÉFECTORAL DU 26 FÉVRIER 1863. *Nivellement.*
                    ARRÊTÉ PRÉFECTORAL DU 26 FÉVRIER 1867. *Dénomination.*
          ORIG. — Commanderie de Saint-Jean-de-Latran établie en cet endroit dès le XIIᵉ siècle.

LAUGIER (Impasse) . . . . . . **XVII**ᵉ ARRONDISSEMENT . . .   . 63ᵉ QUARTIER.
                              Anciennement commune de Neuilly.
1864   **Située** rue Laugier, 34.   (l. 15. — P. 14.)
          Longʳ : 90ᵐ,00.
          Largʳ : 5ᵐ,00 environ.   (*Voie privée.*)
                    ARRÊTÉ PRÉFECTORAL DU 1ᵉʳ FÉVRIER 1877. *Dénomination* actuelle.
                    OBS. — Précédemment impasse Sulot.
          ORIG. — *Voir* rue Laugier.

LAUGIER (Rue) . . . . **XVII**ᵉ ARRONDISSEMENT . . . . 63ᵉ QUARTIER.
                              Anciennement commune de Neuilly.
1865   **Commence** rue Poncelet, 25. — **Finit** rue Vernier, 38, et boulevard Gouvion-Saint-Cyr, 7.
          Longʳ : 805ᵐ,00.   (l. 75. — P. 86.)
          Largʳ : 10ᵐ,00. — ARRÊTÉ PRÉFECTORAL DU 3 OCTOBRE 1856. *Alignements.*
                    DÉCRET DU 23 MAI 1863. *Classement* (confirmation).
                    ARRÊTÉ PRÉFECTORAL DU 16 FÉVRIER 1865. *Nivellement.*
                    DÉCRET DU 24 AOUT 1864. *Dénomination* actuelle.
                    OBS. — Précédemment rue de la Chaumière.
          ORIG. — André Laugier, chimiste (1770-1832); quartier où ont été groupés des noms de savants.

LAUMIÈRE (Avenue de)**. . . . . **XIX**ᵉ ARRONDISSEMENT . . . . 73ᵉ et 76ᵉ QUARTIERS.
1866   **Commence** rue Manin, 1, et place Armand Carrel. — **Finit** rue d'Allemagne, 96.
          Longʳ : 330ᵐ,00.   (l. 41. — P. 34.)
          Largʳ : 26ᵐ,00. — ARRÊTÉ PRÉFECTORAL DU 26 OCTOBRE 1866, approuvant l'exécution de
                            cette voie par MM. Girard et Lallier, en vertu d'un traité passé
                            entre eux et la Ville de Paris, le 18 octobre 1866.
                    ARRÊTÉ PRÉFECTORAL DU 24 MARS 1873. *Nivellement.*
                    DÉCRET DU 2 MARS 1867. *Dénomination.*
          ORIG. — Xavier-Jean-Marie-Clément Vernhet de Laumière, général d'artillerie (1812-1863); mort de ses blessures au
                  Mexique; voisinage des rues rappelant la guerre du Mexique, dont les noms ont été changés depuis.

LAURENCE SAVART (Passage)**. **XX**ᵉ ARRONDISSEMENT . . . . 79ᵉ QUARTIER.
                              Anciennement commune de Belleville.
1867   **Commence** rue Boyer, 23. — **Finit** rue du Retrait, 19.   (l. 27. — P. 14.)
          Longʳ : 153ᵐ,00.
          Largʳ : 5ᵐ,50 environ.   (*Voie privée.*)
          ORIG. — Nom de la fille du propriétaire.

LAURISTON (Rue)* . . . . **XVI**ᵉ Arrondissement . . . . 63ᵉ et 64ᵉ Quartiers.
Anciennement commune de Passy.

1868 **Commence** rue de Presbourg, 9, et avenue d'Eylau, 3. — **Finit** rue de Longchamp, 60.

Long^r : 1012^m,00. (I. 131. — P. 120.)

Moindre larg^r : 10^m,00. — Arrêté préfectoral du 16 février 1830 et décret du 22 juin 1834. *Alignements.*

Décret du 23 mai 1863. Classement (confirmation).

Arrêté préfectoral du 28 avril 1869. Nivellement.

Décret du 24 aout 1864. Dénomination actuelle.

Obs. — Précédemment rue du Bel Air.

Orig. — Jacques-Alexandre-Bernard Law, marquis de Lauriston, maréchal de France (1768-1828).

LAUZIN (Passage)** . . . . **XIX**ᵉ Arrondissement . . . . 76ᵉ Quartier.
Anciennement commune de Belleville.

1869 **Commence** rue de Belleville, 31. — **Finit** rue Rébeval, 42. (I. 19. — P. 2.)

Long^r : 200^m,00.

Moindre larg^r : 4^m,00.   *(Voie privée.)*

Arrêté préfectoral du 1er février 1877. Dénomination actuelle.

Obs. — Précédemment passage Renard.

Orig. — *Voir* rue Lauzin.

LAUZIN (Rue)** . . . . **XIX**ᵉ Arrondissement . . . . 76ᵉ Quartier.
Anciennement commune de Belleville.

1870 **Commence** rue Rébeval, 41. — **Finit** rue Bolivar, 61. (I. 15. — P. 18.

Long^r : 187^m,00.

Moindre larg^r : 8^m,70.   *(Voie privée.)*

Orig. — Nom d'un des principaux propriétaires de la rue.

LA VACQUERIE (Rue) . . . . . . **XI**ᵉ Arrondissement . . . . 43ᵉ Quartier.

1871 **Commence** rue de la Folie Regnault. — **Finit** rue de la Roquette, 168. (I. 1.)

Long^r : 164^m,00.

Larg^r : 13^m,00. — Décret du 11 juillet 1860. *Ouverture* et *Alignements.*

Décret du 2 mars 1864. Dénomination.

Orig. — Jean de la Vacquerie, premier président au Parlement en 1481, mort en 1497 ; voisinage de la prison de la Roquette.

LAVAL (Rue de)** . . . . **IX**ᵉ Arrondissement . . . . 33ᵉ Quartier.

1872 **Commence** rue des Martyrs, 57. — **Finit** rue Pigalle, 58. (I. 43. — P. 38.)

Long^r : 303^m,00.

Larg^r : 9^m,23. — Décision ministérielle du 28 janvier 1817.

Id.   10^m,00. — Ord. royale du 1er juillet 1834. *Alignements.*

Orig. — Marie-Louise de Laval-Montmorency (1726-1794), dernière abbesse de Montmartre, de 1760 à 1791.

LAVANDIÈRES St JACQUES (Rue des). **V**ᵉ Arrondissement . . . . 20ᵉ Quartier.

1873 **Commence** place Maubert, 18, et rue Galande, 1. — **Finit** en impasse. (P. 8.)

Long^r : 23^m,00.

Larg^r : 7^m,00. — Décision ministérielle du 8 nivôse an IX.

Id.   10^m,00. — Ord. royale du 5 juin 1846. *Alignements.*

Obs. — Cette voie a été réduite à l'état d'impasse lors de l'exécution du boulevard Saint Germain.

Orig. — Habitée dès le xiiiᵉ siècle par des lavandières.

LAVANDIÈRES Ste OPPORTUNE (Rue des) **I**ᵉʳ Arrondissement . . . 1ᵉʳ et 2ᵉ Quartiers.

1874 **Commence** quai de la Mégisserie, 2. — **Finit** rue des Halles, 7. (I. 27. — P. 12.)

Long^r : 214^m,00.

Larg^r : 7^m,00. — Décision ministérielle du 12 fructidor an V.

Id.   12^m,00. — Ord. royale du 16 mai 1836. *Alignements.*

Id.   15^m,00. — Décret du 24 juin 1854 (U. P.). *Élargissement* entre le quai de la Mégisserie et la rue de Rivoli.

Id.   12^m,00. — Décret du 21 juin 1854. *Alignements* à réaliser, par mesures ordinaires de voirie, entre la rue de Rivoli et la rue des Halles.

Arrêtés préfectoraux des 12 juillet et 3 juin 1855. Nivellement entre la rue Saint Germain l'Auxerrois et la rue de Rivoli.

Arrêté préfectoral du 26 juillet 1866. Nivellement entre la rue du Plat d'Étain et les Halles.

Orig. — Habitée dès le xiiiᵉ siècle par des lavandières.

LA VIEUVILLE (Rue)**. . . . . . **XVIII**ᵉ ARRONDISSEMENT . . . . 70ᵉ QUARTIER.
Anciennement commune de Montmartre,
1875   **Commence** place des Abbesses et rue Antoinette, 30. — **Finit** rue des Trois Frères, 31.
    Longᵣ : 173ᵐ,00.   (I. 19. — P. 28.)
          DÉCRET DU 23 MAI 1863. *Classement.*
    Moindre largᵣ :   8ᵐ,00. — *Alignements* projetés (largeur actuelle).
         DÉCRET DU 27 FÉVRIER 1867. *Dénomination* actuelle.
           OBS. — Précédemment rue de la Mairie.
    ORIG. — Le duc Charles de La Vieuville, surintendant des finances sous Louis XIII (1582-1653).

LAVOIR (Passage du)* . . . . . . **XVIII**ᵉ ARRONDISSEMENT . . . . 69ᵉ QUARTIER.
Anciennement commune des Batignolles.
1876   **Commence** avenue de Saint Ouen, 40. — **Finit** rue Ganneron.   (I. 31. — P. 8.)
    Longᵣ : 142ᵐ,00.
    Largᵣ :   6ᵐ,00 environ.   (*Voie privée.*)
    ORIG. — Voisinage d'un lavoir.

LAVOISIER (Rue) . . . . **VIII**ᵉ ARRONDISSEMENT . . . . 31ᵉ QUARTIER.
1877   **Commence** rue d'Anjou, 59. — **Finit** rue d'Astorg, 26.   (I. 27. — P. 22.)
    Longᵣ : 210ᵐ,00.
    Largᵣ : 12ᵐ,00. — ORD. ROYALE DU 22 JANVIER 1840. *Ouverture* et *Alignements.*
    ORIG. — Antoine-Laurent Lavoisier, fondateur de la chimie, une des victimes de la Terreur (1743-1794) ; voisinage
    de la Chapelle Expiatoire.

LA VRILLIÈRE (Rue) . . . . . . **I**ᵉʳ ARRONDISSEMENT . . . . 3ᵉ QUARTIER.
1878   **Commence** r. Croix des Petits Champs, 43 — **Finit** rues Radziwill, 2, et de La Feuillade, 7.
    Longᵣ : 110ᵐ,00.   (I. 1. — P. 12.)
    Largᵣ : 10ᵐ,00. — DÉCISION MINISTÉRIELLE DU 1ᵉʳ AOUT 1821.
      id.   10ᵐ,00. — ORD. ROYALE DU 23 JUILLET 1828. *Alignements.*
    ORIG. — Doit son nom à l'hôtel de La Vrillière, occupé actuellement par la Banque de France.

LEBLANC (Impasse) . . . . **XV**ᵉ ARRONDISSEMENT . . . . 60ᵉ QUARTIER.
Anciennement commune d'Issy.
1879   **Située** rue Leblanc, 21.
    Longᵣ : 180ᵐ,00.
    Largᵣ :   8ᵐ,00. — ARRÊTÉ PRÉFECTORAL DU 5 OCTOBRE 1857. *Classement* au nombre des
             sentiers ruraux.
         OBS. — Le sol de cette voie, qui commençait rue Vignon, a été en partie
           réoccupé par les riverains.
        ARRÊTÉ PRÉFECTORAL DU 23 JUIN 1877. *Dénomination* actuelle.
           OBS. — Précédemment sentier des Berges.
    ORIG. — Voir rue Leblanc.

LEBLANC (Rue) . . . . **XV**ᵉ ARRONDISSEMENT . . . . 60ᵉ QUARTIER.
Anciennement commune d'Issy.
1880   **Commence** quai de Javel. — **Finit** rue Lecourbe, 364.   (I. 21.)
    Longᵣ : 890ᵐ,00.
    Largᵣ : 10ᵐ,00.
         ARRÊTÉ PRÉFECTORAL DU 6 JUILLET 1855. *Classement* entre le quai et
         la partie latérale au chemin de fer de Ceinture (A).
         DÉCRET DU 23 MAI 1863. *Classement* confirmé de la partie A.
      Id.   12ᵐ,00. — DÉCRET DU 4 JUIN 1861 (U. P.). *Ouverture* et *Alignements* à la suite
         jusqu'à la rue Lecourbe, modifiant le débouché de l'ancienne rue
         du Moulin de Javel (B).
         DÉCRET DU 4 AOUT 1876 (U. P.). *Modification* du tracé entre l'impasse
         Leblanc et la rue Lecourbe.
         DÉCRET DU 24 AOUT 1864. *Dénomination* actuelle de la partie A.
         ARRÊTÉ PRÉFECTORAL DU 20 JUILLET 1868. *Dénomination* de la partie B.
          OBS. — Précédemment rue du Moulin de Javel.
    ORIG. — Nicolas Leblanc, chimiste (1753-1806).

LEBON (Rue) . . . . **XVII**ᵉ ARRONDISSEMENT . . . . 65ᵉ QUARTIER.
Anciennement commune de Neuilly.
1881   **Commence** rue Demours, 13. — **Finit** boulevard Péreire, 195.   (I. 21. — P. 12.)
    Longᵣ : 160ᵐ,00.
    Largᵣ : 12ᵐ,00. — ARRÊTÉ PRÉFECTORAL DU 6 AOUT 1869. *Alignements.*
         ARRÊTÉ PRÉFECTORAL DU 3 MAI 1866. *Nivellement.*
         DÉCRET DU 2 MARS 1867. *Dénomination.*
    ORIG. — Philippe Lebon, ingénieur et chimiste, inventeur de l'éclairage au gaz (1769-1804); quartier où ont été groupés
    des noms de savants.

LEBOUIS (Impasse)**.... **XIV**ᵉ ARRONDISSEMENT........... 56ᵉ QUARTIER.
Anciennement commune de Vaugirard.
1882 **Située** rue Lebouis, 7. (I. 5. — P. 8.)
Longʳ : 50ᵐ,00.
Largʳ : 6ᵐ,30 environ. *(Voie privée.)*
ARRÊTÉ PRÉFECTORAL DU 1ᵉʳ FÉVRIER 1877. *Dénomination actuelle.*
OBS. — Précédemment impasse Dupuis.
ORIG. — *Voir rue Lebouis.*

LEBOUIS (Rue)**........ **XIV**ᵉ ARRONDISSEMENT........... 56ᵉ QUARTIER.
Anciennement commune de Vaugirard.
1883 **Commence** rue de l'Ouest, 23. — **Finit** rue de Vanves, 12. (I. 11. — P. 12.)
Longʳ : 100ᵐ,00.
Largʳ : 7ᵐ,20 environ. *(Voie privée.)*
ORIG. — Nom d'un propriétaire.

LEBOUTEUX (Rue)...... **XVII**ᵉ ARRONDISSEMENT........... 67ᵉ QUARTIER.
Anciennement commune des Batignolles.
1884 **Commence** rue de Saussure, 15. — **Finit** rue de Lévis, 34. (I. 21. — P. 26.)
Longʳ : 160ᵐ,00.
Largʳ : 8ᵐ,00. — *Alignements* projetés (largeur actuelle, 5ᵐ,15 moindre).
DÉCRET DU 23 MAI 1863. *Classement.*
ARRÊTÉ PRÉFECTORAL DU 9 NOVEMBRE 1864. *Nivellement.*
ORIG. — Nom du propriétaire, ancien adjoint au maire des Batignolles.

LE BRUN (Rue)**........ **XIII**ᵉ ARRONDISSEMENT........... 49ᵉ QUARTIER.
1885 **Commence** boulevard Saint Marcel, 29. — **Finit** avenue des Gobelins, 45. (I. 37. — P. 42.)
Longʳ : 330ᵐ,00.
Moindre largʳ : 14ᵐ,00. — DÉCRET DU 4 OCTOBRE 1849. *Alignements.*
ARRÊTÉ PRÉFECTORAL DU 3 DÉCEMBRE 1867. *Nivellement* entre la rue
de la Reine Blanche et l'avenue des Gobelins.
ARRÊTÉ PRÉFECTORAL DU 13 OCTOBRE 1869. *Nivellement* (modification).
DÉCRET DU 27 FÉVRIER 1867. *Dénomination actuelle.*
OBS. — Précédemment rue des Fossés Saint Marcel (partie).
ORIG. — Charles Le Brun, peintre (1619-1690) ; voisinage des Gobelins.

LE BUA (Rue)**.......... **XX**ᵉ ARRONDISSEMENT........... 78ᵉ QUARTIER.
Anciennement commune de Charonne.
1886 **Commence** rue Pelleport, 60. — **Finit** rue du Surmelin, 24. (I. 29. — P. 34.)
Longʳ : 212ᵐ,00.
Largʳ : 12ᵐ,00. — *Alignements* projetés.
OBS. — Précédemment route départementale nº 40.
ORIG. — Lieu dit.

LEBY (Cour)............ **XII**ᵉ ARRONDISSEMENT........... 46ᵉ QUARTIER.
Anciennement commune de Bercy.
1887 **Située** rue Claude Decaen, 67.
Longʳ : 50ᵐ,00.
Moindre largʳ : 2ᵐ,90. *(Voie privée.)*
ARRÊTÉ PRÉFECTORAL DU 1ᵉʳ FÉVRIER 1877. *Dénomination actuelle.*
OBS. — Précédemment cour Saint Pierre.
ORIG. — Nom de propriétaire.

LECHAPELAIS (Rue)...... **XVII**ᵉ ARRONDISSEMENT........... 67ᵉ QUARTIER.
Anciennement commune des Batignolles.
1888 **Commence** avenue de Clichy, 37. — **Finit** rue Lemercier, 8. (I. 15. — P. 14.)
Longʳ : 100ᵐ,00.
Largʳ : 7ᵐ,70. — DÉLIBÉRATION DU CONSEIL MUNICIPAL DU 10 NOVEMBRE 1841. *Alignements*
projetés (largeur actuelle).
DÉCRET DU 23 MAI 1863. *Classement* (confirmation).
ORIG. — Nom du propriétaire.

LE CHATELIER (Rue)...... **XVII**ᵉ ARRONDISSEMENT........... 66ᵉ QUARTIER.
1889 **Commence** avenue de Villiers, 120. — **Finit** boulevard Berthier, 73, et rue de Courcelles, 183.
Longʳ : 104ᵐ,00. (I. 13. — P. 8.)
Largʳ : 12ᵐ,00. — DÉCRET DU 30 JUIN 1881. *Classement, Alignements et Nivellement.*
ORIG. — Louis Le Chatelier, ingénieur des chemins de fer de l'Ouest (1815-1873); voisinage de ce chemin de fer.

LECHEVIN (Passage). . . . . . . **XI**ᵉ Arrondissement . . . . 42ᵉ Quartier.
1890 **Commence** avenue Parmentier, 66. — **Finit** impasse Saint Ambroise, 9.   (P. 14.)
  Longʳ : 75ᵐ,00.
  Largʳ : 10ᵐ,00.   (*Voie privée.*)
           Décret du 4 novembre 1876 (U. P.). *Suppression* partielle pour le
           percement de l'avenue Parmentier.
  Orig. — Nom de propriétaire.

LECLERC (Rue)**. . . . . **XIV**ᵉ Arrondissement. . . . . 53ᵉ Quartier.
1891 **Commence** rue du Faub. Saint Jacques. — **Finit** boul. Saint Jacques, 52.   (I.5. — P. 10.)
  Longʳ : 95ᵐ,00.
  Largʳ : 12ᵐ,00. — Ord. royale du 19 juillet 1840. *Alignements.*
  Id.   10ᵐ,00. — Largeur réduite lors de la construction des écoles de la Ville de Paris.
  Orig. — Nom d'un propriétaire.

LÉCLUSE (Rue) . . . . **XVII**ᵉ Arrondissement. . . . . 67ᵉ Quartier.
          Anciennement commune des Batignolles.
1892 **Commence** boulevard des Batignolles, 14. — **Finit** rue des Dames, 15.   (I. 31. — P. 26.)
  Longʳ : 175ᵐ,00.
  Largʳ : 9ᵐ,70 environ.
           Décret du 23 mai 1863. *Classement* (confirmation).
  Orig. — Nom d'un propriétaire.

LECOMTE (Rue). . . . . **XVII**ᵉ Arrondissement. . . . . 68ᵉ Quartier.
          Anciennement commune des Batignolles.
1893 **Commence** rue Legendre, 99. — **Finit** rue Clairaut, 17.   (I. 9. — P. 6.)
  Longʳ : 70ᵐ,00.
  Largʳ : 7ᵐ,70 environ.
           Décret du 23 mai 1863. *Classement.*
           Arrêté préfectoral du 15 juillet 1867. *Nivellement.*
  Orig. — Nom d'un propriétaire.

LECOURBE (Rue). . . . . **XV**ᵉ Arrondissement . . . . . . 57ᵉ, 58ᵉ et 60ᵉ Quartiers.
          Anciennement communes de Vaugirard et d'Issy.
1894 **Commence** boulevards de Vaugirard, 167, et de Grenelle, 1. — **Finit** boulevard Victor.
  Longʳ : 2400ᵐ,00.   (I. 361. — P. 364.)
  Largʳ : 17ᵐ,50. — Ord. royale du 6 novembre 1823. *Alignements* entre les boulevards
           de Grenelle et de Vaugirard et la rue Cambronne.
  Moindre largʳ : 14ᵐ,00. — Délibération du conseil municipal du 10 août 1844.
  Id. Id.   14ᵐ,00. — Décret du 16 juin 1881. *Alignements* et *Nivellement* entre la rue
           Cambronne et le boulevard Victor.
           Décret du 23 mai 1863. *Classement* (conformation).
           Décret du 2 octobre 1865. *Dénomination* actuelle.
          Ons. — Précédemment rue de Sèvres.
  Orig. — Claude-Joseph, comte Lecourbe, général français (1760-1815); voisinage de la route Militaire.

LÉCUYER (Rue)**. . . . . **XVIII**ᵉ Arrondissement . . . . 70ᵉ Quartier.
          Anciennement commune de Montmartre.
1895 **Commence** rue Ramey, 43. — **Finit** rues Lambert, 34, et Custine.   (I. 11. — P. 20.)
  Longʳ : 95ᵐ,00.
  Largʳ : 10ᵐ,00. — Arrêté préfectoral du 27 juillet 1869. *Classement* et *Alignements.*
           Arrêté préfectoral du 27 juin 1868. *Nivellement.*
  Orig. — M. Lécuyer, cultivateur et propriétaire dans l'ancienne commune de Montmartre.

LEDION (rue)**. . . . . **XIV**ᵉ Arrondissement . . . . 56ᵉ Quartier.
1896 **Commence** rue Latérale. — **Finit** sentier des Mariniers.
  Longʳ : 150ᵐ,00.
  Largʳ : 8ᵐ,00 environ   (*Voie privée.*)
  Orig. — Nom de propriétaire.

LEDRU-ROLLIN (Avenue) . . . . **XI**ᵉ Arrondissement. . . . . 43ᵉ et 44ᵉ Quartiers.
                    XIIᵉ Arrondissement . . . . 48ᵉ Quartier.
1897 **Commence** quai de la Rapée, 96. — **Finira** r. de la Roquette, 124, et aven. de la Roquette, 37.
  Longueur totale : 1522ᵐ,00.   (I. 159. — P. 152.)
  Parties exécutées : 1ᵉ 435ᵐ,00 entre le quai de la Rapée et l'avenue Daumesnil.
           2ᵉ 400ᵐ,00 entre le passage Charles Dallery, 14, et le pas. Basfroy, 31.
  Largʳ : 15ᵐ,00. — Décret du 14 février 1806. *Ouverture* entre le quai de la Rapée et la
           rue du Faubourg Saint Antoine (exécutée entre le quai et la rue
           de Bercy).
  Id. 15ᵐ,00. — Ord. royale du 1ᵉʳ juin 1828. *Alignements* entre le quai de la Rapée
           et la rue de Bercy.
  Id. 12ᵐ,00. — Ord. royale du 1ᵉʳ juin 1828. *Alignements* entre la rue de Bercy et
           la rue de Lyon.

LEDRU-ROLLIN (Avenue). *(Suite.)*
  Larg^r : 30^m,00. — *Élargissement* projeté entre le quai et la rue de Lyon, déjà suivi
           d'exécution.
  Id.   30^m,00. — DÉCRET DU 16 AVRIL 1839 (U. P.). *Ouverture* et *Alignements* entre la
           rue de Lyon et l'avenue Daumesnil.
  Id.   22^m00. — *Alignement* projeté entre la rue de la Roquette et l'avenue de la
           Roquette.
       Prolongement projeté entre l'avenue Daumesnil et la rue de Cha-
         renton.
       ARRÊTÉ PRÉFECTORAL DU 2 FÉVRIER 1860. *Nivellement.*
       ARRÊTÉ PRÉFECTORAL DU 16 AOÛT 1879. *Dénomination* actuelle.
          OBS. — La partie de l'avenue entre le quai de la Râpée et l'avenue Daumesnil
          portait à l'origine le nom d'avenue Lacuée. (Arrêté préfectoral du
          19 août 1854 et décret du 10 février 1875.
          La partie entre l'avenue Daumesnil et la rue de la Roquette
          portait précédemment le nom de rue de Genève.. (Arrêté préfec-
          toral du 1er février 1877.)
    ORIG. — Alexandre-Auguste Ledru, dit Ledru-Rollin, avocat, député, membre du Gouvernement provisoire en 1848.
    (1808-1874).

LEFEBVRE (Boulevard)* . . . . . **XV**^e ARRONDISSEMENT . . . . 57e QUARTIER.
            Anciennement communes de Vanves et de Vaugirard.
1898 **Commence** chem. de fer de l'Ouest (R. G.). — **Finit** porte de Versailles et r. de Vaugirard, 405.
  Long^r : 1265^m,00.   (P. 22.)
       CONVENTION DU 5 JUILLET 1839. Remise conditionnelle par le génie
           Militaire, à la Ville de Paris, de la rue Militaire.
  Larg^r : 40^m,00. — DÉCRET DU 7 NOVEMBRE 1861 (U. P.). *Élargissement* de la rue Militaire.
       DÉCRET DU 23 MAI 1863. *Classement* (confirmation).
       DÉCRET DU 2 MARS 1864. *Dénomination* actuelle.
          OBS. — Précédemment rue Militaire (partie).
    ORIG. — François-Joseph Lefebvre, duc de Dantzick, maréchal de France (1755-1820).

LEGENDRE (Passage) . . . . . . **XVII**^e ARRONDISSEMENT . . . . 68e QUARTIER.
            Anciennement commune des Batignolles.
1899 **Commence** avenue de Saint Ouen, 61. — **Finit** rue Balagny, 52.   (I. 15. — P. 20.)
  Long^r : 164^m,00.
  Larg^r : 12^m,00. — DÉCRET DU 10 AVRIL 1867 (U. P.). *Élargissement* entre la rue Legendre
       et la rue Balagny.
          OBS. — La partie comprise entre l'avenue de Saint Ouen et la rue Legendre
          n'est pas classée.
       ARRÊTÉ PRÉFECTORAL DU 23 JUIN 1877. *Dénomination* actuelle.
          OBS. — Précédemment passage Saint Paul.
    ORIG. — *Voir* rue Legendre.

LEGENDRE (Rue) . . . . **XVII**^e ARRONDISSEMENT . . . . . 66e, 67e et 68e QUARTIERS.
            Anciennement commune des Batignolles.
1900 **Commence** boulevard de Courcelles, 44. — **Finit** rue Balagny, 72, et aven. de Saint Ouen, 79.
  Long^r : 1830^m,00.   (I. 179. — P. 192.)
  Moindre larg^r : 12^m,00. — DÉCRET DU 10 AVRIL 1867 (U. P.). *Ouverture* et *Alignements* entre le
       boulevard de Courcelles et la rue de Lévis.
  Moindre larg^r : 12^m,00. — ORD. ROYALE DU 13 FÉVRIER 1845. *Alignements* entre la rue de Lévis
       et l'avenue de Clichy.
       DÉCRET DU 23 MAI 1863. *Classement* confirmé pour cette partie.
       DÉCRET DU 17 DÉCEMBRE 1880 (U. P.). *Alignement* au droit des im-
          meubles portant les n°s 28, 30, 32.
  Larg^r : 12^m,00. — DÉCRET DU 10 AVRIL 1867 (U. P.). *Ouverture* et *Alignements* depuis
       l'avenue de Clichy jusqu'à la rue Balagny et l'avenue de Saint
       Ouen.
       ARRÊTÉS PRÉFECTORAUX DES 9 NOVEMBRE 1864, 31 AOÛT 1866 ET 23
       MAI 1876. *Nivellement.*
       DÉCRET DU 2 OCTOBRE 1865. *Dénomination* actuelle.
          OBS. — Précédemment rue d'Orléans.
    ORIG. — Adrien-Marie Legendre, mathématicien, (1752-1833) ; quartier où ont été groupés des noms de savants.

LÉGER (Impasse) . . . . **XVII**^e ARRONDISSEMENT . . . . 66e QUARTIER.
            Anciennement commune des Batignolles.
1901 **Située** rue Tocqueville, 57.   (P. 10.)
  Long^r : 65^m,00.
  Larg^r : 5^m,00 environ.   (*Voie privée.*)
    ORIG. — Nom de propriétaire.

LE GOFF (Rue)** . . . . **V**^e ARRONDISSEMENT . . . . 19e et 20e QUARTIERS.
1902 **Commence** rue Soufflot, 17. — **Finit** rue Gay-Lussac, 9.   (I. 3. — P. 12.)
  Long^r : 95^m,00.
  Larg^r : 7^m,00. — DÉCISION MINISTÉRIELLE DU 8 NIVÔSE AN XIII.
  Id.   10^m,00. — ORD. ROYALE DU 10 FÉVRIER 1847. *Alignements.*
  Id.   12^m,00. — *Alignements* projetés déjà suivis d'exécution (largeur actuelle).
       ARRÊTÉ PRÉFECTORAL DU 8 JANVIER 1868. *Nivellement.*
       DÉCRET DU 29 NOVEMBRE 1880. *Dénomination* actuelle.
          OBS. — Précédemment rue Sainte Catherine d'Enfer.
    ORIG. — Nom d'un élève stagiaire du Val de Grâce, Romain Le Goff, mort des suites de son dévouement ; il avait
    fait pratiquer sur lui l'opération de la transfusion du sang pour sauver un soldat devenu anémique, à la
    suite des blessures qu'il avait reçues à la bataille de Champigny (1871).

LEGRAND (Rue)** . . . .   **XIX**ᵉ ᴀʀʀᴏɴᴅɪssᴇᴍᴇɴᴛ. . . . .   76ᵉ Qᴜᴀʀᴛɪᴇʀ.
Anciennement commune de La Villette.
1903   **Commence** rue Monjol. — **Finit** rue Bolivar, 83.
    Long^r : 15^m,00.
    Larg^r : 10^m,00.   *(Voie privée.)*
                 Oʙs. — Ouverte par la Ville de Paris pour le lotissement de ses terrains.
                 Une partie aboutissant au boulevard de La Villette a été supprimée
                 en 1884 pour l'exécution d'une voie nouvelle.
    Oʀɪɢ. — Nom de propriétaire.

LEGRAVEREND (Rue). . . . . .   **XII**ᵉ ᴀʀʀᴏɴᴅɪssᴇᴍᴇɴᴛ . . . .   48ᵉ Qᴜᴀʀᴛɪᴇʀ.
1904   **Commence** boulevard Diderot, 25. — **Finit** avenue Daumesnil, 28.   (P. 10.)
    Long^r : 94^m,00.
    Larg^r : 12^m,00. — Oʀᴅ. ʀᴏʏᴀʟᴇ ᴅᴜ 17 ᴅᴇᴄᴇᴍʙʀᴇ 1840. *Alignements.*
              Oʀᴅ. ʀᴏʏᴀʟᴇ ᴅᴜ 5 ᴀᴏᴜᴛ 1844. *Dénomination.*
    Oʀɪɢ. — Jean-Marie-Emmanuel Legraverend, criminaliste (1776-1827) ; voisinage de la maison de Mazas.

LEKAIN (Rue)** . . . .   **XVI**ᵉ ᴀʀʀᴏɴᴅɪssᴇᴍᴇɴᴛ. . . . .   62ᵉ Qᴜᴀʀᴛɪᴇʀ.
Anciennement commune de Passy.
1905   **Commence** rue de l'Annonciation, 31. — **Finit** rues Singer, 20, et Duban, 2. (I. 11. — P. 12.)
    Long^r : 95^m,00.
    Larg^r : 8^m,00. — Aʀʀêᴛé ᴘʀéꜰᴇᴄᴛᴏʀᴀʟ ᴅᴜ 16 ꜰéᴠʀɪᴇʀ 1856. *Alignements.*
             Déᴄʀᴇᴛ ᴅᴜ 23 ᴍᴀɪ 1863. *Classement* (confirmation).
             Aʀʀêᴛé ᴘʀéꜰᴇᴄᴛᴏʀᴀʟ ᴅᴜ 11 ᴅéᴄᴇᴍʙʀᴇ 1867. *Nivellement.*
             Déᴄʀᴇᴛ ᴅᴜ 24 ᴀᴏᴜᴛ 1864. *Dénomination* actuelle.
                 Oʙs. — Précédemment rue de la Fontaine.
    Oʀɪɢ. — Henri-Louis Cain, dit Lekain, tragédien (1729-1778).

LEMAIGNAN (Rue)* . . . . . .   **XIV**ᵉ ᴀʀʀᴏɴᴅɪssᴇᴍᴇɴᴛ. . . . .   54ᵉ Qᴜᴀʀᴛɪᴇʀ.
Anciennement commune de Gentilly.
1906   **Commence** rue de la Glacière, 108. — **Finit** rue Gazan et avenue Reille.   (I. 7. — P. 6.)
    Long^r : 90^m,00.
    Larg^r : 10^m,00. — Déᴄʀᴇᴛ ᴅᴜ 19 ᴊᴜɪɴ 1880. *Classement, Alignements* et *Nivellement.*
    Oʀɪɢ. — Nom d'un propriétaire.

LEMAIRE (Passage) . . . .   **XV**ᵉ ᴀʀʀᴏɴᴅɪssᴇᴍᴇɴᴛ . . . .   59ᵉ Qᴜᴀʀᴛɪᴇʀ.
Anciennement commune de Grenelle.
1907   **Commence** rue de Lourmel, 49. — **Finit** rue Violet, 52.   (I. 11. — P. 16.)
    Long^r : 198^m,00.
    Larg^r : 5^m,00 environ.   *(Voie privée.)*
    Oʀɪɢ. — Nom d'un des fondateurs du nouveau village de Grenelle.

LÉMAN (Rue du)** . . . .   **XIX**ᵉ ᴀʀʀᴏɴᴅɪssᴇᴍᴇɴᴛ . . . .   75ᵉ Qᴜᴀʀᴛɪᴇʀ.
Anciennement commune du Pré Saint Gervais.
1908   **Commence** rue de Belleville, 341. — **Finit** boulevard Sérurier, 9.   (I. 9. — P. 8.)
    Long^r : 70^m,00.
    Moindre larg^r : 4^m,50.   *(Voie privée.)*
             Aʀʀêᴛé ᴘʀéꜰᴇᴄᴛᴏʀᴀʟ ᴅᴜ 1ᵉʳ ꜰéᴠʀɪᴇʀ 1877. *Dénomination* actuelle.
                 Oʙs. — Précédemment rue de Bagnolet.
    Oʀɪɢ. — Lac de la Suisse qui avait donné son nom à un département français (1801-1814).

LEMARAISQUIER (Impasse)** .   **XVIII**ᵉ ᴀʀʀᴏɴᴅɪssᴇᴍᴇɴᴛ . . . .   69ᵉ Qᴜᴀʀᴛɪᴇʀ.
Anciennement commune de Montmartre.
1909   **Située** rue du Ruisseau, 59.   (P. 14.)
    Long^r : 85^m,00.
    Larg^r : 1^m,25 environ.   *(Voie privée.)*
    Oʀɪɢ. — Nom d'un propriétaire.

LE MAROIS (Rue) . . . .   **XVI**ᵉ ᴀʀʀᴏɴᴅɪssᴇᴍᴇɴᴛ . . . .   61ᵉ Qᴜᴀʀᴛɪᴇʀ.
Anciennement commune d'Auteuil.
1910   **Commence** avenue de Versailles, 195. — **Finit** boulevard Murat, 117.   (I. 37. — P. 18.)
    Long^r : 300^m,00.
    Larg^r : 10^m,00. — Déᴄʀᴇᴛ ᴅᴜ 23 ᴍᴀɪ 1863. *Classement* (confirmation).
             Aʀʀêᴛé ᴘʀéꜰᴇᴄᴛᴏʀᴀʟ ᴅᴜ 19 ᴏᴄᴛᴏʙʀᴇ 1869. *Nivellement.*
             Déᴄʀᴇᴛ ᴅᴜ 24 ᴀᴏᴜᴛ 1864. *Dénomination* actuelle.
                 Oʙs. — Précédemment vieille route de Sèvres.
    Oʀɪɢ. — Le comte Jean-Léonard-François Le Marois, général de division (1776-1836) ; voisinage de la route Militaire.

LEMERCIER (Cité). . . . . **XVII**ᵉ Arrondissement. . . . . 67ᵉ Quartier.
Anciennement commune des Batignolles.

1911   **Située** rue Lemercier, 28.   (I. 19. — P. 20.)
Longʳ : 112ᵐ,00.
Moindre largʳ :   3ᵐ,00.   *Voie privée.*
Arrêté préfectoral du 1ᵉʳ février 1877. *Dénomination actuelle.*
Obs. — Précédemment cité de la Fontaine.
Orig. — *Voir* rue Lemercier.

LEMERCIER (Rue). . . . . **XVII**ᵉ Arrondissement . . . . 67ᵉ et 68ᵉ Quartiers.
Anciennement commune des Batignolles.

1912   **Commence** rue des Dames, 14. — **Finit** rue Cardinet, 170.   (I. 105. — P. 110.)
Longʳ : 815ᵐ,00.
Largʳ : 12ᵐ,00. — Ord. royale du 23 décembre 1865. *Alignements* entre la rue des Moines
et la rue Cardinet.
Id.   10ᵐ,00. — Arrêté préfectoral du 2 mars 1855. *Alignements* entre les rues des
Dames et des Moines.
Id.   12ᵐ,00. — *Alignements* projetés, déjà suivis d'exécution, entre la rue des Dames
et la rue des Moines.
Décret du 23 mai 1863. *Classement* (confirmation.)
Orig. — Nom de propriétaire.

LEMIÈRE (Cité) °°. . . . . **XIX**ᵉ Arrondissement . . . . 73ᵉ Quartier.
Anciennement commune de Belleville.

1913   **Commence** rue de Belleville, 259. — **Finit** rue des Bois, 16.   (I. 43. — P. 32.)
Longʳ : 294ᵐ,00.
Largʳ :   8ᵐ,00 environ.   (*Voie privée.*)
Orig. — Nom de propriétaire.

LEMOINE (Passage) . . . . **II**ᵉ Arrondissement . . . . 8ᵉ Quartier.

1914   **Commence** boulevard de Sébastopol, 135. — **Finit** rue Saint Denis, 232.
Longʳ : 104ᵐ,00.
Moindre largʳ :   1ᵐ,65.   (*Voie privée.*)
Orig. — Nom d'un propriétaire.

LEMON (Rue) °°. . . . . **XX**ᵉ Arrondissement . . . . 77ᵉ Quartier.
Anciennement commune de Belleville.

1915   **Commence** boulevard de Belleville, 120. — **Finit** rue Dénoyez, 4.   (I. 3. — P. 4.)
Longʳ : 50ᵐ,00.
Largʳ :   9ᵐ,00 environ.   (*Voie privée.*)
Orig. — Nom d'un propriétaire.

LEMOULT (Rue) . . . . **XV**ᵉ Arrondissement . . . . 60ᵉ Quartier.
Anciennement commune de Grenelle.

1916   **Commence** rue Virginie, 24. — **Finit** rue Léontine, 9.   (I. 23. — P. 22.)
Longʳ : 111ᵐ,00.
Largʳ : 12ᵐ,00.   (*Voie privée.*)
Arrêté préfectoral du 1ᵉʳ février 1877. *Dénomination actuelle.*
Obs. — Précédemment rue Caroline.
Orig. — Nom de propriétaire.

LE NÔTRE (Rue). . . . . **XVI**ᵉ Arrondissement . . . . 62ᵉ Quartier.

1917   **Commence** quai Debilly. — **Finit** boulevard Delessert, 1.
Longʳ : 100ᵐ,00.
Largʳ : 15ᵐ,00. — Loi du 28 avril 1869. *Alignements.*
Décret du 10 novembre 1877. *Dénomination.*
Orig. — André Le Nôtre, dessinateur de jardins (1613-1700).

LÉON (Passage) °°. . . . . **XVIII**ᵉ Arrondissement . . . . 71ᵉ Quartier.
Anciennement commune de La Chapelle.

1918   **Commence** rue Saint Luc. — **Finit** rue Cavé, 23.   (I. 25. — P. 26.)
Longʳ : 163ᵐ,00.
Moindre largʳ :   3ᵐ,30.   (*Voie privée.*)
Arrêté préfectoral du 1ᵉʳ février 1877. *Dénomination actuelle.*
Obs. — Précédemment passage Fauvel.
Orig. — *Voir* rue Léon.

35

LÉON (Rue) **. . . . . **XVIIIᵉ** Arrondissement . . . . 71ᵉ Quartier.
Anciennement commune de La Chapelle.
1919   **Commence** rue Cavé, 34. — **Finit** rue d'Oran, 9.   (I. 39. — P. 34.)
   Long^r : 243^m,00.
   Larg^r :   9^m,00. — Ord. royale du 14 mai 1841. *Alignements* entre la rue Cavé et la rue
         Myrha.
   Id.   9^m,00. — Ord. royale du 30 juillet 1841. *Alignements* entre la rue Myrha et
         la rue Doudeauville.
         Décret du 23 mai 1863. *Classement* confirmé entre la rue Cavé et la
         rue Doudeauville. — *Classement* entre la rue Doudeauville et la rue
         d'Oran.
         Arrêté préfectoral du 3 février 1865. *Nivellement.*
   Orig. — Nom de propriétaire.

LÉONARD DE VINCI (Rue) *. . **XVIᵉ** Arrondissement. . . . . 64ᵉ Quartier.
Anciennement commune de Passy.
1920   **Commence** rue de Villejust, 39. — **Finit** place d'Eylau, 2.   (I. 7. — P. 4.)
   Long^r : 63^m,00 classée. — Long^r : 213^m00, non classée.
   Long^r : 276^m,00 totale.
   Larg^r : 10^m,00. — Décret du 27 janvier 1866. *Alignements* entre la rue de Villejust et
         la rue Leroux.
         Voie privée entre la rue Leroux et la place d'Eylau.
         Arrêté préfectoral du 8 décembre 1866. *Nivellement.*
         Décret du 10 août 1868. *Dénomination* actuelle.
         Obs. - Précédemment rue Christine.
   Orig. — Léonard de Vinci, peintre, sculpteur, architecte et écrivain italien (1452-1519) ; quartier où ont été groupés des
         noms d'artistes.

LÉONIDAS (Passage) *. . . . . . **XIVᵉ** Arrondissement. . . . . 56ᵉ Quartier.
Anciennement commune de Montrouge.
1921   **Commence** impasse des Plantes, 6. — **Finit** rue Sainte Eugénie, 31.   (I. 1. — P. 18.)
   Long^r : 150^m,00.
   Larg^r :   3^m,00 environ.   (*Voie privée.*)
   Orig. — Voisinage du passage des Thermopyles.

LÉONIE (Rue) . . . . **IXᵉ** Arrondissement . . . . 33ᵉ Quartier.
1922   **Commence** rue La Bruyère, 42. — **Finit** rue Chaptal, 15.   (I. 11. — P. 14.)
   Long^r : 114^m,00.
   Larg^r : 10^m,00. — Décret du 27 novembre 1859. *Alignements.*
   Orig. — Ouverte en 1840 par M. Boursault, qui lui a donné le prénom de sa fille.

LÉONTINE (Rue) . . . . **XVᵉ** Arrondissement . . . . 60ᵉ Quartier.
Anciennement commune de Grenelle.
1923   **Commence** rue Alphonse, 34. — **Finit** en impasse au delà de la rue Lemoult. (I. 9. — P. 2.)
   Long^r : 290^m,00.
   Larg^r : 12^m,00.   (*Voie privée.*)
   Orig. — Nom donné par le propriétaire.

LEPAGE (Cité) **. . . . . **XIXᵉ** Arrondissement. . . . . 73ᵉ Quartier.
Anciennement commune de La Villette.
1924   **Commence** rue de Meaux, 33. — **Finit** boulevard de La Villette, 168.
   Long^r : 145^m,00.
   Moindre larg^r :   4^m,00.   (*Voie privée.*)
   Orig. — Nom d'un propriétaire.

LE PELETIER (Rue) . . . . **IXᵉ** Arrondissement . . . . 33ᵉ Quartier.
1925   **Commence** boulevard des Italiens, 14. — **Finit** rue de Châteaudun 13.   (I. 53. — P. 44.)
   Long^r : 458^m,00.
   Larg^r : 11^m,69. — Ord. royale du 16 avril 1831. *Alignements* entre le boulevard des
         Italiens et la rue de Provence.
   Id.   15^m,00. — Décret du 19 mars 1862 (U. P.). *Ouverture* et *Alignements* entre la rue
         de Provence et la rue de Châteaudun.
   Orig. — Louis Le Peletier était prévôt des marchands, lorsqu'elle fut ouverte en 1786.

LEPEU (Rue) . . . . **XIIᵉ** Arrondissement . . . . 46ᵉ Quartier.
1926   **Commence** rue Érard, 12. — **Finit** en impasse.   (I. 15. — P. 28.)
   Long^r : 130^m,00.
   Larg^r : 12^m,00.   (*Voie privée.*)
   Orig. — Ouverte sur la propriété de M. Lepeu

LEPIC (Passage) ** . . . . **XVIII**e Arrondissement . . . . 69e Quartier.

Anciennement commune de Montmartre.

1927 **Commence** rue Lepic, 16. — **Finit** avenue des Tilleuls. (I. 5. — P. 4.)

Long^r : 88^m,00.

Larg^r : 2^m,30. (*Voie privée.*)

Orig. — *Voir* rue Lepic.

LEPIC (Rue) ** . . . . **XVIII**e Arrondissement . . . . 69e Quartier.

Anciennement commune de Montmartre.

1928 **Com.** boulev. de Clichy, 82, et rue Puget, 1.— **Finit** rue de Ravignan et de la Mire.

Long^r : 825^m,00. (I. 101.—P. 112.)

Moindre larg^r : 10^m,00. — Ord. royale du 29 décembre 1840. *Alignements.*

Décret du 23 mai 1863. *Classement* (confirmation).

Décret du 24 août 1864. *Dénomination* actuelle.

Obs. — Précédemment rue de l'Empereur.

Orig. — Le comte Louis Lepic, général de division (1765-1827).

LE REGRATTIER (Rue) . . . . . **IV**e Arrondissement . . . . 16e Quartier.

1929 **Commence** quai d'Orléans, 22. — **Finit** quai de Bourbon, 19 *bis*. (I. 28. — P. 28.)

Long^r : 166^m,00.

Larg^r : 8^m,00. — Décision ministérielle du 24 frimaire an XIII.

Id. 7^m,00. — Décision ministérielle du 9 mai 1818.

Id. 6^m,80. — Ord. royale du 9 décembre 1838. *Alignements.*

Arrêté préfectoral du 2 avril 1868. *Dénomination* actuelle.

Obs. — Précédemment rues Le Regrattier et de la Femme sans Tête.

Orig. — Le Regrattier, associé de Marie, fut chargé de bâtir l'île Notre-Dame, de 1630 à 1643.

LEROUX (Rue) * . . . . **XVI**e Arrondissement . . . . 63e et 64e Quartiers.

Anciennement commune de Passy.

1930 **Commence** avenue d'Eylau, 38. — **Finit** rue Pergolèse, 19. (I. 23. — P. 28.)

Long^r : 360^m,00.

Moindre larg^r : 10^m,00. — *Alignements* projetés. (Largeur actuelle.)

Décret du 31 octobre 1863. *Classement.*

Arrêté préfectoral du 4 décembre 1860. *Nivellement.*

Obs. — Précédemment rue Debelleyme (partie).

Orig. — Nom de propriétaire.

LESAGE (Cour) ** . . . . **XX**e Arrondissement . . . . 77e Quartier.

Anciennement commune de Belleville.

1931 **Commence** rue Lesage, 11. — **Finit** rue de Belleville, 48.

Long^r : 95^{m}00.

Moindre larg^r : 8^m,00. (*Voie privée.*)

Arrêté préfectoral du 1er février 1877. *Dénomination* actuelle.

Obs. — Précédemment cour du Théâtre.

Orig. — *Voir* rue Lesage.

LESAGE (Rue) ** . . . . **XX**e Arrondissement . . . . 77e Quartier.

Anciennement commune de Belleville.

1932 **Commence** rue de Tourtille, 19. — **Finit** rue Jouye-Rouve, 18. (I. 23. — P. 26.)

Long^r : 163^m,00.

Moindre larg^r : 7^m,70. — *Alignements* projetés.

Décret du 23 mai 1863. *Classement* de la partie entre la rue de Tour-

tille et la rue Julien Lacroix.

Voie privée entre la rue Julien Lacroix et la rue Jouye-Rouve.

Arrêté préfectoral du 12 juin 1863. *Nivellement.*

Décret du 24 août 1864. *Dénomination* actuelle.

Obs. — Précédemment rue du Théâtre.

Orig. — Alain-René Lesage, littérateur (1668-1747); voisinage du théâtre de Belleville.

LESAGE-BULLOURDE (Cité) . . . **XI**e Arrondissement . . . . 43e Quartier.

1933 **Commence** impasse Mortagne. — **Finit** passage Bullourde. (P. 8.)

Long^r : 110^m,00.

Moindre larg^r : 3^m,50. (*Voie privée.*)

Arrêté préfectoral du 1er février 1877. *Dénomination* actuelle.

Obs. — Précédemment cité Lesage.

Orig. — Nom de propriétaire.

LESDIGUIÈRES (Rue de) . . . . .   **IVᵉ** ARRONDISSEMENT . . . .   13ᵉ QUARTIER.
1934 **Commence** rue de la Cerisaie, 8.— **Finit** rue Saint Antoine, 228.   (I. 13. — P. 14.)
  Long^r : 164^m,00.
  Larg^r : 8^m,00. — DÉCISION MINISTÉRIELLE DU 8 NIVÔSE AN IX.
  Id. 10^m,00. — ORD. ROYALE DU 16 OCTOBRE 1830. *Alignements.*
        ARRÊTÉ PRÉFECTORAL DU 22 AOUT 1876. *Nivellement.*
  ORIG. — Ancien hôtel du connétable de Lesdiguières (1543-1625).

LE SUEUR (Rue) . . . .   **XVIᵉ** ARRONDISSEMENT . . . .   64ᵉ QUARTIER.
        Anciennement commune de Passy.
1935 **Com.** avenue du Bois-de-Boulogne, 30 *bis*.— **Finit** rue Duret, 38, et avenue de la Grande Armée, 61.
  Long^r : 230^m,00.   (I. 27.—P. 30).
  Larg^r : 10^m,00.
        ARRÊTÉ PRÉFECTORAL DU 26 MAI 1859. *Classement.*
        DÉCRET DU 23 MAI 1863. *Classement* (confirmation).
        ARRÊTÉ PRÉFECTORAL DU 3 OCTOBRE 1863. *Nivellement.*
        DÉCRET DU 24 AOUT 1864. *Dénomination* actuelle.
        OBS. — Précédemment rue Saint-Ange
  ORIG. — Eustache Le Sueur, peintre (1616-1655); quartier où ont été groupés des noms d'artistes.

LETELLIER (Rue) . . . .   **XVᵉ** ARRONDISSEMENT . . . .   59ᵉ QUARTIER.
        Anciennement commune de Grenelle.
1936 **Commence** rue Violet, 23. — **Finit** rue Croix Nivert, 26.   (I. 69. — P. 68.)
  Long^r : 460^m,00.
  Larg^r : 10^m,00. — *Alignements* projetés. (Largeur actuelle, 9,^{m}70 moindre.)
        DÉCRET DU 24 JUILLET 1864. *Classement* (confirmation).
        ARRÊTÉ PRÉFECTORAL DU 11 AOUT 1869. *Nivellement* de la partie entre la rue Croix Nivert et la rue Violet.
        ARRÊTÉ PRÉFECTORAL DU 11 AOUT 1869. *Nivellement* entre la rue Lourmel et la rue Viala.
  ORIG. — Nom de propriétaire.

LETORT (Impasse) . . . .   **XVIIIᵉ** ARRONDISSEMENT . . . .   70ᵉ QUARTIER.
        Anciennement commune de Montmartre.
1937 **Située** rue Letort, 32.   (I. 9.)
  Long^r : 72^m,00.
  Larg^r : 2^m,00.   (*Voie privée.*)
        ARRÊTÉ PRÉFECTORAL DU 1ᵉʳ FÉVRIER 1877. *Dénomination* actuelle.
        OBS. — Précédemment impasse Sainte Élisabeth.
  ORIG. — Voir rue Letort.

LETORT (Rue) . . . .   **XVIIIᵉ** ARRONDISSEMENT . . . .   70ᵉ QUARTIER.
        Anciennement commune de Montmartre.
1938 **Com.** rue Dubesme, 69, et du Poteau. — **Finit** rue Belliard, 57, et boul. Ornano (I. 67. P. — 62.)
  Long^r : 450^m,00.
  Larg^r : 12^m,00. — DÉLIBÉRATION DU CONSEIL MUNICIPAL DU 31 AOUT 1858. *Alignements* projetés. (Largeur actuelle.)
        DÉCRET DU 23 MAI 1863. *Classement* (confirmation).
        ARRÊTÉ PRÉFECTORAL DU 19 AVRIL 1864. *Nivellement.*
        DÉCRET DU 10 AOUT 1868. *Dénomination* actuelle.
        OBS. — Précédemment rue de la Glacière.
  ORIG. — Le baron Louis-Michel Letort, général de division, tué au combat de Gilly (juin 1815); voisinage de la route Militaire.

LEVANT (Cité du) ** . . . .   **Xᵉ** ARRONDISSEMENT . . . .   37ᵉ QUARTIER.
1939 **Située** boulevard de la Chapelle, 11.
  Long^r : 48^m,00.
  Larg^r : 6^m,00.   (*Voie privée.*)
        ARRÊTÉ PRÉFECTORAL DU 1ᵉʳ FÉVRIER 1877. *Dénomination* actuelle.
        OBS. — Précédemment cité de l'Est.
  ORIG. — Longe le chemin de fer de l'Est.

LEVÉ (Impasse) ** . . . .   **XIIIᵉ** ARRONDISSEMENT . . . .   51ᵉ QUARTIER.
        Anciennement commune de Gentilly.
1940 **Commence** rue du Moulin des Prés, 2.— **Finit** rue Gérard, 36.
  Long^r : 55^m,00.
  Moindre larg^r : 0^m,85.   (*Voie privée.*)
  ORIG. — Nom du propriétaire.

LEVERT (Rue) ** . . . .   **XXᵉ** ARRONDISSEMENT . . . .   77ᵉ QUARTIER.
        Anciennement commune de Belleville.
1941 **Com.** r. de Belleville, 168. — **Finit** r. de la Mare, 25, et r. des Cascades, 82.   (I. 29.— P. 10)
  Long^r : 355^m,00.
  Larg^r : 8^m,00. — *Alignements* projetés entre les rues de la Mare et des Cascades, et la rue des Rigoles. (Largeur actuelle, 7^m,00).

LEVERT (Rue). *(Suite)* **.
    Largr. 7m,13. — Ord. royale du 28 février 1837. *Alignements* entre les rues des
        Rigoles et de Belleville.
        Décret du 23 mai 1863. *Classement* (confirmation).
        Arrêté préfectoral du 13 novembre 1860. *Nivellement.*
    Orig. — Nom d'un propriétaire, ancien maire de Belleville.

LÉVIS (Impasse de) . . . . **XVIIᵉ** Arrondissement . . . . 67ᵉ Quartier.
        Anciennement commune des Batignolles.
1942   **Située** rue de Lévis, 20.   (I. 3. — P. 4.
    Longr : 55m,00.
    Largr : 3m,30 environ.   (*Voie privée.*)
        Arrêté préfectoral du 1ᵉʳ février 1877. *Dénomination* actuelle.
           Obs. — Précédemment impasse Fauconnier.
    Orig. — Voir rue de Lévis.

LÉVIS (place de) . . . . **XVIIᵉ** Arrondissement . . . . 66ᵉ Quartier.
        Anciennement commune des Batignolles.
1943   **Située** rue de Lévis, 57, rue Legendre et rue du Bac d'Asnières.
    Longr : 59m,00.
    Largr : 32m,00 environ. — Arrêté préfectoral du 23 juin 1853.
        Décret du 23 mai 1863. *Classement* (confirmation).
        Arrêté préfectoral du 23 mai 1876. *Nivellement.*
    Orig. — Voir rue de Lévis.

LÉVIS (Rue de) . . . . **XVIIᵉ** Arrondissement . . . . 66ᵉ et 67ᵉ Quartiers.
        Anciennement commune des Batignolles.
1944   **Commence** avenue de Villiers, 2, et boul. des Batignolles, 104.— **Finit** rue Cardinet, 100.
    Longr : 600m,00.   (I. 93. — P. 98.)
    Largr : 10m,00. — Arrêté préfectoral du 26 mai 1859. *Alignements.*
        Décret du 23 mai 1863. *Classement* (confirmation.)
        Arrêté préfectoral du 9 novembre 1864. *Nivellement.*
           Obs. — Précédemment route départementale n° 33.
    Orig. — Nom de propriétaire.

LHOMME (Passage). . . . . . . **XIᵉ** Arrondissement . . . . 44ᵉ Quartier.
1945   **Commence** passage Josset, 10.— **Finit** rue de Charonne, 26.
    Longr : 122m,06.
    Largr : 3m,30 environ.   (*Voie privée.*)
    Orig. — Nom de propriétaire.

LHOMOND (Rue) **. . . . . . . **Vᵉ** Arrondissement . . . . 19ᵉ Quartier.
1946   **Commence** pl. de l'Estrapade et r. des Fossés St.-Jacques, 26.— **Finit** r. de l'Arbalète, 10.
    Longr : 578m,00.   (I. 61. — P. 70.)
    Largr : 7m,00. — Décision ministérielle du 28 pluviôse an IX.
    Id.   12m,00. — Ord. royale du 23 janvier 1844. *Alignements.*
        Arrêté préfectoral du 27 octobre 1868. *Nivellement* de la partie
        comprise entre la rue Carnot prolongée et la rue de l'Arbalète.
        Décret du 27 février 1867. *Dénomination* actuelle.
           Obs. — Précédemment rue des Postes.
    Orig. — Charles-François Lhomond, grammairien (1727-1794); voisinage de plusieurs établissements d'instruction
    publique.

LHUILLIER (Rue) **. . . . . . **XVᵉ** Arrondissement . . . . 57ᵉ Quartier.
        Anciennement commune de Vaugirard.
1947   **Commence** rue Olivier de Serres, 65. — **Finit** en impasse.   (I. 3.— P. 10.)
    Longr : 125m,00.
    Largr : 4m,40 environ.   (*Voie privée.*)
        Décret du 10 février 1875. *Dénomination* actuelle.
           Obs. — Précédemment rue d'Orléans.
    Orig. — Doit son nom à trois prévôts des marchands : Jean Luillier, de 1530 à 1531. — Nicolas Luillier, de 1576 à 1577.
    — Jean Luillier, ce 1392 à 1393.

LIANCOURT (Rue) **. . . . . **XIVᵉ** Arrondissement . . . . 55ᵉ et 56ᵉ Quartiers.
        Anciennement commune de Montrouge.
1948   **Commence** rue Boulard, 32. — **Finit** avenue du Maine, 129.   (I. 61. — P. 54.)
    Longr : 355m,00.
    Largr : 10m,00. — Décret du 14 juillet 1877. *Alignements* et *Nivellement.*
        Décret du 23 mai 1863. *Classement* (confirmation).
        Arrêté préfectoral du 10 novembre 1862. *Nivellement.*
        Décret du 11 septembre 1869. *Dénomination* actuelle.
           Obs. — Précédemment rue de la Rochefoucault.
    Orig. — Le duc François-Alexandre-Frédéric de Larochefoucauld Liancourt, philanthrope et homme politique (1747-1827);
    avait fondé à Liancourt une école des arts-et-métiers; voisinage de l'hospice de Larochefoucault.

LIBAN (Impasse du) **. . . . . . . **XX**e ARRONDISSEMENT . . . . 77e QUARTIER.
Anciennement commune de Belleville.

1949 **Située** rue du Liban, 10.
Long^r : 24^m,00.
Larg^r : 6^m,00 environ. (*Voie privée.*)
ARRÊTÉ PRÉFECTORAL DU 10 NOVEMBRE 1873. *Dénomination* actuelle.
OBS. — Précédemment impasse Violet.
ORIG. — *Voir* rue du Liban.

LIBAN (Rue du) **. . . . . **XX**e ARRONDISSEMENT . . . . 77e QUARTIER.
Anciennement commune de Belleville.

1950 **Com.** r. des Maronites, 46. — **Finit** r. Julien Lacroix, 7, et Étienne Dolet, 39. (I. 9.— P. 10.)
Long^r : 70^m,00.
Larg^r : 9^m,00 environ. — Décret du 20 juin 1881. *Alignements* et *Nivellement*.
DÉCRET DU 23 MAI 1863. *Classement*.
ARRÊTÉ PRÉFECTORAL DU 23 NOVEMBRE 1877. *Nivellement*.
ARRÊTÉ PRÉFECTORAL DU 26 FÉVRIER 1867. *Dénomination* actuelle.
OBS. — Précédemment rue des Arts.
ORIG. — Chaîne de montagnes de la Turquie d'Asie ; voisinage de l'église Notre-Dame de la Croix.

LIBERT (Rue). . . . . **XII**e ARRONDISSEMENT . . . . 47e QUARTIER.
Anciennement commune de Bercy.

1951 **Commence** rue de la Nativité, 27. — **Finit** boulevard de Bercy, 50. (P. 11.)
Long^r : 330^m,00.
Larg^r : 10^m,00. — ORD. ROYALE DU 25 AOUT 1843. *Alignements* et *Prolongement*.
OBS. — Les riverains se sont engagés à céder gratuitement le terrain néces-
saire à l'élargissement à 10 mètres.
DÉCRET DU 23 MAI 1863. *Classement* (confirmation).
ARRÊTÉ PRÉFECTORAL DU 20 JUILLET 1861. *Nivellement*.
OBS. — Précédemment impasse de la Planchette.
ORIG. — Pierre-François Libert, maire de Bercy, de 1832 à 1837.

LIEUTENANCE (Sentier de la). . . **XII**e ARRONDISSEMENT . . . . 48e QUARTIER.
Anciennement commune de Saint-Mandé.

1952 . **Commence** boulevard Soult, 18 *bis*. — **Finit** villa du Bel Air, 19. (P. 20.)
Long^r : 76^m,00.
Larg^r : 2^m,33. — ARRÊTÉ PRÉFECTORAL DU 5 OCTOBRE 1857. *Classement*.
DÉCRET DU 23 MAI 1863. *Classement* (confirmation).
ORIG. — Lieu dit.

LIGNIER (Impasse) **. . . . . . . **XX**e ARRONDISSEMENT . . . . 79e QUARTIER.
Anciennement commune de Charonne.

1953 **Située** rue de Bagnolet, 41. (I. 11.— P. 8.)
Long^r : 68^m,00.
Larg^r : 5^m,00 environ. (*Voie privée.*)
ORIG. — Nom de propriétaire.

LILAS (Rue des) **. . . . . **XIX**e ARRONDISSEMENT . . . . 75e QUARTIER.
Anciennement commune de Belleville.

1954 **Commence** rue du Pré Saint Gervais, 27. — **Finit** boulevard Sérurier, 115. (I. 19.—P. 26.)
Long^r : 355^m,00.
Larg^r : 6^m,00. — ORD. ROYALE DU 28 FÉVRIER 1837. *Alignements*.
DÉCRET DU 23 MAI 1863. *Classement* (confirmation).
ARRÊTÉ PRÉFECTORAL DU 22 FÉVRIER 1866. *Nivellement* entre la rue du
Pré et la rue de Bellevue.
ARRÊTÉ PRÉFECTORAL DU 24 AOUT 1876. *Nivellement* entre la rue de
Bellevue et le boulevard Sérurier.
ORIG. — Voisinage de la nouvelle commune des Lilas.

LILAS (Petite rue des) **. . . . . **XIX**e ARRONDISSEMENT . . . . 75e QUARTIER.
Anciennement commune de Belleville.

1955 **Commence** rue des Lilas, 10. — **Finit** rue du Pré Saint Gervais, 43. (I. 17.— P. 24.)
Long^r : 175^m,00.
Moindre larg^r : 2^m,70. (*Voie privée.*)
ORIG. — *Voir* rue des Lilas.

LILLE (Rue de) . . . . **VIIᵉ** Arrondissement. . . . . . . 25ᵉ et 26ᵉ Quartiers.
1956   **Commence** rue des Saints Pères, 4. — **Finit** rue de Bourgogne.   (I. 123. — P. 85.)
    Long^r : 1060^m,00.
    Larg^r :   9^m,74. — Ord. royale du 7 mars 1827. *Alignements.*
            Décret du 23 octobre 1872. *Modification* du pan coupé situé à
            l'angle du boulevard Saint Germain.
    Orig. — Nom substitué à celui de Bourbon, en 1792, en l'honneur de la défense de Lille.

LINCOLN (Rue). . . . . **VIIIᵉ** Arrondissement. . . . . 29ᵉ Quartier.
1957   **Commence** rue François Iᵉʳ, 56. — **Finit** avenue des Champs Élysées, 73. (I. 13. — P. 16.)
    Long^r : 145^m,00.
    Larg^r : 12^m,00. — Décret du 26 septembre 1861 (U. P.). *Ouverture* et *Alignements.*
            Arrêté préfectoral du 16 août 1879. *Dénomination* actuelle.
                        Obs. — Précédemment rue d'Albe.
    Orig. — Abraham Lincoln, président des États-Unis d'Amérique (1809-1864); quartier habité par la colonie américaine.

LINGERIE (Rue de la). . . . . . . Iᵉʳ Arrondissement . . . . 2ᵉ Quartier.
1958   **Commence** rue des Halles, 22. — **Finit** rue Berger, 13.   (I. 13. — P. 10.)
    Long^r : 93^m,00.
    Moindre larg^r : 14^m,00. — Décret du gouvernement provisoire du 5 mai 1848. *Alignements.*
    Larg^r : 20^m,00. — Décret du 10 mars 1832. *Alignements,*
    Id.   15^m,00. — Décret du 21 juin 1834 (U. P.). *Alignements.*
            Obs. — L'Administration ayant renoncé à l'expropriation des immeubles situés
                du côté gauche, qui avait pour but de reporter l'alignement en
                avant, la largeur de cette voie se trouve portée à 18^m,60 environ.
            Arrêté préfectoral du 26 juillet 1866. *Nivellement* entre la rue
                des Halles et la rue de la Poterie.
    Orig. — Saint Louis avait permis à de pauvres lingères de s'y établir.

LINNÉ (Rue) *. . . . . Vᵉ Arrondissement. . . . . 17ᵉ Quartier.
1959   **Commence** rues Lacépède, 2, et Cuvier, 20. — **Finit** rue de Jussieu, 21, et place de Jussieu, 7.
    Long^r : 245^m,00.   (I. 45. — P. 24.)
    Moindre larg^r :   8^m,00. — Décision ministérielle du 26 juin 1809.
    Larg^r 13^m,00. — Ord. royale du 6 juillet 1831.
    Id.   23^m,60. — Ord. royale du 22 juillet 1837. *Alignements.*
            Décret du 2 octobre 1865. *Dénomination* actuelle.
                        Obs. — Précédemment rue Saint Victor (partie).
    Orig. — Louis Linné, botaniste suédois (1707-1778); voisinage du Jardin des Plantes.

LINOIS (Rue) . . . . **XVᵉ** Arrondissement . . . . 59ᵉ et 60ᵉ Quartiers.
            Anciennement commune de Grenelle.
1960   **Commence** place du Pont de Grenelle. — **Finit** rue des Entrepreneurs, 43, et place Beau-
        grenelle, 3.   (I. 59. — P. 48.)
    Long^r ; 245^m,00. — Décret du 25 juillet 1831. — *Classement* (route départementale
        nº 10).
    Larg^r : 12^m,00. — Décret du 3 octobre 1853. *Alignements.*
            Décret du 23 mai 1863. *Classement* (confirmation).
            Arrêté préfectoral du 13 avril 1867. *Nivellement.*
            Décret du 24 août 1864. *Dénomination* actuelle.
                    Obs. — Précédemment rue du Pont, route départementale nᵉ 10.
    Orig. — Charles-Alexandre-Léon Durand, comte de Linois, vice-amiral (1761-1848); voisinage de l'École Militaire.

LIONS (Cour des). . . . . **XIᵉ** Arrondissement . . . . 42ᵉ Quartier.
1961   **Située** rue Amelot, 64.   (I. 13. — P. 10.)
    Long^r : 140^m,00.
    Larg^r :   5^m,00 environ.   (*Voie privée.*)
    Orig. — Doit son nom aux deux lions qui en décorent l'entrée.

LIONS (Rue des). . . . . **IVᵉ** Arrondissement . . . . 15ᵉ Quartier.
1962   **Commence** rue du Petit Musc, 9. — **Finit** rue Saint Paul, 8.   (I. 19. — P. 18.)
    Long^r : 176^m,00.
    Larg^r :   9^m,00. — Décision ministérielle du 13 ventôse an VII.
    Id.   10^m,00. — Ord. royale du 20 novembre 1830. *Alignements.*
    Orig. — Percée vers 1366 sur l'emplacement d'une partie des jardins de l'hôtel Saint Paul, où étaient enfermés les grands
        et petits lions du roi.

LISA (Passage) . . . . **XI**e ARRONDISSEMENT . . . . 43e QUARTIER.
1962   **Située** rue Popincourt, 26.   (I. 1. — P. 10.)
        Long**r** : 73m,00.
        Larg**r** : 1m,25 environ.   *(Voie privée.)*
        ORIG. — Nom de propriétaire.

LISBONNE (Rue de) . . . . . . **VIII**e ARRONDISSEMENT . . . . 32e QUARTIER.
1964   **Commence** rue du Général Foy, 15. — **Finit** rue de Courcelles, 64.   (I. 57. — P. 68.)
        Long**r** : 810m,00.
        Larg**r** : 15m,00. — ORD. ROYALE DU 2 FÉVRIER 1826. *Ouverture* et *Alignements* entre la
                rue de Malesherbes et l'avenue de Messine.
                Id. 13m,00. — OBS. — La partie comprise entre l'avenue de Messine et la rue de Courcelles a été ouverte en
                        vertu d'un traité passé, le 14 janvier 1861, entre la Ville de Paris et
                        M. Pereire.
                ARRÊTÉ PRÉFECTORAL DU 18 NOVEMBRE 1862 ET DU 12 AVRIL 1861.
                Nivellement.
        ORIG. — Capitale du Portugal; voisinage de la place de l'Europe.

LISFRANC (Rue) ᵛᵗᵉ . . . . **XX**e ARRONDISSEMENT . . . . 79e QUARTIER.
                Anciennement commune de Charonne.
1965   **Commence** rue Stendhal, 2. — **Finit** rue des Prairies, 21.   (I. 17. — P. 22.)
        Long**r** : 150m,00.
        Larg**r** : 2m,33. — ARRÊTÉ PRÉFECTORAL DU 3 JUILLET 1830. *Classement.*
                DÉCRET DU 23 MAI 1863. *Classement* (confirmation).
                DÉCRET DU 10 FÉVRIER 1875. *Dénomination actuelle.*
                        OBS. — Précédemment sentier de la Traverse de la cour des Noues ou che-
                                min de ronde du Père Lachaise.
        ORIG. — Jacques Lisfranc, chirurgien (1788-1847); voisinage de l'hôpital Tenon.

LIVINGSTONE (Rue) ** . . . . . **XVIII**e ARRONDISSEMENT . . . . 70e QUARTIER.
1966   **Commencera** rue d'Orsel, 8. — **Finit** place Saint Pierre, et rue Charles Nodier.
        Long**r** : 74m,00.
        Larg**r** : 12m,00. — DÉCRET DU 11 AOÛT 1867 (U. P.). *Ouverture* et *Alignements.*
                DÉCRET DU 10 NOVEMBRE 1877. *Dénomination.*
        ORIG. — David Livingstone, voyageur anglais (1815-1873).

LOBAU (Rue de) . . . . **IV**e ARRONDISSEMENT . . . . 13e et 14e QUARTIERS.
1967   **Commence** quai de l'Hôtel de Ville. — **Finit** rue de Rivoli.   (P. 4.)
        Long**r** : 180m,00.
        Larg**r** : 40m,00. — DÉCRETS DU 23 MAI 1850 ET 29 SEPTEMBRE 1854 (U. P.). *Ouverture* et
                Alignements.
                ORD. ROYALE DU 15 AVRIL 1839. *Dénomination.*
        ORIG. — Georges Mouton, comte de Lobau, maréchal de France (1770-1838).

LOBINEAU (Rue) . . . . **VI**e ARRONDISSEMENT . . . . 22e QUARTIER.
1968   **Commence** rue de Seine, 76. — **Finit** rue Mabillon, 5.   (I. 17. — P. 2.)
        Long**r** : 116m,00.
        Larg**r** : 10m,00. — DÉCISION MINISTÉRIELLE DU 12 NOVEMBRE 1817.
        Id.   10m,00. — ORD. ROYALE DU 12 MAI 1841. *Alignements.*
        ORIG. — Guy-Alexis Lobineau, bénédictin et historien de Paris (1666-1727); voisinage de l'abbaye de Saint Germain
                des Prés.

LOGELBACH (Rue de) . . . . . . **XVII**e ARRONDISSEMENT . . . . 66e QUARTIER.
1969   **Commence** boulevard de Courcelles, 50, et rue de Phalsbourg, 1. — **Finit** rue d'Offémont, 20.
        Long**r** : 160m,00.   (I. 9. — P. 10.)
        Larg**r** : 12m,00. — DÉCRET DU 25 SEPTEMBRE 1879. *Classement, Alignements* et *Nivellement.*
        ORIG. — A reçu le nom de Logelbach, village manufacturier des environs de Colmar, conformément aux intentions du pro-
                priétaire, M. Herzog, d'origine alsacienne.

LOI (Impasse de la) ** . . . . **XX**ᵉ Arrondissement. . . . . 80ᵉ Quartier.
Anciennement commune de Charonne.
1970 **Située** passage des Vignoles, 10.   (I. 7. — P. 12.)
  Longᵀ : 55ᵐ,00.
  Moyenne largᵀ : 3ᵐ,00.   (*Voie privée.*)
                          Arrêté préfectoral du 1ᵉʳ février 1877. *Dénomination* actuelle.
                     Obs. — Précédemment impasse de la Nation.
  Orig. — Nom substitué à celui d'impasse de la Nation.

L OIRE (Quai de la) ** . . . . . . **XIX**ᵉ Arrondissement. . . . . 73ᵉ Quartier.
Anciennement commune de La Villette.
1971 **Commence** rue d'Allemagne, 1. — **Finit** rue de Crimée, 155.   (P. 86.)
  Longᵀ : 850ᵐ,00.
                          Ord. royale du 26 mars 1829. *Classement* au nombre des routes
                            départementales (n° 76).
  Largᵀ : 12ᵐ,00. — Décret du 14 janvier 1857. *Alignements.*
                          Arrêté préfectoral du 13 novembre 1860. *Nivellement.*
                          Décret du 23 mai 1863. *Classement* (confirmation).
  Orig. — Fleuve de France qui se jette dans l'Océan Atlantique; voisinage du canal de l'Ourcq.

LOIRET (Rue du) . . . . **XIII**ᵉ Arrondissement. . . . . 50ᵉ Quartier.
Anciennement commune d'Ivry.
1972 **Commence** rue Regnault. — **Finit** rues du Chevaleret, 14, et Watt.   (P. 6.)
  Longᵀ : 102ᵐ,00.
  Largᵀ : 10ᵐ,00. — Arrêté préfectoral du 5 octobre 1857.
  Id.   10ᵐ,00. — Décret du 27 décembre 1876. *Alignements* et *Nivellement.*
                          Décret du 23 mai 1863. *Classement* (confirmation).
                          Arrêté préfectoral du 26 juillet 1867. *Nivellement.*
                          Arrêté préfectoral du 3 septembre 1869. *Dénomination* actuelle.
                     Obs. — Précédemment chemin du Chevaleret (partie).
  Orig. — Voisine du chemin de fer d'Orléans, a pris le nom du département dont cette ville est le chef-lieu.

LOMBARDS (Rue des) . . . . **I**ᵉʳ Arrondissement. . . . . 2ᵉ Quartier.
                          IVᵉ Arrondissement . . . . 13ᵉ Quartier.
1973 **Commence** rue Saint Martin, 57. — **Finit** rue Sainte Opportune, 4.   (I. 41. — P. 68.)
  Longᵀ : 228ᵐ,00.
  Largᵀ : 10ᵐ,00. — Décision ministérielle du 18 vendémiaire an VI. *Alignements* entre
                            la rue de Saint Martin et la rue Saint Denis.
  (Moindre). 13ᵐ,00. — Ord. royale du 19 juillet 1840 (même partie).
  Largᵀ :   7ᵐ,00. — Décision ministérielle du 21 prairial an X. *Alignements* entre la
                            rue Saint Denis et la rue Sainte Opportune.
  Id.   14ᵐ,00. — Ord. royale du 16 août 1836 (même partie).
                          Arrêté préfectoral du 1ᵉʳ février 1877. *Dénomination* actuelle.
                     Obs. — Précédemment rues des Lombards et de l'Aiguillerie.
  Orig. — Des usuriers lombards y exerçaient leur industrie au XIIIᵉ siècle.

LONDRES (Cité de) . . . . **IX**ᵉ Arrondissement. . . . . 33ᵉ Quartier.
1974 **Commence** rue Saint Lazare, 84 *bis*. — **Finit** rue de Londres, 13.   (I. 3.— P. 4.)
  Longᵀ : 115ᵐ,00.
  Largᵀ : 3ᵐ,50.   (*Voie privée.*)
  Orig. — *Voir* rue de Londres.

36

LONDRES (Rue de)....... **VIII**ᵉ Arrondissement............. 32ᵈ Quartier.

IXᵉ Arrondissement............. 33ᵉ Quartier.

1975 **Commence** rue de Clichy, 3. — **Finit** place de l'Europe. (J. 51. — P. 58.)

Long^r : 580^m,00.

Larg^r : 15^m,00. — Ord. royale du 2 février 1826. *Ouverture* et *Alignements*.

Décret du 30 juin 1859. *Modification* au débouché sur la place de l'Europe.

Orig. — Capitale de l'Angleterre ; voisinage de la place de l'Europe.

LONGCHAMP (Rond-Point de) **. . **XVI**ᵉ Arrondissement.......... 63ᵉ Quartier.

Anciennement commune de Passy.

1976 **Sit.** à la renc. des r. de Longchamp, 72; des Sablons, 20; des Belles Feuilles, 2, et Decamps, 2.

Rayon : 25^m,00. — Arrêté préfectoral du 16 février 1836. *Alignements*.

Décret du 23 mai 1863. *Classement* (confirmation).

Arrêté préfectoral du 21 avril 1869. *Nivellement*.

Orig. — *Voir* rue de Longchamp.

LONGCHAMP (Rue de) **...... **XVI**ᵉ Arrondissement...... 63ᵉ et 64ᵉ Quartiers.

Anciennement commune de Passy (partie).

1977 1re Partie. **Commence** place d'Iéna. — **Finit** rue Spontini, 49.

2ᵉ — **Commence** rue de la Faisanderie, 44.— **Finit** boul. Lannes, 9. (J. 125.— P. 122.)

Long^r 1re partie : 1.246^m,00. ⎫ totale 1.396^m,00.
Id. 2ᵉ — 150^m,00. ⎭

Moindre larg^r : 11^m,70. — Arrêté du pouvoir exécutif du 17 août 1848. *Alignements* entre la rue de Lubeck et l'avenue Kléber.

Larg^r : 11^m,70. — Arrêté préfectoral du 16 février 1836. *Alignements* entre l'avenue Kléber et la rue Spontini.

Id. 12,^m00. — Décret du 18 mai 1881. *Classement, Alignements* et *Nivellement* de la partie entre la place d'Iéna et la rue de Lubeck.

Décret du 23 mai 1863. *Classement* confirmé de la partie comprise entre l'avenue Kléber et la rue Spontini.

(*Voie privée* entre la rue de la Faisanderie et le boulevard Lannes).

Arrêté préfectoral du 21 avril 1869. *Nivellement*.

Arrêté préfectoral du 10 novembre 1873. *Dénomination* confirmée.

Obs. — Une partie avait été supprimée, entre la rue de Lubeck et l'avenue du Trocadéro, par le décret du 6 mars 1858, mais elle a été rétablie par le décret du 18 mai 1881.

Orig. — Conduisait à l'abbaye de Longchamp.

LONGUES RAIES (Rue des) **. . . **XIII**ᵉ Arrondissement.......... 51ᵉ Quartier.

Anciennement commune de Gentilly.

1978 **Commence** rue du Pot au Lait.— **Commencera** boulevard Kellermann. — **Finit** en impasse.

Long^r : 345^m,00.

Larg^r : 12^m,00. — Voie créée par l'État lors de l'établissement du chemin de fer de Ceinture.

Arrêté préfectoral du 1er février 1877. *Dénomination* actuelle.

Obs. — Précédemment rue des Glacières.

Orig. — Lieu dit.

LOOS (Rue de) **....... **X**ᵉ Arrondissement............. 40ᵉ Quartier.

1979 **Commence** rues Claude Vellefaux, 24, et St-Maur, 218.— **Finit** boulevard de la Villette, 45.

Long^r : 250^m,00. (J. 25. — P. 34.)

Larg^r : 6^m,00. (*Voie privée.*)

Arrêté préfectoral du 1er février 1877. *Dénomination* actuelle.

Obs. — Précédemment passage Saint Louis du Temple.

Orig. — Ville du département du Nord.—Nom donné sur la demande du propriétaire.

LORD BYRON (Rue) . . . . **VIII**ᵉ Arrondissement . . . . 30ᵉ Quartier.

1980 **Commence** rue Châteaubriand, 13. — **Finit** rue du Bel-Respiro, 6. (L. 23. — P. 20.)

Longʳ : 263ᵐ,00.

Largʳ : 11ᵐ,50. — Décret du 23 octobre 1852. *Classement* et *Alignements.*

Arrêté préfectoral du 16 septembre 1863. *Nivellement.*

Orig. — Georges-Noel Gordon, lord Byron, poète anglais (1788-1824).

LORRAINE (Rue de) ** . . . . . . **XIX**ᵉ Arrondissement . . . . . . 73ᵉ et 75ᵉ Quartiers.

Anciennement commune de la Villette.

1981 **Commence** rue de Crimée, 106. — **Finit** rue de Crimée, 136. (L. 35. — P. 40.)

Longʳ : 375ᵐ,00. — Décret du 23 mai 1863. *Classement* de la partie comprise entre la rue de Crimée, nᵒ 104, et la rue Petit. *Classement* confirmé de la partie à la suite entre la rue Petit et la rue de Crimée, nᵒ 154.

Largʳ : 8ᵐ,00. — *Alignements* projetés. (Largeur actuelle : 7ᵐ,50 moindre.)

Arrêté préfectoral du 4 novembre 1861. *Nivellement* entre la rue de Crimée et la rue d'Allemagne (partie basse).

Arrêté préfectoral du 4 décembre 1868. *Nivellement* de la partie haute.

Arrêté préfectoral du 20 juillet 1868. *Dénomination* actuelle.

Obs. — Précédemment rues de Metz et de Nancy.

Orig. — Ancienne province de France; voisinage de la rue d'Allemagne.

LOUIS DAVID (rue) ** . . . . . .**XVI**ᵉ Arrondissement . . . . 62ᵉ Quartier.

Anciennement commune de Passy.

1982 **Commence** rue Scheffer, 43. — **Finit** rue de la Tour, 74. (L. 21. — P. 26.)

Longʳ : 193ᵐ,00.

Largʳ : 9ᵐ,00. — Arrêté préfectoral du 10 février 1856.

Décret du 22 mai 1863. *Classement* (confirmation).

Arrêté préfectoral du 3 mars 1881. *Dénomination* actuelle.

Obs. — Précédemment rue David, et antérieurement rue des Tournelles.

Orig. — Jacques-Louis David, peintre (1748-1825); quartier où ont été groupés des noms d'artistes.

LOUISIANE (Rue de la). . . . . . **XVIII**ᵉ Arrondissement. . . . . 72ᵉ Quartier.

1983 **Commence** rue de la Guadeloupe. — **Finit** rue de Torcy, 23.

Longʳ : 56ᵐ,00. — Rue ouverte par la Ville de Paris sur les terrains provenant de l'ancien marché aux Vaches.

Largʳ : 10ᵐ,00. — *Alignements* projetés. (Largeur actuelle).

Arrêté du 1ᵉʳ février 1877. *Dénomination.*

Orig. — Ancienne colonie française de l'Amérique du Nord, cédée aux États-Unis en 1803; quartier où ont été groupés des noms de colonies françaises.

LOUIS LE GRAND (Rue) . . . . . **II**ᵉ Arrondissement . . . . 5ᵉ Quartier.

1984 **Commence** rue des Petits Champs, 72. — **Finit** boul. des Capucines, 1, et des Italiens, 33.

Longʳ : 370ᵐ,00. (L. 25. — P. 34.)

Largʳ : 9ᵐ,74. — Décision ministérielle du 28 brumaire an VI.

Id. 9ᵐ,74. — Ord. royale du 4 octobre 1826. *Alignements.*

Arrêtés préfectoraux des 2 juin et 1ᵉʳ septembre 1868. *Nivellement* entre les nᵒˢ 20 et 28, et entre le nᵒ 35 et la rue Saint Augustin.

Arrêté préfectoral du 16 octobre 1876. *Nivellement.*

Orig. — Ouverte en 1703, doit son nom à Louis XIV; voisinage de la place Vendôme, dite place Louis le Grand.

LOUIS-PHILIPPE (Passage) . . . . **XI**ᵉ Arrondissement . . . . 43ᵉ Quartier.

1985 **Commence** rue de Lappe, 21. — **Finit** passage Thiéré, 27.

Longʳ : 96ᵐ,00.

Moindre largʳ : 3ᵐ,50. (*Voie privée.*)

Orig. — Débouche dans la rue de Lappe, qui a porté pendant trente ans le nom de Louis-Philippe.

LOUIS-PHILIPPE (Pont) . . . . . . **IV**ᵉ Arrondissement . . . . . . 14ᵉ et 16ᵉ Quartiers.

1986 **Situé** entre le quai de l'Hôtel de Ville et les quais Bourbon et d'Orléans, au droit des rues du Pont Louis-Philippe et du Bellay.

Longʳ : 100ᵐ,00.

Largʳ : 15ᵐ,00.

Orig. — Construit sous le règne de Louis-Philippe.

LOUIS XVI (Square). . . . . **VIII**e Arrondissement. . . . . 31e Quartier.
1987   **Situé** entre le boulevard Haussmann et les rues Pasquier, des Mathurins et d'Anjou.
    Orig. — Doit son nom au monument élevé à la mémoire de Louis XVI.

LOURCINE (Rue de) **. . . . . . . **V**e Arrondissement. . . . . 19e Quartier.
1988   **XIII**e Arrondissement . . . . 52e Quartier.
    Commence rue Mouffetard, 142. — **Finit** rue de la Santé, 61.   (l. 155. — P. 156.)
       Long^r : 980^m.00.
  Moindre larg^r : 10^m,00. — Décision ministérielle du 6 pluviôse an IX.
  Moindre larg^r : 12^m,00. — Ord. royale du 19 juillet 1840. *Alignements.*
              Arrêté préfectoral du 23 janvier 1872. *Nivellement.*
     Orig. — Ouverte au XIIe siècle sur le territoire de Laorcine.

LOURMEL (Impasse de). . . . . . **XV**e Arrondissement . . . . 60e Quartier.
              Anciennement commune de Vaugirard.
1989   **Située** rue de Lourmel, 107.
      Long^r :   240^m,00.
      Larg^r :   5^m,00 environ.   *(Voie privée.)*
            Arrêté préfectoral du 1er février 1877. *Dénomination* actuelle.
             Obs. — Précédemment impasse Pernety.
   Orig. — *Voir* rue de Lourmel.

LOURMEL (Rue de). . . . . . . **XV**e Arrondissement. . . . . 59e et 60e Quartiers.
       Anciennement communes de Grenelle, de Vaugirard et d'Issy,
1990   **Commence** boulevard de Grenelle, 215, et rue Viala, 1. — **Finit** rue Leblanc. (l. 177. — P. 202.)
      Long^r : 1815^m,00.
      Larg^r : 12^m,00. — Délibérations du conseil municipal des 22 janvier et 19 septembre
                 1837. *Alignements* projetés entre le boulevard de Grenelle et la rue
                 de Javel (A).
      Id.   8^m,00. — Arrêté préfectoral du 19 janvier 1845. *Alignements* entre la rue
                 de Javel et la rue Leblanc (B).
         Décret du 23 mai 1863. *Classement* (confirmation).
         Arrêté préfectoral du 19 juillet 1863. *Nivellement* de la partie A.
         Arrêté préfectoral du 16 novembre 1866. *Nivellement* de la partie B.
         Décret du 2 octobre 1865. *Dénomination* actuelle.
             Obs. — Précédemment rue de Grenelle et chemin de Marais ou des Vaches.
   Orig. — Frédéric-Henri Lenormand de Lourmel, général de brigade, tué à la bataille d'Inkermann (1811-1854); voisinage
      de la route Militaire.

LOUVOIS (Rue de). . . . . **II**e Arrondissement . . . . 6e Quartier.
1991   **Commence** rue de Richelieu, 71. — **Finit** rue Sainte Anne, 62.   (l. 7. — P. 12.)
      Long^r : 116^m,00.
      Larg^r : 9^m,70. — Ord. royale du 16 avril 1831. *Alignements.*
         Arrêté préfectoral du 27 janvier 1859. *Nivellement* des abords du
         square.
   Orig. — Ouverte en 1788, sur l'emplacement de l'hôtel Louvois.

LOUVOIS (Square de) . . . . . . **II**e Arrondissement . . . . 6e Quartier.
1992   **Situé** entre les rues de Richelieu, Rameau, Lulli et de Louvois.
   Orig. — Voir rue de Louvois.

LOUVRE (Place du). . . . . **I**er Arrondissement . . . . 1er Quartier.
1993   **Située** au devant de l'église Saint Germain l'Auxerrois et de la mairie du 1er arrondissement.
      Long^r : 27^m,00.   (l. 3.)
      Larg^r : 113^m,00 env. — Décrets des 15 novembre 1853 et 3 mai 1854 (U.P.). *Alignements.*
         Arrêté préfectoral du 13 décembre 1859. *Nivellement.*
   Orig — Devant le palais du Louvre.

LOUVRE (Quai du). . . . .   Ier Arrondissement. . . . .   1er Quartier.

1994   **Commence** Pont Neuf et rue de la Monnaie, 1. — **Finit** pont du Carrousel et pavillon de
Lesdiguières.   (P. 30.)

     Long^r : 645^m,00.

Moindre larg^r : 16^m,50. — Ord. royale du 22 août 1840. *Alignements* depuis le Pont Neuf et
la rue de la Monnaie jusqu'à la rue du Louvre.

           Obs. — L'alignement de cette partie a été modifié lors de la vente des
terrains expropriés pour le percement de la rue du Louvre.

    Id.   Id.   16^m,50. — Décret du 16 juillet 1849. *Alignements* depuis la rue du Louvre
jusqu'au pont du Carrousel et au pavillon de Lesdiguières.

    Arrêté préfectoral du 2 avril 1868. *Dénomination* actuelle.

          Obs. — Précédemment quais de l'École, du Louvre et des Tuileries (partie).

Orig. — Voisinage du Louvre.

LOUVRE (Rue du). . . . .   Ier Arrondissement. . . . .   1er et 2e Quartiers.

                        IIe Arrondissement. . . . .   7e Quartier.

1995   **Commence** quai du Louvre, 30. — **Finit** rue Saint Honoré, 131. — **Finira** rues du Mail et
Montmartre.   (I. 3. — P. 24.)

     Long^r : 297^m,00 actuelle. — Long^r : 900^m,00 future.

     Larg^r : 20^m,00. — Décrets des 13 novembre 1853 et 3 mai 1854 (U. P.). *Alignements*
entre le quai du Louvre et la rue Saint Honoré.

    Id.   20^m,00. — Décret du 9 juin 1860 (U. P). *Alignements* entre la rue Saint Honoré
et les rues du Mail et Montmartre.

          Obs. — Partie non encore exécutée.

    Arrêtés préfectoraux des 12 juillet et 3 juin 1853. *Nivellement*
de la partie comprise entre le quai du Louvre et la rue Saint
Honoré.

    Arrêté préfectoral du 19 novembre 1866. *Nivellement* entre la rue
Saint Honoré et la rue Soly.

Orig. — Devant le palais du Louvre.

LOWENDAL (Avenue de). . . . .   VIIe Arrondissement. . . . .   27e Quartier.

                       XVe Arrondissement. . . . . . .   58e et 59e Quartiers.

1996   **Commence** avenue de Tourville et boulevard de La Tour-Maubourg. — **Finit** place Cambronne.   (I. 31. — P. 28.)

     Long^r : 800^m,00.

Moindre larg^r : 28^m,40. — Ord. royale du 9 août 1844. *Alignements*.

          Obs. — Tracée en 1770, elle a été cédée par l'État à la Ville de Paris. (Loi du
19 mars 1838.)

    Arrêté préfectoral du 11 août 1869. *Nivellement.*

Orig. — Le comte Ulric-Frédéric-Woldemar de Lowendal, maréchal de France (1700-1755); voisinage de l'École Militaire.

LUBECK (Rue de) **. . . . . . .   XVIe Arrondissement. . . . .   64e Quartier.

1997   **Commence** avenue d'Iéna, 23, et rue de Juigné, 1. — **Finit** avenue du Trocadéro.

     Long^r : 490^m,00.   (I. 7. — P. 26.)

     Larg^r : 13^m,64. — Décision ministérielle du 19 juillet 1806. *Alignements*.

    Id.   14^m,00. — Décret du président de la République du 23 novembre 1849, modi-
fiant les *Alignements*.

    Décret du 6 mars 1858 (U. P). Modifié par le décret suivant.

    Id.   13^m,00. — Décret du 17 septembre 1864 (U. P.). *Alignements* et *Prolongement*.

    Décret du 2 mars 1867. *Dénomination* de la partie entre la rue Bois-
sière et l'avenue d'Iéna.

Orig. — Doit son nom à la victoire de Lubeck, remportée sur les Prussiens, les 6 et 7 novembre 1806.

LUGAND (Cité) . . . .   XIe Arrondissement. . . . .   41e Quartier.

1998   **Située** rue d'Angoulême, 86.   (I. 9. — P. 4.)

     Long^r : 85^m,00.

     Larg^r : 8^m,00.   (*Voie privée.*)

Orig. — Nom de propriétaire.

LULLI (Rue). . . . . IIe Arrondissement . . . . 6e Quartier.
1999   **Commence** rue Rameau, 2. — **Finit** rue de Louvois, 1.   (I. 3.)
      Long^r : 38^m,00.
      Larg^r : 24 pieds. — Arrêté du corps municipal du 19 avril 1792.
      Larg^r : 11^m,00 environ. — Ordonnance royale du 12 février 1846. *Alignements.*
                  Arrêté préfectoral du 27 janvier 1859. *Nivellement* des abords du
                  square.
  Orig. — Jean-Baptiste Lulli, compositeur (1633-1687); voisinage de l'ancien Opéra de la place Louvois.

LUNE (Rue de la). . . . . IIe Arrondissement . . . . 8e Quartier.
2000   **Commence** rue Beauregard, 43, et boul. de Bonne Nouvelle, 7.—**Finit** rue Poissonnière, 40.
      Long^r : 267^m,00.   (I. 43. — P. 38.)
      Larg^r : 8^m,00. — Décision ministérielle du 3 vendémiaire an X.
      Id.   10^m,00. — Ordonnance royale du 21 juin 1826. *Alignements.*
  Orig. — Ancienne enseigne.

LUNÉVILLE (Rue de) ^{**}. . . . . **XIXe** Arrondissement. . . . . 73e Quartier.
              Anciennement commune de La Villette.
2001   **Commence** rue d'Allemagne, 148. — **Finit** rue Petit, 65.   (I. 13. — P. 20.)
      Long^r : 140^m,00.
      Moindre larg^r : 5^m,75.   *(Voie privée.)*
  Orig. — Ville du département de Meurthe-et-Moselle ; voisinage de la route, aujourd'hui rue d'Allemagne.

LUTÈCE (Rue de) . . . . IVe Arrondissement . . . . 16e Quartier.
2002   **Commence** rue de la Cité. — **Finit** boulevard du Palais.
      Long^r : 125^m,00.
      Larg^r : 38^m,00 environ. — Décret du 22 mai 1865 (U. P.). *Ouverture et Alignements.*
                Arrêté préfectoral du 23 octobre 1880. *Dénomination* actuelle.
                Obs. — Précédemment avenue de Constantine.
  Orig. — Nom primitif de Paris alors compris dans les limites de la Cité.

LUXEMBOURG (Rue du) ^{**}. . . . VIe Arrondissement . . . . 22e Quartier.
2003   **Commence** rue de Vaugirard, 21. — **Finit** rue d'Assas, 55.   (P. 40.)
      Long^r : 390^m,00.
      Larg^r : 20^m,00. — Décret du 14 août 1866. *Ouverture et Alignements.*
                Arrêté préfectoral du 16 août 1879. *Dénomination* actuelle.
                Obs. — Précédemment rue Bonaparte (partie).
  Orig. — Longe le jardin du Luxembourg.

LYANNES (Rue des) ^{**}. . . . . . XXe Arrondissement . . . . 78e Quartier.
              Anciennement commune de Charonne.
2004   **Commence** rue de Bagnolet, 149. — **Finit** rue Pelleport, 34.   (I. 25. — P. 14.)
      Long^r : 215^m,00.
      Larg^r : 7^m,00 environ.   *(Voie privée.)*
  Orig. — Nom donné par le propriétaire.

LYON (Rue de) . . . . XIIe Arrondissement. . . . . 48e Quartier.
2005   **Commence** boul. Diderot, 23. — **Finit** boul. de la Contrescarpe, 52, et place de la Bastille.
      Long^r : 710^m,00.   (I. 75. — P. 164.)
      Larg^r : 30^m,00. — Ordonnance royale du 27 novembre 1847 (U.P.) *Ouverture et Ali-*
              gnements entre le boulevard Diderot et la rue Traversière.
      Id.   30^m,00. — Décret du 16 avril 1859 (U.P.). *Ouverture et Alignements* depuis
              la rue Traversière jusqu'au boulevard de la Contrescarpe et à la
              place de la Bastille.
  Orig. — Conduit au chemin de fer de Lyon.

LYONNAIS (Rue des) ** . . . . . **V**ᵉ Arrondissement . . . . 19ᵉ Quartier.

2006   **Commence** rue de Lourcine, 40. — **Finit** rue Berthollet, 13.   (l. 17. — P. 36.)
Long^r : 155^m,00.
Larg^r :   7^m,00. — Décision ministérielle du 3 pluviôse an ix.
Id.   10^m,00. — Ordonnance royale du 15 juin 1845. *Alignements*.

Orig. — Ouverte au xviiᵉ siècle, étymologie inconnue.

MABILLON (Rue) . . . . **VI**ᵈ Arrondissement . . . . 22ᵉ Quartier.
2007   **Commence** rue du Four, 13. — **Finit** rue Saint Sulpice, 32.   (I. 9. — P. 20.)
   Long' : 162ᵐ,00.
   Larg' : 11ᵐ,50. — Décision ministérielle du 12 novembre 1817.
   Id. : 11ᵐ,50. — Ord. royale du 12 mai 1841. *Alignements.*
  Orig. — Jean Mabillon, bénédictin érudit (1632-1707) ; voisinage de l'abbaye Saint Germain des Prés.

MACDONALD (Boulevard). . . . . **XIX**ᵉ Arrondissement . . . . 74ᵉ Quartier.
     Anciennement communes de Pantin et de La Villette.
2008   **Commence** canal de l'Ourcq. — **Finit** rue et porte d'Aubervilliers.   (I. 7. — P. 4.)
   Long' : 1,800ᵐ,00.
     Convention du 5 juillet 1859. Remise conditionnelle par le Génie
      militaire, à la Ville de Paris, de la rue Militaire.
     Décret du 23 mai 1863. *Classement* (confirmation).
      Obs. — Des repères installés par le Génie militaire déterminent l'alignement.
     Décret du 2 mars 1864. *Dénomination* actuelle.
      Obs. — Précédemment rue Militaire (partie).
  Orig. — Étienne - Jacques - Joseph - Alexandre Macdonald, duc de Tarente, maréchal de France (1765-1840).

MAC-MAHON (Avenue) . . . . . **XVII**ᵉ Arrondissement . . . . 65ᵉ Quartier.
     Anciennement commune de Neuilly.
2009   **Commence** place de l'Étoile. — **Finit** rue Montenotte, 13. — **Finira** avenue des Ternes.
   Long' : 214ᵐ,00 (actuelle). — Long' : 402ᵐ,00 (future).   (I. 17. — P. 16.)
   Larg' : 36ᵐ,00. — Loi du 13 août 1854 (U.P.). *Ouverture et Alignements* entre la place
     de l'Étoile et la rue de Tilsitt.
   Id. : 36ᵐ,00. — Décret du 31 juillet 1867 (U.P.). *Ouverture et Alignements* entre la
     rue de Tilsitt et l'avenue des Ternes.
     Arrêté préfectoral du 16 février 1865. *Nivellement.*
      Obs. — Précédemment avenue du prince Jérôme.
  Orig. — Marie-Edme-Patrice-Maurice de Mac-Mahon, duc de Magenta, maréchal de France, Président de la République
  de 1873 à 1879.

MADAME (Rue) * . . . . **VI**ᵉ Arrondissement . . . . 22ᵉ et 23ᵉ Quartiers.
2010   **Commence** rue de Rennes, 37. — **Finit** rue d'Assas, 49.   (I. 79. — P. 74.)
   Long' : 710ᵐ,00.
   Larg' : 7ᵐ,00. — Décision ministérielle du 26 thermidor an VIII. *Alignements.*
   Id. 12ᵐ,00. — Décret du 28 juillet 1863 (U.P.). *Ouverture et Alignements* entre la rue
     de Rennes et la rue du Vieux Colombier, et *Élargissement* de la
     partie entre la rue du Vieux Colombier et la rue de Mézières.
   Id. 11ᵐ,69. — Ord. royale du 6 octobre 1824. *Ouverture et Alignements* entre la
     rue de Mézières et la rue de Vaugirard.
   Id. 11ᵐ,69. — Ord. royale du 12 mai 1841. — *Alignements* maintenus entre la rue
     de Vaugirard et la rue d'Assas.
     Obs. — Cette dernière partie a été ouverte en 1790 sur le sol du jardin du
     Luxembourg.
     Arrêté préfectoral du 1ᵉʳ février 1877. *Réunion* de la rue du
     Gindre à la rue Madame.
      Obs. — Précédemment rues Madame et du Gindre.
  Orig. — Doit son nom à Madame, épouse du comte de Provence, depuis Louis XVIII, alors propriétaire apanagiste du
  palais du Luxembourg, sur le jardin duquel elle a été ouverte.

MADELEINE (Boulevard de la). . . . **I**ᵉʳ Arrondissement . . . . 4ᵉ Quartier.
         VIIIᵉ Arrondissement . . . . 31ᵉ Quartier.
         IXᵉ Arrondissement . . . . 34ᵉ Quartier.
2011   **Commence** rue Cambon, 51. — **Finit** place de la Madeleine, 10.   (I. 27.)
   Long' : 220ᵐ,00.
   Larg' : 43ᵐ,30. — Ord. royale du 24 août 1833. *Alignements.*
     Obs. — Dans cette largeur est comprise la rue Basse du Rempart.
  Orig. — Voisinage de l'église de la Madeleine.

MADELEINE (Galerie de la) . . . **VIIIe** Arrondissement. . . . . 31e Quartier.

2012   **Commence** place de la Madeleine, 9. — **Finit** rue Boissy d'Anglas, 30.   (l. 13. — P. 16.)
     Long^r : 53^m,00.
     Larg^r : 4^m,00 environ.   (*Voie privée.*)
  Orig. — Voisinage de l'église de la Madeleine.

MADELEINE (Passage de la). . . . **VIIIe** Arrondissement. . . . . 31e Quartier.

2013   **Commence** place de la Madeleine, 21. — **Finit** rue de l'Arcade, 6.   (l. 3. — P. 6.)
     Long^r : 50^m,00.
     Larg^r : 7^m,50 environ.   (*Voie privée.*)
  Orig. — Voisinage de l'église de la Madeleine.

MADELEINE (Place de la). . . . . **VIIIe** Arrondissement. . . . . 31e Quartier.

2014   **Commence** rue Royale, 24. — **Finit** rue Tronchet, 2.   (l. 35. — P. 32.)
     Long^r : 218^m,00.
     Larg^r : 128^m,00. — Ord. royale du 2 juin 1824 et Ord. royale du 6 septembre 1826
               (U.P.). *Alignements.*
  Orig. — Devant l'église de la Madeleine.

MADEMOISELLE (Rue). . . . . . **XVe** Arrondissement . . . . . 57e, 58 et 59e Quartiers.
                  Anciennement commune de Grenelle et de Vaugirard.

2015   **Commence** rue des Entrepreneurs, 105. — **Finit** rue Cambronne, 80, et rue Lecourbe, 114.
     Long^r : 665^m,00.   (l. 107. — P. 82.)
     Larg^r : 12^m,00. — *Alignements* projetés. (Largeur actuelle.)
     Id.   12^m,00. — Délibération du conseil municipal de la commune de Vaugirard du
                10 août 1844. *Alignements* projetés, du côté gauche, entre la
                ruelle de la Sablonnière et la rue Cambronne, et du côté droit,
                entre la rue de la Croix Nivert et la rue Lecourbe.
           Décret du 23 mai 1863. *Classement* (confirmation).
           Arrêté préfectoral du 3 février 1868. *Nivellement.*
  Orig. — En souvenir de Mademoiselle, fille du duc de Berri, qui assistait avec la duchesse d'Angoulême, sa tante, à
    la pose de la première pierre de l'église Saint-Jean-Baptiste de Grenelle (2 septembre 1827).

MADONE (Rue de la) . . . . . . **XVIIIe** Arrondissement . . . . 72e Quartier.
                  Anciennement commune des Batignolles.

2016   **Commence** rue Séguin, 28. — **Finit** rue des Roses, 13.
     Long^r : 115^m,00.
     Larg^r : 12^m,00. — Arrêté préfectoral du 7 juillet 1858. *Alignements.*
           Décret du 23 mai 1863. *Classement* (confirmation).
           Arrêté préfectoral du 27 juin 1868. *Nivellement.*
           Arrêté préfectoral du 26 février 1867. *Dénomination* actuelle.
             Obs. — Précédemment rue de la Vierge.
  Orig. — Nom substitué à celui de rue de la Vierge, à cause d'une statue de la Vierge placée au coin de cette rue et
    de la rue des Roses.

MADRID (Rue de) . . . . **VIIIe** Arrondissement . . . . 32e Quartier.

2017   **Commence** place de l'Europe. — **Finit** rue du général Foy, 18.   (l. 29. — P. 30.)
     Long^r : 365^m,00.
     Larg^r : 15^m,00. — Ord. royale du 2 février 1826. *Ouverture* et *Alignements* entre la
                rue du général Foy et la place de l'Europe.
     Id.   15^m,00. — Décret du 3 juin 1859 (U.P.). *Ouverture* et *Alignements* des parties
                adjacentes à la rue du Rocher, et *Modification* du débouché sur la
                place de l'Europe.
  Orig. — Capitale de l'Espagne ; voisinage de la place de l'Europe.

MAGASINS A FOURRAGES (Chemin de ronde des) **
              XVe Arrondissement . . . . 57e Quartier.
                  Anciennement commune de Vaugirard.

2018   **Commence** rue de Dantzig. — **Finit** boulevard Lefèvre.
     Long^r : 400^m,00.
     Moindre larg^r : 3^m,50.   (*Voie privée appartenant à l'État.*)
  Orig. — Doit son nom à sa situation.

MAGDEBOURG (Rue de) *. . . .   **XVI**e Arrondissement . . . .   64e Quartier.
2019   **Commence** quai Debilly, 54 *bis*. — **Finit** avenue Kléber, 87.   (l. 9.—P. 14.)
     Longr : 420m,00.
     Largr : 7m,00. — Décision ministérielle du 7 fructidor an XII.
     Id. 11m,50. — Décret du président de la république du 23 novembre 1849. *Alignements* entre le quai de Billy et la rue des Batailles.
  Moindre Id. 16m,00. — Décision ministérielle du 23 frimaire an VIII. *Alignements* entre les rues des Batailles et de Lubeck.
     Largr : 12m,00. — Ord. royale du 27 septembre 1837. *Alignements* entre la rue des Batailles et la rue de Lubeck.
     Décret du 17 septembre 1864 (U. P.). *Alignements* entre le quai de Billy et l'avenue du Trocadéro. *Ouverture* entre la rue de Lubeck et l'avenue Kléber.
     Arrêté préfectoral des 2 avril et 20 juillet 1868. *Dénomination* actuelle.
     Obs. — Précédemment rues de Magdebourg et Sainte Marie.
Orig. — En l'honneur de la prise de Magdebourg, le 8 novembre 1806; voisinage du pont d'Iéna.

MAGELLAN (Rue) *. . . . . .   **VIII**e Arrondissement . . . .   29e Quartier.
2020   **Commence** rue de Chaillot, 109. — **Finit** rue de Bassano, 48.   (l. 9.)
     Longr : 130m,00.
     Largr : 12m,00. — Décret du 7 août 1865. *Ouverture* et *Alignements*.
     Décision préfectorale du 10 janvier 1863. *Nivellement*.
     Décret du 2 mars 1867. *Dénomination*.
Orig. — Fernand de Magellan, navigateur portugais (1470-1521); quartier où ont été groupés des noms de voyageurs.

MAGENDIE (Rue) **. . . . . .   **XIII**e Arrondissement . . . .   52e Quartier.
2021   **Commence** rue Corvisart, 10. — **Finit** rue des Tanneries, 7.   (l. 1.— P. 2.)
     Longr : 40m,00.
     Largr : 7m,00. — Décision ministérielle du 23 ventôse an X.
     Id. 10m,00. — Ord. royale du 21 octobre 1846. *Alignements*.
     Arrêté préfectoral du 27 septembre 1867. *Nivellement*.
     Décret du 27 février 1867. *Dénomination* actuelle.
     Obs. — Précédemment rue Dervilliers.
Orig. — François Magendie, médecin (1783-1855); voisinage de l'hôpital de Lourcine.

MAGENTA (Boulevard de) *. . .   **IX**e et **X**e Arrondissements. .   36e, 37e, 38e et 39e Quartiers.
2022   **Commence** place de la République et rue Beaurepaire, 1. — **Finit** boulevards de Rochechouart, 1, et de La Chapelle, 63.   (l. 157.— P. 170.)
     Longr : 1886m,00.
     Largr : 30m,00.— Décret du 12 mars 1859 (U. P.). *Ouverture* entre la place de la République et la rue du Faubourg Saint Martin.
     Id. 30m,00. — Décret du 19 novembre 1855 (U. P.). *Ouverture* entre la rue du Faubourg Saint Martin et les boulevards de Rochechouart et de La Chapelle.
     Décret du 11 février 1863, modifiant l'*Alignement* du côté des numéros impairs, entre la place de la République et la rue du Château d'Eau.
     Décret du 18 août 1879, annulant le décret précédent et rétablissant l'*Alignement* tel qu'il est indiqué au décret du 12 mars 1859.
     Arrêtés préfectoraux des 20 janvier et 6 février 1863. *Nivellement* entre la place de la République et le boulevard de Strasbourg.
     Arrêté préfectoral du 23 juin 1859. *Nivellement* entre le boulevard de Strasbourg et la rue de Valenciennes.
     Arrêté préfectoral du 31 mars 1857. *Nivellement* entre la rue de Valenciennes et les boulevards de Rochechouart et de la Chapelle.
Orig. — Victoire des Français sur les Autrichiens en Italie, le 4 juin 1859.

MAGENTA (Cité ou Passage de). . .   **X**e Arrondissement . . . .   39e Quartier.
2023   **Commence** boulevard de Magenta, 33. — **Finit** rue du Faubourg Saint Martin, 78.
     Longr : 190m,00.   (*Voie privée.*)
Orig. — Voir boulevard de Magenta.

MAIL (Rue du) . . . .   **II**e Arrondissement . . . .— 7e Quartier.
2024   **Commence** place des Petits Pères, 6, et rue Vide Gousset, 4.— **Finit** rue Montmartre, 81.
     Longr : 218m,00.   (l. 35.— P. 38.)
     Largr : 10m,00. — Décision ministérielle du 3 fructidor an IX.
     Id. 13m,00. — Ord. royale du 23 juillet 1828. *Alignements*.
Orig. — Construite de 1633 à 1636, sur l'emplacement d'un mail établi le long des fossés de la Ville.

MAIN D'OR (Passage de la) . . . . **XI**e Arrondissement. . . . . 41e Quartier.
2025   **Commence** rue du Faubourg Saint Antoine, 133.— **Finit** rue de Charonne, 58. (I. 21.—16.)
       Long^r : 230^m,00.
       Moindre larg^r : 3^m,20.   (*Voie privée.*)
       Orig. — Enseigne d'une auberge.

MAINE (Avenue du) ** . . . . **XIV**e Arrondissement . . . . . . 53e, 55e et 56e Quartiers.
               XVe Arrondissement . . . . 58e Quartier.
           Anciennement communes de Vaugirard et de Montrouge.
2026   **Commence** boul. du Montparnasse, 40, et rue de Vaugirard, 113.— **Finit** avenue d'Orléans et
                 rue d'Alésia, 38.   (I. 203.— P. 238.)
       Long^r : 1931^m,00.
       Larg^r : 31^m,00. — Décision ministérielle du 15 septembre 1821. *Alignements.*
       Id,   31^m,00. — Ord. royale du 12 février 1846. *Alignements* entre le boulevard
                du Montparnasse et la place du Maine.
       Id.   31^m,00. — Décret du 13 février 1856. *Alignements* entre la place du Maine et
                l'avenue d'Orléans (A).
          Décret du 23 mai 1863. *Classement* confirmé pour la partie (A).
          Arrêté préfectoral du 23 juin 1862. *Nivellement* dans le XIVe arron-
             dissement.
          Arrêté préfectoral du 29 avril 1875. *Nivellement* dans le XVe arron-
             dissement.
          Arrêté préfectoral du 1er février 1877. *Dénomination* actuelle.
             Obs. — Précédemment avenue et chaussée du Maine.
     Orig. — Voisinage du château du Maine, ancien rendez-vous de chasse du duc du Maine, construit à l'extrémité de ses
     chasses de Sceaux, dans la direction de Paris.

MAINE (Cité du) ** . . . . **XIV**e Arrondissement. . . . . 56e Quartier.
            Anciennement commune de Vaugirard.
2027   **Située** avenue du Maine, 46.
       Long^r : 60^m,00.
       Larg^r : 5^m,00.   (*Voie privée.*)
       Orig. — Voir avenue du Maine.

MAINE (Impasse du) **   **Située** avenue du Maine, 24.   **XV**e Arrondissement . . . . 58e Quartier.
2028   **Située** avenue du Maine, 24.   (I. 11.— P. 10 bis.)
       Long^r : 150^m,00.
       Larg^r : 12^m,00.   (*Voie privée.*)
       Orig. — Voir avenue du Maine.

MAINE (Place du) ** . . . . **XV**e Arrondissement . . . . 58e Quartier.
       Anciennement communes de Vaugirard et de Montrouge (partie).
2029   **Située** à la rencontre des boul. de Vaugirard, 1; Edgar Quinet, 85, et de l'av. du Maine, 29 (P. 6.)
          Ordonnance du bureau des finances du 16 janvier 1789.
          Arrêté préfectoral du 3 août 1866. *Alignements.*
          Arrêté préfectoral du 30 décembre 1864. *Dénomination* actuelle.
            Obs. — Précédemment place de la barrière du Maine.
     Orig. — Voir avenue du Maine.

MAINE (Rue du) ** . . . . **XIV**e Arrondissement. . . . . 53e Quartier.
           Anciennement commune de Montrouge.
2030   **Commence** rues de la Gaîté, 10, et Jolivet, 1. — **Finit** avenue du Maine, 45. (I. 19.— P. 22.)
       Long^r : 166^m,00.
       Moindre larg^r : 5^m,80.
          Décret du 23 mai 1863. *Classement.*
       Larg^r : 10^m,00. — *Alignements* projetés. (Largeur actuelle 6^m,60.)
           Obs. — Précédemment rue Charlot et rue Neuve du Maine (partie.)
       Orig. — Voir avenue du Maine.

MAIRE (Rue au) . . . . **III**e Arrondissement . . . . 9e Quartier.
2031   **Commence** rue des Vertus, 15. — **Finit** rue de Turbigo, 44.   (I. 61. - P. 40.)
       Long^r : 252^m,00.
       Larg^r : 10^m,00. — *Alignements* projetés.
          Obs. — La partie comprise entre la rue des Vertus et l'ancienne impasse de
             Rome, a été ouverte par la Ville, lors du percement de la rue de
             Turbigo.
       Id.   10^m,00. — Ord. royale du 16 mai 1833. *Alignements* entre l'ancienne impasse
             de Rome et la rue de Turbigo.
          Obs. — Précédemment impasse de Rome (partie).
     Orig. — Ainsi appelée parce que le siège de la juridiction du maire ou bailli de Saint Martin des Champs s'y trouvait
     établi.

MAIRIE (Cité de la) ✸✸ . . . . . . **XVIII**ᵉ Arrondissement . . . . 70ᵉ Quartier.
Anciennement commune de Montmartre.

2032   **Située** rue de La Vieuville, 22.   (I. 3. — P. 2.)

     Long^r : **22^m,00**   (*Voie privée*.)

   Orig. — Voisinage de la mairie du xviiiᵉ arrondissement.

MAISON BLANCHE (Rue de la)✸✸. **XIII**ᵉ Arrondissement . . . . 51ᵉ Quartier.
Anciennement commune de Gentilly.

2033   **Commence** avenue d'Italie, 63. — **Finit** avenue de Choisy, 129, et rue de Tolbiac, 111.

     Long^r : **120^m,00**.   (I. 1. — P. 18.)

     Larg^r : **10^m,00**. — Arrêté préfectoral du 18 août 1852. *Alignements.*

                 Décret du 23 mai 1853. *Classement* (confirmation).

                 Arrêté préfectoral du 3 janvier 1863. *Nivellement.*

                 Arrêté préfectoral du 26 février 1867. *Dénomination* actuelle.

                     Obs. — Précédemment rue Neuve.

   Orig. — Située dans l'ancien hameau de la Maison Blanche, nom qu'il devait à une maison isolée.

MAISON BRULÉE (Cour de la) . . **XI**ᵉ Arrondissement . . . . 44ᵉ Quartier.

2034   **Située** rue du Faubourg Saint-Antoine, 89.

     Long^r : **100^m,00**.

     Moindre larg^r : **2^m,70**.   (*Voie privée*.)

   Orig. — Inconnue.

MAISON-DIEU (Rue) ✸✸ . . . . . **XIV**ᵉ Arrondissement . . . . 56ᵉ Quartier.
Anciennement commune de Montrouge.

2035   **Commence** rues de Vanves, 21, et Couesnon, 3. — **Finit** avenue du Maine, 128. (I. 13. — P. 20.)

     Long^r : **132^m,00**.

     Moindre larg^r : **8^m,00**. — *Alignements* projetés. (Largeur actuelle 6^m,60.)

                   Décret du 23 mai 1863. *Classement.*

   Orig. — Ancien couvent.

MAISONNEUVE (Cité) ✸✸ . . . . **XX**ᵉ Arrondissement . . . . 79ᵉ Quartier.
Anciennement commune de Belleville.

2036   **Située** rue des Églantiers, 5.

     Long^r : **46^m,00**.

     Larg^r : **2^m,40** environ.   (*Voie privée*.)

   Orig. — Créée par M. Maisonneuve.

MAISTRE (Rue de) ✸✸.   **XVIII**ᵉ Arrondissement . . . . 69ᵉ Quartier.
Anciennement communes de Montmartre et des Batignolles.

2037   **Commence** rue Lepic, 33. — **Finit** avenue de Saint-Ouen, 64.   (I. 13. — P. 74.)

     Long^r : **813^m,00**.

     Larg^r : **12^m,00**. — Délibération du conseil municipal des 12 juin 1843 et 7 février

                 1859. *Alignements* projetés entre les rues Lepic et Damrémont.

     Id.   **11^m,00**. — *Alignements* projetés entre les rues Damrémont et des Grandes

                 Carrières.

     Id.   **10^m,00**. — *Alignements* projetés entre les rues des Grandes Carrières et l'avenue

                 de Saint Ouen. (Largeur actuelle.)

                 Décret du 23 mai 1863. *Classement* (confirmation).

                 Arrêté préfectoral du 19 septembre 1874. *Nivellement.*

                 Décret du 2 octobre 1865. *Dénomination* actuelle.

                     Obs. — Précédemment rues des Dames et du Chemin des Dames.

   Orig. — Le comte Joseph-Marie de Maistre, écrivain (1754-1821).

MAITRE ALBERT (Rue) . . . . . **V**ᵉ Arrondissement . . . . 17ᵉ Quartier.

2038   **Commence** quai de la Tournelle, 73, et rue des Grands Degrés, 1. — **Finit** pl. Maubert, 27.

     Long^r : **139^m,00**.   (I. 25. — P. 24.)

     Larg^r : **7^m,00**. — Décision ministérielle du 3 pluviôse an IX.

     Id.   **8^m,00**. — Ord. royale du 2 novembre 1847. *Alignements.*

                 Ord. royale du 5 août 1844. *Dénomination* actuelle.

                     Obs. — Précédemment rue Perdue.

   Orig. — Albert le Grand, philosophe et théologien (1193-1280); quartier des Écoles.

MALAKOFF (Avenue de)ˢʳ . . . . **XVI**ᵉ Arrondissement . . . . 63ᵉ et 64ᵉ Quartiers.
Anciennement commune de Passy.

2039   **Com.** pl. du Trocadéro. — **Finit** boul. Lannes et av. de la Grande Armée, 89   (I. 145. — P. 138.)

     Long^r : **1493^m,00**. — Y compris la traversée de la place d'Eylau et celle de l'avenue du

                       Bois de Boulogne.

     Larg^r : **23^m,50**. — Ord. royale du 28 août 1840. *Alignements.*

                 Décret du 23 mai 1863. *Classement* (confirmation).

MALAKOFF (Avenue). * *(Suite.)*

> Arrêtés préfectoraux des 28 avril 1869 et 21 septembre 1877. *Nivellement*.
> Décret du 24 août 1864. *Dénomination* actuelle.
> Obs. — Précédemment avenue Saint Denis, route départementale n° 9.
> Orig. — Doit son nom à la prise du bastion Malakoff, qui décida la prise de Sebastopol, le 8 septembre 1855.

MALAKOFF (Impasse de) ** . . . **XVIe** Arrondissement . . . . 63e Quartier.
Anciennement commune de Neuilly.

2040   **Située** avenue de Malakoff, 143.
> Longr : 130m,00.
> Largr : 5m,00 environ.   *(Voie privée.)*
> Orig. — *Voir* avenue de Malakoff.

MALAQUAIS (Quai). , ... **VIe** Arrondissement . . . . 24e Quartier.

2041   **Commence** rue de Seine, 2, et pont des Arts. — **Finit** rue des Saints Pères, 1, et pont du
> Carrousel.   (I. 23.)
> Longr : 284m,00.
> Largr : 24m,00. — Décision ministérielle du 13 février 1810. *Alignements*.
> Orig. — Ancien lieu dit le Port Malaquest.

MALAR (Rue). . . . . **VIIe** Arrondissement . . . . 28e Quartier.

2042   **Commence** quai d'Orsay, 73. — **Finit** rue Saint Dominique, 90.   (I. 37. — P. 34.)
> Longr : 313m,00.
> Largr : 15m,00. — Ord. royale du 8 février 1848. *Alignements* entre le quai d'Orsay
> et la rue de l'Université.
>   Id.   10m,00. — Ord. royale du 11 septembre 1816. *Alignements* entre la rue de
> l'Université et la rue Saint Dominique.
> Orig. — Ouverte en 1816 par Mme Malar, propriétaire du terrain.

MALASSIS (Rue et Ruelle) **. . . **XVe** Arrondissement . . . . 57e Quartier.
Anciennement commune de Vaugirard.

2043   **Commence** rue Vaugelas. — **Finit** impasse de la Saïda.
> Longr : 150m,00.
> Moindre largr : 4m,00.   *(Voie privée.)*
> Obs. — Projet de suppression, déjà suivi d'exécution, de la partie joignant
> la rue Olivier-de-Serres (côté des numéros impairs).
> Obs. — Précédemment rue du Poil-de-l'Ane.
> Orig. — Lieu dit.

MALEBRANCHE (Rue) **. . . . . **Ve** Arrondissement . . . . 19e et 20e Quartiers.

2044   **Commence** rue Saint Jacques, 184. — **Finit** rue Le Goff, 1.   (I. 21. — P. 14.)
> Longr : 109m,00.
>   Lettres patentes du 7 juillet 1846. *Ouverture*.
> Moindre largr : 10m,00. — Décision ministérielle du 28 vendémiaire an VIII.
> Largr : 12m,00. — Ord. royale du 13 septembre 1846. *Alignements* entre la rue Saint
> Jacques et la rue Paillet.
>   Id.   6m,00. — Décision ministérielle du 13 vendémiaire an VIII.
>   Id.   10m,00. — Ord. royale du 20 octobre 1831. *Alignements* entre la rue Paillet
> et la rue Le Goff.
>   Id.   13m,00. — *Alignements* projetés, suivis d'un commencement d'exécution.
>   Arrêté préfectoral du 1er février 1877. *Dénomination* actuelle.
> Obs.— Précédemment rues Saint Hyacinthe et Saint Thomas.
> Orig. — Le père Nicolas Malebranche, oratorien, philosophe (1638-1715); quartier des Écoles.

MALESHERBES (Boulevard) . . . **VIIIe** Arrondissement . . . . 31e et 32e Quartiers.
XVIIe Arrondissement. . . . . 66e Quartier.
Anciennement commune des Batignolles.

2045   **Commence** place de la Madeleine, 27. — **Finit** boulevard Berthier.   (I. 201. — P. 106.)
> Longr : 2680m,00.
> Moindre largr : 34m,00.— Décret du 14 mars 1854. *Ouverture* et *Alignements* entre le boulevard
> de la Madeleine et le boulevard de Courcelles (A).
> Largr : 30m,00.— Décret du 15 décembre 1858. *Ouverture* et *Alignements* entre le
> boulevard de Courcelles et le boulevard Berthier (B).
>   Décret du 23 mai 1863. *Classement* confirmé pour la partie B.
>   Arrêté préfectoral du 24 mai 1861. *Nivellement* entre la place de
> la Madeleine et la rue d'Anjou.
>   Arrêté préfectoral du 15 octobre 1860. *Nivellement* entre la rue
> d'Anjou et la rue Lavoisier.
>   Arrêté préfectoral du 12 septembre 1860. *Nivellement* entre la rue
> de la Pépinière et la rue de la Bienfaisance.

MALESHERBES (Boulevard). (*Suite.*)
    ARRÊTÉ PRÉFECTORAL DU 29 NOVEMBRE 1860. *Nivellement* entre la rue de la Bienfaisance et le boulevard de Courcelles.
    ARRÊTÉ PRÉFECTORAL DU 24 NOVEMBRE 1864. *Nivellement* entre le boulevard de Courcelles et le boulevard Berthier.
    OBS. — Précédemment route départementale n° 3 (partie B).
    ORIG. — Chrétien-Guillaume de Lamoignon de Malesherbes, magistrat et ministre sous Louis XV et Louis XVI, et l'un des défenseurs de Louis XVI (1721-1794); voisinage de la Chapelle Expiatoire.

MALESHERBES (Cité) ** . . . . . IXᵉ ARRONDISSEMENT . . . . 33ᵉ QUARTIER.
2046   **Commence** rue des Martyrs, 59. — **Finit** rue de Laval, 20.   (I. 17. — P. 18.)
    Long^r : 148^m,00.
    Larg^r : 10^m,00.   (*Voie privée.*)
    ORIG. — Ouverte sur l'emplacement de l'ancien hôtel Malesherbes.

MALESHERBES (Place) . . . . . XVIIᵉ ARRONDISSEMENT . . . . 66ᵉ QUARTIER.
    Anciennement commune des Batignolles.
2047   **Située** à l'intersection de l'avenue de Villiers et du boul. de Malesherbes.   (I. 17. — P. 30.)
    Long^r : 230^m,00.   (*Place plantée.*)
    Larg^r : 93^m,00. — DÉCRET DU 15 DÉCEMBRE 1858. *Ouverture* et *Alignements*.
    DÉCRET DU 23 MAI 1863. *Classement* (confirmation).
    ARRÊTÉ PRÉFECTORAL DU 24 NOVEMBRE 1864. *Nivellement*.
    ARRÊTÉ PRÉFECTORAL DU 19 AOUT 1864. *Dénomination*.
    ORIG. — *Voir* boulevard Malesherbes.

MALEVILLE (Rue) . . . . VIIIᵉ ARRONDISSEMENT . . . . 32ᵉ QUARTIER.
2048   **Commence** rue Corvetto, 1. — **Finit** rue Mollien.   (P. 12.)
    Long^r : 103^m,00.
    Voie ouverte par la Ville de Paris.
    Larg^r : 12^m,00. — *Alignements* projetés.
    DÉCRET DU 2 MARS 1867. *Dénomination.*
    ORIG. — Le marquis Jacques de Maleville, jurisconsulte, un des rédacteurs du Code Civil (1741-1824); quartier où ont été groupés des noms de juristes.

MALHER (Rue) . . . . IVᵉ ARRONDISSEMENT . . . . 14ᵉ QUARTIER.
    Anciennement rue des Ballets (partie).
2049   **Commence** rue de Rivoli, 6. — **Finit** rue Pavée, 22.   (I. 15. — P. 22.)
    Long^r : 160^m,00.
    Larg^r : 12^m,00. — DÉCRET DU 29 SEPTEMBRE 1834. *Alignements* entre la rue de Rivoli et la rue du Roi de Sicile.
    Id.   12^m,00. — ARRÊTÉ DU POUVOIR EXÉCUTIF DU 26 MARS 1848. *Ouverture* et *Alignements* entre la rue du Roi de Sicile et la rue Pavée.
    ARRÊTÉ DU PRÉSIDENT DE LA RÉPUBLIQUE DU 27 MAI 1849. *Dénomination.*
    ORIG. — Nom d'un sous-lieutenant au 18ᵉ léger, tué le 24 juin 1848, sur les barricades.

MALMAISONS (Rue des) ** . . . XIIIᵉ ARRONDISSEMENT . . . . 51ᵉ QUARTIER.
    Anciennement commune de Gentilly.
2050   **Commence** avenue de Choisy, 33. — **Finit** ruelle Gandon.   (I. 27. — P. 20.)
    Long^r : 185^m,00.
    Larg^r : 6^m,00 environ.   (*Voie privée.*)
    ORIG. — Lieu dit.

MALTE (Rue de) . . . . XIᵉ ARRONDISSEMENT . . . . 41ᵉ QUARTIER.
2051   **Commence** rue Oberkampf, 23. — **Finit** rue du Faubourg du Temple, 14. (I. 63. — P. 68.)
    Long^r : 580^m,00.
    Larg^r : 10^m,00. — ORD. ROYALE DU 26 DÉCEMBRE 1844. *Alignements* entre la rue Oberkampf et l'avenue des Amandiers.
    Moindre larg^r : 14^m,00. — DÉCRET DU 29 AOUT 1857. *Alignements* entre l'avenue des Amandiers et la rue du Faubourg du Temple.
    DÉCISION MINISTÉRIELLE DU 18 FÉVRIER 1851. Réunissant la rue du Haut Moulin à la rue de Malte.
    ORIG. — Ainsi nommée parce que le comte d'Artois était grand-prieur du Temple (ordre de Malte) lorsqu'elle fut ouverte sur les dépendances du grand-prieuré (1780).

MALTE BRUN (Rue) ** . . . . . XXᵉ ARRONDISSEMENT . . . . 79ᵉ QUARTIER.
    Anciennement commune de Charonne.
2052   **Commence** rue des Pyrénées, 237. — **Finit** avenue de la République 218.   (I. 21.)
    Long^r : 155^m,00.
    DÉCRET DU 23 MAI 1863. *Classement* (confirmation).
    Larg^r : 10^m,00. — *Alignements* projetés. (Largeur actuelle 6,^{m}00 moindre.)
    DÉCRET DU 10 NOVEMBRE 1877. *Dénomination* actuelle.
    OBS. — Précédemment rue des Prairies (partie).
    ORIG. — Malte-Conrad Brunn, dit Malte Brun, géographe (1775-1826).

MALUS (rue) **. . . . . **V**e Arrondissement. . . . . 18e Quartier.
2053 **Commence** rue de la Clef, 47. — **Finit** rue Monge, 75. (l. 3. — P. 4.)
Long^r : 21^m,00.
Larg^r : 12^m,00. — Voie ouverte par la Ville de Paris.
Arrêté préfectoral du 4 mars 1881. *Dénomination.*
Orig. — Étienne-Louis Malus, physicien (1775-1812) ; quartier où ont été groupés des noms de savants.

MANDAR (Galerie). . . . . **II**e Arrondissement . . . . 7e Quartier.
2054 **Commence** rue Saint Sauveur, 71. — **Finit** rue Mandar, 8. (l. 5. — P. 4.)
Long^r : 86^m,00.
Larg^r : 3^m,00. *(Voie privée.)*
Orig. — *Voir* rue Mandar.

MANDAR (Rue) . . . . **II**e Arrondissement . . . . 7e Quartier.
2055 **Commence** rue Montorgueil, 59. — **Finit** rue Montmartre, 68. (l. 13. — P. 18.)
Long^r : 162^m,00.
Moindre larg^r : 7^m,70. — Décision ministérielle du 3 thermidor an ix. *Alignements.*
Id. 7^m,70. — Ord. royale du 12 août 1846. *Alignements.*
Décret du 20 juin 1855. *Nivellement.*
Orig. — Ainsi nommée parce que les maisons avaient été construites sur les dessins de M. Mandar, architecte, qui y demeurait (1790).

MANIN (Rue) **. . . . . **XIX**e Arrondissement . . . . 75e et 76e Quartiers.
2056 **Commence** rue Bolivar, 42. — **Finit** rue Petit et boulevard Sérurier. (l. 13. — P. 30.)
Long^r : 1815^m,00.
Larg^r : 20^m,00. — Décret du 28 juillet 1862 (U.P.). *Ouverture* et *Alignements* entre
la rue Bolivar et la rue de Crimée.
Obs. — Le tracé a été modifié, lors de l'exécution de la voie, entre la place Armand Carrel et la rue de Crimée.
Larg^r : 20^m,00. — *Alignements* projetés entre la rue de Crimée et la rue Petit.
Obs. — Cette partie a été exécutée lors de la construction du chemin de fer reliant le chemin de Ceinture aux marchés à bestiaux.
Arrêté préfectoral du 6 septembre 1865. *Nivellement* entre les rues de Crimée et d'Allemagne.
Arrêté préfectoral du 4 novembre 1880. *Dénomination* actuelle.
Obs. — Précédemment rue de Mexico.
Orig. — Daniel Manin, homme d'état italien, Président de la République de Venise, de 1848 à 1849 (1804-1857).

MANSART (Rue) * . . . . **IX**e Arrondissement . . . . 33e Quartier.
2057 **Commence** rue Fontaine, 25, et rue de Douai, 25. — **Finit** rue Blanche, 82. (l. 17. — P. 14.)
Long^r : 116^m,00.
Larg^r : 12^m,00. — Décret du 2 mai 1853. *Alignements.*
Décret du 24 août 1864. *Dénomination* actuelle.
Obs. — Précédemment rue Perder.
Orig. — François Mansart, architecte (1598-1666), et son neveu Jules Hardouin Mansart, architecte (1645-1708).

MANUTENTION (Rue de la) **. . **XVI**e Arrondissement . . . . 64e Quartier.
2058 **Commence** quai Debilly, 36. — **Finit** avenue du Trocadéro.
Long^r : 145^m,00.
Larg^r : 12^m,00. — *Alignements* projetés. (Largeur actuelle.)
Voie ouverte par suite d'une convention intervenue entre l'État et la
Ville de Paris, pour les abords de la Manutention.
Arrêté préfectoral du 24 août 1870. *Nivellement.*
Arrêté préfectoral du 26 février 1867. *Dénomination* actuelle.
Obs. — Précédemment rue Basse Saint Pierre.
Orig. — Longe les bâtiments de la Manutention militaire.

MARAICHERS (Rue des) . . . . . **XX**e Arrondissement . . . . 80e Quartier.
Anciennement commune de Charonne.
2059 **Commence** cours de Vincennes, 53. — **Finit** rue des Pyrénées, 108. (l. 95. — 104.)
Long^r : 1,090^m,00.
Décret du 23 mai 1863. *Classement* de la partie comprise entre le
cours de Vincennes et la rue de Lagny.
Classement confirmé pour les deux parties ci-dessous.
Larg^r : 8^m,00. — Décret du 3 septembre 1856. *Alignements* entre la rue de Lagny et
la rue de Montreuil.
Id. 12^m,00. — Arrêté préfectoral du 6 octobre 1859. *Alignements* entre la rue
de Montreuil et la rue des Pyrénées.
Arrêté préfectoral du 4 septembre 1861. *Nivellement.*
Arrêté préfectoral du 3 septembre 1869. *Dénomination* actuelle.
Obs. — Précédemment rues du Chemin de Fer, des Quatre Jardiniers et passage Léo.
Orig. — Jadis bordée par des jardins maraîchers.

MARAIS (Impasse des) . . . . **X**e ARRONDISSEMENT . . . . 39e QUARTIER.
2060 **Située** rue des Marais, 62.   (I. 9. — P. 8.)
  Long^r : 94^m,00.
  Moindre larg^r : 4^m,00. *(Voie privée.)*
  ORIG. — *Voir* rue des Marais.

MARAIS (Rue des) . . . . **X**e ARRONDISSEMENT . . . . 39e QUARTIER.
2061 **Commence** r. de la Douane, 7. — **Finit** r. du Faubourg Saint Martin, 88. (l. 99. — P. 96.)
  Long^r : 590^m,00.
  Larg^r : 9^m,74. — DÉCISION MINISTÉRIELLE DU 24 VENTÔSE AN XI. *Alignements.*
  Id. 9^m,74. — ARRÊTÉ DU POUVOIR EXÉCUTIF DU 4 DÉCEMBRE 1848. *Alignements.*
  ORIG. — Ouverte au XVIIIe siècle sur des marais ou jardins de culture.

MARBEAU (Rue)** . . . . **XVI**e ARRONDISSEMENT . . . . 63e QUARTIER.
     Anciennement communes de Passy et de Neuilly.
2062 **Commence** rue Pergolèse, 54. — **Finit** au chemin de Fer d'Auteuil.
  Long^r : 203^m,00.
  Larg^r : 10^m,00 environ. *(Voie privée.)*
  ORIG. — Nom de propriétaire.

MARBEUF (Avenue) . . . . **VIII**e ARRONDISSEMENT . . . . 29e QUARTIER.
2063 **Commence** rue Marbeuf, 35. — **Finit** rue Pierre Charron et avenue des Champs Élysées, 55.
  Long^r : 380^m,00.   (I. 9. — P. 14.)
  Larg^r : 7^m,85.   *(Voie privée.)*
      DÉCRET DU 28 JUILLET 1881 (U. P.). *Suppression.*
  ORIG. — Ouverte en 1812 sur les jardins de l'hôtel Marbeuf.

MARBEUF (Passage) . . . . . . **VIII**e ARRONDISSEMENT . . . . 29e QUARTIER.
2064 **Commence** avenue Montaigne, 43. — **Finit** rue Marbeuf, 36. (P. 18.)
  Long^r : 216^m,00.
  Larg^r : 2^m,50.   *(Voie privée.)*
     DÉCRET DU 28 JUILLET 1881. *Suppression.*
     ARRÊTÉ PRÉFECTORAL DU 1er FÉVRIER 1877. *Dénomination* actuelle.
      OBS. — Précédemment passage Gaillard.
  ORIG. — *Voir* avenue Marbeuf.

MARBEUF (Rue) . . . . **VIII**e ARRONDISSEMENT . . . . 29e QUARTIER.
2065 **Commence** av. de l'Alma, 12. — **Finit** av. des Champs Élysées, 47.(l. 25 à 85. — P. 24 à 70.)
  Long^r : 460^m,00.
  Larg^r : 13^m,00. — DÉCRET DU 23 NOVEMBRE 1849. *Alignements.*
  Id. 10^m,00. — DÉCRET DU 28 JUILLET 1881 (U. P.). *Alignements et Nivellement.*
  ORIG. — *Voir* avenue Marbeuf.

MARCADET (Cité)** . . . . . . **XVIII**e ARRONDISSEMENT . . . . 71e QUARTIER.
     Anciennement commune de La Chapelle.
2066 **Située** rue Marcadet, 25.   (I. 5. — P. 18.)
  Long^r : 77^m,00.
  Moindre larg^r : 6^m,50. *(Voie privée.)*
    ARRÊTÉ PRÉFECTORAL DU 10 NOVEMBRE 1873. *Dénomination* actuelle.
      ORIG. — Précédemment cité Sainte Anne.
  ORIG. — *Voir* rue Marcadet.

MARCADET (Rue)* . . . . . . **XVII**e ARRONDISSEMENT . . . . 68e QUARTIER.
       XVIIIe ARRONDISSEMENT . . . . . 69e, 70e et 71e QUARTIERS.
   Anciennement communes de La Chapelle, de Montmartre et des Batignolles.
2067 **Commence** rue Stéphenson prolongée et Ordener, 25. — **Finit** boul. Bessières, 113.
  Long^r : 2,915^m,00.   (l. 353. — P. 376.)
  Larg^r : 12^m,00. — ORD. ROYALE DU 14 DÉCEMBRE 1825. *Alignements* entre la rue Stéphenson
      et la rue de Clignancourt.
  Id. 12^m,00. — ORD. ROYALE DU 29 OCTOBRE 1849. *Alignements* entre la rue de
      Clignancourt et la rue Diard.
  Id. 12^m,00. — ARRÊTÉ PRÉFECTORAL DU 6 JUILLET 1855. *Alignements* entre la rue
      Diard et le boulevard Bessières.
    DÉCRET DU 23 MAI 1863. *Classement* (confirmation).
    ARRÊTÉ PRÉFECTORAL DU 14 DÉCEMBRE 1863. *Nivellement* entre l'ave-
     nue de Saint Ouen et la rue Gauthey.
    ARRÊTÉ PRÉFECTORAL DU 19 AVRIL 1864. *Nivellement* entre l'avenue
     de Saint Ouen, la rue Stéphenson prolongée et la rue Ordener.
    ARRÊTÉ PRÉFECTORAL DU 2 AVRIL 1868. *Dénomination* actuelle.
     OBS. — Précédemment rue Marcadet, (route départementale n° 36), et chemin
      des Bœufs. (Chemin vicinal de grande communication.)
  ORIG. — Nom d'un bourgeois de Paris qui possédait des terrains dans la censive de Montmartre (XVIIe siècle).

                 38

MARCEAU (Avenue)* ...... **VIII**e Arrondissement . . . . 29e Quartier.
                             XVIe Arrondissement . . . . 64e Quartier.
2068   **Commence** avenue du Trocadéro, 4. — **Finit** place de l'Étoile.   (l. 87. — P. 84.)
      Long^r : 910^m,00.
      Larg^r : 40^m,00. — Décret du 6 mars 1858 (U. P.). *Ouverture* et *Alignements.*
                 Arrêté préfectoral du 29 juin 1865. *Nivellement* entre la place de
            l'Alma et la rue de Chaillot.
                 Arrêté préfectoral du 12 décembre 1860. *Nivellement* entre la rue
            de Chaillot et la place de l'Étoile.
                 Arrêté préfectoral du 16 août 1879. *Dénomination* actuelle.
                 Obs. — Précédemment avenue Joséphine.
    Orig. — François-Séverin Desgraviers-Marceau, général de division (1769-1796) ; voisinage de l'Arc de Triomphe de
      l'Étoile.

MARCÈS (Impasse) . . . . **XI**e Arrondissement . . . . 43e Quartier.
2069   **Située** rue Popincourt, 39.   (l. 19. — P. 6.)
      Long^r : 154^m,00.
      Larg^r : 3^m,70 environ.   (*Voie privée.*)
    Orig. — Nom de propriétaire.

MARCHAND (Passage) . . . . . . **I**er Arrondissement . . . . 3e Quartier.
2070   **Commence** passage d'Athènes. — **Finit** rue du Cloître Saint Honoré.
      Long^r : 52^m,00.
      Larg^r : 1^m,50 environ.   (*Voie privée.*)

MARCHÉ (Passage du) . . . . **X**e Arrondissement . . . . 39e Quartier.
2071   **Commence** rue Bouchardon, 23. — **Finit** r. du Faubourg Saint Martin, 62. (l. 7. — P. 10).
      Long^r : 70^m,00.
    Moindre larg^r : 3^m,55.   (*Voie privée.*)
    Orig. — Conduit au marché de la porte Saint-Martin.

MARCHÉ AUX CHEVAUX (Impasse du)**.
               Ve Arrondissement . . . . 18e Quartier.
2072   **Située** rue Geoffroy-Saint-Hilaire, 5.
      Long^r : 35^m,00.
    Moindre larg^r : 3^m,25.
    Orig. — Doit son nom à l'ancien Marché aux chevaux.

MARCHÉ DES BLANCS MANTEAUX (Rue du).
               IVe Arrondissement . . . . 14e Quartier.
2073   **Commence** rue des Hospitalières Saint Gervais, 3. — **Finit** rue Vieille du Temple, 50.
      Long^r : 89^m,00.   (l. 5. — P. 2.)
      Larg^r : 7^m,00. — Décision ministérielle du 23 juillet 1817. *Alignements.*
      Id.   7^m,00. — Ord. royale du 30 juillet 1845. *Alignements.*
                 Décision ministérielle du 21 juin 1844. *Dénomination* actuelle.
    Orig. — Située le long du marché des Blancs Manteaux.

MARCHÉ DES PATRIARCHES (Rue du)**.
               Ve Arrondissement . . . . 18e Quartier.
2074   **Commence** rue de Mirbel, 11. — **Finit** rue Daubenton, 38.   (l. 3.)
      Long^r : 39^m,00.
      Larg^r : 12^m,00. — Ord. royale des 20 septembre 1828 et 2 juin 1830. *Ouverture* et
            Alignements.
                 Décision ministérielle du 21 juin 1844. *Dénomination.*
    Orig. — Longe le marché des Patriarches.

MARCHÉ NEUF (Quai du) . . . **IV**e Arrondissement . . . . 16e Quartier.
2075   **Commence** Petit Pont et rue de la Cité, 6. — **Finit** pont Saint Michel et boulevard du
    Palais, 11 *bis*.   (P. 8.)
      Long^r : 155^m,00.   (*Voie privée.*)
      Larg^r : 20^m,00. — *Alignements* projetés, suivis d'exécution.
    Orig. — Emplacement de l'ancien Marché Neuf.

MARCHÉ POPINCOURT (Rue du). **XI**e Arrondissement . . . . 42e Quartier.
2076   Voie formant les abords du marché Popincourt et débouchant rue Ternaux, 19.   (P. 16.)
      Long^r : 136^m,00.
      Larg^r : 10^m,00. — Ord. royale du 9 septembre 1829. *Ouverture* et *Alignements.*
                 Décision ministérielle du 21 juin 1844. *Dénomination.*
    Orig. — Longe le marché Popincourt.

MARCHÉ SAINT HONORÉ (Place du). Iᵉʳ Arrondissement. . . . . 4ᵉ Quartier.
2077   **Située** rue du Marché Saint Honoré, entre les numéros 14 et 42.
    Longʳ : 125ᵐ,00.
    Largʳ : 77ᵐ,00. — Décision ministérielle du 31 janvier 1807. *Alignements.*
    Id.   77ᵐ,00. — Ord. royale du 4 octobre 1826. *Alignements.*
            Arrêté préfectoral du 12 mai 1853. *Nivellement.*
Orig. — Le marché Saint Honoré y est situé.

MARCHÉ SAINT HONORÉ (Rue du). Iᵉʳ Arrondissement. . . . . 4ᵉ Quartier.
2078   **Commence** rue Saint Honoré, 326. — **Finit** rue des Petits Champs, 83.   (I. 37. — P. 42.)
    Longʳ : 268ᵐ,00.
    Largʳ : 10ᵐ,00. — Décision ministérielle du 31 janvier 1807. *Alignements.*
    Id.   10ᵐ,00. — Ord. royale du 4 octobre 1826. *Alignements.*
            Arrêté préfectoral du 12 mai 1853. *Nivellement.*
Orig. — Traverse le marché Saint Honoré.

MARCHÉ SAINTE CATHERINE (Place du).
                    IVᵉ Arrondissement. . . . . 14ᵉ Quartier.
2079   **Commence** rue d'Ormesson, 4. — **Finit** rue Caron, 8.   (I. 7. — P. 6.
    Longʳ : 31ᵐ,00.
    Largʳ : 29ᵐ,20. — Décision ministérielle du 22 juillet 1823. *Alignements.*
    Id.   29ᵐ,20. — Ord. royale du 5 avril 1846. *Alignements.*
Orig. — Marché établi sur l'emplacement de l'ancien prieuré de Sainte Catherine du Val des Écoliers.

MARE (Passage de la)** . . . . . . XXᵉ Arrondissement. . . . . 77ᵉ Quartier.
               Anciennement commune de Belleville.
2080   **Commence** rue de la Mare, 36. — **Finit** passage Piat.   (I. 43. — P. 24.)
    Longʳ : 297ᵐ,00.
    Largʳ : 1ᵐ,30 environ.   (*Voie privée.*)
            Arrêté préfectoral du 1ᵉʳ février 1877. *Dénomination actuelle.*
                Obs. — Précédemment passage d'Isly.
Orig. — *Voir* rue de la Mare.

MARE (Rue de la)** . . . . XXᵉ Arrondissement. . . . . 77ᵉ Quartier.
               Anciennement commune de Belleville.
2081   **Commence** rue de Belleville, 104. — **Finit** rue de Ménilmontant, 71.   (I. 113. — P. 96.)
    Longʳ : 730ᵐ,00.
    Largʳ : 8ᵐ,00. — Ord. royale du 30 août 1837. *Alignements.*
            Ord. royale du 15 juin 1846 (U. P.). *Redressement* du débouché sur
            la rue de Ménilmontant.
    Id.   12ᵐ,00. — Décret du 25 mars 1878. *Alignements* modifiés au débouché de la
            rue Henri Chevreau, prolongée.
    Id.   12ᵐ,00. — *Alignements* projetés entre la rue Henri Chevreau et la rue de
            Belleville.
            Décret du 23 mai 1863. *Classement* (confirmation).
            Arrêté préfectoral du 29 avril 1868. *Nivellement.*
Orig. — Doit son nom à une mare formée par les eaux de Belleville.

MARENGO (Rue de). . . . . Iᵉʳ Arrondissement . . . . 2ᵉ et 3ᵉ Quartiers.
2082   **Commence** rue de Rivoli, 162. — **Finit** rue Saint Honoré, 149.   (I. 1. — P. 6.)
    Longʳ : 59ᵐ,00.
    Largʳ : 24ᵐ,00. — Décrets des 15 novembre 1853 et 3 mai 1854 (U. P.). *Ouverture* et
            Alignements.
            Arrêtés préfectoraux des 12 juillet et 3 juin 1855. *Nivellement.*
                Obs. — Précédemment rue du Coq.
Orig. — Victoire remportée en Italie sur les Autrichiens, le 14 juin 1800.

MARGUETTES (Rue des). . . . . XIIᵉ Arrondissement . . . . 45ᵉ Quartier.
              Anciennement commune de Saint Mandé.
2083   **Commence** boulevard Soult, 32. — **Finit** avenue de Saint Mandé, 102.   (I. 45. — P. 68.)
    Longʳ : 533ᵐ,00.
    Moindre largʳ : 6ᵐ,00.
            Arrêté préfectoral du 5 octobre 1857. *Classement.*
            Décret du 23 mai 1863. *Classement* (confirmation).
Orig. — Altération de marguerites, situation champêtre.

MARIE (Cité). . . . . **XVII**e Arrondissement . . . . 68e Quartier.
Anciennement commune des Batignolles.

2084   **Située** rue du Docteur, 14.   (I. 15. — P. 10.)
        Long^r : 80^m,00.
        Larg^r : 12^m,00 environ.   (*Voie privée.*)
        Orig. — Prénom de la fille du propriétaire du terrain.

MARIE (Pont) . . . . **IV**e Arrondissement . . . . 14e et 16e Quartiers.

2085   **Situé** quais des Célestins et de l'Hôtel de Ville, et quais d'Anjou et Bourbon, au droit des rues
        Nonnains d'Hyères et des Deux Ponts.
        Long^r : 97^m,00.
        Larg^r : 22^m,00.
        Orig. — Construit en 1635 par le sieur Marie, entrepreneur.

MARIE ET LOUISE (Rue). . . . . **X**e Arrondissement . . . . 39e Quartier.

2086   **Commence** rues Alibert, 17, et Bichat, 33. — **Finit** avenue Richerand, 10. (I. 15. — P. 16.)
        Long^r : 120^m,00.
        Larg^r : 12^m,00. — Décret du 28 juin 1873. *Classement, Alignements et Nivellement.*
                          Arrêté préfectoral du 28 novembre 1874. *Nivellement.*
                          Arrêté préfectoral du 16 août 1879. *Dénomination actuelle.*
                          Obs. — Précédemment rue Marie Louise.
        Orig. — Ouverte par M. Dubois, qui lui a donné comme nom les prénoms de ses deux filles.

MARIE STUART (Rue) . . . . . . **II**e Arrondissement . . . . 8e Quartier.

2087   **Commence** rue Dussoubs, 7. — **Finit** rue Montorgueil, 62.   (I. 23. — P. 26.)
        Long^r : 114^m,00.
        Larg^r : 7^m,00. — Décision ministérielle du 28 brumaire an VI.
        Larg^r : 10^m,00. — Ord. royale du 21 juin 1826. *Alignements.*
        Orig. — Nom substitué à celui de Tirebaudin, à cause d'une anecdote apocryphe, suivant laquelle Marie Stuart, reine
                de France et d'Écosse (1542-1587), aurait remarqué cette rue lors de son entrée à Paris.

MARIGNAN (Rue de). . . . . . . **VIII**e Arrondissement . . . . 29e Quartier.

2088   **Com.** rue François 1er, 21, et avenue Montaigne, 71. — **Finit** avenue des Champs Élysées, 33.
        Long^r : 270^m,00.   (I. 29. — P. 26.)
        Larg^r : 16^m,00. — Décret du 28 mai 1858 (U. P.). *Ouverture et Alignements.*
                          Arrêté préfectoral du 21 janvier 1859. *Nivellement.*
        Orig. — Victoire remportée par François 1er sur les Suisses, en 1515; quartier François 1er.

MARIGNY (Avenue de). . . . . . **VIII**e Arrondissement . . . . 31e Quartier.

2089   **Commence** avenue Gabriel, 34. — **Finit** rue du Faubourg Saint Honoré, 57.   (I. 29.)
        Long^r : 248^m,00.
        Larg^r : 32^m,00. — Décision ministérielle du 6 nivôse an XII. *Alignements.*
        Larg^r : 32^m,00. — Ord. royale du 12 août 1816. *Alignements.*
        Orig. — Abel-François Poisson, marquis de Marigny (1725-1781), était directeur général des bâtiments du roi lorsqu'il
                fit dessiner à nouveau les Champs Élysées et ouvrir cette avenue.

MARINIERS (Sentier des)** . . . **XIV**e Arrondissement . . . . 56e Quartier.
Anciennement commune de Vanves

2090   **1re Partie. Commence** passage Noirot. — **Finit** sentier des Mariniers.   (I. 19.)
        Long^r : 163^m,00.
        Larg^r : 4^m,00.   (*Voie privée.*)
        2e Partie. Commence boulevard Brune, 57. — **Finit** en impasse.
        Long^r : 397^m,00.
Moindre larg^r : 2^m,00.
                    Arrêté préfectoral du 5 octobre 1857. *Classement.*
                    Décret du 23 mai 1863. *Classement* (confirmation).
                        Obs. — Le sentier se prolongeait autrefois jusqu'à la rue d'Alésia, mais il a
                               été en partie réoccupé par les riverains.
        Orig. — Lieu dit.

MARIOTTE (Rue) . . . . **XVII**ᵉ ARRONDISSEMENT . . . . 67ᵉ QUARTIER.
Anciennement commune des Batignolles.
2091   **Commence** rue des Dames, 51. — **Finit** rue des Batignolles, 27.   (I. 13.)
Longʳ : 100ᵐ,00.
Largʳ :   5ᵐ,40.   (*Voie privée.*)
DÉCRET DU 24 AOUT 1864. *Dénomination* actuelle.
OBS. — Précédemment Petite rue de l'Église.
ORIG. — Edme Mariotte, physicien, mort en 1684 ; quartier où ont été groupés des noms de savants.

MARIVAUX (Rue de) . . . . . . **II**ᵉ ARRONDISSEMENT . . . . 6ᵉ QUARTIER.
2092   **Commence** rue Grétry, 4. — **Finit** boulevard des Italiens, 11.   (I. 13. — P. 6.)
Longʳ : 119ᵐ,00.
Largʳ :   9ᵐ,75. — LETTRES PATENTES DU 14 OCTOBRE 1780.
Id.   9ᵐ,75. — ORD. ROYALE DU 27 OCTOBRE 1847.
ORIG. — Pierre Carlet de Chamblain de Marivaux, auteur dramatique (1688-1763) ; voisinage de l'ancienne Comédie Italienne, aujourd'hui théâtre de l'Opéra-Comique.

MARMONTEL (Rue)⁰⁰ . . . . . . **XV**ᵉ ARRONDISSEMENT . . . . 57ᵉ QUARTIER.
Anciennement commune de Vaugirard.
2093   **Commence** rue de l'Abbé Groult, 108. — **Finit** rue Ollivier de Serres, 33.   (I. 17. — P. 6.)
Longʳ : 194ᵐ,00.
DÉCRET DU 23 MAI 1863. *Classement.*
Largʳ :   10ᵐ,00. — *Alignements* projetés. (Largeur actuelle, 6ᵐ,00 moindre.)
ARRÊTÉ PRÉFECTORAL DU 16 JANVIER 1869. *Nivellement.*
DÉCRET DU 24 AOUT 1864. *Dénomination* actuelle.
OBS. — Précédemment petite rue des Tournelles.
Les deux parties formant impasse ne sont pas classées.
ORIG. — Jean-François Marmontel, littérateur (1723-1799).

MARMOUSETS (Rue des)⁵ . . . . **XIII**ᵉ ARRONDISSEMENT . . . . 52ᵉ QUARTIER.
2094   **Commence** rue des Gobelins, 24. — **Finit** boulevard Arago, 19.
Longʳ : 17ᵐ,00.
Largʳ :   10ᵐ,00. — ORD. ROYALE DU 26 MARS 1843. *Alignements.*
ARRÊTÉ PRÉFECTORAL DU 28 JUIN 1867. *Nivellement.*
ORIG. — Dénomination tirée d'une enseigne.

MARNE (Quai de la) . . . . **XIX**ᵉ ARRONDISSEMENT . . . . 73ᵉ et 74ᵉ QUARTIERS.
Anciennement commune de La Villette.
2095   **Commence** rue de Crimée, 156. — **Finit** Marché aux Bestiaux.   (P. 58.)
Longʳ : 710ᵐ,00.
DÉCRET DU 23 MAI 1863. *Classement* (confirmation).
Largʳ :   14ᵐ,30. — *Alignements* projetés. (Largeur actuelle.)
ORIG. — Rivière du bassin de la Seine ; voisinage du canal de l'Ourcq.

MARNE (Rue de la) . . . . **XIX**ᵉ ARRONDISSEMENT . . . . 74ᵉ QUARTIER.
Anciennement commune de La Villette.
2096   **Commence** rues de l'Ourcq, 34, et de Thionville, 17. — **Finit** quai de la Marne, 30.
Longʳ : 75ᵐ,00.
DÉCRET DU 23 MAI 1863. *Classement* (confirmation).
Largʳ :   12ᵐ,00. — *Alignements* projetés. (Largeur actuelle.)
ARRÊTÉ PRÉFECTORAL DU 3 SEPTEMBRE 1869. *Dénomination* actuelle.
OBS. — Précédemment rue de Montpensier.
ORIG. — *Voir* quai de la Marne.

MAROC (Place du) . . . . **XIX**ᵉ ARRONDISSEMENT . . . . 73ᵉ QUARTIER.
Anciennement commune de La Villette.
2097   **Située** à la rencontre des rues du Maroc, 18, et de Tanger, 14.   (I. 5. — P. 6.)
Rayon : 19ᵐ,79. — ORD. ROYALE DU 6 JUIN 1847. *Alignements.*
DÉCRET DU 23 MAI 1863. *Classement* (confirmation).
ORIG. — *Voir* rue du Maroc.

MAROC (Rue du)⁵ . . . . **XIX**ᵉ ARRONDISSEMENT . . . . 73ᵉ QUARTIER.
Anciennement commune de la Villette.
2098   **Commence** rue de Flandre, 27. — **Finit** rue d'Aubervilliers, 56.   (I. 31. — P. 58.)
Longʳ : 318ᵐ,00 (y compris la traversée de la place du Maroc).

MAROC (Rue du)*. *(Suite.)*
      Larg^r : 12^m,00. — Ord. royale du 6 juin 1847. *Alignements.*
           Décret du 23 mai 1863. *Classement* (confirmation).
           Arrêté préfectoral du 17 juillet 1860. *Nivellement.*
           Décret du 24 août 1864. *Dénomination* actuelle.
           Obs. — Précédemment rue Mogador.
  Orig. — Empire d'Afrique ; quartier où ont été groupés des noms rappelant les campagnes d'Algérie.

MARONITES (Rue des)** . . . . **XX**^e Arrondissement . . . . 77e Quartier,
           Anciennement commune de Belleville.
2099 **Commence** boulevard de Belleville, 18. — **Finit** rue Julien Lacroix, 17. (I. 53. — P. 52.)
      Long^r : 266^m,00.
      Larg^r : 8^m,00. — Ord. royale du 20 juillet 1836. *Alignements.*
           Décret du 23 mai 1863. *Classement* (confirmation).
           Arrêté préfectoral du 17 juillet 1860. *Nivellement.*
           Arrêté préfectoral du 26 février 1867. *Dénomination* actuelle.
           Obs. — Précédemment rue de Constantine.
  Orig. — Catholiques du Liban ; voisinage de la rue du Liban.

MARQFOY (Rue)* . . . . **X**^e Arrondissement . . . . 40e Quartier.
2100 **Commence** rue du Terrage, 4. — **Finit** rue des Écluses Saint Martin, 21. (I. 13. — P. 6.)
      Long^r : 126^m,00.
      Larg^r : 12^m,00. — Ord. royale du 22 mai 1825. *Ouverture* et *Alignements.*
  Orig. — Ouverte en 1825, sur les terrains de M. Marqfoy.

MARRONNIERS (Rue des). . . . **XVI**^e Arrondissement . . . . 62e Quartier.
           Anciennement commune de Passy.
2101 **Commence** rue Raynouard, 76. — **Finit** rue de Boulainvilliers, 36.   (I. 27. — P. 26.)
      Long^r : 214^m,00.
           Décret du 23 mai 1863. *Classement* (confirmation).
      Larg^r : 8^m,00. — *Alignements* projetés. (Largeur actuelle.)
           Arrêté préfectoral du 20 octobre 1869. *Nivellement.*
  Orig. — Plantation de marronniers dépendant de l'ancien château de Boulainvilliers.

MARSEILLE (Rue de) . . . . . . **X**^e Arrondissement . . . . 39e Quartier.
2102 **Commence** rue de l'Entrepôt, 34. — **Finit** rues des Vinaigriers, 1, et Beaurepaire, 33.
      Long^r : 132^m,00.   (I. 17. P. 16.)
      Larg^r : 13^m,00. — Ord. royale du 20 février 1825. *Ouverture.*
           Obs. — L'ordonnance royale fixait la largeur à 12 mètres, mais elle a été
           portée à 13 mètres lors de l'exécution.
           Décision ministérielle du 21 juin 1844. *Dénomination* actuelle.
           Obs. — Précédemment rue du Havre.
  Orig. — Chef-lieu du département des Bouches-du-Rhône.

MARS (Cour de) . . . . **XI**^e Arrondissement . . . . 43e Quartier.
2103 **Située** Passage du Cheval Blanc.
                (Voie privée.)
  Orig. — Groupe de noms de mois donné par les propriétaires.

MARSOLLIER (Rue) . . . . **II**^e Arrondissement . . . . 5e Quartier.
2104 **Commence** rue Méhul, 1. — **Finit** rue Monsigny, 1.   (I. 10.)
      Long^r : 100^m,00.
      Larg^r : 12^m,00. — Ord. royale du 8 octobre 1826. *Ouverture* et *Alignements.*
  Orig. — Benoît-Joseph Marsollier des Vivetières, auteur de poèmes d'opéras-comiques (1750-1817) ; voisinage de la salle Ventadour.

MARTEL (Rue) . . . . **X**^e Arrondissement . . . . 38e Quartier.
2105 **Commence** rue des Petites Écuries, 44. — **Finit** rue de Paradis, 15. (I. 21. — P. 18.)
      Long^r : 155^m,00.
      Larg^r : 9^m,74. — Décision ministérielle du 28 vendémiaire an X.
      Id. 9^m,74. — Ord. royale du 14 avril 1847. *Alignements.*
  Orig. — Michel Martel, échevin de 1764 à 1766 ; rue ouverte en 1777, en vertu de la déclaration d'extension des limites de la Ville donnée sous son échevinage.

MARTIGNAC (Cité) . . . . **VII**^e Arrondissement . . . . 26e Quartier.
2106 **Située** rue de Grenelle, 111.   (I. 9. — P. 12.)
      Long^r : 120^m,00.
      Larg^r : 8^m,00.   *(Voie privée.)*
  Orig. — Voir rue de Martignac.

MARTIGNAC (Rue) . . . . **VII**ᵉ Arrondissement . . . . 26ᵉ Quartier.
2107   **Commence** rue Saint Dominique, 33. — **Finit** rue de Grenelle, 132.   (l. 9. — P. 30.)
    Long : 235ᵐ,00.
    Larg : 13ᵐ,00. — Ord. royale du 11 janvier 1845. *Alignements.*
                  Ord. royale du 15 avril 1839. *Dénomination.*
    Orig. — Ouverte sous le ministère de Jean-Baptiste-Silvère Gaye, vicomte de Martignac, Ministre de l'Intérieur (1776-1832) ; voisinage de l'ancien Ministère de l'Intérieur.

MARTIN (Rue) . . . . **XVII**ᵉ Arrondissement . . . . 65ᵉ Quartier.
                Anciennement commune de Neuilly.
2108   **Commence** boulevard Gouvion-Saint-Cyr, 31. — **Finit** rue Bacon, 5.   (l. 11. — P. 6.)
    Long : 115ᵐ,00.
    Larg : 12ᵐ,00.   *(Voie privée.)*
    Orig. — Nom de propriétaire.

MARTINIQUE (Rue de la) . . . . . **XVIII**ᵉ Arrondissement . . . . 72ᵉ Quartier.
                Anciennement commune de La Chapelle.
2109   **Commence** rue de la Guadeloupe. — **Finit** rue de Torcy, 25.
    Long : 58ᵐ,00.
    Larg : 10ᵐ,00. — *Alignements* projetés. (Largeur actuelle.)
               Obs. — Cette voie a été ouverte par la Ville de Paris, sur l'emplacement de l'ancien Marché aux Vaches.
           Arrêté préfectoral du 1ᵉʳ février 1877. *Dénomination.*
    Orig. — Colonie française des Antilles ; quartier où ont été groupés les noms de nos colonies.

MARTYRS (Rue des)* . . . . **IX**ᵉ Arrondissement . . . . 33ᵉ et 36ᵉ Quartiers.
             XVIIIᵉ Arrondissement . . . . 70ᵉ Quartier.
                Anciennement commune de Montmartre (partie).
2110   **Commence** rue Notre-Dame de Lorette, 2, et Lamartine, 64. — **Finit** rue La Vieuville, 14.
    Long : 885ᵐ,00.   (l. 97. — 100.)
    Larg : 12ᵐ,00. — Ord. royale du 22 août 1837. *Alignements* entre les rues Notre-Dame de Lorette et Lamartine, et les boulevards de Clichy et de Rochechouart.
           Décret du 23 mai 1863. *Classement* confirmé entre les boulevards de Clichy et de Rochechouart, et les rues des Abbesses et d'Orsel.
           Classement entre les rues des Abbesses et d'Orsel, et la rue La Vieuville.
    Id.   12ᵐ,00. — Délibération du conseil municipal des 12 juin 1846 et 7 février 1859. *Alignements* projetés entre les boulevards de Clichy et de Rochechouart et la rue La Vieuville.
           Arrêté préfectoral du 2 avril 1868. *Dénomination* actuelle.
               Obs. — Précédemment rue et chaussée des Martyrs.
    Orig. — Se dirige vers Montmartre ou Mont des Martyrs.

MASLIER (Passage)** . . . . **XIX**ᵉ Arrondissement . . . . 76ᵉ Quartier.
                Anciennement commune de Belleville.
2111   **Commence** rue de Meaux, 22. — **Finit** passage de Puebla, 9, et rue des Chaufourniers, 19.
    Long : 200ᵐ,00.   (l. 9. — P. 32.)
    Larg : 6ᵐ,00.   *(Voie privée.)*
    Orig. — Nom du propriétaire qui a ouvert le passage.

MASSENA (Boulevard)* . . . . . . **XIII**ᵉ Arrondissement . . . . 50ᵉ et 51ᵉ Quartiers.
                Anciennement communes d'Ivry et de Gentilly.
2112   **Commence** porte et quai de la Gare, 1. — **Finit** porte et avenue d'Italie, 169.   (l. 31.)
    Long : 2110ᵐ,00.
           Convention du 5 juillet 1859. Remise conditionnelle par le Génie militaire, à la Ville de Paris, de la rue Militaire.
    Larg :   40ᵐ,00. — Décret du 9 septembre 1861 (U.P.). *Élargissement* de la rue Militaire.
           Décret du 23 mai 1863. *Classement* (confirmation).
           Décret du 2 mars 1864. *Dénomination* actuelle.
               Obs. — Précédemment rue Militaire (partie).
    Orig. — André Masséna, duc de Rivoli, prince d'Essling, maréchal de France (1758-1817).

MASSENA (Impasse)** . . . . . . **XIII**ᵉ Arrondissement . . . . 50ᵉ Quartier.
                Anciennement commune d'Ivry.
2113   **Située** boulevard Masséna, 15.
    Long : 58ᵐ,00.
    Moindre larg :   3ᵐ,00. — Arrêté préfectoral du 5 octobre 1857. *Classement.*
               Décret du 23 mai 1863. *Classement* (confirmation).
               Arrêté préfectoral du 1ᵉʳ février 1877. *Dénomination* actuelle.
               Obs. — Précédemment rue des Terres au Curé.
    Orig. — Voir boulevard Masséna.

MASSERAN (Rue) . . . . **VIIe Arrondissement** . . . . 27e Quartier.
2114   **Commence** rue Eblé. — **Finit** rue de Sèvres, 90.   (l. 11. — P. 22.)
   Long^r : 303^m,00.
   Larg^r : 12^m,00. — Décision ministérielle du 12 décembre 1822.
   Larg^r : 17^m,50. — Ord. royale du 20 septembre 1842. *Alignements.*
   Orig. — Hôtel Masserano, qui était situé au coin de la rue Duroc.

MASSILLON (Rue) . . . . **IVe Arrondissement** . . . . 16e Quartier.
2115   **Commence** rue Chanoinesse, 11. — **Finit** rue du Cloître Notre-Dame, 8.   (l. 3. — P. 10.)
   Long^r : 52^m,00.
   Larg^r : 7^m,00. — Décision ministérielle du 26 prairial an XI.
   Larg^r : 10^m,00. — Ord. royale du 8 septembre 1847. *Alignements.*
   Orig. — Jean-Baptiste Massillon, prédicateur, évêque de Clermont (1663-1742) ; voisinage de Notre-Dame.

MASSON (Cité) . . . . **XVIIIe Arrondissement** . . . . 70e Quartier.
   Anciennement commune de Montmartre.
2116   **Commence** rue Neuve de la Chardonnière. — **Finit** boulevard Ornano, 142.
   Long^r : 40^m,00.
   Larg^r : 2^m,00 environ.   (*Voie privée.*)
   Orig. — Nom de l'ancien propriétaire du terrain.

MASSONET (Impasse) . . . . . . **XVIIIe Arrondissement** . . . . 70e Quartier.
   Anciennement commune de Montmartre.
2117   **Située** rue des Poissonniers, 141.   (l. 17. — P. 2.)
   Long^r : 138^m,00.
   Moindre larg^r :   8^m,50.   (*Voie privée.*)
   Orig. — Nom du propriétaire qui l'a ouverte.

MASURE (Rue de la) . . . . **IVe Arrondissement** . . . . 11e Quartier.
2118   **Commence** quai de l'Hôtel de Ville, 10. — **Finit** rue de l'Hôtel de Ville, 23.
   Long^r : 21^m,00.
   Larg^r :   6^m,00. — Décision ministérielle du 13 thermidor an VI. *Alignements.*
   Orig. — Ancien nom dû à l'état de ses constructions.

MATHIEU MOLÉ (Rue) . . . . . . **Ier Arrondissement** . . . . 1er Quartier.
2119   **Commence** rue de la Sainte Chapelle, 2. — **Finit** quai des Orfèvres, 12.   (l. 0.)
   Long^r : 31^m,00.
   Larg^r :   8^m,00. — Décision ministérielle du 31 août 1819.
   Larg^r :   8^m,00. — Arrêté du pouvoir exécutif du 26 mars 1848. *Alignements.*
   Décret du 24 septembre 1880. Suppression de tout le côté des numéros
      pairs, pour la formation d'une place dégageant le côté sud du
      Palais de Justice.
   Décret du 10 novembre 1877. *Dénomination* actuelle.
         Obs. — Précédemment rue Boileau et antérieurement rue St André au Palais.
   Orig. — Mathieu Molé, premier président du Parlement, garde des sceaux (1584-1656) ; voisinage du Palais de Justice.

MATHIS (Rue) . . . . **XIXe Arrondissement** . . . . 73e Quartier.
   Anciennement commune de La Villette.
2120   **Commence** rues de Flandre, 107, et de Crimée, 185. — **Finit** r. Curial, 32. (l. 39. — P. 40.)
   Long^r : 325^m,00.
   Larg^r : 12^m,00. — Décret du 11 janvier 1865. *Classement* et *Alignements.*
      Arrêté préfectoral du 4 septembre 1863. *Nivellement.*
   Orig. — Ouverte par M. Mathis, sur sa propriété.

MATHURINS (Rue des) . . . . . . **VIIIe Arrondissement** . . . . 31e Quartier.
               IXe Arrondissement . . . . 34e Quartier.
2121   **Commence** rue Scribe, 19. — **Finit** Boulevard Malesherbes, 32.   (l. 61. — P. 66.)
   Long^r : 720^m,00
   Larg^r :   9^m,74 — Décision ministérielle du 18 vendémiaire an VI. *Alignements* entre
      la rue Scribe et la rue Pasquier.
   Larg^r : 12^m,00 — Décret du 16 juillet 1862 (U. P) *Ouverture* et *Alignements* entre la
      rue Pasquier et le boulevard Malesherbes.
      Arrêté préfectoral du 24 janvier 1863. *Dénomination* actuelle.
         Obs. — Précédemment rue Neuve des Mathurins.
   Orig. — Percée au XVIIIe siècle sur des terrains dépendant de la ferme des Mathurins.

MATIGNON (Avenue) . . . . . . **VIIIe Arrondissement** . . . . . 29e, 30e et 31e Quartiers
2122   **Commence** Rond-Point des Champs Élysées, 2. — **Finit** rues Rabelais, 1, et Matignon, 1.
   Long^r : 176^m,00.   (l. 17. — P. 6.)
   Larg^r   40^m,00. — Ord. royale du 5 avril 1846. *Alignements.*
   Orig. — *Voir* rue Matignon.

MATIGNON (Rue) . . . . `VIII` Arrondissement . . . . 31ᵉ Quartier.
2123 **Commence** r. Rabelais, 2, et av. Matignon, 6. — **Finit** r. de Penthièvre, 31. (I.27. —P. 40.)
Longʳ : 274ᵐ,00.
Largʳ : 10ᵐ,00. — Ord. royale du 5 avril 1846. *Alignements* entre la rue Rabelais et
la rue du Faubourg Saint Honoré (A).
Largʳ : 10ᵐ,00. — Ord. royale du 27 septembre 1836. *Alignments* entre la rue du
Faubourg Saint Honoré et la rue de Penthièvre (B).
Obs. — Précédemment Petite rue Verte (B).
Orig. — Charles-Auguste de Goyon, comte de Matignon, maréchal de France (1646-1729).

MAUBERT (Impasse). . . . . . . Vᶜ Arrondissement. . . . . 17ᵉ Quartier.
2124 **Située** place Maubert, 3.   (I. 5. — P. 6.)
Longʳ : 40ᵐ,00 Décision ministérielle du 6 vendémiaire an iv. — *Alignements.*
Largʳ : 7ᵐ,00 Arrêté préfectoral du 26 février 1867. *Dénomination* actuelle.
Obs. — Précédemment impasse d'Amboise.
Orig. — *Voir* place Maubert.

MAUBERT (Place). . . . . Vᶜ Arrondissement . . . . 17ᵉ et 20ᵉ Quartiers.
2125 **Commence** r. des Grands Degrés, 7, et de la Bucherie, 1. — **Finit** boul. St Germain, 60.
Longʳ : 140ᵐ,00.   (I. 35. — P. 18.)
Moindre largʳ : 12ᵐ,00. — Décision ministérielle du 8 brumaire an x.
Largʳ : 14ᵐ,30. — Ord. royale du 13 septembre 1846. *Alignements.*
(*Alignements* projetés déjà suivis d'exécution.)
Orig. — Corruption du nom d'Aubert, abbé de Sainte Geneviève, qui avait permis d'y construire des étaux de boucherie
(xiiᵉ siècle).

MAUBEUGE (Rue de) * . . . . . . IXᶜ Arrondissement . . . . 35ᵉ et 36ᵉ Quartiers.
                                    Xᶜ Arrondissement . . . . 37ᵉ Quartier.
2126 **Commence** rues du Faub. Montmartre, 60, et de Châteaudun, 12. — **Finit** boulevard de La
Chapelle.   (I. 93. — P. 104.)
Longʳ : 1470ᵐ,00.
Largʳ : 16ᵐ,00.— Décret du 3 août 1861 (U. P.). *Ouverture* et *Alignements* entre les
rues du Faubourg Montmartre et de Châteaudun, et le boulevard
de Magenta.
Obs. — Ce décret modifie en partie le décret du 19 novembre 1855.
Largʳ : 16ᵐ,00.— Décret du 19 novembre 1855 (U. P.). *Ouverture* et *Alignements* entre
le boulevard de Magenta et le boulevard de La Chapelle.
Arrêté préfectoral du 1ᵉʳ décembre 1866. *Nivellement* entre les
rues de Rochechouart et Choron, et entre la rue Choron et la rue
Hippolyte Lebas.
Orig. — Maubeuge, ville fortifiée du département du Nord; voisinage du chemin de fer du Nord.

MAUBLANC (Rue) * . . . . . . XVᶜ Arrondissement . . . . 57ᵉ Quartier.
Anciennement commune de Vaugirard.
2127 **Commence** rue Blomet, 101. - **Finit** rue de Vaugirard, 266.   (I. 21. — P. 20.)
Longʳ : 155ᵐ,00.
Largʳ : 12ᵐ,00. — Arrêté préfectoral du 23 septembre 1857. *Classement* et *Aligne-
ments.*
Décret du 23 mai 1863. *Classement* (confirmation).
Arrêté préfectoral du 7 septembre 1869. *Nivellement.*
Orig. — Ouverte par M. Maublanc, propriétaire, ancien maire de Vaugirard.

MAUBUÉE (Rue) . . . . IVᶜ Arrondissement. . . . . 13ᵉ Quartier.
2128 **Commence** r. Brise Miche, 29, et Beaubourg, 1. — **Finit** r. St Martin, 122. (I. 31. — P. 28.)
Longʳ : 90ᵐ,00.
Largʳ : 8ᵐ,00. — Décision ministérielle du 13 vendémiaire an x.
Largʳ : 10ᵐ,00. — Ord. royale du 16 mai 1833. *Alignements.*
Orig. — Fontaine Maubuée (mauvaise lessive), ainsi nommée à cause de la mauvaise qualité de ses eaux.

MAUCONSEIL (Rue). . . . . . . Iᵉʳ Arrondissement . . . . 2ᵉ Quartier.
2129 **Commence** rue Française, 5. — **Finit** rue Montorgueil, 38.   (I. 25 à 39. — P. 82 à 42.)
Longʳ : 65ᵐ,00.
Largʳ : 9ᵐ,00. — Décision ministérielle du 3 pluviôse an ix.
Largʳ : 10ᵐ,00. — Ord. royale du 21 juin 1826. *Alignements.*
Arrêté préfectoral du 8 février 1857. *Nivellement.*
Orig. — Ancien nom (xiiiᵉ siècle).

39

MAUNY (Ruelle) . . . . **XIII**ᵉ Arrondissement . . . . 51ᵉ Quartier.
Anciennement commune de Gentilly.
2130   **Commence** rue du Pot au Lait, 34. — **Finit** rue de la Glacière, 143.
Longʳ :   70ᵐ,00.
Largʳ :   6ᵐ,00. -- Arrêté préfectoral du 9 mars 1837. *Classement et Alignements.*
Décret du 23 mai 1863. *Classement* (confirmation).
Orig. — Nom de propriétaire.

MAURE (Rue du). . . . . **III**ᵉ Arrondissement . . . . 12ᵉ Quartier.
2131   **Commence** rue Beaubourg, 35. — **Finit** rue Saint Martin, 170.   (I. 7. — P. 12.)
Longʳ : 131ᵐ,00.
Largʳ :   7ᵐ,00. — Décision ministérielle du 15 messidor an XII.
Largʳ :   9ᵐ,00. — Ord. royale du 16 mai 1833. *Alignements.*
Orig. — Dénomination tirée d'une enseigne.

MAUREL (Passage). . . . . **V**ᵉ Arrondissement . . . . 18ᵉ Quartier.
2132   **Commence** boulevard de l'Hôpital, 8. — **Finit** rue Buffon, 7.
Longʳ :   60ᵐ,00.
Largʳ :   3ᵐ,50 environ.   (*Voie privée.*)
Orig. — Nom de propriétaire.

MAURICE (Passage) . . . . **XI**ᵉ Arrondissement . . . . 43ᵉ Quartier.
2133   **Commence** rue du Chemin Vert, 86. — **Finit** rue Saint Maur, 23.   (I. 21. — P. 2.)
Longʳ : 282ᵐ,00.
Largʳ :   4ᵐ,80 environ.   (*Voie privée.*)
Orig. — Nom de propriétaire.

MAURICE MAYER (Rue) ** . . . **XIII**ᵉ Arrondissement . . . . 51ᵉ Quartier.
Anciennement commune de Gentilly.
2134   **Commence** rue de la Santé, 97. — **Finit** en impasse au delà de la rue Palmyre. (I. 7 — P. 26.)
Longʳ : 100ᵐ,00.
Largʳ : 10ᵐ,00 environ.   (*Voie privée.*)
Orig. — Nom de propriétaire.

MAUVAIS GARÇONS (Rue des). . **IV**ᵉ Arrondissement . . . . 14ᵉ Quartier.
2135   **Commence** rue de Rivoli, 44. — **Finit** rue de la Verrerie, 3.   (I. 3. — P. 12).
Longʳ : 33ᵐ,00.
Largʳ : 10ᵐ,00. — Ord. royale du 28 octobre 1838. *Alignements.*
Décret du 29 septembre 1854. Suppression pour la formation des
abords de la rue de Rivoli.
Orig. — Ainsi nommée au XVIᵉ siècle, à cause de la population turbulente qui l'habitait.

MAUVE (Passage) . . . . **XI**ᵉ Arrondissement . . . . 44ᵉ Quartier.
2136   **Commence** rue du Faubourg Saint-Antoine, 249. — **Finit** rue de Montreuil, 30.
Longʳ : 40ᵐ00.
Moindre largʳ : 2ᵐ,90.   (*Voie privée.*)
Orig. — Inconnue.

MAUXINS (Passage des) ** . . . . **XIX**ᵉ Arrondissement . . . . 75ᵉ Quartier.
Anciennement commune de Belleville.
2137   **Commence** rue de Romainville. — **Finit** boulevard Sérurier, 13.
Longʳ : 145ᵐ,00.
Moindre largʳ :   2ᵐ,25.   (*Voie privée.*)
Orig. — Lieu dit (*Les Mauxins ou les Mossins*).

MAYET (Rue). . . . . **VI**ᵉ Arrondissement . . . . 23ᵉ Quartier.
2138   **Commence** rue de Sèvres, 133. — **Finit** rue du Cherche Midi, 124.   (I. 29. — P. 28.)
Longʳ : 188ᵐ,00.
Largʳ : 11ᵐ,00. — Ord. royale du 8 décembre 1840. *Ouverture et Alignements.*
Obs. — La hauteur des maisons en bordure est fixée à 16 m. 50.
Orig. — Ouverte en 1840, par M. Mayet.

MAYRAN (Rue). . . . . **IX**ᵉ Arrondissement . . . . 30ᵉ Quartier.
2139   **Commence** rues Montholon 26, et La Fayette.— **Finit** rue Rochechouart, 16.   (I. 9. — P. 12).
Longʳ : 137ᵐ,00.
Largʳ : 12ᵐ,00. — Décret du 19 mars 1862 (U. P.). *Ouverture et Alignements.*
Décret du 2 mars 1864. *Dénomination.*
Orig. — Joseph-Décius-Nicolas Mayran, général de division, tué en Crimée (1812-1855).

MAZAGRAN (Impasse de). . . . . . **X**e ARRONDISSEMENT . . . . 38e QUARTIER.
2140   **Située** rue de Mazagran, 7.   (l. 3. — P. 8.)
      Long^r : 36^m,00.
  Moindre larg^r : 9^m,80.   (*Voie privée.*)
  ORIG. — *Voir* rue de Mazagran.

MAZAGRAN (Rue de). . . . . **X**e ARRONDISSEMENT . . . . 38e QUARTIER.
2141   **Commence** boulevard Bonne Nouvelle, 16. — **Finit** rue de l'Échiquier, 9.   (l. 19. — P. 22)
      Long^r : 129^m,00.
      Larg^r : 12^m,00. — ORD. ROYALE DU 31 DÉCEMBRE 1840 (U. P.). *Ouverture et Alignements.*
  ORIG. — En l'honneur de la défense de Mazagran (Algérie), en 1840.

MAZARINE (Rue) . . . . **VI**e ARRONDISSEMENT . . . . 21e QUARTIER.
2142   **Commence** rue de Seine, 7. — **Finit** rues Dauphine, 32, et de Buci, 2.   (l. 51. — P. 84.)
      Long^r : 414^m,00.
      Larg^r : 8^m,00. — DÉCISION MINISTÉRIELLE DU 14 THERMIDOR AN VIII.
      Larg^r : 10^m,00. — ORD. ROYALE DU 25 NOVEMBRE 1844. *Alignements.*
            DÉCRET DU 28 JUILLET 1866 (U. P.). Suppression de la partie comprise
            entre la rue de Seine et le n° 21, pour l'isolement et la rectifica-
            tion du périmètre de l'Institut.
  ORIG. — Doit son nom au Collège des Quatre-Nations, aujourd'hui Palais de l'Institut, fondé par Mazarin.

MAZAS (Place). . . . . **XII**e ARRONDISSEMENT. . . . . 48e QUARTIER.
2143   **Située** entre le pont d'Austerlitz et le quai de la Rapée, 96.
           OBS. — *Voir,* pour l'alignement, le quai de la Rapée.
           DÉCRET DU 14 FÉVRIER 1806. *Dénomination.*
  ORIG. — Nom d'un colonel tué à la bataille d'Austerlitz; voisinage du pont d'Austerlitz.

MAZET (Rue) . . . . **VI**e ARRONDISSEMENT . . . . 21e QUARTIER.
2144   **Commence** rue Dauphine, 49. — **Finit** rue Saint André des Arts ,66.   (l. 11. — P. 16.)
      Long^r : 68^m,00.
      Larg^r : 9^m,00. — DÉCISION MINISTÉRIELLE DU 14 THERMIDOR AN VIII.
      Larg^r : 10^m,00. — ORD. ROYALE DU 11 AOUT 1844. *Alignements.*
           DÉCRET DU 27 FÉVRIER 1867. *Dénomination actuelle.*
           OBS. — Précédemment rue de la Contrescarpe Saint André.
  ORIG. — André Mazet, médecin, mort de la fièvre jaune qu'il était allé étudier à Barcelone (1793-1821); voisinage de
    l'École de Médecine.

MEAUX (Impasse de) ** . . . . . **XIX**e ARRONDISSEMENT . . . . 76e QUARTIER.
               Anciennement commune de Belleville.
2145   **Située** rue de Meaux, 6.
      Long^r : 61^m,00.
  Moindre larg^r : 2^m,00.   (*Voie privée.*)
           ARRÊTÉ PRÉFECTORAL DU 10 NOVEMBRE 1873. *Dénomination* actuelle.
           OBS. — Précédemment impasse Stanislas.
  ORIG. — *Voir* rue de Meaux.

MEAUX (Rue de) ** . . . . **XIX**e ARRONDISSEMENT . . . . . 73e et 76e QUARTIERS.
               Anciennement commune de Belleville et de La Villette.
2146   **Commence** boul. de la Villette, 128. — **Finit** r. d'Allemagne, 110, et de Crimée. (l. 139. — P.120.)
      Long^r : 1150^m,00.
      Larg^r : 12^m,00. — ORD. ROYALE DU 28 FÉVRIER 1837. *Alignements* entre le chemin des
           Carrières et la limite des Carrières de Belleville et de la Chapelle.
      Larg^r : 12^m,00. — ARRÊTÉ PRÉFECTORAL DU 23 OCTOBRE 1856. *Alignements.*
           DÉCRET DU 23 MAI 1863. *Classement* (confirmation).
           ARRÊTÉ PRÉFECTORAL DU 17 JUILLET 1860. *Nivellement* entre le boule-
           vard de La Villette et le passage de la Moselle.
           ARRÊTÉ PRÉFECTORAL DU 29 JUILLET 1868. *Nivellement* entre le passage
           de la Moselle et la rue d'Allemagne.
  ORIG. — Ancienne route de Meaux.

MÉCHAIN (Rue) ** . . . . **XIV**e ARRONDISSEMENT . . . . 53e QUARTIER.
2147   **Commence** rue de la Santé,34. — **Finit** rue du Faubourg Saint Jacques,57. (l. 23. — P. 24.)
      Long^r : 282^m,00.
      Larg^r : 10^m,00. — DÉCISION MINISTÉRIELLE DU 28 VENDÉMIAIRE AN XI. *Alignements.*
      Larg^r : 12^m,00. — ORD. ROYALE DU 9 DÉCEMBRE 1838. *Alignements.*
           ARRÊTÉ PRÉFECTORAL DU 30 JUIN 1867. *Nivellement.*
  ORIG. — Pierre-François-André Méchain, astronome (1744-1805); voisinage de l'Observatoire.

MÉDÉAH (Rue de) ⁜ . . . . . . **XIV**ᵉ Arrondissement . . . . 56ᵉ Quartier.
Anciennement commune de Vaugirard.
2148   **Commence** rue Vandamme, 27. — **Finit** rue Vercingétorix, 10.   (I. 17. — P. 22.)
   Long^r : 150^m,00.
              Décret du 23 mai 1863. *Classement.*
   Larg^r :   8^m,00. — *Alignements* projetés.
   Orig. — Ville d'Algérie occupée par l'armée française en 1840; nom donné à la rue vers cette époque.

MÉDICIS (Rue de) ⁜ . . . . . . **VI**ᵉ Arrondissement . . . . 22ᵉ Quartier.
2149   **Commence** rue de Vaugirard, 15. — **Finit** boulevard Saint Michel, 58.   (I. 19.)
   Long^r : 240^m,00.
   Larg^r : 20^m,00. — Décret du 8 septembre 1860 (U. P.). *Ouverture* et *Alignements.*
   Larg^r : 26^m,00. — Obs. — Largeur exécutée.
              Arrêté préfectoral du 26 février 1859. *Nivellement.*
              Décret du 2 mars 1864. *Dénomination.*
   Orig. — Voisinage du palais du Luxembourg, fondé par Marie de Médicis.

MÉGISSERIE (Quai de la) . . . . . **I**ᵉʳ Arrondissement . . . . 1ᵉʳ Quartier.
2150   **Commence** pont au Change et pl. du Châtelet, 1. — **Finit** Pont Neuf et rue du Pont Neuf, 2.
   Long^r : 315^m,00.   (P. 22.)
   Larg^r :   9^m,00. — Décision ministérielle du 24 frimaire an XI.
   Larg^r : 23^m,40. — Ord. royale du 29 avril 1839. *Alignements.*
              Décret du 21 juin 1854 (U. P.). *Expropriations* entre la place du
                 Châtelet et la rue des Lavandières.
              Arrêté préfectoral du 19 juillet 1863. *Nivellement.*
              Arrêté préfectoral du 27 mai 1867. *Nivellement* entre la rue des
                 Bourdonnais et la rue du Pont Neuf.
   Orig. — Les mégissiers y étaient autrefois établis.

MÉHUL (Rue) . . . . **II**ᵉ Arrondissement . . . . 5ᵉ Quartier.
2151   **Commence** rue des Petits Champs, 44. — **Finit** rues Marsollier, 1 et Dalayrac, 2.
   Long^r : 20^m,00.   (I. 1. — P. 4.)
   Larg^r : 12^m,00. — Ord. royale du 8 octobre 1826. *Ouverture* et *Alignements.*
   Orig. — Etienne-Nicolas Méhul, compositeur (1753-1817); voisinage de la salle Ventadour.

MEISSONIER (Rue) . . . . . . **XVII**ᵈ Arrondissement . . . . 66ᵉ Quartier.
2152   **Commence** rue Prony. — **Finit** rue Jouffroy.
   Long^r : 127^m,00.
   Larg^r : 15^m,00. — (*Voie privée*).
   Orig. — Meissonier, peintre.

MELUN (Passage de) ⁜ . . . . . . **XIX**ᵉ Arrondissement . . . . 73ᵉ Quartier.
Anciennement commune de La Villette.
2153   **Commence** rue d'Allemagne, 60. — **Finit** rue de Meaux, 95.   (P. 8.)
   Long^r : 92^m,00.
   Larg^r :   6^m,50 environ.   (*Voie privée.*)
              Arrêté préfectoral du 1ᵉʳ février 1877. *Dénomination* actuelle.
              Obs. — Précédemment passage de Mulhouse.
   Orig. — Chef-lieu du département de Seine-et-Marne; voisinage de la rue de Meaux.

MÉNAGES (Square des) . . . . . . **VII**ᵉ Arrondissement . . . . 25ᵉ Quartier.
2154   **Situé** entre les rues de Sèvres, Velpeau et de Babylone.
   Orig. — Établi sur l'emplacement de l'ancien hospice des Ménages.

MÉNARS (Rue) . . . . **II**ᵉ Arrondissement . . . . 6ᵉ Quartier.
2155   **Commence** rue de Richelieu, 81. — **Finit** rue du Quatre Septembre, 12.   (P. 8.)
   Long^r : 67^m,00.
   Larg^r : 4 toises. — Décision ministérielle du 3 frimaire an X.
   Larg^r : 10^m,00. — Ord. royale du 16 avril 1831. *Alignements.*
   Orig. — Ouverte sur l'emplacement de l'hôtel du président Ménars.

MÉNESSIER (Rue). ** . . . . . . **XVIII**ᵉ Arrondissement . . . . 69ᵉ Quartier.
Anciennement commune de Montmartre.
2156   **Commence** rue Véron, 32*bis*. — **Finit** rue des Abbesses, 59.   (I. 9. — P. 10.)
   Long^r : 52^m,00. — Décret du 23 mai 1863. *Classement.*
   Larg^r : 10^m,00. — *Alignements* projetés. (Largeur actuelle.)
   Orig. — Nom de propriétaire.

MÉNILMONTANT (Boulevard de) * **XI**ᵉ Arrondissement . . . . 42ᵉ et 43ᵉ Quartiers.

2157   **XX**ᵉ Arrondissement. . . . . 79ᵉ Quartier.

Anciennement commune de Charonne et de Belleville (partie).

Commence rue Mont Louis, 13 et rue des Rats, 1. — **Finit** rues Oberkampf, 162, et de
Ménilmontant, 2.   (I. 143. — P. 152.)

Longʳ : 1115ᵐ,00.

Largʳ : 15 toises (anciens boulevards).   ⎫ Ord. du bureau des finances du 16 jan-
Largʳ : 36 pieds (anciens chemins de ronde).   ⎬   vier 1789.

Ord. royales des 12 août 1846 et 31 mars 1847. *Alignements* de
l'ancien chemin de ronde de Fontarabie.

Ord. royale du 12 août 1846. *Alignements* des anciens chemins
de ronde d'Aunay et des Amandiers.

Décret du 23 mai 1863. *Classement* (confirmation).

Moindre largʳ : 42ᵐ,00. — Arrêté préfectoral du 3 août 1866. *Alignements.*

Arrêté préfectoral du 30 décembre 1864. *Dénomination* actuelle.

Obs. — Précédemment boulevard de Fontarabie (partie), boulevards d'Aunay
et des Amandiers, et chemins de ronde de Fontarabie, d'Aunay et
des Amandiers, et place de la barrière Ménilmontant.

Orig. — Longe l'ancien village de Ménilmontant.

MÉNILMONTANT (Impasse de) . . **XI**ᵉ Arrondissement . . . . 42ᵉ Quartier.

2158   **Située** rue Oberkampf, 130.   (I. 11.)

Longʳ : 184ᵐ,00.

Largʳ :   4ᵐ,00 environ.   (*Voie privée.*)

Orig. — Donne dans l'ancienne rue de Ménilmontant, actuellement rue Oberkampf.

MÉNILMONTANT (Passage de) . . **XI**ᵉ Arrondissement . . . . 42ᵉ Quartier.

2159   **Commence** rue Oberkampf, 138. — **Finit** boul. de Ménilmontant, 113. (I. 33. — P. 18.)

Longʳ : 384ᵐ,00.

Moindre largʳ :   3ᵐ,50.   (*Voie privée.*)

Orig. — Voir Impasse de Ménilmontant.

MÉNILMONTANT (Place de) ** . . **XX**ᵉ Arrondissement . . . . 77ᵉ Quartier.

Anciennement commune de Belleville.

2160   **Située** rue d'Eupatoria, 21, et rue Ménilmontant, 67.

Décret du 25 octobre 1853 (U. P.). *Autorisant* la commune de
Belleville à acquérir des sieurs Guillaume, Bigle, Becquerel et
consorts, le terrain nécessaire à la construction de l'église Notre-
Dame de la Croix.

Décret du 15 janvier 1859 (U. P.). *Autorisant* l'occupation des terrains nécessaires pour compléter l'emplacement de la nouvelle
église et pour faciliter les abords de cet édifice.

Obs. — Voir pour les alignements, les rues d'Eupatoria, de la Mare et Julien
Lacroix.

Orig. — Voir rue de Ménilmontant.

MÉNILMONTANT (Porte de) * . . **XX**ᵉ Arrondissement . . . . 78ᵉ Quartier.

2161   **Située** boulevard Mortier, près la rue du Surmelin.

Orig. — A l'extrémité de l'ancien village de Ménilmontant.

MÉNILMONTANT (Rue de)* . . . **XX**ᵉ Arrondissement . . . . . . 77ᵉ, 78ᵉ et 79ᵉ Quartiers.

Anciennement commune de Belleville.

2162   **Commence** boul. de Belleville, 2, et de Ménilmontant, 152. — **Finit** rue Pelleport, 103.

Longʳ : 1,230ᵐ,00.   (I. 161. — P. 176)

Largʳ :   8ᵐ,00.— Arrêté préfectoral du 6 juillet 1855. *Alignements.*

Décret du 23 mai 1863. *Classement* (confirmation).

Largʳ : 14ᵐ,00.— *Alignements* projetés entre le boulevard de Belleville et la rue
Boyer.

Largʳ : 15ᵐ,00.— *Alignements* projetés entre les rues Boyer et des Pyrénées.

Largʳ : 12ᵐ,00.— *Alignements* projetés entre la rue des Pyrénées et la rue Pelleport.

Arrêté préfectoral du 19 avril 1869. *Nivellement.*

Obs. — Précédemment chaussée de Ménilmontant, et antérieurement au 25
juillet 1831, route départementale nᵒ 27.

Orig. — Principale rue de l'ancien village de Ménilmontant, nom dérivé de l'ancien mot Mesnil (habitation).

MENUISIERS (Impasse des). . . . **XVIII**ᵉ Arrondissement . . . . 69ᵉ Quartier.

Anciennement commune de Saint Ouen.

2163   **Située** chemin latéral au chemin de fer de Ceinture, 78.   (I. 11. — P. 8.)

Longʳ : 65ᵐ,00.

Largʳ :   4ᵐ,00.   (*Voie privée.*)

Orig. — L'un des propriétaires était menuisier.

MERCIER (Rue) . . . . Iᵉʳ Arrondissement . . . . 2ᵉ Quartier.
2164 **Commence** rue de Viarmes, 13. — **Finit** rues des Deux Écus, 48 et J.-J. Rousseau, 24.
Longʳ : 53ᵐ,00. (I. 15. — P. 14.)
Largʳ : 7ᵐ,80. — Décision ministérielle du 9 germinal an XIII.
Largʳ : 7ᵐ,80. — Décret du 16 juillet 1849. *Alignements.*
Obs. — Les maisons en bordure sont assujetties à une décoration symétrique
Décret du 9 juin 1860 (U.P.). *Suppression* pour le prolongement de la rue du Louvre.
Orig. — Percée en 1765, M. Mercier étant échevin.

MERCŒUR (Rue de). . . . . . . XIᵉ Arrondissement . . . . 43ᵉ Quartier.
2165 **Commence** boulevard Voltaire, 129. — **Finit** rue des Boulets, 121. (I. 27. — P. 14.)
Longʳ : 187ᵐ,00.
Largʳ : 10ᵐ,00. — Décret du 29 août 1857. *Alignements* entre le boulevard Voltaire et la rue des Murs de la Roquette.
Largʳ : 10ᵐ,00. — Ord. royale du 6 mai 1827. *Alignements* entre la rue des Murs de la Roquette et la rue des Boulets.
Décret du 2 octobre 1865. *Dénomination actuelle.*
Obs. — Précédemment rue des Murs de la Roquette (partie).
Orig. — En l'honneur de la duchesse de Mercœur, fondatrice du couvent des Hospitalières de la Roquette, sur l'emplacement duquel cette rue a été ouverte.

MERISIERS (Sentier des). . . . . XIIᵉ Arrondissement. . . . . 45ᵉ Quartier.
Anciennement commune de Saint Mandé.
2166 **Commence** boulevard Soult. — **Finit** rue Mongenot.
Longʳ : 135ᵐ,00.
Largʳ : 1ᵐ,00. — Arrêté préfectoral du 5 octobre 1857. *Classement.*
Décret du 23 mai 1863. *Classement* (confirmation).
Orig. — Situation champêtre.

MERLIN (Rue) . . . . XIᵉ Arrondissement. . . . . 43ᵉ Quartier.
2167 **Commence** rue de la Roquette, 151. — **Finit** rue du Chemin Vert, 128. (I. 7. — P. 24.)
Longʳ : 320ᵐ,00.
Largʳ : 13ᵐ,00. — Décret du 11 juillet 1860. *Ouverture* et *Alignements.*
Décret du 2 mars 1864. *Dénomination.*
Orig. — Philippe-Antoine Merlin (de Douai), jurisconsulte et homme politique (1754-1838) ; voisinage de la prison des jeunes détenus.

MESLAY (Rue) . . . . IIIᵉ Arrondissement . . . . 9ᵉ Quartier.
2168 **Commence** rue du Temple 207. — **Finit** rue Saint Martin, 330. (I. 71. — P. 62.)
Longʳ : 545ᵐ,00.
Largʳ : 11ᵐ,50. — Décision ministérielle du 23 brumaire an VIII. *Alignements.*
Largʳ : 11ᵐ,50. — Ord. royale du 14 janvier 1829. *Alignements.*
Orig. — Nom d'un propriétaire.

MESNIL (Rue) . . . . XVIᵉ Arrondissement . . . . 63ᵉ Quartier.
Anciennement commune de Passy.
2169 **Commence** place d'Eylau, 7. — **Finit** rue Saint Didier, 50. (I. 10. — P. 16.)
Longʳ : 235ᵐ,00.
Largʳ : 10ᵐ,00. — Arrêté préfectoral du 16 février 1836. *Alignements.*
Décret du 23 mai 1863. *Classement* (confirmation).
Arrêté préfectoral du 20 janvier 1866. *Nivellement.*
Orig. — Ancienne dénomination.

MESSAGERIES (Rue des). . . . . Xᵉ Arrondissement . . . . 38ᵉ Quartier.
2170 **Commence** rue d'Hauteville, 75. — **Finit** rue du Faubourg Poissonnière, 80. (I. 25. — P. 24.)
Longʳ : 181ᵐ,00.
Largʳ : 10ᵐ,00. — Ord. royale du 27 septembre 1826. *Alignements.*
Obs. — Les propriétaires riverains sont tenus de livrer gratuitement le terrain nécessaire à l'élargissement de cette voie, dont la largeur primitive était de 9ᵐ,74.
Orig. — Doit son nom à un ancien atelier créé pour les Messageries.

MESSAGERIES NATIONALES (Cour des). Iᵉʳ Arrondissement. . . . . . . 2ᵉ Quartier.
2171 **Commence** rue Saint Honoré, 130. — **Finit** rue Jean-Jacques Rousseau, 18.
Longʳ : 100ᵐ,00.
Moindre largʳ : 5ᵐ,00. (*Voie privée.*)
Orig. — Occupée par l'Administration qui lui a donné son nom.

MESSIER (Rue) ⁑ . . . . **XIV**ᵉ Arrondissement . . . . 53ᵉ Quartier.
2172   **Commence** boulevard Arago, 77. — **Finit** rue Humboldt, 8.
Long ʳ : 71ᵐ,00.
Larg ʳ : 12ᵐ,00. — Décret du 17 septembre 1864. *Ouverture* et *Alignements.*
Arrêté préfectoral du 28 juin 1867. *Nivellement.*
Décret du 2 mars 1867. *Dénomination.*
Orig. — Charles Messier, astronome (1734-1817); voisinage de l'Observatoire.

MESSINE (Avenue de). . . . . . . **VIII**ᵉ Arrondissement . . . . 32ᵉ Quartier.
2173   **Commence** boulevard Haussmann, 131, et rue de Miromesnil, 55.— **Finit** rues de Monceau, 42
et de Lisbonne, 37.   (L. 31. — P. 30).
Long ʳ : 387ᵐ,00.
Larg ʳ : 30ᵐ,00. — Décret du 16 juillet 1862 (U.P.). *Ouverture* et *Alignements.*
Arrêté préfectoral du 14 décembre 1863. *Nivellement.*
Orig. — Ville de Sicile ; quartier de l'Europe.

MESSINE (Square de) . . . . . . **VIII**ᵉ Arrondissement . . . . 32ᵉ Quartier.
2174   **Commence** avenue de Messine, 13. — **Finit** rue de Courcelles, 34.   (L. 11. — P. 10.)
Long ᵉ : 280ᵐ,00.
Moindre larg ʳ : 9ᵐ,60.   (*Voie privée.*)
Orig. — Voir avenue de Messine.

MÉTAIRIE (Cour de la) ⁑ . . . . **XX**ᵉ Arrondissement . . . . 77ᵉ Quartier.
Anciennement commune de Belleville.
2175   Située rue de Belleville, 80.   (P. 2.)
Long ʳ : 60ᵐ,00.
Larg ʳ : 3ᵐ,50 environ.   (*Voie privée.*)
Arrêté préfectoral du 1ᵉʳ février 1877. *Dénomination* actuelle.
Obs. — Précédemment Cour de la Ferme.
Orig. — Ancienne ferme.

METZ (Rue de). . . . . **X**ᵉ Arrondissement . . . . 37ᵉ Quartier.
2176   **Commence** rue de Strasbourg, 4. — **Finit** rue de Nancy, 3.   (P. 16.)
Long ʳ : 131ᵐ,00.
Larg ʳ : 15ᵐ,00. — Décret du 1ᵉʳ juillet 1854. *Classement* et *Alignements.*
Orig. — Ville de Lorraine ; voisinage du chemin de fer de l'Est.

MEUNIERS (Rue des). . . . . . . **XII**ᵉ Arrondissement . . . . 46ᵉ Quartier.
Anciennement commune de Bercy.
2177   **Commence** boulevard Poniatowski. — **Finit** rue de la Brèche aux Loups,12. (L. 67. — P. 76).
Long ʳ : 664ᵐ,00
Larg ʳ : 8ᵐ,00. — Arrêté préfectoral du 6 juillet 1855. *Classement* et *Alignements.*
Décret du 23 mai 1683. *Classement* (confirmation).
Obs. — Cette voie est interceptée par le chemin de fer de Ceinture.
Arrêté préfectoral du 20 mars 1880. *Dénomination* actuelle.
Obs. — Précédemment ruelle des meuniers.
Orig. — Conduisait à un moulin.

MEURTHE (Rue de la). . . . . . . **XIX**ᵉ Arrondissement . . . . 73ᵉ Quartier.
Anciennement commune de La Villette.
2178   **Commence** rues de Thionville, 11, et de l'Ourcq, 33. — **Finit** quai de la Marne, 24.
Long ʳ : 75ᵐ,00.
Larg ʳ : 12ᵐ,00. — *Alignements* projetés.
Décret du 23 mai 1863. *Classement* (confirmation).
Arrêté préfectoral du 3 septembre 1869. *Dénomination* actuelle.
Obs. — Précédemment rue de Chartres.
Orig. — Rivière de France ; voisinage du canal de l'Ourcq.

MEYERBEER (Rue) . . . . **IX**ᵉ Arrondissement . . . . 34ᵉ Quartier.
2179   **Commence** rue de la Chaussée d'Antin, 5. — **Finit** rue Halévy, 12.   (L. 7. — P. 4).
Long ʳ : 70ᵐ,00.
Larg ʳ : 20ᵐ,00. — Décret du 16 juillet 1862. (U. P.). *Ouverture* et *Alignements.*
Décret du 2 mars 1867. *Dénomination.*
Orig. — Jacob-Meyer-Liebmann Beer, dit Giacomo Meyerbeer, compositeur allemand (1794-1864) ; voisinage de l'Opéra.

MEYNADIER (Rue) ⁑ . . . . . . **XIX**ᵉ Arrondissement . . . . 76ᵉ Quartier.
2180   **Commence** rue de Crimée, 97.— **Finit** rue du Rhin et place Armand Carrel.(L. 5. — P. 12).
Long ʳ : 178ᵐ,00.
Larg ʳ : 20ᵐ,00. — Voie ouverte par la Ville de Paris, lors de l'exécution du parc des
Buttes Chaumont. *Alignements* projetés.
Arrêté préfectoral du 13 août 1864. *Nivellement.*
Décret du 10 août 1868. *Dénomination.*
Orig. — Louis-Henri-René Meynadier, lieutenant-général (1778-1847), blessé en 1814 en défendant le quartier.

MÉZIÈRES (Rue de) ** . . . . . . **VI**ᵉ Arrondissement . . . . 22ᵉ et 23ᵉ Quartiers.
2181   **Commence** rue Bonaparte, 78. — **Finit** rue de Rennes, 79.   (l. 15. — P. 16.)
        Long^r :   180ᵐ00.
        Larg^r :   6ᵐ,00. — Décision ministérielle du 26 thermidor an VIII.
        Larg^r :   12ᵐ,00. — Ord. royale du 21 juillet 1843. *Alignements* entre la rue Bona-
                                    parte et la rue Cassette.
        Larg^r :   12ᵐ,00. — Décret du 29 novembre 1880 (U. P.). *Classement. Alignements* et
                                    Nivellement de la partie comprise entre la rue Cassette et la rue
                                    de Rennes, et *expropriation* des maisons portant les numéros
                                    10 et 12, près de la rue Cassette.
        Orig. — Bordait les jardins de l'hôtel de Mézières, remplacé par le noviciat des jésuites.

MICHAL (Rue) ** . . . . **XIII**ᵉ Arrondissement. . . . . 51ᵉ Quartier.
                                    Anciennement commune de Gentilly.
2182   **Commence** rue Barrault, 41. — **Finit** en impasse.   (l. 33. — P. 34.)
        Long^r : 210ᵐ,00.
        Larg^r : 6ᵐ,00 environ   (*Voie privée.*)
                        Arrêté préfectoral du 10 mai 1881. *Dénomination* actuelle.
                              Obs. — Précédemment rue Neuve Désiré.
        Orig. — Zoroastre-Alexis Michal, inspecteur général des Ponts et Chaussées, directeur du service municipal des travaux
                de Paris (1801-1873).

MICHAUD (Cité). . . . . **XIX**ᵉ Arrondissement. . . . . 73ᵉ Quartier.
                                    Anciennement commune de La Villette.
2183   **Située** rue de Flandre, 99.
        Long^r : 95ᵐ,00.
        Larg^r :   3ᵐ,50 environ.   (*Voie privée.*)
        Orig. — Acquise récemment par M. Michaud.

MICHEL-ANGE (Rue) . . . . . . **XVI**ᵉ Arrondissement. . . . . 61ᵉ Quartier.
2184   **Commence** r. d'Auteuil, 59. — **Finit** av. de Versailles, 226, et boulevard Murat, 111.
        Long^r : 1.156ᵐ,00.   (l. 135. — P. 120.)
        Larg^r :   20ᵐ,00. — Décret du 30 novembre 1862 (U. P.). *Ouverture* et *Alignements*.
                        Décret du 2 mars 1864. *Dénomination*.
        Orig. — Michel-Ange Buonarroti, sculpteur, peintre et architecte italien (1475-1564).

MICHEL BIZOT (Rue) . . . . . . **XII**ᵉ Arrondissement. . . . . 45ᵉ et 46ᵉ Quartiers.
                                    Anciennement communes de Bercy et de Saint Mandé.
2185   **Commence** rue de Charenton, 329. — **Finit** cours de Vincennes, 50.   (l. 205. — P. 194.)
        Long^r : 1.843ᵐ,00.
        Larg^r :   20ᵐ,00. — Décret du 28 juillet 1862 (U. P.). *Ouverture* et *Alignements*.
                        Arrêté préfectoral du 28 novembre 1865. *Nivellement*.
                        Décret du 2 mars 1867. *Dénomination* actuelle.
                              Obs. — Précédemment rue de la Voûte du Cours (partie).
        Orig. — Michel-Brice Bizot, général du génie (1795-1855), dirigea les travaux du siège de Sébastopol, où il fut tué.

MICHELET (Rue) ** . . . . . . **VI**ᵉ Arrondissement . . . . 22ᵉ Quartier.
2186   **Commence** boulevard Saint Michel, 82. — **Finit** rue d'Assas.
        Long^r : 240ᵐ,00.
        Larg^r :   20ᵐ,00. — Décret du 14 août 1866 (U. P.). *Ouverture* et *Alignements*.
                        Décret du 10 novembre 1877. *Dénomination* actuelle.
                              Obs. — Précédemment rue E.
        Orig. — Jules Michelet, historien (1798-1874) ; voisinage de la rue d'Assas, d'où est parti son convoi mortuaire.

MICHEL LE COMTE (Rue) . . . **III**ᵉ Arrondissement. . . . . 12ᵉ Quartier.
2187   **Commence** rue du Temple, 89. — **Finit** rue Beaubourg, 54.   (l. 33. — P. 36.)
        Long^r : 204ᵐ,00.
        Larg^r :   10ᵐ,00. — Décision ministérielle du 23 frimaire an VIII. *Alignements*.
        Larg^r :   12ᵐ,00. — Ord. royale du 16 mai 1833. *Alignements*.
        Orig. — Ainsi nommée dès le XIIIᵉ siècle.

MIDI (Cité du) ** . . . . **XVIII**ᵉ Arrondissement . . . . 69ᵉ Quartier.
                                    Anciennement commune de Montmartre.
2188   **Située** boulevard de Clichy, 48.   (l. 13. — P. 16.)
        Long^r : 100ᵐ,00.
        Moindre larg^r :   3ᵐ,50.   (*Voie privée.*)
        Orig. — Ainsi nommée en raison de son exposition.

MIDI (Impasse du) **. . . . . . . **XIX**ᵉ Arrondissement . . . . 76ᵉ Quartier.
Anciennement commune de La Villette.

2189 **Située** cité du Tarn.
Longʳ : 20ᵐ,00.
Largʳ : 1ᵐ,75 environ. *(Voie privée.)*
Orig. — Nom donné par opposition à une autre impasse située au nord et appelée impasse du Nord.

MIGNARD (Rue) **. . . . . . . **XVI**ᵉ Arrondissement. . . . . 62ᵉ Quartier.
Anciennement commune de Passy.
2190 **Commence** avenue du Trocadéro, 131. — **Finit** rue de la Tour, 134.   (l. 0. — P. 4.)
Longʳ : 186ᵐ,00.
Largʳ : 10ᵐ,00. — Arrêté préfectoral du 16 février 1856. *Alignements.*
Décret du 23 mai 1863. *Classement* (confirmation).
Arrêté préfectoral du 13 octobre 1869. *Nivellement.*
Arrêté préfectoral du 6 mai 1881. *Dénomination* actuelle.
Obs. — Précédemment rue Spontini.
Orig. — Pierre Mignard, peintre (1610-1695); quartier où ont été groupés des noms d'artistes.

MIGNON (Rue) . . . . **VI**ᵉ Arrondissement . . . . 21ᵉ Quartier.
2191 **Commence** rue Serpente, 29. — **Finit** boulevard Saint Germain, 112.   (l. 7. — P. 4.)
Longʳ : 50ᵐ,00.
Largʳ : 6ᵐ,00. — Décision ministérielle du 14 thermidor an VII. *Alignements.*
Largʳ : 10ᵐ,00. — Ord. royale du 22 août 1840. *Alignements.*
Orig. — Le collège Mignon, ainsi nommé du nom de son fondateur (1343), y était situé.

MIGNOTTES (Rue des) **. . . . **XIX**ᵉ Arrondissement . . . . 75ᵉ Quartier.
Anciennement commune de Belleville.
2192 **Commence** rue des Solitaires, 39. — **Finit** rue Compans, 65.   (l. 59. — P. 32.)
Longʳ : 295ᵐ,00.
Largʳ : 8ᵐ,00. — Ord. royale du 21 juillet 1843. *Alignements.*
Décret du 23 mai 1863. *Classement* (confirmation).
Arrêté préfectoral du 15 avril 1861. *Nivellement.*
Orig. — Lieu dit.

MILAN (Rue de). . . . . **IX**ᵉ Arrondissement. . . . . 33ᵉ Quartier.
2193 **Commence** rue de Clichy, 33. — **Finit** rue d'Amsterdam, 48.   (l. 21. — P. 24.)
Longʳ : 180ᵐ,00.
Largʳ : 12ᵐ,00. Ord. royale du 18 mars 1836. *Ouverture et Alignements.*
Orig. — Ville d'Italie, ancienne capitale du royaume Lombard-Vénitien; voisinage de la place de l'Europe.

MILCENT (Impasse) **. . . . . **XX**ᵉ Arrondissement . . . . 79ᵉ Quartier.
Anciennement commune de Belleville.
2194 **Située** rue des Cendriers, 46.   (l. 7. — P. 10.)
Longʳ : 65ᵐ,00.
Largʳ : 2ᵐ,00.   *(Voie privée.)*
Orig. — Nom d'un propriétaire.

MILLAUD (Avenue). . . . . . . **XII**ᵉ Arrondissement . . . . 48ᵉ Quartier.
2195 **Commence** rue de Bercy, 228. — **Finit** rue de Lyon, 19.   (l. 35. — P. 34.)
Longʳ : 144ᵐ,00.
Largʳ : 6ᵐ,50 environ.   *(Voie privée.)*
Orig. — Ouverte en 1865, sur l'emplacement des arènes nationales (entreprise de M. Millaud).

MILTON (Cité) *. . . . . **IX**ᵉ Arrondissement . . . . 36ᵉ Quartier.
2196 **Commence** rue Milton, 19. — **Finit** rue de la Tour-d'Auvergne, 41.
Longʳ : 95ᵐ,00.
Moindre largʳ : 6ᵐ,00.   *(Voie privée.)*
Arrêté préfectoral du 10 novembre 1873. *Dénomination* actuelle.
Obs. — Précédemment rue Neuve Bossuet (partie).
Orig. — *Voir* rue Milton.

40

MILTON (Rue). . . . . **IX**e ARRONDISSEMENT . . . . 36e QUARTIER.

2197 **Commence** rue Lamartine, 46. — **Finit** rue de la Tour-d'Auvergne, 29. (l. 31. — P. 38.)

Long**r** : 360m,00.

Larg**r** : 12m,00. — La partie comprise entre la rue Lamartine et la rue Choron a été ouverte par la Ville de Paris, lors du percement de la rue de Maubeuge (*Alignements* projetés).

Larg**r** : 13m,00. — DÉCRET DU 27 JUILLET 1870. *Classement* et *Alignements* entre la rue Choron et la rue de la Tour-d'Auvergne (A).

ARRÊTÉ PRÉFECTORAL DU 11 DÉCEMBRE 1874. *Nivellement* entre la rue Choron et la rue de la Tour-d'Auvergne.

DÉCRET DU 10 AOUT 1868 et ARRÊTÉ PRÉFECTORAL DU 10 NOVEMBRE 1873. *Dénomination* actuelle.

OBS. — Précédemment rue Neuve Bossuet et Fénelon (A).

ORIG. — John Milton, poète anglais (1608-1674).

MINIMES (Rue des). . . . . . . **III**e ARRONDISSEMENT . . . . 11e QUARTIER.

2198 **Commence** rue des Tournelles, 33. — **Finit** rue de Turenne, 36. (l. 21. — P. 18.)

Long**r** : 206m,00.

Larg**r** : 10m,00. — DÉCISION MINISTÉRIELLE DU 3 THERMIDOR AN IX.

Larg**r** : 10m,00. — ORD. ROYALE DU 8 JUIN 1834. *Alignements*.

ORIG. — Longe l'ancien couvent des Minimes, converti en caserne.

MIOLLIS (Passage) . . . . **XV**e ARRONDISSEMENT . . . . 58e QUARTIER.

Anciennement commune de Vaugirard.

2199 **Commence** boulevard de Grenelle, 81.— **Finit** rue Miollis, 16. (l. 15. — P. 18.)

Long**r** : 93m,00.

Larg**r** : 7m,00 environ. (*Voie privée.*)

ARRÊTÉ PRÉFECTORAL DU 1er FÉVRIER 1877. *Dénomination* actuelle.

OBS. — Précédemment passage Saint Fiacre.

ORIG. — *Voir* rue Miollis.

MIOLLIS (Rue). . . . . **XV**e ARRONDISSEMENT . . . . 58e QUARTIER.

Anciennement commune de Vaugirard.

2200 **Commence** boulevard de Grenelle, 57. — **Finit** rue Cambronne, 33. (l. 35. — P. 40.)

Long**r** : 310m,00.

Larg**r** : 10m,00. — DÉLIBÉRATION DU CONSEIL MUNICIPAL DU 10 AOUT 1844.

Id. 10m,00. — ARRÊTÉ PRÉFECTORAL DU 14 JANVIER 1870. *Alignements*.

DÉCRET DU 23 MAI 1863. *Classement* (confirmation).

ARRÊTÉ PRÉFECTORAL DU 17 DÉCEMBRE 1869. *Nivellement*.

DÉCRET DU 24 AOUT 1864. *Dénomination* actuelle.

OBS. — Précédemment rue Saint Fiacre.

ORIG. — Sextius-Alexandre-François Miollis, général de division (1759-1828); voisinage de l'École Militaire.

MIRABEAU (Rue) . . . . **XVI**e ARRONDISSEMENT. . . . . 61e QUARTIER.

2201 **Commence** avenue de Versailles et rue de Rémusat. — **Finit** rue du Point du Jour, 67.

Long**r** : 470m,00.

Larg**r** : 20m,00. — DÉCRET DU 3 NOVEMBRE 1862 (U. P.). *Ouverture* et *Alignements*.

ARRÊTÉ PRÉFECTORAL DU 21 JANVIER 1869. *Nivellement*.

DÉCRET DU 2 MARS 1867. *Dénomination*.

ORIG. — Honoré-Gabriel Riquetti, comte de Mirabeau, homme politique (1749-1791).

MIRACLES (Cour des) . . . . . . **II**e ARRONDISSEMENT . . . . 8e QUARTIER.

2202 **Située** rues de Damiette, 2. (l. 9. — P. 8.)

Long**r** : 42m,00.

Moindre larg**r** : 10m,00. (*Voie privée.*)

ORIG. — Ancien refuge des vagabonds et mendiants avant l'établissement des hôpitaux ; ainsi nommée à cause des guérisons soi-disant miraculeuses des faux estropiés qui y demeuraient.

MIRACLES (Cour des) . . . . **X**e ARRONDISSEMENT . . . . 40e QUARTIER.

2203 **Située** rue du Faubourg du Temple, 71.

Long**r** : 80m,00.

Larg**r** : 4m,40. (*Voie privée*).

ORIG. — Même étymologie probable.

MIRBEL (Rue de) **..... . . . . . Ve Arrondissement . . . . 18e Quartier.

2204   **Commence** rues Censier, 26, et de la Clef. — **Finit** rue des Patriarches, 5. (I. 11. — P. 12.)
      Long^r : 143^m,00.
          Obs. — Cette voie a été exécutée lors du percement des rues Monge et Gay-Lussac.
      Larg^r : 20^m,00. — *Alignements* projetés. (Largeur actuelle, 12^m,00 moindre).
          Décret du 10 novembre 1877. *Dénomination* actuelle.
          Obs. — Précédemment rue de l'Abbé de l'Épée (partie).
  Orig. — Charles-François Brisseau de Mirbel, botaniste (1776-1854) ; voisinage du jardin des Plantes.

MIRE (Rue de la) **..... . . . . . XVIIIe Arrondissement . . . . 69e Quartier.
          Anciennement commune de Montmartre.
2205   **Commence** rue de Ravignan, 19. — **Finit** rue Lepic, 112.
      Long^r : 46^m,00.
      Larg^r : 3^m,75 environ.   (*Voie privée.*)
          Arrêté préfectoral du 1er février 1877. *Dénomination* actuelle.
          Obs. — Précédemment petite rue des Moulins.
  Orig. — Voisinage de l'une des mires donnant la direction du méridien de Paris.

MIROMESNIL (Rue de) . . . . . VIIIe Arrondissement . . . . 31e et 32e Quartiers.

2206   **Commence** rue du Faubourg Saint Honoré et place Beauvau, 98. — **Finit** boulevard de
      Courcelles, 13.   (I. 107. — P. 128.)
      Long^r : 1069^m,00.
      Larg^r : 9^m,74. — Ord. royale du 27 septembre 1836. *Alignements* entre la rue du
               Faubourg Saint Honoré et le boulevard Haussmann.
          Obs. — La partie comprise entre le boulevard Haussmann et la rue de la Bienfai-
          sance, ouvert par la Ville de Paris en 1843 avec une largeur de
          20 mètres, a été réduite à 12,00 lors de la vente des terrains de
          l'ancien abattoir du Roule.
      Larg^r : 12^m,00. — Ord. royale du 2 février 1826. *Ouverture* et *Alignements* entre la
               rue de Rovigo et la rue de Monceau.
          Obs. — La partie comprise entre la rue de Monceau et le boulevard de
          Courcelles a été ouverte en vertu d'un traité passé le 6 septem-
          bre 1862, entre la Ville de Paris et MM. Anspach et Dreyfus.
          Arrêté préfectoral du 1er août 1862. *Nivellement.*
          Arrêté préfectoral du 1er mai 1880. *Dénomination* actuelle.
          Obs. — Précédemment rue Mироménil.
  Orig. — Armand-Thomas Hue de Miromesnil était garde des sceaux lorsqu'elle fut ouverte (1723-1796).

MOGADOR (Rue de) . . . . IXe Arrondissement. . . . . 34e Quartier.

2207   **Commence** boulevard Haussmann, 16. — **Finit** rue de Provence, 85.   (I. 13. — P. 14.)
      Long^r : 100^m,00.
      Larg^r : 12^m,00. — Ord. royale du 11 décembre 1845. *Ouverture* et *Alignements.*
          Obs. — Prolongement projeté entre la rue de Provence et la rue Saint Lazare
          exécuté sur une longueur de 22 mètres à partir de cette dernière
          rue.
          Décision ministérielle du 23 décembre 1845. *Dénomination.*
  Orig. — Place forte de l'empire du Maroc, prise le 15 août 1844.

MOINES (Rue des) . . . . XVIIe Arrondissement . . . . 67e et 68e Quartiers.
          Anciennement commune des Batignolles.
2208   **Commence** place et rue des Batignolles, 82. — **Finit** rue Marcadet, 291. (I. 115. — P. 114.)
      Long^r : 810^m,00.
      Larg^r : 12^m,00. — Arrêté préfectoral du 3 juin 1843. *Alignements* depuis la rue et
               la place des Batignolles jusqu'à l'avenue de Clichy.
          Arrêté préfectoral du 5 octobre 1857. *Classement* comme chemin
               vicinal ordinaire entre l'avenue de Clichy et la rue Marcadet.
          Décret du 23 mai 1863. *Classement* (confirmation).
          Arrêté préfectoral du 14 décembre 1860. *Nivellement* entre l'ave-
               nue de Clichy et la rue Marcadet.
          Arrêté préfectoral du 28 décembre 1863. *Nivellement* des abords
               de l'église.
          Arrêté préfectoral du 18 juin 1864. *Nivellement* entre la place des
               Batignolles et l'avenue de Clichy.
  Orig. — Probablement les moines de Saint Denis, par opposition à la rue des Dames de l'abbaye de Montmartre, qui
      en est voisine.

MOLIÈRE (Avenue) . . . . **XVIᵉ** Arrondissement . . . . 61ᵉ Quartier.
Anciennement commune d'Auteuil.
2209 **Commence** avenue Despréaux. — **Finit** impasse Racine et avenue Despréaux.
Long : 110ᵐ,00.
Larg : 6ᵐ,65 environ.
(*Voie privée* comprise dans le hameau Boileau.)
Orig. — Le hameau Boileau a été consacré aux amis personnels du grand poète.

MOLIÈRE (Passage) . . . . **IIIᵉ** Arrondissement . . . . 12ᵉ Quartier.
2210 **Commence** rue Saint Martin, 159. — **Finit** rue Quincampoix, 82. (l. 27.)
Long : 46ᵐ,00.
Larg : 2ᵐ,75 environ. (*Voie privée.*)
Orig. — Était situé près du théâtre Molière.

MOLIÈRE (Rue) . . . . **Iᵉʳ** Arrondissement . . . . 3ᵉ Quartier.
2211 **Commence** avenue de l'Opéra, 6. — **Finit** rues Thérèse, 1, et de Richelieu, 33. (l. 25. — P. 28.)
Long : 161ᵐ,00.
Larg : 8ᵐ,00. — Décision ministérielle du 3 nivôse an X.
Larg : 10ᵐ,00. — Ord. royale du 4 octobre 1826. *Alignements.*
Arrêté préfectoral du 16 octobre 1876. *Nivellement.*
Décret du 27 février 1867. *Dénomination actuelle.*
Obs. — Précédemment rue de la Fontaine Molière.
Orig. — Aboutit à la fontaine Molière, érigée en face de la maison où est mort Jean-Baptiste Poquelin, dit Molière. (1622-1673).

MOLIN (Impasse) . . . . **XVIIIᵉ** Arrondissement . . . . 72ᵉ Quartier.
Anciennement commune de La Chapelle.
2212 **Située** rue Buzelin, 10. (l. 11. — P. 6.)
Long : 75ᵐ,00.
Larg : 6ᵐ,00. (*Voie privée.*)
Orig. — Nom de propriétaire.

MOLITOR (Rue) . . . . **XVIᵉ** Arrondissement . . . . 61ᵉ Quartier.
2213 **Commence** rue du Point du Jour, 64. — **Finit** boulevard Murat, 27. (l. 50. — P. 48.)
Long : 630ᵐ,00.
Larg : 20ᵐ,00. — Décret du 30 novembre 1862. *Ouverture et Alignements.*
Arrêté préfectoral du 21 janvier 1869. *Nivellement.*
Décret du 2 mars 1867. *Dénomination.*
Orig. — Le comte Gabriel-Jean-Joseph Molitor, maréchal de France (1770-1849); voisinage de la route Militaire.

MOLITOR (Villa) . . . . **XVIᵉ** Arrondissement . . . . 61ᵉ Quartier.
2214 **Commence** rue Molitor, 7. — **Finit** rues du Point du Jour, 86, et Jouvenet. (l. 29. — P. 28.)
Long : 225ᵐ,00.
Larg : 8ᵐ,00. (*Voie privée.*)
Orig. — *Voir* rue Molitor.

MOLLIEN (Rue) . . . . **VIIIᵉ** Arrondissement . . . . 32ᵉ Quartier.
2215 **Commence** rue Treilhard, 8. -- **Finit** rue de Lisbonne, 29.
Long : 55ᵐ,00.
Larg : 12ᵐ,00. — Voie ouverte par la Ville de Paris sur ses terrains. *Alignements* projetés.
Arrêté préfectoral du 14 mars 1864. *Nivellement.*
Décret du 2 mars 1867. *Dénomination.*
Orig. — Nicolas-François Mollien, ministre du Trésor (1757-1850); quartier où ont été groupés des noms d'hommes d'État.

MONCEAU (Parc de) . . . . . . **VIIIᵉ** Arrondissement . . . . 32ᵉ Quartier.
2216 **Situé** entre le boulevard de Courcelles, les avenues de Van-Dyck, Ruysdaël, Velasquez et la rue Rembrandt.
Orig. — Ainsi nommé à cause de l'ancien village de Monceau situé dans le voisinage.

MONCEAU (Rue de). . . . ˙ . . . . . .   **VIII**ᵉ Arrondissement . . . .   30ᵉ et 32ᵉ Quartiers.

2217   **Commence** boulevard Haussmann, 188. — **Finit** rue du Rocher, 93.   (1. 97. — P. 92.)

Long' : 1,000ᵐ,00.

Décret du 2 juillet 1864 (U. P.). Pan coupé situé au débouché sur le boulevard Haussmann.

Larg' : 10ᵐ,00. — Ord. royale du 31 août 1846. *Alignements* entre le boulevard Haussmann et la rue de Courcelles.

Larg' : 12ᵐ,00. — *Alignements* projetés suivis d'exécution entre la rue de Courcelles et l'avenue de Messine.

Larg' : 15ᵐ,00. — *Alignements* projetés suivis d'exécution entre l'avenue de Messine et la rue du Rocher.

Arrêté préfectoral du 19 juin 1862. *Nivellement* entre le boulevard Malesherbes et l'avenue de Messine.

Arrêté préfectoral du 12 avril 1864. *Nivellement* entre l'avenue de Messine et la rue de Courcelles.

Arrêté préfectoral du 12 janvier 1863. *Nivellement* entre la rue du Rocher et le boulevard Malesherbes.

Arrêté préfectoral du 2 avril 1868. *Dénomination* actuelle.

Obs. — Précédemment rue de Monceau et de Valois du Roule.

Orig. — Voisinage du parc Monceau.

MONCEY (Passage). . . . .   **XVII**ᵉ Arrondissement . . . .   68ᵉ Quartier.

Anciennement commune des Batignolles.

2218   **Commence** avenue de Saint Ouen, 33. — **Finit** rue Dautancourt, 32.   (1. 11.)

Long' : 80ᵐ,00.

Larg' : 3ᵐ,50 environ.   *(Voie privée.)*

Orig. — *Voir* rue Moncey.

MONCEY (Rue) . . . .   **IX**ᵉ Arrondissement . . . .   33ᵉ Quartier.

2219   **Commence** rue Blanche, 39. — **Finit** rue de Clichy, 46 *bis*.   (1. 19. — P. 22.)

Long' : 156ᵐ,00.

Larg' : 12ᵐ,00. — Ord. royale du 15 novembre 1841 (U. P.). *Ouverture* et *Alignements*.

Ord. royale du 5 août 1844. *Dénomination*.

Orig. — Bon-Adrien-Jeannot de Moncey, duc de Conegliano, maréchal de France (1754-1842) ; voisinage de la place de Clichy, dans les environs de laquelle il dirigea la résistance contre les armées alliées, en 1814.

MONDÉTOUR (Rue). . . . .   **I**ᵉʳ Arrondissement . . . .   2ᵉ Quartier.

2220   **Commence** rue Rambuteau, 102. — **Finit** rue de Turbigo, 10.   (1. 21. — P. 26.)

Long' : 113ᵐ,00.

Larg' : 7ᵐ,00. — Décision ministérielle du 13 vendémiaire an X. *Alignements*.

Larg' : 10ᵐ,00. — Ord. royale du 23 juin 1835. *Alignements* entre la rue de Rambuteau et la rue de la Grande Truanderie.

Larg' : 13ᵐ,00. — *Alignements* projetés pour cette même partie.

Larg' : 15ᵐ,00. — Décret du 23 août 1838 (U. P.). Modification du tracé entre la rue de la Grande Truanderie et la rue de Rambuteau.

Arrêté préfectoral du 8 février 1867. *Nivellement*.

Orig. — Corruption de rue Maudestour ou mauvais détour.

MONDOVI (Rue de). . . . .   **I**ᵉʳ Arrondissement . . . .   4ᵉ Quartier.

2221   **Commence** rue de Rivoli, 232. — **Finit** rue du Mont Thabor, 29.   (1. 7. — P. 8.)

Long' : 73ᵐ,00.

Larg' : 10ᵐ,00. — Arrêté du premier consul du 2 frimaire an XI. *Alignements*.

Larg' : 10ᵐ,00. — Ord. royale du 24 août 1833. *Alignements*.

Orig. — Victoire remportée par le général Bonaparte sur les Piémontais, le 22 avril 1796.

MONGE (Place)**. . . . .   **V**ᵉ Arrondissement . . . .   18ᵉ Quartier.

2222   **Située** entre les rues Monge, 72, et Gracieuse, 14.   (1. 5 à 7. — P. 6 à 10.)

Long' : 81ᵐ,00.

Moyenne larg' : 70ᵐ,00. — Décret du 30 juillet 1839 (U. P.). *Ouverture* et *Alignements*.

Obs. — Nivellement de la partie se raccordant avec la rue Monge approuvé par le directeur des Travaux.

Arrêté préfectoral du 26 février 1867. *Dénomination*.

Orig. — *Voir* rue Monge.

MONGE (Rue) ^{ix}. . . . . **V**ᵉ ARRONDISSEMENT . . . . 17ᵉ et 18ᵉ QUARTIERS.
2223 **Commence** boulevard Saint Germain, 47, et rue de la Montagne Sainte Geneviève, 1. —
Finit avenue des Gobelins, 1, et rue Mouffetard, 147. (I. 123. — P. 118.)
    Long^r : 1,260^m,00.
    Larg^r : 20^m,00. — DÉCRET DU 30 JUILLET 1859 (U. P.). *Ouverture* et *Alignements.*
           ARRÊTÉS PRÉFECTORAUX DES 31 MARS 1865 ET 16 JUILLET 1866. *Nivelle-
ment* entre le boul. Saint Germain et la rue du Cardinal Lemoine.
           ARRÊTÉ PRÉFECTORAL DU 21 AOUT 1866. *Nivellement* entre la rue du
Cardinal Lemoine et la rue Rollin.
           ARRÊTÉ PRÉFECTORAL DU 21 OCTOBRE 1866. *Nivellement* entre la rue
Rollin et la rue Mouffetard.
           DÉCRET DU 2 MARS 1864. *Dénomination.*
    ORIG. — Gaspard Monge, géomètre, l'un des fondateurs de l'École Polytechnique (1746-1818); voisinage de cette école.

MONGE (Square) . . . . **V**ᵉ ARRONDISSEMENT . . . . 17ᵉ QUARTIER.
2224 **Situé** entre les rues des Bernardins, des Écoles et Monge.
    ORIG. — Voir rue Monge.

MONGENOT (Rue). . . . . **XII**ᵉ ARRONDISSEMENT . . . . 48ᵉ QUARTIER.
           Anciennement commune de Saint Mandé.
2225 **Commence** boulevard Soult. — **Finit** avenue de Saint Mandé, 94. (I. 27. — P. 2.
    Long^r : 265^m,00.
    Larg^r : 10^m,00. — ARRÊTÉ PRÉFECTORAL DU 25 MAI 1846. *Alignements.*
           DÉCRET DU 23 MAI 1863. *Classement* (confirmation).
                OBS. — Cette rue est interceptée par le chemin de fer de Ceinture.
    ORIG. — M. Mongenot, ancien maire de Saint-Mandé sous le second Empire.

MONJOL (Rue)^{xx}. . . . . **XIX**ᵉ ARRONDISSEMENT . . . . 76ᵉ QUARTIER.
           Anciennement commune de Belleville.
2226 **Commence** en impasse. — **Finit** rue Legrand, 19. (I. 11. — P. 10.)
    Long^r : 135^m,00.
    Larg^r : 6^m,00 environ. (*Voie privée.*)
    ORIG. — Nom de l'un des co-propriétaires de l'îlot de maisons borné par cette rue.

MONNAIE (Rue de la) . . . . **I**ᵉʳ ARRONDISSEMENT . . . . 1ᵉʳ QUARTIER.
2227 **Commence** quai du Louvre, 2, et rue du Pont Neuf, 1. — **Finit** rue de Rivoli, 75.
    Long^r : 170^m,00. (I. 25. — P. 16.)
    Larg^r : 17^m,00. — DÉCISION MINISTÉRIELLE DU 20 MAI 1817. *Alignements* de la place des
Trois Maries.
    Larg^r : 11^m,00. — DÉCISION MINISTÉRIELLE DU 20 MAI 1817.
    Larg^r : 13^m,00. — ORD. ROYALE DU 15 JANVIER 1844. *Alignements.*
    Larg^r : 11^m,00.   OBS. — La maison construite à l'angle de la rue du Pont Neuf et de la rue de la
Monnaie réduit à ce point la largeur de cette dernière voie à 11^m,00.
           ARRÊTÉ PRÉFECTORAL DU 27 MAI 1867. *Nivellement* entre le quai du
Louvre et la rue des Prêtres Saint Germain l'Auxerrois.
                OBS. — Précédemment place des Trois Maries et rue de la Monnaie.
    ORIG. — L'ancien hôtel des Monnaies, construit à la fin du XIVᵉ siècle, y était situé.

MONPLAISIR (Passage). . . . . . **XX**ᵉ ARRONDISSEMENT . . . . 79ᵉ QUARTIER.
           Anciennement commune de Belleville.
2228 **Situé** boulevard de Ménilmontant, 104. (I. 5. — P. 8.)
    Long^r : 87^m,00.
    Larg^r : 3^m,00. (*Voie privée.*)
    ORIG. — Dénomination tirée d'une enseigne.

MONSIEUR (Rue). . . . . **VII**ᵉ ARRONDISSEMENT . . . . 27ᵉ QUARTIER.
2229 **Commence** rue de Babylone, 39. — **Finit** rue Oudinot, 16. (I. 19. — P. 20.)
    Long^r : 204^m,00.
    Larg^r : 9^m,75. — DÉCISION MINISTÉRIELLE DU 7 AOUT 1810.
           ORD. ROYALE DU 12 DÉCEMBRE 1845. *Alignements.*
    ORIG. — Ouverte en 1779, sur la demande de Monsieur, frère de Louis XVI, qui régna plus tard sous le nom de
Louis XVIII.

MONSIEUR LE PRINCE (Rue) ^x. **VI**ᵉ ARRONDISSEMENT . . . . 22ᵉ QUARTIER.
2230 **Commence** carrefour de l'Odéon, 17. — **Finit** boulevard Saint Michel, 58.
    Long^r : 450^m,00. (I. 73. — P. 66.)
    Larg^r : 10^m,00. — DÉCISION MINISTÉRIELLE DU 4 NIVÔSE AN IX.
    Larg^r : 12^m,00. — ORD. ROYALE DU 26 FÉVRIER 1844. *Alignements.*
           DÉCISION MINISTÉRIELLE DU 9 AVRIL 1851, réunissant la rue des
Francs Bourgeois à la rue Monsieur le Prince.
    ORIG. — L'hôtel du prince de Condé s'étendait jusque-là, vers les fossés.

MONSIGNY (Rue). . . . .   IIᵉ Arrondissement . . . .   5ᵉ Quartier.
2231   Com. r. Marsollier, 19, et Dalayrac, 50. — **Finit** r. du Quatre Septembre, 23, et de Choiseul, 3.
                                                                                    (I. 12. — P. 14.)
Largʳ : 12ᵐ,00. — Ord. royale du 8 octobre 1826. *Ouverture et Alignements* entre
            les rues Marsollier et Dalayrac, et la rue Saint Augustin.
            Obs. — La partie comprise entre la rue Saint Augustin et les rues du
            Quatre Septembre et de Choiseul a été ouverte par la Ville de
            Paris lors du percement de la rue du Quatre Septembre.
Largʳ : 12ᵐ,00. — Décret du 7 avril 1881. *Classement, Alignements et Nivellement* entre
            les rues Saint Augustin et du Quatre Septembre.
            Arrêtés préfectoraux des 2 juin et 1ᵉʳ septembre 1868. *Nivelle-*
            ment entre la rue du Quatre Septembre et la rue Saint Augustin.
Orig. - Pierre-Alexandre Monsigny, compositeur (1729-1817); voisinage de la salle Ventadour.

MONTAGNE SAINTE GENEVIÈVE (Rue de la).
                            Vᵉ Arrondissement . . . .   17ᵉ et 20ᵉ Quartiers.
2232   Commence rue Monge, 2, et boulev. Saint Germain. — **Finit** rue Saint Étienne du Mont, 18,
            et place Sainte Geneviève.   (I. 51. — P. 70.)
Longʳ : 345ᵐ,00.
Largʳ : 12ᵐ,00. — Décret du 11 août 1855 (U. P.). *Rectification du tracé et Élargis-*
            sement depuis la rue Monge et le boulevard Saint Germain
            jusqu'à la rue des Écoles.
Largʳ : 12ᵐ,00. — Ord. royale du 13 septembre 1846. *Alignements* depuis la rue des
            Écoles jusqu'à la rue Saint Étienne du Mont et à la place Sainte
            Geneviève.
Orig. — Gravit la hauteur dite montagne Sainte-Geneviève, du nom de l'abbaye.

MONTAIGNE (Avenue). . . . .   VIIIᵉ Arrondissement . . . .   29ᵉ Quartier.
2233   Com. avenue de l'Alma, 2, et r. Jean Goujon, 56. — **Finit** rond-point des Champs Elysées, 3.
Longʳ : 615ᵐ,00.   (I. 105. — P. 68.)
Moindre largʳ : 38ᵐ,50. — Décret du président de la République du 23 novembre 1849. *Ali-*
            gnements.
            Décret du 6 mars 1858. Modification de l'*Alignement* du côté des
            numéros impairs, au débouché sur l'avenue de l'Alma.
            Projet d'établissement, déjà suivi d'exécution, d'une zône plantée
            de 3ᵐ,00 de largeur, devant les maisons.
            Décret du 13 juillet 1850. *Dénomination* actuelle.
            Obs. — Précédemment allée des Veuves.
Orig. — Michel Eyquem de Montaigne, écrivain (1533-1592).

MONTAIGNE (Cité). . . . . . .   VIIIᵉ Arrondissement . . . .   29ᵉ Quartier.
2234   Commence avenue Montaigne, 31. — **Finit** rue Marbeuf, 26.   (I. 11. — P. 22.)
Longʳ : 187ᵐ,00.
Largʳ : 12ᵐ,00 environ.   (*Voie privée.*)
            Décret du 28 juillet 1881 (U. P.). *Suppression* pour l'ouverture
            d'une voie nouvelle de 15ᵐ,00 de largeur.
            Arrêté préfectoral du 1ᵉʳ février 1877. *Dénomination* actuelle.
            Obs. — Précédemment cité Godot de Mauroy.
Orig. — *Voir* avenue Montaigne.

MONTAIGNE (Rue). . . . . . .   VIIIᵉ Arrondissement . . . .   30ᵉ et 31ᵉ Quartiers.
2235   Commence rond-point des Champs Elysées, 2. — **Finit** rue du Faubourg Saint Honoré, 95.
Longʳ : 306ᵐ,00.   (I. 27. — P. 88.)
Largʳ : 10ᵐ,60. — Décision ministérielle du 18 ventôse an XIII.
            Ord. royale du 23 juin 1846. *Alignements.*
Orig. — *Voir* avenue Montaigne.

MONTALIVET (Rue). . . . . . .   VIIIᵉ Arrondissement . . . .   31ᵉ Quartier.
2236   Commence rue d'Aguesseau, 13. — **Finit** rue des Saussaies, 12.   (I. 17. — P. 20.)
Longʳ : 149ᵐ,00.
Largʳ : 7ᵐ,80. — Décision ministérielle du 29 thermidor an XI.
Largʳ : 10ᵐ,00. — Ord. royale du 23 novembre 1836. *Alignements.*
            Décret du 27 février 1877. *Dénomination* actuelle.
            Obs. — Précédemment rue du Marché d'Aguesseau.
Orig. — Jean-Pierre Bachasson, comte de Montalivet, homme d'État (1766-1823).

MONTBRUN (Passage) **. . . . .   XIVᵉ Arrondissement . . . .   55ᵉ Quartier.
            Anciennement commune de Montrouge.
2237   Commence rue Montbrun, 1, et Dareau, 99. — **Finit** en impasse au delà de la rue de la Saône.
Longʳ : 160ᵐ,00.   (I. 1.)
Largʳ : 6ᵐ,00 environ.   (*Voie privée.*)
            Arrêté préfectoral du 1ᵉʳ février 1877. *Dénomination* actuelle.
            Obs — Précédemment chemin de servitude.
Orig. — *Voir* rue Montbrun.

MONTBRUN (Rue) ** . . . . . . **XIV**ᵉ Arrondissement . . . . 55ᵉ Quartier.
Anciennement commune de Montrouge.

2238 **Commence** passage Montbrun, 1, et rue Dareau, 97. — **Finit** rue d'Alésia, 30 et 32.
Long : 130ᵐ,00.

Décret du 23 mai 1863. *Classement* entre la rue Dareau et la rue
Bezout, y compris la place située à la rencontre de cette dernière
voie.

Larg : 10ᵐ,00. — *Alignements* projetés de cette partie. (Largeur actuelle.)
(*Voie privée* entre la place et les rues de la Saône et de Bigorre.)
Arrêté préfectoral du 8 février 1867. *Nivellement.*
Décret du 10 août 1868. *Dénomination* actuelle.
Obs. — Précédemment rue de Magenta (partie classée).

Orig. — Charles du Puy de Montbrun, chef protestant (1530-1575).

MONTCALM (Rue) ** . . . . . . **XVIII**ᵉ Arrondissement . . . . 69ᵉ Quartier.
Anciennement commune de Montmartre.

2239 **Commence** rues Damrémont et Marcadet, 202. — **Finit** rue du Ruisseau, 65.
Long : 490ᵐ,00.

Larg : 12ᵐ,00. — Décret du 8 juin 1858 (U. P.). *Ouverture* et *Alignements.*
Décret du 23 mai 1863. *Classement* (confirmation).
Arrêté préfectoral du 19 avril 1864. *Nivellement* de la totalité.
Arrêté préfectoral du 6 août 1874. *Nivellement* de la totalité.
Arrêté préfectoral du 27 septembre 1877. *Nivellement* modifié entre
le boulevard Ornano et la rue Belliard.
Décret du 2 mars 1867. *Dénomination* actuelle.
Obs. — Précédemment rues M et rue H.

Orig. — Le marquis Louis-Joseph de Montcalm de Saint-Véran, maréchal de camp, défenseur du Canada (1712-1759).

MONT CENIS (Passage du). . . . **XVIII**ᵉ Arrondissement . . . . 70ᵉ Quartier.
Anciennement commune de Montmartre.

2240 **Commence** rue du Mont Cenis, 135. — **Finit** boulevard Ornano, 196. (P. 30.)
Long : 130ᵐ,00.
Moindre larg : 1ᵐ,50. (*Voie privée.*)
Arrêté préfectoral du 1ᵉʳ février 1877. *Dénomination* actuelle.
Obs. — Précédemment passage du Nord.

Orig. — *Voir* rue du Mont Cenis.

MONT CENIS (Rue du) * . . . . **XVIII**ᵉ Arrondissement . . . . 70ᵉ Quartier.
Anciennement commune de Montmartre.

2241 **Commence** rues Norvins, 2, et Saint Éleuthère.— **Finit** rue Belliard, 41. (I. 149. — P. 140.)
Long : 1304ᵐ,00.

Larg : 12ᵐ,00. — Décret du 11 août 1867 (U. P.). *Ouverture* et *Alignements* entre la
rue Saint Eleuthère et la rue Marcadet.
Alignements à exécuter par mesures ordinaires de voirie, entre les
rues de la Fontenelle et Marcadet.

Larg : 12ᵐ,00. — Délibération du Conseil municipal du 31 août 1858. *Alignements*
projetés entre la rue Marcadet et la rue de la Chardonnière.

Larg : 12ᵐ,00. — *Alignements* projetés entre la rue de la Chardonnière et la rue
Belliard. (Largeur actuelle, 4ᵐ,50 moindre.)
Décret du 23 mai 1863. *Classement* (confirmation).
Arrêté préfectoral du 19 avril 1864. *Nivellement.*
Arrêté préfectoral du 20 juillet 1868. *Dénomination* actuelle.
Obs. — Précédemment rue Saint Denis et petite rue Saint Denis.

Orig. — Rue très abrupte, a pris le nom du Mont Cenis, col des Alpes.

MONTCHANIN (Rue) . . . . . . **XVII**ᵉ Arrondissement . . . . 66ᵉ Quartier.

2242 **Commence** place Malesherbes, 20. — **Finit** rues Legendre, 17 et de Tocqueville, 19.
Long : 142ᵐ,00.
Larg : 12ᵐ,00. (*Voie privée.*)
Orig. — Ville du département de Saône-et-Loire, renommée par ses usines.

MONT DORE (Rue du) . . . . . . **XVII**ᵉ Arrondissement . . . . 66ᵉ Quartier.
Anciennement commune des Batignolles.

2243 **Commence** boulevard des Batignolles, 40. — **Finit** rue des Batignolles, 9. (I. 19. — P. c.)
Long : 96ᵐ,00.
Larg : 8ᵐ,00. — Délibération du Conseil municipal du 10 novembre 1841. *Alignements*
projetés. (Largeur actuelle.)
Décret du 23 mai 1863. *Classement* (confirmation).
Arrêté préfectoral du 1ᵉʳ février 1877. *Dénomination* actuelle.
Obs. — Précédemment rue des Batignollaises.

Orig. — Montagne du Puy-de-Dôme.

MONTEBELLO (Quai de) . . . . . **Vᵉ Arrondissement** . . . . 17ᵉ et 20ᵉ Quartiers.

2244   **Commence** rue des Grands Degrés, 2, et pont de l'Archevêché. — **Finit** place du Petit Pont et
au Petit Pont.   (I. 19.)

Longᵣ : 314ᵐ,00.

Moindre largᵣ : 14ᵐ,50. — Ord. royale du 22 mai 1837. *Alignements*.

Moindre largᵣ : 14ᵐ,50. — Ord. royale du 29 avril 1839 (U. P.). *Exécution des Alignements*
fixés par l'Ordonnance royale précédente.

Orig. — Ouvert en 1811, et ainsi nommé en l'honneur de Jean Lannes, duc de Montebello, tué à la bataille d'Essling
(22 mai 1809).

MONTEBELLO (Rue de) ✳✳. . . . **XVᵉ Arrondissement** . . . . 57ᵉ Quartier.
Anciennement commune de Vaugirard.

2245   **Commence** rues Chauvelot, et Camulogène. — **Finit** chemin de fer de Ceinture.

Longᵣ : 48ᵐ,00.

Largᵣ : 12ᵐ,00.   (*Voie privée.*)

Orig. — Située autour de le Place de l'Obélisque, a reçu le nom de la victoire de Montebello, remportée sur les Autrichiens
en 1859 (*Voir* rue Chauvelot).

MONTEMPOIVRE (Poterne de). . **XIIᵉ Arrondissement** . . . . 43ᵉ Quartier.

2246   **Située** boulevard Soult, en prolongement de la rue des Marguettes.

Orig. — A l'extrémité de la rue de Montempoivre.

MONTEMPOIVRE (Rue). . . . . **XIIᵉ Arrondissement** . . . . 43ᵉ Quartier.
Anciennement commune de Saint Mandé.

2247   **Commence** boulevard Soult. — **Finit** rue Sibuet, 30.   (I. 25. — P. 22).

Longᵣ : 445ᵐ,00.

Largᵣ : 10ᵐ,00. — Arrêté préfectoral du 6 juillet 1855. *Classement* entre le boulevard
Soult et la rue de la Véga (A).

Décret du 23 mai 1863. *Classement* (confirmation).

Largᵣ : 15ᵐ,00. — *Élargissement* projeté pour la partie A. La partie B, entre la rue de
la Véga et la rue Sibuet, a été comprise dans l'exécution des abords
de la rue Michel Bizot, par extension du décret du 28 juillet 1862.

Obs. — Le prolongement jusqu'au boulevard de Picpus est projeté.

Largᵣ : 15ᵐ,00. — Un projet de déviation et d'élargissement, entre le boulevard Soult
et la rue Michel Bizot, a été exécuté entre le boulevard Soult et le
chemin de fer de Ceinture.

Orig. — Ancien nom.

MONTEMPOIVRE (Sentier) . . . . **XIIᵉ Arrondissement** . . . . 43ᵉ Quartier.
Anciennement commune de Saint Mandé.

2248   **Commence** rue Michel Bizot, 119. — **Finit** boulevard de Picpus, 18.

Longᵣ : 260ᵐ,00.

Moindre largᵣ : 2ᵐ,00. — Arrêté préfectoral du 5 octobre 1857. *Classement*.

Décret du 23 mai 1863. *Classement* (confirmation).

Orig. — *Voir* rue Montempoivre.

MONTENEGRO (Passage du) ✳✳. . **XIXᵉ Arrondissement** . . . . 75ᵉ Quartier.
Anciennement commune de Belleville.

2249   **Commence** rue de Romainville, 26. — **Finit** rue Haxo, 125.   (I. 21. — P. 21.)

Longᵣ : 157ᵐ,00.

Moindre largᵣ : 6ᵐ,00.   (*Voie privée.*)

Orig. — Territoire indépendant enclavé dans la Turquie d'Europe.

MONTENOTTE (Rue de). . . . . **XVIIᵉ Arrondissement** . . . . 63ᵉ Quartier.
Anciennement commune de Neuilly.

2250   **Commence** avenue des Ternes, 23. — **Finit** avenue Carnot, 11.   (I. 15. — P. 36.)

Longᵣ : 300ᵐ,00.

Largᵣ : 10ᵐ,00. — Arrêté du pouvoir exécutif du 5 mai 1848. *Ouverture* et *Alignements*
entre l'avenue des Ternes et la rue de l'Arc de Triomphe.

Décret du 23 mai 1863. *Classement* confirmé de cette partie.

Id.   10,ᵐ00. — Décret du 31 juillet 1867 (U. P.). *Prolongement* entre la rue de l'Arc
de Triomphe et l'avenue Carnot.

Arrêté préfectoral du 16 février 1865. — *Nivellement* entre l'avenue des Ternes et la rue de l'Arc-de-Triomphe.

Décret du 11 septembre 1869. *Dénomination* actuelle.

Obs. — Précédemment rue de la Plaine.

Orig. — Victoire remportée par le général Bonaparte sur les Autrichiens, le 12 avril 1795.

41

MONTÉRA (Impasse) . . . . . . **XII**e Arrondissement . . . . 45e Quartier.

Anciennement commune de Saint Mandé.

2251   **Commence** avenue de Saint Mandé. — **Finit** chemin de fer de Ceinture.   (I. 19. — P. 12.)

    Long^r : 116^m,00.

    Larg^r :   6^m,00. — Arrêtés préfectoraux des 30 août 1853 et 5 octobre 1857. *Classement* et *Alignements*.

              Décret du 23 mai 1863. *Classement* (confirmation).

              Décret du 27 février 1867. *Dénomination* actuelle.

                Obs. — Précédemment rue des Quatre Bornes (partie).

Orig. — *Voir rue Montéra.*

MONTÉRA (Rue) . . . . **XII**e Arrondissement . . . . 45e Quartier.

Anciennement commune de Saint Mandé.

2252   **Commence** rue du Gabon, 18. — **Finit** boulevard Soult, 6.   (I. 25. — P. 26.)

    Long^r : 154^m,00.

    Larg^r :   6^m,00. — Arrêtés préfectoraux des 30 août 1853 et 5 octobre 1857. *Classement* et *Alignements*.

              Décret du 23 mai 1863. *Classement* (confirmation).

              Arrêté préfectoral du 26 mai 1866. *Nivellement.*

              Décret du 27 février 1867. *Dénomination* actuelle.

                Obs. — Précédemment rue des Quatre Bornes (partie).

Orig. — Nom de propriétaire.

MONTESPAN (avenue) 96. . . . . **XVI**e Arrondissement . . . . 63e Quartier.

Anciennement commune de Passy.

2253   **Commence** avenue Victor Hugo, 101. — **Finit** rue de la Pompe, 85.   (I. 7. — P. 10.)

    Long^r : 160^m,00.

    Larg^r :   7^m,50.   (*Voie privée.*)

Orig. — Françoise Athénaïs de Rochechouart, marquise de Montespan (1641-1707).

MONTESQUIEU (Galerie). . . . . . **I**er Arrondissement . . . . 3e Quartier.

2254   **Commence** cloître Saint Honoré, 3. — **Finit** rue Montesquieu, 5.   (I. 9. — P. 8.)

    Long^r : 33^m,00.

    Moindre larg^r :   3^m,00.   (*Voie privée.*)

Orig. — *Voir rue Montesquieu.*

MONTESQUIEU (Rue). . . . . . . **I**er Arrondissement . . . . 3e Quartier.

2255   **Commence** rue Croix des Petits Champs, 13. — **Finit** rue des Bons Enfants, 18. (I. 9. — P. 8)

    Long^r : 76^m,00.

    Larg^r :   9^m,74. — Décision ministérielle du 7 prairial an X. — Ord. royale du 26 octobre 1844. *Alignements.*

Orig. — Charles de Secondat, baron de la Brède et de Montesquieu, magistrat et écrivain (1689-1755).

MONTESSUY (Rue de) . . . . . . **VII**e Arrondissement . . . . 28e Quartier.

2256   **Commence** avenue Rapp. — **Finit** avenue de La Bourdonnais, 11.   (P. 26.)

    Long^r : 210^m,00. — Voie ouverte par la Ville sur les terrains acquis du comte de Montessuy.

    Larg^r : 12^m,00. — *Alignements* projetés.

              Arrêté préfectoral du 30 juin 1866. *Nivellement.*

              Arrêté préfectoral du 10 novembre 1873. *Dénomination* actuelle.

                Obs. — Précédemment rue Desgenettes.

Orig. — Nom du propriétaire des terrains.

MONTFAUCON (Impasse de) ** . . **XIX**e Arrondissement . . . . 76e Quartier.

2257   **Située** rue Secretan, 63.

    Long^r : 180^m,00.

    Larg^r : 12^m,00. — Voie ouverte en vertu d'une convention passée le 13 décembre 1880 entre la Ville de Paris et la Société civile des Buttes Chaumont.

Orig. — *Voir rue de Montfaucon.*

MONTFAUCON (Rue de). . . . . **VI**e Arrondissement . . . . 22e Quartier.

2258   **Commence** boulevard Saint Germain, 131, et rue du Four, 1. — **Finit** rue Clément, 10.

    Long^r : 54^m,00.   (I. 7. — P. 8.)

    Larg^r : 12^m,50. — Décision ministérielle du 12 novembre 1817. — Ord. royale du 12 mai 1841. *Alignements.*

Orig. — Dom Bernard de Montfaucon, bénédictin érudit (1655-1741); voisinage de l'abbaye Saint Germain des Prés.

MONTFERRAT (Impasse du) **. . . **XIX**e Arrondissement . . . . 73e Quartier.

Anciennement commune de La Villette.

2259   **Située** rue Secrétan, 26.   (I. 13. — P. 12.)

    Long^r : 115^m,00.

    Larg^r :   9^m,50 environ.   (*Voie privée.*)

              Arrêté préfectoral du 1er février 1877. *Dénomination* actuelle.

                Obs. — Précédemment impasse Saint Nicolas.

Orig. — Ancien duché d'Italie qui a donné son nom à une famille célèbre.

MONTGALLET (Passage) . . . . . **XII**e ARRONDISSEMENT . . . . 46e QUARTIER.
2260   **Commence** rue Montgallet, 11. — **Finit** rue Érard, 26.   (I. 29.— P. 42.)
            Longr : 310m,00.
      Moindre largr :   4m,25.   (*Voie privée.*)
      ORIG. — *Voir rue Montgallet.*

MONTGALLET (Rue). . . . . . **XII**e ARRONDISSEMENT . . . . 46e QUARTIER.
2261   **Commence** rue de Charenton, 189. — **Finit** rue de Reuilly.   (I. 23.— P. 22.)
            Longr : 343m,00.
      Largr :   8m,00. — DÉCISION MINISTÉRIELLE DU 28 PLUVIÔSE AN X.
      Largr : 13m,00. — ORD. ROYALE DU 30 JUILLET 1844. *Alignements.*
      ORIG. — Nom d'un propriétaire riverain.

MONTGOLFIER (Rue) . . . . . . **III**e ARRONDISSEMENT. . . . . 9e QUARTIER.
2262   **Commence** rues Conté et de Turbigo, 39. — **Finit** rue du Vertbois, 21.   (I. 1.— P. 22.)
            Longr : 143m,00.
      Largr : 10m,00. — DÉCISION MINISTÉRIELLE DU 9 OCTOBRE 1816. *Ouverture et Alignements*
                        entre la rue Conté et la rue Ferdinand Berthoud.
      Largr : 10m,00. — ORD. ROYALE DU 23 JUILLET 1817. *Prolongement* à partir de la rue
                        Ferdinand Berthoud jusqu'à la rue du Vertbois.
      Largr : 10m,00. — ORD. ROYALE DU 14 JANVIER 1829. *Alignements* confirmés entre la rue
                        de Conté et la rue Ferdinand Berthoud.
      Largr : 12m,00. — ORD. ROYALE DU 14 JANVIER 1829. *Alignements* entre la rue Ferdinand
                        Berthoud et la rue du Vertbois.
      Largr : 10m,00. — ORD. ROYALE DU 17 JUIN 1829. *Alignements* rétablis à 10m,00 dans
                        toute la longueur.
                        DÉCISION MINISTÉRIELLE DU 27 SEPTEMBRE 1818. *Dénomination.*
      ORIG. — Joseph-Michel Montgolfier (1740-1810) et son frère Jacques-Étienne (1745-1799), inventeurs des aérostats ; voisinage
              du Conservatoire des Arts-et-Métiers.

MONTHIERS (Cité) . . . . **IX**e ARRONDISSEMENT . . . . 33e QUARTIER.
2263   **Commence** rue de Clichy, 55. — **Finit** rue d'Amsterdam 72 *bis.*
            Longr : 103m,00.
      Moindre largr :   3m,00.   (*Voie privée.*)
      ORIG. — Nom du propriétaire.

MONTHOLON (Rue de) . . . . . . **IX**e ARRONDISSEMENT . . . . 35e et 36e QUARTIERS.
2261   **Commence** r. du Faubourg Poissonnière, 87. — **Finit** rues Cadet, 42, et de Rochechouart, 2.
            Longr : 300m,00.   (I. 37. — 36)
      Largr : 30 pieds. — PERMISSION ROYALE DU 2 SEPTEMBRE 1780. *Ouverture* par Lenoir et Cie.
      Largr :   9m,74. — DÉCISION MINISTÉRIELLE DU 21 PRAIRIAL AN X. — ORD. ROYALE DU 23
                        AOÛT 1833. *Alignements.*
      ORIG. — Doit son nom à la famille de Montholon, dont l'hôtel était situé boulevard Poissonnière.

MONTHOLON (Square de). . . . . **XI**e ARRONDISSEMENT . . . . 36e QUARTIER.
2265   **Situé** entre les rues Lafayette, Mayran, Rochambeau et Baudin.
      ORIG. — *Voir rue de Montholon.*

MONTIBŒUFS (Rue des) ⁽⁾ . . . **XX**e ARRONDISSEMENT . . . . 78e QUARTIER.
      Anciennement commune de Charonne.
2266   **Commence** rue Pelleport, 40. — **Finit** rue Le Bua, 28.   (I. 47. P. 28.)
            Longr : 405m,00.
      Largr :   2m,33. — ARRÊTÉ PRÉFECTORAL DU 3 JUILLET 1830. *Alignements.*
                        DÉCRET DU 23 MAI 1863. *Classement* (confirmation).
      Largr : 12m,00. — *Alignements* projetés et prolongement : 1° jusqu'à la porte de Bagnolet,
                        de la partie aboutissant à la rue Le Bua ; jusqu'au boulevard
                        Mortier, de la partie aboutissant rue Pelleport.
                        OBS. — Le sentier des Montibœufs se prolongeait autrefois jusqu'au boulevard
                        Mortier, mais il a été en partie réoccupé par les riverains.
                        ARRÊTÉ PRÉFECTORAL DU 1er FÉVRIER 1877. *Dénomination* actuelle.
                        OBS. — Précédemment sentier des Montibœufs et des Bas Montibœufs.
      ORIG. — Lieu dit.

MONT-LOUIS (Rue de) . . . . . . **XI**e ARRONDISSEMENT . . . . 43e QUARTIER.
2267   **Commence** rue de la Folie Regnault, 20. — **Finit** boulevard de Ménilmontant, 1.
            Longr : 125m,00.   (I. 15. — P. 12.)
      Largr : 10m,00. — ORD. ROYALE DU 6 MAI 1827. *Alignements.*
                        ARRÊTÉ PRÉFECTORAL DU 3 SEPTEMBRE 1869. *Dénomination* actuelle.
                        OBS. — Précédemment rue des Rats.
      ORIG. — Située près de Mont-Louis, maison de plaisance du Père Lachaise, confesseur de Louis XIV. (Aujourd'hui
              cimetière de l'Est.)

MONTMARTEL (Impasse de) . . **XII**^e ARRONDISSEMENT . . . . 47e QUARTIER.
Anciennement commune de Bercy.
2268   **Située** rue Nicolaï.
    Long^r : 66^m,00.
    Larg^r : 12^m,00.   (*Voie privée.*)
            DÉCRET DU 6 AOUT 1877. *Suppression* pour la construction du nouvel entrepôt de Bercy.
ORIG. — Jean-Paris de Montmartel, financier (1690-1766), propriétaire d'un château à Bercy.

MONTMARTRE (Boulevard) . . . . **II**^e ARRONDISSEMENT . . . . 6e QUARTIER.
                      IXe ARRONDISSEMENT . . . . 35e QUARTIER.
2269   **Commence** rues Montmartre, 169, et du Faubourg Montmartre, 1. — **Finit** rues de Riche-
        lieu, 112, et Drouot, 2.   (I. 21. — P. 22.)
    Long^r : 215^m,00.
    Larg^r : 35^m,00. — ORD. ROYALE DU 4 MAI 1826. *Alignements.*
ORIG. — *Voir* rue Montmartre.

MONTMARTRE (Cité) . . . . . . **II**^e ARRONDISSEMENT . . . . 7e QUARTIER.
2270   **Commence** rue Montmartre, 55. — **Finit** rue d'Argout, 54.
    Long^r : 53^m,00.
    Larg^r : 1^m,50 environ   (*Voie privée.*)
ORIG. — *Voir* rue Montmartre.

MONTMARTRE (Galerie) . . . . . **II**^e ARRONDISSEMENT . . . . 6e QUARTIER.
2271   **Commence** rue Montmartre, 151. — **Finit** passage des Panoramas, 23.   (I. 29. — P. 30.)
    Long^r : 70^m,00.
    Larg^r : 3^m,20.   (*Voie privée.*)
ORIG. — *Voir* rue Montmartre.

MONTMARTRE (Poterne de) . . . **XVIII**^e ARRONDISSEMENT . . . . 69e QUARTIER.
2272   **Située** boulevard Ney, en prolongement de la rue du Poteau.
ORIG. - A l'extrémité de l'ancien village de Montmartre.

MONTMARTRE (Rue) . . . . . . **I**^{er} ARRONDISSEMENT . . . . 2e QUARTIER.
                      IIe ARRONDISSEMENT . . . . 6e et 7e QUARTIERS.
2273   **Commence** rues Rambuteau et Montorgueil, 1. — **Finit** boul. Montmartre, 1, et Poissonnière, 29.
    Long^r : 939^m,00.   (I. 169. — P. 168.)
  Moindre larg^r : 10^m,00. — DÉCISION MINISTÉRIELLE DU 23 BRUMAIRE AN VIII.
  Moindre larg^r : 15^m,00. — ORD. ROYALE DU 25 MARS 1843. *Alignements.*
            OBS. — Les alignements du côté des numéros pairs, entre la Pointe Saint Eustache et la rue d'Aboukir, déclarés d'utilité publique par cette ordonnance, ne sont encore que partiellement exécutés.
            DÉCRET DU 7 JUIN 1880. *Modification* de l'alignement à l'angle de la rue Saint Marc.
            ARRÊTÉ PRÉFECTORAL DU 22 SEPTEMBRE 1851. *Nivellement* entre les numéros 42 et 52.
            ARRÊTÉ PRÉFECTORAL DU 11 MAI 1877. *Nivellement* entre les rues du Mail et de la Jussienne, et les rues d'Argout et Saint Sauveur.
ORIG. — Conduit à Montmartre.

MONTMORENCY (Avenue de) . . **XVI**^e ARRONDISSEMENT . . . . 61e QUARTIER.
Anciennement commune d'Auteuil.
2274   **Commence** rue Poussin, 8. — **Finit** boulevard de Montmorency, 55   (I. 9. — P. 10.)
    Long^r : 290^m,00.
    Larg^r : 10^m,00 environ.   (*Voie privée.*)
ORIG. — *Voir* boulevard de Montmorency.

MONTMORENCY (Boulevard de). **XVI**^e ARRONDISSEMENT . . . . 61e QUARTIER.
Anciennement commune d'Auteuil.
2275   **Commence** rue de l'Assomption, 93. — **Finit** rue d'Auteuil, 76.   (I. 83.)
    Long^r : 960^m,00.
    Larg^r : 12^m,00. — DÉCISION MINISTÉRIELLE DU 18 MARS 1853. *Alignements.*
            DÉCRET DU 23 MAI 1863. *Classement* (confirmation).
            ARRÊTÉ PRÉFECTORAL DU 20 OCTOBRE 1869. *Nivellement.*
ORIG. — Ouverte sur le parc de la maréchale de Luxembourg-Montmorency, auparavant marquise de Boufflers (1707-1787).

MONTMORENCY (Rue de) . . . . **III**e Arrondissement . . . . 12e Quartier.
2276 **Commence** rue du Temple, 105. — **Finit** rue Saint Martin, 214.   (I. 53.— P. 50.)
Longr : 363m,00.
Largr : 10m,00. — Décision ministérielle du 28 brumaire an vi.
id.   10m,00   Ord. royale du 14 janvier 1829. *Alignements*.
Orig.   Les seigneurs de Montmorency y avaient leur hôtel aux xiiie et xive siècles.

MONTMORENCY (Villa de). . . . **XVI**e Arrondissement . . . . 61e Quartier.
Anciennement commune d'Auteuil.
2277 **Située** boulevard de Montmorency, 67; rue Poussin, 8, et rue Pierre Guérin, 27.
Obs. — Ce domaine, compris entre le boulevard de Montmorency, la rue Poussin et
la rue Pierre Guérin, avec accès sur chacune de ces voies, se compose
de propriétés particulières, et comprend les avenues de Montmorency,
des Sycomores, de Boufflers, des Tilleuls et des Peupliers.
Orig. — Parc du château de la duchesse de Montmorency. (*Voir* boulevard de Montmorency.)

MONTORGUEIL (Rue) . . . . . . **I**er Arrondissement . . . . 2e Quartier.
IIe Arrondissement . . . . 7e et 8e Quartiers.
2278 **Commence** rues Montmartre, 2, et Rambuteau, 124. — **Finit** rue Saint Sauveur, 59.
Longr : 360m,00.   (I. 73. — P. 102.)
Moindre largr : 10m,00. — Décision ministérielle du 3 ventôse an x.
Largr : 12m,00. — Ord. royale du 23 juin 1845. *Alignements*.
Arrêté préfectoral du 8 février 1867. *Nivellement*.
Orig. — Ancien nom (xiiie siècle).

MONTPARNASSE (Boulevard du). **VI**e Arrondissement . . . . 23e Quartier.
XIVe Arrondissement . . . . 53e Quartier.
XVe Arrondissement . . . . 58e Quartier.
2279 **Commence** rue de Sèvres, 145. — **Finit** avenue de l'Observatoire, 12.   (I. 171.— P. 174.)
Longr : 1632m,00.
Moindre largr : 39m,00.— Ord. royale du 12 février 1846. *Alignements*.
Orig. — Sur l'emplacement de la butte Montparnasse, ainsi nommée parce que les écoliers de l'Université s'y assem-
blaient pour y faire des lectures poétiques.

MONTPARNASSE (Rue du) . . **VI**e Arrondissement . . . . 23e Quartier.
XIVe Arrondissement . . . . 53e Quartier.
2280 **Commence** r. Notre Dame des Champs, 28.— **Finit** r. Delambre, 38, et boul. Edgar Quinet, 38.
Longr : 480m,00.   (I. 69. — P. 60.)
Largr : 12m,00. — Décisions ministérielles du 2 thermidor an x et du 28 octobre 1817.
Largr : 12m,00. — Ord. royale du 14 février 1847. *Alignements*.
Orig. — *Voir* boulevard du Montparnasse.

MONTPENSIER (Galerie de). . . . **I**er Arrondissement . . . . 3e Quartier.
2281 **Commence** galerie de Chartres. — **Finit** péristyle de Joinville.
Longr : 250m,00.
Largr : 4m,40 environ.   (*Voie privée*. Palais Royal.)
Orig. — *Voir* rue de Montpensier.

MONTPENSIER (Rue de) . . . . **I**er Arrondissement . . . . 3e Quartier.
2282 **Commence** rue de Richelieu, 6. — **Finit** rue de Beaujolais, 21.   (I. 47.— P. 40.)
Longr : 320m,00.
Moindre largr : 8m,50. — Ord. royale du 29 août 1845. *Alignements*.
Orig. — Créée en 1782, sur une portion du jardin du Palais Royal, par le duc d'Orléans ; a pris le nom du duc de
Montpensier, son second fils.

MONTREUIL (Porte de) . . . . . **XX**e Arrondissement . . . . 80e Quartier.
2283 **Située** boulevard Davout, en prolongement de la rue d'Avron.
Orig. — A l'entrée du village de Montreuil.

MONTREUIL (Rue de) . . . . . . **XI**e Arrondissement . . . . 44e Quartier.
2284 **Commence** rue du Faubourg Saint Antoine, 225. — **Finit** boulevard de Charonne, 33.
Longr : 1.060m,00.   (I. 135. — P. 118.)
Moindre largr : 12m,00. — Décision ministérielle du 27 fructidor an xi.
id. id· 12m,00. — Ord. royale du 6 mai 1827. *Alignements*.
Orig. — Conduit au village de Montreuil.

MONTROUGE (Place de) [**] . . . . . . **XIV**ᵉ Arrondissement . . . . 55ᵉ Quartier.
Anciennement commune de Montrouge.
2285   **Située** aux abords de la Mairie.
Obs. — Formant les abords de la Mairie.
Longʳ :   60ᵐ,00.
Largʳ :   100ᵐ,00. — Décret du 29 avril 1852 (U. P.). *Alignements* (agrandissement).
Décret du 23 mai 1863. *Classement* (confirmation).
Arrêté préfectoral du 26 février 1867. *Dénomination* actuelle.
Orig. — Au centre de l'ancien village du Petit Montrouge.

MONTROUGE (Porte de) . . . . **XIV** Arrondissement . . . . 55ᵉ Quartier.
2286   **Située** boulevard Brune, en prolongement de la rue Friant.
Orig. — A l'entrée du village de Montrouge.

MONTROUGE (Square de) . . . . **XIV**ᵉ Arrondissement . . . . 55ᵉ Quartier.
2287   **Situé** entre les rues Mouton-Duvernet, Durouchoux, la place de Montrouge et la rue Saillard.
Orig. — *Voir* place de Montrouge.

MONTSOURIS (Avenue de) [**] . . **XIV**ᵉ Arrondissement . . . . 54ᵉ et 55 Quartiers.
2288   **Commence** place Denfert-Rochereau, 19. — **Finit** avenue Reille. (I. 17. — P. 56.)
Longʳ : 1 013ᵐ,00.
Largʳ :   22ᵐ,00. — Décret du 22 février 1865 (U. P.). *Ouverture* et *Alignements*.
Largʳ :   32ᵐ,00. — *Alignements* projetés. (Largeur exécutée)
Arrêté préfectoral du 4 octobre 1877. *Nivellement.*
Arrêté préfectoral du 26 février 1867. *Dénomination.*
Orig. — Conduit au parc de Montsouris.

MONTSOURIS (parc de) . . . . . **XIV**ᵉ Arrondissement . . . . 54ᵉ Quartier.
2289   **Situé** entre le boulevard Jourdan, la rue Nansouty, l'avenue Reille et la rue Gazan.
Orig. — Lieu dit de Montsouris.

MONTSOURIS (rue de) [**] . . . . . **XIV**ᵉ Arrondissement . . . . 55ᵉ Quartier.
Anciennement commune de Montrouge.
2290   **Commence** rue de la Tombe Issoire, 110. — **Finit** rue de la Voie Verte, 61. (I. 35.— P. 34.)
Longʳ : 190ᵐ,00.
Largʳ : 12ᵐ,00 environ.   (*Voie privée.*)
Arrêté préfectoral du 1ᵉʳ mai 1877. *Nivellement.*
Orig. — Lieu dit.

MONT THABOR (Rue du) . . . . . **I**ᵉʳ Arrondissement . . . . 4ᵉ Quartier.
2291   **Commence** rue d'Alger, 9. — **Finit** rue de Mondovi, 7.   (I. 29. — P. 42.)
Longʳ :   410ᵐ,00.
Largʳ :   10ᵐ,00. — Ord. royale du 28 mai 1832. *Prolongement* jusqu'à la rue d'Alger.
Obs. — Précédemment cette voie formait une impasse débouchant rue Castiglione.
Orig. — Victoire remportée par le général Bonaparte, en Syrie, le 27 avril 1799 ; voisinage de la rue de Rivoli.

MONT-TONNERRE (Impasse du) [**] **XV**ᵉ Arrondissement . . . . 58ᵉ Quartier.
2292   **Située** rue de Vaugirard, 127.   (I. 15. — P. 10.)
Longʳ :   100ᵐ,00.
Moindre largʳ :   3ᵐ,70.   (*Voie privée.*)
Arrêté préfectoral du 1ᵉʳ février 1877. *Dénomination* actuelle.
Obs. — Précédemment impasse Charlot.
Orig. — Montagne de la Bavière Rhénane, a donné son nom à un département français sous le premier Empire.

MONT VISO (Impasse du) . . . **XVIII**ᵉ Arrondissement . . . . 70ᵉ Quartier.
Anciennement commune de Montmartre.
2293   **Située** rue du Poteau, 34.   (I. 19. — P. 14.)
Longʳ :   110ᵐ,00.
Moindre largʳ :   1ᵐ,25.   (*Voie privée.*)
Arrêté préfectoral du 1ᵉʳ février 1877. *Dénomination* actuelle.
Obs. — Précédemment impasse de la Santé.
Orig. — Montagne des Alpes Cottiennes.

MONTYON (Rue de). . . . . . . **IX**ᵉ Arrondissement . . . . 35ᵉ Quartier.
2294   **Commence** r. de Trévise, 9. — **Finit** rues du Faubourg Montmartre, 18, et Geoffroy Marie, 2.
Longʳ :   125ᵐ,00.   (I. 19. — P. 18.)
Largʳ :   10ᵐ,00. — Ord. royale du 11 août 1844. *Ouverture* et *Alignements* entre la
rue de Trévise et la rue de la Boule Rouge.
Largʳ :   10ᵐ,00. — Ord. royale du 3 août 1833. *Alignements* entre la rue de la Boule Rouge et les rues du Faubourg Montmartre et Geoffroy Marie.
Décision ministérielle du 23 janvier 1817, fixant à 10ᵐ,00 la largeur de cette dernière partie.

MONTYON (Rue de). *(Suite.)*

DÉLIBÉRATION DU CONSEIL MUNICIPAL DU 26 MAI 1843. *Dénomination.*

Obs. — Précédemment rue de la Boule Rouge (partie).

ORIG. — Antoine-Jean-Baptiste-Robert Auget, baron de Montyon, philanthrope (1733-1820), donna trois millions aux hospices, et légua plus d'un million pour fonder des prix.

MORAND (Rue) . . . . XIe ARRONDISSEMENT . . . . 41e QUARTIER.

2295 **Commence** rue des Trois Couronnes, 17. — **Finit** rue de l'Orillon, 18. (I. 29. — 30.)

Long^r : 265^m,00.

Larg^r : 10^m,00. — DÉCISION MINISTÉRIELLE DU 18 AVRIL 1809. *Alignements.*

DÉCRET DU 24 AOUT 1864. *Dénomination* actuelle.

Obs. — Précédemment rue Ferdinand.

ORIG. — Le comte Charles-Alexis-Louis Morand, général de division (1771-1835).

MOREAU (Rue) . . . . XIIe ARRONDISSEMENT . . . . 48e QUARTIER.

2296 **Commence** avenue Daumesnil, 7. — **Finit** rue de Charenton, 40. (I. 23. — P. 24.)

Long^r : 182^m,00.

Larg^r : 12^m,00. — DÉCISION MINISTÉRIELLE DU 16 VENTÔSE AN XII.

Id. 12^m,00. — ORD. ROYALE DU 1er JUIN 1828. *Alignements.*

ORIG. — Doit probablement son nom à un propriétaire riverain.

MORÉE (Rue de) . . . . IXe ARRONDISSEMENT . . . . 36e QUARTIER.

2297 **Commence** rue Milton, 13. — **Finit** rue des Martyrs, 28. (I. 17. — P. 14.)

Long^r : 91^m,00.

Larg^r : 11^m,00. — DÉCRET DU 27 JUILLET 1870. *Classement* et *Alignements.*

ARRÊTÉ PRÉFECTORAL DU 1er FÉVRIER 1877. *Dénomination* actuelle.

Obs. — Précédemment rue Neuve des Martyrs.

ORIG. — Rappelle l'expédition de Morée, entreprise pour la délivrance de la Grèce (1828).

MORÈRE (Rue) ** . . . . XIVe ARRONDISSEMENT . . . . 55e QUARTIER.

Anciennement commune de Montrouge.

2298 **Commence** rue Friant, 40. — **Finit** avenue de Chatillon, 45. (I. 1. — P. 26.)

Long^r : 220^m,00.

Larg^r : 12^m,00. — ARRÊTÉ PRÉFECTORAL DU 23 AVRIL 1858. *Alignements.*

ARRÊTÉ PRÉFECTORAL DU 20 JANVIER 1863. *Nivellement.*

DÉCRET DU 23 MAI 1863. *Classement* (confirmation).

ORIG. — Nom de propriétaire.

MORET (Rue) . . . . XIe ARRONDISSEMENT . . . . 41e QUARTIER.

2299 **Commence** rue Oberkampf, 135. — **Finit** rue d'Angoulême, 98, et rue des Trois Couronnes, 36.

Long^r : 200^m,00. (I. 37. — P. 34.)

Larg^r : 12^m,00. — DÉCRET DU 21 JANVIER 1833. *Ouverture* et *Alignements.*

ORIG. — Nom d'un propriétaire.

MORIEUX (Cité) . . . . XVe ARRONDISSEMENT . . . . 59e QUARTIER.

2300 **Située** rue de la Fédération.

Long^r : 90^m,00.

Moindre larg^r : 2^m,30. *(Voie privée.)*

ORIG. — Nom du propriétaire.

MORILLONS (Impasse des) ** . . . . XVe ARRONDISSEMENT . . . . 57e QUARTIER.

Anciennement commune de Vaugirard.

2301 **Située** rue des Morillons, 6.

Long^r : 157^m,00. (I. 35. — P. 30.)

Larg^r : 6^m,00. *(Voie privée.)*

ORIG. — Voir rue des Morillons.

MORILLONS (Rue des) ** . . . . . XVe ARRONDISSEMENT . . . . 57e QUARTIER.

Anciennement commune de Vaugirard.

2302 **Commence** rue de Dantzig, 3. — **Finit** rue des Fourneaux, 242. (I. 11. — P. 48.)

Long^r : 630^m,00.

Larg^r : 12^m,00. — DÉCRET DU 23 MAI 1863. *Classement.*

DÉCRET DU 27 NOVEMBRE 1876. *Alignements* et *Nivellement.*

ARRÊTÉ PRÉFECTORAL DU 7 DÉCEMBRE 1866. *Nivellement.*

ORIG. — Lieu dit.

MORLAND (Boulevard) . . . . . . IVe ARRONDISSEMENT . . . . 15e QUARTIER.

2303 **Commence** quai Henri IV, 2, et boulevard Bourdon, 1. — **Finit** boulevard Henri IV, 8.

Long^r : 434^m,00. (I. 23. — P. 21.)

Larg^r : 18^m,00. — ORD. ROYALE DU 30 JUIN 1847. *Alignements.*

ORIG. — Morland, commandant des chasseurs de la garde, tué à la bataille d'Austerlitz ; voisinage du pont d'Austerlitz.

MORLOT (Rue) . . . . **IXᵉ** Arrondissement . . . . 33ᵉ Quartier.
2304   **Commence** square de la Trinité. — **Finit** rue de la Trinité, 3.   (1. 7.)
    Longʳ : 67ᵐ,00.
    Largʳ : 10ᵐ,00. — Décret eu 19 décembre 1860. *Ouverture* et *Alignements*.
        Décret du 2 mars 1864. *Dénomination*.
  Orig. — François-Nicolas-Madeleine Morlot, cardinal, archevêque de Paris (1795-1862) ; voisinage de la Trinité.

MORNAY (Rue) . . . . **IVᵉ** Arrondissement . . . . 15ᵉ Quartier.
2305   **Commence** boul. Bourdon, 19. — **Finit** rues de Schomberg et de Sully, 2. (1. 17 *bis*. — P. 6.)
    Longʳ : 148ᵐ,00.
    Largʳ : 20ᵐ,00. — Ord. royale du 21 septembre 1841. *Ouverture* depuis la rue de Cril-
        lon jusqu'aux rues de Schomberg et de Sully.
    Largʳ : 20ᵐ,00. — Décret du 21 mars 1878 (U.P.). *Prolongement* entre le boulevard
        Bourdon et la rue de Crillon.
        Ord. royale du 5 août 1844. *Dénomination*.
  Orig. — Philippe de Mornay, seigneur Duplessis-Marly, dit Duplessis-Mornay, chef protestant, partisan de Henri IV
  (1549-1623) ; voisinage de l'Arsenal.

MORTAGNE (Impasse) . . . . . . **XIᵉ** Arrondissement . . . . 43ᵉ Quartier.
2306   **Située** rue de Charonne, 49.   (1. 1. — P. 2.)
    Longʳ : 47ᵐ,00.
    Largʳ : 10ᵐ,00. — Ord. royale du 4 avril 1831. *Alignements*.
        Obs. — Cette voie fait suite à la cité Lesage-Bullourde.
  Orig. — Voisinage de l'hôtel de Mortagne devenu hôtel de Vaucanson.

MORTIER (Boulevard) ✳✳ . . . . . . **XXᵉ** Arrondissement . . . . 78ᵉ Quartier.
    Anciennement communes de Charonne et de Belleville.
2307   **Commence** porte et rue de Bagnolet, 185. — **Finit** rue de Belleville, 343, et porte de Romainville.
    Longʳ : 1420ᵐ,00.
        Convention du 5 juillet 1859. Remise conditionelle, par le Génie
        militaire, à la Ville de Paris, de la rue Militaire.
    Largʳ : 12ᵐ,00 environ. Décret du 23 mai 1863. *Classement* (confirmation).
    Alignements projetés maintenant les limites actuelles.
        Obs. — Des repères, établis par le Génie militaire, déterminent l'alignement.
    Décret du 2 mars 1864. *Dénomination* actuelle.
        Obs. — Précédemment partie de la rue Militaire.
  Orig. — Édouard-Adolphe-Casimir-Joseph Mortier, duc de Trévise, maréchal de France (1768-1835).

MOSCOU (Rue de) . . . . **VIIIᵉ** Arrondissement . . . . 32ᵉ Quartier.
2308   **Commence** rue de Berlin, 20, et rue d'Amsterdam, 17. — **Finit** boulevard des Batignolles, 41.
    Longʳ : 445ᵐ,00.   (1. 39. — P. 52.)
    Largʳ : 12ᵐ,00. — Ord. royale du 11 juin 1847. *Ouverture* et *Alignements* entre les rues
        de Berlin et d'Amsterdam, et la rue de Hambourg.
    Largʳ : 12ᵐ,00. — Décret du 27 juillet 1867. *Classement* et *Alignements* entre la rue
        de Hambourg et le boulevard des Batignolles.
    Arrêté préfectoral du 2 juillet 1867. *Nivellement*.
    Arrêté préfectoral du 26 février 1867. *Dénomination* de la partie
        comprise entre la rue de Hambourg et le boulevard des Bati-
        gnolles.
  Orig. — Ancienne capitale de la Russie ; voisinage de la place de l'Europe.

MOSELLE (Passage de la) ✳✳ . . . . **XIXᵉ** Arrondissement . . . . 73ᵉ Quartier.
    Anciennement commune de La Villette.
2309   **Commence** rue d'Allemagne, 70. — **Finit** rue de Meaux, 101.   (1. 5. — P. 10.)
    Longʳ : 65ᵐ,00.
    Largʳ : 6ᵐ,00.   (*Voie privée*.)
        Arrêté préfectoral du 1ᵉʳ février 1877. *Dénomination* actuelle.
        Obs. — Précédemment passage d'Orléans.
  Orig. — Voir rue de la Moselle.

MOSELLE (Rue de la) ✳✳ . . . . . . **XIXᵉ** Arrondissement . . . . 73ᵉ Quartier.
    Anciennement commune de La Villette.
2310   **Commence** quai de la Loire, 46. — **Finit** rue d'Allemagne, 65.   (1. 17. — P. 16.)
    Longʳ : 140ᵐ,00.
    Largʳ : 10ᵐ,00. — Ord. royale du 27 août 1844. *Alignements*.
    Décret du 23 mai 1863. *Classement* (confirmation).
    Arrêté préfectoral du 20 juillet 1868. *Dénomination* actuelle.
        Obs. — Précédemment rue d'Orléans.
  Orig. — Rivière de France ; voisinage du canal de l'Ourcq.

MOSKOWA (Cité de la) **. . . . **XVIII**ᵉ ARRONDISSEMENT . . . . 69ᵉ QUARTIER.
Anciennement commune de Saint Ouen.

2311   **Située** chemin latéral au chemin de fer de Ceinture, 24.   (I. 25.)
    Longʳ : 143ᵐ,00.
    Largʳ : 1ᵐ,50.   *(Voie privée.)*
                  ARRÊTÉ PRÉFECTORAL DU 1ᵉʳ FÉVRIER 1877. *Dénomination* actuelle.
                    Obs. — Précédemment cité Barthélemy.
   Orig. — Rivière de Russie qu'a donné son nom à la bataille livrée le 7 septembre 1812, par Napoléon Iᵉʳ, aux Russes et où le maréchal Ney se distingua; voisinage du boulevard Ney.

MOSNIER (Rue). . . . . **VIII**ᵉ ARRONDISSEMENT . . . . 32ᵉ QUARTIER.

2312   **Commence** rue de Saint Pétersbourg, 5. — **Finit** rue de Moscou, 33.   (I. 37. — P. 22.)
    Longʳ : 232ᵐ,00.
    Largʳ : 12ᵐ,00.
                  Obs. — Cette voie a été ouverte en vertu d'une convention passée entre la Ville de Paris et le sieur Arnaud Mosnier.
                  ARRÊTÉ PRÉFECTORAL DU 1ᵉʳ FÉVRIER 1877. *Dénomination* confirmée.
   Orig. — Ouverte par M. Armand Mosnier, propriétaire des terrains.

MOUFFETARD (Rue) **. . . . . . **V**ᵉ ARRONDISSEMENT. . . . . 17ᵉ, 18ᵉ, 19ᵉ et 20ᵉ QUARTIERS.

2313   **Commence** rue Thouin, 5. — **Finit** rues Monge, 118, et Claude Bernard, 2. (P. 147. — P. 152.)
    Longʳ : 685ᵐ,00.
    Largʳ : 12ᵐ,00. — ORD. ROYALE DU 8 JUILLET 1839. *Alignements* entre la rue Thouin et l'église Saint Médard.
    Largʳ : 20ᵐ,00. — DÉCRET DU 30 JUILLET 1859 (U.P.). *Élargissement* entre l'église Saint Médard et les rues Monge et Claude Bernard.
   Orig. — Par corruption, ancien lieu dit Mont-Cétard.

MOUFFLE (Passage). . . . . **XI**ᵉ ARRONDISSEMENT . . . . 42ᵉ QUARTIER.

2314   **Commence** rue du Chemin Vert, 33. — **Finit** boulevard Richard Lenoir, 64. (I. 1. — P. 11.)
    Longʳ : 183ᵐ,00.
    Largʳ : 10ᵐ,00.   *(Voie privée.)*
   Orig. — Formé en 1834 sur des terrains appartenant à M. Mouffle, ancien maire de l'ex-huitième arrondissement.

MOULIN (Passage). . . . . **XII**ᵉ ARRONDISSEMENT . . . . 48ᵉ QUARTIER.

2315   **Commence** rue de Chalon, 42. — **Finit** impasse Jean Bouton, 14.   (I. 11. — P. 12.)
    Longʳ : 108ᵐ,00.
    Largʳ : 3ᵐ,05 environ.   *(Voie privée.)*
   Orig. — Nom de propriétaire.

MOULIN DE BEURRE (Rue du) **. **XIV**ᵉ ARRONDISSEMENT . . . . 56ᵉ QUARTIER.
Anciennement commune de Vaugirard.

2316   **Commence** rue Vandamme, 49. — **Finit** rue Vercingétorix, 28.   (I. 23. — P. 20.)
    Longʳ : 180ᵐ,00
    Largʳ : 10ᵐ,00. — DÉLIBÉRATION DU CONSEIL MUNICIPAL DU 10 NOVEMBRE 1835. *Alignements* projetés. (Largeur actuelle, 7ᵐ,20.)
                 DÉCRET DU 23 MAI 1863. *Classement* (confirmation).
                 ARRÊTÉ PRÉFECTORAL DU 19 FÉVRIER 1866. *Nivellement.*
   Orig. — Conduisait au Moulin de Beurre, situé près de la rue Vercingétorix actuelle.

MOULIN DE LA POINTE (Rue du) ** **XIII**ᵉ ARRONDISSEMENT . . . . 54ᵉ QUARTIER.
Anciennement commune de Gentilly.

2317   **Commence** avenue d'Italie, 104, et rue de la Fontaine à Mulard, 1. — **Finit** boul. Kellermann.
    Longʳ : 493ᵐ,00.   (I. 63. — P. 64.)
    Largʳ : 8ᵐ,00. — ARRÊTÉ PRÉFECTORAL DU 16 AOUT 1854. *Alignements* entre l'avenue d'Italie et la rue du Génie.
    Largʳ : 8ᵐ,00. — DÉCRET DU 25 SEPTEMBRE 1874. *Alignements* entre la rue du Génie et le boulevard Kellermann.
                 DÉCRET DU 23 MAI 1863. *Classement* (confirmation).
                 ARRÊTÉ PRÉFECTORAL DU 6 MAI 1862. *Nivellement.*
   Orig. — Le moulin de la pointe de Gentilly, moulin situé à la pointe formée par cette rue et l'avenue d'Italie.

MOULIN DE LA VIERGE (Rue du) **. **XIV**e Arrondissement . . . . . . 56e Quartier.

2318   1re Partie. **Commence** rue de Vanves, 110. — **Finit** rue Decrès, 13.   (I. 7. — P. 6.)

2me Partie. **Commence** en impasse au delà de la rue de l'Ouest. — **Finit** passage de Gergovie.   (I. 21.)

Longr : 1re partie : 157m,00 ⎫
Longr : 2me partie : 49m,00 ⎬ 206m,00.
Moindre largr : 5m,00   (*Voie privée.*)

Orig. — Ancienne enseigne ; le Moulin de la Vierge était probablement situé à l'angle de cette rue et de la rue Vercingétorix actuelle.

MOULIN DES PRÉS (Impasse du)**. **XIII**e Arrondissement . . . . 51e Quartier.
Anciennement commune de Gentilly.

2319   **Située** rue du Moulin des Prés, 15.   (I. 23. — P. 6.)
Longr : 144m,00.
Largr : 5m,00 environ.   (*Voie privée.*)

Arrêté préfectoral du 10 novembre 1873. *Dénomination* actuelle.
Obs. — Précédemment impasse Désirée.

Orig. — *Voir* rue du Moulin des Prés.

MOULIN DES PRÉS (Rue du) *. . **XIII**e Arrondissement . . . . 51e Quartier.
Anciennement commune de Gentilly.

2320   **Commence** boulevard d'Italie, 27. — **Finit** rue de la Fontaine à Mulard.   (I. 80. — P. 56.)
Longr : 645m,00.
Moindre Largr : 8m,00.
Largr : 12m,00. — *Alignements* projetés, mis à l'enquête en 1876 et ajournés. (Largeur actuelle, 7m,60.)

Obs. — Voie communale classée antérieurement à l'année 1863.
Arrêté préfectoral du 16 mai 1862. *Nivellement.*

Orig. — Le Moulin des Prés était situé à l'extrémité de cette rue, au bord de la Bièvre.

MOULINET (Impasse du) ***. . . . **XIII**e Arrondissement . . . . 51e Quartier.
Anciennement commune de Gentilly.

2321   **Située** rue du Moulinet, 49.   (I. 5. — P. 8.)
Longr : 39m,00.
Moindre largr : 6m,00.   (*Voie privée.*)

Orig. — Doit son nom à un petit moulin qui était situé à l'angle de l'avenue d'Italie.

MOULINET (Rue du) **. . . . . . **XIII**e Arrondissement . . . . 51e Quartier.
Anciennement commune de Gentilly.

2322   **Commence** avenue d'Italie, 58. — **Finit** passage Vandrezanne.   (I. 49. — P. 41.)
Longr : 230m,00.

Arrêté préfectoral du 5 octobre 1857. *Classement* sur une longueur de 125 mètres, à partir du passage Vandrezanne.
Décret du 23 mai 1863. *Classement* confirmé pour cette première partie. *Classement* du surplus.
Moindre largr : 10m,00. — *Alignements* projetés.

Obs. — Précédemment sentier et passage du Moulinet.

Orig. — *Voir* passage du Moulinet.

MOULIN-JOLI (Impasse du) . . . . **XI**e Arrondissement . . . . 41e Quartier
2323   **Située** rue des Trois Couronnes, 41.   (I. 11. — P. 16.)
Longr : 158m,00.
Largr : 7m,00 environ.   (*Voie privée.*)

Orig. — Un moulin à vent était situé à son extrémité, et un sieur Joli avait établi un restaurant à côté de ce moulin.

MOULINS (Rue des) . . . . **I**er Arrondissement . . . . 3e Quartier.
2324   **Commence** rue Thérèse, 18. — **Finit** rue des Petits-Champs, 49. (I. 17 à 25. — P. 20 à 32.)
Longr : 76m,00.
Largr : 9m,74. — Décision ministérielle du 3 frimaire an X.
Id. : 9m,74. — Ord. royale du 4 octobre 1826. *Alignements.*
Arrêté préfectoral du 16 octobre 1876. *Nivellement*

Orig. — Doit son nom aux moulins de la butte qui existaient encore au XVIe siècle.

MOULIN VERT (Impasse du)**. . **XIV**ᵉ ARRONDISSEMENT. . . . . 55ᵉ QUARTIER.
Anciennement commune de Montrouge

2325 **Située** rue des Plantes, 29. (I. 27. — P. 26.)

Long^r : 130^m,00.

Larg^r : 5^m,00 environ. *(Voie privée.)*

ARRÊTÉ PRÉFECTORAL DU 1ᵉʳ FÉVRIER 1877. *Dénomination* actuelle.

OBS. — Précédemment impasse Chauvelot.

ORIG. — Voir rue du Moulin Vert.

MOULIN VERT (Rue du)**. . . . **XIV**ᵉ ARRONDISSEMENT . . . . . . 55ᵉ et 56ᵉ QUARTIERS.
Anciennement commune de Montrouge.

2326 **Commence** avenue du Maine, 218. — **Finit** rue Didot, 49. (I. 61. — P. 72.)

Long^r : 520^m,00.

Larg^r : 10^m,00. — ARRÊTÉ PRÉFECTORAL DU 5 MAI 1836. *Alignements* entre l'avenue du Maine et la rue des Plantes.

Larg^r : 12^m,00. — *Alignements* projetés suivis d'un commencement d'exécution. (Largeur actuelle, 3^m40 moindre.)

DÉCRET DU 23 MAI 1863. *Classement* (confirmation).

ARRÊTÉ PRÉFECTORAL DU 29 AOUT 1863. *Nivellement* entre l'avenue du Maine et la rue des Plantes.

ARRÊTÉ PRÉFECTORAL DU 10 JANVIER 1868. *Nivellement* entre la rue des Plantes et la rue Didot.

ORIG. — Ancien moulin sur l'emplacement duquel a été établie une guinguette.

MOURAUD (Rue)**. . . . . **XX**ᵉ ARRONDISSEMENT . . . . 80ᵉ QUARTIER.
Anciennement commune de Charonne.

2327 **Commence** rue de la Croix Saint Simon, 31. — **Finit** rue Saint Blaise, 78. (I. 49. — P. 58.)

Long^r : 285^m,00.

DÉCRET DU 23 MAI 1863. *Classement* entre la rue de la Croix Saint Simon et la rue des Rasselins (A).

Larg^r : 8^m,00. — DÉCRET DU 20 JUILLET 1881. *Alignements* et *Nivellement.*

ARRÊTÉ PRÉFECTORAL DU 3 JUILLET 1830. — *Classement* entre la rue des Rasselins et la rue Saint-Blaise (B).

DÉCRET DU 23 MAI 1863. — *Classement* confirmé de la partie B.

ARRÊTÉ PRÉFECTORAL DU 1ᵉʳ FÉVRIER 1877. *Réunion* du Clos Réglise à la rue Mouraud.

OBS. — Précédemment rue du Clos Réglise et sentier Mouraud.

ORIG. — Nom de propriétaire.

MOUSQUETAIRES (Passage des). **XII**ᵉ ARRONDISSEMENT . . . . 47ᵉ QUARTIER.

2328 **Commence** quai de la Rapée, 18. — **Finit** rue de Bercy, 147. (P. 12.)

Long^r : 240^m,00.

Larg^r : 4^m,30. *(Voie privée.)*

OBS. — Précédemment passage de la Grande Cour.

ORIG. — Voisinage de l'ancien hôtel des Mousquetaires, devenu au XVIIIᵉ siècle l'hôpital des Quinze-Vingts.

MOUSSEAU (Impasse)**. . . . . . **XV**ᵉ ARRONDISSEMENT. . . . . 57ᵉ QUARTIER.
Anciennement commune de Vaugirard.

2329 **Située** chemin des Périchaux, 5.

Long^r : 70^m,00.

Larg^r : 3^m,00 environ. *(Voie privée.)*

ORIG. — Nom du propriétaire.

MOUSSY (Rue de). . . . . **IV**ᵉ ARRONDISSEMENT. . . . . 14ᵉ QUARTIER.

2330 **Commence** rue de la Verrerie, 8. — **Finit** rue Sainte Croix de la Bretonnerie, 19.

Long^r : 137^m,00. (I. 9. — P. 8.)

Larg^r : 6^m,00. — DÉCISION MINISTÉRIELLE DU 28 BRUMAIRE AN VI. *Alignements.*

Larg^r : 10^m,00. — ORD. ROYALE DU 6 DÉCEMBRE 1827. *Alignements.*

DÉCRET DU 1ᵉʳ AVRIL 1863 (U. P.). *Élargissement* partiel lors de l'agrandissement des écoles protestantes de la rue des Billettes.

OBS. — Cette rue est fermée par des grilles vers son milieu et sur la rue Sainte Croix de la Bretonnerie.

ORIG. — Jean de Moussy était échevin en 1530.

MOUTON-DUVERNET (Rue)**. . **XIV**ᵉ ARRONDISSEMENT . . . . 55ᵉ et 56ᵉ QUARTIERS.
Anciennement commune de Montrouge.

2331   **Commence** avenue d'Orléans, 36. — **Finit** rue Didot, 11.   (l. 79. — P. 80.)

    Longʳ : 645ᵐ,00.

    Largʳ : 13ᵐ,00. — DÉLIBÉRATION DU CONSEIL MUNICIPAL DU 7 MAI 1841.

     Id.   13ᵐ,00. — DÉCRET DU 4 JUILLET 1879. *Alignements* et *Nivellement* entre l'avenue
       d'Orléans et la rue Boulard.

     Id.   10ᵐ,00. — *Alignements* projetés entre l'avenue du Maine et la rue Didot.
       (Largeur actuelle).

       DÉCRET DU 23 MAI 1863. *Classement* confirmé de la première
       partie et *Classement* du surplus.

       ARRÊTÉ PRÉFECTORAL DU 18 NOVEMBRE 1862. *Nivellement*.

       DÉCRET DU 24 AOUT 1864 et ARRÊTÉ PRÉFECTORAL DU 18 SEPTEMBRE
       1880. *Dénomination* actuelle.

         OBS. — Précédemment rues Montyon et du Géorama.

   ORIG.   Le baron Régis-Barthélemy Mouton-Duvernet, général de division (1769-1816).

MOUZAIA (Rue de)**. . . . . . **XIX**ᵉ ARRONDISSEMENT . . . . 75ᵉ QUARTIER.

2332   **Commence** rues du Général Brunet et Compans. — **Finit** en impasse, **Finira** boulevard
   Sérurier.

    Longʳ : 460ᵐ,00 exécutée.

    Longʳ : 545ᵐ,00 totale.

       Voie ouverte sur une longueur de 419 mètres, à partir de la rue du
       Général Brunet, en vertu du traité passé le 20 mai 1875 entre la
       Ville de Paris et la Compagnie des Marchés aux chevaux et à
       fourrages.

    Largʳ : 20ᵐ,00. — DÉCRET DU 21 JUILLET 1879. *Classement, Alignements* et *Nivellement*.

         OBS. — Projet de prolongement jusqu'au boulevard Sérurier.

       ARRÊTÉ PRÉFECTORAL DU 24 AOUT 1876. *Nivellement*.

       ARRÊTÉ PRÉFECTORAL DU 1ᵉʳ FÉVRIER 1877. *Dénomination*.

   ORIG. — Gorge d'Algérie où eurent lieu des combats en 1839 et en 1840.

MOYNET (Cité) . . . . **XII**ᵉ ARRONDISSEMENT . . . . 46ᵉ QUARTIER.

2333   **Située** rue de Charenton, 181.   (l. 31. — P. 12.)

    Longʳ : 150ᵐ,00.

    Largʳ : 7ᵐ,60.   (*Voie privée*.)

   ORIG. — Nom de propriétaire.

MOZART (Impasse) . . . . **XVI**ᵉ ARRONDISSEMENT . . . . 62ᵉ QUARTIER.
Anciennement commune de Passy.

2334   **Située** rue Mozart, 26.

    Longʳ : 28ᵐ,00.

    Largʳ : 1ᵐ,25 (environ).   (*Voie privée*.)

       ARRÊTÉ PRÉFECTORAL DU 3 SEPTEMBRE 1869. *Dénomination* actuelle.

         OBS. — Précédemment Sente de la Chaise.

   ORIG. — *Voir* rue Mozart.

MOZART (Rue). . **XVI**ᵉ ARRONDISSEMENT . . . . . 61ᵉ et 62ᵉ QUARTIERS.

2335   **Commence** rue Bois le Vent, 31. — **Commencera** chaussée de la Muette. — **Finit** rues
   La Fontaine, 110, et Pierre Guérin, 20.   (l. 11 à 41. — P. 8 à 68.)

    Longʳ : 660ᵐ,00 actuelle. Longʳ : 1160ᵐ,00 future.

    Largʳ : 20ᵐ,00.— DÉCRET DU 29 MAI 1867 (U. P.). *Ouverture* et *Alignements*.

       ARRÊTÉ PRÉFECTORAL DU 2 AOUT 1866. *Nivellement* entre la chaussée
       de la Muette et la rue de l'Assomption.

       ARRÊTÉ PRÉFECTORAL DU 10 FÉVRIER 1876. *Nivellement* jusqu'à la rue
       Dangeau.

       ARRÊTÉ PRÉFECTORAL DU 12 NOVEMBRE 1877. *Nivellement* entre la rue
       Dangeau et la rue Ribera.

       DÉCRET DU 2 MARS 1867. *Dénomination*.

   ORIG. — Jean-Chrysostome-Wolfgang-Amédée Mozart, compositeur allemand (1756-1791).

MUETTE (Chaussée de la)*. . . . . **XVI**ᵉ ARRONDISSEMENT . . . . 62ᵉ QUARTIER.
Anciennement commune de Passy.

2336   **Commence** rues de Boulainvilliers, 67, et de la Pompe, 1.— **Finit** avenues Ingres et Prudhon.

    Longʳ : 340ᵐ,00.   (l. 15. — P. 20.)

   Moindre largʳ : 14ᵐ,50. — DÉCRET DU 11 DÉCEMBRE 1811. *Alignements*.

       DÉCRET DU 23 MAI 1863. *Classement* (confirmation).

       ARRÊTÉ PRÉFECTORAL DU 4 AOUT 1869. *Nivellement*.

   ORIG. — Conduit au château de la Muette. On appelait muettes les maisons destinées à garder les mues de cerfs et à
   mettre les oiseaux de fauconnerie au temps de la mue.

MUETTE (Porte de la). . . . . . **XVI**ᵉ Arrondissement . . . . 62ᵉ Quartier.
2337   **Située** boulevards Suchet et Lannes, au droit de l'avenue du Trocadéro.
Orig. — Située en face le parc du château de la Muette.

MULHOUSE (Rue de) . . . . . . **II**ᵉ Arrondissement . . . . 7ᵉ Quartier.
2338   **Commence** rue de Cléry, 29. — **Finit** rue des Jeûneurs, 7.   (l. 13. — P. 8.)
Longʳ : 78ᵐ,00.
Largʳ : 12ᵐ,00. — Ord. royale du 24 janvier 1843. *Alignements* et *Nivellement*.
Décision ministérielle du 21 juin 1844. *Dénomination*.
Orig. — Ville d'Alsace célèbre par ses draperies, ses mousselines et ses toiles peintes; doit son nom aux nombreux négociants du quartier qui entreposent ses produits.

MULLER (Rue)** . . . . **XVIII**ᵉ Arrondissement . . . . 70ᵉ Quartier.
Anciennement commune de Montmartre.
2339   **Commence** rues de Clignancourt, 49, et Ramey, 1. — **Finit** rues Charles Nodier et Feutrier, 33. — **Finira** rue Chasseloup-Laubat.   (l. 23. — P. 32.)
Longʳ : 179ᵐ,00 actuelle. Longʳ : 280ᵐ,00 future.
Largʳ : 12ᵐ,00. — Décret du 9 juillet 1870. *Classement* et *Alignements* entre les rues de Clignancourt et Ramey, et les rues Charles Nodier et Feutrier.
Largʳ : 12ᵐ,00. — Décret du 11 août 1867 (U. P.). *Ouverture* et *Alignements* entre les rues Charles Nodier et Feutrier, et la rue Chasseloup-Laubat.
Orig. — Nom de propriétaire.

MURAT (Boulevard). . . . . . . **XVI**ᵉ Arrondissement . . . . 61ᵉ Quartier.
Anciennement commune d'Auteuil.
2340   **Commence** porte et rue d'Auteuil.— **Finit** quai d'Auteuil et porte de Billancourt. (l. 183.)
Longʳ : 1930ᵐ,00.
Convention du 5 juillet 1859. Remise conditionnelle, par le Génie militaire, à la Ville de Paris, de la rue Militaire.
Décret du 9 septembre 1861. *Alignements* de la rue Militaire.
Décret du 23 mai 1863. *Classement* (confirmation).
Décret du 2 mars 1864. *Dénomination* actuelle.
Obs. — Précédemment rue Militaire (partie).
Orig. — Joachim Murat, maréchal de France, grand duc de Berg, puis roi de Naples (1771-1815).

MURIERS (Passage des) **. . . . . **XX**ᵉ Arrondissement . . . . 79ᵉ Quartier.
Anciennement commune de Charonne.
2341   **Commence** rue des Amandiers, 42. — **Finit** rue des Muriers, 4.   (l. 4. — P. 10.)
Longʳ : 114ᵐ,00.
Moindre largʳ : 2ᵐ,50.   (*Voie privée*.)
Arrêté préfectoral du 1ᵉʳ février 1877. *Dénomination* actuelle.
Obs. — Précédemment passage de l'Asile.
Orig. — Voir rue des Muriers.

MURIERS (Rue des)** . . . . **XX**ᵉ Arrondissement . . . . 79ᵉ Quartier.
Anciennement commune de Charonne.
2342   **Commence** rue des Partants, 14. — **Finit** rue des Coudriers, 2.   (l. 21. — P. 22.)
Longʳ : 120ᵐ,00.
Largʳ : 8ᵐ,00.   (*Voie privée*.)
Arrêté préfectoral du 1ᵉʳ février 1877. *Dénomination* actuelle.
Obs. — Précédemment rue Richer.
Orig. — Quartier champêtre.

MURILLO (Rue). . . . . **VIII**ᵉ Arrondissement . . . . 32ᵉ Quartier.
2343   **Commence** avenue Ruysdaël, 3. — **Finit** rue de Courcelles, 78.   (l. 23. — P. 26.)
Longʳ : 278ᵐ,00.
Largʳ : 12ᵐ,00. — *Voie ouverte* par la Ville de Paris, en vertu d'un traité passé avec M. Péreire, le 8 avril 1867.
Arrêté préfectoral du 2 mai 1867. *Nivellement*.
Décret du 10 août 1868. *Dénomination*.
Orig. — Bartholomé-Esteban Murillo, peintre espagnol (1618-1682).

MURS DE LA ROQUETTE (Rue des) **XI**ᵉ Arrondissement . . . . 43ᵉ Quartier.
2344   **Commence** rue Mercœur, 3. — **Finit** rue de la Roquette, 142.   (l. 10. — P. 18.)
Longʳ : 130ᵐ,00.
Largʳ : 10ᵐ,00. — Ord. royale du 6 mai 1827. *Alignements*.
Orig. — Suivait les murs du couvent des religieuses hospitalières de la Roquette.

MUSSET (Rue de). . . . . **XVI**ᵉ Arrondissement. . . . . 61ᵉ Quartier.
2345 **Commence** rue Jouvenet, 9. — **Finit** rue Boileau, 67.　　　　(l. 17. — P. 14.)
　　　Long^r : 220^m,00.
　　　Larg^r :　8^m,00. — Ord. royale du 23 décembre 1839. *Alignements*.
　　　　　　　　　　Décret du 23 mai 1863. *Classement* (confirmation).
　　　　　　　　　　Arrêté préfectoral du 20 mai 1863. *Nivellement*.
　　　　　　　　　　Décret du 24 août 1864. *Dénomination* actuelle.
　　　　　　　　　　　　Obs. — Précédemment rue Benoît.
　　　Orig. — Louis-Charles-Alfred de Musset, poète (1810-1857).

MYRHA (Rue)**. . . . . . . **XVIII**ᵉ Arrondissement . . . . 70ᵉ et 71ᵉ Quartiers.
　　　　　　　Anciennement communes de La Chapelle et de Montmartre.
2346 **Commence** rue Stephenson, 31. — **Finit** rues Christiani, 16, et Poulet, 2.
　　　Long^r : 610^m,00.　　　　　　　　　　　　　　　(l. 89. — P. 100.)
　Moindre larg^r :　9^m,00. — Ord. royale du 30 juillet 1841. *Ouverture* et *Alignements* entre la
　　　　　　　　　　rue Léon et la rue des Poissonniers.
　Moindre larg^r : 12^m,00. — Ord. royale du 31 mars 1847. *Ouverture* et *Alignements* entre la
　　　　　　　　　　rue des Poissonniers et les rues Christiani et Poulet.
　　　　　　　　　　Décret du 23 mai 1863. *Classement* (confirmation).
　　　　　　　　　　Arrêté préfectoral du 3 février 1865. *Nivellement* entre la rue
　　　　　　　　　　Stephenson et la rue des Poissonniers.
　　　　　　　　　　Arrêté préfectoral du 3 février 1865. *Nivellement* entre la rue des
　　　　　　　　　　Poissonniers et la rue de Clignancourt.
　　　　　　　　　　Arrêté préfectoral du 2 avril 1868. *Dénomination* actuelle.
　　　　　　　　　　　　Obs. — Précédemment rues de Constantine et Myrha.
　　　Orig. — Nom d'un propriétaire des terrains.

N

NABOULET (Impasse) . . . . **XVII**e Arrondissement. . . . . 68e Quartier.
Anciennement commune des Batignolles.

2347 **Située** rue Marcadet, 336. (I. 9. — P. 10.)
Long^r : 75^m,00.
Larg^r : 3^m,00. *(Voie privée.)*
Orig. — Nom de propriétaire.

NANCY (Rue de). . . . . **X**e Arrondissement . . . . 37e Quartier.
2348 **Commence** rue du Faubourg Saint Martin, 153. — **Finit** rue de Metz, 16. (I. 3.)
Long^r.: 46^m,00.
Larg^r.: 20^m,00. — Décret du 1er juillet 1854. *Classement* et *Alignements*.
Orig. — Chef-lieu du département de Meurthe-et-Moselle ; voisinage de la gare de l'Est.

NANETTES (Impasse des). . . . . **XI**e Arrondissement . . . . 42e Quartier.
2349 **Située** boulevard de Ménilmontant, 10. (I. 1. — P. 10.)
Long^r : 210^m,00.
Moindre larg^r : 1^m,25. *(Voie privée.)*
Orig. — Ancien nom (xviiie siècle).

NANSOUTY (Impasse). . . . . **XIV**e Arrondissement . . . . 54e Quartier.
Anciennement commune de Gentilly.

2350 **Située** rue de Nansouty, 28. (I. 9.)
Long^r : 60^m,00.
Larg^r : 2^m,00 (environ). *(Voie privée.)*
Arrêté préfectoral du 1er février 1877. *Dénomination* actuelle.
Obs. — Précédemment impasse du Bel Air.
Orig. — *Voir* rue Nansouty.

NANSOUTY (Rue). . . . . . . **XIV**e Arrondissement . . . . 54e Quartier.
2351 **Commence** avenue Reille. — **Finit** boulevard Jourdan. (I. 30.)
Long^r : 325^m,00.
Larg^r : 12^m,00. — Décret du 22 février 1863 (U.P.). *Ouverture* et *Alignements*.
Arrêté préfectoral du 7 novembre 1867. *Nivellement*.
Décret du 2 mars 1867. *Dénomination*.
Orig. — Étienne-Antoine-Marie Champion, comte de Nansouty, général de division (1768-1815); voisinage de la route Militaire.

NANTES (Rue de). . . . . . . **XIX**e Arrondissement . . . . 74e Quartier.
Anciennement commune de La Villette.

2352 **Commence** quai de l'Oise, 19. — **Finit** rue de Flandre, 132. (I. 41. — 40.)
Long^r : 355^m,00.
Larg^r : 10^m,00. — Arrêté préfectoral du 21 février 1829. *Alignements*.
Décret du 23 mai 1863. *Classement* (confirmation).
Décret du 17 septembre 1864 (U.P.). Mise à l'alignement de la maison n° 25.
Arrêté préfectoral du 2 septembre 1860. *Nivellement*.
Orig. — Chef-lieu de la Loire-Inférieure ; groupe géographique du canal de l'Ourcq.

NAPLES (Rue de). . . . . **VIII**e Arrondissement . . . . 32e Quartier.
2353 **Commence** rue de Rome, 63. — **Finit** boulevard Malesherbes, 74. (I. 57. — P. 74.)
Long^r : 470^m,00.
Larg^r : 12^m,00. — Ord. royale du 2 février 1826. *Ouverture* et *Alignements*.
Arrêté préfectoral du 19 août 1864. *Dénomination* actuelle.
Obs. — Précédemment rue de Hambourg (partie).
Orig. — Ville d'Italie, ancienne capitale de l'ex-royaume de Naples ; voisinage de la place de l'Europe.

NAPOLÉON (Cité)** . . . . **XX**ᵉ Arrondissement . . . . 77ᵉ Quartier.
Anciennement commune de Belleville.
2354   **Située** rue Bisson, 42.   (I. 9. — P. 16.)
    Longʳ : 66ᵐ,00.
    Largʳ : 8ᵐ,00.   (*Voie privée.*)
    Orig. — Voisinage de la rue Palikao, ancienne rue Napoléon.

NARBONNE (rue de). . . . . **VII**ᵉ Arrondissement . . . . 23ᵉ Quartier.
2355   **Commence** rue de La Planche. — **Finit** en impasse. — **Finira** rue du Bac.
    Longʳ : 46ᵐ,00.
    Largʳ : 10ᵐ,00.   (*Voie privée en cours d'exécution*).

NATION (Place de la). . . . . **XI**ᵉ Arrondissement . . . . 44ᵒ Quartier.
2356   **XII**ᵉ Arrondissement . . . . 46ᵉ Quartier.
    Située entre la rue du Faubourg-Saint Antoine, 323, et l'avenue du Trône, 1. (I. 19. — P. 30.)
(*Place plantée.*)
    Rayon : 127ᵐ,00. — Décision ministérielle du 14 vendémiaire an v.
    Id. 127ᵐ,00. — Ord. royale du 8 septembre 1847. *Alignements.*
    Id. 127ᵐ,00. — Décret du 29 août 1857. *Alignements.*
              Arrêté préfectoral du 2 juillet 1880. *Dénomination* actuelle.
              Obs. — Précédemment place du Trône.
    Orig. — Ainsi dénommée à l'occasion de la Fête nationale du 14 juillet 1880.

NATION (Rue de la) ** . . . . . . **XVIII**ᵉ Arrondissement . . . . 70ᵉ Quartier.
Anciennement commune de Montmartre.
2357   **Commence** boulevard Ornano, 7. — **Finit** rue de Clignancourt, 18.   (I. 23. — P. 18.)
    Longʳ : 130ᵐ,00.
    Largʳ : 12ᵐ,00. — Délibérations du conseil municipal des 12 juin 1846 et 7 février
                  1859. *Alignements* projetés. (Largeur exécutée.)
              Décret du 23 mai 1863. *Classement* (confirmation).
              Arrêté préfectoral du 3 février 1865. *Nivellement.*
    Orig. — Nom substitué à celui de rue Royale.

NATIONAL (Pont). . . . . **XII**ᵉ Arrondissement . . . . 47ᵒ Quartier.
                   XIIIᵉ Arrondissement . . . . 50ᵉ Quartier.
2358   **Situé** entre les quais de Bercy et de la gare, au droit des boulevards de Bercy et Masséna.
    Longʳ : 240ᵐ,00 environ, non compris les rampes.
    Largʳ : 16ᵐ,00.
    Orig. — Nom substitué, en 1870, à celui de pont Napoléon.

NATIONALE (Rue et Place)** . . . **XIII**ᵉ Arrondissement . . . . 50ᵒ Quartier.
Anciennement commune d'Ivry.
2359   **Commence** boulevard de la Gare, 147. — **Finit** rues Clisson, 84, et du Château des Ren-
    tiers, 144. — **Finira** boulevard Masséna.   (I. 61. — P. 44.)
    Longʳ :   445ᵐ,00 (actuelle). Longʳ : 1,320ᵐ,00 (future).
    Largʳ :   14ᵐ,00. — Arrêté préfectoral du 9 mars 1837. *Alignements* entre le boulevard
                  de la Gare et la rue du Château des Rentiers.
              Arrêté préfectoral du 4 novembre 1826. *Alignements* de la place
              Nationale.
              Décret du 23 mai 1863. *Classement* (confirmation).
      Id.   14ᵐ,00. — Décret du 23 mai 1863 (U. P.). *Prolongement* entre la rue du Châ-
              teau des Rentiers et le boulevard Masséna.
              Arrêté préfectoral du 6 juin 1862. *Nivellement* entre le boulevard
              de la Gare et la place Nationale.
              Arrêté préfectoral du 30 juillet 1866. *Nivellement* entre la place
              Nationale et le boulevard Masséna.
    Orig. — Nom donné après la révolution de 1848.

NATIVITÉ (Place de la) . . . . . . **XII**ᵉ Arrondissement . . . . 47ᵒ Quartier.
Anciennement commune de Bercy.
2360   **Commence** rue de Bercy, 44, et rue d'isolement de l'Entrepôt. — **Finit** chemin de fer de Lyon
    et rue de la Nativité.   (I. 9. — 2.)
    Longʳ : 180ᵐ,00.

NATIVITÉ (Place de la). *(Suite.)*
    Moindre largᵣ : **27ᵐ,00.** — Délibération du conseil municipal du 21 septembre 1839. *Aligne-*
                ments projetés. (Largeur actuelle.)
                Décret du 23 mai 1863. *Classement* (confirmation).
                Décret du 6 août 1877 (U. P.). Modification de l'*Alignement* du
                côté des numéros pairs.
                Arrêté préfectoral du 26 février 1867. *Dénomination* actuelle.
                      Obs. — Précédemment place de l'Église.
    Orig. — Située devant l'église de la Nativité.

NATIVITÉ (Rue de la). . . . . . **XII**ᵉ Arrondissement . . . . 47ᵉ Quartier.
                            Anciennement commune de Bercy.
2361   **Commence** place de la Nativité. — **Finit** rue de Charenton, 262. (I. 27 à 39. — P. 40 à 50.)
        Longᵣ : 232ᵐ,00.
        Largᵣ : 13ᵐ,00. — Délibération du conseil municipal du 21 septembre 1839. *Aligne-*
                ments projetés. (Largeur actuelle.)
                Décret du 23 mai 1863. *Classement* (confirmation).
                Arrêté préfectoral du 26 février 1867. *Dénomination* actuelle.
                      Obs. — Précédemment rue du Commerce.
    Orig. — *Voir* place de la Nativité.

NAVARIN (Rue de) . . . . **IX**ᵉ Arrondissement . . . . 33ᵉ Quartier.
2362 **Commence** rue des Martyrs, 39. — **Finit** rue Bréda, 18. (I. 33. — P. 28.)
        Longᵣ : 190ᵐ,00.
        Largᵣ : 11ᵐ,69. — Ord. royale du 7 octobre 1830. *Ouverture* et *Alignements*.
    Orig. — Victoire remportée le 20 octobre 1827 par les escadres française, anglaise et russe, sur la flotte turco-
        égyptienne.

NAVARRE (Rue de) **. . . . . . **V**ᵈ Arrondissement. . . . . 17ᵉ Quartier.
2363 **Commence** rue Lacépède, 10. — **Finit** rue Monge, 57. (I. 11. — P. 12.)
        Longᵣ : 146ᵐ,00.
    Moindre largᵣ : 7ᵐ,00. — Décision ministérielle du 28 ventôse an IX.
    Moindre largᵣ : 10ᵐ,00. — Ord. royale du 3 mars 1847. *Alignements*.
                Arrêté préfectoral du 1ᵉʳ février 1877. *Dénomination* actuelle.
                      Obs. — Précédemment rue Rollin (partie).
    Orig. — Doit son nom à l'ancien collège de Navarre, aujourd'hui École Polytechnique.

NECKER (Rue) . . . . **IV**ᵉ Arrondissement . . . . 14ᵉ Quartier.
2364 **Commence** rue d'Ormesson, 2. — **Finit** rue de Jarente, 1. (I. 5. — P. 10.)
        Longᵣ : 46ᵐ,00.
        Largᵣ : 5ᵐ,80. — Décision ministérielle du 22 juillet 1823. *Alignements*.
        Largᵣ : 5ᵐ,80. — Ord. royale du 5 avril 1846. *Alignements*.
    Orig. — Ouverte en 1788, lors de la création du marché Sainte-Catherine, sous le ministère de Jacques Necker (1732-
        1804).

NEMOURS (Galerie de). . . . . . **I**ᵉʳ Arrondissement . . . . 3ᵉ Quartier.
2365 **Commence** rue Saint-Honoré. — **Finit** galerie de Chartres. (Nᵒˢ 1 à 13.)
        Longᵣ : 38ᵐ,00.
        Largᵣ : (*Voie privée* située dans le Palais-Royal.)
    Orig. — Galerie neuve du Palais-Royal, ainsi nommée en l'honneur du duc de Nemours, fils de Louis-Philippe.

NEMOURS (Rue de) . . . . **XI**ᵉ Arrondissement . . . . 41ᵉ Quartier.
2366 **Commence** rue Oberkampf, 63. — **Finit** rue d'Angoulême, 46. (I. 23. — P. 22.)
        Longᵣ : 170ᵐ,00.
        Largᵣ : 10ᵐ,00. — Ord. royale du 27 juin 1838. *Ouverture* et *Alignements*.
                  Obs. — La hauteur maxima des maisons est fixée à 16ᵐ,00
    Orig. — Ouverte en 1838, a pris le nom du fils de Louis-Philippe.

NESLE (Rue de) . . . . **VI**ᵉ Arrondissement . . . . 21ᵉ Quartier.
2367 **Commence** rue Dauphine, 22. — **Finit** impasse et rue de Nevers, 17. (I. 13. — P. 12.)
         Longᵣ : 71ᵐ,00.
         Largᵣ : 8ᵐ,00. — Décision ministérielle du 14 messidor an VIII.
        Largᵣ : 10ᵐ,00. — Ord. royale du 11 août 1844. *Alignements*.
                Arrêté préfectoral du 26 février 1877. *Dénomination* actuelle.
                    Obs. — Précédemment rue d'Anjou-Dauphine.
    Orig. — Sur l'emplacement de l'ancien hôtel de Nesle.

NEUILLY (Porte de) . . . . . . **XVI**ᵉ Arrondissement. . . . . 64ᵉ Quartier.
                    XVIIᵉ Arrondissement . . . . 65ᵉ Quartier.
2368 **Située** boulevards Lannes et Gouvion-Saint-Cyr, au droit de l'avenue de la Grande-Armée.
    Orig. — A l'entrée de la commune de Neuilly.

NEUVE DE LA CHARDONNIÈRE (Rue).
XVIII⁰ Arrondissement . . . . 70⁰ Quartier.
Anciennement commune de Montmartre.
2369 **Commence** rue du Simplon, 32. — **Finit** rue Championnet, 43.
Long⁷ : 123ᵐ,00.
Larg⁷ : 6ᵐ,00 environ. *(Voie privée.)*
Orig. — Lieu dit de la Chardonnière.

NEUVE DES BOULETS (Rue) . . . **XI**ᵉ Arrondissement . . . . 44ᵉ Quartier.
2370 **Commence** rue des Boulets, 38. — **Finit** rue de Nice, 1. (l. 10. — P. 34.)
Long⁷ : 209ᵐ,00.
Larg⁷ : 12ᵐ,00. *(Voie privée.)*
Orig. — *Voir* rue des Boulets.

NEUVE POPINCOURT (Rue) . . **XI**ᵉ Arrondissement . . . . 42ᵉ Quartier.
2371 **Commence** rue Oberkampf, 38. — **Finit** passage Popincourt, 17. (l. 1. — P. 14.)
Long⁷ : 143ᵐ,00.
Larg⁷ : 10ᵐ,00. *(Voie privée.)*
Obs. — La Ville de Paris entretient la chaussée et les trottoirs de la partie de cette voie comprise entre la rue Oberkampf et le passage qui fait suite à la rue Ternaux.
Orig. — *Voir* rue Popincourt.

NÉVA (Rue de la) . . . . **VIII**ᵉ Arrondissement . . . . 30ᵉ Quartier.
2372 **Com.** rue du Faubourg Saint Honoré, 260, et rue Daru, 1. — **Finit** boul. de Courcelles, 77.
Long⁷ : 127ᵐ,00.
Larg⁷ : 12ᵐ,00. *(Voie privée.)*
Orig. — Fleuve de la Russie; voisinage de l'Église russe.

NEVERS (Impasse de) . . . . . . **VI**ᵉ Arrondissement . . . . 21⁰ Quartier.
2373 **Située** en prolongement de la rue du même nom.
Long⁷ : 14ᵐ,00.
Larg⁷ : 8ᵐ,00. — Décision ministérielle du 2 messidor an VIII. *Alignements.*
Orig. — *Voir* rue de Nevers.

NEVERS (Rue de) . . . . **VI**ᵉ Arrondissement . . . . 21⁰ Quartier.
2374 **Com.** quai de Conti, 5. — **Finit** rue de Nesle, 12, et impasse de Nevers. (l. 17. — P. 22.)
Long⁷ : 149ᵐ,00.
Larg⁷ 8ᵐ. — Décision ministérielle du 2 messidor an VIII. *Alignements.*
Orig. — Longeait l'hôtel de Nevers, qui avait remplacé l'hôtel de Nesle.

NEWTON (Rue) . . . . **XVI**ᵉ Arrondissement . . . . 64ᵉ Quartier.
2375 **Commence** avenue Marceau, 73. — **Finit** avenue d'Iéna, 84. (l. 11. — P. 12.)
Long⁷ : 96ᵐ,00.
Larg⁷ : 12ᵐ,00. — Ord. royale du 18 mars 1862. *Ouverture, Alignements* et *Fixation* à 12ᵐ,00 de la hauteur maxima des maisons en bordure.
Arrêté préfectoral du 21 février 1862. *Nivellement.*
Orig. — Isaac Newton, mathématicien anglais (1642-1727), découvrit les lois de l'attraction universelle ; quartier où ont été groupés des noms d'astronomes.

NEY (Boulevard) * . . . . **XVIII**ᵉ Arrondissement. . . . 69ᵉ, 70ᵉ 71ᵉ et 72ᵉ Quartiers.
Anciennement communes de La Chapelle, de Montmartre et de Saint Ouen.
2376 **Com.** porte et rue d'Aubervillliers, 29. — **Fin.** porte et avenue de Saint Ouen, 132. (l. 155.)
Long⁷ : 2980ᵐ,00.
Convention du 28 Juillet 1859. Remise conditionnelle par l'État, à la Ville de Paris, de la rue Militaire.
Décret du 23 mai 1863. *Classement.*
Larg⁷ : 40ᵐ,00.— Décret du 9 septembre 1861 (U.P.). *Élargissement* de la route Militaire entre la rue de La Chapelle et l'avenue de Saint Ouen.
Décret du 2 mars 1864. *Dénomination* actuelle.
Obs. — Précédemment rue Militaire.
Obs. — Un projet, mis à l'enquête le 24 mars 1873, réduit à 14ᵐ,00 la partie comprise entre la rue de La Chapelle et le boulevard Ornano. La clôture du chemin de fer de Ceinture est établie sur cet alignement.
Orig. — Michel Ney, duc d'Elchingen, prince de la Moskowa, maréchal de France (1769-1815).

NICE (Rue de) . . . . **XI**e ARRONDISSEMENT. . . . . 44e QUARTIER.

2377   **Commence** rue Neuve des Boulets, 19. — **Finit** rue de Charonne, 134.   (I. 19.— P. 14.)
        Long* : 137m,00.
        Larg* : 12m,00.   *(Voie privée.)*
        ORIG. — Ainsi dénommée lors de l'annexion du comté de Nice (1860).

NICE LA FRONTIÈRE (Rue de) **.   **XV**e ARRONDISSEMENT . . . . 57e QUARTIER.
            Anciennement commune de Vaugirard.

2378   **Commence** rue Brancion, 13. — **Finit** rue des Fourneaux, 262.   (1. 9.— P. 28.)
        Long* : 210m,00.
     Moindre larg* :   4m,50.   *(Voie privée.)*
        ORIG. — Voisinage de la place de l'Obélisque. (*Voir* rue Chauvelot.)

NICOLAÏ (Rue de) . . . . **XII**e ARRONDISSEMENT. . . . . . . 46e et 47e QUARTIERS.
            Anciennement commune de Bercy.

2379   **Commence** quai de Bercy. — **Finit** en impasse au delà de la rue de la Lancette.
        Long* : 960m,00.   (1. 43 à 67. — P. 36 à 62.)
        Larg* : 10m,00. — ORD. ROYALE DU 23 MAI 1841. *Alignements* entre le quai de Bercy et la
              rue de Charenton (A).
        Larg* : 10m,00. — ARRÊTÉ PRÉFECTORAL DU 9 MARS 1855. *Alignements* entre la rue de
              Charenton et le chemin des Meuniers (B).
        Larg* : 12m,00. — *Alignements* projetés pour cette deuxième partie.
              DÉCRET DU 23 MAI 1863. *Classement* confirmé pour les deux parties
              (A B).
        Larg* : 12m,00. — Le surplus, compris entre le chemin des Meuniers et l'extrémité
              de l'impasse, a été exécuté comme amorces de la rue Wattignies.
              (Décret du 28 juillet 1862.)
        Larg* : 12m,00. — *Prolongement* projeté jusqu'à l'avenue Daumesnil.
              DÉCRET DU 6 AOUT 1877 (U.P.) *Suppression* entre le quai et la rue de
              Bercy pour l'établissement du nouvel entrepôt.
              ARRÊTÉ PRÉFECTORAL DU 2 MARS 1861. *Nivellement.*
              DÉCRET DU 2 OCTOBRE 1865. *Dénomination* actuelle.
              Obs. — Précédemment rue de la Grange aux Merciers et rue des Chemins
                    verts.
        ORIG. — Famille de Nicolaï, qui a produit notamment des magistrats, propriétaire du Château de Bercy.

NICOLAS FLAMEL (Rue). . . . **IV**e ARRONDISSEMENT . . . . 13e QUARTIER.

2380   **Commence** rue de Rivoli, 88. — **Finit** rue des Lombards, 7.   (1. 9.— P. 10.)
        Long* : 99m,00.
        Larg* :   6m,00. — DÉCISION MINISTÉRIELLE DU 18 VENDÉMIAIRE AN VI.
        Larg* : 10m,00. — ORD. ROYALE DU 19 JUILLET 1840. *Alignements.*
        Larg* : 11m,68. — DÉCRET DU 19 FÉVRIER 1853 (U.P.). *Élargissement.*
              DÉCRET DU 18 FÉVRIER 1851. *Dénomination* actuelle.
              Obs. — Précédemment rue Marivaux des Lombards.
      ORIG. — Nicolas Flamel, bourgeois de Paris, maître-écrivain et alchimiste, bienfaiteur de l'église Saint Jacques la Bou-
         cherie (1330-1418); voisinage de la Tour Saint Jacques.

NICOLE (Rue) . . . . **V**e ARRONDISSEMENT . . . . 19e QUARTIER.

2381   **Commence** rue du Val de Grâce, 11. — **Finit** boulevard de Port-Royal, 90.   (1. 17. — P. 26.)
        Long* : 215m,00.
        Larg* : 12m,00. — Voie ouverte en exécution d'une clause domaniale grévant les
              terrains provenant de l'ancien couvent des Carmélites.
                 Obs. — Il existe un projet de prolongement entre la rue du Val de Grâce et
                    la rue Saint Jacques.
              ARRÊTÉ PRÉFECTORAL DU 31 JUILLET 1867. *Nivellement.*
              ARRÊTÉ PRÉFECTORAL DU 27 OCTOBRE 1868. *Nivellement* jusqu'à la rue
              Saint Jacques.
              DÉCRET DU 10 AOUT 1868. *Dénomination.*
        ORIG. — Pierre Nicole, théologien de Port-Royal (1625-1695); voisinage de l'ancienne communauté de Port-Royal.

NICOLET (Rue) **. . . . . **XVIII**e ARRONDISSEMENT. . . . . 70e QUARTIER.
            Anciennement commune de Montmartre.

2382   **Commence** rue Ramey, 23. — **Finit** rue Bachelet, 2.   (1. 17.— P. 18.)
        Long* : 112m,00.
        Larg* : 10m,00. — ARRÊTÉ PRÉFECTORAL DU 27 JUILLET 1869. *Classement* et *Alignements.*
              ARRÊTÉ PRÉFECTORAL DU 27 JUIN 1868. *Nivellement.*
        ORIG. — Nom de propriétaire.

NICOLO (Rue) ** . . . . **XVI**ᵉ Arrondissement . . . . 62ᵉ Quartier.
Anciennement commune de Passy.
2383   **Commence** rue de Passy, 36. — **Finit** rue de la Pompe, 42.   (I. 71. — P. 68.)
       Longʳ : 540ᵐ,00.
    Moindre largʳ :   8ᵐ,00. — Arrêté préfectoral du 16 février 1856. *Alignements* entre la rue
                de Passy et la rue Vital (A).
       Largʳ : 10ᵐ,00. — *Alignements* projetés entre la rue Vital et la rue de la Pompe (B).
               Décret du 23 mai 1863. *Classement* confirmé de la partie A et *Clas-*
               sement de la partie B.
               Décret du 2 octobre 1865. *Dénomination* actuelle.
                   Obs. — Précédemment rues des Carrières et Saint Pierre.
       Orig. — Nicolas Isouard, dit Nicolo, compositeur (1775-1818).

NIEL (Avenue) . . . . **XVII**ᵉ Arrondissement . . . . 65ᵉ et 66ᵉ Quartiers.
2384   **Commence** avenue des Ternes. — **Finit** place Pereire, 5.   (I. 97. — P. 96.)
       Longʳ : 643ᵐ,00.
       Largʳ : 30ᵐ,00. — Décret du 31 juillet 1867 (U. P.). *Ouverture* et *Alignements*.
                  Obs. — La partie comprise entre l'avenue des Ternes et la rue Demours n'est
                  pas encore exécutée.
               Décret du 10 février 1875. *Dénomination* actuelle.
                   Obs. — Précédemment avenue du Prince Jérôme.
       Orig. — Adolphe Niel, maréchal de France (1802-1869); voisinage de l'Arc de Triomphe.

NIEPCE (Rue) ** . . . . **XIV**ᵉ Arrondissement . . . . 56ᵉ Quartier.
Anciennement commune de Montrouge.
2385   **Commence** rue de l'Ouest, 81. — **Finit** rue de Vanves, 58.   (I. 19. — P. 18.)
       Longʳ : 120ᵐ,00.
       Largʳ : 13ᵐ,00. — Arrêté préfectoral du 30 avril 1856. *Alignements*.
               Décret du 23 mai 1863. *Classement* (confirmation).
               Arrêté préfectoral du 10 mai 1865. *Nivellement*.
               Décret du 24 août 1864. *Dénomination* actuelle.
                   Obs. — Précédemment rue Brézin.
       Orig. — Joseph-Nicéphore Niepce, l'un des inventeurs de la photographie (1765-1833).

NIL (Rue du) . . . . **II**ᵉ Arrondissement . . . . 8ᵉ Quartier.
2386   **Commence** rue de Damiette, 3. — **Finit** rue des Petits Carreaux, 32.   (I. 9. — P. 12.)
       Longʳ :   72ᵐ,00.
       Largʳ : 10ᵐ,00. — Décret du président de la République du 25 juin 1849. *Alignements*.
               Arrêté préfectoral du 26 février 1867. *Dénomination* actuelle.
                   Obs. — Précédemment rue Neuve Saint Sauveur.
       Orig. — Fleuve d'Afrique ; voisinage de la place du Caire. (*Voir* ce nom.)

NITOT (Rue) ** . . . . **XVI**ᵉ Arrondissement . . . . 64ᵉ Quartier.
2387   **Commence** rue de Lubeck. — **Finit** rue de Juigné, 9.   (I. 23. — P. 14.)
       Longʳ : 192ᵐ,00.
       Largʳ : 12ᵐ,00. — Décret du 13 mars 1869. *Ouverture* et *Alignements*.
               Arrêté préfectoral du 17 juillet 1868. *Nivellement*.
               Arrêté préfectoral du 20 juillet 1868. *Dénomination*.
       Orig. — Ouverte sur les terrains de la famille Nitot.

NOEL (Cité) . . . . **III**ᵉ Arrondissement . . . . 12ᵉ Quartier.
2388   **Située** rue Rambuteau, 22.   (Num. 1 à 6.)
       Longʳ :   48ᵐ,00.
    Moindre largʳ :   2ᵐ,50.   (*Voie privée.*)
       Orig. — Nom du fondateur de la Cité.

NOIROT (Sentier ou Passage) ** . . **XIV**ᵉ Arrondissement . . . . 56ᵉ Quartier.
Anciennement commune de Vanves.
2389   **Commence** boulevard Brune, 39.—**Finit** chemin de fer de Ceinture et sentier des Mariniers.
       Longʳ : 130ᵐ,00.
       Largʳ :   2ᵐ,00 environ.   (*Voie privée.*)
       Orig. — Nom de propriétaire.

NOLLET (Passage) . . . . **XVII**ᵉ Arrondissement. . . . . 67ᵉ Quartier.
Anciennement commune des Batignolles.
2380 **Commence** rue Nollet, 13. — **Finit** rue Truffaut, 18.   (1. 7. — P. 14.)
Long^r : 86^m,00.
Larg^r : 7^m,00.   (*Voie privée.*)
Arrêté préfectoral du 1ᵉʳ février 1877. *Dénomination* actuelle.
Obs. — Précédemment passage Saint Louis.
Orig. — *Voir* rue Nollet.

NOLLET (Rue) . . . . **XVII**ᵉ Arrondissement. . . . . 67ᵉ Quartier.
Anciennement commune des Batignolles.
2381 **Commence** rue des Dames, 20. — **Finit** rue Cardinet, 166.   (1. 102. — P. 124.)
Long^r : 800^m,00.
Larg^r : 12^m,00. — Arrêté préfectoral du 14 mai 1836. *Alignements.*
Décret du 23 mai 1863. *Classement* (confirmation).
Décret du 24 août 1864. *Dénomination* actuelle.
Obs. — Précédemment rue Saint Louis.
Orig. — L'abbé Jean-Antoine Nollet, physicien (1700-1770) ; quartier où ont été groupés des noms de savants.

NOLLEZ (Cité) ✱✱ . . . . **XVIII**ᵉ Arrondissement . . . . 69ᵉ Quartier.
Anciennement commune de Montmartre.
2382 **Située** rue Vincent Compoint.   (1. 31. — P. 38.)
Long^r : 153^m,00.
Moindre larg^r : 3^m,00.   (*Voie privée.*)
Orig. — Nom du propriétaire.

NOM-DE-JÉSUS (Cour du) . . . . **XI**ᵉ Arrondissement . . . . 43ᵉ Quartier.
2383 **Située** rue du Faubourg Saint Antoine, 47.
Long^r : 40^m,00.
Moindre larg^r : 2^m,85.   (*Voie privée.*)
Orig. — Inconnue.

NONNAINS D'HYÈRES (Rue des). **IV**ᵉ Arrondissement . . . . 14ᵉ Quartier.
2384 **Comm.** quais de l'Hôtel de Ville, 2, et des Célestins, 58.—**Finit** r. de Jouy, 1, et Charlemagne, 25.
Long^r : 139^m,00.   (1. 37. — P. 28.)
Larg^r : 10^m,00. — Décision ministérielle du 13 thermidor an VI.
Larg^r : 12^m,00. — Ord. royale du 6 mai 1827. *Alignements.*
Orig. — Les religieuses de l'abbaye d'Yères y avaient une maison.

NORD (Impasse du) ✱✱ . . . . . . **XIX**ᵉ Arrondissement. . . . . 76ᵉ Quartier.
Anciennement commune de La Villette.
2385 **Située** cité du Tarn, 6.
Long^r : 20^m,00.
Larg^r : 2^m,00.   (*Voie privée.*)
Orig. — Nom donné par opposition à une autre impasse située au sud, et appelée impasse du Midi.

NORD (Passage du) ✱✱ . . . . . . **XIX**ᵉ Arrondissement . . . . 76ᵉ Quartier.
Anciennement commune de La Villette.
2386 **Commence** rue Petit, 31. — **Finit** rue Petit, 37.   (1. 19. — P. 8.)
Long^r : 140^m,00. Y compris trois impasses.
Larg^r : 3^m,70.   (*Voie privée.*)
Orig. — Situé au nord d'un groupe de constructions élevées par la société qui lui a donné ce nom.

NORMANDIE (Rue de). . . . . . **III**ᵉ Arrondissement . . . . 10ᵉ Quartier.
2387 **Commence** rue Debelleyme, 41. — **Finit** rue Charlot, 64.   (1. 13. — P. 14)
Long^r : 148^m,00.
Larg^r : 7^m,00. — Décision ministérielle du 19 germinal an VII.
Larg^r : 10^m,00. — Ord. royale du 31 mars 1835. *Alignements.*
Orig. — Province de France ; voisinage de la place de France, projetée par Henri IV.

NORVINS (Rue) **. . . . . **XVIII**e Arrondissement . . . . 69e et 70e Quartiers.

Anciennement commune de Montmartre.

2398   **Commence** place du Tertre, 19, et r. du Mont Cenis, 1.— **Finit** r. Girardon. (l. 17.— P. 24.)

Long^r :   260m,00.

Larg^r :   16m,00. — Décret du 11 août 1867 (U. P.). *Rectification du débouché* dans l'axe de l'église Saint Pierre de Montmartre.

Moindre larg^r :   8m,00. — Décret du 11 août 1867. *Alignements* à exécuter par mesures ordinaires de voirie entre la place du Tertre et la rue Girardon.

Décret du 23 mai 1863. *Classement* (confirmation).

Arrêté préfectoral du 20 août 1867. *Nivellement.*

Décret du 10 août 1868. *Dénomination* actuelle.

Obs. -- Précédemment rues des Moulins et Trainée.

Orig. — Jacques Marquet, baron de Montbreton de Norvins, auteur d'une histoire de Napoléon Ier (1769-1854).

NOTRE-DAME (Pont) . . . . . . **IV**e Arrondissement . . . . 13e et 16e Quartiers.

2399   **Situé** quai de Gesvres et quais aux Fleurs et de la Cité, au droit des rues Saint Martin et de la Cité.

Long^r :   106m,00.

Larg^r :   20m,00.

Orig. — Voisinage de l'église Notre Dame.

NOTRE-DAME DE BONNE NOUVELLE (Rue).

IIe Arrondissement . . . . 8e Quartier.

2400   **Commence** rue Beauregard, 21.— **Finit** boulevard de Bonne Nouvelle, 21. (l. 11.— P. 8.)

Long^r :   91m,00.

Larg^r :   8m,00. — Décision ministérielle du 3 vendémiaire an X.

Larg^r :   10m,00. — Ord. royale du 21 juin 1826. *Alignements.*

Orig. — Voisinage de l'église Notre-Dame de Bonne Nouvelle.

NOTRE-DAME DE LA CROIX (Passage) ** **XX**e Arrondissement . . . . 77e Quartier.

Anciennement commune de Belleville.

2401   **Commence** r. d'Eupatoria, 21, et de la Mare, 96.—**Finit** rue des Couronnes. (l. 23.—P. 6bis.)

Long^r :   178m,00.

Larg^r :   2m,00 environ.   (*Voie privée.*)

Arrêté préfectoral du 16 avril 1881. *Dénomination* actuelle.

Obs. — Précédemment passage Piat (partie).

Orig. — Voisinage de l'église Notre Dame de la Croix.

NOTRE-DAME DE LORETTE (Rue). **IX**e Arrondissement . . . . 33e Quartier.

2402   **Commence** rues Saint Lazare, 2, et des Martyrs, 1. — **Finit** rue Pigalle, 50. (l. 59.— P. 64.)

Long^r :   485m,00.

Larg^r :   13m,00. — Ord. royale du 24 janvier 1834 (U. P.). *Ouverture et Alignements* dans une longueur de 75m,00, à partir de la rue Saint Lazare.

Larg^r :   13m,00. — Ord. royale du 21 avril 1824. *Ouverture et Alignements* entre la partie ci-dessus et la rue Pigalle.

Décision ministérielle du 10 avril 1835. *Dénomination* actuelle.

Orig. — Aboutit à l'église Notre-Dame de Lorette.

NOTRE-DAME DE NAZARETH (Rue) **III**e Arrondissement . . . . 9e Quartier.

2403   **Commence** rues de Turbigo, 89, et du Temple, 201. — **Finit** boulevard de Sébastopol, 106.

Long^r :   605m,00.   (l. 81, — P. 92.)

Larg^r :   11m,50. — Décision ministérielle du 4 floréal an VIII. *Alignements* entre les rues de Turbigo et St-Martin.

Larg^r :   11m,50. — Ord. royale du 14 janvier 1829. *Alignements* entre la rue de Turbigo et la rue Volta.

Moindre larg^r :   11m,00. — Ord. royale du 14 janvier 1829. *Alignements* entre la rue Volta et la rue Saint Martin.

Moindre larg^r :   11m,00. — Décision ministérielle du 28 vendémiaire an XI. *Alignements* entre la rue St Martin et le boulevard de Sébastopol.

Moindre larg^r :   11m,00. — Ord. royale du 21 juin 1826. *Alignements* entre la rue Volta et le boulevard de Sébastopol.

Arrêté préfectoral du 19 août 1864. *Dénomination* actuelle.

Obs. — Précédemment rues Notre-Dame de Nazareth et du Ponceau.

Orig. — Les Pères de Nazareth avaient établi leur couvent dans la rue du Temple, vers 1642.

NOTRE-DAME DE RECOUVRANCE (Rue). **II**ᵈ Arrondissement . . . . 8ᵉ Quartier.
2404   **Commence** rue Beauregard, 3. — **Finit** boulevard de Bonne Nouvelle, 37. (I. 23. — P. 20.)
Longᵣ : 135ᵐ,00.
Largᵣ : 7ᵐ,00. — Décision ministérielle du 3 vendémiaire an x. *Alignements.*
Largᵣ : 8ᵐ,00. — Ord. royale du 21 juin 1826. *Alignements.*
Orig. — L'église de Bonne Nouvelle fut appelée pendant quelque temps Notre-Dame de Recouvrance.

NOTRE-DAME DES CHAMPS (Rue) °*. **VI**ᵉ Arrondissement . . . . 23ᵉ Quartier.
2405   **Commence** rue de Rennes, 127. — **Finit** avenue de l'Observatoire, 10. (I. 127. — P. 128.)
Longᵣ : 1010ᵐ,00.
Moindre largᵣ : 11ᵐ,70. — Décision ministérielle du 28 floréal an ix. *Alignements.*
Largᵣ : 11ᵐ,70. — Ord. royale du 12 février 1846. *Alignements.*
Orig. — Ancien chemin de la chapelle de Notre-Dame des Champs.

NOTRE-DAME DES VICTOIRES (Rue). **II**ᵉ Arrondissement . . . . . 6ᵉ et 7ᵉ Quartiers.
2406   **Com.** place des Petits Pères, 6. — **Finit** rues Feydeau, 1 et Montmartre, 141. (I. 27. — P. 56.)
Longᵣ : 437ᵐ,00.
Largᵣ : 9ᵐ,00. — Décision ministérielle du 3 vendémiaire an x. *Alignements.*
Largᵣ : 10ᵐ,00. — Ord. royale du 23 juillet 1828. *Alignements* entre la place des
Petits Pères et la rue Brongniart.
Largᵣ : 12ᵐ,00. — Ord. royale du 16 juin 1824 et Ord. royale du 17 janvier 1830
(U. P.). Prolongement entre la rue Brongniart et la rue Mont-
martre.
Décret du 7 juin 1880. Pan coupé curviligne à l'angle de la rue
Feydeau.
Orig. — Longe l'église Notre-Dame des Victoires.

NYS (Cité) . . . . **XI**ᵉ Arrondissement . . . . 41ᵉ Quartier.
2407   **Située** rue de l'Orillon, 36.   (I. 11. — P. 4.)
Longᵣ : 94ᵐ,00.
Largᵣ : 12ᵐ,00.   (*Voie privée.*)
Orig. — *Voir* rue Nys.

NYS (Rue) * . . . . **XI**ᵉ Arrondissement . . . . 41ᵉ Quartier.
2408   **Commence** rue de l'Orillon, 37. — **Finit** boulevard de Belleville, 87. (I. 19. — P. 20.)
Longᵣ : 173ᵐ,00.
Largᵣ : 12ᵐ,00.   (*Voie privée.*)
Orig. — Nom de propriétaire.

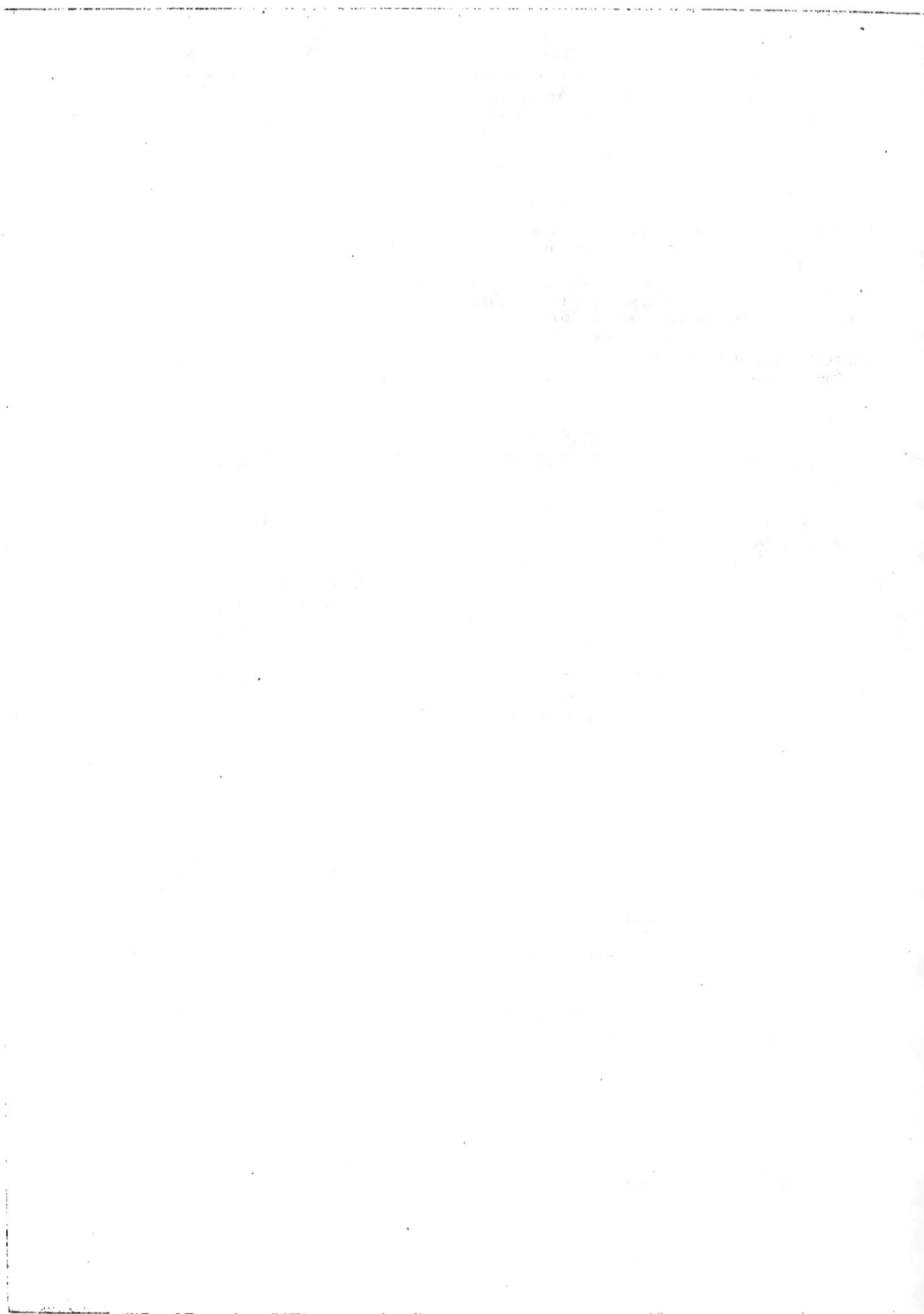

O

OBÉLISQUE (Impasse de l') ** . . . **XV**ᵉ Arrondissement . . . . 57ᵉ Quartier.
Anciennement commune de Vaugirard.

2409   **Située** chemin des Périchaux.
    Long^r : 93^m,00.
    Larg^r : 4^m,00 environ.   (*Voie privée.*)
  Orig. — Voisinage de l'ancien obélisque établi par M. Chauvelot (*Voir* rue Chauvelot).

OBERKAMPF (Rue). . . . . . . **XI**ᵉ Arrondissement . . . . 41ᵉ et 42ᵉ Quartiers.
2410   **Commence** boulevards du Temple, 2, et des Filles du Calvaire, 26. -- **Finit** boulevards de
    Belleville, 1, et de Ménilmontant, 143.   (l. 159. — P. 162.)
    Long^r : 1.230^m,00.
    Larg^r :   12^m,80. — Ord. royale du 9 février 1846. *Alignement* du côté droit, entre le
               boulevard des Filles du Calvaire et la rue Amelot.
    Moindre larg^r :   12^m,00. — Décisions ministérielles des 13 germinal et 23 floréal an x.
               Alignements entre la rue Amelot et les boulevards de Belleville
               et de Ménilmontant.
    Larg^r :   12^m,80. — Ord. royale du 23 août 1846. *Alignements* de la même partie.
          Décret du 24 août 1864. *Dénomination* actuelle.
          Obs. — Précédemment rue Ménilmontant.
  Orig. — Guillaume-Philippe Oberkampf, manufacturier (1738-1815); quartier industriel.

OBLIGADO (Rue d'). . . . . . . **XVI**ᵉ Arrondissement. . . . . 64ᵉ Quartier.
Anciennement commune de Passy.

2411   **Commence** rue Chalgrin, 6. — **Finit** avenue de la Grande Armée, 25.   (l. 17. --- P. 8.)
    Long^r : 80^m,00.
    Larg^r : 10^m,00. — Arrêté préfectoral du 16 février 1856. *Alignements.*
          Décret du 23 mai 1863. *Classement* (confirmation).
          Arrêté préfectoral du 23 mars 1866. *Nivellement.*
          Décret du 10 août 1868. *Dénomination* actuelle.
          Obs. — Précédemment rue Neuve de la Pelouse.
  Orig. — Victoire remportée par la flotte anglo-française, le 20 novembre 1845, sur les troupes argentines.

OBLIN (Rue). . . . . **I**ᵉʳ Arrondissement. . . . . 2ᵉ Quartier.
2412   **Commence** rue de Viarmes, 22. — **Finit** rue Coquillière, 1.   (l. 9. — P. 10.)
    Long^r : 46^m,00.
    Larg^r : 24 pieds. — Décision ministérielle du 9 germinal an XIII et décret du
            16 juillet 1849. *Alignements.*
          Décret du 4 avril 1860 (U. P.). *Suppression* pour la formation
          du périmètre des Halles Centrales et de leurs abords.
  Orig. — Oblin, entrepreneur de travaux de la Halle au Blé et des rues adjacentes; voisinage de cet édifice.

OBSERVATOIRE (Avenue de l') ** . . **V**ᵉ Arrondissement . . . . 19ᵉ Quartier.
                        VIᵉ Arrondissement . . . . 22ᵉ et 23ᵉ Quartiers.
                        XIVᵉ Arrondissement. . . . . 53ᵉ Quartier.
2413   **Commence** rue de l'Abbé de l'Épée. — **Finit** à l'Observatoire.   (l. 59. --- P. 40.)
    Long^r : 800^m,00.   (*Ornée de parterres.*)
    Moindre larg^r : 40^m,00. — Décret du 14 août 1866 (U. P.). *Ouverture*, sur le jardin du
           Luxembourg, de la partie comprise entre la rue de l'Abbé de l'Épée,
           la rue d'Assas et le boulevard Saint Michel.
    Id.   40^m,00. — Ord. royale du 9 décembre 1838. *Alignements* depuis la rue d'Assas
           et le boulevard Saint Michel jusqu'à l'Observatoire.
          Arrêté préfectoral du 10 novembre 1873. *Dénomination* actuelle.
          Obs. — Précédemment carrefour et avenue de l'Observatoire.
  Orig. — Conduit à l'Observatoire.

44

ODÉON (Carrefour de l') . . . . **VIe** Arrondissement . . . . 22e Quartier.

2414   **Commence** boulevard Saint Germain, 105. — **Finit** rues Monsieur le Prince, 1, et des
      Quatre Vents, 2.   (l. 17. — P. 14.)

Long^r :   53^m,00.

Larg^r :   22^m,00. — Ord. royale du 21 juillet 1843. *Alignements* entre les rues de
      l'École de Médecine et Monsieur le Prince, et les rues des Bouche-
      ries (École de Médecine) et des Quatre Vents, et du côté de la rue
      de l'Odéon.

Id.   20^m,00. — Décret du 28 juillet 1866 (U. P.). *Alignements* depuis le boule-
      vard Saint Germain et les numéros 3 et 10 du carrefour.

Obs. — Ce décret n'a pas été suivi. *Alignements* projetés.

Orig. — *Voir* rue de l'Odéon.

ODÉON (Place de l') ** . . . . **VIe** Arrondissement . . . . 22e Quartier.

      Située au devant du théâtre de l'Odéon, à la rencontre des rues Racine, 25; Casimir Dela-
2415   vigne, 10; de l'Odéon, 22; de Crébillon, 8; Régnard, 1; Rotrou, 2, et Corneille, 1.(l. 7— P. 8.)

Rayon : 37^m,40. — Décision ministérielle du 4 nivôse an IX.

Ord. royale du 12 mai 1841. *Alignements.*

Orig. — Située devant le théâtre de l'Odéon.

ODÉON (Rue de l') * . . . . **VIe** Arrondissement . . . . 22e Quartier.

2416   **Commence** rue Monsieur le Prince, 2. — **Finit** place de l'Odéon, 1.

Long^r : 176^m,00.

Larg^r : 12^m,90. — Décision ministérielle du 4 nivôse an IX.

Ord. royale du 12 mai 1841. *Alignements.*

Orig. — Conduit au théâtre de l'Odéon.

ODESSA (Cité d') ** . . . . **XIVe** Arrondissement . . . . 53e Quartier.

2417   **Située** rue du Départ, 5.   (l. 9. — P. 12.)

Long^r :   76^m,00.

Larg^r :   12^m,00 environ. — Décret du 27 avril 1881. *Classement, Alignements* et *Nivelle-
      ment,* et prolongement jusqu'au boul. Edgard-Quinet. (U. P.).

Orig. — Ouverte à l'époque de la guerre de Crimée, rappelle le bombardement d'Odessa (1855).

ODIOT (Cité) . . . . **VIIIe** Arrondissement . . . . 30e Quartier.

2418   **Commence** rue de Berri, 21. — **Finit** rue Washington, 34.

Long^r : 107^m,00.

Moindre larg^r :   3^m,00.   (*Voie privée.*)

Orig. — Formée en 1847, sur les terrains de M. Odiot, orfèvre.

OFFÉMONT (Rue d'). . . . . . **XVIIe** Arrondissement . . . . 66e Quartier.

2419   **Commence** rue de Prony, 28. — **Finit** avenue de Villiers, 33, et rue Phalsbourg, 17.

Long^r : 230^m,00.   (l. 33. — P. 36.)

Larg^r : 12^m,00. — Décret du 31 décembre 1874. *Classement* et *Alignements.*

Arrêté préfectoral du 1er février 1874. *Nivellement.*

Orig. — Ouverte sur les terrains de M. d'Offémont.

OISE (Quai de l'). . . . . **XIXe** Arrondissement . . . . 73e et 74e Quartiers.

Anciennement commune de La Villette.

2420   **Commence** rue de Crimée. — **Finit** quai de la Gironde, 1.   (l. 41.)

Long^r : 650^m,00.

Décret du 23 mai 1863. *Classement* (confirmation).

Larg^r : 14^m,30. — *Alignements* projetés. (Largeur actuelle.)

Orig. — Rivière du bassin de la Seine ; voisinage du canal de l'Ourcq.

OISE (Rue de l'). . . . . **XIXe** Arrondissement . . . . 73e Quartier.

Anciennement commune de La Villette.

2421   **Commence** quai de l'Oise, 11. — **Finit** rue de l'Ourcq, 39.

Long^r : 63^m,00.

Décret du 23 mai 1863. *Classement* (confirmation).

Larg^r : 12^m,00. — *Alignements* projetés. (Largeur actuelle.)

Arrêté préfectoral du 12 octobre 1875. *Nivellement.*

Arrêté préfectoral du 3 septembre 1869. *Dénomination* actuelle.

Obs. — Précédemment rue de Nemours.

Orig. — *Voir* quai de l'Oise.

OISEAUX (Rue des) . . . . IIIe Arrondissement . . . . 10e Quartier.

2422   **Commence** marché des Enfants Rouges. — **Finit** rue de Beauce, 16.   (l. 1. — P. 4.)

Long^r : 32^m,00.

Larg^r : 6^m,00. — Décision ministérielle du 26 thermidor an VIII.

Larg^r : 10^m,00. — Ord. royale du 31 mars 1835. *Alignements.*

Orig. — Dénomination tirée d'une enseigne.

OLIER (Rue) . . . . XVe Arrondissement . . . . 57e Quartier.

Anciennement commune de Vaugirard.

2423   **Commence** rue Desnouettes, 25. — **Finit** rue de Vaugirard.   (l. 5.)

Long^r : 147^m,00.

Décret du 23 mai 1863. *Classement* (confirmation).

Larg^r : 10^m,00. — Décret du 15 juin 1870. *Alignements.*

Arrêté préfectoral du 7 septembre 1869. *Nivellement.*

Décret du 24 août 1864. *Dénomination* actuelle.

Obs. — Précédemment rue du Collège.

Orig. — Jean-Jacques Olier, ecclésiastique (1608-1657), créa, sur ces terrains, le séminaire dirigé par la communauté de Saint-Sulpice dont il est le fondateur.

OLIVE (Rue l') . . . . XVIIIe Arrondissement . . . . 72e Quartier.

Anciennement commune de La Chapelle.

2424   **Commence** rue Riquet, 92. — **Finit** rue de Torcy, 29.   (l. 9. — P. 8.)

Long^r : 115^m,00.

Décret du 23 mai 1863. *Classement* (confirmation).

Larg^r : 10^m,00. — *Alignements* projetés (Largeur actuelle.)

Arrêté préfectoral du 25 avril 1866. *Nivellement.*

Décret du 10 février 1875. *Dénomination* actuelle.

Obs. — Précédemment rue du Marché.

Orig. — L'Olive, colonisateur de la Guadeloupe.

OLIVET (Rue d') . . . . VIIe Arrondissement . . . . 27e Quartier.

2425   **Commence** Rue Vaneau. — **Finit** rue du Frère Philippe.

Long^r : 60^m,00.

Larg^r : 6^m,00. — Décision ministérielle du 2 thermidor an X.

Larg^r : 10^m,00. — Ord. royale du 12 décembre 1845. *Alignements.*

Orig. — Lieu dit.

OLIVIER DE SERRES (Passage) **. XVe Arrondissement . . . . 57e Quartier.

Anciennement commune de Vaugirard.

2426   **Commence** rue de Vaugirard, 301. — **Finit** rue Olivier de Serres, 62.   (l. 9. — P. 8.)

Long^r : 134^m,00.

Larg^r : 5^m,00 environ.   (*Voie privée.*)

Arrêté préfectoral du 10 novembre 1873. *Dénomination* actuelle.

Obs. — Précédemment passage de l'Isly.

Orig. — Voir rue Olivier de Serres.

OLIVIER DE SERRES (Rue)**. . XVe Arrondissement . . . . 57e Quartier.

Anciennement commune de Vaugirard.

2427   **Commence** rue d'Alleray, 2. — **Finit** boulevard Lefèvre.   (l. 70. — P. 78.)

Long^r : 1.068^m,00.

Larg^r : 10^m,00. — Délibération du conseil municipal du 10 août 1844. *Alignements* projetés entre la rue d'Alleray et la rue Dombasle.

Larg^r : 10^m,00. — Arrêté préfectoral du 3 juillet 1854. *Alignements* entre la rue Dombasle et le boulevard Lefèvre.

Larg^r : 12^m,00. — *Alignements* projetés modifiant les *Alignements* ci-dessus entre les rues Dombasle et Lhuillier.

Larg^r : 12^m,0 — Décret du 23 octobre 1879. *Alignements* et *Nivellement* entre la rue Lhuillier et le boulevard Lefèvre.

Décret du 23 mai 1863. *Classement* (confirmation).

Arrêté préfectoral du 30 septembre 1873. *Nivellement.*

Décret du 2 octobre 1863. *Dénomination* actuelle.

Obs. — Précédemment rues des Tournelles et de la Poterne.

Orig. — Olivier de Serres, agronome (1539-1619); quartier où ont été groupés des noms d'agronomes.

OMER TALON (Rue) . . . . **XI**ᵉ ARRONDISSEMENT. . . . . 43ᵉ QUARTIER.

2428 **Commence** rue Servan, 32. — **Finit** rue Merlin.   (I. 1. — P. 8.)

Longᵣ : 133ᵐ,00.

Largᵣ : 13ᵐ,00. — DÉCRET DU 11 JUILLET 1860. *Alignements.*

DÉCRET DU 2 MARS 1864. *Dénomination.*

ORIG. — Omer Talon, avocat général au Parlement et criminaliste (1595-1652); voisinage de la prison des Jeunes détenus.

ONFROY (Impasse) ** . . . . . . **XIII**ᵉ ARRONDISSEMENT. . . . . 51ᵉ QUARTIER.

Anciennement commune de Gentilly.

2429 **Située** rue Dainesme.

Longᵣ : 58ᵐ,00.

Largᵣ : 4ᵐ,00.   (*Voie privée.*)

ORIG. — Nom de propriétaire.

OPÉRA (Avenue de l') . . . . **I**ᵉʳ ARRONDISSEMENT. . . . . 3ᵉ et 4ᵉ QUARTIERS.

IIᵉ ARRONDISSEMENT . . . . 3ᵉ QUARTIER.

2430 **Commence** place du Théâtre Français, 4. — **Finit** place de l'Opéra, 2.   (I. 49. — P. 38.)

Longᵣ : 698ᵐ,00.

Largᵣ : 30ᵐ,00. — DÉCRETS DES 15 NOVEMBRE 1853 ET 3 MAI 1854 (U. P.). *Ouverture et Alignements* entre la place du Théâtre Français et les rues de l'Échelle et Molière.

DÉCRET DU 24 JUIN 1876 (U. P.). *Ouverture* depuis les rues de l'Échelle et Molière jusqu'à la rue Louis le Grand.

OBS. — La partie comprise entre la rue Louis le Grand et les rues de la Paix et du Quatre Septembre a été ouverte lors du percement de la dernière de ces voies (DÉCRET DU 24 AOUT 1864).

ARRÊTÉ PRÉFECTORAL DU 16 OCTOBRE 1876. *Nivellement* de la totalité.

ARRÊTÉS PRÉFECTORAUX DES 2 JUIN ET 1ᵉʳ SEPTEMBRE 1878. *Nivellement* entre la place de l'Opéra et la rue Louis le Grand.

ARRÊTÉ PRÉFECTORAL DU 10 NOVEMBRE 1873. *Dénomination* actuelle.

OBS. — Précédemment avenue Napoléon.

ORIG. — Conduit au théâtre de l'Opéra.

OPÉRA (Passage de l') . . . . . . **IX**ᵉ ARRONDISSEMENT . . . . 35ᵉ QUARTIER.

2431 **Situé** entre le boulevard des Italiens, 10, et la rue Chauchat, 5.   (I. 5. — P. 6.)

Longᵣ : 169ᵐ,00.

Largᵣ : 3ᵐ,75. — *Voie privée* comprenant les galeries du Baromètre, de l'Horloge et deux galeries transversales.

ORD. ROYALE DES 31 JUILLET 1822 ET 16 AVRIL 1823. *Autorisation d'ouverture* accordée au vicomte de Morel Vindé.

ORIG. — Voisin de l'Opéra de la rue Le Peletier.

OPÉRA (Place de l') . . . . **II**ᵉ ARRONDISSEMENT . . . . 3ᵉ QUARTIER.

IXᵉ ARRONDISSEMENT . . . . 34ᵉ QUARTIER.

2432 **Située** à l'intersection de l'avenue de l'Opéra, 49; du boulevard des Capucines, 11, et au débouché des rues Auber, Halévy, de la Paix et du Quatre Septembre.

Longᵣ : 120ᵐ,00.   (I. 5. — P. 8.)

Largᵣ : 60ᵐ,00. — DÉCRET DU 16 JUILLET 1862 (U. P.). *Ouverture* entre le boulevard des Capucines (côtés des numéros pairs) et les rues Auber et Halévy.

OBS. — La partie comprise entre le boulevard des Capucines (côté des numéros impairs) et les rues de la Paix et du Quatre Septembre, a été ouverte lors du percement de la dernière de ces voies (DÉCRET DU 24 AOUT 1864).

ARRÊTÉ PRÉFECTORAL DU 19 AOUT 1864. *Dénomination* de la partie comprise dans le IXᵉ arrondissement.

ARRÊTÉ PRÉFECTORAL DU 10 NOVEMBRE 1873. *Dénomination* de la partie comprise dans le IIᵉ arrondissement.

ORIG. — Située devant le théâtre de l'Opéra.

ORAN (Impasse d') ** . . . . **XVIII**ᵉ ARRONDISSEMENT . . . . 71ᵉ QUARTIER.

Anciennement commune de La Chapelle.

2433 **Située** rue des Poissonniers, 54.   (I. 11. — P. 6.)

Longᵣ : 57ᵐ,00.

Largᵣ : 8ᵐ,00.   (*Voie privée.*)

ARRÊTÉ PRÉFECTORAL DU 1ᵉʳ FÉVRIER 1877. *Dénomination* actuelle.

OBS. — Précédemment impasse du Cimetière.

ORIG. — Voir rue d'Oran.

ORAN (Rue d') ✻✻ . . . . **XVIII**e Arrondissement. . . . . 71e Quartier.
Anciennement commune de La Chapelle.

2434   **Commence** rue Ernestine, 3. — **Finit** rue des Poissonniers, 48.   (I. 23. — P. 88.)
  Longr : 204m,00.
      Décret du 23 mai 1863. *Classement*.
  Largr : 10m,00. — Décret du 3 mai 1880. *Alignements et Nivellement*.
      Arrêté préfectoral du 3 février 1865. *Nivellement*.
Orig. — Ville d'Algérie; quartier où ont été groupés des noms rappelant les campagnes d'Afrique.

ORATOIRE (Rue de l') . . . . **I**er Arrondissement. . . . . 2e Quartier.

2435   **Commence** rue de Rivoli, 158. — **Finit** rue Saint Honoré, 143.   (I. 1. — P. 8.)
  Longr : 67m,00.
  Largr : 10m,20. — Ord. royale du 23 juillet 1828.
  Largr : 12m,00. — Décret du 3 mai 1834 (U. P.). *Alignements*.
      Arrêtés préfectoraux des 12 juillet et 3 juin 1835. *Nivellement*.
      Arrêté préfectoral du 9 mai 1881, supprimant la désignation Saint
      Honoré.
      Obs. — Précédemment rue de l'Oratoire Saint Honoré.
Orig. — Doit son nom au couvent des Pères de l'Oratoire.

ORCHAMPT (Rue d') ✻✻. . . . . **XVIII**e Arrondissement . . . . 60e Quartier.

2436   **Commence** rue Ravignan, 13. — **Finit** rue Lepic, 100.   (P. 14.)
  Longr : 136m,00.
  Largr : 10m,00.   (*Voie privée*.)
      Obs. — Précédemment rue Barthélemy.
Orig. — Nom donné par un ancien propriétaire.

ORDENER (Rue) ✻ . . . . **XVIII**e Arrondissement . . . . . 69e, 70e et 71e Quartiers.

2437   **Commence** rue de La Chapelle, 75. — **Finit** rue Championnet, 187.   (I. 207. — P. 170.)
  Longr : 2.020m,00.
  Largr : 20m,00. — Décret du 23 mai 1863 (U. P.). *Ouverture et Alignements*.
      Arrêtés préfectoraux des 19 avril 1864 et 6 août 1874. *Nivellement*.
      Décret du 2 mars 1867. *Dénomination* de la partie comprise entre
      la rue des Poissonniers et la rue Championnet.
      Obs. — Précédemment partie de la rue Marcadet, partie de la rue des
      Portes-Blanches, rue N et partie de la rue des Cloys.
Orig. — Michel Ordener (1775-1811) et Michel Ordener, son fils (1787-1862), généraux de division; voisinage de la route
militaire.

ORFÈVRES (Quai des) . . . . **I**er Arrondissement. . . . . 1er Quartier.

2438   **Commence** pont Saint Michel et boul. du Palais, 11. — **Finit** pont et place du Pont Neuf, 15.
  Longr : 366m,00.   (P. 70.)
  Moindre largr : 13m,50. — Décision ministérielle du 31 août 1849.
  Id.   13m,50. — Arrêté du pouvoir exécutif du 26 mars 1848. *Alignements*.
Orig. — Habité depuis le xviie siècle par des orfèvres et des joailliers.

ORFÈVRES (Rue des) . . . . **I**er Arrondissement. . . . . 1er Quartier.

2439   **Commence** rue Saint Germain l'Auxerrois, 42. — **Finit** rue Jean Lantier, 15.   (I. 13. — P. 8.)
  Longr : 66m,00.
  Largr : 10m,00. — Décision ministérielle du 12 fructidor an V. *Alignements*.
  Id.   10m,00. — Ord. royale du 29 avril 1839. *Alignements*.
      Arrêté préfectoral du 8 décembre 1874. *Nivellement*.
Orig. — Les orfèvres de Paris y avaient fait bâtir une chapelle et un hôpital.

ORFILA (Impasse) ✻✻. . . . . **XX**e Arrondissement. . . . . 79e Quartier.
Anciennement commune de Belleville.

2440   **Située** rue Orfila, 26.
  Longr : 42m,00.
  Largr : 2m,00.   (*Voie privée*.)
      Arrêté préfectoral du 1er février 1877. *Dénomination* actuelle.
      Obs. — Précédemment impasse des Hautes Gatines.
Orig. — Voir rue Orfila.

ORFILA (Rue) ✻✻ . . . . **XX**e Arrondissement. . . . . 79e Quartier.
Anciennement commune de Charonne.

2441   **Commence** rue de la Bidassoa, 16. — **Finit** avenue de la République, 261. (I. 87. — P. 104.)
      Obs. — Une partie de cette voie, située sur l'emplacement de l'ancienne
      rue des Hautes Gatines et débouchant aussi avenue de la Répu-
      blique, n'est pas encore dénommée.
  Longr : 620m,00.
  Largr : 2m,33. — Arrêté préfectoral du 3 juillet 1830. *Classement* entre la rue de
      la Bidassoa et la rue de la Dhuis.

ORFILA (Rue). *(Suite.)*

    Larg^r : 10^m,00. — *Alignements* projetés. (Largeur actuelle, 2^m,00 moindre.)
       Décret du 23 mai 1863. *Classement* (confirmation).
    Larg^r : 10^m,00. — La partie débouchant à l'angle des rues Pelleport et de l'avenue de
       la République a été ouverte lors du percement de la dernière de
       ces voies (**Décret du 28 juillet 1862**).
       Arrêté préfectoral du 23 juillet 1868. *Nivellement* de la totalité.
       Décret du 28 janvier 1876. *Nivellement* entre la rue de la Bidassoa
       et la rue des Pyrénées.
       Décret du 10 février 1875. *Dénomination* actuelle.
        Obs. — Précédemment rue des Hautes Gatines.
  Orig. — Mathieu-Joseph-Bonaventure Orfila, médecin (1787-1853) ; voisinage de l'hôpital Tenon.

ORGUES (Passage des). . . . . . IIIe Arrondissement . . . . 9e Quartier.
2442 **Commence** rue de Meslay, 36. — **Finit** boulevard Saint Martin, 29.
    Long^r : 30^m,00.
    Larg^r : 2^m,90 environ. (*Voie privée.*)
  Orig. — Passage conduisant à la fabrique d'orgues de MM. Alexandre.

ORIENT (Rue de l') ** . . . . . . XVIIIe Arrondissement . . . . 69e Quartier.
        Anciennement commune de Montmartre.
2443 **Commence** rue Lepic, 68. — **Finit** rue Lepic, 80.   (I. 11. — P. 18.)
    Long^r : 100^m,00.
    Larg^r : 10^m,00 environ. (*Voie privée.*)
  Orig. — Ainsi dénommée en raison de sa situation.

ORILLON (Impasse de l'). . . . . . XIe Arrondissement . . . . 41e Quartier.
2444 **Située** rue de l'Orillon, 20.   (I. 19. — P. 14.)
    Long^r : 137^m,00.
    Larg^r : 12^m,00.   (*Voie privée.*)
  Orig. — Voir rue de l'Orillon.

ORILLON (Rue de l') *. . . . . . . XIe Arrondissement . . . . 41e Quartier.
2445 **Commence** rue Saint Maur, 158. — **Finit** boulevard de Belleville, 71. (I. 45. — P. 42.)
    Long^r : 328^m,00.
    Larg^r : 9^m,74. — **Décision ministérielle du 28 vendémiaire an XI.** *Alignements.*
    Id. 9^m,74. — **Ord. royale du 16 août 1836.** *Alignements.*
  Orig. — Doit son nom à une ancienne maison dite de l'Orillon.

ORLÉANS (Avenue d') **. . . . . XIVe Arrondissement . . . . 53e et 55e Quartiers.
        Anciennement commune de Montrouge.
2446 **Commence** place Denfert-Rochereau, 26. — **Finit** boulevards Brune, 137, et Jourdan.
    Long^r : 1263^m,00.   (I. 131. — P. 146.)
  Moindre larg^r : 34^m,00. — **Ord. royales des 19 mai 1825 et 9 mars 1844.** *Alignements.*
       Décret du 23 mai 1863. *Classement* (confirmation).
       Arrêté préfectoral du 18 novembre 1862. *Nivellement.*
        Obs. — Précédemment route nationale n° 20, de Paris à Orléans.
  Orig. — Commencement de la route d'Orléans.

ORLÉANS (Galerie d'). . . . . . . Ier Arrondissement . . . . 3e Quartier.
2447 **Commence** péristyle de Valois. — **Finit** galerie de Montpensier. (I. 39. — P. 40.)
    Long^r : 133^m,00.
    Larg^r : 9^m,50 environ. (*Voie privée. Palais-Royal.*)
  Orig. — Construite en 1829 par les ordres du duc d'Orléans, depuis Louis-Philippe.

ORLÉANS (Porte d') . . . . XIVe Arrondissement . . . . 55e Quartier.
2448 **Située** boulevards Brune et Jourdan, en prolongement de l'avenue d'Orléans.
  Orig. — A l'extrémité de l'avenue d'Orléans.

ORLÉANS (Quai d'). . . . . IVe Arrondissement. . . . . 16e Quartier.
2449 **Commence** pont de la Tournelle et rue des Deux Ponts, 1. — **Finit** pont Saint Louis et rue
    du Bellay, 2.   (P. 42.)
    Long^r : 275^m,00.
  Moindre larg^r : 12^m,00. — **Décision ministérielle du 24 frimaire an XIII.** *Alignements.*
  Moindre larg^r : 7^m,60. — **Décision ministérielle du 9 mai 1818 et Ord. royale du 9 décembre**
       1838. *Alignements* réduits.
  Orig. — Construit de 1614 à 1646, a été dénommé en l'honneur de Gaston d'Orléans, frère de Louis XIII.

ORLÉANS (Rue d'). . . . . Ier ARRONDISSEMENT . . . . 2e QUARTIER.

2450 **Commence** rue Saint Honoré, 116. — **Finit** rue des Deux Écus, 23.   (l. 19. — P. 16.)
Long^r : 79^m,00.
Larg^r : 8^m,00. — DÉCISION MINISTÉRIELLE DU 17 FRIMAIRE AN XI.
Larg^r : 12^m,00. — DÉCRET DU 16 JUILLET 1849. *Alignements.*
DÉCRET DU 9 JUIN 1860 (U. P.). *Suppression* pour le prolongement de la rue du Louvre.
ORIG. — Louis de France, duc d'Orléans, fils de Charles V, avait acheté en 1388 l'hôtel de Soissons situé près de là.

ORME (Rue de l') ※. . . . . XIXe ARRONDISSEMENT . . . . 75e QUARTIER.
Anciennement commune de Belleville.
2451 **Commence** rue de Romainville, 31. — **Finit** rue des Bois, 34.
Long^r : 115^m,00.
Larg^r : 10^m,00. — ARRÊTÉ PRÉFECTORAL DU 22 JUILLET 1869. (Larg. actuelle, 4^m,50 moindre).
ORIG. — Doit son nom à un orme qui y était autrefois.

ORMEAUX (Rue des) . . . . . . XXe ARRONDISSEMENT . . . . 80e QUARTIER.
Anciennement commune de Charonne.
2452 **Commence** boulevard de Charonne, 32. — **Finit** rue d'Avron, 24.   (l. 15. — P. 28.)
Long^r : 176^m,00.
Larg^r : 6^m,00. — ORD. ROYALE DU 27 AOUT 1844.
DÉCRET DU 23 MAI 1863. *Classement* (confirmation).
ARRÊTÉ PRÉFECTORAL DU 12 JUILLET 1866. *Nivellement.*
ORIG. — Voisinage de l'ancienne avenue des Ormeaux, aujourd'hui avenue de Bouvines.

ORMESSON (Rue d') . . . . . . IVe ARRONDISSEMENT . . . . 14e QUARTIER.
2453 **Commence** rue de Turenne, 5. — **Finit** rue de Sévigné, 8.   (l. 15. — P. 8.)
Long^r : 95^m,00.
Larg^r : 7^m,80. — *Ouverte* en vertu de Lettres-Patentes du 15 février 1783.
Larg^r : 10^m,00. — DÉCISION MINISTÉRIELLE DU 22 JUILLET 1823. *Alignements.*
Larg^r : 7^m,80. — ORD. ROYALE DU 3 AVRIL 1846. *Alignements.*
ORIG. — Henry-François Le Fèvre d'Ormesson, conseiller d'État (1751-1807), était contrôleur des finances lorsqu'elle fut ouverte pour la création du marché Sainte-Catherine (1788).

ORNANO (Boulevard) ※. . . . . XVIIIe ARRONDISSEMENT. . . . . . . 70e et 71e QUARTIERS.
2454 **Commence** boulevards de Rochechouart, 2, et de La Chapelle, 126. — **Finit** boul. Ney, 39.
Long^r : 1630^m,00.   (l. 153. — P. 196.)
Larg^r : 30^m,00. — DÉCRET DU 23 MAI 1863 (U. P.). *Ouverture* et *Alignements.*
ARRÊTÉ PRÉFECTORAL DU 19 AVRIL 1864. *Nivellement.*
DÉCRET DU 2 MARS 1867. *Dénomination.*
OBS. — Cette voie a absorbé une partie de la rue des Poissonniers, les rues Lévisse.
ORIG. — Le comte Philippe-Antoine d'Ornano, maréchal de France, gouverneur (1784-1863).

ORNE (Rue de l') ※. . . . . XVe ARRONDISSEMENT . . . . 57e QUARTIER.
Anciennement commune de Vaugirard.
2455 **Commence** rue de la Procession, 96. — **Finit** rue de Vouillé, 67.   (l. 35. — P. 34.)
Long^r : 260^m,00.
DÉCRET DU 23 MAI 1863. *Classement.*
Larg^r : 10^m,00. — *Alignements* projetés.
ARRÊTÉ PRÉFECTORAL DU 20 OCTOBRE 1861. *Nivellement.*
ORIG. — Département de l'ouest de la France; voisinage du chemin de fer de l'Ouest.

ORSAY (Quai d'). . . . . VIIe ARRONDISSEMENT . . . . . 25e, 26e et 28e QUARTIERS.
XVe ARRONDISSEMENT . . . . 39e QUARTIER.
2456 **Commence** rue du Bac et Pont Royal. — **Finit** boulevard de Grenelle, 252.   (l. 135.)
Long^r : 3405^m,00.
Larg^r : 20^m,13. — DÉCRET DU 29 FRUCTIDOR AN XII et DÉCISION MINISTÉRIELLE DU 19 FÉVRIER 1820. *Alignements* entre le Pont Royal et le pont de la Concorde.
Larg^r : 58^{bi},00. — DÉCRET DU 10 FÉVRIER 1812. *Alignements* entre le pont de la Concorde et le pont d'Iéna.
OBS. — Cet alignement a été modifié entre le pont de la Concorde et l'esplanade des Invalides.
OBS. — Il n'y a pas d'*Alignements* approuvés entre le pont d'Iéna et le boulevard de Grenelle.
ORIG. — Charles Boucher, seigneur d'Orsay, conseiller du Parlement, était prévôt des marchands lorsqu'il fut construit (1705).

ORSEL (Cité d') ** . . . . **XVIII**ᵉ Arrondissement . . . . 70ᵉ Quartier.
Anciennement commune de Montmartre.
2457 **Commence** rue d'Orsel, 36. — **Finit** place Saint Pierre, 19. (l. 5. — P. 6.)
Long' : 65ᵐ,00.
Moindre larg' : 2ᵐ,00. (*Voie privée.*)
Arrêté préfectoral du 1ᵉʳ février 1877. *Dénomination* actuelle.
Obs. — Précédemment cité du Marché.
Orig. — *Voir* rue d'Orsel.

ORSEL (Rue d') ** . . . . **XVIII**ᵉ Arrondissement . . . . 70ᵉ Quartier.
Anciennement commune de Montmartre.
2458 **Commence** rue de Clignancourt, 5. — **Finit** rue des Martyrs, 90. (l. 59. — P. 61.)
Long' : 545ᵐ,00.
Décret du 3 juin 1868. *Classement* (confirmation)
Larg' : 10ᵐ,00. — *Alignements* projetés. (Largeur actuelle.)
Arrêté préfectoral du 10 novembre 1873. *Dénomination* actuelle.
Obs. — Précédemment rue des Acacias.
Orig. — Village d'Orsel, créé par M. Orsel, en 1786, sur des terrains qu'il avait acquis et qui dépendaient de l'abbaye de Montmartre.

ORTEAUX (Passage des) ** . . . **XX**ᵉ Arrondissement . . . . 80ᵉ Quartier.
Anciennement commune de Charonne.
2459 **Commence** impasse de l'Ile de France. — **Finit** rue des Orteaux, 10. (l. 19. — P. 8 bis.)
Long' : 87ᵐ,00.
Larg' : 3ᵐ,25. (*Voie privée.*)
Orig. — *Voir* rue des Orteaux.

ORTEAUX (Rue des) ** . . . . . **XX**ᵉ Arrondissement . . . . 80ᵉ Quartier.
Anciennement commune de Charonne.
2460 **Commence** rue de Bagnolet, 42. — **Finit** r. de la Croix Saint Simon, 73. (l. 105. — P. 80.)
Long' : 870ᵐ,00.
Larg' : 10ᵐ,00. — Délibération du conseil municipal du 25 novembre 1854.
Larg' : 10ᵐ,00. — Décret du 20 juillet 1881 (U P). *Alignements et Nivellement.*
Décret du 23 mai 1863. *Classement* (confirmation).
Arrêté préfectoral du 3 septembre 1869. *Dénomination* actuelle.
Obs. — Précédemment rue Madame.
Orig. — Lieu dit. Le mot orteau est vraisemblablement dérivé d'hortulus, petit jardin.

OSIAUX (Rue des) ** . . . . . . **XX**ᵉ Arrondissement . . . . 79ᵉ Quartier.
Anciennement commune de Charonne.
2461 **Commence** sent. du Centre des Rondeaux. — **Finit** r. Robineau, 22. (l. 21 à 31. — P. 26 à 32.)
Long' : 230ᵐ,00.
Larg' : 2ᵐ,33. — Arrêté préfectoral du 3 juillet 1830. *Classement.*
Décret du 23 mai 1863. *Classement* (confirmation).
Obs. — Lors de l'exécution de la rue Sorbier, cette voie a été interrompue entre la rue Robineau et la rue de la Cloche, et on lui a créé un débouché sur la rue de la Bidassoa.
Orig. — Lieu dit. Osiaux est synonyme d'osiers.

OTTOZ (Villa) ** . . . . **XX**ᵉ Arrondissement . . . . 77ᵉ Quartier.
Anciennement commune de Belleville.
2462 **Située** rue Piat, 43. (l. 3. — P. 16.)
Long' : 110ᵐ,00.
Larg' : 6ᵐ,00. (*Voie privée.*)
Orig. — Nom donné par le propriétaire.

OUDINOT (Impasse) . . . . . . **VII**ᵉ Arrondissement . . . . 25ᵉ Quartier.
2463 **Située** rue Vaneau.
Long' : 21ᵐ,00.
Larg' : 10ᵐ,00. — Décision ministérielle du 10 frimaire an XI.
Obs. — Précédemment impasse Plumet.
Orig. — *Voir* rue Oudinot.

OUDINOT (Rue) . . . . **VII**ᵉ Arrondissement . . . . 27ᵉ Quartier.
2464 **Commence** rue Vaneau, 56. — **Finit** boulevard des Invalides, 49. (l. 27. — P. 22.)
Long' : 325ᵐ,00.
Larg' : 10ᵐ,00. — Décision ministérielle du 10 frimaire an XI.
Larg' : 9ᵐ,75. — Ord. royale du 12 décembre 1843. *Alignements.*
Décret du 31 mai 1851. *Dénomination* actuelle.
Obs. — Précédemment rue Plumet.
Orig. — Nicolas Charles Oudinot, duc de Reggio, maréchal de France (1767-1847).

OUEST (Impasse de l') ** . . . . . **XIV**ᵉ Aʀʀᴏɴᴅɪꜱꜱᴇᴍᴇɴᴛ . . . . 56ᵉ Qᴜᴀʀᴛɪᴇʀ.
Anciennement commune de Vaugirard.

2465 **Commence** rue de l'Ouest, 17. — **Finit** impasse Lebouis. 5.   (I. 7. — P. 4.)
    Longᵣ : 28ᵐ,00.
    Largᵣ : 3ᵐ,00.   (Voie privée.)
  Oʀɪɢ. — Voir rue de l'Ouest.

OUEST (Rue de l'). . . . . **XIV**ᵉ Aʀʀᴏɴᴅɪꜱꜱᴇᴍᴇɴᴛ. . . . . 56ᵉ Qᴜᴀʀᴛɪᴇʀ.
Anciennement commune de Vaugirard.

2466 **Commence** avenue du Maine, 92. — **Finit** rue d'Alesia, 184.   (I. 147. — P. 142.)
    Longᵣ : 923ᵐ,00.
    Largᵣ : 10ᵐ,00. — Alignements projetés entre l'avenue du Maine et la rue du Château.
    Largᵣ : 10ᵐ,00. — Oʀᴅ. ʀᴏʏᴀʟᴇ ᴅᴜ 29 ᴀᴏᴜᴛ 1843. Ouverture et Alignements entre la rue
        du Château et la rue de Gergovie.
    Largᵣ : 10ᵐ,00. — Alignements projetés entre la rue de Gergovie et la rue d'Alésia.
        Dᴇᴄʀᴇᴛ ᴅᴜ 23 ᴍᴀɪ 1863. Classement confirmé pour la partie entre la
        rue du Château et la rue de Gergovie.
        Classement du surplus ajourné en raison des réclamations présentées
        à l'enquête.
        Aʀʀᴇᴛᴇ ᴘʀᴇ́ꜰᴇᴄᴛᴏʀᴀʟ ᴅᴜ 18 ɴᴏᴠᴇᴍʙʀᴇ 1862. Nivellement.
  Oʀɪɢ. — Voisinage du chemin de fer de l'Ouest.

OURCQ (Rue de l') * . . . . **XIX**ᵉ Aʀʀᴏɴᴅɪꜱꜱᴇᴍᴇɴᴛ. . . . . 73ᵉ et 74ᵉ Qᴜᴀʀᴛɪᴇʀꜱ.
Anciennement commune de La Villette.

2467 **Commence** rue d'Allemagne, 145. — **Finit** rue d'Aubervilliers, 132.   (I. 121. — P. 134.)
    Longᵣ : 1430ᵐ,00.
    Largᵣ : 12ᵐ,00. — Alignements projetés entre la rue d'Allemagne et la rue de Flandre.
    Largᵣ : 12ᵐ,00. — Oʀᴅ. ʀᴏʏᴀʟᴇ ᴅᴜ 24 ᴊᴀɴᴠɪᴇʀ 1843. Alignements entre la rue de Flandre
        et la rue de Cambrai.
        Aʀʀᴇᴛᴇ ᴘʀᴇ́ꜰᴇᴄᴛᴏʀᴀʟ ᴅᴜ 6 ᴊᴜɪʟʟᴇᴛ 1855. Classement entre la rue de
        Cambrai et la rue d'Aubervilliers.
        Dᴇᴄʀᴇᴛ ᴅᴜ 23 ᴍᴀɪ 1863. Classement de la totalité.
        Aʀʀᴇᴛᴇ ᴘʀᴇ́ꜰᴇᴄᴛᴏʀᴀʟ ᴅᴜ 3 ɴᴏᴠᴇᴍʙʀᴇ 1860. Nivellement entre le quai
        de l'Oise et la rue de Flandre.
        Aʀʀᴇᴛᴇ ᴘʀᴇ́ꜰᴇᴄᴛᴏʀᴀʟ ᴅᴜ 8 ᴀᴏᴜᴛ 1866. Nivellement entre les rues de
        Flandre et d'Aubervilliers.
        Aʀʀᴇᴛᴇ ᴘʀᴇ́ꜰᴇᴄᴛᴏʀᴀʟ ᴅᴜ 20 ᴊᴜɪʟʟᴇᴛ 1868. Dénomination actuelle.
        Oʙꜱ. — Précédemment rues Royale, Saint Denis et chemin de Saint Ouen.
  Oʀɪɢ. — Voisinage du canal de l'Ourcq.

OURS (Cour de l') . . . . **XI**ᵉ Aʀʀᴏɴᴅɪꜱꜱᴇᴍᴇɴᴛ . . . . 44ᵉ Qᴜᴀʀᴛɪᴇʀ.
2468 **Située** rue du Faubourg Saint Antoine, 93.
    Longᵣ : 27ᵐ,00.
  Moindre largᵣ : 2ᵐ,90.   (Voie privée.)
  Oʀɪɢ. — Sur la façade a été sculpté un ours.

OURS (Rue aux) . . . . **III**ᵉ Aʀʀᴏɴᴅɪꜱꜱᴇᴍᴇɴᴛ . . . . 9ᵉ Qᴜᴀʀᴛɪᴇʀ.
2469 **Commence** rue Saint Martin, 189. — **Finit** boulevard de Sébastopol, 60.   (I. 25. — P. 28.)
    Longᵣ : 90ᵐ,00.
    Largᵣ : 10ᵐ,00. — Dᴇ́ᴄɪꜱɪᴏɴ ᴍɪɴɪꜱᴛᴇ́ʀɪᴇʟʟᴇ ᴅᴜ 28 ʙʀᴜᴍᴀɪʀᴇ ᴀɴ VI.
    Largᵣ : 11ᵐ,00. — Oʀᴅ. ʀᴏʏᴀʟᴇ ᴅᴜ 21 ᴊᴜɪɴ 1826.
    Largᵣ : 20ᵐ,00. — Dᴇᴄʀᴇᴛ ᴅᴜ 29 ꜱᴇᴘᴛᴇᴍʙʀᴇ 1854 (U. P.). Élargissement.
        Aʀʀᴇᴛᴇ ᴘʀᴇ́ꜰᴇᴄᴛᴏʀᴀʟ ᴅᴜ 8 ꜰᴇ́ᴠʀɪᴇʀ 1867. Nivellement.
        Oʙꜱ. — Le prolongement de cette voie est projeté jusqu'au boulevard Beau-
        marchais.
  Oʀɪɢ. — Corruption de rue aux Oues (oies en vieux français), à cause des rôtisseries qui s'y trouvaient en grand
     nombre.

$$\mathbb{P}$$

Annotations

PAGEVIN (Rue). . . . . **Iᵉʳ** Arrondissement . . . . **2ᵉ** Quartier.
. . . . **IIᵉ** Arrondissement . . . . **7ᵉ** Quartier.

2470 **Commence** rues d'Argout, 33, et Herold, 31.—**Finit** place des Victoires, 9, et rue d'Aboukir, 2.
 Longᵣ : 63ᵐ,00. (l. 7 à 15. — P. 38 à 48.)
 Largᵣ : 9ᵐ,00. — Décision ministérielle du 20 fructidor an XI.
 Largᵣ : 12ᵐ,00. — Ord. royale du 18 janvier 1848. *Alignements*.
 Décret du 9 juin 1860 (U. P.). *Suppression* de la partie comprise
  entre les rues Coq-Héron et la Jussienne, et la rue d'Argout, pour
  le prolongement de la rue du Louvre.
 Décret du 9 mars 1880. *Suppression* entre les rues Jean-Jacques
  Rousseau et d'Argout.
 Obs. — Cette voie sera entièrement supprimée par le prolongement de la rue
  Étienne Marcel.
 Orig. — Nicolas Pagevin, seigneur de l'île Louviers et trésorier général de la maison du duc d'Anjou et d'Alençon,
  frère de Henri III.

PAILLET (Rue) **. . . . . Vᵈ** Arrondissement . . . . **20ᵉ** Quartier.
2471 **Commence** rue Soufflot, 11. — **Finit** rue Malebranche, 10. (P. z.)
 Longᵣ : 39ᵐ,00.
 Largᵣ : 12ᵐ,00. — Voie ouverte en 1876, par la Ville de Paris, sur des terrains lui
  appartenant.
 Arrêté préfectoral du 1ᵉʳ février 1877. *Dénomination*.
 Obs. — Ce nom avait été porté précédemment par la partie de la rue Male-
  branche dénommée antérieurement rue Saint Hyacinthe.
 Orig. — Alphonse-Gabriel-Victor Paillet, avocat (1796-1855) ; voisinage de l'École de Droit.

PAIX (Rue de la). . . . . **IIᵉ** Arrondissement . . . . **5ᵉ** Quartier.
2472 **Commence** rue des Capucines, 2, et rue des Petits Champs, 84. — **Finit** place et avenue
 de l'Opéra, 49. (l. 25. — 24.)
 Longᵣ : 230ᵐ,00.
 Largᵣ : 22ᵐ,40. — Décision ministérielle du 30 juin 1806.
 Largᵣ : 22ᵐ,40. — Ord. royale du 4 octobre 1826. *Alignements*.
 Orig. — Nom substitué à celui de Napoléon, en 1814, après la signature du traité de paix.

PAJOL (Rue). . . . . **XVIIIᵉ** Arrondissement. . . . . **72ᵉ** Quartier.
 Anciennement commune de La Chapelle.
2473 **Commence** place de La Chapelle, 8. — **Finit** place Hébert. (l. 85. — P. 66.)
 Longᵣ : 870ᵐ,00.
 Largᵣ : 12ᵐ,00. — Arrêté préfectoral du 27 juillet 1869. *Alignements* entre la
  place de La Chapelle et la rue Riquet.
 Largᵣ : 12ᵐ,00. — Décret du 9 juin 1881. *Alignements* et *Nivellement* de la partie ci-
  dessus.
 Obs. — Est déclaré d'utilité publique le redressement de la rue à son débouché de la
  rue Philippe de Girard, au droit des immeubles nˢ 1, 2, 3.
 Largᵣ : 12ᵐ,00. — Arrêté préfectoral du 7 juillet 1858. *Alignements* entre la rue
  Riquet et la rue de Torcy.
 Largᵣ : 12ᵐ,00. — Décret du 24 mai 1859 (U. P.) *Alignements* entre la rue de Torcy
  et la place Hébert.
 Décret du 23 mai 1863 : 1° *Classement* entre la place de La Chapelle
  et la rue Philippe de Girard ; 2° *Classement* confirmé entre la
  rue Philippe de Girard et la place Hébert.
 Arrêté préfectoral du 25 avril 1866. *Nivellement*.
 Décret du 2 octobre 1865. *Dénomination* actuelle.
 Obs. — Précédemment rues de Strasbourg, Neuve de Strasbourg et rue Neuve
  du Bon Puits.
 Orig. — Le comte Claude-Pierre Pajol, général de division (1772-1844).

PAJOU (Impasse) . . . . **XVI**ᵉ Arrondissement . . . . 62ᵉ Quartier.
Anciennement commune de Passy.

2474   **Située** rue Mozart, 36.
Long^r :   47ᵐ 00.
Larg^r :   1ᵐ,50.   *(Voie privée.)*
Arrêté préfectoral du 10 novembre 1873. *Dénomination actuelle.*
Obs. — Précédemment impasse du Calvaire.
Orig. — *Voir rue Pajou.*

PAJOU (Rue) . . . . **XVI**ᵉ Arrondissement . . . . 62ᵉ Quartier.
Anciennement commune de Passy.

2475   **Commence** rue des Vignes, 6. — **Finit** rue de l'Assomption, 52.   (I. 49. — P. 34.)
Long^r : 393ᵐ,00.
Larg^r :   8ᵐ,00. — Arrêté préfectoral du 16 février 1856. *Alignements.*
Décret du 23 mai 1863. *Classement* (confirmation).
Larg^r : 12ᵐ,00. — Décret du 29 mai 1867 (U. P.). *Alignement* au droit des numéros
32 et 34 (numéros 10 et 12 actuels).
Obs. — L'alignement de la partie comprise entre la rue des Bauches et la rue du
Ranelagh a été porté à 12ᵐ,00 lors de l'ouverture de la rue Mozart
(décret du 29 mai 1867).
Décret du 24 août 1864. *Dénomination actuelle.*
Obs. — Précédemment rue de la Glacière.
Orig. — Augustin Pajou, sculpteur (1730-1809); quartier où ont été groupés des noms d'artistes.

PALAIS (Boulevard du). . . . . . **I**ᵉʳ Arrondissement . . . . 1ᵉʳ Quartier.
IVᵉ Arrondissement . . . . 16ᵉ Quartier.

2476   **Commence** quais de la Cité et de l'Horloge. — **Finit** quais du Marché Neuf, 9, et des Orfèvres, 2.
Long^r : 220ᵐ,00.   (I. 11 bis. — P. 14.)
Larg^r : 30ᵐ,00. — Décret du 23 septembre 1858 (U. P.). *Ouverture* et *Alignements.*
Arrêté préfectoral du 19 août 1864. *Dénomination* actuelle.
Obs. — Cette voie a absorbé la rue de la Barillerie.
Orig. — Situé devant le Palais de Justice.

PALAIS BOURBON (Place du). **VII**ᵉ Arrondissement . . . . 26ᵉ Quartier.

2477   **Située** Rue de l'Université, 85.
Long^r : 62ᵐ,50 environ.
Moindre larg^r : 52ᵐ,00. — Décision ministérielle du 2 thermidor an V.
Id. : 52ᵐ,00. — Ord. royale du 7 mars 1827. *Alignements.*
Orig. — Située devant le Palais Bourbon, actuellement le siège de la Chambre des députés.

PALAIS ROYAL (Place du). . . . . **I**ᵉʳ Arrondissement . . . . 3ᵉ Quartier.

2478   **Située** devant le Palais Royal, entre la rue Saint Honoré, 151, et la rue de Rivoli, 166.
Long^r : 40ᵐ,00.
Larg^r : 108ᵐ,00. — Décret du 23 décembre 1852. *Agrandissement* (projets modifiés).
Larg^r : 80ᵐ,00. — Décrets des 15 novembre 1853 et 3 mai 1854 (U. P.). *Agrandissement*
et *Alignements.*
Arrêtés préfectoraux des 3 juin et 12 juillet 1855. *Nivellement.*
Orig. — Située devant le Palais Royal.

PALATINE (Rue) . . . . **VI**ᵉ Arrondissement . . . . 22ᵉ Quartier.

2479   **Commence** rue Garancière, 4. — **Finit** place Saint Sulpice, 1.   (I. 9.)
Long^r : 101ᵐ,00.
Larg^r : 14ᵐ,61. — Décision ministérielle du 7 fructidor an IX.
Larg^r : 16ᵐ,00. — Ord. royale du 3 avril 1843. *Alignements.*
Orig. — En l'honneur de la princesse Anne, palatine de Bavière, veuve de Henri-Jules, prince de Condé; elle avait fait
construire à ses frais la fontaine de la rue Garancière.

PALESTINE (Rue de) ** . . . . . . **XIX**ᵉ Arrondissement . . . . 75ᵉ Quartier.
Anciennement commune de Belleville.

2480   **Commence** rue de Belleville, 161. — **Finit** rue des Solitaires, 28.   (I. 3 bis. — P. 6.)
Long^r : 166ᵐ,00.
Larg^r :   9ᵐ,00. — Décret du 20 septembre 1851 (U. P.). *Ouverture* sur une longueur
de 127ᵐ,00, à partir de la rue de Belleville.
Décret du 23 mai 1863. *Classement* confirmé pour cette première
partie.
Larg^r :   9ᵐ,00. — Décret du 14 décembre 1874. *Classement* du surplus et *Alignements*
de la totalité.
Arrêté préfectoral du 3 septembre 1869. *Dénomination* actuelle.
Obs. — Précédemment partie de la place de l'Église.
Orig. — Le nom de la Terre Sainte a été donné à cette rue à cause du voisinage de l'église Saint Jean Baptiste.

PALESTRO (Rue de). . . . . **II**ᵉ ARRONDISSEMENT . . . . 8ᵉ QUARTIER.

2481   **Commence** rue de Turbigo, 31. — **Finit** rue du Caire, 7.   (I. 41. — P. 32.)
        Long^r : 310ᵐ,00.
        Larg^r : 12ᵐ,00. — La partie comprise entre la rue de Turbigo et la rue Greneta a été
                  ouverte par la Ville de Paris sur des terrains expropriés lors du
                  percement du boulevard de Sébastopol.
        Larg^r : 12ᵐ,00. — DÉCRET DU 23 AOUT 1858 (U.P.). *Ouverture* et *Alignements* entre la
                  rue Greneta et la rue du Caire.
        ORIG. — Victoire de l'armée franco-sarde sur les Autrichiens, le 30 mai 1859.

PALI-KAO (Rue de) **. . . . . . . **XX**ᵉ ARRONDISSEMENT . . . . 77ᵈ QUARTIER.
                                      Anciennement commune de Belleville.

2482   **Commence** boulevard de Belleville, 74. — **Finit** rue Julien Lacroix, 73. (I. 41. — P. 32.)
        Long^r : 260ᵐ,00.
                  DÉCRET DU 23 MAI 1863. *Classement*.
        Larg^r : 9ᵐ,00. — *Alignements* projetés (largeur actuelle) entre le boulevard de Belle-
                  ville et la rue Bisson (A). (Largeur actuelle.)
        Larg^r : 8ᵐ,00. — *Alignements* projetés (largeur actuelle) entre la rue Bisson et la rue
                  Julien Lacroix (B). (Largeur actuelle.)
                  ARRÊTÉ PRÉFECTORAL DU 3 MARS 1866. *Nivellement*.
                  DÉCRET DU 24 AOUT 1864. *Dénomination* de la partie (A).
                       OBS. — Précédemment rue Napoléon.
                  ARRÊTÉ PRÉFECTORAL DU 1ᵉʳ FÉVRIER 1877. *Dénomination* de la
                  partie (B).
                       OBS. — Précédemment square Napoléon.
        ORIG. — Victoire remportée en Chine par l'armée française, le 21 septembre 1860.

PALMYRE (Rue) **. . . . . . . **XIII**ᵉ ARRONDISSEMENT . . . . 51ᵉ QUARTIER.
                                   Anciennement commune de Gentilly.

2483   **Commence** entre le passage Prévost et la rue Ernest, 1. — **Finit** rue Bullant, 19. (I. 9. — P. 14.)
        Long^r : 85ᵐ,00.
        Larg^r : 8ᵐ,00.   (*Voie privée*.)
        ORIG. — Prénom d'un des enfants du propriétaire.

PANIER FLEURI (Cour du). . . . **XI**ᵉ ARRONDISSEMENT. . . . . 43ᵉ QUARTIER.

2484   **Située** rue de Charonne, 17.
        Long^r : 36ᵐ,00.
        Moindre larg^r : 2ᵐ,65.   (*Voie privée*.)
        ORIG. — En souvenir d'un opéra comique de M. Ambroise Thomas.

PANNIER (Passage) **. . . . . . . **XX**ᵉ ARRONDISSEMENT . . . . 77ᵉ QUARTIER.
                                       Anciennement commune de Belleville.

2485   **Situé** rue des Rigoles, 69.
        Long^r : 93ᵐ,00.
        Larg^r : 7ᵐ,00 environ.   (*Voie privée*.)
        ORIG. — Prénom de propriétaire.

PANORAMAS (Passage des). . . . . **II**ᵉ ARRONDISSEMENT . . . . 8ᵉ QUARTIER.

2486   **Commence** rue Saint Marc, 10. — **Finit** boulevard Montmartre, 11.   (Nᵒˢ 65.)
        Long^r : 133ᵐ,00.
        Larg^r : 3ᵐ,20 environ.   (*Voie privée ouverte en 1800*.)
        ORIG. — Doit son nom aux panoramas qui y avaient été établis au moment de sa création (1800).

PANORAMAS (Rue des) . . . . . . **II**ᵉ ARRONDISSEMENT . . . . 8ᵉ QUARTIER.

2487   **Commence** rue Feydeau, 14. — **Finit** rue Saint Marc, 9.   (I. 3. — P. 4.
        Long^r : 29ᵐ,00.
                  LETTRES-PATENTES DU 13 SEPTEMBRE 1782. — *Ouverture*.
        Larg^r : 7ᵐ,47. — DÉCISION MINISTÉRIELLE DU 5 GERMINAL AN VI.
           Id.   7ᵐ,47.   ORD. ROYALE DU 4 MAI 1826. *Alignements*.
                  ARRÊTÉ PRÉFECTORAL DU 26 FÉVRIER 1867. *Dénomination* actuelle.
                       OBS. — Précédemment rue Neuve de Montmorency.
        ORIG. — A proximité du passage des Panoramas.

PANOYAUX (Impasse des) **. . . **XX**ᵉ ARRONDISSEMENT. . . . . 79ᵉ QUARTIER.
                                     Anciennement commune de Belleville.

2488   **Située** rue des Panoyaux, 6.   (I. 1. — P. 8.)
        Long^r : 65ᵐ,00.
        Larg^r : 2ᵐ,40.   (*Voie privée*.)
        ORIG. — *Voir* rue des Panoyaux.

PANOYAUX (Rue des) *. . . . . . **XX**e Arrondissement . . . . 79e Quartier.
Anciennement commune de Belleville.

2480   **Commence** boulevard de Ménilmontant, 130. — **Finit** rue des Plâtrières.   (l. 75. — P. 78.)

Long^r : 485^m,00.

Larg^r :   8^m,00. — Ord. royale du 30 août 1837. *Alignements* entre le boulevard de Ménilmontant et la rue des Amandiers.

Décret du 23 mai 1863. *Classement* confirmé pour cette partie.

Obs. — Le surplus, compris entre la rue des Amandiers et la cité Dorey, n'est pas classé.

Arrêté préfectoral du 16 mai 1865. *Nivellement.*

Arrêté préfectoral du 2 avril 1868. *Dénomination* de la partie non classée.

Obs. — Précédemment rues des Panoyaux et Chaudron.

Orig. — Ancien vignoble, dit le Pas-Noyaux.

PANTHÉON (Place du)* . . . . . . **V**e Arrondissement . . . . 20e Quartier.

2490   **Située** entre la r. Clotilde, 1, et la pl. Sainte Geneviève et les r. Soufflot, 2, Clotaire, 1, et Cujas, 2.

Long^r : 183^m,00.   (l. 13. — P. 10)

Larg^r : 148^m,00. — Décret du 24 février 1811 : L'*Alignement* au devant du portique du monument (côté ouest) est fixé par les délinéations circulaires et rectilignes qui indiquent sur le plan (plan annexé à la décision ministérielle) la limite des édifices symétriques qui doivent les border et dont l'un (les Écoles de Droit) est déjà exécuté. Les côtés latéraux de la place sont déterminés par deux lignes parallèles au grand axe du monument et à 34^m,00 de distance du nu des arrière-corps. Le fond de la place est formé par les bâtiments du collège Henri IV.

Larg^r : 34^m,00. — Décision ministérielle du 13 juin 1807. (Largeur des voies latérales au Panthéon.)

Obs. — Précédemment place Sainte Geneviève.

Orig. — Située devant le Panthéon.

PANTIN (Porte de) . . . . . . **XIX**e Arrondissement . . . . 74e et 75e Quartiers.

2491   **Située** boulevard Sérurier, en prolongement de la rue d'Allemagne.

Orig. — A l'entrée du village de Pantin.

PAON BLANC (Rue du) . . . . . . **IV**e Arrondissement . . . . 14e Quartier.

2492   **Commence** quai de l'Hôtel de Ville, 24. — **Finit** rue de l'Hôtel de Ville, 39.

Long^r : 19^m,50.

Larg^r :   6^m,00. — Décision ministérielle du 13 thermidor an VI.

Orig. — Dénomination tirée probablement d'une enseigne.

PAPIER (Passage) *. . . . . . . **XX**e Arrondissement . . . . 83e Quartier.
Anciennement commune de Belleville.

2493   **Commence** rue des Vignoles, 29. — **Finit** rue de Terre Neuve, 24.   (l. 19. — P. 2.)

Long^r : 100^m,00.

Moindre larg^r :   2^m,50.   (*Voie privée.*)

Orig. — Nom du propriétaire.

PAPILLON (Cité) . . . . **XIV**e Arrondissement . . . . 56e Quartier.

2494   **Commence** rue des Plantes, 26. — **Finit** rue Sainte Eugénie, 29.

Long^r : 167^m,00.

Moindre larg^r :   8^m,00.   (*Voie privée.*)

Orig. — Nom du propriétaire.

PAPILLON (Rue) . . . . **IX**e Arrondissement . . . . 35e Quartier.

2495   **Commence** r. Bleue, 2, et du Faub. Poissonnière, 69. — **Finit** r. Riboutté, 6, et Montholon, 17.

Long^r : 110^m,00.   (l. 11. — P. 18.)

Larg^r :   9^m,74. — Décision ministérielle du 21 prairial an X.

Larg^r :   9^m,74. — Ordonnance royale du 23 août 1833. *Alignements.*

Orig. — Denis-Jean-Pierre Papillon de la Ferté, intendant des menus plaisirs du roi (1727-1794) ; voisinage de l'hôtel des Menus-Plaisirs, aujourd'hui Conservatoire de Musique.

PAPIN (Rue) . . . . **III**e Arrondissement . . . . 9e Quartier.

2496   **Commence** rue Saint Martin, 259. — **Finit** boulevard de Sébastopol, 98.   (l. 7.)

Long^r : 73^m,00.

Larg^r : 12^m,00. — Décret du 23 août 1858 (U. P.). *Ouverture* et *Alignements.*

Décret du 2 mars 1864. *Dénomination.*

Orig. — Denis Papin, physicien (1647-1714) ; voisinage du Conservatoire des Arts et Métiers.

PARADIS (Rue de) . . . . **X**e Arrondissement . . . . 38e Quartier.

2497   **Commence** rue du Faubourg Saint Denis, 97. — **Finit** rue du Faubourg Poissonnière 66.

Long^r : 528^m,00.   (l. 59. — P. 60.)

Larg^r : 10^m,00 — Décision ministérielle du 28 vendémiaire an X.

PARADIS (Rue de). (*Suite.*)

Moindre largʳ : 13ᵐ,00. — DÉCRET DU PRÉSIDENT DE LA RÉPUBLIQUE DU 22 MARS 1880. *Alignements.*
ARRÊTÉ PRÉFECTORAL DU 9 MAI 1881. Rectifiant le nom.

Obs. — Précédemment rue de Paradis Poissonnière.

Orig. — Prolongement de la rue Bleue, autrefois rue d'Enfer ; nommée ainsi par antithèse.

PARC DE CHARONNE (Chemin du) ** **XX**ᵉ ARRONDISSEMENT . . . . 79ᵉ QUARTIER.

Anciennement commune de Charonne.

2498   **Commence** rue des Prairies, 5. — **Finit** en impasse.

Longʳ : 220ᵐ,00.

Largʳ : 3ᵐ,50 environ.   (*Voie privée.*)

Orig. — Dans le voisinage de l'ancien château de Charonne.

PARCHAPPE (Cité) . . . . **XI**ᵉ ARRONDISSEMENT . . . . 43ᵉ QUARTIER.

2499   **Commence** rue du Faubourg Saint Antoine, 21. — **Finit** impasse du Cheval Blanc.

Longʳ : 50ᵐ,00

Largʳ : 3ᵐ,90 environ.   (*Voie privée.*)

Orig. — Nom du propriétaire.

PARCHEMINERIE (Rue de la) . . . . **V**ᵉ ARRONDISSEMENT . . . . 20ᵉ QUARTIER.

2500   **Commence** rue Saint Jacques, 24. — **Finit** rue de la Harpe, 41.   (I. 33. — P. 32.)

Longʳ : 132ᵐ,00.

Largʳ : 6ᵐ,00. — DÉCISION MINISTÉRIELLE DU 14 THERMIDOR AN VIII.

Largʳ : 10ᵐ,00. — ORDONNANCE ROYALE DU 22 AOUT 1840. *Alignements.*

Orig. — Les parcheminiers s'y étaient établis autrefois.

PARC ROYAL (Rue du) . . . . . . **III**ᵉ ARRONDISSEMENT . . . . 11ᵉ QUARTIER.

2501   **Commence** rue de Turenne, 51. — **Finit** rue Elzévir, 16, et place de Thorigny, 4.

Longʳ : 173ᵐ,00.   (I.19. — P.16.)

Moindre largʳ : 8ᵐ,00. — DÉCISION MINISTÉRIELLE DU 13 FRUCTIDOR AN VII.

Moindre largʳ : 12ᵐ,00. — ORDONNANCE ROYALE DU 12 JUILLET 1837. *Alignements.*

Obs. — De 1648 à 1832, cette voie porta le nom de la rue du Parc National.

Orig. — Voisinage du parc de l'hôtel royal des Tournelles.

ARIS (Petite Rue de) **. . . . . **XV**ᵉ ARRONDISSEMENT . . . . 57ᵉ QUARTIER.

Anciennement communes de Vanves et de Vaugirard.

2502   **Commence** boulevard Lefèvre, 22, et rue Chauvelot, 17. — **Finit** passage Duclos.

Longʳ : 150ᵐ,00.   (I.25. — P.24.)

Moindre largʳ : 6ᵐ,20.   (*Voie privée.*)

Obs. — Précédemment Petite voie de Vanves.

Orig. — Section de l'ancienne petite voie de Vanves à Paris.

ARME (Passage de) **. . . . . . . **XV**ᵉ ARRONDISSEMENT . . . . 57ᵉ QUARTIER.

Anciennement commune de Vanves.

2503   **Commence** impasse Dury. — **Finit** boulevard Lefèvre.

Longʳ : 45ᵐ,00.

Largʳ : 4ᵐ,00.   (*Voie privée.*)

Orig. — Voisin de la place de l'Obélisque, a pris le nom d'une ville d'Italie (*Voir* rue Chauvelot).

ARME (Rue de) . . . . **IX**ᵉ ARRONDISSEMENT . . . . 35ᵉ QUARTIER.

2504   **Commence** rue de Clichy, 61. — **Finit** rue d'Amsterdam, 80.   (I. 13. — P. 14.)

Longʳ : 91ᵐ,00.

Largʳ : 12ᵐ,00. — ARRÊTÉ DU PRÉSIDENT DE LA RÉPUBLIQUE DU 21 JANVIER 1849.
Classement et *Alignements.*

Orig. — Ville d'Italie, ancienne capitale du duché de Parme ; voisinage de la place de l'Europe.

ARMENTIER (Avenue) . . . . . . **X**ᵉ ARRONDISSEMENT . . . . 40ᵉ QUARTIER.

                              XIᵉ ARRONDISSEMENT . . . . . . 41ᵉ, 42ᵉ et 43ᵉ QUARTIERS.

2505   **Commence** pl. Voltaire, 10. — **Finit** r. Alibert, 24, et Claude Vellefaux, 2. (I. 181. — P. 186.)

Longʳ actuelle : 1.270ᵐ,00. — Longʳ future : 1.670ᵐ,00.

Largʳ : 30ᵐ,00. — DÉCRET DU 29 AOUT 1857. *Ouverture* et *Alignements* entre la place
Voltaire et la rue du Chemin Vert.

Largʳ : 26ᵐ,00. — DÉCISION MINISTÉRIELLE DU 21 AOUT 1818. *Alignements* entre la rue
du Chemin Vert et la rue Saint Ambroise.

Largʳ : 30ᵐ,00. — *Alignements* exécutés pour cette seconde partie.

Largʳ : 22ᵐ,00. — DÉCRET DU 4 NOVEMBRE 1876 (U. P.) *Ouverture* et *Nivellement* entre
la rue Saint Ambroise et la rue de la Fontaine au Roi.

Prolongements projetés entre la rue de la Fontaine au Roi et la rue
Corbeau.

PARMENTIER (Avenue). *(Suite.)*
        Larg^r : 22^m,00. — Ordonnance royale du 10 décembre 1853. *Ouverture et Alignements* entre la rue Corbeau et les rues Alibert et Claude Vellefaux.
        Arrêté préfectoral du 22 août 1873. *Nivellement* entre la rue Saint Ambroise et la rue d'Angoulême.
        Arrêté préfectoral du 26 février 1862. *Nivellement.*
        Arrêté préfectoral du 19 août 1864. *Dénomination.*
  Orig. — Antoine-Augustin Parmentier, agronome (1737-1813); voisinage de la maison où il est mort.

PARMENTIER (Passage). . . . . . Xe Arrondissement. . . . . 40e Quartier.
2506 **Commence** avenue Parmentier, 182. — **Finit** rue Saint Maur, 203.   (1. 19. — P. 20.)
        Long^r : 124^m,00.
        Larg^r : 8^m,00 environ.   *(Voie privée.)*
  Orig. — *Voir rue Parmentier.*

PARMENTIER (Square). . . . . . . XIe Arrondissement . . . . 42e Quartier.
2507 **Situé** entre les rues Blaise, Lacharrière, Guilhem, Rochebrune.
    Orig. — *Voir avenue Parmentier.*

PARTANTS (Impasse des) ** . . . XXe Arrondissement . . . . 79e Quartier.
            Anciennement commune de Belleville.
2508 **Située** rue des Partants, 157.   (1. 5. — P. 10.)
        Long^r : 95^m,00.
        Larg^r : 3^m,00 environ.   *(Voie privée.)*
        Arrêté préfectoral du 1er février 1877. *Dénomination* actuelle.
          Obs. — Précédemment passage Sainte Croix.
  Orig. — *Voir rue des Partants.*

PARTANTS (Rue des) **. . . . . . XXe Arrondissement . . . . 79e Quartier.
        Anciennement communes de Belleville et de Charonne.
2509 **Commence** rue des Amandiers, 52. — **Finit** rue Pelleport, 81. (1. 109. — P. 166.)
        Long^r : 950^m,00.
        Larg^r : 8^m,00. — Arrêté préfectoral du 30 décembre 1840. *Alignements* entre la rue des Amandiers et la rue Pelleport.
        Larg^r : 8^m,00. — Arrêté préfectoral du 6 juillet 1853. *Alignements* entre la rue Gasnier-Guy et la rue Pelleport.
        Arrêté préfectoral du 23 juillet 1868. *Nivellement.*
        Décret du 23 mai 1863. *Classement* (confirmation).
  Orig. — *Lieu dit.*

PARVIS NOTRE-DAME (Place du). . IVe Arrondissement. . . . . 16e Quartier.
2510 **Commence** Pont au Double et rue d'Arcole, 23. — **Finit** rue de la Cité.
        Long^r : 135^m,60.   *(Place plantée.)*
        Larg^r : 95^m,00 environ. — Décret du 22 mai 1865 (U. P.). *Agrandissement.*
        Arrêtés préfectoraux des 5 février 1877 et 17 janvier 1878. *Nivellement.*
          Obs. — Précédemment Parvis Notre-Dame et rue Neuve Notre-Dame.
  Orig. — Située devant la basilique de Notre-Dame; le parvis est un ancien nom dérivé de *paradis.*

PASCAL (Rue) **. . . . . Ve Arrondissement. . . . . 18e et 19e Quartiers.
              XIIIe Arrondissement . . . . 52e Quartier.
2511 **Commence** rue Mouffetard, 148. — **Finit** rue des Cordelières, 38, et Corvisart.
        Long^r : 710^m,00.   (1. 93. — P. 62.)
        Larg^r : 13^m,00. — Ordonnance royale du 6 mai 1827. *Ouverture et Alignements.*
        Arrêté préfectoral du 4 août 1869. *Nivellement.*
  Orig. — Blaise Pascal, géomètre et philosophe (1623-1662); voisinage de la maison de Port-Royal.

PASQUIER (Passage). . . . . . . VIIIe Arrondissement. . . . . 31e Quartier.
2512 **Commence** rue de l'Arcade, 31. — **Finit** rue Pasquier, 28.   (1. 5. — P. 6.)
        Long^r : 28^m,00.
        Larg^r : 3^m,50 environ.   *(Voie privée.)*
        Arrêté préfectoral du 10 novembre 1873. *Dénomination* actuelle.
          Obs. — Précédemment passage Puteaux.
  Orig. — *Voir rue Pasquier.*

PASQUIER (Rue) . . . . **VIII**e Arrondissement . . . . 31e et 32e Quartiers.
2513　**Commence** boulevard Malesherbes, 6. — **Finit** rues du Rocher, 1, et de la Pépinière, 3.
　　Long*r* : 480m,00.　　　　　　　　　　　　　　　　　(I. 43. — P. 46.)
　　Larg*r* : 11m,00. — Décision ministérielle du 23 germinal an ix. *Alignements* entre
　　　　　　　le boulevard Malesherbes et la rue des Mathurins.
　Moindre larg*r* : 12m,00. — Ord. royale du 5 juin 1839. *Alignements* entre le boulevard Males-
　　　　　　herbes et la rue des Mathurins.
　　　　　Décret du 16 juillet 1862 (U. P.). *Ouverture* et *Alignements* de la
　　　　　　partie entre la rue des Mathurins et les rues du Rocher et
　　　　　　de la Pépinière.
　　　　　Décret du 2 octobre 1865. *Dénomination* actuelle.
　　　　　　Obs. — Précédemment rue de la Madeleine (partie).
　Orig. — Le baron, puis duc Etienne-Denis Pasquier, chancelier de France (1767-1862).

PASSY (Place de)** . . . . **XVI**e Arrondissement . . . . 62e Quartier.
　　　　　　　　　　　Anciennement commune de Passy.
2514　**Située** rue de Passy, 67, au débouché des rues Duban, 22, et de l'Annonciation, 45.
　　Long*r* : 30m,00.　　　　　　　　　　　　　　　　　(I. 3. — P. 2.)
　　Larg*r* : 34m,00. — Arrêté préfectoral du 16 février 1856. *Alignements.*
　　　　　Décret du 23 mai 1863. *Classement* (confirmation).
　　　　　Arrêté préfectoral du 26 février 1867. *Dénomination* actuelle.
　　　　　　Obs. — Précédemment place de la Mairie.
　Orig. — *Voir* rue de Passy.

PASSY (Pont de) . . . . **XV**e Arrondissement . . . . 59e Quartier.
　　　　　　　　　　　　XVIe Arrondissement. . . . . 62e Quartier.
2515　**Situé** entre les quais de Passy et de Grenelle, au droit du boulevard de Grenelle.
　　Long*r* : 160m,00.
　　　　　　　　　Obs. — Construit en 1877-78.
　Orig. — Voisinage de l'ancien village de Passy.

PASSY (Porte de) . . . . **XVI**e Arrondissement . . . . 62e Quartier.
2516　**Située** boulevard Suchet, au droit de l'avenue Ingres.
　Orig. — Située dans l'ancien village de Passy, à l'entrée du Bois de Boulogne.

PASSY (Quai de) . . . . **XVI**e Arrondissement . . . . 62e Quartier.
　　　　　　　　　　　Anciennement commune de Passy.
2517　**Commence** rue Beethoven, 1. — **Finit** pont de Grenelle et rue de Boulainvilliers, 2.
　　Long*r* : 990m,00.　　　　　　　　　　　　　　　　　(I. 9. — P. 44.)
　Moindre larg*r* : 20m,00. — Ord. royale du 3 juillet 1842. *Alignements.*
　　　　　Décret du 23 mai 1863. *Classement* (confirmation).
　　　　　Arrêté préfectoral du 19 décembre 1867. *Nivellement.*
　　　　　　Obs. — Précédemment partie de la route nationale n° 10.
　Orig. — Longe l'ancien village de Passy.

PASSY (Rue de) . . . . **XVI**e Arrondissement . . . . 62e Quartier.
　　　　　　　　　　　Anciennement commune de Passy.
2518　**Commence** rues Raynouard, 2, et de la Tour, 1. — **Finit** rues de Boulainvilliers, 62, et de
　　la Pompe, 2.　　　　　　　　　　　　　　　　　(I. 103. — P. 84.)
　　Long*r* : 700m,00.
　Moindre larg*r* : 10m,00. — Ordonnance royale du 22 décembre 1838. *Alignements.*
　　　　　Décret du 23 mai 1863. *Classement* (confirmation).
　　　　　Arrêté préfectoral du 4 août 1869. *Nivellement.*
　　　　　Arrêté préfectoral du 26 février 1867. *Dénomination* actuelle.
　　　　　　Obs. — Précédemment Grande Rue de Passy (route départementale n° 2).
　Orig. — Principale rue de l'ancien village de Passy.

PASTOURELLE (Rue) . . . . . . **III**e Arrondissement . . . . . . 10e, 11e et 12e Quartiers.
2519　**Commence** rue Charlot, 19. — **Finit** rue du Temple, 126.　　(I. 37. — P. 48.)
　　Long*r* : 274m,00.
　　Larg*r* : 10m,00. — Décision ministérielle du 13 fructidor an vii. *Alignements* des
　　　　　　rues d'Anjou et Pastourelle.
　　Larg*r* : 12m,00. — Ordonnance royale du 31 mars 1835. *Alignements* entre la rue
　　　　　　Charlot et la rue des Archives (A).
　　　　　Ordonnance royale du 16 mai 1833. *Alignements* entre la rue des
　　　　　　Archives et la rue du Temple (B).
　　　　　Arrêté préfectoral du 1er février 1877. *Dénomination* actuelle de
　　　　　　la partie A.
　　　　　　Obs. — Précédemment rues d'Anjou au Marais et Pastourelle.
　Orig. — Roger Pastourel l'habitait au xive siècle.

PATAY (Passage de). . . . . **XIII**ᵉ Arrondissement . . . . 50ᵉ Quartier.
2520   **Commence** rue du Dessous des Berges, 107. — **Finit** rue de Patay.
    Longʳ : 144ᵐ,00.
    Largʳ : 12ᵐ,00.   (*Voie privée.*)
                Arrêté préfectoral du 1ᵉʳ février 1877. *Dénomination* actuelle.
                Obs. — Précédemment passage d'Enfer.
    Orig. — *Voir rue de Patay.*

PATAY (Rue de)**. . . . . **XIII**ᵉ Arrondissement. . . . . 50ᵉ Quartier.
                Anciennement commune d'Ivry.
2521   **Commence** boulevard Masséna. — **Finit** rue de Domrémy, 25.   (I. 121. — P. 96.)
    Longʳ : 695ᵐ,00.
    Largʳ : 15ᵐ,00. — Arrêté préfectoral du 21 novembre 1855. *Ouverture* et *Aligne-ments.*
                Décret du 23 mai 1863. *Classement* (confirmation).
                Arrêté préfectoral du 6 septembre 1863. *Nivellement.*
                Décret du 2 octobre 1863. *Dénomination* actuelle.
                Obs. — Précédemment boulevard de Vitry.
    Orig. — Victoire de Jeanne Darc sur les Anglais, commandés par Talbot (1429); voisinage de la place Jeanne-Darc.

PATRIARCHES (Passage des). . . **V**ᵉ Arrondissement. . . . . 18ᵉ Quartier.
2522   **Commence** rue des Patriarches, 6. — **Finit** rue Mouffetard, 97.   (I. 9. — P. 10.)
    Longʳ : 72ᵐ,00.
    Largʳ : 3ᵐ,00.   (*Voie privée.*)
    Orig. — *Voir rue des Patriarches.*

PATRIARCHES (Rue des). . . . . **V**ᵉ Arrondissement . . . . 18ᵉ Quartier.
2523   **Commence** rue de l'Épée de Bois, 11. — **Finit** rue Daubenton, 58.   (I. 5. — P. 22.)
    Longʳ : 138ᵐ,00.
    Largʳ : 12ᵐ,00. — Ord. royale du 20 septembre 1830. *Ouverture* et *Alignements.*
                Décision ministérielle du 21 juin 1844. *Dénomination.*
    Orig. — Doit son nom au marché des Patriarches; ce marché se tenait dans une maison qui avait appartenu au Patriarche de Jérusalem et au Patriarche d'Alexandrie.

PATURES (Rue des) . . . . **XVI**ᵉ Arrondissement. . . . . 61ᵉ Quartier.
                Anciennement commune d'Auteuil.
2524   **Commence** avenue de Versailles, 40. — **Finit** rue Félicien David, 19.   (I. 5. — P. 8.)
    Longʳ : 76ᵐ,00.
    Largʳ . 8ᵐ,00. — Arrêté préfectoral du 13 février 1854. *Alignements.*
                Décret du 23 mai 1863. *Classement* (confirmation).
                Arrêté préfectoral du 5 novembre 1868. *Nivellement.*
    Orig. — Anciens pâturages.

PATURLE (Rue). . . . . **XIV**ᵉ Arrondissement. . . . . 56ᵉ Quartier.
2525   **Commence** rue de Vanves, 198. — **Finit** à la station du chemin de fer de l'Ouest (Ouest-Ceinture).
    Longʳ : 70ᵐ,00.
    Largʳ : 12ᵐ,00. — Décret du 14 juin 1861. *Alignements.*
                Obs. — Il existe une voie non classée et non dénommée à la suite de la rue Paturle, entre le sentier des Suisses et la rue de Vanves, sur une longueur de 170ᵐ,00.
                Décret du 10 août 1868. *Dénomination* actuelle.
                Obs. — Précédemment chemin latéral au chemin de fer de Ceinture.
    Orig. — Jacques Paturle, industriel, pair de France (1779-1858.)

PAUL BOREL (Rue). . . . . . **XVII**ᵉ Arrondissement . . . . 66ᵉ Quartier.
2526   **Commence** boulevard Malesherbes, 126. — **Finit** rue Daubigny, 9.   (P. 2.)
    Longʳ : 37ᵐ,00.
    Largʳ : 12ᵐ,00.   (*Voie privée.*)
                Obs. — Précédemment rue Neuve de Malesherbes.
    Orig. — Nom de propriétaire.

PAUL LELONG (Rue) . . . . . **II**ᵉ Arrondissement. . . . . 6ᵉ et 7ᵉ Quartiers.
2527   **Commence** rue Montmartre, 91. — **Finit** rue de la Banque, 16.   (I. 20. — P. 20.)
                Obs. — Une impasse de 32ᵐ,00 de longueur, ouverte en prolongement de cette voie, a son entrée sur la rue de la Banque et est fermée par une grille.
    Longʳ : 202ᵐ,00.

PAUL LELONG (Rue). *(Suite.)*
  Larg^r : 7^m,00. — Décision ministérielle du 3 vendémiaire an x. *Alignements* entre la rue Montmartre et la rue Notre-Dame des Victoires.
  Larg^r : 10^m,00. — Ord. royale du 4 mai 1826. *Alignements* de la même partie.
  Ord. royale du 8 décembre 1844 (U. P.). *Ouverture et Alignement* entre la rue Notre-Dame des Victoires et la rue de la Banque.
  Ord. royale du 3 mai 1847 et Arrêté préfectoral du 2 avril 1868. *Dénomination* actuelle.
  Obs. — Précédemment rues Saint Pierre Montmartre et Paul Lelong.
  Orig. — Paul Lelong, architecte du Timbre, de la caserne et de la mairie du IIe arrondissement (1799-1848) ; voisinage de ces édifices.

PAUL LENORMAND (Passage). . **XIIe** Arrondissement . . . . 47e Quartier.
2528 **Commence** rue du Charolais, 66. — **Finit** avenue Daumesnil, 110.
  Long^r : 32^m,00.
  Larg^r : 6^m,50.   *(Voie privée.)*
  Orig. — Nom de propriétaire.

PAUL-LOUIS COURIER (Rue). . **VIIe** Arrondissement . . . . 23e Quartier.
2529 **Commence** rue du Bac, 62. — **Finit** en impasse au delà de la rue de Saint Simon.
  Long^r : 96^m,00.   (I. 11. — P. 8.)
  Larg^r : 9^m,74. — Décret du 19 avril 1880. *Classement, Alignement et Nivellement.*
  Arrêté préfectoral du 16 août 1879. *Dénomination* actuelle.
  Obs. — Précédemment passage de la Visitation et antérieurement passage Sainte Marie.
  Orig. — Paul-Louis Courier de Méré, pamphlétaire (1772-1825).

PAUQUET (Rue)* . . . . **XVIe** Arrondissement . . . . 64e Quartier.
  Anciennement commune de Passy.
2530 **Commence** rues de Chaillot, 77, et avenue Marceau, 39. — **Finit** avenue Kléber, 15.
  Long^r : 490^m,00.   (I. 39. — P. 38.)
  Larg^r : 12^m,00. — Ord. royale du 18 mars 1836. *Ouverture et Alignement* entre la rue de Chaillot et la rue Dumont-d'Urville.
  Moindre larg^r : 12^m,00. — *Alignements* projetés entre la rue Dumont-d'Urville et la rue La Pérouse.
  Décret du 23 mai 1863. *Classement* de la partie située entre la rue Dumont-d'Urville et l'avenue Kléber.
  Moindre larg^r : 26^m,00. — *Alignements* exécutés par la Ville de Paris entre la rue de La Pérouse et l'avenue Kléber (partie ouverte lors de l'exécution de l'avenue Kléber).
  Arrêté préfectoral du 26 mai 1862. *Nivellement.*
  Arrêté préfectoral du 2 avril 1868. *Dénomination* actuelle.
  Obs. — Précédemment rue Pauquet de Villejust et Pauquet.
  Orig. — M. Pauquet de Villejust, avocat, a coopéré à l'ouverture de la rue.

PAVÉE (Rue) . . . . **IVe** Arrondissement . . . . 14e Quartier.
2531 **Commence** rue de Rivoli, 10. — **Finit** rue des Francs Bourgeois, 23. (I. 17 bis. — P. 24.)
  Long^r : 223^m,00.
  Moindre larg^r : 8^m,00. — Décision ministérielle du 23 brumaire an VIII. *Alignements* entre la rue du Roi de Sicile et la rue des Francs Bourgeois.
  Moindre larg^r : 10^m,00. — Décret du 29 septembre 1854 (U. P.). *Ouverture* de la partie comprise entre la rue de Rivoli et la rue du Roi de Sicile.
  Ord. royale du 14 octobre 1838. *Alignements* entre la rue du Roi de Sicile et la rue des Francs Bourgeois.
  Orig. — L'une des premières rues pavées dans le quartier.

PAVILLON (Avenue du)** . . . . **XIIIe** Arrondissement . . . . 49e Quartier.
2532 **Commence** avenue Constant-Philippe. — **Finit** avenue Constance.
  Long^r : 13^m,00.
  Larg^r : 4^m,00 environ.   *(Voie privée.)*
  Orig. — Longe les pavillons de la Cité Doré.

PAVILLONS (Passage des) . . . . . **Ier** Arrondissement . . . . 3e Quartier.
2533 **Commence** rue de Beaujolais, 6. — **Finit** rue des Petits Champs, 5.
  Long^r : 33^m,00.
  Larg^r : 2^m,20.   *(Voie privée.)*
  Orig. — Doit son nom aux deux pavillons qui font face à la rue de Beaujolais.

PAVILLONS (Rue des)** . . . . . **XXᵉ** Arrondissement . . . . 78ᵉ Quartier.
Anciennement commune de Belleville.

2534 **Commence** rue Pixérécourt, 57, et impasse des Chevaliers, 1. — **Finit** rues Pelleport,
129, et de la Duée, 35. (I. 3. — P. 20.)
  Longʳ : 132ᵐ,00.
  Largʳ : 8ᵐ,00. — Décret du 16 juillet 1849. *Alignements.*
     Décret du 23 mai 1863. *Classement* (confirmation).
     Arrêté préfectoral du 11 octobre 1873. *Nivellement.*
 Orig. — Pavillons de l'ancien parc Saint Fargeau.

PAYEN (Impasse) . . . . **XVᵉ** Arrondissement . . . . 60ᵉ Quartier.
Anciennement commune de Grenelle.

2535 **Située** passage Payen.
  Longʳ : 62ᵐ,00.
  Largʳ : 10ᵐ,00 environ.   *(Voie privée.)*
 Orig. — *Voir passage Payen.*

PAYEN (Passage) . . . . , **XVᵉ** Arrondissement . . . . 60ᵉ Quartier.
Anciennement commune de Grenelle.

2536 **Commence** rue de Javel, 6. — **Finit** quai de Javel, 33. (I. 3. — P. 2.)
  Longʳ : 166ᵐ,00.
 Moindre largʳ : 7ᵐ,80.   *(Voie privée.)*
 Orig. — Anselme Payen, chimiste (1795-1871), a fondé une raffinerie dans le quartier.

PAYENNE (Rue). . . . . **IIIᵉ** Arrondissement . . . . 11ᵉ Quartier.

2537 **Commence** rue des Francs Bourgeois, 18. — **Finit** rue du Parc Royal, 13.
  Longʳ : 171ᵐ,00. (I. 15. — P. 18.)
  Largʳ : 8ᵐ,00. — Décision ministérielle du 23 frimaire an VIII.
  Largʳ : 10ᵐ,00. — Ord. royale du 14 octobre 1838. *Alignements.*
 Orig. — Doit probablement son nom à un ancien propriétaire appelé Payen.

PÉCHOIN (Rue) . . . . **XIXᵉ** Arrondissement . . . . 76ᵉ Quartier.
Anciennement commune de Belleville.

2538 **Commence** rue Monjol. — **Finit** rue Bolivar, 89.
  Longʳ : 26ᵐ,00.
  Largʳ : 10ᵐ,00.   *(Voie privée.)*
    Obs. — Ouverte par la Ville de Paris, pour le lotissement de ses terrains ;
     la partie aboutissant au boulev. de La Villette a été supprimée en 1881
 Orig. — M. Péchoin, l'un des membres de la Société concessionnaire des terrains sur lesquels elle a été ouverte.

PÉCLET (Rue). . . . . **XVᵉ** Arrondissement . . . . 57ᵉ Quartier.
Anciennement commune de Vaugirard.

2539 **Commence** rue Mademoiselle, 42. — **Finit** rue Blomet, 98. (I. 5.)
  Longʳ : 330ᵐ,00.
  Largʳ : 12ᵐ,00. — Arrêté préfectoral du 23 septembre 1857. *Classement* et *Aligne-
   ment* dans une longueur de 100ᵐ,00, à partir de la rue Mademoi-
   selle (A).
    Décret du 23 mai 1863. *Classement* confirmé pour cette partie.
 Moindre largʳ : 12ᵐ,00. — Décret du 23 septembre 1873 (U. P.). *Prolongement* avec déviation
   jusqu'à la rue Blomet et *Nivellement.*
    Décret du 24 août 1864. *Dénomination* actuelle de la partie A.
    Arrêté préfectoral du 10 novembre 1873. *Dénomination.*
    Obs. — Précédemment descente de la Sablonnière (partie A).
 Orig. — Jean-Claude-Eugène Péclet, physicien, fondateur de l'École centrale des Arts et Manufactures (1793-1857).

PECQUAY (Passage) . . . . **IVᵉ** Arrondissement . . . . 13ᵉ Quartier.

2540 **Commence** rue des Blancs Manteaux, 34. — **Finit** rue Rambuteau, 5. (I. 17. — P. 12.)
  Longʳ : 85ᵐ,00.
  Largʳ : 8ᵐ,00. — Décret du président de la république du 13 février 1852.
   Alignements dans une longueur de 51 mètres, à partir de la rue
   des Blancs Manteaux (A).
    Obs. — Le surplus n'est pas classé.
     Précédemment impasse Pecquay (A).
 Orig. — Jean Delahaye, dit Piquet, y possédait une maison.

PEINTRES (Impasse des). . . . . . **II**ᵉ ARRONDISSEMENT . . . . 8ᵉ QUARTIER.
2541 **Située** rue Saint Denis, 112.   (P. 4.)
Long : 44ᵐ,00.
Largʳ : 7ᵐ,00. — DÉCISION MINISTÉRIELLE DU 24 OCTOBRE 1807.
Largʳ : 10ᵐ,00. — ORD. ROYALE DU 21 JUIN 1826. *Alignements*.
ORIG. — Doit son nom à une maison qui appartenait à la famille de Gilles le Peintre (xivᵉ siècle), ou à Guyon Ledoux, maître-peintre [xviᵉ siècle].

PÉKIN (Passage de)✲✲. . . . . . . **XX**ᵉ ARRONDISSEMENT. . . . . 77ᵉ QUARTIER.
Anciennement commune de Belleville.
2542 **Commence** rue Julien Lacroix, 56. — **Finit** rue Julien Lacroix, 62.   (I. 25. — P. 48.)
Long : 60ᵐ,00.
Largʳ : 6ᵐ,00 environ.   (*Voie privée.*)
ARRÊTÉ PRÉFECTORAL DU 23 JUIN 1877. *Dénomination* actuelle.
OBS. — Précédemment partie du square Napoléon.
ORIG. — Capitale de la Chine; nom donné en souvenir de l'expédition de 1860; voisinage de la rue de Palikao.

PELÉE (Passage) . . . . **XI**ᵉ ARRONDISSEMENT . . . . 42ᵉ QUARTIER.
2543 **Commence** rue Saint Sabin, 62. — **Finit** boulevard Richard-Lenoir.   (I. 15. — P. 16.)
Long : 255ᵐ,00.
Largʳ : 2ᵐ,80.   (*Voie privée.*)
ORIG. — Nom de propriétaire.

ÉLERIN (Impasse du). . . . . . **XVII**ᵉ ARRONDISSEMENT. . . . . 68ᵉ QUARTIER.
Anciennement commune des Batignolles.
2544 **Située** rue Marcadet, 347.   (I. 9. — P. 10.)
Long : 93ᵐ,00.
Largʳ . 4ᵐ,00.   (*Voie privée.*)
ARRÊTÉ PRÉFECTORAL DU 1ᵉʳ FÉVRIER 1877. *Dénomination* actuelle.
OBS. — Précédemment impasse Saint Jacques.
ORIG. — Nom substitué à celui de Saint Jacques, en souvenir des pèlerinages de ce saint.

ÉLICAN (Rue du). . . . . **I**ᵉʳ ARRONDISSEMENT . . . . 2ᵉ QUARTIER.
2545 **Commence** rue Jean-Jacques Rousseau, 13. — **Finit** rue Croix des Petits Champs, 10.
Long : 62ᵐ,00.   (I. 11. — P. 10.)
Largʳ : 7ᵐ,00. — DÉCISION MINISTÉRIELLE DU 13 FRUCTIDOR AN VIII.
Largʳ : 10ᵐ,00. — ORD. ROYALE DU 22 NOVEMBRE 1832. *Alignements*.
ORIG. — Corruption d'un nom obscène qui lui avait été donné en raison de la population qui l'habitait.

ELLEPORT (Cité)✲✲ . . . . **XX**ᵉ ARRONDISSEMENT . . . . 78ᵉ QUARTIER.
2546 **Commence** rue Pelleport, 148. — **Finit** rues du Borrego, 4, et du Télégraphe, 23.
Long : 100ᵐ,00.   (I. 17. — P. 20.)
Largʳ : 8ᵐ,00 environ.   (*Voie privée*).
OBS. — Précédemment cité Blondel et rue de la Dhuis.
ORIG. — *Voir* rue Pelleport.

ELLEPORT (Rue)✲✲ . . . . **XX**ᵉ ARRONDISSEMENT . . . . 78ᵉ et 79ᵉ QUARTIERS.
Anciennement communes de Charonne et de Belleville.
2547 **Commence** rue de Bagnolet, 143. — **Finit** rue de Belleville, 226.   (I. 177. — P. 192.)
Long : 1,650ᵐ,00.
Largʳ : 10ᵐ,00. — DÉCRET DU 16 AOUT 1859. *Alignements* entre la rue de Bagnolet et
la rue Belgrand.
Largʳ : 12ᵐ,00. — *Alignements* projetés pour la même partie. (Largeur actuelle,
9ᵐ,50 moindre).
Largʳ : 15ᵐ00. — DÉCRET DU 4 MARS 1868. *Alignements* entre la rue Belgrand et l'avenue
de la République.
Largʳ : 10ᵐ,00. — ORD. ROYALE DU 5 OCTOBRE 1825. *Alignements* entre l'avenue de la
République et la rue de Belleville.
Largʳ : 12ᵐ,00. — *Alignements* projetés depuis l'avenue de la République jusqu'aux
rues de Ménilmontant et Saint Fargeau.
DÉCRET DU 23 MAI 1863. *Classement* (confirmation).
DÉCRET DU 10 AOUT 1868. *Dénomination* actuelle.
OBS. — Précédemment rues de Belleville et de Charonne.
ORIG. — Le vicomte Pierre de Pelleport, général de division (1773-1855); voisinage de la route Militaire.

ELOUZE (Rue). . . . . **VIII**ᵉ ARRONDISSEMENT . . . . 32ᵉ QUARTIER.
2548 **Commence** rue Andrieux, 11. — **Finit** rue de Constantinople, 36.   (I. 5.)
Long : 94ᵐ,00.
Largʳ : 10ᵐ,00. — DÉCRET DU 3 FÉVRIER 1873. *Classement*, *Alignement* et *Nivellement*.
DÉCRET DU 10 FÉVRIER 1875. *Dénomination*.
ORIG. — Théophile-Jules Pelouze, chimiste (1807-1867); voisinage du collège Chaptal.

PENEL (Passage) . . . . **XVIII**e Arrondissement . . . . 70e Quartier.
Anciennement commune de Montmartre.

2549 **Commence** rue Championnet, 84. — **Finit** rue du Ruisseau, 92. (I. 13. — P. 12.)
Long^r : 103^m,00.
Larg^r : 3^m,50. (*Voie privée.*)
Orig. — Nom d'un propriétaire.

PENEY (Impasse). . . . . **XVIII**e Arrondissement . . . . 72e Quartier.
Anciennement commune de La Chapelle.

2550 **Située** place Hébert. (I. 13. — P. 2.)
Long^r : 90^m,00.
Larg^r : 2^m,50 environ. (*Voie privée.*)
Orig. — Nom du propriétaire.

PENSIONNAT (Rue du). . . . . . **XII**e Arrondissement . . . . 46e Quartier.

2551 **Commence** avenue du Bel-Air, 18. — **Finit** cité du Trône. (I. 7. — P. 6.)
Long^r : 55^m,00.
Larg^r : 10^m,00 environ. (*Voie privée.*)
Orig. — Voisinage d'un pensionnat.

PENTHIÈVRE (Rue de). . . . . **VIII**e Arrondissement. . . . . 31e Quartier.

2552 **Commence** rue Cambacérès, 23. — **Finit** rue du Faubourg Saint Honoré, 126.
Long^r : 370^m00. (I. 45. — P. 38.)
Larg^r : 10^m,00. — Décision ministérielle du 1er messidor an XII.
Larg^r : 12^m,00. — Ord. royale du 27 septembre 1836. *Alignements.*
Ord. royale du 4 novembre 1846. *Dénomination* actuelle.
Obs. — Précédemment Grande Rue Verte.
Orig. — Pierre-Philippe-Jean-Marie d'Orléans, duc de Penthièvre (fils du prince de Joinville), né en 1845.

PÉPINIÈRE (Rue de la) . . . . . **VIII**e Arrondissement. . . . . 31e et 32e Quartiers.

2553 **Commence** rues de Rome, 13, et Pasquier, 43. — **Finit** boulevard Haussmann, 114, et ave-
nue Portalis, 2. (I. 35. — P. 24 bis.)
Long^r : 264^m,00.
Larg^r : 10^m,00. — Décision ministérielle du 12 fructidor an V.
Larg^r : 12^m,00. — Ord. royale du 9 février 1848. *Alignements.*
Larg^r : 20^m,00. — Décret du 30 juin 1859 (U. P.). *Élargissement* entre
la rue de l'Arcade et la rue de Rumfort (boule-
vard Malesherbes).
Orig. — Traversait autrefois les terrains de la pépinière royale du Louvre, sise à l'angle du Faubourg Saint Honoré ;
la seule partie qui en subsiste n'est plus sur ces terrains.

PERCEVAL (Passage de)**. . . . . XIV**e Arrondissement. . . . . 56e Quartier.
Anciennement commune de Vaugirard.

2554 **Commence** rue Perceval, 38. — **Finit** rue Schomer, 11.
Long^r : 33^m,00.
Larg^r : 4^m,25. (*Voie privée.*)
Arrêté préfectoral du 1er février 1877. *Dénomination* actuelle.
Obs. — Précédemment rue Chauvelot.
Orig. — Voir rue de Perceval.

PERCEVAL (Rue de)**. . . . . . . XIV**e Arrondissement . . . . 56e Quartier.
Anciennement commune de Vaugirard.

2555 **Commence** rue Vandamme, 35. — **Finit** rue de l'Ouest, 26. (I. 43. — P. 40.)
Long^r : 255^m,00.
Larg^r : 8^m,00. — Délibération du conseil municipal du 8 février 1844. *Alignements*
projetés (largeur exécutée).
Décret du 23 mai 1863. *Classement* (confirmation).
Orig. — Percée sur des terrains appartenant à M. Caussin de Perceval, orientaliste.

PERCHAMPS (Place des). . . . . **XVI**e Arrondissement . . . . 61e Quartier.
Anciennement commune d'Auteuil.

2556 **Commence** rue des Perchamps. — **Finit** rue Pierre Guérin, 10. (I. 1. — P. 6.)
Long^r : 37^m,00.
Larg^r : 12^m,00. — Arrêté préfectoral du 27 septembre 1837. *Alignements.*
Décret du 23 mai 1863. *Classement* (confirmation).
Orig. — Voir rue des Perchamps.

PERCHAMPS (Rue des) . . . . . **XVI**ᵉ ARRONDISSEMENT . . . . 61ᵉ QUARTIER.
Anciennement commune d'Auteuil
2557   **Commence** rue d'Auteuil, 18. — **Finit** rue La Fontaine, 61.   (l. 19. — P. 2.)
    Longᵣ :   240ᵐ,00.
    Largᵣ :   8ᵐ,00. — ARRÊTÉ PRÉFECTORAL DU 27 SEPTEMBRE 1837. *Alignements.*
                DÉCRET DU 23 MAI 1863. *Classement* (confirmation).
   ORIG. — Lieu dit.

PERCHE (Rue du) . . . . **III**ᵉ ARRONDISSEMENT. . . . . 11ᵉ QUARTIER.
2558   **Commence** rue Vieille du Temple, 109. — **Finit** rue Charlot, 8.   (l. 13. — P. 16.)
    Longᵣ :   105ᵐ,00.
    Largᵣ :   9ᵐ,00. — DÉCISION MINISTÉRIELLE DU 23 FRIMAIRE AN VIII.
    Largᵣ :   10ᵐ,00. — ORD. ROYALE DU 9 AOUT 1844. *Alignements.*
   ORIG. — Nom d'une ancienne province de France ; voisinage de la place de France projetée par Henri IV.

PERCIER (Avenue) . . . . **VIII**ᵉ ARRONDISSEMENT. . . . . 32ᵉ QUARTIER.
2559   **Commence** rue La Boëtie, 38. — **Finit** boulevard Haussmann, 121.   (l. 13. — P. 2.)
    Longᵣ :   148ᵐ,00.
    Largᵣ :   24ᵐ,80. — DÉCRET DU 2 DÉCEMBRE 1873. *Classement* et *Alignements.*
              ORDONNANCE ROYALE DU 5 AOUT 1844. *Dénomination.*
   ORIG. — Charles Percier, architecte (1764-1838).

PERDONNET (Rue) . . . . **X**ᵉ ARRONDISSEMENT . . . . 37ᵉ QUARTIER.
2560   **Commence** rues du Faubourg Saint Denis, 214, et Cail, 26. — **Finit** boulevard de La Cha-
    pelle, 21, et rue Philippe de Girard, 33.   (l. 25. — P. 26.)
    Longᵣ :   196ᵐ,00.
    Largᵣ :   12ᵐ,00. — ARRÊTÉ PRÉFECTORAL DU 17 SEPTEMBRE 1866. *Alignements.*
              DÉCRET DU 10 AOUT 1868. *Dénomination.*
   ORIG. — Jean-Albert-Vincent-Auguste Perdonnet, ingénieur, directeur de l'École Centrale (1801-1867) ; voisinage des
      chemins de fer du Nord et de l'Est.

ÈRE (Impasse du)** . . . . **XIX**ᵉ ARRONDISSEMENT . . . . 76ᵉ QUARTIER.
Anciennement commune de La Villette.
2561   **Située** cité du Tarn.
    Longᵣ :   20ᵐ,00.
    Largᵣ :   2ᵐ,00 environ.   (*Voie privée.*)
   ORIG. — La cité du Tarn a été créée par deux propriétaires, le père et le fils.

ÉREIRE (Boulevard) . . . . **XVII**ᵉ ARRONDISSEMENT . . . . . 65ᵉ, 66ᵉ et 67ᵉ QUARTIERS.
Anciennement communes des Batignolles et de Neuilly.
2562   **Commence** (côté gauche) rue Jouffroy, 2, et Cardinet ; (côté droit) rue de Saussure, 111.—**Finit**
    (côté gauche) avenue de la Grande Armée, 80 ; (côté droit) boulevard Gouvion-Saint-Cyr, 99.
                                (I. 279. — P. 236.)
    Longᵣ : 2.540ᵐ,00, côté gauche ; 2.260ᵐ,00, côté droit.
  Moindre largᵣ :   17ᵐ,30. — DÉCRET DU 19 FÉVRIER 1862 (U. P.). *Ouverture* et *Alignements* depuis
                    les rues Jouffroy et Cardinet jusqu'à la rue de Courcelles du côté
                    droit et entre la grille du chemin de fer et les maisons en bor-
                    dure du côté gauche.
  Moindre largᵣ :   16ᵐ,75. — DÉCRET DU 19 FÉVRIER 1862. *Alignements* à exécuter par mesures
                    ordinaires de voirie, depuis la rue de Courcelles jusqu'à l'avenue
                    de la Grande Armée et au boulevard Gouvion-Saint-Cyr.
          OBS. — Dans cette partie, les grilles de clôture du chemin de fer ne sont
              pas encore posées; la largeur de 16ᵐ,75 est obtenue par une recti-
              fication des alignements et par la suppression des talus de la voie
              ferrée, la largeur de la tranchée étant réduite à 10ᵐ,20. L'aligne-
              ment serait déterminé par deux lignes parallèles situées à 21ᵐ,85
              de l'axe du chemin de fer, sauf le débouché sur l'avenue de la
              Grande Armée, où les deux voies auraient 17ᵐ,30, comme du côté
              des rues Jouffroy et Cardinet.
  Moindre largᵣ :   16ᵐ,75. — DÉCRET DU 29 MAI 1876 (U. P.). *Elargissement* au droit de la pro-
                    priété de Mᵐᵉ Haincque de Saint-Senoch.
   ORIG. — Ouverte en 1853, le long du chemin de fer d'Auteuil, dont M. Émile Péreire était concessionnaire. La famille
      Péreire a contribué aux percements de la plaine Monceau.

ÉREIRE (Place) . . . . **XVII**ᵉ ARRONDISSEMENT . . . . 66ᵉ QUARTIER.
Anciennement communes de Neuilly et des Batignolles.
2563   **Située** à la rencontre de l'avenue de Villiers, 112 ; du boulevard Péreire, 118, et de la rue de
    Courcelles, 188.   (l. 9. — P. 12.)
    Diamètre :   128ᵐ,00. — DÉCRET DU 30 NOVEMBRE 1862. *Alignements.*
                DÉCRET DU 23 MAI 1863. *Classement* (confirmation).
          OBS. — Cette place est ornée de parterres.
   ORIG. — *Voir* boulevard Péreire.

PERGOLÈSE (Rue)* . . . . . . **XVI**ᵉ Arrondissement . . . . 63ᵉ et 64ᵉ Quartiers.
Anciennement commune de Passy.

2564   **Commence** rue Duret, 35, et avenue de la Grande Armée, 63. — **Finit** avenue du Bois de
Boulogne, 56.   (I. 59. — P. 68.)
Longᵣ : 595ᵐ,00.
Moindre largᵣ : 10ᵐ,00. — Arrêté préfectoral du 16 février 1856. *Alignements.*
Décret du 23 mai 1863. *Classement* (confirmation).
Décret du 2 octobre 1865. *Dénomination* actuelle.
Obs. — Précédemment partie de la rue du Petit Parc.
Orig. — Jean-Baptiste Pergolèse, compositeur italien (1710-1736).

PÉRICHAUX (Chemin des)** . . . **XV**ᵈ Arrondissement . . . . 57ᵉ Quartier.
Anciennement communes de Vaugirard et de Vanves.

2565   **Commence** rue de Dantzig, 43. — **Finit** impasse Dury.   (I. 17. — P. 6.)
Longᵣ : 327ᵐ,00.
Moindre largᵣ : 4ᵐ,50.   (*Voie privée.*)
Orig. — Ancien nom.

PÉRICHAUX (Impasse des)** . . . **XV**ᶜ Arrondissement . . . . 57ᵉ Quartier.
Anciennement commune de Vaugirard.

2566   **Située** chemin des Périchaux.   (I. 17. — P. 2.)
Longᵣ : 120ᵐ,00.
Largᵣ : 6ᵐ,00.   (*Voie privée.*)
Orig. — Voir chemin des Périchaux.

PERIGNON (Rue) . . . . **VII**ᵈ Arrondissement . . . . 27ᵉ Quartier.
XVᵈ Arrondissement . . . . 58ᵉ Quartier.

2567   **Commence** avenue de Saxe, 48. — **Finit** boulevard de Grenelle, 44.   (I. 17. — P. 28.)
Longᵣ : 310ᵐ,00.
Largᵣ : 10ᵐ,00. — Ord. royale du 11 décembre 1845. *Alignements.*
Orig. — Ouverte en 1820, a reçu le nom de M. Pérignon, alors membre du Conseil général.

PERLE (Rue de la) . . . . **III**ᶜ Arrondissement . . . . 11ᵉ Quartier.

2568   **Commence** place et rue de Thorigny, 1. — **Finit** rue Vieille du Temple, 80.
Longᵣ : 128ᵐ,00.   (I. 13. — P. 21.)
Largᵣ : 10ᵐ,00. — Décision ministérielle du 23 frimaire an VIII.
Largᵣ : 12ᵐ,00. — Ord. royale du 12 juillet 1837. *Alignements.*
Largᵣ : 20ᵐ,00. — *Alignements* projetés, suivis d'un commencement d'exécution.
Orig. — Dénomination tirée d'une enseigne.

PERNELLE (Rue). . . . . **IV**ᶜ Arrondissement . . . . 13ᵉ Quartier.

2569   **Commence** rue Saint Bon, 9. — **Finit** boulevard de Sébastopol, 4.   (I. 13. — P. 14.)
Longᵣ : 150ᵐ,00.
Largᵣ : 10ᵐ,00. — Décret du 19 février 1853 (U. P.). *Élargissement* et *Prolongement*
de la partie comprise entre la rue Saint Martin et la rue Nicolas
Flamel.
Décret du 18 février 1851. *Dénomination* actuelle.
Obs. — Précédemment rue de la Lanterne et Petite Rue Marivaux.
Orig. — Nom de la femme de Nicolas Flamel ; croise la rue Nicolas Flamel.

PERNET (Impasse)** . . . . . . **XVIII**ᵈ Arrondissement . . . . 69ᵉ Quartier.
Anciennement commune de Montmartre.

2570   **Commence** ruelle des Saules. — **Finit** rue de la Fontaine du But, 16.
Obs. — Un branchement aboutit au mur du cimetière.
Longᵣ : 112ᵐ,00.
Largᵣ : 8ᵐ,00. — *Voie privée* entre la ruelle des Saules et la rue de la Fontaine du
But.
Orig. — Nom de propriétaire.

PERNETY (Rue)** . . . . . . **XIV**ᶜ Arrondissement . . . . 56ᵉ Quartier.
Anciennement communes de Vaugirard et de Montrouge.

2571   **Commence** rue Didot, 21. — **Finit** rue Vercingétorix, 71.   (I. 95. — P. 84.)
Longᵣ : 490ᵐ,00.
Largᵣ : 10ᵐ,00. — *Alignements* projetés entre la rue Didot et la rue de Vanves (A)
(largeur exécutée).

**PERNETY ** (Rue) *(Suite.)*
    Larg^r : 13^m,00. — Arrêté préfectoral du 30 avril 1856. *Alignements* entre la rue de Vanves et la rue de l'Ouest (B).
    Décret du 23 mai 1863 : 1° *Classement* de la partie (A) ;
    2° *Classement* confirmé de la partie (B).
    Classement ajourné en raison des réclamations produites à l'enquête pour la partie comprise entre la rue de l'Ouest et la rue Vercingétorix.
    Arrêté préfectoral du 2 avril 1868. *Dénomination* actuelle.
        Obs. — Précédemment parties des rues Sainte Léonie, Neuve Pernety et Pernety.
    Orig. — Le vicomte Joseph-Marie de Pernety, général de division (1766-1856), sur la propriété duquel la rue a été ouverte.

PERRAULT (Rue) . . . . Ier Arrondissement. . . . . 1er Quartier.
2572 **Commence** rue et place du Louvre, 1. — **Finit** rue de Rivoli, 85.   (I. 7. — P. 6.)
    Long^r : 72^m,00.
    Larg^r : 10^m,00. — Décision ministérielle du 13 floréal an IX.
Moindre larg^r : 12^m,00. — Ord. royale du 23 juillet 1828. *Alignements.*
    Larg^r : 10^m,80 environ. — Décrets des 15 novembre 1853 et 3 mai 1854. (U. P.). *Alignements.*
    Décret du 27 février 1867. *Dénomination* actuelle.
        Obs. — Précédemment rue des Fossés Saint Germain l'Auxerrois.
    Orig. — Claude Perrault, architecte de la colonnade du Louvre (1613-1688) ; voisinage du Louvre.

PERRÉE (Rue) . . . . IIIe Arrondissement . . . . 10e Quartier.
2573 **Commence** rue de Picardie, 21. — **Finit** rue du Temple.   (I. 3.)
    Long^r : 221^m,00.
    Larg^r : 9^m,00. — Décision ministérielle du 9 septembre 1809.
    Larg^r : 13^m,00. — Ord. royale du 16 mai 1833. *Alignements.*
    Larg^r : 20^m,00. — Décret du 14 août 1862 (U. P.). *Elargissement.*
    Orig. — Jean-Baptiste-Emmanuel Perrée, contre-amiral (1761-1800).

PERREL (Rue) ** . . . . XIVe Arrondissement . . . . 56e Quartier.
        Anciennement commune de Vaugirard.
2574 **Commence** rue Blottière, 3. — **Finit** rue Vercingétorix, 78.   (I. 17. — P. 18.)
    Long^r : 85^m,00.
    Larg^r : 10^m,00.   *(Voie privée.)*
    Orig. — Nom de propriétaire.

PERRON (Passage du) . . . . Ier Arrondissement . . . . 3e Quartier.
2575 **Commence** galerie de Beaujolais, 95. — **Finit** rue de Beaujolais, 9.
    Long^r : 30^m,00.
    Larg^r : 2^m,70 environ.   *(Voie privée. Palais-Royal.)*
    Orig. — Conduit à un escalier servant d'accès au Palais Royal.

PERRONET (Rue) . . . . VIIe Arrondissement . . . . 25e Quartier.
2576 **Commence** r. des Saints Pères, 32. — **Finit** r. Saint Guillaume 11, et du Pré aux Clercs.   (I. 9. — P. 12.)
    Long^r : 83^m,00.
    Larg^r : 8^m,00. — Décision ministérielle du 23 frimaire an IX.
    Larg^r : 10^m,00. — Ord. royale du 30 avril 1844. *Alignements.*
    Décret du 2 octobre 1865. *Dénomination* actuelle.
        Obs. — Précédemment partie de la rue Saint Guillaume.
    Orig. — Jean-Rodolphe Perronet, ingénieur (1708-1794) ; voisinage de l'école des Ponts et chaussées dont il a été l'organisateur.

PERS (Impasse) ** . . . . XVIIIe Arrondissement . . . . 70e Quartier.
        Anciennement commune de Montmartre.
2577 **Située** rue Ramey, 49.   (I. 3. — P. 8.)
    Long^r : 63^m,00.
    Larg^r : 6^m,00.   *(Voie privée.)*
    Orig. — Nom de propriétaire.

PETEL (Rue) ** . . . . XVe Arrondissement . . . . 57e Quartier.
        Anciennement commune de Vaugirard.
2578 **Commence** rue Péclet, 5. — **Finit** rue Blomet, 108.   (I. 11. — P. 16.)
    Long^r : 223^m,00.
    Larg^r : 12^m,00. — Arrêté préfectoral du 23 septembre 1857. *Classement* et *Alignement.*
    Décret du 23 mai 1863. *Classement* (confirmation)
    Arrêté préfectoral du 10 novembre 1873. *Dénomination* actuelle.
        Obs. — Précédemment partie de la rue Péclet et rue Petel.
    Orig. — Ouverte sur les terrains de M. Petel.

PETIN (Impasse) ******. . . . . **XIX**ᵉ ARRONDISSEMENT. . . . . 75ᵉ QUARTIER.
Anciennement commune de Belleville.
2579 **Située** rue des Bois, 26.
Long' : 77ᵐ,00.
Larg' : 3ᵐ,00 environ. (*Voie privée.*)
ORIG. — Nom de propriétaire.

PETIT (Rue) ******. . . . . **XIX**ᵉ ARRONDISSEMENT . . . . 75ᵈ et 76ᵉ QUARTIERS.
Anciennement communes de La Villette et des Prés Saint Gervais.
2580 **Commence** avenue Laumière, 32, et rue de Meaux, 92. — **Finit** boulevard Sérurier, 153.
Long' : 1080ᵐ,00. (I. 103. — P. 120.)
Larg' : 12ᵐ,00. — DÉCRET DU 18 JUIN 1859 (U. P.). *Ouverture* et *Alignements* entre la
rue de Meaux et la rue du Hainaut.
Larg' : 12ᵐ,00. — ARRÊTÉ PRÉFECTORAL DU 3 FÉVRIER 1846. *Alignements* entre la rue du
Hainaut et le boulevard Sérurier.
DÉCRET DU 23 MAI 1863. *Classement* (confirmation).
DÉCRET DU 2 OCTOBRE 1865. *Dénomination* actuelle.
OBS. — Précédemment rues du Dépotoir et du Pré Saint Gervais.
ORIG. — Jean-Martin Petit, général français (1772-1856), reçut les adieux de Napoléon à Fontainebleau ; voisinage de
la route Militaire.

PETIT CERF (Passage). . . . . . **XVII**ᵉ ARRONDISSEMENT . . . . 68ᵉ QUARTIER.
Anciennement commune des Batignolles.
2581 **Commence** avenue de Clichy, 186. — **Finit** rue Boulay, 17. (I. 19. — P. 16.)
Long' : 130ᵐ,00.
Larg' : 4ᵐ,00 environ. (*Voie privée.*)
ORIG. — Nom de propriétaire.

PETITE BOUCHERIE (Passage de la). **VI**ᵉ ARRONDISSEMENT. . . . . 24ᵉ QUARTIER.
2582 **Commence** rue de l'Abbaye, 3. — **Finit** boulevard Saint Germain, 168. (I. 7.)
Long' : 76ᵐ,00.
Moindre larg' : 12ᵐ,00. — ORD. ROYALE DU 30 AVRIL 1844. *Suppression* de l'îlot compris entre
ce passage et la rue de l'Échaudé.
OBS. — Cette opération n'est pas encore exécutée.
ORIG. — Voisinage de l'ancienne rue des Boucheries, absorbée par le boulevard Saint Germain.

PETITE CORDERIE (Rue de la). **III**ᵉ ARRONDISSEMENT. . . . . 40ᵉ QUARTIER.
2583 **Commence** rue de Picardie, 44. — **Finit** place de la Corderie. (I. 11. — P. 14.)
Long' : 57ᵐ,00.
Larg' : 7ᵐ,10. — DÉCISION MINISTÉRIELLE DU 7 SEPTEMBRE 1809.
Larg' : 7ᵐ,10. — ORD. ROYALE DU 16 NOVEMBRE 1834. *Alignements.*
ORIG. — Voisinage de la place de la Corderie du Temple.

PETITE MUETTE (Avenue de la) ******. **XVI**ᵉ ARRONDISSEMENT. . . . . 62ᵉ QUARTIER.
Anciennement commune de Passy.
2584 **Située** rue de la Pompe, 15. (I. 3. — P. 16.)
Long' : 235ᵐ,00.
Larg' : 8ᵐ,00. (*Voie privée.*)
ORIG. — Voisinage des dépendances du château de la Muette.

PETITE PIERRE (Rue de la) . . . **XI**ᵉ ARRONDISSEMENT. . . . . 44ᵉ QUARTIER.
2585 **Commence** rue Neuve des Boulets, 17. — **Finit** rue de Charonne, 132. (I. 19. — P. 20.)
Long' : 135ᵐ,00.
Larg' : 12ᵐ,00. (*Voie privée.*)
ARRÊTÉ PRÉFECTORAL DU 10 NOVEMBRE 1873. *Dénomination* actuelle.
OBS. — Précédemment rue de Chambéry.
ORIG. — Petite ville fortifiée d'Alsace, qui fut bien défendue par sa garnison ; souvenir de la campagne de 1870.

PETITES ÉCURIES (Cour des) . . **X**ᵉ ARRONDISSEMENT . . . . 38ᵉ QUARTIER.
2586 **Commence** rue du Faubourg Saint Denis, 63. — **Finit** passage des Petites Écuries, 13.
Long' : 135ᵐ,00. (I. 11. — P. 14)
Moindre larg' : 4ᵐ,00. (*Voie privée.*)
ORIG. — *Voir* rue des Petites Écuries .

PETITES ÉCURIES (Passage des). . . . **X**ᵉ ARRONDISSEMENT. . . . . 38ᵉ QUARTIER.

2587 **Commence** rue d'Enghien, 20. — **Finit** rue des Petites Écuries, 17.   (l. 19. — P. 24.)
Long^r : 185^m,00.
Larg^r : 4^m,00 environ.   (*Voie privée.*)
ORIG. — *Voir rue des Petites Écuries.*

PETITES ÉCURIES (Rue des). . . . **X**ᵉ ARRONDISSEMENT. . . . . 38ᵉ QUARTIER.

2588 **Commence** rue du Faubourg Saint Denis, 73. — **Finit** rue du Faubourg Poissonnière, 44.
Long^r : 476^m,00.   (l. 61. — P. 68.)
Larg^r : 10^m,00. — DÉCISION MINISTÉRIELLE DU 18 THERMIDOR AN IX.
ORIG. — Les petites écuries du roi étaient situées, à la fin du XVIIIᵉ siècle, à l'angle de cette rue et de la rue du Faubourg Saint Denis.

PETITE TRUANDERIE (Rue de la). Iᵉʳ ARRONDISSEMENT. . . . . 2ᵉ QUARTIER.

2589 **Commence** rue de Mondétour, 16. — **Finit** rue Pierre Lescot, 11.   (l. 11. — P. 10.)
Long^r : 31^m,00.
Moindre larg^r : 10^m,50. — DÉCISION MINISTÉRIELLE DU 28 PRAIRIAL AN IX.
Id.   10^m,00. — ARRÊTÉ DU GOUVERNEMENT PROVISOIRE DU 5 MAI 1848. *Alignements.*
DÉCRET DU 23 AOUT 1858. Suppression pour la formation des abords des Halles et de la rue de Turbigo.
ORIG. — *Voir rue de la Grande Truanderie.*

PETIT MOINE (Rue du) ⁑ . . . . **V**ᵉ ARRONDISSEMENT. . . . . 18ᵉ QUARTIER.

2590 **Commence** rue de la Collégiale, 23. — **Finit** avenue des Gobelins, 7.
Long^r : 41^m,00.
Larg^r : 8^m,00. — DÉCISION MINISTÉRIELLE DU 18 FRUCTIDOR AN IX.
Larg^r : 10^m,00. — DÉCRET DU 15 JUILLET 1858. *Alignements.*
ORIG. — Dénomination tirée d'une enseigne.

PETIT MUSC (Rue du). . . . . . **IV**ᵉ ARRONDISSEMENT . . . . 15ᵉ QUARTIER.
2591 **Commence** quai des Célestins, 2, et rue de Sully. — **Finit** rue Saint Antoine, 212.
Long^r : 333^m,00.   (l. 37. — P. 36.)
Larg^r : 9^m,00. — DÉCISION MINISTÉRIELLE DU 8 NIVÔSE AN IX.
Larg^r : 12^m,00. — ORD. ROYALE DU 5 DÉCEMBRE 1830. *Alignements.*
ORIG. — Corruption de rue Pute-y-Musse; ainsi dénommée en raison de la population qui l'habitait.

PETITOT (Rue). . . . . **XIX**ᵉ ARRONDISSEMENT. . . . . 75ᵉ QUARTIER.
Anciennement commune de Belleville.
2592 **Commence** rue des Fêtes, 14. — **Finit** rue du Pré Saint Gervais, 15.
Long^r : 30^m,00.
Larg^r : 8^m,00. — ORD. ROYALE DU 21 JUILLET 1843. *Alignements.*
DÉCRET DU 23 MAI 1863. *Classement* (confirmation).
DÉCRET DU 10 FÉVRIER 1875. *Dénomination* actuelle.
OBS. — Précédemment rue Sainte Geneviève.
ORIG. — Jean Petitot, peintre de portraits sur émail (1607-1691).

PETIT PONT. . . . . **IV**ᵈ ARRONDISSEMENT. . . . . 16ᵉ QUARTIER.
Vᵉ ARRONDISSEMENT. . . . . 20ᵉ QUARTIER.
2593 Entre le quai du Marché Neuf et les quais de Montebello et Saint Michel, au droit de la rue de la Cité et de la place du Petit Pont.
Long^r : 41^m,00.
Larg^r : 20^m,00.
ORIG. — Nommé Petit Pont par opposition au Grand Pont, devenu Pont au Change.

PETIT PONT (Place du). . . . . . **V**ᵉ ARRONDISSEMENT . . . . 20ᵉ QUARTIER.
2594 **Commence** quais de Montebello et Saint Michel, 1. — **Finit** rues de la Bucherie, 45, et de la Huchette, 2.   (P. 6.)
Long^r : 47^m,00.
Larg^r : 30^m,00. — DÉCISION MINISTÉRIELLE DU 5 VENDÉMIAIRE AN IX.
Larg^r : 32^m,00. — ORD. ROYALE DU 22 MAI 1837. *Alignements.*
Larg^r : 22^m,00. — Réduction de la largeur opérée lors de la construction de l'Hôtel-Dieu.
ORIG. — A la tête du Petit Pont.

PETIT PONT (Rue du) . . . . **V⁰** Arrondissement . . . . 20ᵉ Quartier.

2595   **Commence** rue de la Bucherie, 43, et rue de la Huchette, 1. — **Finit** rues Galande, 38, et
    Saint Séverin, 2.   (l. 19. — P. 18.)

    Long^r : 60^m,00.
    Larg^r : 10^m,00. — Décision ministérielle du 5 vendémiaire an IX.
    Larg^r : 20^m,00. — Décret du 11 août 1833 (U. P.). *Alignements.*
  Orig. — Aboutit au Petit Pont.

PETITS CARREAUX (Rue des). . **II⁰** Arrondissement . . . . 7ᵉ et 8ᵉ Quartiers.

2596   **Commence** rue Saint Sauveur, 36. — **Finit** rue de Cléry, 46.   (l. 47. — P 46.)

    Long^r : 228^m,00.
    Larg^r : 11^m,50. — Décision ministérielle du 3 ventôse an X.
    Larg^r : 12^m,00. — Ord. royale du 23 juin 1843. *Alignements.*
  Orig. — Lieu dit les Petits Carreaux.

PETITS CHAMPS (Rue des). . . . **Iᵉʳ** Arrondissement . . . . 3ᵉ et 4ᵉ Quartiers.
                             II⁰ Arrondissement . . . . 5ᵉ et 6ᵉ Quartiers.

2597   **Com.** r. Radziwill, 37, et de la Banque, 1. — **Finit** place Vendôme, 28, et rue de la Paix, 2.

    Long^r : 705^m,00.   (l. 105. — P. 84.)
    Larg^r : 12^{m}00. — Décision ministérielle du 3 octobre 1809. — *Alignements.*
    Larg^r : 12^{m}00. — Ord. royale du 4 octobre 1826. — *Alignements.*
                 Arrêté préfectoral du 24 janvier 1881. — *Dénomination actuelle.*
                 Obs. — Précédemment rue Neuve des Petits Champs.
  Orig. — Percée à travers champs (XVIIᵉ siècle).

PETITS HOTELS (Rue des). . . . . **X⁰** Arrondissement . . . . 37ᵉ Quartier.

2598   **Commence** boulevard de Magenta, 87. — **Finit** place La Fayette, 116. (l. 29. — P. 38.)

    Long^r : 215^m,00.
    Larg^r : 12^m,00. — Ord. royale du 31 janvier 1827. *Ouverture* et *Alignements.*
  Orig. — Des petits hôtels symétriques y furent construits lors de l'ouverture de la rue (1827).

PETITS PÈRES (Passage des). . . . **II⁰** Arrondissement . . . . 6ᵉ Quartier.

2599   **Commence** place des Petits Pères, 5. — **Finit** rue de la Banque, 6. (l. 3. — P. 4.)

    Long^r : 25^m,00.
    Larg^r : 7^m,00. — Décision ministérielle du 3 fructidor an IX.
  Moindre larg^r : 3^m,80. — Décret du président de la république du 7 février 1850.
  Orig. — *Voir* rue des Petits Pères.

PETITS PÈRES (Place des). . . . . **II⁰** Arrondissement . . . . 6ᵉ Quartier.

2600   **Située** au devant de l'église Notre-Dame des Victoires.
                 Décret du président de la république du 7 février 1850. *Aligne-*
                 ments.
  Orig. — *Voir* rue des Petits Pères.

PETITS PÈRES (Rue des). . . . . **II⁰** Arrondissement . . . . 6ᵉ Quartier.

2601   **Commence** rues de la Banque, 2, et la Feuillade, 8. — **Finit** place des Petits Pères et
    rue Vide-Gousset, 4.   (l. 1. — P. 10.)

    Long^r : 82^m,00.
    Larg^r : 10^m,00. — Décision ministérielle du 3 fructidor an IX.
    Id.   10^m,00. — Ord. royale du 23 juillet 1828. *Alignements.*
  Orig. — Voisinage de l'ancien couvent des Augustins Réformés, dits Petits Pères (église Notre-Dame des Victoires.)

PÉTRARQUE (Rue) ** . . . . . . **XVI⁰** Arrondissement . . . . 62ᵉ Quartier.
                Anciennement commune de Passy.

2602   **Commence** rue Scheffer, 10. — **Finit** rue Scheffer, 32.   (l. 25. — P. 24.)

    Long^r : 230^m,00.
    Larg^r : 10^m,00. — *Alignements* projetés. (Largeur exécutée.)
                 Décret du 23 mai 1863. *Classement* de la partie comprise entre la
                 rue des Réservoirs et la fin de la rue.
                 Décret du 24 août 1864. *Dénomination* actuelle.
                 Obs. — Précédemment impasse des Moulins.
  Orig. — François Pétrarque, poète italien (1304-1374).

PÉTRELLE (Rue) ** . . . . **IX**e ARRONDISSEMENT. . . . . 36e QUARTIER.
2603   **Commence** rue du Faubourg Poissonnière, 155. — **Finit** rue Rochechouart, 62.
        Long\^r : 239^m,00.   (l. 25. — P. 34.)
        Larg\^r : 10^m,00. — DÉCISIONS MINISTÉRIELLES DES 6 DÉCEMBRE 1808, 10 AOUT 1811 ET
                        28 MAI 1812.
        Id.   10^m,00. — ORD. ROYALE DU 15 NOVEMBRE 1826. *Alignements.*
                        ORD. ROYALE DU 23 AOUT 1833. *Prolongement* entre la rue de
                        Rochechouart et la rue Turgot.
        ORIG. — Nom d'un architecte qui y a fait construire plusieurs maisons.

PEUPLIERS (Avenue des). . . . . **XVI**e ARRONDISSEMENT. . . . . 61e QUARTIER.
                        Anciennement commune d'Auteuil.
2604   **Commence** rue Poussin, 8. — **Finit** boulevard de Montmorency, 75.   (P. 6.)
        Long\^r : 290^m,00.
        Larg\^r : 10^m,00 environ.   (*Voie privée*, comprise dans la villa de Montmorency.)
        ORIG. — Bordée de peupliers.

PEUPLIERS (Poterne des). . . . **XIII**e ARRONDISSEMENT. . . . . 51e QUARTIER.
2605   **Située** boulevard Kellermann, en prolongement du chemin des Peupliers.
        ORIG. — Doit son nom à sa situation.

PEUPLIERS (Rue des). . . . . . . **XIII**e ARRONDISSEMENT . . . . 52e QUARTIER.
                        Anciennement commune de Gentilly.
2606   **Commence** rue de la Fontaine à Mulard. — **Commencera** rue du Moulin des Prés. —
        Finit boulevard Kellermann.
        Long\^r : 360^m,00 actuelle. Long\^r : 488^m,00 future.
                        ARRÊTÉ PRÉFECTORAL DU 6 JUILLET 1855. *Classement.*
        Larg\^r : 12^m,00. — DÉCRET DU 28 DÉCEMBRE 1878 (U. P.). *Alignements* et *Prolonge-
                        ment.*
                        ARRÊTÉ PRÉFECTORAL DU 1er FÉVRIER 1877. *Dénomination* actuelle.
        OBS. — Précédemment chemins des Peupliers.
        ORIG. — Bordée de peupliers.

PHALSBOURG (Rue de). . . . . . **XVII**e ARRONDISSEMENT. . . . . 66e QUARTIER.
2607   **Commence** rues de Logelbach, 2, et de Thann, 1. — **Finit** rue d'Offémont, 36, et
        place Malesherbes, 9.   (l. 17. — P. 20.)
        Long\^r : 185^m,00.
        Larg\^r : 16^m,00. — DÉCRET DU 25 SEPTEMBRE 1879. *Classement, Alignements* et *Nivel-
                        lement.*
        ORIG. — A pris le nom de la ville de Phalsbourg (Alsace), conformément aux intentions du propriétaire, M. Herzog,
                d'origine alsacienne.

PHILIBERT DELORME (Rue). . **XVII**e ARRONDISSEMENT . . . . 66e QUARTIER.
                        Anciennement commune des Batignolles.
2608   **Commence** boulevard Péreire. — **Finit** boulevard Malesherbes, 201.
        Long\^r : 310^m,00.
        Larg\^r : 12^m,00. — DÉCISION MINISTÉRIELLE DU 28 AVRIL 1866. *Alignements.*
                        DÉCRET DU 10 FÉVRIER 1875. *Dénomination.*
        ORIG. — Philibert Delorme, architecte (1518-1577).

PHILIDOR (Rue). . . . . **XX**e ARRONDISSEMENT . . . . 80e QUARTIER.
                        Anciennement commune de Charonne.
2609   **Commence** rue des Maraîchers, 36. — **Finit** boulevard Davout.   (l. 33. — P. 34.)
                        OBS. — Cette voie a été coupée par le chemin de fer de Ceinture.
        Long\^r : 270^m,00.
        Larg\^r : 2^m,33. — ARRÊTÉ PRÉFECTORAL DU 3 JUILLET 1830.
                        DÉCRET DU 23 MAI 1863. *Classement* (confirmation).
                        DÉCRET DU 10 FÉVRIER 1875. *Dénomination* actuelle.
                        OBS. — Précédemment sentier de la Plaine ou ruelle des Gouttes d'Or.
        ORIG. — François-André Danican, dit Philidor, compositeur et joueur d'échecs (1726-1795).

PHILIPPE (Cité) **. . . . . **XIX**e ARRONDISSEMENT. . . . . 76e QUARTIER.
                        Anciennement commune de La Villette.
2610   **Commence** rue de Meaux. 90. — **Finit** en impasse.   (l. 5. — P. 8.)
                        OBS. — Un branchement se dirige vers l'avenue de Laumière.
        Long\^r : 160^m,00.
        Larg\^r : 6^m,00 environ.   (*Voie privée.*)
        ORIG. — Nom d'un ancien propriétaire de la cité.

PHILIPPE-AUGUSTE (Avenue). . **XI**ᵉ Arrondissement . . . . 43 et 44ᵉ Quartiers.

2611   **Commence** place de la Nation, 7. — **Finit** boulevard de Charonne, 149. (I. 157. — P. 150.)
  Longʳ : 1.040ᵐ,00.
  Largʳ :   30ᵐ,00. — La partie comprise entre la place de la Nation et la rue de Montreuil
        a été ouverte lors de la création des abords du boulevard Voltaire.
        (Décret du 29 août 1857 (U. P.).
  Largʳ :   30ᵐ,00. — Décret du 5 mai 1866 (U. P.). *Ouverture* et *Alignements* entre la rue
        de Montreuil et les boulevards de Ménilmontant et de Charonne.
          Décret du 2 mars 1864. *Dénomination*.
    Orig. — Philippe-Auguste, roi de France (1180-1223), dont la statue est érigée sur l'une des colonnes de la place de
        la Nation ; voisinage de cette place.

PHILIPPE DE CHAMPAGNE (Rue) **. **XIII**ᵉ Arrondissement . . . . . . 49³ Quartier.

2612   **Commence** boulevard de l'Hôpital. — **Finit** avenue des Gobelins.
  Longʳ : 95ᵐ,00.
  Largʳ : 14ᵐ,00. — Décret du 28 août 1868. *Classement* et *Alignements*.
          Décret du 2 mars 1867. *Dénomination*.
    Orig. — Philippe de Champagne, peintre (1602-1674) ; voisinage des Gobelins, où ont été reproduits plusieurs de ses
        tableaux.

PHILIPPE DE GIRARD (Impasse) **. **XVIII**ᵉ Arrondissement . . . . . . 72ᵉ Quartier.
          Anciennement commune de La Chapelle.

2613   **Située** rue Philippe de Girard, 52.
  Longʳ : 120ᵐ,00.
  Largʳ :   5ᵐ,50 environ.   (*Voie privée*.)
          Arrêté préfectoral du 10 novembre 1873. *Dénomination* actuelle.
            Obs. — Précédemment impasse de Chabrol.
    Orig. — *Voir* rue Philippe de Girard.

PHILIPPE DE GIRARD (Rue) *. . **X**ᵉ Arrondissement . . . . 37ᵉ Quartier.
              XVIIIᵉ Arrondissement . . . . 72ᵉ Quartier.
          Anciennement commune de La Chapelle (partie).

2614   **Com.** r Lafayette, 193. — **Finit** rues de La Chapelle, 76, et Riquet, 81. (I. 105. — P. 98.)
  Longʳ : 1.050ᵐ,00.
  Largʳ : 10ᵐ,00. — Décision ministérielle du 13 thermidor an VI.
  Largʳ : 13ᵐ,00. — Ord. royale du 29 novembre 1826. *Alignements* entre la rue
        Lafayette et le boulevard de La Chapelle.
  Largʳ : 10ᵐ,00. — Ord. royale du 11 septembre 1842. *Alignements* entre le boulevard
        de La Chapelle et les rues de La Chapelle et Riquet.
          Décret du 23 mai 1863. *Classement* confirmé de la deuxième
          partie.
          Décret du 2 octobre 1863. *Dénomination* actuelle.
            Obs. — Précédemment rues de La Chapelle et de Chabrol.
    Orig. — Philippe-Henri de Girard, mécanicien, inventeur de la machine à filer le lin, etc. (1775-1825) ; quartier
        industriel.

PIAT (Passage) ** . . . . **XX**ᵉ Arrondissement. . . . . 77ᵉ Quartier.
          Anciennement commune de Belleville.

2615   **Commence** rue des Couronnes. — **Finit** passage de la Mare, 43.
  Longʳ : 58ᵐ,00.
  Largʳ : 2ᵐ,00 environ.   (*Voie privée*.)
          Arrêté préfectoral du 1ᵉʳ février 1877. *Dénomination* actuelle.
            Obs. — Précédemment passage de l'Isly.
    Orig. — *Voir* rue Piat.

PIAT (Rue) ** . . . . **XX**ᵉ Arrondissement . . . . 77ᵉ Quartier.
          Anciennement commune de Belleville.

2616   **Commence** passage de la Mare, 24. — **Finit** rue de Belleville, 62.   (I. 57. — P. 60.)
  Longʳ : 380ᵐ,00.
  Largʳ :   5ᵐ,00 environ. — *Voie privée* entre le passage de la Mare et les rues Vilin
        et des Envierges (A).
          Décret du 23 mai 1863. *Classement* depuis les rues Vilin et des
          Envierges jusqu'à la rue de Belleville (B).
  Largʳ : 10ᵐ,00. — *Alignements* projetés de la partie (B).
          Arrêté préfectoral du 10 novembre 1873. *Dénomination* de la
          partie A.
    Orig. — Nom d'un propriétaire, ancien notaire de Belleville.

PICARD (Rue) ** . . . . **XIII**e Arrondissement . . . . 50e Quartier.
Anciennement commune d'Ivry.
2617 **Commence** quai de la Gare, 91. — **Finit** rue du Chevaleret, 72.
Longr : 390m,00.
Largr : 12m,00. — Ord. royale du 29 août 1837. Ouverture et Alignements.
Arrêté préfectoral du 19 janvier 1860, relevant la Compagnie du chemin de fer d'Orléans, de l'obligation de l'entretien de cette voie, pour le mettre à la charge de la Ville de Paris.
Décret du 23 mai 1863. Classement (confirmation).
Orig. — Ouverte sur les terrains de M. Picard, ancien maire d'Ivry.

PICARDIE (Rue de) . . . . **III**e Arrondissement . . . . 10e Quartier.
2618 **Commence** rue de Bretagne, 48. — **Finit** rues Dupetit-Thouars et de la Petite Corderie, 2.
Longr : 239m,00. (I. 21. — P. 44.)
Largr : 8m,00. — Décision ministérielle du 5 vendémiaire an IX.
Largr : 10m,00. — Ord. royale du 16 mai 1833. Alignements entre la rue de Bretagne et les rues Perrée et du Forez.
Décision ministérielle du 9 septembre 1809. Alignements de la place de la Rotonde du Temple.
Ord. royale du 31 mars 1835. Alignements de la place de la Rotonde du Temple.
Largr : 7m,10. — Décision ministérielle du 7 septembre 1809. { Alignements de la rue
Ord. royale du 16 novembre 1834. { de la Petite Corderie.
Largr : 20m,00. — Décret du 14 août 1862. Alignements entre la rue du Forez et la rue Dupetit-Thouars.
Arrêtés préfectoraux des 26 février 1867 et 1er février 1877. Dénomination actuelle.
Obs. — Précédemment rue de Beaujolais, place de la Rotonde du Temple et rue de la Petite Corderie.
Orig. — Province de France; ce nom lui a été donné récemment, en raison des rues voisines qui portent des noms de provinces.

PICCINNI (Rue) ** . . . . **XVI**e Arrondissement . . . . 64e Quartier.
Anciennement commune de Passy.
2619 **Com.** avenue du Bois de Boulogne, 36. — **Finit** avenue de Malakoff, 120. (I. 19. — P. 16.)
Longr : 215m,00.
Largr : 10m,00. — Arrêté préfectoral du 3 octobre 1855. Alignements.
Décret du 23 mai 1863. Classement (confirmation).
Décret du 10 août 1868. Dénomination actuelle.
Obs. — Précédemment partie de la rue Villejust.
Orig. — Nicolas-Marcellin-Antoine-Jacques Piccinni, compositeur italien (1728-1800), a habité Passy, où il est mort.

PICOT (Rue) ** . . . . **XVI**e Arrondissement . . . . 63e Quartier.
Anciennement commune de Passy.
2620 **Commence** avenue Bugeaud, 24. — **Finit** avenue du Bois de Boulogne, 49. (I. 15. — P. 16.)
Longr : 164m,00.
Décret du 31 octobre 1863. Classement.
Largr : 9m,00. — Alignements projetés.
Orig. — Nom de propriétaire.

PICPUS (Boulevard de) . . . . . . **XII**e Arrondissement . . . . 45e et 46e Quartiers.
Anciennement commune de Saint Mandé (côté des numéros pairs).
2621 **Com.** r. de Picpus, 93. — **Finit** av. du Trône, 10, et c. de Vincennes, 2. (I. 89. — P. 106.)
Longr : 1015m,00.
: 15 toises. — Ord. du bureau des finances du 16 janvier 1789. Alignements des boulevards extérieurs.
Largr : 36 pieds. — Alignements des anciens chemins de ronde.
Largr : 36 pieds. — Ord. du 30 juillet 1844. Alignements des anciens chemins de ronde.
Moindre largr : 42m,00. — Arrêté préfectoral du 3 août 1866. Alignements.
Décret du 23 mai 1863. Classement (confirmation).
Arrêté préfectoral du 30 décembre 1864. Dénomination actuelle.
Obs. — Précédemment boulevards de Picpus et de Saint Mandé, et chemin de ronde de Picpus et de Saint Mandé, et place de la barrière de Picpus.
Orig. — Voir rue de Picpus.

PICPUS (Porte de) . . . . **XII**e Arrondissement . . . . 45e Quartier.
2622 **Située** boulevards Soult et Poniatowski, en prolongement de l'avenue Daumesnil.
Orig. — Située près de la rue de Picpus.

PICPUS (Rue de) . . . . **XII**e Arrondissement . . . . 45e et 46e Quartiers.
Anciennement communes de Saint-Mandé et de Bercy (partie).
2623 **Com.** rue du Faub. Saint Antoine, 234. — **Finit** boul. Poniatowski, 8. (I. 167. — P. 170.
Longr : 1835m,00.
Largr : 12m,00. — Décision ministérielle du 28 floréal an IX. Alignements.

PICPUS (Rue de) *(Suite.)*
    Moindre larg^r :   13^m,00.— Ord. royale du 11 décembre 1845. *Alignements* entre la rue du Faubourg Saint Antoine et les boulevards de Reuilly et de Picpus (A).
             Arrêté préfectoral du 6 juillet 1853. *Classement* entre les boulevards de Reuilly et de Picpus, et le boulevard Poniatowski (B).
    Larg^r :   10^m,00.— *Alignements* projetés de la partie B.
             Décret du 23 mai 1863. *Classement* confirmé de la partie B.
             Arrêté préfectoral du 2 avril 1868. *Dénomination* de la partie B.
                Obs. — Précédemment rue de Picpus et chemin de la Croix Rouge.
    Orig. — Lieu dit de Pique-Puce.

PIÉMONTÉSI (Passage) ** . . . **XVIIIᵉ** Arrondissement . . . . 69ᵉ Quartier.
    Anciennement commune de Montmartre.
2624   **Com.** rue Houdon, 17. — **Finit** passage de l'Élysée des Beaux-Arts, 10.   (l. 5. — P. 10.)
    Long^r : 56^m,00.
    Larg^r :   5^m,00 environ.   *(Voie privée.)*
    Orig. — M. Piémontési, propriétaire, ancien maire de Montmartre.

PIERRE AU LARD (Rue) . . . . **IVᵉ** Arrondissement . . . . 13ᵉ Quartier.
2625   **Commence** rue Saint Merri, 12. — **Finit** rue Brisemiche, 22.
    Long^r : 122^m,00.
    Larg^r :   6^m,00. — Décision ministérielle du 28 prairial an IX.
             Arrêté du préfet de police du 5 avril 1817. *Fermeture.*
    Larg^r :   10^m,00. — Ord. royale du 26 juin 1837. *Alignements.*
    Orig. — Corruption de Pierre Oilard, nom d'un bourgeois notable qui l'habitait au XIIIᵉ siècle.

PIERRE CHARRON (Rue) * . . **VIIIᵉ** Arrondissement . . . . 29ᵉ Quartier.
                 XVIᵉ Arrondissement . . . . 64ᵉ Quartier.
2626   **Commence** avenues du Trocadéro et d'Iéna, 26. — **Finit** avenue des Champs Élysées, 55.
    Long^r : 918^m,00.   (l. 79. — P. 56.)
    Larg^r :   20^m,00. — Décret du 17 septembre 1864 (U. P.). *Ouverture* et *Alignements* entre l'avenue des Champs Élysées et les avenues du Trocadéro et d'Iéna.
             Décret du 25 janvier 1879. *Dénomination* actuelle.
                Obs. — Précédemment rue de Morny.
    Orig. — Pierre Charron, auteur du *Traité de la Sagesse* (1541-1603); voisinage de l'avenue Montaigne.

PIERRE GUÉRIN (Rue) . . . . . **XVIᵉ** Arrondissement . . . . 61ᵉ Quartier.
    Anciennement commune d'Auteuil.
2627   **Com.** rue d'Auteuil, 32. — **Finit** en impasse au delà de la r. de la Source. (l. 27. — P. 34.)
    Long^r : 390^m,00.
    Larg^r :   10^m,00. — Arrêté préfectoral du 30 juin 1856. *Alignements* entre la rue d'Auteuil et la place des Perchamps.
    Larg^r :   8^m,00. — Arrêté préfectoral du 27 septembre 1837. *Alignements* depuis la place des Perchamps jusqu'à la rue de la Source.
             Décret du 23 mai 1863. *Classement* (confirmation).
             Décret du 11 septembre 1869. *Dénomination* actuelle.
                Obs. — Précédemment rues de Magenta et des Vignes.
    Orig. — Le baron Pierre-Narcisse Guérin, peintre (1774-1833) ; quartier où ont été groupés des noms d'artistes.

PIERRE LE GRAND (Rue) . . . **VIIIᵉ** Arrondissement . . . . 30ᵉ Quartier.
2628   **Commence** rue Daru. — **Finit** boulevard de Courcelles.
    Long^r : 83^m,00.
    Larg^r :   12^m,00.   *(Voie privée.)*
    Orig. — Pierre Iᵉʳ, dit le Grand, czar de la Russie ; voisinage de l'église Russe.

PIERRE L'ERMITE (Rue) ** . . **XVIIIᵉ** Arrondissement . . . . 71ᵉ Quartier.
    Anciennement commune de La Chapelle.
2629   **Commence** rues Polonceau, 2, et de Jessaint, 26. — **Finit** rue Saint Bruno. (l. 9. — P. 8.)
    Long^r : 74^m,00.
    Larg^r :   12^m,00. — *Alignements* projetés. (Largeur exécutée.)
             Arrêté préfectoral du 19 décembre 1874. *Dénomination* actuelle.
                Obs. — Précédemment rue Ernestine prolongée.
    Orig. — Pierre l'Ermite, prédicateur de la première croisade (1050-1115); voisinage de l'église Saint Bernard.

PIERRE LESCOT (Rue) . . . . . . **Iᵉʳ** Arrondissement . . . . 2ᵉ Quartier.
2630   **Commence** rue des Innocents, 2. — **Finit** rue de la Grande Truanderie, 15. (l. 11. — P. 20.)
    Long^r : 270^m,00.
    Larg^r :   20^m,00. — Décret du 21 juin 1854 (U. P.). *Ouverture* et *Alignements* entre la rue des Innocents et la rue de Rambuteau.

PIERRE LESCOT (Rue). *(Suite.)*
    Larg^r : 20^m,00. — Décret du 23 août 1858 (U. P.). *Élargissement* aux encoignures
            de la rue de la Grande Truanderie.
        Décret du 2 octobre 1865. *Dénomination* actuelle.
           Obs. — Précédemment rue des Halles Centrales.
    Orig. — Pierre Lescot (1510-1578), architecte du Louvre et de la fontaine des Innocents; voisinage de cette fontaine.

PIERRE LEVÉE (Rue) . . . . . . XIe Arrondissement . . . . 41e Quartier.
2631 **Commence** rue des Trois Bornes, 7. — **Finit** rue de la Fontaine au Roi, 14. (I. 21. — P. 22.)
    Long^r : 267^m,00.
    Larg^r : 12^m,00. — Ord. royale du 26 décembre 1830. *Ouverture* et *Alignements.*
    Orig. — Doit son nom à une pierre qu'on a trouvée en fouillant le sol, et qui parut avoir fait partie d'un autel drui-
        dique (1782).

PIERRE PICARD (Rue) ** . . . XVIIIe Arrondissement. . . . . 70e Quartier.
               Anciennement commune de Montmartre.
2632 **Commence** rue de Clignancourt, 13. — **Finit** rue Charles Nodier.   (I. 19. — P. 15.)
    Long^r : 155^m,00.
    Larg^r : 10^m,00 environ.   *(Voie privée.)*
    Orig. — Nom de propriétaire.

PIERRE SARRAZIN (Rue) . . . . VIe Arrondissement . . . . 21e Quartier.
2633 **Commence** boulevard Saint Michel, 24. — **Finit** rue Hautefeuille, 19.   (I. 15. — P. 8.)
    Long^r : 90^m,00.
    Larg^r : 6^m,00. — Décision ministérielle du 23 prairial an VII.
    Larg^r : 10^m,00. — Ord. royale du 22 août 1840. *Alignements.*
             Obs. — Ces alignements ont été modifiés lors de l'exécution du boulevard
                Saint Michel (déviation de l'axe).
    Orig. — Doit son nom à un bourgeois du XIIIe siècle.

PIGALLE (Cité) . . . . IXe Arrondissement . . . . 33e Quartier.
2634 **Située** rue Pigalle, 45.   (I. 5. — P. 10.)
    Long^r : 77^m,00.
    Larg^r : 7^m,00 environ.   *(Voie privée.)*
    Orig. — *Voir* rue Pigalle.

PIGALLE (Place) ** . . . . IXe Arrondissement . . . . 33e Quartier.
2635 **Située** au débouché des rues Pigalle, 77; Frochot, 16, et Duperré, 2.   (I. 13.)
    Rayon : 37^m,50 environ.
        Ord. royale du 27 septembre 1826. *Alignements.*
        Arrêté préfectoral du 30 décembre 1864. *Dénomination actuelle.*
            Obs. — Précédemment place de la Barrière Montmartre.
    Orig. — *Voir* rue Pigalle.

PIGALLE (Rue) * . . . . IXe Arrondissement . . . . 33e Quartier.
2636 **Commence** rue Blanche, 16. — **Finit** place Pigalle, 9, et rue Frochot.   (I. 77. — P. 66.)
    Long^r : 583^m,00.
    Moindre larg^r : 10^m,00. — Ord. royale du 1er juillet 1834. *Alignements.*
    Orig. — Jean-Baptiste Pigalle, sculpteur (1714-1785), y avait son atelier.

PINEL (Place) ** . . . . XIIIe Arrondissement . . . . 49e Quartier.
2637 **Située** boulevard de la Gare, 128, et au débouché des rues Pinel et Esquirol, 14.
    Rayon : 32^m,30. — Ord. royale du 11 juillet 1847. *Alignements.*
        Arrêté préfectoral du 26 février 1867. *Dénomination* actuelle.
            Obs. — Précédemment place des Deux Moulins ou de la Barrière d'Ivry.
    Orig. — *Voir* rue Pinel.

PINEL (Rue) ** . . . . XIIIe Arrondissement . . . . 49e Quartier.
2638 **Commence** place Pinel, 7, et rue de Campo Formio, 1. — **Finit** boulevard de l'Hôpital.
    Long^r : 225^m,00.   (I. 13. — P. 10.)
    Larg^r : 20^m,00. — Décision ministérielle des 7 octobre 1816 et 18 octobre 1822, et
        Ord. royale du 11 juin 1847. *Alignements.*
        Décret du 9 avril 1851. *Dénomination* actuelle.
            Obs. — Précédemment rue de l'Hôpital Général.
    Orig. — Philippe Pinel, médecin en chef de la Salpêtrière (1745-1826); voisinage de cet établissement.

48

PIROUETTE (Rue). . . . . Ier Arrondissement . . . . 2° Quartier.

2639   **Commence** rue Rambuteau, 104. — **Finit** rue de Mondétour, 11.   (I. 19. — P. 8.)
> Long^r : 38^m,00.
> Larg^r : 10^m,00. — Décision ministérielle du 13 vendémiaire an X. *Alignements.*
> Id. : 10,^m00. — Arrêté du gouvernement provisoire du 5 mai 1848. *Alignements.*
> Décret du 23 août 1858 (U. P.). *Suppression* pour la formation des abords des Halles.
>> Orig. — Appelée précédemment rue de Théronanne ; nom du fief sur lequel elle fut ouverte ; le nom actuel n'est peut-être qu'une altération du premier.

PITIÉ (Rue de la) ** . . . . Ve Arrondissement. . . . . 18° Quartier.

2640   **Commence** rue Daubenton, 18. — **Finit** rue du Puits de l'Ermite, 7.   (I. 9. — P. 2.)
> Long^r : 96^m,00.
> Larg^r : 6^m,00. — Décision ministérielle du 8 nivôse an IX.
> Larg^r : 10^m,00. — Ord. royale du 2 mai 1837. *Alignements.*
> Arrêté préfectoral du 26 février 1867. *Dénomination actuelle.*
>> Ons. — Précédemment rue de la Fontaine.
>> Orig. — Voisinage de l'hôpital de la Pitié.

PIVER (Passage) . . . . XIe Arrondissement . . . . 41° Quartier.

2641   **Commence** rue de l'Orillon, 17. — **Finit** rue du Faubourg du Temple, 92. (I. 13. — P. 11.)
> Long^r : 138^m,00.
> Larg^r : 3^m,00 environ.   (*Voie privée.*)
>> Orig. — Nom de propriétaire.

PIXÉRÉCOURT (Impasse) *** . . . XX^a Arrondissement . . . . 77° Quartier.
                      Anciennement commune de Belleville.

2624   **Située** rue Pixérécourt, 50.
> Long^r : 316^m,00.
> Larg^r : 2^m,00 environ.   (*Voie privée.*)
> Décret du 10 février 1875. *Dénomination actuelle.*
>> Ons. — Précédemment impasse de Calais.
>> Orig. — *Voir* rue Pixérécourt.

PIXÉRÉCOURT (Rue) *** . . . . XXe Arrondissement. . . . . 77° et 78° Quartiers.
                      Anciennement commune de Belleville.

2642   **Commence** rue de Belleville, 202. — **Finit** rue de Ménilmontant, 125 bis. (I. 101. — P. 98.)
> Long^r : 590^m,00.
> Larg^r : 10^m,00. — Ord. royale du 28 février 1837. *Alignements.*
> Décret du 23 mai 1863. *Classement* (confirmation).
> Décret du 10 février 1875. *Dénomination actuelle.*
>> Ons. — Précédemment rue de Calais.
>> Orig. — René-Charles Guilbert de Pixérécourt, auteur dramatique (1773-1844).

PLACE CADET (Cité de la) . . . . IXe Arrondissement . . . . 35° Quartier.

2644   **Située** rue Cadet, 29.
> Long^r : 35^m,00.
> Moindre larg^r : 2^m,80.   (*Voie privée.*)
>> Orig. — Voisinage de la place Cadet.

PLAINE (Poterne de la). . . . . . . XVe Arrondissement . . . . 57° Quartier.

2645   **Située** boulevard Lefèvre, en prolongement de la rue Olivier de Serres.
>> Orig. — Plaine de Grenelle.

PLAINE (Rue de la) . . . . XXe Arrondissement . . . . 80° Quartier.
                      Anciennement commune de Charonne.

2646   **Commence** rue des Maraîchers, 29. — **Finit** boulevard de Charonne, 24. (I. 15. — P. 74.)
> Long^r : 607^m,00.
> Arrêté préfectoral du 3 juillet 1830. *Classement.*
> Larg^r : 2^m,33. — Décret du 23 mai 1863. *Classement* (confirmation).
> Larg^r : 12^m,00. — *Alignements* projetés, déjà suivis d'exécution.
>> Orig. — Plaine de Charonne.

PLAISANCE (Porte de) . . . . . . XVe Arrondissement . . . . 57° Quartier.

2647   **Située** boulevard Lefèvre, près de la rue de Dantzig.
>> Orig. — A l'extrémité de l'ancien hameau de Plaisance

PLANCHAT (Rue) . . . . . . **XXe Arrondissement** . . . . 80° Quartier.
Anciennement commune de Charonne.

2648   **Commence** rue d'Avron, 19. — **Finit** rue de Bagnolet, 18.   (l. 65. — P. 64.)
Long^r : 627^m,00.
> Décret du 23 mai 1863. *Classement* confirmé entre la rue de Terre-Neuve et la rue de Bagnolet (A).

Larg^r : 12^m,00. — Décret du 12 février 1874 (U. P.). *Alignements* et *Nivellement* de la même partie, et *Ouverture* de la partie comprise entre la rue d'Avron et la rue de Terre-Neuve.
> Décret du 10 février 1875. *Dénomination* actuelle.
> Obs. — Précédemment rue des Bois (partie A).

Orig. — L'abbé Planchat, aumônier d'un cercle d'ouvriers qui existait dans cette rue, fusillé en 1871.

PLANCHETTE (Impasse de la). . . **IIIe Arrondissement** . . . . 9e Quartier.
2649   **Située** rue Saint Martin, 324.   (l. 3. — P. 2.)
Long^r : 28^m,00.
Larg^r : 6^m,00. — Décision ministérielle du 22 mai 1821. *Alignements.*
Orig. — Doit son nom à une petite planche sur laquelle on traversait l'égout.

PLANCHETTE (Rue de la) . . . . **XIIe Arrondissement** . . . . 47e Quartier.
Anciennement commune de Bercy.

2650   **Commence** rue Libert, 40. — **Finit** boulevard de Bercy, 36.   (l. 5. — P. 8.)
Long^r : 50^m,00.
Larg^r : 6^m,00. — Délibération du conseil municipal du 2 mars 1842. *Alignements* projetés.
> Décret du 23 mai 1863. *Classement* (confirmation).

Orig. — Voisinage de chantiers de bois.

PLANCHETTE (Ruelle de la) . . . **XIIe Arrondissement** . . . . 47e Quartier.
2651   **Commence** rue du Charolais, 2. — **Finit** rue de Charenton, 236.
Long^r : 60^m,00.
Moindre larg^r : 3^m,30. — Délibération du conseil municipal du 23 mai 1841. *Suppression* projetée.
Orig. — Voir rue de la Planchette.

PLANTES (Cité des) . . . . . . **XIVe Arrondissement** . . . . 56e Quartier.
Anciennement commune de Montrouge.

2652   **Commence** rue Sainte Eugénie, 14. — **Finit** rue Didot, 23.   (l. 21. — P. 26.)
Long^r : 130^m,00.
Larg^r : 8^m,00.   *(Voie privée.)*
Orig. — Voir rue des Plantes.

PLANTES (Impasse des) . . . . **XIVe Arrondissement** . . . . 56e Quartier.
2653   **Située** rues des Plantes, 32, et du Moulin Vert, 24.   (l. 11. — P. 6.)
Long^r : 78^m,00.
Moindre larg^r : 10^m,00.   *(Voie privée.)*
> Obs. — Cette impasse faisait partie du chemin des Plantes rectifié en 1876.

Orig. — Voir rue des Plantes.

PLANTES (Rue des) . . . . . . **XIVe Arrondissement** . . . . 55e et 56e Quartiers.
Anciennement commune de Montrouge.

2654   **Commence** avenue du Maine, 176. — **Finit** boulevard Brune, 85.   (l. 77. — P. 80.)
Long^r : 955^m,00.
> Arrêté préfectoral du 5 octobre 1837. *Classement* entre la rue d'Alésia et le boulevard Brune.
> Décret du 23 mai 1863. Sursis à la confirmation du *Classement.*

Larg^r : 12^m,00. — Décret du 5 décembre 1876 (U. P.). *Alignements* et *Nivellement* entre la rue Bénard et la rue du Moulin Vert.
> Arrêté préfectoral du 1er février 1877. *Dénomination* actuelle.
> Obs. — Précédemment chemin des Plantes.

Orig. — Situation champêtre.

PLANTIN (Passage) . . . . . . **XXe Arrondissement** . . . . 77e Quartier.
Anciennement commune de Belleville.

2655   **Commence** rue X, 21 *bis*.— **Finit** passage de la Mare.   (l. 11.)
Long^r : 85^m,00.
Larg^r : 4^m,50 environ.   *(Voie privée.)*
Orig. — Nom de propriétaire.

PLAT D'ÉTAIN (Rue du) . . . . **Ier Arrondissement** . . . . 2e Quartier.
2656   **Commence** rue des Lavandières, 27. — **Finit** rue des Déchargeurs, 6.   (l. 11. — P. 8.)
Long^r : 57^m,00.
Larg^r : 6^m,00. — Décision ministérielle du 12 fructidor an V.
Larg^r : 10,00. — Ord. royale du 9 décembre 1838. *Alignements.*
Orig. — Dénomination tirée d'une enseigne.

PLATEAU (Passage du) **☆☆** . . . . . **XIX**ᵉ Arrondissement. . . . . 76ᵉ Quartier.
Anciennement commune de Belleville.
2657   **Commence** rue du Plateau, 17. — **Finit** rue du Tunnel, 11.   (l. 7. — P. 10.)
Long^r . 105^m,00.
Larg^r :   1^m,30.   (*Voie privée.*)
Orig. — *Voir rue du Plateau.*

PLATEAU (Rue du) **☆☆** . . . . . . **XIX**ᵉ Arrondissement. . . . . 76ᵉ Quartier.
Anciennement commune de Belleville.
2658   **Commence** rue Fessart, 5. — **Finit** rue des Alouettes, 31.   (l. 21. — P. 21.)
Long^r : 295^m,00.
Larg^r :   8^m,00.   (*Voie privée.*)
Orig. — Plateau dominant les buttes Chaumont.

PLATRE (Rue du) . . . . **IV**ᵉ Arrondissement . . . . 13ᵉ Quartier.
2659   **Commence** rue de l'Homme Armé. — **Finit** rue du Temple, 34.   (l. 5 à 17. — P. 4 à 20.)
Long^r : 145^m,00.
Larg^r :   6^m,00. — Décision ministérielle du 23 frimaire an VIII.
Larg^r : 10^m,00. — Ord. royale du 12 juillet 1837. *Alignements.*
Orig. — Ancien nom (XIIIᵉ siècle).

PLATRIÈRES (Rue des) **☆☆** . . . . **XX**ᵉ Arrondissement. . . . . 79ᵉ Quartier.
Anciennement commune de Belleville.
2660   **Commence** rue des Amandiers, 104. — **Finit** rue Champlain, 17.   (l. 31. — P. 8.)
Long^r : 175^m,00.
Moindre larg^r :   3^m,30.   (*Voie privée.*)
Arrêté préfectoral du 1ᵉʳ février 1877. *Dénomination* actuelle.
Obs. — Précédemment rue des Carrières, (La cité Borey a été réunie sans
arrêté préfectoral à la rue des Plâtrières.)
Orig. — Nom substitué à celui de rue des Carrières ; voisinage de carrières de plâtre.

PLICHON (Cité) . . . . **XI**ᵉ Arrondissement . . . . 42ᵉ Quartier.
2661   **Située** rue du Chemin Vert, 141.   (l. 23. — P. 26.)
Long^r : 178^m,00.
Larg^r :   7^m,00.   (*Voie privée.*)
Orig. — Nom de propriétaire.

PLIEZ (Impasse) **☆☆** . . . . **XIV**ᵉ Arrondissement . . . . 56ᵉ Quartier.
Anciennement commune de Vanves.
2662   **Située** boulevard Brune, 9.
Long^r : 50^m,00.
Larg^r :   2^m,00.   (*Voie privée.*)
Orig. — Nom de propriétaire.

PLUMET (Rue) **☆☆** . . . . **XV**ᵉ Arrondissement . . . . 58ᵉ Quartier.
Anciennement commune de Vaugirard.
2663   **Commence** rue de la Procession, 21. — **Finit** en impasse au delà de la rue Régnier.
Long^r : 170^m,00.   (l. 5. — P. 10.)
Larg^r : 10^m,00. — Décret du 28 janvier 1878. *Classement, Alignements* et *Nivellement*
entre la rue de la Procession et la rue Régnier.
Orig. — Nom de propriétaire.

POINSOT (Rue) **☆☆** . . . . **XIV**ᵉ Arrondissement. . . . . 53ᵉ Quartier.
Anciennement commune de Montrouge.
2664   **Commence** boulevard Edgar Quinet, 69. — **Finit** rue du Maine, 10.   (l. 13. — P. 14.)
Long^r : 90^m,00.
Larg^r :   5^m,00 environ.   (*Voie privée.*)
Décret du 24 août 1864. *Dénomination* actuelle.
Obs. — Précédemment rue Charlot.
Orig. — Louis Poinsot, mathématicien (1777-1859).

POINT DU JOUR (Porte du) . . . **XVI**ᵉ Arrondissement . . . . 64ᵉ Quartier.
2665   **Située** boulevard Murat, au droit de l'avenue de Versailles.
Orig. — A l'extrémité de l'ancien hameau du Point du Jour.

POINT DU JOUR (Rue du). . . . **XVI**ᵉ Arrondissement. . . . . 61ᵉ Quartier.

Anciennement commune d'Auteuil (partie).

2666   **Commence** rue François Gérard.— **Commencera** rue Gros.— **Finit** rue Claude Lorrain, 2,
et impasse Claude Lorrain.   (l. 41 à 125. — P. 42 à 106.)

Long^r : 1,103^m,00 actuelle.   Long^r : 1,450^m,00 future.

Larg^r : 20^m,00. — Projet de prolongement entre la rue Gros et la rue François
Gérard.

    id.   20^m,00. — Décret du 27 janvier 1876 (U. P.). Ouverture et Alignements entre
la rue François Gérard et les rues Wilhem et d'Auteuil.

    id.   20^m,00. — Décret du 30 novembre 1862 (U. P.). Ouverture et Alignements entre
les rues d'Auteuil et Jouvenet.

    id.   8^m,00. — Arrêté préfectoral du 27 septembre 1837. Alignements entre la rue
Jouvenet et la rue Claude Lorrain.

    id.   20^m,00. — Alignements projetés de cette dernière partie. (Largeur actuelle 8^m,00.)
Décret du 23 mai 1863. Classement confirmé de cette dernière partie.
Arrêtés préfectoraux des 26 avril 1866, 24 octobre 1868 et 18
juin 1877. Nivellement.
Arrêté préfectoral du 1ᵉʳ août 1879. Dénomination actuelle.

Obs. — Précédemment rue de la Municipalité.

Orig. — Voisinage de l'ancien hameau du Point du Jour, ainsi nommé dit-on, parce qu'en cet endroit le comte de Coigny
aurait été tué en duel par le prince de Dombes, au point du jour, le 4 mars 1748. Cette anecdote semble
apocryphe, la ferme du Point du Jour étant indiquée sur le plan de Roussel (1730).

POINTE D'IVRY (Rue de la) ⁎⁎ . **XIII**ᵉ Arrondissement. . . . . 50ᵉ Quartier.

Anciennement commune d'Ivry.

2667   **Commence** avenue d'Ivry, 49. — **Finit** avenue de Choisy, 32.   (l. 47. — P. 34.)

Long^r : 210^m,00.

Décret du 23 mai 1863. Classement.

Larg^r : 12^m,00. — Décret du 5 novembre 1880. Alignements.

Orig. — Doit son nom à la pointe formée par les avenues de Choisy et d'Ivry.

POINTE (Sentier de la) ⁎⁎ . . . . . **XX**ᵉ Arrondissement. . . . . 80ᵉ Quartier.

Anciennement commune de Charonne.

2668   **Commence** rue des Vignoles, 63. — **Finit** place de la Réunion, 68.

Long^r : 27^m,00.

Larg^r : 2^m,33. — Arrêté préfectoral du 3 juillet 1830. Classement.

Larg^r : 12^m,00. — Alignements projetés, déjà suivis d'exécution.

Orig. — Aboutit en pointe sur la place de la Réunion.

POIRIERS (Rue des) ⁎⁎ . . . . . . **XX**ᵉ Arrondissement. . . . . 79ᵉ Quartier.

Anciennement commune de Charonne.

2669   **Commence** rue des Muriers, 21. — **Finit** passage Robineau, 6.   (l. 13. — P. 10.)

Long^r : 105^m,00.

Larg^r : 3^m,50 environ.   (Voie privée.)

Orig. — Cultures de poiriers.

POISSON (Rue) . . . . **XVII**ᵉ Arrondissement . . . . 65ᵉ Quartier.

Anciennement commune de Neuilly.

2670   **Commence** avenue de la Grande Armée, 50. — **Finit** place Saint Ferdinand.

Long^r : 136^m,00.   (l. 13. — P. 14.)

Décret du 23 mai 1863. Classement.

Larg^r : 12^m,00. — Alignements projetés. (Largeur exécutée.)

Décret du 24 août 1864. Dénomination actuelle.

Obs. — Précédemment rue de Passy.

Orig. — Siméon-Denis Poisson, mathématicien (1781-1840); quartier où ont été groupés des noms de savants.

POISSONNERIE (Impasse de la). . **IV**ᵉ Arrondissement . . . . 14ᵉ Quartier.

2671   **Située** rue de Jarente, 2.

Long^r : 16^m,00.

Larg^r : 5^m,80. — Décision ministérielle du 22 juillet 1823.

    id.   5^m,80. — Ord. royale du 5 avril 1846. Alignements.

Orig. — Voisinage du marché Sainte Catherine; doit son nom à la poissonnerie de ce marché.

POISSONNIÈRE (Boulevard). . . . **II**e Arrondissement . . . . 7e Quartier.
                            IXe Arrondissement . . . . 35e Quartier.
2672 **Commence** rues Poissonnière, 37, et du Faubourg Poissonnière, 1. — **Finit** rues Mont-
      martre, 178, et du Faubourg Montmartre, 2.   (l. 29. — P. 32.)
      Long^r : 351^m,00.
                            Lettres-patentes du mois de juillet 1676. *Ouverture.*
      Larg^r : 35^m,00. — Ord. royale du 4 mai 1826. *Alignements.*
      Orig. — *Voir* rue Poissonnière.

POISSONNIÈRE (Rue) . . . . . . **II**e Arrondissement . . . . 7e et 8e Quartiers.
2673 **Commence** rue de Cléry, 31. — **Finit** boulevards Poissonnière, 1, et de Bonne Nouvelle, 39.
      Long^r : 226^m,00.   (l. 37. — P. 16.)
      Larg^r : 10^m,00. — Décision ministérielle du 3 ventôse an x.
      Moindre larg^r : 12^m,00. — Ord. royale du 22 août 1840. *Alignements.*
      Orig. — Les voitures de marée suivaient cette rue pour se rendre à la Halle.

POISSONNIÈRE (Villa) ** . . . **XVIII**e Arrondissement . . . . 71e Quartier.
                    Anciennement commune de La Chapelle.
2674 **Commence** rue de la Goutte d'Or, 42. — **Finit** rue Polonceau, 41.   (Nos 2 à 16.)
      Long^r : 98^m,00.
      Moindre larg^r : 2^m,80.   (*Voie privée.*)
      Orig. — Voisinage de la rue des Poissonniers.

POISSONNIERS (Passage des) . . **XVIII**e Arrondissement . . . . 70e Quartier.
                    Anciennement commune de Montmartre.
2675 **Commence** rue des Poissonniers, 99. — **Finit** rue de Clignancourt, 116. (l. 17. — P. 50.)
      Long^r : 235^m,00.
      Larg^r : 5^m,00.   (*Voie privée.*)
      Orig. — *Voir* rue des Poissonniers.

POISSONNIERS (Poterne des) . . **XVIII**e Arrondissement . . . . 71e Quartier.
2676 **Situé** boulevard Ney, entre les bastions nos 34 et 35.
      Orig. — *Voir* rue des Poissonniers.

POISSONNIERS (Rue des) * . . **XVIII**e Arrondissement . . . . . . 70e et 71e Quartiers.
                    Anciennement communes de La Chapelle et de Montmartre.
2677 **Commence** boulevard Ornano, 24. — **Finit** boulevard Ney.   (l. 155. — P. 78.)
      Long^r : 1420^m,00.
      Larg^r : 11^m,70. — *Alignements* projetés entre le boulevard Ornano et la rue Marcadet.
      Larg^r : 11^m,75. — Arrêté préfectoral du 6 juillet 1855. *Alignements* entre la rue
              Marcadet et le boulevard Ney. (Largeur moindre actuelle, 8^m,00.)
              Décret du 23 mai 1863. *Classement* (confirmation).
              Arrêté préfectoral du 19 avril 1864. *Nivellement.*
      Obs. — Précédemment rue et chemin des Poissonniers.
      Orig. — Même étymologie que pour la rue Poissonnière.

POISSY (Rue de) . . . . **V**e Arrondissement . . . . 17e Quartier.
2678 **Commence** quai de la Tournelle, 31. — **Finit** rue Saint Victor, 78.   (l. 29. — P. 30.)
      Long^r : 294^m,00.
      Larg^r : 12^m,00. — Décision ministérielle du 29 thermidor an xi. *Alignements.*
      id.   12^m,00. — Décision ministérielle du 12 juin 1818. *Alignements.*
      id.   12^m,00. — Ord. royale du 31 décembre 1845. *Alignements* entre le quai de la
              Tournelle et le boulevard Saint Germain.
      Larg^r : 12^m,00. — Décret du 23 mars 1852 (U. P.). Exécution des *Alignements* fixés
              par l'ordonnance précitée au débouché sur le quai.
              Obs. — Pan coupé de 8^m,00 à l'angle de la rue Saint Victor.
      Larg^r : 10^m,00. — Ord. royale du 31 décembre 1845. *Alignements* entre le boulevard
              Saint Germain et la rue Saint Victor.
      Orig. — Voisinage de l'ancienne Halle aux veaux et souvenir du marché aux bestiaux de Poissy.

POITEVINS (Rue des) . . . . . . **VI**e Arrondissement . . . . 21e Quartier.
2679 **Commence** rue Hautefeuille, 6. — **Finit** rue Serpente, 28.   (l. 11. — P. 14.)
      Long^r : 108^m,00.
      Larg^r : 6^m,00. — Décision ministérielle du 23 prairial an vii.
      Larg^r : 10^m,00. — Ord. royale du 11 août 1844. *Alignements.*
      Orig. — Ancien nom.

POITIERS (Rue de) . . . . **VII**e Arrondissement. . . . . 25e Quartier.
2680 **Commence** quai d'Orsay, 5. — **Finit** rue de l'Université, 68.   (l. 11. — P. 14.)
    Long^r : 203^m,00.
    Larg^r : 9^m,00. — Décision ministérielle du 8 nivôse an IX.
Moindre larg^r : 12^m,00. — Ord. royale du 7 mars 1827. *Alignements.*
  Orig. — Ainsi dénommée dès 1604.

POITOU (Rue de) . . . . **III**e Arrondissement . . . . 10e et 11e Quartiers.
2681 **Commence** rue de Turenne, 97. — **Finit** rue Charlot, 16.   (l. 45. — P. 48.)
    Long^r : 234^m,00.
    Larg^r : 10^m,00. — Décision ministérielle du 19 germinal an VIII.
    Larg^r : 12^m,00. — Ord. royale du 31 mars 1835. *Alignements.*
        Arrêté préfectoral du 1er février 1877. Réunion de la rue de
        l'Oseille à la rue de Poitou.
           Obs. — Précédemment rues de l'Oseille et de Poitou.
  Orig. — Province de France ; voisinage de la place de France projetée par Henri IV.

POLIVEAU (Rue de) . . . . **V**e Arrondissement . . . . 18e Quartier.
2682 **Commence** boul. de l'Hôpital, 38. — **Finit** rues des Fossés Saint Marcel, 1, et Geoffroy-
    Saint-Hilaire, 18.   (l. 47. — P. 44.)
    Long^r : 380^m,00.
    Larg^r : 8^m,00. — Décision ministérielle du 2 messidor an VIII.
    Larg^r : 11^m,80. — Décret du 30 janvier 1851. *Alignements.*
  Orig. — Corruption de rue Pont Livaut ; ainsi dénommée en raison d'un petit pont traversant la Bièvre.

POLONCEAU (Rue) ** . . . . . **XVIII**e Arrondissement . . . . 71e Quartier
              Anciennement commune de La Chapelle.
2683 **Commence** rues de la Goutte d'Or, 2, et Pierre l'Ermite, 1. — **Finit** rue des Poissonniers, 10.
    Long^r : 380^m,00.   (l. 57. — P. 59.)
    Larg^r : 7^m,00. — Ord. royale du 11 septembre 1842. *Alignements.*
        Décret du 23 mai 1863. *Classement* (confirmation).
        Arrêté préfectoral du 3 février 1863. *Nivellement.*
        Décret du 24 août 1864. *Dénomination actuelle.*
           Obs. — Précédemment rue des Couronnes.
  Orig. — Antoine-Rémi Polonceau (1778-1847), et son fils Jean-Barthélemy-Camille (1813-1859), ingénieurs ; voisinage des
    ateliers du chemin de fer du Nord.

POMMARD (Rue de) . . . . **XII**e Arrondissement . . . . 47e Quartier.
2684 **Commence** rue de Dijon. — **Finit** rue de Bercy.
    Long^r : 220^m,00.
    Larg^r : 12^m,00. — Décret du 6 août 1877 (U. P.). *Ouverture et Alignements.*
        Arrêté préfectoral du 1er août 1879. *Dénomination actuelle.*
  Orig. — Voisine de l'entrepôt de Bercy, porte un nom de vignoble.

POMPE (Rue de la) ** . . . . **XVI**e Arrondissement . . . . . . 62e et 63e Quartiers.
              Anciennement commune de Passy.
2685 **Commence** chaus. de la Muette, 2, et rue de Passy, 84. — **Finit** av. du Bois de Boulogne, 41.
    Long^r : 1.690^m,00.   (l. 193. — P. 184.)
    Larg^r : 12^m,00. — Décret du 25 juillet 1851. *Classement* (route départementale n° 10).
        Décret du 23 mai 1863. *Classement* (confirmation).
    Larg^r : 15^m,00. — *Alignements* projetés entre l'avenue du Trocadéro et l'avenue Victor
        Hugo.
        Arrêté préfectoral du 18 juin 1866. *Nivellement.*
           Obs. — Précédemment partie de la route départementale n° 10.
  Orig. — Doit son nom à la pompe qui fournissait de l'eau au château de la Muette.

PONCEAU (Passage du) . . . . . . **II**e Arrondissement . . . . 8e Quartier.
2686 **Commence** boulevard de Sébastopol, 119. — **Finit** rue Saint Denis, 212. (l. 37. — P. 40.)
    Long^r : 92^m,00.
    Larg^r : 2^m,50.   *(Voie privée.)*
  Orig. — Voir rue du Ponceau.

PONCEAU (Rue du) . . . . **II**e Arrondissement . . . . 8e Quartier.
2687 **Commence** rue de Palestro, 33. — **Finit** rue Saint Denis, 190.   (l. 13. — P. 10.)
    Long^r : 58^m,00.
Moindre larg^r : 11^m,00. — Décision ministérielle du 28 vendémiaire an XI. *Alignements.*
    Larg^r : 11^m,00. — Ord. royale du 21 juin 1826. *Alignements.*
  Orig. — Doit son nom à un petit pont sur lequel on traversait le grand égout.

PONCELET (Passage) . . . . . . **XVII**e ARRONDISSEMENT . . . . 63e QUARTIER.
Anciennement commune de Neuilly.
2688 **Commence** cité Lamoureux. — **Finit** rue Laugier, 14.
Longr ; 18m,00.
Largr ; 3m,50 environ. *(Voie privée.)*
ORIG. — *Voir rue Poncelet.*

PONCELET (Rue) . . . . **XVII**e ARRONDISSEMENT . . . . . . 65e et 66e QUARTIERS.
Anciennement commune de Neuilly.
2689 **Commence** avenue des Ternes, 10. — **Finit** avenue de Wagram, 83. (l. 55. — P. 48.)
Longr : 370m,00.
Largr : 10m,00. — ARRÊTÉ PRÉFECTORAL DU 3 OCTOBRE 1856. *Alignements.*
DÉCRET DU 23 MAI 1863. *Classement* (confirmation).
ARRÊTÉ PRÉFECTORAL DU 16 FÉVRIER 1865. *Nivellement.*
DÉCRET DU 10 AOUT 1868. *Dénomination* actuelle.
OBS. — Précédemment rue des Dames (partie).
ORIG. — Jean-Victor Poncelet, mathématicien, général du génie (1788-1867); quartier où ont été groupés des noms de savants.

PONIATOWSKI (Boulevard). . . . **XII**e ARRONDISSEMENT . . . . . 45e, 46e et 47e QUARTIERS.
Anciennement commune de Bercy.
2690 **Commence** quai et porte de Bercy. — **Finit** av. Daumesnil, 282, et porte de Picpus. (P. 8.)
Long : 1.540m,00.
CONVENTION DU 5 JUILLET 1859. — Remise conditionnelle par le Génie militaire, à la Ville de Paris, de la rue Militaire.
Largr : 13m,00. — DÉCRET DU 9 SEPTEMBRE 1861 (U. P.). *Alignements* entre la porte de Bercy et la porte de Charenton.
Largr : 40m,00. — DÉCRET DU 9 SEPTEMBRE 1861 (U. P.). *Élargissement* entre la porte de Charenton et l'avenue Daumesnil.
DÉCRET DU 2 MARS 1864. *Dénomination* actuelle.
OBS. — Précédemment partie de la rue Militaire.
ORIG. — Le prince Joseph-Antoine Poniatowski, maréchal de France (1762-1813).

PONT AUX BICHES (Passage du). . **III**e ARRONDISSEMENT . . . . 9e QUARTIER.
2691 **Commence** rue Notre Dame de Nazareth, 38. — **Finit** rue de Meslay, 89.
Longr : 55m,00.
Moindre largr : 5m,50. *(Voie privée.)*
ORIG. — Voisine de l'ancienne rue du Pont aux Biches, qui devait elle-même son nom à un pont sur l'égout et à une enseigne de biches.

PONT AUX CHOUX (Rue du) . . . **III**e ARRONDISSEMENT . . . . 10e et 11e QUARTIERS.
2692 **Commence** boul. de Beaumarchais, 113, et des Filles du Calvaire, 1.— **Finit** rue de Turenne, 88.
Longr : 171m,00. (l. 27. — P. 22.)
Largr : 10m,00. — DÉCISION MINISTÉRIELLE DU 19 GERMINAL AN VIII.
Largr : 12m,00. — ORD. ROYALE DU 4 JUIN 1845. *Alignements.*
ORIG. — Doit son nom à un pont sur les fossés de la Ville, cultivés en jardins maraîchers.

PONT DE GRENELLE (Place du). . **XV**e ARRONDISSEMENT . . . . 59e et 60e QUARTIERS.
Anciennement commune de Grenelle.
2693 **Située** entre les quais de Grenelle, 71 ; de Javel, 1 et au débouché des rues Héricart, 2, et Linois, 2.
DÉCRET DU 23 MAI 1863. *Classement* (confirmation).
Rayon : 25m,00. — *Alignements* projetés.
OBS. — Entre le quai et la rue Héricart, l'alignement circulaire n'a pas été suivi.
ORIG. — A la tête du pont de Grenelle.

PONT DE LODI (Rue du) . . . . . **VI**e ARRONDISSEMENT . . . . 21e QUARTIER.
2694 **Commence** rue des Grands Augustins, 6. — **Finit** rue Dauphine, 17. (l. 7. — P. 6.)
Longr : 101m,00.
Largr : 9m,74. — DÉCISION MINISTÉRIELLE DU 13 BRUMAIRE AN X. *Alignements.*
Largr : 9m,74. — ORD. ROYALE DU 11 AOUT 1844. *Alignements.*
ORIG. — Victoire remportée en Italie, le 10 mai 1796, par le général Bonaparte, sur les Autrichiens.

PONTHIEU (Rue de) . . . . . . **VIII**e ARRONDISSEMENT . . . . 30e QUARTIER.
2695 **Commence** avenue Matignon, 9. — **Finit** rue de Berri, 12. (l. 63. — P. 72.)
Longr : 600m,00.
Largr : 9m,74. — DÉCISION MINISTÉRIELLE DU 6 NIVÔSE AN XII. *Alignements.*
Largr : 9m,74. — ORD. ROYALE DU 30 MAI 1847. *Alignements.*
ORIG. — Tracée vers 1784 sur les terrains de l'ancienne pépinière, devenue par donation royale fief d'Artois ; a pris le nom d'une province de l'apanage du comte d'Artois.

PONT LOUIS-PHILIPPE (Rue du) . **IV**e Arrondissement . . . . 14e Quartier.

2696   **Commence** rue et quai de l'Hôtel de Ville, 64. — **Finit** rue François Miron, 28.

     Long^r :   169^m,00.   (l. 23. — P. 24.)

     Larg^r :   13^m,00. — Ord. royale du 13 août 1833 (U. P.) *Ouverture* et *Alignements*.

   Orig. — Aboutit au pont Louis-Philippe.

PONT NEUF . . . . **I**er Arrondissement . . . . 1er Quartier.

                           VIe Arrondissement . . . . 21e Quartier.

2697   **Situé** entre les quais de la Mégisserie et du Louvre, et les quais des Grands Augustins et de Conti, au droit des rues du Pont Neuf et Dauphine.

     Long^r :   280^m,00, y compris la place du Pont Neuf.

     Larg^r :   20^m,00.

   Orig. — Commencé par Henri III, en 1578, achevé en 1607, sous le règne de Henri IV ; ainsi nommé au moment de sa construction, par opposition aux anciens ponts de Paris.

PONT NEUF (Passage du). . . . . . **VI**e Arrondissement . . . . 21e Quartier.

2698   **Commence** rue Mazarine, 44. — **Finit** rue de Seine, 45.

     Long^r :   63^m,00.

   Moindre larg^r :   1^m,70.   *(Voie privée.)*

   Orig. — Voisinage du Pont Neuf.

PONT NEUF (Place du). . . . . . . **I**er Arrondissement. . . . . 1er Quartier.

2699   **Située** entre le quai de l'Horloge, 41, et le quai des Orfèvres, 76.   (l. 13 à 15.)

                      Arrêté du pouvoir exécutif du 26 mars 1848 *Maintien* de l'état actuel.

   Orig. — Sur le terre-plein du Pont Neuf.

PONT NEUF (Rue du) . . . . **I**er Arrondissement . . . . 1er et 2e Quartiers.

2700   **Com.** r. de la Monnaie, 2, et quai de la Mégisserie, 22.— **Finit** r. Berger, 29, et des Halles, 23.

     Long^r :   327^m,00.   (l. 35. — P. 26.)

     Larg^r :   20^m,00. — *Alignements* projetés entre la rue de la Monnaie et le quai de la Mégisserie, et la rue de Rivoli. (Largeur actuelle.)

     Larg^r :   20^m,00. — Décret du 21 juin 1854 (U. P.). *Ouverture* et *Alignements* entre la rue de Rivoli et les rues Berger et des Halles.

                  Arrêté préfectoral du 27 mai 1867. *Nivellement.*

                  Arrêté préfectoral du 26 février 1867. *Dénomination.*

   Orig. — Aboutit au Pont Neuf.

PONTOISE (Rue de) . . . . **V**e Arrondissement . . . . 17e Quartier.

2701   **Commence** quai de la Tournelle, 43. — **Finit** rue Saint Victor, 96.   (l. 23. — P. 32.)

     Long^r : 270^m,00.

     Larg^r : 12^m,00. — Décision ministérielle du 29 thermidor an XI. *Alignements* (prolongement) entre la Halle aux Veaux et la rue Saint Victor.

     Larg^r : 12^m,00. — Ord. royale du 13 septembre 1846, confirmant la décision ministérielle. *Alignements* entre le quai de la Tournelle et le boulevard Saint Germain.

     Larg^r : 10^m,00. — Ord. royale du 13 septembre 1846. *Alignements* entre le boulevard Saint Germain et la rue Saint Victor.

   Orig. — Voisinage de l'ancienne halle aux Veaux, Pontoise étant un centre d'élevage considérable.

POPINCOURT (Cité). . . . . **XI**e Arrondissement . . . . 42e Quartier.

2702   **Située** rue de la Folie Méricourt, 14.   (l. 15. — P. 22.)

     Long^r : 134^m,00.

     Larg^r :   3^m,50 environ.   *(Voie privée.)*

   Orig. — Voir rue Popincourt.

POPINCOURT (Impasse). . . . . . **XI**e Arrondissement . . . . 43e Quartier.

2703   **Située** rue Popincourt, 34.   (l. 5. — P. 6.)

     Long^r : 50^m,00.

     Larg^r :   3^m,50.   *(Voie privée.)*

   Orig. — Voir rue Popincourt.

POPINCOURT (Passage). . . . . . **XI**e Arrondissement . . . . 42e Quartier.

2704   **Commence** rue de la Folie Méricourt, 28. — **Finit** rue Neuve Popincourt, 14.   (l. 19.)

     Long^r : 130^m,00.

     Larg^r :   3^m,50 environ.   *(Voie privée.)*

                 Obs. — Précédemment passage Beslay.

   Orig. — Voir rue Popincourt.

POPINCOURT (Rue). . . . . **XI**e ARRONDISSEMENT . . . . 42e et 43e QUARTIERS.

2705 **Commence** rue de la Roquette, 81. — **Finit** boulevard Voltaire, 90. (I. 61. — P. 54.)

Longr : 430m,00.

Largr : 10m,00. — DÉCISION MINISTÉRIELLE DU 13 GERMINAL AN X. *Alignements.*

Largr : 10m,00. — ORD. ROYALE DU 6 MAI 1827. *Alignements.*

ORIG. — Manoir de Jean de Popincourt, premier président du Parlement sous Charles VI.

PORTALÈS (Rue) . . . . **II**e ARRONDISSEMENT . . . . 8e QUARTIER.

2706 **Commence** rue Beauregard, 11.— **Finit** boulevard de Bonne Nouvelle, 27. (I. 18. — P. 18.)

Longr : 111m,00.

Largr : 7m,00. — DÉCISION MINISTÉRIELLE DU 3 VENDÉMIAIRE AN X.

Largr : 10m,00. — ORD. ROYALE DU 21 JUIN 1826. *Alignements.*

DÉCRET DU 27 FÉVRIER 1867. *Dénomination* actuelle.

OBS. — Précédemment rue Sainte Barbe.

ORIG. — L'abbé Portalès, bienfaiteur du quartier et curé de l'église Notre-Dame de Bonne Nouvelle (1794-1854); voisinage de cette église.

PORTALIS (Avenue) . . . . **VIII**e ARRONDISSEMENT . . . . 32e QUARTIER.

2707 **Commence** boul. Malesherbes et r. de la Pépinière, 24 *bis*.— **Finit** r. de la Bienfaisance, 11.

Longr : 160m,00. (P. 8.)

Largr : 34m,00. — DÉCRET DU 30 JUIN 1859 (U. P.). *Ouverture* et *Alignements.*

DÉCRET DU 2 MARS 1864. *Dénomination.*

ORIG. — Jean-Étienne-Marie Portalis, jurisconsulte et homme politique (1745-1807), l'un des rédacteurs du Code civil; voisinage du boulevard Malesherbes.

PORTALIS (Rue). . . . . **VIII**e ARRONDISSEMENT . . . . 32e QUARTIER.

2708 **Commence** rue de la Bienfaisance, 14. — **Finit** rues de Madrid, 17, et du Rocher, 53.

Longr : 142m,00. (I. 19. — P. 12.)

Largr : 15m,00. — DÉCRET DU 30 JUIN 1859 (U. P.). *Ouverture* et *Alignements.*

ARRÊTÉ PRÉFECTORAL DU 26 JUILLET 1867. *Nivellement* entre la rue de la Bienfaisance et la rue du Rocher.

ARRÊTÉ PRÉFECTORAL DU 26 FÉVRIER 1867. *Dénomination.*

ORIG. — *Voir* avenue Portalis.

PORTEFOIN (Rue) . . . . **III**e ARRONDISSEMENT . . . . 10e QUARTIER.

2709 **Commence** rue des Archives, 39. — **Finit** rue du Temple, 148. (I. 10. — P, 16.)

Longr : 142m,00.

Largr : 8m,00. — DÉCISION MINISTÉRIELLE DU 23 BRUMAIRE AN VIII.

Largr : 10m,00. — ORD. ROYALE DU 16 MAI 1833. *Alignements.*

ORIG. — Doit son nom à l'hôtel d'un sieur Jean Portefin.

PORTES BLANCHES (Rue des) . **XVIII**e ARRONDISSEMENT . . . . 70e QUARTIER.

Anciennement commune de Montmartre.

2710 **Commence** rue des Poissonniers, 73. — **Finit** boulevard Ornano, 104, et rue Boinod, 2.

Longr : 129m,00. (I. 13. — P. 18.)

Largr : 12m,00. — DÉCRET DU 8 JUIN 1858. *Alignements.*

DÉCRET DU 23 MAI 1863. *Classement* (confirmation).

ARRÊTÉ PRÉFECTORAL DU 17 NOVEMBRE 1873. *Nivellement.*

ORIG.. — Lieu dit.

PORT-MAHON (Rue de) . . . . . . **II**e ARRONDISSEMENT . . . . 5e QUARTIER.

2711 **Commence** rue Saint Augustin, 30, et carrefour Gaillon. — **Finit** r. du Quatre Septembre, 31.

Longr : 115m,00. (I. 9. — P. 12.)

Largr : 30 pieds. — ARRÊTÉ DE LA COMMISSION DES TRAVAUX PUBLICS DU 7 VENDÉMIAIRE AN III. *Ouverture.*

Largr : 9m,74. — ORD. ROYALE DU 16 AVRIL 1831. *Alignements.*

ARRÊTÉS PRÉFECTORAUX DES 2 JUIN et 1er SEPTEMBRE 1868. *Nivellement* entre la rue du Quatre Septembre et les nos 7 et 10.

ORIG. — Ouverte sur le jardin de l'hôtel du maréchal de Richelieu, vainqueur à Port-Mahon (île de Minorque), le 28 juin 1756.

PORT-ROYAL (Boulevard de)* . . . **V**e ARRONDISSEMENT . . . . 18e et 19e QUARTIERS.

2712 **XIII**e ARRONDISSEMENT. . . . . 52e QUARTIER.

XIVe ARRONDISSEMENT. . . . . 53e QUARTIER.

Commence boul. Arago, 2, et aven. des Gobelins, 22. — **Finit** avenue de l'Observatoire, 47.

Longr : 1050m,00. (I. 127. — P. 106.)

PORT-ROYAL (Boulevard de) ⁑. *(Suite.)*
       Larg^r : 40^m,00. — Décret du 17 octobre 1857 (U. P.). *Ouverture et Alignements.*
              Arrêté préfectoral du 1er juillet 1867. *Nivellement* entre l'avenue
                des Gobelins et la rue Pascal.
              Arrêté préfectoral du 20 janvier 1868. *Nivellement* du surplus.
              Arrêté préfectoral du 19 août 1864. *Dénomination.*
   Orig. — Voisinage de l'ancienne communauté de Port-Royal.

POSSOZ (Place)⁑ . . . . **XVI**^{e} Arrondissement . . . . 62e Quartier.
               Anciennement commune de Passy.
2713   **Commence** r. Guichard, 14, et Delaroche, 10.— **Finit** r. Sainte Claire, 2, et des Sablons, 110·
       Long^r : 45^m,00.   (I. 1.)
             Décret du 23 mai 1863. *Classement.*
      Larg^r . 35^m,00. — *Alignements* projetés. (Largeur exécutée).
   Orig. — M. Possoz, maire de Passy sous Louis-Philippe et sous l'Empire.

POSTEL (Cité). . . . . **XI**^{e} Arrondissement . . . . 44e Quartier.
2714   **Située** rue de Montreuil, 110.
       Long^r 156,^{m}00.   (*Voie privée.*)
               Obs. — Précédemment cité Delaye.
   Orig. — ...

POSTES (Passage des)⁑ . . . . . . **V**^{e} Arrondissement . . . . 19e Quartier.
2715   **Commence** rue Mouffetard, 104. — **Finit** rue Lhomond, 33.   (I. 1. — P. 8.)
       Long^r : 67^m,00.
   Moindre larg^r : 3^m,50. (*Voie privée* fermée par des grilles.)
               Obs. — Une ordonnance royale du 21 avril 1829 avait autorisé le sieur Barra
                   de Montauvrard à ouvrir sur cet emplacement une rue de 9^m,74 de
                   largeur.
   Orig. — Ouvert dans la rue des Postes , aujourd'hui rue Lhomond ; le nom de rue des Postes était une corruption de
       rue des Poteries, à cause des fabriques de poterie établies de ce côté.

POT AU LAIT (Rue du)⁎ . . . . . **XIII**^{e} Arrondissement . . . . 51e Quartier
               Anciennement commune de Gentilly.
2716   **Commence** rue de la Glacière. — **Finit** boulevard Kellermann.   (I. 7. — P. 70.)
       Long^r : 1070^m,00.
       Larg^r : 8^m,00. — Arrêtés préfectoraux des 9 mars 1837 et 29 août 1838. *Classement*
             et *Alignements* sur une longueur de 253^{m}00, à partir de la rue de
             la Glacière.
             Sursis à la confirmation du *Classement* (23 mai 1863).
      Larg^r : 12^m,00. — Décret du 23 mai 1863 (U. P.). *Modification* du débouché sur la rue
             de la Glacière.
             Obs. — L'établissement de la gare aux marchandises de Gentilly a nécessité
               la suppression de la partie aboutissant au boulevard Kellermann ;
               d'après le nouveau tracé, cette voie commencera rue des Peupliers,
               et sa longueur totale sera de 1,080^m environ.
   Orig. — Vieille dénomination (cadastre 1793).

POT AU LAIT (Petite Rue du) ⁎ . . **XIII**^{e} Arrondissement . . . . 51e Quartier.
               Anciennement commune de Gentilly.
2717   **Commence** rue du Pot au Lait. — **Finit** rue de la Glacière, 131.
       Long^r : 39^m,00.
       Larg^r : 7^m,00. — Arrêté préfectoral du 9 mars 1837. *Classement* et *Alignements.*
             Décret du 23 mai 1863. *Classement* (confirmation).
             Obs. — Par suite du redressement de la rue du Pot au Lait (décret du 23 mai
               1863, la petite rue du Pot au Lait sera supprimée.
   Orig. — Voir rue du Pot au Lait.

POT DE FER (Rue du)⁑ . . . . . . **V**^{e} Arrondissement . . . . 19e Quartier.
2718   **Commence** rue Mouffetard, 58. — **Finit** rue Lhomond, 33.   (I. 19. — P. 21.)
       Long^r : 170^m,00.
       Larg^r : 10^m,00. — Ord. royale du 19 juillet 1839. *Alignements.*
   Orig. — Dénomination tirée d'une enseigne.

POTEAU (Passage du) ⁑ . . . . . **XVIII**^{e} Arrondissement . . . . 69e Quartier.
            Anciennement communes de Montmartre et de Saint Ouen.
2719   **Commence** rue du Poteau, 97. — **Finit** boulevard Ney, 107.   (I. 35. — P. 30.)
       Long^r : 193^m,00.
       Larg^r : 4^m,00 environ.   (*Voie privée.*)
             Arrêté préfectoral du 10 novembre 1873. *Dénomination* actuelle.
             Obs. — Précédemment passage Lécuyer.
   Orig. — Voir rue du Poteau.

POTEAU (Rue du) * . . . . **XVIIIe Arrondissement** . . . . . . 69e et 70e Quartiers.
Anciennement commune de Montmartre.

2720 **Commence** rues Ordener, 82, et du Mont Cenis, 79. — **Finit** boul. Ney. (I. 105. — P. 108.)
Long^r : 750^m,00.
Larg^r : 15^m,00. — Délibération du conseil municipal du 31 août 1858. *Alignements.*
projetés entre la rue Ordener et la rue du Ruisseau. (Largeur actuelle, 6^m50 moindre.)
Larg^r : 12^m,00. — Arrêté préfectoral du 6 juillet 1855. *Alignements* entre la rue du Ruisseau et le boulevard Ney.
Arrêté préfectoral du 19 avril 1864. *Nivellement.*
Décret du 23 mai 1863. *Classement* (confirmation).
Arrêté préfectoral du 2 avril 1868. *Dénomination* actuelle.
Obs. — Précédemment rues du Poteau et des Portes Blanches.
Orig. — Lieu dit, à cause d'un poteau de justice élevé sur la route de Saint Ouen.

POTERIE (Rue de la). . . . . **Ier Arrondissement**. . . . . 2e Quartier.

2721 **Commence** rue de la Lingerie, 15. — **Finit** rue des Bourdonnais, 44. (I. 9. — P. 8.)
Long^r : 46^m,00.
Larg^r : 9^m,00. — Décision ministérielle du 24 juin 1817.
Id. 9^m,00. Ord. royale du 9 décembre 1838. *Alignements.*
Décret du 21 juin 1854 (U. P.). *Suppression* pour la formation des abords des Halles centrales.
Obs. — Cette voie a été maintenue lors de la vente des terrains provenant des expropriations effectuées pour la création des Halles centrales et de leurs abords.
Orig. — Section des Halles où se vendait la poterie.

POTIER (Passage). . . . . **Ier Arrondissement** . . . . 3e Quartier.

2722 **Commence** rue de Montpensier, 23. — **Finit** rue de Richelieu, 26.
Long^r : 16^m,00.
Larg^r : 3^m,00. (*Voie privée.*)
Orig. — Nom d'un propriétaire.

POUCHET (Rue) . . . . **XVIIe Arrondissement**. . . . . 68e Quartier.
Anciennement commune des Batignolles.

2723 **Commence** avenue de Clichy, 162. — **Finit** boulevard Bessières. (I. 95. — P. 86.)
Long^r : 734^m,00.
Décret du 23 mai 1863. *Classement* (confirmation).
Larg^r : 12^m,00. — *Alignements* projetés. (Largeur actuelle, 7^m,50 moindre.)
Décret du 10 février 1875. *Dénomination* actuelle.
Obs — Précédemment rue du Port Saint Ouen.
Orig. — Louis-Ezéchiel Pouchet, industriel auquel sont dus d'importants perfectionnements dans le tissage du coton (1748-1809); quartier industriel.

POUL (Impasse) ** . . . . **XXe Arrondissement** . . . . 80e Quartier.
Anciennement commune de Charonne.

2724 **Située** rue des Vignoles, 14. (I. 11. — P. 8.)
Long^r : 60^m,00.
Moindre larg^r : 2^m,00. (*Voie privée.*)
Orig. — Nom de propriétaire.

POULET (Rue) ** . . . . **XVIIIe Arrondissement** . . . . 70e Quartier.
Anciennement commune de Montmartre.

2725 **Com.** r. de Clignancourt, 36, et Myrha, 100.— **Fin.** r. Doudeauville, 57, et des Poissonniers, 33.
Long^r : 320^m,00. (I. 39. — P. 38.)
Larg^r : 12^m,00. — Ord. royale du 31 mars 1847. *Ouverture* et *Alignements.*
Décret du 23 mai 1863. *Classement* (confirmation).
Arrêté préfectoral du 3 février 1865. *Nivellement.*
Orig. — Nom du propriétaire des terrains.

POULLETIER (Rue). . . . . **IVe Arrondissement** . . . . 16e Quartier.

2726 **Commence** quai de Béthune, 22. — **Finit** quai d'Anjou, 19. . (I. 9. — P. 20.)
Long^r : 156^m,00.
Larg^r : 8^m,00. — Décision ministérielle du 24 frimaire an XIII. *Alignements.*
Larg^r : 7^m,00. — Décision ministérielle du 9 mai 1818. *Alignements.*
Larg^r : 6^m,80. — Ord. royale du 9 décembre 1838. *Alignements.*
Orig. — Doit son nom à Le Poulletier, l'un des entrepreneurs des premières constructions de l'île Saint-Louis (xviie siècle).

POUSSIN (Rue) . . . . **XVIᵉ** Arrondissement . . . . 61ᵉ Quartier.
Anciennement commune d'Auteuil.
2727 **Commence** rues La Fontaine et Pierre Guérin, 17. — **Finit** boulevard de Montmorency, 79.
Longʳ : 390ᵐ,00. (I. 25. — P. 36.)
Décret du 23 mai 1863. *Classement.*
Largʳ : 15ᵐ,00. — *Alignements* projetés. (Largeur exécutée.)
Arrêté préfectoral du 18 septembre 1865. *Nivellement.*
Décret du 24 août 1864. *Dénomination* actuelle.
Obs. — Précédemment rue Neuve de l'Embarcadère.
Orig. — Nicolas Poussin, peintre (1594-1665) ; quartier où ont été groupés des noms d'artistes.

PRADIER (Rue) ** . . . . **XIXᵉ** Arrondissement . . . . 76ᵉ Quartier.
Anciennement commune de Belleville.
2728 **Commence** rues Rébeval et de l'Équerre, 1. — **Finit** rue Fessart, 14. (I. 21. — P. 40.)
Longʳ : 275ᵐ,00.
Largʳ : 12ᵐ,00. — Arrêté du pouvoir exécutif du 5 mai 1848. *Alignements.*
Décret du 23 mai 1863. *Classement* (confirmation).
Arrêté préfectoral du 2 octobre 1867. *Nivellement.*
Orig. — Nom d'un ancien propriétaire.

PRAIRIES (Rue des) ** . . . . . **XXᵉ** Arrondissemennt . . . . 79ᵃ Quartier.
Anciennement commune de Charonne.
2729 **Commence** rue Bagnolet, 123. — **Finit** rue des Pyrénées, 214. (I. 103. — P. 102.)
Longʳ : 540ᵐ,00.
Largʳ : 6ᵐ,00. — Ord. royale du 27 août 1844. *Alignements* dans une longueur de 280ᵐ,00, à partir de la rue Bagnolet.
Décret du 23 mai 1863. *Classement* (confirmation).
Largʳ : 10ᵐ,00. — *Alignements* projetés sur tout le parcours de la voie. (Largeur actuelle, 3ᵐ,50 moindre.)
Arrêté préfectoral du 10 novembre 1873. *Dénomination* actuelle.
Obs. — Précédemment rue des Champs et sentier du Centre de la Cour des Noues.
Orig. — Situation champêtre.

PRÉ AUX CLERCS (Rue du) . . . **VIIᵉ** Arrondissement . . . . 25ᵉ Quartier.
2730 **Commence** rue de l'Université, 11. — **Finit** rues Perronet, 12, et Saint Guillaume, 14.
Longʳ : 135ᵐ,00. (I. 11. — P. 18.)
Ordonnance de police du 17 février 1847. *Classement* comme passage public.
Largʳ : 10ᵐ,00. — Décret du 23 mai 1877. *Classement* et *Alignements.*
Obs. — Toutefois l'immeuble portant le nᵒ 12 sur la rue Perronet, et formant saillie sur l'alignement de la rue du Pré aux Clercs, n'est pas soumis à la servitude de reculement résultant des règlements en vigueur, et la Ville de Paris ne pourra en occuper la portion en saillie que par voie d'expropriation.
Obs. — Précédemment rue Neuve de l'Université.
Orig. — Ouverte sur l'emplacement de l'ancien Pré aux Clercs.

PRÊCHEURS (Rue des) . . . . . . **Iᵉʳ** Arrondissement . . . . 2ᵉ Quartier.
2731 **Commence** rue Saint Denis, 85. — **Finit** rue Pierre Lescot, 16. (I. 9. — P. 16.)
Longʳ : 57ᵐ,00.
Largʳ : 10ᵐ,00. — Décision ministérielle du 28 vendémiaire an XI et ord. royale du 29 avril 1839. *Alignements.*
Arrêté préfectoral du 26 janvier 1857. *Nivellement.*
Orig. — Ancien nom (XIIᵉ siècle), dû à une enseigne, et non, comme on le croit souvent, à son arbre de Jessé, qui ne date que du XVᵉ siècle.

PRÉ MAUDIT (Impasse du) . . . **XVIIIᵉ** Arrondissement . . . . 72ᵉ Quartier.
Anciennement commune de La Chapelle.
2732 **Commence** rue de La Chapelle, 170. — **Finit** au Chemin de fer du Nord. (I. 3 bis.— P. 4.)
Longʳ : 54ᵐ,00.
Largʳ : 8ᵐ,00. — Ord. royale du 11 septembre 1842. *Alignements.*
Décret du 23 mai 1863. *Classement* (confirmation).
Arrêté préfectoral du 25 avril 1866. *Nivellement.*
Obs. — Autrefois rue du Pré Maudit supprimée pour l'établissement de la gare aux marchandises du chemin de fer du Nord.
Orig. — Lieu dit.

PRÉ Sᵗ GERVAIS (Porte du) . . . **XIXᵉ** Arrondissement . . . . 75ᵉ Quartier.
2733 **Située** boulevard Sérurier, en prolongement de la rue Haxo.
Orig. — A l'entrée du village du Pré Saint Gervais.

PRÉ SAINT GERVAIS (Rue du) **. **XIX**ᵉ Arrondissement . . . . 75ᵉ Quartier.
Anciennement communes de Belleville et du Pré Saint Gervais.

2784 .**Commence** rues des Fêtes, 2, et de Belleville, 193. — **Finit** boulevard Sérurier, 89.
Long' : 705ᵐ,00.   (l. 55. — P. 86.)
Moindre larg' :   8ᵐ,00. — Ord. royale du 30 août 1837. *Alignements.*
Décret du 23 mai 1863. *Classement* (confirmation).
Arrêté préfectoral du 9 août 1860. *Nivellement.*
Orig. — Conduit au village du Pré Saint Gervais.

PRESBOURG (Rue de) . . . . . . **VIII**ᵉ Arrondissement . . . . · . 29ᵉ Quartier.
XVIᵉ Arrondissement . . . . 64ᵉ Quartier.
2735 **Commence** avenue des Champs Élysées, 133. — **Finit** avenue de la Grande Armée, 1.
Long' : 480ᵐ,00.   (l. 17. — P. 12.)
Rayons : 160ᵐ,43 et 172ᵐ,42.
Larg' : 12ᵐ,00. — Décret du 13 août 1854. *Ouverture et Alignements.*
Décret du 23 mai 1863. *Classement* (confirmation.)
Décret du 2 mars 1864. *Dénomination.*
Obs. — Précédemment partie de la rue Circulaire, parallèle à la place de l'Étoile.
Orig. — Traité signé le 26 décembre 1805, entre la France et l'Autriche ; voisinage de l'Arc de Triomphe de l'Étoile.

PRÉSENTATION (Rue de la) *. . **XI**ᵉ Arrondissement . . . . 41ᵉ Quartier·
2736 **Commence** r. de l'Orillon, 45. — **Finit** r. du Faubourg du Temple, 116. (l. 13. — P. 10.)
Long' : 162ᵐ,00.
Larg' : 12ᵐ,00.   (*Voie privée.*)
Arrêté préfectoral du 1ᵉʳ février 1877. *Dénomination actuelle.*
Obs. — Précédemment rue Sainte Marie du Temple.
Orig. — Ancienne rue Sainte Marie du Temple, a reçu le nom de la présentation de la Vierge au Temple.

PRESLE (Impasse de) . . . . . . **XV**ᵉ Arrondissement . . . . 59ᵉ Quartier.
2737 **Située** rue de Presle, 12.   (P. 12.)
Long' : 165ᵐ,00.
Moindre larg' :   3ᵐ,00.   (*Voie privée.*)
Décret du 10 février 1875. *Dénomination actuelle.*
Obs. — Précédemment impasse Bayard.
Orig. — Voir rue de Presle.

PRESLE (Rue de) . . . . **XV**ᵉ Arrondissement . . . . 59ᵉ Quartier.
2738 **Commence** rue de la Fédération, 78. — **Finit** rue Duguesclin, 1.   (l. 9. — P. 14.)
Long' : 114ᵐ,00.
Larg' : 10ᵐ,00. — Décision ministérielle du 31 août 1816 et Ordonnance royale du
7 septembre 1845. *Alignements.*
Arrêté préfectoral du 11 août 1869. *Nivellement.*
Arrêté préfectoral du 16 août 1879. *Dénomination actuelle.*
Obs. — Précédemment rue Hoche et antérieurement rue Bayard.
Orig. — Raoul de Presle, auteur d'une description de Paris sous Charles V, secrétaire de Philippe le Bel, et fondateur du collège de Presle (1314-1382).

PRESSOIR (Impasse du) **. . . . . **XX**ᵉ Arrondissement . . . . 77ᵉ Quartier.
Anciennement commune de Belleville.
2739 **Située** rue du Pressoir, 22.   (l. 11. — P. 20.)
Long' : 120ᵐ,00.
Larg' :   4ᵐ,50.   (*Voie privée.*)
Arrêté préfectoral du 1ᵉʳ février 1877. *Dénomination actuelle.*
Obs. — Précédemment impasse Dubois.
Orig. — Voir rue du Pressoir.

PRESSOIR (Rue du) . . · . . . . . **XX**ᵉ Arrondissement . . . . 77ᵉ Quartier.
Anciennement commune de Belleville.
2740 **Commence** rue des Maronites, 21. — **Finit** rue des Couronnes, 22.   (l. 35. — P. 36.)
Long' : 270ᵐ,00.
Larg' :   8ᵐ,00. — Ordonnance royale du 21 juillet 1843. *Alignements.*
Décret du 23 mai 1863. *Classement* (confirmation).
Orig. — Ancien pressoir.

PRÊTRES (Impasse des) **. . . . . . **XVIᵉ** Arrondissement. . . . . 63ᵉ Quartier.
Anciennement commune de Passy.

2741   **Située** rue de Longchamp, 73.   (I. 7. — P. 2.)
         Long^r : 120^m,00.
         Moindre larg^r :   4^m,50.   *(Voie privée.)*
         Orig. — Ancienne dénomination due peut-être à un point de réunion du clergé de Paris pour les pèlerinages traditionnels du Calvaire et de Longchamps.

PRÊTRES SAINT GERMAIN L'AUXERROIS (Rue des). Iᵉʳ Arrondissement. 1ᵉʳ Quartier.
2742   **Commence** rue de la Monnaie, 11. — **Finit** place du Louvre et rue du Louvre, 2.
         Long^r : 155^m,00.   (I. 25. — P. 18.)
         Larg^r : 10^m,00. — Décision ministérielle du 16 frimaire an XIV. *Alignements.*
         Orig. — Ancien cloître du chapitre de Saint Germain l'Auxerrois.

PRÊTRES SAINT SÉVERIN (Rue des). Vᵉ Arrondissement . . . . 20ᵉ Quartier.
2743   **Commence** rue Saint Séverin, 5. — **Finit** rue de la Parcheminerie, 20.   (I. 3. — P. 4.)
         Long^r : 79^m,00.
         Larg^r :   6^m,00. — Décision ministérielle des 8 nivôse an IX et 15 messidor an XII.
         Moindre larg^r : 10^m,00. — Ord. royale du 27 septembre 1837. *Alignements.*
                                   Obs. — Il existe un projet de suppression pour le dégagement de l'église
                                   Saint Séverin.
         Orig. — Habitée par les prêtres de l'église Saint Séverin.

PRÉVOST (Impasse) **. . . . . . . **XIIIᵉ** Arrondissement. . . . . 51ᵉ Quartier.
Anciennement commune de Gentilly.

2744   **Située** boulevard d'Italie, 145.   (I. 9. — P. 8.)
         Long^r :   78^m,00.
         Larg^r :   4^m,25.   *(Voie privée.)*
         Orig. — Nom du propriétaire.

PRÉVOST (Passage) **. . . . . . . **XIIIᵉ** Arrondissement . . . . 51ᵉ Quartier.
Anciennement commune de Gentilly.

2745   **Commence** rue de la Glacière, 78. — **Finit** rue de la Santé, 83.   (I. 29. — P. 32.)
         Long^r : 200^m,00.
         Larg^r :   4^m,00   *(Voie privée.)*
         Orig. — Voir impasse Prévost.

PRÉVOT (Rue du) . . . . **IVᵉ** Arrondissement . . . . 14ᵉ Quartier.
2746   **Commence** rue Charlemagne, 18. — **Finit** rue Saint Antoine, 92.   (I. 9. — P. 14.)
         Long^r : 104^m,00.
         Larg^r :   6^m,00. — Décision ministérielle du 13 ventôse an VII.
         Larg^r : 10^m,00. — Ord. royale du 16 novembre 1836. *Alignements.*
                  Arrêté préfectoral du 1ᵉʳ février 1877. *Dénomination* actuelle.
                         Obs. — Précédemment rue Percée.
         Orig. — Doit son nom à Hugues Aubriot, prévôt de Paris, mort en 1382; les restes de son hôtel se voient encore
                 près de là.

PRIMATICE (Rue) **. . . . . . **XIIIᵉ** Arrondissement. . . . . 49ᵉ Quartier.
2747   **Commence** rues Rubens et Véronèse, 1. — **Finit** rue Coypel, 12.
         Long^r :   80^m,00.
         Larg^r : 12^m,00. — Décret du 28 août 1868. *Classement et Alignements.*
                  Arrêté préfectoral du 6 septembre 1866. *Nivellement.*
                  Décret du 2 mars 1867. *Dénomination.*
         Orig. — Francesco Primaticio, dit le Primatice, peintre, sculpteur et architecte italien (1490-1570).

PRIMEVÈRES (Impasse des). . . . XIᵉ Arrondissement . . . . 42ᵉ Quartier.
2748   **Située** rue Saint Sabin, 50.   (I. 7. — P. 4.)
         Long^r : 140^m,00.
         Larg^r :   4^m,00 environ.   *(Voie privée.)*
                  Arrêté préfectoral du 10 novembre 1873. *Dénomination* actuelle.
                         Obs. — Précédemment impasse des Lilas.
         Orig. — Nom substitué à celui des Lilas, dû aux arbustes qui s'y trouvaient.

PRINCE EUGÈNE (Cité du) . . . . XIᵉ Arrondissement . . . . 44ᵉ Quartier.
2749   **Située** boulevard Voltaire, 207.   (I. 17. — P. 14.)
         Long^r ; 171^m,00.
         Larg^r :   5^m,00 environ.   *(Voie privée.)*
         Orig. — Débouche sur le boulevard du Prince Eugène, actuellement boulevard Voltaire.

PRINCES (Passage des) . . . . **II**e ARRONDISSEMENT . . . .   6e QUARTIER.
2750   **Commence** boulevard des Italiens, 5. — **Finit** rue de Richelieu, 97.   (l. 25. — P. 31.)
    Long^r :   80^m,00.
    Larg^r :   3^m,00. — ARRÊTÉ PRÉFECTORAL DU 3 SEPTEMBRE 1860. *Ouverture.*
                      (Voie privée.)
             Obs. — Précédemment passage Mirès.
    ORIG. — Ouvert sur l'emplacement d'un ancien hôtel meublé dit hôtel des Princes.

PRINCESSE (Rue) . 2 . . . . **VI**e ARRONDISSEMENT . . . .   22e QUARTIER.
2751   **Commence** rue du Four, 23. — **Finit** rue Guisarde, 8.   (l. 17. — P. 20.)
    Long^r :   93^m,00.
    Larg^r :   7^m.00. — DÉCISION MINISTÉRIELLE DU 15 VENDÉMIAIRE AN IX.
    Larg^r :   10^m,00. — ORD. ROYALE DR 12 MAI 1841. *Alignements.*
    ORIG. — Continue à la rue Guisarde, doit son nom, comme cette dernière, à une princesse de la maison de Guise.

PROCESSION (Cité de la) ** . . . . **XV**e ARRONDISSEMENT . . . .   57e QUARTIER.
                  Anciennement commune de Vaugirard.
2752   **Située** rue de la Procession, 77.
    Long^r :   20^m,00.
    Larg^r :   5^m,00.   *(Voie privée.)*
    ORIG. — Voir rue de la Procession.

PROCESSION (Passage de la) ** . . **XV**e ARRONDISSEMENT . . . .   58e QUARTIER.
                  Anciennement commune de Vaugirard
2753   **Commence** rue des Fourneaux, 137. — **Finit** passage des Fourneaux, 34. (l. 13. — P. 30).
    Long^r :   103^m,00.
    Larg^r :   5^m,00.   *(Voie privée.)*
    ORIG. — Voir rue de la Procession.

PROCESSION (Rue de la) ** . . . . **XV**e ARRONDISSEMENT . . . .   57 et 58e QUARTIERS.
                  Anciennement commune de Vaugirard.
2754   **Commence** rue de Vaugirard, 247. — **Finit** chemin de fer de l'Ouest.   (l. 79. — P. 100.)
    Long^r :   850^m,00.
    Larg^r :   10^m,00. — ARRÊTÉ PRÉFECTORAL DU 31 DÉCEMBRE 1853. *Classement* et *Aligne-*
              ments entre la rue Dutot et le chemin de l'Ouest.
    Id.   :   10^m,00. — ARRÊTÉ PRÉFECTORAL DU 6 JUILLET 1855. *Classement* et *Alignements*
              de la totalité.
    Id.   :   16^m,00. — DÉCRET DU 7 AOUT 1874. *Alignements* entre la rue Tessier et la rue
              La Quintinie.
        DÉCRET DU 23 MAI 1863. *Classement* (confirmation).
    ORIG. — Passage ordinaire des anciennes processions de la paroisse.

PROGRÈS (Impasse ou Cité du) ** . . . **XX**e ARRONDISSEMENT . . . .   78e QUARTIER
                  Anciennement commune de Belleville.
2755   **Située** rue du Surmelin, 33.   (l. 41. — P. 28.)
    Long^r :   100^m,00.
    Larg^r :   4^m,00.   *(Voie privée.)*
    ORIG. — Nom donné par les propriétaires.

PRONY (Rue de) . . . . **XVII**e ARRONDISSEMENT . . . .   66e QUARTIER.
2756   **Commence** boul. de Courcelles, 50. — **Finit** avenue de Villiers, 103.   (l. 107. — P. 100.)
    Long^r :   825^m,00.
    Larg^r :   20^m,00. — DÉCRET DU 30 NOVEMBRE 1862 (U. P.). *Ouverture* et *Alignements.*
            ARRÊTÉ PRÉFECTORAL DU 12 MAI 1864. *Nivellement.*
            DÉCRET DU 2 MARS 1864. *Dénomination.*
    ORIG. — Gaspar-Clair-François-Marie Riche de Prony, ingénieur (1754-1839) ; voisinage du chemin de fer de Ceinture.

PROUES (Galerie des) . . . . **I**er ARRONDISSEMENT . . . .   3e QUARTIER.
2757   **Comprise** dans les bâtiments du Palais Royal, à l'est de la Cour d'Honneur.
    Long^r :   42^m,00.
    Larg^r :   6^m,00.   *(Voie privée.)*
    ORIG. — Galerie de la cour du Palais Royal, où l'on voit encore les proues de navires dont était décoré le palais du
        cardinal de Richelieu, chef et surintendant général de la navigation.

PROUVAIRES (Rue des) . . . . . Iᵉʳ Arrondissement . . . . 2ᵉ Quartier.
2758 **Commence** rue Saint Honoré, 52. — **Finit** rue Berger, 31.   (I. 9. — P. 10.)
  Longʳ : 53ᵐ,00.
  Largʳ : 11ᵐ,00. — Décision ministérielle du 9 germinal an XIII.
  Largʳ : 13ᵐ,00. — Ord. royale du 13 janvier 1844. *Alignements.*
  Largʳ : 15ᵐ,00. — Décret du 4 avril 1860 (U. P.). *Élargissement.*
  Orig. - Prouvaires ou Provoirs, c'est-à-dire prêtre en vieux langage ; nom donné à cause des prêtres de Saint Eustache qui l'habitaient au XIIIᵉ siècle.

PROVENÇAUX (Impasse des) . . . . Iᵉʳ Arrondissement . . . . 1ᵉʳ Quartier.
2759 **Située** rue de l'Arbre Sec, 14.
  Longʳ : 43ᵐ,00.
  Largʳ : 7ᵐ,00. — Décision ministérielle du 16 floréal an X.
  Orig. — Dénomination tirée d'une enseigne (XVIIIᵉ siècle).

PROVENCE (Rue de) . . . . VIIIᵉ Arrondissement . . . . 31ᵉ Quartier.
                                  IXᵉ Arrondissement . . . . 34ᵉ et 35ᵉ Quartiers.
2760 **Commence** rue du Faubourg Montmartre, 37. — **Finit** rue de Rome, 4. (I. 133. — P. 128.)
  Longʳ : 1.193ᵐ,00.
  Largʳ : 12ᵐ,00. — Décret du président de la république du 16 juillet 1849. *Alignements.*
  Décret du 22 février 1868 (U. P.). *Modification* des pans coupés au débouché sur la rue de Rome.
  Arrêté préfectoral du 2 avril 1868. *Dénomination* actuelle.
  Obs. — Précédemment rue de Provence et Saint Nicolas d'Antin.
  Orig. — Ouverte en 1770, a été ainsi dénommée en l'honneur du comte de Provence, depuis Louis XVIII.

PROVIDENCE (Rue de la) . . . XIIIᵉ Arrondissement . . . . 31ᵉ Quartier.
                     Anciennement commune de Gentilly.
2761 **Commence** rivière de Bièvre. — **Finit** rue Barrault, 49.   (P. 12.)
  Longʳ : 217ᵐ,00.
  Largʳ : 10ᵐ,00.   (*Voie privée.*)
  Orig. — Nom donné par M. Guilbey, propriétaire.

PRUDHON (Avenue) . . . . XVIᵉ Arrondissement . . . . 62ᵉ Quartier.
                     Anciennement commune de Passy.
2762 **Commence** avenue du Ranelagh et chaussée de la Muette. — **Finit** avenue Raphaël.
  Longʳ : 190ᵐ,00.
  Largʳ : 27ᵐ 50. — Voie ouverte par la Ville de Paris sur ses terrains.
  Décret du 23 mai 1863. *Classement* (confirmation).
  Arrêté préfectoral du 4 août 1869. *Nivellement.*
  Décret du 2 octobre 1863. *Dénomination* actuelle.
  Obs. — Précédemment Chaussée de la Muette.
  Orig. — Pierre-Paul Prudhon, peintre (1760-1823) ; quartier où ont été groupés des noms d'artistes.

PRUNIERS (Impasse des) . . . XXᵉ Arrondissement . . . . 79ᵉ Quartier.
                     Anciennement commune de Charonne.
2763 **Située** passage des Mûriers, 10.   (I. 21. — P. 26.)
  Longʳ : 110ᵐ,00.
  Largʳ : 4ᵐ,00.   (*Voie privée.*)
  Orig. — Plantation de pruniers.

PUEBLA (Passage de) . . . . . XIXᵉ Arrondissement . . . . 76ᵉ Quartier.
                     Anciennement commune de Belleville.
2764 **Commence** rue Bolivar, 113. — **Finit** en impasse au delà du passage Maslier.
  Longʳ : 113ᵐ,00.   (I. 11. — P. 14.)
  Largʳ : 6ᵐ,00 environ.   (*Voie privée.*)
  Orig. — Débouche dans l'ancienne rue de Puebla (aujourd'hui rue Bolivar) ; Puebla, ville du Mexique, prise par l'armée française, le 17 mai 1863.

50

PUGET (Rue)**. . . . . **XVIII**ᵉ Arrondissement . . . . 69ᵉ Quartier.
Anciennement commune de Montmartre.

2765   **Commence** rue Lepic, 2, et boulevard de Clichy, 80. — **Finit** en impasse au delà de la
rue Coustou, 9.   (I. 7. — P. 10.)
    Longʳ : 87ᵐ,00.

DÉCRET DU 23 MAI 1863. *Classement.*
Moyenne Largʳ : 7ᵐ,50. — *Alignements* projetés. (Largeur actuelle : 6ᵐ,50 moindre.)
DÉCRET DU 24 AOUT 1864. *Dénomination* actuelle.
Obs. — Précédemment rue Amélie.
Orig. — Pierre Puget, sculpteur (1622-1694); quartier où ont été groupés des noms de sculpteurs.

PUITS (Passage du)** . . . . **XIX**ᵉ Arrondissement . . . . 76ᵉ Quartier.
Anciennement commune de Belleville.

2766   **Commence** rue Rébeval, 17. — **Finit** rue Lauzin, 9.   (I. 21. — P. 20.)
    Longʳ : 212ᵐ,00.
Moindre largʳ : 2ᵐ,00.   (*Voie privée.*)
Orig. — Doit son nom à un puisard qui servait à l'écoulement des eaux.

PUITS DE L'ERMITE (Place du)** . **V**ᵉ Arrondissement . . . . 18ᵉ Quartier.

2767   **Située** rue du Puits de l'Ermite, à l'angle de la rue du Battoir.
    Longʳ : 53ᵐ,00.
    Largʳ : 21ᵐ,50. — DÉCISION MINISTÉRIELLE DU 28 VENTÔSE AN IX.
    Largʳ : 24ᵐ,50. — ORD. ROYALE DU 27 JANVIER 1837. *Alignements.*
Orig. — Voir rue du Puits de l'Ermite.

PUITS DE L'ERMITE (Rue du)** . **V**ᵉ Arrondissement . . . . 18ᵉ Quartier.

2768   **Commence** rue du Battoir, 1. — **Finit** rue Gracieuse, 8.   (I. 21. — P. 20.)
    Longʳ : 155ᵐ,00.   Obs. — Y compris la place.
    Largʳ : 7ᵐ,00. — DÉCISION MINISTÉRIELLE DU 28 VENTÔSE AN IX.
    Largʳ : 10ᵐ,00. — ORD. ROYALE DU 27 JANVIER 1837. *Alignements.*
Orig. — Doit son nom à un puits public, et à Adam l'Hermite, qui habitait la rue au XVIIᵉ siècle.

PUTEAUX (Rue) . . . . **XVII**ᵉ Arrondissement . . . . 67ᵉ Quartier.
Anciennement commune des Batignolles.

2769   **Commence** boulevard des Batignolles, 52. — **Finit** rue des Dames, 59. (I. 17. — P. 18.)
    Longʳ : 153ᵐ,00.
    Largʳ : 8ᵐ,00. — ARRÊTÉ PRÉFECTORAL DU 26 JUIN 1852. *Classement* et *Alignements.*
    DÉCRET DU 23 MAI 1863. *Classement* (confirmation).
    ARRÊTÉ PRÉFECTORAL DU 10 NOVEMBRE 1873. *Dénomination* actuelle.
Obs. — En vertu d'un décret du 24 août 1864, cette voie échangea le nom
de rue Puteaux contre celui de rue d'Arcet qu'elle porta jusqu'au
10 novembre 1873.
Orig. — Nom du propriétaire, l'un des entrepreneurs fondateurs du village des Batignolles.

PUTIGNEUX (Impasse) . . . . . **IV**ᵉ Arrondissement . . . . 14ᵉ Quartier.

2770   **Située** rue Geoffroy l'Asnier, 17.   (I. 5. — P. 2.)
    Longʳ : 45ᵐ,00.
    Largʳ : 7ᵐ,00. — DÉCISION MINISTÉRIELLE DU 9 MAI 1807.
Orig. — Ce nom lui a été donné à cause de la population qui l'habitait.

PUZY (Cité de) . . . . **XVII**ᵉ Arrondissement . . . . 67ᵉ Quartier.

2771   **Située** boulevard Pereire, 23.
    Longʳ : 63ᵐ,50.
    Largʳ : 7ᵐ,25.   (*Voie privée.*)
Orig. — Nom de propriétaire.

PY (Impasse de la) ** . . . . **XX**e Arrondissement . . . . 78e Quartier.
Anciennement commune de Charonne.
2772 **Située** rue de la Py, 8. (l. 11. — P. 12.)
Obs. — Cette voie se prolongeait autrefois jusqu'au sentier des Bas Monti-
bœufs ; elle a été réduite à l'état d'impasse par les carrières
ouvertes sur une partie de son parcours.
Longr : 95m,00. — Arrêté préfectoral du 3 juillet 1830. *Classement.*
Largr : 2m,33. — Décret du 23 mai 1863. *Classement* (confirmation).
Larg : 8m,00. — *Alignements* projetés.
Arrêté préfectoral du 1er février 1877. *Dénomination* actuelle.
Obs. — Précédemment sentier de traverse de la Py.
Orig. — Voir rue de la Py.

PY (Rue de la) ** . . . . **XX**e Arrondissement . . . . 78e Quartier.
Anciennement commune de Charonne.
2773 **Commence** rue de Bagnolet, 171. — **Finit** rue des Montibœufs. (I. 17 — P. 18.)
Largr : 2m,33.
Longr : 242m,00.
Arrêté préfectoral du 3 juillet 1830. *Classement.*
Largr : 2m,33. — Décret du 23 mai 1863. *Classement* (confirmation).
Larg : 8m,00. — *Alignements* projetés.
Arrêté préfectoral du 1er février 1877. *Dénomination* actuelle.
Obs. — Précédemment chemin de la Py.
Orig. — Lieu dit.

PYRAMIDES (Rue des) . . . . . . **I**er Arrondissement . . . . 3e Quartier.
2774 **Commence** rue de Rivoli, 192. — **Finit** avenue de l'Opéra, 19. (I. 27. — P. 20.)
Longr : 277m,00.
Largr : 12m,00. — Arrêté des consuls du 17 vendémiaire an x et ord. royale du 12 févr.
(non compris les arcades). 1846. *Alignements* entre la rue de Rivoli et la rue Saint Honoré (A).
Obs. — Les façades symétriques sont obligatoires dans la partie A.
Largr : 20m,00. — Décret du 27 février 1877 (U. P.). *Alignements* et *Nivellement* entre
la rue Saint Honoré et la rue d'Argenteuil, (B).
Largr : 20m,00. — Décret du 27 juin 1876 (U. P.). *Ouverture* entre la rue d'Argenteuil
et l'avenue de l'Opéra, (C).
Arrêté préfectoral du 25 juin 1877. *Nivellement* de la partie (C).
Orig. — Victoire remportée par l'armée française en Égypte, le 21 juillet 1798.

PYRÉNÉES (Place des) ** . . . . . . **XX**e Arrondissement . . . . 79e Quartier.
2775 **Située** à l'intersection de l'av. de la République, 223 ; des rues Belgrand, 2, et des Pyrénées, 220.
(l. 11. — P. 10.)
Longr : 140m,00. — Décret du 28 juillet 1862 (U. P.). *Ouverture* et *Alignements.*
Rayon : 45m,00. — Arrêté préfectoral du 1er février 1877. *Dénomination* actuelle.
Obs. — Précédemment place de Puebla.
Orig. — Voir rue des Pyrénées.

PYRÉNÉES (Rue des) ** . . . . **XX**e Arrondissement . . . . . . 77e, 79e et 80e Quartiers.
2776 **Commence** cours de Vincennes, 51. — **Finit** rue de Belleville, 84. (I. 399. — P. 372.)
Longr : 3515m,00.
Largr : 20m,00. — Décret du 28 juillet 1862 (U. P.). *Ouverture, Alignements.*
Arrêté préfectoral du 1er janvier 1867. *Nivellement* entre le cours
de Vincennes et la rue de Bagnolet.
Arrêté préfectoral du 5 août 1865. *Nivellement* entre la rue de
Bagnolet et la rue de Belleville.
Arrêté préfectoral du 8 novembre 1876. *Modification* du nivelle-
ment entre la rue Levert et la rue de la Mare.
Arrêté préfectoral du 1er février 1877. *Dénomination* actuelle.
Obs. — Précédemment partie de la rue de Puebla.
Orig. — Chaîne de montagnes qui sépare la France de l'Espagne ; quartier montueux.

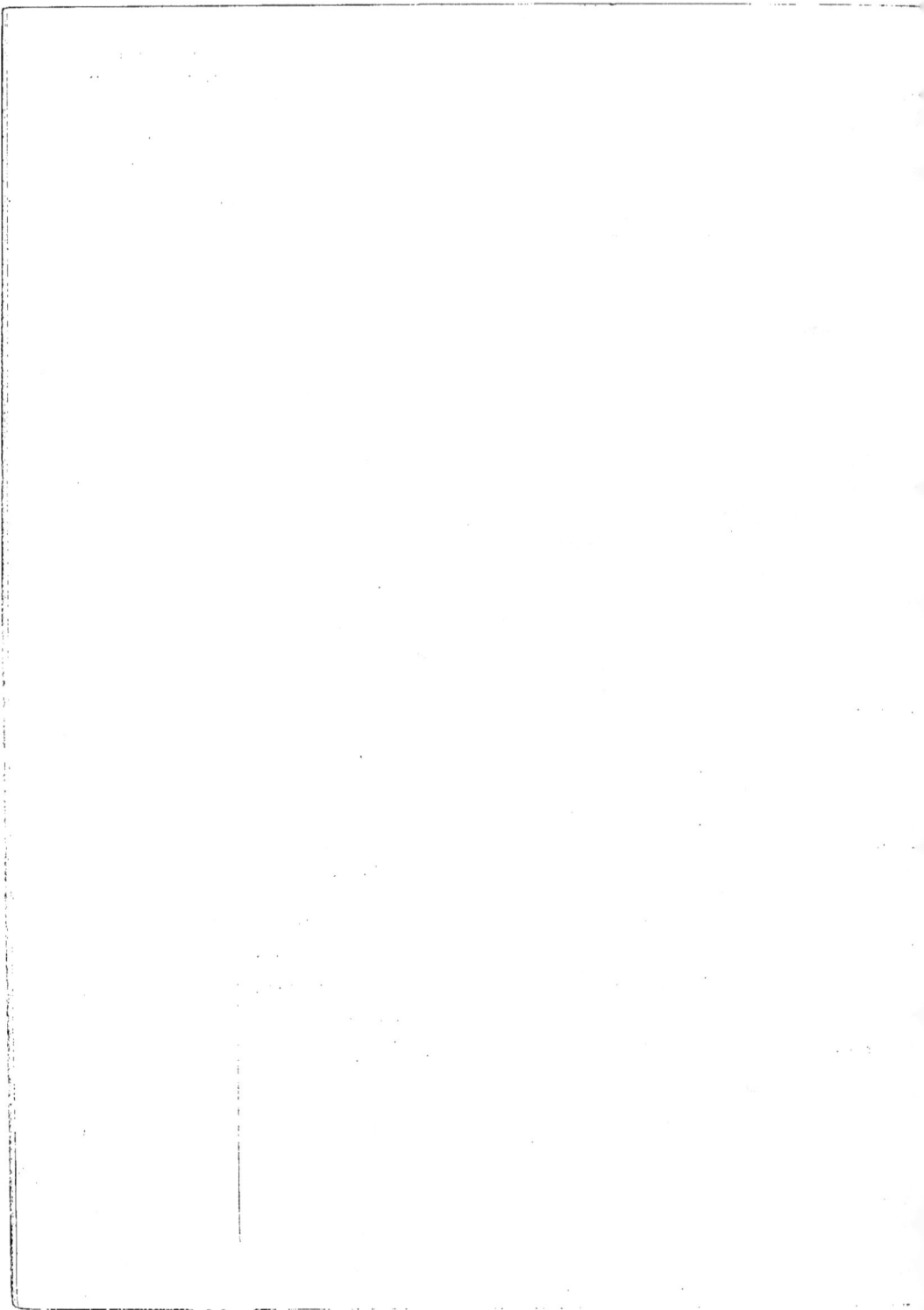

Q

QUATRE CHEMINS (Rue des) . . **XII**e Arrondissement . . . . 46e Quartier.
2777 **Commence** boulevard de Reuilly, 5. — **Finit** avenue Daumesnil, 148. (l. 15. — P. 18.)
Longr : 150m,00.
Largr : 13m,00. — Ord. royale du 18 mars 1846. *Alignements.*
Décret du 12 décembre 1877 (U. P.). Suppression d'une partie de
cette rue, entre l'avenue Daumesnil et la rue de Reuilly, pour
l'établissement d'une station et d'une gare à marchandises du
chemin de fer de Paris à Vincennes.
Orig. — Ancien carrefour.

QUATRE FILS (Rue des) . . . . . **III**e Arrondissement . . . . 11e Quartier.
2778 **Commence** rue Vieille du Temple, 89. — **Finit** rue des Archives, 4. (l. 15. — P. 24.)
Longr : 224m,00.
Largr : 10m,00. — Décision ministérielle du 23 frimaire an VIII.
Largr : 12m,00. — Ord. royale du 12 juillet 1837. *Alignements.*
Largr : 20m,00. — *Élargissement* projeté.
Orig. — Dénomination tirée d'une enseigne : aux Quatre Fils Aymon.

QUATRE SEPTEMBRE (Rue du) . **II**e Arrondissement . . . . 5e et 6e Quartiers.
2779 **Commence** rues des Filles Saint Thomas, 2, et Vivienne, 27. — **Finit** place de l'Opéra, 4.
Longr : 520m,00. (l. 85. — P. 34)
Largr : 20m,00. — Décret du 24 août 1864 (U. P.). *Ouverture* et *Alignements.*
Arrêtés préfectoraux des 2 juin et 1er septembre 1868. *Nivellement.*
Arrêté du maire de Paris du 12 septembre 1870. *Dénomination*
actuelle.
Obs. — Précédemment rue du Dix Décembre.
Orig. — En souvenir de la proclamation de la République, le 4 septembre 1870.

QUATRE VENTS (Rue des) . . . . **VI**e Arrondissement . . . . 22e Quartier.
2780 **Commence** rue de Condé, 2, et carrefour de l'Odéon, 14. — **Finit** rue de Seine, 95.
Longr : 92m,00. (l. 19. — P. 22)
Largr : 10m,00. — Décision ministérielle du 6 fructidor an XIII.
Largr : 10m,00. — Ord. royale du 12 mai 1841. *Alignements.*
Décret du 28 juillet 1866 (U. P.). Prolongement depuis la rue de
Condé et le carrefour de l'Odéon jusqu'à la rue de l'Ecole de
Médecine (non exécuté).
Décret du 2 septembre 1879, rapportant le décret du 28 juillet 1866.
Orig. — Dénomination tirée d'une enseigne.

QUELLARD (Cour) . . . . **XI**e Arrondissement . . . . 43e Quartier.
2781 **Située** passage Thiéré, 9.
Longr : 80m,00.
Moindre largr : 4m,15. (*Voie privée.*)
Orig. — Nom du propriétaire.

QUESTRE (Impasse). . . . . . . **XI**e Arrondissement . . . . 41e Quartier.
2782 **Située** boulevard de Belleville, 23.
Longr : 43m,00.
Largr : 4m,00. (*Voie privée.*)
Arrêté préfectoral du 1er février 1877. *Dénomination* actuelle.
Obs. — Précédemment impasse Saint Joseph.
Orig. — Nom de propriétaire.

QUINAULT (Rue). . . . . **XV**e ARRONDISSEMENT. . . . . 58e QUARTIER.
Anciennement commune de Grenelle.
2783   **Commence** passage du Théâtre, 8, et pourtour du Théâtre, 5. — **Finit** rue Mademoiselle, 55.
Longr : 120m,00.   (I. 1. — P. 8.)
Moindre largr : 10m,00. — DÉCRET DU 23 MAI 1863. *Classement.*
ARRÊTÉ PRÉFECTORAL DU 26 NOVEMBRE 1867. *Nivellement.*
DÉCRET DU 24 AOUT 1864. — *Dénomination* actuelle.
OBS. — Précédemment avenue du Théâtre.
ORIG. — Philippe Quinault, auteur de poèmes d'opéras (1635-1688); voisinage du théâtre de Grenelle.

QUINCAMPOIX (Rue). . . . . . **III**e ARRONDISSEMENT . . . . 12e QUARTIER.
                                IVe ARRONDISSEMENT . . . . 13e QUARTIER.
2784   **Commence** rue des Lombards, 16. — **Finit** rue aux Ours, 17.   (I. 111. — P. 104.)
Longr : 452m,00.
Largr :   7m,00. — DÉCISION MINISTÉRIELLE DU 21 PRAIRIAL AN X.
Largr : 10m,00. — ORD. ROYALE DU 19 JUILLET 1840. *Alignements* entre la rue des Lombards et la rue Aubry le Boucher (A).
Largr : 10m,00. — ORD. ROYALE DU 16 MAI 1836. *Alignements* entre la rue Aubry le Boucher et la rue aux Ours (B).
DÉCISION MINISTÉRIELLE DU 18 FÉVRIER 1851. — *Réunissant* la rue des Cinq Diamants à la rue Quincampoix.
OBS. — Précédemment rue des Cinq Diamants (partie A).
ORIG. — Ancien nom (XIIIe siècle) que l'on croit être celui d'un particulier.

QUINZE-VINGTS (Passage des). . **XII**e ARRONDISSEMENT . . . . 48e QUARTIER.
2785   **Commence** rue de Lyon, 46. — **Finit** rue Moreau, 9.   (I. 3. — P. 6.)
Longr : 100m,00.
Moindre largr :   3m,50.   (*Voie privée.*)
ORIG. — Voisinage de l'hospice des Quinze-Vingts.

℞

RABELAIS (Rue). . . . . **VIII**ᵉ Arrondissement . . . . 30ᵉ et 31ᵉ Quartiers.

2786   **Commence** avenue et rue Matignon, 1. — **Finit** rue Montaigne, 28.   (l. 5. — P. 8.)

     Longʳ : 118ᵐ,00.

     Largʳ : 10ᵐ,00. — Ord. royale du 3 avril 1846. *Alignements.*

         Décret du 31 janvier 1850. *Dénomination* actuelle.

         Obs. — Précédemment rue Rousselet.

Orig. — François Rabelais, écrivain (1483-1553).

RABOT (Impasse du). . . . . **XII**ᵉ Arrondissement . . . . 48ᵉ Quartier.

2787   **Située** rue de Charenton, 10.

     Longʳ : 24ᵐ,00.

     Largʳ : 10ᵐ,00. — Décision ministérielle du 3 thermidor an IX.

     Largʳ : 13ᵐ,00. — Ord. royale du 1ᵉʳ juin 1828. *Alignements.*

         Arrêté préfectoral du 1ᵉʳ février 1877. *Dénomination* actuelle.

         Obs. — Précédemment partie de la rue de la Planchette. — Cette dernière voie comprenait deux sections, dont la première a pris le nom de rue Biscornet, et la deuxième, absorbée en partie par la construction de l'embarcadère du chemin de fer de Vincennes, a formé l'impasse du Rabot.

Orig. — Occupée par des menuisiers.

RACINE (Impasse) . . . . **XVI**ᵉ Arrondissement . . . . 61ᵉ Quartier.

                  Anciennement commune d'Auteuil.

2788   **Située** avenue Molière.

     Longʳ : 45ᵐ,00.

     Largʳ : 4ᵐ,40 environ.   (*Voie privée.*)

         Comprise dans le hameau Boileau.

Orig. — Le hameau Boileau a été consacré aux amis personnels du grand poète.

RACINE (Rue)* . . . . **VI**ᵉ Arrondissement . . . . 22ᵉ Quartier.

2789   **Commence** boulevard Saint Michel, 30, et rue de l'École de Médecine, 1. — **Finit** place de l'Odéon, 5.   (l. 25. — P. 30.)

     Longʳ : 234ᵐ,00.

     Largʳ : 9ᵐ,74. — Ord. royale du 3 janvier 1822. *Ouverture* et *Alignements* entre le boulevard Saint Michel et la rue Monsieur le Prince.

         Lettres-patentes du 10 août 1779. *Ouverture* entre la rue Monsieur le Prince et la place de l'Odéon.

     Largʳ : 10ᵐ,00. — Décision ministérielle du 4 nivôse an IX. *Alignements* entre la rue Monsieur le Prince et la place de l'Odéon.

     Largʳ : 9ᵐ,90. — Ord. royale du 12 mai 1841 (modifiant la décision ministérielle). *Alignements* entre la rue Monsieur le Prince et la place de l'Odéon.

Orig. — Jean Racine, auteur dramatique (1639-1699) ; voisinage du théâtre de l'Odéon.

RADZIWILL (Passage). . . . . . . **I**ᵉʳ Arrondissement . . . . 3ᵉ Quartier.

2790   **Commence** rue de Valois, 48. — **Finit** rue Radziwill, 35.

     Longʳ : 20ᵐ,00 environ.   (*Voie privée.*)

Orig. — Le prince Radziwill a fait construire cette maison (xviiiᵉ siècle).

RADZIWILL (Rue) . . . . **I**ᵉʳ Arrondissement . . . . 3ᵉ Quartier.

2791   **Commence** rue Baillif, 10. — **Finit** rues des Petits Champs, 1, et la Vrillière, 1.

     Longʳ : 150ᵐ,00.   (l. 37. — P. 2.)

     Largʳ : 8ᵐ,00. — Décision ministérielle du 20 fructidor an XI.

Moindre largʳ : 10ᵐ,00. — Ordonnance royale du 22 août 1840. *Alignements* modifiés par le décret suivant.

     Largʳ : 8ᵐ,00. — Décret du 6 août 1863. *Modification* des alignements fixés par l'Ord. royale de 1840.

         Arrêté préfectoral du 26 février 1867. *Dénomination* actuelle.

         Orig. — Précédemment rue Neuve des Bons Enfants.

Orig. — Sur cette rue s'ouvre une des deux entrées du passage Radziwill.

RAFFET (Rue) . . . . **XVIᵉ** Arrondissement . . . . 61ᵉ Quartier.
Anciennement commune d'Auteuil.

2792   **Commence** rue de la Source, 34. — **Finit** boulevard de Montmorency, 31.   (I. 45. — 30.)
Long^r : 367^m,00.
Larg^r : 12^m,00. — Délibération du conseil municipal d'Auteuil du 21 août 1857.
Alignements projetés. (Largeur exécutée.)
Décret du 23 mai 1863. *Classement* (confirmation).
Arrêté préfectoral du 26 juin 1877. *Nivellement.*
Décret du 24 août 1864. *Dénomination* actuelle.
Obs. — Précédemment sentier de la Fontaine.
Orig. — Denis-Auguste-Marie Raffet, dessinateur (1804-1860); quartier où ont été groupés des noms d'artistes.

RAGUINOT (Passage) . . . . **XIIᵉ** Arrondissement . . . . 48ᵉ Quartier.

2793   **Commence** rue de Châlon, 22. — **Finit** avenue Daumesnil, 58.   (L. 29. — P. 24.)
Long^r : 205^m,00.
Larg^r : 4^m,00. — Arrêté préfectoral du 6 mars 1862, autorisant l'*Ouverture.*
Obs. — La hauteur des maisons en bordure est fixée à 11^m,70.
Orig. — Nom de propriétaire.

RAIMBAUT (Passage) ** . . . . . **XIVᵉ** Arrondissement . . . . 53ᵉ Quartier.
Anciennement commune de Montrouge.

2794   **Commence** avenue d'Orléans, 72. — **Finit** avenue du Maine, 195.   (I. 9. — P. 8.)
Long^r : 118^m,00.
Larg^r : 4^m,00.   (*Voie privée.*)
Orig. — Nom de propriétaire.

RAMBOUILLET (Rue de) . . . . . **XIIᵉ** Arrondissement . . . . 47ᵉ et 48ᵉ Quartiers.

2795   **Commence** rue de Bercy. — **Finit** rue de Charenton, 162.   (L. 31. — P. 14.)
Long^r : 544^m,00.
Larg^r : 12^m,00. — Décision ministérielle du 16 ventôse an XII. *Alignements.*
Larg^r : 12^m,00. — Ord. royale du 1er juin 1828. *Alignements.*
Orig. — Ancienne Folie Rambouillet, créée au XVIIᵉ siècle par Nicolas de Rambouillet, financier, et célèbre par ses vastes jardins fruitiers.

RAMBOUILLET (Ruelle de) . . . . **XIIᵉ** Arrondissement . . . . 47ᵉ Quartier.

2796   **Commence** rue de Charenton, 172. — **Finit** Chemin de fer de Vincennes.
Long^r : 81^m,00.
Larg^r : 3^m,30 environ.   (*Voie privée.*)
Orig. — *Voir* rue de Rambouillet.

RAMBUTEAU (Rue) . . . . **Iᵉʳ** Arrondissement . . . . 2ᵉ Quartier.
. . . . **IIIᵉ** Arrondissement . . . . 12ᵉ Quartier.
. . . . **IVᵉ** Arrondissement . . . . 13ᵉ Quartier.

2797   **Commence** rues du Chaume, 11, et des Archives, 1. — **Finit** rues Vauvilliers, 49, et du Jour.
Long^r : 975^m,00.   (L. 85. — P. 124.)
Larg^r : 13^m,00. — Ord. royale du 3 mars 1838 (U. P.). *Ouverture* depuis les rues du Chaume et des Archives jusqu'à la rue Montorgueil.
Décret du 17 janvier 1847, fixant le périmètre des Halles.
Décret du 21 juin 1854 (U. P.), modifiant le décret précédent.
Décret du 16 juillet 1862. *Expropriation* de la maison nº 37.
Arrêté préfectoral du 26 janvier 1857. *Nivellement* entre la rue Saint-Denis et la rue du Jour.
Ord. royale du 12 novembre 1839. *Dénomination.*
Obs. — Cette voie a absorbé les rues des Ménétriers, de la Chanverrie et Trainée.
Orig. — Ouverte sous l'administration de Claude-Philibert Barthelot, comte de Rambuteau, préfet de la Seine (1781-1869).

RAMEAU (Rue) . . . . **IIᵉ** Arrondissement . . . . 6ᵉ Quartier.

2798   **Commence** rue de Richelieu, 69. — **Finit** rue Sainte-Anne, 58.   (I. 13. — P. 6.)
Long^r : 111^m,00.
Arrêté du corps municipal du 19 avril 1792, approuvé par le Directoire le 12 mai 1793. *Ouverture.*
Larg^r : 9^m,70. — Ord. royale du 16 avril 1831. *Alignements.*
Arrêté préfectoral du 27 janvier 1859. *Nivellement* aux abords du square.
Obs. — Précédemment rue Neuve Lepeletier.
Orig. — Jean-Philippe Rameau, compositeur (1683-1764); voisinage de l'ancienne salle de l'Opéra (place Louvois).

RAMEY (Passage) *⁕* . . . . **XVIII**ᵉ Arrondissement . . . . 70ᵉ Quartier.
Anciennement commune de Montmartre.

2799   **Commence** rue Ramey, 40. — **Finit** rue Marcadet, 73.   (P. 4.)
     Longʳ : 150ᵐ,00.
     Moindre largʳ :   3ᵐ,00.   *(Voie privée.)*
              Arrêté préfectoral du 1ᵉʳ février 1877. *Dénomination* actuelle.
                Obs. — Précédemment passage du Harlay.
Orig. — *Voir* rue Ramey.

RAMEY (Rue) *⁕*. . . . . **XVIII**ᵉ Arrondissement . . . . 70ᵉ Quartier.
Anciennement commune de Montmartre.

2800   **Com.** rues Muller, 2, et de Clignancourt, 31. — **Finit** rue Hermel, 40.   (I. 67. — P. 56.)
     Longʳ : 557ᵐ,00.
     Largʳ : 14ᵐ,00. — Ord. royale du 2 février 1825. *Alignements* entre la rue de Clignancourt et la rue Marcadet.
     Largʳ : 14ᵐ,00. — Décret du 8 juin 1858. *Prolongement* entre la rue Marcadet et la rue Hermel.
            Décret du 23 mai 1863. *Classement* (confirmation).
            Arrêté préfectoral du 3 février 1863. *Nivellement.*
            Décret du 2 octobre 1863. *Dénomination* actuelle.
                Obs. — Précédemment partie de la Chaussée de Clignancourt et rue U.
Orig. — Claude Ramey, sculpteur (1754-1838), et Étienne-Jules Ramey, son fils, également sculpteur (1796-1852) ; quartier où ont été groupés des noms de sculpteurs.

RAMPON (Rue) . . . . **XI**ᵉ Arrondissement . . . . 41ᵉ Quartier.

2801   **Commence** boulevard Voltaire, 11. — **Finit** rue de la Folie Méricourt, 83.   (I. 15 — P. 16.)
     Longʳ : 227ᵐ,00.
     Largʳ : 10ᵐ,00. — Décision ministérielle du 28 fructidor an X.
     Largʳ :   9ᵐ,74. — Ord. royale du 26 décembre 1844. *Alignements.*
            Décret du 24 août 1864. *Dénomination* actuelle.
               Obs. — Précédemment rue Delatour.
Orig. — Le comte Antoine-Guillaume Rampon, général de division (1759-1842).

RAMPONEAU (Rue) *⁕⁕*. . . . . **XX**ᵉ Arrondissement . . . . 77ᵉ Quartier.
Anciennement commune de Belleville.

2802   **Commence** boulevard de Belleville, 108. — **Finit** rue de Tourtille, 24.   (I. 39. — P. 44)
     Longʳ : 190ᵐ,00.
     Moindre largʳ :   9ᵐ,00. — Ord. royale du 28 février 1837. *Alignements.*
            Décret du 23 mai 1863. *Classement* (confirmation).
            Arrêté préfectoral du 12 juillet 1869. *Nivellement.*
            Arrêté préfectoral du 26 février 1867. *Dénomination* actuelle.
               Obs. — Précédemment rue de l'Orillon.
Orig. — Doit son nom à une guinguette tenue par Jean Ramponeau, célèbre cabaretier du xviiiᵉ siècle.

RAMUS (Passage) *⁕⁕*. . . . . **XX**ᵉ Arrondissement . . . . 79ᵉ Quartier.
Anciennement commune de Charonne.

2803   **Commence** rue des Rondeaux. — **Finit** rue Ramus, 11.   (I. 5. — P. 10.)
     Longʳ : 40ᵐ,00.
     Largʳ :   2ᵐ,33. — Arrêté préfectoral du 3 juillet 1830. *Classement.*
            Décret du 23 mai 1863. *Classement* (confirmation).
            Arrêté préfectoral du 1ᵉʳ février 1877. *Dénomination* actuelle.
               Obs. — Précédemment sentier des Basses-Dives.
Orig. — *Voir* rue Ramus.

RAMUS (Rue) *⁕⁕*. . . . . **XX**ᵉ Arrondissement . . . . 79ᵉ Quartier.
Anciennement commune de Charonne.

2804   **Commence** rue des Pyrénées. — **Finit** passage des Rondonneaux, 6.   (I. 53. — P. 58.)
     Longʳ : 290ᵐ,00.
     Largʳ :   2ᵐ,33. — Arrêté préfectoral du 3 juillet 1830. *Classement.*
            Décret du 23 mai 1863. *Classement* (confirmation).
            Décret du 10 février 1875 et arrêté préfectoral du 1ᵉʳ février 1877. *Dénomination* actuelle.
               Obs.— Précédemment sentiers des Dives, des Basses Dives et de la cour des Noues.
Orig. — Pierre de la Ramée, dit Ramus, philosophe (1515-1572).

RANELAGH (Avenue du) . . . . . **XVIᵉ** Arrondissement . . . . 62ᵉ Quartier.
Anciennement commune de Passy.

2805 **Commence** avenues Ingres et Prudhon. — **Finit** avenue Raphaël.
Long^r : 190^m,00.
Larg^r : 27^m,50. — Voie ouverte par la Ville de Paris, située dans le parc du Ranelagh .
Décret du 23 mai 1863. *Classement* (confirmation).
Arrêté préfectoral du 4 août 1869. *Nivellement.*
Orig. — Voir jardin du Ranelagh.

RANELAGH (Jardin du). . . . . **XVIᵉ** Arrondissement . . . . 62ᵉ Quartier.

2806 **Située** entre le chemin de fer de Ceinture, le parc de la Muette et l'avenue Raphaël.
Orig. — Sur l'emplacement de l'ancien bal champêtre du Ranelagh, au bois de Boulogne, créé en 1774, à l'imitation d'un établissement du même genre fondé aux environs de Londres, sous le patronage de lord Ranelagh.

RANELAGH (Rue du). . . . . . **XVIᵉ** Arrondissement . . . . 62ᵉ Quartier.
Anciennement commune de Passy.

2807 **Com.** quai de Passy, 34, et rue Guillou, 1. — **Fin.** boul. de Beauséjour, 51. (I. 99. — P. 98.)
Long^r : 1133^m,00.
Décret du 23 mai 1863. *Classement* confirmé entre le quai de Passy et la rue Pajou (A).
Larg^r : 11^m,70. — *Alignements* projetés pour cette partie de la voie.
Larg^r : 11^m,70. — Décret du 29 mai 1837 (U. P.). *Prolongement* entre la rue Pajou et la rue Mozart (B).
Larg^r : 12^m,00. — Décret du 14 juillet 1877 (U. P.). *Alignements* et *Nivellement* entre la rue Mozart et le boulevard de Beauséjour (C).
Arrêté préfectoral du 26 octobre 1869. *Nivellement* des parties A et B.
Orig. — Chemin conduisant au Ranelagh.

RANSON (Impasse) **. . . . . . **XXᵉ** Arrondissement . . . . 80ᵉ Quartier.
Anciennement commune de Charonne.

2808 **Située** rue des Vignoles, 70.   (I. 11. — P. 11.)
Long^r : 67^m,00.
Larg^r : 3^m,00.   (*Voie privée.*)
Orig. — Ouverte sur les terrains de M. Ranson.

RAOUL (Passage). . . . . **XIᵉ** Arrondissement . . . . 43ᵉ Quartier.

2809 **Commence** rue Froment. — **Finit** rue Popincourt, 29.   (I. 19. — P. 20.)
Long^r : 300^m,00.
Larg^r : 4^m,50 environ.   (*Voie privée.*)
Orig. — Nom de propriétaire.

RAOUL (Rue). . . . . **XIIᵉ** Arrondissement . . . . 46ᵉ Quartier.
Anciennement commune de Bercy.

2810 **Commence** rue Claude Decaen, 94. — **Finit** avenue Daumesnil, 178.   (I. 1. — P. 1.)
Long^r : 50^m,00.
Larg^r : 6^m,00. — Délibération du conseil municipal du 21 septembre 1839. *Alignements* projetés. (Largeur actuelle, 5^m,50 moindre.)
Décret du 23 mai 1863. *Classement* (confirmation).
Orig. — Nom de propriétaire.

RAPÉE (Quai de la) . . . . . . **XIIᵉ** Arrondissement . . . . 47ᵉ et 48ᵉ Quartiers.

2811 **Com.** pont et boulevard de Bercy, 1. — **Finit** boulevard de la Contrescarpe, 2.   (P. 102.)
Long^r : 1040^m,00.
Décision ministérielle du 18 messidor an IX. *Alignements.*
Ord. royale du 6 mai 1827. *Alignements.*
Orig. — Doit son nom à une maison de plaisance construite pour M. de la Rapée, commissaire général des troupes (xviiiᵉ siècle).

RAPHAEL (Avenue). . . . . . . **XVIᵉ** Arrondissement . . . . 62ᵉ Quartier.
Anciennement commune de Passy.

2812 **Commence** boulevard Suchet, 1. — **Finit** avenue Ingres, 2.   (P. 38.)
Long^r : 523^m,00.
Larg^r : 28^m,00. — Voie ouverte par la Ville de Paris, située dans le parc du Ranelagh.
Décret du 23 mai 1833. *Classement* (confirmation).
Arrêté préfectoral du 4 août 1869. *Nivellement.*
Décret du 24 août 1864. *Dénomination actuelle.*
Obs. — Précédemment boulevard du Ranelagh.
Orig. — Raphaël Sanzio, le grand peintre italien (1483-1520); quartier où ont été groupés des noms d'artistes.

RAPP (Avenue). . . . . **VII**ᵉ Arrondissement . . . . 28ᵉ Quartier.

2813   **Commence** avenue Bosquet et quai d'Orsay. — **Finit** rue Saint Dominique, 33, et avenue de la Bourdonnais.   (I. 33. — P. 30.)

    Longʳ : 430ᵐ,00.

    Largʳ : 36ᵐ,00. — Décret du 23 août 1858 (U. P.). *Ouverture* et *Alignements.*

        Arrêté préfectoral du 9 juin 1859. *Nivellement.*

        Décret du 24 août 1864. *Dénomination* actuelle.

        Obs. - Précédemment avenue du Champ de Mars.

    Orig. — Le comte Jean Rapp, général de division (1773-1821) ; voisinage de l'École Militaire.

RASSELINS (Rue des) ✻. . . . . . **XX**ᵉ Arrondissement . . . . 80ᵉ Quartier.

                Anciennement commune de Charonne.

2814   **Commence** rue d'Avron, 131. — **Finit** rue des Orteaux, 80.   (I. 13. — P. 24.)

    Longʳ : 336ᵐ,00.

    Largʳ : 2ᵐ,33. - - Arrêté préfectoral du 3 juillet 1830. *Classement.*

        Décret du 23 mai 1863. *Classement* (confirmation).

    Largʳ : 10ᵐ,00. — Décret du 20 juillet 1881 (U. P.). *Alignements* et *Nivellement.*

        Obs. - Précédemment sentier du centre des Rasselins.

    Orig. — Lieu dit.

RATAUD (Rue) ✻✻ . . . . **V**ᵉ Arrondissement . . . . 19ᵉ Quartier.

2815   **Commence** rue Lhomond, 30. — **Finit** rue Claude Bernard, 80.   (I. 11. — P. 2.)

    Longʳ : 269ᵐ,00.   (*Voie privée.*)

    Largʳ : 4ᵐ,50 (environ) sur 131ᵐ,00 de longueur, à partir de la rue Lhomond (A).

    Largʳ : 12ᵐ,00. — Partie B ouverte en prolongement jusqu'à la rue Claude Bernard, par la Société du quartier Rollin.

        Arrêté préfectoral du 1ᵉʳ février 1877. *Dénomination* actuelle.

        Obs. — La partie A portait précédemment le nom d'impasse des Vignes.

    Orig. — M. Rataud, ancien maire du Vᵉ arrondissement, qui habitait le quartier.

RATS (Rue des) ✻✻ . . . . **XX**ᵉ Arrondissement . . . . 79ᵉ Quartier.

                Anciennement commune de Charonne.

2816   **Com.** boul. de Ménilmontant, 2, et de Charonne, 212. — **Fin.** r. du Repos, 7. (I. 15.— P. 14.)

    Longʳ : 90ᵐ,00.

    Largʳ : 8ᵐ,00. — Ord. royale du 27 août 1844. *Alignements.*

        Décret du 23 mai 1863. *Classement* (confirmation).

    Orig. — Lieu dit (xviiiᵉ siècle).

RAUCH (Passage). . . . . **XI**ᵉ Arrondissement . . . . 43ᵉ Quartier.

2817   **Commence** rue Charles Dallery. — **Finit** rue Basfroi, 9.   (I. 3.)

    Longʳ : 92ᵐ,00.

    Largʳ : 10ᵐ,00.   (*Voie privée.*)

    Orig. — Nom du propriétaire.

RAVIGNAN (Rue) ✻✻. . . . . . . **XVIII**ᵉ Arrondissement . . . . . . 69ᵉ et 70ᵉ Quartiers.

                Anciennement commune de Montmartre.

2818   **Commence** rue des Abbesses, 26. — **Finit** rue Norvins, 9.   (I. 19. — P. 34.)

    Longʳ : 271ᵐ,00.

    Largʳ : 12ᵐ,00. — Délibérations du conseil municipal des 12 juin 1846 et 7 février 1859. *Alignements* projetés.

        Décret du 23 mai 1863. *Classement* (confirmation).

         Décret du 11 août 1867 (U. P.). *Suppression* de la partie comprise entre la rue Gabrielle et la rue Norvins.

        Décret du 27 février 1867. *Dénomination* actuelle.

        Obs. — Précédemment rue du Vieux Chemin.

    Orig. — Gustave-François-Xavier de Lacroix de Ravignan, jésuite, prédicateur (1795-1858).

RAYMOND (Passage) ✻✻. . . . . . **XIII**ᵉ Arrondissement . . . . 51ᵉ Quartier.

                Anciennement commune de Gentilly.

2819   **Commence** rue Gandon, 6. — **Finit** avenue d'Italie, 141.   (I. 13.)

    Longʳ : 126ᵐ,00.

    Largʳ : 6ᵐ,00 environ.   (*Voie privée.*).

    Orig. — Nom de propriétaire.

RAYNAUD (Cité) ✻✻ . . . . **XIV**ᵉ Arrondissement . . . . 56ᵉ Quartier.

                Anciennement commune de Vanves.

2820   **Commence** rue de Vanves, 184. — **Finit** chemin de fer de l'Ouest.   (I. 17. — P. 18.)

    Longʳ : 132ᵐ,00.

    Largʳ : 6ᵐ,00 environ.   (*Voie privée.*)

    Orig. — Nom du propriétaire.

RAYNOUARD (Rue) * . . . . . . **XVI**ᵉ ARRONDISSEMENT . . . . 62ᵉ QUARTIER.
Anciennement commune de Passy.
2821 **Com.** boul. Delessert et rue de Passy, 1. — **Finit** rue de Boulainvilliers, 10.   (I. 79. — P. 98.)
Long^r : 880^m,00.
Larg^r :   8^m,00. — ARRÊTÉ PRÉFECTORAL DU 16 FÉVRIER 1856. *Alignements.*
DÉCRET DU 23 MAI 1863. *Classement* (confirmation).
ARRÊTÉ PRÉFECTORAL DU 26 OCTOBRE 1869. *Nivellement.*
DÉCRET DU 27 FÉVRIER 1867. *Dénomination* actuelle.
Obs. — Précédemment rue Basse.
Orig. — François-Juste-Marie Raynouard, littérateur (1761-1836), mort à Passy.

RÉALE (Rue de la) . . . . **I**ᵉʳ ARRONDISSEMENT . . . . 2ᵉ QUARTIER.
2822 **Commence** rue Rambuteau, 116. — **Finit** rue de la Grande Truanderie, 47   (I. 3 - P. 8.)
Long^r : 52^m,00.
Larg^r :   7^m,00. — DÉCISION MINISTÉRIELLE DU 19 NOVEMBRE 1817.
Larg^r : 10^m,00. — ORD. ROYALE DU 19 JUILLET 1840. *Alignements.*
Larg^r : 15^m,00. — DÉCRET DU 23 AOUT 1858 (U.P.). *Déviation* pour former le prolonge-
ment d'une des rues couvertes des Halles.
ARRÊTÉ PRÉFECTORAL DU 8 FÉVRIER 1867. *Nivellement.*
Orig. — Ancien nom (XVIIᵉ siècle) qu'elle devait peut-être à une enseigne de la Reale (galerie royale).

ÉAUMUR (Rue) . . . . **II**ᵉ ARRONDISSEMENT . . . . 8ᵉ QUARTIER.
                         IIIᵉ ARRONDISSEMENT . . . . 9ᵉ QUARTIER.
2823 **Commence** rue du Temple, 165. — **Finit** rue Saint Denis, 184. — **Finira** rue Notre-
Dame des Victoires.   (I. 57. — P. 80.)
Long^r actuelle : 640^m,00. — Long^r future : 1345^m,00.
Larg^r : 20^m,00. — DÉCRET DU 23 AOUT 1858 (U.P.). *Elargissement* entre la rue du Tem-
ple et la rue Saint Martin.
Larg^r : 20^m,00. — DÉCRET DU 29 SEPTEMBRE 1854 (U.P.). *Ouverture* et *Alignements* entre
la rue Saint Martin et la rue Saint Denis.
Larg^r : 20^m,00. — DÉCRET DU 24 AOUT 1864 (U.P.). *Ouverture* et *Alignements* entre la
rue Saint Denis et la rue Notre-Dame des Victoires. (Partie non
encore exécutée.)
DÉCISION MINISTÉRIELLE DU 18 FÉVRIER 1851. *Dénomination* actuelle.
Obs. — Précédemment rues Royale Saint Martin et du Marché Saint Martin.
Orig. — René-Antoine de Réaumur, physicien (1683-1757) ; voisinage du Conservatoire des Arts-et-Métiers.

RÉBEVAL (Rue de)** . . . . **XIX**ᵉ ARRONDISSEMENT . . . . 76ᵉ QUARTIER.
Anciennement commune de Belleville.
2824 **Commence** boulevard de La Villette, 42. — **Finit** rue de Belleville, 75.   (I. 93. — P. 94.)
Long^r : 635^m,00.
Larg^r : 11^m,00. — ORD. ROYALE DU 28 FÉVRIER 1837. *Alignements.*
DÉCRET DU 23 MAI 1863. *Classement* (confirmation).
ARRÊTÉ PRÉFECTORAL DU 17 JUILLET 1860. *Nivellement.*
ARRÊTÉ PRÉFECTORAL DU 21 SEPTEMBRE 1867. *Modification* du nivelle-
ment.
DÉCRET DU 24 AOUT 1864. *Dénomination* actuelle.
Obs. — Précédemment rue Saint Laurent.
Orig. — Joseph Boyer de Rébeval, lieutenant-général (1768-1822) ; voisinage de la route militaire.

RÉCOLLETS (Passage des) . . . . . **X**ᵉ ARRONDISSEMENT . . . . 39ᵉ QUARTIER.
2825 **Commence** rue du Faubourg Saint Martin, 122. — **Finit** rue des Récollets, 19.
Long^r : 206^m,00.
Larg^r :   6^m,63 environ.   (*Voie privée.*)
Orig. — Voir rue des Récollets.

RÉCOLLETS (Rue des) . . . . **X**ᵉ ARRONDISSEMENT . . . . 39ᵉ et 40ᵉ QUARTIERS.
2826 **Commence** quai de Valmy, 99. — **Finit** rue du Faubourg Saint Martin, 148. (I. 35. — P. 8.)
Long^r . 265^m,00.
Larg^r : 10^m,00. — DÉCISION MINISTÉRIELLE DU 16 FLORÉAL AN X.
Larg^r : 12^m,00. — ORD. ROYALE DU 31 MARS 1847. *Alignements.*
Orig. — Couvent des religieux Franciscains, dits Récollets, fondé en 1604, au coin de cette rue et de la rue du Fau-
bourg Saint Martin, aujourd'hui hôpital militaire.

RECULETTES (Ruelle des) * . . . **XIII**ᵉ Arrondissement. . . . . **52**ᵉ Quartier.

2827   **Commence** rue de Gentilly, 32. — **Finit** rue Croulebarbe, 45.
    Long^r : 260^m,00·
    Moindre larg^r :   2^m,00.   *(Voie privée.)*
    Orig. — Inconnue.

REDAN (Villa du) * . . . . **XVI**ᵉ Arrondissement. . . . . **63**ᵉ Quartier.
                  Anciennement commune de Passy.

2828   **Située** avenue de Malakoff, 137.   (I. 5. — P. 20.)
    Long^r : 137^m,00.
    Larg^r :   6^m,30 environ.   *(Voie privée.)*
              Arrêté préfectoral du 1ᵉʳ février 1877. *Dénomination* actuelle.
              Obs. - Précédemment villa Eugénie·
    Orig. - Doit son nom à la proximité du redan de la porte Maillot.

REGARD (Rue du) **. . . . . . . **VI**ᵉ Arrondissement . . . . **23**ᵉ Quartier.

2829   **Commence** rue du Cherche Midi, 39. — **Finit** rue de Rennes, 118.   (I. 19. — P. 24.)
    Long^r : 253^m,00,
    Larg^r . 10^m,00. — Décision ministérielle du 18 floréal an IX.
    Larg^r : 12^m,00. — Ord. royale du 14 février 1847. *Alignements*.
              Décret du 27 décembre 1854. *Nivellement*.
    Orig. — Doit son nom à un ancien regard de fontaine situé à l'angle de la rue.

RÉGIS (Rue) **. . . . . **VI**ᵉ Arrondissement . . . . **23**ᵉ Quartier.

2830   **Commence** rue de l'Abbé Grégoire, 24. -- **Finit** rue Bérite, 3.   (P. 10.)
    Long^r : 63^m,00.
    Larg^r : 12^m,00. — Décret du 1ᵉʳ juin 1864. *Classement* et *Alignements*.
              Arrêté préfectoral du 23 décembre 1865. *Nivellement*.
              Décret du 2 mars 1867. *Dénomination*.
    Orig. — Jean-François Régis, jésuite, (1597-1640), canonisé en 1737; voisinage du séminaire des Missions étrangères.

RÉGLISES (Rue des) **. . . . . . **XX**ᵉ Arrondissement . . . . **80**ᵉ Quartier.
                  Anciennement commune de Charonne.

2831   **Commence** boulevard Davout, 22. — **Finit** rue de la Croix Saint Simon, 50. (I. 15 — P. 18 .)
    Long^r : 115^m,00.
    Larg^r :   2^m,33. — Arrêté préfectoral du 3 juillet 1830. *Classement*.
    Larg^r :   8^m,00. -- Décret du 20 juillet 1881. *Alignements* et *Nivellement*.
              Décret du 23 mai 1863. *Classement* (confirmation).
              Obs. — Précédemment sentier du Centre des Rasselins.
    Orig. — Lieu dit le Clos Réglise.

REGNARD (Rue) **. . . . . **VI**ᵉ Arrondissement . . . . **22**ᵉ Quartier.

2832   **Commence** place de l'Odéon. 4. — **Finit** rue de Condé. 23.   (I. 5. — P. 4.)
    Long^r : 16^m,00.
    Larg^r :   9^m,90. — Décision ministérielle du 4 nivôse an IX.
    Larg^r :   9^m,90. — Ord. royale du 12 mai 1841. *Alignements*.
    Orig. — Jean-François Regnard, auteur dramatique (1655-1709); voisinage du théâtre de l'Odéon.

REGNAULT (Rue) **. . . . . . **XIII**ᵉ Arrondissement. . . . . **50**ᵉ Quartier.
                  Anciennement commune d'Ivry.

2833   **Commence** chemin de fer d'Orléans.— **Finit** rue du Château des Rentiers, 12.   (P. 62.)
    Long^r : 749^m,00.
    Larg^r : 12^m,00. — 1ʳᵉ partie, comprise entre le Chemin de fer d'Orléans et la rue de Patay, remise par l'État à la Ville de Paris, en remplacement d'une partie de la rue du Chevaleret supprimée.
    Larg^r :   4^m,00. — La 2ᵉ partie comprise entre la rue de Patay et la rue du Château des Rentiers a été cédée à la Ville par l'État, pour établir un débouché aux rues du Dessous des Berges, des Chamaillards, et des Terres au Curé, dont une partie a été supprimée pour l'établissement du chemin de fer de Ceinture.
    Larg^r : 12^m,00. — *Alignements* projetés suivis d'un commencement d'exécution. (Largeur actuelle, 4^m,30 moindre.)
              Arrêté préfectoral du 6 septembre 1866. *Nivellement*.
              Décret du 10 août 1868. *Dénomination* de la 1ʳᵉ partie.
              Arrêté préfectoral du 1ᵉʳ février 1877. *Dénomination* actuelle de la 2ᵉ partie.
              Obs. — Précédemment chemin latéral au chemin de fer de Ceinture, entre les rues Patay et du Château des Rentiers.
    Orig. — Le baron Jean-Baptiste Regnault, peintre (1753-1829).

REGNIER (Rue) **⁎⁎ . . . . XV⁰ Arrondissement . . . . 58⁰ Quartier.**

Anciennement commune de Vaugirard.

2834   **Commence** rue de Vaugirard, 235. — **Finit** rue Bargue, 61.   (I. 35.)

Long^r : 431^m,00.

Larg^r : 12^m,00. — Décret du 28 janvier 1878. *Classement, Alignements* et *Nivellement* entre la rue de Vaugirard et la rue Dutot.

Larg^r : 10^m,00. — Décret du 28 janvier 1878. *Classement, Alignements* et *Nivellement* entre la rue Dutot et la rue Bargue.

Arrêté préfectoral du 20 décembre 1877. *Nivellement.*

Orig. — Nom de propriétaire.

REILHAC (Passage) **. . . . . X⁰ Arrondissement . . . . 38⁰ Quartier.**

2835   **Commence** rue du Faubourg Saint Denis, 54. — **Finit** boulevard de Strasbourg, 39.

Long^r : 105^m,00.

Larg^r : 5^m,50 environ.   *(Voie privée.)*

Orig. — Nom du propriétaire.

REILLE (Avenue)** . . . . XIV⁰ Arrondissement . . . . 54⁰ Quartier.**

2836   **Com.** rue de la Glacière, 146, et rue d'Alésia, 1. — **Finit** rue de la Tombe Issoire. (I. 37.)

Long^r : 890^m,00.

Larg^r : 22^m,00. — Décret du 22 février 1863 (U. P.). *Ouverture* et *Alignements* entre les rues de la Glacière et d'Alésia, et l'avenue de Montsouris.

Larg^r : 17^m,00. — Décret du 6 août 1879. *Modification* des alignements entre l'avenue de Montsouris et la rue de la Tombe Issoire.

Obs. — Ce dernier décret supprime la partie située entre la rue de la Tombe Issoire et le boulevard Brune et l'avenue d'Orléans.

Décret du 2 mars 1867. *Dénomination.*

Arrêté préfectoral du 24 août 1872. *Nivellement.*

Arrêté préfectoral du 29 janvier 1878. *Nivellement* entre l'avenue de Montsouris et la rue d'Alésia.

Orig. — Le comte Honoré-Charles-Michel-Joseph Reille, maréchal de France (1775-1860); voisinage de la route Militaire.

REILLE (Impasse) **⁎⁎ . . . . . . XIV⁰ Arrondissement . . . . 54⁰ Quartier.**

Anciennement commune de Gentilly.

2837   **Commence** avenue Reille. — **Finit** chemin de fer de Sceaux.   (I. 7.)

Long^r : 180^m,00.

Larg^r : 10^m,00. — Arrêté préfectoral du 8 avril 1848.

Décret du 23 mai 1863. *Classement* (confirmation).

Obs. — Cette voie, qui s'étendait autrefois jusqu'à la ligne du chemin de fer de Paris à Sceaux, a été absorbée en partie par la Gare aux marchandises (Décret du 12 février 1868).

Arrêté préfectoral du 10 novembre 1873. *Dénomination* actuelle.

Obs. — Précédemment Impasse du Chemin de Fer.

Orig. — *Voir* avenue Reille.

REINE (Cours la) **. . . . . VIII⁰ Arrondissement . . . . 29⁰ Quartier.**

2838   **Commence** place de la Concorde. — **Finit** rue Jean Goujon, 51.   (P. 48.)

Long^r : 1.465^m,00.

Moindre larg^r : 74^m,00. — Y compris le quai de la Conférence.

Ord. royale du 5 avril 1846.

Orig. — Promenade ou cours créé en 1616, par ordre de Marie de Médicis.

REINE BLANCHE (Rue de la) **⁎⁎. XIII⁰ Arrondissement . . . . 49⁰ Quartier.**

2839   **Commence** rue Le Brun, 6. — **Finit** avenue des Gobelins, 33.   (I. 23. — P. 32.)

Long^r : 220^m,00.

Larg^r : 7^m,00 — Décision ministérielle du 23 frimaire an VIII.

Larg^r : 10^m,00 — *Alignements* projetés suivis d'un commencement d'exécution. (Largeur actuelle, 4^m,50 moindre.)

Arrêté préfectoral du 3 décembre 1867. *Nivellement.*

Orig. — Ouverte en 1393, sur l'emplacement d'une partie d'un hôtel dit de la Reine Blanche.

REINE DE HONGRIE (Passage de la). Iᵉʳ ARRONDISSEMENT . . . . 2ᵉ QUARTIER.

2840   **Commence** rue Montorgueil, 17. — **Finit** rue Montmartre, 16.

Longʳ : 45ᵐ.00.   *(Voie privée).*

Moindre largʳ : 1ᵐ,60.

     OBS. — En vertu d'une vente domaniale du 12 brumaire an V, ce passage doit être maintenu public, il n'est accessible qu'aux piétons, et il est fermé pendant la nuit à ses deux extrémités.

ORIG. — Dans ce passage demeurait Julie, dite Rose de Mai, marchande à la Halle. dont la ressemblance avec l'impératrice Marie-Thérèse, reine de Hongrie, frappa, dit-on, Marie Antoinette, lors d'une députation que les dames de la Halle envoyèrent à Versailles.

REMBRANDT (Rue). . . . . . VIIIᵉ ARRONDISSEMENT. . . . . 32ᵉ QUARTIER.

2841   **Com.** rues de Courcelles, 48. et de Monceau, 25. — **Finit** parc de Monceau. (I. 19. — P. 8.)

Longʳ : 180ᵐ,00.

Largʳ : 12ᵐ,00. — Voie non classée, ouverte en vertu d'un traité intervenu le 8 avril 1867 entre la Ville de Paris et M. Péreire.

     OBS. — Une zone de 4ᵐ,00 de chaque côté est grevée de servitude non ædificandi.

DÉCRET DU 10 AOÛT 1868. *Dénomination.*

ORIG. — Paul Rembrandt Van Rijn, peintre hollandais (1609-1669).

REMPARTS (Rue des) ** . . . . XXᵈ ARRONDISSEMENT. . . . . 80ᵉ QUARTIER.

     Anciennement commune de Charonne.

2842   **Commence** rue du Volga, 40. — **Finit** boulevard Davout, 50.   (I. 1. — P. 20.)

Longʳ : 166ᵐ.00.

Largʳ : 2ᵐ,33.

ARRÊTÉ PRÉFECTORAL DU 3 JUILLET 1830. *Classement.*

DÉCRET DU 23 MAI 1863. *Classement* (confirmation).

     OBS. — Cette voie se prolongeait autrefois jusqu'à la rue de Montreuil.

     Précédemment sentier des Gouttes d'Or,

ORIG. — Voisinage des fortifications.

REMUSAT (Rue de). . . . . . . XVIᵈ ARRONDISSEMENT. . . . . 61ᵉ QUARTIER.

     Anciennement commune d'Auteuil.

2843   **Commence** avenue de Versailles, 62. — **Finit** rue du Point du Jour, 51.

Longʳ : 248ᵐ,00.

Largʳ : 12ᵐ,00. — ARRÊTÉ PRÉFECTORAL DU 16 JUILLET 1859. *Alignements.*

Largʳ : 20ᵐ,00. — *Alignements* projetés suivis d'un commencement d'exécution.

ARRÊTÉ PRÉFECTORAL DU 9 MARS 1878. *Nivellement.*

ARRÊTÉ PRÉFECTORAL DU 17 JUILLET 1877. *Nivellement* entre la rue François Gérard et la rue du Point du Jour.

DÉCRET DU 10 NOVEMBRE 1877. *Dénomination* actuelle.

     OBS. — Précédemment partie de l'avenue d'Auteuil.

ORIG. — Le comte Charles-François-Marie de Remusat, homme politique et littérateur (1797-1875).

RENARD (Rue du). . . . . IVᵈ ARRONDISSEMENT . . . . 13ᵉ QUARTIER.

2844   **Commence** rue de Rivoli, 72. — **Finit** rue Saint Merri, 13.   (I. 29. — P. 40.)

Longʳ : 220ᵐ,00.

Largʳ : 7ᵐ,00. — DÉCISION MINISTÉRIELLE DU 8 PRAIRIAL AN VII.

Largʳ : 10ᵐ,00. — ORD. ROYALE DU 16 MAI 1833 et DÉCRET IMPÉRIAL DU 19 FÉVRIER 1853 (rue de la Poterie des Arcis).

Largʳ : 20ᵐ,00. — DÉCRET DU 29 JUILLET 1854 (U. P.). *Élargissement* entre la rue de Rivoli et la rue de la Verrerie.

Largʳ : 7ᵐ,00. — DÉCISION MINISTÉRIELLE DU 13 VENTÔSE AN VII. *Alignements* (rue du Renard).

Largʳ : 10ᵐ,00. — ORD. ROYALE DU 6 MAI 1836. *Alignements* entre la rue de la Verrerie et la rue Saint-Merri (rue du Renard).

ARRÊTÉ PRÉFECTORAL DU 2 AVRIL 1868. *Dénomination* actuelle.

     OBS. — Précédemment rue de la Poterie des Arcis et rue du Renard.

ORIG. — Dénomination tirée d'une enseigne.

RENAULT (Rue) . . . . XIᵉ ARRONDISSEMENT. . . . . 42ᵉ QUARTIER.

2845   **Commence** avenue Parmentier, 36. — **Finit** rue Blaise, 5.   (I. 7. — P. 8.)

Longʳ : 45ᵐ,00.

Largʳ : 30ᵐ,00. — Voie non classée, ouverte par la Ville de Paris sur l'emplacement de l'ancien abattoir de Ménilmontant.

ARRÊTÉ PRÉFECTORAL DU 12 MARS 1870. *Nivellement.*

DÉCRET DU 10 FÉVRIER 1875. *Dénomination.*

ORIG. — Pierre-Hippolyte-Publius Renault, général de division, tué à la bataille de Champigny (1807-1870) ; quartier où ont été groupés des noms de généraux tués pendant la défense de 1870.

RENDEZ-VOUS (Rue du). . . . . **XII**e Arrondissement . . . . 43e Quartier.
Anciennement commune de Saint Mandé.

2846   **Commence** avenue de Saint Mandé, 69. — **Finit** boulevard de Picpus, 100. (I. 75. — P. 82.)
     Long^r : 470^m,00.
     Larg^r : 15^m,65. — Arrêté préfectoral du 6 juillet 1855. *Classement.*
            Décret du 23 mai 1863. *Classement* (confirmation).
   Orig. — Lieu dit; ancien rendez-vous de chasse.

RENÉ (Passage). . . . . **XI**e Arrondissement. . . . . 43e Quartier.
2847   **Commence** rue du Chemin vert, 140. — **Finit** en impasse, au delà de la rue Duranti.
     Long^r : 187^m,00.
     Larg^r : 10^m,00.   (*Voie privée.*)
   Orig.— Nom d'un des propriétaires.

RENNEQUIN (Rue). . . . . . . **XVII**e Arrondissement. . . . . : 65e et 66e Quartiers.
Anciennement commune de Neuilly.
2848   **Com.** rue Poncelet, 55, et aven. de Wagram, 85. — **Fin.** rue Guillaume Tell, 22.(I. 65. — P. 78.)
     Long^r : 575^m,00.
     Larg^r : 10^m,00. — Arrêté préfectoral du 3 octobre 1856. *Alignements.*
            Décret du 23 mai 1863. *Classement* (confirmation).
            Arrêté préfectoral du 16 février 1863. *Nivellement.*
            Décret du 24 août 1864. *Dénomination actuelle.*
            Obs. — Précédemment rue Lombard.
   Orig. — Sualem Rennequin, constructeur de l'ancienne machine de Marly (1644-1708); quartier où ont été groupés des noms d'ingénieurs.

RENNES (Place de) ⁕⁕. . . . . . **VI**e Arrondissement . . . . 23e Quartier.
2849   **Située** au débouché de la rue de Rennes, sur le boulevard du Montparnasse.
            Décret du 9 mars 1853 (U. P.). *Ouverture et Alignements.*
            Arrêté préfectoral du 18 septembre 1880. *Dénomination.*
            Obs. — Précédemment partie de la rue de Rennes.
   Orig. — *Voir* rue de Rennes.

RENNES (Rue de) ⁕. . . . . . . **VI**e Arrondissement . . . . 23e et 24e Quartiers.
2850   **Commence** rue de l'Abbaye, 17. — **Commencera** quai de Conti. — **Finit** place de Rennes, 2.
     Long^r : 1305^m,00 actuelle. — Long^r : 1780^m,00 future.   (I. 171. — P. 152.)
     Larg^r : 22^m,00. — Décret du 28 juillet 1866 (U. P.). *Ouverture et Alignements* entre
          le quai de Conti et la rue de Vaugirard.
            Obs. — La partie comprise entre la rue de l'Abbaye et la rue de Vaugirard est seule exécutée.
     Larg^r : 20^m,00. — Décret du 9 mars 1853 (U. P.). *Ouverture et Alignements* entre
          la rue de Vaugirard et le boulevard du Montparnasse.
     Larg^r : 22^m,00. — Largeur exécutée.
            Décret du 14 octobre 1854. *Nivellement.*
            Arrêté préfectoral du 15 septembre 1866. *Nivellement.*
   Orig. — Aboutit à la gare du chemin de fer de l'Ouest, rive gauche, qui conduit en Bretagne.

REPOS (Rue du) ⁕⁕ . . . . **XX**e Arrondissement . . . . 79e Quartier.
Anciennement commune de Charonne.
2851   **Commence** boul. de Charonne, 194.— **Finit** boulevard de Ménilmontant, 28. (I. 35. — P. 50.)
     Long^r : 325^m,00.
     Moindre larg^r : 7^m,00. — Ord. royale du 27 août 1844. *Alignements.*
            Décret du 23 mai 1863. *Classement* (confirmation).
            Arrêté préfectoral du 8 avril 1861. *Nivellement.*
            Arrêté préfectoral du 10 novembre 1873. *Dénomination actuelle.*
            Obs. — Précédemment rue Saint André.
   Orig. — Voisinage du cimetière du Père-Lachaise.

RÉPUBLIQUE (Avenue de la) ⁕ . . **XI**e Arrondissement. . . . . 41e et 42e Quartiers.
                   XXe Arrondissement. . . . . 78e et 79e Quartiers.
2852   **Commence** pl. de la République.— **Fin.** rue de Belleville et boul. Mortier. (I. 261.— P. 220.)
     Long^r : 890^m00 (exécutée). — Long^r : 3.973^m,00 (future).
     Larg^r : 30^m,00. — Décret du 29 août 1857 (U. P.). *Ouverture et Alignements* entre la
          place de la République et la rue de Malte.

RÉPUBLIQUE (Avenue de la). (*Suite.*) *

    Larg^r :   30^m,00. — La partie comprise entre la rue de Malte et le quai de Valmy a été
                ouverte sur les terrains de la Compagnie du Gaz.

    Larg^r :   30^m,00. — Projet de *Prolongement* jusqu'au boulevard de Ménilmontant, déjà
                suivi d'exécution au droit des écoles de la rue Servan.

    Larg^r :   20^m,00. — Projet de *Percement* entre le boulevard de Ménilmontant et les rues
                Sorbier et des Rondeaux.

    Larg^r :   20^m,00. — Décret du 28 janvier 1876 (U. P.). *Ouverture* et *Alignements* entre
                les rues Sorbier et des Rondeaux, et la place des Pyrénées.

    Larg :   20^m,00. — Décret du 28 juillet 1862 (U. P.). *Ouverture* et *Alignements* entre
                la place des Pyrénées et la rue de Belleville, et le boulevard
                Mortier.

                Décret du 28 janvier 1876. *Nivellement* entre la rue Sorbier et la
                place des Pyrénées.

                Arrêté préfectoral du 8 septembre 1876. *Nivellement* entre la
                place des Pyrénées et la rue Pelleport.

                Arrêté préfectoral du 4 mai 1879. *Dénomination* actuelle.

            Obs. — Précédemment avenue des Amandiers, rues Sorbier et de la Dhuis.

  Orig. — *Voir* place de la République.

RÉPUBLIQUE (Place de la) . . . . . IIIe Arrondissement . . . . 9e et 10e Quartiers.
                     Xe Arrondissement . . . . 39e Quartier.
                     XIe Arrondissement . . . . 41e Quartier.

2853   **Située** à la rencontre du boulevard du Temple, 54, de l'avenue de la République, 2 ; de
      la rue de la Douane, 2, et du boulevard Saint Martin, 1.   (I. 23. — P. 12.)

    Long^r : 283^m,00.   (Place plantée.)

    Larg^r : 119^m,15. — Décret du 11 février 1865 (U. P.). *Alignements* pour l'*Agrandis-
        s.ment* de la place.

        Décret du 18 août 1879. *Modification* de l'*Alignement* entre le bou-
        levard de Magenta et le boulevard Saint Martin, et *Nivellement*.

        Arrêté préfectoral du 4 mai 1879. *Dénomination* actuelle.

        Obs. — Précédemment place du Château d'Eau.

  Orig. — Nom donné à l'ancienne place du Château d'Eau, lorsqu'il fut décrété qu'une statue de la République y serait
    érigée.

RÉSERVOIRS (Rue des) . . . . . XVIe Arrondissement . . . . 62e Quartier.
                  Anciennement commune de Passy.

2854   **Com.** rue Franklin, 41, et place du Trocadéro. — **Finit** rue Pétrarque, 12. (I. 13. — P. 8.)

    Long^r : 184^m,00.

    Larg^r : 8^m,00. — Arrêté préfectoral du 16 février 1836. *Alignements*.

        Décret du 23 mai 1863. *Classement* (confirmation).

  Orig. — Conduit aux réservoirs de Passy.

RESTAUT (Rue) . . . . Ve Arrondissement . . . . 20e Quartier.

2855   **Commence** place et rue Gerson, 1. — **Finit** rue des Cordiers, 10.   (I. 5. — P. 6.)

    Long^r : 34^m,00.

    Larg^r : 7^m,00. — Décision ministérielle du 18 octobre 1808.

    Larg^r : 10^m,00. — Ord. royale du 6 juin 1847. *Alignements*.

        Décret du 24 août 1864. *Dénomination* actuelle.

        Obs. — Précédemment rue Neuve des Poirées.

  Orig. — Pierre Restaut, grammairien, professeur au collège Louis le Grand (1696-1764); voisinage de ce collège.

RETIRO (Cité du) . . . . VIIIe Arrondissement . . . . 31e Quartier.

2856   **Com.** rue du Faubourg Saint Honoré, 30. — **Finit** rue Boissy d'Anglas, 35. (I. 10. — P. 12.)

    Long^r : 236^m,00.

    Larg^r :. 7^m,00 environ.   (Voie privée.)

  Orig. — Inconnue.

RETRAIT (Passage du) ** . . . . . XXe Arrondissement . . . . 79e Quartier.
                  Anciennement commune de Belleville.

2857   **Commence** rue du Retrait, 32. — **Finit** rue des Pyrénées, 303.

    Long^r : 83^m,00.

    Larg^r : 4^m,00 environ.   (Voie privée.)

        Arrêté préfectoral du 1er février 1877. *Dénomination* actuelle.

        Obs. — Précédemment impasse Sainte Marie.

  Orig. — *Voir* rue du Retrait.

RETRAIT (Rue du) ** . . . . **XX**ᵉ Arrondissement . . . . 79ᵉ Quartier.
Anciennement commune de Belleville.

2858   **Commence** rue des Pyrénées, 285. — **Finit** rue de Ménilmontant, 114.   (I. 39. — P. 40.)
Long^r : 290^m,00.
Larg^r : 8^m,00. —Ord. royale du 28 février 1837. *Alignements.*
Décret du 23 mai 1863. *Classement* (confirmation).
Larg^r : 10^m,00 — *Alignements* projetés.
Arrêté préfectoral du 1ᵉʳ février 1877. *Dénomination* actuelle.
Obs. — Précedemment rue du Retrait.
Orig. — Ancien vignoble du Retrait.

REUILLY (Boulevard de) . . . . . **XII**ᵉ Arrondissement . . . . 46ᵉ Quartier.
Anciennement communes de Bercy et de Saint Mandé (côté des numéros pairs).

2859   **Commence** rue de Charenton, 213. — **Finit** rue de Picpus, 94.   (I. 77. — P. 86.)
Long^r : 790^m,00.
Larg^r : 15 toises. — Ord. du bureau des finances du 16 janvier 1789. *Alignements* des boulevards.
Larg^r : 36 pieds. — *Alignements* des anciens chemins de ronde.
Larg^r : 11^m,69. — Ord. royale du 13 juillet 1844. *Alignements* des anciens chemins de ronde de Charenton et de Reuilly.
Décret du 23 mai 1863. *Classement* (confirmation).
Moindre larg^r : 42^m,00. — Arrêté préfectoral du 3 août 1866. *Alignements.*
Arrêté préfectoral du 30 décembre 1864. *Dénomination* actuelle.
Obs. — Précédemment boulevards de Reuilly et Charenton, et chemins de Charenton et de Reuilly. — Place de la barrière de Charenton et place de la barrière de Picpus.
Orig. — *Voir* rue de Reuilly.

REUILLY (Cité de) . . . . **XII**ᵉ Arrondissement . . . . 46ᵉ Quartier.

2860   **Commence** rue de Reuilly, 119. — **Finit** rue de Picpus, 70.
Long^r : 287^m,00.
Moindre larg^r : 8^m,00.   (*Voie privée.*)
Orig. — *Voir* rue de Reuilly.

REUILLY (Porte de) . . . . . . **XII**ᵉ Arrondissement . . . . 46ᵉ Quartier.

2861   **Située** boulevard Poniatowski, en prolongement de la rue Decaen.
Orig. — A l'extrémité de la rue Claude-Decaen, qui fait suite à la rue de Reuilly.

REUILLY (Rue de) . . . . **XII**ᵉ Arrondissement . . . . 46ᵉ Quartier.

2862   **Commence** r. du faub. Saint Antoine, 202, et Chaligny, 28. — **Finit** place Daumesnil, 1.
Long^r : 1.330^m,00.
Moindre larg^r : 15^m,80. — Ord. royale du 8 septembre 1847. *Modification* de l'*Alignement* du côté des numéros pairs, entre la rue des Quatre Chemins et la place Daumesnil (*Voir* le Décret du 16 avril 1889).
Obs. — Cette modification a été exécutée entre le numéro 100 et la place Daumesnil.
Arrêté préfectoral du 30 décembre 1853. *Nivellement.*
Orig. — Doit son nom à l'ancien château de Reuilly (Romiliacum), séjour des rois Mérovingiens.

RÉUNION (Impasse de la) ** . . . . **XX**ᵉ Arrondissement . . . . 80ᵉ Quartier.
Anciennement commune de Charonne.

2863   **Située** place de la Réunion, 59.
Long^r : 25^m,00.
Larg^r : 4^m,00.   (*Voie privée.*)
Orig. = *Voir* place de la Réunion.

RÉUNION (Passage de la) . . . . . **III**ᵉ Arrondissement . . . . 12ᵉ Quartier.

2864   **Commence** rue du Maure, 2. — **Finit** rue Saint Martin, 176.   (I. 11. — P. 10.)
Long^r : 108^m,00.
Moindre larg^r : 3^m,00.   (*Voie privée.*)
Orig. — Formé vers 1790, porte le nom de l'ancienne section révolutionnaire de la Réunion, dans laquelle il était compris.

RÉUNION (Place de la) ** . . . . . **XX**ᵉ Arrondissement . . . . 80ᵉ Quartier.
Anciennement commune de Charonne.

2865   **Située** à l'intersection des r. Alexandre Dumas, 43; de Terre Neuve, 30; de la Réunion, 62, et de Vitruve, 1.   (*Place plantée.*)
Rayon : 36^m,00. — Décret du 8 septembre 1849. *Ouverture* et *Alignements.*
Décret du 23 mai 1863. *Classement* (confirmation).
Orig. — *Voir* rue de la Réunion.

RÉUNION (Rue de la) *. . . . . . **XX**e ARRONDISSEMENT . . . . 80e QUARTIER.
Anciennement commune de Charonne.

2866 **Commence** rue d'Avron, 75. — **Finit** rue de Bagnolet, 58.   (I. 113. — P. 98.)
Longr : 664m,00.
Largr : 10m,00. — DÉCRET DU 8 SEPTEMBRE 1849. *Ouverture* et *Alignements.*
DÉCRET DU 23 MAI 1863. *Classement* (confirmation).
ARRÊTÉ PRÉFECTORAL DU 30 AOUT 1860. *Nivellement* entre la rue d'Avron et la place de la Réunion.
ARRÊTÉ PRÉFECTORAL DU 8 AOUT 1860. *Nivellement* entre la place de la Réunion et la rue de Bagnolet.
ARRÊTÉ PRÉFECTORAL DU 2 AVRIL 1868. *Dénomination* actuelle.
OBS. — Précédemment rues du Centre et de la Réunion.
ORIG. — Rue ouverte entre le grand et le petit Charonne, pour reunir ces deux agglomérations.

REUSS (Passage de la). . . . . . **XI**e ARRONDISSEMENT . . . . 44e QUARTIER.

2867 **Commence** rue de l'Orillon, 23. — **Finit** r. du Faubourg du Temple, 98. (I. 19. — P. 16.)
Longr : 140m,00.
Largr : 6m,00 environ.   (*Voie privée.*)
ARRÊTÉ PRÉFECTORAL DU 1er FÉVRIER 1877. *Dénomination* actuelle.
OBS. — Précédemment passage Saint Pierre du Temple.
ORIG. — Rivière de Suisse, au pied du Saint-Gothard, célèbre par les combats qui s'y livrèrent en 1799 entre les Français et l'armée austro-russe.

RHIN (Rue du) **. . . . . **XIX**e ARRONDISSEMENT . . . . 76e QUARTIER.
Anciennement commune de La Villette.

2868 **Commence** rue de Meaux, 104. — **Finit** rue Meynadier.   (I. 19. — P. 18.)
Longr : 284m,00.
DÉCRET DU 23 MAI 1863. *Classement* de la partie comprise entre la rue de Meaux et la rue Petit.
Largr : 10m,00. — *Alignements* projetés de cette première partie.
Largr : 12m,00. OBS. — Le surplus n'est pas classé; la largeur est de 12m,00.
ARRÊTÉ PRÉFECTORAL DU 26 FÉVRIER 1867. *Dénomination* actuelle.
OBS. — Précédemment chemin des Carrières du Centre.
ORIG. — Grand fleuve de l'Europe; groupe géographique du canal de l'Ourcq.

RIBERA (Rue). . . . . **XVI**e ARRONDISSEMENT . . . . 61e QUARTIER.
Anciennement commune d'Auteuil.

2869 **Commence** rue de la Fontaine, 66. — **Finit** rue Mozart.   (I. 25. — P. 34.)
Longr : 247m,00.
Largr : 8m,00. — ARRÊTÉ PRÉFECTORAL DU 28 JANVIER 1828.
DÉCRET DU 23 MAI 1863. *Classement* (confirmation).
Id. : 8m,00. — DÉCRET DU 29 MAI 1867. *Prolongement* entre la rue Dangeau et la rue Mozart.
OBS. — Cette partie de la voie n'est pas encore exécutée.
ARRÊTÉ PRÉFECTORAL DU 25 AOUT 1877. *Nivellement.*
DÉCRET DU 11 SEPTEMBRE 1869. *Dénomination* actuelle.
OBS. — Précédemment rue de la Croix.
ORIG. — Joseph Ribera, peintre espagnol (1588-1656); quartier où ont été groupés des noms d'artistes.

RIBET (Impasse). . . . . **XV**e ARRONDISSEMENT . . . . 58e QUARTIER.
Anciennement commune de Grenelle.

2870 **Située** rue de la Croix Nivert, 31.
Longr : 68m,00.
Largr : 3m,30 environ.   (*Voie privée.*)
ORIG. — Nom d'un propriétaire.

RIBLETTE (Rue) **. . . . . . . **XX**e ARRONDISSEMENT . . . . 80e QUARTIER.
Anciennement commune de Charonne.

2871 **Commence** rue Saint Blaise, 15. — **Finit** rue des Balkans, 12. (I. 15. — P. 16.)
Longr : 102m,00.
Largr : 6m,00. — ORD. ROYALE DU 27 AOUT 1844. *Alignements.*
DÉCRET DU 23 MAI 1863. *Classement* (confirmation).
Largr : 7m,00. — *Alignements* projetés.
ARRÊTÉ PRÉFECTORAL DU 17 MAI 1864. *Nivellement.*
ORIG. — Nom de propriétaire.

RIBOUTTÉ (Rue). . . . . IXe Arrondissement. . . . . 35e Quartier.

2872   **Commence** rue Bleue, 12. — **Finit** rues La Fayette, 82, et Papillon, 11.   (I. 7. — P. 6.)
  Long^r : 60^m,00.
  Larg^r : 9^m,74. — Décision ministérielle du 21 prairial an X.
  Id. : 9^m,74. — Ord. royale du 23 août 1833. *Alignements.*
 Orig. — Ouverte en 1781, sur les terrains de MM. Riboutté.

RICAUT (Passage) **. . . . . XIIIe Arrondissement. . . . . 50e Quartier.
       Anciennement commune d'Ivry.

2873   **Commence** rue du Château des Rentiers, 169. — **Finit** rue du Gaz. 50.   (I. 7. — P. 12.)
  Long^r : 166^m,00.
  Larg^r : 5^m,50 environ. (*Voie privée.*)
 Orig. — Nom du propriétaire.

RICHARD (Passage) . . . . XVIIe Arrondissement. . . . . 68e Quartier.
       Anciennement commune des Batignolles.

2874   **Commence** cité du Bastion, 14. — **Finit** boulevard Bessières, 79.
  Long^r : 53^m,00.
  Larg^r : 2^m,00. (*Voie privée.*)
 Orig. — Nom du propriétaire.

RICHARD LENOIR (Boulevard). . XIe Arrondissement . . . . . . 41e, 42e et 43e Quartiers.

2875   **Commence** boulevard Beaumarchais, 2, et place de la Bastille, 14. — **Finit** avenue de la
  République, 22, et rue Rampon.   (I. 129. — P. 140.)
  Long^r : 1300^m,00.
  Larg^r : 60^m,00. — Ord. royale du 15 août 1821. *Ouverture* et *Alignements.*
    Obs. — Un décret du 30 avril 1859 a approuvé la couverture du Canal Saint
     Martin, entre la rue Rampon et la place de la Bastille.
    Obs. — Précédemment quais de Valmy et de Jemmapes (partie).
 Orig. — François Richard, dit Richard Lenoir, manufacturier (1765-1839) ; quartier de fabriques.

RICHARD LENOIR (Rue) . . . . XIe Arrondissement. . . . . 43e Quartier.

2876   **Commence** rue de Charonne, 95. — **Finit** boulevard Voltaire, 134.   (I. 53. — P. 56.)
  Long^r : 365^m,00.
  Larg^r : 12^m,00 environ. (*Voie privée.*)
 Orig. — *Voir* Boulevard Richard Lenoir.

RICHELIEU (Passage de) . . . . . . Ier Arrondissement . . . . 3e Quartier.

2877   **Commence** rue de Montpensier, 15. — **Finit** rue de Richelieu, 18.
  Long^r : 16^m,00.
  Larg^r , 2^m,75.   (*Voie privée.*)
    Arrêté préfectoral du 1er février 1877. *Dénomination* actuelle.
     Obs. — Précédemment passage de Bretagne.
 Orig. — *Voir* rue de Richelieu.

RICHELIEU (Rue de) . . . . Ier Arrondissement . . . . 3e Quartier.
          IIe Arrondissement . . . . 6e Quartier.

2878   **Com.** place du Théâtre Français, 2, et rue Saint Honoré. — **Finit** boulevards des Italiens, 1,
  et Montmartre, 21.   (I. 103. — P. 112.)
  Long^r : 960^m,00.
  Larg^r : 10^m,00. — Décision ministérielle du 18 pluviôse an X. *Alignements.*
  Larg^r : 17^m,00. — Décret du 3 mai 1854. (Place du Théâtre Français.)
    Obs. — Les immeubles situés du côté des numéros impairs ont été suppri-
     més dans cette partie pour la création de la place du Théâtre
     Français.
  Larg^r : 12^m,00. — Ord. royale du 8 mars 1839. *Alignements* depuis la place du
    Théâtre Français et la rue Montpensier jusqu'aux boulevards des
    Italiens et Montmartre.
    Arrêté préfectoral du 30 mai 1868. *Nivellement* entre la place du
    Théâtre Français et le numéro 15.
    Arrêtés préfectoraux des 2 juin et 1er septembre 1868. *Nivelle-
    ment* entre la rue Saint Augustin et la rue de la Bourse.
     Obs. — Cette voie avait reçu le nom de rue de La Loi le 30 septembre 1793,
      elle a repris son ancien nom en 1806.
 Orig. — Armand-Jean du Plessis, cardinal duc de Richelieu, premier ministre sous Louis XIII (1585-1642) ; voisinage
  de son palais, devenu aujourd'hui le Palais Royal.

RICHEMONT (Rue de) ※※ . . . . . **XIII**ᵉ Arrondissement . . . . 50ᵉ Quartier.
Anciennement commune d'Ivry.

2879 **Commence** rue de Domrémy, 55. — **Finit** rue du Château des Rentiers, 86. (I. 25.)
Long¹ : 150ᵐ,00.
Larg¹ : 8ᵐ,00. (*Voie privée.*)
Arrêté préfectoral du 1ᵉʳ février 1877. *Dénomination* actuelle.
Obs. — Précédemment rue de la Croix Rouge.
Orig. — Arthur III de Bretagne, comte de Richemont, connétable de France sous Charles VII (1393-1456); voisinage de la place Jeanne Darc.

RICHEPANCE (Rue). . . . . Iᵉʳ Arrondissement . . . . 4ᵉ Quartier.
VIIIᵉ Arrondissement . . . . 31ᵉ Quartier.

2880 **Commence** rue Saint Honoré, 404. — **Finit** rue Duphot, 21. (I. 13. — P. 14.)
Long¹ : 113ᵐ,00.
Larg¹ : 12ᵐ,60. — Ord. royale du 24 août 1833. *Alignements.*
Obs. — Cette voie a été ouverte en 1807.
Orig. — Antoine Richepance, général de division (1770-1802).

RICHER (Galerie). . . . . **IX**ᵉ Arrondissement . . . . 35ᵉ Quartier.
2881 **Commence** rue Geoffroy Marie, 11 *bis.* — **Finit** rue Richer, 33.
Long¹ : 30ᵐ,00.
Larg¹ : 4ᵐ,00 environ. (*Voie privée.*)
Orig. — *Voir* rue Richer.

RICHER (Rue). . . . . **IX**ᵉ Arrondissement. . . . . 35ᵉ Quartier.
2882 **Commence** rue du Faubourg Poissonnière, 43. — **Finit** rues du Faubourg Montmartre, 32, et Cadet, 2. (I. 53. — P. 60.)
Long¹ : 380ᵐ,00.
Larg¹ : 9ᵐ,74. — Décision ministérielle du 15 thermidor an XI.
Larg¹ : 9ᵐ,74. — Ord. royale du 23 août 1833. *Alignements.*
Orig. — Jean-Charles Richer était échevin lorsqu'elle fut ouverte (1782).

RICHERAND (Avenue). . . . . . . **X**ᵉ Arrondissement. . . . . 39ᵉ Quartier.
2883 **Commence** quai de Jemmapes, 74. — **Finit** rue Bichat, 47 *bis.* (I. 7. — P. 16.)
Long¹ : 120ᵐ,00.
Larg¹ : 20ᵐ,00. — Arrêtés des 4 août 1824, 11 août 1830 et 8 juillet 1835. *Ouverture.*
Larg¹ : 20ᵐ,00. — Ord. royale du 24 octobre 1816. *Alignements.*
Décret du 7 mai 1851. *Dénomination* actuelle.
Obs. — Précédemment avenue de l'Hôpital Saint Louis.
Orig. — Le baron Anselme-Balthazar Richerand, physiologiste, chirurgien en chef de l'hôpital Saint Louis (1779-1840).

RICHOMME (Rue) ※※ . . . . . . **XVIII**ᵉ Arrondissement . . . . 71ᵉ Quartier.
Anciennement commune de La Chapelle.

2884 **Commence** rue des Gardes, 27. — **Finit** rue Polonceau, 36. (I. 15 — P. 22.)
Long¹ : 105ᵐ,00.
Décret du 23 mai 1843. *Classement.*
Larg¹ : 8ᵐ,00. — *Alignements* projetés. (Largeur exécutée.)
Arrêté préfectoral du 3 février 1865. *Nivellement.*
Décret du 24 août 1864. *Dénomination* actuelle.
Obs. — Précédemment passage Lecante.
Orig. — Joseph-Théodore Richomme, graveur (1785-1849).

RIGAUD (Impasse) ※※. . . . . . **XVI**ᵉ Arrondissement . . . . 64ᵉ Quartier.
2885 **Située** rue de Longchamp, 20. (I. 7.)
Long¹ : 103ᵐ,00.
Larg¹ : 2ᵐ,50 environ. — Délibération du Conseil municipal du 4 mars 1836.
« Il ne sera délivré aucun alignement dans les rues des Champs, du Bouquet des Champs et dans l'impasse de la Croix Boissière à Chaillot. »
Décret du 27 février 1867. *Dénomination* actuelle.
Obs. — Précédemment rue du Bouquet des Champs.
Orig. — Hyacinthe Rigaud, peintre (1659-1743).

RIGNY (Rue de)......... **VIII**ᵉ Arrondissement .... 32ᵉ Quartier.

2886   **Commence** boulevard Malesherbes, 53. — **Finit** rue Roy, 8.   (l. 7. — P. 2.)
    Longᵣ : 39ᵐ,00.
    Largᵣ : 8ᵐ,00. — Décision ministérielle du 3 thermidor an IX.
    Largᵣ : 10ᵐ,00. — Ord. royale du 31 août 1846.
    Largᵣ : 10ᵐ,00. — Décret du 16 juillet 1862. *Alignements* par mesure ordinaire de voirie.
        Décret du 24 août 1864. *Dénomination* actuelle.
          Obs. — Précédemment rue Saint Michel.
  Orig. — Henri Gauthier, comte de Rigny, vice-amiral (1782-1835).

RIGOLES (Cité des) **....... **XX**ᵉ Arrondissement .... 77ᵉ Quartier.
            Anciennement commune de Belleville.

2887   **Située** rue des Rigoles, 31.   (l. 7. — P. 6.)
    Longᵣ : 70ᵐ,00.
    Largᵣ : 1ᵐ,50 environ.   (*Voie privée.*)
  Org. — *Voir* rue des Rigoles.

RIGOLES (Rue des) **....... **XX**ᵉ Arrondissement .... 77ᵉ Quartier.
            Anciennement commune de Belleville.

2888   **Commence** rue de Belleville, 122. — **Finit** rue Pixérécourt, 72.   (l. 103. — P. 114.)
    Longᵣ : 630ᵐ,00.
    Largᵣ : 8ᵐ,00. — Ord. royale du 28 février 1837. *Alignements.*
        Décret du 23 mai 1863. *Classement* (confirmation).
        Arrêté préfectoral du 8 décembre 1872. *Nivellement.*
  Orig. — Doit sa dénomination à un regard de ce nom, situé sur les rigoles de Belleville.

RIQUET (Rue) **........ **XVIII**ᵉ Arrondissement .... 72ᵉ Quartier.
          XIXᵉ Arrondissement........... 73ᵉ Quartier.
            Anciennement communes de La Villette et de La Chapelle.

2889   **Commence** quai de la Seine, 69. — **Finit** rues Philippe de Girard, 98, et de La Chapelle, 78.
    Longᵣ : 1267ᵐ,00.   (l. 84. — P. 98.)
    Largᵣ : 12ᵐ,00.— Ord. royale du 21 février 1829. *Alignements* entre le quai de la Seine et la rue d'Aubervilliers.
    Largᵣ : 12ᵐ,00. — Ord. royale du 11 septembre 1842. *Alignements* entre la rue d'Aubervilliers et les rues Philippe de Girard et de La Chapelle.
        Décret du 23 mai 1863. *Classement* (confirmation).
        Arrêté préfectoral du 25 avril 1866. *Nivellement.*
        Décret du 2 octobre 1865. *Dénomination* actuelle.
          Obs. — Précédemment rue du Havre, chemin de La Chapelle et chemin de la Tournelle.
  Orig. — Pierre-Raoul Riquet, baron de Bonrepaux, créateur du canal du Languedoc (1604-1680) ; voisinage du canal de l'Ourcq.

RIVERIN (Cité).......... **X**ᵉ Arrondissement........... 39ᵉ Quartier.

2890   **Commence** rue de Bondy, 74. — **Finit** rue du Château d'Eau, 29 *bis.* (l. 11. — P. 10.)
    Longᵣ : 197ᵐ,00.
    Largᵣ : 2ᵐ,70 environ.   (*Voie privée.*)
  Org. — Ouverte en 1829 par M. Riverin, mécanicien.

RIVIÈRE (Passage) **...... **XX**ᵉ Arrondissement .... 79ᵉ Quartier.
            Anciennement commune de Belleville.

2891   **Commence** rue des Cendriers, 27. — **Finit** rue des Panoyaux, 26. (l. 21. — P. 22.)
    Longᵣ : 103ᵐ,00.
    Largᵣ : 2ᵐ,20.   (*Voie privée.*)
  Orig. — Nom d'un propriétaire.

RIVOLI (Place de)......... **I**ᵉʳ Arrondissement........... 3ᵉ Quartier.

2892   **Située** rue de Rivoli, 192.
    Longᵣ : 23ᵐ,00.
    Largᵣ : 42ᵐ,00. — Arrêté des Consuls du 17 vendémiaire an X. *Ouverture* et *Alignements.*
        Obs. — Les constructions riveraines ne peuvent être élevées que suivant les plans et façades imposés par l'Administration.
  Orig. — *Voir* rue de Rivoli.

RIVOLI (Rue de) . . . .   Ier Arrondissement . . . . . 1er, 2e, 3e et 4e Quartiers.

IVe Arrondissement . . . . 13e et 14e Quartiers.

2593 **Commence** rues François Miron, 45, et de Sévigné, 1. — **Finit** place de la Concorde et rue Saint Florentin, 2.   (I. 91. — P. 258.)

Long^r : 2950^m,00.

Larg^r : 22^m,00. — Décret du 29 septembre 1854 (U. P.). *Ouverture* depuis les rues François Miron et de Sévigné jusqu'à la place Baudoyer et la rue Bourg Tibourg.

Id.   22^m,00. — Décret du 23 mai 1850 (U. P.). *Ouverture* depuis la place Baudoyer et la rue Bourg Tibourg jusqu'à la place de l'Hôtel de Ville.

Id.   22^m,00. — Loi du 4 août 1851. *Ouverture* entre la place de l'Hôtel de Ville et la rue du Louvre.

Id.   22^m,00. — Décrets des 4 octobre 1849 (U. P.) et 23 décembre 1852 (U.P.). *Ouverture* entre la rue du Louvre et le passage Delorme.

Id.   20^m,78. — Arrêté des consuls du 17 vendémiaire an x. *Ouverture* depuis le passage Delorme jusqu'à la place de la Concorde et la rue Saint Florentin.

Décrets des 19 février, 15 novembre et 22 novembre 1853 (U. P.). Expropriations complémentaires pour la formation des abords.

Obs. — Des façades symétriques avec arcades sont obligatoires entre la rue du Louvre et la rue Saint Florentin.

Orig. — Victoire remportée par l'armée française, commandée par Bonaparte, sur les Autrichiens, les 14 et 15 janvier 1797.

ROBERT (Impasse) ※. . . . . .   XVIIIe Arrondissement . . . . 69e Quartier.

Anciennement commune de Montmartre.

2594 **Située** rue du Poteau, 77.   (P. 14.)

Long^r : 220^m,00.

Larg^r :   3^m,00.   (*Voie privée*.)

Orig. — Nom de propriétaire.

ROBINEAU (Passage) ※. . . . .   XXe Arrondissement . . . . 79e Quartier.

Anciennement commune de Charonne.

2595 **Com.** rue Robineau, 10. — **Finit** en impasse au delà de la rue des Poiriers. (I. 15. — P. 6.)

Long^r : 75^m,00.

Larg^r :   5^m,00.   (*Voie privée*.)

Arrêté préfectoral du 1er février 1877. *Dénomination* actuelle.

Obs. — Précédemment passage du Progrès.

Orig. — *Voir* rue Robineau.

ROBINEAU (Rue) ※※. . . . . . .   XXe Arrondissement. . . . . 79e Quartier.

Anciennement commune de Charonne.

2596 **Commence** rue Désirée, 9. — **Finit** avenue de la République.   (I. 21. — P. 24.)

Long^r : 170^m,00.

Larg^r :   8^m,00 environ.   (*Voie privée*.)

Orig. — Nom d'un propriétaire.

ROBIQUET (Impasse) ※※. . . . . .   VIe Arrondissement . . . . 23e Quartier.

2597 **Située** boulevard du Montparnasse, 81.

Long^r : 100^m,00.

Larg^r :   5^m,50.   (*Voie privée*.)

Décret du 10 février 1875. *Dénomination*.

Obs. — Précédemment impasse du Montparnasse.

Orig. — Pierre-Jean Robiquet, chimiste (1775-1840).

ROCHAMBEAU (Rue) ※. . . . . .   IXe Arrondissement . . . . 36e Quartier.

2598 **Commence** rue Baudin, 1. — **Finit** rue Mayran, 2.   (P. 14.)

Long^r : 81^m,00.

Larg^r : 12^m,00. — Décret du 19 mars 1862 (U. P.). *Ouverture* et *Alignements*.

Décret du 2 mars 1867. *Dénomination*.

Orig. — Le comte Jean-Baptiste-Donatien de Rochambeau, maréchal de France (1725-1807).

ROCHEBRUNE (Passage) . . . . .   XIe Arrondissement . . . . 42e Quartier.

2599 **Commence** rue Rochebrune, 13. — **Finit** rue Lacharrière, 26.

Long^r : 133^m,00.

Larg^r :   6^m,00.   (*Voie privée*.)

Orig. — *Voir* rue Rochebrune.

ROCHEBRUNE (Rue) . . . .   **XI**e Arrondissement . . . .   42e Quartier.

2900   **Commence** avenue Parmentier, 28. — **Finit** rue Saint Maur, 41.   (I. 13. — P. 26.)
      Long^r : 180^m,00.
      Larg^r : 12^m,00. — *Voie non classée*, ouverte par la Ville de Paris sur les terrains prove-
               nant de l'abattoir Ménilmontant. (Délibération du Conseil muni-
               cipal du 27 août 1869.)
             Arrêté préfectoral du 12 mars 1870. *Nivellement.*
               Décret du 10 février 1875. *Dénomination.*
  Orig. — Rochebrune, colonel du 19e régiment de marche, tué à la bataille de Montretout (19 janvier 1871) ; quartier où
  ont été groupés des noms d'officiers tués pendant la guerre de 1870-1871.

ROCHECHOUART (Boulev. de) **. **IX**e Arrondissement . . . .   36e Quartier.
                           XVIIIe Arrondissement . . . .   70e Quartier.
      Anciennement commune de Montmartre (côté des numéros pairs).

2901   **Com.** boul. de Magenta, 157, et Ornano, 1. — **Finit** r. des Martyrs, 74. (I. 05. — P. 126.)
      Long^r : 730^m,00.
                { Ord. du bureau des finances du 16 janvier 1789.
      Larg^r : 15 toises. —   *Alignements* des anciens boulevards.
      Larg^r : 36 pieds. —   { *Alignements* des anciens chemins de ronde.
      Larg^r : 11^m,69. — Ord. royale du 12 août 1846. *Alignements* des anciens chemins de
               ronde.
   Moindre larg^r : 42^m,00. — Arrêté préfectoral du 13 mars 1861. *Alignements.*
               Décret du 23 mai 1863. *Classement* (confirmation).
               Arrêté préfectoral du 30 décembre 1864. *Dénomination* actuelle.
              Obs. — Précédemment boulevards des Poissonniers et de Rochechouart, chemin
             de ronde des Poissonniers et de Rochechouart, et place de la bar-
             rière Rochechouart.
  Orig. — *Voir rue de Rochechouart.*

ROCHECHOUART (Cité de) ** . .   **IX**e Arrondissement . . . .   36e Quartier.
2902   **Située** rues de Rochechouart, 60, et Pétrelle, 23.
      Long^r : 150^m,00.
   Moindre larg^r ;   4^m,00.   (*Voie privée.*)
  Orig. — *Voir rue de Rochechouart.*

ROCHECHOUART (Rue de) * . .   **IX**e Arrondissement . . . .   36e Quartier.
2903   **Commence** rues Lamartine, 2, et de Montholon, 36. — **Finit** rue de Gérando, 20, et
      boulevard de Rochechouart, 19.   (I. 93. — P. 92.)
      Long^r : 765^m,00.
      Larg^r : 11^m,00. — Décision ministérielle du 21 prairial an X.
               Décret du 27 août 1859. *Modification* de l'alignement au devant
               de la propriété n° 1.
  Orig. — Ouverte sur les dépendances de l'abbaye de Montmartre, a reçu le nom de Marguerite de Rochechouart de
  Montpipeau (1665-1727), abbesse de 1713 à 1727.

ROCHER (Rue du) . . . .   **VIII**e Arrondissement . . . .   32e Quartier.
2904   **Commence** rues Pasquier, 43, et de Rome, 15. — **Finit** boulevard de Courcelles, 1, et rue
      de Constantinople, 43.   (I. 101. — P. 94.)
      Long^r : 790^m,00.
      Larg^r : 12^m,00. — Arrêté du pouvoir exécutif du 8 août 1848. *Alignements* entre les
               rues Pasquier et de Rome, et la rue de la Bienfaisance.
      Larg^r : 12^m,00. — Ord. royale du 2 février 1826. *Ouverture* et *Alignements*, depuis la
               rue de la Bienfaisance jusqu'au boulevard de Courcelles et à la
               rue de Constantinople.
  Orig. — Doit probablement son nom à sa pente escarpée.

ROCROY (Rue de) ** . . . .   **X**e Arrondissement . . . .   37e Quartier.
2905   **Commence** rue d'Abbeville, 6. — **Finit** boulevard de Magenta, 133.   (I. 31. — P. 34.)
      Long^r : 300^m,00.
      Larg^r : 12^m,00. — Ord. royale du 31 janvier 1827. *Ouverture* entre la rue d'Abbe-
               ville et la rue de Dunkerque.
      Larg^r : 12^m,00. — Ord. royale du 26 avril 1846. *Ouverture* et *Alignements* entre la
               rue de Dunkerque et le boulevard de Magenta.
             Décision ministérielle du 26 mai 1847. *Dénomination* actuelle.
              Obs. — Précédemment rue des Jardins Poissonnière.
  Orig. — Ville du département des Ardennes, où Condé remporta, le 19 mai 1643, une célèbre victoire sur les Espagnols ; voisinage du chemin de fer du Nord.

RODIER (Impasse). . . . . **IX**e ARRONDISSEMENT. . . . . 36e QUARTIER.

2906   **Située** rue Rodier, 15.   (1. 9. — P. 6.

      Longr : 115m,00.

      Largr : 5m,00.   (*Voie privée.*)

             OBS. — Ouverte en 1820.

         ARRÊTÉ PRÉFECTORAL DU 1er FÉVRIER 1877. *Dénomination* actuelle.

             OBS. — Précédemment impasse de l'École.

 ORIG. — *Voir* rue Rodier.

RODIER (Rue) *. . . . . **IX**e ARRONDISSEMENT. . . . . 36e QUARTIER.

2907   **Commence** rues de Maubeuge, 9, et Choron, 4. — **Finit** avenue Trudaine, 3.   (1. 61. — P.76.)

      Longr : 485m,00.

      Largr : 7m,00. — DÉCISION MINISTÉRIELLE DU 6 VENDÉMIAIRE AN XIV. *Classement* et *Alignements* entre la rue Choron et le n° 7 (11 *bis* ancien) inclus et à l'impasse Briare.

      Largr : 8m,00. — DÉCRET DU 30 DÉCEMBRE 1873. *Classement*, *Alignements* et *Nivellement* entre le n° 9 (13 ancien) et l'impasse Briare, et la rue de La Tour d'Auvergne.

      Largr : 10m,00. — DÉCRET DU 11 OCTOBRE 1850. *Classement* et *Alignements* entre la rue de La Tour d'Auvergne et l'avenue Trudaine.

             OBS. — Ce décret porte : ART. 2. — L'exécution immédiate des alignements ci-dessus arrêtés est déclarée d'utilité publique au droit des propriétés qui font saillie du côté de l'avenue Trudaine.

         ARRÊTÉ DU 1er FÉVRIER 1877. *Réunion* de la rue Neuve Coquenard à la rue Rodier.

             OBS. — Précédemment rues Neuve Coquenard et Rodier.

 ORIG. — Ouverte en 1833, sur les terrains de M. Rodier, sous-gouverneur de la Banque.

ROGER (rue) **. . . . . . . **XIV**e ARRONDISSEMENT. . . . . 53e QUARTIER.

         Anciennement commune de Montrouge.

2908   **Commence** rue du Champ d'Asile, 47. — **Finit** rue Daguerre, 62.   (1. 17. — P. 12.)

      Longr : 110m,00.

      Largr : 10m,00 environ.   (*Voie privée.*)

 ORIG. — Nom d'un propriétaire.

ROHAN (Cour de) . . . . . . **VI**e ARRONDISSEMENT . . . . 21e QUARTIER.

2909   **Commence** rue du Jardinet, 4. — **Finit** cour du Commerce, 2.   (1. 3 *bis*.)

      Longr : 53m,00.

    Moindre largr : 3m,00.   (*Voie privée.*)

 ORIG. — Était voisine de l'hôtel des archevêques de Rouen ; Rohan est une corruption du nom primitif.

ROHAN (Rue de). . . . . **I**er ARRONDISSEMENT . . . . 3e QUARTIER.

2910   **Commence** rue de Rivoli, 172. — **Finit** rue Saint Honoré, 157.   (1. 3. — P. 1.)

      Longr : 38m,00.

      Largr : 22m,00. — DÉCRETS DES 15 NOVEMBRE 1853 ET 3 MAI 1854 (U. P.). *Alignements, Élargissement.*

         ARRÊTÉS PRÉFECTORAUX DES 12 JUILLET ET 3 JUIN 1855. *Nivellement.*

 ORIG. — Le cardinal de Rohan, grand aumônier de France, administrateur de l'hôpital des Quinze-Vingts, sur l'emplacement duquel cette rue fut ouverte (1780).

ROI D'ALGER (Passage du) . . . **XVIII**e ARRONDISSEMENT. . . . . 70e QUARTIER.

         Anciennement commune de Montmartre.

2911   **Commence** rue du Roi d'Alger, 17. — **Finit** rue Championnet, 51.

      Longr : 40m,00.

      Largr : 4m,70.   (*Voie privée.*)

 ORIG. — *Voir* rue du Roi d'Alger.

ROI D'ALGER (Rue du) . . . . . **XVIII**e ARRONDISSEMENT . . . . 70e QUARTIER.

         Anciennement commune de Montmartre.

2912   **Commence** boulevard Ornano, 150. — **Finit** rue Neuve de la Chardonnière. (1. 23. — P. 16.)

      Longr : 90m,00.

      Largr : 12m,00.   (*Voie privée.*)

 ORIG. — Ancien nom donné par un propriétaire.

ROI DE SICILE (Rue du) . . . . . **IV**e ARRONDISSEMENT . . . . 14e QUARTIER.

2913   **Commence** rue Malher, 3. — **Finit** rue Bourg Tibourg, 6.   (1. 43. — P. 62.)

      Longr : 442m,00.

      Largr : 8m,00. — DÉCISION MINISTÉRIELLE DU 23 PRAIRIAL AN VII.

      Largr : 12m,00. — ORD. ROYALE DU 15 OCTOBRE 1830. *Alignements* entre la rue Malher et la rue Vieille du Temple.

ROI DE SICILE (Rue du). *(Suite.)*

  Larg^r : 12^m,50. — Ord. royale du 12 juillet 1837 et ord. royale du 18 juin 1845 (U. P.). *Démolition* de l'îlot situé entre les rues de Bercy et de la Croix Blanche ; *Réunion* de ces deux voies en une seule, comprise entre la rue Vieille du Temple et la rue du Bourg Tibourg, et *Alignements* de cette partie de la rue du Roi de Sicile.

  Larg^r : 10^m,00. — Décret du 29 septembre 1834 (U. P.). *Suppression* d'une partie de la voie, entre la rue Malher et la rue de Sévigné.

  Arrêté préfectoral du 2 avril 1868. *Dénomination* actuelle.

  Obs. — Cette rue portait précédemment les noms de rue du Roi de Sicile, de rue de Bercy au Marais, et de la Croix Blanche entre les rues Vieille du Temple et du Bourg Tibourg.

 Orig. — Doit son nom à l'hôtel de Charles, comte d'Anjou et de Provence, frère de saint Louis, proclamé roi de Naples et de Sicile en 1266.

ROI DORÉ (Rue du). . . . . IIIe Arrondissement . . . . 11e Quartier.

2914 **Commence** rue de Turenne, 79. — **Finit** rue de Thorigny, 22.   (I. 11. — P. 8.)

  Long^r : 59^m,00.

  Larg^r : 8^m,00. — Décision ministérielle du 8 ventôse an IX.

  Larg^r : 10^m,00. — Ord. royale du 16 mai 1833. *Alignements.*

 Orig. — On y voyait autrefois le buste doré du roi Louis XIII.

ROI FRANÇOIS (Cour du). . . . . ·. IIe Arrondissement . . . . 8e Quartier.

2915 **Située** rue Saint Denis, 194.

  Long^r : 56^m,00.

  Moindre larg^r : 2^m,50. — (*Propriété privée*, fermée par une grille.)

 Orig. — Ancienne dénomination ; étymologie inconnue.

ROLI (Rue) ** . . . . XIVe Arrondissement . . . . 54e Quartier.

   Anciennement commune de Gentilly.

2916 **Commence** rue d'Arcueil, 14. — **Finit** rue Gazan.   (I. 13. — P. 12.)

  Long^r : 95^m,00.

  Larg^r : 10^m,00 environ.   (*Voie privée.*)

  Obs. — L'impasse Robine a été prolongée jusqu'à la rue Gazan par la Ville de Paris.

  Précédemment impasse Robine (partie).

 Orig. — Nom de propriétaire.

ROLLEBOISE (Impasse) ** . . . . XXe Arrondissement . . . . 80e Quartier.

   Anciennement commune de Charonne.

2917 **Située** rue des Vignoles, 8.   (I. 1. — P. 12.)

  Long^r : 62^m,00.

  Larg^r : 3^m,00 environ.   (*Voie privée.*)

 Orig. — Village du département de Seine-et-Oise, pays natal de l'un des propriétaires.

ROLLIN (Rue) ** . . . . Ve Arrondissement . . . . 17e Quartier.

2918 **Commence** rue Monge, 36. — **Finit** rue du Cardinal Lemoine, 79 *bis.* (I. 23. — P. 16.)

  Long^r : 183^m,00.

  Larg^r : 7^m,00. — Décision ministérielle du 28 ventôse an IX.

  Larg^r : 10^m,00. — Ord. royale du 3 mars 1847. *Alignements.*

  Larg^r : 12^m,00. — *Alignements* exécutés pour le débouché sur la rue Monge, au droit des numéros 21 et 22 (*Alignements* projetés).

  Arrêté préfectoral du 30 novembre 1872. *Nivellement* pour le raccordement avec la rue Monge.

  Décret du 27 février 1867. *Dénomination* actuelle.

  Obs. — Précédemment rue Neuve Saint Étienne du Mont.

 Orig. — Charles Rollin, recteur de l'Université, auteur d'ouvrages classiques (1661-1741), a demeuré dans cette rue et y est mort.

ROMAINVILLE (Porte de) . . . . XIXe Arrondissement . . . . 75e Quartier

        XXe Arrondissement . . . . 78e Quartier.

2919 **Située** boulevards Sérurier et Mortier, en prolongement de la rue de Belleville.

 Orig. — A l'entrée du village de Romainville.

ROMAINVILLE (Rue de). . . . ·. XIXe Arrondissement . . . . 75e Quartier.

   Anciennement commune de Belleville.

2920 **Commence** rue de Belleville, 269. — **Finit** rue de Belleville, 327.   (I. 73. — 94.)

  Long^r : 590^m,00.

  Décret du 23 mai 1863. *Classement* (confirmation).

  Moindre larg^r : 10^m,00. — *Alignements* projetés. (Largeur actuelle, 8^m,00 moindre.)

  Arrêté préfectoral du 29 avril 1878. *Nivellement.*

  Obs. — Précédemment partie de la route départementale n° 26.

 Orig. — Conduit au village de Romainville.

ROME (Cour de) . . . . **III**e ARRONDISSEMENT . . . . 9e QUARTIER.

2921 **Commence** rue des Gravilliers, 24. — **Finit** rue des Vertus, 9.
Long^r : 120^m,00.
Moindre larg^r : 3^m,00. (*Voie privée.*)
ORIG. — Doit son nom à une maison dite du Puits de Rome.

ROME (Cour de) . . . . **XV**e ARRONDISSEMENT . . . . 58e QUARTIER.

2922 **Située** rue de Sèvres, 163.
Long^r : 30^m,00.
Moindre larg^r : 4^m,00. (*Voie privée.*)
ORIG. — Inconnue.

ROME (Rue de) . . . . **VIII**e ARRONDISSEMENT . . . . 31e et 32e QUARTIERS.
XVIIe ARRONDISSEMENT. . . . . 67e QUARTIER.

2923 **Commence** boulevard Haussmann, 176. — **Finit** rue Cardinet, 144. (I. 147. — P. 88.)
Long^r : 1743^m,00.
Larg^r : 20^m,00. — DÉCRET DU 22 FÉVRIER 1868 (U. P.). *Ouverture* et *Alignements* entre le boulevard Haussmann et la rue Saint Lazare (A).
Larg^r : 20^m,00. — DÉCRET DU 30 JUIN 1859 (U. P.). *Ouverture* et *Alignements* entre la rue Saint Lazare et le boulevard des Batignolles.
DÉCRET DU 19 FÉVRIER 1862 (U. P.). *Ouverture* et *Alignements* entre le boulevard des Batignolles et la rue Cardinet.
ARRÊTÉS PRÉFECTORAUX DES 24 FÉVRIER ET 9 NOVEMBRE 1864. *Nivellement*.
ARRÊTÉ PRÉFECTORAL DU 20 JUILLET 1868. *Dénomination* de la partie A.
ORIG. — Capitale de l'Italie ; voisinage de la place de l'Europe.

RONCE (Impasse) ※※ . . . . **XX**e ARRONDISSEMENT . . . . 79e QUARTIER.
Anciennement commune de Charonne.

2924 **Située** rue des Amandiers, 24. (I. 9. — P. 18.)
Long^r : 90^m,00.
Larg^r : 3^m,00 environ. (*Voie privée.*)
ORIG. — Voir passage Ronce.

RONCE (Passage) ※※ . . . . **XX**e ARRONDISSEMENT . . . . 77e QUARTIER.
Anciennement commune de Belleville.

2925 **Commence** rue Julien Lacroix, 16. — **Finit** rue des Couronnes. (I. 17. — P. 20.)
Long^r : 113^m,00.
Larg^r : 3^m,50. (*Voie privée.*)
ORIG. — Nom de propriétaire.

RONDEAUX (passage des) ※※ . . . **XX**e ARRONDISSEMENT . . . . 79e QUARTIER.

2926 **Commence** avenue de la République. — **Finit** rue des Rondeaux.
Long^r : 29^m,00
Larg^r : 8^m,00. — Voie ouverte par la Ville de Paris.

RONDEAUX (Rue des) ※※ . . . . . **XX**e ARRONDISSEMENT . . . . 79e QUARTIER.
Anciennement commune de Charonne.

2927 **Commence** passage Ramus, 1. — **Finit** avenue de la République, 202. (P. 92.)
Long^r : 403^m,00.
Larg^r : 2^m,33. — ARRÊTÉ PRÉFECTORAL DU 3 JUILLET 1830. *Classement*.
DÉCRET DU 23 MAI 1863. *Classement* (confirmation).
ARRÊTÉ PRÉFECTORAL DU 1er FÉVRIER 1877. *Dénomination* actuelle.
OBS. — Précédemment sentier des Baltreux ou sentier du Centre des Rondeaux.
ORIG. — Lieu dit.

RONDELET (Rue) . . . . **XII**e ARRONDISSEMENT . . . . 46e QUARTIER.

2928 **Commence** rue Érard, 23. — **Finit** boulevard Diderot, 100. (I. 11. — P. 10.)
Long^r : 105^m,00.
Larg^r : 10^m,00. — DÉCISION MINISTÉRIELLE DU 21 PRAIRIAL AN X. *Alignements* dans une longueur de 79^m,00, à partir de la rue Érard.
Larg^r : 10^m,00. — DÉCRET DU 10 DÉCEMBRE 1856. *Prolongement* jusqu'au boulevard Diderot.
DÉCRET DU 10 AOÛT 1868. *Dénomination* actuelle.
OBS. — Précédemment impasse de Reuilly.
ORIG. — Jean Rondelet, architecte (1742-1829).

RONDONNEAUX (Passage des) ** **XX**ᵉ Arrondissement . . . . 79ᵉ Quartier.
2929   **Commence** rue des Rondeaux. — **Finit** rues Malte Brun et des Rondeaux.
    Long⟨r⟩ : 175ᵐ,00.
    Larg⟨r⟩ : 2ᵐ,33.
        Arrêté préfectoral du 3 juillet 1830. *Classement.*
        Décret du 23 mai 1863. *Classement* (confirmation).
    Orig. — Lieu dit.

RONDONNEAUX (Rue des) ** . . **XX**ᵉ Arrondissement . . . . 79ᵉ Quartier.
2930   **Commence** rue des Pyrénées, 231. — **Finit** passage des Rondonneaux.   (I. 13. — P. 10.)
    Long⟨r⟩ : 75ᵐ,00.
    Larg⟨r⟩ : 10ᵐ,00. — Décret du 29 décembre 1879. *Alignements* et *Nivellement.*
        Décret du 23 mai 1863. *Classement.*
        Arrêté préfectoral du 31 août 1880. *Dénomination actuelle.*
          Obs. — Précédemment sentier de la cour des Noues (partiel. et rue des Au-
             drictics.
    Orig. — Lieu dit.

RONSARD (Rue) ** . . . . . . **XVIII**ᵉ Arrondissement . . . . 70ᵉ Quartier.
            Anciennement commune de Montmartre.
1931   **Commence** place Saint Pierre. — **Finit** rue Sainte-Marie et rue Charles Nodier.
    Long⟨r⟩ : 152ᵐ,00.
    Larg⟨r⟩ : 12ᵐ,00. — Décret du 11 août 1867 (U. P.). *Ouverture* et *Alignements.*
        Arrêté préfectoral du 17 juillet 1866. *Nivellement.*
        Décret du 10 février 1875. *Dénomination.*
    Orig. — Pierre de Ronsard, poète (1524-1585).

RONSIN (Impasse) * . . . . . . **XV**ᵉ Arrondissement . . . . 58ᵉ Quartier.
2932   **Située** rue de Vaugirard, 152.
    Long⟨r⟩ : 125ᵐ,00.
    Larg⟨r⟩ : 8ᵐ,00 environ.   (*Voie privée.*)
        Arrêté préfectoral du 1ᵉʳ février 1877. *Dénomination* actuelle.
          Obs. — Précédemment impasse du Luxembourg.
    Orig. — M. Ronsin, entrepreneur de menuiserie, créateur du passage. .

ROQUÉPINE (Rue) . . . . . . **VIII**ᵉ Arrondissement . . . . 31ᵉ Quartier.
1933   **Commence** boulevard Malesherbes, 41. — **Finit** rue Cambacérès, 20.   (I. 17. — P. 22.)
    Long⟨r⟩ : 187ᵐ,00.
    Larg⟨r⟩ : 12ᵐ,00. — Décret du 16 juillet 1862 (U. P.). *Ouverture* et *Alignements* entre
        le boulevard Malesherbes et la rue d'Astorg.
    Larg⟨r⟩ : 10ᵐ,00. — Décision ministérielle du 1ᵉʳ messidor an XII.
    Larg⟨r⟩ : 12ᵐ,00. — Ord. royale du 27 septembre 1836. *Alignements* entre la rue
        d'Astorg et la rue Cambacérès.
        Arrêté préfectoral du 22 décembre 1861. *Nivellement* entre le
        boulevard Malesherbes et la rue d'Astorg.
          Orig. — Ouverte en 1770 sur des terrains appartenant à Louis d'Astorg d'Aubarède, marquis de Roquépine, lieutenant-
            général.

ROQUETTE (Avenue de la) . . . . **XI**ᵉ Arrondissement . . . . 43ᵉ Quartier.
2934   **Commence** rue de Charonne, 83. — **Finit** rue de la Roquette, 130.   (I. 45. — P. 42.)
    Long⟨r⟩ : 403ᵐ,00.
    Larg⟨r⟩ : 11ᵐ,00 environ.   (*Voie privée.*)
    Orig. — Voir rue de la Roquette.

ROQUETTE (Rue de la) . . . . . . **XI**ᵉ Arrondissement . . . . 43ᵉ Quartier.
2935   **Commence** place de la Bastille, 8, et rue du Faubourg Saint Antoine, 1. — **Finit** boulevard
    de Ménilmontant, 21.   (I. 181. — P. 260.)
    Long⟨r⟩ : 1505ᵐ,00.
    Larg⟨r⟩ : 10ᵐ,00. — Décision ministérielle du 3 prairial an IX. *Alignements* entre la
        place de la Bastille et la rue des Murs de la Roquette.
    Larg⟨r⟩ : 14ᵐ,00. — Décret du 2 octobre 1872. *Alignements* depuis la place de la
        Bastille et la rue du Faubourg Saint Antoine jusqu'aux rues
        Daval et de Lappe.
  Moindre larg⟨r⟩ : 13ᵐ,00. — Ord. royale du 6 mai 1827. *Alignements* depuis les rues Daval et
        de Lappe jusqu'à la place Voltaire et à l'avenue de la Roquette.
        Décret du 29 août 1857 (U. P.). *Élargissement* du côté droit, entre
        l'avenue de la Roquette et la rue des Murs de la Roquette.
    Larg⟨r⟩ : 10ᵐ,00. — Décision ministérielle du 12 décembre 1818. *Ouverture* et *Alignements*
        entre la rue des Murs de la Roquette et la rue de la Folie
        Regnault.
    Larg⟨r⟩ : 10ᵐ,00. — Ord. royale du 6 mai 1827. *Alignements* depuis la place Voltaire
        et la rue des Murs de la Roquette jusqu'aux rues Saint Maur et
        des Boulets.

ROQUETTE (Rue de la) (*Suite*).
    Larg^r : 20^m,00. — *Alignements* projetés, déjà suivis d'exécution dans cette partie.
    Moindre larg^r : 30^m,00. — Décret du 14 novembre 1872. *Alignements* entre les rues Saint-
        Maur et des Boulets, et la rue de la Folie Regnault.
    Moindre larg^r : 10^m,00. — Ord. royale du 6 mai 1827. *Alignements* entre la rue de la Folie
        Regnault et le boulevard de Ménilmontant.
    Orig. — Lieu dit de la Rochette ou de la Raquette.

ROSES (Rue des) . . . . **XVIII**^{e} Arrondissement . . . . 72e Quartier.
                Anciennement commune de La Chapelle.
2936 **Commence** place Hébert. — **Finit** rue de La Chapelle, 122.   (l. 29. — P. 28.)
    Long^r : 247^m,00.
    Larg^r : 12^m,00. — Arrêté préfectoral du 7 juillet 1838. *Alignements*.
        Décret du 23 mai 1863. *Classement* (confirmation).
        Arrêté préfectoral du 25 avril 1866. *Nivellement*.
        Arrêté préfectoral du 26 février 1867. *Dénomination* actuelle.
            Obs. — Précédemment rue des Rosiers.
    Orig. — Situation champêtre.

ROSIÈRE (Rue de la). . . . . . **XV**^{e} Arrondissement . . . . 60e Quartier.
                Anciennement commune de Grenelle.
2937 **Commence** rue des Entrepreneurs, 68. — **Finit** rue de l'Église, 53.   (l. 17. — P. 11.)
    Long^r : 126^m,00.
        Décret du 23 mai 1863. *Classement*.
    Larg^r : 7^m,00. — *Alignements* projetés. (Largeur exécutée.)
        Arrêté préfectoral du 26 mars 1867. *Nivellement*.
    Orig. — Souvenir de la rosière qu'on couronna le 27 juin 1826, à la fête d'inauguration du nouveau village de
    Grenelle.

ROSIERS (Rue des). . . . . . . **IV**^{e} Arrondissement. . . . . 14e Quartier.
2938 **Commence** rue Malher, 13. — **Finit** rue Vieille du Temple, 42.   (l. 35. — P. 58.)
    Long^r : 303^m,00.
    Larg^r : 11^m,00. — Arrêté du ministre de l'intérieur du 26 mars 1848. *Ouverture*
        et *Élargissement* de l'impasse Coquerelle, entre la rue Malher et
        la rue des Juifs.
        Obs. — Ce prolongement a absorbé l'ancienne impasse Coquerelle, qui s'étendait
           sur une longueur de 47^m,00, à partir de la rue des Juifs.
    Larg^r : 8^m,00. — Décision ministérielle du 13 ventôse an vii. *Alignements* entre la
        rue Vieille du Temple et la rue des Juifs.
    Larg^r : 11^m,00. — Ord. royale du 15 octobre 1830. *Alignements* entre le fond de
        l'impasse Coquerelle et la rue Vieille du Temple.
    Orig. — Ancien nom.

ROSSINI (Rue) . . . . **IX**^{e} Arrondissement . . . . 35e Quartier.
2939 **Commence** rue de la Grange Batelière, 21. — **Finit** rue Laffitte, 30.   (l. 21. — P. 22.)
    Long^r : 263^m,00.
    Larg^r : 11^m,69. — Ord. royale du 16 avril 1831. *Alignements* entre la rue de la
        Grange Batelière et la rue Drouot.
    Larg^r : 9^m,74. — Décision ministérielle du 7 fructidor an x. *Alignements* entre la
        rue Drouot et la rue Laffitte.
        Décret du 28 mars 1850. *Dénomination* actuelle.
        Obs. — Précédemment rue Pinon et partie de la rue de la Grange Batelière.
    Orig. — Gioacchino-Antonio Rossini, compositeur italien (1792-1878); voisinage de l'ancien Opéra de la rue Le Peletier.

ROTHSCHILD (Impasse) . . . . **XVIII**^{e} Arrondissement. . . . . 69e Quartier.
                Anciennement commune des Batignolles.
2940 **Située** avenue de Saint Ouen, 16.
    Long^r : 60^m,00.
    Larg^r : 4^m,00. —   (*Voie privée*.)
            Obs. — Précédemment impasse Bes.
    Orig. — Nom d'un loueur de voitures qui y exerçait son industrie.

ROTROU (Rue) . . . . **VI**^{e} Arrondissement . . . . 22e Quartier.
2941 **Commence** place de l'Odéon, 8. — **Finit** rue de Vaugirard, 20.   (P. 4.)
    Long^r : 52^m,00.
    Larg^r : 9^m,70. — Décision ministérielle du 4 nivôse an ix.
    Larg^r : 9^m,70. — Ord. royale du 12 mai 1841. *Alignements*.
        Décret du 27 février 1867. *Dénomination* actuelle.
        Obs. — Précédemment rue Molière.
    Orig. — Jean de Rotrou, auteur dramatique (1609-1650); voisinage du théâtre de l'Odéon.

ROTTEMBOURG (Rue) . . . . . . **XII**ᵉ ARRONDISSEMENT. . . . . 43ᵉ QUARTIER.
Anciennement commune de Saint Mandé.

2942   **Commence** rue Michel Bizot, 94. — **Finit** boulevard Soult.   (I. 11. — P. 8.)
     Longᵣ : 340ᵐ,00.
     Largᵣ : 12ᵐ,00. — DÉCRET DU 28 JUILLET 1862 (U. P.). *Ouverture de la partie comprise
          entre la rue Michel Bizot et la rue de la Voûte du Cours, et
          Alignements du surplus.*
          DÉCRET DU 23 MAI 1863. *Classement* (confirmation).
          ARRÊTÉ PRÉFECTORAL DU 30 JUIN 1866. *Nivellement, Modification* pour
          le raccordement avec le boulevard Soult.
          DÉCRET DU 11 SEPTEMBRE 1869. *Dénomination* actuelle.
          OBS. — Précédemment ruelle de l'Église.
  ORIG. — Le baron Henri de Rottembourg, général de division (1769-1857) ; voisinage de la route Militaire.

ROUBAIX (Place de) ** . . . . **X**ᵉ ARRONDISSEMENT. . . . . 37ᵉ QUARTIER.

2943   **Située** au devant de l'embarcadère du Chemin de fer du Nord.
     Longᵣ : Comprise dans celle de la rue de Dunkerque.
     Largᵣ : 41ᵐ,50. — DÉCRET DU 19 NOVEMBRE 1855 (U. P.).
  Moindre largᵣ : 23ᵐ,00. — DÉCRET DU 27 AOUT 1859. *Agrandissement de la place et modification
          des alignements.*
          DÉCISION MINISTÉRIELLE DU 26 MAI 1847. *Dénomination.*
  ORIG. — Roubaix, ville manufacturière du département du Nord ; voisinage de la gare du Nord.

ROUBO (Rue). . . . . **XI**ᵉ ARRONDISSEMENT. . . . . 44ᵉ QUARTIER.

2944   **Commence** rue du Faub. Saint Antoine, 263. — **Finit** rue de Montreuil, 42. (I. 5. — P. 10.)
     Longᵣ : 63ᵐ,00.
     Largᵣ : 12ᵐ,00. — DÉCRET DU PRÉSIDENT DE LA RÉPUBLIQUE DU 3 SEPTEMBRE 1850.
          Alignements.
          DÉCRET DU 10 OCTOBRE 1850. *Dénomination.*
  ORIG. — André-Jacob Roubo, maître menuisier, auteur de l'Art du Menuisier (1740-1791) ; quartier habité par des fabricants
     de meubles.

ROUELLE (Rue) . . . . **XV**ᵉ ARRONDISSEMENT. . . . . 59ᵉ QUARTIER.
Anciennement commune de Grenelle.

2945   **Commence** quai de Grenelle, 45. — **Finit** rue de Lourmel, 28.   (I. 59. — P. 58.)
     Longᵣ : 530ᵐ,00.
     Largᵣ : 10ᵐ,00. — ARRÊTÉ PRÉFECTORAL DU 21 FÉVRIER 1845. *Alignements.*
          DÉCRET DU 23 MAI 1863. *Classement* (confirmation).
          ARRÊTÉ PRÉFECTORAL DU 19 OCTOBRE 1869. *Nivellement.*
          DÉCRET DU 24 AOUT 1864. *Dénomination* actuelle.
          OBS. — Précédemment rue de l'Entrepôt.
  ORIG. — Guillaume-François Rouelle, chimiste (1703-1770).

ROUEN (Rue de). . . . . **XIX**ᵉ ARRONDISSEMENT . . . . 73ᵉ QUARTIER.
Anciennement commune de La Villette.

2946   **Commence** quai de la Seine, 57. — **Finit** rue de Flandre, 57.   (I. 13. — P. 10.)
     Longᵣ : 145ᵐ,00.
     Largᵣ : 10ᵐ,00. — ARRÊTÉ PRÉFECTORAL DU 20 FÉVRIER 1829. *Alignements.*
          DÉCRET DU 23 MAI 1863. *Classement* (confirmation).
          ARRÊTÉ PRÉFECTORAL DU 17 SEPTEMBRE 1860. *Nivellement.*
  ORIG. — Chef-lieu du département de la Seine-Inférieure ; groupe géographique du canal de l'Ourcq.

ROUET (Impasse du) ** . . . . . **XIV**ᵉ ARRONDISSEMENT. . . . . 55ᵉ QUARTIER.
Anciennement commune de Montrouge.

2947   **Située** avenue de Châtillon, 4.   (I. 7. — 2.)
     Longᵣ : 40ᵐ,00.
  Moindre largᵣ : 3ᵐ,80.   (*Voie privée.*)
          ARRÊTÉ PRÉFECTORAL DU 1ᵉʳ FÉVRIER 1877. *Dénomination* actuelle.
          OBS. — Précédemment impasse de la Corderie.
  ORIG. — Doit son nom à une corderie.

ROUGE (Passage). . . . . **XI**ᵉ ARRONDISSEMENT. . . . . 44ᵉ QUARTIER.

2948   **Commence** rue du Faubourg Saint Antoine. — **Finit** rue de Montreuil.
     Longᵣ : 35ᵐ,00.
  Moindre largᵣ : 1ᵐ,30.   (*Voie privée.*)
     ORIG. — Inconnue.

ROUGEMONT (Cité). . . . . **IX**ᵉ Arrondissement . . . . 33ᵉ Quartier.

2949   **Commence** rue Rougemont, 5. — **Finit** rue Bergère, 7.
      Long^r : 110^m,00.
      Moindre larg^r :   3^m,50.   (*Voie privée.*
      Orig. — Voir rue Rougemont

ROUGEMONT (Rue). . . . . . . **IX**ᵉ Arrondissement . . . . 35ᵉ Quartier.

2950   **Commence** boulevard Poissonnière, 16. — **Finit** rue Bergère, 13.   (l. 15. — P. 14.)
      Long^r : 112^m,00.
      Larg^r : 13^m,00. — Ord. royale du 31 janvier 1844. *Ouverture* et *Alignements.*
                   Décision ministérielle du 21 juin 1844. *Dénomination.*
      Orig. — Ouverte en 1844, doit son nom à l'hôtel de M. Rougemont de Lœwenberg, sur l'emplacement duquel elle a été
      ouverte.

ROUGET DE L'ISLE (Rue) . . . . **I**ᵉʳ Arrondissement . . . . 4ᵉ Quartier.

2951   **Commence** rue de Rivoli, 238. — **Finit** rue du Mont Thabor, 19.   (l. 7. — P. 4.)
      Long^r : 66^m,00.
      Larg^r : 12^m,00. — Décret du 29 décembre 1879. *Classement, Alignements* et *Nivellemen* t.
                   Obs. — Rue ouverte sur l'emplacement de l'ancien ministère des finances.
                   Arrêté préfectoral du 16 août 1879. *Dénomination* actuelle.
                   Obs. — Précédemment rue des Feuillants.
      Orig. — Claude-Joseph Rouget de l'Isle, officier du génie, auteur de la *Marseillaise* (1760-1836) ; voisinage de la salle
      du Manège où siégea la Convention.

ROULE (Rue du) . . . . **I**ᵉʳ Arrondissement . . . . 2ᵉ Quartier.

2952   **Commence** rue de Rivoli, 136. — **Finit** rue Saint Honoré, 77.   (l. 23. — P. 22.)
      Long^r : 116^m,00.
      Larg^r : 11^m,00. — Décision ministérielle du 20 mai 1817.
      Larg^r : 13^m,00. —· Ord. royale du 15 janvier 1844. *Alignements.*
                   Arrêté préfectoral du 27 mai 1867. *Nivellement* partiel.
      Orig. — Ancien fief du Roule.

ROUSSEL (Rue) . . . . **XVII**ᵉ Arrondissement. . . . . 66ᵉ Quartier.
                           Anciennement commune de Neuilly.

2953   **Commence** rue de Chazelles, 11. — **Finit** rue Cardinet, 6.   (l. 25. — P. 26.)
      Long^r : 240^m,00.
      Larg^r : 10^m,00. — Décret du 23 juillet 1877. *Ouverture, Classement, Alignements* et
                   Nivellement entre la rue de Chazelles et la rue Guyot.
      Larg^r : 10^m,00. — Arrêté préfectoral du 27 juillet 1869. *Classement* et *Alignements*
                   entre la rue Guyot et la rue Cardinet.
      Orig. — Nom de propriétaire.

ROUSSELET (Rue). . . . . . . **VII**ᵉ Arrondissement . . . . 27ᵉ Quartier.

2954   **Commence** rue Oudinot, 19. — **Finit** rue de Sèvres, 70.   (l. 39. — P. 34.)
      Long^r : 276^m,00.
      Larg^r :   8^m,00. — Décision ministérielle du 3 prairial an IX.
      Larg^r : 10^m,00. — Ord. royale du 12 décembre 1845. *Alignements.*
      Orig. — Le sieur Rousselet y avait fait bâtir des maisons au commencement du XVIIIᵉ siècle.

ROUSSIN (Impasse). . . . . **XV**ᵉ Arrondissement . . . . 58ᵉ Quartier.
                           Anciennement commune de Grenelle.

2955   **Située** rue Roussin, 32, à l'encoignure du passage du Théâtre, 2.
      Long^r . 48^m,00.
      Larg^r :   5^m,00 environ .   (*Voie privée.*)
      Orig. — Voir rue Roussin.

ROUSSIN (Rue). . . . . **XV**ᵉ Arrondissement. . . . . 57ᵉ et 58ᵉ Quartiers.
                           Anciennement communes de Grenelle et de Vaugirard.

2956   **Commence** rue de la Croix Nivert, 41. — **Finit** rue Blomet, 90.   (l. 89. — P. 92.)
      Long^r : 584^m,00.
      Larg^r : 10^m,00. — Arrêté préfectoral du 24 avril 1855. *Alignements* entre la rue de
                   la Croix Nivert et la rue Lecourbe.
                   Décret du 23 mai 1863. *Classement* confirmé de cette première
                   partie, et *Classement* de la partie comprise entre la rue Lecourbe
                   et la rue Blomet.
      Larg^r : 12^m,00. — Décret du 20 mai 1881. *Alignements* et *Nivellement* de la totalité
                   de la voie. Les immeubles portant les numéros 2, 4, 6, 8, 10,
                   13 et 21 doivent être expropriés pour l'exécution immédiate.
                   Arrêté préfectoral du 25 janvier 1867. *Nivellement.*
                   Décret du 2 octobre 1865. *Dénomination* actuelle.
                   Obs. — Précédemment rues de la Vierge et des Trois Frères.
      Orig. — Le baron Albin-Reine Roussin, amiral (1781-1854).

ROUTY-PHILIPPE (Impasse)*ᵃ . . **XX**ᵉ Arrondissement . . . . 79ᵉ Quartier.
Anciennement commune de Belleville.

2957   **Située** rue des Partants, 11.   (I. 7. — P. 2.)
      Longʳ : 44ᵐ,00.
      Largʳ : 3ᵐ,00.   (*Voie privée.*)
   Orig. — Nom de propriétaire.

ROUVET (Rue) . . . . **XIX**ᵉ Arrondissement . . . . 74ᵉ Quartier.
Anciennement commune de La Villette.

2958   **Commence** quai de la Gironde, 7. — **Finit** rue de Flandre, 160.   (I. 19. — P. 22.)
      Longʳ : 250ᵐ,00.
      Largʳ : 10ᵐ,00. — Ord. royale du 4 août 1838. *Alignements.*
                    Décret du 23 mai 1863. *Classement* (confirmation).
                    Arrêté préfectoral du 14 août 1874. *Nivellement.*
                    Décret du 24 août 1864. *Dénomination* actuelle.
Obs. — Précédemment rue de Calais.
   Orig. — Jean Rouvet, né à Clamecy, inventeur du flottage des bois (xvᵉ siècle).

ROUX (Impasse) . . . . **XVII**ᵉ Arrondissement . . . . 63ᵉ Quartier.
Anciennement commune de Neuilly.

2959   **Située** rue Rennequin, 21.   (P. 20.)
      Longʳ : 115ᵐ,00.
      Largʳ : 5ᵐ,00.   (*Voie privée.*)
   Orig. — Nom de propriétaire.

ROY (Rue) . . . . **VIII**ᵉ Arrondissement . . . . 32ᵉ Quartier.
2960   **Commence** rue la Boëtie, 4. — **Finit** rue de Laborde, 39.   (I. 9. — P. 8.)
      Longʳ : 116ᵐ,00.
      Largʳ : 8ᵐ,00. — Décision ministérielle du 3 thermidor an ix. *Alignements.*
      Largʳ : 10ᵐ,00. — Ord. royale du 30 décembre 1846. *Alignements* entre la rue la
                    Boëtie et la rue de Rigny.
      Largʳ : 10ᵐ,00. — Décret du 16 juillet 1862 (U. P.). *Prolongement* entre la rue de
                    Rigny et la rue de Laborde.
                    Décret du 27 février 1867. *Dénomination* actuelle.
Obs. — Précédemment rue Saint Jean Baptiste.
   Orig. — e comte Antoine Roy, financier et homme d'état (1764-1847).

ROYAL (Pont) . . . . **I**ᵉʳ Arrondissement . . . . 1ᵉʳ Quartier.
                        VIIᵉ Arrondissement . . . . 25ᵉ Quartier.
2961   **Situé** quai des Tuileries et quais Voltaire et d'Orsay, au droit du pavillon de Flore et de la
      rue du Bac.
      Longʳ : 133ᵐ,00.
      Largʳ : 13ᵐ,80.
   Orig. — Construit sous Louis XIV, en 1685 ; aboutit au Palais des Tuileries.

ROYALE (Rue) . . . . **VIII**ᵉ Arrondissement . . . . 31ᵉ Quartier.
2962   **Commence** place de la Concorde, 2. — **Finit** place de la Madeleine, 2.   (I. 27. — P. 24.)
      Longʳ : 282ᵐ,00.
                    Lettres-patentes des 21 juin 1757 et 30 octobre 1758. *Ouverture*
                    sur l'emplacement du rempart avec façades symétriques obliga-
                    toires.
      Largʳ : 22ᵐ,80. — Ord. royale du 24 août 1833. *Alignements* depuis la place de la
                    Concorde jusqu'à la rue du Faubourg Saint Honoré.
      Largʳ : 43ᵐ,00. — Ord. royale des 2 juin 1824 et 2 septembre 1826 (U. P.). *Aligne-*
                    ments entre les rues Saint Honoré et du Faubourg Saint Honoré, et
                    la place de la Madeleine.
Obs. — Les conditions relatives à la symétrie des façades n'ont pas été
observées dans cette dernière partie de la voie.
   Orig. — Ouverte en 1757, pour donner accès à la place Louis XV, aujourd'hui de la Concorde.

ROYER-COLLARD (Impasse)*ᵃ . . **V**ᵉ Arrondissement . . . . 19ᵉ Quartier.
2963   **Située** rues Gay-Lussac, 8, et Royer-Collard, 15.   (I. 9. — P. 12.)
      Longʳ : 75ᵐ,00.
      Largʳ : 7ᵐ,00. — Décision ministérielle du 8 nivôse an xiii. *Alignements.*
      Largʳ : 12ᵐ,00. — *Élargissement* exécuté lors du percement de la rue Gay-Lussac (Dé-
                    cret du 30 juillet 1859).
                    Arrêté préfectoral du 26 février 1867. *Dénomination* actuelle.
Obs. — Précédemment impasse Saint Dominique.
   Orig. — *Voir* rue Royer-Collard.

ROYER-COLLARD (Rue) **. . . . . **V**ᵉ Arrondissement . . . . 19ᵉ Quartier.

2964   **Commence** rue Saint Jacques, 202. — **Finit** boulevard Saint Michel, 71.   (I. 19. — P. 22.)
    Long^r : 172^m,00.
    Larg^r : 8^m,00. — Décision ministérielle du 8 nivôse an xiii.
    Larg^r : 10^m,00. — Ord. royale du 18 mars 1866. *Alignements*.
        Ord. royale du 18 juin 1846. *Dénomination* actuelle.
            Obs. — Précédemment rue Saint Dominique.
    Orig. — Pierre-Paul Royer-Collard, homme politique et philosophe (1763-1845); voisinage d'établissements d'instruction publique.

RUBENS (Rue) **. . . . . **XIII**ᵉ Arrondissement . . . . 49ᵉ Quartier.

2965   **Commence** rue du Banquier, 33. — **Finit** boulevard de l'Hôpital, 140.   (I. 7. — P. 10.)
    Long^r : 211^m,00.
    Larg^r : 10^m,00. — Décision ministérielle du 28 prairial an ix. *Alignements*.
    Larg^r : 10^m,00. — Ord. royale du 24 avril 1837. *Alignements* entre les rues du Banquier et Véronèse.
        Décret du 8 janvier 1880. *Modification* de l'alignement et du nivellement du côté des numéros pairs, entre le boulevard de l'Hôpital et le carrefour des rues Véronèse et Primatice.
        Arrêté préfectoral du 3 décembre 1867. *Nivellement*.
        Décret du 24 août 1864. *Dénomination* actuelle.
            Obs. — Précédemment rue des Vignes.
    Orig. — Pierre-Paul Rubens, peintre flamand (1577-1640); voisinage des Gobelins, où ont été reproduits un grand nombre de ses tableaux.

RUDE (Rue). . . . . **XVI**ᵉ Arrondissement . . . . 64ᵉ Quartier.
            Anciennement commune de Passy.
2966   **Commence** avenue du Bois de Boulogne, 10. — **Finit** avenue de la Grande Armée, 13.
    Long^r : 70^m,00.   (I. 7. — P. 6.)
    Larg^r : 10^m,00. — Arrêté préfectoral du 26 janvier 1859. *Classement* et *Alignements*.
        Décret du 23 mai 1863. *Classement* (confirmation).
        Arrêté préfectoral du 3 janvier 1868. *Nivellement*.
        Décret du 2 mars 1867. *Dénomination* actuelle.
            Obs. — Précédemment rue Neuve.
    Orig. — François Rude, statuaire (1784-1855), auteur d'un des bas-reliefs de l'Arc de Triomphe; voisinage de cet édifice.

RUDEL (Passage)** . . . . **XIII**ᵉ Arrondissement . . . . 50ᵉ Quartier.
            Anciennement commune d'Ivry.
2967   **Commence** rue du Gaz, 91. — **Finit** avenue de Choisy, 192.
    Long^r : 130^m,00.
    Larg^r : 4^m,00 environ.   (*Voie privée*.)
    Orig. — Nom de propriétaire.

RUFFIN (Passage). . . . . **VIII**ᵉ Arrondissement . . . . 29ᵉ Quartier.

2968   **Commence** rue de Marignan, 19. — **Finit** rue Marbeuf, 62.
    Long^r : 122^m,00.
    Larg^r : 6^m,00.   (*Voie privée*.)
    Orig. — Nom du propriétaire.

RUISSEAU (Impasse du) **. . . . **XVIII**ᵉ Arrondissement . . . . 69ᵉ Quartier.
            Anciennement commune de Montmartre.
2969   **Située** rue du Ruisseau, 103.   (I. 27. — P. 26.)
    Long^r : 195^m,00.
    Larg^r : 3^m,00 environ.   (*Voie privée*.)
        Arrêté préfectoral du 1ᵉʳ février 1877. *Dénomination* actuelle.
            Obs. — Précédemment impasse Malassis.
    Orig. — Voir rue du Ruisseau.

RUISSEAU (Rue du)* . . . . . . **XVIII**ᵉ Arrondissement . . . . . . 69ᵉ et 70ᵉ Quartiers.
            Anciennement commune de Montmartre.
2970   **Commence** rues Marcadet, 134, et Duhesme. — **Finit** boulevard Ney, 41. (I. 103. — P. 114.)
    Long^r : 775^m,00.
    Larg^r : 12^m,00. — Délibération du conseil municipal du 31 août 1858. *Alignements* projetés. (Largeur actuelle, 8^m,00 moindre.)
        Décret du 23 mai 1863. *Classement* (confirmation).
        Arrêté préfectoral du 19 avril 1864. *Nivellement*.
    Orig. — Doit son nom au ruisseau qui la traverse.

54

RUTY (Rue) . . . . **XII**e Arrondissement . . . . 45e Quartier.

Anciennement commune de Saint Mandé.

2971   **Commence** rue du Rendez-Vous, 36. — **Finit** cours de Vincennes, 36 *bis*. (l. 19. — P. 14.)

Long^r : 169^m,00.

Larg^r : 12^m,00. — Décret du 20 mars 1867. *Classement* et *Alignements*.

ARRÊTÉ PRÉFECTORAL DU 30 SEPTEMBRE 1868. *Nivellement.*

DÉCRET DU 2 MARS 1867. *Dénomination.*

Orig. — Le comte Charles-Étienne-François Ruty, lieutenant général (1774-1828) voisinage de la route Militaire.

RUYSDAEL (Avenue). . . . . . . **VIII**e Arrondissement . . . . 32e Quartier.

2972   **Commence** rues de Lisbonne, 50, et de Monceau, 41. — **Finit** parc de Monceau.

Long^r : 76^m,00.   (l. 3. — P. 6.)

Larg^r : 20^m,00. — Voie ouverte en vertu d'un traité passé le 14 janvier 1861 entre la Ville de Paris et le sieur Pereire.

Obs. — Une zone de servitude *non œdificandi* de 5^m,00 de largeur est réservée au devant des propriétés en bordure.

DÉCRET DU 11 SEPTEMBRE 1869. *Dénomination.*

Orig. — Jacques Ruysdaël, peintre hollandais (1630-1681); voisinage du parc de Monceau, où ont été groupés des noms de peintres.

$$S$$

SABLIÈRE (Rue de la) ✶✶. . . . **XIV**e ARRONDISSEMENT . . . . 55e et 56e QUARTIERS.
Anciennement commune de Montrouge.

2973 **Commence** avenue du Maine, 186. — **Finit** rues Bénard, 46, et Didot, 35. (I. 49. — P. 58.)

Longr : 340m,00.

DÉCRET DU 23 MAI 1863. *Classement.*

Largr : 12m,00. — *Alignements* projetés entre l'avenue du Maine et la rue des Plantes. (Largeur actuelle, 9m,70 moindre.)

Largr : 10m,00. — *Alignements* projetés entre la rue des Plantes et les rues Bénard et Didot. (Largeur actuelle, 9m,70 moindre.)

ARRÊTÉ PRÉFECTORAL DU 17 JUIN 1868. *Nivellement* entre l'avenue du Maine et la rue Sainte Eugénie.

ARRÊTÉ PRÉFECTORAL DU 21 MARS 1867. *Nivellement* entre la rue Sainte Eugénie et les rues Bénard et Didot.

ORIG. — Sablière de M. Dumont.

SABLONNIÈRE (Ruelle de la). . . **XV**e ARRONDISSEMENT . . . . 58e QUARTIER.
Anciennement commune de Vaugirard.

2974 **Commence** rue Cambronne, 52. — **Finit** rue Mademoiselle, 63. (I. 7. — P. 18.)

Longr : 292m,00.

Largr : 5m,00. (*Voie privée.*)

ORIG. — Ancienne sablonnière.

SABLONS (Rue des) ✶✶ . . . . . . **XVI**e ARRONDISSEMENT . . . . 62e et 63e QUARTIERS.
Anciennement commune de Passy.

2975 **Commence** rue Saint Didier. — **Finit** place Possoz. (I. 101. — P. 110.)

Longr : 970m,00.

Largr : 10m,00. — ARRÊTÉ PRÉFECTORAL DU 16 FÉVRIER 1856. *Alignements* entre la rue Saint Didier et la rue Scheffer.

DÉCRET DU 23 MAI 1863. *Classement* confirmé pour cette partie.

Largr : 12m,00. — DÉCRET DU 2 MAI 1863 (U. P.). *Ouverture* et *Alignements* entre la rue Scheffer et la rue de la Tour.

DÉCRET DU 23 MAI 1863. *Classement* entre la rue de la Tour et la place Possoz.

Largr : 12m,00. — *Alignements* projetés, déjà suivis d'exécution, entre la rue de la Tour et la place Possoz.

ARRÊTÉ PRÉFECTORAL DU 5 JUILLET 1870. *Nivellement.*

ARRÊTÉ PRÉFECTORAL DES 2 AVRIL 1868 ET 3 SEPTEMBRE 1869. *Dénomination* actuelle.

OBS. — Précédemment rues des Bornes, des Sablons et Saint Hippolyte.

ORIG. — Plaine des Sablons, ainsi nommée à cause de ses gisements de sable.

SABOT (Rue du). . . . . **VI**e ARRONDISSEMENT. . . . . 24e QUARTIER.

2976 **Commence** rue Bernard Palissy, 13. — **Finit** rues de Rennes, 64, et du Four, 48.

Longr : 75m,00. (I. 9. — P. 10.)

Largr : 6m,00. — DÉCISION MINISTÉRIELLE DU 14 THERMIDOR AN VIII.

Largr : 10m,00. — ORDONNANCE ROYALE DU 29 AVRIL 1839. *Alignements.*

ORIG. — Dénomination tirée d'une enseigne.

SAHEL (Rue du). . . . . **XII**e ARRONDISSEMENT . . . . 45e QUARTIER.
Anciennement commune de Saint Mandé.

2977 **Commence** rue Sibuet, 47. — **Finit** boulevard de Picpus, 34.

Longr : 81m,00.

PROCÈS-VERBAL DU 26 MAI 1869. *Remise* à la Ville de Paris, par la Compagnie du chemin de fer de l'Est, de la rue du Sahel remplaçant la rue Sibuet.

Largr : 6m,00. — *Alignements* projetés. (Largeur exécutée.)

ARRÊTÉ PRÉFECTORAL DU 1er FÉVRIER 1877. *Dénomination* actuelle.

OBS. — Précédemment rue latérale au nord du chemin de fer de Vincennes.

ORIG. — Région montagneuse du littoral algérien.

SAÏD (Villa) **............ XVIᵉ** ARRONDISSEMENT .... 63ᵉ QUARTIER.
Anciennement commune de Neuilly.

2978   **Commence** rue Pergolèse, 68. — **Finit** chemin de fer d'Auteuil.   (I. 29. — P. 22.)
    Long' : 200ᵐ,00.
    Larg' : 7ᵐ,50.   (*Voie privée.*)
    ORIG. — Saïd pacha, vice-roi d'Égypte (1822-1863) ; nom donné par M. Hardon, fondateur de la villa, l'un des entrepreneurs des travaux du canal de Suez.

SAÏDA (Impasse de la) ****..... XVᵉ** ARRONDISSEMENT .... 57ᵉ QUARTIER.
Anciennement commune de Vaugirard.

2979   **Commence** rue Olivier de Serres, 79. — **Finit** chemin de ronde des Magasins à Fourrages.
    Long' : 95ᵐ,00.
    Larg' : 3ᵐ,00 environ.   (*Voie privée.*)
    ORIG. — Poste militaire de la province d'Oran (Algérie).

SAÏGON (Rue de) **........ XVIᵉ** ARRONDISSEMENT .... 64ᵉ QUARTIER.
Anciennement commune de Passy.

2980   **Commence** rue Rude, 3. — **Finit** rue d'Obligado, 6.   (I. 13. — P. 12.)
    Long' : 100ᵐ,00.
    Larg' : 10ᵐ,00. — DÉCRET DU 3 SEPTEMBRE 1850. *Alignements.*
             DÉCRET DU 23 MAI 1863. *Classement* (confirmation).
             DÉCRET DU 10 AOUT 1868. *Dénomination* actuelle.
                 OBS. — Précédemment rue de la Pelouse.
    ORIG. — Capitale de la Cochinchine française, prise le 17 février 1859.

SAILLARD (Rue) ****....... XIVᵉ** ARRONDISSEMENT .... 55ᵉ QUARTIER.
Anciennement commune de Montrouge.

2981   **Commence** place de Montrouge. — **Finit** rue Brézin.
    Long' : 120ᵐ,00.
    Larg' : 12ᵐ,00. — Voie non classée, ouverte par la Ville de Paris.
             DÉCRET DU 10 FÉVRIER 1875. *Dénomination.*
    ORIG. — Le baron Saillard, ancien ministre plénipotentiaire, commandant du 1ᵉʳ bataillon de la garde mobile de la Seine pendant la guerre de 1870-1871, blessé mortellement à Épinay (1824-1870).

SAINT ALPHONSE (Impasse) ****. XIVᵉ** ARRONDISSEMENT .... 55ᵉ QUARTIER.
2982   **Située** rue de la Voie Verte.
    Long' : 32ᵐ,00.
    Larg' : 3ᵐ,00 environ.   (*Voie privée.*)
    ORIG. — Prénom d'un ancien propriétaire.

SAINT-AMAND (Rue) ****..... XVᵉ** ARRONDISSEMENT .... 57ᵉ QUARTIER.
Anciennement commune de Vaugirard.

2983   **Commence** en deçà du passage Vidus. — **Commencera** place d'Alleray. — **Finit** rue des Fourneaux, 190.   (I. 10.)
    Long' : 228ᵐ,00 (actuelle). Long' : 320ᵐ,00 (future).
    Larg' : 12ᵐ,00.   (*Voie privée.*)
    ORIG. — Nom de propriétaire.

SAINT AMBROISE (Impasse)... **XIᵉ** ARRONDISSEMENT........... 42ᵉ QUARTIER.
2984   **Située** rue Saint Ambroise, 29.   (I. 11.)
    Long' : 159ᵐ,00.
    Larg' : 9ᵐ,60.   (*Voie privée.*)
    ORIG. — Voir rue Saint Ambroise.

SAINT AMBROISE (Rue) .... **XIᵉ** ARRONDISSEMENT........... 42ᵉ QUARTIER.
2985   **Commence** rue de la Folie Méricourt, 2. — **Finit** rue Saint Maur, 67.   (I. 39. — P. 32.)
    Long' : 363ᵐ,00.
    Larg' : 9ᵐ,74. — DÉCISION MINISTÉRIELLE DU 6 PLUVIÔSE AN IX. *Alignements.*
    Larg' : 9ᵐ,74. — DÉCRET DU PRÉSIDENT DE LA RÉPUBLIQUE DU 25 JUIN 1849. *Alignements.*
           ARRÊTÉ PRÉFECTORAL DU 14 AVRIL 1864. *Nivellement.*
    ORIG. — Voisinage de l'église Saint Ambroise.

SAINT ANDRÉ (Boulevard) .... **VIᵉ** ARRONDISSEMENT........... 21ᵉ QUARTIER.
2986   **Commence** place Saint Michel, 6. — **Finit** place et rue Saint André des Arts, 22.
    Long' : 23ᵐ,00.   (I. 3. — P. 4.)
    Larg' : 30ᵐ,00. — Voie non classée, ouverte par la Ville de Paris lors du percement du boulevard Saint Michel (DÉCRET DU 11 AOUT 1855).
           ARRÊTÉ PRÉFECTORAL DU 19 AOUT. *Dénomination.*
    ORIG. — Conduit à la place Saint André des Arts.

SAINT ANDRÉ DES ARTS (Place). **VI**ᵉ Arrondissement . . . . 21ᵉ Quartier.

2987   **Située** au débouché du boulevard Saint André, 4, et des rues Saint Séverin, 46; Hautefeuille, 2; Suger, 2, et Saint André des Arts, 21.

Moindre larg^r :   53ᵐ,00. — Décision ministérielle du 20 fructidor an XIII. *Alignements*.

id.   larg^r :   50ᵐ,50. — Ordonnance royale du 22 août 1840. *Alignements*.

Orig. — Emplacement de l'église Saint André des Arts ; *Voir* rue Saint André des Arts.

SAINT ANDRÉ DES ARTS (Rue). **VI**ᵉ Arrondissement . . . . 21ᵉ Quartier.

2988   **Commence** place Saint André des Arts, 15, et boulevard Saint André, 4. — **Finit** rues de
l'Ancienne Comédie, 1, et Dauphine, 63.   (l. 9 à 67. — P. 22 à 72.)

Long^r : 320ᵐ,00.

Larg^r :   10ᵐ,00. — Décision ministérielle du 19 pluviôse an VIII.

Larg^r :   15ᵐ,00. — Décret du 21 juillet 1853 (U. P.). *Alignements* depuis le boulevard
Saint André et la place Saint André des Arts jusqu'aux rues de
l'Éperon et Séguier.

Larg^r :   12ᵐ,00. — Ordonnance royale du 6 mai 1836. *Alignements* depuis les rues de
l'Éperon et Séguier jusqu'aux rues de l'Ancienne Comédie et
Dauphine.

Orig. — Corruption de rue Saint André de Laas, nom du territoire environnant, dit clos de Laas.

SAINT ANGE (Impasse) . . . . . **XVII**ᵉ Arrondissement . . . . 68ᵉ Quartier.
Anciennement commune de Saint Ouen.

2989   **Située** passage Saint Ange, 8.   (l. 9.)

Long^r : 50ᵐ,00.

Moindre larg^r :   3ᵐ,50.   (*Voie privée*.)

Orig. — *Voir* passage Saint Ange.

SAINT ANGE (Passage). . . . . . **XVII**ᵉ Arrondissement . . . . 68ᵉ Quartier.
Anciennement commune de Saint Ouen.

2990   **Commence** avenue de Saint Ouen, 133. — **Finit** boulevard Bessières.   (l. 37. — P. 32.)

Long^r : 290ᵐ,00.

Moindre larg^r :   4ᵐ,00.   (*Voie privée*.)

Orig. — Nom de propriétaire.

SAINT ANTOINE (Cour) . . . . . **XII**ᵉ Arrondissement . . . . 46ᵉ Quartier.

2991   **Située** rue du Faubourg Saint Antoine, 234.

Long^r : 65ᵐ,00.

Moindre larg^r :   3ᵐ,20.   (*Voie privée*.)

Orig. — Débouche dans la rue du Faubourg Saint Antoine.

SAINT ANTOINE (Passage). . . . **XI**ᵉ Arrond'ssement . . . . 44ᵉ Quartier.

2992   **Commence** passage Josset, 8. — **Finit** rue de Charonne, 34.   (l. 7. — P. 4.)

Long^r : 80ᵐ,00.

Larg^r :   6ᵐ,00.   (*Voie privée*.)

Orig. — A son entrée dans la rue du Faubourg Saint Antoine.

SAINT ANTOINE (Rue) . . . . . **IV**ᵉ Arrondissement . . . . 14ᵉ et 15ᵉ Quartiers.

2993   **Commence** rues de Sévigné, 2, et de Fourcy, 16. — **Finit** place de la Bastille, 3.

Long^r : 603ᵐ,00.   (l. 101 à 213. — P. 82 à 236.)

Moindre larg^r :   12ᵐ,50. — Décret du 29 septembre 1854 (U. P.). *Modification* des Alignements
entre la rue Fourcy et l'église Saint Paul.

Larg^r :   12ᵐ,50. — Ordonnance royale du 4 août 1838. *Alignements* depuis l'église
Saint Paul et la rue de Sévigné jusqu'à la rue Castex et le nu-
méro 201.

Larg^r :   25ᵐ,00. — Décret du 28 juillet 1866 (U. P.). *Modification* des Alignements depuis la rue Castex et le numéro 201 jusqu'à la place de la Bastille.

Orig. — Conduisait à l'abbaye Saint Antoine, convertie en hôpital l'an 1790.

SAINT AUGUSTIN (Rue). . . . . **II**ᵉ Arrondissement . . . . 5ᵉ et 6ᵉ Quartiers.

2994   **Commence** rue de Richelieu, 77. — **Finit** avenue de l'Opéra, 34, et rue d'Antin, 14.

Long^r : 362ᵐ,00.   (l. 45. — P. 32.)

Moindre larg^r :   8ᵐ,00. — Décision ministérielle du 21 prairial an X. *Alignements* entre les
rues de Richelieu et Gaillon.

Larg^r :   10ᵐ,00. — Ord. royale du 4 octobre 1826. *Alignements* entre la rue de Richelieu et la rue Gaillon.

Larg^r :   9ᵐ,74. — Ord. royale du 26 décembre 1847. *Alignements* entre la rue Gaillon
et l'avenue de l'Opéra.

Arrêté préfectoral du 16 octobre 1876. *Nivellement*.

Arrêté préfectoral du 24 janvier 1881. *Dénomination* actuelle.

Obs. — Précédemment rue Neuve Saint Augustin.

Orig. — Longeait le couvent des religieux Augustins réformés dits des Petits Pères.

SAINT BENOIT (Rue) . . . . . .   **VI**ᵉ Arrondissement . . . .   24ᵉ Quartier.
2995   **Commence** rue Jacob, 33. — **Finit** boulevard Saint Germain, 172.   (l. 15. — P. 30.)
    Longʳ : 177ᵐ,00.
    Moindre largʳ : 11ᵐ,00. — Décision ministérielle du 14 thermidor an VIII.
       Largʳ : 12ᵐ,00. — Ordonnance royale du 29 avril 1839. *Alignements.*
  Orig. — Voisine de l'abbaye Saint Germain des Prés, a pris le nom du fondateur de l'ordre des bénédictins, religieux
    de Saint Germain des Prés.

SAINT BERNARD (Impasse) . . .   **XI**ᵉ Arrondissement . . . .   44ᵉ Quartier.
2996   **Située** rue Saint Bernard, 10.   (l. 9. — P. 4.)
    Longʳ : 161ᵐ,00.
    Largʳ : 7ᵐ,00. — Décision ministérielle du 20 nivôse an XIII.
    Largʳ : 10ᵐ,00. — Ordonnance royale du 6 mai 1827. *Alignements.*
          Obs. — Cette impasse débouchera sur le prolongement de la rue de Reuilly,
             projet non approuvé, mais suivi d'un commencement d'exécution,
             à l'extrémité de la dite impasse.
  Orig. — *Voir* rue Saint Bernard.

SAINT BERNARD (Passage) . . .   **XI**ᵉ Arrondissement . . . .   44ᵉ Quartier.
2997   **Commence** rue du Faubourg Saint Antoine, 159. — **Finit** rue Saint Bernard, 31, et pas-
    sage de la Forge Royale, 29.   (l. 19. — P. 26.)
    Longʳ : 283ᵐ,00.
    Largʳ : 5ᵐ,00 environ.   (*Voie privée*).
  Orig. — *Voir* rue Saint Bernard.

SAINT BERNARD (Quai) . . . . .   **V**ᵉ Arrondissement . . . .   18ᵉ Quartier.
2998   **Commence** place Valhubert et pont d'Austerlitz. — **Finit** rues des Fossés Saint Bernard et
    pont Sully.
    Longʳ : 767ᵐ,00.
          Décisions ministérielles des 28 pluviôse an X et 7 mai 1821. *Aligne-*
          ments.
    Largʳ : 24ᵐ,00. — Ordonnance royale du 12 août 1846. *Alignements.*
  Orig. — Voisinage de l'ancien couvent des Bernardins.

SAINT BERNARD (Rue) . . . . .   **XI**ᵉ Arrondissement . . . .   44ᵉ Quartier.
2999   **Commence** rue du Faubourg Saint Antoine, 185. — **Finit** rue de Charonne, 80.
    Longʳ : 380ᵐ,00.   (l. 43. — P. 44.)
    Largʳ : 10ᵐ,00. — Décision ministérielle du 13 germinal an X.
    Largʳ : 12ᵐ,00. — Ordonnance royale du 6 mai 1827. *Alignements.*
  Orig. — Saint Bernard, patron de l'ordre de Cîteaux, auquel appartenait l'abbaye de Saint Antoine ; voisinage de l'em-
    placement de cette abbaye.

SAINT BLAISE (Place) **. . . . . .   **XX**ᵉ Arrondissement . . . .   79ᵉ et 80ᵉ Quartiers.
    Anciennement commune de Charonne.
3000   **Située** rue de Bagnolet, 119.   (l. 3. — P. 4.)
    Longʳ :   *Comprise* dans celle de la rue de Bagnolet.
    Largʳ :   Ordonnance royale du 17 septembre 1771.
          Décret du 23 mai 1863. *Classement* (confirmation).
          Arrêté préfectoral des 3 août 1860 et 30 novembre 1867. *Nivelle-*
          ment.
          Arrêté préfectoral du 26 février 1867. *Dénomination* actuelle.
             Obs. — Précédemment place de la Mairie.
  Orig. — *Voir* rue Saint Blaise.

SAINT BLAISE (Rue) ** . . . . .   **XX**ᵉ Arrondissement . . . .   80ᵉ Quartier.
    Anciennement commune de Charonne.
3001   **Commence** rue de Bagnolet, 122. — **Finit** boulevard Davout.   (l. 67. — P. 82.)
    Moindre largʳ : 8ᵐ,50. — Ordonnance royale du 17 décembre 1771. *Alignements* entre la rue
          de Bagnolet et les numéros 57 et 62.
       Largʳ : 17ᵐ,50 environ. — Ordonnance royale du 17 décembre 1771. *Alignements* du
          surplus.
          Décret du 23 mai 1863. *Classement* (confirmation).
          Arrêté préfectoral du 26 février 1867. *Dénomination* actuelle.
            Obs. — Précédemment rue Saint Germain (partie de la route départementale
             numéro 23).
  Orig. — Voisinage de l'église de Charonne qui possède une chapelle consacrée à ce saint.

SAINT BON (Rue) . . . . **IV**ᵈ ARRONDISSEMENT . . . . 13ᵉ QUARTIER.

3002   **Commence** rue de Rivoli, 82. — **Finit** rue de la Verrerie, 91.   (I. 13. — P. 12.)

     Long^r : 95^m,00.

     Larg^r : 6^m,00. — DÉCISION MINISTÉRIELLE DU 15 FLORÉAL AN V.

     Larg^r : 10^m,00. — ORDONNANCE ROYALE DU 22 MAI 1837. *Alignements.*

    ORIG. — L'ancienne chapelle Saint Bon se trouvait dans cette rue.

SAINT BRUNO (Rue) ** . . . . . **XVIII**ᵉ ARRONDISSEMENT . . . . 71ᵉ QUARTIER.

                 Anciennement commune de La Chapelle.

3003   **Commence** rue Stephenson, 13. — **Finit** rue Saint Luc.

     Long^r : 150^m,00.

     Larg^r : 10^m,00. — DÉLIBÉRATION DU CONSEIL MUNICIPAL DU 29 MAI 1850. *Alignements* projetés entre la rue Stephenson et la rue Affre.

          DÉCRET DU 23 MAI 1863. *Classement* confirmé pour la totalité de la voie.

          ARRÊTÉ PRÉFECTORAL DU 17 MARS 1864. *Nivellement.*

          ARRÊTÉ PRÉFECTORAL DU 3 SEPTEMBRE 1869. *Dénomination* actuelle.

          OBS. — Précédemment place de l'église et rue de Valence.

    ORIG. — Saint Bruno, fondateur de l'ordre des Chartreux (XIᵉ siècle); voisinage de l'église Saint Bernard de La Chapelle

SAINT CHARLES (Impasse) . . . **XII**ᵉ ARRONDISSEMENT . . . . 46ᵉ QUARTIER.

3004   **Située** rue Érard, 7.

     Long^r :

     Larg^r : 3^m,50.   (*Voie privée*).

    ORIG. — Charles, prénom du propriétaire.

SAINT CHARLES (Passage) . . . . **XVII**ᵉ ARRONDISSEMENT . . . . 67ᵉ QUARTIER.

                 Anciennement commune des Batignolles.

3005   **Situé** rue Dulong, 26. — **Finit** rue de Rome, 109.

     Long^r : 43^m,00.

     Larg^r : 6^m,50 environ.   (*Voie privée*).

    ORIG. — Charles, prénom d'un des propriétaires.

SAINT CHARLES (Place) . . . . . **XV**ᵉ ARRONDISSEMENT . . . . 59ᵉ QUARTIER.

                 Anciennement commune de Grenelle.

3006   **Situé** à l'intersection des rues Saint Charles, 47, et du Théâtre, 41.

     Long^r : 60^m,75.   (*Place plantée.*)

     Larg^r : 60^m,00. — ARRÊTÉ PRÉFECTORAL DES 28 JUILLET 1845 ET 6 JUILLET 1853. *Classement* et *Alignements.*

          DÉCRET DU 23 MAI 1863. *Classement* (confirmation).

          ARRÊTÉ PRÉFECTORAL DU 2 AVRIL 1868. *Dénomination* rue Saint Charles.

          OBS. — Contrairement aux dispositions de cet arrêté, l'ancienne place Saint Louis est appelée place Saint Charels. Précédemment place Saint Louis.

    ORIG. — *Voir* rue Saint Charles.

SAINT CHARLES (Rond-Point) . . **XV**ᵉ ARRONDISSEMENT . . . . 60ᵉ QUARTIER.

                 Anciennement commune de Grenelle.

3007   **Situé** à l'intersection des rues Saint Charles, 134, et des Cévennes, 63.

     Longueur. — Comprise dans celle de la rue Saint Charles.

     Rayon : 25^m,00. — ARRÊTÉS PRÉFECTORAUX DES 28 JUILLET 1845 ET 6 JUILLET 1853. *Classement* et *Alignements.*

          DÉCRET DU 23 MAI 1863. *Classement* (confirmation).

    ORIG. — *Voir* rue Saint Charles.

SAINT CHARLES (Rue) . . . . . **XV**ᵉ ARRONDISSEMENT . . . . 59ᵉ et 60ᵉ QUARTIERS.

                 Anciennement communes de Grenelle et d'Issy.

3008   **Commence** boulevard de Grenelle. — **Finit** rue Leblanc.   (I. 239. — P. 232.)

     Long^r : 1960^m,00.

     Larg^r : 12^m,00. — ARRÊTÉ PRÉFECTORAL DU 28 JUILLET 1845. *Alignements* entre le boulevard de Grenelle et la rue de Javel.

     Larg^r : 19^m,50. — ARRÊTÉ PRÉFECTORAL DU 28 JUILLET 1845. *Alignements* entre la rue de Javel et la rue Cauchy.

          ARRÊTÉ PRÉFECTORAL DU 6 JUILLET 1853. *Classement* des deux parties ci-dessus.

     Larg^r : 19^m,50. — *Alignements* projetés entre les rues Cauchy et Leblanc. (Largeur actuelle, 10^m,00 environ entre le n° 99 et la rue Leblanc.)

          DÉCRET DU 23 MAI 1863 : 1° *Classement* confirmé entre le boulevard de Grenelle et la rue Cauchy ;

          2° *Classement* entre la rue Cauchy et la rue Leblanc.

SAINT-CHARLES (Rue). (*Suite.*)

ARRÊTÉ PRÉFECTORAL DU 5 AOUT 1873. *Nivellement* entre le boulevard de Grenelle et la rue Rouelle.

ARRÊTÉ PRÉFECTORAL DU 31 OCTOBRE 1864. *Nivellement* entre la rue Linois et la rue de Javel.

ARRÊTÉ PRÉFECTORAL DU 20 JUILLET 1866. *Nivellement* entre la rue de Javel et la rue Leblanc.

ARRÊTÉ PRÉFECTORAL DU 2 AVRIL 1868. *Dénomination* actuelle.

OBS. — Précédemment rue et place Saint Louis, et avenue Saint Charles.

ORIG. · Ainsi nommée à l'époque de la fondation du nouveau village de Grenelle, en l'honneur du patron de Charles X, qui régnait alors.

SAINT CHAUMONT (Cité) ** . . . **XIX**ᵉ ARRONDISSEMENT . . . . 76ᵉ QUARTIER.

Anciennement commune de Belleville.

3009   **Située** boulevard de La Villette, 50.

Long^r : 183^m,00.

Larg^r : 3^m,20.   (*Voie privée.*)

ORIG. — Voisinage des Buttes Chaumont.

SAINT CLAUDE (Impasse) . . . . . **III**ᵈ ARRONDISSEMENT . . . . 11ᵉ QUARTIER.

3010   **Située** rue Saint Claude, 14.   (L. 5. — P. 8.)

Long^r : 46^m,00.

Larg^r : 7^m,00. — DÉCISION MINISTÉRIELLE DU 7 FRUCTIDOR AN X.

ARRÊTÉ PRÉFECTORAL DU 9 MAI 18881. Supprimant la désignation : *aux Marais.*

OBS. — Précédemment impasse Saint Claude au Marais.

ORIG. — *Voir* rue Saint Claude.

SAINT CLAUDE (Rue) . . . . . . **III**ᵉ ARRONDISSEMENT . . . . 11ᵉ QUARTIER.

3011   **Commence** boulevard Beaumarchais, 101. — **Finit** rue de Turenne, 70.   (l. 15. — P. 25.)

Long^r : 186^m,00.

Larg^r : 7^m,00. — DÉCISION MINISTÉRIELLE DU 7 FRUCTIDOR AN X.

Larg^r : 10^m,00. — ORD. ROYALE DU 8 JUIN 1834. *Alignements.*

ARRÊTÉ PRÉFECTORAL DU 9 MAI 1881. Supprimant la désignation : *au Marais.*

OBS. — Précédemment rue Saint Claude au Marais.

ORIG. — Ancienne enseigne de l'image Saint-Claude (XVIIᵉ siècle).

SAINT CLOUD (Porte de). . . . . **XVI**ᵉ ARRONDISSEMENT . . . . 61ᵉ QUARTIER.

3012   **Située** boulevard Murat.

ORIG. — Située à la bifurcation de trois routes, dont l'une conduit à Saint Cloud.

SAINT DENIS (Boulevard) . . . . . **II**ᵉ ARRONDISSEMENT . . . . 8ᵉ QUARTIER

                      IIIᵉ ARRONDISSEMENT . . . . 9ᵉ QUARTIER

                      Xᵉ ARRONDISSEMENT . . . . 38ᵉ et 39ᵉ QUARTIERS.

3013   **Commence** rues Saint Martin, 361, et du Faubourg Saint Martin, 1. — **Finit** rues Saint Denis, 252 et du Faubourg Saint Denis, 2.   (l. 10. — P. 30.)

Long^r : 210^m,00.

DÉCISION MINISTÉRIELLE DU 28 MESSIDOR AN X. *Alignements.*

Moindre larg^r : 37^m,00. — ORD. ROYALE DU 6 MAI 1836. *Alignements.*

DÉCRET DU 8 JUIN 1872 (U.P.). Exécution, à l'angle de la rue Saint Martin, de l'alignement fixé par l'Ord. royale du 6 mai 1836.

ORD. ROYALE DU 31 MARS 1847. *Alignement* du côté droit, aux abords de la porte Saint Martin.

ORIG. — *Voir* rue Saint Denis.

SAINT DENIS (Galerie) . . . . . . **II**ᵉ ARRONDISSEMENT . . . . 8ᵉ QUARTIER.

3014   **Située** passage du Caire.   (*Voie privée.*)

OBS. — *Voir* passage du Caire.

ORIG. — Voisinage de la rue Saint Denis.

SAINT DENIS (Impasse) . . . . **II**ᵉ ARRONDISSEMENT. . . . . 8ᵉ QUARTIER.

3015   **Située** rue Saint Denis, 177.   (L. 11. — P. 14.)

Long^r : 88^m,00.

Larg^r : 7^m,00. — DÉCISION MINISTÉRIELLE DU 3 PLUVIÔSE AN IX.

Larg^r : 8^m,00. — ORD. ROYALE DU 21 JUIN 1826. *Alignements.*

ARRÊTÉ PRÉFECTORAL DU 1ᵉʳ FÉVRIER 1877. *Dénomination* actuelle.

OBS. — Précédemment impasse Mauconseil.

ORIG. — Débouche dans la rue Saint Denis.

SAINT DENIS (Rue) . . . . Ier Arrondissement . . . . Ier et 2e Quartiers.
        IIe Arrondissement . . . . 8e Quartier.

3016 **Commence** avenue Victoria, 12. — **Finit** boulevards Bonne Nouvelle, 1, et Saint Denis, 19.
  Long^r : 1334^m,00.   (I. 291. — P. 252.)
 Moindre larg^r : 13^m,00. — Décision ministérielle du 22 prairial an v et ord. royale du 27
     janvier 1837. *Alignements* de la totalité de la voie.
      Obs. — Ces *Alignements* ont été modifiés en partie par les décrets suivants :
   Larg^r : 30^m,00. — Décret du 21 juin 1854 (U.P.). *Alignements* entre l'avenue Victoria
     et la rue de Rivoli.
 Moindre larg^r : 16^m,30. — Décret du 21 juin 1854 (U.P.). *Alignements* entre les rues de Rivoli
     et des Lombards.
   Larg^r : 16^m,30. — Décret du 23 août 1858. *Alignement* modifié entre la rue des Lom-
     bards et la rue des Innocents, du côté des numéros impairs.
 Moindre larg^r : 13^m,00. — Décret du 23 août 1858. *Alignements* entre la rue Rambuteau
     et la maison portant le n° 433, du côté des numéros impairs :
     entre la rue Rambuteau et la rue aux Ours, du côté des nu-
     méros pairs.
      Obs. — L'arrêté du gouvernement provisoire du 3 mai 1848 et le décret du
      10 mars 1852 n'ont pas été appliqués.
      Arrêté préfectoral du 26 février 1867. *Nivellement* entre la rue
      de la Grande Truanderie et la rue Tiquetonne.
 Orig. — Ancienne route de Saint Denis.

SAINT DIDIER (Rue) ^{**} . . . . . XVIe Arrondissement . . . . 63e et 64e Quartiers.
      Anciennement commune de Passy.

3017 **Commence** avenue Kléber, 88. — **Finit** rue des Belles Feuilles, 34, et avenue Victor Hugo, 39.
  Long^r : 615^m,00.   (I. 65. — P. 76.)
      Décret du 23 mai 1863. *Classement* entre l'avenue Kléber et l'avenue
      Malakoff (A).
   Larg^r : 9^m,75. — *Alignements* projetés (A). (Largeur actuelle.)
   Larg^r : 10^m,00. — Arrêté préfectoral du 3 octobre 1855. *Alignements* entre l'avenue
     Malakoff et l'avenue Victor Hugo (B).
      Décret du 23 mai 1863. *Classement* confirmé pour la partie (B).
      Arrêtés préfectoraux des 10 mars 1866 et 5 décembre 1865. *Ni-*
      vellement.
      Arrêté préfectoral du 2 avril 1868. *Dénomination* actuelle.
      Obs. — Précédemment rues du Télégraphe et Saint Didier.
 Orig. — Nom donné par l'ancienne société des terrains de la plaine de Passy.

SAINT DOMINIQUE (Passage) . . VIIe Arrondissement . . . . 28e Quartier.

3018 **Commence** rue Saint Dominique, 141. — **Finit** rue de Grenelle, 218. (I. 29. — P. 29.)
  Long^r : 205^m,00.
   Larg^r : 4^m,00 environ. (*Voie privée*.)
 Orig. — Voir rue Saint Dominique.

SAINT DOMINIQUE (Rue) . . . . VIIe Arrondissement . . . . . . 25e, 26e et 28e Quartiers.

3019 **Commence** boulevard Saint Germain, 223. — **Finit** avenues de La Bourdonnais, 39, et
  Rapp, 33.   (I. 149. — P. 116.)
  Long^r : 1800^m,00.
 Moindre larg^r : 10^m,00. — Décision ministérielle du 15 vendémiaire an IX. *Alignements.*
 Moindre larg^r : 10^m,00. — Ord. royale du 7 mars 1827. *Alignements* entre le boulevard Saint
     Germain et l'Esplanade des Invalides.
 Moindre larg^r : 10^m,00. — Décision ministérielle du 3 germinal an IX. *Alignements.*
 Moindre larg^r : 10^m,00. — Ord. royale du 25 mai 1828. *Alignements* entre l'Esplanade des
     Invalides et les avenues de La Bourdonnaye et Rapp.
      Décret du 28 juillet 1866 (U.P.). Une partie de cette voie, com-
      prise entre la rue des Saints Pères et la rue Saint Dominique, a
      été absorbée par le boulevard Saint Germain.
 Orig. — Doit son nom aux religieux Dominicains qui s'y étaient établis en 1631 ; bâtiments contigus à l'église Saint
  Thomas d'Aquin.

SAINT ÉLEUTHÈRE (Rue) ^{**} . . XVIIIe Arrondissement . . . . 70e Quartier.
      Anciennement commune de Montmartre.

3020 **Commence** rue Foyatier. — **Finit** place du Tertre, 1, et rue du Mont Cenis. (I. 3. — P. 4.)
  Long^r : 165^m,00.
      Décret du 23 mai 1863. *Classement* (confirmation).
 Moindre larg^r : 10^m,00. — Décret du 11 août 1867 (U.P.). *Élargissement* et *Prolongement.*

SAINT ELEUTHÈRE (Rue.) ** (Suite.)
    ARRÊTÉS PRÉFECTORAUX DU 26 FÉVRIER 1867 ET DU 3 SEPTEMBRE 1869.
    Dénomination actuelle.
      Obs. — Précédemment rues du Pressoir et Neuve Saint Paul.
  ORIG. — Voisinage du lieu où, suivant la légende, Saint Denis et ses compagnons, Saint Rustique et Saint Eleuthère, auraient subi le martyre.

SAINT ÉLOI (Cour). . . . . **XIIᵉ** ARRONDISSEMENT . . . . . , ... 46ᵉ QUARTIER.
  3021 **Commence** rue de Reuilly, 39. — **Finit** boulevard Diderot, 128.   (I. 13. — P. 22.)
      Longʳ : 150ᵐ,00.
    Moindre largʳ : 4ᵐ,50.   (*Voie privée.*)
        ARRÊTÉ PRÉFECTORAL DU 1ᵉʳ FÉVRIER 1877. *Dénomination* actuelle.
        Obs. — Précédemment cour du Château.
  ORIG. — Voisinage de l'église Saint Éloi.

SAINT ESPRIT (Cour du). . . . . **XIᵉ** ARRONDISSEMENT . . . . 44ᵉ QUARTIER.
  3022 **Située** rue du Faubourg Saint Antoine, 127.
      Longʳ : 88ᵐ,00.
    Moindre largʳ : 2ᵐ,50.   (*Voie privée.*)
  ORIG. — Dénomination tirée d'une enseigne.

SAINT ÉTIENNE DU MONT (Rue). Vᵉ ARRONDISSEMENT . . . . 20ᵉ QUARTIER.
  3023 **Commence** rue Descartes, 24. — **Finit** rue de la Montagne Sainte Geneviève, 51. (P. 18.)
      Longʳ : 76ᵐ,00.
      Largʳ : 7ᵐ,00. — DÉCISION MINISTÉRIELLE DU 8 BRUMAIRE AN X.
      Largʳ : 10ᵐ,00. — ORD. ROYALE DU 5 JUIN 1816. *Alignements.*
        ARRÊTÉ PRÉFECTORAL DU 26 FÉVRIER 1867. *Dénomination* actuelle.
        Obs. — Précédemment rue des Prêtres Saint Étienne du Mont.
  ORIG. — Voisinage de l'église Saint Étienne du Mont.

SAINT EUSTACHE (Impasse) . . . Iᵉʳ ARRONDISSEMENT . . . . 2ᵉ QUARTIER.
  3024 **Située** rue Montmartre, 3.   (P. 2.)
      Longʳ : 36ᵐ,00.
      Largʳ : 4ᵐ,50 environ.   (*Voie privée.*)
        DÉCRET DU 4 AVRIL 1860 (U. P.). *Suppression* pour la
        création d'une voie latérale au nord de l'église Saint
        Eustache.
  ORIG. — Dégagement de l'église Saint Eustache.

**SAINT-FARGEAU (Rue) ** ** . . . XXᵉ ARRONDISSEMENT . . . . 78ᵉ QUARTIER.
      Anciennement commune de Belleville.
  3025 **Commence** rue Pelleport, 130. — **Finit** boulevard Mortier.   (I. 71. — P. 60.)
      Longʳ : 700ᵐ,00.
    Moindre largʳ : 10ᵐ,00. — ORD. ROYALE DU 21 JUILLET 1843. *Alignements.*
        DÉCRET DU 23 MAI 1863. *Classement* (confirmation).
        ARRÊTÉ PRÉFECTORAL DU 19 AVRIL 1869. *Nivellement.*
  ORIG. · Doit son nom au parc Saint-Fargeau, restes du château de Lepeletier de Saint-Fargeau, ou château de Ménilmontant.

SAINT FERDINAND (Place). . . . **XVIIᵉ** ARRONDISSEMENT. . . . . 65ᵉ QUARTIER.
      Anciennement commune de Neuilly.
  3026 **Située** à l'intersection des rues Brunel, 21, et Saint Ferdinand, 34.
      Rayon : 30ᵐ,00. — ARRÊTÉ PRÉFECTORAL DU 31 AOÛT 1857. *Classement et Alignements.*
        DÉCRET DU 23 MAI 1863. *Classement* (confirmation).
        ARRÊTÉ PRÉFECTORAL DU 26 FÉVRIER 1867. *Dénomination* actuelle.
        Obs. — Précédemment Rond-Point de Ferdinanville.
  ORIG. — Voisinage de l'église Saint Ferdinand des Ternes.

SAINT FERDINAND (Rue). . . . **XVIIᵉ** ARRONDISSEMENT . . . . 65ᵉ QUARTIER.
      Anciennement commune de Neuilly.
  3027 **Commence** avenue des Ternes, 67, et rue d'Armaillé, 27. — **Finit** avenue de la Grande
  Armée, 66.   (I. 37 — P. 56.)
      Longʳ : 450ᵐ,00.
      Largʳ : 12ᵐ,00. — ARRÊTÉ PRÉFECTORAL DU 2 MARS 1858. *Alignements.*
        DÉCRET DU 23 MAI 1863. *Classement* (confirmation).
  ORIG. — Voir place Saint Ferdinand.

SAINT FIACRE (Impasse) . . . . . **IV**e Arrondissement . . . . 13e Quartier.

3028   **Située** rue Saint Martin, 81.

       Long^r : 20^m,00.

       Larg^r : 1^m,70 environ. — Décision ministérielle du 8 décembre 1843. *Fermeture.*
               Ord. royale du 18 juin 1844. *Suppression.*

   Orig. — Ancienne enseigne ; l'une des premières remises des voitures publiques de Paris.

SAINT FIACRE (Rue) . . . . **II**e Arrondissement . . . . 7e Quartier.

3029   **Commence** rue des Jeûneurs, 28. — **Finit** boulevard Poissonnière, 9.   (I. 21. — P. 20.)

       Long^r : 171^m,00.

       Larg^r : 6^m,00. — Décision ministérielle du 28 brumaire an VI.

       Larg^r : 10^m,00. — Ord. royale du 4 mai 1826. *Alignements.*

   Orig. — Doit son nom au fief de Saint Fiacre, sur lequel elle est située et qui appartenait à la grande confrérie.

SAINT-FLORENTIN (Rue) . . . . **I**er Arrondissement . . . . 4e Quartier.
                               VIIIe Arrondissement . . . . 31e Quartier.

3030   **Commence** place de la Concorde, 2, et rue de Rivoli, 258. — **Finit** rue Saint Honoré, 271.

       Long^r : 165^m,00.   (I. 17. — P. 18.)

       Moindre larg^r : 12^m,40. — Décision ministérielle du 22 prairial an V.

       Id.   Id.   12^m,40. — Ord. royale du 24 août 1833. *Alignements.*

   Orig. — Le duc de la Vrillière, cte de Saint-Florentin, ministre et secrétaire d'Etat (1705-1777), y avait fait construire un hôtel.

SAINT FRANÇOIS (Cour) . . . . **XII**e Arrondissement . . . . 48e Quartier.

3031   **Située** rue Moreau, 5.   (P. 11.)

       Long^r : 53^m,00.

       Moindre larg^r : 4^m,00.   *(Voie privée.)*

   Orig. — Ancienne enseigne.

SAINT FRANÇOIS (Impasse) . . **XVIII**e Arrondissement . . . . 70e Quartier.
                       Anciennement commune de Montmartre.

3032   **Située** rue Letort, 48 et 51.   (I. 9. — P. 10 *bis.*)

       Long^r : 140^m,00.

       Moindre larg^r : 1^m,70.   *(Voie privée.)*

   Orig. — Prénom du propriétaire.

SAINT FRANÇOIS D'ASSISE (Petite Cité)** **XIV**e Arrondissement . . . . . 53e Quartier.

3033   **Située** cité d'Odessa, 3.

       Long^r : 54^m,00.

       Moindre larg^r : 4^m,00.   *(Voie privée.)*

   Orig. — Nom donné par le propriétaire.

SAINT FRANÇOIS DE SALES (Rue) **XIII**e Arrondissement . . . . 51e Quartier.

3034   **Commence** rue de la Glacière, 99. — **Finit** en impasse.   (I. 11. — P. 8.)

       Long^r : 138^m,00.

       Larg^r : 12^m,00. — Décret du 28 août 1868. *Classement et Alignements.*
                       Arrêté préfectoral du 24 août 1864. *Nivellement.*

   Orig. — Saint François de Sales, évêque, prince de Genève (1567-1622).

SAINT FRANÇOIS XAVIER (Place) . . **VII**e Arrondissement . . . . 27e Quartier.

3035   **Située** entre le boulevard des Invalides, les avenues de Villars, Duquesne et de Breteuil.

       Long^r : 128^m,00.   (I. 5. — P. 10.)

       Larg^r : 128^m,00. — Décret du 29 juin 1863 (U. P.). *Ouverture de deux voies latérales*
               de 33^m,00 + 12^m,00 au nord de l'église Saint François Xavier.
              Décret du 29 juin 1863. *Ouverture d'une voie de 12^m,00 au sud de*
              l'église.

           Obs. — Les deux voies au nord de l'église de 23^m,00 + 12^m,00 ont été réunies et la largeur totale portée à 47^m,57. Du côté sud, la distance du nu du mur de l'église à l'alignement des maisons est également de 47^m,37.

          Obs. — Les alignements du côté sud sont projetés.

         Arrêté préfectoral du 20 décembre 1867. *Nivellement.*

         Arrêté préfectoral du 16 août 1879. *Dénomination actuelle.*

          Obs. — Précédemment avenue Saint François Xavier et avenue de la Salle.

   Orig. — Latérale à l'église Saint François Xavier.

SAINT GEORGES (Place) . . . . . **IX**e Arrondissement . . . . 33e Quartier.

3036   **Située** à la jonction des rues Saint Georges, 51, et Notre-Dame de Lorette, 30.

       Diamètre : 32^m,50. — Ord. royale du 21 avril 1824. *Ouverture et Alignements.*

   Orig. — *Voir* rue Saint Georges.

SAINT GEORGES (Rue) . . . . . IXe Arrondissement. . . . . 33° et 34° Quartiers.

3037   **Commence** rues de Provence, 32, et La Fayette, 31. — **Finit** place Saint Georges, 27, et rue Notre-Dame de Lorette, 23. (l. 51. — P. 60.)

Long^r : 446^m,00.

Larg^r : 9^m,74. — Décision ministérielle du 21 prairial an x. *Alignements.*

Id. 9^m,74. — Ord. royale du 16 avril 1831. *Alignements* entre la rue de Provence et la rue Saint Lazare

Larg^r : 11^m,70. — Ord. royale du 21 avril 1824. *Ouverture* depuis la rue Saint Lazare jusqu'à la place Saint Georges et la rue Notre-Dame de Lorette.

Arrêté préfectoral du 17 août 1846. *Dénomination actuelle.*

Obs. — Précédemment rues Saint Georges et Neuve Saint Georges.

Orig. — Ancien nom (xviii° siècle), dû probablement à une enseigne.

SAINT GERMAIN (Boulevard) . . . Ve Arrondissement . . . . 17° et 20° Quartiers.

VIe Arrondissement . : . . . . 21°, 22° et 24° Quartiers.

VIIe Arrondissement . . . . 25° et 26° Quartiers.

3038   **Commence** rue des Fossés Saint Bernard, 2. et quai de la Tournelle 1.—**Finit** quai d'Orsay, 27.

Long^r : 3150^m,00. (l. 243. — P. 280.)

Larg^r : 30^m,00. — Décret du 11 août 1855 (U. P.). *Ouverture* entre le quai de la Tournelle et le boulevard Saint Michel.

Id. 30^m,00. — Décret du 28 juillet 1 66 (U. P.). *Ouverture* entre le boulevard Saint Michel et le quai d'Orsay.

Décret du 17 septembre 1879. *Modification* de l'alignement au droit de l'immeuble portant le n° 199.

Arrêté préfectoral du 26 juillet 1859. *Nivellement* entre le quai Saint Bernard et la place Maubert.

Arrêté préfectoral du 28 mars 1861. *Nivellement* entre la place Maubert et la rue Saint Jacques.

Arrêté préfectoral du 9 septembre 1863. *Nivellement.*

Orig. — Traverse le faubourg Saint Germain.

SAINT GERMAIN L'AUXERROIS (Rue) Ier Arrondissement . . . . 1er Quartier.

3039   **Commence** rue des Lavandières, 1 bis. — **Finit** rue des Bourdonnais, 6.

Long^r : 147^m,00. (l. 37 à 75. — P. 36 à 71.)

Larg^r : 8^m,00. — Décision ministérielle du 15 floréal an v.

Larg^r : 10^m,00. — Ord. royale du 16 mai 1836. *Alignements.*

Arrêté préfectoral du 19 juillet 1863. *Nivellement* entre la rue des Orfèvres et la rue des Bourdonnais.

Orig. — Située dans le voisinage de l'église Saint Germain l'Auxerrois.

SAINT GERVAIS (Place). . . . . IVe Arrondissement. . . . . 14e Quartier.

3040   **Située** rue de Lobau et au débouché des rues de Brosse, 10, et François Miron, 2.

Long^r : 66^m,00.

Larg^r : 50^m,00. — Décret du 29 septembre 1854. *Alignements.*

Arrêté préfectoral du 9 mai 1881. *Dénomination actuelle.*

Obs. — Précédemment rue François Miron.

Orig. — Située en face de l'Église Saint Gervais.

SAINT GILLES (Rue). . . . . . . IIIe Arrondissement . . . . 11e Quartier.

3041   **Commence** boulevard Beaumarchais, 67. — **Finit** rue de Turenne, 50. (l. 19. — P. 26.)

Long^r : 242^m,00.

Larg^r : 8^m,75. — Décision ministérielle du 18 vendémiaire an vi.

Larg^r : 10^m,00. — Ord. royale du 8 juin 1834. *Alignements.*

Orig. — Doit son nom à une enseigne de Saint Gilles.

SAINT GOTHARD (Rue du)**. . **XIVe Arrondissement . . . . 54e Quartier.

Anciennement commune de Montrouge.

3042   **Commence** rue Dareau , 45. — **Finit** rue d'Alésia, 6.

Long^r : 300^m,00.

Larg^r : 12^m,00. — Arrêté préfectoral du 17 avril 1856. *Classement* et *Alignements.*

Décret du 23 mai 1863 (U. P.). *Redressement* partiel.

Décret du 23 mai 1863. *Classement* (confirmation).

Arrêté préfectoral du 1er février 1877. *Dénomination actuelle.*

Obs. — Précédemment chemin des Prêtres.

Orig. — Montagne des Alpes, célèbre par le passage de l'armée française en 1799.

SAINT GUILLAUME (Rue) . . . **VII** Arrondissement . . . . 23e Quartier.

3043 **Commence** rues Perronet, 9, et du Pré aux Clercs, 18. — **Finit** boulevard Saint Germain, 202.

    Long^r : 245^m,00.   (I. 17. — P. 18.)

    Larg^r : 8^m,00. — Décision ministérielle du 23 frimaire an IX.

    Larg^r : 10^m,00. — Ord. royale du 30 avril. 1844. *Alignements.*

Orig. — Ainsi dénommée au XVIe siècle par l'un de ses habitants.

SAINT HIPPOLYTE (Passage)**. **XIII**^e Arrondissement . . . . 51e Quartier.

Anciennement commune de Gentilly.

3044 **Commence** avenue de Choisy, 139. — **Finit** avenue d'Italie, 33.   (I. 9. — P. 8.)

    Long^r : 93^m,00.

    Larg^r : 4^m,50 environ.   (*Voie privée.*)

Orig. — Voir rue Saint Hippolyte.

SAINT HIPPOLYTE (Rue) *. . . **XIII**^e Arrondissement. . . . . 52e Quartier.

3045 **Commence** rue Pascal et boulevard Arago, 20. — **Finit** rue de la Glacière, 9.

    Long^r : 250^m,00.   (I. 31. — P. 32.)

    Larg^r : 10^m,00. — Décision ministérielle du 8 ventôse an IX. *Alignements.*

    Larg^r : 11^m,70. — Ord. royale du 26 mars 1843. *Alignements* entre le boulevard Arago et la rue de Lourcine.

    Larg^r : 12^m,00. — Décret du 17 octobre 1857 (U. P.). *Ouverture* et *Alignements* entre la rue de Lourcine et la rue de la Glacière.

                   Arrêté préfectoral du 14 septembre 1867. *Nivellement.*

Orig. — L'église Saint Hippolyte y était située.

SAINT HONORÉ (Cloître) . . . . . **I**^{er} Arrondissement . . . . 3e Quartier.

3046 **Située** entre les rues des Bons Enfants, 8 ; Croix des Petits Champs, 7, et Saint Honoré, 188.

    Long^r : 113^m,00 développée.

Moindre larg^r : 11^m,60.

                Obs. — La Ville de Paris pourvoit à l'entretien et à l'éclairage des passages donnant accès audit cloître Saint Honoré.

Orig. — Emplacement du cloître de l'ancien chapitre de Saint Honoré.

SAINT HONORÉ (Rue) . . . . . . **I**^{er} Arrondissement . . . . 2e, 3e et 4e Quartiers.

                 VIIIe Arrondissement . . . . 31e Quartier.

3047 **Commence** rue des Bourdonnais, 43, et des Halles, 23. — **Finit** rue Royale, 16.

    Long^r : 1824^m,00.   (I. 33 à 283. — P. 422.)

Moindre larg^r : 12^m,00. — Décision ministérielle du 28 messidor an V.

Moindre larg^r : 14^m,00. — Ord. royale du 25 septembre 1831. *Alignements* de la totalité de la rue.

               Obs. — Les alignements approuvés par cette ordonnance ont été modifiés en partie ainsi qu'il suit :

Moindre larg^r : 14^m,00. — Décret du 21 juin 1854 (U. P.). *Alignements* modifiés entre les rues des Bourdonnais et des Halles, et la rue du Pont Neuf.

Id.   Id.   14^m,00. — Décret du 18 novembre 1851. *Alignements* à exécuter par mesures ordinaires de voirie, du côté des numéros pairs, à partir et y compris le n° 166 jusqu'au n° 200 inclus.

Id.   Id.   14^m,00. — Décrets des 15 novembre 1853 et 3 mai 1854 (U. P.). *Alignements* depuis le temple de l'Oratoire jusqu'au passage Delorme, côté des numéros impairs, et entre la rue de Richelieu et le n° 258 inclus, côté des numéros pairs.

               Décret du 29 novembre 1880. *Alignement* modifié à l'angle de la rue de l'Echelle, au droit des numéros 234, 236 et 238.

               Obs. — L'alignement a été modifié au droit des n°s 35 et 37.

               Arrêté préfectoral du 30 mai 1868. *Nivellement* entre la place du Théâtre Français et la rue de l'Echelle.

               Arrêté préfectoral du 25 juin 1877. *Nivellement* aux abords de la rue des Pyramides.

Orig. — Doit son nom à l'église collégiale de Saint Honoré. (*Voir cloître Saint Honoré.*)

SAINT HYACINTHE (Rue) . . . . **I**^{er} Arrondissement . . . . 4e Quartier.

3048 **Commence** rue de la Sourdière, 15. — **Finit** rue du Marché Saint Honoré, 10.

    Long^r : 66^m,00.   (I. 7. — P. 12.)

    Larg^r : 8^m,00. — Décision ministérielle du 31 janvier 1807. *Alignements.*

    Id.   8^m,00. — Ord. royale du 4 octobre 1826. *Alignements.*

               Arrêté préfectoral du 3 mars 1881. *Dénomination* actuelle.

               Obs. — Précédemment rue Saint Hyacinthe Saint Honoré.

Orig. — Voisinage de l'ancien couvent des Jacobins Saint Honoré, de l'ordre de Saint Dominique, auquel appartenait saint Hyacinthe.

SAINT IRÉNÉE (Impasse). . . . .   **XI**e Arrondissement. . . . .   42e Quartier.
3049   **Située** rue Lacharrière, 10.   (P. 2.)
    Long^r : 55^m,00.
    Larg^r :   4^m,70 environ.   *(Voie privée.)*
          Arrêté préfectoral du 10 novembre 1873. *Dénomination* actuelle.
             Obs. — Précédemment impasse Saint Ambroise.
   Orig. — Nom substitué à celui de Saint Ambroise ; voisinage de l'église Saint Ambroise.

SAINT JACQUES (Boulevard) ** .   **XIV**e Arrondissement . . . . .   53e, 54e et 55e Quartiers.
    Anciennement communes de Gentilly et de Montrouge (du côté des numéros impairs).
3050   **Commence** rue de la Santé, 50. — **Finit** place Denfert-Rochereau.   (I. 71. — P. 52.)
    Long^r : 575^m,00.
          Ord. du bureau des finances du 16 janvier 1789. *Alignement* des
          anciens boulevards de la Santé et d'Arcueil.
    Larg^r :   70^m,00 environ. — Ord. royale du 9 décembre 1838. *Alignements* du côté des
          numéros pairs.
    Id.   70^m,00. — Arrêté préfectoral du 3 août 1866. *Alignements* du côté des
          numéros impairs.
          Décret du 23 mai 1863. *Classement* (confirmation).
          Arrêté préfectoral du 30 décembre 1864. *Dénomination* actuelle.
             Obs. — Précédemment boulevards Saint Jacques, de la Santé et d'Arcueil.
   Orig. — Voisinage de la place Saint Jacques.

SAINT JACQUES (Cour) . . . . .   **XI**e Arrondissement . . . .   43e Quartier.
3051   **Située** rue de Charonne, à la suite de la cour Saint Joseph.
    Long^r :   46^m,00.
    Moindre larg^r :   3^m,50.   *(Voie privée.)*
   Orig. — Pays originaire de la famille Vigne, propriétaire de la cour.

SAINT JACQUES (Place) ** . . .   **XIV**e Arrondissement . . . .   53e Quartier.
3052   **Située** rue du Faubourg Saint Jacques, 83, et boulevard Saint Jacques, 46.
    Long^r :   Comprise dans celle de la rue du Faubourg Saint Jacques.
    Rayon :   39^m,80. — Ord. royale du 9 décembre 1838. *Alignements*.
             Obs. — Le numérotage de cette voie fait suite à celui de la rue du Faubourg
                Saint Jacques.
             Précédemment place de la Barrière Saint Jacques.
   Orig. — A l'extrémité de la rue du Faubourg Saint Jacques.

SAINT JACQUES (Rue)* . . . . .   **V**e Arrondissement . . . .   19e et 20e Quartiers.
3053   **Commence** rues Galande, 79, et Saint Séverin, 3. — **Finit** boulevard de Port-Royal, 86.
    Long^r : 1330^m,00.   (I. 307. — P. 354.)
   Moindre larg^r :   10^m,00. — Décision ministérielle du 5 vendémiaire an IX.
   Moindre larg^r :   12^m,00. — Ord. du 3 février 1836. *Alignement* de la totalité.
          Obs. — Les alignements fixés par cette ordonnance ont été modifiés en partie
             comme il suit :
    Larg^r :   20^m,00. — Décret du 11 août 1855 (U. P.). *Alignements* modifiés depuis les
          rues Galande et Saint Séverin jusqu'à la rue Soufflot.
    Larg^r :   20^m,00. — Décret du 30 juillet 1859 (U. P.). *Alignements* modifiés entre la
          rue Soufflot et la rue Gay-Lussac.
   Moindre larg^r :   16^m,00. — *Alignements* projetés, déjà suivis d'exécution, entre la rue Gay-Lussac
          et la rue des Ursulines.
          Arrêté préfectoral du 27 septembre 1859. *Nivellement* entre la rue
          de la Parcheminerie et le boulevard Saint Germain.
          Arrêtés préfectoraux des 14 mai et 13 septembre 1864. *Nivellement*
          entre le boulevard Saint Germain et la rue des Écoles.
          Arrêté préfectoral du 10 mai 1878. *Nivellement* entre la rue du
          Sommerard et la rue des Écoles.
          Arrêté préfectoral du 13 février 1874. *Nivellement* entre la rue
          des Écoles et la rue Soufflot.
          Arrêté préfectoral du 27 octobre 1868. *Nivellement* entre la rue
          Gay-Lussac et la rue du Val de Grâce.
   Orig. — Doit son nom à une ancienne chapelle Saint Jacques, donnée au xiiie siècle aux Dominicains, surnommés
   depuis Jacobins.

SAINT JACQUES (Square) . . . .   **IV**e Arrondissement . . . .   13e Quartier.
3054   **Situé** entre le boulevard de Sébastopol, l'avenue Victoria et les rues Saint Martin et de Rivoli.
   Orig. — Situé sur l'emplacement de l'ancienne église Saint Jacques la Boucherie.

SAINT JACQUES DE L'HOPITAL (Rue). Ier Arrondissement. . . . . 2ᵉ Quartier.

3055 **Commence** rues de la Grande Truanderie et Etienne Marcel, 17. — **Finit** rue de Turbigo, 20.

Long^r : 88^m,00.   (I. 7. — P. 16.)

Larg^r : 10^m,00. — Décision ministérielle du 15 octobre 1814.

Id.   10^m,00. — Ord. royale du 29 avril 1839.

Id.   20^m,00. — Décret du 23 août 1858 (U. P.). *Alignements.*

Arrêté préfectoral du 8 février 1867. *Nivellement.*

Orig. — Doit son nom à l'ancien hôpital de Saint Jacques, destiné aux pèlerins de Saint Jacques de Compostelle.

SAINT JEAN (Rue). . . . . . . XVIIe Arrondissement. . . . . 68ᵉ Quartier.

Anciennement commune des Batignolles.

3056 **Commence** avenue de Clichy, 80. — **Finit** rue Dautancourt.   (I. 7. — P. 20.)

Long^r : 165^m,00.

Larg^r : 10^m,00. — Décret du 10 avril 1867. *Classement* et *Alignements.*

Orig. — Longe la chapelle Saint Jean (église Saint Michel).

SAINT JEAN DE LATRAN (Rue). Ve Arrondissement. . . . . 20ᵉ Quartier.

3057 **Commence** rues Fromentel, 2, et Jean de Beauvais. — **Finit** place du Collège de France.

Long^r : 28^m,00.   (I. 9.)

Décret du 11 août 1855 (U. P.). *Suppression* pour la formation des abords de la rue des Écoles.

Obs. — Ce projet de suppression n'est pas encore exécuté.

Larg^r : 10^m,00. — *Alignements* projetés.

Orig. — Hôpital de Saint Jean de Latran, fondé au xiie siècle.

SAINT JÉROME (Rue) **. . . . XVIIIe Arrondissement. . . . . 71ᵉ Quartier.

Anciennement commune de La Chapelle.

3058 **Commence** rue Saint Mathieu, 6. — **Finit** rue Cavé, 11.   (I. 5. — P. 2.)

Long^r : 42^m,00. — Voie non classée.

Larg^r : 12^m,00. — *Alignements* projetés. (Largeur exécutée.)

Arrêté préfectoral du 19 décembre 1874. *Dénomination* actuelle.

Obs. — Précédemment partie de la rue Ernestine.

Orig. — Saint Jérôme, père de l'Église (346-420); voisinage de l'église Saint Bernard.

SAINT JOSEPH (Cour) . . . . . XIe Arrondissement. . . . . 43ᵉ Quartier.

3059 **Située** rue de Charonne, 5.

Long^r : 87^m,00.

Moindre larg^r : 3^m,20.   (*Voie privée.*)

Orig. — Joseph est le prénom d'un des propriétaires.

SAINT JOSEPH (Rue). . . . . . IIe Arrondissement . . . . 7ᵉ Quartier.

3060 **Commence** rue du Sentier, 9. — **Finit** rue Montmartre, 142.   (I. 19. — P. 28.)

Long^r : 160^m,00.

Larg^r : 6^m,00. — Décision ministérielle du 28 brumaire an VI.

Larg^r : 10^m,00. — Ord. royale du 6 septembre 1826. *Alignements.*

Orig. — Doit son nom à la chapelle et au cimetière Saint Joseph, dont l'emplacement est occupé aujourd'hui par le marché de ce nom.

SAINT JOSEPH (Villa) . . . . . XVIIe Arrondissement.   . . . . 65ᵉ Quartier.

Anciennement commune de Neuilly.

3061 **Située** boulevard Pereire, 233.

Long^r : 117^m,00.

Larg^r :   (*Voie privée.*)

Orig. —

SAINT JULES (Rue). . . . . . . XIe Arrondissement . . . . 44ᵉ Quartier.

3062 **Commence** rue du Faubourg Saint Antoine, 225. — **Finit** rue de Montreuil, 2.

Long^r : 10^m,00.

Moindre larg^r : 11^m,40.   (*Voie privée.*)

Orig. — Dénomination tirée d'une enseigne.

SAINT JULIEN LE PAUVRE (Rue) . . Ve Arrondissement . . . . 20ᵉ Quartier.

3063 **Commence** rue de la Bucherie, 33. — **Finit** rue Galande, 56.   (I. 11. — P. 16.)

Long^r : 67^m,00.

Larg^r : 8^m,00. — Décision ministérielle du 3 pluviôse an IX. *Alignements.*

Orig. — Doit son nom à l'église Saint Julien le Pauvre.

SAINT LAMBERT (Rue). . . . . **XV**e Arrondissement . . . . 57e Quartier.
Anciennement commune de Vaugirard.

3004   **Commence** rue Lecourbe, 261. — **Finit** rue Desnouettes, 6.   (I. 43. — P. 36.)
        Long^r : 375^m,00.
        Larg^r : 10^m,00. — Délibération du conseil municipal du 10 août 1844. *Alignements*
            projetés. (Largeur actuelle 6^m,00 moindre.)
            Décret du 23 mai 1863. *Classement* (confirmation).
            Arrêté préfectoral du 7 septembre 1869. *Nivellement.*
  Orig. — Voisinage de l'église Saint Lambert.

SAINT LAURENT (Cité) ** . . . . **X**e Arrondissement. . . . . 37e Quartier.
3005   **Située** rue du Faubourg Saint Martin, 237.
        Long^r : 72^m,00.
        Larg^r : 5^m,00.   (*Voie privée.*)
  Orig. — *Voir rue Saint Laurent.*

SAINT LAURENT (Rue). . . . . . **X**e Arrondissement . . . . 38e et 39e Quartiers.
3006   **Commence** rue du Faubourg Saint Martin, 129. — **Finit** boulevard de Magenta, 74.
        Long^r : 150^m,00.   (I. 11. — P. 22.)
        Larg^r : 10^m,00. — Décision ministérielle du 7 juin 1808.
        Larg^r : 12^m,00. — Décret du président de la république du 22 mars 1850. *Aligne-*
            ments.
  Orig. — Voisinage de l'église Saint Laurent.

SAINT LAZARE (Rue). . . . . . **VIII**e Arrondissement . . . . 31e et 32e Quartiers.
                  IXe Arrondissement . . . . 33e et 34e Quartiers.
3007   **Commence** rues Fléchier et Notre-Dame de Lorette, 1. — **Finit** rue de Rome, 14.
        Long^r : 1066^m,00.   (I. 125. — P. 128.)
  Moindre larg^r : 10^m,00. — Décision ministérielle du 12 fructidor an V.
  Moindre larg^r : 11^m,00. — Ord. royale du 3 août 1838. *Alignements* depuis les rues Fléchier
            et Notre-Dame de Lorette jusqu'aux n°s 69 et 62.
            Décret du 19 décembre 1860. *Alignements* depuis les n°s 71 et 64
            jusqu'aux rues de Clichy et de Mogador prolongée.
            Décret du 19 mars 1862 (U. P.). *Alignements* du côté des numéros
            impairs, entre les rues de Mogador et de Clichy, y compris en outre
            les n°s 101 et 96.
        Larg^r : 20^m,00. — Ord. royale du 3 septembre 1843 (U. P.). *Alignements* depuis les
            n°s 103 et 98 jusqu'aux n°s 115 et 120 inclusivement.
            Décret du 30 juin 1859 (U. P.). *Alignements* depuis les n°s 117 et
            122 jusqu'à la rue de Rome.
        Larg^r : 30^m,00. — *Alignements* projetés, déjà suivis d'exécution, depuis les rues du
            Havre et d'Amsterdam jusqu'à la rue de Rome.
            Arrêtés préfectoraux des 3 juillet 1867 et 3 avril 1869. *Nivelle-*
            ment entre la rue de la Chaussée d'Antin et le passage de Tivoli.
            Arrêté préfectoral du 3 juillet 1867. *Nivellement* entre la rue du
            Havre et les rues Pasquier et de Rome.
  Orig. — Conduisait au couvent et à l'enclos de Saint Lazare.

SAINT LOUIS (Cour) . . . . . . **XI**e Arrondissement . . . . 43e Quartier.
3008   **Commence** rue du Faubourg Saint Antoine, 45. — **Finit** rue de Lappe, 26.
        Long^r : 130^m,00.
  Moindre larg^r : 3^m,60.   (*Voie privée.*)
  Orig. — Dénomination tirée d'une enseigne.

SAINT LOUIS (Pont) . . . . **IV**e Arrondissement. . . . . 16e Quartier.
3009   **Situé** quais d'Orléans et de Bourbon, et quai aux Fleurs, au droit de la rue du Bellay et de la
      rue du Cloître Notre-Dame.
        Long^r : 69^m,00.
        Larg^r : 16^m,00.
  Orig. — Réunit la Cité à l'île Saint Louis.

SAINT LOUIS EN L'ILE (Rue). . **IV**e Arrondissement . . . . 16e Quartier.
3070   **Commence** boulevard Henri IV, 5, et quai d'Anjou, 1. — **Finit** rue du Bellay, 2.
        Long^r : 540^m,00.   (I. 83. — P. 92.)
        Larg^r : 10^m,00. — Décision ministérielle du 24 frimaire an XIII. *Alignements.*
        Larg^r : 8^m,00. — Décisions ministérielles des 5 février 1877 et 9 mai 1818.
        Larg^r : 7^m,80. — Ord. royale du 9 décembre 1838. Maintien des *Alignements* sur les
            vestiges actuels
  Orig. — Traverse l'île Saint Louis, ainsi nommée parce qu'elle fut couverte de constructions sous le règne de Louis XIII.

SAINT LUC (Rue) ** . . . . . . **XVIII**e Arrondissement . . . . 71e Quartier.
Anciennement commune de La Chapelle.
3071   **Commence** rue Polonceau, 12. — **Finit** passage Léon, 26, et rue Cavé.
Long^r : 172^m,00.
Larg^r : 12^m,00. — Décret du 7 juillet 1838 (U. P.). *Ouverture* et *Alignements.*
Décret du 23 mai 1863. *Classement* (confirmation).
Arrêté préfectoral du 17 mai 1864. *Nivellement.*
Arrêté préfectoral du 26 février 1867. *Dénomination actuelle.*
Obs. — Précédemment place de l'Église.
Orig. — Saint Luc, évangéliste ; voisinage de l'église Saint Bernard.

SAINT MANDÉ (Avenue de). . . . **XII**e Arrondissement. . . . . . . 45e et 46e Quartiers.
Anciennement commune de Saint Mandé (partie).
3072   **Commence** rue de Picpus, 33. — **Finit** boulevard Soult, 18.   (I. 113. — P. 106.)
Long^r : 1110^m,00.
Larg^r : 39^m,00.— Ord. royale du 8 septembre 1847. *Alignements* entre la rue et le
boulevard de Picpus.
Larg^r : 42^m,65.— Arrêté préfectoral du 6 juillet 1855. *Classement* entre le boulevard
de Picpus et le boulevard Soult.
Décret du 23 mai 1863. *Classement* confirmé pour cette dernière
partie.
Arrêté préfectoral du 2 avril 1868. *Dénomination actuelle.*
Obs. — Précédemment avenues de Saint Mandé et du Bel Air.
Orig. — Conduit au village de Saint Mandé.

SAINT MANDÉ (Porte de) . . . . **XII**e Arrondissement . . . . 45e Quartier.
3073   **Située** boulevard Soult, en prolongement de l'avenue de Saint Mandé.
Orig. — Extrémité de l'avenue de Saint Mandé.

SAINT MARC (Galerie). . . . . . **II**e Arrondissement . . . . 6e Quartier.
3074   **Commence** rue Saint Marc, 8. -- **Finit** galerie des Variétés, 23.   (I. 23. — P. 28.)
Long^r : 60^m,00.
Larg^r : 3^m,20.   *(Voie privée.)*
Orig. — Dégagement du passage des Panoramas sur la rue Saint Marc.

SAINT MARC (Rue) . . . . **II**e Arrondissement . . . . 6e Quartier.
3075   **Commence** rues Feydeau, 2. et Montmartre, 147. — **Finit** rue Favart, 12. (I. 35. — P. 36.)
Long^r : 320^m,00.
Larg^r : 8^m,00. — (Décision ministérielle du 5 germinal an VI.
Larg^r : 10^m,00. —)Ord. royale du 4 mai 1826. *Alignements* entre les rues Feydeau et
(Montmartre, et la rue de Richelieu.
Larg^r : 8^m,12. — (Décision ministérielle du 3 frimaire an X.
Larg^r : 10^m,00. —)Ord. royale du 16 avril 1831. *Alignements* entre la rue de Richelieu
(et la rue Favart.
Décret du 7 juin 1880. Pan coupé curviligne à l'angle de la rue
Montmartre.
Arrêté préfectoral du 22 décembre 1847. *Dénomination actuelle.*
Obs. — Précédemment rues Saint Marc et Neuve Saint Marc.
Orig. — Ancien nom (XVIIe siècle), dû probablement à une enseigne.

SAINT MARCEL (Boulevard) ** . . **V**e Arrondissement . . . . 18e Quartier.
3076   **XIII**e Arrondissement . . . . 49e Quartier.
Commence boulevard de l'Hôpital, 44. — **Finit** avenue des Gobelins, 23. (I. 57. — P. 94.)
Long^r : 750^m,00.
Larg^r : 40^m,00. — Décret du 17 octobre 1857 (U. P.). *Ouverture* et *Alignements.*
Arrêté préfectoral du 2 janvier 1866. *Nivellement.*
Arrêté préfectoral du 19 août 1864. *Dénomination.*
Orig. — Traverse l'ancien quartier Saint Marcel, qui devait sa dénomination à l'église de ce nom.

SAINT MARTIN (Boulevard). . . . **III**e Arrondissement . . . . 9e Quartier.
3077   **X**e Arrondissement . . . . 39e Quartier.
Com. pl. de la République, 23, et r. de Bondy. — **Finit** r. Saint Martin, 334, et de Bondy, 19.
Long^r : 450^m,00.   (I. 55. — P. 20.)
Moindre larg^r : 33^m,00. — Décision ministérielle du 28 messidor an X.
Id.   33^m,00. — Arrêté du pouvoir exécutif du 4 décembre 1848. — *Alignements.*
Larg^r : 34^m,00. — Décret du 18 août 1879. *Alignements* entre la place de la République
et la rue de Bondy.
Orig. — Attenant à la rue Saint Martin.

SAINT MARTIN (Cité). . . . . . . **X**ᵉ Arrondissement . . . . 39ᵉ Quartier.

3078   **Située** rue du Faubourg Saint Martin, 94.
    Longʳ : 53ᵐ,00.
    Largʳ : 4ᵐ,00 environ.   (*Voie privée.*)
    Orig. — Débouche sur la rue du Faubourg Saint Martin.

SAINT MARTIN (Impasse). . . . . **III**ᵉ Arrondissement . . . . 9ᵉ Quartier.

3079   **Située** rue Réaumur, 52.
    Longʳ : 13ᵐ,00.   (*Voie privée.*)
            Décret du 23 août 1858 (U. P.). *Suppression.*
    Orig. — Voisinage de la rue Saint Martin.

SAINT MARTIN (Rue) . . . . . **III**ᵉ Arrondissement. . . . . 9ᵉ et 12ᵉ Quartiers.

3080   **IV**ᵉ Arrondissement. . . . . 13ᵉ Quartier.

    Commence quai de Gesvres, 10. — **Finit** boul. Saint Denis, 1, et Saint Martin, 55.
    Longʳ : 1420ᵐ,00.   (I. 361.— P. 331.)
    Largʳ : 12ᵐ,00. — Décision ministérielle du 28 messidor an v. *Alignements* de la totalité
                de la voie.
    Largʳ : 14ᵐ,00. — Ord. royale du 22 mai 1837. *Alignements.*
    Largʳ : 20ᵐ,00. — Décret du 26 juillet 1852 (U. P.). *Modification* des alignements entre
                le quai de Gesvres et les rues des Lombards et de la Verrerie.
    Moindre largʳ : 14ᵐ,00. — Décret du 23 août 1858. (U. P.). *Alignements* entre les rues des
                Lombards et de la Verrerie, et la rue de Rambuteau.
    Moindre largʳ : 14ᵐ,00. — Ord. royale du 6 mai 1836. *Alignements* entre la rue de Rambuteau
                et la rue de Turbigo.
    Largʳ : 20ᵐ,00. — Décret du 23 août 1858 (U. P.). *Alignements* modifiés entre la rue de
                Turbigo et les boulevards Saint Denis et Saint Martin.
            Décision ministérielle du 18 février 1851. *Dénomination* actuelle.
            Obs. — Précédemment rues Planche-Mibray, des Arcis et Saint Martin.
    Orig. — Doit son nom à l'ancien prieuré de Saint Martin des Champs, aujourd'hui Conservatoire des Arts et Métiers.

SAINT MATHIEU (Rue) ** . . . **XVIII**ᵉ Arrondissement. . . . . 71ᵉ Quartier.
            Anciennement commune de La Chapelle.

3081   **Commence** rue Stephenson, 21. — **Finit** rue Saint Luc.   (P. 12.)
    Longʳ : 150ᵐ,00. — Décret du 23 mai 1863. — *Classement* (confirmation).
    Largʳ : 10ᵐ,00. — *Alignements* projetés entre la rue Stephenson et la rue Affre.
    Largʳ : 14ᵐ,00. — *Alignements* projetés entre la rue Affre et la rue Saint Luc.
            Arrêté préfectoral du 17 mai 1864. *Nivellement.*
            Arrêté préfectoral du 26 février 1867. *Dénomination* actuelle.
            Obs. — Précédemment place de l'église.
    Orig. — Saint Mathieu, évangéliste ; voisinage de l'église Saint Bernard.

SAINT MAUR (Cour) * . . . . **X**ᵉ Arrondissement. . . . . 40ᵉ Quartier.

3082   **Située** rue Saint Maur 212.
    Longʳ : 112ᵐ,00.
    Moindre largʳ : 3ᵐ,50.   (*Voie privée.*)
    Orig. — Débouche sur la rue Saint-Maur.

SAINT MAUR (Passage) . . . . . . **XI**ᵉ Arrondissement. . . . . 42ᵉ Quartier.

3083   **Commence** rue Saint Maur, 81. — **Finit** impasse Saint Ambroise.   (I. 7. — P. 8.)
    Longʳ : 100ᵐ,00.
    Largʳ : 10ᵐ,00 environ.   (*Voie privée.*)
    Orig. — Voir rue Saint Maur.

SAINT MAUR (Rue) . . . . **X**ᵉ Arrondissement. . . . . 40ᵉ Quartier.

3084   **XI**ᵉ Arrondissement . . . . . 41ᵉ, 42ᵉ et 43ᵉ Quartiers.

    Com. rue de la Roquette, 133. — **Finit** rues de la Grange aux Belles, 20, et Vicq-d'Azir, 2.
    Longʳ : 2235ᵐ,00.   (I. 247. — P. 238.)
    Largʳ : 13ᵐ,00. — Ord. royale du 6 mai 1827. *Alignements* entre la rue de la Roquette
                et la rue du Chemin Vert.

SAINT MAUR (Rue). (*Suite.*)

    Largr : 10m,00. — Décision ministérielle du 3 pluviôse an IX. *Alignements.*

    Largr : 13m,00. — Décret du président de la république du 25 juin 1849. *Alignements* entre la rue du Chemin Vert et les rues de la Grange aux Belles et Vicq-d'Azir.

    Orig. — Ancien chemin de Saint Maur.

SAINT MÉDARD (Rue) ....   Ve Arrondissement. . . . . 18e Quartier.

3085   **Commence** rue Gracieuse, 35. — **Finit** rue Moufletard, 33.   (1. 23. — P. 24.)

    Longr : 130m,00.

    Largr : 6m,00. — Décision ministérielle du 28 ventôse an IX.

    Largr : 10m,00. — Ord. royale du 12 août 1846. *Alignements.*

    Arrêté préfectoral du 1er février 1877. *Dénomination* actuelle.

    Obs. — Précédemment rue Neuve Saint Médard.

    Orig. — Voisinage de l'église Saint Médard.

SAINT MERRI (Rue). . . . . . .   IVe Arrondissement. . . . . 13e Quartier.

3086   **Commence** rue du Temple. — **Finit** rue Saint Martin.

    Longr : 225m,00.

    Moindre largr : 9m,00. — Décision ministérielle du 3 prairial an IX. *Alignements.*

    Largr : 12m,00. — Ordonnance royale du 23 février 1837. *Alignements.*

    Arrêté préfectoral du 24 janvier 1881. *Dénomination* actuelle.

    Obs. — Précédemment rue Neuve Saint Merri.

    Orig. — Voisinage de l'église Saint Merri.

SAINT MICHEL (Boulevard) * . . .   Ve Arrondissement . . .   . 19e et 20e Quartiers.

3087   VIe Arrondissement . . . . 21e et 22e Quartiers.

   Commence place Saint Michel, 7. — **Finit** avenue de l'Observatoire.   (1. 117. — P. 84.)

    Longr : 1380m,00.

    Largr : 30m,00. — Décret du 11 août 1855 (U. P.). *Ouverture* entre la place Saint Michel et la rue de Médicis.

    Largr : 30m,00. — Décret du 30 juillet 1859 (U. P.). *Ouverture* entre la rue de Médicis et l'avenue de l'Observatoire.

    Arrêté préfectoral du 26 février 1867. *Dénomination* actuelle.

    Obs. — Précédemment boulevard de Sébastopol (rive gauche).

    Orig. — Aboutit au pont Saint Michel.

SAINT MICHEL (Passage) . . . .   XVIIe Arrondissement . . . . 68e Quartier.

    Anciennement commune des Batignolles.

3088   **Commence** avenue de Saint Ouen, 17. — **Finit** rue Saint Jean, 10.   (1. 11. — P. 10.)

    Longr : 63m,00.

    Largr : 6m,00 environ.   (*Voie privée.*)

    Orig. — Conduit à l'église Saint-Michel des Batignolles.

SAINT MICHEL (Place) . . . . . .   Ve Arrondissement. . . .' . . . . . . 20e Quartier.

3089   VIe Arrondissement . . . . 21e Quartier.

   Commence quais Saint Michel, 29, et des Grands Augustins, 13. — **Finit** boulevards Saint Michel, 2, et Saint André, 2.   (1. 7. — P. 6.)

    Longr : 70m,00.

    Largr : 73m,00. — *Alignements* projetés. Voie créée lors de l'exécution du boulevard Saint Michel (Décret du 11 août 1855).

    Arrêtés préfectoraux des 2 et 6 septembre 1865. *Nivellement.*

    Arrêté préfectoral du 19 août 1864. *Dénomination* actuelle.

    Obs. — Précédemment place du Pont Saint Michel.

    Orig. — Voir boulevard Saint Michel.

SAINT MICHEL (Pont). . . . . . .   Ier Arrondissement. . . . . 1er Quartier.

3090   IVe Arrondissement . . . . 16e Quartier.

                     Ve Arrondissement . . . . 20e Quartier.

                     VIe Arrondissement . . . . 21e Quartier.

   Situé quais du Marché Neuf et des Orfèvres, et quais Saint Michel et des Grands Augustins, au droit du boulevard du Palais et de la place Saint Michel.

    Longr : 62m,00.

    Largr : 30m,00.

    Orig. — Ainsi nommé à cause de la chapelle Saint Michel du Palais.

SAINT MICHEL (Quai) . . . . . .   Ve Arrondissement. . . . .   20e Quartier.

3091   **Commence** place du Petit Pont, 2, et au Petit Pont. — **Finit** place et pont Saint Michel.
      Long^r : 157^m,00.   (I. 29.)
      Larg^r : 15^m,00. — Décision ministérielle du 22 octobre 1813. *Alignements.*
      Larg^r : 15^m,00. — Ord. royale du 11 août 1844. *Alignements.*
  Orig. — *Voir boulevard Saint Michel.*

SAINT MICHEL (Villa) *. . . . .   XVIIIe Arrondissement . . . .   69² Quartier.
              Anciennement commune des Batignolles.
3092   **Commence** avenue de Saint Ouen, 48. — **Finit** rue Ganneron.   (I. 27. — P. 26.)
      Long^r : 138^m,00.
      Larg^r : 10^m,00 environ.   (*Voie privée.*)
  Orig. — Voisinage de l'église Saint Michel des Batignolles.

SAINT NICOLAS (Cour). . . . .   XIe Arrondissement . . . .   44e Quartier.
3093   **Située** rue de Montreuil, 45.
                (*Voie privée.*)
  Orig. — Nom donné par le propriétaire, ex-négociant de la rue Saint Nicolas.

SAINT NICOLAS (Rue). . . . .   XIIe Arrondissement . . . .   48e Quartier.
3094   **Commence** rue de Charenton, 69. — **Finit** rue du Faub. Saint Antoine, 82. (I. 23. — P. 24.)
      Long^r : 172^m,00.
      Larg^r : 8^m,00. — Décision ministérielle du 16 ventôse an XII.
      Larg^r : 10^m,00. — Ord. royale du 30 juillet 1844. *Alignements.*
  Orig. — Dénomination tirée d'une enseigne.

SAINT OUEN (Avenue de) . . . .   XVIIe Arrondissement . . . .   68e Quartier.
3095   XVIIIe Arrondissement . . . .   63e Quartier.
          Anciennement communes des Batignolles et de Saint Ouen.
  Commence avenue de Clichy, 64. — **Finit** boulevards Bessières, 1, et Ney. (I. 157. — P. 162.)
      Long^r : 1158^m,00.
      Larg^r : 23^m,60. — Ord. royale du 7 mai 1840. *Alignements.*
              Décret du 23 mai 1863. *Classement* (confirmation).
              Arrêté préfectoral du 16 juillet 1860. *Nivellement.*
              Obs. — Anciennement partie de la route départementale n° 13.
  Orig. — Ancien chemin de Saint Ouen.

SAINT OUEN (Porte de) . . . . . .   XVIIe Arrondissement . . . .   68e Quartier.
3096   XVIIIe Arrondissement . . . .   69e Quartier.
  Située boulevards Bessières et Ney, en prolongement de l'avenue de Saint Ouen.
  Orig. — Extrémité de l'avenue de Saint Ouen.

SAINT PAUL (Passage) . . . . . .   IVe Arrondissement . . . .   14e Quartier.
3097   **Commence** rue Saint Paul, 43. — **Finit** à l'église Saint Paul.   (I. 5. — P. 6.)
      Long^r : 60^m,00.
      Larg^r : 3^m,00 environ.   (*Voie privée.*)
              Arrêté préfectoral du 1er février 1877. *Dénomination* actuelle.
              Obs. — Précédemment passage Saint Louis.
  Orig. — Débouche dans la rue Saint Paul, en face de l'ancienne église de ce nom, et conduit à la nouvelle église Saint
      Paul.

SAINT PAUL (Rue). . . . .   IVe Arrondissement . . . .   14e et 15e Quartiers.
3098   **Commence** quai des Célestins, 22. — **Finit** rue Saint Antoine, 142.   (I. 55. — P. 44.)
      Long^r : 281^m,00.
      Larg^r : 12^m,00. — Décision ministérielle du 8 prairial an VII.
      Larg^r : 13^m,00. — Ord. royale du 10 mars 1836. *Alignements.*
  Orig. — Doit son nom à l'église Saint Paul, qui y était située.

SAINT PÉTERSBOURG (Rue de).   VIIIe Arrondissement . . . .   32e Quartier.
3099   **Commence** place de l'Europe. — **Finit** boulevard des Batignolles, 5.   (I. 45. — P. 44.)
      Long^r : 490^m,00.
      Larg^r : 15^m,00. — Ord. royale du 2 février 1826. *Ouverture* et *Alignements.*
              Décret du 30 juin 1859. *Modification* du débouché sur la place de
                l'Europe.
              Arrêté préfectoral du 20 août 1864. *Nivellement.* Raccordement
                avec la rue de Rome.
  Orig. — Capitale de la Russie; voisinage de la place de l'Europe.

SAINT PHILIBERT (Avenue) *. . . . **XVI**e Arrondissement . . . . 62e Quartier.
Anciennement commune de Passy.

3100 **Commence** rue des Vignes, 18. — **Finit** rue Singer. 15. (I. 5.)
Long^r : 110^m,00.
Larg^r : 6^m,00. *(Voie privée.)*
Orig. — Prénom de M. Boullée, ancien magistrat, propriétaire.

SAINT PHILIPPE (Rue). . . . . . **II**e Arrondissement . . . . 8e Quartier.

3101 **Commence** rue d'Aboukir, 115. — **Finit** rue de Cléry, 72. (I. 1. — P. 1.)
Long^r : 36^m,00.
Larg^r : 9^m,74. — Décision ministérielle du 23 brumaire an VIII. *Alignements.*
Larg^r : 9^m,74. — Ord. royale du 21 juin 1826. *Alignements.*
Orig. — Ancien nom (xviiie siècle).

SAINT PHILIPPE DU ROULE (Cour).
VIIIe Arrondissement . . . . 30e Quartier

3102 **Située** rues du Faubourg Saint Honoré, 123; des Écuries d'Artois, 10, et la Boëtie, 88.
Long^r : 235^m,00 développée.
Moindre larg^r : 3^m,70. *(Voie privée.)*
Arrêté préfectoral du 1er février 1877. *Dénomination actuelle.*
Obs. — Précédemment cour du Commerce.
Orig. — Située en face l'église Saint Philippe du Roule.

SAINT PHILIPPE DU ROULE (Passage)
VIIIe Arrondissement . . . . 30e Quartier.

3103 **Commence** rue du Faubourg Saint Honoré, 152. — **Finit** rue de Courcelles, 7. (P. 8.)
Long^r : 57^m,00.
Moindre larg^r : 4^m,00 *(Voie privée.)*
Décret du 23 février 1861. *Suppression* pour le dégagement de l'église Saint Philippe du Roule.
Orig. — *Voir* cour Saint Philippe du Roule.

SAINT PIERRE (Impasse) . . . . . **II**e Arrondissement. . . . . 7e Quartier.

3104 **Située** rue Montmartre, 99.
Long^r : 34^m,00.
Larg^r : 7^m,00 environ. *(Voie privée.)*
Obs. — Cette impasse donne accès à la cour des Messageries nationales qui a une issue sur la rue Notre-Dame des Victoires.
Orig. — Voisinage de l'ancienne rue Saint Pierre Montmartre, aujourd'hui rue Paul Lelong, et qui devait son nom à une enseigne.

SAINT PIERRE (Impasse) **. . . . **XX**e Arrondissement . . . . 80e Quartier.

3105 **Située** rue des Vignoles, 41. (I. 9. — P. 8.)
Long^r : 63^m,00.
Larg^r : 2^m,00. *(Voie privée.)*
Orig. — Nom donné par le propriétaire.

SAINT PIERRE (Passage) . . . . . **IV**e Arrondissement . . . . 15e Quartier

3106 **Commence** rue Saint Antoine, 162. — **Finit** rue Saint Paul, 34. (I. 13. — P. 12.)
Long^r : 125^m,00.
Larg^r : 2^m,38. *(Voie privée.)*
Orig. — Ancien passage donnant accès aux cimetières et charnier de l'ancienne église Saint Paul.

SAINT PIERRE (Place) **. . . . **XVIII**e Arrondissement . . . . 70e Quartier.

3107 **Située** entre les rues Ronsard et Foyatier.
(Place plantée.)
Décret du 23 mai 1863. *Classement* (confirmation).
Décret du 11 août 1867 (U. P.). *Alignements* et fixation du périmètre.
Arrêtés préfectoraux des 17 juillet 1866 et 5 septembre 1877. *Nivellement.*
Orig. — Principale place de l'ancien village de Montmartre, a pris le nom du patron de l'église.

SAINT PIERRE (Petite rue) **. . . **XV**e Arrondissement . . . . 57e Quartier.
Anciennement commune de Vaugirard.

3108 **Commence** rue de la Quintinie, 35. — **Finit** en impasse.
Long^r : 180^m,00.
Larg^r : 4^m,50 environ. *(Voie privée.)*
Orig. — Inconnue.

SAINT PIERRE POPINCOURT (Passage). **XI**ᵉ Arrondissement . . . . 42ᵉ Quartier.

3109 **Commence** rue Amelot, 98. — **Finit** boulevard Voltaire, 52.   (I. 15 bis. — P. 18.)

    Longʳ : 275ᵐ,00.

    Moindre largʳ : 3ᵐ,50.   (*Voie privée.*)

    Orig. — Commence rue Amelot, autrefois rue Saint Pierre Popincourt.

SAINT PLACIDE (Rue) *. . . . . **VI**ᵉ Arrondissement . . . . 23ᵉ Quartier.

3110 **Commence** rue de Sèvres, 59. — **Finit** rues de Rennes, 120, et de Vaugirard, 88.

    Longʳ : 385ᵐ,00.   (I. 53. — P. 62.)

    Largʳ :   9ᵐ,00. — Décision ministérielle du 18 messidor an IX.

    Largʳ : 12ᵐ,00. — Ord. royale du 14 février 1847. — *Alignements* entre la rue de Sèvres et la rue du Cherche Midi (A).

    Largʳ : 16ᵐ,00. — Décret du 16 février 1859. *Alignements* de la même partie.

    Largʳ : 16ᵐ,00. — Décret du 3 mars 1858 (U. P.). *Ouverture* depuis la rue du Cherche Midi jusqu'aux rues de Rennes et de Vaugirard (B).

        Arrêté préfectoral du 29 octobre 1868. *Nivellement* de la partie B.

    Orig. — Ouverte au xviiᵉ siècle sur les dépendances de l'abbaye Saint Germain des Prés, reçut le nom de l'un des saints de l'ordre de Saint Benoît.

SAINT QUENTIN (Rue de) * . . . **X**ᵉ Arrondissement . . . . 37ᵉ Quartier.

3111 **Commence** boulevard de Magenta, 92. — **Finit** rue de Dunkerque, 17. (I. 37. — P. 40.)

    Longʳ : 230ᵐ,00.

    Largʳ : 20ᵐ,00. — Décret du 27 août 1859 (U. P.). *Alignements.*

        Obs. — Un décret du 19 novembre 1855 fixait la largeur à 30ᵐ,00 (exécuté à l'angle de la rue Lafayette).

        Décision ministérielle du 26 mai 1847. *Dénomination* actuelle.

        Obs. — Précédemment rue des Magasins.

    Orig. — Ville du département de l'Aisne ; voisinage du chemin de fer du Nord.

SAINT ROCH (Passage) . . . . . . **I**ᵉʳ Arrondissement . . . . 3ᵉ Quartier.

3112 **Commence** rue Saint Honoré, 284. — **Finit** rue des Pyramides, 15.

    Longʳ : 90ᵐ,00.

    Moindre largʳ : 6ᵐ,00.   (*Voie privée*).

    Orig. — *Voir* rue Saint Roch.

SAINT ROCH (Rue) . . . . **I**ᵉʳ Arrondissement . . . . 3ᵉ et 4ᵉ Quartiers.

3113 **Commence** rue de Rivoli, 194. — **Finit** avenue de l'Opéra, 29.   (I. 59. — P. 36.)

    Longʳ : 390ᵐ,00.

    Largʳ : 10ᵐ,00. — Décision ministérielle du 7 mars 1807. *Alignements* entre la rue de Rivoli et la rue Saint Honoré.

    Largʳ :   8ᵐ,00. — Décision ministérielle du 18 décembre 1808. *Alignements* de la même partie.

    Largʳ : 11ᵐ,57. — Ord. royale du 22 juin 1825. *Alignements* de la même partie.

    Largʳ : 10ᵐ,00. — Décision ministérielle du 18 fructidor an IX. *Alignements* entre la rue Saint Honoré et l'avenue de l'Opéra.

    Largʳ : 11ᵐ,00. — Ord. royale du 4 octobre 1826. *Alignements* de la même partie.

        Arrêté préfectoral du 16 octobre 1876. *Nivellement.*

        Décret du 27 juin 1876. *Nivellement* aux abords de l'avenue de l'Opéra.

        Arrêté préfectoral du 16 août 1879. *Dénomination* actuelle.

        Obs. — Précédemment rue du Dauphin et rue Saint Roch, et antérieurement rues Neuve Saint Roch (partie), de la Convention et du Trocadéro.

    Orig. — Longe l'église Saint Roch.

SAINT ROMAIN (Rue) . . . . . . **VI**ᵉ Arrondissement . . . . 23ᵉ Quartier.

3114 **Commence** rue de Sèvres, 111. — **Finit** rue du Cherche Midi, 104.   (I. 19. — P. 20.)

    Longʳ : 163ᵐ,00.

    Largʳ : 10ᵐ,00. — Décision ministérielle du 3 pluviôse an IX. *Alignements.*

    Largʳ : 10ᵐ,00. — Ord. royale du 14 février 1847. *Alignements.*

    Orig. — Selon Jaillot, Romain Bodayer était prieur de l'abbaye Saint Germain des Prés lorsqu'elle fut ouverte sur les dépendances de l'abbaye.

SAINT RUSTIQUE (Rue) ** . **XVIII**ᵉ Arrondissement . . . . 70ᵉ Quartier.

                  Anciennement commune de Montmartre.

3115 **Commence** rue du Mont Cenis, 7. — **Finit** rues de Norvins, 20, et des Saules, 2.

    Longʳ : 110ᵐ,00.   (I. 15. — P. 18.)

    Largʳ :   7ᵐ,00. — Délibération du conseil municipal de la commune de Montmartre du 12 juin 1846.

SAINT RUSTIQUE (Rue). *(Suite).*
    Larg^r : 12^m,00. — Décret du 11 août 1867 (U. P.). *Modification* du débouché sur la rue du Mont Cenis et des *Alignements.*
    Décret du 23 mai 1863. *Classement* (confirmation).
    Arrêté préfectoral du 26 février 1867. *Dénomination* actuelle.
        Obs. — Précédemment rue Notre-Dame.
  Orig. — Voisinage du lieu où, suivant la légende, saint Denis et ses compagnons, saint Rustique et saint Éleuthère auraient subi le martyre.

SAINT-SABIN (Passage) . . . . . **XI**^{e} Arrondissement . . . . 43e Quartier.
3116 **Commence** rue de la Roquette, 31. — **Finit** rue Saint-Sabin, 16.
    Long^r : 110^m,00.
  Moindre larg^r : 3^m,50.   *(Voie privée.)*
  Orig. — Voir rue Saint-Sabin.

SAINT-SABIN (Rue). . . . . . . **XI**^{e} Arrondissement . . . . 42e et 43e Quartiers.
3117 **Commence** rues Daval, 23, et de la Roquette, 17. — **Finit** boulevard Beaumarchais, 88.
    Long^r : 693^m,00.   (I. 67. — P. 72.)
    Larg^r : 10^m,00. — { Décision ministérielle du 3 prairial an IX. *Alignements.* entre les rues Daval et de la Roquette, et la rue du Chemin Vert.
    Larg^r : 10^m,00. — { Ord. royale du 6 mai 1827. *Alignements* de la même partie.
    Larg^r : 10^m,00. — { Décision ministérielle du 3 prairial an IX. *Alignements.* entre la rue du Chemin Vert et la rue Amelot.
    Larg^r : 10^m,00. — { Arrêté du pouvoir exécutif du 2 octobre 1848. *Alignements* de la même partie.
    Larg^r : 15^m,00. — Ord. royale du 9 février 1846. *Ouverture* et *Alignements* entre la rue Amelot et le boulevard Beaumarchais.
    Arrêté préfectoral du 2 avril 1868. *Dénomination* actuelle.
        Obs. — Précédemment Petite rue Saint-Pierre et Saint-Sabin.
  Orig. — Charles-Pierre Angelanne de Saint-Sabin était échevin de la ville de Paris lorsqu'elle fut ouverte en 1777.

SAINT SAUVEUR (Impasse) . . . **II**^{e} Arrondissement. . . . . 7e Quartier.
3118 **Située** rue Montmartre, 69.   (I. 1. — P. 8.)
    Long^r : 41^m,00.
    Larg^r : 7^m,00. — Décision ministérielle du 2 thermidor an X. *Alignements.*
    Décret du 9 juin 1860 (U. P.). *Suppression* pour le prolongement de la rue du Louvre.
    Arrêté préfectoral du 26 février 1867. *Dénomination* actuelle.
        Obs. — Précédemment impasse Saint Claude.
  Orig. — Voir rue Saint Sauveur.

SAINT SAUVEUR (Rue) . . . . . **II**^{e} Arrondissement . . . . 7e et 8e Quartiers.
3119 **Commence** rue Saint Denis, 183. — **Finit** rue Montmartre, 86.   (I. 99. — P. 86.)
    Long^r : 466^m,00.
    Larg^r : 8^m,00. — Décision ministérielle du 19 pluviôse an VIII.
    Larg^r : 10^m,00. — Ord. royale du 21 juin 1826. *Alignements* entre les rues Saint Denis et Montorgueil, et la rue des Petits Carreaux.
  Moindre larg^r : 10^m,00. — Ord. royale du 23 juillet 1828. *Alignements* entre la rue des Petits Carreaux et la rue Montmartre.
    Décision ministérielle du 11 juin 1831. *Dénomination* actuelle de la 2e partie.
        Obs. — Précédemment rue du Cadran et rue Saint Sauveur (réunies).
  Orig. — Latérale à l'église Saint Sauveur, située rue Saint Denis.

SAINT SÉBASTIEN (Impasse). . **XI**^{e} Arrondissement . . . . 42e Quartier.
3120 **Située** rue Saint Sébastien, 30.   (I. 15. — P. 26.)
    Long^r : 120^m,00.
    Larg^r : 7^m,00. — Décision ministérielle du 7 fructidor an X.
    Larg^r : 9^m,00. — Ord. royale du 28 juin 1826. *Alignements.*
  Orig. — Voir rue Saint Sébastien.

SAINT SÉBASTIEN (Passage) . . **XI**^{e} Arrondissement . . . . 42e Quartier.
3121 **Commence** rue Amelot, 86. — **Finit** boulevard Richard Lenoir, 93. (I. 19. — P. 2.)
    Long^r : 313^m,00.
    Larg^r : 4^m,00 environ.   *(Voie privée.)*
        Obs. — Précédemment passage Ancel, autorisé par une ordonnance de police du 28 juin 1831.
  Orig. — Voir rue Saint Sébastien.

SAINT SÉBASTIEN (Rue) . . . **XI**e Arrondissement. . . . . 42e Quartier.

3122 **Commence** boulevards des Filles du Calvaire, 2, et Beaumarchais, 102. — **Finit** rue de la Folie Méricourt, 19. (I. 61. — P. 56.)

Long^r : 480^m,00.

Larg^r : 15^m,00. — Ord. royale du 9 février 1846. *Ouverture* depuis les boulevards des Filles du Calvaire et Beaumarchais jusqu'à la rue Amelot.

Larg^r : 10^m,00. — { Décision ministérielle du 3 pluviôse an IX. *Alignements* entre la rue Amelot et la rue de la Folie Méricourt.

Larg^r : 10^m,00. — { Ord. royale du 20 octobre 1847. *Alignements.*

Orig. — Dénomination tirée d'une enseigne.

SAINT SÉVERIN (Rue). . . . . . **V**e Arrondissement. . . . . 20e Quartier.

VIe Arrondissement . . . . 21e Quartier.

3123 **Commence** rues Saint Jacques et du Petit Pont, 18. — **Finit** rue Hautefeuille, 1, et place Saint André des Arts. (I. 25. — P. 16).

Long^r : 225^m,00.

Larg^r : 10^m,00. — Décision ministérielle du 8 nivôse an IX.

Larg^r : 10^m,00. — Ord. royale du 3 mars 1825. *Alignements* depuis les rues Saint Jacques et du Petit Pont jusqu'à la rue de la Harpe.

Larg^r : 12^m,00. — La partie qui s'étend depuis la rue de la Harpe jusqu'à la rue Hautefeuille et à la place Saint André des Arts, a été ouverte lors de l'exécution du boulevard Saint Michel. (Décret du 11 août 1855 (U. P.).

Arrêté préfectoral du 19 août 1864. *Dénomination* de la 2e partie.

Orig. — Latérale à l'église Saint Séverin.

SAINT-SIMON (Rue de) . . . . . **VII**e Arrondissement . . . . 25e Quartier.

3124 **Commence** boulevard Saint Germain, 215. — **Finit** rue de Grenelle, 92. (I. 9. — P. 12.)

Long^r : 147^m,00.

Larg^r : 9^m,75. — Ord. royale du 9 mars 1823. *Ouverture.*

Larg^r : 12^m,00. — Décret du 28 juillet 1866 (U. P.). *Alignements.*

Arrêté préfectoral du 16 août 1879. *Dénomination* actuelle.

Obs. — Précédemment rue de la Visitation.

Orig. — Louis de Rouvroy, duc de Saint-Simon, auteur de mémoires concernant l'histoire de son temps (1675-1755); avait son hôtel dans le voisinage.

SAINT SPIRE (Rue) . . . . **II**e Arrondissement . . . . 8e Quartier.

3125 **Commence** rue des Filles Dieu, 20. — **Finit** rue Sainte Foy, 8. (I. 5. — P. 10.)

Long^r : 46^m,00.

Larg^r : 6^m,00. — Décision ministérielle du 23 frimaire an VIII.

Larg^r : 8^m,00. — Ord. royale du 21 juin 1826. *Alignements.*

Orig. — Saint Spire, premier évêque de Bayeux.

SAINT SULPICE (Place) ** . . . . **VI**e Arrondissement . . . . 22e Quartier.

3126 **Située** rue Bonaparte, 59 et 63 ter, devant l'église Saint Sulpice.

Long^r : 80^m,00. (*Place plantée.*)

Larg^r : 80^m,00. — Ord. royale du 20 octobre 1847. *Alignements.*

Orig. — Située devant l'église Saint-Sulpice.

SAINT SULPICE (Rue) . . . . . **VI**e Arrondissement . . . . 22e Quartier.

3127 **Commence** rue de Condé, 4. — **Finit** place Saint Sulpice, 2. (I. 29. — P. 40.)

Long^r : 294^m,00.

Moindre larg^r : 10^m,00. — { Décision ministérielle du 26 thermidor an VIII. *Alignements* entre la rue de Condé et les rues de Tournon et de Seine.

Moindre larg^r : 10^m,00. — { Ord. royale du 26 février 1844. *Alignements* de la même partie.

Larg^r : 10^m,00. — { Décision ministérielle du 26 thermidor an VIII. *Alignements* depuis les rues de Tournon et de Seine jusqu'à la place Saint Sulpice.

Larg^r : 10^m,00. — { Ord. royale du 9 novembre 1843. *Alignements* la même partie.

Décision ministérielle du 9 avril 1851. *Dénomination* actuelle.

Obs. — Précédemment rues du Petit Lion et du Petit Bourbon.

Orig. — Voir place Saint Sulpice.

SAINT THOMAS D'AQUIN (Place) **VII**e Arrondissement . . . . 25e Quartier.

3128 **Située** devant l'église Saint Thomas d'Aquin.

Long^r : 27^m,00.

Décision ministérielle du 13 thermidor an XII.

Obs. — Les alignements fixés par cette décision ministérielle n'ont pas été exécutés.

SAINT THOMAS D'AQUIN (Rue). *(Suite.)*
    Moindre larg^r : 31^m,00. — Ord. royale du 29 avril 1839. *Maintien* des alignements sur les vestiges actuels.
        Décret du 28 juillet 1866 (U. P.). *Agrandissement* de la place jusqu'à la rue Saint Dominique.
    Orig. — Située devant l'église Saint Thomas d'Aquin.

SAINT THOMAS D'AQUIN (Rue). VIIe Arrondissement . . . . 28e Quartier.
3129   **Com.** place Saint Thomas d'Aquin 5. — **Finit** boulevard Saint Germain, 200.   (I. 1. — P. 2.)
    Long^r : 35^m,00.
    Larg^r : 12^m,00. — (Décision ministérielle du 13 thermidor an XII.
    Larg^r : 12^m,00. — (Ord. royale du 29 avril 1839. *Alignements.*
        Décret du 28 juillet 1866 (U. P.). *Suppression* pour l'agrandissement de la place Saint Thomas d'Aquin.
    Larg^r : 12^m,00. — Décret du 8 mars 1881 rapportant le décret du 28 juillet 1866 et approuvant le nivellement.
    Orig. — *Voir* place Saint Thomas d'Aquin.

SAINT VICTOR (Rue). . . . . . Ve Arrondissement. . . . . 17e Quartier.
3130   **Com.** rue des Écoles, 2. — **Finit** rues Monge, 11, et des Bernardins, 23. (I. 9. — P. 70 à 108.)
    Long^r : 138^m,00.
    Moindre larg^r : 9^m,00. — Décision ministérielle du 26 juin 1809.
    Larg^r : 13^m,00. — Ord. royale du 6 juillet 1831.
    Larg^r : 16^m,00. — Décret du 11 août 1855 (U. P.). *Alignements.*
    Orig. — Voisinage de l'ancienne abbaye Saint Victor.

SAINT VINCENT (Rue) ** . . . XVIIIe Arrondissement. . . . . . 69e et 70e Quartiers.
          Anciennement commune de Montmartre.
3131   **Commence** rue de la Bonne. — **Finit** rue Girardon.   (I. 5. — P. 8.)
    Long^r : 400^m,00.
        Décret du 11 août 1867 (U. P.). 1° *Suppression* de la partie comprise entre la rue de la Bonne et la rue des Saules ;
    Larg^r : 7^m,00. — 2° *Modification* des alignements entre la rue des Saules et la rue Girardon.
        Décret du 23 mai 1863. *Classement* (confirmation).
    Orig. — Prénom du propriétaire, M. Vincent Compoint. (*Voir* rue Compoint).

SAINT VINCENT DE PAUL (Rue) ** Xe Arrondissement . . . . 37e Quartier.
3132   **Commence** rue de Belzunce, 14. — **Finit** rue Ambroise Paré.   (I. 25. — P. 22.)
    Long^r : 250^m,00.
    Larg^r : 12^m,00. — Ord. royale du 31 janvier 1827. *Ouverture* sur une longueur de 172 mètres à partir de la rue de Belzunce.
    Larg^r : 12^m,00. — Ord. royale du 26 avril 1846. *Ouverture* du surplus.
        Ord. royale du 28 mai 1847. *Dénomination.*
    Orig. — Longe le chevet de l'église Saint Vincent de Paul.

SAINT YVES (Rue) ** . . . . . . XIVe Arrondissement. . . . . 34e Quartier.
          Anciennement commune de Montrouge (partie).
3133   **Com.** avenues Reille et de Montsouris, 56. — **Fin.** rue de la Tombe Issoire, 105.   (I. 9. P. 38.)
    Long^r : 422^m,00.
        (*Voie privée* entre la rue des Artistes et la rue de la Tombe Issoire.)
        Obs. — La partie entre l'avenue de Montsouris et la rue des Artistes a été ouverte par la Ville de Paris (partie non classée).
    Larg^r : 8^m,00. — Pour la partie longeant l'avenue de Montsouris.
    Id.   10^m,00. — Entre l'avenue de Montsouris et la rue de la Tombe Issoire.
    Orig. — Nom donné par le propriétaire.

SAINTE ALICE (Rue) ** . . . . . XIVe Arrondissement. . . . . 36e Quartier.
          Anciennement commune de Montrouge.
3134   **Com.** rue Maison-Dieu, 12. — **Finit** rues du Château, 141, et Couesnon, 25.   (I. 29. — P. 4.)
    Long^r : 130^m,00.
        Décret du 23 mai 1863. *Classement.*
    Larg^r : 8^m,00. — *Alignements* projetés. (Largeur exécutée.)
        Arrêté préfectoral du 23 septembre 1869. *Nivellement.*
        Arrêté préfectoral du 1er février 1877. *Dénomination* actuelle.
        Obs. — Précédemment villa Sainte Alice.
    Orig. — Alice, prénom de l'une des deux filles de M. Couesnon, propriétaire.

SAINTE ANASTASE (Rue). . . . . III⁰ Arrondissement . . . . 11⁰ Quartier.

3135 **Commence** rue de Turenne, 71. — **Finit** rue de Thorigny, 14.   (I. 15. — P. 20.)

Longᵣ : 108ᵐ,00.

Largᵣ :   8ᵐ,00. — Décision ministérielle du 13 fructidor an vii.

Largᵣ : 10ᵐ,00. — Ord. royale du 31 mars 1835. *Alignements.*

Orig. — Voisinage du couvent des hospitalières de Sainte Anastase, vulgairement hospitalières de Saint Gervais.

SAINTE ANNE (Rue). . . . . . . Iᵉʳ Arrondissement . . . . 3⁰ Quartier.

II⁰ Arrondissement. . . . . 5⁰ et 6⁰ Quartiers.

3136 **Commence** avenue de l'Opéra, 12. — **Finit** rue Saint Augustin, 13.   (I. 79. — P. 68.)

Longᵣ : 440ᵐ,00.

Moindre largᵣ :   8ᵐ,00. — Décision ministérielle du 18 pluviose an x.

Moindre largᵣ : 10ᵐ,00. — Ord. royale du 4 octobre 1826. *Alignements.*

Décret du 27 juin 1876 (U. P.). *Nivellement et élargissement* au droit des maisons portant les nᵒˢ 9 à 27 et les nᵒˢ 10 à 20.

Décret du 27 février 1877 (U.P.). *Nivellement et élargissement* au droit des maisons portant les nᵒˢ 29 à 35 et les nᵒˢ 22 à 26.

Arrêtés préfectoraux des 16 octobre 1876 et 25 juin 1877. *Nivellement.*

Orig. — Ouverte vers 1633, et ainsi nommée en l'honneur d'Anne d'Autriche, alors régnante.

SAINTE ANNE POPINCOURT (Passage). XIᵉ Arrondissement . . . . . . 42⁰ Quartier.

3137 **Commence** rue Saint Sabin, 42. — **Finit** boulevard Richard Lenoir, 43.   (I. 13. — P. 10.)

Longᵣ : 146ᵐ,00.

Largᵣ : 5ᵐ,00.   (*Voie privée.*)

Orig. — Ancien nom; étymologie inconnue.

SAINTE ANNE St HONORÉ (Passage) . IIᵉ Arrondissement . . . . 5ᵉ Quartier.

3138 **Commence** rue Sainte Anne, 59. — **Finit** passage de Choiseul, 52.

Longᵣ : 47ᵐ,00.

Largᵣ : 2ᵐ,85 environ.   (*Voie privée.*)

Orig. — *Voir* rue Sainte Anne.

SAINTE APOLLINE (Rue) . . . . IIᵉ Arrondissement . . . . 8⁰ Quartier.

IIIᵉ Arrondissement . . . . 9⁰ Quartier.

3139 **Commence** rue Saint Martin, 359. — **Finit** rue Saint Denis, 230.   (I. 31. — P. 18.)

Longᵣ : 211ᵐ,00

Moindre largᵣ : 10ᵐ,00. — Décision ministérielle du 23 brumaire an viii.

Largᵣ : 11ᵐ,40. — Ord. royale du 21 juin 1826. *Alignements.*

Orig. — Ancien nom (xviiᵉ siècle).

SAINTE AVOIE (Impasse). . . . . IIIᵉ Arrondissement . . . . 12⁰ Quartier.

3140 **Située** rue du Temple, 106.

Longᵣ :   6ᵐ,50.

Largᵣ :   5ᵐ,70.   (*Voie privée.*)

Arrêté préfectoral du 1ᵉʳ février 1877. *Dénomination* actuelle.

Obs. — Précédemment impasse de l'Échiquier.

Orig. — Donnait dans la rue Sainte Avoye, réunie aujourd'hui à la rue du Temple ; le couvent des religieuses de Sainte Avoye ou Hedwige était situé dans cette rue.

SAINTE AVOIE (Passage). . . . . IIIᵉ Arrondissement . . . . 12⁰ Quartier.

3141 **Commence** rue Rambuteau, 8. — **Finit** rue du Temple, 62.   (I. 14. — P. 8.)

Longᵣ : 80ᵐ,00.

Moindre largᵣ :   8ᵐ,70.   (*Voie privée.*)

Orig. — *Voir* impasse Sainte Avoye.

SAINTE CATHERINE (Impasse)** XXᵉ Arrondissement . . . . 79ᵉ Quartier.

Anciennement commune de Belleville.

3142 **Située** rues Sorbier, 21, et des Partants, 55.   (P. 8.)

Longᵣ : 45ᵐ,00.

Largᵣ : 2ᵐ,50 environ.   (*Voie privée.*)

Orig. — Nom donné par le propriétaire.

SAINTE CÉCILE (Rue). . . . . . IXe Arrondissement. . . . . 35e Quartier.

3143 **Commence** rue du Faubourg Poissonnière, 31. — **Finit** en impasse au delà de la rue du Conservatoire.   (P. 10.)

Long^r : 115^m,00.

Larg^r : 12^m,00. — Décret du 30 novembre 1833. *Ouverture* de la partie comprise entre la rue du Faubourg Poissonnière et la rue du Conservatoire.

Obs. — La partie formant impasse, entre la rue du Conservatoire et le Comptoir d'escompte, est classée.

Le sol de la voie, dans la longueur de la propriété du Comptoir d'escompte, appartient à la Ville, en suite d'une cession faite par l'État et d'un jugement d'expropriation du 14 mai 1861.

La partie du sol, en face de la Compagnie des glaces de Saint Gobain, appartient à cette Compagnie; la propriété située en face n'a qu'un droit de passage.

Orig. — Sainte Cécile, patronne des musiciens; voisinage du Conservatoire de musique.

SAINTE CHAPELLE (Rue de la) . Ier Arrondissement . . . . 1er Quartier.

3144 **Commence** boulevard du Palais, 4. — **Finit** quai des Orfèvres.   (P. 9.)

Long^r : 100^m,00.

Larg^r : 15^m,00. — Ord. royale du 26 mai 1840. *Ouverture* et *Alignements* modifiés par l'ordonnance suivante.

Larg^r : 11^m,40. — Ord. royale du 23 août 1846. *Alignements.*

Décret du 7 avril 1871 (U. P.). *Modification* du débouché sur le quai des Orfèvres, pour l'agrandissement de la Préfecture de police.

Décret du 24 septembre 1880. *Suppression* des propriétés portant les numéros 11 et 13, pour la formation d'une place dégageant le côté sud du Palais de Justice.

Arrêté préfectoral du 8 décembre 1874. *Nivellement.*

Décision ministérielle du 20 mai 1843. *Dénomination*

Orig. — Voisinage de la Sainte Chapelle.

SAINTE CLAIRE (Rue) ⁽¹⁾ . . . XVIe Arrondissement . . . . x . 62e Quartier.

Anciennement commune de Passy.

3145 **Commence** place Possoz. — **Finit** rue de la Pompe, 10.   (I. 11. — P. 12.)

Long^r : 121^m,00.

Décret du 23 mai 1863. *Classement.*

Larg^r : 10^m,00. — *Alignements* projetés.

Arrêté préfectoral du 18 septembre 1861. *Nivellement.*

Orig. — Nom donné par la société d'entrepreneurs qui a construit le quartier.

SAINTE CROIX DE LA BRETONNERIE (Passage)

IVe Arrondissement . . . . 13e Quartier.

3146 **Commence** rue des Billettes, 13. — **Finit** rue Sainte Croix de la Bretonnerie, 35. (I. 13. — P. 10.)

Long^r : 93^m,00.

Moindre larg^r : 4^m,80.   (*Voie privée.*)

Orig. — Voir rue Sainte Croix de la Bretonnerie.

SAINTE CROIX DE LA BRETONNERIE (Rue).

IVe Arrondissement . . . . 13e et 14e Quartiers.

3147 **Commence** rue Vieille du Temple, 33. — **Finit** rue du Temple, 26.   (I. 17 — P. 56.)

Long^r : 371^m,00.

Larg^r : 9^m,00. — Décision ministérielle du 3 prairial an IX.

Moindre larg^r : 12^m,00. — Ord. royale du 12 juillet 1837. *Alignements.*

Orig. — Communauté des chanoines de Sainte Croix, dits de la Bretonnerie, parce qu'ils s'établirent au xiiie siècle dans cette rue, nommée la Bretonnerie ou le champ aux Bretons; suivant Saint Foix, cinq Anglais qui avaient attaqué, dans la nuit du vendredi au samedi saint 1228, l'hôtel de Renaud de Brehan, y furent repoussés par ce seigneur, son chapelain et un domestique.

SAINTE ÉLISABETH (Rue) . . . IIIe Arrondissement . . . . 9e Quartier.

3148 **Commence** rue des Fontaines, 8. — **Finit** rue de Turbigo, 70.   (I. 7. — P. 12.)

Long^r : 70^m,00.

Larg^r : 10^m,00. — Décision ministérielle du 25 avril 1807. *Alignements.*

Id.   10^m,00. — Ord. royale du 14 janvier 1829. *Alignements.*

Orig. — Voisinage de l'église Sainte Élisabeth.

SAINTE EUGÉNIE (Avenue) ** .   **XV**ᵉ Arrondissement . . . . 57ᵉ Quartier.
Anciennement commune de Vaugirard.

3149   **Située** rue de Dombasle, 28, se termine en impasse.   (I. 9.)
   Longʳ : 106ᵐ,00.
   Largʳ :   7ᵐ,00 environ.   *(Voie privée.)*
   Orig. — Nom donné par le propriétaire.

SAINTE EUGÉNIE (Rue) ** . . .   **XIV**ᵉ Arrondissement . . . . 56ᵉ Quartier.
Anciennement commune de Montrouge.

3150   **Commence** rue Mouton-Duvernet, 55. — **Finit** rue d'Alésia, 130.   (I. 55. P. 48.)
   Longʳ : 384ᵐ,00.
   Décret du 23 mai 1863. *Classement* entre la rue Mouton-Duvernet et
      la rue du Moulin Vert (A).
   Largʳ : 10ᵐ,00. — Décret du 9 août 1881. *Alignements* et *Nivellement* entre la
      rue Mouton-Duvernet et la rue du Moulin Vert.
   Id.   10ᵐ,00. — Décret du 8 juillet 1875 (U. P.). *Prolongement* et *Nivellement* entre
      la rue du Moulin Vert et la rue d'Alésia (B).
   Arrêté préfectoral du 9 août 1864. *Nivellement* de la partie A.
   Arrêté préfectoral du 6 avril 1873. *Nivellement* de la partie B.
   Orig. — Eugénie, prénom de Madame Couesnon, propriétaire.

SAINTE EUPHRASIE (Place) ** **XVIII**ᵉ Arrondissement. . . . . 70ᵉ Quartier.
Anciennement commune de Montmartre.

3151   **Située** rue Ordener, devant de l'église Notre-Dame de Clignancourt.
   Longʳ : Comprise dans celle de la rue Ordener.
   Décret du 8 juin 1858 (U. P.). *Ouverture.*
   Décret du 23 mai 1863. *Classement* (confirmation).
   Arrêté préfectoral du 19 avril 1864. *Nivellement.*
   Orig.   *Voir* rue Sainte Euphrasie.

SAINTE EUPHRASIE (Rue) . .   **XVIII**ᵉ Arrondissement . . . . 70ᵉ Quartier.
Anciennement commune de Montmartre.

3152   **Impasse** entre la rue Baudelique et la rue Hermel. — **Finit** rue du Mont Cenis, 74.
   Longʳ : 160ᵐ,00.
   (Voie privée entre la rue Baudelique et la rue Hermel.)
   Largʳ : 12ᵐ,00. — Décret du 8 juin 1858 (U. P.). *Ouverture* entre la rue Hermel et la
      rue du Mont Cenis.
   Décret du 23 mai 1863. *Classement* confirmé de cette partie.
   Orig. — Derrière le chevet de l'église Notre-Dame de Clignancourt.

SAINTE FÉLICITÉ (Impasse) ** .   **XV**ᵉ Arrondissement . . . . 57ᵉ Quartier.
Anciennement commune de Vaugirard.

3153   **Située** rue de la Procession, 12.   (I. 9. — P. 20.)
   Longʳ : 155ᵐ,00.
   Largʳ :   8ᵐ,00.   *(Voie privée.)*
   Orig. — Sainte Félicité, martyrisée au IIᵉ siècle.

SAINTE FOY (Galerie). . . . . . .   **II**ᵉ Arrondissement . . . . 8ᵉ Quartier.

3154   **Située** rue du Caire.
   (Voie privée, comprise dans l'ensemble des voies formant le passage
      du Caire.)
   Orig. — *Voir* rue Sainte Foy.

SAINTE FOY (Passage) . . . . .   **II**ᵉ Arrondissement. . . . . 8ᵉ Quartier.

3155   **Commence** rue Saint Denis, 263. — **Finit** rue Sainte Foy, 14.
   Longʳ : 78ᵐ,00.
   Moindre largʳ :   1ᵐ,45.   *(Voie privée.)*
   Arrêté préfectoral du 10 novembre 1873. *Dénomination* actuelle.
   Obs. — Précédemment passage Aubert.
   Orig. — *Voir* rue Sainte Foy.

SAINTE FOY (Rue) . . . .   **II**ᵉ Arrondissement . . . . 8ᵉ Quartier.

3156   **Commence** rue des Filles Dieu, 22. — **Finit** rue Saint Denis, 279.   (I. 31. — P. 28.)
   Longʳ : 172ᵐ,00.
   Largʳ :   7ᵐ,00. — Décision ministérielle du 23 brumaire an VIII.
   Largʳ :   7ᵐ,00. — Ord. royale du 21 juin 1826. *Alignements.*
   Orig. — Ancien nom (XVIIᵉ siècle), venant probablement d'une enseigne.

SAINTE GENEVIÈVE (Place). . . **V**ᵉ Arrondissement . . . . 20ᵉ Quartier.

3157   **Située** devant l'église Saint Étienne du Mont, entre la rue de la Montagne Sainte Geneviève et la place du Panthéon.

Longʳ : 42ᵐ,00.

Moindre largʳ : 15ᵐ,00. — Décret du 6 octobre 1873. *Alignements.*

Orig. — Située à l'angle nord-est de la place du Panthéon, devant l'église Saint Étienne du Mont, où est conservée la châsse de Sainte Geneviève, patronne de Paris.

SAINTE ISAURE (Rue) * . . . **XVIII**ᵉ Arrondissement . . . . 70ᵉ Quartier.

3158   **Commence** rue du Poteau, 4. — **Finit** rues Duhesme, 82, et Versigny, 7. (I. 25. — P. 16.)

Longʳ : 186ᵐ,00.

Largʳ : 12ᵐ,00. — Arrêté préfectoral du 22 juillet 1869. *Alignements.*

Arrêté préfectoral du 19 avril 1864. *Nivellement.*

Arrêté préfectoral du 26 février 1867. *Dénomination.*

Orig. — Voisinage de l'église Notre-Dame de Clignancourt.

SAINTE LÉONIE (Impasse) ** . . **XIV**ᵉ Arrondissement . . . . 56ᵉ Quartier.

Anciennement commune de Montrouge.

3159   **Située** rue Pernety, 22.   (P. 4.)

Longʳ : 35ᵐ,00.

Largʳ : 10ᵐ,00.   (*Voie privée.*)

Orig. — Léonie prénom de l'une des deux filles de M. Couesnon, propriétaire.

SAINTE LUCIE (Rue) . . . . . . **XV**ᵉ Arrondissement . . . . 60ᵉ Quartier.

Anciennement commune de Grenelle.

3160   **Commence** rue de l'Église, 20. — **Finit** rue de Javel, 95. (I. 13. — P. 10.)

Longʳ : 90ᵐ,00.

Largʳ : 9ᵐ,00.   (*Voie privée.*)

Orig. — Inconnue.

SAINTE MARGUERITE (Rue) . . **XI**ᵉ Arrondissement . . . . 44ᵉ Quartier.

3161   **Com.** rue du Faubourg Saint Antoine, 147. — **Finit** rue de Charonne, 70. (I. 51. — P. 58.)

Longʳ : 290ᵐ,00.

Largʳ : 7ᵐ,00. — Décision ministérielle du 26 brumaire an XI.

Largʳ : 10ᵐ,00. — Ord. royale du 6 mai 1827. *Alignements.*

Orig. — Voisinage de l'église Sainte Marguerite.

SAINTE MARIE (Avenue) ** . . . **XIII**ᵉ Arrondissement . . . . 49ᵉ Quartier.

3162   **Commence** boulevard de la Gare, 90. — **Finit** cité Doré.

Longʳ : 58ᵐ,00.

Moindre largʳ : 2ᵐ,00.   (*Voie privée.*)

Orig. — Nom de l'une des filles de M. Doré, propriétaire.

SAINTE MARIE (Rue) ** . . . . **XVIII**ᵉ Arrondissement . . . . 70ᵉ Quartier.

Anciennement commune de Montmartre.

3163   **Commence** rue André del Sarte, 22. — **Finit** rue de la Fontenelle, 25. (I. 11. — P. 16.)

Longʳ : 180ᵐ,00.

Largʳ : 12ᵐ,00. — Décret du 9 juillet 1870. *Classement* et *Alignements.*

Largʳ : 12ᵐ,00. — Décret du 11 août 1867. *Prolongement* entre la rue Livingstone et la rue André del Sarte. (*Voir* rue Charles Nodier).

Orig. — Voisinage de l'église Saint Pierre de Montmartre.

SAINTE MARTHE (Rue) * . . . . . **X**ᵉ Arrondissement . . . . 40ᵉ Quartier.

3164   **Commence** rue Saint Maur, 214. — **Finit** rue de Sambre-et-Meuse, 40. (I. 51. — P. 58.)

Longʳ : 210ᵐ,00.

Largʳ : 6ᵐ,00 environ.   (*Voie privée.*)

Arrêté préfectoral du 1ᵉʳ février 1877. *Dénomination actuelle.*

Obs. — Précédemment passage Sainte Marie.

Orig. — Sainte Marthe, sœur de Marie et de Lazare; nom substitué à celui de Sainte Marie.

SAINTE MONIQUE (Impasse). . **XVIII**ᵉ Arrondissement . . . . 69ᵉ Quartier.

Anciennement commune des Batignolles.

3165   **Située** passages de la Ruelle, 18, et Jobert, 22.   (I. 9. — P. 10.)

Longʳ : 100ᵐ,00.

Largʳ : 4ᵐ,00.   (*Voie privée.*)

Arrêté préfectoral du 1ᵉʳ février 1877. *Dénomination actuelle.*

Obs. — Précédemment avenue Saint Augustin.

Orig. — Nom substitué à celui de Saint Augustin, fils de Sainte Monique.

SAINTE OPPORTUNE (Place) . . Iᵉʳ Arrondissement . . . . 2ᵉ Quartier.

3166   **Située** entre les rues des Halles, 8 ; Sainte Opportune, 1, et Courtalon, 10.   (P. 4 *bis*.)
   Décision ministérielle du 21 prairial an x.
   Décrets des 10 mars 1852 et 21 juin 1854 (U. P.). *Modification* des
      alignements.
   Orig. — Occupe l'emplacement de l'ancien cloître Sainte Opportune.

SAINTE OPPORTUNE (Rue). . . Iᵉʳ Arrondissement . . . . 2ᵉ Quartier.

3167   **Com.** r. des Halles 10, et r. Courtalon, 10. — **Finit** r. de la Ferronnerie, 19. (l. 5. — P. 6.)
   Longʳ : 51ᵐ,00.
   Largʳ : 12ᵐ,00. — Ord. royale du 30 mai 1836 (U. P.). *Ouverture* et *Alignements*.
      Décret du 21 juin 1854 (U. P.). *Abords de la rue de Rivoli.*
   Orig. — *Voir place Sainte Opportune.*

SAINTE THÉRÈSE (Cité) . . . . XVIIᵉ Arrondissement . . . . 67ᵉ Quartier.
   Anciennement commune des Batignolles.

3168   **Située** rue Lemercier, 83.   (l. 5. — P. 6.)
   Longʳ : 50ᵐ,00.
   Largʳ : 10ᵐ,00.   (*Voie privée.*)
   Orig. — Fait suite à l'ancienne rue Sainte Thérèse, aujourd'hui rue Clairaut.

SAINTS PÈRES (Rue des) . . . . VIᵉ Arrondissement . . . . 24ᵉ Quartier.
                                    VIIᵉ Arrondissement . . . . 25ᵉ Quartier.

3169   **Commence** quais Malaquais, 23, et Voltaire, 1. — **Finit** rue de Sèvres, 11. (l. 85. — P. 89.)
   Longʳ : 763ᵐ,00.
   Moindre largʳ : 8ᵐ,00. — Décision ministérielle du 18 pluviôse an ix.
   Largʳ : 10ᵐ,00. — Ord. royale du 29 janvier 1831. *Alignements* depuis les quais Mala-
      quais et Voltaire jusqu'aux rues Jacob et de l'Université.
   Largʳ : 13ᵐ,50. — Ord. royale du 29 janvier 1831. *Alignements* depuis les rues Jacob
      et de l'Université jusqu'à la rue Perronet.
   Largʳ : 12ᵐ,50. — Ord. royale du 29 janvier 1831. *Alignements* entre la rue Perronet
      et le boulevard Saint Germain.
   Largʳ : 10ᵐ,00. — Ord. royale du 29 janvier 1831. *Alignements* entre le boulevard
      Saint Germain et la rue de Grenelle.
   Largʳ : 12ᵐ,00. — Décret du 11 avril 1866 (U. P.). *Ouverture* entre la rue de Grenelle
      et la rue de Sèvres.
   Orig. — Doit son nom à une chapelle de Saint Pierre, appelée par corruption Saint Père, et occupée aujourd'hui par
      l'Académie de médecine.

SAINTS SIMONIENS (Passage des) ⁂. XXᵉ Arrondissement . . . . 78ᵉ Quartier.
   Anciennement commune de Belleville.

3170   **Commence** rue de la Duée, 12. — **Finit** rue Pixérécourt, 97.   (l. 17.)
   Longʳ : 135ᵐ,00.
   Largʳ : 4ᵐ,00 environ.   (*Voie privée.*)
   Orig. — Voisinage de la maison qu'ont occupée les Saints Simoniens en 1832.

SAINTONGE (Rue de) . . . . . . IIIᵉ Arrondissement . . . . 10ᵉ et 11ᵉ Quartiers.

3171   **Commence** rue du Perche, 8. — **Finit** boulevard du Temple, 19.   (l. 65. — P. 70.)
   Longʳ : 500ᵐ,00.
   Largʳ : 8ᵐ,00. — Décision ministérielle du 19 germinal an viii.
   Largʳ : 10ᵐ,00. — Ord. royale du 31 mars 1835. *Alignements.*
      Décision ministérielle du 18 février 1851. *Dénomination* actuelle.
      Obs. — Précédemment rues de Touraine, de La Marche et de Saintonge.
   Orig. — Province de France ; voisinage de la place de France projetée par Henri IV.

SALEMBIÈRE (Impasse) . . . . . . Vᵉ Arrondissement . . . . 20ᵉ Quartier.

3172   **Située** rue Saint Séverin, 4.
   Longʳ : 41ᵐ,00
   Largʳ : 6ᵐ,00. — Décision ministérielle du 4 octobre 1817. *Alignements.*
      Obs. — Cette voie est fermée à son entrée par une grille.
   Orig. — Corruption de Saille en Bien, nom d'un particulier qui l'habitait au xiiiᵉ siècle.

SALNEUVE (Rue). . . . . **XVII**ᵉ Arrondissement. . . . . 67ᵉ Quartier..

Anciennement commune des Batignolles.

3173 **Commence** rue Legendre, 31. — **Finit** rue de Saussure, 67.   (I. 27. — P. 36.)
    Long^r : 190ᵐ,00.
    Larg^r : 10ᵐ,00. — *Alignements* projetés. (Largeur actuelle, 7ᵐ,80 moindre.)
        Décret du 23 mai 1863. *Classement* (confirmation).
        Arrêté préfectoral du 9 novembre 1864. *Nivellement.*
    Orig. — Nom d'un propriétaire.

SALOMON DE CAUS (Rue). . . . **III**ᵉ Arrondissement. . . . . 9ᵉ Quartier.

3174 **Commence** rue Saint Martin, 319. — **Finit** boulevard de Sébastopol, 100.   (P. 8.)
    Long^r : 75ᵐ,00.
    Larg^r : 12ᵐ,00. — Décret du 23 août 1858 (U. P.). *Ouverture* et *Alignements.*
        Décret du 2 mars 1864. *Dénomination.*
    Orig. — Salomon de Caus, ingénieur (1576-1630); voisinage du Conservatoire des arts et métiers.

SALON (Galerie du) . . . . **II**ᵉ Arrondissement . . . . 8ᵉ Quartier.

3175 **Commence** galerie Mandar. — **Finit** passage du Saumon.
    Long^r : 35ᵐ,00.
    Larg^r : 3ᵐ,00 environ.   (*Voie privée.*)
    Orig. — Doit son nom à un ancien salon où avaient lieu des concerts.

SALPÊTRIÈRE (Rue de la). . . . **XIII**ᵉ Arrondissement. . . . . 49ᵉ Quartier.

3176 **Commence** boulevard de la Gare, 42. — **Finit** rue Bruant, 2.   (P. 12.)
    Long^r : 237ᵐ,00.
    Moindre larg^r : 10ᵐ,00. — Décision ministérielle du 30 juillet 1819. *Alignements.*
        Arrêté préfectoral du 29 octobre 1874. *Nivellement.*
        Arrêté préfectoral du 1ᵉʳ février 1877. *Dénomination* actuelle.
            Obs. — Précédemment partie de la rue de Bellièvre.
    Orig. — Lieu affecté à la fabrication du salpêtre, et qui a donné son nom à l'Hôpital général fondé au xviiᵉ siècle.

SAMBRE-ET-MEUSE (Rue de) **. X**ᵉ Arrondissement. . . . . 40ᵉ Quartier.

3177 **Commence** rue Saint Maur, 230. — **Finit** boulevard de La Villette, 33.   (I. 37. — P. 56.)
    Long^r : 383ᵐ,00.
    Larg^r : 10ᵐ,00. — Décision ministérielle du 7 fructidor an X.
    Larg^r : 13ᵐ,00. — Arrêté du pouvoir exécutif du 4 décembre 1848. *Alignements.*
        Arrêté préfectoral du 1ᵉʳ février 1877. *Dénomination* actuelle.
            Obs. — Précédemment rue de la Chopinette.
    Orig. — Nom de l'armée qui a conquis la Belgique (1793-1794).

SAMSON (Rue) **. . . . . XIII**ᵉ Arrondissement . . . . 51ᵉ Quartier.

Anciennement commune de Gentilly.

3178 **Commence** rues Gérard, 62, et Jonas. — **Finit** rue de la Butte aux Cailles, 14. (P. 28 à 52.)
    Long^r : 118ᵐ,00.
    Larg^r : 8ᵐ,00.   (*Voie privée.*)
    Orig. — Nom tiré de l'Écriture Sainte, donné par M. Jobé, propriétaire.

SANDRIÉ (Impasse). . . . . **IX**ᵉ Arrondissement. . . . . 34ᵉ Quartier.

3179 **Située** rue Auber, 3.
    Long^r : 75ᵐ,00.
    Larg^r : 8ᵐ,00 environ.   (*Voie privée.*)
    Orig. — Ouverte en 1775, ainsi que l'ancien passage du même nom, par M. Sandrié.

SANTÉ (Ruelle de la) **. . . . . XIII**ᵉ Arrondissement. . . . . 52ᵉ Quartier.

3180 **Commence** rue de la Glacière, 16. — **Finit** rue de la Santé, 15.
    Long^r : 295ᵐ,00.
    Moindre larg^r : 1ᵐ,70,   (*Voie privée.*)
        Obs. — Précédemment impasse de la Santé.
    Orig. — *Voir* rue de la Santé.

SANTÉ (Rue de la) ** . . . . . . **XIII**ᵉ Arrondissement. . . . . . . 51ᵉ et 52ᵉ Quartiers.
                                    XIVᵉ Arrondissement. . . . . 53ᵉ et 54ᵉ Quartiers.
                                    Anciennement commune de Gentilly (partie).

3181   **Commence** boulevard de Port-Royal, 95.— **Finit** rues de la Glacière, 142, et d'Alésia, 2.
         Long^r : 1280^m,00.   (l. 145.— P. 66.)
         Larg^r :   10^m,00. — (Décision ministérielle du 6 pluviôse an XI.
         Larg^r :   12^m,00. — } Ord. royale du 9 décembre 1838. *Alignements* entre le boulevard
                             (de Port-Royal et les boulevards d'Italie et Saint Jacques.
         Larg^r :   11^m,00. — Arrêté préfectoral du 9 mars 1837. *Alignements* depuis les boule-
                             vards d'Italie et Saint Jacques jusqu'aux rues de la Glacière et
                             d'Alésia.
                             Décret du 23 mai 1863. *Classement* confirmé pour cette dernière
                             partie.
                             Arrêté préfectoral du 28 juin 1867. *Nivellement* entre le boule-
                             vard de Port-Royal et le boulevard d'Italie.
                             Arrêté préfectoral du 29 avril. 1863. *Nivellement* entre le boulevard
                             d'Italie et la rue de la Glacière.
                             Arrêté préfectoral du 14 janvier 1867. *Modification* du nivelle-
                             ment depuis 50^m,00 en deçà de la rue Boutin, jusqu'à 80^m,00 au
                             delà de la rue de l'Ebre.
         Orig. — Conduit à l'Hôpital de la Santé ou Sainte Anne, du nom d'Anne d'Autriche, sa fondatrice.

SANTEUIL (Rue) . . . . **V**ᵉ Arrondissement. . . . . 18ᵉ Quartier.
3182   **Commence** rue du Fer à Moulin, 12. — **Finit** rue Censier, 19.
         Long^r : 160^m,00.
         Larg^r : 13^m,00. — Décret du 8 avril. 1863. *Alignements*.
                             Décret du 2 mars 1867. *Dénomination*.
         Orig. — Jean-Baptiste de Santeuil, chanoine de Saint Victor, poète latin moderne (1630-1697) ; voisinage de l'ancienne
                abbaye Saint Victor.

SAONE (Rue de la) ** . . . . . . **XIV**ᵉ Arrondissement. . . . . 55ᵉ Quartier.
                                    Anciennement commune de Montrouge.
3183   **Commence** rue d'Alésia, 32. — **Finit** passage Montbrun.
         Long^r : 86^m,00.
         Larg^r :   7^m,50.   (*Voie privée*.)
                             Arrêté préfectoral du 1ᵉʳ février 1877. *Dénomination* actuelle.
                             Obs. — Précédemment chemin de servitude.
         Orig. — Rivière du bassin du Rhône ; voisinage des réservoirs de la Vanne.

SARTINE (Rue de). . . . . **I**ᵉʳ Arrondissement. . . . . 2ᵉ Quartier.
3184   **Commence** rue de Viarmes, 29. — **Finit** rues Jean-Jacques Rousseau et Coquillière, 45.
         Long^r : 36^m,00.   (l. 5.— P. 10.)
         Larg^r :   7^m,80. — Décision ministérielle du 9 germinal an XIII.
         Id.   7^m,80. — Décret du 16 juillet 1849. *Alignements*.
                             Décret du 9 juin 1860 (U.P.). *Suppression* pour l'achèvement des
                             Halles.
         Orig. — Ouverte en 1764, pendant que Antoine-Raymond-Jean-Gualbert-Gabriel de Sartine (1729-1803) était lieutenant
                général de police.

SAUFFROY (Rue) . . . . **XVII**ᵉ Arrondissement. . . . . 68ᵉ Quartier.
                                    Anciennement commune des Batignolles.
3185   **Commence** avenue de Clichy, 132. — **Finit** rue Marcadet, 295.   (l. 35. — P. 38.)
         Long^r : 360^m,00.
                             Décret du 23 mai 1863. *Classement* entre l'avenue de Clichy et la rue
                             Balagny.
         Larg : 10^m,00. — *Alignements* projetés pour cette première partie (long^r 123^m,00).
         Larg : 7^m,00. — Entre la rue Balagny et la rue Marcadet. (*Voie privée*.)
                             Arrêté préfectoral du 27 novembre 1866. *Nivellement*.
         Orig. — Nom de propriétaire.

SAULES (Rue des) ** . . . . . . **XVIII**ᵉ Arrondissement. . . . . . . 69ᵉ et 70ᵉ Quartiers.
                                    Anciennement commune de Montmartre.
3186   **Commence** rues Norvins, 20, et Saint Rustique, 18. — **Finit** rue Marcadet, 135.
         Long^r : 468^m,00.   (l. 43. — P. 21.)
                             Délibération du conseil municipal du 12 juin 1846. *Classement*.
                             Décret du 23 mai 1863. *Classement* confirmé entre les rues Norvins
                             et Saint Rustique, et la rue Saint Vincent.
         Larg^r : 10^m,00. — Décret du 11 août 1867. *Alignements* de cette partie à exécuter par
                             mesures ordinaires de voirie.
                             (*Voie privée* entre la rue Saint Vincent et la rue Marcadet.)
                             Arrêté préfectoral du 26 février 1867. *Dénomination* actuelle.
                             Obs. — Précédemment rue des Saussaies.
         Orig. — Autrefois bordée de saules.

SAULES (Ruelle des)** . . . . . **XVIII**ᵉ Arrondissement . . . . 69ᵉ Quartier.
Anciennement commune de Montmartre.
3187 **Commence** rue de la Fontaine du But, 22. — **Finit** rue Lamarck.   (P. 10.)
      Longʳ : 136ᵐ,00.
      Largʳ : 2ᵐ,00.   (*Voie privée.*)
                              Obs. — Précédemment impasse des Saussaies.
      Orig. — *Voir* rue des Saules.

SAULNIER (Passage) . . . . **IX**ᵉ Arrondissement . . . . 35ᵉ Quartier.
3188 **Commence** rue Richer, 34. — **Finit** rue La Fayette, 72.   (I. 25. — P. 22.)
      Longʳ : 206ᵐ,00.
      Largʳ : 7ᵐ,50 environ.   (*Voie privée.*)
      Orig. — Construit en 1787 par Rigoulot Saulnier.

SAUMON (Impasse) ** . . . . **XX**ᵉ Arrondissement . . . . 79ᵉ Quartier.
Anciennement commune de Belleville.
3189 **Située** rue des Amandiers, 97.   (I. 17. — P. 20.)
      Longʳ : 100ᵐ,00.
      Largʳ : 3ᵐ,50 environ.   (*Voie privée.*)
      Orig. — Nom de propriétaire.

SAUMON (Passage du) . . . . **II**ᵉ Arrondissement . . . . 7ᵉ Quartier.
3190 **Commence** rue Montorgueil, 63. — **Finit** rue Montmartre, 74.   (I. 79. — P. 80.)
      Longʳ : 74ᵐ,00.
      Largʳ : 4ᵐ,00.   (*Voie privée.*)
      Orig. — Maison des Deux-Saumons, rue Montorgueil, où débarquaient les voitures de marée, et à travers laquelle le
      passage a été ouvert.

SAUSSAIES (Rue des) . . . . . . **VIII**ᵉ Arrondissement . . . . 31ᵉ Quartier.
3191 **Commence** rue du Faub. Saint Honoré, 90. — **Finit** rues Cambacérès, 1, et de Surène, 39.
      Longʳ : 144ᵐ,00.   (I. 79. — P. 80.)
      Moindre largʳ : 9ᵐ,00. — Décision ministérielle du 20 fructidor an XI
      Moindre largʳ : 10ᵐ,00. — Ord. royale du 21 novembre 1837. *Alignements.*
      Orig. — Autrefois bordée de saules.

SAUSSIER-LEROY (Rue) . . . . **XVII**ᵉ Arrondissement . . . . 65ᵉ Quartier.
Anciennement commune de Neuilly.
3192 **Commence** rue Poncelet, 17. — **Finit** avenue Niel.   (I. 19. — P. 22.)
      Longʳ : 182ᵐ,00.
                  Décret du 23 mai 1863. *Classement* de la partie comprise entre la
                  rue Poncelet et la rue Fourcroy.
      Largʳ : 12ᵐ,00. — *Alignements* projetés de cette partie (largeur exécutée).
      Largʳ : 12ᵐ,00. — Décret du 31 juillet 1867 (U.P.). *Ouverture et Alignements* entre la
                  rue de Fourcroy et l'avenue Niel.
                  Arrêté préfectoral du 16 février 1865. *Nivellement.*
      Orig. — Nom de propriétaire.

SAUSSURE (Rue de) . . . . **XVII**ᵉ Arrondissement . . . . 67ᵉ Quartier.
Anciennement commune des Batignolles.
3193 **Commence** rue des Dames, 94. — **Finit** boulevard Berthier.   (I. 127. — P. 150.)
      Longʳ : 1260ᵐ,00.
      Largʳ : 10ᵐ,00. — Délibération du conseil municipal du 5 mai 1854. *Alignements*
                  projetés entre la rue des Dames et la rue Cardinet (largeur
                  actuelle, 8ᵐ,00 moindre).
      Largʳ : 10ᵐ,00. — Ord. royale du 11 décembre 1845. *Alignements* entre la rue Cardinet
                  et le boulevard Péreire.
      Largʳ : 12ᵐ,00. — Décision ministérielle du 28 avril 1866. *Alignements* entre le bou-
                  levard Péreire et le boulevard Berthier.
                  Arrêté préfectoral du 9 novembre 1864. *Nivellement.*
                  Décret du 24 août 1864. *Dénomination actuelle.*
                              Obs. — Précédemment rue de la Santé.
      Orig. — Horace-Bénédict de Saussure, naturaliste suisse (1740-1799) ; quartier où ont été groupés des noms de savants.

                                                            58

SAUVAGE (Rue) . . . . **XIII**ᵉ ARRONDISSEMENT. . . . . 49ᵉ QUARTIER.

3194 **Commence** boulevard de la Gare. — **Finit** quai d'Austerlitz, 49.   (P. 20.)
Longʳ : 525ᵐ,00.

DÉCRET DU 12 AOUT 1863. *Expropriation* d'une partie de la rue de la
Gare.

Largʳ : 15ᵐ,00. — TRAITÉ DU 8 SEPTEMBRE 1865, entre la Ville de Paris et la Compagnie
du chemin de fer d'Orléans. *Ouverture* et *Alignements* de la rue
Sauvage, en remplacement de la partie de la rue de la Gare
supprimée pour l'agrandissement de la gare d'Orléans. (DÉCRET
DU 12 AOUT 1863).

ARRÊTÉ PRÉFECTORAL DU 29 OCTOBRE 1874. *Nivellement.*

DÉCRET DU 2 MARS 1867. *Dénomination.*

ORIG. — Pierre-Louis-Frédéric Sauvage, inventeur de l'hélice (1786-1857) ; voisinage du chemin de fer d'Orléans.

SAUVAGEOT (Rue)** . . . . . . **XIV**ᵉ ARRONDISSEMENT . . . . 56ᵉ QUARTIER.
Anciennement commune de Vaugirard.

3195 **Commence** rue Vercingétorix, 7. — **Finit** rue de l'Ouest, 14.   (I. 13. — P. 18.)
Longʳ : 85ᵐ,00.
Largʳ : 6ᵐ,00.   (*Voie privée.*)

DÉCRET DU 10 FÉVRIER 1875. *Dénomination* actuelle.

OBS. — Précédemment rue de Mazagran.

ORIG. — Charles Sauvageot, collectionneur d'antiquités (1781-1860), a légué ses collections au musée du Louvre.

SAUVAL (Rue). . . . . **I**ᵉʳ ARRONDISSEMENT . . . . 2ᵉ QUARTIER.

3196 **Commence** rue Saint Honoré, 96. — **Finit** rue de Viarmes, 2.   (I. 13.— P. 18.)
Longʳ : 104ᵐ,00.
Largʳ : 8ᵐ,00. — { DÉCISION MINISTÉRIELLE DU 3 GERMINAL AN X.
Largʳ : 10ᵐ,00. { DÉCRET DU PRÉSIDENT DE LA RÉPUBLIQUE DU 16 JUILLET 1849. *Aligne-
ments* entre la rue Saint Honoré et la rue des Deux Écus.

Largʳ : 7ᵐ,80. — { DÉCISION MINISTÉRIELLE DU 9 GERMINAL AN XIII.
Largʳ : 7ᵐ,80. { DÉCRET DU PRÉSIDENT DE LA RÉPUBLIQUE DU 16 JUILLET 1849. *Alignements* modifiés par le décret suivant.

Largʳ : 21ᵐ,00. — DÉCRET DU 9 JUIN 1860 (U.P.). *Alignements* entre la rue des Deux
Écus et la rue de Viarme.

DÉCRET DU 2 OCTOBRE 1865. *Dénomination* actuelle.

OBS. — Précédemment rues des Vieilles Étuves et Devarenne.

ORIG. — Henri Sauval, avocat au Parlement, historien de Paris (1620-1670).

SAVART (Passage)** . . . . **XX**ᵉ ARRONDISSEMENT . . . . 80ᵉ QUARTIER.
Anciennement commune de Charonne.

3197 **Commence** rue des Haies, 81. — **Finit** rue des Vignoles, 70.   (P. 20.)
Longʳ : 138ᵐ,00.
Largʳ : 1ᵐ,50 environ.   (*Voie privée.*)

ORIG. — Nom du propriétaire.

SAVIES (Rue de)** . . . . **XX**ᵉ ARRONDISSEMENT . . . . 77ᵉ QUARTIER.
Anciennement commune de Belleville.

3198 **Commence** rue de la Mare, 49. — **Finit** rue des Cascades, 55.   (I. 11. — P. 10.)
Longʳ : 85ᵐ,00.
Largʳ : 7ᵐ,00. — ORD. ROYALE DU 21 JUILLET 1843. *Alignements.*

DÉCRET DU 23 MAI 1863. *Classement* (confirmation).

ARRÊTÉ PRÉFECTORAL DU 3 SEPTEMBRE 1869. *Dénomination* actuelle.

OBS. — Précédemment rue Saint Martin.

ORIG. — Savegium ou Savegiæ, Savies, ancien nom du territoire de Belleville, conservé longtemps par la ferme seigneu-
riale appartenant à Saint Martin des Champs.

SAVOIE (Rue de). . . . . **VI**ᵉ ARRONDISSEMENT . . . . 21ᵉ QUARTIER.

3199 **Commence** rue Séguier, 6. — **Finit** rue des Grands Augustins, 11.   (I. 19. — P. 22.)
Longʳ : 104ᵐ,00.
Largʳ : 7ᵐ,90. — DÉCISION MINISTÉRIELLE DU 8 NIVÔSE AN IX.
Largʳ : 10ᵐ,00. — ORD. ROYALE DU 11 AOUT 1844. *Alignements.*

ORIG. — Percée en 1672, sur l'emplacement de l'hôtel des ducs de Savoie.

SAXE (Avenue de). . . . . **VII**ᵉ ARRONDISSEMENT. . . . . 28ᵉ QUARTIER.
                              XVᵉ ARRONDISSEMENT. . . . . 58ᵉ QUARTIER.

3200 **Commence** place de Fontenay. — **Finit** rue de Sèvres, 100.   (I. 65. — P. 60.)
Longʳ : 680ᵐ,00.
Largʳ : 39ᵐ,20. — ORD. ROYALE DU 9 AOUT 1844. *Alignements.*

OBS. — Tracée en 1770 et cédée par l'État à la Ville de Paris, par une loi du
19 mars 1838.

ARRÊTÉ PRÉFECTORAL DU 17 MAI 1863. *Nivellement.*

ORIG. — Hermann-Maurice, comte de Saxe, maréchal de France (1696-1750) ; voisinage de l'École Militaire.

SAXE (Impasse de). . . . . VIIe Arrondissement . . . . 27e Quartier.

3201   **Située** avenue de Saxe.
      Long^r : 100^m,00.
    Moindre larg^r : 3^m,60.   (*Voie privée.*)
    Orig. — *Voir* avenue de Saxe.

SAY (Rue)^{**} . . . . IXe Arrondissement . . . . 36e Quartier.

3202   **Commence** rue Bochard de Saron, 3. — **Finit** rue Lallier, 4.   (l. 13. — P. 14.)
      Long^r : 91^m,00.
      Larg^r : 12^m,00. — Décret du 20 juin 1858. *Alignements.*
                Décret du 2 mars 1864. *Dénomination.*
    Orig. — Jean-Baptiste Say, économiste (1766-1832).

SCHEFFER (Rue)^{**} . . . . XVIe Arrondissement . . . . 62e Quartier.
                    Anciennement commune de Passy.

3203   **Commence** rue Vineuse. 31. — **Finit** avenue du Trocadéro.   (l. 47. — P. 48.)
      Long^r : 305^m,00.
    Moindre larg^r : 8^m,00. — Arrêté préfectoral du 16 février 1856. *Alignements* entre les rues
                    Vineuse et Bellini.
      Larg^r : 10^m,00. — Arrêté préfectoral du 16 février 1856. *Alignements* entre la rue
                    Bellini et l'avenue du Trocadéro.
                Décret du 23 mai 1863. *Classement* (confirmation).
                Arrêté préfectoral du 18 septembre 1861. *Nivellement.*
                Décret du 24 août 1864. *Dénomination* actuelle.
                    Obs. — Précédemment rue des Moulins.
    Orig. — Ary Scheffer, peintre (1795-1858); quartier où ont été groupés des noms d'artistes.

SCHOMBERG (Rue de) . . . . . . IVe Arrondissement . . . . 15e Quartier.

3204   **Commence** quai Henri IV, 30. — **Finit** rues de Sully et Mornay, 17 *bis*.
      Long^r : 130^m,00.
      Larg^r : 26^m,00. — *Voie non classée* ouverte par la Ville de Paris, sur les terrains de
                l'île Louviers, entre le quai Henri IV et le boulevard Morland.
      Larg^r : 12^m,00. — Ord. royale du 21 septembre 1841 et arrêté du pouvoir exécutif
                du 8 août 1848. *Alignements* entre le boulevard Morland et les
                rues de Sully et Mornay.
                Arrêté préfectoral du 26 février 1867. — *Dénomination.*
    Orig. — Gaspard de Schomberg. l'un des compagnons d'armes de Henri IV (1540-1599); voisinage de l'Arsenal.

SCHOMER (Rue)^{**} . . . . XIVe Arrondissement . . . . 56e Quartier.
                   Anciennement commune de Vaugirard.

3205   **Commence** rue Vercingétorix, 19. — **Finit** rue de Vanves, 18.   (l. 29. — P. 34.)
      L ng^r : 210^m,00.
                Décret du 23 mai 1863. *Classement.*
      Larg^r : 10^m,00. — *Alignements* projetés entre la rue Vercingétorix et la rue de
                l'Ouest (largeur actuelle, 6^m,30 moindre).
      Larg^r : 8^m,00. — *Alignements* projetés entre la rue de l'Ouest et la rue de Vanves
                (largeur actuelle, 6^m,30 moindre).
                Arrêté préfectoral du 10 mai 1863. *Nivellement.*
                  Obs. — Précédemment rue de Blidah (partie).
    Orig. — Nom du propriétaire du terrain, entrepreneur de maçonnerie.

SCIPION (Rue et Place)^{*} . . . . . . Ve Arrondissement. . . . . 18e Quartier.

3206   **Commence** boulevard Saint Marcel, 68. — **Finit** rue du Fer à Moulin, 17. (l. 13. — P. 18.)
      Long^r : 140^m,00.
      Larg^r : 8^m,00. — Décision ministérielle du 8 ventôse an IX.
      Larg^r ; 10^m,00. — Ord. royale du 24 avril 1837. *Alignements* de la rue modifiés par
                le décret suivant.
      Larg^r : 10^m,00. – Décret du 17 octobre 1837 (U. P.). *Alignements* pour la formation
                des abords du boulevard Saint Marcel.
                Obs. — Le sol de la place appartient à l'Assistance publique.
                Arrêté préfectoral du 29 novembre 1859. *Nivellement.*
    Orig. — Scipion Sardini, financier italien, y avait fait construire au xvie siècle l'hôtel où se trouve aujourd'hui la bou-
      langerie des hôpitaux.

SCRIBE (Rue). . . . . IXe Arrondissement . . . . 34e Quartier.

3207   **Commence** boul. des Capucines, 12. — **Finit** boulevard Haussmann et rue Gluck, 31 *bis*.
    Long^r : 305^m,00.   (I. 19. — P. 6.)
    Larg^r : 20^m,00. — Décret du 16 juillet 1862 (U. P.). *Ouverture* et *Alignements*.
                        Décret du 2 mars 1864. *Dénomination*.
        Orig. — Augustin-Eugène Scribe, auteur dramatique (1791-1861); voisinage de l'Opéra.

SÉBASTOPOL (Boulevard de). . . Ier Arrondissement . . . . 1er et 2e Quartiers.
                            II^d Arrondissement. . . . . 8e Quartier.
                            IIIe Arrondissement . . . . 9e et 12e Quartiers.
                            VIe Arrondissement . . . . 13e Quartier.

3208   **Commence** avenue Victoria, 12. — **Finit** boulevard Saint Denis, 9.   (I. 111. — P. 114.)
    Long^r : 1.332^m,00.
    Larg^r :   30^m,00. — Décret du 29 septembre 1854 (U. P.). *Ouverture* et *Alignements*.
        Orig. — Ville forte de Crimée, prise par l'armée anglo-française après un long siège (1855).

SECRÉTAN (Rue)**. . . . . . . XIXe Arrondissement . . . . 73e et 76e Quartiers.

3209   **Commence** boulevard de La Villette, 200. — **Finit** rue Manin.   (I. 93. — P. 90.)
    Long^r : 693^m,00.
    Larg^r : 20^m,00. — Arrêté préfectoral du 17 janvier 1870. *Alignements* entre les rues
                        Manin et Baste.
        Id.   20^m,00. — Décret du 28 juillet 1862 (U. P.). *Alignements* entre la rue Baste et
                        le boulevard de La Villette.
                    Décret du 23 mai 1863. *Classement* (confirmation).
                    Arrêté préfectoral du 7 août 1869. *Nivellement* entre les rues
                        Manin et Baste.
                    Arrêté préfectoral du 1er août 1863. *Nivellement* entre les rues
                        Baste et de Meaux.
                    Arrêté préfectoral du 23 octobre 1860. *Nivellement* entre la rue
                        de Meaux et le boulevard de la Villette.
                    Décret du 10 août 1868. *Dénomination*.
                    Arrêté préfectoral du 4 novembre 1880. Rectifiant l'orthographe
                        du nom.
                    Obs. — Précédemment rues Secretant et de Puebla.
        Orig. — Le baron Antoine-Joseph Secrétan, colonel-major des voltigeurs de la garde, blessé en 1813, en défendant le
            quartier.

SEDAINE (Cour). . . . . XIe Arrondissement . . . . 43e Quartier.

3210   **Située** rue Sedaine, 40.
    Long^r : 43^m,00.
    Moindre larg^r : 4^m,00.   (*Voie privée.*)
        Orig. — *Voir* rue Sedaine.

SEDAINE (Rue) . . . . XIe Arrondissement . . . . 43e Quartier.

3211   **Commence** boulevard Richard Lenoir, 18. — **Finit** avenue Parmentier, 3. (I. 95. — P. 80.)
    Long^r : 753^m,00.
    Larg^r : 12^m,00. — *Partie non classée*, ouverte par la Ville de Paris, entre le boulevard
                        Richard Lenoir et la rue Saint-Sabin (A).
    Larg^r : 10^m,00. — Ord. royale du 6 mai 1827. — *Alignements* dans une longueur de
                        300^m,00 à partir de la rue Saint-Sabin (B).
    Larg^r : 10^m,00. — Arrêté du pouvoir exécutif du 4 décembre 1848. *Classement* et
                        Alignements depuis la partie B jusqu'à la rue Popincourt.
    Larg^r : 12^m,00. — *Partie non classée*, ouverte par la Ville de Paris, entre la rue Popin-
                        court et l'avenue Parmentier, pour la formation des abords du
                        boulevard Voltaire (Décret du 29 août 1857).
                    Décret du 31 janvier 1850. *Dénomination*.
                    Obs. — La partie B formait précédemment l'impasse Saint-Sabin
        Orig. — Michel-Jean Sedaine, auteur dramatique (1719-1797), a habité dans le voisinage, rue de la Roquette.

SÉGUIER (Rue) . . . . VIe Arrondissement . . . . 21e Quartier.

3212   **Commence** quai des Grands Augustins, 35. — **Finit** rue Saint André des Arts, 40.
    Long^r : 140^m,00.   (I. 19. — P. 20.)
    Larg^r : 7^m,00. — Décision ministérielle du 4 floréal an VIII.
    Larg^r : 10^m,00. — Ord. royale du 11 août 1844. *Alignements*.
                    Décret du 24 août 1864. *Dénomination actuelle*.
                    Obs. — Précédemment rue Pavée Saint André des Arts
        Orig. — Famille de magistrats parisiens. — Pierre Séguier, chancelier de France (1588-1672).

SÉGUIN (Rue). . . . . **XVIII**e ARRONDISSEMENT. . . . . 72e QUARTIER.
Anciennement commune de La Chapelle.

3213   **Commence** rue Cugnot. — **Finit** rue de La Chapelle, 106.   (l. 37. — P. 42.)
Longr : 403m,00.
Largr : 8m,00. — ORD. ROYALE DU 11 SEPTEMBRE 1842. *Alignements* entre la rue de
La Chapelle et la rue de l'Évangile.
Largr : 12m,00. — DÉCRET DU 2 JUILLET 1864 (U. P.). *Ouverture* et *Alignements* entre la
rue Cugnot et la rue Pajol.
Largr : 12m,00. — ARRÊTÉ PRÉFECTORAL DU 7 JUILLET 1858. *Alignements* entre la rue de
l'Évangile et la rue de La Chapelle.
DÉCRET DU 23 MAI 1863. *Classement* de la partie comprise entre la
rue Pajol et la rue de l'Évangile. *Classement* confirmé entre la rue
de l'Évangile et la rue de La Chapelle.
ARRÊTÉ PRÉFECTORAL DU 25 AVRIL 1866. *Nivellement*.
DÉCRET DU 10 AOUT 1868. *Dénomination* actuelle.
OBS. — Précédemment rues des Francs Bourgeois et Robert réunies.
ORIG. — Armand Séguin, industriel [1768-1835].

SÉGUR (Avenue de). . . . . . . **VII**e ARRONDISSEMENT . . . . 27e QUARTIER.
XVe ARRONDISSEMENT . . . . 58e QUARTIER.

3214   **Commence** place Vauban. — **Finit** boulevard de Grenelle, 50.   (l. 59. — P. 40.)
Longr : 815m,00.
Moindre largr : 38m,00. — *Alignements* projetés entre la place Vauban et l'avenue de Saxe
(largeur exécutée).
Moindre largr : 38m,00. — DÉCRET DU 31 JUILLET 1867 (U. P.). *Ouverture* entre l'avenue de
Saxe et le boulevard de Grenelle.
OBS. — Cédée par l'État à la Ville de Paris par une loi du 4 juin 1833.
ORIG. — Le marquis Philippe-Henri de Ségur, maréchal de France [1724-1801] ; voisinage de l'École Militaire.

SÉGUR (Villa de) . . . . **VII**e ARRONDISSEMENT . . . . 27e QUARTIER.

3215   **Située** avenue de Ségur 39.
Longr : 45m,60.
Largr : 4m,00.   (*Voie privée.*)
ORIG. — *Voir* avenue de Ségur.

SEINE (Quai de la)*. . . . . . . **XIX**e ARRONDISSEMENT . . . . 73e QUARTIER.
Anciennement commune de La Villette.

3216   **Commence** rue de Flandre, 2, et boul. de La Villette, 206. — **Finit** rue de Crimée, 161.
Longr : 850m,00.   (l. 83.)
ORD. ROYALE DU 26 MARS 1829. *Classement* comme route départe-
mentale (no 75).
Largr : 12m,00. — DÉCRET DU 14 JANVIER 1857. *Alignements*.
DÉCRET DU 23 MAI 1863. *Classement* (confirmation).
ARRÊTÉ PRÉFECTORAL DU 13 NOVEMBRE 1860. *Nivellement*.
ORIG. — Fleuve de France; groupe géographique du canal de l'Ourcq.

SEINE (Rue de). . . . . **VI**e ARRONDISSEMENT . . . . . . 21e, 22e et 24e QUARTIERS.

3217   **Commence** quai Malaquais, 1. — **Finit** rue Saint Sulpice, 18.   (l. 104. — P. 78.)
Longr : 665m,00.
Largr : 12m,00. — DÉCISION MINISTÉRIELLE DU 23 GERMINAL AN IX ET ARRÊTÉ DES CONSULS
DU 17 VENDÉMIAIRE AN XI. *Alignements*.
Moindre largr : 12m,00. — ORD. ROYALE DU 25 NOVEMBRE 1844. *Alignements*.
Largr : 22m,00. — DÉCRET DU 28 JUILLET 1866 (U. P.). Changement de direction entre
le quai Malaquais et la rue Jacob.
OBS. — Formée sur la partie du fossé de la ville aboutissant à la Seine.

SELLÈQUE (Cité)**. . . . . . . **XIX**e ARRONDISSEMENT . . . . 73e QUARTIER.
Anciennement commune de La Villette.

3218   **Située** boulevard de La Villette, 144.
Longr : 97m,00.
Largr : 4m,40.   (*Voie privée.*)
ORIG.   Nom du propriétaire.

SÉNÉGAL (Rue du)****** . . . . . . **XX**^e Arrondissement . . . . 77e Quartier.
Anciennement commune de Belleville.
3219   **Commence** rue Bisson, 41. — **Finit** rue Julien Lacroix, 77.   (I. 11. — P. 10.)
    Long^r : 60^m,00.
    Larg^r : 6^m,00.
                Décret du 23 mai 1863. *Classement.*
    Larg^r :   8^m,00. — *Alignements* projetés (largeur exécutée).
                Arrêté préfectoral du 1er février 1877. *Dénomination* actuelle.
                   Obs. — Précédemment partie du square Napoléon.
    Orig. — Colonie française d'Afrique.

SENTIER (Passage du) . . . . . . **II**^e Arrondissement. . . . . 7e Quartier.
3220   **Commence** rue d'Aboukir, 59. — **Finit** rue de Cléry, 26.
    Long^r : 39^m,00.
    Moindre larg^r : 2^m,00. — **Décret du 24 août 1864 (U. P.).** *Suppression* pour le prolongement
                de la rue Réaumur.
                Arrêté préfectoral du 10 décembre 1878. *Dénomination.*
    Orig. — *Voir* rue du Sentier.

SENTIER (Rue du) . . . . **II**^e Arrondissement. . . . . 7e Quartier.
3221   **Commence** rue de Cléry, 45. — **Finit** boulevard Poissonnière, 7 *bis.*   (I. 45. — P. 38.)
    Long^r : 340^m,00.
    Larg^r :   8^m,00. — **Décision ministérielle du 8 prairial an VII.**
    Moindre larg^r : 10^m,00. — **Ord. royale du 4 mai 1826.** *Alignements.*
                Décision ministérielle du 28 août 1849. *Dénomination* actuelle.
                   Obs. — Précédemment rues du Gros Chenet et du Sentier.
    Orig. — Dite aussi rue du Chantier, doit son nom soit au sentier primitif sur lequel elle a été alignée, soit à quelque
        ancien chantier.

SERPENTE (Rue) . . . . **VI**^e Arrondissement . . . . 21e Quartier.
3222   **Commence** boulevard Saint Michel, 18. — **Finit** rue de l'Éperon, 9.   (I. 39. — P. 38.)
    Long^r : 200^m,00.
    Larg^r :   7^m,00. — **Décision ministérielle du 23 prairial an VII.**
    Larg^r : 10^m,00. — **Ord. royale du 11 août 1844.** *Alignements.*
    Décision ministérielle du 9 avril 1831. *Dénomination* actuelle.
                   Obs. — Précédemment rues Serpente et du Battoir.
    Orig. — Doit son nom aux sinuosités qu'elle décrivait autrefois.

SÉRURIER (Boulevard)^{*} . . . . . **XIX**^e Arrondissement . . . . 74e et 75e Quartiers.
Anciennement communes du Pré-Saint-Gervais, de Pantin et de La Villette.
3223   **Commence** rue de Belleville, 343, et porte de Romainville.—**Finit** canal de l'Ourcq. (I. 153.)
    Long^r : 2.400^m,00.
              Convention du 5 juillet 1859. Remise conditionnelle, par le Génie
              militaire, à la Ville de Paris, de la rue Militaire.
              Décret du 23 mai 1863. *Classement* (confirmation).
               Obs. L'*Alignement* est fixé par le Génie militaire.
              Décret du 2 mars 1864. *Dénomination* actuelle.
               Obs. — Précédemment partie de la rue Militaire.
    Orig. — Le comte Jeaune-Mathieu-Philibert Sérurier, maréchal de France (1742-1819).

SERVAN (Rue) . . . . **XI**^e Arrondissement . . . . 42e et 43e Quartiers.
3224   **Commence** rue de la Roquette, 141.—**Finit** rue du Chemin Vert, 110.—**Finira** avenue de la
    République.   (I. 51. — P. 48.)
    Long^r : 500^m,00 actuelle. — Long^r : 580^m,00 future.
    Larg^r : 13^m,00. — **Décret du 11 juillet 1860.** *Ouverture* et *Alignements* entre la rue
                de la Roquette et la rue du Chemin Vert.
                Partie non classée entre la rue du Chemin Vert et l'avenue de la Ré-
                publique (cette partie est inachevée).
                Décret du 2 mars 1864 et arrêté préfectoral du 26 février 1867.
                Dénomination.
    Orig. — Antoine-Joseph-Michel Servan, criminaliste (1737-1807) ; voisinage de la prison des Jeunes détenus.

SERVANDONI (Rue)****** . . . . . . **VI**^e Arrondissement . . . . 22e Quartier.
3225   **Commence** rue Palatine, 9. — **Finit** rue de Vaugirard, 42.   (I. 25. — P. 28.)
    Long^r : 170^m,00.
    Larg^r :   8^m,00. — **Décision ministérielle du 7 fructidor an X.**
    Larg^r : 10^m,00. — **Ord. royale du 3 septembre 1843.** *Alignements.*
    Orig. — Jean-Jérôme Servandoni, architecte, auteur du portail de Saint Sulpice (1695-1766) ; voisinage de cette église.

SEVESTE (Rue) . . . . **XVIII**ᵉ ARRONDISSEMENT . . . . 70ᵉ QUARTIER.
Anciennement commune de Montmartre.
3226 **Commence** boulevard Rochechouart, 86. — **Finit** place Saint Pierre, 7.   (I. 13. — P. 16.)
Long^r : 144ᵐ,00.
DÉCRET DU 3 JUIN 1868. *Classement* (confirmation).
Larg^r :   8ᵐ,00. — *Alignements* projetés (largeur exécutée).
DÉCRET DU 10 FÉVRIER 1875. *Dénomination* actuelle.
OBS. — Précédemment rue de la Carrière.
ORIG. — Seveste, directeur fondateur des théâtres de la banlieue de Paris ; voisinage du théâtre de Montmartre, qui a porté son nom.

SÉVIGNÉ (Rue de). . . . . **III**ᵉ ARRONDISSEMENT . . . . 11ᵉ QUARTIER.
IVᵉ ARRONDISSEMENT . . . . 14ᵉ QUARTIER.
3227 **Commence** rue de Rivoli, 2, et St Antoine, 101. — **Finit** rue du Parc Royal, 3.
Long^r : 386ᵐ,00.   (I. 31. — P. 32.)
Moindre larg^r : 10ᵐ,00. — DÉCISION MINISTÉRIELLE DU 13 FRUCTIDOR AN VII. *Alignements*.
DÉCRET DU 27 FÉVRIER 1867. *Dénomination* actuelle.
OBS. — Précédemment rue Culture Sainte Catherine.
ORIG. — Marie de Rabutin-Chantal, marquise de Sévigné, que ses lettres ont rendue célèbre (1626-1696), habita, de 1677 jusqu'à sa mort, l'hôtel Carnavalet situé dans cette rue, et occupé aujourd'hui par la bibliothèque et le musée historique de la Ville.

SÈVRES (Porte de). . . . . **XV**ᵉ ARRONDISSEMENT . . . . 57ᵉ et 60ᵉ QUARTIERS.
3228 **Située** boulevard Victor, en face de la station de Grenelle.
ORIG. — Située sur un chemin qui conduit à Sèvres.

SÈVRES (Rue de). . . . . **VI**ᵉ ARRONDISSEMENT . . . . . . : 23ᵉ et 24ᵉ QUARTIERS.
VIIᵉ ARRONDISSEMENT . . . . . . 25ᵉ et 27ᵉ QUARTIERS.
XVᵉ ARRONDISSEMENT . . . . 58ᵉ QUARTIER.
3229 **Commence** carref. de la Croix Rouge. — **Finit** boulev. de Vaugirard, 132, et de Grenelle, 2.
Finira avenue de Breteuil, 85.   (I. 167. — P. 118.)
Long^r : 1.530ᵐ,00 (actuelle). — Long^r : 1.500ᵐ,00 (future).
Larg^r :   10ᵐ,00. — DÉCISION MINISTÉRIELLE DU 23 FRIMAIRE AN IX ET 15 MESSIDOR AN XII.
Larg^r :   13ᵐ,00. — ORD. ROYALE DU 14 FÉVRIER 1847. *Alignements*.
DÉCRET DU 5 JUILLET 1872. *Modification de l'Alignement* au droit du numéro 2.
Id.   22ᵐ,00. — *Alignements* projetés entre le numéro 2 et la rue de la Chaise.
ARRÊTÉ PRÉFECTORAL DU 31 JUILLET 1869. *Nivellement*.
ORIG. — Se dirige vers la ville de Sèvres.

SIBOUR (Rue). . . . . **X**ᵉ ARRONDISSEMENT. . . . . 39ᵉ QUARTIER.
3230 **Commence** rue du Faubourg Saint Martin, 121. — **Finit** boulev. de Strasbourg, 70. (P. 6.)
Long^r : 70ᵐ,00.
Larg^r : 15ᵐ,00. — DÉCRET DU PRÉSIDENT DE LA RÉPUBLIQUE DU 22 MARS 1850.
DÉCRET DU 2 OCTOBRE 1865. *Dénomination* actuelle.
OBS. — Précédemment partie de la rue de la Fidélité.
ORIG. — Marie-Dominique-Auguste Sibour, archevêque de Paris (1792-1857) ; voisinage de l'église Saint Laurent.

SIBUET (Passage) . . . . **XII**ᵉ ARRONDISSEMENT . . . . 45ᵉ QUARTIER.
Anciennement commune de Saint Mandé.
3231 **Commence** boulevard de Picpus. — **Finit** rue Sibuet, 45.
Long^r : 96ᵐ,00,
Larg^r :   6ᵐ,00. — PROCÈS-VERBAL DU 26 MAI 1869. Voie remise à la Ville de Paris, par la Compagnie des chemins de fer de l'Est, en remplacement de la rue Sibuet déviée.
ARRÊTÉ PRÉFECTORAL DU 1ᵉʳ FÉVRIER 1877. *Dénomination* actuelle.
OBS. — Précédemment rue latérale au sud du chemin de fer de Vincennes.
ORIG. — Voir rue Sibuet.

SIBUET (Rue). . . . . **XII**ᵉ ARRONDISSEMENT . . . . 45ᵉ QUARTIER.
Anciennement commune de Saint Mandé.
3232 **Commence** rue de Picpus, 131. — **Finit** boulevard de Picpus, 58 bis.   (I. 91. — P. 98.)
Long^r : 800ᵐ,00.
Larg^r :   6ᵐ,00. — ARRÊTÉ PRÉFECTORAL DU 30 AVRIL 1853. } *Classement* et *Alignements*.
ARRÊTÉ PRÉFECTORAL DU 5 OCTOBRE 1857. }
OBS. — La voie est barrée vers le milieu de sa longueur par le chemin de fer de Vincennes.

SIBUET (Rue). (*Suite.*)

DÉCRET DU 23 MAI 1863. *Classement* (confirmation).
DÉCRET DU 10 AOUT 1868. *Dénomination* actuelle.
Obs. — Précédemment sentier Saint Antoine.
ORIG. — Le baron Benoît-Prosper Sibuet, général de division (1773-1813) ; voisinage de la route Militaire.

SIGAUD (Passage)**. . . . . **XIII**ᵉ ARRONDISSEMENT. . . . . 51ᵉ QUARTIER.
Anciennement commune de Gentilly.

3233 **Commence** passage Alphan, 13. — **Finit** rue Barrault, 19.   (P. 12.)
Long^r : 92^m,00.
Larg^r : 6^m,00.   (*Voie privée.*)
ORIG. — Nom d'un parent du propriétaire.

SIMART (Rue)**. . . . . **XVIII**ᵉ ARRONDISSEMENT . . . . 70ᵉ QUARTIER.
Anciennement commune de Montmartre.

3234 **Commence** boulevard Ornano, 61. — **Finit** rues de Clignancourt, 84, et Marcadet, 63.
Long^r : 89^m,00.   (I. 13. — P. 12.)
DÉCRET DU 23 MAI 1863. *Classement*.
Larg^r : 12^m,00. — *Alignements* projetés (largeur exécutée).
DÉCRET DU 24 AOUT 1864. *Dénomination* actuelle.
Obs. — Précédemment rue Neuve Labat.
ORIG. — Pierre-Charles Simart, sculpteur (1809-1857) ; quartier où ont été groupés des noms de sculpteurs.

SIMONET (Passage)*. . . . . . . **XIII**ᵉ ARRONDISSEMENT. . . . . 51ᵉ QUARTIER.
Anciennement commune de Gentilly.

3235 **Commence** rue du Moulin des Prés, 18, et de la Butte aux Cailles, 2. — **Finit** rue Gérard.
Long^r : 108^m,00.   (I. 13. — P. 10.)
Larg^r : 8^m,00 environ.   (*Voie privée.*)
ORIG. — Nom de propriétaire.

SIMON LE FRANC (Rue). . . . . **IV**ᵉ ARRONDISSEMENT . . . . 13ᵉ QUARTIER.
3236 **Commence** rue du Temple, 47. — **Finit** rue Brisemiche, 34, et Beaubourg, 2.
Long^r : 147^m,00.   (I. 55. — P. 56.)
Larg^r : 8^m,00. — DÉCISION MINISTÉRIELLE DU 13 VENDÉMIAIRE AN X.
Moindre larg^r : 10^m,00. — ORD. ROYALE DU 16 MAI 1833. *Alignements*.
ORIG. — Ancien nom, qu'elle doit peut-être à Simon Franque, bourgeois notable qui vivait au XIIᵉ siècle.

SIMPLON (Rue du)**. . . . . . **XVIII**ᵉ ARRONDISSEMENT . . . . 70ᵉ QUARTIER.
Anciennement commune de Montmartre.

3237 **Commence** rue des Poissonniers, 107. — **Finit** rue du Mont Cenis, 98.   (I. 55. — P. 56.)
Long^r : 520^m,00.
ARRÊTÉ PRÉFECTORAL DU 5 OCTOBRE 1857. *Classement* au nombre des
chemins ruraux de Montmartre.
Larg^r : 12^m,00. — DÉLIBÉRATION DU CONSEIL MUNICIPAL DU 31 AOUT 1858.
Larg^r : 12^m,00. — DÉCRET DU 31 AOUT 1880. *Classement, Alignement* et *Nivellement*.
DÉCRET DU 23 MAI 1863. *Classement* (confirmation).
ARRÊTÉ PRÉFECTORAL DU 29 FÉVRIER 1868. *Nivellement*.
ARRÊTÉ PRÉFECTORAL DU 1ᵉʳ FÉVRIER 1877. *Dénomination* actuelle.
Obs. — Précédemment chemin, puis rue de la Chardonnière.
ORIG. — Montagne des Alpes, sur le versant de laquelle Napoléon 1ᵉʳ fit ouvrir une route de 1800 à 1807 ; quartier
montueux.

SINGER (Passage) . . . . **XVI**ᵉ ARRONDISSEMENT . . . . 62ᵉ QUARTIER.
3238 **Commence** rue Singer, 29. — **Finit** rue des Vignes.
Long^r : 80^m,00.
Moindre larg^r : 6^m,80.   (*Voie privée.*)
Obs. — Porte aussi le nom du propriétaire, M. Amavet.

SINGER (Rue)[2]. . . . . **XVI**e Arrondissement. . . . . 62e Quartier.
Anciennement commune de Passy.

3239   **Commence** rue Raynouard, 64. — **Finit** rue des Vignes.   (I. 45. — P. 58.)

Long^r : 525^m,00.

Larg^r : 9^m,75. — Arrêté préfectoral du 16 février 1856. *Alignements.*

Décret du 23 mai 1863. *Classement* (confirmation).

Arrêté préfectoral du 27 mars 1866. *Nivellement.*

Orig. — Nom d'un propriétaire.

SINGES (Passage des) . . . . . . **IV**e Arrondissement . . . . 14e Quartier.

3240   **Commence** rue Vieille du Temple, 43. — **Finit** rue des Guillemites, 6.

Long^r : 35^m,00.

Larg^r : 3^m,00 environ.   (*Voie privée.*)

Orig. — Donne dans l'ancienne rue des Singes, réunie aujourd'hui à la rue des Guillemites. La rue des Singes devait sa dénomination à une maison de ce nom.

SMALA (Rue de la) . . . . **XV**e Arrondissement. . . . . 59e Quartier.
Anciennement commune de Grenelle.

3241   **Commence** rue Viala, 23. — **Finit** rue de Lourmel, 18.   (I. 15. — P. 16.)

Long^r : 105^m,00. —

Larg^r : 10^m,00. — Arrêté préfectoral du 7 juillet 1859. *Classement.*

Décret du 23 mai 1863. *Classement* (confirmation).

Arrêté préfectoral du 11 août 1869. *Nivellement.*

Arrêté préfectoral du 1er février 1877. *Dénomination* actuelle.

Obs. — Précédemment partie de la rue Letellier.

Orig. — En souvenir de la victoire qui livra aux Français la smala de l'empereur du Maroc (16 mai 1843).

SŒUR ROSALIE (Avenue de la) [**]. . **XIII**e Arrondissement. . . . . 52e Quartier.

3242   **Commence** place d'Italie. — **Finit** rue de Gentilly.

Long^r : 110^m,00.

Larg^r : 34^m,00. — Décret du 12 février 1867 (U. P.). *Ouverture* et *Alignements.*

Arrêté préfectoral du 3 décembre 1867. *Nivellement.*

Décret du 10 août 1868. *Dénomination.*

Orig. — Jeanne-Marie Rendu, en religion sœur Rosalie (1784-1856), renommée pour sa charité; voisinage de la maison des sœurs de charité du XIIe arrondissement située rue de l'Épée-de-Bois et dirigée autrefois par la sœur Rosalie.

SOISSONS (Rue de) [**]. . . . . . . **XIX**e Arrondissement . . . . 73e Quartier.
Anciennement commune de La Villette.

3243   **Commence** rue de Flandre, 26. — **Finit** quai de la Seine, 25.   (I. 3. — P. 2.)

Long^r : 64^m,00.

Larg^r : 10^m,00. — Ord. royale du 29 avril 1839. *Alignements.*

Décret du 23 mai 1863. *Classement* (confirmation).

Orig. — Ville du département de l'Aisne; voisinage du canal de l'Ourcq.

SOLEIL D'OR (Ruelle du) [*] . . . . . **XV**e Arrondissement . . . . 38e Quartier.
Anciennement commune de Vaugirard.

3244   **Commence** rue Blomet, 61. — **Finit** rue de Vaugirard, 224.

Long^r : 160^m,00.

Larg^r : 1^m,75 environ.   (*Voie privée.*)

Orig. — Dénomination tirée d'une enseigne.

SOLFÉRINO (Pont de) . . . . . . **I**er Arrondissement . . . . 1er Quartier.

                   VIIe Arrondissement. . . . . 26e Quartier.

3245   **Situé** quais des Tuileries et d'Orsay, au droit de la rue de Solférino.

Long^r : 145^m,00.

Larg^r : 20^m,00,

Orig. — Victoire remportée sur les Autrichiens le 24 juin 1859.

SOLFÉRINO (Rue de). . . . . . . **VII**e Arrondissement . . . . 26e Quartier.

3246   **Commence** quai d'Orsay. — **Finit** rue Saint Dominique, 8.   (I. 17. — P. 12.)

Long^r : 320^m,00.

Larg^r : 20^m,00.. — Décret du 28 juillet 1866 (U. P.). *Ouverture* et *Alignements.*

Décret du 10 août 1868. *Dénomination.*

Orig. — *Voir* pont de Solférino.

SOLITAIRES (Rue des) **. . . . **XIX**ᵉ Arrondissement . . . . 78ᵉ Quartier.
Anciennement commune de Belleville.

3247   **Commence** rue de La Villette, 50. — **Finit** rue des Fêtes, 19.   (l. 51. — P. 50.)
        Long^r : 327^m,00.
        Larg^r :   7^m,00. — Ord. royale du 21 juillet 1843. *Alignements.*
                           Décret du 23 mai 1863. *Classement* (confirmation).
                           Arrêté préfectoral du 25 juillet 1860. *Nivellement.*
        Orig. — Situation champêtre.

SOMMET DES ALPES (Rue du) **. **XV**ᵉ Arrondissement . . . . 57ᵉ Quartier.
Anciennement commune de Vaugirard.

3248   **Commence** rue de Nice la Frontière, 18. — **Finit** rue des Fourneaux, 276.   (P. 6.)
        Long^r : 63^m,00.
        Larg^r : 12^m,00.   *(Voie privée.)*
        Orig. — Nom donné par M. Chauvelot (*Voir* rue Chauvelot).

SONNERIES (Ruelle des) **. . . . . **XIX**ᵉ Arrondissement . . . . 76ᵉ Quartier.
Anciennement commune de Belleville.

3249   **Commence** rue des Alouettes, 12. — **Finit** en impasse.
        Long^r : 133^m,00.
        Moindre larg^r :   3^m,00.   *(Voie privée.)*
        Orig. — Lieu dit.

SORBIER (Rue) ** . . . . **XX**ᵉ Arrondissement. . . . . 79ᵉ Quartier.
Anciennement commune de Belleville.

3250   **Commence** rue de Ménilmontant, 68.— **Finit** r. de la Bidassoa et aven. de la République, 202.
        Long^r : 575^m,00.   (l. 21.)
        Larg^r : 20^m,00. — Décret du 28 janvier 1876 (U. P.). *Ouverture, Alignements* et *Nivel-
                           lement* entre la rue de Ménilmontant et la place des Pyrénées.
                           Décret du 2 mars 1867. *Dénomination.*
        Orig. — Le comte Jean-Barthélemot Sorbier, général de division (1762-1827); voisinage de la route militaire.

SORBONNE (Passage de la) . . . **V**ᵉ Arrondissement . . . . 20ᵉ Quartier.

3251   **Commence** rue de la Sorbonne, 18. — **Finit** rue Champollion, 15.
        Long^r : 33^m,00.
        Moindre larg^r :   1^m,70.   *(Voie privée.)*
        Orig. — Débouche sur la rue de la Sorbonne.

SORBONNE (Place de la). . . . . **V**ᵉ Arrondissement. . . . . 20ᵉ Quartier.

3252   **Commence** rues Victor Cousin, 2, et de la Sorbonne, 22. — **Finit** boul. Saint Michel, 47.
        Long^r : 72^m,00.   (l. 7. — P. 8.)
        Larg^r : 35^m,50. — Décision ministérielle du 8 nivôse an XIII.
        Id.   35^m,50. — Ord. royale du 13 septembre 1846. *Alignements* depuis les rues
                           Victor Cousin et de la Sorbonne jusqu'à la rue Champollion.
                           Obs. — La partie comprise entre la rue Champollion et le boulevard Saint-
                           Michel, a été ouverte lors du percement de la dernière de ces voies.
                           (Décret du 11 août 1855 (U. P.).
        Orig. — Située devant la Sorbonne, collège fondé par Robert de Sorbon, au XIIIᵉ siècle.

SORBONNE (Rue de la) . . . . . . **V**ᵉ Arrondissement. . . . . 20ᵉ Quartier.

3253   **Commence** rue du Sommerard, 31. — **Finit** place de la Sorbonne, 2.   (l. 15. — P. 22.)
        Long^r : 185^m,00.
        Larg^r :   8^m,00. — Décision ministérielle du 23 prairial an VII.
        Larg^r : 10^m,00. — Ord. royale du 23 juin 1843. *Alignements* modifiés par le décret
                           suivant :
        Larg^r : 16^m,00. — Décret du 24 juillet 1852 (U. P.). *Ouverture* et *Alignements* entre la
                           rue du Sommerard et la rue des Ecoles.
        Larg^r : 12^m,00. — Décret du 24 juillet 1852. *Alignements* à exécuter par mesures ordi-
                           naires de voirie, entre la rue des Ecoles et la place de la Sorbonne.
                           Arrêté préfectoral du 29 novembre 1859. *Nivellement.*
        Orig. — *Voir* place de la Sorbonne.

SOUCHIER (Villa) ** . . . . **XVI**ᵉ Arrondissement . . . . 62ᵉ Quartier.

3254   **Située** rue Eugène Delacroix, 5.   (l. 15. — P. 12.)
        Long^r : 108^m,00.
        Larg^r :   4^m,00.   *(Voie privée.)*
        Orig. — Nom du propriétaire.

SOUFFLOT (Rue) . . . . **V**e Arrondissement . . . . 19e et 20e Quartiers.
3255 **Commence** place du Panthéon, 10. — **Finit** boulevard Saint Michel, 63.   (l. 23. — P. 26.)
   Longr : 265m,00.
   Largr : 31m,00. ⎫ Décision ministérielle du 13 juin 1807. *Alignements* entre la place
   (Minima.   ⎬   du Panthéon et la rue Saint Jacques.
   Largr : 37m,36. ⎭
   (Maxima
   Largr : 12m,00. — Décision ministérielle du 24 frimaire an XIII.
   Largr : 14m,00. — Ord. royales du 9 août 1826 et du 13 mars 1843 (U. P.). *Ouverture*
      entre la rue Saint Jacques et le jardin du Luxembourg.
         Obs. — Les dispositions approuvées par ces ordonnances ont été modifiées
            par le décret suivant.
   Largr : 30m,00. — Décret du 30 juillet 1859 (U. P.). *Alignements* entre la rue Saint
      Jacques et le boulevard Saint Michel.
   Arrêté préfectoral du 28 décembre 1861. *Nivellement* de la dernière
      partie.
   Arrêté préfectoral du 19 septembre 1876. *Nivellements* entre le bou-
      levard Saint Michel et la rue Saint Jacques.
   Orig. — Conduit au Panthéon et a pris le nom de Jacques-Germain Soufflot, architecte de ce monument (1713-1780).

SOUHAITS (Impasse des) . . . . **XX**e Arrondissement. . . . . 80e Quartier.
            Anciennement commune de Charonne.
3256 **Située** rue des Vignoles.   (l. 19. — P. 20.)
   Longr : 67m,00.
   Largr : 2m,50 environ.   (*Voie privée.*)
   Arrêté préfectoral du 1er février 1877. *Dénomination* actuelle.
      Obs. — Précédemment impasse de l'Espérance.
   Orig. — Nom substitué à celui de l'Espérance.

SOULT (Boulevard). . . . . . . **XII**e Arrondissement. . . . . 45e Quartier.
            Anciennement commune de Saint Mandé.
3257 **Commence** porte et cours de Vincennes, 36.— **Finit** av. Daumesnil, 277, et porte de Picpus.
   Longr : 1285m,00.   (P. 34.)
   Convention du 5 juillet 1859. — Remise conditionnelle par le Génie
      militaire, à la Ville de Paris, de la rue Militaire.
   Largr : 40m,00. — Décret du 9 septembre 1861 (U. P.). *Élargissement.*
   Décret du 23 mai 1863. *Classement* (confirmation).
   Décret du 2 mars 1864. *Dénomination* actuelle.
      Obs. — Précédemment partie de la rue Militaire.
   Orig. — Nicolas-Jean-de-Dieu Soult, duc de Dalmatie, maréchal de France (1769-1851).

SOUPIRS (Passage des) . . . . **XX**e Arrondissement . . . . 79e Quartier.
            Anciennement commune de Belleville.
3258 **Commence** rue des Pyrénées. — **Finit** rue de la Chine, 11.   (l. 11. — P. 22.)
   Longr : 125m,00.
   Largr : 2m,50 environ.   (*Voie privée.*)
   Orig. — Situation champêtre.

SOURCE (Rue de la) . . . . **XVI**e Arrondissement . . . . 61e Quartier.
            Anciennement commune d'Auteuil.
3259 **Commence** rue Ribera, 13. — **Finit** avenue de Montmorency.   (l. 20.— P. 46.)
   Longr : 404m,00.
   Largr : 8m,00. — Arrêté préfectoral du 28 janvier 1828. *Alignements* entre la rue
      Ribera et la rue Pierre Guérin.
   Décret du 23 mai 1863. *Classement* confirmé de cette première
      partie.
   (*Voie non classée* entre la rue Pierre Guérin et l'avenue de Montmo-
      rency).
   Orig. — Conduit à la source minérale d'Auteuil.

SOURDIS (Ruelle) . . . . **III**e Arrondissement. . . . . 11e Quartier.
3260 **Commence** rue Charlot, 5. — **Finit** rue Pastourelle, 13.
   Longr : 213m,00.
   Largr : 3m,00 environ.
      (*Voie non classée*, fermée à ses extrémités.)
   Orig. — Longeait l'ancien hôtel de Sourdis.

SPONTINI (Rue) °°. . . . . **XVI**ᵉ Arrondissement . . . . 63ᵉ Quartier.
Anciennement communes de Passy et de Neuilly.

32 '1   **Commence** av. du Bois de Boulogne, 75. — **Finit** av. Victor Hugo, 102, et rue Dufrénoy, 2.
  Long^r : 680^m,00.   (I. 67. — P. 76.)
  Larg^r : 10^m,60. — Arrêté préfectoral du 16 février 1856. *Alignements.*
Décret du 23 mai 1863. *Classement* (confirmation).
Arrêté préfectoral du 13 octobre 1869. *Nivellement.*
Décret du 2 octobre 1865. *Dénomination* actuelle.
Obs. — Précédemment partie de la rue du Petit Parc.
Orig. — Gaspare-Luigi-Pacifico Spontini, comte de Saint-Andréa, compositeur, membre de l'Institut (1779-1815.)

STANISLAS (Passage) . . . . . **VI**ᵉ Arrondissement. . . . . 23ᵉ Quartier.
32 2   **Commence** rue Notre-Dame des Champs, 60. — **Finit** rue Bréa, 21.   (I. 19. — P. 24.)
  Long^r : 128^m,00.
  Larg^r : 10^m,00.   (*Voie privée.*)
  Orig. — Voir rue Stanislas.

STANISLAS (Rue). . . . . . . **VI**ᵉ Arrondissement . . . . 23ᵉ Quartier.
32 3   **Commence** rue Notre-Dame des Champs, 40. — **Finit** boulevard du Montparnasse, 95.
  Long^r : 245^m,00.   (I. 11. — P. 8.)
  Larg^r : 12^m,00. — Ord. royale du 1er mars 1826. *Ouverture* et *Alignements.*
  Orig. — Percée dans le voisinage de l'ancien collège Stanislas, fondé sous Louis XVIII, dont il reçut l'un des prénoms.

STATION (Passage de la) . . . . . **XII**ᵉ Arrondissement. . . . . 45ᵉ Quartier.
Anciennement commune de Saint-Mandé.

32 4   **Commence** rue Michel Bizot, 125. — **Finit** rue Sibuct, 42.   (I. 19.)
  Long^r : 160^m,00.
  Moindre larg^r : 2^m,00.   (*Voie privée.*)
Arrêté préfectoral du 1er février 1877. *Dénomination* actuelle.
Obs. — Précédemment chemin latéral au nord du chemin de fer de Vincennes.
Orig. — Conduit aux stations du Bel-Air (chemin de fer de Ceinture et de Vincennes).

STATION (Sentier de la) . . . . . **XIX**ᵉ Arrondissement . . . . 74ᵉ Quartier.
Anciennement commune de La Villette.

32 5   **Commence** rue de Flandre, 181. — **Finit** rue de Cambrai.
  Long^r : 278^m,00.
  Larg^r : 3^m,00.   (*Voie privée.*)
  Orig. — Conduit à la station du Pont de Flandre (chemin de fer de Ceinture).

STEINKERQUE (Rue de) °°. . . . . **XVIII**ᵉ Arrondissement. . . . . 70ᵉ Quartier.
Anciennement commune de Montmartre.

32 6   **Commence** boulevard de Rochechouart, 70. — **Finit** place Saint-Pierre, 13.
  Long^r : 145^m,00.   (I. 15. — P. 18.)
  Larg^r : 8.00.
Décret du 3 juin 1868. *Classement* (confirmation).
  Larg^r : 20^m,00. — *Alignements* projetés. (Largeur actuelle, 8^m,00.)
Arrêté préfectoral du 1er février 1877. *Dénomination* actuelle.
Obs. — Précédemment rue Virginie.
  Orig. — Victoire remportée par le maréchal de Luxembourg sur le prince d'Orange et ses alliés, le 4 août 1692.

STEMLER (Passage) °°. . . . . **XIX**ᵉ Arrondissement . . . . 76ᵉ Quartier.
Anciennement commune de Belleville.

32 7   **Commence** boulevard de La Villette, 56. — **Finit** rue Bolivar, 79.
  Long^r : 194^m,00.
  Larg^r : 6^m,00.   (*Voie privée.*)
  Orig. — Nom du propriétaire.

STENDHAL (Passage) °°. . . . . . **XX**ᵉ Arrondissement. . . . . 79ᵉ Quartier.
Anciennement commune de Charonne.

32 8   **Commence** rue Stendhal, 9. — **Finit** rue des Pyrénées.   (I. 7. — P. 8.)
  Long^r : 87^m,00.
  Larg^r : 2^m,33.
Arrêté préfectoral du 3 juillet 1830. *Classement.*
Décret du 23 mai 1863. *Classement* (confirmation).
Arrêté préfectoral du 1er février 1877. *Dénomination* actuelle.
Obs. — Précédemment sentier de traverse des Basses Dives.
  Orig. — Voir rue Stendhal.

STENDHAL (Rue) **. . . . . . **XX**ᵉ Arrondissement . . . . 79ᵉ Quartier.
Anciennement commune de Charonne.

3269 **Commence** rue Lisfranc, 1. -- **Finit** rue des Pyrénées, 210. (I. 25. — P. 60.)
Longʳ : 230ᵐ,00.
Largʳ : 2ᵐ,33. — Arrêté préfectoral du 3 juillet 1830. *Classement.*
Largʳ : 12ᵐ,00. — *Alignements* projetés, exécutés lors du percement de la rue des Pyrénées.
Décret du 23 mai 1863. *Classement* (confirmation).
Arrêté préfectoral du 5 aout 1865. *Nivellement.*
Décret du 10 février 1875. *Dénomination* actuelle.
Obs. — Précédemment parties de la rue des Audriettes et du chemin de ronde du Père-Lachaise.
Orig. — Marie-Henri Beyle, connu sous le pseudonyme de Stendhal, littérateur (1783-1842).

STEPHENSON (Rue) **. . . . . **XVIII**ᵉ Arrondissement . . . . 71ᵉ Quartier.
Anciennement commune de La Chapelle.

3270 **Commence** rue de Jessaint, 12. — **Finit** rue Doudeauville, 23. — **Finira** rue Marcadet.
Longʳ : 410ᵐ,00 (actuelle). Longʳ : 605ᵐ,00 (future). (I. 40. — P. 58.)
Largʳ : 13ᵐ,00. — Décret du 24 mai 1859 (U. P.). *Ouverture* et *Alignements* entre la rue de Jessaint et la rue Cavé.
Largʳ : 13ᵐ,00. — Ord. royale du 14 mai 1841. *Ouverture* et *Alignements* entre la rue Cavé et la rue Doudeauville.
Décret du 23 mai 1863. *Classement* confirmé pour ces deux parties.
Décret du 23 mai 1863 (U. P.). *Prolongement* entre la rue Doudeauville et la rue Marcadet. (Non encore exécuté.)
Arrêté préfectoral du 3 février 1865. *Nivellement.*
Décret du 27 février 1867. *Dénomination* actuelle.
Obs. — Précédemment rue des Cinq Moulins.
Orig. — Georges Stephenson, ingénieur anglais (1781-1848), construisit la première locomotive; voisinage des ateliers du chemin de fer du Nord.

STINVILLE (Passage) . . . . **XII**ᵉ Arrondissement . . . . 46ᵉ Quartier.
3271 1ʳᵉ Partie : **Commence** rue Érard, 26. — **Finit** rue Montgallet, 13.
Longʳ : 305ᵐ,00.
Largʳ : 5ᵐ,00 (environ). (*Voie privée.*)
2ᵉ Partie : **Commence** passage Stinville, 15. — **Finit** rue de Reuilly, 46. (I. 27. — P. 28.)
Longʳ : 105ᵐ,00.
Largʳ : 5ᵐ,00 environ. (*Voie privée.*)
Orig. — Nom de propriétaire.

STOCKHOLM Rue de) . . . . **VIII**ᵉ Arrondissement . . . . 32ᵉ Quartier.
3272 **Commence** rue de Rome, 33. — **Finit** rue de Vienne, 12. (I. 1. — P. 10.)
Longʳ : 75ᵐ,00.
Largʳ : 12ᵐ,00. — Ord. royale du 24 juin 1831. *Ouverture* et *Alignements.*
Obs. — Cette voie, qui commençait autrefois rues d'Amsterdam et de Londres, a été divisée en deux parties pour l'agrandissement de l'embarcadère de l'Ouest. (Décret du 30 juin 1859 (U. P.).
Orig. — Capitale de la Suède ; voisinage de la place de l'Europe.

STRASBOURG (Boulevard de) . . . **X**ᵉ Arrondissement . . . . 38ᵉ et 39ᵉ Quartiers.
3273 **Commence** boulevard Saint Denis, 12. — **Finit** rue de Strasbourg, 7. (I. 93. — P. 78.)
Longʳ : 775ᵐ,00.
Largʳ : 30ᵐ,00. — Décrets du président de la République des 10 mars et 8 novembre 1852 (U. P.). *Ouverture* et *Alignements.*
Orig. — Conduit à la gare de Strasbourg.

STRASBOURG (Rue de). . . . . . . **X**ᵉ Arrondissement . . . . . 37ᵉ, 38ᵉ et 39ᵉ Quartiers.
3274 **Commence** rue du Faubourg Saint Martin, 133. — **Finit** boulevard de Magenta, 84, et rue du Faubourg Saint Denis, 122. (I. 19. — P. 14.)
Longʳ : 223ᵐ,00.
Largʳ : 20ᵐ,00. — Décret du 1ᵉʳ juillet 1854. *Classement* et *Alignements.*
Obs. — Anciennement rue Neuve Chabrol.
Orig. — Strasbourg, capitale de l'Alsace; voisinage du boulevard de Strasbourg.

SUCHET (Boulevard) . . . . **XVIe** Arrondissement. . . . . . 61e et 62e Quartiers.

Anciennement communes de Passy et d'Auteuil.

3275 **Commence** avenue du Trocadéro et porte de la Muette. — **Finit** rue et porte d'Auteuil.

Long^r : 1,725^m,00. (L.99)

Convention du 5 Juillet 1859. — Remise conditionnelle par le Génie militaire, à la Ville de Paris, de la rue Militaire.

Décret du 9 septembre 1861. *Élargissement.*

Décret du 23 mai 1863. *Classement* (confirmation).

Arrêté préfectoral du 20 octobre 1869. *Nivellement.*

Décret du 2 mars 1864. *Dénomination* actuelle.

Obs. — Anciennement partie de la rue Militaire.

Orig. — Louis-Gabriel Suchet, duc d'Albuféra, maréchal de France (1770-1826).

SUD (Passage du) **⁎⁎** . . . . **XIXe** Arrondissement. . . . . 76e Quartier.

Anciennement commune de La Villette.

3276 **Commence** rue Petit, 30. — **Finit** passage Dubois. (L. 11. — P. 16.)

Long^r : 140^m,00.

Larg^r : 5^m,00. — (*Voie privée*).

Orig. — Situé au sud d'un groupe de constructions élevées par la Société qui lui a donné ce nom.

SUFFREN (Avenue de). . . . . . **VIIe** Arrondissement . . . . 27e et 28e Quartiers.

XVe Arrondissement . . . . 58e et 59e Quartiers.

3277 **Commence** quai d'Orsay, 111. — **Finit** boulevard de Grenelle, 20. (L. 7. — P. 120.)

Long^r : 1,665^m,00 (actuelle). Long^r : 1,865^m,00 (future).

Loi du 19 mars 1838. *Cession* par l'État à la Ville de Paris.

Moindre larg^r : 39^m,00. — Ord. royale du 9 août 1844. *Alignements* entre le quai d'Orsay et l'avenue de Lowendal.

Moindre larg^r : 39^m,00. — Décret du 31 juillet 1867 (U. P.). *Ouverture* et *Alignements* entre l'avenue de Lowendal et la rue Pérignon.

Orig. — Le bailli Pierre-André de Suffren de Saint-Tropez, vice-amiral (1726-1788); voisinage de l'École Militaire.

SUGER (Rue). . . . . **VIe** Arrondissement . . . . 21e Quartier.

3278 **Commence** place Saint André des Arts, 13. — **Finit** rue de l'Éperon, 3. (L. 13. — P. 22)

Long^r : 133^m,00.

Larg^t : 6^m,00. — Décision ministérielle du 15 floréal an V.

Larg^r : 10^m,00. — Ord. royale du 22 août 1840. *Alignements.*

Ord. royale du 5 août 1844. *Dénomination* actuelle.

Obs. — Précédemment rue du Cimetière Saint André des Arts.

Orig. — Suger, abbé de Saint Denis, ministre de Louis VI et de Louis VII (1082-1152).

SUISSES (Passage des) **⁎⁎** . . . . . **XIVe** Arrondissement. . . . . 56e Quartier.

Anciennement commune de Vanves.

3279 **Situé** boulevard Brune, 27, se termine en impasse.

Long^r : 40^m,00.

Larg^r : 6^m,00 environ. (*Voie privée*).

Arrêté préfectoral du 1er février 1877. *Dénomination* actuelle.

Obs. — Précédemment partie du sentier des Suisses.

Orig. — Inconnue.

SUISSES (Passage des) **⁎⁎** . . . . . **XIVe** Arrondissement. . . . . 56e Quartier.

Anciennement commune de Vanves.

3280 **Commence** rue d'Alésia, 199. — **Finit** passage des Grisons, 19 (L. 7. — P. 2.)

Long^r : 430^m,00.

Larg^t : 8^m,00 environ. (*Voie privée*).

Arrêté préfectoral du 1er février 1877. *Dénomination* actuelle.

Obs. — Précédemment partie du sentier des Suisses, puis voie Robert.

Orig. — Inconnue.

SULLY (Ponts de) . . . . **IVe** Arrondissement. . . . . 15e et 16e Quartiers.

Ve Arrondissement. . . . . 17e Quartier.

3281 Premier pont. — **Commence** quai Henri IV. — **Finit** quais de Béthune et d'Anjou.

Deuxième pont. — **Commence** quai de Béthune. — **Finit** quais Saint Bernard et de la Tournelle.

Obs. — Ces ponts sont placés dans le prolongement des boulevards Henri IV et Saint Germain.

Longueur premier pont : 93^m,00.

Longueur deuxième pont : 163^m,00.

Larg^r : 20^m,00.

Orig. — Voisinage de la rue de Sully

SULLY (Rue de) . . . . **IV**ᵉ Arrondissement . . . . 15ᵉ Quartier.
3282 **Commence** rues de Schomberg et Mornay, 6.—**Finit** boul. Henri IV, 8, et rue du Petit-Musc.
    Longʳ : 206ᵐ,00.   (l. 9. — P. .)
    Largʳ : 12ᵐ,00. — Arrêté ministériel du 20 juin 1807. *Ouverture* et *Alignements.*
    Id.   12ᵐ,00. — Ord. royale du 21 septembre 1841. *Alignements.*
         Arrêté préfectoral du 22 août 1876. *Nivellement.*
Orig. — Traverse les cours de l'Arsenal, et a pris le nom de Maximilien de Béthune, baron de Rosny et duc de Sully, ministre de Henri IV (1560-1641), qui habitait l'Arsenal comme grand maître de l'Artillerie.

SURCOUF (Rue) . . . . **VII**ᵉ Arrondissement . . . . 28ᵉ Quartier.
3283 **Commence** quai d'Orsay, 63. — **Finit** rue Saint-Dominique, 34.   (l. 31. — P. 20.)
    Longʳ : 263ᵐ,00.
    Largʳ : 11ᵐ,69. — Décision ministérielle du 1ᵉʳ messidor an XII.
    Id.   11ᵐ,69. — Ord. royale du 8 février 1848. *Alignements.*
         Décret du 27 février 1867. *Dénomination actuelle.*
             Obs. — Précédemment rue de la Boucherie des Invalides.
Orig. — Robert Surcouf, corsaire (1773-1827) ; voisinage des Invalides.

SUREAU (Impasse) ** . . . . **XX**ᵉ Arrondissement . . . . 78ᵉ Quartier.
                  Anciennement commune de Belleville.
3284 **Commence** rue des Tourelles, 15. — **Finit** impasse Barnot.   (l. 4. — P. 0.)
    Longʳ : 83ᵐ,00.
    Largʳ : 5ᵐ,00 environ.   (*Voie privée.*)
Orig. — Ancienne plantation de sureaux.

SURÈNE (Rue de) . . . . **VIII**ᵉ Arrondissement . . . . 31ᵉ Quartier.
3285 **Commence** rue Boissy-d'Anglas, 47. — **Finit** rues des Saussaies, 16, et Cambacérès, 2.
    Longʳ : 328ᵐ,00.   (l. 39. — P. 3 .)
    Largʳ : 10ᵐ,00. — Décision ministérielle du 23 germinal an IX.
    Id.   10ᵐ,00. — Ord. royale du 27 septembre 1836. *Alignements.*
Orig. — Ancien chemin de Suresnes.

SURMELIN (Passage du) ** . . . . **XX**ᵉ Arrondissement . . . . 78ᵉ Quartier
                  Anciennement commune de Belleville.
3286 **Commence** rue du Surmelin, 45. — **Finit** rue Haxo, 20.   (l. 13. — P. 10.)
    Longʳ : 110ᵐ,00.
    Largʳ : 4ᵐ,00 environ.   (*Voie privée.*)
         Arrêté préfectoral du 1ᵉʳ février 1877. *Dénomination actuelle.*
             Obs. — Précédemment passage Papier.
Orig. — Voir rue du Surmelin.

SURMELIN (Rue du) ** . . . . . **XX**ᵉ Arrondissement . . . . 78ᵉ Quartier.
               Anciennement communes de Belleville et de Charonne.
3287 **Commence** rue Pelleport, 88. — **Finit** boulevard Mortier.   (l. 49. — P. 84.)
    Longʳ : 620ᵐ00,
Moindre largʳ : 10ᵐ,00 environ. — Entre la rue Pelleport et la rue Lebua.
    Largʳ : 12ᵐ,00. — *Alignements* projetés de la même partie.
Moindre largʳ : 8ᵐ,00. — Arrêtés préfectoraux des 13 octobre 1840 et 6 juillet 1855.)
         Alignements entre la rue Lebua et le boulevard Mortier.
        Décret du 23 mai 1863. *Classement* confirmé de la totalité de la voie.
        Arrêté préfectoral du 17 juillet 1860. *Nivellement.*
        Arrêté préfectoral du 1ᵉʳ février 1877. *Dénomination actuelle.*
           Obs. — Précédemment Chemin Neuf de Ménilmontant.
Orig. — Rivière du bassin de la Marne, dont la Dhuys est un affluent ; voisinage des réservoirs de la Dhuys.

SYCOMORES (Avenue des) . . . . **XVI**ᵉ Arrondissement . . . . 61ᵉ Quartier.
                 Anciennement commune d'Auteuil.
3288 **Commence** avenue des Peupliers et boulevard de Montmorency, 67. — **Finit** avenue
    des Tilleuls.   (l. 11.)
    Longʳ : 350ᵐ,00.
    Largʳ : 10ᵐ,00. —   (*Voie privée. Comprise dans la villa de Montmorency*).
Orig. — Plantée de sycomores.

Annotations.

TACHERIE (Rue de la) . . . . . . **IV**ᵈ Arrondissement. . . . . 13ᵉ Quartier.

3289 **Commence** quai de Gesvres, 6. — **Finit** rue de Rivoli, 35.   (I. 7. — P. 12.)

Longʳ : 140ᵐ,00.

Largʳ : 10ᵐ,00. — Décret du 29 juillet 1854 (U. P.). *Ouverture* et *Alignements* entre le quai de Gesvres et l'avenue Victoria.

Moindre largʳ : 6ᵐ,00. — Décision ministérielle du 15 floréal an v. *Alignements.*

Largʳ : 10ᵐ,00. — Ord. royale du 22 mai 1837 et décret du 19 février 1853 (U. P.). *Ouverture* et *Alignements* entre l'avenue Victoria et la rue de Rivoli.

Orig. — Ancien nom (xiiiᵉ siècle).

TAGE (Rue du) ** . . . . **XIII**ᵉ Arrondissement. . . . . 51ᵉ Quartier.

Anciennement commune de Gentilly.

3290 **Commence** avenue d'Italie, 132. — **Finit** rue Damesme, 57.   (I. 13. — P. 10.)

Longʳ : 210ᵐ,00.

Décret du 23 mai 1863. *Classement.*

Largʳ : 10ᵐ,00. — *Alignements* projetés. (Largeur actuelle, 8ᵐ,00 moindre.)

Arrêté préfectoral du 28 juillet 1865. *Nivellement.*

Arrêté préfectoral du 1ᵉʳ février 1377. *Dénomination* actuelle.

Obs. — Précédemment rue du Génie.

Orig. — Fleuve de la péninsule ibérique; groupe géographique avoisinant la Bièvre.

TAILLANDIERS (Passage des). . . **XI**ᵉ Arrondissement. . . . . 43ᵉ Quartier.

3291 **Commence** passage Thiéré, 8. — **Finit** rue des Taillandiers, 7.

Longʳ : 80ᵐ,00.

Moindre largʳ : 5ᵐ,00.   (*Voie privée.*)

Orig. — *Voir* rue des Taillandiers.

TAILLANDIERS (Rue des). . . . **XI**ᵉ Arrondissement. . . . . 43ᵉ Quartier.

3292 **Commence** rue de Charonne, 31. — **Finit** rue de la Roquette, 68.   (I. 29. — P. 26.)

Longʳ : 234ᵐ,00.

Largʳ : 10ᵐ,00. — Ord. royale du 15 janvier 1829. *Ouverture* et *Alignements.*

Obs. — Cette ordonnance a fixé à 13ᵐ,00 la hauteur maxima des maisons en bordure.

Arrêté préfectoral du 26 février 1867. *Dénomination* actuelle.

Obs. — Précédemment rue Neuve de Lappe.

Orig. — Habitée par des taillandiers.

TAILLEBOURG (Avenue de). . . . **XI**ᵉ Arrondissement. . . . . 44ᵉ Quartier.

3293 **Commence** place de la Nation, 13. — **Finit** boulevard de Charonne, 23. (I. 15. — P. 8.)

Longʳ : 135ᵐ,00.

Largʳ : 39ᵐ,00. — Décision ministérielle du 23 pluviôse an x.

Largʳ : 38ᵐ,00. — Ord. royale du 8 septembre 1847. *Alignements.*

Arrêté préfectoral du 10 août 1869. *Nivellement.*

Décret du 24 août 1864. *Dénomination* actuelle.

Obs. — Précédemment avenue des Triomphes.

Orig. — Victoire remportée par Saint Louis en 1242; voisinage de la place de la Nation et de la statue de Saint Louis qui la décore.

TAILLE-PAIN (Rue) . . . . **IV**ᵉ Arrondissement. . . . . 13ᵉ Quartier.

3294 **Commence** rue du Cloître Saint Merri. — **Finit** rue Brisemiche.

Longʳ : 74ᵐ,00.

Largʳ : 6ᵐ,00. — Décision ministérielle du 13 vendémiaire an x.

Largʳ : 8ᵐ,00. — Ord. royale du 6 mai 1836. *Alignements.*

Obs. — Cette voie est fermée à ses deux extrémités.

Orig. — Doit probablement son nom aux *pains du chapitre* dont on faisait la distribution aux chanoines de Saint Merri; voisinage de l'église Saint Merri.

TAITBOUT (Rue). . . . . **IX**e ARRONDISSEMENT . . . . 33e et 34e QUARTIERS.

3295 **Commence** boulevard des Italiens, 22. — **Finit** rue d'Aumale, 17.   (l. 93. — P. 82.)
Long^r : 763m,00.
Larg^r : 30 pieds. — DÉCISION MINISTÉRIELLE DU 10 PRAIRIAL AN XII. *Alignements* entre
le boulevard des Italiens et la rue de Provence.
30 pieds. — LETTRE-PATENTE DU 17 FÉVRIER 1781. *Ouverture* entre la rue de
Provence et la rue de la Victoire.
30 pieds. — LETTRES-PATENTES DES 25 OCTOBRE 1777 ET 17 FÉVRIER 1781. *Ouverture* entre la rue de la Victoire et la rue Saint Lazare.
Larg^r :   9m,74. — ORD. ROYALE DU 16 AVRIL 1831. *Alignements* des trois parties pré-
citées, entre le boulevard des Italiens et la rue Saint Lazare.
Larg^r : 12m,00. — DÉCRET DU 10 AVRIL 1854 (U. P.). *Prolongement* entre la rue
Saint Lazare et la rue d'Aumale.
Obs. — Ce prolongement, partiellement exécuté en vertu d'une ordonnance
royale du 10 avril 1854, formait une impasse de 49m,50 de longueur
sur 12m,00 de largeur, située rue d'Aumale.
DÉCISION MINISTÉRIELLE DU 25 AOUT 1855. *Dénomination actuelle*.
Obs. — Précédemment rues Taitbout, du Houssay, et des Trois Frères.
ORIG. — Jean-Baptiste-Julien Taitbout, né à Paris en 1690, était greffier de la Ville lorsqu'elle fut ouverte (1773).

TALMA (Cité) **. . . . . **XV**e ARRONDISSEMENT. . . . . 58e QUARTIER.

3296 **Commence** rue de Vaugirard, 171. — **Finit** rue des Fourneaux, 42.   (l. 11. — P. 16.)
Long^r : 150m,00.
Moindre larg^r :   5m,20.   (*Voie privée*.)
ORIG. — Madame Talma, propriétaire d'une partie de la Cité.

TALMA (Rue) ** . . . . **XVI**e ARRONDISSEMENT. . . . . 62e QUARTIER.
Anciennement commune de Passy.

3297 **Commence** rue Bois le Vent, 11. — **Finit** rue Singer, 42.   (l. 13. — P. 16.)
Long^r : 93m,00.
Larg^r :   8m,00. — ARRÊTÉ PRÉFECTORAL DU 16 FÉVRIER 1856. *Alignements*.
DÉCRET DU 23 MAI 1863. *Classement* (confirmation).
ARRÊTÉ PRÉFECTORAL DU 27 MARS 1867. *Nivellement*.
DÉCRET DU 24 AOUT 1864. *Dénomination actuelle*.
Obs. — Précédemment rue Neuve Bois le Vent.
ORIG. — François-Joseph Talma, tragédien (1763-1826).

TALUS (Cité du) ** . . . . . . **XVIII**e ARRONDISSEMENT. . . . . 69e QUARTIER.
Anciennement commune de Saint Ouen.

3298 **Située** passage Champ Marie, 3.
Long^r : 35m,00.
Larg^r :   4m,00 environ.   (*Voie privée*.)
ARRÊTÉ PRÉFECTORAL DU 1er FÉVRIER 1877. *Dénomination actuelle*.
Obs. — Précédemment cité Moreau.
ORIG. — *Voir impasse du Talus*.

TALUS (Impasse du) * . . . . . **XVIII**e ARRONDISSEMENT. . . . . 69e QUARTIER.
Anciennement commune de Saint-Ouen.

3299 **Située** chemin latéral au chemin de fer de Ceinture, 36.   (l. 15. — P. 16.)
Long^r : 70m,00.
Larg^r :   1m,70 environ.   (*Voie privée*.)
ARRÊTÉ PRÉFECTORAL DU 1er FÉVRIER 1877. *Dénomination actuelle*.
Obs. — Précédemment impasse Moreau.
ORIG. — Voisinage d'un talus du chemin de fer de Ceinture.

TANDOU (Rue) ** . . . . **XIX**e ARRONDISSEMENT. . . . . 73e QUARTIER.

3300 **Commence** rue d'Allemagne, 93. — **Finit** rue de Crimée, 135.   (l. 11. — P. 6.)
Long^r : 190m,00.
Larg^r : 12m,00. — ARRÊTÉ PRÉFECTORAL DU 27 JUILLET 1869. *Classement* et *Alignements*.
ARRÊTÉ PRÉFECTORAL DU 25 JUIN 1870. *Nivellement*.
ORIG. — Nom de propriétaire.

TANGER (Rue de) * . . . . . . **XIX**e ARRONDISSEMENT. . . . . 73e QUARTIER.
Anciennement commune de La Villette.

3301 **Commence** boulevard de La Villette, 222. — **Finit** rue Riquet, 41.   (l. 57. — P. 28.)
Long^r : 625m,00.
Larg^r : 12m,00. — ORD. ROYALE DU 6 JUIN 1847. *Alignements* entre le boulevard de
La Villette et la place du Maroc.
DÉCRET DU 23 MAI 1863. *Classement* confirmé pour cette première
partie.
12m,00. — DÉCRET DU 28 JANVIER 1878. *Classement, Alignements* et *Nivellement*
entre la place du Maroc et la rue Riquet.
ARRÊTÉ PRÉFECTORAL DU 9 JUIN 1860. *Nivellement* entre le boule-
vard de La Villette et la place du Maroc.
ARRÊTÉ PRÉFECTORAL DU 15 DÉCEMBRE 1874. *Nivellement* entre
le fond de l'impasse et la rue Riquet.

TANGER (Rue de) *. *(Suite.)*
DÉCRET DU 24 AOUT 1864 ET ARRÊTÉ PRÉFECTORAL DU 10 NOVEMBRE 1873. *Dénomination* actuelle.
Obs. — Précédemment rue et impasse de l'Isly.
Orig. — Port du Maroc, bombardé par les Français le 6 août 1844; quartier où ont été groupés des noms rappelant les campagnes d'Algérie.

TANNERIES (Rue des) ** . . . . **XIII**e ARRONDISSEMENT. . . . . 52e QUARTIER.
3302 **Commence** rue de Lourcine, 117. — **Finit** rue du Champ de l'Alouette, 6.
Long^r : 200^m,00. (I. 27. — P. 32.)
Larg^r : 8^m,00. — DÉCISION MINISTÉRIELLE DU 23 VENTÔSE AN X.
Larg^r : 10^m,00. — ORD. ROYALE DU 10 FÉVRIER 1817. *Alignements*.
ARRÊTÉ PRÉFECTORAL DU 28 JUIN 1857. *Nivellement*.
ARRÊTÉ PRÉFECTORAL DU 1er FÉVRIER 1877. *Dénomination* actuelle.
Obs. — Précédemment rue des Anglaises.
Orig. — Doit son nom aux tanneries établies sur la Bièvre.

TARBÉ (Rue) . . . . **XVII**e ARRONDISSEMENT. . . . . 67e QUARTIER.
Anciennement commune des Batignolles.
3303 **Commence** rue de Saussure, 74. — **Finit** rues Cardinet, 138, et Dulong, 87.
Long^r : 74^m,00. (I. 7. — P. s.)
DÉCRET DU 23 MAI 1863. *Classement*.
Larg^r : 10^m,00. — DÉCRET DU 9 JUILLET 1870. *Alignements*.
ARRÊTÉ PRÉFECTORAL DU 20 NOVEMBRE 1869. *Nivellement*.
DÉCRET DU 24 AOUT 1864. *Dénomination* actuelle.
Obs. — Précédemment rue de la Gare.
Orig — Louis Hardouin-Tarbé, homme d'État (1753-1806).

TARDIEU (Rue) ** . . . . **XVIII**e ARRONDISSEMENT. . . . . 70e QUARTIER.
Anciennement commune de Montmartre.
3304 **Commence** place Saint-Pierre et rue Foyatier. — **Finit** rues des Trois Frères, 6, et Chappe, 2.
Long^r : 84^m,00. (I. 7. — P. 8.)
DÉCRET DU 8 JUIN 1858 (U. P.). *Ouverture et Alignements*.
Larg^r : 12^m,00. — DÉCRET DU 23 MAI 1863. *Classement* (confirmation).
ARRÊTÉ PRÉFECTORAL DU 5 SEPTEMBRE 1877. *Nivellement*.
DÉCRET DU 10 AOUT 1868. *Dénomination*.
Obs. — Précédemment rue A.
Orig. — Nom d'une famille qui compte un grand nombre de graveurs célèbres (xviiie et xixe siècles).

TARN (Cité du) ** . . . . **XIX**e ARRONDISSEMENT. . . . . 76e QUARTIER.
Anciennement commune de La Villette.
3305 **Située** rue de Meaux, 86.
Long^r : 120^m,00.
Larg^r : 6^m,00. (*Voie privée*.)
ARRÊTÉ PRÉFECTORAL DU 1er FÉVRIER 1877. *Dénomination* actuelle.
Obs. — Précédemment cité de la Paix.
Orig. — Rivière du bassin de la Garonne; groupe géographique du canal de l'Ourcq.

TAYLOR (Rue) . . . . **X**e ARRONDISSEMENT. . . . . 39e QUARTIER.
3306 **Commence** rue de Bondy, 60. — **Finit** rue du Château d'Eau, 25. (I. 13. — P. 22.)
Long^r : 170^m,00.
Larg^r : 10^m,00. (*Voie privée*.)
DÉCRET DU 24 MARS 1881. *Dénomination*.
Orig. — Le baron Isidore-Justin-Séverin Taylor, fondateur de nombreuses associations philantropiques pour les artistes et les gens de lettres (1789-1879); voisinage de la maison qu'il a habitée rue de Bondy, n° 68.

TÉHÉRAN (Rue de). . . . . . . **VIII**e ARRONDISSEMENT. . . . . 32e QUARTIER.
3307 **Commence** boulevard Haussmann, 142. — **Finit** rue de Monceau, 60. (I. 23. — P. 24.)
Long^r : 339^m,00.
Larg^r : 16^m,00. — *Alignements* projetés entre le boulevard Haussmann et l'avenue de Messine.
Obs. — Partie ouverte par la Ville de Paris lors de la construction de l'Abattoir du Roule, en 1810.
Larg^r : 12^m,00. — DÉCRET DU PRÉSIDENT DE LA RÉPUBLIQUE DU 25 AOUT 1849. *Alignements* entre l'avenue de Messine et la rue de Monceau.
ARRÊTÉ PRÉFECTORAL DU 17 AVRIL 1863. *Nivellement*.
ARRÊTÉ PRÉFECTORAL DU 19 AOUT 1864. *Dénomination* actuelle.
Obs. — Précédemment avenue et rue de Plaisance.
Orig. — Capitale de la Perse; quartier où ont été groupés des noms de capitales.

TÉLÉGRAPHE (Rue du) *** . . . . **XX**e ARRONDISSEMENT . . . . 78e QUARTIER.
Anciennement commune de Belleville.

3308 **Commence** rue Saint Fargeau, 7. — **Finit** rue de Belleville, 236.   (I. 59. — P. 56.)
Longr : 514m,00.
DÉCRET DU 23 MAI 1863. Classement (confirmation).
Largr : 12m,00. — Alignements et redressement projetés. (Largeur actuelle, 7m,00 moindre.)
ORIG. — Voisinage de l'ancien télégraphe aérien de Belleville.

TEMPLE (Boulevard du). . . . . . **III**e ARRONDISSEMENT . . . . 10e QUARTIER.
                                     XIe ARRONDISSEMENT . . . . 41e QUARTIER.

3309 **Commence** rues des Filles du Calvaire, 25, et Oberkampf.— **Finit** place de la République, 2.
Longr : 403m,00.   (I. 41. — P. 54.)
Moindre largr : 36m,50. — ORD. ROYALE DU 17 AOUT 1825. Alignements côté des numéros im-
pairs, et du côté des numéros pairs entre la rue Oberkampf et
la rue d'Angoulême.
OBS. — Les dispositions arrêtées par cette ordonnance ont été modifiées en partie par le décret suivant.
DÉCRET DU 29 AOUT 1857 (U. P.). Alignement du côté des numéros
pairs entre la rue d'Angoulême et la place de la République.
ORIG. — Voir rue du Temple.

TEMPLE (Rue du). . . . . . . **III**e ARRONDISSEMENT . . . . 9e, 10 et 12e QUARTIERS.
                                IVe ARRONDISSEMENT . . . . 13e QUARTIER.

3310 **Commence** rue de Rivoli, 64. — **Finit** place de la République, 13.   (I. 207. — P. 180.)
Longr : 1335m,00.
Largr :   10m,00. — DÉCISION MINISTÉRIELLE DU 25 OCTOBRE 1814.
Id.   10m,00. — ORD. ROYALE DU 6 MAI 1836. Alignements entre la rue de Rivoli et
la rue de la Verrerie.
Moindre largr : 10m,00. — DÉCISION MINISTÉRIELLE DU 13 FLORÉAL AN V. Alignements entre la
rue de la Verrerie et la place de la République.
Moindre largr : 13m,50. — ORD. ROYALE DU 28 JUIN 1826 ET DU 28 MAI 1843 (U. P.). Aligne-
ments entre la rue de la Verrerie et les rues Saint Merri et
Sainte Croix de la Bretonnerie.
Moindre largr : 12m,00. — ORD. ROYALE DU 28 JUIN 1826 ET DU 17 SEPTEMBRE 1847 (U. P.).
Alignements entre les rues Saint-Merri et la rue de Turbigo, du
côté des numéros impairs, et entre la rue Sainte Croix de la
Bretonnerie et la rue Perrée du côté des numéros pairs.
Largr : 24m,00. — DÉCRET DU 14 AOUT 1862 (U.P.). Alignement entre la rue Perrée
et la rue Dupetit-Thouars, du côté des numéros pairs.
Moindre largr : 20m,00. — DÉCRET DU 11 FÉVRIER 1863 (U. P.). Alignements entre la rue
Dupetit-Thouars et la rue Turbigo.
Largr : 36m,00. — MÊME DÉCRET. Alignements entre la rue de Turbigo et la place de la
République.
DÉCISION MINISTÉRIELLE DU 18 FÉVRIER 1851. Dénomination actuelle.
OBS. — Précédemment rues des Coquilles, Barre-du-Bec, Sainte Avoie et du Temple.
ORIG. — Conduisait à la commanderie du Temple.

TEMPLE (Square du). . . . . . . **III**e ARRONDISSEMENT . . . . 10e QUARTIER.
3311 **Situé** entre les rues du Temple, Perrée, des Archives et de Bretagne.
ORIG. — Voir rue du Temple.

TENAILLES (Impasse) ** . . . . **XIV**e ARRONDISSEMENT . . . . 56e QUARTIER.
Anciennement commune de Montrouge.
3312 **Située** avenue du Maine, 143.   (I. 3.)
Longr : 130m,00.
Largr : 4m,50 environ   (Voie privée.)
ORIG. — Nom d'un propriétaire.

TÉNIERS (Rue) . . . . **XVI**e ARRONDISSEMENT . . . . 61e QUARTIER.
Anciennement commune d'Auteuil.
3313 **Commence** quai d'Auteuil, 148. — **Finit** avenue de Versailles, 147.
Longr : 120m,00.
Moindre largr : 1m,95. — Voie non classée appartenant à la Ville de Paris.
DÉCRET DU 11 SEPTEMBRE 1869. Dénomination actuelle.
OBS. — Précédemment Sente de l'Égout.
ORIG. — David Téniers, dit le Vieux (1582-1649), et David Téniers, dit le Jeune (1610-1685), son fils, peintres flamands; quartier où ont été groupés des noms d'artistes.

TENON (Square) . . . . **XX**e ARRONDISSEMENT . . . . 70e QUARTIER.
3314 **Situé** entre l'avenue de la République, la rue de la Chine, la rue Belgrand et la rue du Japon.
ORIG. — Situé devant l'hôpital Tenon, qui doit son nom à Jacques-René Tenon, chirurgien (1724-1816).

TERNAUX (Rue) . . . . **XI**ᵉ Arrondissement. . . . . 42ᵉ Quartier.

3315   **Commence** rue de la Folie Méricourt, 48. — **Finit** rue du Marché Popincourt, 16. (I. 19.)
   Longʳ : 120ᵐ,00.
   Largʳ : 12ᵐ,00. — Ord. royale du 9 septembre 1829. *Alignements.*
       Ord. royale du 5 août 1844. *Dénomination.*
  Orig. — Le baron Guillaume-Louis Ternaux, manufacturier (1763-1833) ; quartier industriel.

TERNES (Avenue des) . . . . . **XVII**ᵉ Arrondissement. . . . . 63ᵉ Quartier.
           Anciennement commune de Neuilly.

3316   **Commence** avenue de Wagram, 51. — **Finit** boul. Gouvion-Saint-Cyr, 67, et porte des Ternes.
   Longʳ : 920ᵐ,00.   (I. 103. — P. 104.)
       Décret du 23 mai 1863. *Classement* (confirmation).
   Largʳ : 35ᵐ,00. — *Alignements.*
       Arrêté préfectoral du 16 février 1863. *Nivellement.*
     Obs. — Anciennement partie de la route départementale n° 12.
  Orig. — Traverse l'ancien hameau des Ternes, qualifié *Villa externa* dans des titres du xvᵉ siècle.

TERNES (Cité des) . . . . **XVII**ᵉ Arrondissement. . . . . 63ᵉ Quartier.
           Anciennement commune de Neuilly.

3317   **Commence** avenue des Ternes, 96. — **Finit** rue de Villiers, 43.   (I. 15. — P. 14.)
   Longʳ : 525ᵐ,00.
   Largʳ ; 5ᵐ,35 environ.   (*Voie privée.*)
  Orig. — *Voir* avenue des Ternes.

TERNES (Porte des) . . . . . . **XVII**ᵉ Arrondissement . . . . 63ᵉ Quartier.
3318   **Située** boulevard Gouvion-Saint-Cyr.
  Orig. — Extrémité de l'avenue des Ternes.

TERRAGE (Rue du) ** . . . . **X**ᵉ Arrondissement. . . . . 40ᵉ Quartier.
3319   **Commence** quai de Valmy, 139. — **Finit** rue du Faubourg Saint Martin, 178.
   Longʳ : 253ᵐ,00.   (I. 35. — P. 26.)
   Largʳ : 12ᵐ,00. — Ord. royale du 22 mai 1825. *Ouverture* entre le quai de Valmy
      et l'extrémité de l'impasse du Grand Saint Michel.
   Largʳ : 10ᵐ,00. — Ord. royale du 16 décembre 1829. Conversion en rue de l'im-
      passe du Grand Saint Michel.
     Obs. — Cette ordonnance a fixé à 15 mètres la hauteur maxima des maisons
        en bordure.
       Décret du 27 février 1867. *Dénomination actuelle.*
        Obs. — Précédemment rue du Grand Saint Michel.
  Orig. — Inconnue.

TERRASSE (Rue de la) . . . . . **XVII**ᵉ Arrondissement. . . . . 66ᵉ Quartier.
          Anciennement commune des Batignolles.

3320   **Commence** boulevard Malesherbes, 69. — **Finit** rue de Lévis. 33.   (I. 25. — P. 24.)
   Longʳ : 243ᵐ,00.
   Largʳ : 10ᵐ,00. — Arrêté préfectoral du 22 septembre 1829 et délibération du
      conseil municipal du 10 novembre 1838. *Alignements* projetés.
      (Largeur actuelle, 7ᵐ,00 moindre.)
      Décret du 23 mai 1863. *Classement* (confirmation).
      Arrêté préfectoral du 9 novembre 1864. *Nivellement.*
  Orig. — Donnait anciennement accès à la terrasse du parc Monceau.

TERRE-NEUVE (Rue de) ** . . . **XX**ᵉ Arrondissement . . . . 80ᵉ Quartier.
          Anciennement commune de Charonne.

3321   **Commence** boul. de Charonne, 108. — **Finit** r. Alexandre Dumas et place de la Réunion, 67.
   Longʳ : 316ᵐ,00.   (I. 21. — P. 30.)
   Largʳ : 2ᵐ,33.
       Arrêté préfectoral du 3 juillet 1830. *Classement.*
       Décret du 23 mai 1863. *Classement* (confirmation).
   Largʳ : 12ᵐ,00. — *Alignements* projetés entre le boulevard de Charonne et la rue
      Planchat.
   Id.   12ᵐ,00. — Décret du 4 novembre 1876 (U. P.). *Elargissement* entre la rue
      Planchat et la place de la Réunion.
       Arrêté préfectoral du 9 février 1878. *Nivellement.*
       Arrêté préfectoral du 1ᵉʳ février 1877. *Dénomination actuelle.*
        Obs. — Précédemment rue des Hautes Vignolles.
  Orig. — Colonie française de l'Amérique septentrionale.

TERRES AU CURÉ (Rue des) **. **XIII**ᵉ ARRONDISSEMENT, ... 50ᵉ QUARTIER.
Anciennement commune d'Ivry.

3322 **Commence** rue Regnault. — **Finit** rue des Chamaillards, 43.   (l. 11. — P. 1.)
        Long' : 213ᵐ,00.
                        ARRÊTÉ PRÉFECTORAL DU 5 OCTOBRE 1857. *Classement.*
                        DÉCRET DU 23 MAI 1863. *Classement* (confirmation).
        Larg' : 12ᵐ,00. — *Alignements* projetés (commencement d'exécution). (Largeur ac-
                        tuelle, 3ᵐ,00 moindre.)
                        OBS. — Un tronçon de cette voie, séparée de la partie principale par le chemin
                              de fer de Ceinture, forme actuellement l'impasse Masséna.
                        ARRÊTÉ PRÉFECTORAL DU 1ᵉʳ FÉVRIER 1877. *Dénomination* actuelle.
                        OBS. — Précédemment chemin de la Coupe des Terres au Curé.
        ORIG. — Lieu dit.

TERTRE (Impasse du) ** . . . . . **XVIII**ᵉ ARRONDISSEMENT. . . . . · . . 70ᵉ QUARTIER.
Anciennement commune de Montmartre.

3323 **Située** rue Norvins, 5.
        Long' : 14ᵐ,00.
        Larg' :   4ᵐ,00. — DÉLIBÉRATION DU CONSEIL MUNICIPAL DE MONTMARTRE DU 12 JUIN 1846.
                        Alignements projetés.
                        DÉCRET DU 23 MAI 1863. *Classement.*
                        ARRÊTÉ PRÉFECTORAL DU 26 FÉVRIER 1867. *Dénomination* actuelle.
                        OBS. — Précédemment impasse Saint-Vincent.
        ORIG. — *Voir* place du Tertre.

TERTRE (Place du) ** . . . . . **XVIII**ᵉ ARRONDISSEMENT . . . . 70ᵉ QUARTIER.
Anciennement commune de Montmartre.

3324 **Située** à la rencontre des rues du Calvaire, 4; Norvins, 2, et Saint-Éleuthère, 3.   (l. 19.)
        Long' : 45ᵐ,00.
        Moyenne larg' : 36ᵐ,00.
                        DÉCRET DU 23 MAI 1863. *Classement* (confirmation).
                        DÉCRET DU 11 AOUT 1867 (U. P.). *Suppression.*
        ORIG. — Située sur les hauteurs de Montmartre.

TESSIER (Rue) ** . . . . **XV**ᵉ ARRONDISSEMENT. . . . . 58ᵉ QUARTIER.
3325 **Commence** rue Bargue, 6. — **Finit** rue de la Procession, 11 *bis.*
        Long' : 61ᵐ,00.
        Larg' : 13ᵐ50. — DÉCRET DU 7 AOUT 1874. *Classement* et *Alignements.*
                        ARRÊTÉ PRÉFECTORAL DU 6 JUILLET 1867. *Nivellement.*
                        DÉCRET DU 10 AOUT 1868. *Dénomination.*
        ORIG. — Henri-Alexandre Tessier, agronome (1741-1837); quartier où ont été groupés des noms d'agronomes.

TEXEL (Rue du) ** . . . . **XIV**ᵉ ARRONDISSEMENT . . . . 55ᵉ QUARTIER.
Anciennement commune de Vaugirard.

3326 **Commence** rue Vercingétorix, 25. — **Finit** rue de Vanves, 24.   (l. 29. — P. 44.)
        Long' : 220ᵐ,00.
        Larg' : 10ᵐ,00. — DÉLIBÉRATION DU CONSEIL MUNICIPAL DE VAUGIRARD DU 10 NOVEMBRE
                        1835. *Alignements* projetés entre la rue Vercingétorix et la rue de
                        l'Ouest. (Largeur exécutée.)
        Larg' : 8ᵐ,00. — DÉLIBÉRATION DU CONSEIL MUNICIPAL DE VAUGIRARD DU 9 MAI 1844.
                        Alignements projetés entre la rue de l'Ouest et la rue de Vanves.
                        (Largeur exécutée.)
                        DÉCRET DU 23 MAI 1863. *Classement* (confirmation).
                        ARRÊTÉ PRÉFECTORAL DU 10 MAI 1863. *Nivellement.*
                        ARRÊTÉ PRÉFECTORAL DU 1ᵉʳ FÉVRIER 1877. *Dénomination* actuelle.
                        OBS. — Précédemment rues du Moulin de Beurre et Saint-Médard.
        ORIG. — Victoire navale remportée par Jean Bart sur les Hollandais (19 juin 1694) — Surprise, par un corps de cavalerie
                française, de la flotte hollandaise cernée par les glaces (20 janvier 1795).

THANN (Rue de) . . . . **XVII**ᵉ ARRONDISSEMENT . . . . 66ᵉ QUARTIER.
3327 **Commence** rue de Phalsbourg, 2, et boul. de Courcelles, 48. — **Finit** place Malesherbes, 3.
        Long' : 164ᵐ,00.   (l. 15. — P. 18.)
        Larg' : 12ᵐ,00. — DÉCRET DU 25 SEPTEMBRE 1879. *Classement, Alignements* et *Nivellement.*
        ORIG. — A reçu le nom de la ville de Thann (Alsace), conformément aux intentions du propriétaire, M. Herzog, d'origine
                alsacienne.

THÉÂTRE (Passage du) . . . . . . **XV**ᵉ ARRONDISSEMENT . . . . 58ᵉ QUARTIER.
Anciennement commune de Grenelle.

3328 **Commence** r. Roussin, 26, et imp. Roussin.—**Finit** pourtour du Théâtre, 3, et r. Quinault, 1.
        Long' : 60ᵐ,00.   (l. 1. — P. 8.)
        Larg' : 6ᵐ,50 environ.   (*Voie privée.*)
        ORIG. — *Voir* rue du Théâtre (XVᵉ arrondissement).

THÉATRE (Pourtour du). . . . . . . **XV**e Arrondissement . . . . 58e Quartier.

Anciennement commune de Grenelle.

3329 **Commence** rue de la Croix Nivert, 53. — **Finit** passage du Théâtre, 8, et rue Quinault, 2.

Longr : 60m,00.   (l. 5.)

Largr : 12m,00 environ. — *Alignements* projetés.

Décret du 23 mai 1863. *Classement.*

Orig. — Dégagement du théâtre de Grenelle.

THÉATRE (Rue du) . . . . **XV**e Arrondissement . . . . 59e Quartier.

Anciennement commune de Grenelle.

3330 **Commence** quai de Grenelle, 57. — **Finit** rue de la Croix Nivert, 60.   (l. 133. — P. 150.)

Longr : 1195m,00. — Délibérations du conseil municipal de Grenelle des 10 novembre 1835 et 10 mai 1842. *Vote de fonds* pour l'établissement d'une chaussée dans toute la longueur de la voie.

Moindre largr : 12m,00. — Arrêté préfectoral du 21 février 1843. *Alignements* entre le quai de Grenelle et la rue Lourmel.

Largr : 12m,00. — *Alignements* projetés entre la rue Lourmel et la rue de la Croix Nivert. (Largeur exécutée.)

Décret du 23 mai 1863. *Classement* (confirmation).

Arrêté préfectoral du 1er avril 1867. *Nivellement.*

Orig. — Conduit au théâtre de Grenelle.

THÉATRE (Rue du). . . . . **XVII**e Arrondissement. . . . . 67e Quartier.

Anciennement commune des Batignolles.

3331 **Commence** boulevard des Batignolles, 78. — **Finit** rue de Cheroy, 4.   (l. 1.)

Longr : 51m,00.

Largr : 7m,50 environ.   (*Voie privée.*)

Orig. — Passage d'isolement du théâtre des Batignolles.

THÉATRE FRANÇAIS (Galerie du). Ier Arrondissement . . . . 3e Quartier.

3332 **Commence** galerie de Chartres, 5. — **Finit** rue de Richelieu, 2.

Longr : 120m,00.

Largr : 3m,60 environ.   (*Voie privée. Palais Royal.*)

Orig. — Galerie du Palais Royal contiguë au Théâtre Français.

THÉATRE FRANÇAIS (Place du) . Ier Arrondissement . . . . 3e Quartier.

3333 **Située** au débouché des rues de Rohan, 3; Saint Honoré, 248; de l'avenue de l'Opéra, 2, et de la rue de Richelieu, 1.   (l. 5. — P. 4.)

Longr : 52m,00.

Décrets des 15 novembre 1853 et 3 mai 1854 (U. P.).

Arrêté préfectoral du 30 mai 1868. *Nivellement.*

Arrêté préfectoral du 1er février 1877. *Dénomination.*

Orig. — Située devant le Théâtre Français.

THÉNARD (Rue). . . . . Ve Arrondissement. . . . . 20e Quartier.

3334 **Commence** boulevard Saint Germain, 63. — **Finit** rue des Écoles, 46.   (l. 11. — P. 12.)

Longr : 120m,00.

Largr : 13m,00. — Décret du 11 aout 1855 (U. P.). *Ouverture* et *Alignements.*

Décret du 28 aout 1858. *Dénomination.*

Orig. — Le baron Louis-Jacques Thénard, chimiste (1777-1857); voisinage du Collège de France où il a professé.

THÉRÈSE (Rue) . . . . Ier Arrondissement . . . . 3e Quartier.

3335 **Com.** r. Molière, 25, et de Richelieu, 39. — **Finit** av. de l'Opéra, 24, et r. de Ventadour, 2.

Longr : 196m,00.   (l. 25. — P. 22.)

Largr : 7m,00. — Décision ministérielle du 3 frimaire an X. *Alignements* entre les rues Molière et Sainte Anne.

Id.   10m,00. — Ord. royale du 4 octobre 1826. *Alignements* de la même partie.

Id.   9m,74. — Décision ministérielle du 3 frimaire an X. *Alignements* entre la rue Sainte Anne et l'avenue de l'Opéra.

Id.   9m,74. — Ord. royale du 4 octobre 1826. *Alignements* de la même partie.

Décret du 27 juin 1876 (U. P.). *Formation* d'un pan coupé à l'angle de la rue de Ventadour. *Nivellement* et *Expropriation* des maisons portant les numéros 7 à 13, pour le percement de l'avenue de l'Opéra.

Arrêté préfectoral du 16 octobre 1876. *Nivellement.*

Obs. — Précédemment rue du Hasard entre les rues Molière et Sainte Anne.

Arrêté préfectoral du 23 octobre 1880. *Dénomination* actuelle.

Orig. — Ouverte en 1667, a été ainsi dénommée en l'honneur de Marie-Thérèse d'Autriche, epouse de Louis XIV.

THERMOPYLES (Passage des) **. **XIV**e A**RRONDISSEMENT . . . . 56e Q**UARTIER**.
Anciennement commune de Montrouge.

3336   **Commence** impasse des Plantes, 4. — **Finit** rue de Vanves, 87.   (I. 73. — P. 68.)
Longr : 560m,00.
Largr :   5m,00.   (*Voie privée.*)
                        Obs. — Précédemment passages des Thermopyles et Léonidas.
Orig. — Passage long et étroit ainsi dénommé par le propriétaire.

THÉRUIN (Passage) . . . . XI**e A**RRONDISSEMENT. . . . . 43e Q**UARTIER**.

3337   **Commence** rue Mercœur, 17. — **Finit** rue des Murs de la Roquette, 10.   (I. 15. — P. 20.)
Longr : 110m,00.
Largr :   5m,00.   (*Voie privée.*)
Orig. —Nom du propriétaire du terrain.

THÉRY (Rue) ** . . . . XVI**e A**RRONDISSEMENT . . . . 63e Q**UARTIER**.

3338   **Commence** rue de Longchamp. — **Finit** rue Dufrénoy, 18.   (I. 15. — P. 24.)
Longr : 245m,00.
Largr : 12m,00.   (*Voie privée.*)
Orig. — Nom d'un propriétaire.

THÉVENOT (Impasse) . . . . II**e A**RRONDISSEMENT . . . . 8e Q**UARTIER**.

3339   **Située** rue Thévenot, 26.   (I. 7.)
Longr : 77m,00.
Moindre largr :   4m,00.   (*Voie privée.*)
                Obs. — La Ville de Paris a exécuté les travaux d'assainissement et de via-
                        bilité, et pourvoit à l'entretien de l'impasse.
        Décret du 24 août 1864 (U. P.). *Suppression* pour le prolongement
        de la rue Réaumur.
        Arrêté préfectoral du 10 septembre 1873. *Dénomination* actuelle.
                Obs. — Précédemment Impasse de l'Étoile.
Orig. — *Voir* rue Thévenot.

THÉVENOT (Rue) . . . . II**e A**RRONDISSEMENT . . . . 8e Q**UARTIER**.

3340   **Commence** rue Saint-Denis, 203. — **Finit** rue des Petits Carreaux, 18.   (I. 29. — P. 32.)
Longr : 275m,00.
Largr :   8m,00. — **Décision ministérielle du 19 pluviôse an VIII.**
Largr : 10m,00. — **Ord. royale du 21 juin 1826.** *Alignements.*
        Décret du 24 août 1864 (U. P.). *Suppression* pour le prolongement
        de la rue Réaumur.
Orig. — André Thévenot y avait fait construire plusieurs maisons à la fin du xviie siècle.

THIBAUD (Rue) **. . . . . XIV**e A**RRONDISSEMENT . . . . 55e Q**UARTIER**.
Anciennement commune de Montrouge.

3341   **Commence** avenue d'Orléans, 66. — **Finit** avenue du Maine, 189.   (I. 17. — P. 18.)
Longr : 160m,00.
        Décret du 23 mai 1863. *Classement.*
Largr :   8m,30. — **Décret du 8 novembre 1880.** *Alignements.*
        Arrêté préfectoral du 18 novembre 1862. *Nivellement.*
        Décret du 24 août 1864. *Dénomination* actuelle.
                Obs. — Précédemment rue d'Amboise.
Orig. — Thibaud, abbé de Sainte Geneviève (xiiie siècle).

THIBOUMERY (Rue)**. . . . . . XV**e A**RRONDISSEMENT . . . . 57e Q**UARTIER**.
Anciennement commune de Vaugirard.

3342   **Commence** rue d'Alleray, 56. — **Finit** rue de Vouillé, 7, et ancien Chemin des Bœufs.
Longr : 165m,00.   (I. 33. — P. 24.)
        Décret du 23 mai 1863. *Classement.*
Largr : 10m,00. — **Décret du 17 février 1879.** *Alignements et Nivellement.*
        Arrêté préfectoral du 17 avril 1866. *Nivellement.*
Orig. — M. Thiboumery était maire de Vaugirard avant l'annexion.

THIÉRÉ (Passage) . . . . XI**e A**RRONDISSEMENT . . . . 43e Q**UARTIER**.

3343   **Commence** rue de Charonne, 25. — **Finit** rue de la Roquette, 48.   (I. 15. — P. 42.)
Longr : 315m,00.
Moindre largr :   4m,15.   (*Voie privée.*)
        Ord. de police du 19 avril 1852. *Autorisation* d'ouverture.
        Arrêté préfectoral du 1er février 1877. *Dénomination* actuelle.
                Obs. — Précédemment passage et cour Sainte Marie.
Orig. — Nom du propriétaire qui en modifia la disposition en 1836.

THIERRY (Rue) ^{☼☼} . . . . **XIXe** Arrondissement . . . . 75e Quartier.
Anciennement c mmune de Belleville.
3344 **Commence** rue du Pré Saint Gervais, 10. — **Finit** rue Compans, 11.   (P. 12.)
Long^r : 130^m,00.
Larg^r :   7^m,00. — Ord. royale du 30 août 1837. *Alignements.*
Orig. — Nom de propriétaire.   Décret du 23 mai 1863. *Classement* (confirmation).

THIONVILLE (Rue de) [☼] . . . . . **XIXe** Arrondissement . . . . 73e et 74e Quartiers.
Anciennement commune de La Villette.
3345 **Commence** rue de Crimée, 152. — **Finit** quai des Vidanges.   (I. 29. — P. 36.)
Long^r : 580^m,00.
Larg^r : 10^m,00. — Arrêté préfectoral du 19 juin 1829. *Alignements.*
                    Décret du 23 mai 1863. *Classement* (confirmation).
                    Arrêté préfectoral du 24 juillet 1861. *Nivellement.*
Orig. — Ville de l'ancien département de la Moselle; groupe géographique du canal de l'Ourcq.

THOLOSÉ (Rue) ^{☼☼} . . . . **XVIIIe** Arrondissement . . . . 69e Quartier.
Anciennement commune de Montmartre.
3346 **Commence** rues Lepic, 36, et des Abbesses, 36. — **Finit** rue Lepic, 88.   (I. 35. — P. 34.)
Long^r : 185^m,00.
Moyenne larg^r :   8^m,00. — Décret du 27 mars 1877. *Classement, Alignements et Nivellement.*
Orig. — Henri-Alexia Tholozé, général de division (1811-1833); nom donné à l'époque des campagnes d'Algérie, dans lesquelles s'est distingué le général Tholosé.

THORIGNY (Place de) . . . . **IIIe** Arrondissement . . . . 11e Quartier.
3347 **Située** à la rencontre des rues Elzévir, 11 ; du Parc Royal, 16; de la Perle, 1, et de Thorigny, 2.
Long^r : 25^m,00.   (I. 3. — P. 1.)
Larg^r : 14^m,00. — Ord. royale du 28 octobre 1838. *Alignements.*
Orig. — *Voir* rue de Thorigny.

THORIGNY (Rue de) . . . . **IIIe** Arrondissement . . . . 11e Quartier.
3348 **Commence** rue de la Perle, et place de Thorigny, 4. — **Finit** rue Debelleyme, 3.
Long^r : 192^m,00.   (I. 15. — P. 24)
Larg^r :   7^m,00. — Décision ministérielle du 23 frimaire an VIII.
Larg^r : 10^m,00. — Ord. royale du 16 mai 1833. *Alignements* entre la rue de la Perle
                    et la place de Thorigny, et les rues des Coutures Saint Gervais et
                    Sainte Anastase.
Larg^r : 10^m,00. — Ord. royale du 31 mars 1835. *Alignements* entre les rues des
                    Coutures Saint Gervais et Saint Anastase et la rue Debelleyme.
                    Arrêté préfectoral du 2 avril 1868. *Dénomination* actuelle.
                    Décret du 2 octobre 1863. *Dénomination* actuelle.
                    Obs. — Précédemment rues de Thorigny et Saint Gervais.
Orig. — Ancien nom (XVIe siècle).

THOUIN (Rue) [☼] . . . . **V^e** Arrondissement . . . . 17e et 20e Quartiers.
3349 **Commence** rue du Cardinal Lemoine, 68. — **Finit** rue de l'Estrapade.   (I. 15. — P. 11)
Long^r : 144^m,00.
Larg^r : 12^m,00. — Décision ministérielle du 2 thermidor an X.
Moindre larg^r : 11^m,00. — Ord. royale du 2 novembre 1847. *Alignements* entre la rue du
                    Cardinal Lemoine et les rues Mouffetard et Descartes.
Moindre larg^r : 11^m,00. — Décision ministérielle du 2 thermidor an X.
Id . 11^m,00. — Ord. royale du 5 juin 1846. *Alignements* depuis les rues Mouffetard
                    et Descartes, jusqu'aux rues Tournefort et de l'Estrapade.
                    Décret du 2 octobre 1863. *Dénomination* actuelle.
                    Obs. — Précédemment rue des Fossés Saint Victor et de Fourcy.
Orig. — André Thouin, botaniste (1746-1824) ; voisinage du Muséum d'histoire naturelle où il a professé.

THUILLEUX (passage) ^{☼☼} . . . . . **XIIIe** Arrondissement . . . . 50e Quartier.
Anciennement commune d'Ivry.
3350 **Commence** rue Jeanne d'Arc, 1. — **Finit** rue Nationale, 25.   (I. 9. — P. 8)
Long^r : 110^m,00.
Larg^r :   5^m,00.   (*Voie privée.*)
Orig. — Nom de propriétaire.

THURÉ (Cité) . . . . **XVe** Arrondissement . . . . 59e Quartier.
Anciennement commune de Grenelle.
3351 **Commence** rue du Théâtre, 130. — **Finit** rue de Gasparin.   (I. 11. — P. 16.)
Long^r : 65^m,00.
Larg^r :   6^m,00 environ.   (*Voie privée.*)
Orig. — Nom du propriétaire.

TIERS (Rue) **. . . . . **XIII**ᵉ Arrondissement. . . . . 51ᵉ Quartier.
Anciennement commune de Gentilly.

3352 **Commence** rue Gérard, 5. — **Finit** du Moulin des Prés, 5.   (l. 31. P. 24.)
 Longʳ : 163ᵐ,00.
 Largʳ : 6ᵐ,00 environ. (*Voie privée.*)
 Orig. — Nom du propriétaire.

TILLEULS (Avenue des) . . . . . . **XVI**ᵉ Arrondissement . . . . 61ᵉ Quartier.
Anciennement commune d'Auteuil.

3353 **Commence** rue de la Source prolongée. — **Finit** boulevard de Montmorency, 39.
 Longʳ : 280ᵐ,00.   (l. 7. P. 24.)
 Largʳ : 10ᵐ.00 environ. — (*Voie privée comprise dans la villa de Montmorency.*)
 Orig. — Ancienne plantation de tilleuls.

TILLEULS (Avenue des) **. . . . . **XVIII**ᵉ Arrondissement . . . . 69ᵉ Quartier.
Anciennement commune de Montmartre.

3354 **Située** rue Lepic, 22.   (l. 9. — P. 12.)
 Longʳ : 100ᵐ,00.
 Largʳ : 7ᵐ,00 environ.   (*Voie privée.*)
 Orig. — Ancienne plantation de tilleuls.

TILSITT (Rue de). . . . . **VIII**ᵉ Arrondissement . . . . 29ᵉ Quartier.
                 XVIIᵉ Arrondissement . . . . 65ᵉ Quartier.
Anciennement commune de Neuilly (partie).

3355 **Commence** avenue des Champs Élysées, 154. — **Finit** avenue de la Grande Armée, 4.
 Longʳ : 460ᵐ,00.   (l. 11. — P. 34.)
 Largʳ : 12ᵐ,00. — Loi du 13 août 1854 (U. P.). *Ouverture et Alignements.*
      Décret du 2 mars 1864. *Dénomination.*
       Obs. — Précédemment partie de la rue circulaire parallèle à la place de
            l'Étoile.
 Orig. — Traité signé le 7 juillet 1807 entre la France, la Russie et la Prusse ; voisinage de l'Arc de Triomphe de l'Étoile.

TIPHAINE (Rue). . . . . **XV**ᵉ Arrondissement . . . . 59ᵉ Quartier.
Anciennement commune de Grenelle.

3356 **Commence** rue Violet, 13. — **Finit** rue du Commerce, 8.   (l. 33. — P. 32.)
 Longʳ : 205ᵐ,00.
      Décret du 27 janvier 1866. *Classement.*
  Largʳ : 9ᵐ,00. — *Alignements* projetés. (Largeur actuelle, 8ᵐ,80 moindre.)
      Arrêté préfectoral du 11 août 1869. *Nivellement.*
 Orig. — M. Tiphaine, l'un des fondateurs du nouveau village de Grenelle, adjoint au maire de cette commune de 1845
      à 1848.

TIQUETONNE (Rue). . . . . . . **I**ᵉʳ Arrondissement. . . . . 2ᵉ Quartier.
                 IIᵉ Arrondissement. . . . . .7ᵉ et 8ᵉ Quartiers.

3357 **Commence** rue Saint Denis, 139. — **Finit** rue Montmartre, 42.   (l. 63. — P. 70.)
 Longʳ : 360ᵐ,00.
 Largʳ : 10ᵐ,00. — Décision ministérielle du 25 ventôse an XIII.
 Largʳ : 11ᵐ,00. — Ord. royale du 21 juin 1826. *Alignements* entre la rue Saint Denis
      et la rue Mortorgueil.
  Id. 11ᵐ,00. — Ord. royale du 23 juillet 1828. *Alignements* entre la rue Montor-
      gueil et la rue Montmartre.
      Décret du 14 novembre 1854. *Nivellement* de la seconde partie.
      Arrêté préfectoral du 2 avril 1868. *Dénomination* actuelle.
         Obs. — Précédemment rues du Petit Lion Saint Sauveur et Tiquetonne.
 Orig. — Lieu dit, d'après le censier de 1372 ; Roger de Tiquetonne, boulanger, y demeurait en 1399.

TIRON (Rue) . . . . **IV**ᵉ Arrondissement . . . . 14ᵉ Quartier.

3358 **Commence** rue François Miron, 29. — **Finit** rue de Rivoli, 13.   (l. 3.)
 Longʳ : 33ᵐ,00.
 Largʳ : 7ᵐ,00. — Décision ministérielle du 8 prairial an VII.
 Largʳ : 10ᵐ,00. — Ord. royale du 16 août 1836. *Alignements* modifiés par le décret
      suivant.
  Id. 16ᵐ,00. — Décret du 29 septembre 1854 (U. P.). *Alignements.*
 Orig. — Doit son nom à une maison appartenant à l'abbaye de Tiron.

TITIEN (Rue) ⁕⁕ . . . . **XIII**ᵉ ARRONDISSEMENT . . . . 49ᵉ QUARTIER.

3359   **Commence** boulevard de l'Hôpital, 104. — **Finit** rue du Banquier, 1.

Long^r : 32^m,00.

Larg^r :   8^m,00. — DÉCISION MINISTÉRIELLE DU 28 PRAIRIAL AN IX.

Larg^r : 10^m,00. — ORD. ROYALE DU 27 JANVIER 1837. *Alignements.*

ARRÊTÉ PRÉFECTORAL DU 3 DÉCEMBRE 1867. *Nivellement.*

DÉCRET DU 24 AOUT 1864. *Dénomination* actuelle.

OBS. — Précédemment rue d'Ivry.

ORIG. — Tiziano Vecellio, dit le Titien, peintre italien (1477-1576).

TITON (Rue) . . . . **XI**ᵉ ARRONDISSEMENT . . . . 44ᵉ QUARTIER.

3360 **Commence** rue de Montreuil, 35. — **Finit** boulevard Voltaire, 212.   (I. 17. P. 30.)

Long^r : 387^m,00.   (*Voie privée.*)

Larg^r : 12^m,00. — Entre la rue de Montreuil et la partie en retour.

Larg^r :   8^m,40. — Partie à la suite aboutissant au boulevard Voltaire. (DÉLIBÉRATION DU CONSEIL MUNICIPAL DU 5 JUILLET 1881.

ORIG. — Doit son nom à la Folie Titon, appartenant à Maximilien Titon, directeur général des manufactures et magasins royaux d'armes, mort en 1711.

TIVOLI (Passage de). . . . . . . **IX**ᵉ ARRONDISSEMENT. . . . . 33ᵉ QUARTIER.

3361   **Commence** rue Saint Lazare, 96. — **Finit** rue de Londres, 37.   (I. 27. — P. 26.)

Long^r : 220^m,00.

Larg^r :   8^m,00 environ.   (*Voie privée.*)

ORIG. — Ouvert sur l'emplacement de Tivoli, jardin public créé par Ruggieri en 1796 (ancien jardin Boutin.)

TLEMCEN (Passage de) ⁕⁕ . . . . . **XX**ᵉ ARRONDISSEMENT. . . . . 79ᵉ QUARTIER.

Anciennement commune de Belleville.

3362   **Commence** rue de Tlemcen, 13. — **Finit** rue des Cendriers, 24.   (I. 15. — P. 16.)

Long^r : 95^m,00.

Larg^r :   5^m,00 environ.   (*Voie privée.*)

ARRÊTÉ PRÉFECTORAL DU 1ᵉʳ FÉVRIER 1877. *Dénomination* actuelle.

OBS. — Précédemment passage Petit.

ORIG. — *Voir* rue de Tlemcen.

TLEMCEN (Rue de) ⁕⁕ . . . . . . **XX**ᵉ ARRONDISSEMENT . . . . 79ᵉ QUARTIER.

Anciennement commune de Belleville.

3363   **Commence** boulevard de Ménilmontant, 76. — **Finit** rue Duris, 17.   (I. 15. — P. 20.)

Long^r : 140^m,00.

Larg^r : 10^m,00. — ORD. ROYALE DU 29 NOVEMBRE 1840 (U. P.). *Ouverture* et *Alignements.*

DÉCRET DU 23 MAI 1863. *Classement* (confirmation).

ARRÊTÉ PRÉFECTORAL DU 17 JUILLET 1869. *Nivellement.*

ARRÊTÉ PRÉFECTORAL DU 3 SEPTEMBRE 1869. *Dénomination* actuelle.

OBS. — Précédemment rue de Mogador.

ORIG. — Ville d'Algérie, occupée par le général Clausel, le 13 janvier 1836.

TOCANIER (Passage) . . . . . . **XII**ᵉ ARRONDISSEMENT. . . . . 46ᵉ QUARTIER.

3364   **Commence** boulevard Diderot, 83. — **Finit** rue du Faubourg Saint Antoine, 240.

Long^r : 240^m,00.   (I. 41. — P. 34.)

Larg^r :   7^m,30 environ.   (*Voie privée.*)

ORIG. — Nom de propriétaire.

TOCQUEVILLE (Rue) . . . . . . **XVII**ᵉ ARRONDISSEMENT . . . . . . 66ᵉ et 67ᵉ QUARTIERS.

Anciennement commune des Batignolles.

3365   **Commence** avenue de Villiers, 12. — **Finit** boulevards Berthier et de Malesherbes, 196.

Long^r : 1160^m,00.   (I. 131. — P. 148.)

Larg^r : 15^m,00 environ. — ORD. ROYALE DU 24 JUIN 1840. *Ouverture* et *Alignements* entre l'avenue de Villiers et la rue Cardinet.

ARRÊTÉ PRÉFECTORAL DU 3 MARS 1849. *Rectification* de la route départementale n° 33, dans la traversée des Batignolles.

DÉCRET DU 23 MAI 1863. *Classement* (confirmation).

ARRÊTÉ PRÉFECTORAL DU 9 NOVEMBRE 1864. *Nivellement.*

DÉCRET DU 10 NOVEMBRE 1877. *Dénomination* actuelle.

OBS. — Précédemment rue d'Asnières. (Partie de la route départementale n° 33.)

ORIG. — Alexis-Charles-Henri Clerel de Tocqueville, publiciste (1805-1859).

TOLBIAC (Impasse de) ** . . . . . **XIII**ᵉ Arrondissement . . . . 52ᵉ Quartier.
Anciennement commune de Gentilly.

3366   **Située** rue de la Providence.
Longʳ : 35ᵐ,00.
Largʳ : 4ᵐ,00 environ.   (*Voie privée.*)
Arrêté préfectoral du 1ᵉʳ février 1877. *Dénomination* actuelle.
Obs. -- Précédemment impasse Sainte Marie.
Orig. — *Voir* rue de Tolbiac.

TOLBIAC (Pont de). . . . . . . **XII**ᵉ Arrondissement . . . . 47ᵉ Quartier.
                              XIIIᵉ Arrondissement . . . . 50ᵉ Quartier.

3367   **Situé** entre les quais de Bercy et de la Gare, au droit de la rue de Dijon et de la rue de
Tolbiac prolongée.
Longʳ : 220ᵐ,00.
Largʳ : 20ᵐ,00.
Orig. — *Voir* rue de Tolbiac.

TOLBIAC (Rue de) ** . . . . . . **XIII**ᵉ Arrondissement. . . . . . . 50ᵉ et 51ᵉ Quartiers.
3368   **Commence** rue de Patay, 113. — **Finira** rue de la Glacière.   (I. 247. — P. 242.)
Longʳ : 2185ᵐ,00.
Largʳ : 20ᵐ,00. — Voie ouverte par la Ville de Paris entre la rue de Patay et la rue
du Château des Rentiers.
Id.   20ᵐ,00. — Décret du 23 mai 1863 (U. P.). *Ouverture* entre la rue du Châ-
teau des Rentiers et la rue de la Glacière.
Décret du 19 août 1875 (U. P.). *Nivellement* et *Modification* du
tracé entre l'avenue d'Italie et la rue de la Glacière.
Arrêté préfectoral du 27 janvier 1870. *Nivellement* entre la rue
de Patay et la rue du Château des Rentiers.
Arrêté préfectoral du 9 septembre 1876. *Nivellement* entre
l'avenue de Choisy et la rue de la Glacière.
Décret du 10 août 1868. *Dénomination.*
Orig. — Victoire remportée par Clovis en 496; voisinage de la rue d'Alésia.

TOMBE ISSOIRE (Impasse de la) **. **XIV**ᵉ Arrondissement . . . . 55ᵉ Quartier.
Anciennement commune de Montrouge.

3369   **Située** rue de la Tombe Issoire, 86.
Longʳ : 60ᵐ,00.
Largʳ : 5ᵐ,00.   (*Voie privée.*)
Arrêté préfectoral du 1ᵉʳ février 1877. — *Dénomination* actuelle.
Obs. — Précédemment impasse des Moulins ou de Montsouris.
Orig. — *Voir* rue de la Tombe Issoire.

TOMBE ISSOIRE (Rue de la) **. **XIV**ᵉ Arrondissement . . . . . . 54ᵉ et 55ᵉ Quartiers.
Anciennement communes de Gentilly et de Montrouge.

3370   **Commence** boulevard Saint Jacques, 61.— **Finit** boulevard Jourdan, 4. (I. 115. — P. 162.)
Longʳ : 1270ᵐ,00.
Décret du 23 mai 1863. *Classement* entre le boulevard Saint Jac-
ques et l'avenue d'Orléans.
Largʳ : 14ᵐ,00. — Décret du 10 mai 1875. *Alignements* et *Nivellement* de la totalité
de la voie, et *Classement* de la partie comprise entre l'avenue
d'Orléans et le boulevard Jourdan.
Arrêté préfectoral du 2 mai 1873. *Nivellement.*
Arrêté préfectoral du 7 juillet 1875. *Nivellement.*
Arrêté préfectoral du 20 juillet 1868. *Dénomination* actuelle.
Obs. — Précédemment rue de la Tombe Issoire et vieille route d'Orléans.
Orig. — Lieu dit de la Tombe Isoire, auquel se rattache la légende d'un géant qui aurait été enterré en cet endroit ;
mais le fief des tombes doit plus vraisemblablement ce nom à une famille Isore ou Isoire encore connue
au xvıᵉ siècle et demeurant place Maubert.

TOMINOT (Impasse) ** . . . . . **XIII**ᵉ Arrondissement. . . . . 49ᵉ Quartier.
3371   **Située** avenue Sainte Marie.
Longʳ : 16ᵐ,00.
Largʳ : 4ᵐ,00.   (*Voie privée.*)
Orig. — Nom du propriétaire des terrains.

TORCY (Place de) . . . . **XVIII**ᵉ Arrondissement . . . . 72ᵉ Quartier.
Anciennement commune de La Chapelle.

3372 **Située** à la rencontre des rues de Torcy, 31 ; de l'Évangile, 1, et l'Olive, 9.
Arrêté préfectoral du 7 juillet 1858.
Décret du 23 mai 1863. *Classement* (confirmation).
Décret du 27 février 1867. *Dénomination* actuelle.
Obs. — Précédemment place du Marché.
Orig. — *Voir* rue de Torcy.

TORCY (Rue de) . . . . **XVIII**ᵉ Arrondissement . . . . 72ᵉ Quartier.
Anciennement commune de La Chapelle.

3373 **Commence** rue Cugnot. — **Finit** rue de La Chapelle, 90.   (I. 11. — P. 62.)
Long :́ 393ᵐ,00.
Larg :ʳ 8ᵐ,00. — Ord. royale du 11 septembre 1812. *Alignements* entre la rue d'Au-
bervilliers et la place de Torcy.
Larg :ʳ 10ᵐ,00. — Ord. royale du 11 septembre 1812. *Alignements* entre la place de
Torcy et la rue de La Chapelle.
Larg :ʳ 12ᵐ,00. — Arrêté préfectoral du 7 juillet 1858. *Alignements* entre la rue
Cugnot et la place de Torcy.
Larg :ʳ 15ᵐ,00. — Même arrêté. *Alignements* entre la Place de Torcy et la rue de La
Chapelle.
Larg :ʳ 12ᵐ,00. — *Alignements projetés* entre la rue de la Louisiane et la rue de La
Chapelle.
Décret du 23 mai 1863. *Classement* (confirmation).
Arrêté préfectoral du 23 avril 1866. *Nivellement.*
Décret du 27 février 1867. *Dénomination* actuelle.
Obs. — Une partie de la voie a été absorbée par le chemin de fer de l'Est.
Précédemment rue du Bon Puits.
Orig. — Jean-Baptiste Colbert, marquis de Torcy, neveu de Colbert, diplomate et homme d'État (1665-1746).

TORRICELLI (Rue) . . . . **XVII**ᵉ Arrondissement . . . . 65ᵉ Quartier
3374 **Commence** rue Lebon, 8. — **Finit** rue Bayen, 31.   (I. 1. — P. 8.)
Long :ʳ 50ᵐ,00.
Larg :ʳ 13ᵐ,00. — Arrêté préfectoral du 6 août 1869. *Alignements.*
Arrêté préfectoral du 3 mai 1866. *Nivellement.*
Décret du 10 août 1868. *Dénomination.*
Orig. — Evangelista Torricelli, inventeur du baromètre (1608-1647) ; quartier où ont été groupés des noms de savants.

TOULLIER (Rue) . . . . **V**ᵉ Arrondissement . . . . 20ᵉ Quartier.
3375 **Commence** rue des Cordiers, 9. — **Finit** rue Soufflot, 16.   (I. 11. — P. 10.)
Long :ʳ 85ᵐ,00.
Larg :ʳ 10ᵐ,00. — *Voie ouverte* par la Ville de Paris entre la rue des Cordiers et la rue
Cujas (A). *Alignements* projetés. (Largeur exécutée.)
Larg :ʳ 10ᵐ,00. — Ord. royale du 9 août 1826. *Ouverture* entre la rue Cujas et la rue
Soufflot.
Arrêté préfectoral du 2 octobre 1875. *Nivellement* de la partie A.
Décret du 24 août 1864. *Dénomination* actuelle.
Obs. — Précédemment partie de la rue Neuve des Poirées.
Orig. — Charles-Bonaventure-Marie Toullier, jurisconsulte (1752-1835) ; voisinage de l'École de Droit.

TOUR (Rue de la) ⁂ . . . . **XVI**ᵉ Arrondissement . . . . 62ᵉ et 63ᵉ Quartiers.
Anciennement commune de Passy.

3376 **Commence** rues de Passy, 2, et Vineuse, 1. — **Finit** boulevard Lannes, 49.
Long :ʳ 1,245ᵐ,00.   (I. 145. — P. 158.)
Moindre larg :ʳ 9ᵐ,75. — Arrêté préfectoral du 16 février 1856. *Alignements* entre la rue
de Passy et l'avenue du Trocadéro.
Décret du 23 mai 1863. *Classement* de cette partie.
Larg :ʳ 12ᵐ,00. — *Voie ouverte* par la Ville de Paris, entre l'avenue du Trocadéro et le
boulevard Lannes. *Alignements* projetés. (Largeur exécutée.)
Arrêté préfectoral du 13 octobre 1869. *Nivellement.*
Arrêté préfectoral du 2 juillet 1875. *Nivellement.* Modification
partielle.
Orig. — Doit son nom au moulin de la Tour de Passy.

TOUR (Villa de la) ** . . . . **XVI**^e Arrondissement . . . . 62e Quartier.

3377   **Commence** rue de la Tour, 96. — **Finit** rue Eugène Delacroix, 17.   (P. 4.)

   Long^r : 68^m,00.

   Larg^r :   4^m,00 environ.   *(Voie privée.)*

   Orig. — *Voir rue de la Tour.*

TOURAINE (Rue de) . . . . **V**^e Arrondissement . . . . 17e Quartier.

3378   **Commence** au Grand Préau. — **Finit** au Préau des Eaux-de-Vie.

   Long^r : 300^m.00.

   Larg^r : 20^m,00. — *Voie* comprise dans la Halle aux Vins.

   Orig. — Doit son nom à sa situation.

TOUR DE VANVES (Impasse de la) **. **XIV**^e Arrondissement. . . . . 56e Quartier.

   Anciennement commune de Montrouge.

3379   **Située** avenue du Maine, 144.   (I. 15. — P. 16.)

   Long^r : 110^m,00.

   Larg^r :   3^m,80.   *(Voie privée.)*

   Orig. — Conduisait au moulin de la Tour de Vanves.

TOUR DES DAMES (Rue de la) . . **IX**^e Arrondissement. . . . . 33e Quartier.

3380   **Commence** rue de la Rochefoucauld, 11. — **Finit** rue Blanche, 16.   (I. 15. — P. 18.)

   Long^r : 160^m,00.

   Larg^r :   8^m,00. — Décision ministérielle du 26 brumaire an XI.

   Larg^r : 10^m,00. — Ord. royale du 1er juillet 1834. *Alignements.*

   Orig. — Doit son nom à un moulin appartenant aux dames de l'abbaye de Montmartre, situé au coin de cette rue et de la rue de la Rochefoucauld.

TOURELLES (Impasse des), aussi dénommée impasse Barnot. **

                      XXe Arrondissement. . . . . 78e Quartier.

3381   **Située** rue des Tourelles, 13.   (I. 11. — P. 8.)

   Long^r : 120^m,00.

   Larg^r :   5^m,00.   *(Voie privée.)*

   Orig. — Lieu dit, en raison des tourelles à pans coupés d'un pavillon qui était situé dans le parc Saint Fargeau.

TOURELLES (Rue des) ** . . . . . **XX**^e Arrondissement . . . . 78e Quartier.

   Anciennement commune de Belleville.

3382   **Commence** rue Haxo, 86. — **Finit** boulevard Mortier.   (I. 15. — P. 16.)

   Long^r : 320^m,00.

   Larg^r :   8^m,00. — Ord. royale du 21 juillet 1843.

             Décret du 23 mai 1863. *Classement* (confirmation).

             Arrêté préfectoral du 23 juillet 1868. *Nivellement.*

   Orig. — *Voir impasse des Tourelles.*

TOURLAQUE (Rue) ** . . . . . **XVIII**^e Arrondissement. . . . . 69e Quartier.

   Anciennement commune de Montmartre.

3383   **Commence** rue Lepic, 19. — **Finit** rues de Maistre, 52, et des Grandes Carrières, 4.

   Long^r : 205^m,00.   (I. 11. — P. 2.)

             Décret du 23 mai 1863. *Classement.*

   Larg^r : 10^m,00. — *Alignements* projetés. (Largeur exécutée.)

   Orig. — Nom de propriétaire.

TOURNEFORT (Rue) ** . . . . . **V**^e Arrondissement . . . . 19 et 20e Quartiers.

3384   **Commence**. rues Blainville, 11, et de l'Estrapade, 1. — **Finit** rue Lhomond, 43.

   Long^r : 294^m,00.   (I. 15. — P. 32.)

   Larg^r :   7^m,00. — Décision ministérielle du 13 floréal an IX.

   Larg^r : 10^m,00. — Ord. royale du 23 janvier 1844. *Alignements.*

             Arrêté préfectoral du 27 octobre 1868. *Nivellement.*

             Décret du 24 août 1864. *Dénomination* actuelle.

        Obs. — Précédemment rue Neuve Sainte Geneviève.

   Orig. — Joseph de Tournefort, botaniste (1656-1708) ; voisinage du Jardin des Plantes.

TOURNELLE (Pont de la). . . . **IV**^e Arrondissement. . . . . 16e Quartier.

                      Ve Arrondissement. . . . . 17e Quartier.

3385   **Situé** entre les quais de Béthune et d'Orléans, et le quai de la Tournelle, au droit des rues des Deux Ponts et du Cardinal Lemoine.

   Long^r : 130^m,00.

   Orig. — Doit son nom à la Tournelle dépendant de l'enceinte de Philippe-Auguste, qui aboutissait à la Seine en cet endroit.

TOURNELLE (Quai de la) . . . . . **Vᵉ** Arrondissement. . . . . 17ᵉ Quartier.

3386   **Commence** boulevard Saint Germain, 2, et pont Sully. — **Finit** rue Maître Albert, 1, et pont de l'Archevêché.   (I. 73.)

Long^r : 420^m,00.

Larg^r : 23^m,00. — Décision ministérielle du 9 thermidor an xi.

Orig. — *Voir pont de la Tournelle.*

TOURNELLES (Rue des) . . . . . **IIIᵉ** Arrondissement. . . . . 11ᵉ Quartier.

IVᵉ Arrondissement. . . . . 13ᵉ Quartier.

3387   **Commence** rue Saint Antoine, 207. — **Finit** boulevard Beaumarchais, 77. (I. 51. — P. 88.)

Long^r : 580^m,00.

Larg^r : 12^m,00. — Décret du 28 juillet 1866. *Alignements* entre la rue Saint Antoine et la rue de la Bastille.

Larg^r : 10^m,00. — Décision ministérielle du 3 thermidor an ix. Alignements entre les rues de la Bastille et Saint Gilles.

Larg^r : 9^m,00. — Même décision, partie entre la rue Saint Gilles et le boulevard Beaumarchais.

Moindre larg^r : 10^m,00. — Ord. royale du 8 juin 1834. *Alignements* des deux parties précédentes.

Orig. — Longeait autrefois le palais des Tournelles.

TOURNEUX (Ruelle des) . . . . . **XIIᵉ** Arrondissement . . . . 46ᵉ Quartier.

Anciennement commune de Bercy.

3388   **Commence** rue Claude Decaen, 66. — **Finit** avenue Daumesnil, 200.

Long^r : 130^m,00.

Larg^r : 12^m,00. — Arrêté préfectoral du 16 septembre 1837. *Alignements.* Décret du 23 mai 1863. *Classement* (confirmation).

Orig. — Nom du propriétaire.

TOURNON (Rue de) . . . . . . **VIᵉ** Arrondissement . . . . 22ᵉ Quartier.

3389   **Commence** rue Saint Sulpice, 21. — **Finit** rue de Vaugirard, 24.   (I. 33. — P. 20.)

Long^r : 233^m,00.

Moindre larg^r : 13^m,50. — Décision ministérielle du 3 nivôse an x.

Id.   13,^m50.   Arrêté du président de la république du 17 janvier 1849. *Alignements.*

Orig. — Bâtie vers 1540, reçut le nom de François de Tournon, cardinal, homme d'État (1489-1562), abbé de Saint Germain des Prés ; ouverte sur le territoire de l'abbaye.

TOURNUS (Passage). . . . . . . **XVᵉ** Arrondissement . . . . 59ᵉ Quartier.

Anciennement commune de Grenelle.

3390   **Commence** rue Fondary, 38. — **Finit** rue du Théâtre, 101.   (I. 13. — P. 10.)

Long^r : 100^m,00.

Larg^r : 6^m,50 environ.   (*Voie privée.*)

Orig. — Ouvert par M. Tournus.

TOURTILLE (Impasse de) . . . . **XXᵉ** Arrondissement . . . . 77ᵉ Quartier.

Anciennement commune de Belleville.

3391   **Située** r. de Tourtille, 27, en prolongement de la r. Ramponneau. (I. 41 à 45. — P. 42 à 46.)

Long^r : 55^m,00.

Moindre larg^r : 9^m,50. — Ord. royale du 28 février 1837. *Alignements.* Décret du 23 mai 1863. *Classement* (confirmation).

Orig. — *Voir rue de Tourtille.*

TOURTILLE (Rue de) . . . . . **XXᵉ** Arrondissement . . . . 77ᵉ Quartier.

Anciennement commune de Belleville.

3392   **Commence** rue de Belleville, 32. — **Finit** rue de Pali-Kao, 17 bis.   (I. 37. — P. 40.)

Long^r : 300^m,00.

Larg^r : 9^m,00. — Ord. royale du 28 février 1837. *Alignements* entre la rue de Belleville et la rue Bisson.

Larg^r : 9^m,00. — *Alignements* projetés entre la rue Bisson et la rue de Pali-Kao.

Décret du 23 mai 1863. *Classement* (confirmation). Arrêté préfectoral du 8 août 1860. *Nivellement.*

Orig. — Nom de propriétaire.

TOURVILLE (Avenue de) . . . . . **VIIᵉ** Arrondissement. . . . . . 26ᵉ, 27ᵉ et 28ᵉ Quartiers.

3393   **Commence** boul. des Invalides, 4 bis. — **Finit** avenues de La Motte-Picquet et Duquesne, 3. (I. 29. — P. 26.)

Long^r : 615^m,00.

Loi du 19 mars 1838. *Cession* par l'État à la Ville de Paris.

Moindre larg^r : 34^m,50. — Ord. royale du 9 août 1844. *Alignements.*

Orig. — Anne-Hilarion de Costentin, comte de Tourville, vice-amiral, maréchal de France (1642-1701) ; voisinage de l'École Militaire.

TOUSSAINT-FÉRON (Rue) **. . **XIII**e ARRONDISSEMENT . . . . 51e QUARTIER.
Anciennement commune de Gentilly.

3394 **Commence** avenue de Choisy, 141. — **Finit** avenue d'Italie, 51. (1. 11. — P. 10.)
Longr : 120m,00.
DÉCRET DU 23 MAI 1863. *Classement.*
Largr : 8m,00. — *Alignements* projetés. (Largeur actuelle, 7m,60 moindre.)
ARRÊTÉ PRÉFECTORAL DU 1er FÉVRIER 1877. *Dénomination* actuelle.
OBS. — Précédemment passage Toussaint-Féron.
ORIG. — Nom du propriétaire.

TOUSTAIN (Rue) **. . . . . **VI**e ARRONDISSEMENT . . . . 22e QUARTIER.

3395 **Commence** rue de Seine, 74. — **Finit** rue Félibien, 1. (1. 1. — P. 2.)
Longr : 16m,00.
Largr : 13m,50. — DÉCISION MINISTÉRIELLE DU 12 NOVEMBRE 1817.
Id. 13m,50. — ORD. ROYALE DU 12 MAI 1841. *Alignements.*
ORIG. — Dom Charles-François Toustain, bénédictin, érudit (1700-1754); voisinage de l'abbaye Saint Germain des Prés.

TOUZET (Impasse) ** . . . . **XX**e ARRONDISSEMENT . . . . 79e QUARTIER.
Anciennement commune de Belleville.

3396 **Située** rue des Amandiers, 85. (1. 21. — P. 26.)
Longr : 155m,00.
Largr : 4m,00 environ. (*Voie privée.*)
ORIG. — Nom de propriétaire.

TRACY (Rue de) . . . . **II**e ARRONDISSEMENT . . . . 8e QUARTIER.

3397 **Commence** boulevard de Sébastopol, 129. — **Finit** rue Saint Denis, 224. (1. 13. — P. 14.)
Longr : 100m,00.
Largr : 24 pieds. — LETTRES-PATENTES DU 8 NOVEMBRE 1782. *Ouverture* et *Dénomination.*
Largr : 24 pieds. — DÉCISION MINISTÉRIELLE DU 17 PRAIRIAL AN VI.
Largr : 10m,00. — ORD. ROYALE DU 21 JUIN 1826. *Alignements.*
ORIG. — Ouverte en 1786, sur les dépendances de l'hôtel de M. Antoine-Louis-Claude Destutt, comte de Tracy, homme d'État (1754-1836).

TRAÊGER (Cité) . . . . **XVIII**e ARRONDISSEMENT . . . . 70e QUARTIER.
Anciennement commune de Montmartre.

3398 **Située** rue des Poissonniers, 101. (1. 21. P. 30.)
Longr : 220m,00.
Largr : 4m,00. (*Voie privée.*)
ORIG. — Nom de propriétaire.

TRAINÉE (Impasse) **. . . . . . **XVIII**e ARRONDISSEMENT . . . . 70e QUARTIER.
Anciennement commune de Montmartre.

3399 **Située** rue de Norvins, 9. (1. 9. — P. 10.)
Longr : 35m,00.
Largr : 7m,00. — DÉLIBÉRATION DU CONSEIL MUNICIPAL DU 12 JUIN 1846. *Alignements* projetés. (Largeur actuelle, 5m,50 moindre.
DÉCRET DU 23 MAI 1863. *Classement* (confirmation).
ORIG. — Débouchait dans l'ancienne rue Trainée, aujourd'hui rue de Norvins.

TRAKTIR (Rue de). . . . . **XVI**e ARRONDISSEMENT. . . . . 64e QUARTIER.
Anciennement commune de Passy.

3400 **Commence** avenue d'Eylau, 14. — **Finit** avenue du Bois de Boulogne, 9. (1. 11. — P. 12.)
Longr : 50m,00.
Largr : 8m,00. — ARRÊTÉ PRÉFECTORAL DU 16 FÉVRIER 1856. *Alignements* entre l'avenue d'Eylau et l'avenue du Bois de Boulogne.
DÉCRET DU 23 MAI 1863. *Classement* (confirmation).
DÉCRET DU 15 JUIN 1875. *Suppression* de la partie comprise entre la rue Lauriston et l'avenue d'Eylau.
ARRÊTÉ PRÉFECTORAL DU 31 JUILLET 1869. *Nivellement.*
DÉCRET DU 2 OCTOBRE 1865. *Dénomination* actuelle.
OBS. — Précédemment rue de Bellevue.
ORIG. — Victoire remportée sur les Russes le 16 août 1855.

TRAVERSIÈRE (Passage). . . . . **XII**e ARRONDISSEMENT . . . . 48e QUARTIER.

3401 **Commence** rue Traversière, 67. — **Finit** rue de Charenton, 83.
Longr : 75m,00.
Largr : 4m,00 environ. (*Voie privée.*)
ORIG. — *Voir* rue Traversière.

TRAVERSIÈRE (Rue). . . . . . . **XII**e ARRONDISSEMENT . . . . 48e QUARTIER.
3402 **Commence** quai de la Rapée, 84. — **Finit** rue du Faubourg Saint Antoine, 100.
Long^r : 883^m,00.   (I. 95. — P. 80.)
Moindre larg^r :   8^m,00. — DÉCISION MINISTÉRIELLE DU 3 NIVÔSE AN X.
Larg^r : 14^m,00. — ORD. ROYALE DU 1er JUIN 1828. *Alignements.*
DÉCISION PRÉFECTORALE DU 2 SEPTEMBRE 1869. *Nivellement, Raccorde-
ment* avec l'avenue Daumesnil.
ORIG. — Ancienne voie de traverse.

TREILHARD (Rue). . . . . **VIII**e ARRONDISSEMENT. . . . . 32e QUARTIER.
3403 **Commence** rues de la Bienfaisance, 10, et de Miromesnil, 67. — **Finit** rues de la Bienfai-
sance, 34, et de Téhéran, 14.   (I. 23. — P. 10.)
Long^r : 215^m,00.
Larg^r : 12^m,00. — *Alignements* projetés. — (Voie ouverte par la ville de Paris sur les
terrains provenant de l'ancien abattoir du Roule).
ARRÊTÉ PRÉFECTORAL DU 14 MARS 1864. *Nivellement.*
DÉCRET DU 2 MARS 1867. *Dénomination.*
ORIG. — Le comte Jean-Baptiste Treilhard, juriste et homme d'État (1742-1810).

TRÉVISE (Cité de). . . . . **IX**e ARRONDISSEMENT . . . . 35e QUARTIER.
3404 **Commence** rue Richer, 16. — **Finit** rue Bleue, 5.   (I. 7. — P. 26.)
Long^r : 190^m,00.
Larg^r :   8^m,00.   (*Voie privée.*)
ORIG. — *Voir* rue de Trévise.

TRÉVISE (Rue de). . . . . **IX**e ARRONDISSEMENT . . . . 35e QUARTIER.
3405 **Commence** rue Bergère, 22. — **Finit** rue de La Fayette, 78.   (I. 49. — P. 40.)
Long^r : 413^m,00.
Larg^r : 12^m,00. — ORD. ROYALE DU 11 AOUT 1844. *Ouverture* et *Alignements* entre la rue
Bergère et la rue Richer.
ORD. ROYALE DU 3 OCTOBRE 1843. Hauteur maxima des maisons en
bordure, 17^m,55 pour cette 1re partie de la voie.
Larg^r : 11^m,00. — ORD. ROYALE DU 14 DÉCEMBRE 1836. *Ouverture* et *Alignements* entre la
rue Richer et la rue Bleue.
OBS. — Hauteur maxima des maisons en bordure, 16^m,50.
Larg^r : 11^m,00. — DÉCRET DU 27 AOUT 1859 (U. P.). *Ouverture* et *Alignements* entre la
rue Bleue et la rue de La Fayette.
ORIG. — Ouverte en 1836, sur l'emplacement de l'hôtel du maréchal Mortier, duc de Trévise (1768-1835).

TRÉZEL (Rue) . . . . **XVII**e ARRONDISSEMENT. . . . . 68e QUARTIER.
Anciennement commune des Batignolles.
3406 **Commence** avenue de Clichy, 100. — **Finit** rue Davy, 19.   (I. 49. — P. 36.)
Long^r : 242^m,00.
Larg^r : 10^m,00. — DÉCRET DU 24 AOUT 1870. *Classement* et *Alignements.*
ORIG. — Famille originaire de Clichy, propriétaire des terrains environnants.

TRINITÉ (Passage de la) . . . . . **II**e ARRONDISSEMENT . . . . 8e QUARTIER.
3407 **Commence** rue Saint Denis, 164. — **Finit** rue de Palestro, 21.   (I. 15. — P. 18.)
Long^r : 60^m,00.
Moindre larg^r :   1^m,60.   (*Voie privée.*)
ORIG. — Ancienne entrée de l'hôpital et de l'enclos de la Trinité.

TRINITÉ (Rue de la). . . . . **IX**e ARRONDISSEMENT . . . . 23e QUARTIER.
3408 **Commence** rue Blanche, 9. — **Finit** rue de Clichy, 8.   (I. 3. — P. 6.)
Long^r : 101^m,00.
Larg^r : 12^m,00. — DÉCRET DU 19 DÉCEMBRE 1860 (U. P.). *Ouverture* et *Alignements.*
ARRÊTÉ PRÉFECTORAL DU 19 AOUT 1864. *Dénomination.*
ORIG. — Située au chevet de l'église de la Trinité.

TRINITÉ (Square de la). . . . . . **IX**e ARRONDISSEMENT . . . . 33e QUARTIER.
3409 **Situé** entre les rues de Clichy, Saint Lazare et Blanche.
ORIG. — Situé devant l'église de la Trinité.

TROCADÉRO (Avenue du) * . . . **VIII**ᵉ Arrondissement . . . . 29ᵉ Quartier.

3410   **XVI**ᵉ Arrondissement . . . . . . 62ᵉ, 63ᵉ et 64ᵉ Quartiers.

Anciennement commune de Passy (entre la place et le boulevard Suchet).

Commence place de l'Alma, 3. — **Finit** boulevards Suchet et Lannes, et porte de la Muette.

                                                         (I. 145. — P. 182.)

Long^r : 2440^m,00. — Y compris la traversée de la place du Trocadéro.

Larg^r . 40^m,00. — Décret du 6 mars 1858. *Ouverture* et *Alignements*.

             Obs. — Une zone de servitude *non ædificandi* de 40^m,00 de largeur est réservée de chaque côté de l'avenue, dans la partie comprise entre la place du Trocadéro et la porte de la Muette.

Décret du 23 mai 1863. *Classement* confirmé entre la place du Trocadéro et la porte de la Muette.

Arrêté préfectoral du 1ᵉʳ février 1877 et Décret du 10 novembre 1877. *Dénomination* actuelle.

             Obs. — Précédemment avenue de l'Empereur.

Orig. — Conduit aux pentes du Trocadéro ; nom donné en l'honneur de la prise de ce fort en 1823 sur les Espagnols.

TROCADÉRO (Place du) ** . . . . **XVI**ᵉ Arrondissement . . . . . 62ᵉ, 63ᵉ et 64ᵉ Quartiers.

Anciennement commune de Passy (partie).

3411   **Située** entre le quai Debilly, les rues de Magdebourg, Lenôtre et Franklin, et au débouché des avenues du Trocadéro, Kléber, de Malakoff, et X.

                   (Place plantée.)

Loi du 28 avril 1869. *Convention* entre l'État et la Ville de Paris pour l'agrandissement de la place.

Larg^r : 500^m,00 environ. — *Alignements* de la partie en amphithéâtre comprenant les rues Le Nôtre et Magdebourg.

Rayon : 125^m,00. — Partie circulaire (modifiée).

Rayon : 82^m,00. — *Alignement* adopté à la suite des nouvelles dispositions arrêtées pour les abords du Palais du Trocadéro.

Arrêté préfectoral du 1ᵉʳ février 1877. *Dénomination* actuelle.

             Obs. — Précédemment place du Roi de Rome.

Orig. — *Voir* avenue du Trocadéro.

TROIS BORNES (Rue des) . . . . . **XI**ᵉ Arrondissement . . . . 41ᵉ Quartier.

3412   **Commence** rues de la Folie Méricourt, 78, et d'Angoulême, 33. — **Finit** rue Saint Maur, 139.

Long^r : 348^m,00.   (I. 49. — P. 32.)

Larg^r : 10^m,00. — Décision ministérielle du 3 thermidor an IX.

Décret du 6 août 1859. *Alignements*.

Orig. — Dénommée probablement ainsi à cause de trois bornes qui limitaient une propriété particulière.

TROIS CHANDELLES (Rue des) . . **XII**ᵉ Arrondissement . . . . 46ᵉ Quartier.

3413   1ʳᵉ partie : **Commence** rue des Quatre Chemins, 11. — **Finit** avenue Daumesnil, 142.

     2ᵉ partie : **Commence** rue Montgallet, 6. — **Finit** chemin de fer de Vincennes.

Long^r : 100^m,00 (1ʳᵉ partie).   (I. 15. — P. 6.)

Long^r : 63^m,00 (2ᵉ partie).

Larg^r : 10^m,00. — Ord. royale du 18 mars 1846. *Alignements*.

Décret du 12 décembre 1877. *Suppression* de la seconde partie pour la création d'une station de voyageurs et d'une gare à marchandises sur le chemin de fer de Vincennes.

Orig. — Dénomination tirée probablement d'une enseigne.

TROIS COURONNES (Rue des) . . **XI**ᵉ Arrondissement . . . . 41ᵉ Quartier.

3414   **Commence** rue Saint Maur, 120. — **Finit** boulevard de Belleville, 35.   (I. 49. — P. 54.)

Long^r : 373^m,00.

Larg^r : 10^m,00. — Décision ministérielle du 23 germinal an IX.

Id.   10^m,00. — Décret du 6 août 1859. *Alignements*.

Orig. — Dénomination tirée d'une enseigne.

TROIS FRÈRES (Cour des) . . . . **XI**ᵉ Arrondissement . . . . 44ᵉ Quartier.

3415   **Située** rue du Faubourg Saint Antoine, 83.

Long^r : 100^m,00.

Moindre larg^r : 2^m,90.   *(Voie privée.)*

Orig. — Nom donné par M. Vigues, propriétaire, qui avait trois fils.

TROIS FRÈRES (Rue des) ** . . **XVIII**ᵉ Arrondissement . . . . 70³ Quartier.

Anciennement commune de Montmartre.

3416   **Commence** rue d'Orsel, 48. — **Finit** rue de Ravignan, 12.   (I. 63. — P. 60.)

Long^r : 385^m,00.

Décret du 23 mai 1863. *Classement*.

TROIS FRÈRES (Rue des) **. (Suite.)

      Larg^r : 10^m,00. — *Alignements* projetés entre la rue d'Orsel et la rue Drevet. (Largeur exécutée.)

      Larg^r : 7^m,50. — *Alignements* projetés entre la rue Drevet et la rue de Ravignan. (Largeur exécutée.)

      ARRÊTÉ PRÉFECTORAL DU 17 AOUT 1877. *Nivellement.*

      ARRÊTÉ PRÉFECTORAL DU 2 AVRIL 1868. *Dénomination* actuelle.

      OBS. — Précédemment rues Léonie et des Trois Frères.

ORIG. — MM. Dufour frères, propriétaires.

TROIS PORTES (Rue des) . . . . . Ve ARRONDISSEMENT . . . . 20e QUARTIER.

3417   **Commence** place Maubert, 10. — **Finit** rue de l'Hôtel Colbert, 13.   (I. 13. — P. 18.)

      Long^r : 78^m,00.

      Larg^r : 6^m,00. — DÉCISION MINISTÉRIELLE DU 3 PLUVIÔSE AN IX.

      Larg^r : 8^m,60. — ORD. ROYALE DU 5 JUIN 1846. *Alignements.*

ORIG. — Ainsi nommée dès le XIIIe siècle parce qu'il n'y avait que trois maisons.

TROIS SŒURS (Impasse des) . . . XIe ARRONDISSEMENT . . . . 43e QUARTIER.

3418   **Située** rue Popincourt, 26 *bis.*   (P. 10.)

      Long^r : 61^m,00.

      Larg^r : 5^m,00.   (*Voie privée.*)

ORIG. — Lavoir dit : aux Trois Sœurs.

TROIS VISAGES (Impasse des) . . Ier ARRONDISSEMENT . . . . 1er QUARTIER.

3419   **Située** rue des Bourdonnais, 22.

      Long^r : 18^m,00.

      Larg^r : 2^m,00 environ.   (*Voie privée.*)

ORIG. — On voyait autrefois trois têtes sculptées à son extrémité.

TRONCHET (Rue) . . . . VIIIe ARRONDISSEMENT . . . . 31e QUARTIER.

                   IXe ARRONDISSEMENT . . . . 34e QUARTIER.

3420   **Commence** place de la Madeleine, 35. — **Finit** boulevard Haussmann, 53, et rue Auber, 23.

      Long^r : 320^m,00.   (I. 37. — P. 36.)

      Larg^r : 28^m,60. — ORD. ROYALE DU 2 JUIN 1824. *Ouverture* entre la place de la Madeleine et la rue des Mathurins.

      Id.   28^m,60. — DÉCRET DU 14 NOVEMBRE 1858 (U. P.). *Ouverture* entre la rue des Mathurins et le boulevard Haussmann.

ORIG. — François-Denis Tronchet, avocat, l'un des défenseurs de Louis XVI, l'un des rédacteurs du Code civil (1726-1806); voisinage de la Chapelle expiatoire.

TRONE (Avenue du) . . . . XIe ARRONDISSEMENT . . . . 44e QUARTIER.

                   XIIe ARRONDISSEMENT . . . . 46e QUARTIER.

3421   **Commence** place de la Nation, 30. — **Finit** boulevards de Charonne, 1, et de Picpus, 89.

      Long^r : 56^m,00   (I. 7. — P. 10.)

      Larg^r : 84^m,00 — ORD. ROYALE DU 8 SEPTEMBRE 1847. *Alignements.*

ORIG. — Ainsi dénommée en raison du voisinage de l'ancienne place du Trône, devenue place de la Nation, qui devait son nom primitif au trône élevé en 1660, à l'occasion de l'entrée de Louis XIV et de Marie-Thérèse à Paris, après leur mariage.

TRONE (Cité du) . . . . XIIe ARRONDISSEMENT . . . . 46e QUARTIER.

3422   **Commence** avenue de Saint Mandé. — **Finit** boulevard de Picpus, 83.   (I. 31. — P. 22.)

      Long^r : 210^m,00.

      Larg^r : 12^m,20.   (*Voie privée.*)

ORIG. — *Voir* avenue du Trône.

TRONE (Passage du) . . . . XIe ARRONDISSEMENT . . . . 44e QUARTIER.

3423   **Commence** boulevard de Charonne, 5. — **Finit** avenue de Taillebourg, 8. (I. 9. — P. 10.)

      Long^r : 80^m,00.

      Larg^r : 7^m,80.   (*Voie privée.*)

ORIG. — *Voir* avenue du Trône.

TRONSON DU COUDRAY (Rue). VIIIe ARRONDISSEMENT . . . . 31e QUARTIER.

3424   **Commence** rue Pasquier, 27. — **Finit** rue d'Anjou, 56.   (I. 9. — P. 8.)

      Long^r : 81^m,00.

      Larg^r : 30 pieds. — DÉCISION MINISTÉRIELLE DU 17 JUILLET 1808.

      Larg^r : 9^m,74. — ORD. ROYALE DU 25 NOVEMBRE 1836. *Alignements.*

      DÉCRET DU 27 FÉVRIER 1867. *Dénomination* actuelle.

      OBS. — Précédemment rue Notre-Dame de Grâce.

ORIG. — Guillaume-Alexandre Tronson du Coudray, l'un des défenseurs de Marie-Antoinette (1750-1798); voisinage de la Chapelle expiatoire.

TROU A SABLE (Rue du). . . . . . **XII**e Arrondissement. . . . . 46e Quartier.
3425   **Commence** rue des Quatre Chemins, 12. — **Finit** rue Dugommier, 17.   (l. 7. — P. 12.)
  Long r :   75m,00.
  Larg r :   13m,00. — Ord. royale du 18 mars 1846. *Alignements.*
       Arrêté préfectoral du 31 janvier 1873. *Nivellement.*
 Orig. — Ancienne sablière.

TROYON (Rue). . . . . **XVII**e Arrondissement. . . . . 65e Quartier.
      Anciennement commune de Neuilly.
3426   **Commence** avenue de Wagram, 11. — **Finit** avenue Mac-Mahon, 14.   (l. 13. — P. 20.)
  Long r :   138m,00.
       Décret du 23 mai 1863. *Classement* (confirmation).
  Larg r :   10m,00. — Décret du 5 mars 1880. *Alignements* et *Nivellement.*
       Arrêté préfectoral du 16 février 1865. *Nivellement.*
       Décret du 10 février 1875. *Dénomination* actuelle.
        Obs. — Précédemment rue Charlot.
 Orig. — Constant Troyon, peintre (1813-1865).

TRUDAINE (Avenue)**. . . . . . **IX**e Arrondissement. . . . . 36e Quartier.
3427   **Commence** rues de Rochechouart, 77, et de Dunkerque, 81. — **Finit** rue des Martyrs, 64.
  Long r :   437m,00.   (l. 37. — P. 32.)
       Décision ministérielle du 29 mai 1821. *Ouverture.*
  Larg r :   29m,75. — Ord. royale du 23 août 1833. *Alignements.*
 Orig. — Charles Trudaine de Montigny, conseiller d'État, prévôt des marchands (1660-1721).

TRUFFAUT (Rue). . . . . **XVII**e Arrondissement . . . . 67e Quartier.
      Anciennement commune des Batignolles.
3428   **Commence** rue des Dames, 34. — **Finit** rue Cardinet, 156.   (l. 95. — P. 120.)
  Long r :   750m,00.
  Larg r :   12m,00. — *Alignements* projetés entre la rue des Dames et la rue des Moines.
       (Largeur actuelle, 6m,90 moindre).
  Larg r :   12m,00. — Ord. royale du 25 décembre 1845. *Prolongement* entre la rue des
       Moines et la rue Cardinet.
       Décret du 23 mai 1863. *Classement* (confirmation).
 Orig. — Nom de propriétaire.

TRUILLOT (Cité) . . . . **XI**e Arrondissement . . . . 42e Quartier.
3429   **Située** boulevard Voltaire, 88.   (l. 17. — P. 16.)
  Long r :   107m,00.
  Larg r :   5m,00.   (*Voie privée.*)
 Orig. — Nom de propriétaire.

TUILERIES (Quai des) . . . . . . **I**er Arrondissement. . . . . 1er Quartier.
3430   **Commence** Pont du Carrousel et pavillon de Lesdiguières. — **Finit** pont et place de la
  Concorde.
  Long r :   1025m,00.
       Lettre-patente du 8 octobre 1731. *Formation* du quai.
       Décret du 26 février 1806. *Construction* du mur de quai.
  Moindre larg r :   22m,50. — Décret du 16 juillet 1849. *Alignements,*
       Arrêté préfectoral du 27 avril 1867. *Nivellement.*
 Orig. — Longe le palais et le jardin des Tuileries.

TUILERIES (Rue des) . . . . . . **I**er Arrondissement . . . . 1er Quartier.
3431   **Commence** quai des Tuileries. — **Finit** rue de Rivoli.
  Long r :   317m,00.
  Larg r :   20m,00.   Obs. — Voie ouverte en vertu d'un traité passé entre l'État et la Ville de Paris.
       Arrêté préfectoral du 29 avril 1881. *Dénomination.*
 Orig. — Longe le palais des Tuileries.

TUNIS (Rue de) . . . . **XI**e Arrondissement. . . . . 44e Quartier.
3432   **Commence** place de la Nation, 9. — **Finit** rue de Montreuil, 94.   (l. 3. — P. 4.)
  Long r :   134m,00.
  Larg r :   8m,00. — Décision ministérielle du 26 juin 1809.
  Id. 8m,00. — Ord. royale du 6 mai 1827. *Alignements.*
       Arrêté préfectoral du 26 février 1867. *Dénomination* actuelle.
        Obs. — Précédemment rue des Ormeaux.
 Orig. — Capitale de la Tunisie ; souvenir de la mort de saint Louis ; voisinage de la place de la Nation, décorée d'une
  statue de ce prince.

TUNNEL (Cité du) ** . . . . **XIX**^e ARRONDISSEMENT. . . . . 76e QUARTIER.
Anciennement commune de Belleville.
3433   **Commence** rue du Plateau, 19. — **Finit** rue du Tunnel, 5.
Long^r : 97^m,00.
Larg^r : 5^m,00.   (*Voie privée.*)
ARRÊTÉ PRÉFECTORAL DU 1er FÉVRIER 1877. *Dénomination* actuelle.
OBS. — Précédemment cité Barbette.
ORIG. — *Voir rue du Tunnel.*

TUNNEL (Rue du)**. . . . . **XIX**^e ARRONDISSEMENT. . . . . 76e QUARTIER.
Anciennement commune de Belleville.
3434   **Commence** rue des Alouettes, 45. — **Finit** rues Botzaris et Hassard, 14.   (I. 27. — P. 14.)
Long^r : 93^m,00.
Larg^r : 10^m,00. — DÉLIBÉRATION DU CONSEIL MUNICIPAL DU 17 NOVEMBRE 1857. *Aligne-
ments* projetés. (Largeur actuelle, 4,70 moindre.)
DÉCRET DU 23 MAI 1863. *Classement* (confirmation).
ARRÊTÉ PRÉFECTORAL DU 26 FÉVRIER 1867. *Dénomination* actuelle.
OBS. — Précédemment rue du Centre.
ORIG. — Située près de l'entrée d'un tunnel du chemin de fer de Ceinture.

TURBIGO (Rue de). . . . . **I**^{er} ARRONDISSEMENT . . . . 2e QUARTIER.
IIe ARRONDISSEMENT . . . . 8e QUARTIER.
IIIe ARRONDISSEMENT. . . . . 9e et 12e QUARTIERS.
3435   **Commence** rue Montorgueil, 8. — **Finit** r. Notre-Dame de Nazareth, 1, et du Temple, 199.
Long^r : 1165^m,00.   (I. 89. — P. 78.)
Larg^r : 20^m,00. — DÉCRET DU 29 SEPTEMBRE 1854 (U. P.). *Ouverture* entre la rue Saint
Denis et la rue Saint Martin.
Id.   20^m,00. — DÉCRET DU 23 AOUT 1858 (U. P.). *Ouverture* depuis la rue Saint
Martin jusqu'aux rues Notre-Dame de Nazareth et du Temple.
ARRÊTÉ PRÉFECTORAL DU 8 FÉVRIER 1867. *Nivellement.*
ORIG. — Victoire remportée le 2 juin 1859 sur les Autrichiens.

TURENNE (Rue de) . . . . **III**^e ARRONDISSEMENT. . . . . 10e et 11e QUARTIERS.
IVe ARRONDISSEMENT . . . . 14e et 15e QUARTIERS.
3436   **Commence** rue Saint Antoine, 129. — **Finit** rue Charlot, 72.   (I. 133. — P. 134.)
Long^r : 1130^m,00.
Larg^r : 10^m,00. — DÉCISION MINISTÉRIELLE DU 3 VENTÔSE AN X. *Alignements.*
Larg^r : 13^m,00. — ORD. ROYALE DU 10 MARS 1836. *Alignements* entre la rue Saint
Antoine et les rues des Francs Bourgeois et des Vosges.
DÉCRET DU 22 MAI 1876 (U. P.). *Exécution* au droit du n° 2 de l'ali-
gnement fixé par l'Ordonnance royale précitée.
Larg^r : 15^m,00. — DÉCISION MINISTÉRIELLE DU 4 FLORÉAL AN VIII.
Id.   15^m,00.   ORD. ROYALE DU 8 JUIN 1834. *Alignements* depuis les rues des Francs
Bourgeois et des Vosges jusqu'à la rue Charlot.
DÉCRET DU 2 OCTOBRE 1865. *Dénomination* actuelle.
OBS. — Précédemment rues du Val Sainte Catherine et Saint Louis.
ORIG. — Henri de la Tour-d'Auvergne, vicomte de Turenne, maréchal-général (1611-1675), y avait son hôtel ; une
partie de la rue avait déjà porté ce nom de 1809 à 1814.

TURGOT (Rue) **. . . . . **IX**^e ARRONDISSEMENT . . . . 36e QUARTIER.
3437   **Commence** rues de Rochechouart, 51, et Condorcet, 32. — **Finit** avenue Trudaine, 1.
Long^r : 210^m,00.   (I. 51. — P. 22.)
Larg^r : 13^m,00. — ORD. ROYALE DU 23 AOUT 1833. *Ouverture* et *Alignements.*
ORIG. — Michel-Étienne Turgot, prévôt des marchands (1690-1751).

TURIN (Rue de). . . . . **VIII**e Arrondissement. . . . . 32e Quartier.

3438 . **Commence** rue de Berlin, 32. — **Finit** boulevard des Batignolles, 25.   (I. 33. — P. 38.)

Longr : 373m,00.

Largr : 13m,00. — Ord. royale du 31 mars 1847. *Ouverture* et *Alignements* entre la rue de Berlin et la rue de Hambourg.

Largr : 15m,00. — Décret du 16 novembre 1857. *Ouverture* et *Alignements* entre la rue de Hambourg et le boulevard des Batignolles.

Orig. — Ville d'Italie; voisinage de la place de l'Europe.

ULM (Rue d') ** . . . . Ve ARRONDISSEMENT . . . . 19e et 20e QUARTIERS.

3139   **Commence** place du Panthéon, 5. — **Finit** rues Gay-Lussac, 31, et Claude Bernard, 90.

    Long^r : 487^m,80.   (I. 47. — P. 52.)

    Larg^r : 12^m,00. — DÉCISION MINISTÉRIELLE DU 30 FRIMAIRE AN XIV ET DÉCRET DU 6 JANVIER 1807. *Ouverture* entre la place du Panthéon et le champ des Capucins (actuellement boulevard de Port-Royal).

             ARRÊTÉ PRÉFECTORAL DU 27 OCTOBRE 1868. *Nivellement.* — Modification au passage des rues de l'Abbé de l'Épée et Carnot prolongée.

             DÉCRET DU 6 JANVIER 1807. *Dénomination.*

    ORIG. — En l'honneur de la capitulation d'Ulm, ville que les Autrichiens rendirent à l'armée française le 17 octobre 1805.

UNION (Passage de l'). . . . . . . VIIe Arrondissement . . . . 28e Quartier.

3140   **Commence** rue de Grenelle, 175. — **Finit** rue du Champ de Mars, 14.   (I. 15.)

    Long^r : 105^m,00.

    Larg^r : 6^m,00.   *(Voie privée.)*

    ORIG. — Inconnue.

UNIVERSELLE (Cité). . . . . . . XVe ARRONDISSEMENT . . . . 57e QUARTIER.

            Anciennement commune de Vaugirard.

3141   **Située** rue de la Croix Nivert, 103.   (P. 22.)

    Long^r : 120^m,00.

  Moindre larg^r :   3^m,20.   *(Voie privée.)*

    ORIG. —Ainsi dénommée à l'époque de l'Exposition universelle de 1867.

UNIVERSITÉ (Rue de l'). . . . . VIIe ARRONDISSEMENT . . . . . 25e, 26e et 28e QUARTIERS.

3142   **Commence** rue des Saints Pères, 20. — **Finit** avenue de la Bourdonnais, 1.

    Long^r : 2720^m,00.   (I. 219. — P. 182.)

  Moindre larg^r : 10^m,50. — DÉCISION MINISTÉRIELLE DU 15 FLORÉAL AN V.

    Id.   Id.   10^m,50. — ORD. ROYALE DU 7 MARS 1827. *Alignements* entre la rue des Saints Pères et la rue de Constantine.

    Larg^r : 12^m,00. — DÉCISIONS MINISTÉRIELLES DES 8 BRUMAIRE AN X ET 10 AVRIL 1806. *Alignements* entre l'esplanade des Invalides et la rue de la Vierge (avenue Bosquet).

  Moindre larg^r : 11^m,65. — ORD. ROYALE DU 8 FÉVRIER 1848. *Alignements* entre la rue d'Iéna et l'avenue de La Bourdonnais.

             ARRÊTÉ PRÉFECTORAL DU 28 NOVEMBRE 1867. *Nivellement* et *Raccordement* avec l'avenue Bosquet.

    ORIG. — La Seigneurie de la partie du Pré aux Clercs, sur laquelle cette rue a été percée au XVIIe siècle, a été longuement disputée à l'Université par l'abbaye Saint Germain des Prés.

URSINS (rue des). . . . . IVe ARRONDISSEMENT . . . . 16e QUARTIER.

3143   **Commence** rue des Chantres et quai aux Fleurs. — **Finit** rue de la Colombe, 1.

    Long^r : 113^m,00.   (I. 19. — P. 4.)

    Larg^r : 6^m,00. — DÉCISION MINISTÉRIELLE DU 26 PRAIRIAL AN XI. *Alignements.*

             ARRÊTÉ PRÉFECTORAL DU 24 JANVIER 1881. *Dénomination* actuelle.

             OBS. — Précédemment rue Basse des Ursins.

    ORIG. — Doit son nom à l'hôtel des Ursins.

URSULINES (Rue des) ** . . . . . Ve ARRONDISSEMENT . . . . 19e QUARTIER.

3144   **Commence** rue d'Ulm, 42. — **Finit** rue Saint Jacques, 245.   (I. 25. — P. 24.)

    Long^r : 205^m,00

    Larg^r : 10^m,00. — DÉCISION MINISTÉRIELLE DU 30 FRIMAIRE AN XIV.

    Id.   10^m,00. — ORD. ROYALE DU 15 JUIN 1845. *Alignements.*

    ORIG. — Traverse l'ancien couvent des Ursulines, et a absorbé l'impasse qui y conduisait.

USINES (Rue des). . . . . **XV**ᵉ Arrondissement . . . . 59ᵉ Quartier.

Anciennement commune de Grenelle.

3445   **Commence** quai de Grenelle, 29. — **Finit** boulevard de Grenelle, 219.   (I. 7. — P. 11.)

Long^r : 440^m,00.

Larg^r : 12^m,00. — Arrêté préfectoral du 21 février 1845. *Alignements.*

Décret du 23 mai 1863. *Classement* (confirmation).

Arrêté préfectoral du 3 février 1867. *Nivellement.*

Arrêté préfectoral du 26 février 1867. *Dénomination* actuelle.

Obs. — *Précédemment rue de Chabrol.*

Orig. — Doit son nom aux nombreuses usines de Grenelle.

UZÈS (Rue d'). . . . . **II**ᵉ Arrondissement . . . . 7ᵉ Quartier.

3446   **Commence** rue Saint Fiacre, 15. — **Finit** rue Montmartre, 174.   (I. 9. — P. 12.)

Long^r : 196^m,00.

Larg^r : 12^m,00. — Décret du 24 juin 1870. *Ouverture et Alignements.*

Arrêté préfectoral du 13 août 1870. *Nivellement.*

Obs. — La maison située à l'extrémité de la rue, du côté de la rue Saint-Fiacre, doit être démolie par les héritiers Dulessert, le 15 septembre 1882.

Orig. — Percée sur l'emplacement de l'hôtel d'Uzès.

V

VACHERON (Cité). . . . . XIe Arrondissement . . . . 43e Quartier.
3417   **Située** rue de la Folie Regnault, 38.
    Long^r : 90^m,00.
    Larg^r : 3^m,30 environ.   (*Voie privée.*)
  Oric. — Nom du propriétaire.

VALADON (Rue) . . . . VIIe Arrondissement . . . . 28e Quartier.
3418   **Commence** rue de Grenelle, 169. — **Finit** rue du Champ de Mars, 12.   (I. 17. — P. 24.)
    Long^r : 112^m,00.
    Larg^r : 10^m,00.   (*Voie privée.*)
  Oric. — Ouverte en 1843 par M. Valadon, architecte.

VAL DE GRACE (Rue du)**. . . . Ve Arrondissement. . . . . 19e Quartier.
3419   **Commence** rue Saint Jacques, 300. — **Finit** boulevard Saint Michel, 137. (I. 23. — P. 20.)
    Long^r : 236^m,00.
    Larg^r : 10^m,00. — Décision ministérielle du 18 brumaire an xiv. *Alignements* entre la
               rue Saint Jacques et la rue Denfert-Rochereau.
    Id.   10^m,00. — Décret du 14 aout 1811 (U. P.). *Ouverture* du débouché sur la rue
               Saint Jacques.
    Id.   10^m.00. — Ord. royale du 18 mars 1846. *Alignements* de la totalité de la voie.
  Oric. — Située en face de l'Église du Val de Grâce.

VALENCE (Rue de) . . . . Ve Arrondissement. . . . . 18e Quartier.
3450   **Commence** avenue des Gobelins, 2. — **Finit** rue Pascal, 19.   (I. 11. — P. 10.)
    Long^r : 109^m,00.
    Larg^r : 12^m,00. — Ord. royale du 15 janvier 1844. (U. P.). *Conversion* en rue et
              Alignements du passage de Valence.
  Oric. — Inconnue.

VALENCIENNES (Rue de)** . . . Xe Arrondissement. . . . . 37e Quartier.
3451   **Commence** rue du Faubourg Saint Denis, 147. — **Finit** boulevard de Magenta, 112.
    Long^r : 137^m,00.   (I. 15. — P. 12.)
    Larg^r : 12^m,00. — Décret du 4 aout 1868 (U. P.). *Ouverture* entre la rue du Faubourg
               Saint Denis et la rue de Saint Quentin.
    Larg^r : 12^m,00. — Ord. royale du 31 janvier 1827. *Ouverture* entre la rue de Saint
               Quentin et le boulevard de Magenta.
    Décision ministérielle du 11 avril 1845. *Dénomination* actuelle.
          Obs. — Précédemment rue du Delta.
  Oric. — Ville du département du Nord ; voisinage de la gare du Nord.

VALENCIENNES (Place de) **. . . Xe Arrondissement . . . . 37e Quartier.
3452   **Située** à la rencontre du boulevard de Magenta, 112 ; de l'avenue de Denain, 2, et de la rue
    La Fayette, 134.
    Ord. royale du 31 janvier 1827. *Ouverture.*
    Décision ministérielle du 11 avril 1845. *Dénomination* actuelle.
        Obs. — Précédemment place du Delta.
  oric. — *Voir* rue de Valenciennes.

VALETTE (Rue) . . . . **V**e Arrondissement. . . . . 20e Quartier.

3153   **Commence** rues de Lanneau, 1, et de l'École Polytechnique, 19. — **Finit** place du Panthéon, 8.
  Longr . 145m,00.   (I. 23. — P. 2.)
  Largr : 12m,00. — Décision ministérielle du 13 juin 1807.
  Id. : 12m,00. — Ord. royale du 5 juin 1816. *Alignements.*
  Arrêté préfectoral du 16 août 1879. *Dénomination* actuelle.
  Obs — Précédemment rue des Sept Voies.
  Orig. — Claude-Denis-Auguste Valette, jurisconsulte (1805-1878); voisinage de l'École de Droit, où il a professé.

VALHUBERT (Place). . . . . . . **V**e Arrondissement. . . . . 18e Quartier.
                                    XIIIe Arrondissement. . . . . 49e Quartier.
                                    (Place plantée.)

3154   **Située** à la rencontre des quais d'Austerlitz, 57, Saint-Bernard, et du boulevard de l'Hôpital.
  Rayon: 99m,00. — Décret du 14 février 1806. *Ouverture* et *Dénomination.*   (I. 1.)
  Rayon: 100m,00. — Ord. royale du 11 juin 1817. *Alignements.*
  Orig. — Jean-Marie-Mellon Roger, dit Valhubert, général de division (1764-1805), tué à la bataille d'Austerlitz; voisinage du pont d'Austerlitz.

VALLÉE DE FÉCAMP (Impasse de la). **XII**e Arrondissement . . . . 46e Quartier.
                                        Anciennement commune de Bercy.

3155   **Située** rue de Fécamp, 14.
  Longr : 34m,00.
  Largr : 2m,50 environ.
  Arrêté prétoral du 20 mai 1837. *Classement.*
  Décret du 23 mai 1863. *Classement* (confirmation).
  Obs. — Précédemment partie de l'ancienne rue de la Vallée de Fécamp.
  Orig. — Débouche dans la rue de Fécamp.

VALLET (Passage)** . . . . **XIII**e Arrondissement. . . . . 49e Quartier.

3156   **Commence** rue Pinel, 13. — **Finit** rue de Villejuif, 13.   (I. 15. — P. 8.)
  Longr : 110m,00.
  Largr : 5m,40 environ.   *(Voie privée.)*
  Orig. — Nom du propriétaire.

VALMY (Quai de) * . . . . **X**e Arrondissement . . . . 39e et 40e Quartiers.
                                      XIe Arrondissement . . . . 41e Quartier.

3157   **Commence** rue Rampon, 13, et avenue de la République, 13. — **Finit** rue La Fayette, 230.
  Longr : 1,980m,00.   (I. 205.)
  Largr : 16m,50. — Ord. royale du 13 août 1821. *Ouverture* entre la rue Rampon et la
              rue de la Butte Chaumont.
  Largr : 15m,00. — Ord. royale du 20 février 1825. *Ouverture* entre la rue de la Butte
              Chaumont et la rue La Fayette.
  Obs. — En 1830 il fut dénommé quai Valmy. (Précédemment quai Louis XVIII.)
  Orig. — Victoire remportée par l'armée française commandée par Kellermann, sur les Prussiens, le 20 septembre 1792.

VALOIS (Avenue de) . . . . . . **VIII**e Arrondissement. . . . . 32e Quartier.
3158   **Située** boulevard Malesherbes, 117.   (I. 15. — P. 2.)
  Longr : 60m,00.
  Largr : 6m,00.   *(Voie privée).*
  Orig. — Créée près de l'ancienne rue de Valois du Roule, réunie aujourd'hui à la rue de Monceau, et ainsi nommée
    en l'honneur du duc de Valois, fils aîné du duc d'Orléans, depuis Louis-Philippe; voisinage du parc Monceau,
    qui appartenait au duc d'Orléans.

VALOIS (Galerie de). . . . . . . **I**er Arrondissement . . . . 3e Quartier.
3159   **Commence** péristyle de Valois. — **Finit** péristyle de Beaujolais.
  Longr : 225m,00.
  Largr : 4m,40 environ. — *Voie privée,* comprise dans le Palais Royal.
  Orig. — *Voir* rue de Valois.

VALOIS (Péristyle de). . . . . . . **I**er Arrondissement . . . . 3e Quartier.
3160   **Commence** galeries des Proues et de la Cour d'Honneur. — **Finit** galeries du Jardin et de
              Valois.
  Longr : 50m,00.
  Largr : 32m,00 environ. — *Voie privée* comprise dans le Palais Royal.
  Orig. — *Voir* rue de Valois.

VALOIS (Place de) . . . . Ier Arrondissement . . . . 3e Quartier.

3461   **Commence** rue de Valois, 6. — **Finit** rue des Bons Enfants, 11.   (I. 7. — P. 6.)

Long^r : 42^m,00.

Moindre larg^r : 14^m,00. — Arrêté du directoire exécutif du 19 ventôse an VII, réputant passage public la cour des Fontaines (place de Valois).

Ord. royale du 22 août 1840. Maintien de l'état actuel.

Obs. — Par lettre du 16 février 1870, le Ministre de la Maison de l'Empereur a revendiqué la propriété du sol au profit du Domaine de l'État.

Arrêté préfectoral du 26 février 1867. *Dénomination* actuelle.

Obs. — Précédemment cour des Fontaines.

Orig. — *Voir rue de Valois.*

VALOIS (Rue de) . . . . Ier Arrondissement . . . . 3e Quartier.

3462   **Commence** rue Saint Honoré, 202. — **Finit** rue de Beaujolais, 2.   (I. 43. — P. 48.)

Long^r : 377^m,00.

Larg^r : 8^m,50. — Ord. royale du 22 août 1840. *Alignements.*

Orig. — Ouverte en 1782, sur l'ancien jardin du Palais Royal, a pris le nom du duc de Valois.

VANDAL (Impasse) ** . . . . . . XIVe Arrondissement . . . . 56e Quartier.

Anciennement commune de Vanves.

3463   **Située** boulevard Brune, 25.   (I. 15.)

Long^r : 75^m,00.

Larg^r : 2^m,50.   (*Voie privée.*)

Orig. — *Voir rue Vandal.*

VANDAL (Rue, ** . . . . XIVe Arrondissement . . . . 56e Quartier.

Anciennement commune de Vanves.

3464   **Commence** rue de Vanves, 213. — **Finit** passage des Suisses.   (I. 33. — P. 22.)

Long^r : 132^m,00.

Larg^r : 4^m,00.   (*Voie privée.*)

Orig. — Nom d'un propriétaire.

VANDAMME (Impasse) ** . . . . XIVe Arrondissement . . . . 56e Quartier.

Anciennement commune de Vaugirard.

3465   **Située** rue Vandamme, 42.

Long^r : 30^m,00.

Larg^r : 10^m,00.   (*Voie privée.*)

Arrêté préfectoral du 10 novembre 1873. *Dénomination* actuelle.

Obs. — Précédemment impasse du Chemin de Fer.

Orig. — *Voir rue Vandamme.*

VANDAMME (Rue)** . . . . . . XIVe Arrondissement . . . . 53e et 56e Quartiers.

Anciennement communes de Montrouge et de Vaugirard.

3466   **Commence** rue de la Gaîté, 20. — **Finit** rue du Château, 45.   (I. 77. — P. 71.)

Long^r : 480^m,00.

Larg^r : 8^m,00. — Délibération du conseil municipal de Montrouge du 5 mai 1836. *Alignements* projetés entre la rue de la Gaîté et l'avenue du Maine.

Larg^r : 10^m,00. — *Alignements* projetés entre l'avenue du Maine et la rue du Château. (Excepté au débouché sur l'avenue du Maine.)

Décret du 23 mai 1863. *Classement* (confirmation).

Arrêté préfectoral du 10 mai 1865. *Nivellement.*

Décret du 2 octobre 1865. *Dénomination* actuelle.

Obs. — Précédemment rues du Théâtre et de la Gaîté.

Orig. — Dominique-René Vandamme, comte d'Unebourg, général de division (1770-1830) ; voisinage de l'École Militaire.

VANDREZANNE (Passage) ** . . . XIIIe Arrondissement . . . . 52e Quartier.

Anciennement commune de Gentilly.

3467   **Commence** rue Vandrezanne, 37. — **Finit** rue du Moulin des Prés, 49.

Long^r : 128^m,00.

Larg^r : 2^m,00 environ. — Arrêté préfectoral du 5 octobre 1857. *Classement.*

Décret du 23 mai 1863. *Classement* (confirmation).

Arrêté préfectoral du 1er février 1877. *Dénomination* actuelle.

Obs. — Précédemment sentier du Moulin des Prés.

Orig. — *Voir rue Vandrezanne.*

VANDREZANNE (Rue)** . . . . **XIII**ᵉ Arrondissement . . . . 51ᵉ Quartier.
Anciennement commune de Gentilly.
3468   **Commence** avenue d'Italie, 42. — **Finit** rue du Moulin des Prés, 29.   (I. 45. — P. 40.)
Longr : 300ᵐ,00.
Moindre largr :   7ᵐ,00. — Ord. royale du 20 juin 1844. *Classement* et *Alignements.*
Décret du 23 mai 1863. *Classement* (confirmation).
Arrêté préfectoral du 19 mai 1862. *Nivellement.*
Orig. — Nom de propriétaire.

VAN-DYCK (Avenue). . . . . . . **VIII**ᵉ Arrondissement . . . . 32ᵉ Quartier.
3469   **Commence** rues de Vigny, 2, et de Courcelles, 78. — **Finit** parc de Monceau.   (I. 5. — P. 4.)
Longr : 85ᵐ,00.
Largr : 26ᵐ,00. — *Voie ouverte* en vertu du traité passé le 14 janvier 1861 entre la
Ville de Paris et le sieur Péreire.
Obs. — Une zone de servitude *non œdificandi* de 5ᵐ,00 de largeur est réservée
de chaque côté de l'avenue.
Décret du 11 septembre 1869. *Dénomination.*
Orig. — Antoine Van-Dyck, peintre flamand (1599-1641).

VANEAU (Rue) . . . . **VII**ᵉ Arrondissement . . . . . 25ᵉ, 26ᵉ et 27ᵉ Quartiers.
3470   **Commence** rue de Varenne, 61. — **Finit** rue de Sèvres. 46.   (I. 85. — P. 86.)
Longr : 732ᵐ,00.
Largr : 12ᵐ,00. — Ord. royale du 19 juillet 1826. *Ouverture* entre la rue de Varenne
et la rue de Babylone.
Largr :   7ᵐ,70. — Décision ministérielle du 15 floréal an v. *Alignements* entre la rue
de Babylone et la rue Oudinot.
Largr :   8ᵐ,00. — Décision ministérielle du 15 floréal an v. *Alignements* entre la rue
Oudinot et la rue de Sèvres.
Largr : 12ᵐ,00. — Ord. royale du 12 décembre 1845. *Alignements* entre la rue de
Babylone et la rue de Sèvres.
Décision ministérielle du 8 janvier 1850 et arrêté préfectoral
du 10 novembre 1873. *Dénomination* actuelle.
Obs. — Précédemment rue Vanneau et antérieurement rues Mademoiselle,
des Brodeurs et Petite rue Mademoiselle.
Orig. — Doit son nom à un élève de l'École Polytechnique tué le 29 juillet 1830, en dirigeant l'attaque de la caserne
de Babylone ; voisinage de cette caserne.

VAN-LOO (Rue). . . . . **XVI**ᵉ Arrondissement . . . . 61ᵉ Quartier.
Anciennement commune d'Auteuil.
3471   **Commence** quai d'Auteuil. — **Finit** avenue de Versailles, 153.   (I. 25. — P. 22.)
Longr : 130ᵐ,00.
Largr :   8ᵐ,00. — *Alignements* projetés. (Largeur actuelle, 7ᵐ,40 moindre.)
Décret du 23 mai 1863. *Classement* (confirmation).
Décret du 11 septembre 1869. *Dénomination* actuelle.
Obs. — Précédemment rue du Bac.
Orig. — Famille de peintres hollandais qui vinrent se fixer en France, et dont le plus célèbre est Charles André, dit
Carle Vanloo (1705-1765); quartier où ont été groupés des noms d'artistes.

VANNES (Rue de). . . . . **I**ᵉʳ Arrondissement . . . . 2ᵉ Quartier.
3472   **Commence** rue des Deux Écus, 12, et Vauvilliers, 19. — **Finit** rue de Viarmes, 8. (I. 7. — P. 8.)
Longr : 35ᵐ,00.
Largr :   7ᵐ,80. — Lettre-patente du 25 novembre 1762. *Ouverture, Alignements.*
Id.   7ᵐ,80. — Décision ministérielle du 9 germinal an xiii. *Alignements.*
Décret du 4 avril 1860 (U. P.). *Suppression* pour l'achèvement des
Halles.
Orig. — Ouverte en 1763, pendant que M. Jollivet de Vannes était procureur du roi et de la Ville.

VANVES (Passage de)** . . . . . **XIV**ᵉ Arrondissement . . . . 56ᵉ Quartier.
Anciennement commune de Vaugirard.
3473   **Commence** rue de l'Ouest, 47. — **Finit** rue de Vanves, 28.   (I. 19. — P. 24.)
Longr : 115ᵐ,00.
Largr :   3ᵐ,60 environ.   (*Voie privée.*)
Arrêté préfectoral du 1ᵉʳ février 1877. *Dénomination* actuelle.
Obs. — Précédemment passage de la Cité d'Antin.
Orig. — Voir rue de Vanves.

VANVES (Chemin de)**. . . . . . . **XIVᵉ** Arrondissement . . . . 53ᵉ Quartier.
Anciennement commune de Montrouge.

3474 **Commence** rue du Champ d'Asile, 73. — **Finit** avenue du Maine, 97.
Longʳ : 50ᵐ,00.
Décret du 23 mai 1863. *Classement.*
Largʳ : 10ᵐ,00. — Décret du 20 juin 1881. *Alignements.*
Orig. — *Voir rue de Vanves.*

VANVES (Porte de) . . . . **XIVᵉ** Arrondissement . . . . 56ᵉ Quartier.
3475 **Située** boulevard Brune, en prolongement de la rue de Vanves.
Orig. - À l'extrémité de la rue de Vanves.

VANVES (Rue de) **. . . . . **XIVᵉ** Arrondissement . . . . 56ᵉ Quartier.
Anciennement communes de Vanves, de Montrouge et de Vaugirard.

3476 **Commence** avenue du Maine, 106. — **Finit** boulevard Brune, 9. (I. 235 — P. 234.)
Longʳ : 1640ᵐ,00.
Moindre largʳ : 10ᵐ,00.— Arrêté préfectoral du 17 juin 1848. *Alignements* entre l'avenue
du Maine et la rue d'Alésia.
Largʳ : 15ᵐ,00.— Arrêté préfectoral du 17 juin 1848. *Alignements* entre la rue
d'Alésia et le boulevard Brune.
Décret du 23 mai 1863. *Classement* (confirmation).
Arrêté préfectoral du 20 février 1877. *Nivellement.*
Orig. — Ancien chemin conduisant au village de Vanves.

VARENNE (Rue de). . . . . **VIIᵉ** Arrondissement . . . . 25 et 26ᵉ Quartiers.
3477 **Commence** rue de la Chaise, 14. — **Finit** boulevard des Invalides, 17. (I. 77. — P. 102.)
Longʳ : 920ᵐ,00.
Largʳ : 9ᵐ,00. — Décision ministérielle du 2 thermidor an V.
Largʳ : 10ᵐ,30. — Ord. royale du 7 mars 1827. *Alignements.*
Décret du 28 septembre 1834. *Nivellement.*
Obs. — La partie entre la rue de la Chaise et la rue du Bac a porté autrefois le
nom de La Planche.
Orig. — Doit son nom à la grande garenne du fief de Saint Germain des Prés, sur laquelle elle a été percée.

VARIÉTÉS (Galerie des). . . . . . **IIᵉ** Arrondissement . . . . 6ᵉ Quartier.
3478 **Commence** rue Vivienne, 38. — **Finit** Galerie Saint Marc, 28. (I. 23. — P. 20.)
Longʳ : 53ᵐ,00.
Largʳ : 3ᵐ,20. (*Voie privée.*)
Orig. — Voisinage du théâtre des Variétés.

VARIZE (Rue de) . . . . **XVIᵉ** Arrondissement . . . . 61ᵉ Quartier.
3479 **Commence** rue Michel Ange. — **Finit** boulevard Murat.
Longʳ : 300ᵐ,00.
Largʳ : 12ᵐ,00. — Arrêté préfectoral du 4 novembre 1869. *Alignements.*
Arrêté préfectoral du 29 novembre 1869. *Nivellement.*
Décret du 10 février 1875. *Dénomination.*
Orig. — Village situé près de Châteaudun, illustré par la défense du 18 octobre 1870.

VAUBAN (Place) . . . . **VIIᵉ** Arrondissement . . . . 27ᵉ Quartier.
3480 **Située** avenue de Tourville, au débouché des avenues de Ségur, de Breteuil et de Villars.
Rayon : 95ᵐ,00 environ. — Lois des 19 mars 1838 et 4 juin 1853. (I. 5.)
Obs. — Ouverte en 1780. Cédée par l'État à la Ville de Paris par une loi du
19 mars 1838.
Orig. — Sébastien Le Prestre de Vauban, ingénieur, maréchal de France (1633-1707) ; voisinage de l'École Militaire.

VAUCANSON (Rue). . . . . **IIIᵉ** Arrondissement . . . . 9ᵉ Quartier.
3481 **Commence** rues Réaumur, 44, et de Turbigo, 53.— **Finit** rue du Vertbois, 29. (I. 5.—P. 6.)
Longʳ : 200ᵐ,00.
Largʳ : 10ᵐ,00. — Décret du 23 août 1858 (U. P.). *Ouverture* depuis les rues Réau-
mur et de Turbigo jusqu'aux rues de Breteuil et Conti.
Largʳ : 10ᵐ,00. — Décision ministérielle du 9 octobre 1816. *Ouverture.*
Ord. royale du 14 janvier 1829. *Alignements* depuis les rues de
Breteuil et Conti jusqu'à la rue du Vertbois.
Décision ministérielle du 27 septembre 1817. *Dénomination.*
Orig. — Jacques de Vaucanson, mécanicien (1709-1782) ; voisinage du Conservatoire des Arts et Métiers.

VAUCOULEURS (Passage) . . . . **XI**e Arrondissement. . . . . 41e Quartier.

3482   **Commence** rue des Trois Couronnes, 27. — **Finit** rue de l'Orillon, 30.   (l. 9. — P. 35.)

     Long^r : 270^m,00.

     Larg^r : 3^m,50 environ.   (*Voie privée.*)

                    Arrêté préfectoral du 10 novembre 1873. *Dénomination* actuelle.

                        Obs. — *Précédemment passage des Trois Couronnes.*

    Orig. — *Village de Lorraine, où Jeanne d'Arc s'est présentée à Baudricourt pour le prier de la conduire auprès de Charles VII.*

VAUGELAS (Rue)** . . . . **XV**e Arrondissement . . . . 57e Quartier.

                Anciennement commune de Vaugirard.

3483   **Commence** rue Olivier de Serres. — **Finit** rue Lacretelle, 10.   (l. 79 à 81.)

     Long^r : 305^m,00.

     Larg^r : 10^m,00. — Délibération du conseil municipal du 10 août 1844. *Alignement* projetés, exécutés en grande partie. (Largeur actuelle, 7^m,30 moindre.)

             Décret du 23 mai 1863. *Classement* (confirmation).

             Arrêtés préfectoraux des 14 mai 1867 et 30 septembre 1873. *Nivellement.*

             Décret du 2 octobre 1865. *Dénomination* actuelle.

                 Obs. — *Précédemment partie de la rue des Tournelles.*

    Orig. — *Claude Favre de Vaugelas, grammairien (1585-1650); voisinage d'un établissement d'instruction publique.*

VAUGIRARD (Boulevard de)* . . . **XV**e Arrondissement . . . . 58e Quartier.

          Anciennement commune de Vaugirard (du côté des numéros impairs).

3484   **Commence** avenue du Maine, 34, et place du Maine, 6. — **Finit** rues Lecourbe, 1, et de Sèvres, 167.   — (l. 169. — P. 132 bis.)

     Long^r : 1015^m,00.

     Larg^r : 15 toises. — Ord. du bureau des finances du 16 janvier 1789. *Alignements* des anciens boulevards.

     Larg^r : 36 pieds.— *Alignements* des anciens chemins de ronde.

     Larg^r : 11^m,69. — Ord. royale du 14 février 1817. *Alignements* des anciens chemins de ronde.

             Décret du 23 mai 1863. *Classement.* (Confirmation.)

     Larg^r : 42^m,00. — Arrêté préfectoral du 3 août 1866. *Alignements* entre la place du Maine et la rue de l'Armorique.

     Larg^r : 56^m,00. — Même arrêté. *Alignements* entre la rue de l'Armorique et la rue Lecourbe.

             Arrêtés préfectoraux des 10 novembre 1869, 31 janvier 1877 et 29 avril 1875. *Nivellement.*

             Arrêtés préfectoraux des 30 décembre 1864 et 10 novembre 1873. *Dénomination* actuelle.

              Obs. — *Précédemment boulevards des Fourneaux, d'Issy et de Vaugirard, chemins de ronde du Maine, des Fourneaux et de Vaugirard.*

    Orig. — *Longe l'extrémité nord de l'ancien village de Vaugirard.*

VAUGIRARD (Impasse de) ** . . . . **XV**e Arrondissement . . . . 58e Quartier.

                Anciennement commune de Vaugirard.

3485   **Située** boulevard de Vaugirard, 17.

     Long^r : 88^m,00.

     Larg^r : 5^m,70.   (*Voie privée.*)

             Arrêté préfectoral du 10 novembre 1873. *Dénomination* actuelle.

              Obs. — *Précédemment impasse du Chemin de fer.*

    Orig. — *Voir boulevard de Vaugirard.*

VAUGIRARD (Place de)* . . . . . . **XV**e Arrondissement. . . . . 57e Quartier.

                Anciennement commune de Vaugirard.

3486   **Située** entre la rue Blomet, 97, et la rue de Vaugirard, 260.   (l. 7. — P. 16.)

     Long^r : 154^m,00.

     Larg^r : 49^m,00 environ.   (*Place plantée.*)

             Décret du 23 mai 1863. *Classement* (confirmation).

             Arrêté préfectoral du 15 juin 1876. *Nivellement.*

             Arrêtés préfectoraux des 26 février 1867 et 10 novembre 1873. *Dénomination* actuelle.

              Obs. — *Précédemment place de la Mairie.*

    Orig. — *Voir rue de Vaugirard.*

VAUGIRARD (Rue de) * . . . . . . **VI**e Arrondissement . . . . 22e et 23e Quartiers.

              XVe Arrondissement . . . . 57e et 58e Quartiers.

             Anciennement commune de Vaugirard (partie).

3487   **Commence** rue Monsieur le Prince, 40. — **Finit** boulevards Lefèvre et Victor.

     Long^r : 4.350^m,00.   (l. 405.— P. 386.)

VAUGIRARD (Rue de)*. (*Suite*).

Moindre larg^r :   12^m,00. — DÉCISION MINISTÉRIELLE DU 3 NIVÔSE AN X. *Alignements* entre la rue Monsieur le Prince et boulevard du Montparnasse.

Moindre larg^r :   11^m,50. — ORD. ROYALE DU 24 AOUT 1836. *Alignements* entre les rues Monsieur le Prince et Servandoni.

Moindre larg^r :   13^m,00. — DÉCRET DU 22 OCTOBRE 1880. *Alignements* entre la rue de Tournon et la rue Férou (côté des numéros pairs) et entre la rue de Tournon, à l'extrémité du Palais du Luxembourg, en face de la rue Servandoni (côté des numéros impairs).

Moindre larg^r :   11^m,50. — ORD. ROYALE DU 29 OCTOBRE 1843. *Alignements* entre les rues Servandoni et Bonaparte.

Moindre larg^r :   13^m,00. — ORD. ROYALE DU 14 FÉVRIER 1847. *Alignements* entre les boulevards du Montparnasse et de Vaugirard.

Moindre larg^r :   14^m,20. — DÉCRET DU 19 DÉCEMBRE 1850. *Alignements* entre le boulevard de Vaugirard et la rue de la Procession.

Larg^r :   10^m,00. — DÉCRET DU 19 DÉCEMBRE 1850. *Alignements* entre les rues de la Procession et Desnouettes.

Moindre larg^r :   12^m,00. — DÉCRET DU 19 DÉCEMBRE 1850. *Alignements* entre les rues Desnouettes et Lacretelle.

Larg^r :   19^m,50. — DÉCRET DU 19 DÉCEMBRE 1850. *Alignements* entre la rue Lacretelle et le boulevard Victor.

DÉCRET DU 23 MAI 1863. *Confirmation* du classement entre le boulevard de Vaugirard et les boulevards Lefèvre et Victor.

Larg^r :   12^m,00. — DÉLIBÉRATION DU CONSEIL MUNICIPAL DU 8 JUILLET 1873. *Approbation* d'un traité modifiant les alignements du côté des numéros pairs, entre les rues Desnouettes et Olier.

ARRÊTÉ PRÉFECTORAL DU 31 JUILLET 1869. *Nivellement* entre l'avenue du Maine et le boulevard de Vaugirard.

ARRÊTÉ PRÉFECTORAL DU 7 SEPTEMBRE 1869. *Nivellement* entre le boulevard de Vaugirard et les boulevards Lefèvre et Victor.

ARRÊTÉ PRÉFECTORAL DU 2 AVRIL 1868. *Dénomination* actuelle.

OBS. — Précédemment rue de Vaugirard et Grande Rue. (Route nationale n° 189, entre le boulevard de Vaugirard et les boulevards Lefèvre et Victor.)

ORIG. — Réunion du chemin qui conduisait à Vaugirard et de la rue principale de ce village, qui avait été ainsi nommé du nom de son seigneur Gérard de Moret, abbé de Saint-Germain (XIIIe siècle).

VAUQUELIN (Rue) **. . . . . Ve ARRONDISSEMENT . . . . 19e QUARTIER.

3488   **Commence** rue Lhomond, 44. — **Finit** rue Claude Bernard, 72.   (L. 31. — P. 2.)

Long^r : 200^m,00.

Larg^r :   12^m,00. — DÉCRET DU 4 DÉCEMBRE 1850. *Ouverture* et *Alignements*.

DÉCRET DU 2 MARS 1864. *Dénomination*.

ORIG. — Louis-Nicolas Vauquelin, chimiste (1763-1829) ; quartier des Écoles.

VAUVENARGUES (Rue) * . . . XVIIIe ARRONDISSEMENT . . . . 69e QUARTIER.

3489   **Commence** rues Marcadet, 204, et Damrémont. — **Finit** boulevard Ney.

Long^r : 750^m,00.

Larg^r :   12^m,00. — DÉCRET DU 23 MAI 1863 (U. P.). *Ouverture* et *Alignements*.

DÉCRET DU 10 FÉVRIER 1875. *Dénomination*.

ORIG. — Luc de Clapiers, marquis de Vauvenargues, moraliste (1715-1747).

VAUVILLIERS (Rue) . . . . Ier ARRONDISSEMENT . . . . 2e QUARTIER.

3490   **Commence** rue Saint Honoré, 74. — **Finit** rues Coquillière, 1, et de Rambuteau.

Long^r : 208^m,00.   (L. 49. — P. 16.)

Larg^r :   9^m,00. — DÉCISION MINISTÉRIELLE DE FLORÉAL AN VII.

Larg^r :   12^m,00. — ARRÊTÉ DU GOUVERNEMENT PROVISOIRE DU 5 MAI 1848. *Alignements* entre la rue Saint Honoré et la rue des Deux Écus.

Moindre larg^r :   14^m,69. — DÉCRET DU PRÉSIDENT DE LA RÉPUBLIQUE DU 10 MARS 1852. *Alignements* entre la rue des Deux Écus et les rues Coquillière et Rambuteau.

Larg^r :   15^m,00. — DÉCRET DU 21 JUIN 1854. *Alignements* entre la rue Saint Honoré et la rue des Deux Écus.

Larg^r :   20^m,00. — DÉCRET DU 21 JUIN 1854 (U. P.). *Alignements* entre la rue des Deux Écus et les rues Coquillière et Rambuteau.

OBS. — Tous ces alignements ont été modifiés par le décret suivant, qui a assigné à la rue Vauvilliers une largeur uniforme.

Larg^r :   15^m,00. — DÉCRET DU 4 AVRIL 1860 (U. P.). *Alignements*.

DÉCRET DU 24 AOUT 1864. *Dénomination* actuelle.

OBS. — Précédemment rue du Four.

ORIG. — Jean-François Vauvilliers (1737-1801), helléniste et membre de la municipalité de Paris en 1789 ; voisinage des Halles, qu'il contribua à approvisionner pendant la disette.

VAVIN (Avenue) ** . . . . **VI**e ARRONDISSEMENT . . . . 23e QUARTIER.
3491   **Située** rue d'Assas, 84.
    Long^r : 50^m,00.
    Larg^r : 6^m,50 environ.   (*Voie privée.*)
  Orig. — *Voir* rue Vavin.

VAVIN (Rue) ** . . . . **VI**e ARRONDISSEMENT . . . . 23e QUARTIER.
3492   **Commence** rue d'Assas, 76. — **Finit** boulevard du Montparnasse, 99.   (l. 51. — P. 54.)
    Long^r : 375^m,00.
    Larg^r : 10^m;00. — ORD. ROYALE DU 8 DÉCEMBRE 1831. *Ouverture* entre la rue d'Assas et
           la rue Notre-Dame des Champs.
        OBS. — La hauteur maxima des maisons est fixée à 15 mètres dans cette 1re
          partie de la voie, sauf celles formant encoignure.
    Larg^r : 12^m,00. — DÉCRET DU 23 JUILLET 1850. *Ouverture* entre la rue Notre-Dame des
           Champs et le boulevard du Montparnasse.
  Orig. — Ouverte en 1834, sur le terrain de M. Vavin, maire et député de cet arrondissement.

VEGA (Rue de la) . . . . **XII**e ARRONDISSEMENT . . . . 45e QUARTIER.
               Anciennement commune de Saint-Mandé.
3493   **Commence** avenue Daumesnil, 259. — **Finit** rue de Montempoivre, 25. (l. 35. — P. 46.)
    Long^r : 590^m,00.
    Larg^r : 10^m,00. — ARRÊTÉS PRÉFECTORAUX DES 11 AVRIL ET 6 JUILLET 1855. *Classement*
           et *Alignements*.
        ARRÊTÉS PRÉFECTORAUX DES 31 MAI 1865 ET 18 DÉCEMBRE 1872. *Ni-*
           vellement.
        ARRÊTÉ PRÉFECTORAL DU 23 OCTOBRE 1880. *Dénomination* actuelle.
        OBS. — Précédemment rue de la Voûte du Cours.
  Orig. — Nom du navire commandé par M. Nordenskjold, dans son expédition vers les mers polaires (1878-1879).

VEISSIÈRE (Cour) . . . . **XI**e ARRONDISSEMENT . . . . 43e QUARTIER.
3494   **Située** passage Thiéré, entre les n°s 11 et 13.
               (*Voie privée.*)
  Orig. —. Nom de propriétaire.

VELASQUEZ (Avenue) . . . . . . **VIII**e ARRONDISSEMENT . . . . 32e QUARTIER.
3495   **Commence** boulevard Malesherbes, 111. — **Finit** parc de Monceau.   (l. 7. — P. 8.)
    Long^r : 105^m,00.
    Larg^r : 26^m,00. — *Voie ouverte* en vertu du traité passé, le 14 janvier 1861, entre la
           Ville de Paris et le sieur Péreire.
        OBS. — Une zone de servitude *non œdificandi* de 5^m,00 de largeur est réservée
          de chaque côté de l'avenue.
        DÉCRET DU 11 SEPTEMBRE 1869. *Dénomination.*
  Orig. — Diego-Rodriguez Vélasquez de Silva, peintre espagnol (1599-1660).

VELPEAU (Rue) . . . . **VII**e ARRONDISSEMENT . . . . 25e QUARTIER.
3496   **Commence** rue de Babylone. — **Finit** rue de Sèvres, 18.
    Long^r : 100^m,00.
    Larg^r : 12^m,00. — ARRÊTÉ PRÉFECTORAL DU 26 AOUT 1868. Cession à la Ville de Paris par
           l'administration de l'Assistance publique.
    Larg^r : 18^m,00. — *Alignements* exécutés en 1879.
        ARRÊTÉ PRÉFECTORAL DU 18 JUIN 1867. *Nivellement.*
        DÉCRET DU 11 SEPTEMBRE 1869. *Dénomination.*
  Orig. — Alfred-Armand-Louis-Marie Velpeau, chirurgien (1795-1867); voisinage de l'ancien hospice des Ménages.

VENDOME (Passage) . . . . **III**e ARRONDISSEMENT . . . . 10e QUARTIER.
3497   **Commence** rue Béranger, 16. — **Finit** place de la République, 3.   (l. 29. — P. 32.)
    Long^r : 57^m,00.
    Larg^r : 4^m,00.   (*Voie privée.*)
  Orig. — Débouche dans l'ancienne rue Vendôme, aujourd'hui rue Béranger, ouverte sur les dépendances du Temple
    et ainsi nommée en l'honneur du duc de Vendôme, grand prieur de France.

VENDOME (Place) . . . . **I**er ARRONDISSEMENT . . . . 4e QUARTIER.
3498   **Commence** rue Saint-Honoré, 358. — **Finit** rue des Capucines, 1, et rue des Petits
           Champs, 105.   (l. 25. — P. 28.)
    Long^r : 213^m,00.
    Larg^r : 22^m,00 (minima) 124^m,00 (maxima). — LETTRES-PATENTES DU 7 AVRIL 1699. *Ou-*
           verture.
  Orig. — Ouverte en 1687 sur l'emplacement de l'hôtel de Vendôme.

VENISE (Rue de) . . . . **IVᵉ** Arrondissement . . . . 13ᵉ Quartier.
3499 **Commence** rue Beaubourg, 9. — **Finit** rue Quincampoix, 56. (I. 27. — P. 26.)
Longʳ : 165ᵐ,00.
Largʳ : 6ᵐ,00. — Décision ministérielle du 2 thermidor an v.
Largʳ : 8ᵐ,00. — Ord. royale du 15 juin 1816. *Alignements* entre la rue Beaubourg et la rue Saint Martin.
Largʳ : 7ᵐ,00. — Décision ministérielle du 21 prairial an x.
Largʳ : 10ᵐ,00. — Ord. royale du 29 avril 1839. *Alignements* entre la rue Saint Martin et la rue Quincampoix.
Décision ministérielle du 18 février 1851. Réunion de la rue de la Corroierie à la rue de Venise.
Obs. — Précédemment rues de la Corroierie et de Venise.
Orig. — Enseigne de l'Écu de Venise.

VENTADOUR (Rue de) . . . . . . Iᵉʳ Arrondissement . . . . 3ᵉ Quartier.
3500 **Commence** avenue de l'Opéra, 26, et rue Thérèse, 22. — **Finit** rue des Petits Champs, 57.
Longʳ : 69ᵐ,00. (I. 3. — P. 10.)
Largʳ : 7ᵐ,79. — Décision ministérielle du 3 frimaire an x. *Alignements.*
Largʳ : 9ᵐ,74. — Ord. royale du 4 octobre 1826. *Alignements.*
Arrêté préfectoral du 16 octobre 1876. *Nivellement.*
Arrêté préfectoral du 25 juin 1877. *Nivellement* aux abords de la rue Sainte Anne.
Orig. — Ouverte en 1640, et ainsi nommée dès 1672, du nom de la famille de Lévis de Ventadour.

VÉRAN (Impasse) ** . . . . . . **XXᵉ** Arrondissement . . . . 80ᵉ Quartier.
Anciennement commune de Charonne.
3501 **Située** rue des Vignoles, 5. (I. 3. — P. 2.)
Longʳ : 33ᵐ,00.
Largʳ : 2ᵐ,00. (*Voie privée.*)
Obs. — Précédemment impasse de l'Industrie.
Orig. — Nom donné par le propriétaire, en souvenir de M. Véran, conseiller municipal du quartier, décédé en 1878.

VERCINGÉTORIX (Rue) ** . . . **XIVᵉ** Arrondissement . . . . 56ᵉ Quartier.
Anciennement commune de Vaugirard.
3502 **Commence** avenue du Maine, 82. — **Finit** rue d'Alésia, 198. (I. 145. — P. 142.)
Longʳ : 1010ᵐ,00.
Largʳ : 10ᵐ,00. — Décret du 14 avril 1874 (U.P.). *Ouverture* de la partie entre l'avenue du Maine et la rue de Médéah.
Largʳ : 10ᵐ,00. — Décret du 4 février 1879. *Classement, Alignements* et *Nivellement* entre la rue de Médéah et la rue Perceval.
Décret du 11 avril 1866. *Classement* entre la rue Perceval et la rue de Gergovie.
Largʳ : 10ᵐ,00. — Décret du 4 février 1879. *Alignements* et *Nivellement* de cette même partie.
Largʳ : 10ᵐ,00. — Décret du 4 février 1879. *Classement, Alignements* et *Nivellement* entre la rue de Gergovie et la rue d'Alésia.
Arrêté préfectoral du 10 novembre 1873. *Dénomination* actuelle.
Obs. — Précédemment rue de Constantine.
Orig. — Vercingétorix, chef gaulois, défenseur d'Alésia ; voisinage de la rue d'Alésia.

VERDEAU (Passage) . . . . **IXᵉ** Arrondissement . . . . 35ᵉ Quartier.
3503 **Commence** rue de la Grange Batelière, 6. — **Finit** rue du Faubourg Montmartre, 31 bis.
Longʳ : 75ᵐ,00. (I. 31. — P. 32.)
Largʳ : 3ᵐ,75. (*Voie privée.*)
Orig. — Établi en 1846 par la société du passage Jouffroy, a pris le nom d'un des membres de cette société.

VERDERET (Rue) . . . . **XVIᵉ** Arrondissement . . . . 61ᵉ Quartier.
Anciennement commune d'Auteuil.
3504 **Commence** place d'Auteuil, 1. — **Finit** rue du Buis, 2. (P. 8.)
Longʳ : 50ᵐ,00.
Largʳ : 8ᵐ,00. — Arrêté préfectoral du 27 septembre 1857. *Alignements.*
Décret du 23 mai 1863. *Classement* (confirmation).
Arrêté préfectoral du 4 octobre 1874. *Nivellement.*
Orig. — Ancien nom ; étymologie inconnue.

VERDUN (Impasse de) . . . . . . **XIXᵉ** Arrondissement . . . . 73ᵉ Quartier.
Anciennement commune de La Villette.
3505 **Située** rue de Thionville, 6.
Longʳ : 45ᵐ,00.
Largʳ : 6ᵐ,00. — Arrêté préfectoral du 1ᵉʳ décembre 1857. *Alignements.*
Décret du 23 mai 1863. *Classement* (confirmation).
Orig. — Ville du département de la Meuse ; voisinage du canal de l'Ourcq.

VÉREL (Impasse) ** . . . . **XIV**ᵉ Arrondissement . . . . 56ᵉ Quartier.
Anciennement commune de Vanves.
3506 **Située** rue de Vanves, 202.   (I. 11. — P. 4.)
    Long' : 83ᵐ,00.
    Larg' : 6ᵐ,00.   (*Voie privée.*)
    Orig. — Nom d'un propriétaire.

VERNET (Rue) . . . . **VIII**ᵉ Arrondissement . . . . 29ᵉ Quartier.
3507 **Commence** rue de Chaillot, 115. — **Finit** avenue Marceau, 84, et rue de Presbourg, 1.
    Long' : 435ᵐ,00.   (I. 41. — P. 8.)
    Larg' : 12ᵐ,00. — Arrêté du pouvoir exécutif du 17 août 1848. *Alignements* entre la
        rue de Chaillot et la rue Galilée.
    Larg' : 12ᵐ,00. — Décret du 23 mai 1858. *Alignements* depuis la rue Galilée jusqu'à
        l'avenue Marceau et la rue de Presbourg.
    Arrêté préfectoral du 11 janvier 1866. *Nivellement* entre la rue
        de Chaillot et la rue Bassano.
    Décret du 24 août 1864. *Dénomination actuelle.*
    Obs. — Précédemment rue des Vignes.
    Orig. — Famille de peintres : Claude-Joseph Vernet (1712-1789); Antoine-Charles Horace dit Carle Vernet (1758-1836) ;
        Émile-Jean-Horace Vernet (1789-1863).

VERNEUIL (Rue de) . . . . **VII**ᵉ Arrondissement . . . . 25ᵉ Quartier.
3508 **Commence** rue des Saints-Pères, 8. — **Finit** rue de Poitiers, 9.   (I. 57. — P. 62.)
    Long' : 486ᵐ,00.
    Larg' : 8ᵐ,00. — Décision ministérielle du 2 thermidor an V.
    Larg' : 10ᵐ,00. — Ord. royale du 7 mars 1827. *Alignements.*
    Orig. — Ouverte en 1640 sur le territoire de l'abbaye de Saint Germain des Prés, porte le nom de Henri Bourbon, duc
        de Verneuil, alors abbé de Saint Germain des Prés.

VERNIER (Rue) . . . . **XVII**ᵉ Arrondissement . . . . 63ᵉ Quartier.
Anciennement commune de Neuilly.
3509 **Commence** rue Bayen, 58. — **Finit** boulevard Gouvion-Saint-Cyr, 9, et rue Laugier.
    Long' : 227ᵐ,00.   (I. 23. — P. 38.)
    Larg' : 12ᵐ,00. — Arrêté préfectoral du 16 décembre 1856. *Alignements.*
    Décret du 23 mai 1863. *Classement* (confirmation).
    Arrêté préfectoral du 16 février 1863. *Nivellement.*
    Décret du 24 août 1864. *Dénomination actuelle.*
    Obs. — Précédemment rue Saint Charles.
    Orig. — Pierre Vernier, géomètre, inventeur de l'instrument qui porte son nom (1580-1637) ; quartier où ont été groupés
        des noms de savants.

VERNIQUET (Rue). . . . . . . **XVII**ᵉ Arrondissement . . . . 66ᵉ Quartier.
3510 **Commence** boulevard Péreire, 86, et rue Brémontier. — **Finit** boulevard Berthier, 21.
    Long' : 238ᵐ,00.
    Larg' : 12ᵐ,00. — Décision ministérielle du 28 avril 1866. *Ouverture* et *Alignements.*
    Arrêté préfectoral du 24 juin 1868. *Nivellement.*
    Décret du 10 février 1873. *Dénomination.*
    Orig. — Edme Verniquet, architecte, auteur du grand plan de Paris levé à la fin du règne de Louis XVI (1727-1804).

VÉRO-DODAT (Passage) . . . . . **I**ᵉʳ Arrondissement . . . . 2ᵉ Quartier.
3511 **Commence** rue Jean-Jacques Rousseau, 19. — **Finit** rue du Bouloi, 2.   (I. 37. — P. 38.)
    Long' : 80ᵐ,00.
    Larg' : 4ᵐ,00. — (*Voie privée.*) Ouvert en 1826.
    Orig. — MM. Véro et Dodat l'ont fait construire en 1826.

VÉRON (Cité) ** . . . . **XVIII**ᵉ Arrondissement . . . . 69ᵉ Quartier.
Anciennement commune de Montmartre.
3512 **Située** boulevard de Clichy, 94.   (I. 11. — P. 8.)
    Long' : 80ᵐ,00.
    Larg' : 2ᵐ,50.   (*Voie privée.*)
    Orig. — *Voir* rue Véron.

VÉRON (Rue) ** . . . . **XVIII**ᵉ Arrondissement . . . . 69ᵉ Quartier.
Anciennement commune de Montmartre.
3513 **Commence** passage de l'Élysée des Beaux-Arts, 33. — **Finit** r. Lepic, 28. (l. 31. — P. 36.)
Longʳ : 265ᵐ,00.
Voie non classée entre le passage de l'Élysée des Beaux-Arts et la
rue Germain Pilon.
Décret du 23 mai 1863. Classement entre la rue Germain Pilon et
la rue Lepic.
Largʳ : 8ᵐ,00. — Alignements projetés entre la rue Germain Pilon et la rue Audran.
(Largeur exécutée.)
Largʳ : 10ᵐ,00. — Alignements projetés entre la rue Audran et la rue Lepic. (Largeur
exécutée.)
Orig. — Doit son nom à M. Véron, adjoint au maire de Montmartre, de 1809 à 1830, et maire de cette commune de 1830 à 1841, mort en 1861.

VÉRONÈSE (Rue) *** . . . . . . **XIII**ᵉ Arrondissement . . . . 49ᵉ Quartier.
3514 **Commence** rues Primatice et Rubens, 10. — **Finit** avenue des Gobelins, 69.   (l. 11.)
Longʳ : 100ᵐ,00.
Largʳ : 12ᵐ,00. — Décret du 28 août 1868. Classement et Alignements.
Arrêté préfectoral du 6 septembre 1866. Nivellement.
Décret du 2 mars 1867. Dénomination.
Orig. — Paolo Caliari, dit Paul Véronèse, peintre italien (1528-1588).

VERRERIE (Rue de la) . . . . . . **IV**ᵉ Arrondissement . . . . 13ᵉ et 14ᵉ Quartiers.
3515 **Commence** rue du Bourg Tibourg, 13. — **Finit** rue Saint Martin, 78.   (l. 99. — P. 78.)
Longʳ : 432ᵐ,00.
Moindre largeur : 10ᵐ,00. — Décision ministérielle du 18 vendémiaire an VI.
Largʳ : 12ᵐ,00. — Ord. royale du 16 mai 1833. Alignements.
Orig. — Doit probablement son nom à des verreries qui étaient situées dans les environs au XIIᵉ siècle; elle était habitée à cette époque par un nommé Gui le Verrier.

VERSAILLES (Avenue de) . . . . . **XVI**ᵉ Arrondissement . . . . 61ᵉ Quartier.
Anciennement commune d'Auteuil.
3516 **Commence** pont de Grenelle et r. Gros. 1. — **Finit** boul. Murat, 113, et porte de Saint Cloud.
Longʳ : 2,185ᵐ,00.   (l. 221. — P. 226.)
Décret du 23 mai 1863. Classement (confirmation).
Moindre largʳ : 27ᵐ,00. — Arrêté préfectoral du 22 juillet 1869. Alignements projetés.
Moindre largʳ actuelle : 20ᵐ,70.
Arrêté préfectoral du 19 octobre 1869. Nivellement.
Arrêté préfectoral du 1ᵉʳ février 1877. Dénomination actuelle.
Obs. — Précédemment route de Versailles.
Orig. — Point de départ de la route de Versailles.

VERSAILLES (Porte de) . . . . . **XV**ᵉ Arrondissement . . . . 57ᵉ Quartier. . .
3517 **Située** boulevards Lefèvre et Victor, en prolongement de la rue de Vaugirard.
Orig. — Située sur l'ancienne route de Versailles, aujourd'hui rue de Vaugirard.

VERSIGNY (Rue) . . . . **XVIII**ᵉ Arrondissement . . . . 70ᵉ Quartier.
Anciennement commune de Montmartre.
3518 **Commence** rue du Mont Cenis, 105. — **Finit** rue Letort, 24.   (l. 15. — P. 18.)
Longʳ : 185ᵐ,00.
Décret du 23 mai 1863. Classement.
Largʳ : 12ᵐ,00. — Alignements projetés. (Largeur exécutée.)
Arrêté préfectoral du 19 avril 1864. Nivellement.
Orig. — Nom de propriétaire.

VERTBOIS (Passage du) . . . . . . **III**ᵉ Arrondissement . . . . 9ᵉ Quartier.
3519 **Commence** rue du Vertbois, 64. — **Finit** rue Notre-Dame de Nazareth, 57.
Longʳ : 23ᵐ,00.
Moindre largʳ : 1ᵐ,10.   (Voie privée.)
Orig. — Voir rue du Vertbois.

VERTBOIS (Rue du) . . . . **III**ᵉ ARRONDISSEMENT . . . . 9ᵉ QUARTIER.

3520 **Commence** rue de Turbigo, 77. — **Finit** rue Saint Martin, 306. (I. 59. — P. 70.)
Long' : 413ᵐ,00.
Larg' . 8ᵐ,00. — DÉCISION MINISTÉRIELLE DU 19 GERMINAL AN VIII.
Larg' : 10ᵐ,00. — ORD. ROYALE DU 23 JANVIER 1828. *Alignements* entre la rue de Turbigo et la rue Volta.
Larg' : 10ᵐ,00. — ORD. ROYALE DU 14 JANVIER 1829. *Alignements* entre la rue Volta et la rue Saint Martin.
DÉCISION MINISTÉRIELLE DU 18 FÉVRIER 1831. *Dénomination* actuelle.
Obs. — Précédemment rues Neuve Saint Laurent et du Vertbois.
ORIG. — Doit probablement son nom aux arbres qui entouraient l'abbaye Saint Martin des Champs.

VERTE (Allée) . . . . **XI**ᵉ ARRONDISSEMENT . . . . 42ᵉ QUARTIER.

3521 **Commence** boulevard Richard Lenoir, 59. — **Finit** rue Saint Sabin, 58. (I. 9. — P. 8.)
Long' : 216ᵐ,00.
Larg' : 3ᵐ,50. (*Voie privée.*)
ORIG. — Voisinage de la rue du Chemin Vert, autrefois rue Verte.

VERTUS (Rue des) . . . . **III**ᵉ ARRONDISSEMENT . . . . 9ᵉ QUARTIER.

3522 **Commence** rue des Gravilliers, 14. — **Finit** rue Réaumur, 13. (I. 27. — P. 36.)
Long' : 150ᵐ,00.
Larg' : 6ᵐ,00. — DÉCISION MINISTÉRIELLE DU 19 GERMINAL AN VIII.
Larg' : 10ᵐ,00. — ORD. ROYALE DU 14 JANVIER 1829. *Alignements.*
ORIG. — Ancien nom (XVIᵉ siècle).

VÉSALE (Rue) ** . . . . **V**ᵉ ARRONDISSEMENT . . . . 18ᵉ QUARTIER.

3523 **Commence** rue Scipion, 13. — **Finit** rue de la Collégiale, 12. (I. 11.)
Long' : 114ᵐ,00.
Larg' : 8ᵐ,00. — DÉCISION MINISTÉRIELLE DU 18 FRUCTIDOR AN IX.
Larg' : 10ᵐ,00. — ORD. ROYALE DU 24 AVRIL 1837. *Alignements.*
Larg' : 12ᵐ,00. — DÉCRET DU 15 JUILLET 1858 (U. P.). *Alignements.*
ARRÊTÉ PRÉFECTORAL DU 11 JUIN 1859. *Nivellement.*
DÉCRET DU 27 FÉVRIER 1867. *Dénomination* actuelle.
Obs. — Précédemment partie de la rue du Petit Moine.
ORIG. — André Vésale, anatomiste belge (1514-1564); voisinage de la boulangerie des hôpitaux, ancien hospice Scipion.

VÉZELAY (Rue de) . . . . **VIII**ᵉ ARRONDISSEMENT . . . . 32ᵉ QUARTIER.

3524 **Commence** rue de Lisbonne, 20. — **Finit** rue de Monceau, 66. (I. 15. — P. 20.)
Long' : 163ᵐ,00.
Larg' : 12ᵐ,00. — *Voie ouverte* par la Ville de Paris, sur des terrains lui appartenant, en vertu d'un échange avec Mᵐᵉ Vilkinson.
ARRÊTÉ PRÉFECTORAL DU 7 AVRIL 1863. *Nivellement.*
ARRÊTÉ PRÉFECTORAL DU 26 FÉVRIER 1867. *Dénomination.*
ORIG. — Remplace un ancien passage appartenant à M. Bouret de Vézelay.

VIADUC (Rue du) ** . . . . **XIV**ᵉ ARRONDISSEMENT . . . . 53ᵉ QUARTIER.
XVᵉ ARRONDISSEMENT . . . . 58ᵉ QUARTIER.
Anciennement commune de Montrouge.

3525 **Commence** boulevard Edgar Quinet, 85. — **Finit** avenue du Maine, 33. (I. 5.)
Long' : 47ᵐ,00.
Larg' : 12ᵐ,00. — ARRÊTÉ PRÉFECTORAL DU 3 AOUT 1866. *Alignements.*
Obs. — Précédemment partie de la place du Maine.
ORIG. — Longe le viaduc du chemin de fer de l'Ouest.

VIALA (Rue). . . . . **XV**ᵉ Arrondissement . . . . 59ᵉ Quartier.
Anciennement commune de Grenelle.

3526   **Commence** r. de Lourmel, 2, et boul. de Grenelle, 219.—**Finit** r. Rouelle, 37, et Saint Charles.
Long^r : 270^m,00. — Arrêté préfectoral du 7 juillet 1859. *Classement.* (I. 37.— P. 34.)
Larg^r : 12^m,00.   Décret du 23 mai 1863. *Classement* (confirmation).
Arrêté préfectoral du 15 septembre 1866. *Nivellement.*
Décret du 24 août 1864. *Dénomination* actuelle.
Obs. — Précédemment rue Lelong.
Orig. — Agricole Viala, enfant soldat, tué en 1793, en combattant les ennemis de la République.

VIALLET (Passage). . . . . **XI**ᵉ Arrondissement . . . . 43ᵉ Quartier.
3527   **Commence** boulevard Voltaire, 112. — **Finit** rue Richard Lenoir, 46.   (I. 5. — P. 4.)
Long^r : 40^m,00.
Larg^r : 6^m,00.   (*Voie privée.*)
Orig. — Nom de propriétaire.

VIARMES (Rue de). . . . . **I**ᵉʳ Arrondissement . . . . 2ᵉ Quartier.
3528   **Commence** rue Sauval, 18. — **Finit** rue Oblin, 2.   (I. 37. — P. 22.)
Long^r : 245^m,00.
Larg^r : 12^m,66. — Décision ministérielle du 9 germinal an XIII. *Alignements.*
Larg^r : 12^m,66. — Décret du président de la République du 16 juillet 1849. *Alignements.*
Larg^r : 14^m,00 environ. Décret du 4 avril 1860 (U. P.). *Alignements* du côté des numéros pairs.
Larg^r : 12^m,66. — Décret du 9 juin 1860 (U. P.). *Alignements* du côté des numéros impairs.
Orig. — Voie faisant le tour de la Halle au blé, édifice construit en 1765, sous la prévôté de Jean-Baptiste-Élie Camus de Pontcarré, seigneur de Viarmes.

VICQ-D'AZIR (Rue) **. . . . . . . **X**ᵉ Arrondissement . . . . 40ᵉ Quartier.
3529   **Commence** r. de la Grange aux Belles, 22, et Saint Maur, 238. — **Finit** boul. de la Villette, 63.
Long^r : 240^m,00.   (I. 27. — P. 30.)
Larg^r : 12^m,00. — Ord. royale du 8 juin 1825. *Ouverture et Alignements.*
Décret du 24 août 1864. *Dénomination* actuelle.
Obs. — Précédemment rue Chastillon.
Orig. — Félix Vicq-d'Azyr, médecin (1748-1794); voisinage de l'hôpital Saint Louis.

VICTOIRE (Rue de la). . . . . . **IX**ᵉ Arrondissement . . . . 31ᵉ et 33ᵉ Quartiers.
3530   **Commence** rue La Fayette, 45. — **Finit** rue Joubert, 20.   (I. 93. — P. 98.)
Long^r : 720^m,00.
Larg^r : 8^m,00. — Décision ministérielle du 3 ventôse an X.
Larg^r : 12^m,00. — Ord. royale du 18 janvier 1848. *Alignements* entre la rue La Fayette et la rue de la Chaussée d'Antin.
Larg^r : 12^m,00. — Ord. royale du 8 septembre 1847. *Ouverture et Alignements* entre la rue de la Chaussée d'Antin et la rue Joubert, et *Dénomination.*
Décision ministérielle du 25 novembre 1833. *Dénomination* actuelle.
Obs. — Précédemment rue Chantereine, entre la rue La Fayette et la rue de la Chaussée d'Antin.
Orig. — Ainsi dénommée lors du retour d'Egypte du général Bonaparte, qui y avait son hôtel.

VICTOIRES (Place des). . . . . . **I**ᵉʳ Arrondissement . . . . 2ᵉ et 3ᵉ Quartiers.
                            IIᵉ Arrondissement . . . . 6ᵉ et 7ᵉ Quartiers.
3531   **Située** au débouché des rues Croix des Petits Champs, 45; Catinat, La Feuillade, 2; Vide Gousset, 2, d'Aboukir, 24; et Pagevin, 48.
Rayon : 38^m,75. — Décret du 16 juillet 1849. Maintien des *Alignements* sur les limites actuelles. (Façades symétriques.)
Orig. — Place fondée et consacrée aux victoires de Louis XIV par le duc de La Feuillade, en 1685.

VICTOR (Boulevard). . . . . . . **XV**ᵉ Arrondissement . . . . 57ᵉ et 60ᵉ Quartiers.
Anciennement communes de Vaugirard et d'Issy.
3532   **Commence** porte de Versailles et rue de Vaugirard, 386. — **Finit** quai de Javel.
Long^r : 1510^m,00.
Convention du 5 juillet 1859. Remise conditionnelle par le Génie militaire, à la Ville de Paris, de la rue Militaire.
Larg^r : 40^m,00.— Décret du 9 septembre 1861 (U. P.). *Alignements* (élargissement).
Décret du 23 mai 1863. *Classement* (confirmation).
Arrêté préfectoral du 21 octobre 1873. *Nivellement.*
Décret du 2 mars 1864. *Dénomination* actuelle.
Obs. — Précédemment partie de la rue Militaire.
Orig. — Claude-Perrin, dit Victor, duc de Bellune, maréchal de France (1764-1841).

VICTOR (Square). . . . . **XV**ᵉ Arrondissement . . . . 60ᵉ Quartier.
3533   **Situé** boulevard Victor et quai de Javel.
Orig. — Voir boulevard Victor.

VICTOR COUSIN (Rue). . . . . . Vᵉ Arrondissement. . . . . 20ᵉ Quartier. . .

3534   **Commence** rue Gerson, 3, et place de la Sorbonne, 1. — **Finit** rue Soufflot, 22.

    Longʳ : 144ᵐ,00.   (l. 15. — P. 16.)

    Largʳ : 10ᵐ,00. — Décision ministérielle du 8 nivôse an xiii.

                   Ord. royale du 13 septembre 1846. *Alignements* depuis la rue Gerson et la place de la Sorbonne jusqu'à la rue Cujas.

    Largʳ : 10ᵐ,00. — Décision ministérielle du 24 frimaire an xiii.

                   Ord. royale du 9 août 1826. *Ouverture* et *Alignements* entre la rue Cujas et la rue Soufflot.

                   Arrêté préfectoral du 29 novembre 1859. *Nivellement, Raccordement* avec la rue de la Sorbonne.

                   Décret du 24 août 1864. *Dénomination* actuelle.

                   Obs. — Précédemment rue de Cluny.

    Orig. — Victor Cousin, écrivain (1792-1867); voisinage de la Sorbonne.

VICTOR HUGO (Avenue) ** . . . XVIᵉ Arrondissement. . . . . 63ᵉ Quartier.

                  Anciennement commune de Passy.

3535   **Commence** place d'Eylau, 10. — **Finit** avenue du Trocadéro, 136, et boul. Flandrin, 2.

    Longʳ : 673ᵐ,00.   (l. 105. — P. 118).

    Largʳ : 23ᵐ,30. — Ordonnance royale du 7 mai 1840. *Alignements.*

                   Ordonnance royale du 5 septembre 1839. *Classement* au nombre des routes départementales (nᵒ 64).

                   Décret du 23 mai 1863. *Classement* (confirmation).

                   Décret du 2 mai 1881. *Dénomination* actuelle.

                   Obs. — Précédemment avenue d'Eylau (partie), et antérieurement avenue Saint-Cloud (route départementale nᵒ 64).

    Orig. — Marie-Victor Hugo, poète et homme politique, né en 1802.

VICTOR HUGO (Place) ** . . . . XVIᵉ Arrondissement. . . . . 63ᵉ Quartier.

                  Anciennement commune de Passy.

3536   **Située** entre l'avenue Victor Hugo, 97, et l'avenue du Trocadéro, 152.   (l. 11. — P. 6.)

    Longʳ : 210ᵐ,00.   (Place plantée.)

    Largʳ : 80ᵐ,00. — Arrêté préfectoral du 16 février 1856.

                   Arrêté préfectoral du 16 mai 1881. *Dénomination.*

    Obs. — Voir avenue Victor Hugo.

VICTORIA (Avenue) . . . . Iᵉʳ Arrondissement. . . . . 1ᵉʳ Quartier.

                  IVᵉ Arrondissement. . . . . 13ᵉ Quartier.

3537   **Commence** place de l'Hôtel de Ville, 7. — **Finit** rue des Lavandières, 4.   (P. 21.)

    Longʳ : 400ᵐ,00.

    Largʳ : 30ᵐ,00. — Décret du 29 juillet 1834. *Ouverture* et *Alignements* depuis la place de l'Hôtel de Ville jusqu'à la place du Châtelet et la rue Saint-Denis.

    Largʳ : 30ᵐ,00. — Décret du 14 mars 1881. *Classement, Alignements* et *Nivellement* entre la rue Saint-Denis et la rue des Lavandières Sainte-Opportune.

                   Décret du 3 octobre 1855. *Dénomination.*

    Orig. — En souvenir de la réception de la reine d'Angleterre à l'Hôtel de Ville (23 août 1855).

VICTOR MARCHAND (Passage). XIIIᵉ Arrondissement. . . . . 51ᵉ Quartier.

                  Anciennement commune d'Aubervilliers.

3538   **Commence** rue de la Santé, 113. — **Finit** rue de la Glacière, 110.

    Longʳ : 123ᵐ,00.

    Largʳ : 3ᵐ,15 environ. (*Voie privée.*)

                   Obs. — Précédemment passage Desanges.

    Orig. — Nom de propriétaire.

VIDANGES (Quai des). . . . . . . XIXᵉ Arrondissement. . . . . 74ᵉ Quartier.

                  Anciennement commune de La Villette.

3539   **Commence** rue de Thionville, 29. — **Finit** quai de la Marne, 58.

    Longʳ : 108ᵐ,00.

    Largʳ : 6ᵐ,00. — *Voie ouverte* par la Ville de Paris.

    Orig. — Voisinage du dépotoir.

VIDE-GOUSSET (Rue). . . . . . . IIᵉ Arrondissement . . . . 6ᵉ et 7ᵉ Quartiers.

3540   **Commence** pl. des Victoires, 12, et r. d'Aboukir, 1. — **Finit** r. des Petits Pères, 10, et du Mail, 2.

    Longʳ : 28ᵐ,00.   (l. 1. — P. 1.)

    Largʳ : 10ᵐ,00. — Décision ministérielle du 9 fructidor an XI.

    Largʳ : 12ᵐ,00. — Ord. royale du 30 juin 1845. *Alignements.*

    Orig. — Doit probablement son nom aux vols qui s'y commettaient (xviiᵉ siècle).

VIDUS (Passage) ** . . . . **XV**ᵉ Arrondissement . . . . 57ᵉ Quartier.
Anciennement commune de Vaugirard.
3541 **Commence** rue Labrouste, 22. — **Finit** ancien chemin des Bœufs. (I. 5. — P. 8.)
    Long' : 185ᵐ,00.
    Larg' : 5ᵐ,00.   (*Voie privée.*)
    Orig. — Nom de propriétaire.

VIEILLE DU TEMPLE (Rue). . . **III**ᵉ Arrondissement . . . . 10ᵉ et 11ᵉ Quartiers.
                  IVᵉ Arrondissement . . . . 14ᵉ Quartier.
3542 **Commence** rue François Miron, 5. — **Finit** rue de Turenne, 103. (I. 130. — P. 132.)
    Long' : 940ᵐ,00.
    Moindre larg' : 10ᵐ,00. — Décision ministérielle du 19 germinal an VIII.
    Moindre larg' : 14ᵐ,00. — Ord. royale du 23 juin 1830. *Alignements* entre les rues du Roi
            de Sicile et de Turenne.
      Larg' : 14ᵐ,00. — Décret du 29 septembre 1854 (U. P.). *Alignements* entre les rues
            François Miron et du Roi de Sicile.
    Orig. — An ien chemin du Temple.

VIEILLES TUILERIES (Cour des). **VI**ᵉ Arrondissement . . . . 23ᵉ Quartier.
3543 **Située** rue du Cherche Midi, 86.
    Long' : 55ᵐ,00.
    Larg' : 10ᵐ,00.   (*Voie privée.*)
    Orig. — Débouche dans l'ancienne rue des Vieilles Tuileries, réunie aujourd'hui à la rue du Cherche Midi; il y avait autre-
          fois des tuileries en cet endroit.

VIENNE (Rue de) . . . . **VIII**ᵉ Arrondissement . . . . 32ᵉ Quartier.
3544 **Commence** place de Laborde, 6. — **Finit** place de l'Europe. (I. 23 bis. — P. 18.)
    Long' : 330ᵐ,00.
    Larg' : 15ᵐ,00. — Décret du 16 juillet 1862 (U. P.). *Ouverture* de la partie entre la
            place de Laborde et les rues du Rocher et de Stockolm (A).
    Larg' : 15ᵐ,00. — Ord. royale du 2 février 1826. *Ouverture* entre les rues du Rocher
            et de Stockolm, et la place de l'Europe (B).
      Arrêté préfectoral du 26 juillet 1867. *Nivellement* partie A.
      Arrêté préfectoral du 10 août 1867. *Nivellement* partie B.
    Orig. — Capitale de l'empire d'Autriche; voisinage de la place de l'Europe.

VIERGE (Passage de la). . . . . . **VII**ᵉ Arrondissement . . . . 28ᵉ Quartier.
3545 **Commence** rue Cler, 52. — **Finit** avenue Bosquet, 75. (I. 7. — P. 26.)
    Long' : 110ᵐ,00.
    Larg' : 4ᵐ,00.   (*Voie privée.*)
    Orig. — Aboutissait à la rue de la Vierge, laquelle devait son nom à la chapelle de la Vierge, construite en 1737 et
          devenue ensuite l'église Saint Pierre du Gros Caillou.

VIÈTE (Rue) . . . . **XVII**ᵉ Arrondissement . . . . 66ᵉ Quartier.
3546 **Commence** avenue de Villiers, 66. — **Finit** boulevard Malesherbes, 147. (I. 25. — P. 4.)
    Long' : 159ᵐ,00.
    Larg' : 12ᵐ,00. — Décret du 5 mars 1880. *Classement, Alignements* et *Nivellement*.
      Arrêté préfectoral du 16 août 1879. *Dénomination*.
    Orig. — François Viète, mathématicien (1543-1603); voisinage de l'École Monge.

VIEUX COLOMBIER (Rue du) . . **VI**ᵉ Arrondissement . . . . 22ᵉ et 23ᵉ Quartiers.
3547 **Com.** r. Bonaparte, 72 bis. — **Finit** r. du Cherche Midi, 1, et carref. de la Croix Rouge, 1.
    Long' : 220ᵐ,00.   (I. 25. — P. 22.)
    Moindre larg' : 10ᵐ,00. — Décision ministérielle du 26 thermidor an VIII.
    Moindre larg' : 12ᵐ,00. — Ord. royales des 7 mai 1828 et 7 septembre 1845.
    Moindre larg' : 15ᵐ,00. — *Alignements* projetés, suivis d'un commencement d'exécution, entre
            la rue Bonaparte et la rue de Rennes.
        Obs. — Les alignements indiqués dans les ordonnances royales des 7 mai 1828
            et 7 septembre 1845 ont été maintenus du côté des numéros
            impairs, entre la rue de Madame et le carrefour de la Croix Rouge.
    Moindre larg' : 15ᵐ,00. — *Approbation* du traité passé entre la Ville de Paris et le sieur
            Pierquin, pour l'exécution de l'alignement au droit des numéros
            pairs, entre la rue de Rennes et le carrefour de la Croix Rouge.
      Arrêtés préfectoraux des 7 juin et 3 mars 1876. *Nivellement* de
            cette dernière partie.
    Orig. — Ancien colombier de l'abbaye de Saint Germain des Prés.

VIGAN (Passage du) . . . . II⁰ Arrondissement . . . . 7ᵉ Quartier.

3548   **Commence** rue d'Argout, 63. — **Finit** rue d'Aboukir, 14.

    Long^r : 62ᵐ,00.

    Larg^r : 3ᵐ,50 environ.   (*Voie privée.*)

   Orig. — Doit son nom à un hôtel dit du Vigan; la ville de Vigan est située dans le département du Gard.

VIGUÈS (Cour) . . . . XI⁰ Arrondissement . . . . 43ᵉ Quartier.

3549   **Située** rue du Faubourg Saint Antoine, 59.

    Long^r : 36ᵐ,00.

    Larg^r : 3ᵐ,00 environ   (*Voie privée.*)

   Orig. — Nom du propriétaire.

VIGNES (Rue des) . . . . XVI⁰ Arrondissement . . . . 62ᵉ Quartier.

              Anciennement commune de Passy.

3550   **Commence** rue Raynouard, 72. — **Finit** rue Mozart, 13.   (P. 14.)

    Long^r : 490ᵐ,00.

    Larg^r : 8ᵐ,00. — Arrêté préfectoral du 16 février 1856. *Alignements* entre la rue Raynouard et les rues Pajou et Singer.

         Décret du 23 mai 1863. *Classement* confirmé pour cette partie.

          Obs. — Cette voie a été prolongée entre les rues Pajou et Singer et la rue Mozart, lors du percement de la rue Mozart.

         Arrêté préfectoral du 22 octobre 1869. *Nivellement.*

         Arrêté préfectoral du 1er février 1877. *Dénomination* actuelle.

          Obs. — Un décret du 10 février 1875 avait donné à cette voie, le nom de rue Houdon, en remplacement de celui de rue des Vignes, qui lui a été rendu par l'arrêté préfectoral de 1877.

   Orig. — Ancien vignoble.

VIGNOLES (Impasse des) ** . . . . . XX⁰ Arrondissement . . . . 80⁰ Quartier.

           Anciennement commune de Charonne.

3551   **Située** rue des Vignoles, 62.   (I. 15.)

    Long^r : 114ᵐ,00.

    Larg^r : 2ᵐ,15.   (*Voie privée.*)

         Arrêté préfectoral du 1er février 1877. *Dénomination* actuelle.

         Obs. — Précédemment impasse Milan.

   Orig. — *Voir* rue des Vignoles.

VIGNOLES (Passage des) ** . . . . . XX⁰ Arrondissement . . . . 80⁰ Quartier.

           Anciennement commune de Charonne.

3552   **Commence** rue des Vignoles, 28. — **Finit** rue des Vignoles, 36.   (P. 22.)

    Long^r : 100ᵐ,00.

    Larg^r : 2ᵐ,33. — Arrêté préfectoral du 3 juillet 1830.

         Arrêté préfectoral du 10 décembre 1878. *Dénomination* actuelle.

         Obs. — Précédemment partie de la rue des Vignoles.

   Orig. — *Voir* rue des Vignoles.

VIGNOLES (Rue des) ** . . . . . . XX⁰ Arrondissement . . . . 80⁰ Quartier.

           Anciennement commune de Charonne.

3553   **Commence** rue Planchat, 24. — **Finit** rue des Orteaux, 40.   (I. 87. — P. 86.)

    Long^r : 464ᵐ,00.

    Larg^r : 2ᵐ,33. — Arrêté préfectoral du 3 juillet 1830. *Classement* comme sentier rural entre la rue de la Réunion et la rue des Orteaux.

         Décret du 23 mai 1863. *Classement* confirmé pour la même partie.

    Larg^r : 10ᵐ,00. — Décret du 4 novembre 1876 (U. P.). *Alignements*, *Redressement* et *Nivellement* entre la rue Planchat et la rue des Orteaux.

         Arrêté préfectoral du 9 février 1878. *Nivellement* de la même partie.

          Obs. — Il existe un projet de prolongement entre le boulevard de Charonne et la rue Planchat.

         Arrêté préfectoral du 10 novembre 1873. *Dénomination* actuelle.

         Obs. — Précédemment rue des Basses Vignoles.

   Orig. — Lieu dit; ancien vignoble.

VIGNON (Impasse) . . . . XV⁰ Arrondissement . . . . 60⁰ Quartier.

           Anciennement commune d'Issy.

3554   **Située** passage Vignon.   (P. 12.)

    Long^r : 170ᵐ,00.

    Larg^r : 5ᵐ,00 environ.   (*Voie privée.*)

         Arrêté préfectoral du 1er février 1877. *Dénomination* actuelle.

         Obs. — Précédemment impasse Fondary.

   Orig. — *Voir* passage Vignon.

VIGNON (Passage) . . . . XVᵉ ARRONDISSEMENT. . . . . 60ᵉ QUARTIER.
Anciennement commune d'Issy.
3555   **Commence** rue Cauchy, 32. — **Finit** rue Saint Charles, 216.   (I. 5.)
Long^r : 353^m,00.
Moindre larg^r :   4^m,30.   (*Voie privée.*)
ARRÊTÉ PRÉFECTORAL DU 1er FÉVRIER 1877. *Dénomination* actuelle.
Obs. — Précédemment passage Corvisart.
Orig. — M. Vignon, président du tribunal de commerce, de 1792 à 1811, et président honoraire en 1817.

VIGNON (Rue) . . . . VIIIᵉ ARRONDISSEMENT. . . . . 31ᵉ QUARTIER.
                     IXᵉ ARRONDISSEMENT . . . . 34ᵉ QUARTIER.
3556   **Commence** rue Basse du Rempart, 76. — **Finit** rue Tronchet, 28.   (I. 35. — P. 14.)
Long^r : 330^m,00.
Larg^r : 12^m,00. — ORDONNANCE ROYALE DU 5 NOVEMBRE 1823. *Ouverture* et *Alignements*.
ARRÊTÉ PRÉFECTORAL DU 20 JANVIER 1881. *Dénomination* actuelle.
Obs. — Précédemment rue de la Ferme des Mathurins.
Orig. — Barthelemi Vignon (1762-1846), architecte de la Madeleine ; voisinage de ce monument.

VIGNY (Rue de) . . . . VIIIᵉ ARRONDISSEMENT . . . . 32ᵉ QUARTIER.
3557   **Commence** rue de Courcelles, 80, et avenue Van Dyck, 1. — **Finit** boul. de Courcelles, 43.
Long^r : 124^m,00.   (I. 4. — P. 10.)
Larg^r : 13^m,00. — *Voie ouverte* en vertu d'un traité passé le 14 janvier 1861, entre la
Ville de Paris et le sieur Péreire.
ARRÊTÉ PRÉFECTORAL DU 12 AVRIL 1861. *Nivellement.*
DÉCRET DU 2 MARS 1867. *Dénomination.*
Orig. — Le comte Alfred-Victor de Vigny, littérateur (1797-1863).

VILIN (Passage) ** . . . . XXᵉ ARRONDISSEMENT . . . . , . . 77ᵉ QUARTIER.
Anciennement commune de Belleville.
3558   **Commence** rue Vilin, 48. — **Finit** passage Piat.   (I. 15. — P. 14.)
Long^r : 85^m,00.
Larg^r : 3^m,00.   (*Voie privée.*)
ARRÊTÉ PRÉFECTORAL DU 1er FÉVRIER 1877. *Dénomination* actuelle.
Obs. — Précédemment passage Dubois.
Orig. — *Voir* rue Vilin.

VILIN (Rue) ** . . . . XXᵉ ARRONDISSEMENT . . . . 77ᵉ QUARTIER.
Anciennement commune de Belleville.
3559   **Commence** rue des Couronnes, 29. — **Finit** rue Piat, 19.   (I. 57. — P. 52.)
Long^r : 243^m,00.
DÉCRET DU 23 MAI 1863. *Classement.*
Larg^r : 8^m,00. — *Alignements* projetés. (Moindre largeur actuelle, 7^m,70).
ARRÊTÉ PRÉFECTORAL DU 17 JANVIER 1867. *Nivellement.*
Orig. — Nom d'un entrepreneur du quartier qui y possédait des terrains.

VILLA DE LA RÉUNION (Grande avenue de la).
                 XVIᵉ ARRONDISSEMENT . . . . 61ᵉ QUARTIER.
Anciennement commune d'Auteuil.
3560   **Commence** avenue de Versailles, 122. — **Finit** rue du Point du Jour, 89.
Long^r : 230^m,00.
Larg^r : 7^m,00 environ.   (*Voie privée.*)
Orig. — Voisinage de la rue de la Réunion, aujourd'hui rue Jouvenet.

VILLAFRANCA (Rue de) ** . . . XVᵉ ARRONDISSEMENT. . . . . 57ᵉ QUARTIER.
Anciennement commune de Vaugirard.
3561   **Commence** rue des Morillons, 44. — **Finit** rue de Nice la Frontière, 3. (I. 17. — P. 16.)
Long^r : 110^m,00.
Larg^r : 6^m,00.   (*Voie privée.*)
Orig. — Ville de Lombardie où fut signée la paix entre la France et l'Autriche, le 11 juillet 1859 ; voisinage de la place
de l'Obélisque (*Voir* rue Chauvelot).

VILLARS (Avenue de). . . . . . VIIᵉ ARRONDISSEMENT. . . . . 27ᵉ QUARTIER.
3562   **Commence** place Vauban, 3. — **Finit** rue d'Estrées, 2, et place Saint François Xavier, 2.
Long^r : 172^m,00.
Larg^r : 38^m,50. — LOI DU 4 JUIN 1853. *Cession* par l'État à la Ville de Paris.
DÉCISION DU MINISTRE DES TRAVAUX PUBLICS DU 29 JUILLET 1858.
Nivellement entre la rue des Saints Pères et la rue de Solférino.
Orig. — Le duc Claude-Louis-Hector de Villars, maréchal de France (1653-1734) ; voisinage de l'École Militaire.

VILLEDO (Rue). . . . . **Ier A**RRONDISSEMENT. . . . . 3e Q**UARTIER.**

3563   **Commence** rue de Richelieu, 43. — **Finit** rue Sainte Anne, 32 *bis*.   (l. 15. — P. 12.)
    Long^r : 113^m,00.
    Larg^r :   7^m,00. — D**ÉCISION MINISTÉRIELLE DU** 3 **FRIMAIRE AN X.**
    Larg^r : 10^m,00. — O**RD. ROYALE DU** 4 **OCTOBRE** 1826. *Alignements*.
      O**RIG.** — Doit son nom à Guillaume et François Villedo, conducteurs généraux des bâtiments du roi et œuvres de
        maçonnerie, qui y possédaient des maisons au xviie siècle.

VILLEHARDOUIN (Impasse) . . . **IIIe A**RRONDISSEMENT. . . . . 11e Q**UARTIER.**

3564   **Située** rue Villehardouin, 4.   (l. 1. — P. 4.)
    Long^r : 29^m,00.
    Larg^r :   5^m,00. — D**ÉLIBÉRATION DU CONSEIL MUNICIPAL DU** 6 **JANVIER** 1832. *A ligne-*
        ments projetés sur les vestiges actuels.
        A**RRÊTÉ PRÉFECTORAL DU** 3 **SEPTEMBRE** 1869. *Dénomination* actuelle.
             O**BS.** — Précédemment impasse Saint Pierre.
    O**RIG.** — *Voir* rue Villehardouin.

VILLEHARDOUIN (Rue). . . . . **IIIe A**RRONDISSEMENT. . . . . 11e Q**UARTIER.**

3565   **Commence** rue Saint Gilles, 24. — **Finit** rue de Turenne, 58. .   (l. 17. — P. 24.)
    Long^r : 157^m,00.
    Larg^r :   9^m,00. — D**ÉCISION MINISTÉRIELLE DU** 13 **FRUCTIDOR AN VII.** *Alignements* de la
        première partie, débouchant rue Saint Gilles.
    Larg^r :   8^m,00. — D**ÉCISION MINISTÉRIELLE DU** 13 **FRUCTIDOR AN VII.** *Alignements* de la
        deuxième partie, aboutissant rue de Turenne.
    Larg^r : 10^m,00. — O**RD. ROYALE DU** 8 **JUIN** 1834. *Alignements*.
        D**ÉCRET DU** 2 **OCTOBRE** 1865 **ET ARRÊTÉ PRÉFECTORAL DU** 3 **SEP-**
        TEMBRE 1869. *Dénomination* actuelle.
            O**BS.** — Précédemment rue et impasse Saint Pierre, et rues Neuve Saint Pierre
              et des Douze Portes.
    O**RIG.** — Geoffroi, sire de Villehardouin, chroniqueur français du xiie siècle; voisinage de l'ancienne rue Saint Louis.

VILLEJUIF (Rue de) ** . . . . . **XIIIe A**RRONDISSEMENT. . . . . 49e Q**UARTIER.**

3566   **Commence** rue Pinel, 13. — **Finit** place des Alpes et rue Fagon.   (l. 19.)
    Long^r : 215^m,00.
    Larg^r : 20^m,00. — O**RD. ROYALE DU** 11 **JUIN** 1847. *Alignements*.
    O**RIG.** — Doit son nom à l'abattoir dit de Villejuif.

VILLEJUST (Rue de). . . . . . **XVIe A**RRONDISSEMENT. . . . . 64e Q**UARTIER.**
            Anciennement commune de Passy.

3567   **Commence** avenue Kléber, 38. — **Finit** avenue du Bois de Boulogne, 27. (l. 30.— P. 46.)
    Long^r : 470^m,00.
    Larg^r : 10^m,00. — A**RRÊTÉ PRÉFECTORAL DU** 3 **OCTOBRE** 1855. *Alignements*.
        D**ÉCRET DU** 23 **MAI** 1863. *Classement* (confirmation).
      Id.   10^m,00. — D**ÉCRET DU** 20 **JUILLET** 1877 (U. P.). *Alignements* et *Nivellement*
        entre l'avenue Kléber et la rue Lauriston.
        A**RRÊTÉS PRÉFECTORAUX DES** 2 **MARS** 1867 **ET** 8 **SEPTEMBRE** 1876. *Nivel-*
        lement.
    O**RIG.** — M. Pauquet de Villejust, l'un des membres de la société formée pour les percements de la plaine de Passy.

VILLE-L'ÉVÊQUE (Rue de la) . . **VIIIe A**RRONDISSEMENT. . . . . 31e Q**UARTIER.**

3568   **Commence** boulevard Malesherbes, 11. — **Finit** rue Cambacérès, 4.   (l. 29. — P. 34.)
    Long^r : 294^m,00.
    Larg^r : 10^m,00. — D**ÉCISION MINISTÉRIELLE DU** 23 **GERMINAL AN IX.**
    Moindre larg^r : 12^m,00. — O**RD. ROYALE DU** 22 **MAI** 1837. *Alignements*.
    O**RIG.** — Principale rue de l'ancien village de la Ville-l'Évêque, ou ferme de l'Évêque de Paris.

VILLEMAIN (Avenue) ** . . . . . **XIVe A**RRONDISSEMENT. . . . . 56e Q**UARTIER.**
            Anciennement commune de Montrouge.

3569   **Située** rue de Vanves, 115.   (l. 33. — P. 30.)
    Long^r : 160^m,00.
    Larg^r : 12^m,00 environ.   (*Voie privée*.)
        D**ÉCRET DU** 10 **FÉVRIER** 1875. *Dénomination* actuelle.
            O**BS.** — Précédemment avenue Sainte Marie.
    O**RIG.** — Abel-François Villemain, écrivain et homme politique (1790-1870).

VILLE NEUVE (Rue de la) . . . . . **II**e Arrondissement . . . . 8e Quartier.

3570   **Commence** rue Beauregard, 7. — **Finit** boulevard de Bonne Nouvelle, 35. (I. 17. — P. 18.)

Long^r : 122^m,00.

Larg^r : 6^m,00. — Décision ministérielle du 2 thermidor an v.

Larg^r : 8^m,00. — Ord. royale du 21 juin 1826. *Alignements.*

Arrêté préfectoral du 26 février 1867. *Dénomination* actuelle.

Obs. — Précédemment rue Neuve Saint Étienne.

Orig. — L'une des rues du nouveau quartier appelé Ville Neuve sur Gravois, lorsqu'on commença à y bâtir, au xvie siècle.

VILLETTE (Boulevard de La) **. . . . . **X**e Arrondissement . . . . 37e et 40e Quartiers.

XIXe Arrondissement . . . . 73e et 76e Quartiers.

Anciennement communes de Belleville et de La Villette (du côté des numéros pairs).

3571   **Commence** rues du Faubourg du Temple, 137, et de Belleville, 1.— **Finit** rues de Château-Landon, 56, et d'Aubervilliers, 2. (I. 171. — P. 244.)

Long^r : 1800^m,00.

Larg^r : 15 toises. — Ord. du bureau des finances du 16 janvier 1789. *Alignements* des anciens boulevards.

Larg^r : 36 pieds. — *Alignements* des anciens chemins de ronde.

Larg^r : 11^m,69. — Ord. royale du 12 août 1846. *Alignements* des chemins de ronde de la Butte Chaumont et de La Villette.

Larg^r : 11^m,69. — Arrêté du pouvoir exécutif du 4 décembre 1848. *Alignements* des anciens chemins de ronde de Belleville et de la Chopinette.

Moindre larg^r : 42^m,00. — Arrêté préfectoral du 13 mars 1861. *Alignements.*

Décret du 23 mai 1863. *Classement* (confirmation).

Moindre larg^r : 42^m,00. — Décret du 14 juin 1878. *Alignements* et *Nivellement.*

Arrêté préfectoral du 30 décembre 1864. *Dénomination* actuelle.

Obs. — Précédemment boulevards de la Chopinette, du Combat, de la Butte Chaumont, place de l'Ourcq et boulevard de La Villette, et chemins de ronde de Belleville, de la Chopinette, de la Butte Chaumont, de Pantin et de La Villette et du Combat.

Orig. — Longe l'ancien village de La Villette (Villette, petit village).

VILLETTE (Porte de La) . . . . . . **XIX**e Arrondissement . . . . 74e Quartier.

3572   **Située** boulevard Macdonald, en prolongement de la rue de Flandre.

Orig. — A l'extrémité de cet ancien village.

VILLETTE (Rue de La) **. . . . . . **XIX**e Arrondissement . . . . 75e et 76e Quartiers.

Anciennement commune de Belleville.

3573   **Commence** rue de Belleville, 129. — **Finit** rue Botzaris. (I. 73. — P. 102.)

Long^r : 530^m,00.

Moindre larg^r : 8^m,00. — Ord. royale du 28 février 1837.

Décret du 23 mai 1863. *Classement* (confirmation).

Orig. — Ancien chemin conduisant de Belleville à La Villette (Villette, petit village).

VILLIERS (Avenue de) . . . . . . **XVII**e Arrondissement . . . . 65e et 66e Quartiers.

Anciennement communes des Batignolles et de Neuilly

3574   **Commence** boulevard de Courcelles, 2, et rue de Lévis, 1. — **Finit** boulevard Gouvion-Saint-Cyr, 1, et porte de Champerret. (I. 145. — P. 136.)

Long^r : 1775^m,00.

Larg^r : 30^m,00. — Décret du 15 décembre 1858 (U.P.). *Ouverture* et *Alignements.*

Décret du 23 mai 1863. *Classement* (confirmation).

Arrêté préfectoral du 10 novembre 1873. *Dénomination* actuelle.

Obs. — Précédemment route départementale n° 15 et boulevard de Neuilly.

Orig. — Conduit à l'ancien village de Villiers-la-Garenne, absorbé aujourd'hui par la commune de Levallois-Perret.

VILLIERS (Porte de) . . . . **XVII**e Arrondissement . . . . 65e Quartier.

3575   **Située** boulevard Gouvion-Saint-Cyr, au droit de la rue de Villiers.

Orig. — A l'extrémité de la rue de Villiers.

VILLIERS (Rue de) . . . . **XVII**e Arrondissement . . . . 65e Quartier.
Anciennement commune de Neuilly.

3576   **Commence** rue Demours, 1, et avenue des Ternes, 62. — **Finit** boulevard Gouvion-Saint-
Cyr, 35.   (l. 51. — P. 42.)
Longr : 460m,00.
Largr : 12m,90. — Arrêté préfectoral du 10 août 1853. *Alignements.*
Décret du 23 mai 1863. *Classement* (confirmation).
Arrêté préfectoral du 16 février 1865. *Nivellement.*
Orig. — Ancien chemin conduisant à Villiers-la-Garenne.

VILLIOT (Rue) . . . . **XII**e Arrondissement . . . . 47e et 48e Quartiers.
3577   **Commence** quai de la Rapée, 28. — **Finit** rue de Bercy, 155. .   (l. 31. — P. 2.)
Longr : 236m,00.
Moindre largr : 12m,00. — Décision ministérielle du 16 ventôse an XII.
Largr : 12m,40. — Ord. royale du 1er juin 1828. *Alignements.*
Arrêté préfectoral du 29 septembre 1868. *Nivellement.*
Orig. — Nom d'un propriétaire (xviiie siècle).

VINAIGRIERS (Cour des) . . . . . **X**e Arrondissement. . . . . 39e Quartier.
3578   **Située** rue du Faubourg Saint Martin, 99.
Longr : 130m,00.
Moindre largr : 3m,50.   (*Voie privée.*)
Arrêté préfectoral du 1er février 1877. *Dénomination* actuelle.
Obs. — Précédemment cour du Commerce.
Orig. — *Voir* rue des Vinaigriers.

VINAIGRIERS (Rue des) . . . . . **X**e Arrondissement. . . . . 39e Quartier.
3579   **Commence** rue de Marseille, 17, et quai de Valmy, 73. — **Finit** rue du Faubourg Saint
Martin, 102.   (l. 65. — P. 64.)
Longr : 535m,00.
Moindre largr : 10m,00. — Décisions ministérielles des 16 floréal an X et 2 avril 1811.
Largr : 10m,00. — Ord. royale du 31 mars 1847. *Alignements.*
Orig. — Lieu dit (xviiie siècle).

VINCENNES (Cours de) . . . . . . **XII**e Arrondissement . . . . 45e Quartier.
XXe Arrondissement . . . . 80e Quartier.
Anciennement communes de Saint Mandé et de Charonne.
3580   **Commence** boulevards de Charonne, 2, et de Picpus, 106. — **Finit** boulevards Davout,
Soult, 2, et porte de Vincennes.   (l. 65. — P. 56.)
Longr : 945m,00.
Largr : 83m,00. — Décret du 23 mai 1863. *Classement* (confirmation).
Obs. — Précédemment partie de la route départementale n° 34.
Orig. — Conduit à Vincennes.

VINCENNES (Porte de) . . . . . . **XII**e Arrondissement. . . . . 45e Quartier.
XXe Arrondissement . . . . 80e Quartier.
3581   **Située** boulevards Davout et Soult, en prolongement du cours de Vincennes.
Orig. — A l'entrée de la commune de Vincennes.

VINCENT (Rue) **. . . . . **XIX**e Arrondissement . . . . 76e Quartier.
Anciennement commune de Belleville.
3582   **Commence** rue de Belleville, 11. — **Finit** rue Rébeval, 22.   (l. 29. — P. 22.)
Longr : 200m,00.
Largr : 8m,50. — Ord. royale du 14 mai 1845. *Alignements.*
Décret du 23 mai 1863. *Classement* (confirmation).
Orig. — Nom de propriétaire.

VINCENT COMPOINT (Rue)**. **XVIII**e Arrondissement . . . . 69e Quartier.
Anciennement commune de Montmartre.
3583   **Commence** rue Montcalm. — **Finit** rue du Poteau, 77.   (l. 31. — P. 20.)
Longr : 295m,00.
Moindre largr : 6m,00.   (*Voie privée.*)
Orig. — M. Vincent Compoint, propriétaire et cultivateur. (*Voir* rue Compoint.)

VINDÉ (Cité) . . . . **I**er Arrondissement . . . . 4e Quartier.
3584   **Située** boulevard de la Madeleine, 17.
Longr : 80m,00.
Moindre largr : 3m,00. — *Voie privée* (construite en 1844).
Orig. — Construite en 1844, sur des terrains appartenant à M. Morel de Vindé.

VINEUSE (Rue) ** . . . . **XVI**ᵉ Arrondissement . . . . 62ᵉ Quartier.

Anciennement commune de Passy.

3585   **Commence** rues de la Tour, 2, et Franklin, 1. — **Finit** rue Franklin, 37. (l. 19. — P. 38.)

Longʳ : 350ᵐ,00.

Moindre largʳ :   9ᵐ,60. — Arrêté préfectoral du 16 février 1856. *Alignements*.

Décret du 23 mai 1853. *Classement* (confirmation).

Arrêté préfectoral du 18 septembre 1851. *Nivellement*.

Orig. — Ancienne dénomination; plantation de vignes.

VINGT-NEUF JUILLET (Rue du) . **I**ᵉʳ Arrondissement. . . . . 4ᵉ Quartier.

3586   **Commence** rue de Rivoli, 208. — **Finit** rue Saint Honoré, 213.   (l. 11. — P. 10.)

Longʳ : 116ᵐ,00.

Largʳ : 10ᵐ,00. — Ord. royale du 14 mai 1826. *Ouverture, Alignements* et *Dénomination*.

Décision ministérielle du 19 août 1830. *Dénomination* actuelle.

Obs. — Précédemment rue du Duc de Bordeaux.

Orig. — En mémoire de la troisième journée de la Révolution de 1830.

VINTIMILLE (Impasse de). . . . . **IX**ᵉ Arrondissement . . . . 33ᵉ Quartier.

3587   **Située** rue de Douai, 51.

Longʳ : 25ᵐ,00.

Largʳ :   8ᵐ,00.   *(Voie privée.)*

Orig. — Voir place de Vintimille.

VINTIMILLE (Place de) . . . . . . **IX**ᵉ Arrondissement . . . . 33ᵉ Quartier.

3588   **Située** à la jonction des r. de Calais, 26; de Vintimille, 24; de Bruxelles, 22, et de Douai, 52.

Longʳ : 65ᵐ,00.   *(Place plantée.)*   (l. 11. — P. 4.)

Largʳ : 56ᵐ,40. — Ord. royale du 21 juin 1841. *Ouverture* et *Alignements*.

Orig — Ouverte sur des terrains appartenant à M. le comte de Ségur, doit son nom à Mme la comtesse de Ségur, née de Vintimille du Luc.

VINTIMILLE (Rue de) . . . . . . **IX**ᵈ Arrondissement . . . . 33ᵉ Quartier.

3589   **Commence** rue de Clichy, 64. — **Finit** place de Vintimille, 5, et rue de Calais, 23.

Longʳ : 150ᵐ,00.   (l. 19. — P. 24.)

Largʳ : 12ᵐ,00. — Ord. royale du 21 juin 1841. *Ouverture* et *Alignements*.

Orig. — Voir place de Vintimille.

VIOLET (Passage). . . . . **X**ᵉ Arrondissement. . . . . 38ᵉ Quartier.

3590   **Commence** rue d'Hauteville, 29. — **Finit** rue du Faubourg Poissonnière, 36.

Longʳ : 170ᵐ,00.   (l. 11. — P. 12.)

Largʳ :   7ᵐ,00.   *(Voie privée.)*

Orig. — Ouvert en 1820, doit son nom à l'entrepreneur du passage.

VIOLET (Place) . . . . **XV**ᵉ Arrondissement . . . . 59ᵉ et 60² Quartiers.

Anciennement commune de Grenelle.

3591   **Située** à la rencontre des rues Violet, 77, et des Entrepreneurs, 75.

Longʳ : 60ᵐ,00.   *(Place plantée.)*

Largʳ :   7ᵐ,00. — Décret du 3 octobre 1855. *Classement* et *Alignements*.

Décret du 23 mai 1863 *Classement* (confirmation).

Obs. — Précédemment partie de la route départementale n° 10.

Orig. — Voir rue Violet.

VIOLET (Rue) . . . . **XV**ᵈ Arrondissement. . . . . 59ᵉ Quartier.

Anciennement commune de Grenelle.

3592   **Commence** ruelle et rue Dupleix, 31. — **Finit** place Violet et rue des Entrepreneurs, 69.

Longʳ : 730ᵐ,00.   (l. 77. — P. 62.)

Larg : 12ᵐ,00. — Délibération du conseil municipal du 25 janvier 1876. Achat de terrains pour le *Prolongement* de la rue Violet, entre la place Dupleix et le boulevard de Grenelle (A.).

Largʳ : 12ᵐ,00. — Délibérations du conseil municipal de Grenelle des 22 janvier et 19 septembre 1837. *Classement* projeté au nombre des voies vicinales depuis le boulevard de Grenelle jusqu'à la place Violet (B.).

Décret du 23 mai 1863. *Classement* confirmé de la partie B.

Arrêté préfectoral du 31 mars 1877. *Nivellement* de la partie A.

Arrêté préfectoral du 19 juillet 1863. *Nivellement* de la partie B.

Orig. — Doit son nom à M. Violet, l'un des entrepreneurs fondateurs du nouveau village de Grenelle.

VIOLLET-LE-DUC (Rue) **. . . . IXe ARRONDISSEMENT . . . . 36e QUARTIER.

3593 **Commence** rue Lallier, 3. — **Finit** boulevard de Rochechouart, 57.   (l. 13. — P. 10.)

  Long^r : 91^m,00.

  Larg^r : 12^m,00. — DÉCRET DU 29 AVRIL 1881. *Classement, Alignements et Nivellement.*
        DÉCRET DU 19 MARS 1880. *Dénomination.*

  ORIG. — Eugène-Emmanuel Viollet-le-Duc, architecte (1814-1879).

VIRGINIE (Rue). . . . . XVe ARRONDISSEMENT . . . . 60e QUARTIER.
                                    Anciennement commune de Grenelle.

3594 **Commence** rue de Javel, 52. — **Finit** rue Cauchy, 29.   (l. 73. — P. 56.)

  Long^r : 460^m,00.

        DÉCRET DU 24 JUIN 1868. *Classement.*

  Larg^r : 8^m,00. — DÉCRET DU 14 JUILLET 1877. *Alignements et Nivellement.*
        ARRÊTÉ PRÉFECTORAL DU 21 OCTOBRE 1873. *Nivellement.*

  ORIG. — Nom donné par le propriétaire du terrain.

VISCONTI (Rue). . . . . VIe ARRONDISSEMENT . . . . 24e QUARTIER.

3595 **Commence** rue de Seine, 24. — **Finit** rue Bonaparte, 19.

  Long^r : 176^m,00.

  Larg^r : 7^m,00. — DÉCISION MINISTÉRIELLE DU 15 VENDÉMIAIRE AN IX.

  Larg^r : 10^m,00. — ORD. ROYALE DU 29 AVRIL 1839. *Alignements.*
        DÉCRET DU 28 JUILLET 1866 (U. P.). *Suppression partielle pour l'exécution de la rue de Rennes et la déviation de la rue de Seine.*
        DÉCRET DU 24 AOUT 1864. *Dénomination actuelle.*
            OBS. — Précédemment rue des Marais Saint Germain.

  ORIG. — Louis-Tullius-Joachim Visconti, architecte (1791-1853).

VISTULE (Rue de la) ** . . . . XIIIe ARRONDISSEMENT. . . . . 51e QUARTIER.
                                    Anciennement commune de Gentilly.

3596 **Commence** avenue de Choisy, 75. — **Finit** avenue d'Italie, 163.

  Long^r : 210^m,00.

        DÉCRET DU 23 MAI 1863. *Classement.*

  Larg^r : 12^m,00. — *Alignements projetés.* (Largeur exécutée.)
        ARRÊTÉ PRÉFECTORAL DU 18 AVRIL 1863. *Nivellement.*
        ARRÊTÉ PRÉFECTORAL DU 1er FÉVRIER 1877. *Dénomination actuelle.*
            OBS. — Précédemment rue du Marché aux Porcs.

  ORIG. — Fleuve de Pologne ; groupe géographique avoisinant la Bièvre.

VITAL (Rue) ** . . . . XVIe ARRONDISSEMENT . . . . 62e QUARTIER.
                                    Anciennement commune de Passy.

3597 **Commence** rue de la Tour, 53. — **Finit** rue de Passy, 68.   (l. 43. — P. 54.)

  Long^r : 345^m,00.

  Moindre larg^r : 9^m,00. — ARRÊTÉ PRÉFECTORAL DU 16 FÉVRIER 1856. *Alignements* entre la rue de la Tour et la rue Nicolo.

    Id.   9^m,00. — *Alignements projetés* entre la rue Nicolo et la rue de Passy. (Largeur exécutée.)
        DÉCRET DU 23 MAI 1863. *Classement* (confirmation.)
        ARRÊTÉ PRÉFECTORAL DU 4 AOUT 1869. *Nivellement.*
        ARRÊTÉ PRÉFECTORAL DU 2 AVRIL 1868. *Dénomination actuelle.*
            OBS. — Précédemment partie de la rue des Carrières et rue Vital.

  ORIG. — Nom de propriétaire.

VITRUVE (Rue) ** . . . . XXe ARRONDISSEMENT . . . . 80e QUARTIER.
                                    Anciennement commune de Charonne.

3598 **Commence** place de la Réunion, 68. — **Finit** Boulevard Davout.   (l. 89. — P. 72.)

  Long^r : 808^m,00.

  Larg^r : 10^m,00. — DÉCRET DU 8 SEPTEMBRE 1849. *Ouverture et Alignements* entre la place de la Réunion et la rue Saint Blaise.

  Larg^r : 8^m,00. — ORD. ROYALE DU 27 AOUT 1844. *Alignements* dans une longueur de 185 mètres, à partir de la rue Saint Blaise.

  Larg^r : 10^m,00. — *Alignements projetés* pour cette dernière partie et le surplus jusqu'au boulevard Davout.
        DÉCRET DU 23 MAI 1863. *Classement* confirmé pour les deux premières parties et classement du surplus.
        ARRÊTÉ PRÉFECTORAL DU 17 JANVIER 1867. *Nivellement.*
        DÉCRET DU 24 AOUT 1864 et ARRÊTÉ PRÉFECTORAL DU 3 SEPTEMBRE 1869. *Dénomination actuelle.*
            OBS. — Précédemment rues des Écoles et Au Maire.

  ORIG. — Vitruve, architecte romain (Ier siècle avant J.-C.).

VITRY (Porte de). . . . . **XIII**e ARRONDISSEMENT. . . . . 30e QUARTIER.
3599   **Située** boulevard Masséna, en prolongement de la rue Patay.
ORIG. — A l'entrée de la commune de Vitry.

VIVIENNE (Galerie) . . . . **II**e ARRONDISSEMENT. . . . . 6e QUARTIER.
3600   **Commence** rue des Petits Champs, 4, et de la Banque. — **Finit** rue Vivienne, 6.
        Long^r : 176m,00.   (I. 63. — P. 72.)
        Larg^r : 4m,00 environ.   (*Voie privée.*)
ORIG. — *Voir* rue Vivienne.

VIVIENNE (Rue) . . . . **I**er ARRONDISSEMENT. . . . . 3e QUARTIER.
                                    IIe ARRONDISSEMENT . . . . 6e QUARTIER.
3601   **Commence** rue de Beaujolais, 14. — **Finit** boulevard Montmartre, 13.   (I. 53. — P. 48.)
        Long^r : 640m,00.
        Larg^r : 13m,50. — ORD. ROYALES DU 19 NOVEMBRE 1843. *Alignements* entre la rue de
               Beaujolais et la rue des Petits Champs (A).
        Larg^r : 10m,00. — DÉCISION MINISTÉRIELLE DU 3 VENTÔSE AN X.
        Id.   12m,00 — DÉCRET DU 14 MAI 1853. *Alignements* depuis la rue des Petits
               Champs jusqu'à la rue des Filles Saint Thomas et la place
               de la Bourse.
        Larg^r : 12m,00. — DÉCISION MINISTÉRIELLE DU 13 FÉVRIER 1809.
        Id.   12m,00. — ORD. ROYALE DU 16 JUIN 1824. *Alignements* depuis la rue des Filles
               Saint Thomas et la place de la Bourse jusqu'à la rue Feydeau.
        Larg^r : 10m,00. — DÉCISION MINISTÉRIELLE DU 13 FÉVRIER 1809.
        Larg^r : 12m,00. — ORD. ROYALE DES 16 JUIN 1824 ET 17 JANVIER 1830 (U. P.). *Prolon-
               gement* entre la rue Feydeau et le boulevard Montmartre.
               ARRÊTÉS PRÉFECTORAUX DES 2 JUIN ET 1er SEPTEMBRE 1868. *Nivelle-
               ment* entre la rue du Quatre Septembre et la rue de la Bourse.
               OBS. — La partie A formait précédemment la rue du Perron.
ORIG. — Doit son nom à la famille Vivien, à laquelle appartenait Louis Vivien, seigneur de Saint Marc, échevin en
1599.

VOIE VERTE (Rue de la)**. . . . **XIV**e ARRONDISSEMENT. . . . . 55e QUARTIER.
                          Anciennement commune de Montrouge.
3602   **Commence** rue de la Tombe Issoire, 92. — **Finit** boulevard Jourdan, 50. (I. 83. — P. 80.)
        Long^r : 600m,00.
        Larg^r : 12m,00. — ARRÊTÉ PRÉFECTORAL DU 30 OCTOBRE 1843. *Alignements.*
               DÉCRET DU 23 MAI 1863. *Classement* (confirmation).
               OBS. — Ancien chemin vicinal n° 2.
ORIG. — Ancien chemin à travers champs.

VOLGA (Impasse du). . . . . . . **XX**e ARRONDISSEMENT . . . . 80e QUARTIER.
                          Anciennement commune de Charonne.
3603   **Située** rue du Volga, 36 *bis*.   (I. 9).
        Long^r : 80m,00.
        Larg^r : 3m,00.   (*Voie privée.*)
               ARRÊTÉ PRÉFECTORAL DU 1er FÉVRIER 1877. *Dénomination* actuelle.
               OBS. — Précédemment impasse des Gouttes d'Or.
ORIG. — *Voir* rue du Volga.

VOLGA (Rue du). . . . . **XX**e ARRONDISSEMENT . . . . 80e QUARTIER.
                          Anciennement commune de Charonne.
3604   **Commence** rue d'Avron, 68. — **Finit** boulevard Davout.   (I. 15. — P. 42.)
        Long^r : 485m,00.
        Larg^r : 2m,33. — ARRÊTÉ PRÉFECTORAL DU 3 JUILLET 1830.
               ARRÊTÉ PRÉFECTORAL DU 11 MAI 1877. *Nivellement.*
               ARRÊTÉ PRÉFECTORAL DU 1er FÉVRIER 1877. *Dénomination* actuelle.
               OBS. — Précédemment chemin de Montreuil.
ORIG. — Fleuve de Russie.

VOLNEY (Rue). . . . . **II**e ARRONDISSEMENT . . . . 5e QUARTIER.
3605   **Commence** rue des Capucines, 10. — **Finit** rue Daunou, 19.   (I. 11. — P. 12.)
        Long^r : 134m,00.
        Larg^r : 12m,00. — DÉCRET DU 30 NOVEMBRE 1853. *Ouverture* et *Alignements.*
               ARRÊTÉ PRÉFECTORAL DU 16 AOUT 1879. *Dénomination* actuelle.
               OBS. — Précédemment rue Saint Arnaud.
ORIG. — Le comte Constantin-François Chasseboeuf de Volney, philosophe (1757-1820).

VOLONTAIRE (Ruelle) ** . . . . **XV**ᵉ Arrondissement . . . . 58ᵉ Quartier.
Anciennement commune de Vaugirard.

3606   **Commence** rue de Vaugirard, 229. — **Finit** rue des Fourneaux, 116.   (I. 5. — P. 10.)
     Long^r : 441^m,00.
     Moindre larg^r :   3^m,60.   (*Voie privée.*)
     Orig. — Ancienne voie suivie par le cortège des conscrits des villages voisins, pour le tirage au sort qui avait lieu à Sceaux.

VOLTA (Rue) . . . . **III**ᵉ Arrondissement . . . . 9ᵉ Quartier.

3607   **Commence** rue Au Maire, 6. — **Finit** rue Notre-Dame de Nazareth, 31.   (I. 53. — P. 60.)
     Long^r : 330^m,00.
     Larg^r :   8^m,00. — Décision ministérielle du 4 floréal an VIII.
     Larg^r : 10^m,00. — Ord. royale du 16 mai 1833. *Alignements* entre la rue Au Maire et la rue Réaumur.
     Larg^r :   7^m,00. — Décision ministérielle du 4 floréal an VIII.
     Larg^r : 10^m,00. — *Alignements* projetés suivis d'un commencement d'exécution entre la rue Réaumur et la rue de Turbigo.
     Larg^r :   9^m,00. — Décision ministérielle du 4 floréal an VIII.
     Larg^r : 10^m,00. — Ord. royale du 7 septembre 1843. *Alignements* entre la rue de Turbigo et la rue Notre-Dame de Nazareth.
     Décret du 18 février 1851. *Dénomination* actuelle.
     Obs. — Précédemment rues Frépillon, de la Croix et du Pont aux Biches Saint-Martin.
     Orig. — Alessandro Volta, physicien italien, inventeur de la pile électrique qui porte son nom (1745-1827); voisinage du Conservatoire des Arts et Métiers.

VOLTAIRE (Boulevard). . . . . . . **XI**ᵉ Arrondissement . . . . 41ᵉ, 42ᵉ, 43ᵉ et 44ᵉ Quartiers.

3608   **Commence** place de la République, 4. — **Finit** place de la Nation, 3.   (I. 283. — P. 296.)
     Long^r : 2850^m,00.
     Larg^r : 30^m,00. — Décret du 29 août 1857 (U. P.). *Ouverture* et *Alignements* entre la place de la République et la rue de Montreuil.
     Larg^r : 40^m,00. — Même décret. *Ouverture* et *Alignements* entre la rue de Montreuil et la place de la Nation.
     Arrêté préfectoral du 20 juillet 1861. *Nivellement.*
     Décision du maire de Paris du 23 octobre 1870. *Dénomination* actuelle.
     Obs. — Précédemment boulevard du Prince Eugène.
     Orig. — François-Marie Arouet de Voltaire, écrivain (1694-1778).

VOLTAIRE (Impasse). . . . . . **XVI**ᵉ Arrondissement . . . . 61ᵉ Quartier.
Anciennement commune d'Auteuil.

3609   **Située** impasse Racine et avenue Despréaux.
     Long^r : 45^m,00.
     Larg^r :   4^m,00 environ.
     (*Voie privée* comprise dans le hameau Boileau.)
     Orig. — Fait partie du hameau Boileau.

VOLTAIRE (Place) . . . . **XI**ᵉ Arrondissement . . . . 43ᵉ Quartier.

3610   **Située** à l'intersection du boulevard Voltaire, 126 ; de la rue de la Roquette, 130, et de l'avenue Parmentier, 2.   (I. 5. — P. 10.)
     Long^r : 102^m,00.   (*Place plantée.*)
     Moindre larg^r : 86^m,00. — Décret du 29 août 1857 (U. P.). *Ouverture.*
     Obs. — Précédemment place du Prince Eugène.
     Orig. — *Voir* boulevard Voltaire.

VOLTAIRE (Quai). . . . . **VII**ᵉ Arrondissement . . . . 25ᵉ Quartier.

3611   **Commence** rue des Saints Pères, 2, et pont du Carrousel. — **Finit** rue du Bac, 1, et Pont Royal.   (I. 35.)
     Long^r : 308^m,00.
     Moindre larg^r : 21^m,00. — Décision ministérielle du 13 février 1810.
     Id.   21^m,00. — Ord. royale du 29 avril 1839. *Alignements.*
     Orig. — Voltaire est mort dans l'hôtel du marquis de Villette, qui fait le coin de la rue de Beaune et du quai.

VOSGES (Place des) . . . . Vᵉ Arrondissement . . . . 15ᵉ Quartier.

3612 **Située** entre la rue de Birague, 16, et la rue des Vosges, 15.   (I. 19. — P. 22.)

Long' :127ᵐ,00. }   (*Place plantée*).

Larg' : 140ᵐ,00. — Arrêté du Pouvoir exécutif du 26 mars 1848. Maintien des *Aligne-ments* et confirmation des conditions imposant une décoration symétrique aux bâtiments en bordure.

(Ces conditions avaient été imposées par lettres patentes de juillet 1605.)

Arrêté du maire de Paris du 16 septembre 1870. *Dénomination* actuelle.

Obs. — Précédemment place Royale.

Orig. — Nom donné en 1799, parce que le département des Vosges avait été le premier à acquitter la totalité de ses contributions ; il a été de nouveau donné à la place en 1848 et en 1871.

VOSGES (Rue des). . . . . IIIᵉ Arrondissement . . . . 11ᵉ Quartier.

                                    IVᵉ Arrondissement . . . . 13ᵉ Quartier.

3613 **Commence** boulevard Beaumarchais, 33. — **Finit** rue de Turenne, 24.   (I. 17. — P. 22.)

Long' : 285ᵐ,00.

Larg' : 10ᵐ,00. — Décision ministérielle du 23 ventôse an X. (Ancienne rue du Pas de la Mule et ancienne rue de l'Echarpe.)

Larg' : 13ᵐ,00. — Arrêté du Président de la République du 17 janvier 1849. *Aligne-ments* entre le boulevard Beaumarchais et la place Royale.

Obs. — Cet arrêté porte : Art. 3. — Toutefois....... les arcades dépendant de la place des Vosges et riveraines des rues de l'Echarpe et du Pas de la Mule, ne seront assujetties aux retranchements résultant des alignements ci-dessus arrêtés, qu'au moment où les propriétaires voudront en modifier l'architecture en totalité ou dans l'une de ses parties. Jusque-là, ces portions d'édifices sont exemptées des servitudes de voirie rappelées en l'article 2 du présent arrêté, et les proprié-taires auront la faculté de les consolider.

Larg' : 13ᵐ,80. — Arrêté du pouvoir exécutif du 26 mars 1848. *Alignements* de la partie située au nord de la place des Vosges.

Larg' : 13ᵐ,00. — Arrêté du président de la république du 17 janvier 1849. *Aligne-ments* entre la place des Vosges et la rue de Turenne.

Arrêté préfectoral du 22 janvier 1862. *Dénomination* actuelle.

Obs. — Précédemment partie de la rue du Pas de la Mule, de la place Royale et rue de l'Echarpe.

Orig. — Côté septentrional de la place des Vosges.

VOUILLÉ (Rue de) **. . . . . . . XVᵉ Arrondissement . . . . 57ᵉ Quartier.

Anciennement commune de Vaugirard.

3614 **Commence** rues de l'Abbé Groult, 139, et Dombasle, 60. — **Finit** chemin de fer de l'Ouest.

Long' : 610ᵐ,00.   (I. 71. — P. 78.)

Larg' : 12ᵐ,00. — Décret du 25 juillet 1831. *Classement* (route départemental nº 10.)

Décret du 3 octobre 1855. *Alignements*.

Décret du 23 mai 1863. *Classement* (confirmation).

Larg' : 20ᵐ,00. — *Alignements* projetés, suivis d'un commencement d'exécution. (Lar-geur actuelle, 12ᵐ,00.)

Arrêté préfectoral du 7 septembre 1869. *Nivellement*.

Décret du 10 août 1868. *Dénomination* actuelle.

Obs. — Précédemment partie de la rue Haute du Transit.

Orig. — Victoire de Clovis sur les Wisigoths, en 507; quartier où ont été groupés des noms de l'époque gallo-romaine et mérovingienne.

VOUTE (Rue de la). . . . . XIIᵉ Arrondissement . . . . 45ᵉ Quartier.

Anciennement commune de Saint-Mandé.

3615 **Commence** rue Michel Bizot et avenue de Saint-Mandé, 71. — **Finit** boul. Soult, 4.

Long' : 443ᵐ,00.

Larg' : 10ᵐ,00. — Arrêtés préfectoraux des 11 avril 1846 et 6 juillet 1855. *Classe-ment* et *Alignements*.   (I.71. — P.66.)

Décret du 23 mai 1863. *Classement* (confirmation).

Arrêté préfectoral du 10 novembre 1873. *Dénomination* actuelle.

Obs. — Précédemment rue de la Voûte du Cours.

Orig. — Longe le cours de Vincennes et doit son nom aux voûtes qui supportent cette voie publique.

VOUTE DU COURS (Ancien chemin de la).

XIIe Arrondissement . . . . 45e Quartier.

Anciennement commune de Saint Mandé.

3615   **Commençait** boulevard de Picpus, 104. — **Finissait** rue de la Voûte, 45

Obs. — Cet ancien sentier rural a été en grande partie réoccupé par les riverains.

Onic. — *Voir* rue de la Voûte.

W

WAGRAM (Avenue de) . . . . . **VIII**e Arrondissement. . . . . 30e Quartier.
                       XVIIe Arrondissement . . . . 65e et 66e Quartiers.
             Anciennement communes de Neuilly et des Batignolles (partie).

3617   **Commence** place de l'Étoile. — **Finit** place de Wagram, 1.   (I. 171. — P. 156.)

Longr : 1500m,00.

Largr : { Boulevards   : 15 toises.} Ordonnance du bureau des finances du 16 jan-
         { Chem. de ronde : 36 pieds. } vier 1789.

Largr : 36m,00. — Loi du 13 août 1854. *Ouverture* et *Alignements* entre la place de
           l'Étoile et la rue de Tilsitt.

Largr : 36m,00. — Arrêté préfectoral du 15 mai 1861. *Alignements* entre la rue de
           Tilsitt et la rue du Faubourg Saint Honoré, et l'avenue des Ternes.

Largr : 30m,00. — Décret du 15 décembre 1858. *Ouverture* et *Alignements* entre l'avenue
           des Ternes et la place de Wagram.

Décret du 23 mai 1863. *Classement* (confirmation).

Arrêté préfectoral du 24 novembre 1864. *Nivellement* de la partie
           comprise dans le XVIIe arrondissement.

Décret du 2 mars 1864. *Dénomination* actuelle.

         Obs. — Précédemment boulevard de l'Étoile et route départementale n° 6.

Orig. — Victoire de l'armée française sur les Autrichiens, le 6 juillet 1809; voisinage de l'Arc de Triomphe de l'Étoile.

WAGRAM (Place de) . . . . **XVII**e Arrondissement . . . . 66e Quartier.
3618   **Située** à la rencontre des boulevards Malesherbes, 181, et Péreire, 65.   (I. 5. — P. 1.)

Longr Comprise dans celles des boulevards de Malesherbes et Péreire.

Largr : 70m,00. — Décret du 30 novembre 1862 (U. P.). *Ouverture.*

Décret du 23 mai 1863. *Classement* (confirmation).

Arrêté préfectoral du 24 novembre 1864. *Nivellement.*

Arrêté préfectoral du 20 juillet 1868. *Dénomination.*

Orig. — Voir avenue de Wagram.

WASHINGTON (Rue) . . . . . . **VIII**e Arrondissement . . . . 30e Quartier.
3619   **Commence** avenue des Champs Élysées, 110. — **Finit** avenue Friedland, 1, et boulevard
        Haussmann, 179.   (I. 49. — P. 52.)

Longr : 404m,00.

Largr : 10m,55. — Décision ministérielle du 6 nivôse an XII.

Largr : 10m,70. — Ord. royale du 23 juin 1846. *Alignements.*

Décret du 2 juillet 1864. *Modification* du débouché sur l'avenue
           Friedland.

Décret du 16 août 1879. *Dénomination* actuelle.

         Obs. — Précédemment rue Billault, et antérieurement rue de l'Oratoire du
           Roule.

Orig. — George Washington, premier président de la République des États-Unis d'Amérique (1732-1799).

WATERLOO (Passage de) ** . . . **XV**e Arrondissement . . . . 57e Quartier.
            Anciennement commune de Vanves.
3620   **Commence** petite rue de Paris, 18. — **Finit** passage Duclos, 1.   (I. 11.)

Longr : 78m,00.

Largr : 3m,00.   (*Voie privée.*)

Orig. — En l'honneur de la belle défense de la garde impériale à Waterloo (18 juin 1815).

WATT (Rue) . . . . **XIII**ᵉ Arrondissement . . . . 50ᵉ Quartier.

Anciennement commune d'Ivry.

3621 **Commence** quai de la Gare, 33. — **Finit** rues du Loiret et du Chevaleret. (I. 11. — P. 12.)

Longʳ : 500ᵐ,00.

Largʳ : 12ᵐ,00. — Arrêtés préfectoraux des 4 mai 1843 et 10 mai 1855. *Alignements.*

Décret du 23 mai 1863. *Classement* (confirmation).

Décret du 27 février 1867. *Dénomination actuelle.*

Obs. — Précédemment chemin de la Croix Jarry.

Orig. — James Watt, ingénieur écossais, inventeur de la machine à vapeur (1733-1819); voisinage du chemin de fer d'Orléans.

WATTEAU (Rue) ** . . . . **XIII**ᵉ Arrondissement . . . . 49ᵉ Quartier.

3622 **Commence** rue du Banquier, 23. — **Finit** boulevard de l'Hôpital, 128. (I. 11. — P. 18.)

Longʳ : 145ᵐ,00.

Largʳ : 10ᵐ,00. — Ord. royale du 27 janvier 1837. *Alignements.*

Arrêté préfectoral du 7 mars 1868. *Nivellement.*

Décret du 27 février 1867. *Dénomination actuelle.*

Obs. — Précédemment petite rue du Banquier.

Orig. — Jean-Antoine Watteau, peintre (1684-1721); voisinage de la manufacture des Gobelins, où ont été reproduits plusieurs de ses tableaux.

WATTIEAUX (Passage) . . . . . . **XIX**ᵉ Arrondissement . . . . 74ᵉ Quartier.

Anciennement commune de La Villette.

3623 **Commence** rue de l'Ourcq, 94. — **Finit** rue Curial, 80. (I. 21. — P. 16.)

Longʳ : 170ᵐ,00.

Largʳ : 5ᵐ,00. (*Voie privée.*)

Orig. — Nom du propriétaire.

WATTIGNIES (Rue de) . . . . . . **XII**ᵉ Arrondissement . . . . 46ᵉ Quartier.

3624 **Commence** rue de Charenton, 245. — **Finit** rues Claude Decaen, 19, et Michel Bizot, 43.

(I. 83. — P. 82.)

Longʳ : 700ᵐ,00.

Largʳ : 15ᵐ,00. — Décret du 28 juillet 1862 (U. P.). *Ouverture* et *Alignements.*

Arrêté préfectoral du 10 août 1865. *Nivellement.*

Arrêté préfectoral du 16 août 1879. *Dénomination actuelle.*

Obs. — Précédemment rue Marceau.

Orig. — Victoire remportée par l'armée française, commandée par Jourdan, sur les Autrichiens, le 16 octobre 1793.

WAUXHALL (Cité du) . . . . **X**ᵉ Arrondissement . . . . 39ᵉ Quartier.

3625 **Commence** boulevard de Magenta, 6. — **Finit** rue des Marais. 27.

Longʳ : 46ᵐ,00.

Largʳ : 6ᵐ,50. (*Voie privée.*)

Orig. — Établie en 1841 sur l'emplacement de l'ancien jardin du Wauxhall.

WILHEM (Rue) . . . . **XVI**ᵉ Arrondissement . . . . 61ᵉ Quartier.

Anciennement commune d'Auteuil.

3626 **Commence** quai d'Auteuil. — **Finit** rue du Point du Jour, 63, et place d'Auteuil.

Longʳ : 420ᵐ,00.

Largʳ : 6ᵐ,00. — Arrêté préfectoral du 13 février 1838. *Alignements* entre le quai d'Auteuil et la rue Mirabeau.

Largʳ : 12ᵐ,00. — Décret du 27 janvier 1876 (U. P.). *Ouverture* et *Alignements* entre les rues Mirabeau et du Point du Jour.

Décret du 23 mai 1863. *Classement* (confirmation).

Arrêté préfectoral du 18 juin 1877. *Nivellement.*

Décret du 24 août 1864. *Dénomination actuelle.*

Obs. — Précédemment rue de Seine.

Orig. — Guillaume-Louis Bocquillon, dit Wilhem, fondateur de l'orphéon municipal (1781-1842).

X

XAINTRAILLES (Rue) ⁑ . . . . **XIII**ᵉ Arrondissement . . . . 50ᵉ Quartier.
Anciennement commune d'Ivry.

3627 **Commence** rues de Domrémy. 34, et Dunois, 1.—**Finit** place Jeanne Darc, 22. (l. 17.—P. 18.)
Long^r : 144^m,00.
Larg^r : 12^m,00. — Arrêté préfectoral du 22 mai 1858.
Décret du 9 décembre 1854 (U. P.). *Ouverture* et *Alignements.*
Décret du 23 mai 1863. *Classement* (confirmation).
Arrêté préfectoral du 6 juin 1862. *Nivellement.*
Décret du 2 mars 1864. *Dénomination* actuelle.
Obs. — Précédemment rue A.
Orig. — Poton de Xaintrailles, maréchal de France (1390-1461), l'un des compagnons d'armes de Jeanne Darc; voisinage de la place Jeanne Darc.

Y

YVART (Rue) ** . . . . **XV**ᵉ Arrondissement . . . . 57ᵉ Quartier.

Anciennement commune de Vaugirard.

3628 **Commence** rue d'Alleray, 16. — **Finit** rue d'Alleray, 34. (I. 7. — P. 16.)

Long^r : **196ᵐ,00.**

Larg^r : 6ᵐ,00 environ.

Décret du 24 août 1864. — *Dénomination* actuelle.

Obs. — Précédemment petit chemin des Tournelles, et antérieurement chemin
des Tournelles.

Orig. — Jean-Augustin-Victor Yvart, agronome (1764-1831); quartier où ont été groupés des noms d'agronomes.

YVETTE (Rue de l') . . . . **XVI**ᵉ Arrondissement . . . . 61ᵉ Quartier.

Anciennement commune d'Auteuil.

3629 **Commence** rue de la Cure. — **Finit** rue des Fontis, 17. (I. 1. — P. 24.)

Long^r : **194ᵐ,00.**

Larg^r : 12ᵐ,00. — Décision du conseil municipal d'Auteuil du 21 août 1837. *Alignements* projetés.

Décret du 23 mai 1863. *Classement* (confirmation).

Prolongement projeté entre la rue Mozart et la rue de la Cure.

Arrêté préfectoral du 27 janvier 1877. *Nivellement.*

Arrêté préfectoral du 1ᵉʳ février 1877. *Dénomination* actuelle.

Obs. — Précédemment sente du Four.

Orig. — Rivière du bassin de la Seine.

Z

ZACHARIE (Rue) . . . . **V⁰ Arrondissement** . . . . 20⁰ Quartier.

3630 **Commence** quai Saint Michel, 15. — **Finit** rue Saint Séverin, 26. (I. 19. — P. 24.)

Long^r : 100^m,00.

Larg^r : 7^m,00. — Décision ministérielle du 29 nivôse an VIII.

Larg^r : 10^m,00. — Ord. royale du 11 août 1844. *Alignements* entre le quai Saint Michel et la rue de la Huchette.

Larg^r : 7^m,00. — Décision ministérielle du 15 vendémiaire an IX.

Larg^r : 10^m,00. — Ord. royale du 22 août 1810. *Alignements* entre la rue de la Huchette et la rue Saint Séverin.

Décision ministérielle du 9 avril 1881. *Dénomination* actuelle.

Obs. — Précédemment rues des Trois Chandeliers et Zacharie.

Orig. — Une maison de cette rue, donnée par le prieur de Saint Martin des Champs à son monastère, était dénommée maison Sacalie (XIIIᵉ siècle).

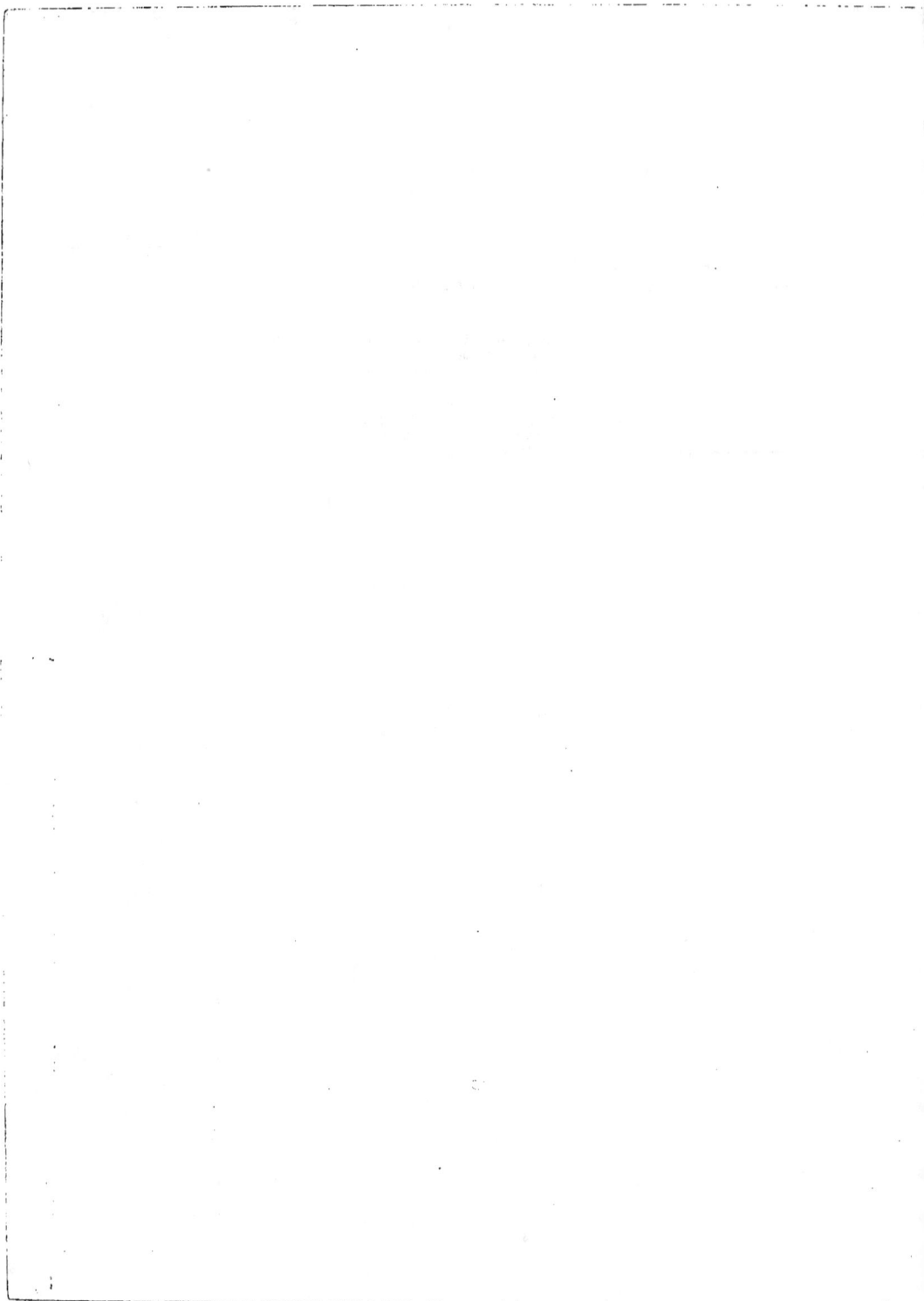

VOIES NON DÉNOMMÉES

CLASSÉES PAR ARRONDISSEMENTS

Passage. . . . . **III**^e Arrondissement. . . . . 9e Quartier.
3631   **Commence** rue du Vertbois, 34. — **Finit** rue Notre-Dame de Nazareth, 49.
Long^r : 32^m,00.
Larg^r : 1^m,00.   (*Voie privée.*)

Impasse. . . . . **III**^e Arrondissement . . . . 10e Quartier.
3632   **Située** rue Dupetit-Thouars, 24.
Long^r : 20^m,60.
Larg^r : 4^m,00.   (*Voie privée.*)

Impasse. . . . . **IV**^e Arrondissement . . . . 14e Quartier.
(Latérale au sud de l'Église Saint Gervais.)
3633   **Située** rue de Brosse, 10.
Long^r : 60^m,00.
Larg^r : 3^m,00 environ.

Impasse**. . . . . **V**^e Arrondissement. . . . . 19e Quartier.
(Latérale au Marché.)
3634   **Située** rue Nicole, 17.
Long^r : 40^m,00.
Larg^r : 8^m,00. — *Voie privée entretenue à frais communs par la Ville de Paris et les riverains.*

Impasse**. . . . . **VI**^e Arrondissement . . . . 23e Quartier.
3635   **Située** rue Notre-Dame des Champs, 72.
Long^r : 36^m,00.
Larg^r : 4^m,00.   (*Voie privée.*)

Rue. . . . . **VI**^e Arrondissement . . . . 23e Quartier.
3636   **Commence** rue de Rennes. — **Finit** rue de Vaugirard.
Long^r : 169^m,00.
Larg^r : 12^m,00.   (*Voie privée.*)

Rue. . . . . **VI**^e Arrondissement . . . . 23e Quartier.
3637   **Commence** rue Notre-Dame des Champs. — **Finit** boulevard d'Enfer projeté.
Long^r : 75^m,90.
Larg^r : 10^m,00.   (*Voie privée.*)

Rue. . . . . **VII**ᵉ ᴀʀʀᴏɴᴅɪꜱꜱᴇᴍᴇɴᴛ . . . . 23ᵉ Qᴜᴀʀᴛɪᴇʀ.
3038   **Commence** rue de l'Université, 53. — **Finit** boulevard Saint Germain, 284.
        Longʳ : 106ᵐ,00.
        Largʳ : 13ᵐ,00.   (*Voie privée.*)

Rue. . . . . **VIII**ᵉ ᴀʀʀᴏɴᴅɪꜱꜱᴇᴍᴇɴᴛ. . . . . 29ᵉ Qᴜᴀʀᴛɪᴇʀ.
3039   **Commencera** avenue Montaigne, 47. — **Finira** rue Pierre Charron, 58.
        Longʳ : 329ᵐ,00.
        Largʳ : 13ᵐ,54. — Dᴇᴄʀᴇᴛ ᴅᴜ 28 ᴊᴜɪʟʟᴇᴛ 1881 (U. P.). *Ouverture, Alignements* et
                         Nivellement.

Rue. . . . . **VIII**ᵉ ᴀʀʀᴏɴᴅɪꜱꜱᴇᴍᴇɴᴛ . . . . 29ᵉ Qᴜᴀʀᴛɪᴇʀ.
3040   **Commencera** avenue Montaigne, 31. — **Finira** avenue de l'Alma, 18
        Longʳ : 254ᵐ,00.
        Largʳ : 15ᵐ,00. — Dᴇᴄʀᴇᴛ ᴅᴜ 28 ᴊᴜɪʟʟᴇᴛ 1881 (U. P.). *Ouverture. Alignements* et
                         Nivellement.

Rue. . . . . **VIII**ᵉ ᴀʀʀᴏɴᴅɪꜱꜱᴇᴍᴇɴᴛ . . . . 29ᵉ Qᴜᴀʀᴛɪᴇʀ.
3041   **Commencera** rue de l'Alma, 8. — **Finira** rue François Iᵉʳ, 29.
        Longʳ : 285ᵐ,00.
        Largʳ : 15ᵐ,00. — Dᴇᴄʀᴇᴛ ᴅᴜ 28 ᴊᴜɪʟʟᴇᴛ 1881 (U. P.). *Ouverture, Alignements* et
                         Nivellement.

Cité. . . . . **VIII**ᵉ ᴀʀʀᴏɴᴅɪꜱꜱᴇᴍᴇɴᴛ . . . . 30ᵉ Qᴜᴀʀᴛɪᴇʀ.
3042   **Située** rue du Faubourg Saint Honoré, 221, en face de la rue Daru.
        Longʳ : 111ᵐ,00.
        Moindre largʳ : 11ᵐ,70.   (*Voie privée.*)

Impasse . . . . **VIII**ᵉ ᴀʀʀᴏɴᴅɪꜱꜱᴇᴍᴇɴᴛ . . . . 30ᵉ Qᴜᴀʀᴛɪᴇʀ.
3043   **Située** rue du Faubourg Saint Honoré, 233.
        Longʳ : 138ᵐ,00.
        Largʳ : 7ᵐ,20.   (*Voie privée.*)

Rue. . . . . **VIII**ᵉ ᴀʀʀᴏɴᴅɪꜱꜱᴇᴍᴇɴᴛ . . . . 30ᵉ Qᴜᴀʀᴛɪᴇʀ.
3044   **Commence** rue Fortin. 7. — **Finit** rue des Écuries d'Artois, 13.
        Longʳ : 94ᵐ,00.
        Largʳ : 12ᵐ,00.   (*Voie privée.*)

Rue. . . . . **VIII**ᵉ ᴀʀʀᴏɴᴅɪꜱꜱᴇᴍᴇɴᴛ . . . . 30ᵉ Qᴜᴀʀᴛɪᴇʀ.
3045   **Commence** rue des Écuries d'Artois, 12. — **Finit** rue du Faubourg Saint Honoré. 129.
        Longʳ : 99ᵐ,00.
        Largʳ : 12ᵐ,00.   (*Voie privée.*)

Impasse. . . . . **VIII**ᵉ ᴀʀʀᴏɴᴅɪꜱꜱᴇᴍᴇɴᴛ . . . . 32ᵉ Qᴜᴀʀᴛɪᴇʀ.
3046   **Située** rue du Rocher, 43, en face de l'impasse Dany.
        Longʳ : 50ᵐ,00.
        Largʳ :   (*Voie privée.*)

Passage . . . . **VIII**ᵉ ᴀʀʀᴏɴᴅɪꜱꜱᴇᴍᴇɴᴛ . . . . 32ᵉ Qᴜᴀʀᴛɪᴇʀ.
3047   **Commence** boulevard Malesherbes, 103. — **Finit** avenue Velasquez, 7.
        Longʳ : 130ᵐ,00.
        Largʳ :   (*Voie privée.*)

Impasse . . . . **IX**ᵉ ᴀʀʀᴏɴᴅɪꜱꜱᴇᴍᴇɴᴛ . . . . 33ᵉ Qᴜᴀʀᴛɪᴇʀ.
3048   **Située** rue de Clichy, 56 *ter.*   (I. 9. — P. 10.)
        Longʳ : 114ᵐ,00.
        Largʳ : 12ᵐ,00.   (*Voie privée.*)

Impasse . . . . **IX**ᵉ ᴀʀʀᴏɴᴅɪꜱꜱᴇᴍᴇɴᴛ . . . . 35ᵉ Qᴜᴀʀᴛɪᴇʀ.
3049   **Située** rue de Montyon, 8.
        Longʳ : 52ᵐ,00.
        Largʳ : 3ᵐ,00.   (*Voie privée.*)

Rue . . . . **X**ᵉ Arrondissement . . . . 37ᵉ Quartier.
3650　**Commence** rue de l'Aqueduc, 19. — **Finit** rue du Faubourg Saint Denis, 192.
　　　　Longʳ : 158ᵐ,00.
　　　　Largʳ : 10ᵐ,00.　　　(*Voie privée.*)

Passage . . . . **XI**ᵉ Arrondissement . . . . 41ᵉ Quartier.
3651　**Situé** rue Saint Maur, 140, en face la rue Fontaine au Roi.
　　　　　　(*Voie privée.*)

Impasse. . . . . **XI**ᵉ Arrondissement . . . . 42ᵉ Quartier.
3652　**Située** rue de la Folie Méricourt, 16.
　　　　Longʳ : 197ᵐ,00.
　　　Moindre largʳ : 3ᵐ,50.　　　(*Voie privée.*)

Impasse . . . . **XI**ᵉ Arrondissement . . . . 42ᵉ Quartier.
3653　**Située** boulevard Voltaire, 76.
　　　　Longʳ : 53ᵐ,00.
　　　　Largʳ : 6ᵐ,00 environ.　　　(*Voie privée.*)

Passage. . . . . **XI**ᵉ Arrondissement . . . . 42ᵉ Quartier.
3654　**Commence** rue du Marché Popincourt, 12. — **Finit** rue Neuve Popincourt, 4 *bis*.
　　　　Longʳ : 22ᵐ,00.
　　　　Largʳ : 3ᵐ,30 environ.　　　(*Voie privée.*)

Passage. . . . . **XI**ᵉ Arrondissement . . . . 42ᵉ Quartier.
3655　**Commence** rue du Marché Popincourt, 16. — **Finit** rue Neuve Popincourt.
　　　　Longʳ : 25ᵐ,00.
　　　　Largʳ : 3ᵐ,30.　　　(*Voie privée.*)

Passage. . . . . **XI**ᵉ Arrondissement . . . . 42² Quartier.
3656　**Commence** passage Popincourt. — **Finit** rue du Marché Popincourt, 10.
　　　　Longʳ : 70ᵐ,00.
　　　Moindre largʳ : 3ᵐ,30.　　　(*Voie privée.*)

Passage. . . . . **XI**ᵉ Arrondissement . . . . 42ᵉ Quartier.
3657　**Commence** rue Ternaux, 11. — **Finit** rue Oberkampf, 52.
　　　　Longʳ : 43ᵐ,00.
　　　　Largʳ : 4ᵐ,00 environ.　　　(*Voie privée.*)

Rue . . . . **XI**ᵉ Arrondissement . . . . 42ᵉ Quartier.
3658　**Commence** rue Amelot, 109. — **Finit** boulevard des Filles du Calvaire, 18.
　　　　Longʳ : 12ᵐ,00.
　　　　Largʳ : 12ᵐ,00. — Ord. royale du 9 février 1846.
　　　　　　Obs. — Cette voie est inaccessible aux voitures et n'a pas de numérotage.

Rue (prolongement de la rue St Claude). **XI**ᵉ Arrondissement . . . . 42ᵉ Quartier.
3659　**Commence** rue Amelot, 83. — **Finit** boulevard Beaumarchais, 96.
　　　　Longʳ : 17ᵐ,00.
　　　　Largʳ : 12ᵐ,00. — Ord. royale du 9 février 1846.
　　　　　　Obs. — Cette voie est inaccessible aux voitures et n'a pas de numérotage.

Rue (prolongement de la rue St Gilles). **XI**ᵉ Arrondissement. . . . . 42ᵉ Quartier.
3660　**Commence** rue Amelot, 49. — **Finit** boulevard Beaumarchais, 60.
　　　　Longʳ : 23ᵐ,40.
　　　　Largʳ : 12ᵐ,00. — Ord. royale du 9 février 1846.
　　　　　　Obs. — Cette voie est inaccessible aux voitures et n'a pas de numérotage.

Rue (prolong. de la rue des Tournelles). **XI**ᵉ Arrondissement . . . . 42ᵉ Quartier.
3661　**Commence** rue Amelot, 63. — **Finit** boulevard Beaumarchais, 74.
　　　　Longʳ : 21ᵐ,00.
　　　　Largʳ : 12ᵐ,00. — Ord. royale du 9 février 1846.
　　　　　　Obs. — Cette voie n'est pas accessible aux voitures et n'a pas de numérotage.

Impasse . . . . **XIe Arrondissement** . . . . 43e Quartier.

3662   **Située** rue de la Roquette.

(*Voie privée.*)

Impasse. . . . . **XIe Arrondissement** . . . . 44e Quartier.

3663   **Située** rue des Boulets, 43.

Long^r : 100^m,00.

Larg^r :   8^m,00.   (*Voie privée.*)

Impasse. . . . . **XIe Arrondissement** . . . . 44e Quartier.

3664   **Située** boulevard Voltaire, 226.

Long^r : 70^m,00.

Larg^r :   7^m,00.   (*Voie privée.*)

Passage . . . . **XIe Arrondissement** . . . . 44e Quartier.

3665   **Commence** rue de Montreuil, 91. — **Finit** boulevard Philippe Auguste.

Long^r développée : 307^m,00.

Larg^r : de 3^m,00 à 8^m,00.   (*Voie privée.*)

Passage . . . . **XIe Arrondissement** . . . . 44e Quartier.

3666   **Commence** rue du Faubourg Saint Antoine, 257. — **Finit** rue de Montreuil, 36.

Long^r : 53^m,00.

Larg^r .   2^m,00 environ.   (*Voie privée.*)

Ruelle. . . . . **XIIe Arrondissement** . . . . 45e Quartier.

Anciennement commune de Saint Mandé.

3667   **Commence** rue Sibuet, 43. — **Finit** boulevard de Picpus.

Long^r ; 100^m,00.

Larg^r :   2^m,00 environ.   (*Voie privée.*)

Ruelle. . . . . **XIIe Arrondissement** . . . . 45e Quartier.

Anciennement commune de Saint Mandé.

3668   **Commence** rue Sibuet, 69. — **Finit** boulevard de Picpus, 40.

Long^r : 40^m,00.

Larg^r :   3^m,70 environ.   (*Voie privée.*)

Sentier . . . . **XIIe Arrondissement** . . . . 45e Quartier.

Anciennement commune de Saint Mandé.

3669   **Commence** rue Sibuet, 87. — **Finit** boulevard de Picpus, 55.

Long^r : 15^m,00.

Larg^r :   3^m,70 environ.   (*Voie privée.*)

Impasse. . . . . **XIIe Arrondissement** . . . . 46e Quartier.

3670   **Située** rue Claude Decaen, 83.

Long^r : 25^m,00.

Larg^r :   3^m,40 environ.   (*Voie privée.*)

Impasse. . . . . **XIIe Arrondissement** . . . . 46e Quartier.

Anciennement commune de Bercy.

3671   **Située** rue Claude Decaen.

Long^r : 40^m,00.

Larg^r :   4^m,00 environ.   (*Voie privée.*)

Impasse. . . . . **XIIe Arrondissement** . . . . 46e Quartier.

Anciennement commune de Bercy.

3672   **Située** rue Claude Decaen, 97.

Long^r : 57^m,00.

Larg^r :   3^m,50 environ.   (*Voie privée.*)

Place plantée devant la mairie . . . . **XII**ᵉ Arrondissement . . . . 46ᵉ Quartier.
3673

Rue . . . . **XII**ᵉ Arrondissement . . . . 47ᵉ Quartier.
3674   **Commence** rue du Charolais. — **Finit** avenue Daumesnil et rue de Charenton.
      Longʳ : 76ᵐ,50.
      Largʳ : 10ᵐ,00. — Décret du 30 avril 1879. *Classement, Alignements et Nivellement.*

Impasse . . . . **XII**ᵉ Arrondissement . . . . 47ᵉ Quartier.
3675   **Située** place de la Nativité et rue de Dijon.
      Longʳ : 487ᵐ,00.
      Largʳ : 12ᵐ,00. — Décret du 6 août 1877 (U.P). — *Ouverture et Alignements.*
        Obs. — Cette voie n'est pas encore exécutée.

Impasse . . . . **XIII**ᵉ Arrondissement . . . . 50ᵉ Quartier.
3676   **Située** rue Bertheau, 7.
      Longʳ : 40ᵐ,00.
      Largʳ :   *(Voie privée.)*

Impasse . . . . **XIII**ᵉ Arrondissement . . . . 50ᵉ Quartier.
           Anciennement commune d'Ivry.
3677   **Située** rue de Chevaleret, 141.
      Longʳ : 25ᵐ,00.
      Largʳ :   *(Voie privée.)*

Impasse** . . . . **XIII**ᵉ Arrondissement . . . . 50ᵉ Quartier.
           Anciennement commune d'Ivry.
3678   **Située** rue Bertheau.
      Longʳ : 35ᵐ,00.
      Largʳ :   *(Voie privée.)*

Passage . . . . **XIII**ᵉ Arrondissement . . . . 50ᵉ Quartier.
3679   **Commence** rue de la Pointe d'Ivry, 23. — **Finit** passage d'Ivry.
      Longʳ : 40ᵐ,00.
      Largʳ :   *(Voie privée.)*

Impasse** . . . . **XIII**ᵉ Arrondissement . . . . 51ᵉ Quartier.
           Anciennement commune de Gentilly.
3680   **Située** rue de la Butte aux Cailles, 17.
      Longʳ : 63ᵐ,00.
      Largʳ :   *(Voie privée.)*

Impasse . . . . **XIII**ᵉ Arrondissement . . . . 51ᵉ Quartier.
           Anciennement commune de Gentilly.
3681   **Située** boulevard d'Italie.
      Longʳ : 265ᵐ,00.
      Largʳ :   *(Voie privée.)*

Passage* . . . . **XIII**ᵉ Arrondissement . . . . 51ᵉ Quartier.
           Anciennement commune de Gentilly.
3682   **Commence** rue du Pot au Lait. — **Finit** rue de la Glacière, 189.
      Longʳ : 140ᵐ,00.
      Largʳ :   *(Voie privée.)*

Passage** . . . . **XIII**ᵉ Arrondissement . . . . 51ᵉ Quartier.
           Anciennement commune de Gentilly.
3683   **Commence** rue du Pot au Lait. — **Finit** rue de la Glacière, 179.
      Longʳ : 90ᵐ,00.
             (Voie privée.)

Impasse** . . . . **XIV**ᵉ Arrondissement . . . . 55ᵉ Quartier.
Anciennement commune de Montrouge.
3684   **Située** rue Poinsot, 72.
        Longʳ : 36ᵐ,00.
        Largʳ : 5ᵐ,00 environ.   (*Voie privée.*)

Rue . . . . **XIV**ᵉ Arrondissement . . . . 55ᵉ Quartier.
3685   **Commence** rue d'Alésia, 57. — **Finit** en impasse.
        Longʳ : 46ᵐ,00.
        Largʳ : 10ᵐ,90.

Impasse** . . . . **XIV**ᵉ Arrondissement . . . . 56ᵉ Quartier.
Anciennement commune de Vaugirard.
3686   **Située** rue du Château, 55.
        Longʳ : 50ᵐ,00.
        Largʳ : 2ᵐ,50.   (*Voie privée.*)

Rue latérale au Nord du chemin de fer de Ceinture.**
XIVᵉ Arrondissement . . . . 56ᵉ Quartier.
3687   **Commence** rue des Plantes, 68. — **Finit** rue Ledion.
        Longʳ : 220ᵐ00.
        Largʳ : 12ᵐ,00 environ.   (*Voie non classée.*)

Impasse** . . . . **XV**ᵉ Arrondissement . . . . 57ᵉ Quartier.
Anciennement commune de Vaugirard.
3688   **Située** rues de Vouillé et de Dombasle.
        Longʳ : 100ᵐ,00.
        Largʳ : 10ᵐ,00.   (*Voie privée.*)

Rue . . . . **XV**ᵉ Arrondissement . . . . 57ᵉ Quartier.
3689   **Commence** rue de la Procession, 36. — **Finit** passage des Favorites.
        Longʳ : 160ᵐ,00.
        Largʳ : 8ᵐ,00.

Passage . . . . **XV**ᵉ Arrondissement . . . . 57ᵉ Quartier.
3690   **Commence** rue de la Croix Nivert. — **Finit** rue Lecourbe.
        Longʳ : 215ᵐ,00.
        Largʳ :   (*Voie privée.*)

Rue latérale au chemin de fer de Ceinture**. **XV**ᵉ Arrondissement . . . . 57ᵉ Quartier.
3691   **Commence** impasse des Périchaux. — **Finit** rue Brancion.
        Longʳ : 340ᵐ,00.
        Largʳ : 4ᵐ,00 environ.   (*Voie privée.*)

Impasse** . . . . **XV**ᵉ Arrondissement . . . . 58ᵉ Quartier.
Anciennement commune de Vaugirard.
3692   **Située** rue Blomet
        Longʳ : 35ᵐ,00.
        Largʳ : 3ᵐ,25 environ.   (*Voie privée.*)

Impasse** . . . . **XV**ᵉ Arrondissement . . . . 58ᵉ Quartier.
3693   **Située** rue des Fourneaux.
        Longʳ : 37ᵐ,00.
        Largʳ : 6ᵐ,00.   (*Voie privée.*)

Passage. . . . . **XV**e Arrondissement . . . . 58e Quartier.
Anciennement commune de Vaugirard.
3694   **Commence** boulevard de Grenelle. — **Finit** rue Lecourbe.
    Long^r : 73^m,00.
    Larg^r :   (*Voie privée.*)

Rue* . . . . **XV**e Arrondissement . . . . 59e Quartier*.
3695   **Commence** avenue de Suffren. — **Finit** quai d'Orsay et pont de Passy.
    Long^r : 375^m,00.
    Larg^r : 5^m,00.   (*Voie privée.*)

Impasse. . . . . **XVI**e Arrondissement. . . . . 61e Quartier.
Anciennement commune d'Auteuil.
3696   **Située** rue de La Fontaine.
    Long^r : 150^m,00.
    Larg^r : 3^m,00 environ.   (*Voie privée.*)

Impasse . . . . **XVI**e Arrondissement. . . . . 61e Quartier.
Anciennement commune d'Auteuil.
3697   **Située** rue La Fontaine.
    Long^r : 127^m,00.
    Larg^r : 3^m,00 environ.   (*Voie privée.*)

Rue. . . . . **XVI**e Arrondissement. . . . . 61e Quartier.
3698   **Commencera** avenue Boudon. — **Finira** rues de Rémusat et du Point du Jour.
    Long^r : 125^m,00.
    Larg^r : 12^m,00. — Décret du 31 décembre 1880 (U. P.). *Ouverture* et *Alignements.*

Rue* . . . . **XVI**e Arrondissement. . . . . 62e Quartier.
3699   **Commence** quai de Passy, 20. — **Finit** rue Raynouard et boulevard Delessert.
    Long^r : 203^m,00
    Larg^r : 13^m,00.   (*Voie privée.*)

Passage latéral au chemin de fer d'Auteuil . **XVI**e Arrondissement . . . . 63e Quartier.
3700   **Situé** à l'extrémité de la rue Marbeau.
    Long^r : 126^m,00.
    Larg^r : 6^m,00 environ.   (*Voie privée.*)

Square** . . . . **XVI**e Arrondissement. . . . . 63e Quartier.
Anciennement commune de Neuilly.
3701   **Situé** avenue du Bois de Boulogne, entre la rue Pergolèse et le boulevard Lannes.
    Long^r : 110^m,00.
    Larg^r : 8^m,20 environ.   (*Voie privée.*)

Rue . . . . **XVI**e Arrondissement. . . . . 63e Quartier.
3702   **Commence** rue Pergolèse. — **Finit** impasse Malakoff.
    Long^r : 179^m,00
    Larg^r : 12^m,00.   (*Voie privée.*)

Avenue ** . . . . **XVI**e Arrondissement. . . . . 63e Quartier.
3703   **Commence** place du Trocadéro, entre les avenues du Trocadéro et Malakoff. — **Finit** en
  impasse.
    Long^r : 60^m,00.
    Larg^r : 36^m,00. — *Voie ouverte par la Ville de Paris.*

Villa** . . . . **XVI**e Arrondissement . . . . 63e Quartier.
Anciennement communes de Neuilly et de Passy.
3704   **Située** rue Pergolèse, entre la rue Marbeau et la villa Saïd.
    Long^r : 203^m,00.
    Larg^r : 10^m,00 environ.   (*Voie privée.*)

Rue. . . . . **XVI**e Arrondissement . . . . 63e Quartier.
3705   **Commence** boulevard Murat. — **Finit** avenue de Versailles.
    Long^r : 98^m,00.
    Larg^r : 12^m,00. — Décret du 23 septembre 1880. *Ouverture, Alignements et Nivelle*
    ment.

68

Rue. . . . . **XVI**ᵉ ARRONDISSEMENT. . . . . 63ᵉ QUARTIER.
3706   **Commence** avenue Victor Hugo. — **Finit** rue de la Pompe.
       Long^r : 90^m,00.
       Larg^r : 12^m,00.   (*Voie privée.*)

Rue**. . . . . **XVI**ᵉ ARRONDISSEMENT. . . . . 63ᵉ QUARTIER.
3707   **Commence** avenue Bugeaud. — **Finit** rue X...
       Long^r : 88^m,00.
       Larg^r : 12^m,00.   (*Voie privée.*)

Rue . . . . **XVII**ᵉ ARRONDISSEMENT . . . . 65ᵉ QUARTIER.
3708   **Commence** rue Bayen. — **Finit** rue Laugier.
       Long^r : 158^m,00.
       Larg^r : 12^m,08.   (*Voie privée.*)

Rue . . . . **XVII**ᶜ ARRONDISSEMENT. . . . . 66ᵉ QUARTIER.
3709   **Commence** rue Guyot. — **Finit** rue Cardinet.
       Long^r : 130^m,00.
       Larg^r : 12^m,00.   (*Voie privée.*)

Rue . . . . **XVII**ᶜ ARRONDISSEMENT. . . . . 66ᵉ QUARTIER.
3710   **Commence** rue Guyot. — **Finit** rue Cardinet.
       Long^r : 107^m,00.
       Larg^r : 12^m,00.   (*Voie privée.*)

Impasse**. . . . . **XVIII**ᵉ ARRONDISSEMENT . . . . 69ᶜ QUARTIER.
                        Anciennement commune de Montmartre.
3711   **Située** rue Vincent Compoint.
       Long^r : 42^m,00.
       Moindre larg^r : 6^m,00.   (*Voie privée.*)

Rue H**. . . . . **XVIII**ᵉ ARRONDISSEMENT . . . . 69ᵉ QUARTIER.
3712   **Commencera** rues de Ravignan et Gabrielle. — **Finira** rues Lepic et Azais.
       Long^r : 43^m,00.
       Larg^r : 12^m,00. — DÉCRET DU 11 AOUT 1867 (U.P.). *Ouverture.*
            OBS. — Cette voie n'est pas exécutée.

Passage**. . . . . **XVIII**ᵉ ARRONDISSEMENT. . . . . 70ᵉ QUARTIER.
3713   **Commence** rues Ramey et Marcadet. — **Finit** rue Ordener.
       Long^r : 130^m,00.
       Larg^r : 6^m,00. — *Voie ouverte par la Ville de Paris.*

Passage ** . . . . **XVIII**ᶜ ARRONDISSEMENT. . . . . 70ᵉ QUARTIER.
3714   **Commence** rue Bachelet. — **Finit** rue Lamarck.
       Long^r : 54^m,00.
       Larg^r : 6^m,50.   (*Voie privée.*)

Rue**. . . . . **XVIII**ᶜ ARRONDISSEMENT . . . . 70ᵉ QUARTIER.
3715   **Commencera** rue Charles Nodier. — **Finira** rue André del Sarte.
       Long^r : 116^m,00.
       Larg^r : 12^m,00. — DÉCRET DU 11 AOUT 1867 (U.P.). *Ouverture.*
            OBS. — Cette voie n'est pas exécutée.

Rue. . . . . **XVIII**ᶜ ARRONDISSEMENT . . . . 70ᵉ QUARTIER.
3716   **Commencera** rue Charles Nodier. — **Finira** rue Ronsart.
       Long^r : 25^m,00.
       Moindre larg^r : 12^m,00. — DÉCRET DU 11 AOUT 1867 (U.P.). *Ouverture.*
            ARRÊTÉ PRÉFECTORAL DU 17 JUILLET 1866. *Nivellement.*
            OBS. — Cette voie n'est pas exécutée.

Rue**. . . . . **XVIII**ᶜ ARRONDISSEMENT . . . . 70ᵉ QUARTIER.
3717   **Commence** rue Ramey et rue X. — **Finit** rue Ordener et rue X.
       Long^r : 138^m,00.
       Larg^r : 12^m,60. — *Voie non classée ouverte par la Ville de Paris.*

Rue**. . . . . **XVIII**ᶜ ARRONDISSEMENT . . . . 70ᵉ QUARTIER.
3718   **Commence** rue Custine. — **Finit** rue Marcadet.
       Long^r : 157^m,00.
       Larg^r : 12^m,00.   (*Voie privée.*)

Rue**. . . . . **XVIII**ᵉ Arrondissement . . . . 70ᵉ Quartier.

3719   **Commence** rue X et rue Marcadet. — **Finit** rues Ordener et de Clignancourt.
      Long^r : 230^m,00.
      Larg^r : 12^m,00.   *(Voie privée.)*

Rue . . . . **XVIII**ᵉ Arrondissement . . . . 70ᵉ Quartier.

3720   **Commence** rues Marcadet et de Clignancourt. — **Finit** rues X et Ordener.
      Long^r : 215^m,00.
      Larg^r : 12^m,00.   *(Voie privée.)*

Rue**. . . . . **XVIII**ᵉ Arrondissement . . . . 70ᵉ Quartier.

3721   **Commence** impasse du Baigneur. — **Finit** rue du Mont Cenis.
      Long^r : 120^m,00.
      Larg^r : 12^m,00.   *(Voie privée.)*

Impasse . . . . **XIX**ᵉ Arrondissement . . . . 73ᵉ Quartier.
                    Anciennement commune de La Villette.

3722   **Située** rue Riquet.
      Long^r : 106^m,00,
      Larg^r :   *(Voie privée.)*

Impasse ** . . . . **XIX**ᵉ Arrondissement . . . . 73ᵉ Quartier.
                    Anciennement commune de La Villette.

3723   **Située** place du Maroc.
      Long^r : 30^m,00.
      Larg^r : 8^m,00.   *(Voie privée.)*

Impasse . . . . **XIX**ᵉ Arrondissement . . . . 73ᵉ Quartier.
                    Anciennement commune de La Villette.

3724   **Située** rue d'Aubervilliers.
      Long^r : 45^m,00.
      Larg^r : 8^m,00 environ.   *(Voie privée.)*

Impasse**. . . . . **XIX**ᵉ Arrondissement . . . . 75ᵉ Quartier.
                    Anciennement commune de Belleville.

3725   **Située** cité Lemière.
      Long^r : 114^m,00.
      Moindre larg^r : 3^m,00.   *(Voie privée.)*

Passage latéral au chemin de fer de **XIX**ᵉ Arrondissement . . . . 75ᵉ Quartier.
Ceinture.   Anciennement commune de La Villette.

3726   **Commence** rue Petit. — **Finit** rue d'Allemagne.
      Long^r : 126^m,00.
      Larg^r : 3^m,00 environ.   *(Voie non classée.)*

Impasse**. . . . . **XIX**ᵉ Arrondissement . . . . 76ᵉ Quartier.
                    Anciennement commune de Belleville.

3727   **Située** rue du Plateau.
      Long^r : 62^m,00.
      Larg^r : 1^m,50 environ.   *(Voie privée.)*

Impasse**. . . . . **XIX**ᵉ Arrondissement . . . . 76ᵉ Quartier.
                    Anciennement commune de Belleville.

3728   **Située** rue du Tunnel.
      Long^r : 15^m,00.
      Larg^r : 1^m,00.   *(Voie privée.)*

Passage**. . . . . **XIX**ᵉ Arrondissement . . . . 76ᵉ Quartier.
                    Anciennement commune de Belleville.

3729   **Situé** rue des Chaufourniers.
      Long^r : 48^m,00.
      Larg^r : 3^m,00 environ.   *(Voie privée.)*

Rue**. . . . . **XIX**ᵉ Arrondissement . . . . 76ᵉ Quartier.
                    Anciennement commune de Belleville.

3730   **Commence** rue Rebéval. — **Finit** impasse du Puits.
      Long^r : 53^m,00.
      Larg^r : 4^m,80 environ.   *(Voie non classée.)*

Impasse**. . . . . XXe ARRONDISSEMENT . . . . 77e QUARTIER.

Anciennement commune de Belleville.

3731 **Située** boulevard de Belleville.
Long^r : 18^m,00.
Larg^r : 4^m,00.   (*Voie privée.*)

Impasse**. . . . . XXe ARRONDISSEMENT . . . . 77e QUARTIER.

Anciennement commune de Belleville.

3732 **Située** passage Ronce.
Long^r : 26^m,00.
Larg^r : 1^m,00.   (*Voie privée.*)

Passage**. . . . . XXe ARRONDISSEMENT . . . . 77e QUARTIER.

Anciennement commune de Belleville.

3733 **Commence** rue de l'Ermitage. — **Finit** rue des Cascades.
Long^r : 34^m,00.
Larg^r : 2^m,25 environ.   (*Voie privée.*)

Rue**. . . . . XXe ARRONDISSEMENT. . . . . 77e QUARTIER.

3734 **Commence** rue des Couronnes prolongée. — **Finit** à la rencontre des rues des Envierges,
de la Mare et Levert.
Long^r : 267^m,50.
Larg^r : 12^m,00. — DÉCRET DU 25 MARS 1878 (U.P.). *Ouverture.*

OBS. — Cette voie n'est pas exécutée.

Cité. . . . . XXe ARRONDISSEMENT . . . . 79e QUARTIER.

Anciennement commune de Belleville.

3735 **Située** boulevard de Ménilmontant.
Long^r : 75^m,00.
Larg^r : 4^m,00 environ.   (*Voie privée.*)

Cité. . . . . XXe ARRONDISSEMENT . . . . 79e QUARTIER.

Anciennement commune de Belleville.

3736 **Située** boulevard de Ménilmontant.
Long^r : 27^m,00.
Larg^r : 4^m,40 environ.   (*Voie privée.*)

Impasse**. . . . . XXe ARRONDISSEMENT . . . . 79e QUARTIER.

Anciennement commune de Belleville.

3737 **Située** rue des Cendriers.
Long^r : 60^m,00.
Larg^r :   (*Voie privée.*)

Impasse**. . . . . XXe ARRONDISSEMENT . . . . 79e QUARTIER.

Anciennement commune de Charonne.

3738 **Située** avenue de la République.
Long^r : 22^m,00.
Larg^r :   (*Voie privée.*)

Passage**. . . . . XXe ARRONDISSEMENT . . . . 79e QUARTIER.

Anciennement commune de Belleville.

3739 **Commence** impasse Catherine. — **Finit** rue d'Annam.
Long^r : 60^m,00.
Larg^r : 3^m,00 environ.   (*Voie privée.*)

Rue**. . . . . XXe ARRONDISSEMENT. . . . . 79e QUARTIER.

3740 **Commence** rues des Partants et Sorbier. — **Finit** rue Elisa Borey.
Long^r : 172^m,00.
Larg^r : 8^m,00. — *Voie ouverte* par la Ville de Paris lors de l'exécution de la rue
Sorbier.

Impasse. . . . . XXe ARRONDISSEMENT . . . . 80e QUARTIER.

Anciennement commune de Charonne.

3741 **Située** rue des Maraîchers.
Long^r : 15^m,00.
Larg^r :   (*Voie privée.*)

Passage**. . . . . **XX**e ARRONDISSEMENT . . . . **80e** QUARTIER

Anciennement commune de Charonne.

3742 **Commence** rue des Haies. — **Finit** passage des Vignoles.

Long^r : 117^m,00.

Larg^r : 1^m,50 environ. (*Voie privée.*)

Passage Commun**. . . . . **XX**° ARRONDISSEMENT . . . . **80e** QUARTIER.

Anciennement commune de Charonne.

3743 **Situé** rue des Haies.

Long^r : 52^m,00.

Larg^r : 2^m,50 environ. (*Voie privée.*)

CHEMINS DE FER

CHEMIN DE FER DE CEINTURE

1re PARTIE : Entre la rue de Rome et Auteuil (Décret du 18 août 1852).

Stations : 1° **Embarcadère**, rue de Rome ; 2° **Batignolles**, rue Cardinet ; 3° **Courcelles**, place Pereire ; 4° **Neuilly-Porte-Maillot**, avenue de la Grande Armée ; 5° **Avenue du Bois de Boulogne**, avenue du Bois de Boulogne ; 6° **Avenue du Trocadéro**, avenue du Trocadéro ; 7° **Passy**, chaussée de la Muette ; 8° **Auteuil**, boulevards Suchet et de Montmorency, et rue d'Auteuil.

2e PARTIE : Entre Auteuil et le chemin de fer d'Orléans (Décret du 14 juin 1861).

Stations : 9° **Point du Jour**, boulevard Exelmans ; 10° **Grenelle**, boulevard Victor ; 11° **Vaugirard**, rue de Vaugirard ; 12° **Ouest-Ceinture**, rue Paturle ; 13° **Montrouge**, avenue d'Orléans ; 14° **Gentilly**, rue de la Glacière ; 15° **Maison Blanche**, avenue d'Italie ; 16° **Orléans-Ceinture**, rue Regnault.

3e PARTIE : Entre la gare d'Orléans et l'avenue de Clichy (Décret du 10 décembre 1851).

Stations : 17° **La Rapée-Bercy**, boulevard Poniatowski ; 18° **Bel Air**, rue des Marguettes et de Montempoivre ; 19° **Cours de Vincennes**, cours de Vincennes ; 20° **Charonne**, rue de Bagnolet ; 21° **Ménilmontant**, rue de la Mare ; 22° **Belleville-Villette**, rue de Lorraine ; 23° **Pont de Flandre**, rue de Flandre ; 24° **Est-Ceinture** ; 25° **La Chapelle**, rue de la Chapelle ; 26° **Boulevard Ornano**, boulevard Ornano ; 27° **Avenue de Saint Ouen**, avenue de Saint Ouen ; 28° **Avenue de Clichy**, avenue de Clichy ; 29° **Courcelles-Ceinture**, boulevard Pereire.

Raccordement *entre la station de l'avenue de Clichy et Courcelles-Ceinture* (Convention du 31 mai 1865).

Raccordement *du chemin de fer de Ceinture avec le Marché aux bestiaux* (Convention du 19 octobre 1864).

CHEMIN DE FER CONDUISANT AUX DOCKS DE SAINT OUEN

Se détache de la ligne de Ceinture, près de l'avenue de Saint Ouen, et sort de Paris entre les bastions n°s 40 et 41.

(Décret de concession du 31 juillet 1862.)

CHEMINS DE FER DE L'EST

Embarcadère, rue de Strasbourg.
Sortie de Paris entre les bastions nos 27 et 28.
Station : **Est-Ceinture**, rue Curial.
(Loi du 19 juillet 1845, autorisant l'établissement du chemin.)

CHEMIN DE FER DE PARIS A LIMOURS.

Embarcadère, place Denfert-Rochereau.
Sortie de Paris entre les bastions nos 82 et 83.
Station : **Sceaux-Ceinture**, boulevard Jourdan.
(Loi du 5 août 1844 qui autorise la concession du chemin de Paris à Sceaux).

CHEMIN DE FER DES MOULINEAUX

Embarcadère, avenue de Suffren.
(Décret de concession du 31 décembre 1875).

CHEMIN DE FER DU NORD

Embarcadère, rue de Dunkerque.
Sortie de Paris entre les bastions nos 34 et 35.
Station : La **Chapelle-Nord-Ceinture**, boulevard Ney.
(Loi du 15 juillet 1845, autorisant l'établissement du chemin.)

CHEMIN DE FER D'ORLÉANS

Embarcadère, quai de la Gare.
Sortie de Paris entre les bastions nos 92 et 93.
(Loi du 7 juillet 1838, autorisant l'établissement du chemin).

CHEMINS DE FER DE L'OUEST *(Rive droite)*.

Embarcadère, place du Havre.
Sortie de Paris entre les bastions nos 44 et 45.
(Loi du 9 juillet 1835, autorisant la construction du chemin de Paris à Saint Germain).

CHEMINS DE FER DE L'OUEST *(Rive gauche)*.

Embarcadère, place de Rennes (boulevard Montparnasse).
Sortie de Paris entre les bastions nos 75 et 76.
Station : **Ouest-Ceinture**, rue Paturle.
(Loi du 9 juillet 1836, autorisant la construction du chemin).

CHEMINS DE FER DE PARIS A LYON ET A LA MÉDITERRANÉE

Embarcadère, boulevard Diderot.
Sortie de Paris entre les bastions nos 2 et 3.
(Loi du 26 juillet 1844, autorisant l'établissement du chemin).

CHEMIN DE FER DE VINCENNES *(Brie-Comte-Robert)*.

Embarcadère, place de la Bastille.
Sortie de Paris entre les bastions nos 7 et 8.
Station : **Reuilly**, avenue Daumesnil.
Station : **Bel-Air**, rue des Marguettes.
(Décret de concession du 17 août 1853).

LISTE DES VOIES SUPPRIMÉES

DEPUIS 1848

VOIES SUPPRIMÉES	COMMENÇAIT	FINISSAIT
Acacias (passage des)...............	Rue des Acacias.......................	Rue de la Carrière.
Acacias (ruelle des).................	Rue du Transit........................	Rue des Vignes.
Ancien Marché Saint Martin	Rue Bailly	Rue Montgolfier et rue Conti.
Andelas (impasse)..................	Rue Mouffetard........................	
Andreine (rue)....................	Route de Saint Denis..................	Avenue Dauphine.
Angiviller (rue d').................	Rue des Poulies.......................	Rue de l'Oratoire.
Anes (cour aux)...................	Rue Lamartine.........................	
Anglade (rue de l')................	Rues des Frondeurs et de l'Évêque.....	Rue de la Fontaine Molière.
Angoulême (place d')...............	Rue des Fossés du Temple.............	
Arche Pépin (rue de l').............	Quai de la Mégisserie.................	Rue Saint Germain l'Auxerrois.
Argenteuil (impasse d').............	Rues du Rocher et Saint Lazare........	
Arsenal (place de l')...............	Rues de la Cerisaie et de l'Orme.......	
Arts (rue des).....................	Rue des Métiers.......................	Rue de la Laiterie.
Aumont (impasse)	Rue de l'Hôtel de Ville...............	
Avignon (rue d')..................	Rue de la Joaillerie...................	Rue Saint Denis.
Bagnolet (rue de).................	Rue Militaire.........................	Place des Trois Communes.
Ballettes (rue des)...............	Rue de la Villette.....................	Rue des Alouettes.
Barillerie (rue de la)...............	Rue de la Pelleterie et quai de l'Horloge.	Quais du Marché Neuf et des Orfèvres.
Bassins (chemin de ronde des)......	Rue du chemin de Versailles...........	Rue de Longchamp.
Batailles (rue des)...............	Rues Gasté et de Longchamp	Barrière des Batailles.
Batave (cour).....................	Rue Saint Denis.......................	
Beaufort (impasse)	Passage Beaufort......................	
Beaufort (passage)................	Rue Quincampoix......................	Rue Salle au Comte.
Beaujolais (cour)..................	Avenue du Petit Château..............	Rue Gallois.
Beaujolais Saint Honoré (rue de)...	Rue de Chartres.......................	Rue de Valois Saint Honoré.
Beaune (rue de)...................	Rue d'Orléans........................	Rue de Bercy.
Beccaria (rue)....................	Rue des Charbonniers Saint Antoine....	Rue Traversière.
Belhomme (place)..................	Rue Belhomme.........................	
Belleville (cité de)...............	Rue de Belleville......................	
Bethisy (rue de)..................	Rues Boucher et des Bourdonnais......	Rues de la Monnaie et du Roule.
Beurrière (rue)	Rue du Four..........................	Rue du Vieux Colombier
Bibliothèque (rue de la)............	Place de l'Oratoire....................	Rue Saint Honoré.
Birague (place de).................	Rue Saint Antoine.....................	
Blanchisseuses (impasse des).......	Rue Bizet............................	
Bois de l'Orme (rue du)............	Rue Militaire.........................	Rue des Prés.
Bon Puits (rue du)................	Rue Saint Victor......................	Rue Traversine.
Bons Hommes (rue des)............	Barrière Franklin.....................	Rue de la Montagne.
Bordeaux (rue de).................	Quai de Bercy........................	Rue de Bercy.
Bossuet (passage).................	Rue Neuve des Martyrs................	Rue de la Tour-d'Auvergne.
Bourg l'Abbé (rue du).............	Rue aux Ours.........................	Rue Greneta.
Bourgogne (rue de)................	Quai de Bercy........................	Rue de Bercy.

VOIES SUPPRIMÉES	COMMENÇAIT	FINISSAIT
Bourguignons (rue des)............	Rue de Lourcine	Rue de la Santé et Champ des Capucins.
Bouvines (rue de)	Rue de Dunkerque	Chemin de ronde de Saint Denis.
Brasserie (impasse de la)..........	Rue de la Fontaine Molière..........	Cour Saint Guillaume.
Briare (cour de l'impasse)..........	Impasse Briare	
Briare (passage).................	Rue Lamartine.....................	Impasse Briare.
Briqueterie (chemin de la)........	Rue de l'Assomption................	Rue du Ranelagh.
Calandre (rue de la)..............	Rue de la Barillerie................	Rue de la Cité.
Calvaire (sentier du).............	Rue de la Glacière.................	
Canard Boiteux (cité du)..........	Rue Militaire, près la rue de la Santé...	
Capucins (rue des)...............	Rue du Champ des Capucins..........	Rue et faubourg Saint Jacques.
Cargaisons (rue des).............	Rue de la Calandre.................	Rue du Marché Neuf.
Carrousel (rue du)...............	Place du Musée	Place du Carrousel.
Cendrier (rue du)................	Rue du Marché aux chevaux..........	Rue des Fossés Saint Marcel.
Centre (rue du).................	Avenue de Clichy..................	Rue de l'Entrepôt.
Centre de la Couronne (sentier du).	Chemin de Montiboeufs...	
Chaise (sentier de la)............	Rue de la Glacière	
Champs (rue des)................	Rue de Lonchamps.................	Rue de Lubeck.
Champ des Capucins (rue du)......	Rues de la Santé et des Bourguignons..	Rue des Capucins.
Chantre (rue du)................	Place de l'Oratoire................	Rue Saint Honoré.
Charbonniers Saint Marcel (rue des)	Rue de l'Arbalète..................	Rue des Bourguignons.
Charité (rue de la)...............	Rue Saint Laurent.................	Rue de la Fidélité.
Charpentier (ruelle)..............	Chemin de la Croix Rouge......... ..	Rue de Reuilly.
Chartres Saint Honoré (rue de)....	Place du Carrousel	Rue Saint Thomas du Louvre et place du Palais Royal.
Chartreux (passage des)..........	Rue de la Tonnellerie..............	Rue Traînée.
Chat Blanc (impasse du)..........	Rue de La Vannerie................	
Château Rouge (place du).........	Rues Poulet et Lévisse.............	
Chaudière d'Enfer (sentier de la)...	Rues de Crimée et de La Villette.......	Passage de Magenta.
Chenilles (sente des).............	Rue du Ranelagh..................	Rue de la Glacière.
Cherbourg (chemin de)............	Rue de Valenciennes...............	Rue Militaire.
Cheval Rouge (passage du)........	Rue Saint Martin..................	Rue du Ponceau.
Chevalier du Guet (impasse du)....	Place du Chevalier du Guet..........	
Chevalier du Guet (place du).......	Située rue du Chevalier du Guet et rue Perrin Gasselin....................	
Chevalier du Guet (rue du).......	Place du Chevalier du Guet et rue de la Vieille Harengerie..................	Rue des Lavandières.
Childebert (rue).................	Rue d'Erfurth.....................	Rue Bonaparte et place Saint Germain des Prés.
Chrétien (impasse)...............	Rue du Dépotoir...................	
Cimetière (rue du)	Rue de Charenton.................	Chemin des Meuniers.
Cimetière Saint Benoit (rue du)	Place Fromentel..................	Rue Saint Jacques.
Cloitre des Bernardins (rue des)...	Rue de Pontoise...................	Rue des Bernardins.
Cloitre Saint Benoit (place du).....	Située rue Saint Jacques............	
Cloitre Saint Benoit (rue du)......	Rue des Mathurins Saint Jacques.......	Passage Saint Benoît.
Cloitre Saint Nicolas.............	Situé rue Aumaire.................	
Clos Bruneau (rue du)............	Rue de la Montagne Sainte Geneviève....	Rue des Carmes.
Clos (chemin des)................	Chemin de la Couronne.............	Rue de la Terrasse.
Clos Georgeau (rue du)...........	Rue de la Fontaine Molière..........	Rue Sainte Anne.
Cocatrix (rue)...................	Rue de Constantine................	Rue des Trois Canettes.
Cochin (rue)	Rue Pascal.......................	Rue de Lourcine.
Codoni (passage)................	Rue des Osiaux...................	Rue des Partants.
Collégiale (place de la)	Située rue des Francs Bourgeois St Marcel.	Rue Pierre Lombard.
Commerce (cour du)	Cour de la Trinité.................	
Constantine (passerelle de).........	Quai de Béthune..................	Quai Saint Bernard.
Contrat Social (rue du)...........	Rue de la Tonnellerie..............	Rues du Roule et des Prouvaires.
Corby (passage).................	Rue Montpensier	Rue Richelieu.
Cote d'Or (impasse de la)..........	A l'extrémité de la rue de la Côte d'Or..	

VOIES SUPPRIMÉES	COMMENÇAIT	FINISSAIT
Côte d'Or (rue de la)	Rue de Bordeaux	Impasse de la Côte-d'Or.
Couronne (chemin de la)	Chemin du Clos	Rue de Courcelles.
Couronne (sentier de la)	Rue Militaire	Sentier de la Porte des Vaches.
Couronne d'Or (passage de la)	Rue des Bourdonnais	Rue Tirechape.
Croix Boissière (impasse de la)	Rue de Longchamp	
Débarcadère (rue du)	Boulevard de l'Hôpital	Boulevard de l'Hôpital.
Demi-Saint (rue du)	Rue Chilpéric	Rue des Fossés St. Germain l'Auxerrois.
Denain (rue de)	Rue du Nord	Rue de Dunkerque.
Desgranges (rue)	Boulevard de Courcelles	Rue Desrenaudes.
Deux Ermites (rue des)	Rue des Marmousets	Rue Cocatrix.
Deux Portes (rue des)	Rue de la Harpe	Rue Hautefeuille.
Didier (passage)	Rue Asselin	Rue Asselin.
Doyenné (Impasse du)	Située rue du Doyenné	
Doyenné (rue du)	Impasse du Doyenné	Rue du Carrousel.
Dupont (rue)	Rue Basse Saint Pierre	Rue de Chaillot.
Écrivains (rue des)	Rue Saint Martin	Rue Saint Denis.
Égout (rue de l')	Rues Gozlin et Taranne	Rue du Four.
Empereur (passage de l')	Rue Saint Denis	Rue de la Vieille Harangerie.
Entrepôt (passage de l')	Rue des Marais	Rue de l'Entrepôt.
Entrepôt (rue de l')	Rue Cardinet	Rue Militaire.
Erfurth (rue d')	A l'Église Saint Germain des Prés	Rue Gozlin.
Ermites (rue des deux)	Rue des Marmousets	Rue de Constantine.
Est (rue de l')	Rue d'Enfer	Carrefour de l'Observatoire.
Estienne (rue)	Rue Boucher	Rue de Rivoli.
Étoile (cité de l')	Place de l'Étoile	Rue des Acacias.
Étoile (chemin de ronde de l')	Place de l'Étoile	Rue des Bassins et boulevard de Passy.
Étuves (impasse des)	Rue Marivaux	
Évêque (rue de l')	Rues des Frondeurs et de l'Anglade	Rue des Orties.
Fer (galeries de)	Rue de Choiseul	Boulevard des Italiens.
Fèves (rue aux)	Rue de Constantine	Quai du Marché Neuf.
Fidélité (place de la)	Située au devant de l'Église Saint Laurent.	
Fleury (rue)	Rue Raoul	Boulevard de Reuilly.
Flore (passage de)	Rue de la Pelleterie	Rue de Constantine.
Folie Genlis (Impasse de la)	Rue des Amandiers	
Fossés Saint Martin (rue des)	Rue de La Chapelle	Rue du Faubourg Saint Denis.
Fourreurs (rue des)	Rue des Lavandières	Rue des Déchargeurs.
France Nouvelle (rue de la)	Boulevard de Rochechouart	Place Belhomme.
Francs Bourgeois St. Marcel (rue des)	Rue des Fossés Saint Marcel	Place de la Collégiale.
Frépillon (passage)	Passage du Commerce	Rue Volta.
Fresnel (rue)	Rue Saint Victor	Rue Traversine.
Frileuse (rue)	Quai de la Grève	Rue de l'Hôtel de Ville.
Fromentel (place)	Située rue Fromentel	Rue du Cimetière Saint Benoît.
Fromentel (rue)	Rue Jean de Beauvais	Rue du Cimetière Saint Benoît.
Frondeurs (rue des)	Rue Saint Honoré	Rues de l'Évêque et de l'Anglade.
Gallois (rue)	Quai de Bercy	Rue de Bercy.
Gare (rue de la)	Rond-Point de La Chapelle	Rue du Nord.
Gasté (rue)	Rue Basse Saint Pierre	Rues des Batailles et de Chaillot.
Gervais Laurent (rue)	Rue de la Cité	Rue du Marché aux Fleurs.
Glacière (impasse de la)	Boulevard des Italiens	
Glatigny (rue de)	Quai Napoléon	Rue des Marmousets.
Goutte d'Or (passage de la)	Rue de la Nation	Place Belhomme.
Gozlin (place)	Située à la rencontre des rues de Buci, de Montfaucon et la rue Gozlin	

VOIES SUPPRIMÉES	COMMENÇAIT	FINISSAIT
Gracieuse (passage)..............	Rue Gracieuse......................	Rue du Marché des Patriarches.
Graffard (passage)..............	Quai Valmy........................	Rue La Fayette.
Grand Cerf (passage du)..........	Rue du Ponceau....................	Rue Saint Denis.
Grande Friperie (rue de la)........	Rues de la Lingerie et aux Poirées......	Rue de la Tonnellerie.
Grande Rue....................	Rue des Arts......................	Cour du Commerce.
Grand Hurleur (rue du)..........	Rues Saint Martin...................	Rue du Bourg l'Abbé.
Grenelle (impasse de)............	Rue de Grenelle....................	
Greneta (impasse)...............	Cour du Commerce	
Grillée (rue)...................	Quai de la Grève..................	Rue de l'Hôtel de Ville.
Guerlain (rue)	Rue du Bel Air....................	Boulevard de Passy.
Harcourt (passage d')...........	Rue des Maçons....................	Rue de la Harpe.
Haute des Usines (rue)...........	Rue Saint Landry...................	Rue Glatigny.
Hautefort (impasse).............	Rue des Bourguignons..............	
Haut Moulin (rue du)..........	Rue Glatigny......................	Rue de la Cité.
Heaumerie (impasse de la)........	Rue des Écrivains..................	
Heaumerie (rue de la)...........	Rue Saint Denis....................	Rues de la Vᵉ Monnaie et de la Savonnerie.
Henry Iᵉʳ...................	Rue Réaumur....................	Rue Bailly.
Holzbacher (cité).............	Rue des Trois Bornes..............	Rue de la Fontaine au Roi.
Hôpital St. Antoine (passage de l').	Rues de Chaligny..................	Place de l'Hôpital Saint Antoine.
Ile des Cygnes (rue de l')..........	Rue de la Vierge..................	Quai d'Orsay.
Ile-Louviers (rue de l')...........	Quai Henri IV....................	Boulevard Morland.
Industrie (passage de l')..........	Pass. Papier et rue des Basses Vignoles.	
Industrie Française (bazar de l')	Rue Montmartre...................	Boulevard Poissonnière.
Issoire (impasse).................	Rue de la Tombe Issoire.............	
Japy (rue).....................	Rue Réaumur	Rue Bailly.
Jardins (ruelle des)..............	Située rue Sainte Geneviève (Chaillot)...	
Jean de Beauce (rue)............	Rue de la Petite Friperie...........	Rue de la Cordonnerie.
Jean de l'Epine (rue).............	Rue de la Vannerie.................	Rues de la Coutellerie et de la Tixeranderie.
Jeannisson (rue).................	Rue Saint Honoré	Rue de Richelieu.
Jérusalem (rue de).............	Quai des Orfèvres.................	A la Préfecture de Police.
Jérusalem (impasse).............	Rue Saint Christophe...	
Joaillerie (rue de la)............	Place du Châtelet..................	Rue des Lombards.
Jouffroy (rue).................	Quai d'Austerlitz..................	Rue de la Gare.
Juiverie (cour de la)..............	Située place de la Bastille...........	
Labat (place)..................	Au débouché des rue Lévisse Poulet et Simart..........................	
La Bourdonnais (rue de)..........	Avenue de Tourville................	Avenue de Lowendal.
Lacaille (rue)...................	Boulevard d'Enfer.................	Rue d'Enfer.
Laffitte (passage)...............	Rue Le Peletier...................	Rue Laffitte.
Laiterie (rue de la).............	Rue des Arts......................	Cour du Commerce.
Lanterne (rue de la)..............	Rue Saint Bon....................	Rue Saint Martin.
Lard (impasse au)...............	Rue des Bourdonnais..............	
Laroche (rue).................	Avenue du Petit Château.............	Rue Léopold.
Larrey (rue)..................	Rue du Jardinet...................	Rue de l'École de Médecine.
Lavoir (passage du).............	Rue Gracieuse..................	Rue du Marché des Patriarches.
Lebègue (passage)...............	Place Maubert....................	Rue des Noyers.
Leclerc (passage)	Rue de Malte.....................	Rue du Grand Prieuré.
Lenoir Saint Honoré (rue)........	Rue Saint Honoré..................	Rue de la Poterie.
Léopold (rue)..................	Rue Laroche.....................	Rue de Bercy.
Lévisse (rue)..................	Rues des Vinaigriers et des Poissonniers.	Rue Labat.

VOIES SUPPRIMÉES	COMMENÇAIT	FINISSAIT
Licorne (rue de la)	Rue de Constantine........	Rue Saint Christophe.
Limace (rue de la).................	Rue des Déchargeurs................	Rue des Bourdonnais.
Longchamp (boulevard de).........	Rue de Longchamp..............	Chemin de ronde de Sainte Marie.
Longchamp (chemin de ronde de)....	Rue de Longchamp..............	Barrière Sainte Marie.
Longue Allée (passage de la)......	Rue Neuve Saint Denis.	Rue du Ponceau.
Longue Avoine (impasse)	Rue du Faubourg Saint Jacques........	
Loysel (rue).....................	Rue Asselin....................	Rue Péchoin.
Lycée (passage du)...............	Rue Neuve des Bons Enfants...........	Rue de Valois.
Macon (rue de)...................	Quai de Bercy....................	Rue de Bercy.
Macon (rue)	Rue Saint André des Arts............	Rue de la Harpe.
Maconnais (enclos du)............	Entre les rues Nicolaï et d'Orléans......	
Magenta (passage de).............	Rue de Crimée.................	Sentier de la Chaudière d'Enfer.
Marais (chemin des).............	Boulevard Soult....	Boulevards de Charenton et de Reuilly.
Mare (impasse de la).............	Passage de La Mare......	
Marché aux Fleurs (rue du)......	Rue de la Pelleterie...............	Rue de Constantine.
Marché Neuf (rue du)...........	Quai de la Cité................	Quai du Marché Neuf.
Marché Saint Laurent (rue du)....	Rue Saint Laurent...............	Rue de Strasbourg.
Marionnettes (rue des)..........	Rue de l'Arbalète............	Rue Saint Jacques.
Marmite (cour de la)	Rue Philippeaux........	
Mauvaises Paroles (rue des).......	Rue des Lavandières...........	Rue des Bourdonnais.
Mazagran (ruelle)...............	Rue de Calais..............	Rue de la Duée.
Mécaniques (rue des)............	Rue des Arts.................	Cour du Commerce.
Médoc (rue du)	Rue du Petit Château...........	Rue Léopold.
Messine (rue de)	Rue de Plaisance..............	Rue de Valois.
Métiers (rue des)	Rue des Arts.................	Cour du Commerce.
Mignon (cour).................	Rue Hautefeuille..............	Rue Mignon.
Milieu des Ursins (rue du)........	Quai Napoléon................	Rue Haute des Ursins.
Mirabeau (impasse)..	Rue Mirabeau..............	
Moineaux (rue des)..............	Rue des Orties et des Moulins........	Rue Saint Roch.
Montagne (carrefour de la)........	Rue de la Montagne...............	Grande rue de Passy,
Montmartel (rue)...............	Chemin de fer de Lyon............	Rue Nicolaï.
Montpensier Saint Honoré (rue de).	Rue de Valois.................	Rue de Rohan.
Morse (rue)...................	Rue du Petit Château...........	Rue Léopold.
Morts (chemin des)	Quai de l'Oise................	Quai de la Charente.
Mulets (ruelle des).............	Rue d'Argenteuil..............	Rue des Moineaux.
Munich (avenue de).............	Rue de Miromesnil.............	Rue de Plaisance.
Mûrier (rue du)	Rue Saint Victor.............	Rue Traversine.
Musée (place du)................	A l'intersection des rues du Carrousel, du Musée et des Orties du Louvre........	
Musée (rue du)..................	Place du Musée...................	Place du Palais Royal.
Naples (rue de).................	Place de l'Europe.............	Boulevard des Batignolles.
Nativité (impasse de la)	Place de la Nativité.............	
Nazareth (rue de)..............	Rue de Jérusalem.............	Cour de la Sainte Chapelle.
Neuve de la Fidélité (rue)	Rue du Château d'Eau............	Rue de la Fidélité.
Neuve de la Vierge (rue)..........	Rue de Grenelle.....	Avenue de La Motte-Picquet.
Neuve de Richelieu (rue).........	Rue de la Harpe.............	Place de la Sorbonne.
Neuve Guillemin (rue)..........	Rue du Four.................	Rue du Vieux Colombier.
Neuve Notre-Dame (rue).........	Place du Parvis Notre-Dame...........	Rue de la Cité.
Noir (passage)	Rue Neuve des Bons Enfants...........	Rue de Valois.
Nord (rue du)..................	Rue de Saint Quentin	Place de la Barrière Poissonnière.
Nord (rue du)..................	Rue Militaire.............	Rue des Poiriers.
Noyers (rue des)................	Rue de la Mont. Ste Geneviève et pl. Maubert	Rue de la Harpe.
Orangerie (rue de l').............	Rue Daubenton..............	Rue Censier.
Orléans (cité d').................	Boulevard Saint Denis.............	
Orléans (cité d')................	Avenue de Clichy.............	

VOIES SUPPRIMÉES	COMMENÇAIT	FINISSAIT
Orléans (passage d')..............	Rue Daubenton......	Rue Gracieuse.
Orléans (rue d')....................	Rue de Mâcon.......................	En impasse.
Orléans (rue d')	Quai de Bercy......................	Rue de Bercy.
Orrière (rue)......................	Rue Péchoin......................	Rue Legrand.
Orties (rue des)..................	Rue d'Argenteuil..................	Rue Sainte Anne.
Orties du louvre (rue des)........	Place du Musée................	Place du Carrousel.
Paillassons (impasse des)	Rue de Pérignon....................	
Palais de justice (place du)........	Rue de la Barillerie, en face la rue de Constantine	
Paon (impasse du)................	Rue Larrey......................	
Paon (rue du).....................	Rue Saint Victor.................	Rue Traversine.
Papin (rue).......................	Quai d'Austerlitz..................	Rue de la Gare.
Passy (boulevard de) .. '	Boulevard d'Iéna..................	Boulevard du Roi de Rome.
Pèlerins saint jacques (rue des)....	Rue du Cloître Saint Jacques...........	Rue Mondétour.
Pelleterie (rue de la).............	Rue de la Cité..................	Rue de la Barillerie.
Percée (rue)......................	Rue Hautefeuille.................	Rue de la Harpe.
Perlet (rue)......................	Rue de Belleville.	Rue de la Chine.
Perpignan (rue de)...............	Rue des Marmousets.............	Rue des Trois Canettes.
Perrin-Gasselin (rue).............	Rue Saint Denis..................	Rues du Chevalier du Guet et de la Vieille Harangerie.
Petit Chateau (avenue du)	Rue Laroche....................	Rue de Bercy.
Petit Crucifix (rue du)...........	Rue de la Vannerie.............	Rue des Écrivains.
Petit Hurleur (rue du)...........	Rue du Bourg l'Abbé............	Rue Saint Denis.
Petite Bastille (impasse de la).....	Rue de l'Arbre Sec.............	
Petite Chaise (passage de la)......	Rue de la Planche Mibray........	Rue Saint Jacques de la Boucherie.
Petite Friperie (rue de la)........	Rue de la Lingerie.............	Rue de la Tonnellerie.
Petite Voirie (rue de la)	Rue de la Bienfaisance..........	Place Delaborde et rue Malesherbes.
Petits Chaumonts (rue des)........	Rue des Alouettes.	Rue Hassart.
Phelipeaux (rue).................	Rue du Temple..............	Rue Volta.
Pierre a Poisson (rue)............	Place du Châtelet..............	Rue de la Saunerie.
Pierre Assis (rue).................	Rue Mouffetard..............	Rue Saint Hippolyte.
Pierre Lescot (rue)...............	Place de l'Oratoire..............	Rue Saint Honoré.
Pierre Lombard (rue).............	Place de la Collégiale..........	Rue Mouffetard.
Planchette (rue de la)............	Chemin de ronde de Bercy..........	Rue de Charenton.
Platanes (cour des)...............	Cour des Tilleuls	Rue de Bercy.
Pleyel (rue)......................	Rue Marcadet..............	Rue des Portes Blanches.
Poirées (rue aux)	Rues de la Grande Friperie et aux Fers..	Rues de Rambuteau et Trainée.
Pompe a Feu (passage de la)........	Quai de Billy..................	Rue de Chaillot.
Pont Saint-Michel (place du)......	Quais St. Michel et des Grands Augustins.	Rues de la Huchette et St. André des Arts.
Pont (chemin du)	Rue des Ardennes...........	Impasse du Dépotoir.
Pont Royal (rue de)...............	Rues et Faubourg Saint Jacques........	Rue d'Enfer.
Pot au Lait (petite rue du)	Rue du Pot au Lait..............	Rue de la Glacière.
Potiers d'Étain (rue des)	Rue aux Poirées.............:....	Rue de Rambuteau.
Poupée (rue).....................	Rue Hautefeuille..............	Rue de la Harpe.
Prado (passage du)...............	Rue du Marché aux Fleurs........	Rue de la Barillerie.
Préclin (Rue).....................	Rue Péchoin..............	Rue Legrand.
Pré Maudit (rue et chemin du)	Grande Rue de La Chapelle	Chemin d'Aubervilliers.
Prêtres (chemin des).............	Entre la rue d'Alésia et le boul. Jourdan.	
Propriétaires (rue des)...........	Rue Marcadet	Au chemin de fer.
Prouvaires (passage des)...........	Rue de la Tonnellerie................	Rue des Prouvaires.
Quaintaine (passage)...............	Rue Saint Denis..................	Rue Q.
Quatre Vents (impasse des)........	Rue de Seine..................	
Quinze-Vingts (passage des)	Rue Saint Honoré..............	
Quinze-Vingts (rue des)............	Rue de Valois.	Rue de Rohan.
Rampe (avenue de la).............	Rues Sainte Marie et Magdebourg........	Chemin de Ronde Sainte Marie.

VOIES SUPPRIMÉES	COMMENÇAIT	FINISSAIT
Raoul (ruelle)......................	Rue des Meuniers....................	Rue Claude Decaen.
Rempart (rue du).................	Rue Saint Honoré....................	Rue de Richelieu.
Reims (rue de).....................	Rue Valette........................	Rue Charretière.
Renaud-Lefèvre (rue)............	Rues de la Tixeranderie et Saint Antoine.	Place du Marché Saint-Jean.
Réservoirs (impasse des)...........	Rue de Chaillot....................	
Révolte (porte de la).............	Boulevard Gouvion-Saint-Cyr.........	
Rhin (passage du).................	Passage Dubois.....................	Rue du Rhin.
Rollin prend Gage (impasse).......	Rue des Lavandières................	
Routhier (cité)................	Boulevard des Batignolles............	
Rumfort (rue de).................	Rue Lavoisier.......................	Rue de la Pépinière.
Sablonville (porte de).............	Boulevard Gouvion-Saint-Cyr..........	
Saint André (avenue).............	Rues de l'Assomption.................	En impasse.
Saint Benoit (carrefour)...........	Situé à l'intersection des rues de l'Égout, Taranne et Gozlin....	
Saint Benoit (impasse)............	Rue de la Tâcherie.................:	
Saint Benoit (passage)............	Rue du Cloître Saint Benoît..........	Passage de la Sorbonne.
Saint Benoit (passage)............	Place Saint Germain des Prés	Rue Saint Benoît.
Saint Christophe (rue)............	Rue d'Arcole......................	Rue de la Cité.
Saint Denis (passage)............	Rue Greneta........................	Passage Basfour.
Saint Éloi (rue).................	Rue de Constantine..................	Rue de la Calandre.
Saint Faron (impasse)............	Rue de la Tixeranderie...............	
Saint Germain des Prés (place)......	En face l'église Saint Germain des Prés.	
Saint Guillaume (cour)............	Rue de Richelieu....................	Rue de la Fontaine Molière.
Saint Guillaume (cour).......	Rue Neuve Coquenard................	
Saint Jean de Latran (enclos)......	Rue Jean de Beauvais................	Place Cambrai et rue St. Jean de Latran.
Saint Jérome (rue)................	Quai de Gesvres..........	Rue de la Vieille Lanterne.
Saint Landry (rue)................	Quai Napoléon	Rue des Marmousets.
Saint Louis Saint Honoré (rue).....	Rue de l'Échelle...................	Rue Saint Honoré.
Saint Magloire (rue)............	Rue Salle au Comte.................	Rue Saint Denis.
Saint Marcel (rue)...............	Place de la Collégiale..............	Rue Mouffetard.
Saint Marcoul (rue)..............	Rue Conti..........................	Rue Bailly.
Saint Marine (impasse)...........	Rue d'Arcole.......................	
Saint Martial (impasse)...........	Rue Saint Éloi.....................	
Saint Maur ou du Manège (impasse).	Rue du Cherche Midi................	Rue de Vaugirard.
Saint Michel (place).............	Rue Monsieur le Prince.............	Rue Soufflot.
Saint Nicaise (rue)...............	Rue de Rivoli......................	Rue Saint Honoré.
Saint Nicolas (impasse)...........	Rue Réaumur.......................	
Saint Nicolas (passage)...........	Rue des Marais....................	Rue du Château d'Eau.
Saint Paxent (rue)...............	Rue Conti.........................	Rue Bailly.
Saint Pierre-des-Arcis (rue)........	Rue Gervais Laurent................	Rue du Marché aux Fleurs.
Saint Pierre (passage)............	Rue de la Tâcherie.................	Rue Saint Martin.
Saint Thomas-du-Louvre (rue)......	Rue du Carrousel.....	Place du Palais Royal.
Saint Victor (impasse)	Rue Q............................	
Sainte Anne (rue)..............	Avenue du Petit Château............	Rue Léopold.
Sainte Croix (rue)...............	Rue Gervais Laurent...............	Rue de Constantine.
Saint Éloi (rue)................	Rue de Constantine.................	Rue de la Calandre.
Sainte Marie (chemin de ronde).....	Barrière des Batailles et av. de la Pompe.	Barrière Sainte Marie.
Sainte Marie (rue)..............	Rue du Faubourg Saint Honoré........	Chemin de Ronde de l'Étoile.
Sainte Marine (passage)...........	Rue d'Arcole......................	Rue du Cloître Notre-Dame.
Sainte Marthe (rue).............	Passage Saint Benoît	Rue Childebert.
Sainte Périne (place)............	Était située devant la façade sud de l'ancienne église d'Auteuil............	
Saisons ((villa des).................	Rue des Acacias...................	
Salle au Comte (rue).............	Rue de Rambuteau..................	Rue aux Ours.
Sambre (quai de la)..............	Quai de la Marne, à la rencontre des canaux de l'Ourcq et Saint Denis.....	Rue Militaire.
Sandrié (passage)	Rue Basse du Rempart..............	Rue Neuve des Mathurins.

VOIES SUPPRIMÉES	COMMENÇAIT	FINISSAIT
Sarrazin (rue)....................	Chemin des Prêtres....................	Rue de la Tombe Issoire.
Saucède (passage).................	Rue du Bourg l'Abbé................	Rue Saint Denis.
Saunerie (rue de la).............	Quai de la Mégisserie................	Rue Saint Germain l'Auxerrois.
Saverne (chemin de).............	Rue de Sedan......................	Rue Militaire.
Savonnerie (rue de la)...........	Rue de la Vannerie.................	Rues des Écrivains et de la Haumerie.
Sedan (rue de)......	Rue d'Allemagne ....'	Quai de la Sambre.
Sifflet (passage).................	Rue Neuve Coquenard..............	Impasse Briare.
Simon-Finet (impasse)............	Rue de la Tannerie.................	
Soeurs (impasse des).............	Rue des Francs Bourgeois...........	
Soly (rue)........................	Rue de la Jussienne................ ...	Rue d'Argout.
Sorbonne (passage de la)........	Passage Saint Benoît................	Rue de la Sorbonne.
Soulage (rue)......................	Quai de Bercy......................	Rue de Bercy.
Sourdis (impasse).................	Rue des Fossés Saint Germain l'Auxerrois.	
Tabletterie (rue de la)............	Rue Saint Denis...	Rue de la Vieille Harangerie.
Tannerie (rue de la)...............	Place de l'Hôtel de Ville..............	Rue Saint Martin.
Tannerie (rue de la vieille)........	Rue de la Vieille Lanterne...........	Rue de la Vieille Place aux Veaux.
Teinturiers (rue des)...............	Rue de la Tannerie..	Rue de la Vannerie.
Taranne (rue)....................	Rue de l'Égout....................	Rue des Saints Pères.
Tilleuls (cours des)...............	Quai de Bercy....................	Cour des Platanes.
Tirechape (rue)....................	Rue de Rivoli	Rue Saint Honoré.
Tixeranderie (rue de la)...........	Rues Renaud, Lefèvre et du Pourtour Saint Gervais................	Rues Jean de l'Épine et Jean Pain Mollet.
Tonnellerie (rue de la)............	Rue de Rambuteau....................	Rue Saint Honoré.
Toutait (impasse)................	Boulevard d'Italie................	
Trainée (rue)....................	Rues aux Poirées et Montmartre........	Rue du Jour.
Traversine (rue)..................	Rue d'Arras....................	Rue Saint Nicolas du Chardonnet.
Treille (passage de la)...........	Rue Chilpéric	Rue des Fossés Saint Germain l'Auxerrois.
Treille (passage de la)...........	Boulevard Saint Germain	Rue Clément.
Trinité (passage de la)............	Rue Blanche....................	Rue de Clichy.
Triperet (rue)....................	Rue de la Clef....................	Rue Gracieuse.
Trognon (rue)....................	Rue d'Avignon	Rue des Écrivains.
Trois Canettes (rue des)...........	Rue Saint Christophe	Rue de la Licorne.
Trois Couronnes Saint Marcel (rue des)............................	Rue Mouffetard....................	Rue Saint Hippolyte.
Trois Maries (place des)...........	Quais de l'École et de la Mégisserie....	Rue des Prêtres Saint Germain l'Auxerrois.
Trois Maures (rue des)............	Rue des Lombards....	Rue de la Reynie.
Trudon (rue)................... ..	Rue Boudreau....................	Rue Neuve des Mathurins.
Tuerie (rue de la)................	Rues Saint Jérôme et de la Vieille Lanterne	Place du Châtelet.
Tuilerie (avenue de la)...........	Rue de la Tuilerie....................	Avenue Saint André.
Turgot (cité)....................	Rue Turgot	
Valois Saint Honoré (rue de).......	Rue de Montpensier....................	Rue Saint Honoré.
Vannerie (rue de la)...............	Place de l'Hôtel de Ville..............	Rue Saint Denis.
Veaux (place aux).................	Située entre les rues de Poissy et de Pontoise	
Venise (impasse de)	Rue Quincampoix....................	
Venise (passage de)...............	Impasse de Venise....................	Cour Batave.
Verderet (rue)...................	Rue de la Grande Truanderie...........	Rue Mauconseil.
Versailles (impasse de)..........	Rue Traversine.................. ..	
Vert Buisson (impasse du).........	Rue de l'Université....................	
Vert Buisson (rue du).............	Rue de l'Île des Cygnes.............	Rue de l'Université.
Vézelay (passage).................	Rue de Valois....................	Rue de Hambourg.
Victor de Lanneau...............	Rue des Sept Voies .... , ...	Rue d'Écosse.
Vieille Harangerie (rue de la).....	Rue du Chevalier du Guet............	Rue Perrin-Gosselin.
Vieille Lanterne (rue de la)........	Rue de la Vieille Place aux Veaux......	Place du Châtelet.

VOIES SUPPRIMÉES	COMMENÇAIT	FINISSAIT
Vieille Monnaie (rue de la)........	Rue des Écrivains......	Rue des Lombards.
Vieille Place aux Veaux (rue de la).	Rue Saint Martin...............	Rue de la Joaillerie.
Vieille Tannerie (rue de la).......	Rues de la Tuerie et de la Vieille Lanterne	Rue de la Vieille Place aux Veaux.
Vierge (rue de la)...............	Quai d'Orsay........................	Rue Saint Dominique.
Vieux Marché (place du)...........	Était située entre les rues Réaumur, Conti et Montgolfier................	
Vignoles (ruelle des)..............	Rue du Chemin de Fer..............	Passage Frequel.
Virgile (rue).....................	Rue de la Pompe...................	Rue du Petit Parc.
Voirie (impasse de la).............	Place Delaborde	
Watt (rue)......................	Quai d'Austerlitz....................	Rue de la Gare.
Washington (passage)	Rue de la Bibliothèque	Rue du Chantre.
Yonne (rue de l').................	Quai de Bercy......................	Rue de Bercy.

LISTE DES VOIES

DONT LA DÉNOMINATION A ÉTÉ CHANGÉE DEPUIS L'ANNÉE 1848

NOMS ANCIENS	NOMS NOUVEAUX	DATES DES DÉCRETS OU DES ARRÊTÉS
ABBATUCCI (rue)	LA BOÉTIE (rue)	Arrêté préfectoral du 16 août 1879.
ABBAYE (rue et place de l')	ABBESSES (rue et place des)	— 26 février 1867.
ABBÉ DE LA SALLE (avenue)	SAINT FRANÇOIS XAVIER (place)	— 16 août 1879.
ABBÉ DE L'ÉPÉE (rue de l'), entre la rue de la Clef et la rue des Patriarches...	MIRBEL (rue de)	Décret du 10 novembre 1877.
ACACIAS (passage des)	DOMBASLE (passage)	Arrêté préf. du 10 novembre 1873.
ACACIAS (rue des)	ORSEL (rue d')	— 10 novembre 1873.
ADAM (rue)	ADOLPHE-ADAM (rue)	— 16 août 1879.
AGUESSEAU (place d')	AUTEUIL (place d')	— 26 février 1867.
AIGUILLERIE (rue de l')	LOMBARDS (rue des), partie	— 1er février 1877.
ALBE (rue d')	LINCOLN (rue)	— 16 août 1879.
ALGER (rue d')	AFFRE (rue)	Décret du 24 août 1864.
ALMA (avenue de l')	CHANEZ (rue)	— 10 août 1868.
ALMA (boulevard de l'), entre le quai d'Orsay et l'avenue de La Motte-Picquet.	BOSQUET (avenue)	— 24 août 1864.
ALMA (boulevard de l'), entre l'avenue de La Motte-Picquet et l'av. de Breteuil..	DUQUESNE (avenue)	— 24 août 1864.
ALMA (passage de l')	EUPATORIA (passage d')	Arrêté préf. du 1er février 1877.
ALMA (rue de l')	EUPATORIA (rue d')	Décret du 24 août 1864.
AMANDIERS (avenue des)	RÉPUBLIQUE (avenue de la)	Arrêté préf. du 4 mai 1879.
AMANDIERS (boul. et chemin de ronde des)	MÉNILMONTANT (boulevard)............	Décret du 30 décembre 1864.
AMANDIERS (rue des)	CHEMIN VERT (rue du)	Arrêté préf. du 2 avril 1868.
AMANDIERS SAINTE GENEVIÈVE (rue des)..	LAPLACE (rue)	Décret du 24 août 1864.
AMBIGU (rue de l')	TAYLOR (rue)	— 24 mars 1881.
AMBOISE (impasse d')	MAUBERT (impasse)	Arrêté préf. du 26 février 1867.
AMBOISE (rue d')	THIBAUD (rue)	Décret du 24 août 1864.
AMÉLIE (rue)	PUGET (rue)	— 24 août 1864.
ANDRIEU (rue)	JACQUES-CARTIER (rue)	— 10 février 1875.
ANGLAIS (impasse des)	BEAUBOURG (impasse)	Arrêté préf. du 26 février 1867.
ANGLAISES (rue des)	TANNERIES (rue des)	— 1er février 1877.
ANGOULÈME SAINT HONORÉ (rue d')	MOUNY (rue de)	Décret du 2 octobre 1865.
ANJOU (rue d')	PASTOURELLE (rue), partie	Arrêté préf. du 1er février 1877.
ANJOU DAUPHINE (rue d')	NESLE (rue de)	— 26 février 1867.
ANJOU SAINT HONORÉ (rue d')	ANJOU (rue d')	— 9 mai 1881.
ANTIN (impasse d')	CAPRON (impasse)	— 10 novembre 1873.
ANTIN (rue d')	BIOT (rue)	Décret du 24 août 1864.
ARAGO (rue)	CHAUFOURNIERS (rue des)	Arrêté préf. du 26 février 1867.
ARCADE (passage de l')	ABBESSES (passage des)	— 10 novembre 1873.
ARCADE (rue de l')	ANDROUET (rue)	Décret du 24 août 1864.

NOMS ANCIENS	NOMS NOUVEAUX	DATES DES DÉCRETS OU DES ARRÊTÉS
ARCADE (rue de l')	BAYEN (rue)	Décret du 24 août 1864.
ARCET (rue d')	PUTEAUX (rue)	Arrêté préf. du 10 novembre 1873.
ARCET (rue d')	DARCET (rue)	— 20 mars 1881.
ARCHE MARION (rue de l')	BOURDONNAIS (rue des)	Décision ministérielle du 3 avril 1832.
ARCIS (rue des)	SAINT MARTIN (rue)	— 18 fév. 1851.
ARCUEIL (boulevard d')	SAINT JACQUES (boulevard)	Arrêté préf. du 30 décembre 1864.
ARCUEIL (chemin d')	ARCUEIL (rue d')	— 1er février 1877.
ARGENSON (impasse d')	HOTEL D'ARGENSON (impasse de l')	— 1er février 1877.
ARGOUT (rue d'), entre la rue Coquillière et la rue Etienne Marcel	HEROLD (rue)	Décret du 21 février 1881.
ARTISTES (impasse des)	CLOYS (impasse des)	Arrêté préf. du 10 novembre 1873.
ARTISTES (rue des)	GAVARNI (rue)	Décret du 10 février 1875.
ARTS (rue des)	GÉRICAULT (rue)	— 24 août 1864.
ARTS (rue des)	LIBAN (rue du)	Arrêté préf. du 26 février 1867.
ASILE (passage de l')	MURIERS (passage des)	— 1er février 1877.
ASNIÈRES (route d')	ASNIÈRES (rue d')	— 3 septembre 1869.
ASNIÈRES (rue d')	TOCQUEVILLE (rue de)	Décret du 10 novembre 1877.
ASSAS (impasse d')	COETLOGON (rue)	— 11 septembre 1869.
AUBERT (passage)	SAINTE FOY (passage)	Arrêté préf. du 10 novembre 1873.
AUBERVILLIERS (rue d'), de la place du Marché à la place Hébert	ÉVANGILE (rue de l')	— 2 avril 1868.
AUBRY LE BOUCHER (rue), entre le boulevard de Sébastopol et la rue Saint Denis	BERGER (rue)	Décret du 2 mars 1864.
AUDRIETTES (rue des), partie	RONDONNEAUX (rue des)	Arrêté préf. du 31 août 1880.
AUDRIETTES (rue des), partie	STENDHAL (rue)	Décret du 10 février 1875.
AUMAIRE (rue)	VITRUVE (rue)	Arrêté préf. du 3 septembre 1869.
AUMALE (rue d')	AISNE (rue de l')	— 3 septembre 1869.
AUNAY (boulevard et chemin de ronde d')	MÉNILMONTANT (boulevard)	— 30 décembre 1864.
AUSTERLITZ (rue d')	FABERT (rue)	Décret du 24 août 1864.
AUTEUIL (rue d'), entre l'avenue de Versailles et la rue du Point du Jour	RÉMUSAT (rue de)	— 10 novembre 1877.
BAC (chemin du), de la rue du Chevaleret aux rues Nationale et du Château des Rentiers	CLISSON (rue)	Décret du 2 octobre 1865.
BAC (chemin du), de la rue du Château des Rentiers à la route de Choisy	BAUDRICOURT (rue)	— 2 octobre 1865.
BAC (impasse du), donnant rue Baudricourt	BAUDRICOURT (impasse)	Arrêté préf. du 1er février 1877.
BAC (rue du)	VAN-LOO (rue)	Décret du 11 septembre 1869.
BAGNOLET (rue de)	LEMAN (rue du)	Arrêté préf. du 1er février 1877.
BAINS (impasse des)	BAIGNEUR (impasse du)	— 1er février 1877.
BARAN (passage)	GINOUX (rue)	Décret du 24 août 1864.
BARBETTE (cité)	TUNNEL (cité du)	Arrêté préf. du 1er février 1877.
BARRAULT (ruelle)	BARRAULT (rue)	— 1er février 1877.
BARRE DU BEC (rue)	TEMPLE (rue du)	Décision minist. du 18 février 1851.
BARRÉS (rue des)	AVE MARIA (rue de l')	Arrêté préf. du 26 février 1867.
BARRIÈRE DES GOBELINS (rue de la)	FAGON (rue)	Décret du 27 février 1867.
BARTHELEMY (cité)	MOSKOWA (cité de la)	Arrêté préf. du 1er février 1877.
BARTHELEMY (villa)	ADOUR (villa de la)	— 1er février 1877.
BAS MONTIBOEUFS (sentier des)	MONTIBOEUFS (rue des)	Décret du 1er février 1877.
BASSE (rue)	RAYNOUARD (rue)	— 27 février 1867.
BASSE DES URSINS (rue)	URSINS (rue des)	Arrêté préf. du 24 janvier 1881.
BASSE SAINT PIERRE (rue)	MANUTENTION (rue de la)	— 26 février 1867.
BASSE DU TRANSIT (rue)	ABBÉ GROULT (rue de l')	— 20 juillet 1868.

NOMS ANCIENS	NOMS NOUVEAUX	DATES DES DÉCRETS OU DES ARRÊTÉS
BASSES DIVES (sentier des), entre la rue des Rondeaux et le sentier des Dives.	RAMUS (passage)	Arrêté préf. du 1er février 1877.
BASSES DIVES (sentier des)	RAMUS (rue), partie	
BASSES GATINES (rue des)	GATINES (rue des)	— 24 janvier 1881.
BASSES VIGNOLES (rue des)	VIGNOLES (rue des)	— 10 novembre 1873.
BASSINS (rue des), de l'avenue Kléber au rond-point de la Plaine	COPERNIC (rue)	Décret du 24 août 1864.
BATIGNOLLAISES (rue des)	MONT DORÉ (rue du)	Arrêté préf. du 1er février 1877.
BATTOIR (rue du)	SERPENTE (rue)	Décision minist. du 9 avril 1851.
BAUDELIQUE (passage)	DUHESME (passage)	Arrêté préf. du 1er février 1877.
BAYARD (impasse)	PRESLE (impasse de)	Décret du 10 février 1875.
BAYARD (rue)	HOCHE (rue)	— 24 août 1864.
BEAUJOLAIS (rue de)	PICARDIE (rue de)	Arrêté préf. du 26 février 1867.
BEAUJON (boulevard)	FRIEDLAND (avenue de)	Décret du 2 mars 1864.
BEAUNS (rue de)	FÊTES (rue des)	— 26 février 1867.
BEAUREGARD (impasse)	COMPANS (impasse)	— 24 août 1864.
BEAUREGARD (rue)	LALLIER (rue)	— 24 août 1864.
BEAUREPAIRE (rue)	GRENETA (rue)	Arrêté préf. du 2 avril 1868.
BEAUVEAU (rue)	BECCARIA (rue)	Décret du 24 août 1864.
BEL AIR (avenue du), entre les boulevards de Picpus et Soult	SAINT MANDÉ (avenue de)	Arrêté préf. du 2 avril 1868.
BEL AIR (impasse du)	NANSOUTY (impasse)	— 1er février 1877.
BEL AIR (impasse du)	DAMESME (impasse)	— 1er février 1877.
BEL AIR (rue du)	DAMESME (rue)	Décret du 10 août 1868.
BEL AIR (rue du)	LAURISTON (rue)	— 24 août 1864.
BELLEVILLE (chemin de ronde de)	LA VILLETTE (boulevard de la)	Arrêté préf. du 30 décembre 1864.
BELLEVILLE (rue de)	HAUTPOUL (rue d')	Décret du 2 octobre 1865.
BELLEVILLE (rue de)	PELLEPORT (rue)	— 10 août 1868.
BELLEVUE (rue de), de la rue Lauriston à l'avenue du Bois de Boulogne	TRAKTIR (rue de)	— 2 octobre 1865.
BELLEVUE (rue de), de l'avenue du Bois de Boulogne à la rue des Bouchers	CHALGRIN (rue)	— 2 octobre 1865.
BELLIÈVRE (rue de), entre la rue Bruant et le boulevard de la Gare	SALPÊTRIÈRE (rue de la)	Arrêté préf. du 1er février 1877.
BÉNARD (rue)	BOURSAULT (rue)	— 2 avril 1868.
BENOIT (rue)	MUSSET (rue de)	Décret du 24 août 1864.
BÉRANGER (cité)	BELLEVILLE (cité de)	Arrêté préf. du 1er février 1877.
BÉRANGER (impasse)	ASTROLADE (impasse de l')	— 1er février 1877.
BERCY (chemin de ronde de)	BERCY (boulevard)	— 30 décembre 1864.
BERCY (place de la barrière de)	BERCY (boulevard)	— 30 décembre 1864.
BERCY SAINT JEAN (rue de)	ROI DE SICILE (rue du)	— 2 avril 1868.
BÉRENGER (impasse)	DEUX NETHES (impasse des)	— 1er février 1877.
BÉRENGER (passage)	DEUX NETHES (passage des)	— 1er février 1877.
BERGES (impasse des)	LEBLANC (impasse)	— 23 juin 1877.
BERRI (rue de)	CHARLOT (rue)	Décision minist. du 18 février 1851.
BERTHEAU (passage)	CHARLES BERTHEAU (passage)	Arrêté préf. du 1er février 1877.
BÈS (impasse)	ROTHSCHILD (impasse)	
BESLAY (passage)	POPENCOURT (passage)	
BICHES (rue des)	BELLES FEUILLES (rue des)	— 2 avril 1868.
BICHES (impasse des)	BELLES FEUILLES (impasse des)	
BIENFAISANCE (rue de la), entre le boulevard Malesherbes et l'avenue de Messine	ROVIGO (rue)	Décret du 10 août 1868.
BILLAULT (rue)	WASHINGTON (rue)	Arrêté préf. du 16 août 1879.
BIRON (rue)	HUMBOLDT (rue)	Décret du 24 août 1864.
BIRON (rue)	LABAT (rue)	Arrêté préf. du 2 avril 1868.
BITCHE (Place de)	ETATS-UNIS (place des)	— 16 août 1881.
BIZIOUX (impasse)	CANADA (rue du)	— 1er février 1877.
BLANCHE (chem. de ronde de la barrière)	CLICHY (boulevard de)	— 30 décembre 1864.
BLANCHE (place de la barrière)	BLANCHE (place)	— 30 décembre 1864.

NOMS ANCIENS	NOMS NOUVEAUX	DATES DES DÉCRETS OU DES ARRÊTÉS
BLANCHE (rue)........................	GREUZE (rue)........................	Décret du 24 août 1864.
BŒUFS (chemin des).................	MARCADET (rue)....................	Arrêté préf. du 2 avril 1868.
BOFFRAND (rue).....................	DAUNOU (rue)......................	— 12 avril 1881.
BOILEAU (rue).......................	MATHIEU-MOLÉ (rue)..............	Décret du 10 novembre 1877.
BOIS (rue des).......................	PLANCHAT (rue)....................	— 10 février 1875.
BONAPARTE (rue), de la rue Vaugirard à la rue d'Assas.....................	LUXEMBOURG (rue du).............	Arrêté préf. du 16 août 1879.
BON PUITS (rue du).................	TORCY (rue de).....................	Décret du 27 février 1867.
BONS ENFANTS (rue des)............	DÉSAUGIERS (rue).................	— 24 août 1864.
BORDEAUX (rue de)..................	CRIMÉE (rue de)....................	Arrêté préf. du 2 avril 1868.
BOREY (cité)........................	PLATRIÈRES (rue des).............	
BORNES (rue des)...................	SABLONS (rue des).................	— 2 avril 1868.
BOSSUET (rue Neuve)...............	MILTON (cité)......................	— 10 novembre 1873.
BOSSUET (rue Neuve)...............	MILTON (rue)......................	— 10 novembre 1873.
BOUCHERAT (rue)...................	SAINT LOUIS (rue).................	Décision minist. du 18 février 1851.
BOUCHERIE DES INVALIDES (rue de la)....	SURCOUF (rue).....................	Décret du 27 février 1867.
BOUCHERS (rue des).................	CHALGRIN (rue)....................	— 2 octobre 1865.
BOUFFLERS (impasse)...............	DUPETIT-THOUARS (cité).........	Arrêté préf. du 1er février 1877.
BOUILLÉ (rue de)..................	DUBAN (rue).......................	— 16 août 1879.
BOULE (rue)........................	BOULLE (rue)......................	— 1er mai 1880.
BOULEVARD (rue du)................	ARCET (rue d').....................	— 10 novembre 1873.
BOULOGNE (avenue de)..............	ROSSINI (boulevard)...............	
BOULOGNE (rue de)..................	BARBANÈGRE (rue)................	Décret du 10 août 1868.
BOUQUET DES CHAMPS (rue du).....	RIGAUD (rue)......................	— 27 février 1867.
BOURDON-VILLENEUVE (rue).......	ABOUKIR (rue d')..................	— 2 octobre 1865.
BOURGOGNE (cour de)...............	BOURGUIGNONS (cour des)........	Arrêté préf. du 1er février 1877.
BOURSAULT (rue)...................	LA BRUYÈRE (rue).................	— 2 avril 1868.
BRETAGNE (cour de)................	BRETONS (cour des)..............	— 1er février 1877.
BRETAGNE (passage de).............	RICHELIEU (passage de)..........	— 1er février 1877.
BRODEURS (rue des)................	VANNEAU (rue)....................	Décision minist. du 8 janvier 1850.
BROUILLARDS (rue des).............	GIRARDON (rue)...................	Décret du 27 février 1867.
BRUXELLES (rue de), partie située auprès du chemin de fer de l'Ouest (R. D.).	FLORENCE (rue de)................	Arrêté préf. du 19 août 1864.
BUFFÉTRILLE (cité).................	ALÉSIA (cité)......................	
BUREAU (ruelle du).................	BUREAU (passage du).............	Décret du 4 février 1877.
BUTTE CHAUMONT (boulevard et chemin de ronde de la)................	LA VILLETTE (boulevard de la).....	Arrêté préf. du 30 décembre 1864.
BUTTES CHAUMONT (rue des).......	PLATEAU (rue du)	
BUZELIN (passage)	BRIE (passage de la)..............	— 1er février 1877.
CABANIS (place)....................	BERCY (boulevard de)	— 30 décembre 1864.
CADRAN (rue du)...................	SAINT SAUVEUR (rue)............	Décision ministérielle du 11 juin 1851.
CALAIS (impasse de)................	PIXÉRÉCOURT (impasse).........	Décret du 10 février 1875.
CALAIS (rue de)....................	ROUVET (rue)	— 24 août 1864.
CALAIS (rue de)....................	PIXÉRÉCOURT (rue)..............	— 10 février 1875.
CALVAIRE (impasse du).............	PAJOU (impasse)	Arrêté préf. du 10 novembre 1873.
CAMBRAI (ancienne rue de).........	BENJAMIN CONSTANT (rue)......	Décret du 10 février 1875.
CAMBRAI (place)...................	COLLÈGE DE FRANCE (place du)...	Arrêté préf. du 1er février 1877.
CAPRON (impasse)..................	DÉFENSE (impasse de la).........	— 1er février 1877.
CARDINAL FESCH (rue du).........	CHATEAUDUN (rue de)............	Ar. du gouverneur de Paris, 26 oct. 1870.
CARNOT (rue)......................	BARA (rue)........................	Arrêté préf. du 4 novembre 1880.
CAROLINE (rue)....................	JULIEN LACROIX (rue)............	— 2 avril 1868.
CAROLINE (rue)....................	LEMOULT (rue)....................	— 1er février 1877.
CARRIÈRES (passage des)...........	FOURS A CHAUX (passage des).....	— 1er février 1877.
CARRIÈRE (rue de la)...............	SÉVESTE (rue)	Décret du 10 février 1875.
CARRIÈRES (rue des)	GANNERON (rue)..................	— 10 février 1875.
CARRIÈRES (rue des)...............	PLATRIÈRES (rue des)..........	Arrêté préf. du 1er février 1877.

NOMS ANCIENS	NOMS NOUVEAUX	DATES DES DÉCRETS OU DES ARRÊTÉS
Carrières (rue des)	Lacretelle (rue)	Décret du 24 août 1864.
Carrières (rue des), de la grande-rue de Passy à la rue Vital	Nicolo (rue)	— 2 octobre 1865.
Carrières (rue des), de la rue de la Tour à la rue Nicolo	Vital (rue)	Arrêté préf. du 2 avril 1868.
Carrières du Centre (rue des)	Rhin (rue du)	— 26 février 1867.
Centre (rue du)	Tunnel (rue du)	— 26 février 1867.
Centre (rue du)	Réunion (rue de la)	— 2 avril 1868.
Centre (rue du)	Lamennais (rue)	— 20 janvier 1881.
Centres des Rondeaux (sentier du)	Rondeaux (rue des)	— 1er février 1877.
Chabrol (impasse de)	Bergame (impasse de)	— 1er février 1877.
Chabrol (impasse de)	Philippe de Girard (impasse)	— 10 novembre 1873.
Chabrol (rue de)	Benouville (rue)	Décret du 10 février 1875.
Chabrol (rue de)	Philippe de Girard (rue)	— 2 octobre 1865.
Chabrol (rue de)	Usines (rue des)	Arrêté préf. du 26 février 1867.
Chaise (impasse de la)	Mozart (impasse)	— 3 septembre 1869.
Chambéry (rue de)	Petite Pierre (rue de la)	— 10 novembre 1873.
Champ de l'Alouette (rue du)	Corvisart (rue)	Décret du 27 février 1867.
Champ de Mars (avenue du)	Rapp (avenue)	— 24 août 1864.
Champs (rue des)	Prairies (rue des)	Arrêté préf. du 10 novembre 1873.
Champs Élysées (rue des)	Boissy-d'Anglas (rue)	Décret du 2 octobre 1865.
Chapelle (avenue de La)	Alembert (rue d')	— 24 août 1864.
Chapelle (rue de La)	Philippe de Girard (rue)	— 2 octobre 1865.
Chapelle (rue de La)	Riquet (rue)	— 2 octobre 1865.
Chardonnière (rue de la)	Simplon (rue du)	Arrêté préf. du 1er février 1877.
Charenton (boulevard de)	Reuilly (boulevard de)	— 30 décembre 1864.
Charenton (chemin de ronde de)	Reuilly (boulevard de)	— 30 décembre 1864.
Charenton (pl. de la barr. de), partie	Bercy (boulevard de)	— 30 décembre 1864.
Charenton (pl. de la barr. de), partie	Reuilly (boulevard de)	— 30 décembre 1864.
Charlot (impasse)	Mont Tonnerre (impasse du)	— 1er février 1877.
Charlot (passage)	Bayen (passage)	— 1er février 1877.
Charlot (rue)	Troyon (rue)	Décret du 10 février 1875.
Charlot (rue)	Poinsot (rue)	— 24 août 1864.
Charnier des Innocents (rue du)	Innocents (rue des)	Arrêté préf. du 19 août 1864.
Charonne (rue de)	Pelleport (rue)	Décret du 10 février 1868.
Chartres (rue de)	Jacquemont (rue)	— 11 septembre 1869.
Chartres (rue de)	Meurthe (rue de la)	Arrêté préf. du 3 septembre 1869.
Chartres du Roule (rue de)	Courcelles (rue)	Décision ministérielle du 10 mai 1854.
Chastillon (rue)	Vicq-d'Azir (rue)	Décret du 24 août 1864.
Chateau (cour du)	Saint Éloi (cour)	Arrêté préf. du 1er février 1877.
Chateau (rue du)	Florian (rue)	Décret du 27 février 1867.
Chateau d'Eau (place du)	République (place de la)	Arrêté préfectoral du 14 mai 1879.
Chateau des Fleurs (rue des)	Bassano (rue)	Décret du 2 mars 1867.
Chateau Rouge (rue du)	Clignancourt (rue de)	Arrêté préf. du 2 avril 1868.
Chaudron (rue)	Panoyaux (rue des)	— 2 avril 1868.
Chaume (rue du), partie comprise entre la rue de Rambuteau et la rue des Vieilles Haudriettes	Archives (rue des)	— 25 juin 1874.
Chaumière (rue de la)	Laugier (rue)	Décret du 24 août 1864.
Chaussée des Minimes (rue de la)	Béarn (rue de)	Arrêté préf. du 26 février 1867.
Chauvelot (cité)	Moulin Vert (impasse du)	— 1er février 1877.
Chauvelot (rue)	Perceval (passage)	— 1er février 1877.
Chemin de fer (avenue du)	Armorique (rue de l')	— 26 février 1867.
Chemin de fer (impasse du), donnant avenue Reille	Reille (impasse)	— 10 novembre 1873.
Chemin de fer (impasse du), donnant rue Vandamme	Vandamme (impasse)	— 10 novembre 1873.
Chemin de fer (impasse du)	Vaugirard (impasse de)	— 10 novembre 1873.
Chemin de fer (rue du)	Chateau (rue du)	— 10 novembre 1873.

NOMS ANCIENS	NOMS NOUVEAUX	DATES DES DÉCRETS OU DES ARRÊTÉS
CHEMIN DE FER (rue du)	MARAICHERS (rue des)	Arrêté préf. du 3 septembre 1869.
CHEMIN DE FER (sentier du)	GABON (rue du)	— 1er février 1877.
CHEMIN DE LA CROIX (rue du)	EUGÈNE DELACROIX (rue)	Décret du 10 août 1868.
CHEMIN DE LAGNY (rue du)	BOUVINES (rue de)	— 24 août 1864.
CHEMIN DE PANTIN (rue du)	LA FAYETTE (rue)	Décision ministérielle du 28 août 1849.
CHEMIN DE REUILLY (rue du)	DECAEN (rue)	Décret du 10 février 1875.
CHEMIN DE RONDE DU CIMETIÈRE DE L'EST (rue du), ce chemin se compose de deux tronçons		
	LISFRANC (rue)	— 10 février 1875.
CHEMIN DE RONDE DU CIMETIÈRE DE L'EST (rue du)	RAMUS (rue)	— 10 février 1875.
CHEMIN DES DAMES (rue du)	MAISTRE (rue de)	— 2 octobre 1865.
CHEMIN DE VERSAILLES (rue du)	GALILÉE (rue)	— 24 août 1864.
CHEMIN DU MOULIN (ancien), entre la rue Cottineau et la rue de Dantzig	DANTZIG (passage de)	Arrêté préf. du 10 décembre 1878.
CHEMIN LATÉRAL AU CHEMIN DE FER DE CEINTURE	FOURNEAUX (rue des)	— 1er février 1877.
CHEMIN LATÉRAL AU CHEMIN DE FER DE CEINTURE, entre l'avenue de Clichy et le passage des Trois Sœurs	FRAGONARD (rue)	Décret du 10 février 1875.
CHEMINS DE FER (rue des)	LACAZE (rue)	— 10 février 1875.
CHEMINS VERTS (rue des)	NICOLAÏ (rue)	— 2 octobre 1865.
CHERROY (rue de)	CHÉROY (rue de)	Arrêté préf. du 1er mai 1830.
CHEVALERET (chemin du)	LOIRET (rue du)	3 septembre 1869.
CHOPINETTE (boulevard et chemin de ronde de la)	LA VILLETTE (boulevard de)	— 30 décembre 1864.
CHOPINETTE (rue de la)	SAMBRE-ET-MEUSE (rue de)	— 1er février 1877.
CHRISTINE (rue)	LÉONARD DE VINCI (rue)	Décret du 10 août 1868.
CIMETIÈRE (impasse du)	ORAN (impasse d')	Arrêté préf. du 1er février 1877.
CIMETIÈRE (ruelle du)	GONDI (ruelle de)	Décret du 24 août 1864.
CIMETIÈRE MONTMARTRE (avenue du)	CIMETIÈRE DU NORD (avenue du)	Arrêté préf. du 26 février 1867.
CIMETIÈRE SAINT NICOLAS (rue du)	CHAPON (rue)	Décision minist. du 18 février 1851.
CINQ DIAMANTS (rue des)	QUINCAMPOIX (rue)	— 18 février 1851.
CINQ MOULINS (rue des)	STÉPHENSON (rue)	Décret du 27 février 1867.
CITÉ D'ANTIN (passage de la)	VANVES (passage de)	Arrêté préf. du 1er février 1877.
CLARY (rue)	CHARRAS (rue)	— 16 août 1879.
CLARY (square)	CLARY (rue)	— 3 septembre 1869.
CLICHY (chemin de ronde de la barrière de)	BATIGNOLLES (boulevard des)	— 30 décembre 1864.
CLICHY (place de la barrière)	CLICHY (place de)	— 30 décembre 1864.
CLIGNANCOURT (chaussée de), jusqu'à la rue Muller	CLIGNANCOURT (rue de)	— 2 avril 1868.
CLIGNANCOURT (chaussée de), de la rue Muller à la rue du Manoir	RAMEY (rue)	Décret du 2 octobre 1865.
CLOS (avenue des)	CLAUDE LORRAIN (rue)	Arrêté préf. du 1er février 1877.
CLOS (impasse des)	CLAUDE LORRAIN (impasse)	— 1er février 1877.
CLOS (rue des)	CLAUDE LORRAIN (rue)	— 24 août 1864.
CLOS RÉGLISES (rue du)	MOURAUD (rue)	— 1er février 1877.
CLUNY (rue de)	VICTOR COUSIN (rue)	Décret du 24 août 1864.
CŒUR VOLANT (rue du)	GRÉGOIRE DE TOURS (rue)	Décision minist. du 9 avril 1851.
COLLÈGE (rue du)	OLIER (rue)	Décret du 24 août 1864.
COLLÈGE LOUIS LE GRAND (place du)	GERSON (place)	— 24 août 1864.
COLOMBIER (rue du) ....6......	CARON (rue)	Arrêté préf. du 1er février 1877.
COMBAT (boulevard et chemin de ronde du)	LA VILLETTE (boulevard de)	— 30 décembre 1864.
COMMANDEUR (avenue du)	COMMANDEUR (rue du)	— 1er février 1877.
COMMERCE (cour du) ....··········	VINAIGRIERS (cour des)	— 1er février 1877.
COMMERCE (cour du)	SAINT PHILIPPE DU ROULE (cour)	— 1er février 1877.
COMMERCE (cour du)	COMMERCE SAINT ANDRÉ (cour du)	— 16 mars 1877.
COMMERCE (place du)	MONTAGNE NOIRE (place de la)	— 1er février 1877.

NOMS ANCIENS	NOMS NOUVEAUX	DATES DES DÉCRETS OU DES ARRÊTÉS
Commerce (rue du)	Nativité (rue de la)	Arrêté préf. du 26 février 1867.
Commerce (rue du)	Montagne Noire (rue de la)	— 1er février 1877.
Constantine (avenue de)	Lutèce (rue de)	— 23 octobre 1880.
Constantine (impasse de)	Guelma (impasse de)	— 1er février 1877.
Constantine (rue de)	Vercingétorix (rue)	— 10 novembre 1873.
Constantine (rue de)	Myrha (rue)	— 2 avril 1868.
Constantine (rue de)	Maronites (rue des)	— 26 février 1867.
Contrescarpe Saint André (rue de la)..	Mazet (rue)	Décret du 27 février 1867.
Contrescarpe (rue de la), de la rue Mouffetard à la rue Tournefort	Blainville (rue)	— 2 octobre 1865.
Contrescarpe (rue de la)	Cardinal Lemoine (rue du)	Arrêté préf. du 2 avril 1868.
Copeau (rue)	Lacépède (rue)	Décret du 2 décembre 1853.
Coquenard (rue)	Lamartine (rue)	Arrêté du gouv. prov. du 16 mars 1848.
Coq Saint Honoré (rue du)	Marengo (rue de)	Décision minist. du 18 février 1851.
Coquilles (rue des)	Temple (rue du)	Arrêté préfectoral du 1er février 1877.
Corderie (impasse de la)	Rouet (impasse du)	Décision minist. du 18 février 1851.
Corderie (rue de la)	Bretagne (rue de)	Décret du 24 août 1864.
Corderie Saint Honoré (impasse de la).	Gomboust (impasse)	— 24 août 1864.
Corderie Saint Honoré (rue de la)	Gomboust (rue)	Décision minist. du 18 février 1851.
Corroierie (rue de la)	Venise (rue de)	Arrêté préf. du 1er février 1877.
Corvisart (passage)	Vignon (passage)	— 23 juin 1877.
Coucous (chemin des).	Coucous (rue des)	— 1er février 1877.
Coupe des terres au Curé (chemin de la)	Terres au Curé (rue des)	
Courcelles (boulevard et chemin de ronde de)	Courcelles (boulevard de)	— 30 décembre 1864.
Couronnes (rue des)	Polonceau (rue)	Décret du 24 août 1864.
Couronnes (rue des), de la chaussée Ménilmontant à la rue Caroline........	Julien Lacroix (rue).	Arrêté préf. du 2 avril 1868.
Croix (rue de la).................	Fécamp (rue de)	— 3 septembre 1869.
Croix (rue de la), du rond-point de Longchamps à la rue de la Pompe...	Decamps (rue)	Décret du 24 août 1864.
Croix (rue de la), entre la rue La Fontaine et la rue Dangeau.............	Ribera (rue)	— 11 septembre 1869.
Croix (rue de la).................	Volta (rue)	Décret du 18 février 1851.
Croix Boissière (rue de la)...........	Boissière (rue)	Arrêté préf. du 2 avril 1868.
Croix de l'Evangile (chemin de la)....	Évangile (rue de l')	— 2 avril 1868.
Coix du Roule (rue de la)	Daru (rue).....................	Décret du 27 février 1867.
Croix Jarry (chemin de la)	Watt (rue).....................	— 27 février 1867.
Croix Rouge (chemin de la).........	Richemont (rue de)..............	Arrêté préf. du 1er février 1877.
Croix Rouge (chemin de la).........	Picpus (rue de)..................	— 2 avril 1868.
Croix Rouge (rue de la)..............	Domrémy (rue de)...............	— 26 février 1867.
Cuissard (rue)	Herold (rue).....................	Décret du 24 août 1864.
Culture Sainte Catherine (rue)	Sévigné (rue de).................	— 27 février 1867.
Curial (passage)	Escaut (rue de l')................	Arrêté préf. du 1er février 1877.
Dames (rue des)	Maistre (rue de)	Décret du 2 octobre 1865.
Dames (rue des), entre la rue de Courcelles et l'avenue de Wagram..............	Cardinet (rue)	Arrêté préf. du 2 avril 1868.
Dames (rue des), entre les avenues de Wagram et des Ternes..............	Poncelet (rue)	Décret du 10 août 1868.
Dames de la Visitation de Sainte Marie (rue des).......................	Visitation (rue de la)	Arrêté préf. du 1er février 1877.
Dante (rue du)	Domat (rue)	— 1er février 1877.
Dauphin (rue du)	Saint Roch (rue).................	— 16 août 1879.
Dauphine (avenue)................	Bugeaud (avenue)...............	Décret du 24 août 1864.
David (rue).....................	Louis David (rue)	Arrêté préf. du 3 mars 1881.
Decaen (rue)....................	Claude Decaen (rue).............	— 1er février 1877.

NOMS ANCIENS	NOMS NOUVEAUX	DATES DES DÉCRETS OU DES ARRÊTÉS
Dejean (rue)........................	Doudeauville (rue)................	Arrêté préf. du 10 novembre 1873.
Dejean (rue Neuve)................	Dejean (rue).....................	— 10 novembre 1873.
Delatour (rue)	Rampon (rue).....................	Décret du 24 août 1864.
Delaye............................	Postel (cité)....................	
Demi Lune (rue de la)	Gudin (rue)......................	— 27 février 1867.
Demi Lune (rue de la)............	Le Bua (rue).....................	
Dépotoir (rue du), partie entre la rue d'Allemagne et la rue d'Hautpoul......	Hainaut (rue du)...............	Arrêté préf. du 3 septembre 1869.
Dépotoir (rue du), partie entre la rue de Meaux et la rue d'Hautpoul........	Petit (rue)......................	Décret du 2 octobre 1865.
Dervilliers (rue)..................	Magendie (rue)...................	— 27 février 1867.
Desaix (quai)	Cité (quai de la)	Arrêté préf. du 10 novembre 1873.
Desanges (passage)................	Victor Marchand (passage)...........	
Desgenettes (rue)..................	Montessuy (rue de)...............	— 10 novembre 1873.
Désirée (impasse)	Moulin des Prés (impasse du).........	— 10 novembre 1873.
Dessous des Berges (sentier du).......	Dessous des Berges (rue du)........	— 1er février 1877.
Deux Écus (rue des), partie...........	Berger (rue).....................	Décret du 2 mars 1864.
Deux Moulins (rue des).............	Jenner (rue).....................	— 27 février 1867.
Deux Portes Saint Sauveur (rue des)..	Dussoubs (rue)...................	Décret du 9 mai 1881.
Devarennes (rue)...................	Sauval (rue).....................	— 2 octobre 1865.
Dhuis (rue de la), entre la place des Pyrénées et la porte de Romainville..	République (avenue de la)	Arrêté préf. du 4 mai 1879.
Diderot (rue)......................	Arquebusiers (rue des)	— 16 août 1879.
Dieu (impasse)	Haies (impasse des)............	— 10 novembre 1873.
Dives (sentier des), entre la rue Stendhal et la rue des Pyrénées..............	Stendhal (passage)................	— 1er février 1877.
Dives (sentier des), entre la rue des Pyrénées et le sentier des Basses-Dives...........................	Ramus (rue)......................	— 1er février 1877.
Dix Décembre (rue du)...............	Quatre Septembre (rue du)...........	Arrêté du maire de Paris du 12 sept. 1870.
Douze Portes (rue des)..............	Villehardouin (rue)...............	Décret du 2 octobre 1865.
Drouin-Quintaine (rue)...............	Puebla (rue).....................	— 29 juin 1863.
Dubois (impasse)........	Pressoir (impasse du)...............	Arrêté préf. du 1er février 1877.
Dubois (passage)....................	Vilin (passage du)................	— 1er février 1877.
Dubois (passage)....................	Barrault (passage)................	— 10 novembre 1873.
Dupont (cité)......................	Dupont (villa)....................	— 1er février 1877.
Dunkerque (rue de)	Dampierre (rue)..................	Décret du 10 août 1868.
Dupuis (impasse)...................	Lebouis (impasse)................	Arrêté préf. du 1er février 1877.
Eaux (passage des), donnant rue Gérard .	Gérard (passage)....................	— 1er février 1877.
Écharpe (rue de l')..................	Vosges (rue des)..................	— 22 janvier 1862.
Échaudé (rue de l')..................	Debelleyme (rue).................	Décret du 2 octobre 1865.
Échiquier (impasse de l').............	Sainte Avoie (impasse)............	Arrêté préf. du 1er février 1877.
École (impasse de l')..............	Rodier (impasse)..................	— 1er février 1877.
École (quai de l')...................	Louvre (quai du)..................	— 2 avril 1868.
École (rue de l')...................	Cambronne (rue)..................	Décret du 24 août 1864.
École Militaire (chemin de ronde de l') .	Grenelle (boulevard de)..............	Arrêté préf. du 30 décembre 1864.
École Militaire (place de l')............	Cambronne (place).................	Décret du 24 août 1864.
Écoles (passage des)................	Écoliers (passage des)............	Arrêté préf. du 1er février 1877.
Écoles (rue des)...................	Vitruve (rue).....................	Décret du 24 août 1864.
Écuries d'Artois (rue des)	Berryer (rue)....................	— 10 novembre 1877.
Église (place de l')..................	Gerbert (rue)....................	Arrêté préf. du 1er février 1877.
Église (place de l').................	Nativité (place de la)	— 26 février 1867.
Église (place de l')..................	Lassus (rue).	Décret du 24 août 1864.
Église (place de l').................	Bitche (place de).................	Arrêté préf. du 16 août 1881.
Église (rue de l')...............	Annonciation (rue de l')..............	— 26 février 1867.
Église (rue de l')..................	Cler (rue)....	Décret du 24 août 1864.

NOMS ANCIENS	NOMS NOUVEAUX	DATES DES DÉCRETS OU DES ARRÊTÉS
Eglise (ruelle de l'), entre la rue Michel-Bizot et le boulevard Soult.......	Rottembourg (rue de)................	Décret du 11 septembre 1869.
Eglise (rue et place de l')............	Jeanne Darc (rue et place)...........	— 2 mars 1864.
Eglise (place de l')...................	Gerbert (rue)......................	— 2 octobre 1865.
Eglise (rue et place de l')............	Batignolles (rue des)...............	Arrêté préf. du 20 juillet 1868.
Egout (rue de l').....................	Callot (rue).......................	Décret du 24 août 1864.
Egout (sente de l')....................	Téniers (rue)......................	— 11 septembre 1869.
Emélie (impasse).....................	Brancion (impasse).................	Arrêté préf. du 1er février 1877.
Empereur (avenue de l')..............	Trocadéro (avenue du)..............	— 1er février 1877.
Empereur (rue de l')..................	Lepic (rue)........................	Décret du 24 août 1864.
Enfants Rouges (rue des)..........	Archives (rue des).................	Arrêté préf. du 25 juin 1874.
Enfer (chemin de ronde d')...........	Montrouge (boulevard).............	— 10 décembre 1864.
Enfer (place d').....	Denfert-Rochereau (place)..........	— 16 août 1879.
Enfer (place de la barrière d')........	Enfer (place d')....................	— 30 décembre 1864.
Enfer (rue d').......................	Denfert-Rochereau (rue)............	Décret du 30 juillet 1878.
Enfert (passage d')...................	Patay (passage de).................	Arrêté préf. du 1er février 1877.
Entrepot (impasse de l')..............	Aubervilliers (impasse d')..........	— 1er février 1877.
Entrepot (rue de l')..................	Bellot (rue).......................	Décret du 24 août 1864.
Entrepot (rue de l')..................	Rouelle (rue)......................	— 24 août 1864.
Entrepreneurs (passage des)..........	Curial (passage)...................	Arrêté préf. du 10 novembre 1873.
Envierges (passage des)..............	Julien Lacroix (passage)............	— 1er février 1877.
Ernestine (rue), entre les rues St Mathieu et Cavé............................	Saint Jérome (rue).................	19 décembre 1874.
Ernestine (rue), entre les rues Poinceau et Saint Bruno	Pierre l'Ermite (rue)...............	— 19 décembre 1874.
Escaut (rue de l')...................	Labois Rouillon (rue)..............	.— 23 juin 1877.
Espérance (impasse de l')............	Souhaits (impasse des).............	— 1er février 1877.
Essling (avenue d')...................	Carnot (avenue)...................	— 4 novembre 1880.
Est (passage de l')...................	Ermitage (villa de l')..............	— 1er février 1877.
Est (rue de l').....................	Cugnot (rue)......................	Décret du 24 août 1864.
Est (rue de l').....................	Levant (cité du)...................	Arrêté préf. du 1er février 1877.
Est-Pradier (rue de l')	Equerre (rue de l')................	— 1er février 1877.
Estienne (rue).......................	Pont Neuf (rue du)................	— 26 février 1867.
Etoile (boulevard de l'), partie.......	Wagram (avenue de)...............	Décret du 2 mars 1864.
Etoile (impasse de l')................	Thévenot (impasse)................	Arrêté préf. du 10 novembre 1873.
Etoile (rue de l')...................	Fauconnier (rue du)...............	— 2 avril 1868.
Eugénie (villa)	Redan (villa du)	— 1er février 1877.
Eylau (avenue d'), partie............	Victor Hugo (avenue)..............	Décret du 2 mai 1881.
Fauconnier (impasse).................	Lévis (impasse de).................	Arrêté préf. du 1er février 1877.
Fauvet (passage)....................	Léon (passage)....................	— 1er février 1877.
Femme sans Tête (rue de la)..........	Lebregattier (rue).................	— 2 avril 1868.
Fénelon (rue Neuve).................	Milton (rue)......................	— 10 novembre 1873.
Ferdinand (rue).....................	Morand (rue).....................	Décret du 24 août 1864.
Ferdinanville (rond-point de)	Saint Ferdinand (place)............	Arrêté préf. du 26 février 1867.
Ferme (cour de la)..................	Métairie (cour de la)..............	— 1er février 1877.
Ferme de Grenelle (rue de la).........	Cavalerie (rue de la)..............	— 1er février 1877.
Ferme des Mathurins (rue de la).......	Vignon (rue)......................	— 20 janvier 1881.
Fers (rue aux)......................	Berger (rue)......................	Décret du 2 mars 1864.
Fessart (rue)	Secretant (rue)...................	— 10 août 1868.
Feuillantines (rue des), entre la rue Gay-Lussac et l'avenue des Gobelins	Gay-Lussac (rue)..................	Arrêté préf. du 20 janvier 1881.
Feuillants (rue des)	Rouget de l'Isle (rue).............	— 16 août 1879.
Fidélité (rue de la), partie entre la rue du Faubourg Saint Martin et le boulevard de Strasbourg................	Sibour (rue)	Décret du 2 octobre 1865.
Filles-Dieu (impasse des)............	Bonne Nouvelle (impasse de)........	Arrêté préf. du 26 février 1867.
Florence (passage)......	Ganneron (passage)................	— 1er février 1877.

71

NOMS ANCIENS	NOMS NOUVEAUX	DATES DES DÉCRETS OU DES ARRÊTÉS
Florentine (rue).....................	Coustou (rue)........................	Décret du 24 août 1864.
Florence (rue de)................	Dunes (rue des).....................	Arrêté préf. du 1er février 1877.
Folie Titon (rue de la)................	Titon (rue)........................	
Foin (rue du).....................	Noyers (rue des)...................	Décision ministérielle du 9 avril 1851.
Fondary (impasse)....................	Vignon (impasse)...................	Arrêté préf. du 1er février 1877.
Fondary (rue).....................	Grotte (rue de la)................	Décret du 2 octobre 1865.
Fontaine (cité de la)................	Lemercier (cité)..................	Arrêté préf. du 1er février 1877.
Fontaine (rue de la), de l'avenue de la Tuilerie à la rue Donizetti..........	La Fontaine (rue)..................	— 2 octobre 1865.
Fontaine (rue de la), de la rue de Boulainvilliers à la rue de la Tuilerie....	Gros (rue)........................	— 2 octobre 1865.
Fontaine (cité de la)................	Lemercier (cité).................	— 1er février 1877.
Fontaine (rue de la)..................	Borrego (rue du).................	Décret du 24 août 1864.
Fontaine (rue de la)..................	Pitié (rue de la).................	Arrêté préf. du 26 février 1867.
Fontaine (rue de la)..................	Lekain (rue).....................	Décret du 24 août 1864.
Fontaine (rue de la Petite)............	Dangeau (rue)....................	— 24 août 1864.
Fontaine (sentier de la)..............	Raffet (rue)....................	— 24 août 1864.
Fontaine aux Clercs (sentier de la)....	Fontaine aux Clercs (rue de la).......	Arrêté préf. du 1er février 1877.
Fontainebleau (route de)........	Italie (avenue d').....................	— 26 février 1867.
Fontaine des Ternes (rue de la)........	Héliopolis (rue d').................	— 1er février 1877.
Fontaine des Ternes (impasse de la)....	Berthier (impasse)........	— 1er février 1877.
Fontaines (impasse des)........	Héliopolis (impasse d').............	
Fontaine du But (impasse de la)........	Girardon (impasse).................	— 3 septembre 1869.
Fontaine Molière (rue de la)........	Molière (rue).....................	Décret du 27 février 1867.
Fontaines (cour des)..............	Valois (place de)..................	Arrêté préf. du 26 février 1867.
Fontanes (rue)..................	Cluny (rue de)...................	— 16 août 1879.
Fontarabie (boulevard de)............	Charonne (boulevard de).............	— 30 décembre 1864.
Fontarabie (boul. et ch. de ronde de), entre la rue des Rats et la rue de la Roquette.....................	Ménilmontant (boulevard de)...........	— 30 décembre 1864.
Fortin (rue).........................	Beudant (rue).....................	Décret du 24 août 1864.
Fortunée (avenue)....................	Balzac (rue).....................	— 28 juillet 1851.
Fossés du Temple (rue des)............	Amelot (rue).....................	Arrêté préf. du 2 avril 1868.
Fossés Montmartre (rue des).........	Aboukir (rue d')...................	Décret du 2 octobre 1865.
Fossés St Germain l'Auxerrois (rue des)	Perrault (rue)....................	— 27 février 1867.
Fossés Saint Marcel (rue des) partie entre le boulevard Saint Marcel et la rue Mouffetard (avenue des Gobelins)....	Le Brun (rue).....................	— 27 février 1867.
Fossés Saint Victor (rue des), entre les rues de la Contrescarpe et Descartes..	Thouin (rue)......................	— 2 octobre 1865.
Fossés Saint Victor (rue des), entre les rues Saint Victor et de la Contrescarpe.	Cardinal Lemoine (rue du)............	Arrêté préf. du 2 avril 1868.
Fourcy (rue de)..................	Thouin (rue).....................	— 2 octobre 1865.
Four (rue du).....................	Yvette (rue de l')...................	— 1er février 1877.
Fourneaux (boulevard et chemin de ronde des).....................	Vaugirard (boulevard de).............	— 30 décembre 1864.
Fourneaux (boulevard et chemin de, entre la rue Lecourbe et l'avenue du Maine........	Vaugirard (boulevard de).............	— 10 novembre 1873.
Four Saint Honoré (rue du)........	Vauvilliers (rue).................	Décret du 24 août 1864.
Four Saint Jacques (rue du)...........	Victor de Lanneau (rue).............	— 10 novembre 1877.
Francs Bourgeois (rue des)...........	Séguin (rue).....................	— 10 août 1868.
Francs Bourgeois (rue des)............	Monsieur le Prince (rue).............	Décision minist. du 9 avril 1851.
François Miron (rue), partie..........	Saint Gervais (place)................	Arrêté préfectoral du 9 mai 1881.
Frépillon (rue).................	Volta (rue)...'....................	Décret du 18 février 1831.
Gaillard (passage).................	Marbeuf (passage).................	Arrêté préf. du 1er février 1877.
Gaîté (chemin de la).................	Cotentin (rue du).................	— 26 février 1867.
Gaîté (rue de la)....................	Vandamme (rue)...................	Décret du 2 octobre 1865.
Garde (rue du)...................	Gauthey (rue)....................	— 24 août 1864.

NOMS ANCIENS	NOMS NOUVEAUX	DATES DES DÉCRETS OU DES ARRÊTÉS
Gare (chemin de ronde de la)............	Gare (boulevard de la)................	Arrêté préf. du 30 décembre 1864.
Gare (place de la barrière de la).......	Gare (boulevard de la)................	— 30 décembre 1864.
Gare (rue de la)......	Tarbé (rue)........................	Décret du 24 août 1864.
Gare (rue de la).....................	Corbineau (rue)....................	— 24 août 1864.
Gay-Lussac (rue), partie............	Claude Bernard (rue)................	Arrêté préf. du 2 juin 1881.
Genève (rue de)....................	Ledru-Rollin (avenue)...............	— 16 août 1879.
Génie (rue du).....................	Tage (rue du).....................	— 1er février 1877.
Gentilly (rue)....................	Aude (rue de l')...................	— 1er février 1877.
Géorama (rue du)...................	Mouton-Duvernet (rue)...............	— 18 septembre 1880.
Gindre (rue du)...................	Madame (rue), partie...............	— 1er février 1877.
Glacière (boulevard de la)...........	Italie (boulevard d')...............	— 30 décembre 1864.
Glacière (rue de la)................	Pajou (rue)......................	Décret du 24 août 1864.
Glacière (rue de la)................	Letort (rue)......................	— 10 août 1868.
Glacières (rue des)................	Longues Raies (rue des)............	Arrêté préf. du 1er février 1877.
Gobelins (boulevard des)...........	Italie (boulevard d')...............	— 30 décembre 1864.
Godot de Mauroy (cité)............	Montaigne (cité)..................	— 1er février 1877.
Goutte d'Or (rue Neuve de la)......	Islettes (rue des).................	— 1er février 1877.
Gouttes d'Or (impasse des).........	Volga (impasse du)................	— 1er février 1877.
Gouttes d'Or (ruelle des)...........	Philidor (rue)....................	Décret du 10 février 1875.
Gouttes d'Or (sentier des).........	Grands Champs (rue des)............	Arrêté préf. du 1er février 1877.
Grand chantier (rue du)...........	Archives (rue des)................	— 23 juin 1874.
Grande Rue.................	Passy (rue de)....................	— 26 février 1867.
Grande Rue.................	Chapelle (rue de La)...............	— 26 février 1867.
Grande Rue d'Austerlitz.........	Esquirol (rue)...................	Décret du 24 août 1864.
Grande Rue d'Auteuil.........	Auteuil (rue d')..................	Arrêté préf. du 20 juillet 1868.
Grande Rue de Montreuil.........	Avron (rue d')...................	— 1er février 1877.
Grande Rue des Batignolles........	Clichy (avenue de)................	— 2 avril 1868.
Grande Rue de Vaugirard...........	Vaugirard (rue de)................	— 2 avril 1868.
Grand Montrouge (avenue du)........	Friant (rue).....................	Décret du 24 août 1864.
Grand Saint Michel (rue du)........	Terrage (rue du).................	— 27 février 1867.
Grands Champs (sentier des)........	Grands Champs (rue des)............	Arrêté préf. du 1er février 1877.
Grange aux Belles (rue de la), partie..	Lancry (rue de)...................	Décision minist. du 13 juillet 1852.
Grange aux Merciers (rue de la).......	Nicolaï (rue)....................	Décret du 2 octobre 1865.
Grenelle (chemin de ronde de)........	Grenelle (boulevard de)............	Arrêté préf. du 30 décembre 1864.
Grenelle (rue de), entre la rue Lecourbe et la rue Blomet.................	Javel (rue de)...................	— 2 avril 1868.
Grenelle (rue de).................	Lourmel (rue de).................	Décret du 2 octobre 1865.
Grenelle (rue de), entre la rue Blomet et la rue de Vaugirard...............	Alain Chartier (rue)...............	— 2 octobre 1865.
Grenelle Saint Honoré (rue de)......	Jean-Jacques Rousseau (rue).........	Arrêté préf. du 2 avril 1868.
Grès (rue des)..................	Cujas (rue)......................	Décret du 2 octobre 1865.
Grève (quai de la), de la rue Geoffroy Lasnier à la rue du Pont Louis-Philippe.	Hôtel de Ville (quai de l')...........	Arrêté préf. du 2 avril 1868.
Grève (quai de la), entre la rue du Pont Louis-Philippe et la place de l'Hôtel de Ville...................	Hôtel de Ville (quai de l')...........	— 26 février 1867.
Gros Chenet (rue du)...........	Sentier (rue du)..................	Décision minist. du 28 août 1849.
Groult d'Arcy (rue).............	Abbé Groult (rue de l').............	Arrêté préf. du 20 juillet 1868.
Guillaume (rue)................	Budé (rue)......................	Décret du 27 février 1867.
Guyot (rue), prolongée............	Fortuny (rue)....................	Arrêté préf. du 30 juillet 1877.
Hambourg (rue de), partie située au delà de la tranchée du chemin de fer de l'Ouest (R. D.).................	Naples (rue de)...................	— 19 août 1864.
Harley (passage du)..............	Ramey (passage)..................	— 1er février 1877.
Harlay (rue de)................	Diderot (rue)....................	Décret du 10 novembre 1877.
Harlay au Marais (rue de).........	Harlay (rue de)..................	Arrêté préf. du 10 novembre 1873.
Hasard (rue du)...............	Thérèse (rue)....................	— 23 octobre 1880.

NOMS ANCIENS	NOMS NOUVEAUX	DATES DES DÉCRETS OU DES ARRÊTÉS
Haute du Transit (rue), entre les rues Dombasle et de Vaugirard...........	Abbé Groult (rue de l')...............	Arrêté préf. du 20 juillet 1868.
Haute du Transit (rue),entre la rue Dombasle et le chemin de fer de l'Ouest..	Vouillé (rue de).....................	Décret du 10 août 1868.
Hautes Gatines (impasse des)	Orfila (impasse).....................	Arrêté préf. du 1er février 1877.
Hautes Gatines (rue des)............	Orfila (rue)........................	Décret du 10 février 1875.
Hautes Vignoles (rue des)............	Terre-Neuve (rue de)...............	Arrêté préf. du 1er février 1877.
Hautes Vignoles et du Bureau (ruelles des)........	Bureau (passage du)...............	— 1er février 1877.
Haut Moulin (rue du)	Malte (rue de).....................	Décision minist. du 18 février 1851.
Havre (rue du).....................	Pouillet (rue).....................	Décret du 11 septembre 1869.
Havre (rue du).....................	Riquet (rue).......................	— 2 octobre 1865.
Hélène (rue)........................	Bullant (rue)......................	— 10 février 1875.
Heaumerie (rue de la)...............	Ecrivains (rue des)................	Décision minist. du 18 février 1851.
Hérard (rue).......................	Tournelles (chemin des)............	
Herold (rue)........................	Félicien David (rue)	Décret du 21 février 1881.
Hillerin Bertin (rue)...............	Bellechasse (rue).................	Décision minist. du 8 janvier 1850.
Hoche (rue).......................	Presle (rue de)....................	Arrêté préf. du 16 août 1879.
Hôpital (rue de l').................	Harvey (rue).....................	Décret du 24 août 1864.
Hôpital Général (rue de l').........	Pinel (rue).......................	— 9 avril 1851.
Hôpital Saint Louis (avenue de l').....	Richerand (avenue)................	— 7 mai 1851.
Hospitalières (impasse des)..........	Béarn (impasse de)................	Arrêté préf. du 26 février 1867.
Hôtel de Ville (rue et place de l')	Batignolles (rue des).............	— 20 juillet 1868.
Houdon (rue), de la rue Mozart à la rue Raynouard	Vignes (rue des).................	— 1er février 1877.
Houssay (rue du)...................	Taitbout (rue)	Décision minist. du 25 août 1853.
Iéna (rue d').......................	Constantine (rue de)...............	Arrêté préf. du 23 octobre 1880.
Impératrice (avenue de l')...........	Général Uhrich (avenue du).........	— du maire de Paris,du 12 sept.1870.
Impératrice (rue de l')..............	Lalande (rue).....................	Décret du 10 février 1875.
Industrie (impasse de)..............	Véran (impasse)....................	
Industrie (rue de l')...............	Duranton (rue)....................	— 10 février 1875.
Industrie (rue de l')...............	Emeriau (rue).....................	— 24 août 1864.
Industrie Saint Antoine (rue de l')....	Immeubles Industriels (rue des).......	Arrêté préf. du 1er février 1877.
Isly (impasse d')..................	Mare (impasse de la)-.............	— 1er février 1877.
Isly (impasse de l')................	Tanger (rue de)...................	— 10 novembre 1873.
Isly (impasse de l')................	Jessaint (impasse)................	— 10 novembre 1873.
Isly (passage de l')................	Mare (passage de la)..............	— 1er février 1877.
Isly (passage de l')................	Kabylie (rue de).................	Décret du 24 août 1864.
Isly (passage de l')................	Bouchardy (passage)..............	— 10 février 1875.
Isly (passage de l')................	Olivier de Serres (passage).......	Arrêté préf. du 10 novembre 1873.
Isly (passage de l')................	Piat (passage)...................	— 1er février 1877.
Isly (rue de l')..................	Tanger (rue de)...................	Décret du 24 août 1864.
Issy (boulevard d')..............	Vaugirard (boulevard de)..........	Arrêté préf. du 30 décembre 1864.
Italie (place de la barrière d')........	Italie (place d').................	— 30 décembre 1864.
Italiens (place des)...............	Boieldieu (place).................	Décret du 13 avril 1852.
Ivry (boulevard et chemin de ronde d')	Gare (boulevard de la)...........	— 30 décembre 1864.
Ivry (place de la barrière d').......	Pinel (place)....................	Arrêté préf. du 26 février 1867.
Ivry (rue d').....................	Titien (rue)....................	Décret du 24 août 1864.
Jacob (passage)...................	Rhin (passage du)	Arrêté préf. du 1er février 1877.
Jacob (passage)...................	Epinettes (passage des)..........	— 10 novembre 1873.
Jardinets (impasse des)............	Charmilles (impasse des).........	— 1er février 1877.
Jardiniers (impasse des)...........	Amelot (impasse)................	— 1er février 1877.
Jardiniers (impasse des)...........	Dumas (passage).................	— 1er février 1877.
Jardiniers (impasse des)	Bardou (impasse).................	— 1er février 1877.
Jardins (passage des).............	Dareau (passage)................	— 1er février 1877.

NOMS ANCIENS	NOMS NOUVEAUX	DATES DES DÉCRETS OU DES ARRÊTÉS
Jardins (ruelle des)................	Bassano (rue)................	Décret du 2 mars 1867.
Javel (boulevard de)...............	Grenelle (boulevard de)............	Arrêté préf. du 30 décembre 1864.
Jeanne d'Asnières (rue)............	Boursault (rue)................	— 2 avril 1868.
Jean Robert (rue)................	Gravilliers (rue des)............	Décision minist. du 18 février 1851.
Jessaint (place)................	Réunie à la place de La Chapelle......	Arrêté préf. du 1er février 1877.
Joinville (passage de), donnant rue Corbeau................	Corbeau (passage)................	— 1er février 1877.
Joinville (rue de)................	Cirque (rue du)................	
Joséphine (avenue)................	Marceau (avenue)................	— 16 août 1879.
Justice (sentier de la)............	Justice (rue de la)................	— 1er février 1877.
Kléber (rue)................	Fédération (rue de la)............	— 16 août 1879.
Lacroix (passage)................	Davy (passage)................	— 1er février 1877.
Lacuée (avenue)................	Ledru-Rollin (avenue)............	— 16 août 1879.
Lacuée (rue)................	Lacuée (avenue)................	— 19 août 1864.
La Fayette (passage de)............	Alsace (rue d')................	— 20 juillet 1868.
Lafontaine (cité)................	Lemercier (cité)................	— 1er février 1877.
Lagille (rue), prolongée............	Lagille (rue)................	— 10 novembre 1873.
Lalande (rue)................	Lambert (rue)................	— 23 juin 1877.
Lamare (rue)................	Fourcroy (rue)................	Décret du 27 février 1867.
Lanterne des Arcis (rue de la)......	Pernelle (rue)................	— 18 février 1851.
La Rochefoucault (rue de).........	Liancourt (rue)................	— 11 septembre 1869.
Latéral au Chemin de fer d'Auteuil (boulevard)................	Flandrin (boulevard)............	— 2 octobre 1865.
Latérale au Chemin de fer de Ceinture (voie), entre les rues Leblanc et Lecourbe................	Leblanc (rue)................	— 10 août 1868.
Laurent de Jussieu (cité).........	Duvivier (rue)................	— 1848.
Laurette (passage)................	Carnot (rue)................	
Lavoir (impasse du)................	Ile de France (impasse de l')......	Arrêté préf. du 1er février 1877.
Lecante (passage)................	Richomme (rue)................	Décret du 24 août 1864.
Lécuyer (passage)................	Poteau (passage du)............	Arrêté préf. du 10 novembre 1873.
Lelong (rue)................	Viala (rue)................	Décret du 24 août 1864.
Lemoine (passage)................	Gergovie (passage de)............	Arrêté préf. du 1er février 1877.
Lenoir (rue)................	Aligre (rue d')................	— 2 avril 1868.
Lenoir Saint Honoré (rue).........	Bourdonnais (rue des)............	Décision minist. du 3 avril 1852.
Léonie (rue)................	Trois Frères (rue des)............	Arrêté préf. du 2 avril 1868.
Le Peletier (quai)................	Gesvres (quai de)................	— 2 avril 1868.
Lépilleur (impasse)................	Brune (passage)................	— 1er février 1877.
Lesage (cité)................	Lesage-Bullourde (cité)............	— 1er février 1877.
Letellier (rue), de la rue Viala à la rue de Lourmel................	Smala (rue de la)................	— 1er février 1877.
Levert (passage)................	Basfroy (passage)................	— 1er février 1877.
Liégat (chemin du)................	Chevaleret (rue du)............	
Libert (impasse)................	Nativité (impasse de la).........	— 26 février 1867.
Lilas (cité des)................	Bluets (cité des)................	— 1er février 1877.
Lilas (impasse des)................	Primevères (impasse des).........	— 10 novembre 1873.
Lille (rue de)................	Grancey (rue de)................	Décret du 10 février 1875.
Lille (rue et place de)............	Argonne (rue et place de l')......	— 24 août 1864.
Limoges (rue de)................	Debelleyme (rue)................	— 2 octobre 1865.
Lombard (rue)................	Rennequin (rue)................	— 24 août 1864.
Louis-Philippe (rue)................	Lappe (rue de)................	Arrêté préf. du 26 février 1867.
Louvain (rue de)................	Guillaume Tell (rue)............	— 10 novembre 1873.
Luc-Lambin (rue)................	André del Sarte (rue)............	— 4 novembre 1880.
Luxembourg (impasse du).........	Ronsin (impasse)................	— 1er février 1877.
Luxembourg (rue de)................	Cambon (rue)................	— 16 août 1879.

NOMS ANCIENS	NOMS NOUVEAUX	DATES DES DÉCRETS OU DES ARRÊTÉS
Mabille (rue)	Garde (rue du)	
Maçons Sorbonne (rue des)	Champollion (rue)	Décret du 27 février 1867.
Madame (rue)	Orteaux (rue des)	Arrêté préf. du 3 septembre 1869.
Madeleine (rue de la), entre le boulevard Malesherbes et la rue de la Pépinière.	Pasquier (rue)	Décret du 2 octobre 1865.
Madeleine (rue de la), entre la rue du Faubourg Saint Honoré et le boulevard Malesherbes	Boissy d'Anglas (rue)	— 2 octobre 1865.
Magenta (avenue de)	Obélisque (rue de l')	Arrêté préf. du 10 novembre 1873.
Magenta (rue de)	Boyer (rue)	Décret du 10 février 1875.
Magenta (rue de)	Montbrun (rue)	— 10 août 1868.
Magenta et des Vignes (rues de)	Pierre Guérin (rue)	— 11 septembre 1869.
Magnan (rue)	Beaurepaire (rue)	Arrêté préf. du 16 août 1879.
Maindron (passage)	Gandon (ruelle)	
Maine (chaussée du)	Maine (avenue du)	— 1er février 1877.
Maine (chemin de ronde du)	Vaugirard (boulevard de)	— 30 décembre 1864.
Maine (place de la barrière du)	Maine (place du)	— 30 décembre 1864.
Maine (passage au)	Beaubourg (rue)	Décision minis. du 18 février 1831.
Mairie (place de la)	Montrouge (place de)	Arrêté préf. du 26 février 1867.
Mairie (place de la)	Vaugirard (place de)	— 26 février 1867.
Mairie (place de la)	Commerce (place du)	— 26 février 1867.
Mairie (place de la)	Passy (place de)	— 26 février 1867.
Mairie (place de la)	Saint Blaise (place)	— 26 février 1867.
Mairie (rue de la)	La Vieuville (rue)	Décret du 27 février 1867.
Mairie de Vaugirard (place de la) ...	Vaugirard (place de)	Arrêté préf. du 10 novembre 1873.
Malakoff (impasse)	Éloi Thiébault (impasse)	— 1er février 1877.
Malassis (impasse)	Ruisseau (impasse du)	— 1er février 1877.
Malesherbes (rue)	Général Foy (rue du)	— 16 août 1879.
Manoir (rue du)	Hermel (rue)	— 1er février 1877.
Marais (chemin des)	Michel Bizot (rue)	Décret du 24 août 1864.
Marais ou des Vaches (chemin des) ...	Lourmel (rue de)	— 2 octobre 1865.
Marais (impasse)	Chatillon (impasse de)	Arrêté préf. du 1er février 1877.
Marais (rue des)	Visconti (rue)	Décret du 24 août 1864.
Marceau (rue)	Wattignies (rue de)	Arrêté préf. du 16 août 1879.
Marche (rue de la)	Saintonge (rue de)	Décision minis. du 18 février 1831.
Marché (cité du)	Orsel (cité d')	Arrêté préf. du 1er février 1877.
Marché (passage du)	Gasparin (passage)	— 1er février 1877.
Marché (place du)	Torcy (place)	Décret du 27 février 1867.
Marché (rue du)	Olive (rue l')	— 10 février 1875.
Marché (rue du)	Bouillé (rue de)	— 10 février 1875.
Marché (rue du)	Moyencourt (rue de)	— 10 février 1875.
Marché aux Chevaux (rue du), entre les boulevards de l'Hôpital et Saint Marcel.		
Marché aux Chevaux (rue du), du boulevard Saint Marcel à la rue de Poliveau.	Duméril (rue)	— 2 octobre 1865.
Marché aux Porcs (rue du)	Geoffroy-Saint-Hilaire (rue)	Arrêté préf. du 2 avril 1868.
Marché aux Veaux (place du)	Vistule (rue de la)	— 1er février 1877.
Marché Beauveau (place du)	Cochin (rue)	Décret du 10 février 1875.
Marché d'Aguesseau (rue du)	Aligre (place d')	Arrêté préf. du 26 février 1867.
Marché Saint Jean (ancienne place du) ...	Montalivet (rue de)	Décret du 27 février 1867.
Marché Saint Martin (rue du)	Bourgtibourg (rue du)	— 20 juillet 1868.
Marguerites (rue des)	Réaumur (rue)	Décret du 18 février 1851.
Marie Antoinette (rue)	Cévennes (rue des)	Arrêté préf. du 1er février 1877.
Marie Louise (rue)	Antoinette (rue)	— 4 août 1879.
Marivaux (rue)	Marie et Louise (rue)	— 16 août 1879.
Marmousets (rue des)	Nicolas Flamel (rue)	Décret du 18 février 1851.
Marseille (rue de)	Chanoinesse (rue)	Arrêté préf. du 19 décembre 1874.
Martin (rue)	Crimée (rue de)	— 2 avril 1868.
Martyrs (boul. et Chemin de ronde des).	Caillié (rue)	— 16 août 1879.
	Clichy (boulevard de)	— 30 décembre 1864.

NOMS ANCIENS	NOMS NOUVEAUX	DATES DES DÉCRETS OU DES ARRÊTÉS
Martyrs (chaussée des)...............	Martyrs (rue des)....................	Arrêté préf. du 2 avril 1868.
Masson (passage)....................	Durantin (rue).......................	
Mathurins Saint Jacques (rue des).....	Du Sommerard (rue).................	Décret du 27 février 1867.
Mauconseil (impasse).................	Saint Denis (impasse)...............	Arrêté préf. du 1er février 1877.
Mazagran (rue de)....................	Sauvageot (rue)......................	Décret du 10 février 1875.
Mazagran (rue de)....................	Laghouat (rue de)....................	— 24 août 1864.
Mazagran (rue de)...................	Bourgon (rue).......................	— 10 août 1868.
Mazagran (ruelle de).................	Duée (passage de la).................	Arrêté préf. du 1er février 1877.
Mazas (boulevard)...................	Diderot (boulevard).................	— 16 août 1879.
Ménilmontant (chemin de ronde de)....	Belleville (boulevard de).............	— 30 décembre 1864.
Ménilmontant (chemin neuf de).......	Surmelin (rue du)....................	— 1er février 1877.
Ménilmontant (impasse de)...........	Gaudelet (impasse)...................	
Ménilmontant (place de la barrière de)	Belleville (boulevard de).............	— 30 décembre 1864.
Ménilmontant (place de la barrière de)	Ménilmontant (boulevard de)........	— 30 décembre 1864.
Ménilmontant (rue de)................	Oberkampf (rue)....................	Décret du 24 août 1864.
Metz (rue de).......................	Lorraine (rue de)....................	Arrêté préf. du 20 juillet 1868.
Meudon (boulevard de)...............	Grenelle (boulevard de)..............	— 30 décembre 1864.
Meunier (avenue)....................	Neuve de la Procession (rue)........	
Meunier (impasse)...................	Confiance (impasse de la)...........	— 1er février 1877.
Meuniers (ruelle des)................	Meuniers (rue des)...................	— 20 mars 1880.
Mexico (rue de)....................	Manin (rue)........................	— 4 novembre 1880
Milan (Impasse).....................	Vignoles (impasse des)..............	— 1er février 1877.
Mignard (rue).......................	Victor Hugo (place).................	— 6 mai 1881.
Militaire (rue), de la porte de Bercy à la porte de Picpus.....................	Poniatowski (boulevard).............	Décret du 2 mars 1864.
Militaire (rue), de la porte de Picpus à la porte de Vincennes	Soult (boulevard)	— 2 mars 1864.
Militaire (rue), de la porte de Vincennes à la porte de Bagnolet.................	Davout (boulevard).................	— 2 mars 1864.
Militaire (rue), de la porte de Bagnolet à la porte de Romainville.............	Mortier (boulevard)	— 2 mars 1864.
Militaire (rue), de la porte de Romainville au passage du canal de l'Ourcq....	Sérurier (boulevard)................	— 2 mars 1864.
Militaire (rue), du passage du canal de l'Ourcq à la porte d'Aubervilliers......	Macdonald (boulevard).............	— 2 mars 1864.
Militaire (rue), de la porte d'Aubervilliers à la porte de Saint Ouen........	Ney (boulevard)....................	— 2 mars 1864.
Militaire (rue), de la porte Saint Ouen à la porte de Clichy....................	Bessières (boulevard)...............	— 2 mars 1864.
Militaire (rue), de la porte de Clichy à la porte de la Révolte................	Berthier (boulevard)................	— 2 mars 1864.
Militaire (rue), de la porte de la Révolte à la porte de Neuilly............	Gouvion-Saint-Cyr (boulevard)........	— 2 mars 1864.
Militaire (rue), de la porte de Neuilly à la porte de la Muette.................	Lannes (boulevard).................	— 2 mars 1864.
Militaire (rue), de la porte de la Muette à la porte d'Auteuil..................	Suchet (boulevard)	— 2 mars 1864.
Militaire (rue), de la porte d'Auteuil à la Seine..............................	Murat (boulevard)..................	— 2 mars 1864.
Militaire (rue), de la porte de la Gare à la porte d'Italie.....................	Masséna (boulevard)................	— 2 mars 1864.
Militaire (rue), de la porte d'Italie à la porte de Gentilly....................	Kellermann (boulevard).............	— 2 mars 1864.
Militaire (rue), de la porte de Gentilly à la porte d'Orléans....................	Jourdan (boulevard)................	— 2 mars 1864.
Militaire (rue), de la porte d'Orléans au passage du chemin de fer de l'Ouest....	Brune (boulevard)..................	— 2 mars 1864.
Militaire (rue), du passage du chemin de fer de l'Ouest à la porte de Versailles...	Lefebvre (boulevard)	— 2 mars 1864.

NOMS ANCIENS	NOMS NOUVEAUX	DATES DES DÉCRETS OU DES ARRÊTÉS
Militaire (rue), de la porte de Versailles à la Seine	Victor (boulevard)................	Décret du 2 mars 1864.
Miracles (impasse des)................	Lancret (rue).....................	— 24 août 1864.
Miroménil (rue de)...................	Miromesnil (rue de)................	Arrêté préf. du 1er mai 1880.
Missions (rue des)..................	Abbé Grégoire (rue de l')...........	— 4 novembre 1880.
Mogador (rue de)....................	Maroc (rue du)...................	Décret du 24 août 1864.
Mogador (rue de)....................	Tlemcen (rue de).................	Arrêté préf. du 3 septembre 1869.
Molay (rue).........................	Archives (rue des)................	— 25 juin 1874.
Molière (rue).......................	Rotrou (rue).....................	Décret du 27 février 1867.
Molière (rue).......................	Auteuil (rue d')..................	Arrêté préf. du 20 juillet 1868.
Monceau (boulevard de).............	Courcelles (boulevard de)..........	— 30 décembre 1864.
Monceau (boulevard de).............	Reine Hortense (avenue de la).......	Décret du 2 mars 1864.
Moncey (rue).......................	Dautancourt (rue)................	— 10 août 1868.
Mondétour (rue)....................	Indre (rue de l').................	Arrêté préf. du 1er février 1877.
Montagne (rue de la)..	Beethoven (rue)	Décret du 24 août 1864.
Montagne Noire (rue de la)..........	Commerce (rue du)...............	Arrêté préf. du 1er mars 1877.
Montagnes (rue des)...............	Bisson (rue).....................	Décret du 27 février 1867.
Montagnes (rue des)...............	Belidor (rue)....................	— 27 février 1867.
Montebello (impasse)..............	Casteggio (impasse)...............	Arrêté préf. du 1er février 1877.
Montiboeufs (sentier des)...........	Montiboeufs (rue des).............	— 1er février 1877.
Montmartre (chemin de ronde de).....	Clichy (boulevard de).............	— 30 décembre 1864.
Montmartre (place de la barrière).....	Pigalle (place)..................	— 30 décembre 1864.
Montmorency (rue de)..............	Donizetti (rue)..................	Décret du 24 août 1864.
Mont Parnasse (impasse du).........	Robiquet (impasse)...............	— 10 février 1875.
Mont Parnasse (place de la barrière et chemin de ronde du)...............	Montrouge (boulevard de).........	Arrêté préf. du 30 décembre 1864.
Montpensier (rue de)...............	Marne (rue de la)................	— 3 septembre 1869.
Montreuil (boulevard de)...........	Charonne (boulevard de)..........	— 30 décembre 1864.
Montreuil (chemin de ronde de)......	Charonne (boulevard de)..........	— 30 décembre 1864.
Montreuil (vieille rue de)...........	Volga (rue du)..................	— 1er février 1877.
Montrouge (boulevard de)..........	Edgar Quinet (boulevard).........	— 16 août 1879.
Montrouge (boulevard de), de la place de la Barrière d'Enfer à l'ancien poste d'observation de la barrière d'Enfer...	Enfer (boulevard d').............	— 30 décembre 1864.
Montrouge (boulevard de), de l'ancien poste d'observation de la barrière d'Enfer à l'ancienne barrière du Montparnasse	Montrouge (boulevard de).........	— 30 décembre 1864.
Montsouris (impasse)...............	Tombe Issoire (impasse de la)......	
Montyon (rue).....................	Mouton-Duvernet (rue)...........	Décret du 24 août 1864.
Moreau (cité).....................	Talus (cité du)..................	Arrêté préf. du 1er février 1877.
Moreau (impasse)..................	Talus (impasse du)...............	— 1er février 1877.
Morny (rue de)....................	Pierre Charron (rue).............	Décret du 25 janvier 1879.
Mouffetard (rue), entre les rues Monge et des Feuillantines et la place d'Italie.	Gobelins (avenue des)............	Arrêté préf. du 3 septembre 1869.
Moulin (chemin du)................	Dantzig (rue de).................	— 1er février 1877.
Moulin (chemin du), entre la rue Cottineau et la rue de Dantzig...........	Dantzig (passage de).............	— 10 décembre 1878.
Moulin de la Galette (passage du)....	Gautrin (passage)................	
Moulin de Javel (rue du)...........	Leblanc (rue)...................	Décret du 24 août 1864.
Moulin des Prés (chemin du), partie en prolongement de la rue Fontaine à Mulard	Fontaine à Mulard (rue de la).......	Arrêté préf. du 1er février 1877.
Moulin des Prés (sentier du)..........	Vandrezanne (passage)............	— 1er février 1877.
Moulins (impasse des)...............	Hélène (impasse).................	— 1er février 1877.
Moulins (impasse des)..............	Tombe Issoire (impasse de la)......	— 23 juin 1877.
Moulins (impasse des)...............	Pétrarque (rue).................	Décret du 24 août 1864.
Moulins (rue des)..................	Clavel (rue).....................	— 10 août 1868.
Moulins (rue des)..................	Scheffer (rue)..................	— 24 août 1864.

NOMS ANCIENS	NOMS NOUVEAUX	DATES DES DÉCRETS OU DES ARRÊTÉS
Moulins (rue des)..................	Lamblardie (rue)................	Décret du 10 août 1868.
Moulins (rue des)...........	Norvins (rue)................	— 10 août 1868.
Mouraud (sentier).................	Mouraud (rue)...............	Arrêté préf. du 1er février 1877.
Moyencourt (rue de)...............	Lakanal (rue)................	— 16 août 1879.
Muette (chaussée de la), de l'avenue Raphaël au boulevard Suchet..........	Prudhon (avenue)	Décret du 2 octobre 1865.
Muette (rue de la).................	Boulets (rue des)............	Arrêté préf. du 2 avril 1868.
Mulhouse (passage de)...............	Melun (passage de).................	— 1er février 1877.
Municipalité (rue de la).............	Point du Jour (rue du)................	— 1er août 1879.
Murs de la Roquette (rue des), entre le boulevard Voltaire et la rue de la Muette.................	Mercœur (rue)................	Décret du 2 octobre 1865.
Musée (place du).................	Napoléon III (place)................	
Nancy (rue de).................	Lorraine (rue de)................	Arrêté préf. du 20 juillet 1868.
Napoléon (avenue).................	Opéra (avenue de l')...............	— 10 novembre 1873.
Napoléon (cité)............	Annibal (cité)............	— 1er février 1877.
Napoléon (pont).................	National (pont)................	
Napoléon (quai).............	Fleurs (quai aux)................	— 16 août 1879.
Napoléon (rue).............	Pali-Kao (rue de)................	Décret du 24 août 1864.
Napoléon (square), partie.............	Palikao (rue de), partie............	Arrêté préf. du 1er février 1877.
Napoléon (square), partie.............	Sénégal (rue du)................	— 1er février 1877.
Napoléon (square), partie.............	Pékin (passage de)................	— 1er février 1877.
Nation (impasse de la).................	Loi (impasse de la)................	— 1er février 1877.
Nemours (rue de).............	Oise (rue de l')................	— 3 septembre 1869.
Neuilly (boulevard de)	Villiers (avenue de)...............	— 10 novembre 1873.
Neuve (rue).................	Maison Blanche (rue de la)............	— 26 février 1867.
Neuve (rue)...........................	Lyannes (rue des)................	
Neuve (rue).................	Rude (rue)................	Décret du 2 mars 1867.
Neuve Balagny (rue).............	Lacaille (rue)................	Arrêté préf. du 28 février 1881.
Neuve Boileau (rue).............	Magenta (rue)................	
Neuve Bois le Vent (rue).............	Talma (rue)................	Décret du 24 août 1864.
Neuve Bossuet (rue), partie.........	Milton (cité)................	Arrêté préf. du 10 novembre 1873.
Neuve Bossuet (rue), partie.........	Milton (rue)................	— 10 novembre 1873.
Neuve Boudon (rue).............	Neuve Boileau (rue)................	
Neuve Bourg l'Abbé (rue).............	Bourg l'Abbé (rue)................	— 24 janvier 1881.
Neuve Bréda (rue).............	Clausel (rue)................	Décret du 24 août 1864.
Neuve Brézin (rue).............	Niepce (rue)................	— 24 août 1864.
Neuve Coquenard (rue).............	Rodier (rue), partie............	Arrêté préf. du 1er février 1877.
Neuve de Bretagne (rue)	Froissard (rue)................	Décret du 24 août 1864.
Neuve de Clichy (rue)...............	Parme (rue de)................	Décision minist. du 7 mars 1849.
Neuve Dejean (rue).............	Dejean (rue)................	Arrêté préf. du 10 novembre 1873.
Neuve Désirée (rue).................	Michal (rue)................	— 10 mai 1881.
Neuve de la Pelouse (rue).............	Obligado (rue d')................	Décret du 10 août 1868.
Neuve de la Pépinière (rue).............	Fermat (rue)................	— 24 août 1864.
Neuve de Lappe (rue)...............	Taillandiers (rue des)............	Arrêté préf. du 26 février 1867.
Neuve de la Procession (rue).............	Decrès (rue)................	Décret du 24 août 1864.
Neuve de la Tombe Issoire (rue)........	Bezout (rue)................	— 27 février 1867.
Neuve de l'Église (rue).............	Jean Bologne (rue)................	— 24 août 1864.
Neuve de l'Embarcadère (rue)........	Poussin (rue)................	— 24 août 1864.
Neuve de l'Université (rue).............	Pré aux Clercs (rue du)............	
Neuve de Ménilmontant (rue)............	Commines (rue)................	— 24 août 1864.
Neuve de Montmorency (rue).............	Panoramas (rue des)............	Arrêté préf. du 26 février 1867.
Neuve de Strasbourg (rue).............	Pajol (rue)................	Décret du 2 octobre 1865.
Neuve des Bons Enfants (rue).............	Radziwill (rue)................	Arrêté préf. du 26 février 1867.
Neuve des Capucines (rue).............	Capucines (rue des)................	— 24 janvier 1881.
Neuve des Martyrs (rue)	Morée (rue de)................	— 1er février 1877.
Neuve des Mathurins (rue).............	Mathurins (rue des)................	— 24 janvier 1881.

72

NOMS ANCIENS	NOMS NOUVEAUX	DATES DES DÉCRETS OU DES ARRÊTÉS
Neuve de Vanves (rue)	Fourneaux (rue des)	Arrêté préf. du 10 novembre 1873.
Neuve des Petits Champs (rue)	Petits Champs (rue des)	— 24 janvier 1881.
Neuve des Poirées (rue)	Toullier (rue)	Décret du 24 août 1864.
Neuve d'Orléans (rue)	Ducouedic (rue)	— 24 août 1864.
Neuve du Maine (rue)	Maine (rue du)	
Neuve du Bon Puits (rue)	Pajol (rue)	— 2 octobre 1865.
Neuve du Champ d'Asile (rue)	Deparcieux (rue)	— 24 août 1864.
Neuve du Puits artésien (rue)	Mignard (rue)	— 2 mars 1867.
Neuve Fontaine (rue)	Fromentin (rue)	Arrêté préf. du 16 août 1879.
Neuve Labat (rue)	Simart (rue)	Décret du 24 août 1864.
Neuve Pigalle (rue)	Germain-Pilon (rue)	— 24 août 1864.
Neuve Pernety (rue)	Pernety (rue)	Arrêté préf. du 2 avril 1868.
Neuve Plumet (rue)	Éblé (rue)	Décret du 23 juin 1831.
Neuve Véron (rue)	Audran (rue)	— 24 août 1864.
Neuve Saint Anastase (rue)	Eginhard (rue)	— 24 août 1864.
Neuve Saint Augustin (rue)	Saint Augustin (rue)	Arrêté préf. du 24 janvier 1881.
Neuve Saint Denis (rue)	Blondel (rue)	Décret du 24 août 1864.
Neuve Saint Étienne (rue)	Ville Neuve (rue de la)	Arrêté préf. du 26 février 1867.
Neuve Saint Étienne du Mont (rue)	Rollin (rue)	Décret du 27 février 1867.
Neuve Saint Eustache (rue)	Aboukir (rue d')	— 2 octobre 1865.
Neuve Saint François (rue)	Debelleyme (rue)	— 2 octobre 1865.
Neuve Saint Jacques (rue)	Hallé (rue)	— 2 octobre 1865.
Neuve Saint Jean (rue)	Chateau d'Eau (rue du)	Décision minist. du 11 juin 1831.
Neuve Saint Laurent (rue)	Vert Bois (rue du)	— — 18 février 1831.
Neuve Saint Martin (rue)	Notre-Dame de Nazareth (rue)	— — 18 février 1831.
Neuve Saint Médard (rue)	Saint Médard (rue)	Arrêté préf. du 1er février 1877.
Neuve Saint Merri (rue)	Saint Merri (rue)	— 24 janvier 1881.
Neuve Saint Nicolas (rue)	Chateau d'Eau (rue du)	Désision minist. du 11 juin 1831.
Neuve Saint Paul (rue)	Charles V (rue)	Décret du 24 août 1864.
Neuve Saint Pierre (rue)	Villehardouin (rue)	— 2 octobre 1865.
Neuve Saint Roch (rue)	Saint Roch (rue)	Arrêté préf. du 29 avril 1849.
Neuve Saint Sauveur (rue)	Nil (rue du)	— 26 février 1867.
Neuve Sainte Catherine (rue)	Francs Bourgeois (rue des)	— 2 avril 1868.
Neuve Sainte Geneviève (rue)	Tournefort (rue)	Décret du 24 août 1864.
Neveu (passage)	Jarry (cité)	Arrêté préf. du 1er février 1877.
Nicolet (rue)	Desgenettes (rue)	— 10 novembre 1873.
Nord (cité du)	Bastion (cité du)	— 1er février 1877.
Nord (passage du)	Mont Cenis (passage du)	— 1er février 1877.
Notre-Dame (rue)	Desbordes-Valmore (rue)	Décret du 24 août 1864.
Notre-Dame (rue)	Desnouettes (rue)	— 24 août 1864.
Notre-Dame (rue)	Brochant (rue)	— 24 août 1864.
Notre-Dame (rue)	Saint Rustique (rue)	Arrêté préf. du 26 février 1867.
Notre-Dame de Grace (rue)	Tronson du Coudray (rue)	Décret du 27 février 1867.
Obélisque (rue de l')	Fourneaux (rue des)	Arrêté préf. du 1er février 1877.
Observance (rue de l')	Antoine Dubois (rue)	Décret du 14 juin 1831.
Oudot (rue)	Championnet (rue)	Arrêté préf. du 1er février 1877.
Ognard (rue)	La Reynie (rue de)	Décision minist. du 18 février 1831.
Ollivier (rue)	Cardinal Fesch (rue du)	
Oratoire du Roule (rue de l')	Billault (rue)	Décret du 27 février 1867.
Oratoire Saint Honoré (rue de l')	Oratoire (rue de l')	Arrêté préf. du 9 mai 1881.
Orient (passage de l')	Austerlitz (passage d')	— 26 février 1867.
Orillon (rue de l')	Ramponeau (rue)	
Orléans (passage d')	Moselle (passage de la)	— 1er février 1877.
Orléans (rue d')	Legendre (rue)	Décret du 2 octobre 1863.
Orléans (rue d')	Lhuillier (rue)	— 10 février 1875.
Orléans (rue d')	Moselle (rue de la)	Arrêté préf. du 20 juillet 1868.
Orléans (rue d')	Charlot (rue)	Décision minist. du 18 février 1831.

NOMS ANCIENS	NOMS NOUVEAUX	DATES DES DÉCRETS OU DES ARRÊTÉS
Orléans Saint Marcel (rue d')	Daubenton (rue)	Décret du 24 août 1864.
Orléans (vieille route d')	Tombe Issoire (rue de la)	Arrêté préf. du 20 juillet 1868.
Orme(rue de l'), partie entre la rue de la Cerisaie et la rue Saint Antoine.......	Jacques Cœur (rue)	Décret du 27 février 1867.
Orme (rue de l'), partie entre la rue de Mornay et la rue de la Cerisaie........	Arsenal (rue de l')	Arrêté préf. du 26 février 1867.
Ormeaux (avenue des)	Bouvines (avenue de)	Décret du 24 août 1864.
Ormeaux (rue des)	Tunis (rue de)	Arrêté préf. du 26 février 1867.
Ormes (rue des)	Auger (rue)	Décret du 24 août 1864.
Ormes (quai des), entre les rues de l'Étoile, des Nonnains d'Hyères	Célestins (quai des)	Arrêté préf. du 2 avril 1868.
Ormes (quai des), entre les rues des Nonnains d'Hyères et du Pont Louis-Philippe..	Hotel de Ville (quai de l')	— 2 avril 1868.
Oseille (rue de l')	Poitou (rue de)	
Oudot (rue)	Championnet (rue)	1er février 1877.
Ouest (rue de l')	Assas (rue d')	— 2 avril 1868.
Ourcq (place de l')	La Villette (boulevard de)	— 30 décembre 1864.
Ours (rue aux), partie	Etienne Marcel (rue)	— 6 avril 1881.
Paix (cité de la)	Tarn (cité du)	— 1er février 1877.
Paix (rue de la)	Beaunier (rue)	— 10 novembre 1873.
Paix (rue de la)	La Condamine (rue)	Décret du 10 août 1868.
Paix (petite rue de la)	Cancel (rue)	— 10 février 1875.
Paillassons (rue des)	Pérignon (rue)	Décision minist. du 8 janvier 1850.
Palestro (rue de)	Camulogène (rue)	Arrêté préf. du 10 novembre 1873.
Pantin (chemin de ronde de)	La Villette (boulevard de)	— 30 décembre 1864.
Pantin (rue de)	Haxo (rue)	Décret du 2 octobre 1863.
Paon Saint André (rue du)	Larrey (rue)	— 9 avril 1881.
Papier (passage)	Surmelin (passage du)	Arrêté préf. du 1er février 1877.
Paradis (rue de)	Francs Bourgeois (rue des)	— 2 avril 1868.
Paradis Poissonnière (rue de)	Paradis (rue de)	— 9 mai 1881.
Parc (rue du)	Beuret (rue)	Décret du 24 août 1864.
Parc (rue du)	Belleville (rue de)	Arrêté préf. du 2 avril 1868.
Paris (rue de)	Asnières (rue d')	— 3 septembre 1869.
Paris (rue de)	Belleville (rue de)	— 2 avril 1868.
Paris (rue de)	Bagnolet (rue de)	— 1er février 1877.
Partants (sentier des)	Annam (rue d')	— 1er février 1877.
Pas de la Mule (rue du)	Vosges (rue du)	— 22 janv. 1802.
Passy (boulevard de)	Roi de Rome (avenue du)	
Passy (rue de)	Poisson (rue)	Décret du 24 août 1864.
Pauquet de Villejust (rue)	Pauquet (rue)	Arrêté préf. du 2 avril 1868.
Pauvres (impasse des)	Boileau (impasse)	— 1er février 1877.
Pavée (rue)	Séguier (rue)	Décret du 24 août 1864.
Pavée Saint Sauveur (rue)	Petit Lion (rue du)	Décision minist. du 11 juin 1851.
Pelouse (rue de la)	Saïgon (rue de)	Décret du 10 août 1868.
Pépinière (rue de la), partie comprise entre le boulevard Malesherbes et la rue du Faubourg Saint Honoré........	Abbatucci (rue)	— 10 août 1868.
Pépinière (rue de la)	Daguerre (rue)	— 27 février 1867.
Percée (impasse)	Hautefeuille (impasse)	Arrêté préf. du 1er février 1877.
Percée (rue)	Prévôt (rue du)	— 1er février 1877.
Percier (rue)	Mansart (rue)	Décret du 24 août 1864.
Périgueux (rue de)	Debelleyme (rue)	— 2 octobre 1865.
Petit (passage)	Tlemcen (passage)	Arrêté préf. du 1er fév. 1877.
Pernety (impasse)	Lourmel (impasse de)	— 1er fév. 1877.
Perier (rue)	Petit Parc (rue du)	
Petit Bourbon (rue du)	Saint Sulpice (rue)	Décision minist. du 9 avril 1851.

NOMS ANCIENS	NOMS NOUVEAUX	DATES DES DÉCRETS OU DES ARRÊTÉS
Petit Champ de l'Alouette (rue du) ...	Champ de l'Alouette (rue du)	Arrêté préf. du 1er février 1877.
Petit Chemin des Tournelles...........	Yvart (rue)................	Décret du 24 août 1864.
Petit Lion (rue du).................	Tiquetonne (rue)...........	Arrêté préf. du 2 avril 1868.
Petit Lion (rue du).................	Saint Sulpice (rue)............, ...	Décision minist. du 9 avril 1851.
Petit Moine (rue du), partie..........	Vésale (rue).......................	Décret du 27 février 1867.
Petit Parc (rue du).................	Pergolèse (rue)...................	— 2 octobre 1865.
Petit Parc (rue du).................	Spontini (rue)...................	Décision minist. du 28 août 1819.
Petit Reposoir (rue du)..............	Pagevin (rue)...................	— 2 octobre 1865.
Petite rue d'Austerlitz..............	Campo Formio (rue de)...........	— 9 mars 1831.
Petite rue Chevert.................	Bougainville (rue)...............	— 24 août 1864.
Petite rue et passage Curial..........	Escaut (rue de l')..............	Arrêté préfect. du 1er février 1877.
Petite rue Marivaux................	Pernelle (rue)...................	Décret du 18 février 1851.
Petite rue de la Procession..........	La Quintinie (rue)...............	Décision minist. du 24 août 1864.
Petite rue de l'Église..............	Mariotte (rue)...................	— 24 août 1864.
Petite rue des Tournelles...........	Marmontel (rue).................	— 24 août 1864.
Petite rue du Bac.................	Dupin (rue)...................	— 24 août 1864.
Petite rue du Banquier.............	Watteau (rue)...................	Décret du 27 février 1867.
Petite rue du Chemin de fer.........	Croix Saint Simon (rue de la)..........	Arrêté préf. du 1er février 1877.
Petite rue de Fontarabie............	Galleron (rue)...................	Décret du 24 août 1864.
Petite rue de Reuilly..............	Érard (rue)...................	— 24 août 1864.
Petite rue des Moulins.............	Mire (rue de la).................	Arrêté préf. du 1er février 1877.
Petite rue Royale.................	Houdon (rue)...................	Décret du 24 août 1864.
Petite rue Saint Antoine...........	Bastille (rue de la)..............	Arrêté préf. du 1er février 1877.
Petite rue Saint Denis.............	Mont Cenis (rue du)............	— 20 juillet 1868.
Petite rue Sainte Anne............	Èbre (rue de l')..............	— 1er février 1877.
Petite rue Saint Pierre............	Saint Sabin (rue)...............	— 2 avril 1868.
Petite rue Taranne...............	Bernard Palissy (rue)..........	Décret du 24 août 1864.
Petite rue Verte.................	Matignon (rue).................	
Petits Augustins (rue des)...........	Bonaparte (rue).................	Décision minist. du 31 juillet 1852.
Petits Champs (rue des)............	Brantôme (rue).................	— 24 août 1864.
Peupliers (chemin des).............	Peupliers (rue des).............	Arrêté préf. du 1er février 1877.
Philippe Saint Martin (rue).........	Japy (rue)...................	Décret du 18 février 1851.
Piat (passage), partie.............	Notre-Dame de la Croix (passage)....	Arrêté préf. du 16 avril 1881.
Piat (rue), prolongée..............	Piat (rue)...................	— 10 novembre 1873.
Picpus (place de la Barrière)........	Reuilly (boulevard de).............	— 30 décembre 1864.
Picpus (place de la Barrière)........	Picpus (boulevard de)............	— 30 décembre 1864.
Picpus (chemin de ronde de).........	Picpus (boulevard de)............	— 30 décembre 1864.
Pierre Charron (rue), entre la rue du Faubourg Saint Honoré et l'avenue des Champs Élysées..................	La Boëtie (rue de)...........	— 16 août 1879.
Pigalle (boulevard)................	Clichy (boulevard).............	— 30 décembre 1864.
Pinon (rue).....................	Rossini (rue).................	Décret du 28 mars 1830.
Place (rue de la)..................	Réunie à la place des Fêtes...........	Arrêté préf. du 14 août 1879.
Plaine (rue de la).................	Montenotte (rue de)............	Décret du 11 septembre 1869.
Plaisance (avenue de).............	Téhéran (rue de).............	Arrêté préf. du 19 août 1864.
Plaisance (rue de)................	Téhéran (rue de).............	— 19 août 1864.
Planche (rue de la)...............	Varennes (rue de)............	Décision minist. du 8 janv. 1830.
Planche Mibray (rue de la)...........	Saint Martin (rue)............	— 18 fév. 1831.
Planchette (rue de la).............	Biscornet (rue)...............	Arrêté préf. du 19 août 1864.
Planchette (impasse de la)..........	Rabot (impasse du)............	— 1er février 1877.
Planchette (rue de la).............	Bellini (rue).................	Décret du 24 août 1864.
Planchettes (rue des)..............	François Gérard (rue)...........	— 24 août 1864.
Plantes (chemin des)..............	Plantes (rue des).............	Arrêté préf. du 1er février 1877.
Platre Saint Jacques (rue du)........	Domat (rue).................	Décret du 24 août 1864.
Plumet (rue).....................	Oudinot (rue).................	— 30 mai 1851.
Poirées (rue des).................	Gerson (rue).................	— 24 août 1864.
Poirées (rues des)................	Restaut (rue).................	— 24 août 1864.
Poirier (rue du).................	Berthe (rue), prolongement...........	Arrêté préf. du 10 novembre 1873.
Poirier (rue du).................	Brisemiche (rue)...............	— 2 avril 1868.

NOMS ANCIENS	NOMS NOUVEAUX	DATES DES DÉCRETS OU DES ARRÊTÉS
Pommiers (rue des).....................	Chapelle (impasse de La).............	Arrêté préf. du 10 novembre 1873.
Poissonnière (chemin de ronde de la Barrière).................................	Rochechouart (boulevard)............	— 30 décembre 1864.
Poissonnière (place de la Barrière).......	Chapelle (boulevard de La).........	Décret du 30 décembre 1864.
Poissonniers (boulevard des)...........	Rochechouart (boulevard)...........	— 30 décembre 1864.
Pompe (rue de la).....................	Bouchardon (rue)....................	— 24 août 1864.
Pompe (rue de la).....................	Cloys (rue des)	Arrêté préf. du 10 novembre 1873.
Pompe (rue de la), entre les avenues de la Grande Armée et de l'Impératrice..	Duret (rue).........................	Décret du 10 août 1868.
Ponceau (rue du), partie	Notre-Dame de Nazareth (rue)........	Arrêté préf. du 19 août 1864.
Pont (rue du)........................	Linois (rue).........................	Décret du 24 août 1864.
Pont aux Biches (rue du).............	Clé (rue de la)......................	Arrêté préf. du 2 avril 1868.
Pont aux Biches (rue du).............	Volta (rue).........................	Décret du 18 fév. 1831.
Pont de Tchingo (rue du)	Brancion (rue)......................	— 24 août 1864.
Pont Neuf (rue du), partie entre la rue Berger et la pointe Saint Eustache.....	Baltard (rue).......................	— 10 novembre 1877.
Popincourt (rue), partie entre le boulevard Voltaire et la rue Oberkampf...........................	Folie Méricourt (rue de la)...........	Arrêté préf. du 2 avril 1868.
Porte des Vaches (chemin de la).......	Haxo (impasse)	1er février 1877.
Porte Maillot (avenue de la)..........	Grande Armée (avenue de la)	Décret du 2 mars 1864.
Portes Blanches (rue des).............	Poteau (rue du).....................	Arrêté préf. du 2 avril 1868.
Port Saint Ouen (rue du).............	Pouchet (rue).......................	Décret du 10 février 1875.
Postes (rue des).....................	Lhomond (rue)......................	— 27 février 1867.
Pot au Lait (rue du).................	Friant (rue)	— 24 août 1864.
Pot de Fer Saint Sulpice (rue du).....	Bonaparte (rue)	Décision minist. du 31 juillet 1852.
Poterie (rue de la)...................	Renard (rue du)	Arrêté préf. du 2 avril 1868.
Poterne (chemin de la)...............	Olivier de Serres (rue).............	Décret du 2 octobre 1863.
Pouillet (rue).......................	Claude Pouillet (rue)...............	Arrêté préf. du 1er février 1877.
Poules (rue des)	Laromiguière (rue).................	Décret du 27 février 1867.
Pourtour Saint Gervais (rue du).......	François Miron (rue)	— 2 octobre 1863.
Prairie (avenue de la)	Cuissard (rue)	
Prairies (rue des).....................	Malte-Brun (rue)...................	— 10 novembre 1877.
Prairies (rue des).....................	Bidassoa (rue de la)................	Arrêté préf. du 10 décembre 1878.
Pré Saint Gervais (chemin du)........	Petit (rue)	Décret du 2 octobre 1863.
Pré Saint Gervais (impasse du)........	Hautpoul (impasse d').............	Arrêté préf. du 1er février 1877.
Pressoir (rue du).....................	Saint Éleuthère (rue)...............	— 26 février 1867.
Prêtres (chemin des).................	Saint Gothard (rue du)..............	— 1er février 1877.
Prêtres Saint Étienne du Mont (rue des).	Saint Étienne du Mont (rue)..........	— 26 février 1867.
Prince Eugène (boulevard du)	Voltaire (boulevard)	Décis. du maire de Paris du 25 oct. 1870.
Prince Jérôme (avenue du).............	Niel (avenue)	Décret du 10 février 1875.
Procession (chemin de la)..............	Petite rue de Paris...................	
Procession (rue de la)	Gergovie (rue de)...................	Arrêté préf. du 10 novembre 1873.
Progrès (passage du)	Robineau (passage)	— 1er février 1877.
Progrès (passage du)..................	Ivry (passage d')	— 1er février 1877.
Promenade (place de la)...............	Batignolles (place des)..............	— 26 février 1867.
Puebla (rue de), partie	Bolivar (rue).......................	— 4 novembre 1880.
Puebla (place de)	Pyrénées (place des)................	— 1er février 1877.
Puebla (rue de), partie	Secrétan (rue)......................	— 4 novembre 1880.
Puebla (rue de), partie	Pyrénées (rue des)	— 1er février 1877.
Puits (rue du).......................	Aubriot (rue).......................	Décret du 27 février 1867.
Puits Artésien (rue du)	Dufrenoy (rue).....................	-- 27 février 1867.
Puits qui parle (rue du)	Amyot (rue)........................	— 27 février 1867.
Puteaux (passage)....................	Pasquier (passage)	Arrêté préf. du 10 novembre 1873.
Puteaux (rue)........................	Ancel (rue d')	Décret du 24 août 1864.
Py (sentier de la)	Py (rue de la)	Arrêté préf. du 1er février 1877.
Quatre Bornes (rue des)..............	Montera (rue).......................	Décret du 27 février 1867.

NOMS ANCIENS	NOMS NOUVEAUX	DATES DES DÉCRETS OU DES ARRÊTÉS
Quatre Jardiniers (rue des)............	Maraichers (rue des)	Arrêté préf. du 3 septembre 1869.
Ramponneau (chemin de ronde de)......	Belleville (boulevard de)............	Décret du 30 décembre 1864.
Ranelagh (boulevard du)...............	Raphael (avenue)	— 24 août 1864.
Rapée (boulevard de la)...............	Bercy (boulevard de).................	Arrêté préf. du 30 décembre 1864.
Rapée (chemin de ronde de la).........	Bercy (boulevard de).................	-- 30 décembre 1864.
Ratrait (rue du), entre la rue des Prairies et la rue Sorbier................	Cher (rue du)	— 1er février 1877.
Ratrait (rue du), de la rue Orfila à la rue de la Dhuys	Cambodge (rue de)	— 1er février 1877.
Ratrait (rue du), entre les rues de Ménilmontant et des Pyrénées..............	Retrait (rue du)	— 1er février 1877.
Rats (Chemin de ronde des)............	Fontarabie (chemin de ronde)........	— 11 juin 1830.
Rats (rue des).......................	Mont Louis (rue)...................	— 3 septembre 1869.
Rébeval (impasse)	Atlas (rue et passage de l')	— 1er février 1877.
Recollets (rue des)...................	Bichat (rue)	Décision ministérielle du 11 juin 1831.
Reine Hortense (avenue de la).........	Hoche (avenue).....................	Arrêté préf. du 16 août 1879.
Renard (passage du)...................	Lauzin (passage)	— 1er février 1877.
Renard (passage du)...................	Greneta (passage)	— 10 novembre 1873.
Renard Saint Sauveur (rue du)........	Greneta (rue)......................	— 2 avril 1868.
Reuilly (chemin de ronde de)........	Reuilly (boulevard de)..............	— 30 décembre 1864.
Reuilly (place de la barrière de)......	Daumesnil (place)	— 30 décembre 1864.
Reuilly (impasse de)	Rondelet (rue)......................	Décret du 10 août 1868.
Réunion (rue de la)	Jouvenet (rue).....................	— 24 août 1864.
Révolte (route de la).................	Gouvion-Saint-Cyr (boulevard)........	— 2 mars 1864.
Richer (rue)........................	Muriers (rue des)..................	Arrêté préf. du 1er février 1877.
Richer (rue)........................	Atlas (rue et passage de l')........	— 1er février 1877.
Rivoli (rue de).·'·...............	Julien Lacroix (rue)................	— 2 avril 1868.
Rivoli (cité et impasse de)...........	Gênes (cité et impasse de)	— 1er février 1877.
Robert (rue)........................	Seguin (rue).......................	Décret du 10 août 1868.
Roc (rue du)	Berton (rue).......................	— 2 octobre 1865.
Rochechouart (boul. et ch. de ronde de).	Rochechouart (boulevard de).........	Arrêté préf. du 30 décembre 1864.
Rochechouart (place de la barrière de)	Rochechouart (boulevard de)..........	— 30 décembre 1864.
Roi de Rome (avenue du)...........	Kleber (avenue)	— 16 août 1879.
Roi de Rome (place du)...............	Trocadéro (place du)	— 1er février 1877.
Rollin (rue), partie................	Navarre (rue)	·- 1er février 1877.
Rosiers (rue des)...................	Roses (rue des)....................	— 26 février 1867.
Rosiers (rue des)....................	Eglantiers (rue des)...............	— 10 novembre 1873.
Rosiers (rue des)....................	Fontenelle (rue de la).............	— 2 avril 1868.
Rossini (boulevard).................·'	Ingres (avenue)	Décret du 24 août 1864.
Rotonde (place de la)................	Picardie (rue de), partie...........	Arrêté préf. du 1er février 1877.
Rousselet (rue).....................	Rabelais (rue)	Décret du 31 janvier 1830.
Roule (chemin de ronde du)...........	Étoile (boulevard de l')	
Rovigo (rue de).....................	Bienfaisance (rue de la)	— 16 août 1879.
Royale (rue)........................	Birague (rue de)...................	— 24 août 1864.
Royale (rue)...,....................	Ource (rue de l')..................	Arrêté préf. du 20 juillet 1868.
Royale (place)......................	Vosges (place des).................	— 16 septembre 1870.
Royale Saint Antoine (rue)...........	Vosges (rue des)...................	
Royale Saint Martin (rue)...........	Réaumur (rue).....................	Décret du 18 février 1851.
Sablonnière (descente de la)..........	Péclet (rue).......................	— du 24 août 1864.
Saint Ambroise (impasse)............	Saint Irénée (impasse)	Arrêté préf. du 10 novembre 1873.
Saint André (rue)....................	Luc-Lambin (rue)...................	Décret du 10 février 1875.
Saint André (rue)....................	Repos (rue du).....................	Arrêté préf. du 10 novembre 1873.
Saint André (rue)....................	Cimarosa (rue).....................	Décret du 24 août 1864.
Saint Ange (place)	Suppression (Place de La Chapelle)	Arrêté préf. du 1er février 1877.
Saint Ange (rue)....................	Le Sueur (rue).....................	Décret du 24 août 1864.

NOMS ANCIENS	NOMS NOUVEAUX	DATES DES DÉCRETS OU DES ARRÊTÉS
Saint Antoine (rue), entre les rues de Fourcy et des Barres..........	François Miron (rue)..........	Décret du 2 octobre 1865.
Saint Antoine (sentier)..........	Sibuet (rue)..........	— 10 août 1868.
Saint Arnaud (rue)..........	Volney (rue)..........	Arrêté préf. du 16 août 1879.
Saint Augustin (impasse)..........	Sainte Monique (impasse)..........	— 1er février 1877.
Saint Augustin (rue), partie..........	Boffrand (rue)..........	— 29 janvier 1881.
Saint Benoit (rue)..........	Saint Marcoul (rue)..........	Décision minist. du 18 février 1831.
Saint Charles (impasse)..........	Aude (impasse de l')..........	Arrêté préf. du 1er février 1877.
Saint Charles (rue)..........	Borromée (rue)..........	— 26 février 1867.
Saint Charles (avenue)..........	Saint Charles (rue)..........	— 2 avril 1868.
Saint Charles (rue), de la rue Truffaut à la rue Bénard..........	Bridaine (rue)..........	Décret du 24 août 1864.
Saint Charles (rue), de la rue de la Chaumière à la rue de l'Arcade..........	Vernier (rue)..........	— 24 août 1864.
Saint Charles (rue)..........	Gardes (rue des)..........	Arrêté préf. du 2 avril 1868.
Saint Charles (sentier)..........	Grisons (passage de)..........	— 1er février 1877.
Saint Claude (impasse)..........	Saint Sauveur (impasse)..........	— 26 février 1867.
Saint Claude (rue)..........	Galvani (rue)..........	Décret du 24 août 1864.
Saint Claude (rue)..........	Chénier (rue)..........	— 24 août 1864.
Saint Claude au Marais (rue)..........	Saint Claude (rue)..........	Arrêté préf. du 9 mai 1881.
Saint Cloud (avenue de)..........	Eylau (avenue d')..........	— 2 mars 1864.
Saint Denis (avenue)..........	Malakoff (avenue de)..........	— 24 août 1864.
Saint Denis (chemin de ronde de)..........	Chapelle (boulevard de La)..........	— 30 décembre 1864.
Saint Denis (rue)..........	Boulets (rue des)..........	— 2 avril 1868.
Saint Denis (rue)..........	Compans (rue)..........	Décret du 24 août 1864.
Saint Denis (rue)..........	Mont Cenis (rue du)..........	Arrêté préf. du 20 juillet 1868.
Saint Denis (rue)..........	Ourcq (rue de l')..........	— 20 juillet 1868.
Saint Dominique (impasse)..........	Royer-Collard (impasse)..........	— 26 février 1867.
Saint Étienne (rue)..........	Dulong (rue)..........	Décret du 24 août 1864.
Saint Étienne des Grès (rue)..........	Cujas (rue)..........	— 2 octobre 1865.
Saint Fiacre (passage)..........	Miollis (passage)..........	Arrêté préf. du 1er février 1877.
Saint Fiacre (rue)..........	Miollis (rue)..........	Décret du 24 août 1864.
Saint François Xavier (avenue)..........	Saint François Xavier (place)..........	Arrêté préf. du 16 août 1879.
Saint Georges (cité)..........	Alleray (impasse d')..........	— 1er février.
Saint Georges (rue)..........	Apennins (rue des)..........	— 1er février 1877.
Saint Georges (rue)..........	Delaroche (rue)..........	Décret du 24 août 1864.
Saint Germain (rue)..........	Saint Blaise (rue)..........	Arrêté préf. du 26 février 1867.
Saint Germain (rue)..........	Berzélius (rue)..........	Décret du 24 août 1864.
Saint Germain des Prés (rue)..........	Bonaparte (rue)..........	Décision minist. du 31 juillet 1852.
Saint Gervais (rue)..........	Thorigny (rue de)..........	Arrêté préf. du 2 avril 1868.
Saint Guillaume (cour)..........	Choron (rue)..........	Décret du 10 août 1868.
Saint Guillaume (rue), de la rue des Saint Pères au passage de l'Université..	Perronet (rue)..........	— 2 octobre 1865.
Saint Hilaire (passage)..........	Crimée (passage de)..........	Arrêté préf. du 1er février 1877.
Saint Hilaire (rue)..........	Lanneau (rue de)..........	— 25 octobre 1880.
Saint Hippolyte (rue)..........	Sablons (rue des)..........	— 3 septembre 1869.
Saint Hugues (rue)..........	Beaubourg (rue)..........	Décision minist. du 18 février 1831.
Saint Hyacinthe Saint Honoré (rue)...	Saint Hyacinthe (rue)..........	Arrêté préf. du 3 mars 1881.
Saint Hyacinthe Saint Michel (rue)....	Paillet (rue)..........	Décret du 24 août 1864.
Saint Irénée (rue)..........	Lacharrière (rue)..........	Arrêté préf. du 23 juin 1877.
Saint Jacques (boulevard), entre les rues de la Santé et d'Enfer..........	Saint Jacques (boulevard)..........	— 30 décembre 1864.
Saint Jacques (boulevard), de la rue de la Glacière à la rue de la Santé..........	Italie (boulevard d')..........	— 30 décembre 1864.
Saint Jacques la Boucherie (rue)..........	Vannerie (rue de la)..........	Décision minist. du 18 février 1831.
Saint Jacques (impasse)..........	Pélerin (impasse du)..........	Arrêté préf. du 1er février 1877.
Saint Jean (rue)..........	Cortot (rue)..........	Décret du 24 août 1864.
Saint Jean (rue)..........	Nicot (rue)..........	— 24 août 1864.
Saint Jean (passage)..........	Jean Nicot (passage)..........	Arrêté préf. du 1er février 1877.

NOMS ANCIENS	NOMS NOUVEAUX	DATES DES DÉCRETS OU DES ARRÊTÉS
SAINT JEAN BAPTISTE (rue)............	ROY (rue)........................	Décret du 27 février 1867.
SAINT JOSEPH (impasse)...............	QUESTRE (impasse)...............	Arrêté préf. du 1er février 1857.
SAINT JOSEPH (passage)..............	CHALET (rue du).................	— 1er février 1877.
SAINT LAURENT (impasse).............	RÉBEVAL (impasse)...............	Décret du 24 août 1864.
SAINT LAURENT (rue).................	RÉBEVAL (rue)...................	— 24 août 1864.
SAINT LAURENT (rue).................	VERTBOIS (rue du)................	Décision minist. du 18 février 1831.
SAINT LOUIS (cité)	CHAMPLAIN (cité)................	Arrêté préf. du 1er février 1877.
SAINT LOUIS (passage)...............	NOLLET (passage)................	— 1er février 1877.
SAINT LOUIS (passage)...............	LOOS (rue de)...................	— 1er février 1877
SAINT LOUIS (passage)...............	CHAMPLAIN (rue).................	Décret du 10 février 1875.
SAINT LOUIS (passage)..............	SAINT PAUL (passage)............	Arrêté préf. du 1er février 1877.
SAINT LOUIS (rue)	TURENNE (rue)...................	Décret du 2 octobre 1865.
SAINT LOUIS (rue)	CROISADES (rue des).............	Arrêté préf. du 26 février 1867.
SAINT LOUIS (rue)	MÉDOC (rue du)..................	— 10 novembre 1873
SAINT LOUIS (rue)	NOLLET (rue)....................	Décret du 24 août 1864.
SAINT LOUIS (rue et place).........	SAINT CHARLES (rue).............	Arrêté préf. du 2 avril 1868.
SAINT MANDÉ (rue de)................	SAINT MANDÉ (avenue de).........	— 2 avril 1868.
SAINT MANDÉ (boulevard et chemin de ronde)	PICPUS (boulevard de)..........	— 30 décembre 1864.
SAINT MARTIN (rue).................	SAVIES (rue de).................	— 3 septembre 1869.
SAINT MAUR (impasse)	HÉBRAR (passage)................	— 1er février 1877.
SAINT MAUR (rue)...................	MISSIONS (rue des).............	— 26 février 1867.
SAINT MAUR (rue)...................	SAINT PAXENT (rue).............	Décision minist. du 18 février 1831.
SAINT MÉDARD (rue).................	TEXEL (rue du)..................	Arrêté préf. du 1er février 1877.
SAINT MICHEL (rue).................	RIGNY (rue de)..................	Décret du 24 août 1864.
SAINT NICOLAS (impasse)	MONTFERRAT (impasse du).........	Arrêté préf. du 1er février 1877.
SAINT NICOLAS (impasse)	CAMBRONNE (impasse).............	— 1er février 1877.
SAINT NICOLAS (rue)................	BAUSSET (rue)...................	Décret du 24 août 1864.
SAINT NICOLAS (rue)................	PROVENCE (rue de)...............	Arrêté préf. du 2 avril 1868.
SAINT NICOLAS DU CHARDONNET (rue)....	BERNARDINS (rue des)............	
SAINT OUEN (rue de)................	OURCQ (rue de l')...............	— 20 juillet 1868.
SAINT OUEN (chemin de).............	RUISSEAU (rue du)...............	— 23 juin 1877.
SAINT PAUL (passage)...............	LEGENDRE (passage)	— 2 avril 1868.
SAINT PAUL (quai).................	CÉLESTINS (quai des)............	Décret du 10 février 1875.
SAINT PAUL (rue)...................	HENRI REGNAULT (rue)............	— 10 février 1875.
SAINT PAUL (rue)...................	VIGNON (rue)....................	Arrêté préf. du 3 septembre 1869.
SAINT PAUL (rue)...................	SAINT ELEUTHÈRE (rue)..........	Décret du 18 février 1831.
SAINT PHILIPPE SAINT MARTIN (rue)	JAPY (rue)......................	Arrêté préf. du 1er février 1877.
SAINT PIERRE (cour)................	LEBY (cour).....................	— 10 novembre 1873.
SAINT PIERRE (impasse).............	CLICHY (impasse de).............	— 3 septembre 1869.
SAINT PIERRE (impasse).............	VILLEHARDOUIN (impasse).........	— 10 novembre 1873.
SAINT PIERRE (passage).............	CLICHY (passage de).............	— 1er février 1877.
SAINT PIERRE (passage).............	BOSQUET (passage)...............	— 1er février 1877.
SAINT PIERRE (passage)	REUSS (passage de la)...........	Décret du 2 octobre 1865.
SAINT PIERRE (rue)	NICOLO (rue)....................	— 24 août 1864.
SAINT PIERRE (rue)	DANVILLE (rue)..................	Arrêté préf. du 2 avril 1868.
SAINT PIERRE MONTMARTRE (rue).......	PAUL LELONG (rue)	— 2 avril 1868.
SAINT PIERRE POPINCOURT (rue)........	AMELOT (rue)	Décret du 31 janvier 1830.
SAINT SABIN (impasse)..............	SEDAINE (rue)...................	— 27 février 1867.
SAINT THOMAS D'ENFER (rue)..........	MALEBRANCHE (rue)...............	
SAINT VICTOR (passage)..............	CHAMPIONNET (passage)...........	Arrêté préf. du 1er février 1877.
SAINT VICTOR (passage)..............	DIDOT (passage).................	— 1er février 1877.
SAINT VICTOR (place)................	JUSSIEU (place de)..............	— 26 février 1867.
SAINT VICTOR (rue), des rues Lacépède et Cuvier à la place Saint Victor	LINNÉ (rue).....................	Décret du 2 octobre 1865.
SAINT VICTOR (rue), entre la rue Linné et la rue des Écoles...............	JUSSIEU (rue de)................	Arrêté préf. du 1er février 1877.
SAINT VINCENT (impasse)	TERTRE (impasse du).............	— 3 septembre 1869.
SAINTE ALICE (villa)................	SAINTE ALICE (rue)..............	— 26 février 1867.

NOMS ANCIENS	NOMS NOUVEAUX	DATES DES DÉCRETS OU DES ARRÊTÉS
Sainte Anne (avenue).................	Ferrus (rue)......................	Décret du 24 août 1864.
Sainte Anne (cité)....................	Marcadet (cité)...................	Arrêté préf. du 10 novembre 1873.
Sainte Anne (rue)...................	Morse (rue)......................	Décret du 10 février 1875.
Sainte Anne au Palais (rue)..........	Boileau (rue).....................	— 9 avril 1831.
Sainte Barbe (rue)...................	Portalès (rue)....................	— 27 février 1867.
Sainte Avoie (rue)...................	Temple (rue du)..................	Décision minist. du 18 février 1851.
Sainte Catherine d'Enfer (rue).......	Le Goff (rue)....................	Décret du 29 novembre 1880.
Sainte Croix (rue de)...............	Caumartin (rue de)...............	Décision minist. du 5 mai 1849.
Sainte Cécile (rue)	Harmonie (rue de l')..............	Arrêté préf. du 1er février 1877.
Sainte Croix (impasse)...............	Partants (impasse des)............	— 1er février 1877.
Sainte Élisabeth (impasse)	Boissonnade (impasse).............	Décret du 10 février 1875.
Sainte Élisabeth (impasse)...........	Letort (impasse).................	Arrêté préf. du 1er février 1877.
Sainte Élisabeth (rue)...............	Davy (rue)......................	Décret du 24 août 1864.
Sainte Eugénie (impasse).............	Decrès (impasse)....	Arrêté préf. du 1er février 1877.
Sainte Geneviève (place).............	Sainte Périne (place).............	— 26 février 1867.
Sainte Geneviève (rue)..............	Petitot (rue)....................	Décret du 10 février 1875.
Sainte Geneviève (rue)..............	Keppler (rue)....................	— 24 août 1864.
Sainte Hyacinthe Saint Honoré (rue)..	Sainte Hyacinthe (rue)...........	Arrêté préf. du 3 mars 1881.
Sainte Léonie (rue)..................	Pervety (rue)....................	— 2 avril 1868.
Sainte Marguerite (rue et place)......	Gozlin (rue et place).............	Décret du 24 août 1864.
Sainte Marie (impasse)..............	Tolbiac (impasse de)	Arrêté préf. du 1er février 1877.
Sainte Marie (impasse)...............	Retrait (passage du).............	— 1er février 1877.
Sainte Marie (passage)..............	Marie Blanche (impasse)...........	— 10 novembre 1873.
Sainte Marie (passage)..............	Sainte Marthe (rue)..............	— 1er février 1877.
Sainte Marie (passage), donnant rue de la Visitation........................	Visitation (passage de la)............	— 1er février 1877.
Sainte Marie (place).................	Calvaire (place du)..............	— 10 novembre 1873.
Sainte Marie (rue)..................	Lacordaire (rue).................	Décret du 10 février 1875.
Sainte Marie (rue)...	Brunel (rue).....................	— 10 août 1868.
Sainte Marie (rue)..................	Lalande (rue)....................	— 24 août 1864.
Sainte Marie (rue)..................	Villemain (avenue)...............	— 10 février 1875.
Sainte Marie (rue)..................	Magdebourg (rue de)..............	Arrêté préf. du 2 avril 1868.
Sainte Marie (rue)..................	Allent (rue).....................	Décret du 24 août 1864.
Sainte Marie (rue), de la rue Saint Charles à la rue d'Orléans...........	Lamandé.(rue)...................	— 24 août 1864.
Sainte Marie Blanche (rue)...........	Constance (rue)	— 27 février 1867.
Sainte Marie du Temple (rue).........	Présentation (rue de la)............	Arrêté préf. du 1er février 1877.
Sainte Marie Saint Antoine (passage et cour)	Thiéré (passage)	— 1er février 1877.
Sainte Opportune (impasse)..........	Lancry (impasse de).............	— 1er février 1877.
Sainte Thérèse (rue)	Clairaut (rue)...................	Décret du 11 septembre 1869.
Sanson (rue).......................	Douane (rue de la)...............	Décision minist. du 11 juin 1851.
Santé (impasse de la)................	Mont Viso (impasse du)..........	Arrêté préf. du 1er février 1877.
Santé (avenue de la) ou avenue Ste Anne.	Ferrus (rue).....................	Décret du 24 août 1864.
Santé (rue de la)....................	Saussure (rue)...................	— 24 août 1864.
Santé (rue de la)....................	Hallé (rue)......................	— 2 octobre 1865.
Santé (boulevard de la)..............	Saint Jacques (boulevard).........	Arrêté préf. du 30 décembre 1864.
Saussaye (rue de la).................	Saules (rue des).................	— 26 février 1867.
Sauvage (passage)...................	Allemagne (passage d')............	— 1er février 1877.
Sébastopol (boulevard de), (rive gauche)	Saint Michel (boulevard)..........	— 26 février 1867.
Sébastopol (rue de).................	Lally-Tollendal (rue)............	Décret du 10 février 1875.
Sébastopol (villa)...................	Hallé (villa)....................	Arrêté du 1er février 1877.
Secrétant (rue).....................	Secrétan (rue)...................	— 4 novembre 1880.
Seine (impasse de).................	Mirabeau (impasse)...............	— 1er février 1877.
Seine (rue de), de la place d'Aguesseau au quai d'Auteuil..................	Wilhem (rue)...................	Décret du 24 août 1864.
Seine (rue de)......................	Berton (rue)....................	— 2 octobre 1865.
Sept Voies (rue des).................	Valette (rue)....................	Arrêté préf. du 16 août 1879.
Servitude (chemin de)...............	Montbrun (passage)..............	— 1er février 1877.

73

NOMS ANCIENS	NOMS NOUVEAUX	DATES DES DÉCRETS OU DES ARRÊTÉS
Sèvres (vieille route de)...............	Le Marois (rue)......·	Décret du 24 août 1864.
Sèvres (boulevard et chemin de ronde de)	Grenelle (boulevard de)..............	Arrêté préf. du 30 décembre 1864.
Sèvres (rue de), des boulevards de Grenelle et de Vaugirard au boulevard Victor.............................	Lecourbe (rue)............·......	Décret du 2 octobre 1865.
Singer (villa).......................	Beauséjour (villa)................	
Singes (rue des).....................	Guillemites (rue des).............	Arrêté préf. du 2 avril 1868.
Sorbier (rue), entre la rue Robineau et la place des Pyrénées..............	République (avenue de la)...........	— 4 mai 1879.
Sorbier (rue), entre la rue des Pyrénées et la porte de Bagnolet.............	Belgrand (rue)...................	Décret du 23 juin 1879.
Source (rue de la)..................,....	Bretonneau (rue)..............	10 février 1873.
Spontini (rue), partie.................	Victor Hugo (place)...............·	Arrêté préf. du 6 mai 1881.
Stanislas (impasse)....................	Meaux (impasse de)...............	— 10 novembre 1873.
Stockolm (rue de), entre la rue d'Amsterdam et le chemin de fer de l'Ouest.	Amsterdam (impasse d')...............	— 1er février 1877.
Strasbourg (rue de)....................	Pajol (rue).....................	Décret du 2 octobre 1865.
Suisses (sentier des)...................	Suisses (passage des).............	Arrêté préf. du 1er février 1877.
Sulot (impasse).......................	Langier (impasse)....................	— 1er février 1877.
Télégraphe (rue du)..............·.....	Saint Didier (rue)...............	— 2 avril 1868.
Télégraphe (rue du).................	Chappe (rue)...................	Décret du 27 février 1867.
Ternes (rue des).....................	Demours (rue)	Arrêté préf. du 2 avril 1868.
Ternes (villa des)...................	Saisons (villa des).............	— 1er février 1877.
Terres Fortes (rue des)...............	Lacuée (rue)..................	— 16 août 1879.
Terrier aux Lapins (rue du)...........	Dinot (rue)...................	Décret du 10 février 1873.
Théâtre (avenue du)...............	Quinault (rue).............	— 24 août 1864.
Théâtre (cité du)....................	Dancourt (cité)................	— 1er février 1877.
Théâtre (cour du)....................	Lesage (cour).................	Arrêté préf. du 1er février 1877.
Théâtre (place du)................	Dancourt (place)..............	Décret du 24 août 1864.
Théâtre (rue du)....................	Vandamme (rue)................	— 2 octobre 1865.
Théâtre (rue du), entre le boulevard de Rochechouart et la place Dancourt....	Dancourt (rue)................	Arrêté préf. du 3 septembre 1869.
Théâtre (rue du)....................	Lesage (rue).................	Décret du 24 août 1864.
Tribault aux Dés (rue)..............	Bourdonnais (rue des)...........	Décision minis. du 3 avril 1852.
Thionville (impasse de)..............	Verdun (impasse de).............	Arrêté préf. du 26 février 1867.
Thiroux (rue).......................	Caumartin (rue de)...............	Décision minis. du 5 mai 1849.
Tirechappe (rue)...................	Pont Neuf (rue du).............	Arrêté préf. du 26 février 1867.
Tivoli (rue de).....................	Athènes (rue d')..............	— 4 juin 1881.
Tombereaux (rue des)................	Assomption (rue de l')..........	
Touraine (rue de)...................	Dupuytren (rue)................	Décret du 9 avril 1851.
Touraine (rue de)...................	Saintonge (rue de)..............	Décision minis. du 18 février 1851.
Tournelle (rue de la)................	Riquet (rue)..................	Décret du 2 octobre 1865.
Tournelles (chemin des)	Alleray (rue d')...............	— 24 août 1864.
Tournelles (rond-point des)...........	Alleray (place d').............	— 24 août 1864.
Tournelles (rue des)................	David (rue)...................	— 24 août 1864.
Tournelles (rue des), de la rue d'Alleray au chemin de la Poterne............	Olivier de Serres (rue)	— 2 octobre 1865.
Tournelles (rue des), du chemin de la Poterne à la rue Lacretelle...........	Vaugelas (rue)................	— 2 octobre 1865.
Toussaint-Féron (passage)	Toussaint-Féron (rue)............	Arrêté préf. du 1er février 1877.
Trainée (rue).......................	Norvins (rue)................	Décret du 10 août 1868.
Transit (rue du)	Abbé Groult (rue de l')..........	Arrêté préf. du 20 juillet 1868.
Transit (rue du)	Tolbiac (rue de)..............	Décret du 10 août 1868.
Transit (rue du)	Alésia (rue d')...............	— 10 août 1868.
Transnonain (rue)...................	Beaubourg (rue)................	Décision minis. du 18 février 1851.
Traverse (rue)......................	Frère Philippe (rue du).-.........	Décret du 3 novembre 1874.

NOMS ANCIENS	NOMS NOUVEAUX	DATES DES DÉCRETS OU DES ARRÊTÉS
Traverse de la Py (sentier de)	Py (impasse de la)	Arrêté préf. du 1er février 1877.
Traversière (rue)	Héricart (rue)	Décret du 24 août 1864.
Triomphes (avenue des)	Taillebourg (avenue de)	— 24 août 1864.
Triperie (rue de la)	Combes (rue)	— 24 août 1864.
Tripière (sentier de la)	Gaz (rue du)	
Trois Chandelles (ruelle des)	Durance (rue de la)	Arrêté préf. du 1er février 1877.
Trois Chandeliers (rue des)	Zacharie (rue)	Décision minis. du 9 avril 1851.
Trois Couronnes (boulevard et chemin de ronde des)	Belleville (boulevard de)	Arrêté préf. du 30 décembre 1864.
Trois Couronnes (passage des)	Vaucouleurs (passage)	— du 10 novembre 1873.
Trois Frères (escalier des)	Drevet (rue)	Décret du 27 février 1867.
Trois Frères (rue des)	Roussin (rue)	— 2 octobre 1865.
Trois Frères (rue des)	Taitbout (rue)	Décision minis. du 25 août 1853.
Trois Ormes (rue des)	Dunois (rue)	Décret du 2 mars 1864.
Trois Pavillons (rue des)	Elzévir (rue)	— 27 février 1867.
Trois Soeurs (passage des)	Bessières (passage)	Arrêté préf. du 10 novembre 1873.
Trois Soeurs (rue des)	Ducange (rue)	Décret du 10 février 1875.
Trône (place du)	Nation (place de la)	Arrêté préf. du 2 juillet 1880.
Trouvée (rue)	Cotte (rue de)	Décision minis. du 28 août 1849.
Tuilerie (rue de la)	La Fontaine (rue)	Décret du 2 octobre 1865.
Tuileries (quai des), jusqu'aux nouveaux guichets du pont du Carrousel	Louvre (quai du)	Arrêté préf. du 2 avril 1868.
Turgot (cité)	Condorcet (rue)	Décret du 10 août 1868.
Ulrich (avenue)	Bois de Boulogne (avenue du)	— 10 février 1875.
Vaches (chemin des)	Lourmel (rue)	— 2 octobre 1865.
Valence (rue de)	Saint Bruno (rue)	Arrêté préf. du 3 septembre 1869.
Valenciennes (rue et chemin de)	Curial (rue)	Décret du 2 octobre 1865.
Valois du Roule (rue de)	Monceau (rue de)	Arrêté préf. du 2 avril 1868.
Val Sainte Catherine (rue du)	Turenne (rue)	Décret du 2 octobre 1865.
Vanneau (rue)	Vaneau (rue)	Arrêté préf. du 10 novembre 1873.
Vanves (boulevard de)	Montrouge (boulevard de)	— 30 décembre 1864.
Vaucanson (passage)	Charles Dallery (passage)	Décret du 10 novembre 1877.
Vaugirard (boul. et chemin de ronde de)	Vaugirard (boulevard de)	— 30 décembre 1880.
Vaugirard (Grande-Rue de)	Vaugirard (rue de)	Arrêté préf. du 2 avril 1868.
Vendôme (rue)	Béranger (rue)	Décret du 24 août 1864.
Vera-Cruz (rue de la)	Botzaris (rue)	Arrêté préf. du 4 novembre 1880.
Verdelet (rue)	Pagevin (rue)	Décision minis. du 28 août 1849.
Vernet (rue)	Vignes (rue des)	Décret du 24 août 1864.
Versailles (route de)	Versailles (avenue de)	Arrêté préf. du 1er février 1877.
Versailles (rue de)	Fresnel (rue)	Décret du 24 août 1864.
Vertus (boul. et chemin de ronde des)	La Chapelle (boulevard de)	Arrêté préf. du 30 décembre 1864.
Velves (allée des)	Montaigne (avenue)	Décret du 13 juillet 1850.
Victor Lemaire (rue)	Duperré (rue)	Arrêté présid. du 16 mars 1849.
Vidus (impasse)	Gaules (impasse des)	Arrêté préf. du 1er février 1877.
Vieille Bouclerie (rue de la)	Harpe (rue de la)	Décision minis. du 9 avril 1851.
Vieille Estrapade (rue de la)	Estrapade (rue de l')	Arrêté préf. du 24 janvier 1881.
Vieille Notre-Dame (rue)	Clé (rue de la)	— 2 avril 1868.
Vieilles Étuves (rue des)	Étuves (rue des)	— 24 janvier 1881.
Vieilles Étuves (rue des)	Sauval (rue)	Décret du 2 octobre 1865.
Vieilles Haudriettes (rue des)	Haudriettes (rue des)	Arrêté préf. du 24 janvier 1881.
Vierge (rue de la)	Madone (rue de la)	— 26 février 1867.
Vierge (rue de la)	Roussin (rue)	Décret du 2 octobre 1865.
Vieux Augustins (rue des)	Argout (rue d')	— 27 février 1867.
Vieux Chemin (rue du)	Ravignan (rue)	Décret du 27 février 1867.
Vieux Marché Saint Martin (place du)	Bailly (rue)	Arrêté préf. du 13 février 1878.

NOMS ANCIENS	NOMS NOUVEAUX	DATES DES DÉCRETS OU DES ARRÊTÉS
Vignes (impasse des)	Rataud (rue)	Arrêté préf. du 1er février 1877.
Vignes (rue des)	Vernet (rue)	Décret du 24 août 1864.
Vignes (rue des)	Dombasle (rue)	— 24 août 1864.
Vignes (rue des)	Bonnet (rue)	— 10 février 1875.
Vignes (rue des)	Rubens (rue)	— 24 août 1864.
Vignes (rue des), de la rue Boulainvilliers à la rue Mozart, en prolongement de la rue Bois le Vent	Bois le Vent (rue	Arrêté préf. du 1er février 1877.
Vignes (rue des), entre les rues Raynouard et Mozart	Houdon (rue)	Décret du 10 février 1875.
Vignes (rue des)	Pierre Guérin (rue)	— 11 septembre 1869.
Vignoles (rue des), formant retour d'équerre et comprise entre la partie redressée de la rue des Vignoles et le passage Papier	Vignoles (passage des)	Arrêté préf. du 10 décembre 1878.
Vignoles (rue des), entre la rue des Haies et l'ancienne impasse de l'Industrie, en prolongement du passage Papier ...	Buzenval (rue de)	— 10 décembre 1878.
Vignon (rue)	Cauchy (rue)	— 20 janvier 1881.
Villejust (rue de), entre les avenues de l'Impératrice et de Malakoff	Piccini (rue	Décret du 10 août 1868.
Ville l'Évêque (rue de la), de la rue des Saussaies à la rue de la Pépinière..	Cambacérès (rue)	— 2 octobre 1865.
Ville l'Évêque (rue de la), de la rue de la Pépinière au boulevard Haussmann .	Argenson (rue d')	— 2 octobre 1865.
Villette (boul. et ch. de ronde de La)..	Villette (boulevard de La)	Arrêté préf. du 30 décembre 1864.
Villette (passage de La)	Flandre (passage de)	— 1er février 1877.
Villette (rue de La), partie	Hautpoul (rue d')	Décret du 2 octobre 1865.
Vinaigriers (rue des)	Christiani (rue)	— 24 août 1864.
Vincennes (boulevard de)	Daumesnil (avenue)	— 24 août 1864.
Vincennes (chemin de ronde de)	Charonne (boulevard de)	— 30 décembre 1864.
Vincennes (rue de)	Balkans (rue des)	Arrêté préf. du 1er février 1877.
Vincennes (rue de)	Haxo (rue)	Décret du 2 octobre 1865.
Violet (impasse)	Liban (impasse du)	Arrêté préf. du 10 novembre 1873.
Virginie (rue)	Steinkerque (rue de)	— 1er février 1877.
Visitation (passage de la)	Paul.-Louis Courier (rue)	— 16 août 1879.
Visitation (rue de la)	Saint Simon (rue)	— 16 août 1879.
Vitry (boulevard de)	Patay (rue de)	Décret du 2 octobre 1865.
Voie Neuve (rue de la)	Chemin de Fer (rue du)	— 24 août 1864.
Voltaire (rue)	Casimir Delavigne (rue)	Arrêté préf. du 10 novembre 1873.
Vosges (rue et impasse des)	Amiraux (rue des)	Décret du 2 mars 1867.
Voûte du Cours (rue de la), partie	Michel Bizot (rue)	
Voûte du Cours (rue de la), entre la rue Michel Bizot et le boulevard Soult.....	Voûte (rue de la) ....,..............	Arrêté préf. du 10 novembre 1873.
Voûte du Cours (rue de la)	Véga (rue de la)	— 23 octobre 1880.
Zangiacomi (rue)....	Labrouste (rue)	Décret du 29 novembre 1880.
Zouaves (sentier des)..	Duclos (passage)	

RELEVÉ DU NUMÉROTAGE

A LA LIMITE DES ARRONDISSEMENTS ET DES QUARTIERS

EXEMPLE POUR FAIRE USAGE DE CETTE TABLE

Avenue de l'Opéra. — *Numéros impairs font partie : de 1 à 29, du 1er arrondissement et du 3e quartier ; 31, du 1er arrondissement et du 4e quartier ; de 33 à 49, du 2e arrondissement et du 5e quartier.*

Numéros pairs font partie : de 2 à 26, du 1er arrondissement et du 3e quartier ; de 28 à 38, du 2e arrondissement et du 5e quartier.

	ARR.	QUART.	NUMÉROS			ARR.	QUART.	NUMÉROS	
Abbé de l'Épée (rue de l').	Ve	19e	1 à 5	2 à 20	Arago (boulevard). . . .	XIIIe	52e	1— 73	2— 54
	VIe	22e	—	—		XIVe	53e	75— 93	56— 88
Abbé Groult (rue de l').	XVe	60e	1— 19	2— 20	Arbalète (rue de l') . .	Ve	18e	1—1bis	— 2
	»	57e	21—139	22—146		»	19e	3— 41	4— 32
Abbesses (rue des) . . .	XVIIIe	70e	1— 5	2— 26	Arbre Sec (rue de l') . .	Ier	1er	1— 29	2— 38
	»	69e	7— 85	28— 56		»	2e	33— 51	42— 66
Abbeville (rue d') . . .	Xe	37e	1— 7	2— 6	Archives (rue des) . . .	IIIe	12e	1— 23	—
	IXe	36e	13— 17	— 16		»	11e	—	2— 20
Aboukir (rue d')	IIe	7e	1— 79	2— 78		»	10e	25— 43	22— 42
	»	8e	81—147	80—138	Assas (rue d')	VIe	23e	1— 49	2—138
Alésia (rue d').	XIVe	54e	1— 23	2— 14		»	22e	51— 55	—
	»	55e	57—125	16—102	Assomption (rue de l'). .	XVIe	61e	1— 93	—
	»	56e	127—245	108—206		»	62e	—	2—106
Alexandre Dumas (rue).	XIe	44e	1— 45	2— 68	Aubervilliers (rue d'). .	XVIIIe	72e	1— 29	—
	XXe	80e	— 45	— 78		XIXe	73e	—	2—148
Alibert (rue).	Xe	39e	1— 17	2— 16		»	74e	—	152—158
	»	40e	—	20— 24					
Allemagne (rue d') . . .	XIXe	73e	1—143	2—100	Babylone (rue de)	VIIe	25e	1— 39	2— 40
	»	76e	—	—110		»	27e	41— 71	—
	»	74e	145—211	—		»	26e	—	42— 76
	»	75e	—	112—216	Bagnolet (rue de) . . .	XXe	79e	1—143	—
Alma (place de l'). . . .	XVIe	64e	1—	—		»	80e	—	2—182
	VIIIe	29e	3— 5	—		»	78e	145—185	—
Amelot (rue).	XIe	43e	1— 39	2— 24	Bassano (rue de)	XVIe	64e	1— 23	2— 32
	»	42e	41—163	26—148		VIIIe	29e	25— 47	34— 54
Amsterdam (rue d') . . .	VIIIe	32e	1—101	—	Basse du Rempart (rue).	IXe	34e	—	48— 76
	IXe	33e	—	2—103		VIIIe	31e	—	78— 80
Antin (avenue d')	VIIIe	29e	1— 43	—	Bastille (place de la) . .	IVe	13e	1—7	—
	»	30e	45— 69	2— 60				—	4— 6
								—	8— 1

	ARR.	QUART.	NUMÉROS	
CHARONNE (rue de)	XIe	43e	1—197	—
	»	44e	—	2—182
CHASSELOUP-LAUBAT (rue).	XVIIIe	70a	—	—
	»	69e	—	—
CHATEAU (rue du)	XVe	66e	1—39	2—36
	XIVe	56e	45—185	42—190
CHATEAU D'EAU (rue du).	Xe	39a	1—53	2—62
	»	38a	55—67	64—78
CHATEAUDUN (rue de) . .	IXe	35e	1—19	2—18
	»	34e	21—59	20—60
CHATELET (place du). . .	Ier	1er	—1	....
	IVe	13e	—	— 2
CHAUME (rue du).	IVe	13e	1—11	—
	»	14e	—	2—12
CHEMIN VERT (rue du) . .	XIe	42e	1—159	....
	»	43e	—	2—156
CHERCHE MIDI (rue du). .	VIe	23e	1—121	2—130
	XVe	58e	123—131	132—146
CHOISY (avenue de) . . .	XIIIe	51e	1—221	—
	»	50e	—	2—202
CLAUDE BERNARD (rue). .	Ve	48e	1—5	2
	»	49e	7—79	4—90
CLÉRY (rue de).	IIe	7e	1—29	2—44
	»	8e	31—97	46—102
CLICHY (avenue de) . . .	XVIIe	67e	1—73	—
	XVIIIe	69e	—	2—64
	XVIIe	68e	75—181	66—198
CLICHY (boulevard de). .	IXe	33e	1—93	—
	XVIIIe	70e	—	2—16
	»	69e	—	18—144
CLICHY (place de)	VIIIe	32e	—	—
	IXe	33e	—	—
	XVIIe	67e	—	—
	XVIIIe	69e	—	—
CLOVIS (rue).	Ve	17e	1—11	2—
	»	20e	13—23	—
CLOYS (rue des).	XVIIIe	70e	1—13	2—16
	»	69e	15—63	18—38
CONCORDE (place de la) . .	VIIIe	29e	—	—
	»	31e	—	—
	Ier	1er	—	.
CONTRESCARPE (pl. de la).	Ve	17e	—	—
	»	18e	—	—
	»	19e	—	—
	»	20e	—	—
COURCELLES (boulev. de).	VIIIe	32e	1—53	....
	XVIIe	66e	—	2—110
	VIIIe	30e	55—89	—
	XVIIe	67e	—	114—130
COURCELLES (rue de). . .	VIIIe	30e	1—77	....
	»	32e	—	2—94
	XVIIe	66e	79—183	94—204
CRIMÉE (rue de)	XIXe	75e	1—21	2—124
	»	76e	79—119	—
	»	73e	121—215	126—196
	»	74e	224—223	—200
CROIX DES PETITS CHAMPS (r.)	Ier	3e	1—45	....
	»	2e	—	2—52
CROIX NIVERT (rue de la).	XVe	58e	1—81	—
	»	59e	—	2—100
	»	60e	—	105—194
	»	57e	83—221	196—230

	ARR.	QUART.	NUMÉROS	
CROIX ROUGE (carr. de la).	VIe	24e	—	—
	»	23e	—	—
CURIAL (rue)	XIXe	73e	1—31	2—66
	»	74e	33—45	68—90
CUVIER (rue).	Ve	18e	1—61	—
	»	17e	—	2—20
DAGUERRE (rue)	XIVe	55e	1—39	—
	»	56e	65—81	—
	»	53e	—	2—92
DAREAU (rue)	XIVe	54e	1—53	2—56
	»	55e	59—107	60—120
DAUMESNIL (avenue) . . .	XIIe	48e	1—129	2—80
	»	47e	—131	82—126
	»	46e	183—245	140—252
	»	45e	247—277	264—282
DEBELLEYME (rue). . . .	IIIe	11e	1—13	2—20
	»	10e	15—41	22—38
DEBILLY (quai)	XVIe	64e	—	2—54bis
	»	62e	—	—
DECAMPS (rue).	XVIe	63e	1—27	2—6
	»	62e	29—57	36bis—54
DEMOURS (rue).	XVIIe	65e	1—49	2—66
	»	66e	71—89	68—112
DENFERT-ROCHEREAU (r.).	Ve	19e	1—53	2—
	XIVe	53e	55—97	64—110
DENFERT-ROCHEREAU (pl.).	XIVe	55e	19—21	—
	»	53e	—	1—26
DEPARCIEUX (rue)	XIVe	53e	1—25	2—24
	»	56e	27—33	26—34
DÉPART (rue du)	XIVe	53e	1—25	—
	XVe	60e	—	—
DÉPARTEMENT (rue du).	XIXe	73e	1—19	2—18
	XVIIIe	72e	21—65	20—26
DESCARTES (rue).	Ve	17e	1—49	—
	»	20e	—	2—52
DESÈZE (rue)	IXe	34e	1—11	2—18
	VIIIe	31e	13—	20—
DÉSIR (passage du). . . .	Xe	39e	1—31	2—30
	»	38e	1—7	2—10
DESRENAUDES (rue). . . .	XVIIe	65e	1—13	—
	»	66e	—	2—18
DEUX PORTES (rue des).	IVe	13e	1—9	—
	»	14e	—	2—6
DIDEROT (boulevard) . . .	XIIe	48e	1—47bis	2—86
	»	46e	53—105	88—152
DOUDEAUVILLE (rue) . . .	XVIIIe	71e	1—55	2—74
	»	70e	57—81	76—106
DUHESME (rue).	XVIIIe	69e	1—27	2—26
	»	70e	55—115	56—100
DUNKERQUE (rue de). . .	Xe	37e	1—47	2—36
	IXe	36e	51—95	38—86
DUPHOT (rue).	Ier	4e	1—21	2—26
	VIIIe	31e	23—25	—
DUQUESNE (avenue). . . .	VIIe	28e	1—3	—
	»	27e	5—53	4—52

	ARR.	QUART.	NUMÉROS	
Dutot (rue)	XVe	58e	3 — 13	2 — 10
	»	57e	15 — 35	14 — 30
École de Médecine (r. de l')	VIe	22e	1 — 29	—
	»	21e	—	2 — 8
Écoles (rue des)	Ve	17e	1 — 25	2 — 20
	»	20e	25bis— 53	22 — 62
Enfer (boulevard d') . . .	VIIe	25e	1 — 11	6 — 14
	VIe	23e	105bis—	—
	XIVe	53e	203—301	202—286
Entrepreneurs (rue des) .	XVe	60e	1 — 29	2 —104
	»	59e	31—115	—
Estrapade (place de l') . .	Ve	19e	—	—
	»	20e	—	—
Estrapade (rue de l') . . .	Ve	19e	1 — 29	—
	»	20e	—	2 — 16
Étienne Marcel (rue) . .	Ier	2e	1—33	—
	IIe	8e	—	2 — 30
	»	7e	—	—
Étoile (place de l') . . .	VIIIe	29e	—	—
	»	30e	—	—
	XVIe	64e	—	—
	XVIIe	63e	—	—
Eylau (place d')	XVIe	64e	1 — 5	2 — 4
	»	63e	7 — 9	6 — 10
Faub. du Temple (rue du)	Xe	39e	1 — 45	—
	»	40e	47—137	—
	XIe	41e	—	2—124
Faub. Poissonnière (r. du)	IXe	35e	1 — 85	—
	»	36e	87—195	—
	Xe	38e	—	2 — 84
	»	37e	—	86—172
Faub. St Antoine (rue du)	XIe	43e	1 — 61	—
	»	44e	63—323	—
	XIIe	48e	—	2 —200
	»	46e	—	202—280
Faub. St Denis (rue du) .	Xe	38e	11—09	2 —112
	»	37e	125—209	124—230
Faub. St Honoré (rue du)	VIIIe	31e	1 — 95	2 —144
	»	30e	97—241	148—272
Faub. St Martin (rue du)	Xe	39e	1—131	2 —146
	»	37e	133—267	—
	»	40e	—	148—274
Filles du Calvaire (b. des)	IIIe	10e	1 — 17	—
	XIe	42e	—	2 — 26
Flandre (rue de)	XIXe	73e	1—137	2 —118
	»	74e	139—223	120—182
Fléchier (rue)	IXe	34e	—	—
	»	35e	—	2 — 4
Fleurus (rue de)	VIe	22e	1 — 5	2 — 8
	»	23e	7 — 45	10 — 46
Folie Méricourt (rue de la)	XIe	42e	1 — 51	2 — 54
	»	41e	53—113	56—114
Fossés St Jacques (rue des)	Ve	20e	1 — 23	—
	»	19e	—	2 — 26

	ARR.	QUART.	NUMÉROS	
Four (rue du)	VIe	22e	1 — 41	—
	»	23e	49 — 57	—
	»	24e	—	2 — 62
Fourneaux (rond-point des)	XVe	57e	—	4 —
	»	58e	—	5 —
Fourneaux (rue des) . . .	XVe	58e	1—130	2 —144
	»	57e	143—259	146—288
Française (rue)	Ier	2e	1 — 5	2 — 6
	IIe	8e	7 — 13	8 — 14
Francs Bourgeois (r. des)	IVe	14e	1 — 61	—
	IIIe	11e	—	2 — 58
Gabriel (avenue)	VIIIe	29e	—	—
	»	31e	—	2 — 48
Galilée (rue)	XVIe	64e	1 — 53	2 — 46
	VIIIe	29e	55 — 65	48 — 62
Gare (boulevard de la) . .	XIIIe	50e	1—221	—
	»	49e	—	2 —184
Glacière (rue de la) . . .	XIIIe	51e	1 — 65	2 — 74
	»	52e	67—220	76—142
	XIVe	54e	—	146—238
Gobelins (avenue des) . .	Ve	18e	1 — 23	2 — 22
	XIIIe	49e	25 — 73	—
	»	52e	—	24 — 76
Grammont (rue de) . . .	IIe	5e	1 — 27	—
	»	6e	—	2 — 30
Grande Armée (av. de la)	XVIe	64e	1 — 89	—
	XVIIe	63e	—	2 — 80
Grange aux Belles (rue) .	Xe	39e	1 — 7	2 — 8
	»	40e	9 — 69	10 — 42
Gravilliers (rue des) . .	IIIe	12e	1 — 79	—
	»	9e	—	2 — 90
Grégoire de Tours (rue).	VIe	21e	1 — 21	2 — 26
	»	22e	27 — 35	28 — 46
Grenelle (boulevard de) .	XVe	58e	1 — 80	2 — 79
	»	59e	107—215	126—230
Grenelle (rue de)	VIe	24e	1 — 5	2 — 10
	VIIe	28e	9 — 93	12 —106
	»	26e	95—127	108—152
	»	28e	131—199	158—218
Greneta (rue)	IIIe	9e	1 — 13	2 — 10
	IIe	8e	17 — 75	12 — 66
Guillaume Tell (rue) . .	XVIIe	63e	1 — 21	2 — 22
	»	66e	23 — 33	24 — 38
Haussmann (boulevard) . .	IXe	34e	11 — 53	28 — 70
	VIIIe	31e	55 — 89	72 —114
	»	32e	91—157	116—168
	»	30e	159—179	170—192
Hauteville (rue d') . . .	Xe	38e	1 — 85	2 — 92
	»	37e	87—	94—100
Haut Pavé (rue du) . . .	Ve	17e	1 — 3	—
	»	20e	—	2 — 16
Havre (rue du)	VIIIe	31e	1 — 17	—
	IXe	34e	—	2 — 16

	ARR.	QUART.	NUMÉROS	
LORRAINE (rue de)....	XIXe	75e	1—21	2—24
	»		23—55	28—40
LOURCINE (rue de)....	Ve	19e	1—43	2—52
	XIIIe	52e	69—155	70—156
LOURMEL (rue de)....	XVe	59e	1—73	2—74
		60e	75—177	76—202
LOUVRE (rue du)....	Ier	1er	—	2—8
	»	2e	1—3	10—24
	IIe	7e	—	—
LOWENDAL (avenue de).	VIIe	27e	1—23	2—12
	XVe	58e	25—31	—
	»	59e	—	16—28
MADAME (rue)......	VIe	22e	1—79	—
	»	23e	—	2—74
MADELEINE (boul. de la).	Ier	4e	1—21	—
	VIIIe	31e	—27	—
	IXe	34e	—	—
MADEMOISELLE (rue)...	XVe	59e	1—27	2—18
	»	58e	29—107	..
	»	57e	...	32—82
MAGENTA (boulevard de).	Xe	39e	1—63	2—68
	»	38e	67—85	70—84
	»	37e	87—157	86—170
	IXe	36e	—159	
MAINE (avenue du)...	XVe	58e	1—20	2—36
	XIVe	53e	33—109	—
	»	56e	111—169	38—176
	»	55e	171—203	178—238
MALAKOFF (avenue de)..	XVIe	63e	1—145	—
	»	64e	—	2—138
MALEBRANCHE (rue)...	Ve	19e	1—21	—
	»	20e	—	2—14
MALESHERBES (boulevard).	VIIIe	31e	1—47	2—44
	»	32e	49—121	48—92
	XVIIe	66e	123—201	94—190
MANIN (rue)......	XIXe	76e	1—13	—
	»	75e	—	6—32
MARCADET (rue)....	XVIIIe	74e	1—41	2—38
	»	70e	43—135	40—132
	»	69e	137—255	134—274
	XVIIe	68e	257—353	298—376
MARCEAU (avenue)....	XVIe	64e	1—87	—
	VIIIe	29e	—	2—84
MARENGO (rue de)....	Ier	3e	1—	—
	»	2e	—	2—6
MARNE (quai de la)...	XIXe	73e	—	2—26
	»	74e	—	28—58
MARTYRS (rue des)....	IXe	33e	1—67	—
	»	36e	—	2—72ter
	XVIIIe	70e	67bis—97	74—100
MASSÉNA (boulevard)...	XIIIe	50e	11—25	—
	»	51e	31—	—
MATHURINS (rue des)...	IXe	34e	1—21	2—28
	VIIIe	31e	23—61	30—66
MATIGNON (avenue)....	VIIIe	30e	1—17	—
	»	29e	—	—
	»	31e	—	2—6
MAUBERT (place).....	Ve	17e	1—35	—
	»	20e	—	2—18
MAUBEUGE (rue de)...	IXe	35e	1—5	2—10
	»	36e	7—65	12—84
	Xe	37e	67—85	86—104
MEAUX (rue de).....	XIXe	73e	1—139	—
	»	76e	—	2—120
MÉNILMONTANT (boul. de).	XIe	43e	1—67	—
	»	42e	69—143	—
	XXe	79?	...	2—152
MÉNILMONTANT (rue de) .	XXe	77e	1—125bis	—
	»	79e	—	2—176
	»	78e	127—161	—
MÉZIÈRES (rue de)....	VIe	22e	1—5	—
	»	23e	7—15	6—12
MICHEL BIZOT (rue)...	XIIe	46e	1—71	2—74
	»	45e	73—205	82—194
MIROMESNIL (rue de)...	VIIIe	31e	1—41	2—38
	»	32e	43—107	40—128
MOINES (rue des).....	XVIIe	67e	1—49	2—54
	»	68e	51—115	56—114
MONCEAU (rue de)....	VIIIe	30e	1—23	2—18
	»	32e	25—97	26—92
MONGE (rue)......	Ve	17e	1—69	2—64
	»	18e	71—123	66—118
MONTAIGNE (rue)....	VIIIe	30e	1—27	2—26
	»	31e	—	28—38
MONT ste GENEVe (r. de la)	Ve	17e	1—89	—
	»	20e	41—51	2—70
MONTEBELLO (quai de)..	Ve	17e	1—9	—
	»	20e	11—19	—
MONTHOLON (rue de)...	IXe	37e	1—37	—
	»	36e	—	2—36
MONTMARTRE (boulevard).	IIe	6e	1—21	—
	IXe	36e	—	2—22
MONTMARTRE (rue)....	Ier	2e	1—21	2—40
	IIe	7e	31—141	42—178
	»	6e	147—169	—
MONTORGUEIL (rue)....	Ier	2e	1—33	2—40
	IIe	7e	35—73	—
	»	8e	—	44—102
MONTPARNASSE (boul. du).	VIe	23e	1—171	—
	XVe	58e	—	2—66
	XIVe	53e	—	68—174
MONTPARNASSE (rue du).	VIe	23e	1—23	2—40
	XIVe	53e	37—69	42—60
MONTSOURIS (avenue de).	XIVe	53e	1—	2—14
	»	54e	17—	20—
MOUFFETARD (rue)....	Ve	17e	1—9	—
	»	20e	—	2—10
	»	19e	—	12—148
	»	18e	19—147	150—152
MOULIN VERT (rue du).	XIVe	55e	1—31	2—22
	»	56e	33—59	46—60
MOZART (rue)......	XVIe	62e	11—31	8—36
	»	61e	41—	38—68
MYRHA (rue).......	XVIIIe	71e	1—65	2—70
	»	70e	67—89	72—100

	ARR.	QUART.	NUMÉROS	
NATION (place de la) . . .	XIe	44e	1— 19	—
	XIIe	46e	—	2— 30
NEY (boulevard)	XVIIIe	72e	1— 29	—
	»	71e	31—	—
	»	70e	39— 41	—
	»	69e	49—155	—
NICOLAÏ (rue de)	XIIe	47e	43— 53	36—38bis
	»	46e	35— 67	52— 62
NIEL (avenue)	XVIIe	65e	69— 75	—
	»	66e	97—	98—
NORVINS (rue)	XVIIIe	70e	1— 9	2— 20
	»	69e	11— 17	22— 24
N.-D. DES VICTOIRES (rue) .	IIe	6e	1— 27	—
	»	7e	--	2— 56
OBERKAMPF (rue)	XIe	41e	1—157	—
	»	42e	—	2—162
OBSERVATOIRE (av. de l') .	VIe	22e	1— 19	—
	Ve	19e	47—	—
	VIe	23e	—	2— 10
	XIVe	33e	49— 59	12— 38
OISE (quai de l')	XIXe	73e	1— 11	—
	»	74e	13-- 41	—
OPÉRA (avenue de l') . . .	Ier	3e	1— 29	2— 26
	»	4e	31—	—
	IIe	3e	33— 49	28— 38
OPÉRA (place de l') . . .	IIe	3e	1— 3	2— 4
	IXe	34e	5—	6-- 8
ORDENER (rue)	XVIIIe	71e	1— 53	2— 20
	»	70e	55—135	28—110
	»	69e	137—207	112—170
ORLÉANS (avenue d') . . .	XIV	33e	—	2— 6
	»	55e	1—131	8—146
ORNANO (boulevard) . . .	XVIIIe	71e	—	2— 24
	»	70e	—	26—106
ORSAY (quai d')	VIIe	25e	1— 5	—
	»	26e	13— 41	—
	»	28e	43—103	—
	XVe	59e	111—135	—
OURCQ (rue de l')	XIXe	73e	1—121	—
	»	74e	—	2—134
PAGEVIN (rue)	Ier	2e	7— 15	—
	IIe	7e	—	38— 48
PALAIS (boulevard du) . .	IVe	16e	1—11bis	—
	Ier	1er	—	2— 14
PARMENTIER (avenue) . . .	XIe	43e	1— 15	2—
	»	42e	17— 81	26— 88
	»	41e	101—113	90—124
	Xe	40e	175—181	180—180
PASCAL (rue)	Ve	18e	1— 25	—
	»	19e	—	2— 30
	XIIIe	52e	31— 93	38— 62
PASQUIER (rue)	VIIIe	31e	1— 41	2— 46
	»	32e	43—	—
PASTOURELLE (rue)	IIIe	11e	1— 21	—
	»	12e	23— 37	—
	»	10e	—	2— 48

	ARR.	QUART.	NUMÉROS	
PAUL LELONG (rue) . . .	IIe	7e	1— 23	2— 18
	»	6e	25— 29	20—
PELLEPORT (rue)	XXe	79e	1—103	—
	»	78e	129—177	2—192
PÉPINIÈRE (rue de la) . . .	VIIIe	31e	1— 35	—
	»	32e	—	2—24bis
PÉREIRE (boulevard) . . .	XVIIe	67e	1— 27	2— 32
	»	66e	55—141	34—136
	»	65e	143—270	138—236
PERGOLÈSE (rue)	XVIe	64e	1— 13	2— 20
	»	63e	27— 59	32— 68
PÉRIGNON (rue)	VIIe	27e	—	2— 28
	XVe	58e	1— 17	—
PETIT (rue)	XIXe	76e	1— 35	2— 46
	»	75e	37—103	48—120
PETITS CARREAUX (rue des) .	IIe	7e	1— 47	—
	»	8e	—	2— 46
PETITS CHAMPS (rue des) .	Ier	3e	1— 63	—
	IId	6e	—	2— 30
	Ier	4e	65—105	—
	IIe	3e	—	32— 84
PHILIPPE AUGUSTE (av.) .	XIe	44e	1— 19	2—
	»	43e	115—157	90—150
PHILIPPE DE GIRARD (rue) .	Xe	37e	1— 33	2— 34
	XVIIIe	72e	49—105	38— 96
PICPUS (boulevard de) . .	XIIe	46e	1— 89	—
	»	45e	—	2—106
PICPUS (rue de)	XIIe	46e	1— 81	2—170
	»	45e	93—167	—
PIERRE CHARRON (rue) . .	XVIe	64e	1— 33	2— 28
	VIIIe	29e	55— 79	50— 58
PIXÉRÉCOURT (rue)	XXe	78e	1—101	—
	»	77e	—	2— 98
PLANTES (rue des)	XIVe	33e	1— 77	—
	»	56e	—	2— 80
POISSONNIÈRE (boulevard) .	IIe	7e	1— 29	—
	IXe	36e	—	2— 32
POISSONNIÈRE (rue)	IIe	7e	1— 37	—
	»	8e	—	2— 16
POISSONNIERS (rue des) . .	XVIIIe	70e	1—159	—
	»	71e	—	2— 78
POITOU (rue de)	IIIe	11e	1— 45	—
	»	10e	—	2— 48
POMPE (rue de la)	XVIe	62e	1— 71	2— 82
	»	63e	81—193	86—184
PONCELET (rue)	XVIIe	65e	1— 55	2— 40
	»	66e	—	42— 48
PONIATOWSKI (boulevard) .	XIIe	45e	—	— 8
	»	46e	—	—
	»	47e	—	—
PONT AUX CHOUX (rue du)	IIIe	11e	1— 27	—
	»	10e	—	2— 22
PONT DE GRENELLE (place)	XVe	59e	—	—
			—	—
PONT NEUF (rue du) . . .	Ier	1e	1— 15	2— 10
	»	2e	17— 35	12— 26
POPINCOURT (rue)	XIe	43e	1— 45	2— 42
	»	42e	47— 61	44— 54

	ARR.	QUART.	NUMÉROS	
Port Royal (boulev. de).	XIIIe	52e	1—93	—
	XIVe	53e	95—127	—
	Ve	18e	—	2—22
	»	19e	—	24—166
Poteau (rue du).	XVIIIe	70e	1—47	2—50
	»	69e	49—105	52—108
Presbourg (rue de).	VIIIe	29e	—1	—2
	XVIe	64e	3—17	4—12
Procession (rue de la).	XVe	58e	1—79	—
	»	57e	—	2—106
Provence (rue de).	IXe	35e	1—35	2—30
	»	34e	37—127	32—118
	VIIIe	31e	129—133	120—128
Pyrénées (rue des).	XXe	80e	1—131	2—124
	»	79e	137—311	210—290
	»	77e	311—399	202—372
Quatre Septembre (rue).	IIe	6e	1—15	2—14
	»	5e	17—35	16—34
Quincampoix (rue).	IVe	13e	1—63	2—64
	IIIe	12e	65—111	66—104
Rabelais (rue).	VIIIe	30e	1—5	—
	»	31e	—	2—8
Rambouillet (rue de).	XIIe	48e	—	1—31
	»	47e	—	2—14
Rambuteau (rue).	IVe	13e	1—71	—
	»	12e	—	2—66
	Ier	2e	77—85	72—124
Rapée (quai de la).	XIIe	47e	—	2—28
	»	48e	—	30—102
Ravignan (rue de).	XVIIIe	69e	1—19	—
	»	70e	—	2—34
Réaumur (rue).	IIIe	9e	1—49	2—72
	IIe	8e	51—57	74—80
Récollets (rue des).	Xe	39e	1—35	—
	»	40e	—	2—8
Rennequin (rue).	XVIIe	65e	1—65	—
	»	66e	—	2—78
Rennes (rue de).	VIe	24e	41—53	44—64
	»	23e	57—171	66—152
République (avenue de la)	XIe	41e	1—13	2—23
	»	42e	—	—
	XXe	79e	201—261	202—220
	»	78e	—	—
République (place de la).	IIIe	10e	1—13	—
	»	9e	15—23	—
	XIe	41e	—	2—10
	Xe	39e	—	12—
Richard Lenoir (boulev.).	XIe	43e	1—31	2—42
	IXe	42e	33—99	44—110
	»	44e	101—129	112—140
Richelieu (rue de).	Ier	3e	1—53	2—56
	IIe	6e	55—103	58—112
Richepance (rue).	VIIIe	31e	1—13	—
	Ier	4e	—	2—14

	ARR.	QUART.	NUMÉROS	
Riquet (rue)	XIXe	73e	1—63	2—64
	XVIIIe	72e	65—81	66—98
Rivoli (rue de)	IVe	14e	1—23	2—50
	»	13?	31—39	52—96
	Ier	1er	41—91	—
	»	2e	—	98—162
	»	3e	—	164—194
	»	4e	—	194bis—258
Rochechouart (boulev.)	IXe	36e	1—61	—
	XVIIIe	70e	—	2—126
Rome (rue de)	VIIIe	31e	1—13	2—14
	»	32e	15—73	40—82
	XVIIe	67e	75—147	86—88
Roussin (rue)	XVe	58e	1—49	2—46
	»	57e	53—89	48—72
Ruisseau (rue du)	XVIIIe	69e	1—103	—
	»	70e	—	2—114
Sablière (rue de la)	XIVe	55e	1—	2—
	»	56e	29—49	30—58
Sablons (rue des)	XVIe	63e	1—33	2—40
	»	62e	47—101	74—110
Saint Antoine (rue)	IVe	14e	101—127	82—140
	»	13e	129—213	142—236
Saint Augustin (rue)	IIe	6e	1—13	2—12
	»	5e	15—43	14—32
Saint Bernard (quai)	Ve	18e	—	—
	»	17e	—	—
Saint Blaise (place)	XXe	80e	1—	—
	»	79e	3—	—
Saint Charles (rue)	XVe	59e	1—85	2—60
	»	60e	103—239	88—232
Saint Denis (boulevard)	IIIe	9e	1—0	—
	IIe	8e	11—19	—
	Xe	39e	—	2—12
	»	38e	—	14—30
Saint Denis (rue)	Ier	2e	1—133	2—104
	IIe	8e	135—291	106—252
Saint Didier (rue)	XVIe	64e	1—27	2—30
	»	63e	49—65	32—76
Saint Dominique (rue)	VIIe	28e	1—7	2—4
	»	26e	9—69	2—48
	»	28e	71—149	50—110
Saint-Florentin (rue)	VIIIe	31e	1—17	—
	Ier	4e	—	2—18
Saint Georges (rue)	IXe	34e	1—31	2—40
	»	33e	33—51	42—60
Saint Germain (boulevard)	Ve	17e	1—47	2—56
	»	20e	49—73	60—100
	VIe	21e	75—85	102—146
	»	22e	87—131	—
	»	24e	133—175	148—186
	VIIe	25e	177—225	188—256
	»	26e	227—243	258—284
Saint Honoré (rue)	Ier	2e	33—149	2—168
	»	3e	151—197	172—284
	»	4e	199—271	298—404
	VIIIe	31e	273—283	408—422

	ARR.	QUART.	NUMÉROS	
Saint Jacques (boul.) . .	XIVe	34e	1— 59	—
»		55e	61— 71	—
»		53e	—	2— 52
Saint Jacques (rue)...	Ve	20e	1—161	8—184
»		19e	163bis—307	186—354
Saint Laurent (rue)...	Xe	39e	1— 9	2— 10
»		38e	— 11	18—22
Saint Lazare (rue) . . .	IXe	34e	1—109	—
»		33e	—	2—106
	VIIIe	31e	111—125	—
»		32e	—	108—128
Saint Mandé (avenue de)	XIIe	46e	1— 43	2— 48
»		45e	55—113	50—106
Saint Marcel (boul.)..	XIIIe	49e	1— 57	—
	Ve	18e	—	2— 94
Saint Martin (boul.) ..	IIIe	9e	1— 55	—
	Xe	39e	—	2— 20
Saint Martin (rue) . . .	IVe	13e	1—143	2—152
	IIIe	12e	145—231	154—248
»		9e	233—361	250—334
Saint Maur (rue)	XIe	43e	1— 31	2— 32
»		42e	33—107	34— 96
»		41e	109—175	98—176
	Xe	40e	177—247	178—238
Saint Michel (boul.) ..	Ve	20e	1— 63	—
»		19e	65—147	—
	VIe	21e	—	2— 26
»		22e	—	30— 84
Saint Michel (place)...	Ve	20e	1— 7	—
	VIe	21e	—	2— 6
Saint Ouen (avenue de)	XVIIe	68e	1—151	—
	XVIIIe	69e	—	2—156
Saint Paul (rue)	IVe	14e	1— 55	—
»		13e	—	2— 44
Saint Roch (rue)	Ier	4e	1— 59	—
»		3e	—	2— 36
Saint Sabin (rue)	XIe	43e	1— 33	2— 32
»		42e	35— 67	34— 72
Saint Sauveur (rue)...	IIe	8e	1— 59	2— 36
»		7e	63— 99	38— 86
Saint Séverin (rue)...	Ve	20e	3— 21	2— 42
	VIe	21e	23— 25	44— 46
Saint Vincent (rue)...	XVIIIe	70e	1—	—
»		69e	5—	2— 8
Sainte Anne (rue)....	Ier	3e	1— 47	2— 38
	IIe	5e	49— 79	—
»		6e	—	40— 68
Sainte Apolline (rue)..	IIIe	9e	1— 9	2— 12
	IIe	8e	13— 31	10— 18
Sainte Croix de la Bretonnerie (rue)	IVe	14e	1— 27	2— 28
»		13e	29— 47	32— 56
Saints Pères (rue des)..	VIe	24e	1— 85	—
	VIIe	25e	—	2— 80
Saintonge (rue de) ...	IIIe	11e	1— 15	2— 12
»		10e	17— 65	14— 70
Santé (rue de la)	XIIIe	52e	1— 63	—
»		51e	81—145	—
	XIVe	53e	—	2— 50
»		54e	—	52— 66
Saules (rue des).....	XVIIIe	69e	1— 43	—
»		70e	—	2— 2
Saxe (avenue de)	VIIe	27e	1— 65	2— 4
	XVe	58e	—	50— 60
Sébastopol (boul. de).	Ier	1er	1— 7	—
»		2e	9— 65	—
	IVe	13e	—	2— 58
	IIe	8e	67—141	—
	IIIe	12e	—	42— 70
»		9e	—	72—114
Sécrétan (rue)	XIXe	73e	1— 31	2— 40
»		76e	33— 93	42— 88
Ségur (avenue de)....	VIIe	27e	1— 59	2— 8
	XVe	58e	—	— 40
Seine (rue de)......	VIe	21e	1— 83	—
»		24e	—	2— 66
»		22e	87—101	72— 78
Sérurier (boulevard)..	XIXe	75e	1—153	—
»		74e	—	—
Servan (rue)	XIe	43e	1— 39	2— 34
»		42e	41— 51	36— 48
Sévigné (rue de)	IVe	14e	1— 21	2— 34
	IIIe	11e	23— 31	36— 52
Sèvres (rue de)	VIe	24e	—	2— 6
»		23e	1—143	—
	VIIe	25e	—	14— 44
»		26e	—	46— 98
	XVe	58e	145—167	100—118
Soufflot (rue)	Ve	20e	1— 15	2— 26
»		19e	17— 23	—
Strasbourg (boul. de)..	Xe	38e	1— 93	—
»		39e	—	2— 78
Strasbourg (rue de)...	Xe	39e	1— 7	—
»		38e	9— 19	—
»		37e	—	2— 14
Suchet (boulevard) ...	XVIe	62e	1— 41	— 8
»		61e	51— 95	—
Suffren (avenue de)...	VIIe	28e	—	—
»		27e	— 7	—
	XVe	59e	—	2—108
»		58e	—	—110
Taitbout (rue)	IXe	34e	1— 79	2— 76
»		33e	81— 93	78— 82
Temple (boulevard du).	IIIe	9e	1— 41	—
	XIe	41e	—	2— 54
Temple (rue du).....	IVe	13e	1— 63	2— 58
	IIIe	12e	67—125	60—124
»		9e	127—207	—
»		10e	—	126—180
Thionville (rue de) ...	XIXe	73e	1— 13	2— 24
»		74e	15— 35	26— 36
Thouin (rue)	Ve	17e	1— 3	2— 8
»		20e	5— 15	10— 14
Tilsitt (rue de).....	VIIIe	29e	1— 5	2— 14
	XVIIe	65e	7— 11	16— 34
Tiquetonne (rue)	IIe	8e	1— 39	2— 50
»		7e	41— 55	52— 70
	Ier	2e	57— 63	—

	ARR.	QUART.	NUMÉROS	
Tocqueville (rue). . . .	XVIIe	66e	1—131	2— 66
	»	67e	—	68—148
Tolbiac (rue de)	XIIIe	50e	47—111	48—112
	»	51e	135—247	124—242
Tombe Issoire (rue de la)	XIVe	54e	1—115	—
	»	55e	—	2—162
Tour (rue de la)	XVIe	62e	1—141	2—146
	»	63e	143—145	148—158
Tournefort (rue). . . .	Ve	20e	—	—
	»	19e	1—43	2— 32
Tournelles (rue des) . .	IVe	15e	1— 27	2— 44
	IIIe	11e	31— 51	46— 88
Tourville (avenue de). .	VIIe	27e	1— 29	—
	»	26e	—	2— 26
Trocadéro (avenue du) .	VIIIe	29e	—	2— 4
	XVIe	62e	1—145	—
	»	64e	—	— 66
	»	63e	—	82—182
Trocadéro (place du) . .	XVIe	62e	—	—
	»	63e	—	—
	»	64e	—	—
Tronchet (rue)	VIIIe	31e	1— 37	2— 26
	IXe	34e	—	28— 36
Trone (avenue du). . . .	XIe	44e	1— 7	—
	XIIe	46e	—	2— 10
Turbigo (rue de)	Ier	2e	1— 11	2— 14
	IIe	8e	13— 31	16— 24
	IIIe	12e	—	26— 36
	»	9e	33— 89	38— 78
Turenne (rue de)	IVe	14e	1— 27	—
	»	15e	—	2— 22
	IIIe	11e	29— 95	24— 86
	»	10e	97—133	88—134
Ulm (rue d')	Ve	20e	1— 5	— 2
	»	19e	7— 47	8— 52
Université (rue de l'). .	VIIe	25e	1— 61	2— 82
	»	26e	63—115	84—130
	»	28e	117—219	144—182
Valhubert (place). . . .	XIIIe	49e	— 1	—
	Ve	18e	—	—
Valmy (quai de).	XIe	41e	1— 29	—
	Xe	39e	31— 97	—
	»	40e	99—205	—
Vandamme (rue).	XIVe	53e	1— 15	2— 18
	»	56e	17— 77	20— 74
Vaneau (rue)	VIIe	25e	1— 85	—
	»	26e	—	2— 40
	»	27e	—	42— 88
Varenne (rue de)	VIIe	25e	1— 59	2— 66
	»	26e	61— 77	68—102

	ARR.	QUART.	NUMÉROS	
Vaugirard (rue de) . . .	VIe	22e	1— 25	2— 62
	»	23e	27—111	64—132
	XVe	58e	113—245	134—230
	»	57e	247—405	232—382
Verrerie (rue de la). . .	IVe	14e	1— 19	2— 26
	»	13e	33— 99	28— 78
Viaduc (rue du)	XIVe	53e	1— 5	—
	XVe	58e	—	—
Victoire (rue de la). . .	IXe	33e	1— 25	6— 24
	»	34e	27— 93	26— 98
Victoires (place des) . .	Ier	3e	1—	2— 4
	»	2e	3— 9	—
	IIe	7e	—	—
	»	6e	—	6— 12
Victor (boulevard). . . .	XVe	57e	—	—
	»	60e	—	—
Victoria (avenue). . . .	IVe	13e	1— 15	2— 10
	Ier	1e	—	12— 24
Vide Gousset (rue) . . .	IIe	6e	—	1—
	»	7e	—	2— 4
Vieille du Temple (rue).	IVe	14e	1— 60	2— 52
	IIIe	11e	71—125	54—122
	»	10e	127—139	124—132
Vieux Colombier (rue du)	VIe	22e	1— 5	2— 8
	»	23e	7— 25	10— 22
Vignon (rue)	VIIIe	31e	1— 35	—
	IXe	34e	—	2— 44
Villette (boulevard de La)	Xe	40e	1—145	—
	»	37e	147—171	—
	XIXe	76e	—	2—128
	»	73e	—	132—244
Villette (rue de La) . .	XIXe	76e	1— 73	—
	»	75e	—	2—102
Villiers (avenue de). . .	XVIIe	66e	1—131	2—136
	»	65e	133—145	—
Villiot (rue)	XIIe	48e	1— 31	—
	»	47e	—	2—
Vincennes (cours de). . .	XXe	80e	1— 63	—
	XIIe	45e	—	2— 56
Violet (place).	XVe	59e	—	—
	»	60e	—	—
Vivienne (rue).	Ier	3e	— 1	— 2
	IIe	6e	3— 53	2bis— 48
Voltaire (boulevard) . .	XIe	41e	1— 43	2— 38
	»	42e	45— 87	40—100
	»	43e	80—165	102—182
	»	44e	167—283	184—296
Vosges (rue des)	IVe	15e	1— 17	—
	IIIe	11e	—	2— 22
Wagram (avenue de). . .	VIIIe	30e	—	2— 46
	XVIIe	63e	1— 75	50— 60
	»	66e	77—171	64—156

TABLE DES MATIÈRES

PARIS. — IMPRIMERIE CHAIX, 20, RUE BERGÈRE PRÈS DU BOULEVARD MONTMARTRE. — 10700-8.

www.ingramcontent.com/pod-product-compliance
Lightning Source LLC
Chambersburg PA
CBHW071142270326
41929CB00012B/1845